血　路

风口浪尖弄潮头，
改革必伴热血流。
血路杀得伤遍体，
夕阳染红孺子牛。

——厉有为

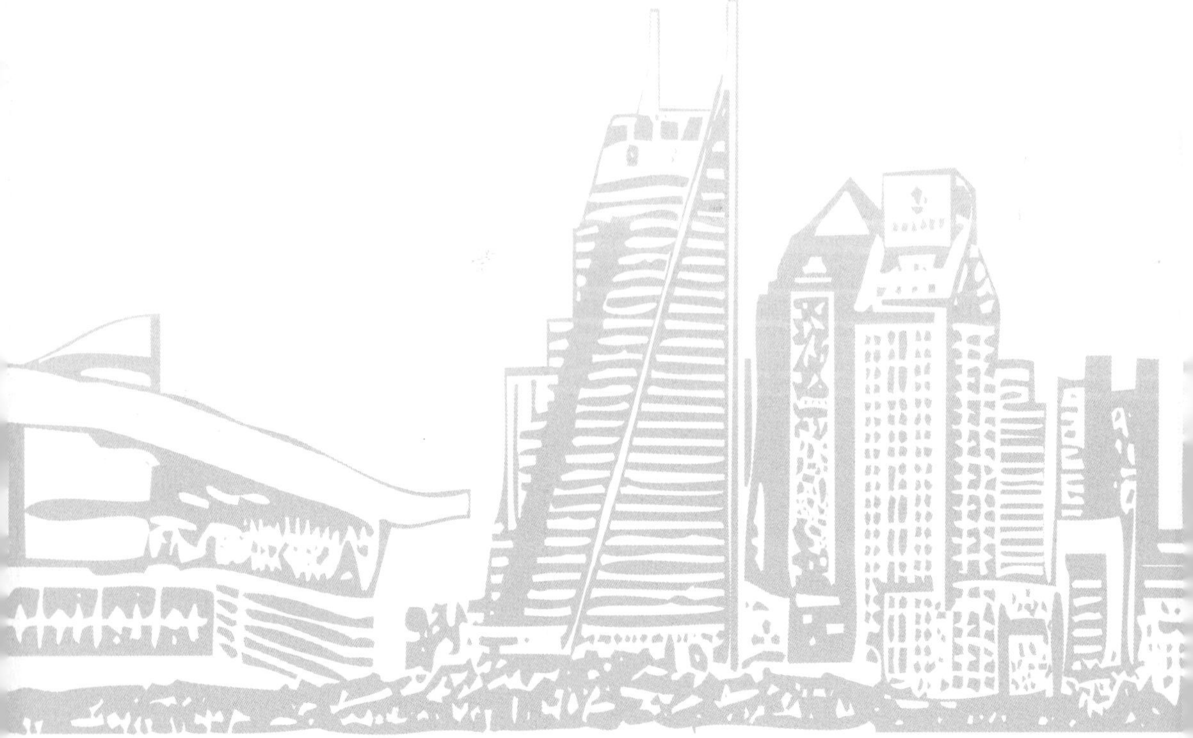

厉有为文集（上）

施政篇

深圳出版发行集团
海天出版社

图书在版编目(CIP)数据

厉有为文集. 上/厉有为著.--深圳：海天出版社，2010.11
ISBN 978-7-80747-885-0

Ⅰ.①厉… Ⅱ.①厉… Ⅲ.①政论—中国—文集 Ⅳ.①D602-53

中国版本图书馆CIP数据核字(2010)第087735号

厉有为文集
LIYOUWEI WENJI

出 品 人 陈锦涛
出版策划 毛世屏
责任编辑 刘本玉
责任技编 蔡梅琴
装帧设计 海天龙

出版发行 海天出版社
地　　址 深圳市彩田南路海天大厦 (518033)
网　　址 www.htph.com.cn
订购电话 0755-83460137(批发) 83460397(邮购)
设计制作 深圳市海天龙广告有限公司 Tel:83461000
印　　刷 深圳市华信图文印务有限公司
开　　本 787mm×1092mm 1/16
印　　张 31.5
字　　数 497千
版　　次 2010年11月第1版
印　　次 2010年11月第1次
印　　数 1—6000
总 定 价 74.00元 (上、下册)

在深圳莲花山邓小平塑像前

在八届人大三次会议上

在全国经济体制改革会上发言

说　明

一、本文集收集了我在湖北，主要是在深圳和全国政协工作期间所写的文章、大会发言和提案等。除了党代会、人代会上的报告和重大会议上的讲话是集体创作外，其他均为个人所作。

二、本文集共两册：上册为《施政篇》，是我在任湖北省副省长和深圳市人大主任、市长、市委书记时所写；下册为《议政篇》，是我在任全国政协常委，港、澳、台、侨委员会副主任时所写，同时也收入3篇纪念性文章以及附录《访谈篇》，其中收集了记者的采访文章及有关调查报告等。

三、为了忠于历史，本文集的文章内容均未做删改（订正了个别错字和做了有关的规范性处理除外）。因此，在当时的历史条件下，认识不足或有些错误在所难免。

四、本文集在文章中涉及的人，亦原文照发。特别是在关于特区的争论关于所有制问题的争论以及关于深圳贤成大厦案件的争论的文章中所涉及的人，亦未做删改。如有得罪，敬请谅解。

五、本文集的文章基本上按时间顺序排列。只有个别文章，为了内容上的前后衔接未按时间顺序排列。

六、本文集在深圳经济特区创立30周年时出版，作为献给为深圳经济特区创立呕心沥血的老一辈无产阶级革命家和深圳特区的拓荒牛们的一份礼物。另外，本文集的出版得到海天出版社许多同志的大力支持，在此对他们表示诚挚的谢意。

目　录

施政篇

在深圳党代会上

有情的计划　无情的市场*

（1990年7月）

国民经济持续、稳定、协调发展是我们的指导方针，也是我们的要求和愿望。为实现这一方针，我们通常用计划和市场两手进行调节。从实践来看，这两手成了：有情的计划、无情的市场，两者构成了明显的反差。

经济计划在实践中变成了软绵绵的、带有很大主观随意性的有情的计划。

经济计划是人们对客观经济认识的主观产物，经济计划越接近于客观实际，实现的可能性就越大，计划的成功率就越高。反之，计划实现的可能性就小，成功率就低。人们力求通过经济计划达到对客观经济情势的正确认识，使计划与客观情势趋向一致，从而实现人们的愿望和要求。然而，由于客观和主观的原因，人们的这种愿望和要求难以实现，计划往往离客观要求的距离很远，甚至反其道而行之。

就客观原因而论，诸如：经济信息传递严重滞后，甚至失真，制订计划时缺乏科学的依据；由于各部门、各地区的利益关系，计划往往用水平法和基数法，各生产要素固定于被行政分割的各个部门和地区，生产力要素难于流动和优化组合，难于合理配置资源，往往形成低水平的重复建设，造成生产力的浪费。

就主观原因而论，大抵有如下几种：一是首长项目、人情项目、关系项目屡见不鲜；二是现在上项目、搞建设往往是投资吃“拼盘”，上边钓下边的鱼，下边钓上边的鱼，都想从全民所有制这块“蛋糕”中多捞一块，于是就不实事求是了，没有能力说有能力，没有条件说有条件，没有资金说有资金，可行性研究报告变成了可通过性报告。一旦国家这块蛋糕捞到了，什么条件都没有了，

* 此文于任湖北省副省长期间所作，未公开发表过。刊登在《人民日报》总编室编印的《内部参考》1990年9月21日第九期上。

不但造成了不少建设项目的原材料、资金不配套，长期发挥不了经济效益，建设周期拉长，甚至造成死又死不了、活也活不成的局面，而且建设规模不断膨胀。三是虽然国家和计划部门三令五申，要坚决按计划办事，但是对那些不按计划办事，在国家计划、政策之外上项目搞建设的却无可奈何，不但没有经济方面的惩罚和约束力，碍于人情或因政纪松弛，也没有行政方面的约束力。如果计划外上的项目是成功的，对当事者不但不惩处，还可能因政绩突出给以表彰、提拔。结果，老实人吃亏，久而久之，谁也不愿当老实人了。于是，计划被冲击得不成计划了。四是对具体生产单位指令性计划指标的多少没有一定的规范，其中人情因素有之。不仅如此，就是有了指令性计划，可以完成得多，也可以完成得少，有的由于价差悬殊，指令性计划完成得很差，计划部门无可奈何。五是我们实行的生产资料价格“双轨制”实际上变成了“多轨制”。在国家规定的计划价格和市场价格之间，不知道有多少个价格。经过一道公司加一道价。因为公司的职工要吃饭，不加价，公司怎么开张，怎么吃饭？有的公司就是靠国家计划内物资转手加价养活的。生产资料到生产者手里，国家的计划价格已经面目全非了(合理的加价不在此列)。六是有的企业在市场竞争中处于劣势，已经亏本，产品质次价高，应该淘汰，但因为职工要吃饭，不得不继续生产；应该破产或关停的企业，也因为职工的出路等问题不好解决而尽可能维持下去；应该并转的企业，有的碍于主管部门的面子，亦难于并转，如此等等，最终保护了落后。

以上种种原因使经济计划成了软绵绵的计划、可执行可不执行的计划、支离破碎同客观经济发展要求相距很远的计划。总之，成了主观随意性很大的有情的计划。

与此相反，市场却是客观的、无情的、全方位的，但又是可以调控的。在目前市场疲软的情况下，“市场是无情的”几乎成了理论工作者、企业家和政府官员的一致结论。

市场是人们进行社会劳动交换的场所，是否占有市场是产品被社会承认与否的标志。自从有了社会剩余劳动产品交换，就有了市场。市场的运行机制和它的完备程度是以生产力发展水平为依据的，有什么样的生产力发展水平，就有什么样发育程度的市场与之相适应。原始市场、初级市场、中级市场、高级市场和超级市场等不同发展阶段，是伴随着生产力的不同发展阶段而逐渐发育完善的。市场本身没有阶级性，更不是资本主义制度的专利，它可以为资本家牟取暴利服务，也可以为社会主义建设服务。大家都可以利用市场获取利润，发展自己。谁对国内、国际市场利用得好，谁发展就快，反之则慢。说到底，资本家利用市场赚取的利润归他自己所有，而社会主义公有制企业利用市场赚取的利润归国家所有。因此利用市场为什么人服务则是有阶级性的。市场是客观的，价值规律是市场的内在规律，没有市场、没有交换就没有价值规律；市场是价值规律发挥作用的外在表现。

正是由于计划的主观性，它才是有情的；正是由于市场的客观性，它才是无情的。它不管你是全民所有制、集体所有制或私有制，只认价值规律和供求关系；它不管你是大型企业、中型企业、小型企业，还是乡镇企业，只认产品不认人；它不管你是喜欢它或反对它，都要按自己的运行轨迹运行；它不管对企业和行业在一个时期内是正效应还是负效应，都是无情地发挥效应；它不管企业破产还是职工失业，对谁都不会照顾，该淘汰的就无情地淘汰。

人们不能割裂市场、限制市场、阻碍市场发育，谁这样做，谁就要吃亏，谁的经济发展就慢。历史已经做出了结论，并将继续做出结论。

人们只能认识市场、培育市场、利用市场、开拓市场、调控市场，使它不断适应生产力发展水平，这才是明智的。谁这样做，谁就会得到市场的恩惠，谁的经济发展就快。这一点历史也已经做出了结论，并将继续做出结论。

对市场不能理想化，它是千变万化、纷繁复杂的，但并不是不可知的。人们在市场面前不是只能听任摆布而无所作为。市场是按客观经济规律运行的，人们只要掌握、运用好这些客观经济规律，运用经济杠杆手段、法律和行政政策等手段，创造必要的经济条件，市场是可以调控的，是能使之兴利除弊，使国民经济稳步、协调、健康发展的。

只要是社会主义有计划的商品经济，市场就在商品经济范围内存在，它是全方位覆盖、全方位发挥作用。把市场作用限制在狭小范围内，让它在一小部分商品交换中发挥作用或者讨论市场在各行各业发挥作用的比例有多大，这种想法和做法都是有害的，违背价值规律的。斯大林同志在指导苏联经济发展中，在这方面的教训是深刻的，他把市场的作用限制在个人消费品的范围内，因而遏抑市场，使价值规律的作用难以发挥。我们不能再付学费了，我们再也付不起这样的学费了。

首先，如前所述，要根据生产力的不断发展，不断培育完善市场机制，使市场的发育程度与生产力发展水平相适应，同时积极参与国际市场的交换与竞争。有人想把现代资本主义市场一套机制和做法全盘照搬过来，这是走向另一个极端，是不现实的。经济的发展阶段是无法超越的。

其次，是改变我们的计划方式。由过去的以产品的生产与分配计划为主，转到以宏观调控为主。国家经济管理部门，以主要精力抓好国民经济的信息收集、处理和反馈，制订相应的、反应迅速而准确的宏观调控方针和产业政策，综合利用经济的、法律的和行政的手段调控市场，给市场的发育和完善创造必要的经济、社会条件。宏观调控是按价值规律对市场走向的调控。因此，它比市场层次要高，宏观作用要大，它是在市场层面之上的全方位覆盖，全方位发挥作用。绝不是在局部经济领域的调控，也不是市场调控一部分，计划调控另一部分。

第三，理顺价格关系，使价格基本上能反映价值；创造条件，逐步取消生产资料价格“双轨制”。“双轨制”弊端之所以越来越突出，其根本原因是违背价值规律。国家利用价格杠杆进行供需间的宏观调控是必要的，但应按价值规律的要求去办。当供需矛盾突出时，要适当控制价格与价值的背离幅度，实行最高限价或最低保护价，而不应用计划行政手段，使价格与价值大幅度背离，这种亏我们吃了不少。生产资料价格实行单轨制之后，可大体给企业创造一个平等的竞争环境，促使企业向内使劲，革新挖潜，走提高经济效益的路子。

第四，除了国家重大基础设施和重大的经济布局之外，一般的投资行为应是企业家的投资行为。而我们现在则不然，一般的投资行为主要是政府官员的投资行为，是下级政府官员向上级政府官员争投资、争项目的行为。很明显，政府官员的投资行为重产值、重速度、重税金，而企业家的投资行为则重产出、重效益、重利润。这也是我们投资效益差、对固定资产投资无人负责、生产力配置不合理、国家财产严重浪费的重要原因之一。因此，必须改变投资行为的主体，在投资行为一开始，就要实行政企分开，要有人对国有资产的投资和增值负责。

第五，打破企业和行业的垄断局面，取消某些生产资料产品的专营，采取必要的反垄断措施。道理很明显，有比较才有高低，有竞争才有进步，在竞争中才能促使企业千方百计降低成本，提高利润率，从而使科学技术和生产力迅速发展和提高。而垄断和专营，从长远看，实质上是保护落后，不利于生产力迅速发展。与此同时，必须加强宏观调控和加强市场管理，使之成为有秩序的公平竞争的市场。

第六，对沿海和内地省份的经济和企业采取一视同仁的经济政策（个别试验区除外），这样对形成全国纵横交流通畅的大市场有好处，能避免区域割据；同时给不同经济区的发展创造大体相当的政策条件，使其平等竞争、等价交换、互惠互利、协调发展。否则，由于内地和沿海政策的差距，内地经济和企业处于竞争的劣势地位，将会更加拉大我国东部、中部和西部的经济差距。经济区域发展的失衡会带来一系列的不良后果，不利于整个国民经济稳定、协调地发展。

计划经济与商品经济

——讨论后的思考之一

(1990年8月18日)

《经济日报》对“如何实现计划经济与市场调节相结合”的讨论(《经济日报》1990年7月23、24日)。以两篇综述文章作了总结(以下简称“综述”)。两篇文章的有些观点值得商榷,现提供一些本人的思考,以供讨论。

“综述”中说:“如果把计划经济看做是社会主义经济的基本特征,那么商品经济则是社会主义经济的基本属性。现实告诉我们,计划经济与商品经济是抽象对立的双方,实际上是共存于社会主义统一机体之中的。”

我们在这里讨论的无论是计划经济也好,商品经济也好,是指经济体制(或者说经济形态)而言的,而不是指的“计划性”和经济计划工作而言的。(“综述”把计划经济体制与经济计划和计划性混为一谈。)

在一定的历史发展阶段,经济体制是根据什么确定的呢?它是根据生产力的性质和发展水平来确定的。有什么样的生产力性质和发展水平,就有什么样的经济体制与之适应。马克思把人类历史生产力发展大体上划分为三个阶段,即:以手工工具劳动为主要标志的第一阶段,这一阶段人们是以生理差异与自然环境差异为依据的分工;以机器和机器体系生产为主要标志的第二阶段,这一阶段是社会范围以物为中介的社会分工,即通过劳动产品的交换来实现的社会分工;以自动控制系统为主要标志的第三阶段,这一阶段是社会范围内的自觉的计划分工。(《马克思恩格斯全集》第46卷下册,第217~218页)。与之相适应的社会经济体制也对应地大体划分为三个阶段:即自然经济阶段、商品经济阶段和计划产品经济阶段。

我国社会主义初级阶段的生产力性质和发展水平,就工业而言,是以机器和机器体系生产为主体;就农业而言,是以手工工具劳动为主体并向机械生产发展转化。因此，我国生产力发展水平处于马克思论证的生产力发展的第二个阶段的初级阶段。与我国生产力发展水平相适应的经济体制应是有计划的商品经济的初级阶段。所谓“有计划的”是指在商品经济活动中按商品经济的规律去加强计划性和加强宏观调控而言的，而绝不是指计划经济体制而言，也不像“综述”所说的“一味依靠加强宏观调控，亦非长久之计”。

以生产力的发展阶段，来确定经济体制的发展阶段，是研究经济体制问题的本质依据。

因此，我国社会主义初级阶段的经济体制是商品经济，而不可能同时又是计划经济（计划产品经济）。

“综述”中说：“建国以来，我国实行的是各社会主义制度国家所普遍实行的计划经济。这样一种经济管理体制，是在废除生产资料私有制之后社会主义各国的必然选择。”

计划产品经济到底是不是历史的必然选择呢？

我国是从半封建半殖民地的生产力十分落后的情况下建立社会主义制度的。而现阶段我国的生产力发展水平仍然较低。生产力决定生产关系（决定经济体制）。在这样的生产力水平上，不但个人消费品的生产和消费要通过商品形式，而且生产资料的生产和交换也要通过商品形式；不但工业与农业之间的生产与交换要通过商品形式，而且在工业内部和农业内部的生产和交换也要通过商品形式。这个商品经济阶段是个很长的、跨越不同社会制度的自然的发展阶段，既不可能取消，也不可能超越。正如马克思所说：“社会经济形态的发展是一个自然历史过程。根据其自身运动的自然规律，它是既不能跃过又不能用法令取消的自然的发展阶段。”（《资本论》第一卷，第12页）因此不难得出结论：首先在苏联实行的、继而扩大到其他社会主义国家实行的计划产品经济体制是人为地对历史的超越，是不适应一些生产力水平不高的社会主义国家的。苏联、我国以及其他社会主义国家长期的实践证明，计划产品经济体制弊多利少，是不成功的，在一定程度上限制了生产力的发展。

商品经济的精髓是按价值规律办事，实行劳动的等价交换。而计划产品经济的最大问题是不按价值规律办事，限制价值规律发挥作用的范围，把生产资料公有制与价值规律对立起来，这在苏联计划产品经济体制的实施当中表现得尤为突出，斯大林同志虽然承认苏联是“商品生产”，但是他把商品的

“活动范围只限于个人消费品”(《斯大林选集》下卷，第551页)，他又说：“可不可以把我国社会主义制度下的生产资料看做是商品呢？据我看来，无论如何是不可以的。”“由此可见，无论如何不能把我国制度下的生产资料列入商品的范畴。”(《斯大林选集》下卷，第578页)他还说：“价值规律在我国是不是生产的调节者呢？不，不是这个意思。事实上，在我国的经济制度下，价值规律的作用是严格地限制在一定范围内的。”“价值规律只有在资本主义制度下，在存在着生产资料私有制的情况下……才能是生产的调节者”(《斯大林选集》下卷，第554~556页)。很显然，斯大林同志的观点是否定商品经济、否定价值规律的作用。

斯大林同志这些带有偏差的指导思想，可能是从恩格斯在论证科学社会主义时的一个预言中引申出来的。恩格斯说：“一旦社会占有了生产资料，商品生产就将被消除”(《马克思恩格斯选集》第三卷，第323页)，目前看来，这个预言被社会主义各国的实践证明是不现实的。

中国的计划产品经济体制是从苏联照搬过来的，斯大林的观点对中国影响很大。毛泽东同志虽然承认“价值规律是个大学校”，虽然承认我国仍然是“商品制度”，但是他同斯大林一样，对价值规律要“在无产阶级专政下加以限制”(毛泽东1974年同丹麦首相哈特林的谈话)。由于这种不符合生产力发展实际的理论指导，由于在实行经济体制上的偏差，社会主义制度的优越性没有得到充分发挥，社会生产力发展缓慢。邓小平同志指出：“按照历史唯物主义的观点来讲，正确的政治领导的成果，归根到底要表现在社会生产力的发展上，人民物质文化生活的改善上。如果在一个很长的历史时期内，社会主义国家生产力发展的速度比资本主义国家慢，还谈什么优越性？我们要想一想……”(《邓小平选集》第123页)是社会主义制度不优越吗？不是！问题就出在超越生产力发展水平，实行计划产品经济体制，没有很好发挥价值规律的作用，反而用计划产品经济体制窒息价值规律的作用，使社会主义商品经济难于发展。

“综述”一方面说计划经济体制是“必然选择”，紧接着却又说这种“体制的弊端，也愈来愈突出地显现在我们面前”，甚至说，“计划体制在‘文革’十年被推到登峰造极的地步，其固有弊端也暴露得十分充分，以至中国经济之舟已经几乎到了倾覆的边缘”(这期间的问题当然主要不是计划产品经济体制问题，而主要是政治动乱问题）。如果计划产品经济属于历史的必然选择，它应该适应一个整个的历史时期，在产生它的基本经济条件没有发生质的变化的时候，它是不会在较短的历史时期内“弊端越来越突出”的；计划产品经济体制之所以在不长的历史时期内“弊端越来越突出”地显现出来，刚好证明它不是历史的“必然选择”。

党的十一届三中全会以来，我党在邓小平同志的领导下，坚持实事求是、理论联系实际的原则，坚持实践是检验真理的唯一标准，不断总结社会主义革命和建设中正、反两方面的经验教训，逐渐认识到了实行计划产品经济体制的问题，在党的十二届三中全会上正式确认了社会主义经济体制是有计划的商品经济。这是历史性的突破，是历史性的贡献，是对马列主义、毛泽东思想的重大发展。过去我们为计划产品经济体制付出了不少代价，交了不少学费；现在我们不能再交学费了，老实说，我们也交不起这样的学费了。

总之，商品经济体制与计划产品经济体制是适应两个不同历史发展阶段的两种不同的经济形态。它不是“存在于社会主义经济统一机体之中的”矛盾“抽象对立的双方”。毛泽东同志说：“马克思主义者认为，只有人们的社会实践，才是人们对于外界认识的真理性的标准。”（《毛泽东选集合订本》第261页）我国和各社会主义国家的实践已经证明，在我国社会主义初级阶段，只能实行社会主义有计划的商品经济体制，而不能实行计划产品经济体制。

计划经济与经济计划

——讨论后的思考之二

(1990年8月21日)

《经济日报》对“如何实现计划经济与市场调节相结合”讨论的综述文章中把“计划经济”、“计划体制”与“计划”、“计划性”、“计划调节”、“计划安排”等统统当做一个概念加以使用(《经济日报》1990年7月23、24日第一版),没有把计划经济体制问题与经济计划的实际工作问题加以本质区别。因此,不但造成综述文章的概念混淆,而且也由此造成综述文章的自相矛盾,并使一些结论失误。

计划经济(或称计划产品经济)系指经济体制而言。经济体制可以概括为以下特征:①以生产力为依据的特征。经济体制的产生和存在都是以一定生产力性质和发展水平为依据的,有什么样的生产力,就有什么样的经济体制与之适应。反过来经济体制又不断推动生产力发展,为生产力发展服务。②历史性和整体一贯性。经济体制产生并存在于整整一个历史时期,当生产力的性质和水平没有发生质的变化时,即产生它的经济条件没有消失时,它是不会退出历史舞台的。因此,从整个人类历史来看,它有历史的阶段性;在一个历史时期,它又具有整体一贯性。③客观性和历史必然性。它的产生和发展是以生产力的发展为条件的,它不以人的主观意志为转移,在一定的生产力条件下,经济体制是既不能取消也不能改变或超越,它同生产力发展一样,是一个自然的历史过程。④规律性。经济体制的产生、发展和消亡是有规律的;不同的经济体制,有它固有的内在规律性。人们可以认识这些规律,从而运用这些规律为人类生产力发展服务。就像人们不能创造和消灭客观规律一样,人们也不能违背客观规律。如果违背客观规律,必受惩罚。

而经济计划(或综述文章中所称的“计划”、“计划调节”、“计划安排”、

“事前的计划”等）则是另一类概念。它是与计划经济既有严格区别又有密切联系的不同性质的概念。

在一定情况下，人们为了达到某些预定的目的而制订的某些指标体系、指导原则、实施方法及其措施等等，一般称为计划，如果指经济工作而言，就称经济计划。经济计划有宏观计划，也有微观计划；有长期计划、中期计划，也有短期计划；有综合计划，也有单项计划；有指令性计划，也有指导性计划等等五花八门。经济计划无论在什么社会制度、什么经济体制下，也无论事大、事小，人们普遍加以运用，大到国家的十年远景发展规划，小到家庭每年农业生产安排计划，均属计划范畴。经济计划具有以下特征：①它是人们对客观经济情势认识的主观产物。主观认识接近客观实际，计划实现的可能性就大，反之则小。②科学性或盲目性。有些经济计划由于制订计划的人们对客观实际认识充分，依据充分，条件具备，而使计划有科学性和现实性。也有些经济计划由于制订计划的人们对客观实际认识不足，或矛盾没有充分揭示，有时在唯意志论思想指导下，使计划带有盲目性。这样的计划不但难以实现，而且会对经济发展造成危害。③预测性。凡是较重大的计划，都要根据历史的已实现的条件对未来的可行性进行计算、分析和预测，这种计算、分析和预测是制订计划的必要条件。④实践性。凡是认真的计划都是要组织实施的，在实施中检验计划的可靠程度，并在实践中完善和修订计划，不断使主观与客观趋于一致，达到预定目标。

由此，不难看出，计划经济与经济计划是不容混淆的，它们是不同性质、不同层次上的不同问题。

综述文章中说：“计划与市场的功能、目的、作用不仅一致，而且覆盖整个经济、覆盖全社会”，又说，“计划是商品的计划”，同时还说，“如果把计划不适当地夸大到包揽一切、涵盖一切的程度，那就必然走向极端，陷入僵化”。

这里，计划与市场的功能、目的和作用是否一致，暂且不讨论。除此之外，有以下几个问题值得探讨：一是把计划经济（或称计划产品经济）的体制问题与计划工作问题混淆了，什么计划都不可能“覆盖整个经济”，更无法“覆盖全社会”。这里显然是作者把计划一词与计划经济体制当成了同一个概念。二是既然“计划是商品的计划”，而且“覆盖整个经济、覆盖全社会”，就是说商品的计划是无所不包的。一方面这不可能;另一方面这样一来就用不着与市场结合了,因为在这里没有市场的份了,那么谈与市场结合还有什么意思呢?三是“综述”。一方面批判过去的计划“包揽一切,涵盖一切”、“走向极端,陷入僵化”;另一方面却主张计划“覆盖整个经济、覆盖全社会”这岂不是自相矛盾吗?作者究竟主张的是什么?这使读者无所适从。

综述文章中说:“问题在于我们尚未做到科学地把握计划经济与市场调节相结合的范围、方式和程度。以往的种种挫折和失误,造成经济发展中的周期性波动和调整,重要原因就是没有处理好计划与市场的关系。”该文又说:“现代经济生活是那样庞杂而繁复,其变化又是那样迅速而令人难以捉摸。事前的计划即使借助计算机也很难算准算细,而算得再准再细,在瞬息万变的市场面前也常常是时过境迁,南辕北辙。”

在这里我们可以看到:①又把计划经济与计划混淆了。②作者把计划看做一块,把市场看做另一块,然后“科学地把握”在不同领域、不同地区、不同时期、不同产品上的不同结合“范围”和“程度”。正如作者在综述文章另一处写道:“在我国的经济生活中,在工农业的各条战线、各个领域究竟计划与市场应该占多大比例?”作者的这种设想是一种人们根本没办法“科学地把握”的空想,是根本办不到的。过去“尚未做到科学地把握”;而今后,仍然谁也没有办法做到在不同领域、不同时期、不同地区、不同产品上计划与市场各“占多大比例”方为“科学”!③作者一方面要人们“科学地把握”计划与市场相结合的“范围”、“程度”和“比例”,另一方面作者同时又认为市场“令人难以捉摸”、“即使借助计算机”、“而算得再准再细,在瞬息万变的市场面前也常常是时过境迁,南辕北辙”。这里作者不但陷入了市场不可知论的误区;而且又把自己前边讲的计划与市场的结合“范围”、“程度”和“比例”的想法完全推翻了,作者从市场变化的角度看计划工作几乎是不可能的(按作者讲的那样结合是不可能的),这样计划与市场相结合岂不成了空话吗?

综述文章中说:“从理论上推导,计划经济确实完善缜密,无懈可击,从现实中观察,任何一个国家,办任何一件比较大的事情也都不可能没有事前的计划安排。但是如果把计划不适当地夸大到包揽一切、涵盖一切的程度,那就必然走向极端陷入僵化。”这里作者不但又一次把计划经济与“计划安排”混淆了,而且在理论上有了一点失误,理论或“理论推导”不仅从设想中是正确的，而且必须经过实践检验也是正确的，这样才称得上是理论或“理论推导”，否则是人们的主观设想或良好愿望，是不成其为理论的。毛泽东同志说得好：“真正的理论在世界上只有一种，就是从客观实际抽出来又在客观实际中得到了证明的理论。”（《毛泽东选集》第三卷，第775页）

综上所述，计划产品经济（或称计划经济）是指一种经济体制（或称经济形态），而经济计划（或称计划）是指在经济工作中人们的一种预期目标及措施。虽然二者有质的不同，但二者是相互关联的，主要表现是：①前者是客观的、历史的、必然的，后者是人们根据对客观经济情况的判断而产生的主观的东西。主观与客观一致就成功，不一致就要犯错误。②前者有历史的较长时期的一惯性；后者与前者比则不具备这种特点，时间最长的计划也要比经济体制持续的时间短得多。人们可以通过若干次历史性的计划，适应经济体制的要求，按客观经济规律办事，推动生产力发展。③前者具有内在的客观规律性，而后者则必须按客观经济规律办事。计划符合经济规律，计划就成功，二者就一致；否则，计划就不成功（或不完全成功）、二者就不一致（或不完全一致）。人们要想在计划中达到预期的目的，必须掌握客观经济规律并按经济规律办事。

经济效益与经济体制

（1990年10月）

党的第十二次全国代表大会确定本世纪的总奋斗目标是：“在不断提高经济效益的前提下，使全国工农业的年总产值翻两番”，并同时提出“把全部经济工作转到提高经济效益为中心的轨道上来”。（《十二大以来重要文献选编》上册，第14～17页）确定这一战略方针无疑是十分正确的，它是新体制彻底战胜旧体制的根本保证，也表明了我们迎接世界经济挑战的决心。实现这一战略方针，无疑对提高我国经济工作素质具有重大意义，并对进一步发挥社会主义制度的优越性具有深远影响。

一、经济效益呈下降趋势

无论在经济膨胀时期还是在经济紧缩时期，我国经济效益不但没有提高，而且不断下降，1989年与1985年相比，工业总产值增长56.07%，年平均增长14.02%，而同时期资金利税率却下降7.23%，年平均下降1.8%。同期的产值利税率也下降6.81%，年平均下降1.7%。从这几年的发展看，下降的趋势亦很明显，资金利税率1986年至1989年分别比1985年下降3.59%、4.07%、3.49%和7.23%。产值利税率1986年至1989年分别比1985年下降0.55%、3.19%、4.16%和6.18%。

全民独立核算工业可比产品成本则不断提高，1985年至1989年分别为7.38%、7.34%、7.04%、15.59%和22.17%。

全民独立核算工业企业亏损面从1985年至1989年逐年扩大，分别为10.85%、13.16%、14.38%、11.66%和15.89%；亏损额则逐年上升，分别为40.52亿元、72.42亿元、84.68亿元、106.57亿元和234.05亿元。

国营企业百元销售额利润1979年是17.2元，1984年降至14.8元，1988年又降至8.7元，相当于一年减少利润480亿元至660亿元。

从固定资产投资看，全民所有制单位当年移交生产的固定资产占固定资产总投资额的比重由1979年的83.7%降到1988年的65.8%，等于一年少交付生产的固定资产投资180亿元，投资效益大为降低。

今年上半年全国预算内工业企业实现利税比去年同期下降18.6%，其中实现利润下降55.5%，亏损面达到33%，亏损额达到126.8亿元，比去年同期增加89%。

经济形势的好坏与其说取决于速度的高低，不如说取决于经济效益的高低。这种经济效益不断下降的情况不能不引起我们的严重关切和深度不安。因此，分析研究造成这种情况的深层次的原因，并针对性地采取坚决措施，这就是我们理论工作者和实践工作者的共同责任。

造成这种情况的原因，人们可以归纳出好多条，诸如我国的经济基础差、素质低，特别是目前市场疲软，产品积压，产业结构不合理，企业管理水平低，原材料涨价，企业社会负担重等等。但这都是浅层次的原因，其深层次原因在于经济体制改革不配套，经济体制和运行机制不适应。

二、经济效益下降的原因分析

第一，价格体系和运行机制不适应。价格是价值的外在表现，是商品经济运行的晴雨表，是调控经济最灵敏的杠杆，价格要反映生产该商品的价值和市场供求关系，从而实现等价交换的原则。价格体系和运行机制与生产力发展适应，就能促进生产的发展和经济效益的提高，反之亦然。

我们实行的生产资料价格“双轨制”，越来越明显地显示出它弊多利少，由国家部门制订的计划内价格既不体现价值，也不反映供求关系的变化；不同商品的比价长期不合理，使产业发展不协调，由于原材料价格偏低，妨碍了基础产业的发展；一些收费价格严重不合理，把低收费作为一种福利待遇，使本来有自我发展能力的产业萎缩不振。更严重的是，有的商品价格长期购销倒挂，不但给国家财政造成越来越大的负担和压力，而且造成宏观上分配的不合理。上述的一些价格现象从根本上违背了价值规律。

现实的价格体系给生产经营者的信号，不是正确反映劳动消耗的高低、经营管理的好坏和供求关系的真实信号，而是被扭曲了的不真实的虚假信号。

有的产品生产能力本来已经供过于求、市场饱和，但是价格给人们的信号却是生产这一产品可以大大获利，于是竞相扩大这一产品的生产能力，因而造成生产能力的严重浪费，使经济效益大幅度下降。超过市场需求量一倍多的一百多条彩电生产线和近百条冰箱生产线就是在这种扭曲的价格背景作用下，并加上计划行政手段而产生出来的。这类事情在我们以往的经济工作中是层出不穷、屡见不鲜的。

由于企业获得的国家计划内“平价”的原材料比重的不同，使它们的生产成本大不相同，因此获利水平差异很大。同行业的企业失去彼此平等竞争的条件，甚至造成极其反常现象：消耗高、经营差的企业可能由于得到“平价”原材料的比重大，而经济效益“好”，不是取决于企业的技术进步、消耗水平的高低、经营的好坏，而取决于国家价格给予的优惠程度，从而使对企业的生产经营成果无法进行正确的比较和评价。

这样一来，就把企业行为导向向外使劲——向政府部门管钱、管物的官员使劲——于是都“跑部(步)钱(前)进”了。让政府部门减税让利，让政府部门降低承包基数等等。企业的厂长(经理)在这方面花的精力要比抓企业内部管理大得多，这就势必影响企业向内使劲、革新挖潜、“双增双节”的积极性，促使一些企业在这方面不下真工夫(而有时真功夫不如假功夫)，却在对付政府官员上“下真工夫”(而实际上是假功夫，甚至是邪功夫)，去获取高额利润。因而企业行为导向偏差。这就使我们各级领导反复强调的企业要走向内使劲、走内涵提高经济效益的路子成了一句只是良好愿望而难以实现的空话，使我们的经济运行机制与我们提高经济效益的要求背道而驰。换句话说，就是我们的要求和愿望不但没有相应的价格体制和运行机制的保障，而且价格体制和运行机制与我们的要求和愿望相反。

总之，现行的价格体制和运行机制不利于经济效益的提高，不利于生产力的发展，应该下决心进行改革。正如党的十二届三中全会关于经济体制改革的决定中所说的：“不改革这种不合理的价格体系，就不能正确评价企业的生产经营效果，不能保障城乡物资的顺畅交流，不能促使技术进步和生产结构、消费结构的合理化，就必然造成社会劳动的巨大浪费，也会严重妨碍按劳分配原则的贯彻执行。”(《十二大以来重要文献选编》中册，第570页)

第二，计划体制不适应。以往以实物量计划指标为主的，以不合理的价格为核算依据的，以行政手段为主推行的计划经济体制不适应商品经济的发展和经济效益的提高。从对计划工作的观念上看，有人认为计划与市场各占一块地盘，平行运行，然后再在不同领域、不同地区、不同产品上实行不同程度、不同比例的“结合”。这是降低计划的宏观水准、混淆计划与市场关系的形而上学的思想方法，是行不通的，以前没有“科学”地把握“结合”的比例，今后也没有办法实现“科学”地把握“结合”的比例。也有人认为“计划是商品的计划”，而且“覆盖整个经济、覆盖全社会”。(《经济日报》1990年7月23、24日讨论综述)因而使计划又成了无所不包的计划了，使宏观指导整个经济计划变成了全社会的微观产品计划，这是另一种办不到的主观空想。

再从计划的实际工作看，在我国生产力水平不高、市场机制不健全、信息量少而且滞后的情况下，制定生产资料和产品的分配计划的依据很难充分，在没有充分依据的情况下制定的计划必然是可靠性很低、主观随意性很大的计划，因而计划很难客观地反映供求关系和很难达到供需总量平衡的要求。

况且由于财政“分灶吃饭”体制和条块各自不同利益因素的影响，增大了计划的主观随意性和地方分割性，即使是从全局看可行的计划，也被条块分割变得面貌全非了。

第三，企业管理体制不适应。新中国建立以来，我们国家对企业的管理体制多次在中央部门为主管理企业的“条条专政”和以地方政府为主管理企业的“诸侯经济”两极之间摆来摆去。中央部门集中一段时间，就统得过多过死，束缚生产力的发展，不行。于是又把企业下放到地方，下放后，各地方从各自的利益出发盲目建设、自成体系、形成小而全低水平重复和分割的“诸侯经济”，这样也不行。于是又要进行新一轮的中央部门的“条条专政”……这些条条块块把社会化大生产的生产力分割得支离破碎，把国内大市场、大流通分割得七零八落。

无论是中央部门集中还是下放到地方政府，只是解决上下级对企业归属的不同划分。而社会主义商品经济应该淡化这种划分，着力注意解决企业是具有独立法人地位的商品生产者和经营者地位的建设和完善，并解决企业在相对平等的环境下建立与市场的正常关系问题。我们的企业管理体制阻断了这种企业发展条件的建设和这种正常关系的建立，而把完整的社会生产力分割在各个不同的部门和各级政府，使现代商品生产的大规模、社会化、集约化、专业化、分工协作的客观要求被这种企业管理体制造成的分割局面所破坏。在这种条块分割的管理体制下，势必使整个国民经济在低水平的情况下运行，必然付出高投入、低产出、低效益的代价。我们经济工作以高投入、高速度来掩盖低效益、低产出，已经成了一种习惯做法。它严重阻碍着经济工作转到以经济效益为中心的轨道。

第四，在政企分开上不适应。企业应该是具有自主经营、自负盈亏、自我发展、自我积累、自我约束机制的具有独立法人地位的商品生产者和经营者。虽然企业自主权有所扩大、企业活力有所增强，但距上述要求仍然距离很大。

一是，从投资行为上看，除了国家基础设施和重大经济布局由国家投资负责建设以外，一般项目的建设投资行为应是企业和企业家的投资行为。而我们的投资行为主要是各级政府和政府官员的投资行为。地方各级政府为了自己“吃饱饭”、“吃好饭”，设法增加税源——多办企业——向上级争项目争投资，而由于地方政府各自的条件所限，他们顾不上经过全国平衡的产业政策，也不管经济效益的好坏——一窝蜂地上马。有理者争，无理者也争。争不到就计划外上马。如我国的棉纺工业1985年到1988年四年间增加纺锭935万枚，平均每年增加223.7万枚，超过每年增加50万枚的计划数的4.5倍。小棉纺厂遍地开花，产棉区建小棉纺厂，不产棉区也建小棉纺厂，少则几千锭，多者也不过一两万锭，使好棉花纺成次等纱，根本无效益可言。政府官员的投资行为往往是重产值、重速度、重税金，而企业家的投资行为则恰恰相反，它重产出、重效益、重利润。这种从企业建设一开始就政企不分的投资行为，使投资效益大为降低。

二是，虽然已经提出企业要摆脱政府部门附属物的地位，但现实距这一要求很远，而且有走回头路的可能。在改革开放之后，企业基本上是面对市场，在市场竞争面前经受考验，实现产品“惊险的一跳”，使企业职工的劳动被社会所承认，成为社会劳动的组成部分。但目前企业一方面要面对市场，这已是大势所趋，已经不能回到什么都靠“统购包销”的局面。另一方面因为企业管理体制分割和价格不合理等因素使企业又难于面对市场公平竞争。因而企业处于进退两难的地步，在企业难于面对市场的窘境下，不得不再找政府，重新投入政府的“怀抱”，重新处于政府附属物地位。这样，虽然企业又会丧失自主权，但在无可奈何的情况下，还是再端“铁饭碗”吃国家“大锅饭”保险些。而政府主管部门则愿意“接收”，他们说“权放过头了，应该收了”（本来政府部门有的同志对把微观权力放给企业就不情愿）。虽然企业和政府部门想法各异、处境各异，但是二者不谋而合的、自觉不自觉地要走回头路，目前已出现这种苗头。政府部门渴望恢复对企业的微观权力，因为这种分钱、分物、分指标的微观权力是“实权”、是“手段”。他们往往对宏观权力不感兴趣，因为宏观权力的实现不但要花费大气力，而且没有“实权”。于是，把宏观调控弃置一旁，对应该放给企业的微观权力却抓住不放。在这种新旧体制严重摩擦、企业处于两难境地的情况下，经济工作难于转到以经济效益为中心的轨道。如果企业再度丧失自主权和积极性，要提高经济效益只是一句空话。政府部门对企业的管理应是上实下虚，宏观实而微观虚。所谓上实、宏观实，就是要建立反应灵敏、有效的经济、法律、行政等手段综合运用的宏观调控体系，对总需求与总供给进行宏观调控，使之趋于平衡；对市场运行进行调控，使之兴利除弊；对产业发展进行调控，使产业协调发展。所谓下虚、微观虚，就是要把微观权力放给企业，政府部门少管或不管那些不该管、管不了也管不好的事，使企业面对市场经受检验，从而促使企业向内使劲、革新挖潜、提高效益，走内涵发展的路子。

三是，企业的经营者之中目前有一种反常现象，使企业不获利或少获利。这种现象的发生也是与管理体制有关。①企业承包的基数不是按同行业的平均利润率水平确定的。企业经营好、内部潜力挖得多、获利水平高，则承包基数就高，企业要费大力气还不一定实现；反之，企业获利少、获利水平低或亏损，则承包基数就低，企业不费大力气就可以实现。就是企业承包之后，经营者也不愿意使利润增长过快，往往是“留一手”，免得下一个承包期承包基数过高而使企业“吃亏”。人们常称这种机制为“鞭打快牛”。由于经营者怕“鞭打快牛”，于是就采用上述“对策”应付。这是与提高经济效益南辕北辙的。②如果企业承包经营好、获利多，特别是盈利大户，便会遭来四面八方的眼红，都想从肥肉上割一刀，于是各种检查、验收、鉴定、赞助、评比、集资之类的事纷至沓来（当然，必要的检查是需要的），甚至主管部门的费用也让企业分摊，招来很多麻烦。于是经营者又有了“对策”——不获利或少获利——有的经营者宁可不要“优秀企业家”和“模范”的称号也这么干，尤甚者在企业内部超分配，这样既满足了企业职工的眼前利益要求，又可避免别人宰割，岂不乐乎。但是吃亏的却是国家。

四是，在全民所有制的产权上，过去有一种国有必国营的观念，即全民企业必由政府各部门经营，把所有权与经营权混为一谈。在全民所有资产的产权上，应是上虚下实，宏观虚而微观实。所谓上虚、宏观虚，就是不要把社会生产力按部门或各级政府分割得七零八落，成为部门所有或地方政府所有。而各级政府和政府各部门应为生产力发展提供系统的服务，建立宏观调控体系，提供政策指导，提供调控方向，提供企业发展的社会、市场条件。所谓下实、微观实，就是建立一种使职工和经营者像保护自己财产一样保护国有资产的产权落到实处，每一部分国有资产的完整和增值都与同这部分资产相结合的劳动者的切身利益结合起来，即"一损俱损、一荣俱荣"的机制。而我们在产权问题上，现实却是上实下虚、下边对国有资产的完整和增值却无人负责或无法负责。企业职工——与这部分国有资产直接结合的、创造新的价值的——主人，对这部分国有资产的完好和增值并不关心，因为缺乏这种机制或者说这种机制的力量很弱。企业的经营者——与这部分国有资产处境好坏起决定性作用的企业中心人物——法人，在如何既代表国家利益、企业集体利益，又代表企业职工个人利益的问题上，三者之间很难摆平。由于种种原因，使企业经营者偏重于职工的眼前利益，而忽略国家长远利益，形成短期行为。由于企业缺乏自我约束、自我发展的机制，结果是企业的非生产性开支大幅度增长、消费基金膨胀，国有资产增值缓慢，使国有资产在这个关键的环节上虚脱。这对提高经济效益，增加财政收入和国有资产迅速增值，是很不利的。

第五，竞争机制不适应。有竞争才有比较，有比较才分优劣，分优劣才能优者胜劣者汰，优胜劣汰才能促进科技进步、生产力发展和经济效益的提高。这是催人奋进的机制，是不拼搏就难于生存的机制，是推动社会进步的机制。可是，"长期以来，人们往往把竞争看成是资本主义特有的现象，其实，只要有商品生产必然有竞争"（《十二大以来重要文献选编》中册，第547页）。

现在我们的实际情况是优不胜、劣不汰。所谓优不胜，由于价格体制不合理，企业没有平等的竞争条件。不优的企业，由于占计划内价格的便宜、占计划内原材料比例大的便宜、或占承包基数低的便宜，可以获利多，生产经营显得红火。而产品质量好、市场销路好，经营管理好的企业可能由于计划内平价原材料供应少，承包基数高而亏损，处境困难，使优者难胜。所谓劣不汰，由于企业被条块分割，加之财政体制“分灶吃饭”更加剧了这种分割。在企业各自分割的情况下，出自各自不同的自身利益，把市场也分割起来，紧俏的、供不应求的产品各地垄断起来，层层设卡堵截，不准出境销售，甚至出省的物资要省长亲自批准才准出省，否则企业法人之间签订的合同也不作数。当本地产品由于质次价高、销路不畅时，各地也要实行地方“保护”，实行分割市场的“土政策”，进行区域封锁：对外地的质优、价廉的产品不准入境。进而强行要求本地消费者抽“爱县烟”、喝“爱县酒”、用“爱县肥”。上述两种行为都割裂了市场、阻断了流通、保护了落后，因而起到降低整个经济效益的作用。

这种没有公平竞争、优不胜、劣不汰，生产力区域分割的机制，是无法提高社会经济效益的。

在产业结构调整上也同样存在优不胜劣不汰的问题。优者，由于生产、流通的区域分割，很难形成在全国大市场上的优势，很难迅速扩大生产能力。劣者，由于企业职工要吃饭、银行贷款怕泡汤、地方政府怕失去税源、企业的主管部门怕丢失面子、而企业难于关停并转，该淘汰的不能淘汰，企业破产法已试行快两年了，但破产的企业几乎没有，是没有应该破产的企业吗？不是！是这种保护落后的、生产力区域分割的机制在起作用。这样下去还有什么效益可言！

总而言之，要把社会主义商品经济转到以效益为中心的轨道，不但要有良好的愿望，提出任务和目标，而且还必须建立起与提高经济效益相适应的经济体制和运行机制。没有经济体制的保障，提高经济效益的战略方针就难以实现。因而，我们的注意力应从建立与社会主义现阶段生产力发展相适应的价格、计划、财政、市场等宏观体系和保障国有资产完好和迅速增值的企业微观机制入手。这就是我们继续深化经济体制改革的首要任务。

三、建立适应提高经济效益的体制建议

第一，建立适应社会主义商品经济的价格体系和运行机制。首先以“调放结合”的办法理顺价格关系，建立起反映价值规律要求的价格体系和合理比价。除少数有关国计民生重要的生产资料和重要收费由国家依据价值规律统一定价外，逐步放开价格，使价格灵敏地、准确地反映价值和供求关系，给商品生产者准确的信号，从而对商品的生产和流通起着调节作用。其次，创造条

件把生产资料价格“双轨制”逐渐并轨，形成单一的市场价格体系。对国家重点建设要保证供应的重要物资的分配，国家可以采取定点、定量不定价的办法，价格随行就市；对一时求大于供、供求矛盾突出的商品，可采取最高限价的办法，以保护消费者的基本利益；对一时供大于求的重要商品，可采取最低保护价办法，以保护生产者的基本利益。再次，创造条件逐渐取消某些商品的“专卖”、“专营”，消除垄断，搞活流通，鞭策落后，激励竞争。此外，政府用经济、法律和行政等手段，对市场物价进行宏观调控，使之兴利除弊、正常运行。

第二，培育并完善市场机制。在大力发展商品市场的同时，积极培育和完善生产要素市场。随着我国生产力的发展，使市场不断完善，市场作用不断增强。使生产者在市场上一试高低，优胜劣汰，促进科技进步、活劳动和物化劳动的节约、产品的更新换代和经济效益的提高；使经营者在正常流通中不断提高服务质量，降低费用，以优取胜，不断扩大流通和提高在流通中的经济效益。

对国家的重要物资和重要生产资料，依托中心城市建立在严格监管下的综合或专业市场，并把各中心城市的交易市场联成全国的大市场网络，使物畅其流，物尽其用。国家计划行政部门的任务是给市场的正常发展创造条件，提供宏观调控政策和监督管理。而不是用行政力量取代市场制定价格和进行产品分配。

同时，要积极培育生产要素市场、建立和完善产权交易市场、技术市场、劳动力市场、资金、股票和证券市场等。这些市场的发育程度如何不是人们主观设计的产物，而是伴随着生产力的发展而不断发展和完善的，生产力的发展对上述市场的发育程度客观地提出了要求。人们的任务是适应这种客观要求培育生产要素市场，使之不断适应生产力发展的要求。人们不能违背这种客观要求，而限制和阻碍生产要素市场的发育，也不能把经济计划与市场对立起来，使计划与市场各占据一块地盘，“双轨”运行，计划这一块不考虑市场机制的作用，而用行政手段推行，这是行不通的。计划是在市场之上并覆盖整个市场，它主要功能是从宏观上、政策上对市场进行引导，给市场正常发育创造条件。计划不能取代市场。

第三，深化计划体制改革。由以产品的生产和分配计划为主转到以宏观调控为主，把微观权力交给企业，国家经济管理部门要用主要精力抓好经济信息的收集、处理和反馈，在此基础上制订对市场走向的宏观调控方针、政策，使市场健康发展；由国家经济部门直接管理企业转到用政策、法规等手段间接管理企业，打破对企业的条块分割，打破“直属企业”与“非直属企业”的界限，形成政府部门对企业的全方位服务，全行业管理，使企业真正成为具有独立法人地位的商品生产者和经营者；由计划工作脱离市场、脱离价值规律转到计划覆盖整个市场、按价值规律办事；由政府计划部门主要用行政手段推行计划转到以经济手段为主综合运用其他手段，运用行政手段干预经济必须是强有力的，而不是软绵绵的、可执行可不执行的；由基本建设项目的工作以政府部门为主转到以企业法人为主、基本建设投资由“吃拼盘”转到谁建设谁投资、谁筹资、谁得利的办法。

第四，建立以提高经济效益为中心的，把国有资产产权落到实处的企业微观经济运行机制。确立这种机制的最好途径是企业逐步实行股份制。一是，目前企业的承包机制应逐步通过规范化，使其相对完善合理，并以同行业的平均利润率水平衡量企业承包水平的高低，促使企业走以效益为中心，内涵发展的道路。二是，创造条件逐步由企业承包制向股份制过渡，不断扩大和完善企业股份制机制。使每一部分国有资产的产权落到实处，使股东对记在他们名下的这部分资产的完好和增值完全负责，并与其利益直接联系。这样容易形成以国有资产为主的各种所有制的互相渗透和融合，并使资产根据供求关系在产业之间流动。这种企业机制使资产所有者与企业经营者和职工之间形成相互协调一致的直接利益制约关系。股东的近期利益是多分红利，长远利益是股本增值，以上利益是建立在企业发展的基础上，因而股份制企业有很强的自我约束、自我积累和自我发展的动力。企业经营者是股东利益和职工利益的执行者，受股东的直接制约，有效地克服经营者的短期行为。如果片面追求企业职工工资福利的最大化，会损害股东利益，股东是绝不会允许的。这种企业微观机制的确立，不但使企业转入以经济效益为中心的轨道，而且使国有资产的迅速增值得到保障。三是，为适应企业微观机制改革的需要，对企业党管干部的原则应由党委或部门直接任命、直接管理企业负责人改为间接管理——由股份企业的董事会聘任和管理。这样把间接利益机制变为直接的利益机制。各级党委从宏观政策上加强管理，保障用人制度的顺利实施。因而从用人机制上保证企业经营管理的改善和经济效益的提高，这样更好地体现党管干部的原则和实现了党管干部的目的。企业内部中层干部的使用则依据《企业法》由厂长(经理)在充分听取各方面意见的基础上聘任或解聘。

第五，建立以经济效益为中心的评价经济工作和考核经济工作者工作成效的指标体系。长期以来，我们习惯于以工业总产值的增长速度为主来评价工业经济形势的好坏和考核干部的工作成绩。这种做法对经济工作转到以效益为中心的轨道上来是个严重障碍。我们应逐渐改变这种做法，建立起以资金利税率、产值利税率、可比产品成本降低率、流动资金周转率、物资消耗降低率等经济效益指标体系为主、以工业总产值等绝对数指标为辅的考核、评价办法，同时，也注重产品质量指标的考核。经济效益和产品质量指标的改善和提高，需要真本事、下真工夫，与铺摊子、搞单纯提高产值相比，难度要大得多。这个转变不仅仅是做法上的转变，而且是经济工作观念上的转变，是一个根本性的转变。

第六，弄清理论问题，使经济工作有正确的理论指导。对我国目前的经济体制问题说法各异，莫衷一是。我国现阶段究竟是产品经济、计划经济、商品经济还是市场经济？它们各自的内涵是什么？它们的本质区别又在哪里？某种经济体制产生的依据是什么？计划经济与经济计划是不是一回事？价值规律、市场和价格是什么关系？价值规律的作用范围应不应该限制？价值规律对生产资料生产起不起调节作用？能不能离开市场让价值规律发挥作用？这些问题一直在不同程度上困扰着社会主义国家的理论和经济界，所有这些问题从实践到理论上搞明白了，就会正确指导我们的经济工作，使我国生产力发展开创一个新局面，把马列主义推向前进。

在深圳10年社科优秀成果颁奖大会上的讲话

（1990年12月19日）

同志们：

今天我十分荣幸参加我们的颁奖大会。在我们刚刚庆祝深圳特区10周年之际，有这么多理论工作者和实践工作者在社会科学研究方面获奖，这是深圳经济特区创办以来的一件盛事。我代表中共深圳市委、深圳市人民政府向获奖的同志表示热烈的祝贺，并通过你们，向全市社会科学理论工作者和实践工作者致以崇高的敬意和亲切的慰问。

深圳，作为邓小平同志倡导的党中央决策创造的全国改革开放的试验场、窗口和基地，以惊人的“深圳速度”，在短短的10年中就把一个边陲小镇发展成为一个现代化的城市。没有理论指导的实践是盲目的实践，是不能持久的。深圳改革开放的实践，呼唤着理论指导；深圳丰富多彩的实践，要求进行理论概括和总结。正是在这种形势下，我们社会科学领域的同志们经过辛勤耕耘，已开创了百花争艳、硕果累累的局面，在经济繁荣的同时，迎来了社会科学理论的繁荣，使文化理论建设与经济建设比翼双飞。获奖的项目都是具有较高水平的优秀社会科学成果。它包括了经济学、政治学、历史学、法学、哲学、社会学及其他交叉科学等等，既有学术性很强的基础理论研究，又有针对性很强的应用研究，对于推动深圳特区两个文明建设的全面发展，推动深圳特区的各项改革开放的顺利进行起了十分重要的作用。

“伟大的实践需要伟大的理论”，理论研究的重要性在于正确的理论能够指导和支持我们的改革实践，并使实践上升到理论阶段，提高我们实践的预见性和科学性。目前，深圳特区的发展跨入了一个新的阶段。李灏同志代表市委在我市第一次党代表大会的报告中把思想理论建设放在精神文明建设的首位，向全市提了出来，在未来的十年里，我们要继续当好探索有中国特色的社会主义道路的排头兵，坚持改革开放，在创造“深圳速度”的同时创造“深圳效益”。毫无疑问，我们面临着更为艰巨更为复杂的任务。在这一艰巨复杂的任务面前，社会科学工作者创造的劳动成果，将是我们创造性地完成任务的保障。同时，我们党和政府的各项重大决策也离不开我们社会科学工作者，社会科学界是党和政府决策的重要“思想库”和智囊团。全党和全社会要重视社会科学工作者，给他们的工作创造条件，使他们在深圳的改革开放中发挥更大作用。同时，市委希望和要求社会科学工作者走与工人、农民相结合的道路，勇于实践，在实践中探索；把实践上升到理论高度之后，再回到实践中经受实践的检验，只有经过实践检验才是正确的，才能真正成其为理论。市委市政府对社科战线给予深切的期望。我们深信，我市的社科理论工作者一定会进一步增强历史使命感和社会责任感，团结一致，大胆探索，共同努力，在马克思主义指导下，在改革开放的伟大实践中，发扬“特区精神”，为深圳的进一步繁荣和发展奉献聪明才智。

计划经济与商品经济辨

（1991年2月）

一

在一定的历史发展阶段，经济体制是根据生产力的性质和发展水平来确定的。有什么样的生产力性质和发展水平，就有什么样的经济体制与之适应。马克思把人类历史生产力发展大体上划分为三个阶段，即：以手工工具劳动为主要标志的第一阶段，这一阶段人们是以生理差异与自然环境差异为依据的分工；以机器和机器体系生产为主要标志的第二阶段，是社会范围以物为中介的社会分工，即通过劳动产品的交换来实现的社会分工；以自动控制系统为主要标志的第三阶段，则是社会范围内的自觉的计划分工。与之相适应的社会经济体制也对应地大体划分为三个阶段：自然经济阶段、商品经济阶段和计划产品经济阶段（此阶段人类尚无成功的实践，需要实践进一步检验）。

我国社会主义初级阶段的生产力性质和发展水平，就工业而言，是以机器和机器体系生产为主体；就农业而言，是以手工工具劳动为主体并向机械生产发展转化。因此，我国生产力发展水平处于马克思论证的生产力发展的第二阶段的初级阶段。与我国生产力发展水平相适应的经济体制应是商品经济的初级阶段。

以生产力的发展阶段来确定经济体制的发展阶段，是研究经济体制问题的本质依据。因此，我国社会主义初级阶段的经济体制是商品经济，而不可能同时又是计划经济（计划产品经济）。

有人认为：“建国以来，我国实行的是各社会主义制度国家所普遍实行的计划经济。这样一种经济管理体制，是在废除生产资料私有制之后社会主义各国的必然选择。”

计划产品经济到底是不是历史的必然选择呢？

我国是从半封建半殖民地生产力十分落后的情况下建立社会主义制度的，而现阶段我国的生产力发展水平仍然较低。在这样的生产力水平上，不但个人消费品的生产和消费要通过商品形式，而且生产资料的生产和交换也要通过商品形式；不但工业与农业之间的生产与交换要通过商品形式，而且在工业内部和农业内部的生产和交换也要通过商品形式。这个商品经济阶段是个很长的、跨越不同社会制度的自然的发展阶段，既不可能取消，也不可能超越。正如马克思所说："社会经济形态的发展是一种自然历史过程。"根据其自身运动的自然规律，"它还是既不能跳过也不能用法令取消自然的发展阶段。"(《资本论》第一卷上，人民出版社1975年版，第11、12页)因此不难得出结论：首先在苏联实行的、继而扩大到其他社会主义国家的计划产品经济体制是人为地对历史的超越，是不适应一些生产力水平不高的社会主义国家的。苏联、我国以及其他社会主义国家长期的实践证明，计划产品经济体制弊多利少，是不成功的，在一定程度上限制了生产力的发展。

商品经济的精髓是按价值规律办事，实行劳动的等价交换。而计划产品经济的最大问题是不按价值规律办事，限制价值规律发挥作用的范围，把生产资料公有制与价值规律对立起来。这在苏联计划产品经济体制的实施当中表现得尤为突出，斯大林虽然承认苏联是"商品生产"，但是他把商品的"活动范围只限于个人消费品"。他说："可不可以把我国社会主义制度下的生产资料看做是商品呢？据我看来，无论如何是不可以的。"他还说，"价值规律在我国是不是生产的调节者呢？不，不是这个意思。事实上，在我国的经济制度下，价值规律的作用是严格地限制在一定范围内的。""价值规律只有在资本主义制度下，在存在着生产资料私有制的情况下……才能是生产的调节者。"(《斯大林选集》下卷，第554～556页)很显然，斯大林的观点是否定商品经济、否定价值规律的作用的。

中国的计划产品经济体制是从苏联照搬过来的，斯大林的观点对中国影响很大。毛泽东虽然承认"价值规律是个大学校"，虽然承认我国仍然是"商品制度"，但是他同斯大林一样，对价值规律的作用要"在无产阶级专政下加以限制"(毛泽东1974年同丹麦首相哈特林的谈话)。由于这种不符合生产力发展实际的理论指导，由于在实行经济体制上的偏差，使社会主义制度的优越性没有得到充分发挥，社会生产力发展缓慢。邓小平同志指出："按照历史唯物主义的观点来讲，正确的政治领导的成果，归根到底要表现在社会生产力的发展上，人民物质文化生活的改善上。如果在一个很长的历史时期内，社会主义国家生产力发展的速度比资本主义国家慢，还谈什么优越性？”（《邓小平选集》第123页）是社会主义制度不优越吗？不是！问题就出在超越生产力发展水平，实行计划产品经济体制，没有很好发挥价值规律的作用；反而用计划产品经济体制窒息价值规律的作用，使社会主义商品经济难以发展。

持上述观点的人一方面说计划经济体制是“必然选择”，紧接着却又说这种“体制的弊端，也愈来愈突出地显现在我们面前”，甚至说：“计划体制在‘文革’十年被推到登峰造极的地步，其固有弊端也暴露得十分充分，以至中国经济之舟已经几乎到了倾覆的边缘”（这期间的问题当然主要不是计划产品经济体制问题，而主要是政治动乱问题）。如果计划产品经济属于历史的必然选择，它应该适应一个整个的历史时期，在产生它的基本经济条件没有发生质的变化的时候，它是不会在较短的历史时期内“弊端越来越突出”的；计划产品经济体制之所以在不长的历史时期内“弊端越来越突出”地显现出来，刚好证明它不是历史的“必然选择”。

党的十一届三中全会以来，在邓小平路线的指引下，我们坚持实事求是、理论联系实际的原则，坚持实践是检验真理的唯一标准，不断总结社会主义革命和建议中正、反两方面的经验教训，逐渐认识到了实行计划产品经济体制的问题，在党的十二届三中全会上正式确认了社会主义经济体制是有计划的商品经济。这是历史性的突破，是历史性的贡献，是对马列主义、毛泽东思想的重大发展。过去我们为计划产品经济体制付出了不少代价，交了不少学费；现在我们不能再交学费了，老实说，我们也交不起这样的学费了。

总之，商品经济体制与计划产品经济体制是适应两个不同经济历史发展阶段的两种不同经济形态。它不是“存在于社会主义经济统一机体之中的”矛盾“抽象对立的双方”。在我国社会主义初级阶段，只有实行社会主义商品经济体制，而不能实行计划产品经济体制。

二

研究“如何实现计划经济与市场调节相结合”问题首先应当把“计划经济”“计划体制”与“计划”“计划性”“计划调节”“计划安排”等概念加以

区别，即把计划经济体制问题与经济计划的实际工作问题加以区别。

计划经济（或称计划产品经济）系指经济体制而言。经济体制可以概括为以下特征：①以生产力为依据的特征。如前所述，经济体制的产生和存在都是以一定的生产力性质和发展水平为依据的，有什么样的生产力，就有什么样的经济体制与之适应。反过来经济体制又不断推动生产力发展，为生产力发展服务。②历史性和整体一贯性。经济体制产生并存在于整整一个历史时期，当生产力的性质和水平没有发生质的变化时，即产生它的经济条件没有消失时，它是不会退出历史舞台的。因此，从整个人类历史来看，它有历史的阶段性；在一个历史时期，它又具有整体一贯性。③客观性和历史必然性。它的产生和发展是以生产力的发展为条件的，它不以人的主观意志为转移，在一定的生产力条件下，经济体制是既不能取消也不能改变或超越的，它同生产力发展一样，是一个自然的历史过程。④规律性。经济体制的产生、发展和消亡是有规律的；不同的经济体制，有它固有的内在规律性。人们可以认识这些规律，从而运用这些规律为人类生产力发展服务。就像人们不能创造和消灭客观规律一样，人们也不能违背客观规律。如果违背客观规律，必然受到惩罚。

而经济计划（“计划”“计划调节”“计划安排”“事前的计划”“五年计划”等）则是另一类概念。它是与计划经济既有严格区别又有密切联系的不同性质的概念。

在一定情况下，人们为了达到某些预定的目的，而制订的某些指标体系、指导原则、实施方法及其措施等等，人们一般称为计划，如果指经济工作而言，就称经济计划。经济计划有宏观计划，也有微观计划；有长期计划、中期计划，也有短期计划；有综合计划，也有单项计划；有指令性计划，也有指导性计划等等。经济计划无论在什么社会制度、什么经济体制下，也无论事大事小，人们普遍加以运用，大到国家的十年远景发展规划，小到家庭安排均属计划范畴。经济计划具有以下特征：①它是人们对客观经济情势认识的主观产物。主观认识接近客观实际，计划实现的可能性就大，反之则小。②科学性或盲目性。有些经济计划由于制订计划的人们对客观实际认识充分，依据充足，条件具备，而使计划有科学性和现实性。也有些经济计划由于制订计划的人们对客观实际认识不足，或矛盾没有充分揭示，有时在唯意志论思想指导下，使计划带有盲目性。这样的计划不但难以实现，而且会对经济发展造成危害。③预测性。凡是较重大的计划，都要根据历史的已实现的条件对未来的可行性进行计算、分析和预测，这种计算、分析和预测是制订计划的必要条件。④实践性。凡是认真的计划都是要组织实施的，在实施中检验计划的可靠程度，并在实践中完善和修订计划，不断使主观与客观趋于一致，达到预定目标。

由此，不难看出，计划经济与经济计划是不容混淆的，它们是不同性质、不同层次上的不同问题。

有人还认为："计划与市场的功能、目的、作用不仅一致，而且覆盖整个经济、覆盖全社会"，并说"计划是商品的计划"，"如果把计划不适当地夸大到包揽一切、涵盖一切的程度，那就必然走向极端，陷入僵化"。

这里，计划与市场的功能、目的和作用是否一致，暂不讨论。除此之外，有以下几个问题值得探讨：一是把计划经济（或称计划产品经济）的体制问题与计划工作问题混淆了，什么计划都不可能"覆盖整个经济"，更无法"覆盖全社会"。这里显然是作者把计划一词与计划经济体制当成了同一个概念。二是既然"计划是商品的计划"、而且"覆盖整个经济、覆盖全社会"，就是说商品的计划是无所不包的，一方面这不可能，另一方面，这样一来就用不着与市场结合了，因为在这里没有市场的份了，那么谈与市场结合还有什么意义呢？三是他们一方面批判过去的计划"包揽一切，涵盖一切""走向极端，陷入僵化"；另一方面却主张计划"覆盖整个经济，覆盖全社会。"这岂不是自相矛盾吗？

综上所述，计划产品经济（或称计划经济）是指一种经济体制（或称经济形态），而经济计划（或称计划）是指在经济工作中人们制订的一种预期目标及措施。虽然二者有质的不同，但二者是相互关联的，主要表现是：①前者是客观的、历史的、必然的；后者是人们根据对客观经济情况的判断而产生的主观的东西。主观与客观一致就成功；不一致就要犯错误。②前者有历史的较长时期的一惯性；后者与前者比则不具备这种特点，时间最长的计划也要比经济体制持续的时间短得多。人们可以通过若干次历史性的计划，适应经济体制的要求，按客观经济规律办事，推动生产力发展。③前者具有内在的客观规律性，而后者则必须按客观经济规律办事。计划符合经济规律，计划就成功，二者就一致；否则，计划就不成功（或不完全成功），二者就不一致（或不完全一致）。人们要想在计划中达到预期的目的，必须掌握客观经济规律并按经济规律办事。

在市委召开的全市调查研究工作动员大会上的讲话

(1991年3月)

同志们:

为了贯彻党的十三届七中全会和省委六届五次全会精神,市委在组织学习的基础上,紧密结合我市实际,作出了开展全市性调查研究的决定。这次调查研究是在市委领导下,是在市委、市政府等领导同志的亲自组织和参加下,有组织的一次大规模的调研活动,是贯彻七中全会精神的重大部署。这次调研分面上调研和重点调研两部分:所谓面上调研,就是各部门、各单位,都要结合自己的工作实际,有针对性地开展调查研究,摸清情况,总结经验,研究问题,解决问题。调研后,各部门和单位自己解决不了的重大问题可报市委、市政府统筹研究解决。所谓重点调研,就是市委、市政府集中一批力量、集中一段时间对以下四个重要课题,即关于社会经济发展问题,深化改革、扩大开放问题,加强党的建设问题,加强精神文明建设问题等,进行全面、深入、系统的调研。时间安排上,要求3月份全面展开,上半年完成调查报告。以上决定,我们在2月初的传达贯彻党的十三届七中全会和省委六届五次会议精神的全市党员干部会议上已经传达,春节后的常委会又专门进行了研究和安排。今天召开有全市党政局以上领导、企业负责人和参与这次调研工作的同志参加的大会,进一步动员部署。下面我就重点题目的集中调查研究讲点意见,供大家参考。

一、关于开展这次全市性调查研究工作的指导思想和重要性

这次调查研究是贯彻落实党的七中全会精神的具体措施。要通过认真学

习党的十三届七中全会和省委六届五次全会的重要文件，深刻领会党的基本路线，深刻领会社会主义初级阶段理论和建设有中国特色的社会主义理论，联系深圳特区实际进行深入的调查研究，为制定我市“八五”期间社会经济发展计划、进一步制订深化改革和扩大开放的计划、加强党的建设和社会主义精神文明建设的规划，为市委、市政府决策提供科学依据。

市委认为，开展这样广泛深入的调查研究，是搞好特区未来十年发展的基础性工作，是进一步改善特区投资环境，促进特区两个文明建设协调发展的重要措施，也是总结和探索建设有中国特色的社会主义道路的具体实践，无论对于我市长远目标还是现实发展都具有深远意义。

这次全市性调研活动是根据中央和省委的要求进行的。江泽民同志在十三届七中全会上指出：“为了落实全会精神，各地区、各部门都要对一些涉及全局的重大问题，一个一个把情况摸透，把各方面的好意见集中起来，抓住不放，一直抓到问题得到妥善解决。”省委也要求“各地、各单位要在认真学习七中全会文件的同时”，“认真做好总结‘七五’，规划‘八五’的工作”。市委这次组织的全市性调查研究工作正是按照中央和省委的部署扎扎实实地贯彻落实党的十三届七中全会精神的实际行动。

这次全市性调研活动是加强和改善党的领导、转变作风，坚持“从群众中来，到群众中去”的工作方法。我们通过调查研究，把全市人民、全市党员迫切要求解决的和特区发展迫切需要解决的重大问题弄清楚，采取措施加以解决，使我们党在密切联系群众方面前进一步，使我们对特区今后十年发展规律的认识深入一步。

这次全市性调研活动是进一步完善投资环境，把我市的改革开放推向新阶段的需要，把外引内联工作推上新台阶的需要。目前我市的投资环境如何呢？与邻近地区和国外比较还存在哪些有待改进的地方？都需要我们深入调查研究，有的放矢地去解决问题。完善投资环境是一项长期的任务，是发展的动态过程。深圳特区的投资环境较之过去有很大的改善，但由于特区经济的高速发展，由于国际经济的激烈竞争，使特区的投资环境无论是硬件还是软件都有继续完善的必要。要通过深入的调查研究，摸清需要解决的软件和硬件问题。在软件方面，如法制建设、廉政建设，改进机关作风，提高办事效率和服务质量以及建立运行机制等；硬件方面，包括水电供应，交通通讯，生产、生活服务与文化设施等等。所有这些都要求我们在调查研究基础上很好解决。

这次全市性调研活动也是探索建设有中国特色的社会主义和特区当好探索有中国特色的社会主义道路排头兵的客观要求。有中国特色的社会主义是科学社会主义普遍原理与中国具体实践相结合的产物，深圳特区经过十年的探索，走出了社会主义制度下高速发展生产力的新路子，过去的十年历程艰辛曲折，新的十年任重道远，有必要通过深入的调查研究与科学总结，使特区发展进一步明确方向，进一步沿着这一方向采取坚决措施，使之发展更快、更好，使探索更有效、更成功。

二、关于开展这次调查研究的基本设想与安排

市委、市政府认为，这次调查研究，要做到四个结合，四个为主：理论探索与解决实际问题相结合，以解决实际问题为主；面上调查研究与组织力量专题调查研究相结合，以专题调查研究为主；十年远景规划与近期五年计划相结合，以近期五年计划为主；总结前十年经验与制订今后五年计划相结合，以制订计划为主。这就是我们的基本设想。经过充分讨论，市委、市政府决定在四个方面进行专题调查研究：

（一）关于进一步改革开放专题

在过去十年，深圳特区坚决贯彻执行中央关于改革开放的一系列方针、政策，初步发挥了对外开放的“窗口”、引进和出口创汇的“基地”、改革的“试验场”和探索有中国特色的社会主义路子的“排头兵”的作用。在今后十年，特区要继续肩负这些方面的艰巨任务。我们这次调查研究中关于改革开放专题的重点内容：一是深圳特区继续扩大开放程度课题。要研究如何放宽“一线”，管好“二线”，建立免税生产资料市场，进而建立特别关税区问题；二是经济体制改革课题。要研究特区的所有制结构、分配制度、企业机制、市场体系和宏观调控体系以及金融体制、社会保险等改革问题；三是政治体制改革问题。要研究进一步完善行政管理体制，搞好机构改革和公务员制度试点，建立有利于提高办事效率和调动各方面积极性的领导体制。

（二）关于社会经济发展专题

市党代会已经提出了今后十年的奋斗目标，如何实现这个宏伟的奋斗目

标，还要提出一个5年之内切实可行的具体实施计划，以及实现这个计划的配套措施。这个方面的调查，包括七个重点内容：一是经济规划课题，要调查我市产业结构、行业结构、产品结构、技术结构等经济结构情况，提出优化经济结构的意见；二是社会发展课题，调查文化、卫生、教育、科技、体育、计划生育等领域的情况，找出薄弱环节，提出完善措施；三是城市规划与管理课题，围绕完善投资环境，调查我市城市规划、建设、管理、环境保护存在的主要问题，提出改进意见。研究“八五”期间重点建设项目，提出可行性措施；四是“三资”企业发展与管理课题，调查分析前十年特区对外引进工作情况，找出薄弱环节，有针对性地提出改进办法；五是内联课题，研究内联的目标、重点以及新策略、新措施；六是国有资产管理与效益课题，调查市属国有资产管理和盈亏情况，研究如何提高国有资产管理水平，防止效益流失。调查外贸企业经营情况，研究如何进一步拓展外贸渠道，改善经营管理，提高经济效益。研究如何从财政、金融、税收、审计、计划等方面入手，堵塞漏洞，提高经济效益；七是特区人口课题，调查特区人口现状，包括常住人口、暂住人口、流动人口情况，研究特区人口政策，制定控制人口膨胀措施。

（三）关于党的建设专题

加强党的建设，发挥党的领导核心作用，是办好经济特区的根本保证。深圳特区的实践证明，越是改革开放，商品经济越是发展，越要加强党的建设。在下一个十年里，特区建设和发展任务更加繁重，历史赋予我们各级党组织和广大共产党员的使命更加光荣和艰巨。这就要求我们要聚精会神地抓好党的建设。在这次调研中，要对各级党组织的领导班子建设、思想和作风建设等方面开展调查。要对基层、企业和机关党建情况开展调查，研究今后如何进一步加强农村基层党建工作的意见和措施；研究全民所有制企业、内联企业、股份制企业和“三资”企业如何加强党的建设问题，探索“三资”企业党组织的活动方式和工作方法；研究怎样进一步落实知识分子政策，怎样进一步加强党纪党风建设和反腐败的斗争，改进机关作风，提高办事效率，等等。

（四）关于社会主义精神文明建设专题

在抓好特区物质文明建设的同时，必须抓好特区精神文明建设，只有这样，特区建设事业才能获得成功，这是深圳特区前十年的基本经验总结。特区今后十年，要进一步探索如何搞好社会主义精神文明建设，要围绕提高深圳人的思想道德素质和科学文化素质，加强特区的思想建设和文化建设，为特区建设事业提供精神动力和思想保证，培育一代“有理想、有道德、有文化、有纪律”的社会主义新人。这方面的调查重点：一是研究如何贯彻落实市党代会报告中提出的六项基础性工作；从特区实际出发，制订深圳今后五年精神文明建设的总体规划。研究科技、教育、文化和娱乐场所的硬件建设规划。二是文化市场，研究如何处理好精神文明建设中的硬件与软件、社会效益与经济效益、继承与创新的关系；如何实现倾斜政策扶持精神文化产品的生产和经营；如何管好特区的文化市场。三是研究如何进一步加强社会主义教育、法制教育和社会主义精神文明教育，在全社会形成一个讲道德、讲法制、讲文明、讲礼貌的良好风气。四是研究如何从特区的特殊环境和改革开放的需要出发，采取一套维持社会治安综合治理的办法，净化社会环境，稳定社会秩序。

根据这四个专题的内容，市委、市政府将组织四个调查组，每个大组可以根据课题需要再分若干小组开展调研工作。

为搞好这次调研，市委、市政府在领导力量上作了明确分工。第一个专题由郑良玉同志牵头，王众孚、李广镇、李传芳、朱悦宁同志负责；第二个专题由王众孚同志牵头，张鸿义、朱悦宁同志负责；第三个专题由厉有为同志牵头，李海东、张中林、李容根同志负责；第四个专题由林祖基同志牵头，杨广慧、梁达均、陈德贻同志负责。每个大课题和小课题都配备有牵头单位和参加单位，已经印发的关于这次调查研究的工作方案作了详细的分工。

市委、市政府要求：每个小课题组要在调查研究的基础上写出专题调查报告，每个大课题组要在调查报告的基础上起草一个文件。第一个大组要形成深圳特区进一步改革开放的意见；第二个大组要形成我市五年社会经济发展计划的意见；第三个大组要形成我市进一步加强党的建设的意见；第四个大组要形成我市进一步搞好社会主义精神文明建设的意见。

这些任务十分艰巨，时间很紧，各个调查组要狠抓落实。

三、搞好这次调研活动要注意的几个问题

1. 市领导和参加集中调研的部、委、办、局领导同志要亲自组织、亲自策划、亲自动手调查研究，防止层层“下放”。

2. 集中时间、集中优势兵力打歼灭战，凡抽调参加调研的人员，任务没完

不回去，要善始善终，防止虎头蛇尾。

3. 要制订好调查提纲，排出进度计划和要求，有步骤有计划地进行。对各组执行调研计划的协调工作，由市委政研室负责，防止下去撞车。

4. 专题调研也要点面结合，要把面上的普遍情况，发展趋势搞清，能量化的一定要量化，要用数字说话。对调研的点：一是总结有普遍意义的典型经验；二是对重点单位深入解剖麻雀。

5. 各大组和各小组在下去调研前都要指定好调查报告和文件起草小组的负责人和成员，使他们在调研过程中就注意做好素材的收集和整理。

6. 各面上的单位领导也要认真组织好本部门、本单位的调研工作，围绕本部门工作搞好调研。各部门、各单位有用的调研成果要分别纳入四个大题目之中，哪个部门和单位被纳入的成果多，哪个部门和单位的调研工作就组织得好。

7. 被调研的单位要全力配合，一是实事求是提供真实情况；二是提供各方面方便条件；三是有必要时人员要给予支持，帮助分析和研究问题，使调研顺利进行。

8. 这次调研成果，是我市的宝贵财富，要把有关调研报告汇编成册，作为指导以后工作的依据，市委政策研究室要做好收集汇编工作。要对调研成果进行评比颁奖，以鼓励在调查研究中取得优异成绩者。

9. 对调研中提出要上级解决的问题，整理好后以市委市政府名义向上级请示报告。

同志们，深入实际开展调查研究，对深圳特区当前和今后发展意义重大。参加调查组的同志和各个部门、各个单位的同志，要以高度的热情和责任感，搞好这次调研，争取调研的大丰收，为进一步推动特区的改革开放事业，实现特区新阶段的宏伟目标作出应有的贡献！

关于经济体制若干问题的思考*

(1991年7月)

目前,人们就有关经济体制问题的认识智者见智,仁者见仁,各抒己见,莫衷一是。我们国家的经济体制是社会主义商品经济(市场经济),还是社会主义计划经济?或者是二者的结合?经济体制是由什么决定的?是社会制度决定的?是生产资料所有制决定的?还是生产力发展水平决定的?搞商品经济是不是搞资本主义?社会主义商品经济与资本主义市场经济有什么联系又有什么区别?诸如此类问题仍然在困扰着我们。我们伟大的中国共产党带领全国亿万人民正在建设有中国特色的社会主义,正在进行社会主义建设和改革开放的实践。实践需要理论总结和指导,在正确的理论指导下的实践才能成功;没有理论指导的实践是盲目的实践,而盲目的实践是不能持久的;在错误理论指导下的实践是要付出代价的、是要走弯路的。因而,对国内外社会主义的实践进行剖析,对我国社会主义经济体制的有关问题进行思考和探讨是十分必要的。

一

什么是经济体制?它属于什么范畴?它具备一些什么属性?这是我们应该首先弄清的问题。

人类社会总是在生产力与生产关系,经济基础与上层建筑的矛盾运动中,不断发展前进的。而经济体制亦在上述矛盾运动之中产生和发展。对经济体制似应下这样一个定义:经济体制是在一定生产力水平上产生的,生产关系诸要素运动的具体实现形式。它对生产力而言,属于生产关系范畴;它对上层建筑而言,则属于经济基础范畴。经济体制具有下列属性:

第一,生产力决定性。在什么因素决定经济体制的问题上,长期以来争论

* 此文系在中央党校学习时写的论文。

不休，有的主张经济体制是由人们的主观因素决定的；但更多的人认为是客观因素决定的。是什么客观因素决定的呢？却说法各异，有的认为是社会制度决定经济体制，社会主义制度决定了是计划经济，资本主义制度决定了是商品经济（市场经济），实行不实行计划经济是坚持不坚持社会主义的问题；有的认为是生产资料所有制决定经济体制，社会主义因为存在两种公有制和其他所有制形式，才存在商品生产和商品交换；有的认为是人们的社会分工决定经济体制；有的认为是人们之间或不同企业之间的不同利益决定经济体制；也有的认为是分配制度决定经济体制等等。

上述观点都是值得商榷的。

在一定的社会历史发展阶段上，某种经济体制的产生和发展是由于生产力水平决定的，有什么样的生产力发展水平，就有什么样的经济体制与之适应，当产生某种经济体制的生产力水平的发展阶段发生变化时，则经济体制随之发生变化。经济体制随着生产力发展阶段的变化而变化，是与生产关系必须适应生产力发展水平的规律相一致的。某种经济体制在一定生产力水平上产生后，又会反过来推动生产力向更高阶段发展。正如毛泽东同志曾经说过的，商品生产的命运，最终和社会生产力的水平有密切关系。

第二，历史必然性即客观规律性。在一定生产力水平上产生的某种经济体制，它是随生产力的发展而发展，随生产力发展阶段的变化而变化。它是不以人们的主观意志为转移的，因而它具有历史必然性。正如马克思所说："社会经济形态的发展是一种自然历史过程。根据其自身运动的自然规律，它是既不能跳过也不能用法令取消自然发展的阶段。"某种经济体制与生产力的发展水平一样，是不能由人们自由选择的。

某种经济体制的发生、发展、变化是有规律的；由一种经济体制到另一种经济体制的发展变化也是有规律的。这种发展变化的根本依据是社会生产力。人们可以认识和运用这些规律，促进生产力发展，满足人们物质和文化需求；人们不可以逆客观规律而动，使主观认识与客观实际脱离，这样就会破坏社会生产力或者阻碍生产力发展，必然会受到客观规律的惩罚。

第三，整体一贯性和历史阶段性。某种经济体制的产生和存在，是在整整一个社会生产力发展阶段内发生作用。在某个生产力发展阶段内，某种经济体制自始至终发挥着作用，只不过是表现形式在不断发生变化而已。当生产力水平没有发生全局性质变时，即产生某种经济体制的经济条件没有发生质变时，这种经济体制始终会起作用，它不会轻易退出历史舞台。如果人们认识不到这一点，急于求成，人们主观意志去强令改变体制，使其离开生产力水平而超前发展，吃亏的、遭受损失的是人们自己，到头来还得回过头来按客观规律的要求办事。

以整个人类历史发展看，某种经济体制又具有历史阶段性。因为生产力发展水平是分阶段的，因此经济体制也随生产力发展水平而分为阶段。当产生某种经济体制的生产力水平发生质变时，这种经济体制或迟或早会被另一种经济体制所替代。我国广大农村由于生产力的发展由自给半自给的自然经济体制正向社会主义商品经济体制转化就是有力的佐证。

二

人类社会生产力发展的阶段是如何划分的呢？又有哪几种经济体制与之相适应呢？马克思认为，人类社会生产力发展大体上划分为三个大的阶段，即：以手工工具劳动为主要标志的第一阶段，这一阶段人们是以生理差异与自然环境差异为依据的分工；以机器和机器体系生产为主要标志的第二阶段，这一阶段是社会范围的以物为中介的社会分工，即通过劳动产品的交换来实现的社会分工；以自动控制体系生产为主要标志的第三阶段，这一阶段是有可能实现社会范围的自觉的计划分工。

与上述生产力发展三个阶段相适应的有三种不同的体制，即：自然经济体制、商品经济体制（市场经济体制）、计划经济体制。

三个生产力发展阶段和与之相适应的三种经济体制的前两个阶段和前两种经济体制，已被人类的实践和历史的发展所证明或正在得到证明；而后一种生产力发展阶段和后一种经济体制，无论是国内还是国外尚未达到，还有待历史发展进一步检验之后，才能证明这种预见的正确程度。

这里应当着重指出，适应生产力发展三个阶段的三种经济体制，不是截然分开的，而是随着生产力的逐步发展变化，而逐渐发展变化的，量的、局部发展变化是不断进行的。但是，在一定生产力发展阶段上，只能有一种占主导地位的、与生产力相适应的经济体制，而其他类型的体制不占主导的支配地位。在一定生产力发展阶段上，不可能有几种经济体制与之适应。

在什么样的经济体制下，就有什么样的经济规律出现。这些经济规律是人们制定经济发展政策、法令和法规的客观依据。顺应经济规律制定政策、法令和法规，生产力就会发展，国力就会增强，人民生活水平就会很快得到提高；逆经济规律而制定政策、法令和法规，就会失误，就会阻碍，甚至破坏生产力的发展。

三

根据上述分析，我国当今处于什么生产力发展阶段呢？与之相适应的又是什么经济体制呢？我国社会主义初级阶段的生产力性质和发展水平，就工业而言，是以机器和机器体系生产为主体；就农业而言，是以由手工工具劳动为主向以机器生产为主发展转化。

一方面，毋庸置疑，我国的经济体制是商品经济体制（市场经济体制）。不仅全民所有制与集体所有制之间的生产与交换采用商品形式，而且在全民所有制内部和集体所有制内部的生产和交换也必须采用商品形式；不仅工业与农业之间的生产与交换采用商品形式，而且在工业内部和农业内部的生产和交换也必须采用商品形式；不仅生产资料与消费资料之间的生产和交换采用商品形式，而且在生产资料和消费资料内部的生产和交换也必须采用商品形式；不仅公有制与私有制之间的生产与交换采用商品形式，而且在公有制内部的生产与交换也必须采用商品形式；不仅各种生产产品的生产与交换采用商品形式，而且生产要素和产权也必须采用商品形式。因此可以说是全面的商品经济。

另一方面，我国当今生产力发展水平所处的阶段，是马克思论证的第二阶段的初级阶段。因此，经济体制必然是商品经济的初级阶段。我国商品经济不发达，市场机制不健全、生产要素市场未形成。由于超前实行计划经济的某些政策，更使全国统一的大市场处于分割状态，用行政手段重复投资、重复建设、不按客观规律办事，生产社会化分工与协作不发达，大全能、小全能到处可见，符合价值规律的价格体系尚未形成，企业缺乏平等的竞争条件。这种情况，不但要求我们下大工夫为深化改革、扩大开放创造条件，发展社会主义商品经济；而且不能急于求成，商品经济市场运作形式，必须适应我国生产力不发达的初级阶段的国情，而不可能把发达的商品经济的一切手段和方式照搬照套。不从本国的实际情况出发，生搬硬套别国的办法，什么时候都是不会成功的。

四

这么说来，我国同发达的资本主义国家同处在商品经济阶段。那么，我国现阶段的商品经济与发达资本主义国家的商品经济（市场经济）有什么联系又有什么区别呢？

如前所述，由机器体系生产为主到以自动化体系生产为主，是一个生产力发展的历史长过程，在这个历史长过程中，人们劳动交换都必须通过商品形式。因此，必然是商品经济体制。既然是商品经济体制，那么，商品经济的一些内在规律必然起作用，不管是发达国家还是不发达国家（处于自然经济形态的国家除外）；不管是资本主义国家还是社会主义国家，都必须按商品经济规律运作，受商品经济规律所支配，如：价值规律、剩余价值规律（社会主义称之为利润规律）、剩余价值率规律（社会主义称之为利润率规律）、平均利润率规律、竞争规律等等。按这些商品经济的规律办事，经济就可能顺利发展，国力就会增强，人民生活水平就会提高，如果不按这些商品经济规律办事，经济发展就可能受阻，或生产力停滞不前，或生产力遭到破坏，国力就难以增强，人民生活水平就难以提高。这同样是不依人们意志为转移的。

有人会问，商品经济是姓“资”还是姓“社”？答曰：它既不姓“资”也不姓“社”，是社会化大生产的产物。或者说：资本主义利用它为资产阶级服务，它就姓“资”；社会主义利用它为无产阶级服务，它就姓“社”。

不吃饭就会饿死，这是一条天经地义的规律，不管是属于资产阶级的人还是属于无产阶级的人都必须按这一规律办事，一日三餐，没什么姓“资”姓“社”之分。恐怕不会有这样的傻子，说吃饭姓“资”，而拒绝吃饭把自己饿死。按商品经济规律办事同吃饭是一个道理，它不存在姓“资”或姓“社”的问题。世界上好多这一类性质的问题，有些同志对我国生产力发展和提高人民生活水平有利的一些做法为什么偏偏非要贴上姓“资”的标签不可呢？

那么，是不是说我国的商品经济体制与发达资本主义国家的商品经济体制就完全没有区分呢？不是这个意思。我们社会主义的商品经济与发达资本主义国家的商品经济是有质的区别的，其主要区别有以下二点：一是我国的商品经济是以公有制为主体，而发达资本主义国家的商品经济是以私有制为主体，两者都要创造利润，但利润的归属不同，这是本质区别；二是商品经济的发展水平不同。发达资本主义国家的商品经济已经发展了几百年，生产力处于发达水平，而我国是在半封建半殖民地生产力不发达基础上建设社会主义、发展商品经济的。因此，我国处于商品经济发展的初级阶段，这又是一个区别。因而，我们一方面要利用商品经济的规律，大力发展社会生产力，创造比资本主义更高的劳动生产率，缩小与发达国家的经济差距；另一方面，我们不能急于求成，更不能把发达资本主义国家商品经济的一些做法生搬硬套，搞什么“全盘西化”。我们要按商品经济规律，结合我国国情，走自己的路，建设有中国特色的社会主义。

五

前苏联和第二次世界大战之后产生的社会主义国家长期以来实行的是计划经济体制（产品经济体制）。那么，计划经济的由来如何呢？

恩格斯曾有过预言，一旦社会占有了生产资料，商品生产即将消除。于是有人就认为，社会主义实行生产资料公有制之后，商品生产就消亡了，因而更谈不上存在商品经济体制了。于是便形成了生产资料所有制——生产关系决定经济体制，而否定生产力水平决定经济体制。

恩格斯说的一旦社会占有了生产资料，是指在生产力高度发达的资本主义之后建立的社会主义；而不是指生产力发展水平相对落后于资本主义的前苏联以及生产力发展还不如前苏联的一些当代社会主义国家，当然也包括中国在内。这些社会主义国家在生产力不发达的情况下建立社会主义，虽然实行了生产资料公有制，但由于生产力水平不高，仍然必须是商品生产，其经济体制仍然是商品经济体制。因此，恩格斯讲这句话的前提是生产力高度发达，仍然是生产力水平决定经济体制，而不能理解为生产关系——生产资料所有制决定经济体制。在我们现实生产力水平很低的情况下，不但商品生产不能消除，而且要大力发展商品生产。

但是，长期以来，人们对这一点的误解是很深的，认为可以不管生产力水平如何，只要实现了生产资料公有制，只要建立了社会主义，商品生产即将消除，于是商品经济体制就不复存在了。十月革命前列宁曾经说过：“社会主义就是要消灭商品经济。”十月革命胜利后，在苏联三年内战时期，列宁实行了战时共产主义政策，取消了商品生产和商品交换，在城市实行消费品配给制，在农村实行余粮征集制。实行这种经济体制虽然与当时的战争环境有关，但也可以说是列宁对取消商品经济的初步尝试。当战争刚一结束，列宁就觉察到这种经济体制破坏生产力发展，因而当机立断退回来，开始实行商品生产和商品交换的新经济政策。列宁认真总结实践的经验教训，他公开承认："现实生活说明我们犯了错误。"但列宁当时只认为由资本主义到社会主义的过渡时期需要商品和货币，在过渡时期以后又怎么样呢？列宁没有回答。但苏联学术界当时普遍认为：过渡时期一结束，商品经济即将退出历史舞台，由计划经济取而代之。

斯大林对苏联经济建设的实践进行了总结，然后他针对苏联学术界的观点，写成了《苏联社会主义经济问题》一书。他的经济思想，既有建树也有失误。

他的建树，我认为主要表现在以下几点：

第一，他批判了不少经济学家认为的，在社会主义制度下经济规律已经消失，客观的规律性已被"自觉的有目的行动"所代替的错误思想。还批判了一些人认为可以"改造"和"废除"经济规律的观点。他说："经济发展的规律是反映不以人的意志为转移的经济发展过程的客观规律。"这就告诉人们，要研究、认识和掌握客观经济规律，并按客观经济规律办事，才能成功。他要求无产阶级及其政党要认真研究经济规律，按经济规律办事。他认为只有这样，才能正确领导社会主义经济建设。他指出："如果不按客观经济规律办事，就会使我们身陷在混乱和偶然性王国，使我们处在奴隶似的依赖于这些偶然性的地位，使我们不仅失去了解决事情的可能性，而且简直无法在偶然性的混乱中找出头绪来。"

第二，他批判了一些人认为人们在客观经济规律面前无所作为、无能为力的错误观点，论证了人的主观能动性与客观经济规律的正确关系。他说："人们能发现这些规律，认识它们，研究它们，在自己的行动中考虑它们，利用它们以利于社会。"

第三，他批判了在由资本主义往社会主义过渡时期之后否定商品生产和商品交换的错误观点。苏联在过渡时期之后，在经济生活中确实需要存在商品生产和商品交换，但在理论上却长期争论不休，有不少"理论家"闭上眼睛不看现实，坚持否定商品生产和商品交换。斯大林对此进行了论证和批驳，他说："现时除了商品的联系，除了通过买卖的交换以外，与城市的其他经济联系，都是集体农庄所不能接受的。因此商品生产和商品流转，目前在我国，也像大约30年以前列宁宣布必须全力扩展商品流转时一样，仍是必要的东西。"

总之，斯大林抵制和批判了一系列错误观点，对经济理论的建树是毋庸置疑的，对当代经济生活仍不失有指导意义。

但是，斯大林在有建树的同时，又有不少理论上的失误，这种失误也对社会主义经济发展造成了难以估量的损失和后果。

他的失误，我认为主要表现在以下各点：

第一，斯大林是半截子承认商品生产和商品交换的人。他一方面承认社会主义是商品生产；但另一方面，他把商品的"活动范围只限于个人消费品"，他说："可不可以把我国社会主义制度下的生产资料看做是商品呢？据我看来，无论如何是不可以的。"他又说，"无论如何不能把我国制度下的生产资料列入商品的范畴。"由于他认为生产资料不是商品，生产资料的生产不是商品生产，于是很自然地得出结论，在生产资料生产领域价值规律不起作用，他说："价值规律在我国是不是调节者呢？不，不是这个意思。事实上，在我国的经济制度下，价值规律的作用是严格地限制在一定范围内的。"这种限制价值规律在生产资料生产领域发挥作用的指导思想是很错误的，是没有按客观经济规律办事（虽然他指出要人们按客观经济规律办事，但他自己在这一点上又犯了错误），其危害和后果是极其严重的。

第二，他错误地认为经济体制是由生产关系（主要是由生产资料所有制）来决定的。斯大林没有从当时苏联生产力水平的实际情况出发来确定商品经济体制；而是从苏联存在全民所有制和集体所有制这两种公有制出发，认为只有在两种公有制互相交换产品时，才存在商品生产和商品交换。这就把商品经济存在的原因弄颠倒了。

第三，由于斯大林认为生产资料生产不是商品生产，生产资料不是商品范畴，就必然导致他否定商品经济体制，取而代之的是高度集中的、以指令性实物量计划指标为主的、以行政手段实行的计划经济体制。斯大林认为："使我们的计划机关有可能去正确计划社会生产。"于是，价格由国家定死，生产按计划进行，产品由国家分配的运行机制形成了。用这种机制否定了市场机制、竞争机制、优胜劣汰机制。这种超越生产力水平的计划经济体制，不但助长了经济工作不按价值规律办事和主观随意性，而且也滋生了官僚主义特权行为和腐败。不但割断了企业与市场的关系，使价值规律、竞争规律不能发挥作用，而且使企业不能成为相对独立的商品生产经营者，成为政府的附属物，吃国家的“大锅饭”。因而造成国民经济总量不断膨胀、效益不断下降的状况，阻碍了生产力的发展。前苏联、东欧一些国家的经济停滞、商品匮乏、财政困难、结构失调、群众不满、政权剧变的状况，就是实行这种经济体制阻碍生产力发展长期失误积累的必然结果。这个教训是极其深刻的。

第四，斯大林虽然主张人们只能认识客观规律和运用客观规律，而不能创造客观规律和取消客观规律。但是，斯大林自己在行动上恰恰犯了上述错误。他不但否定了商品经济价值规律和市场的作用，否定了商品经济体制；而且创造了社会主义经济高速度和有计划、按比例发展的规律，创造了计划经济体制。实践告诉我们，被他否定的规律恰恰是现时生产力下应该发挥作用的规律。实践也告诉我们，高速度和有计划、按比例发展国民经济，只是人们良好的主观愿望，是人们主观的产物，而不能成其为客观经济规律。人们只有充分认识和发挥社会主义商品经济规律的作用，才能使国民经济高速、协调发展；如果违反社会主义商品经济规律去行动，不但不能高速度、按比例、协调发展，而且使国民经济发展失衡，经济发展受挫，前苏联和东欧的实践就是一面镜子。

六

建国以来，我国开始了社会主义改造和社会主义建设，这是历史性的伟大事业，在当时的情况下，向苏联学习，是理所当然的事。但由于我们缺乏经验，在学习苏联经验的同时，把一些错误也在所难免地搬了过来。在体制问题上就是这样。如果把四十多年走过的路概括起来，可以归纳三点：一是学习苏联实行计划经济体制，有成绩也有失误，失误大于成绩；二是片面夸大人的主观能动性，忽略商品经济规律，急于求成，大起大落，走了弯路，受了挫折；三是随着正反两方面实践经验的积累，我党对商品经济的认识有了质的飞跃，得出了我国应实行社会主义商品经济的结论，坚持一个中心两个基本点的基本路线，建设有中国特色的社会主义。

本世纪50年代初，我党曾号召组织干部学习斯大林的《苏联社会主义经济问题》一书，50年代末60年代初再一次号召和组织学习。毛泽东同志在1958年的《关于读书的建议》中，号召中央、各省市自治区、地、县四级党的干部认真学习斯大林这部著作。我国建国后没有取消商品生产和商品交换，并集中财力、物力、人力搞“一五”计划获得了成功，可以说是学习苏联的积极成果。

但是，在我国第一个五年计划和社会主义改造初步取得成效之后，有些人头脑发热了，自称马克思主义理论家的人提出了废除商品生产和商品交换，实行产品调拨；也有人主张实行供给制。与此同时，在主观主义思想指导下，要跑步进入共产主义，掀起了大跃进、刮起了共产风，严重破坏了生产力。在此之后，毛泽东同志对极“左”的干扰进行了批判，他说：“我们有些号称马克思主义的经济学家表现得更‘左’，主张现在就消灭商品生产，实行产品调拨。这种观点是错误的，是违反客观规律的。”在毛泽东同志主持制订的《关于人民公社若干问题的决议》中，他再一次严肃批判道：“企图过早地取消商品生产和商品交换，过早地否定商品、价值、货币、价格的积极作用，这种想法是对发展社会主义建设不利的，因而是不正确的。”

虽然如此，但斯大林的一些错误观点仍然被我们接纳，如计划经济体制，限制商品市场机制发展，限制价值规律的作用等等，对我国经济发展产生的消极影响不可低估。

在极“左”思想影响下，不从我国生产力的实际情况出发，要把集体所有制经济尽快往全民所有制经济过渡，形成单一的全民所有制经济。这样一来，斯大林关于存在两种公有制才存在商品生产和商品交换的理论，已经快要不能解释中国的实际了。在这种情况下，毛泽东同志指出，在实现了单一的社会主义全民所有制条件下，商品生产和商品交换仍然有可能存在。他说：“斯大林关于商品存在的条件，阐述得不完整”，“两种所有制存在，是商品生产的主要前提。但商品生产的命运，最终和社会生产力的水平有密切关系。因此，即使过渡到了单一的社会主义全民所有制，如果产品还不丰富，某些范围内的商品生产和商品交换仍然有可能存在”。由此可见，毛泽东根据中国的情况，在斯大林认识的基础上又前进了一步。但他的认识并不彻底，而且有反复，在“文化大革命”期间发展到对商品经济要用无产阶级专政加以限制的地步，再加上社会动乱，使国民经济濒临崩溃的边缘。

党的十一届三中全会前后，我党组织了具有伟大历史意义的实践是检验真理唯一标准的大讨论，特别是邓小平同志大力提倡解放思想，实事求是。在上述精神指导下，我党开始对传统的经济体制的利弊、得失进行了认真分析权衡，逐步认识到高度集中的计划经济忽视价值规律和市场作用。党的十二届三中全会关于经济体制改革的决定中，批判了旧的传统经济体制的弊端：“政企职责不分，条块分割，国家对企业统得过多过死，忽视商品生产、价值规律和市场的作用，分配中平均主义严重。这就造成了企业缺乏应有的自主权，企业吃国家‘大锅饭’，职工吃企业‘大锅饭’的局面，严重压抑了企业和广大群众的积极性、主动性、创造性，使本来应该生机盎然的社会主义经济在很大程度上失去了活力。”同时得出了社会主义经济“是在公有制基础上的有计划的商品经济”的结论。虽然对有些问题的认识有待进一步深化，但上述结论是个重大突破，是个历史性的贡献，从此揭开了社会主义商品经济的新篇章。

七

目前，有不少的同志把计划经济与经济计划（或计划）混为一谈，无论从理论上还是实践上都造成困惑，因而有必要对计划经济与经济计划的含义加以明确的区分。计划经济如前所述，是指经济体制而言，而经济计划是对经济发展的预见和调控手段。二者是有本质区别但又有联系的。

计划经济是一种经济体制，是一种将来有可能实现的未来型经济体制。在生产力水平未达到的情况下，超前来实施这种经济体制，是不会成功的。至于计划经济体制将来的命运如何，将要由未来的实践来回答。

而经济计划完全不具备经济体制的属性。它是人们为了达到某些预定的目标，而制订的指导原则、指标体系、实施办法等等，对此人们一般称之为计划，如果指经济工作而言，则是经济计划。经济计划有宏观计划，也有微观计划；有长期计划、中期计划、也有短期计划；有综合计划，也有单项计划；有指令性计划，也有指导性计划等等，五花八门。经济计划无论在什么社会制度、无论在什么经济体制下，无论生产力水平如何，也无论事大、事小，人们普遍加以运用，大到国家的十年远景计划，小到家庭的一年农事计划，均属计划范畴。社会主义制订计划，资本主义也制订计划。

经济计划有下列属性：它是人们对客观经济形势认识的主观产物，主观认识接近客观实际，计划实现的可能性就大，反之则小。有些经济计划对客观现实认识充分，条件具备，使计划具有现实性。也有些计划，对客观形势认识不足，或者条件发生变化，或者矛盾没有充分揭示，或者在唯意志论思想指导下，使计划带有盲目性。凡是比较重要的经济计划，都要根据历史已经实现的情况对未来的可行性进行分析和测算，这种预测是制订计划的必要条件。凡是认真的经济计划都具有实践性，要认真组织实施，在实践中检验计划的可靠程度，并进行完善和修订，使主、客观趋于一致，达到计划的预期目标。

由此，不难看出，计划经济与经济计划是不能混淆的，它们是不同性质，不同范畴、不同层次上的不同问题。

计划经济与经济计划虽然两者有质的不同，但两者有密切关联，主要表现在：前者是客观的、历史的、必然的；后者是主观的。主、客观一致就成功，不一致就犯错误。前者在一个历史时期内有一贯性和稳定性，而后者与前者比较则不具备这种特性，时间最长的经济计划也要比体制持续的时间短得多，前者具有内在的客观规律性，而后者则必须按客观经济规律办事，经济计划符合经济规律，就可以达到预期目标，否则，就适得其反。

八

有人说：“建国以来，我国实行的是各社会主义制度国家所普遍实行的计划经济。这样一种经济管理体制，是在废除生产资料私有制之后社会主义各国的必然选择。”又说，“如果把计划经济看做是社会主义经济的基本特征，那么商品经济则是社会主义经济的基本属性。现实告诉我们，计划经济与商品经济抽象对立的双方，实际上是共存于社会主义经济统一机体之中的。”

计划经济到底是不是社会主义的“必然选择”？是不是社会主义的“基本特征”？是不是与商品经济是“抽象对立的双方”“共存于社会主义经济统一机体之中”？

如前所述，从理论上说，什么样的经济体制并非取决于社会制度和所有制关系，而是取决于生产力的发展水平。在低生产力水平上建立的当代社会主义生产资料公有制也必须实行商品经济体制；斯大林却从生产资料所有制出发，认为实行生产资料公有制之后，就用计划经济体制取代商品经济体制，这从理论上是站不住脚的，计划经济体制与在低生产力水平上建立的当代社会主义制度没有必然的联系，因此，不能说它是社会主义制度的“必然选择”，当然也谈不上是社会主义经济的“基本特征”。前苏联计划经济体制的产生，是作为商品经济体制的对立物而产生的，它以高度集中的计划排斥市场，以行政手段的、指令性的、实物量计划指标的生产和分配排斥价值规律，以人为定死的违反价值规律的计划价格与市场价格对立；以吃“大锅饭”和“铁饭碗”否定竞争规律；以财政补贴保护落后的生产维系消费价格的低水平，否定优胜劣汰，助长了依赖思想和平均主义。于是造成生产上高投入、低产出，高速度、低效益，职工分配上的低水平、平均主义，使国民经济的细胞——企业缺乏活力和生机，市场商品匮乏、品种单一、质量不高。计划经济体制的根本问题是认为人们能用自觉的行政计划手段取代商品经济价值规律的作用，人们的主观愿望是提高效益，可是“计划经济”的结果是使效益下降；人们的主观愿望是要合理配置生产力和节约资源，可是“计划经济”的结果是生产力布局不合理和资源的浪费；人们的主观愿望是要高速度有计划按比例发展经济，可是“计划经济”的结果是急于求成、大起大落、结构失调、重复建设；人们的主观愿望是要最大限度地满足人们的需求，可是“计划经济”的结果是商品“越计划越少，越少越计划”。这不是社会主义不好，而是这种计划经济体制出了毛病。归根到底，是主观与客观脱离，违背了客观经济规律。

因此，我国社会主义经济的基本特征是在生产资料公有制基础上的商品经济，而不是计划经济。

在一定生产力水平上，只能有一种与之相适应的经济体制，而不可能同时有几种经济体制与之适应。经济体制之间是彼此取代、此消彼长的关系，而不是结合的关系。由于生产力的不断发展，一种经济体制的作用渐渐减退，则另一种经济体制的作用渐渐增强，当生产力发展水平由一个阶段到另一阶段时，则旧的经济体制必须由新经济体制所代替，使事物由量变到质变。因此，计划经济体制与商品经济体制无法“共存于社会主义经济统一机体之中。”在我国现时生产力发展水平上，只能是商品经济，而不可能是计划经济。

九

关于计划与市场的结合问题，目前有三种理解。

第一种理解：计划经济与商品经济相结合，是指两种不同的经济体制相结合。前面已经说过，在一定生产力水平条件下，只能有一种占主导地位的经济体制与之适应，而不可能同时有几种经济体制与一种生产力水平相适应。适应我国当代生产力水平的是商品经济体制，因而两种经济体制相结合的理解是值得商榷的。

第二种理解：计划经济体制与市场调节手段相结合。一方面，我国当代社会主义是商品经济体制，而不应该是计划经济体制，因而不可能存在计划经济体制与市场调节手段相结合问题；另一方面，计划经济体制与市场手段不属同一层次、同一范畴问题，结合无从谈起。

第三种理解：计划调节与市场调节相结合（或称计划与市场相结合），即两种调节手段相结合。在社会主义商品经济体制的运作过程中，既可以使用计划手段，也可以运用市场手段，对商品经济运行进行调节。市场调节是微观，计划调节是宏观；市场调节是基础，计划调节是在市场调节基础上进行，两者相辅相成。正如江泽民同志在庆祝建党70周年的讲话中所说的："计划与市场，作为调节经济的手段，是建立在社会化大生产基础上的商品经济发展所客观需要的。"

计划与市场二者怎么结合呢？概括地说二者是全方位的、互补的、有机的结合。一是市场是全方位覆盖的。所谓全方位的覆盖，就是不论生产资料还是生活资料的生产与交换、不论生产要素和产权都要运用市场机制，都让价值规律发挥作用，都要形成市场价格体系。只有市场全方位覆盖，价值规律才能显现出来，人们在间接的、宏观调控计划中才有可能自觉地利用价值规律。否则，讲自觉地运用价值规律只是良好的愿望而已。二是进行计划调节。我们所说的计划调节，首先是国计民生的重大布局、重要资源的开发与配置、总需求与总供给的综合平衡、消费与积累的重大比例等等，根据市场反馈的真实讯号的情况制订宏观计划；其次是通过市场供需情况及预测，制订行业政策计划，从而达到引导、调控市场使之健康发展的目的；再次是通过利率、汇率、税率、价格等杠杆对市场的运作和供求关系进行调控。运用计划调节手段对市场运作进行调控,使之兴利除弊,市场正常发展。经济计划源于市场,又服务于市场。并且也是在宏观意义上的全方位覆盖。

这样的结合是符合客观实际的,是会促进生产力发展的。随着我国生产力水平的发展与提高,计划调节与市场调节的水平与手段也会随之发生变化,并与生产力的发展水平相适应。

目前在怎么结合的问题上存在以下三个毛病:一是有人认为经济体制仍是计划经济体制,不过过去的传统的计划经济体制统得过死,没有发挥市场作用。因此,在传统计划经济体制下加入一些市场机制,在指令性计划中加入一些指导性计划,所谓"计划经济为主、市场调节为辅",所谓"市场调节是计划经济的必要的、有益的补充"等说法就是这种思想的反映。这种指导思想的毛病就出在抱住传统计划经济体制,排斥市场机制,把二者对立起来好像只能把"小商品、三类农副产品和服务修理行业"这些无关大局的让给市场调节,好像一旦把生产资料也让给市场调节就会天下大乱,或者就不是社会主义经济了。正如有的人说的那样:"如果把社会主义经济概括为商品经济,就会模糊社会主义经济和资本主义经济的本质区别。"这种认识是不符合客观实际的。二是把计划当做一块,把市场当做另一块,然后谈两块在不同行业、不同地区、不同企业、不同产品和不同时间上,进行计划与市场"不同比例、不同范围、不同程度上的结合"。我想知道:持这种观点的同志有没有这个本事,想不想真正付诸实践?!不用说全国,就是某一个省;不用说众多的行业,就是在某一个行业;不用说一个行业众多的企业和产品,就是某一个企业的产品在任何时点上能确定出计划与市场的科学比例吗?上述的结合设想是根本无法办到的。就是我们用最先进的计算机手段,把计划部门的人搞得多多的,当你"计划"出来某种产品计划与市场调解的比例时,市场供求已经又发生变化了,何况计划与市场在某个时点上的比例是算不出来的,即使是你能"计划"出来,也肯定是无科学依据的。这是不合实际、没法实施、形而上学、不负责任的空谈玄论。生产资料价格"双轨制"就是这种指导思想的产物。三是宏观调控不愿搞、微观权力不愿放。我们搞国民经济计划一般用"基数法"和"水平法",由于既得利益不能侵犯,明年的计划只能在今年的计划水平上加加减减就行了,说得苛刻一点,有小学生水平也能应付;而搞宏观调控却不那么容易,不但要有理论、有实践,还要搜集掌握真实市场信息,还要调查研究和综合分析，有统观全局的本事，才能制订出宏观调控政策和方案，就是大学生水平也难胜任。因而弃繁就简就不难理解了。

从另一个角度看，批钱、批物、批项目、批指标虽然是微观权力，但却是实权，是能使人倾倒的实权，是能获取好处的实权，是能以此作为交易的实权，这怎么能轻易放弃呢？怎么肯轻易由微观计划向宏观计划转化呢？怎么肯由直接计划管理向间接计划管理转变呢？何况微观计划容易搞，宏观计划很难做，往往费力多而无个人实惠。于是乎弃微观权力建宏观体系阻力重重。这就是我们喊了多年下放微观权力建立宏观调控体系而收效甚微的主要原因之一。

以上三个毛病不克服，计划调节与市场调节的符合实际的结合难于实现。因此，我们要花大气力，从认识上和实际工作上去自觉地克服以上三个毛病，达到计划与市场真正合理的结合，从而促进生产力的发展。

十

离开市场和市场交换，人们能不能自觉地在计划中运用价值规律、发挥价值规律的作用呢？这是一个尚未十分清楚的很重要的问题。

有一段历史值得回忆。本世纪50年代中央组织全国干部学习斯大林《苏联社会主义经济问题》一书，当时，我国经济学界一般都接受了斯大林把计划经济与价值规律对立起来的观点，认为计划经济不受价值规律的支配，而受有计划（按比例）发展规律的支配。然而，我国著名经济学家孙治方同志在纪念恩格斯诞辰136周年时发表了《把计划与统计放在价值规律基础之上》的论文，对斯大林的经济理论提出了质疑。于是在我国出现了第一次关于计划与价值规律的大论战。但是，结果真理并没有被多数人所认识，孙治方的观点遭到非难和批判而告终。因而在计划工作中人们的主观意志代替了客观规律，价值规律只成了经济核算的“外壳”，甚至有的连“外壳”也丢掉了。这就不能不使正常经济发展不断受挫。

30多年过去了，现在我党提出了建立社会主义商品经济体制，价值规律不再遭此厄运了。不少人研究价值规律，在经济工作中运用价值规律为我们服务。与此同时，也有人把价值规律与市场仍然割裂开来，认为计划工作离开市场和市场交换也能自觉地运用价值规律，这又大错而特错了。

价值规律是商品经济的基本规律，市场是价值规律的载体，市场价格是价值规律的外在表现，价值规律只有在市场交换当中，才能表现出来。如果不注意培育市场机制，不大力发展商品市场，不大力发展生产要素和产权市场，形不成全国大网络的市场价格，甚至用价格“双轨制”阻止市场价格的形成，用计划价格把价值规律扭曲；而财政“分灶吃饭”更加剧了市场的封闭与分割。在这种情况之下，人们根本谈不上自觉地运用和发挥价值规律的作用。

但是，在下面情况下，人们自觉地利用价值规律是可行的。那就是大力发展商品生产和商品交换，加速培育生产要素市场和产权市场，逐步放开价格，价格“双轨制”逐步并轨；以中央和地方的分税制度取代地方财政“分灶吃饭”体制，打破地方市场封闭和分割的局面，形成全国社会化大生产、大流通、大交换的商品经济格局；同时制定规章和法规加强市场管理。保护正当平等的竞争，防止垄断，打击犯罪，使商品生产和交换正常健康发展；同时政府经济部门把微观权力下放给企业，减少对企业行使微观权力的干预；政府经济部门应花大气力搜集市场信息，掌握市场动向和发展趋势。把宏观调控计划建立在市场机制的基础上，也就是建立在价值规律的基础上，这样的计划才是促进社会生产力发展的计划，才会符合价值规律。而不运用市场机制的计划，根本谈不上利用价值规律，更谈不上自觉地利用价值规律。

十一

党的十一届三中全会把党的工作重心转移到经济工作上来，经济工作成了全党工作的中心，在经济工作中我党又以经济效益为中心，这是完全正确的。但从实践的结果看，前一个中心转得成绩喜人，后一个中心转得情况欠佳。出现了国有企业的活力不如集体企业，集体企业不如“三资”企业的现象；一些地方也出现了劳动生产率国有企业不如“三资”企业，“三资”企业不如外商独资企业的现象。而且国有企业的经济效益不断下降。如果长此下去，不但是经济问题，而且是政治问题。这种现象原因何在呢？是国有企业的技术装备、人员素质不如集体企业和“三资”企业吗？是公有制不如私有制吗？不能这么认为。国有企业所以不活、所以经济效益不好的根本原因也是经济体制和企业运行机制的问题。

第一，从我国的投资体制看，政府行政官员是投资行为的主体，是下级政府官员向上级政府官员乃至向中央部门争投资、争贷款、争规模、争项目的行为，谁都想从国家所有制的这块“大蛋糕”中多捞一块，至于捞到手后对全局是否有利，对生产力时空布局是否合理，项目收益率是高是低、经济效益是好是坏却全然不顾。可行性研究报告变成了可以通过性报告，没有资金说有资金，没有条件说有条件。甚至为了把项目争到手，不惜对上级部门使出“十八般武艺”来，利用所能利用的关系，施展所能施展的手段。这里哪有自觉地利用经济规律的影子。

很显然，政府官员的投资行为同企业和企业家的投资行为相比，前者重投入、重产值、重税金；而后者则重产出、重效益、重利润。因此，必须打破政府官员只争投资不对效益负责、吃“大锅饭”的投资体制；建立国有企业和企业家对投资行为和结果负责的、重经济效益的投资体制。

第二，通过价格体制改革，不失时机地把生产资料价格“双轨制”并轨。“双轨制”价格不但是政府机关工作人员腐败的原因之一，而且也是对企业行为导向错误的主要原因。企业获利水平的高低不是取决于企业向内使劲、加强管理、提高技术、降低消耗等企业经营的好坏，而是取决于国家政府部门给予企业优惠政策的多少和计划内优惠价格的原材料及辅助材料比例的高低，谁有手段拿到国家计划内的低价原材料和辅助材料多，谁的利润水平就高，反之则低，同行业企业没有平等竞争的条件。于是把厂长、经理们的行为和主要精力引向政府部门，起劲地“跑部（步）钱（前）进”。这样的政策行为导向与我们提高经济效益的要求背道而驰。

第三，在企业之间没有形成公平正常竞争的、优胜劣汰的机制。国营企业没有真正形成自主经营、自负盈亏、自我约束、自我发展的机制。由于职工不能失业、待业，所以企业不能破产倒闭。国有资产不能流动，优者不胜、劣者不汰形成保护落后的机制，这种机制与提高国有企业的活力和经济效益是不相容的。因此，我们要尽快建立社会保障体系和社会服务体系，在同行业企业间建立平等正常的竞争机制，下决心优胜劣汰，使没有前途的企业该“死”的“死”掉，使有发展前途的企业顺利发展，“活”得更好，从而提高整个经济的效益。

第四，国有企业，特别是大中型企业，不但要把它们推到国内市场，还要把它们推向国际市场，使它们面对两个市场去拼搏、去交换、去竞争，因而使它们不断总结经验，提高素质、应用先进科技、提高产品质量和档次、提高竞争能力，从而提高整个经济效益。而不是用我们的政府部门把国有企业同国际市场割断，造成它们背对国际市场的被动局面。一个国家的产品在国际市场上有没有竞争力，是这个国家的综合国力强不强的表现，是这个国家技术水平高不高的表现，是这个国家的整体经济效益好不好的表现。我们要创造出比资本主义更高的劳动生产率，我们必须在国内、国际两个市场上拼搏。我们要给我国企业家的拼搏创造一切条件。

第五，财政工作的指导思想，对国有企业的活力至关重要。应该从改革现行财政体制入手，发挥中央和地方两个积极性。同时适当减轻国有企业负担，合理税负，给予企业自我发展的能力，从企业的顺利发展和提高经济效益上增加财政收入；而不是单纯从增加企业负担上来增加财政收入。我们往往是在企业没有活力的情况下，又开征新的税、费。一只手给企业让了利、让企业发展；另一只手又把让的利取了回去，企业步履维艰。我们应该减轻企业负担，给企业创造自我积累、自我改造、自我发展的能力，把“蛋糕”做大。这才是走企业提高经济效益、增加财政收入的良性循环的道路。

第六，必须逐步运用建立现代企业制度等有效形式，使国有资产的产权明晰化，建立起国有资产的明确的产权机制，使企业形成有效的制约机制，克服企业短期行为，使每一部分国有资产都有人对它的安全和增值负责，促进国有资产迅速增值。

第七，改革企业的财会核算制度，使之适应商品经济发展，并建立对国有资产的监督体系，坚决防止和杜绝国有资产、税金和利润的流失。

第八，改革企业分配制度，打破“铁交椅”、“大锅饭”和“铁饭碗”，充分调动广大职工的生产劳动积极性。这是提高经济效益的根本途径。

只有这些经济体制改革配起套来，动作起来，才能提高国民经济的整体效益。

十二

以社会主义公有制为基础的商品经济同其他任何事物一样，都必须一分为二看待。商品经济有它的正效应，同时也存在负效应。我们既不能因为它有负效应而因噎废食，不实行商品经济体制，也不能因为商品经济存在负效应，而对负效应熟视无睹、听之任之，任其发展。正确的态度是大力发展社会主义商品经济，在积极发挥它的正效应的同时把负效应设法缩小到最小范围。商品经济的正效应最根本一条是提高社会生产力、促进技术进步、促使人的素质和整个经济素质的提高，从而提高人民的生活水平和社会进步，同时使人们的平等观念、民主观念、竞争观念、效率观念进一步提高。但是它同时也能滋生人们的个人利己主义和拜金主义思想的发展，甚至产生欺诈行为和经济犯罪，对商品经济的负面效应我们必须采取坚决措施加以克服。

第一，加强党的建设。一方面使广大的干部和广大党员掌握和了解我国社会所处的历史阶段和在这个阶段内的一般经济规律，正确理解和认识社会主义制度下的商品经济体制。群众掌握了理论，就会变成巨大的物质力量。另一方面，对商品经济的负效应了如指掌，自觉抵御它的侵蚀，使个人利己主义和拜金主义不能侵袭党的肌体，使党能经受住执政、改革开放、发展社会主义商品经济的考验，坚决加强党规党纪的建设，加强党的民主和纪律建设，完善党的监督机制，使党立于不败之地。

第二，加强社会主义民主与法制。没有社会主义民主与法制建设的完善，就没有社会主义商品经济的发展，就没有人类的文明和进步，社会主义民主与法制是社会主义商品经济正常发展的保障。在人民群众中树立民主与法制观念，对于在经济活动中的各种违法行为必须坚决制裁，使之不能成为一种危害巨大的风气和潮流。执法机关必须在人民代表大会和常务委员会及广大人民群众的监督下从严执法，不徇私情。对于发生钱权交易、钱法交易、权法交易的事要坚决揭露，从严惩处，取信于民。

第三，在全社会进行爱国主义和集体主义教育，使广大人民群众树立正确的人生观、道德观、价值观，树立讲勤劳、讲奉献的社会风气，继承和发扬中华民族优秀文化，并使损人利己、损公肥私、见利忘义、唯利是图的卑劣行为在社会上无立足之地，受到社会和人民的唾弃。

第四，在发展社会主义商品经济中，外商和港、澳、台资进入了我们的经济活动领域，我们必须与之打交道，在打交道过程中必须教育广大干部站稳立场，必须为我国的发展谋利益，必须在维护广大人民群众利益的前提下讲合作、讲妥协。否则不但会损害社会主义公有制的利益，而且会使社会主义的公职人员发生腐败，蜕化变质。

十三

根据上面的认识，初步得出如下结论。

1. 提高公有制经济的活力和效益，是我们以公有制为主体的社会主义经济必须要解决的难题，这个难题能不能解决，这个难题解决得好坏、快慢，是关系到社会主义能不能生存下去的生死攸关的首要问题。解决这一问题的出路在于深化社会主义经济体制改革和转换经营机制。要使经济体制改革顺利进行，必须对经济体制中的有关理论问题，在马克思主义世界观和方法论的基础上加深认识，统一思想。

2. 我国社会主义初级阶段的经济体制是建立在社会主义公有制基础上的商品经济，而不可能同时又是计划经济。计划经济不是我国社会主义的本质属性。

3. 对社会主义公有制为主体的商品经济的调控手段，应该是计划调节与市场调节相结合，并以市场调节为基础。这是两种调控手段相结合，而不是两种经济体制相结合，也不是一种经济体制与另一种调控手段相结合。

关于社会主义商品经济体制的决定因素的探讨*

（1991年12月）

积极发展社会主义商品经济，是建设有中国特色的社会主义的基本理论和基本实践的重要组成部分。它不仅是我们制定对内搞活经济、对外实行开放的政策的理论根据，而且是我们进行经济体制改革的理论基础和目标。

那么，社会主义商品经济的存在是由什么决定的呢？对这一问题，长期以来理论界争论颇多，时至今日，仍有歧见。我们认为，深入探讨社会主义经济学的这一基本理论问题，对建设有中国特色的社会主义的实践，对当前深化社会主义经济体制改革，具有重大的理论意义和现实意义。

一

有人认为我国改革开放以前实行计划经济体制，十一届三中全会以后逐步实行有计划的商品经济体制，早些时候又提出建立计划经济与市场调节相结合的运行机制，这种经济体制上的转换认为是人们的主观意志在起作用。这可以说是一种经济体制主观决定论。按照这种理解，社会主义商品经济体制的存在，不是客观规律性的表现，而是主观意志的结果。从这种观点出发，当然不可能对我国当前的经济体制改革获得正确的认识。

经济体制，作为生产关系诸要素运动的实现形式，它的存在是具有客观规律性的。在一定生产力水平上产生的某种经济体制，不是人们主观意志决定的。它有不以人们的主观意志为转移的历史必然性，是既不能人为地取消，也不能人为地改变或跨越的。它是一个历史的发展过程，与生产力同步发展、同步前进。正如马克思所说："社会经济形态的发展是一种自然历史过程。根

* 原载《特区理论与实践》1992年第二期。

据其自身运动的自然规律,它是既不能跳过也不能用法令取消自然发展的阶段。”(《资本论》第一卷,第12页)某种经济体制的发生、发展、变化是有其自身运动规律的。人们可以认识和运用这些规律,促进生产力的发展;人们也可能离开这些规律,或者逆客观规律而盲目行动,其结果必然遭到客观规律的惩罚。例如价值规律是商品经济共同的、基本的经济规律,只要社会主义还存在商品经济,我们就必须遵循这一规律。人们只能按价值规律办事,而不能人为地“消灭”它,也不能用计划“取代”它,更不能对它加以“限制”(指经济领域)。否则,就会阻碍和破坏社会生产力的发展。这一点,中国和其他社会主义国家的实践已经作了最充分的证明。

苏联十月革命以后,虽然经济生活的实践明显地告诉人们,社会主义建立后必须大力发展以公有制为基础的商品经济,但是苏联领导层和理论界却把公有制与商品经济对立起来,不断排斥和否定商品经济。在主观指导下,苏联长期实行的是不按价值规律办事的、高度集中的、完全用行政手段指令性计划的计划经济体制。经济体制脱离了苏联生产力的实际,严重挫伤了企业和职工的积极性和创造力,使苏联国民经济比例严重失调,经济没有活力,生产没有效益,商品严重短缺,久而久之严重脱离了人民群众。就是在这严酷的现实面前,苏联理论界仍然执迷不悟,争论不休。他们把通过大力发展商品经济,从而大力发展社会生产力的正确道路,误认为是资本主义道路,把它与公有制视为不能相容,这就不能不犯历史性错误。导致苏联目前的状况,除了其他方面原因以外,经济体制方面从理论指导到实践的失误,不能不说是个主要原因。

苏联长期的实践告诉我们,实行什么样的经济体制,是不以人们的主观意志为转移的,它是根据客观条件决定的。如果不顾客观规律,排斥和否定社会主义商品经济,就会束缚和阻碍社会主义生产力的发展,付出惨重的代价。

二

同上述经济主观决定论相反,持经济客观决定论的同志则认为,社会主义商品经济的存在是由客观因素决定的。但是,社会主义商品经济存在的客观原因究竟是什么呢?对此,人们的认识和回答又各不相同。在经济学界,比较流行的看法,是生产关系决定论,即认为社会主义商品经济体制的存在,其决定因素和原因应该从社会主义生产关系中去寻找。具体说来,这种观点又可分为生产资料所有制决定论、企业之间利益决定论、分配制度决定论和联合劳动层次决定论等几种，而其中尤以生产资料所有制决定论和经济利益决定论影响最大。

生产资料所有制决定论。这种认识从过去到现在，从国内到国外，在社会主义经济学研究中几乎都占统治地位。斯大林在《苏联社会主义经济问题》中，根据苏联在实现了生产资料公有制后仍然无法消灭商品生产和商品交换的情况，得出了因为存在两种公有制（全民所有和集体所有）才存在社会主义商品生产和商品交换的结论。自此，所有制决定论逐渐成为苏联经济学界的权威理论。我国解放以来，在50年代初和60年代初，两次号召和组织领导干部学习斯大林的《苏联社会主义经济问题》一书，因而斯大林的这一观点，也成为我国权威的理论观点。有的同志认为："两种公有制并存是社会主义社会还必须实行商品制度的主要原因。"（《论社会主义社会的商品制度》，《经济研究》1978年第6期）还有些同志认为，"以社会主义全民所有制和集体所有制为主，同时保存着劳动者的个体所有制和其他非完全社会主义性质的所有制。这种所有制的多样化，客观地决定了社会主义阶段的生产必然要采取商品形式。"（《冯玉忠文集》，辽宁大学出版社1989年版，第111～112页）

我们认为，商品和商品经济的存在和所有制是没有必然联系的。马克思说："作为商品进入流通的产品，不论是在什么生产方式的基础上生产出来的——不论是在原始共同体的基础上，还是在奴隶生产的基础上，还是在小农民和小市民的生产基础上，还是在资本主义生产的基础上生产出来——都不会改变自己的作为商品的性质；作为商品，它们都要经历交换过程和随之发生的形态变化。"（《马克思恩格斯全集》第25卷，第363页）马克思这里所说的生产方式实际上主要就是指不同的生产资料所有制。既然商品生产可以存在于极不相同的所有制之中，要想从所有制中找商品生产存在的原因就是不可能的。按照马克思的观点，产品只要交换就是商品，随之便发生形态变化，即商品变货币，货币变商品。商品和商品生产的存在，并不因所有制而变化。所有制只能影响商品经济的社会属性，而不能决定商品经济的存在与否。

不同经济利益决定论。持这种观点的同志认为，社会主义社会存在商品货币关系的客观必然性不能只由现阶段社会主义公有制存在两种不同形式来解释，从根本上说，它是由社会主义人与人之间（包括各个生产者集体之间）在根本利益一致的前提下，还存在经济利害关系决定的。“在社会主义阶段，劳动还不是生活的第一需要，还仅仅是谋生的手段，人们的劳动能力和贡献又不相同，因此，人们物质利益上的差别还存在。而且这种差别不仅表现在个人与个人之间，还表现在全民所有制内部不同企业之间”，“社会主义条件下所特有的这种物质利益关系，正是社会主义条件下商品和市场关系存在的直接原因”。(《论社会主义经济中计划与市场的关系》，《经济研究》1979年第5期)

这种观点试图解释全民所有制内部各个企业之间为什么也存在商品交换关系，可以说是对所有制决定论未能解释的问题作了一个补充。但是，经济利益也不能成为商品生产存在的原因。因为经济利益是由一定生产力水平所决定的生产关系赋予人们的经济利益。是生产关系决定经济利益，而不是经济利益决定生产关系。有什么生产关系就有什么经济利益，因而经济利益就是生产关系的体现。它和作为生产关系诸要素运动的实现形式的经济体制，不是决定与被决定的关系。而且，从各种社会经济形态来看，除原始社会采取平均分配外，总是存在物质利益差别的。然而，在存在物质利益差别的条件下，既存在自然经济，也存在商品经济。可见物质利益差别也不能决定社会主义商品经济的存在。

无论是生产资料所有制决定论，还是不同经济利益决定论，乃至于分配制度决定论，联合劳动层次决定论等等，其共同之点就是把生产关系诸因素看做是经济体制存在的决定因素。如上所述，经济体制是在一定生产力水平上产生的，生产关系诸要素运动的实现形式。它对生产力而言，属于生产关系范畴。生产关系及其诸要素和它们的具体实现形式之间，不是决定与被决定的关系。生产关系虽然对某种经济体制的实现和性质具有影响作用，但它不是决定某种经济体制是否存在的根本原因。因此，从生产关系中去找社会主义商品经济体制存在的原因也是不可能的。

三

在说明社会主义商品经济存在的客观原因的理论中，还有一种很有影响的观点，即社会分工决定论。这种观点认为，社会分工是一切商品交换的基础，也是社会主义商品经济的基础，正因为社会主义仍然存在社会分工，所以社会主义才仍然存在商品经济。因此，社会分工才是社会主义商品经济存在的原因。

诚然，商品经济的产生和发展，是以社会分工作为前提和基础的。这一点，马克思主义创始人有过明确论述。马克思说："分工使劳动产品转化为商品，因而使它转化为货币成为必然的事情。"（《马克思恩格斯全集》第23卷，第127页）商品经济的基本经济范畴就是商品货币，而商品货币的产生则是社会分工的必然结果。列宁也曾经明确指出："社会分工是一切商品经济的基础。"（《列宁全集》第1卷，第191页）从历史发展来看，马克思和列宁的论述都是完全有根据的。

但是，我们还必须进一步分析：社会分工的产生和发展是由什么决定的呢？显而易见，它是由社会生产力的发展水平所决定。恩格斯在《家庭、私有制和国家的起源》中详细论述人类历史上的三次社会大分工。第一次是游牧业同农业分离，它促进了社会生产力的提高，扩大了产品交换；第二次是手工业同农业的分离，它使商品生产得到迅速发展，并促进了私有制的形成和发展；第三次是商人阶级的出现，开始积累了商业资本。在论述这三次大分工时，恩格斯也分析了使得三次大分工得以形成的社会生产力的发展水平。事实上，社会分工首先是生产力水平的问题，一切分工都是社会生产力发展的结果，而分工的发展又促进了社会生产力的提高和生产的社会化、专业化。所以，社会分工表现的是生产力，是生产力发展水平的一种标志。从社会分工是商品经济存在的基础和前提出发，就必然要把商品经济的最终决定因素归结为生产力发展水平。

早在50年代，经济学界就有人认为：社会主义商品生产是"商品生产的新品种"，"这种新的商品生产关系是由现阶段的社会主义生产力的水平决定的"。（《关于社会主义制度下商品生产和价值规律问题》，科学出版社1959年版，第20页）近年来，也有的文章提出生产力水平是商品经济存在的根本原因，认为"只有把商品经济归结为生产力水平……才符合历史唯物主义原理"（《三论社会主义商品经济》，云南人民出版社1988年版，第20页）。我们认为，这种生产力决定论坚持了唯物主义一元论，应当予以肯定。

在我国社会主义建设的历史中，曾经在极"左"思潮影响下，不从我国生产力的实际情况出发，硬要把集体所有制经济过渡到全民所有制，从而形成单一的全民所有制经济。这样一来，斯大林的两种公有制的存在决定商品生产和商品交换理论似乎不能解释中国的实际了。在这种情况下，毛泽东同志指出，"在实现了单一的社会主义全民所有制条件下，商品生产和商品交换仍然有可能存在。""斯大林关于商品存在的条件，阐述得不完整。""两种所有制存在，是商品生产的主要前提。但商品生产的命运，最终和社会生产力的水平有密切关系。因此，即使是过渡到了单一的社会主义全民所有制，如果产品还不丰富，某些范围内的商品生产和商品交换仍然有可能存在。"毛泽东同志提出了生产力水平最终决定商品生产和商品交换的观点，这是极富有理论价值和实践意义的。可惜他本人并没有将这一观点贯彻始终，到"文化大革命"时，他抛弃了这一观点，甚至要用无产阶级专政限制商品经济的发展，这就又违背了客观规律。

根据历史唯物主义的基本原理，生产力决定生产关系，生产关系必须适应生产力的发展水平。经济体制属于生产关系范畴。在一定的社会历史发展阶段上，有什么样的经济体制产生，既不是人们主观意志决定的，也不是生产关系各要素决定的，而是由生产力发展水平决定的。有什么样的生产力发展水平，就有什么样的经济体制与之适应。人们不能自由选择生产力，因而也不能自由选择经济体制。只要生产力发展还不能达到在全社会规模上实现劳动和所有权的结合，还不能在全社会范围内实行统一核算、统一分配，只要个别劳动和社会劳动的矛盾还不能消除，商品经济必然成为适应社会化大生产的生产力水平的唯一可能的生产和交换方式。社会主义商品经济的存在及发展，正是由生产关系一定要适合生产力发展水平和性质的规律决定的。

马克思将人类社会生产力发展水平大致划分为三个阶段，即：以手工工具劳动为主要标志的第一阶段，这一阶段人们是以生理差异与自然环境差异为依据的分工；以机器和机器体系生产为主要标志的第二阶段，这一阶段是社会范围的以物为中介的社会分工，即通过劳动产品的交换来实现的社会分工；以自动控制体系生产为主要标志的第三阶段，这一阶段有可能实现社会范围的自觉的计划分工。与上述生产力发展水平的三个阶段相适应的，有三种经济体制，即：与生产力第一阶段相适应的自然经济体制，与生产力第二阶段相适应的商品经济体制，与生产力第三阶段相适应的计划经济体制。

三个生产力发展阶段和三种类型的经济体制的前两种，已经被人类的实践所证实，或者正在得到证实。而后一种生产力阶段和与之相适应的经济体制，无论是从世界看，还是从我国看，目前都没有达到。在生产力水平尚未达到的情况下，就超前实行计划经济体制是行不通的。这就是从苏联开始实行、进而扩大到其他社会主义国家的计划经济体制屡屡受挫的根本原因，也是我国必须从计划经济体制回到社会主义商品经济体制的根本原因。

四

有的同志对社会主义商品经济体制感到不理解，他们认为，“如果把社会主义经济概括为商品经济，就会模糊社会主义经济和资本主义经济的本质区别。”（《计划经济是社会主义经济的一个基本特征》，《红旗》1982年第2期）在这些同志看来，只有计划经济才是社会主义经济的“基本特征”，而商品经济则是资本主义经济所独有的，同社会主义经济是水火不相容的。搞计划经济就姓“社”，搞商品经济就姓“资”。实际上，这是用社会政治制度来规定经济体制，认为社会主义制度决定了是计划经济体制，资本主义制度决定了是商品经济体制。这就把经济基础决定上层建筑的马克思主义完全弄颠倒了。

长期以来，人们把计划经济当作社会主义的基本特征，而把商品经济和资本主义画等号。实践证明，这种看法是不符合实际的。计划经济不等于社会主义，商品经济不等于资本主义。如前所述，商品经济作为一种经济形态，其存在与社会制度没有必然联系。资本主义搞商品经济，社会主义也要搞商品经济。商品经济的产生与发展是与社会化大生产相联系的，是建立在社会化大生产基础之上的。就商品经济一般性质而论，不论从运作形式到基本规律，社会主义与资本主义都是一样的，都要按商品经济国际通用做法运作（除非不与世界经济打交道），都要遵循价值规律，都要利用市场、货币和价格。在这方面是不分姓“社”和姓“资”的。既然商品经济必须运用价值规律，那么，大家都要获取尽可能高的利润，都要参与竞争，这方面也没什么不同。所不同的是利润（剩余价值）归属关系。资本家的私有制企业获得的剩余价值，装入资本家的腰包；社会主义公有制企业获得的利润归社会主义国家或集体所有，其原则区别就在这里。这个结果上的原则区别，是来源于不同生产资料所有制。社会主义商品经济以生产资料公有制为基础，资本主义商品经济以生产资料私有制为基础，这才是两种商品经济的区别。

历史唯物主义的基本原理告诉我们，适应和促进生产力发展的经济体制，我们就应该坚持；而阻碍生产力发展的经济体制，再“先进”我们也应当抛弃。实践已经证明，商品经济体制是适应我国现阶段社会生产力发展水平的经济体制，只有在宏观计划指导下大力发展商品经济，才能发展生产力。因此，不能认为主张发展商品经济，就不符合社会主义经济的基本特征，就是背离社会主义方向。计划经济体制不适应于生产力发展水平较低的当代社会主义经济。它不是社会主义经济的“基本特征”，更不是区分社会主义制度与资本主义制度的标志。实行计划经济体制是人为的、违反客观经济规律的、是对历史的超越。实行超越生产力发展水平的计划经济体制，与生产力发展水平不相适应，如不及时进行变革，便会束缚和阻碍生产力的发展。我们正在进行的经济体制改革，就是要从根本上改变束缚生产力发展的僵化的计划经济体制，建立起充满生机和活力的社会主义商品经济体制，以解放生产力，促进生产力的发展。所以我们应该积极创造条件，尽快完成由计划经济体制到社会主义商品经济体制的转换，使社会主义商品经济与资本主义商品经济在国际大市场的竞争中一试高低。作为建设有中国特色社会主义的试验场的深圳经济特区，更应进一步解放思想，在建立和完善商品经济体制方面，在积极发展社会生产力方面进行积极大胆的探索，加快经济体制改革的步伐，尽快建立起社会主义商品经济的新体制和运行机制，为提高我国的综合国力和提高人民生活水平多作贡献。

在市第一批社教工作总结表彰暨第二批社教工作动员大会上的讲话

（1992年3月）

同志们：

刚才，广镇同志代表市委、市政府对我市第一批社教工作作了全面的总结，对第二批社教工作作了详细的部署，讲得很全面，讲得很好，我都同意。作为市领导，社教工作抓得最多、最具体的是广镇同志。真正起着骨干作用的，是县委、县政府、区委、区政府的领导同志，还有各镇、街道办事处的领导同志，他们是真抓实管。最辛苦的，同样起着骨干作用的，是在基层参加社教工作的全体工作队员。所以，借这个机会，我代表市委向今天受到表彰的先进工作组和优秀工作队员，表示热烈的祝贺，向全体工作队员表示衷心的感谢！

广镇同志已经讲得很全面了，我强调两点意见。

第一点，我市第一批社教工作达到了预期的目的，取得圆满成功。

我市第一批社教工作的成功，既是中央正确决策的结果，省委、省政府和市委、市政府正确领导的结果，也是全体参加社教的同志努力工作的结果。

社教中，无论是在思想教育、促进集体经济发展、加强以党支部为核心的基层组织建设等方面，还是联系实际解决突出问题，比如"富了以后怎么办"的问题、青少年教育问题，特别是"黑、白、赌"等社会治安突出问题，都做了大量的工作，取得了很大成绩。基本做到了群众满意、当地领导满意、工作队满意、市委市政府满意、省委派来的检查验收组也很满意，认为我市首批社教是合格的，有些方面的工作还超过了省委的要求。所以说，我市第一批社教取得了圆满成功。这应该归功于各级党组织，归功于全体工作队员，特别是今天受表彰的同志，他们都做出了突出成绩。第一批社教所取得的经验，广镇同志都讲了,我在这里就不重复了。

第二点,要进一步认清形势,把第二批社教搞得更好。

先讲几句形势。同志们可能都知道了,今年年初,邓小平同志和杨尚昆、乔石等多位中央领导同志到深圳视察工作。小平同志在视察深圳的四天时间里,作了很多重要讲话,对进一步搞好经济建设,搞好改革开放,对领导班子建设,对精神文明建设,对发展外向型经济等问题,作了一系列重要指示。小平同志的讲话精神涉及未来中国的发展路向,涉及今后几十年甚至上百年的经济社会发展问题,还特别对我们深圳市寄予了更大希望。小平同志的讲话,一方面对我们深圳的工作给予了充分肯定和鼓励;另一方面,也是更重要的,是对全国的进一步改革开放具有重大指导意义。最近,中央发了今年的2号文件,传达贯彻小平同志的讲话。这对我们深圳来说,是一股强劲的东风,也是我们搞好第二批社教的最有利的条件。希望在第二批社教中,各级领导和全体工作队员能够认真学习、领会和宣传贯彻小平同志的讲话精神。

第二批社教所面临的另一个形势,就是中央开了八中全会,省委开了六届六次全会,八中全会对农业和农村工作作了一个"决定",省委六届六次全会也结合广东的实际相应作出了一个"决定"。这两个"决定",对我们进一步搞好农业和农村工作,进一步发展外向型农业,具有重大的指导意义,也是我们搞好第二批社教的另一个最有利的条件。希望同志们在进点前,除了要学好中央和省委、市委有关社教工作的部署和一系列方针政策要求外,还要认真学好这两个"决定",然后在社教中宣传贯彻。市委宣传部已编印下发了一个关于学习贯彻这两个"决定"的宣传提纲,也可以印发给同志们,便于大家学习。

另外,市委也开了一届三次全体(扩大)会议,提出了我市今年的工作要点,对农村工作和社教工作也作了进一步强调,提出了具体要求。这也是要在第二批社教中认真贯彻执行的,同时,也是我们搞好这一次社教的又一个有利条件。

我们掌握了这一系列新的思想武器,并按照上级有关社教的部署和方针政策办事,就能够把第二批社教工作搞得更好。

开展第二批社教的基本要求,还是和第一批一样,开展思想教育的同时,要有针对性地解决基层和群众面临的一些实际问题。同志们下去后,可能会遇到各种各样的问题。还是要按邓小平同志说的,从实际出发,实事求是,有什么实际问题就解决什么实际问题。不要搞“一刀切”、“千篇一律”，也不要搞形式主义，要先作充分的调查研究。根据第一批的经验，要突出青少年教育这个重点，切实抓紧抓好，也就是要突出解决不务农、不做工、不经商的“三不”青年问题。第一批社教解决了一部分，还有相当一部分没有解决，有一些还解决得不彻底。我们这里的青少年和内地的不一样，内地有的青年是没事干，我们这里的青年是有事不想干、不愿干，于是就容易惹是生非。将来的事业是要靠现在的年轻人来接班的，如果我们培养的接班人是思想素质低下、无所事事、游手好闲的一代，那我们的事业还怎么发展呢？所以，对青少年的教育，要作为一个重点突出抓好。要解决好“富了以后怎么办”的问题，富了以后要再进一步发展，决不要富了变腐、变朽。可能有些村和“富”还有一段距离，那就解决脱贫致富的问题，为其寻找致富门路。还有一些村镇，社会治安形势比较严峻，黑、白、赌、走私、卖淫嫖娼、封建迷信等丑恶现象有所抬头甚至蔓延，更特别的是，还有内外勾结的问题，也要突出解决好；社教工作队抓教育，当地村镇抓防范，公安执法部门抓严打，群众管好自己的亲属，共同搞好社会治安，共同维护深圳的形象。

希望从机关派下去的工作队员，一定要密切联系群众，想群众之所想，急群众之所急，办群众之所需，为群众谋利益，也就是要全心全意为人民服务。要把这一条件作为我们开展工作的宗旨。五个月的社教，时间很短，但每一个工作队员都要把它看成是一个很好的学习、锻炼、提高的机会。你下去以后，认真地联系群众了，真心实意地为群众办实事、办好事了，抓紧学习和锻炼了，那你就会有很大的提高，尽管时间很短，但回到机关后，可以说有的就会令人刮目相看了；如果你自己不抓住这个学习、锻炼、提高的机会，下去以后应付差事，敷衍塞责，就不会有什么提高，既完不成社教任务，又浪费了自己和群众的时间。所以，希望每个工作队员都能抓住这个锻炼、提高自己的机会，全身心地投入社教工作。组织、人事部门也要把派干部到生产工作第一线锻炼，参加社教工作实践，作为培养选拔干部的一个机会，应注意从表现好、成绩突出的社教工作队员中发现和培养后备干部，并敢于给他们压担子。开展社教，也是转变我们机关作风的一个很好的机遇。让工作队员更多地了解基层，深入基层，与群众产生更多的共同语言和感情，那我们的机关为基层服务、为群众办事的态度就会发生转变，就会更加积极、主动、热情，就会更加自觉地克服那些形式主义、官僚主义和那些关、卡、压以及各种不正之风。所以，这次下基层搞社教，对于机关和每个工作队员来说，意义都是十分重大的。

还有一个问题，同志们在社教过程中可能会碰到，我在这里向大家说明一下。第二批社教的半年时间，也是我市两项重要改革正在进行的半年。第一项改革是特区内的农村要实现两个转变。这项改革，从去年就开始调查研究，今年三月底要拿出一个比较成熟的调查报告。特区内目前还有4.1万农民，69个行政村，100多个自然村，要尽快地实现两个转变，即“农民变为市民，农村变为城市”。这项改革是特区发展的需要，是社会进步、经济发展的需要，也是农村城市化的需要。第二项改革是宝安县的体制要改为区的体制。这已写进了市委今年的工作要点。筹备工作小组已经建立起来了，在市委、市政府领导下工作，今年上半年要开展调查研究。县改区，现在已成为宝安县上上下下的中心话题，特区内居民也比较关心，经常议论，这个体制怎么改呀？涉及的利益怎么办呀？有这样那样的困难和问题呀！这两项改革，希望同志们能正确地理解和宣传。因为现在还处在调查研究阶段，还没有最后决策，不能向同志们说出什么具体肯定的意见。但一些原则，可以先告诉大家。一是我们这两项改革，都要有利于促进社会经济发展，有利于群众生活水平的进一步提高，有利于城市化的进程（把宝安县改成几个区，实际上就是城市化，是城市化进程的需要，是社会进一步发展的需要），有利于城市的规划和城市的管理；另一个原则，考虑到一部分群众还有顾虑，比如，有的说，我们现在就很好了，不要改了，这一改是不是又要搞“平调”啊？是不是又刮“共产风”啊？是不是财产上收、企业上收啊？可以肯定地说，这绝对不会。请同志们向基层干部和群众讲清楚，这次改革，不搞“平调”，不刮“共产风”，不上收财产，也不会损害群众的切身利益。概括起来，这“四个有利”、“四个不”就是这两项改革的原则。另外，改革过程中，政策上还有两个允许：一是允许变通，二是允许过渡，因为改革有个过渡阶段，转换阶段，政策上允许变通和过渡。我们下去搞社教的同志肯定会遇到这两个问题。同志们要有个思想准备，正确理解这两项改革，正确地对群众进行宣传教育，请广大基层干部和群众放心，不会损害群众利益，只会有利于我市今后的进一步发展。

还有一项任务同大家说一下，我们的社教一方面是思想教育，另外还有一个很重要的方面是发展农村股份合作制经济。要把改进和推动发展股份合作制经济抓在手里，这是维护群众利益、促进农村经济发展的长远大计，也是一项我们先行一步的改革措施，与全国、全省社教不一样的地方。这是走共同富裕道路的重大举措。

最后，祝第二批社教取得圆满的成功！也希望再开总结大会的时候，有更多的工作队员受到奖励和表彰！

祝同志们工作顺利！

在全市党风廉政建设大检查总结大会上的讲话

(1992年3月)

同志们:

刚才李海东同志代表市委、市党风廉政建设领导小组和市纪委作了关于我市党风和廉政建设大检查的总结报告。这个报告讲得很全面、很具体,今后的工作意见也讲得很好,我完全同意。下面,我补充几点看法。

一、这次大检查充分体现了市委、市政府抓党风和廉政建设的决心

这次党风和廉政建设大检查,是在市委、市政府的统一领导下进行的。从去年下半年开始,市委、市政府和市纪委就开展党风和廉政建设大检查的事宜,反复进行了研究,并于11月份以市委、市政府的名义下发了《关于在全市开展党风和廉政建设大检查的通知》。对大检查的时间、做法、步骤、组织领导作了具体的安排。同时,市委成立了检查团,由李灏同志任团长,良玉、海东同志和我任副团长,下设18个检查分团,分别由市委、市人大常委会、市政府、市政协和市纪委负责同志任分团长。今年1月14日,市委又召开了有市五套班子成员参加的全市党风和廉政建设重点检查动员大会。春节刚过,市委常委会专门听取了大检查工作的汇报,研究了有关事项,决定总结一批先进单位、先进个人的经验,抓紧解决大检查反映的一系列问题,以及召开今天的总结大会。这些充分体现了市委抓党风廉政建设的决心,也说明了市委对这次大检查的态度是非常认真的,自始至终是抓得很紧的,是动了真格的。市委为什么会下这么大的决心去搞好这次全市性的党风和廉政建设的大检查呢?从根本上说,这是由我们深圳经济特区的性质和任务所决定的。我们特区是中国

共产党领导下的社会主义经济特区。中国共产党是由无产阶级先锋战士组成的执政党，是全心全意为人民服务的党。在执政、改革开放和发展社会主义商品经济的条件下，只有坚持“两手抓”，一手抓物质文明建设，一手抓精神文明建设，一手抓改革开放，一手抓打击各种犯罪活动，才能保证我们特区的社会主义性质，保证我们特区改革开放和建设的顺利进行。在我们特区坚持“两手抓”，显得更为迫切和重要。一方面，中央提出深圳特区要成为改革开放的试验地，建设有中国特色社会主义的排头兵。这个任务既光荣又艰巨。另一方面，深圳又处在“一国两制”的临界点，两种生活方式、两种价值观念在这里剧烈碰撞，再加上深圳人缘社情特殊，经济结构特殊，商品经济异常活跃，对外交往日益频繁。这就给我市的党风和廉政建设带来了一定的难度。为了保证中央赋予特区任务的贯彻落实，和保持特区各级党组织的先进性和纯洁性，我们必须坚持“两手抓”，使两只手都硬起来。基于这一认识，在去年年终各项工作都很繁忙，根据国务院通知把各种检查都停下来的情况下，市委、市政府经过充分讨论研究，唯独搞了这个大检查，这就充分说明了市委、市政府抓党风和廉政建设的决心。

二、实践证明，开展党风和廉政建设大检查的做法很好，必须将这一好的做法形成制度，长期坚持下去

这次大检查，各区县、市直各部委办局，集团（总）公司、直属公司和驻深局以上单位的自查面达100%，交叉检查面达20%，市检查团重点抽查了75个单位。群众普遍反映，这次大检查，时间虽然较短，但收到了较好的成效，具体表现在：

一是密切了机关与基层、党员与群众的关系，促进了党政机关、党政领导干部作风的深入。全市有48名局级干部、35名处级干部、34名科级干部参加了重点检查。市属18个分团共听取了75个单位265名领导成员参加的汇报会；召开了科处级干部座谈会68场，参加人员586人；党内外群众座谈会65场，参加座谈670人；个别谈话840人次。这么多各级领导干部这样深入、系统、集中地到基层了解情况，倾听群众的呼声，这是我市建市史上少见的。

二是对基层的党风、廉政建设情况有了更深入、更全面、更具体的了解。通过这样的活动，我们基本摸清了全市党风和廉政建设的基本情况，做到更

加心中有数了。发现了一批好的典型,揭露了一些问题线索。经过排队分析,市18个分团检查的75个单位,其中比较好的有39个,占52%;一般的29个,占38%;比较差的7个,占10%。驻深工委在自查的基础上,对下属146个单位和党风廉政建设状况进行分类排队,其中较好的33个,占24%;一般的99个,占67.8%;比较差的12个,占8.2%。经过这样的检查分析和排队,使我们对全市党风和廉政建设的状况有了更清醒的认识,也更有利于我们“抓两头”促中间,把全市的党风、廉政建设推向深入。

三是促进了双向监督和双向整改。这次检查发动群众、依靠群众、反映和揭露了一些问题和违纪违法的线索,同时,群众对我们的工作也提出了一些批评意见和合理化建议,因此,这样的检查,不仅是检查了下级的工作,同时,也检查了上级的工作,起到了双向监督和督促双向整改的作用。如在这次市重点检查阶段,群众就对市政府某些职能部门提出了不少批评意见和建议,并揭露了一些不正之风问题的线索,这就促使我们下大决心,解决好机关本身的问题,以保证全市党风和廉政建设的顺利进行。

总之,对这次大检查,上上下下反映都是好的。群众普遍要求,要将这一好的做法长期坚持下去,以取得更大的成效。

如何把这项工作坚持下去,以取得更大成效呢?我看:

第一,要把开展党风廉政建设大检查的做法形成制度,坚持不懈地抓下去。市委决定,从今年开始,每年都要安排两个月时间集中抓好两件事,一件事是:每年7月定为全市开展党内法规教育月:另一件是每年十月,定为全市党风廉政建设检查月;这两件事,要形成制度,坚持不懈地抓下去,今年十月的大检查,准备工作要做早些,声势要搞大些,措施要更有力一些,成效要争取更好一些。

第二,善始善终搞好大检查的收尾工作,以取信于民。大检查的主体工作虽告完成,但还有一些遗留的事情要抓紧去办。比如,对这次大检查中发现的好的单位和个人,就要认真进行总结推广,该通报表扬的要通报表扬,该登报宣传的要登报宣传,该在全市范围内推广的要在全市范围内推广。对群众反映的意见,要引起有关部门的高度重视,派人核查,该澄清的要澄清,该整改的要整改,该处理的要处理。总之,要逐项逐条落实,并将结果在适当场合向有关人员公开。只有这样,才能使党风廉政建设大检查取得更为实际的成果,才能真正取信于民，使广大人民群众明白我们的大检查是动真格的，而不是搞形式主义的。

第三，要把搞好大检查的收尾工作与反腐蚀教育结合起来。2月18日晚，省委党风和廉政建设领导小组召开了全省电话会议，通报了前一段时间全省贯彻省委[1991]35号文件的情况，部署进一步把反腐蚀教育和法纪教育引向深入的问题。这个电话会议开得很及时，很符合我市的实际情况。我们应当看到，抓好大检查的收尾工作与反腐蚀教育是一致的，是相互促进的。运用反面典型进行反腐蚀教育，和开展党风廉政建设大检查，都是反腐倡廉的一项重要措施。当前，我们要把这两项工作结合起来一起部署，一起检查，一起落实，以求取得更好的成效。

三、大检查的结果表明，我市党风和廉政建设的基本情况是好的，但也还存在一些问题。因此需要我们继续努力，把我市的党风和廉政推向前进

从这次大检查的结果看，我市党风和廉政建设的基本状况是好的，主要表现在：一是政治立场比较坚定。绝大多数领导班子在1989年春夏之交发生的政治风波中，坚持做到与党中央保持一致，在东欧、苏联出现急剧变化的情况下，能坚持中国共产党的领导，坚持社会主义制度，坚持改革开放的社会主义方向。二是许多单位对党风廉政建设的重要性、紧迫性有了更深的认识，并把它摆上了重要议事日程。三是深入基层、深入实际，转变作风，进一步加强了与人民群众的联系。四是廉洁奉公，艰苦奋斗，促进了党风和廉政建设。

在肯定成绩的同时，还应看到我市的党风和廉政建设还存在不少问题。如一些单位的领导班子不团结、不协调，有些单位的党组织的机构不健全、不适应；一些单位的领导作风不深入，联系群众不够，群众很有意见；一些政府部门的行业不正之风严重，吃、拿、卡、要；腐败现象还时有发生。这些问题虽然只是前进中的问题，但它损害了党的形象，影响了党群关系，必须采取措施，认真加以解决。

因此，我们必须清醒地认识到，加强党风和廉政建设必须认真贯彻“一要坚决，二要持久”的方针，继续下大力气，切实把这项工作抓紧抓好，抓出成效。

第一,要正确认识和处理党风廉政建设与改革开放的关系,继续提高对加强党风、廉政建设重要意义的认识。改革开放是党在社会主义初级阶段基本路线的重要内容。贯彻好党的基本路线,坚定不移地执行改革开放的方针、政策,需要良好的党风、政风作保证。党风好、政风正,党和人民政府在群众中就有号召力和吸引力,就能更好地带领群众积极地为实现党的路线方针政策而努力奋斗。否则,就会影响党的路线方针政策的贯彻执行。党风廉政建设与改革开放之间存在着互相联系、互为条件和互相促进的关系。加强党风廉政建设,为改革开放的顺利进行提供了可靠的保证。实行改革开放,又为党风廉政建设提供了坚实的物质基础,促进广大党员的思想观念更新,为党风廉政建设注入新的活力。因此,我们要正确认识和处理好二者之间的关系,在实际工作中做到两手抓,使之互相促进,同步发展。当前,我们正面临着深入改革,扩大开放的新形势,在这样的情况下,我们各级党组织,更应保持清醒的头脑,充分认识抓好党风廉政建设的艰巨性、复杂性和长期性,在扭住经济建设这个中心的同时,切实坚持两手抓,一手抓改革开放,一手抓党风、廉政建设,坚持党纪教育要严,执行纪律要严,对党员领导干部的要求要严,只有这样,才能确保改革开放和经济建设的顺利进行,使特区在探索有中国特色社会主义建设事业中取得更好的成绩。

第二,要认真抓好反腐蚀教育。根据省委的决定和市委的部署,我市要在去年党内法规教育基础上,于今年集中4个月时间,运用高森祥等严重经济犯罪典型案例,在全市共产党员、国家干部和职工中进行一次反腐蚀教育。这是省、市委为加强党风和廉政建设而采取的一项重要措施,是保证改革开放和经济建设顺利进行的一项重要工作。各级党委、纪委必须集中时间、集中精力把这项工作抓好。首先,各级领导班子要组织学习好省委[1991]35号文件和市委[1992]2号文件,同时组织收看好省纪委和珠江电影制片厂联合录制的《权与钱》的录像片。市五套领导班子成员于前段已按照省委的部署集中组织了学习讨论和收看,凡是没有学习收看的,要抓紧在这个月安排。通过学习和收看录像,要使领导班子成员全面了解这6个犯罪分子是怎样走上犯罪道路的。其犯罪原因是什么?教训在哪里?特别是各级领导干部要敢于联系自己的思想工作实际。我们共产党人在改造客观世界的同时,首先要自觉地改造主观世界,领导干部更要带头接受教育,带头改造自己的世界观。其次,在领导班子带头学习的基础上，各单位要联系各自的实际，制定好学习计划，并逐项抓紧落实。再次要运用多种形式，组织好全体党员、干部、职工的学习。可以用集中办班学习或利用学习日、党的组织生活会和业余时间来安排学习。学习的过程中，要敢于联系实际，大胆揭露问题，认真抓好整改。同时，要抓住重点，一是抓住重点行业、重点单位、重点对象；二是要抓重点问题，联系实际，认真对照检查。该整改的要加以整改，该立案的，要抓紧立案，该处理的，要依纪依法处理。只要领导重视了，方法对头了，重点突出了，才能使这次教育收到更好的成果。在这里，我要顺便说一句。在我们特区，反腐蚀教育将是一项长期而又艰巨的任务，这项工作贯穿于我们改革开放的全过程。因此，这次我们集中教育一段时间以后，不能认为就可以一劳永逸了。各单位还要根据自己的实际，加强这方面的工作，坚持做到常抓不懈，使广大党员、干部、职工从思想上筑起一道反腐防变的长城。

第三，要抓紧办案。抓紧办案，是严肃党纪、促进党风和廉政建设的一项重要措施。改革开放越是深入发展，越要严明党纪，越要加强执纪办案工作，严惩腐败分子。深圳改革开放成绩喜人，在打开门窗、新鲜空气流通的同时，不可避免地会飞进一些苍蝇、蚊子，一些意志不坚定，免疫力差的同志难免会伤风感冒。随着商品经济的不断发展，对外交往的日益频繁，一些腐朽的东西必然会沉渣浮起，经济犯罪也触目惊心。如果任由违纪违法活动蔓延下去，形成贪污、盗窃、诈骗、贿赂横行的世界，深圳改革开放的事业就会被断送，已经取得的成果也会丧失殆尽。蠹众而木折，穴大而堤溃，不消灭腐败，能保持共产党的性质吗？改革开放能健康发展吗？社会主义能进步吗？人民能有一个安居乐业的政治环境和社会环境吗？因此，在任何时候，我们都不能放松打击犯罪分子这一手。怎么办案？一是领导要重视，有的大案要案，领导要亲自过问，甚至亲自挂帅；二是要突出重点，坚决查处违犯政治纪律，出卖政治、经济情报，贪污受贿，严重官僚主义，失职、渎职，嫖娼、腐化堕落和蓄意打击报复、诬告陷害的案件；三是执法监督部门要密切配合，协同办案；四是要不断总结经验教训，提高办案水平，确保办案质量。

第四，要突出抓好党风和廉政制度建设，切实加强党内监督。省纪委决定，今年要在全省镇乡以上各级党政机关同群众关系密切的基层单位，认真开展一次党风和廉政制度执行情况的大检查，从7月份开始，至年底结束。因此，各单位要重视这项工作，领导要亲自抓，从现在起就要做好准备。凡是制度建设还不够健全、完善的，要尽快健全、完善。对已经建立了的制度，要定期检查，逐项落实。所订的制度，要符合实际，要可供操作，并要做到定一项成一项。只有这样，才能保证制度建设的严肃性，才能把各项制度真正落到实处。要切实加强党内监督。各级领导干部要增强监督的意识，自觉地接受组织的监督和群众的监督，领导干部既是监督的主体，又是监督的客体，要监督好别人，首先，要自觉地接受别人的监督。在监督这个问题上，要树立起监督机关的权威。监督机关必须具有相应的权力和权威。监督的实质是制约权力。从这种意义上说，必须加强各级纪委的权力，各级纪委不仅要监督好下级机关和下级党员领导干部，还要切实监督好同级党委和同级党员领导干部。

同志们，小平等中央领导同志年初视察深圳，充分肯定了我们的工作，对特区的发展寄予了殷切的期望，并提出了更高的要求，希望我们思想更解放一点，胆子更大一点，步子更快一点，要我们在改革开放中大胆去闯，这是对我们巨大的鞭策和鼓舞。我们一定要遵照中央领导的指示精神，紧紧抓住经济建设这个中心，在大力发展特区经济的同时，把特区的社会主义精神文明建设和党风廉政建设搞好，为建设有中国特色社会主义伟大事业作出更大的贡献。

在市委信息工作总结表彰会议上的讲话

（1992年3月）

同志们：

首先，我代表市委对今天受表彰的先进单位、优秀信息员，还有督办落实较好的单位，表示祝贺！刚才百泉和意珍同志就我市去年的信息工作作了总结表彰，克雷同志对今后怎样搞好信息工作进一步提出了要求。他们讲得很好，我完全同意，希望同志们按照这次会议精神，认真贯彻落实。这里我再强调几点：

第一，当前特区的形势，也就是信息工作面临的形势。刚才克雷同志已经讲了，他前不久陪李灏同志到几个国家去访问，感触很深。不怕不比较，一比较就吓一跳。我们现在的形势呢？可以这么讲，成绩大，动力大，压力大，难度大，前途也很远大。所谓成绩大，就是我们过去走过的路，11年来确实成绩很大，举世瞩目，现在国内、国际都比较关注我们，这说明过去工作有成绩。对待成绩有两种态度：一种是把成绩当作沉重的包袱背起来；另一种是认为成绩只说明过去，要在新的起点上取得更大的成绩。我们不能在成绩面前沾沾自喜，故步自封，老大自居，要看到前进中的问题还很多，难度也很大。希望办公厅（室）和信息部门要充分认识我们所面临的形势。

动力大呢，大家都清楚，小平、尚昆同志今年初到深圳、珠海等地视察，作了重要的指示，中央发了2号文件，中央政治局专门开了会议，作了决定，贯彻小平同志指示精神。小平同志讲话，一言九鼎，对中国现在和未来会起到非常重大的作用，非常鼓舞人心，我们学习后感到非常振奋。很多话又是在深圳讲的，对深圳有肯定有鼓励，有更高的要求。小平同志说，深圳的经验就是敢闯，要求我们还要敢闯。第一，不要怕犯错误；第二，有错误就改。中央2号文件里也说了，每年要总结经验，做得不对的就及时改正，新发现的问题要及时解决，并且要求我们思想再解放一点，改革的步伐再快一点，成效再显著一点。李灏、良玉同志送小平同志到蛇口，告别的时候，小平同志还回过头来讲，你们要再跑得快一点。中央领导对深圳确实是寄予殷切期望的。江总书记来，要我们当好建设有中国特色的社会主义的排头兵。这都是中央领导对我们的要求和希望，所以动力很大。

同时我们也感到压力很大，要把压力变成动力，变成我们的实际行动，要落实到我们实际工作当中，确实还有很多工作要做，有很长的路子，要我们继续敢于试验，敢于闯，敢于探索，这就是要深化改革。所谓深化改革，我的理解，就是要建设有中国特色的社会主义，我说最主要的是“一个中心、两个基本点”，这是党的基本路线，对我们来说，改革开放最主要的是要建设充满生机和活力的新的经济体制。中央2号文件里面也提出了这个要求。新的经济体制是个什么框架？什么内容？就是社会主义市场经济。但是，具体内容需要我们认真地探索，认真地实践，认真地总结。这在社会主义国家是前无古人的。过去没有一个国家提出搞社会主义市场经济，前苏联和东欧原来那些社会主义国家，都是搞计划经济，也叫产品经济，结果证明是不成功的。列宁同志在十月革命以前就讲社会主义就是要消灭商品经济，十月革命以后那段时间也作了试验，结果他认为商品经济消灭不了，过渡时期还要有商品、货币和价格，还要利用价值规律。但过渡时期以后怎么样他没有讲。到斯大林时期就搞计划经济，他说，我们完全有能力，让计划机关对全国的生产实行全面的计划，结果还是计划不了。特别是中国，11亿人的吃穿用住行，各行各业的商品，企业有多少个呀，有多少种产品呀，你怎么计划呀，生产、销售、分配、流通怎么计划呀，就是用最现代化的第5代电子计算机恐怕也计划不出来，到计划出来的时候，供需关系早就变了。我们要参与国际市场竞争，你不按国际市场竞争的规则去搞能行吗？不按国际市场的需要去生产能行吗？你不按国际市场的标准和质量要求能行吗？所以我们今后改革的任务、探索的任务相当艰巨，难度非常大。难度大的本身是前人没有做过。社会主义国家搞市场经济实际上是与以前说的商品经济是一码事。说市场经济是说商品交换的这个平台，以这个平台来命名，就叫市场经济；以在这个平台上交换的商品来命名，就叫商品经济。实际上两者是一回事，不同的称呼而已。没有市场交换哪来商品呀？价值规律就是以市场为载体，以市场价格体系为它的表现形式。进一步深化改革存在的问题、难度、阻力就更大，同志们可能都有感触，特别是涉及产供销、人财物这些权力和批项目的权力，你想要调整，想理顺，那是相当难的，阻力相当大。所以也就要求在改革中一定要顾全大局。我们要从全局出发，对改革，对促进生产力发展有利的，对增强综合国力有利的，对提高人民生活水平有利的，我们就坚持这个方向，克服重重阻力。我们反映信息也要有正确的指导思想，你是站在阻碍改革的那一边说话呢？还是站在促进改革这一边说话；是推进改革呢还是阻碍改革？这里有一个立场问题，也有一个方向的问题。要深化改革，就是要调整，要理顺，要提高效率，要促进生产力发展，可是有一些现行的做法不利于生产力发展。这样我们就要改了，作利益、权力方面的调整，这个工作肯定要做。比如，现在市委落实小平同志的讲话精神，定了今年要重点抓好的23项工作，这23项工作都落实到每一个市委、市政府负责同志的身上。宝安县的体制改革，这也是改革，这也是调整。特区农村还有69个行政村，100多个自然村，特区已经是个大城市了，可是里面还包括这么多个农村，很不协调，这就是“两个转变”的问题。两个转变，非转不可，这就牵涉到农民的利益和政策。特别是计划生育政策，农村还可以生两胎，转成城市居民就不能生两胎了。这些都是要做工作，要改革，要统一思想，要协调，要顾全大局，问题确实很多，困难和问题不容我们轻松，不容我们骄傲自满。特别是我们兄弟地区、周边地区发展，更是形势逼人。去年珠海市委书记梁广大同志对我讲，他们的速度是99%，不是公开讲的60%~70%，几乎是翻一番。李灏同志率团到珠江三角洲几个县转了一下，回来给市委通报，印象非常深刻。人家一个县就是上百亿元工业产值，形成了自己的拳头产品，财政收入是我们宝安县的几倍，搞得热火朝天。如果我们没有紧迫感，没有压力，不把压力变动力，不是急起直追，而是沾沾自喜，肯定要落后，不用说同国外比，同我们周围地区比，我们也要落后。大家搞信息、综合工作，也要有紧迫感，要有压力，通过我们的信息来促进我们各个方面工作的发展。另外我们要注意谦虚谨慎，说话要留有余地。我们以前说话什么都是“率先”、“首先”，以后这类话少说一点好。比如说保税区也说我们是率先，其实天津早就搞起，有的早就运作起来了。我们还是要谦虚谨慎一点，要夹起尾巴做人，要真抓实干，在落实方面多下点工夫。

另外，我们的前途也很远大。市委提出要把深圳建成国际性大城市，小平同志也同意我们建设成社会主义的香港。我们不能说率先建成社会主义的香港，也可能人家跑在你的前头，上海经济力量、技术力量都比我们雄厚，也说不定人家搞得比我们好。所以，我们要建一个社会主义香港，要建一个国际性城市，谈何容易？差距相当大，但是前途光明，这是我们的方向，将来一定能够实现这个目标，经过大家的甚至几代人的努力，能实现这个目标。所以前途是光明的，目标是宏伟的，要靠我们大家认真抓，真抓实干。这是第一个问题。

第二，每天我们都看《深圳信息》《每日快报》和《港报要闻》三个刊物。现提几点希望：一是《深圳信息》和搞信息的同志都要立志改革，要有一个明确的方向，在这方面提供的信息反应要灵敏、要准确，要真实，要快，要好。现在是信息社会，有的叫后工业社会，确实现在是信息时代，不是说时间就是金钱，效率就是生命嘛。信息就是财富，对企业来说，它的经济、市场信息是生命，谁要是能及时抓住，谁就能抓住机遇，谁就能发展，谁就能获得更大的效益和利润。对于我们市委的领导机关和市政府部门，谁要是能掌握更多的信息，谁就能更好地科学决策，就能及时抓住机遇，解决问题，推动经济发展，这就关系到全局了。所以我们的信息有两个层次，一个层次就是反映一个问题，一个事件，一个事情，挺严重，也应该解决，让领导看看批了，你们通过督办，把这件事情解决了，当然这是好的，也是应该的。我看这是一个层次，但这只是一个浅层次；如果我们的领导都是批这些具体的事，成天处理一件一件单个的事，那我们的领导水平不是很高。我们要通过大量的信息，来分析信息，综合信息，研究倾向性的问题，来制定我们的方针政策，研究对策，解决倾向性的问题，我看这就是一个深层次的问题。我说就这么两个层次，也希望我们搞信息工作的同志，要进入第二个层次，在提供信息的同时也要提出一些建议，做一些分析，来促进市委、市政府研究制定政策，解决某一方面的问题，我看这个就更为重要。我们现在定的23个问题是调查研究，都是要提出政策的，解决某一方面的问题，解决前进当中的重大问题，这个价值就更大，意义就更大，希望搞信息工作的同志要把握这方面的问题，能更前进一步，更深一步。

另一个希望就是信息尽快实现现代化，实现联网，不再搞零打碎敲的“小农经济”、“个体经济”，要系统化、科学化、现代化。特别是经济信息，我以前是抓经济工作的，对数字、对经济信息，对统计局提了一些要求。现在以经济建设为中心，经济工作形势到底怎么样？存在哪一方面的问题，是个什么问题，症结在哪里？领导头脑里要有个数，要有针对性地采取措施。如信息系统的统计资料，没有系统的经济信息，没有系统的情报，你的决心怎么下？这样领导就是聋子、瞎子，他就没法动作，怎么指挥呀？我说信息的现代化，最好是把市委办公厅、市政府办公厅、信息中心、统计局、计划局、经发局、贸发局统一起来，协调起来，联起网来，甚至领导都要有终端，你要知道什么情况，了解什么情况，你就随时可以要，可以分析，我们的流动资金周转天数和产成品的储备是增加了还是减少了。为什么增加了？什么原因呢？哪一方面的原因？你就可以有针对性地采取措施，这对做经济工作，帮助我们及时采取措施，解决问题，非常必要。我们希望能够朝这方面去努力。因为我们具备条件。一个是财政有这个能力，深圳技术力量雄厚，再一个深圳是电子城，电子产品超过100亿元，完全有这个能力和条件，形成网络，系统地提供信息。

还有，就是希望搞信息工作的同志能够消息灵通，能够虚心学习，要有知识，要向内行的人请教。因为你写信息不懂行不内行就写不出来，你就抓不到问题的症结。比如国家经济核算体制要改，以前只注意统计产值，现在产值要降到次要地位，主要统计产品销售情况，再生产创造出来价值的情况，等等。你搞得好的就要抓住这个呀，要懂呀。你要还是老一套只报产值，效益质量怎么样不管，那不行。现在要把效益、质量指标都提到重要位置上。后十年要创造“深圳效益”，你不反映解决深圳效益的问题，你怎样来创造深圳效益呀。又比如从今年起，我市企业的财务核算制度已经改革，要是信息员不掌握情况，你不知道新的核算制度和旧的核算制度差别在什么地方，不知道是怎么回事，你怎么反映信息呀。旧的核算制度毛病是很明显的。比如库存，进了1000个缸子，进的时候1元一个，现销不出去，压在库里，这1000个核算还是1元钱，已经降到5毛都卖不出去，实际上已经贬值了。新的核算就要改了，就不按1块钱而按照5毛钱来核算、记账了，要实事求是了。以前造假账，企业亏损，银行可以挂账，现在都不允许，企业亏损也可以挂账，也可以搞假盈利，现在的核算方法都把它杜绝了。这个情况你搞信息的不反映、不反馈能行吗？改革有很多是新的东西，都是探索的东西，都是新的领域，需要认真地学习，虚心地学习。在正确的思想指导下，及时抓住，及时反馈，才能写出好信息。

再一个希望就是深圳的信息工作不但要为市委市政府决策服务，不但为中央和省委省政府提供信息，还要为全国各地改革开放服务。因为深圳是窗口，是试验地，先走一步要做试验，各地都在看深圳，研究深圳，看你做得是对是不对。我们做得对，取得了成效，人家就要在全国推广。小平同志讲，你们和上海搞股票市场，搞一两年，对全国推广。我们就起这个作用。因此我们的信息，特别是改革开放方面的信息，深化改革的信息，一定要透过各省市、各地方驻深圳办事处及时反馈到内地，这个就是财富呀！前不久国务院下了文件，就是经过国务院证券领导小组批准，全国各个地方企业可以到深圳和上海的股票市场上市，这是一个很重要的信息，你要及时传到你那个省、市去，研究一下你们那里的股票，哪个企业要技术改造，需要资金，马上申请到深圳来上市，那你就先走一步呀，筹集资金就多一条渠道，这个企业可能就搞活了。我们要为全国各地改革开放服务，这一条不能忽视。所以《深圳信息》也发到各个办事处。还有一条就是要为基层服务，要发现基层的好人好事，先进的思想，特别是市委的信息，要两手抓，两手都要硬，要多反映一些党的建设、精神文明建设、思想作风建设、廉政建设的内容，多反映这些方面的好人好事，先进的事迹。我们写信息的时候，要既见事又见人，主要还是要表彰人，激励职工的进取奋发精神和改革精神，特别是基层，敢于领导改革的，走在前面的好的领导者，好的先进人物、先进的思想，要反映出来。我在报纸上看了美光彩印厂得了世界包装组织世界之星的大奖，这个报道就很好。世界之星的大奖我们报了三项，是酒的包装，是谁设计的呢，这三项都是一个37岁的工艺美术师龙兆曙设计的。这是要表彰这样有创造的人，敢于革新有发明创造的人，要造成这么一个优秀人才辈出的气氛，同时对不好的做法，阻碍改革的，违法乱纪的现象，也要敢于鞭挞。现在，有一些人为了个人私利，也想利用我们的信息。信息员、编辑部都要注意，防止个别人、个别单位为了某一方面私利造舆论，如把握不好，也容易被利用的。有的人本来是违法乱纪，结果把自己伪装得好得不得了，我们信息一登的话，他就复印了多少份，到处发。有这种情况，所以要特别注意，要防止这样的现象。当然《深圳信息》我还没有发现有这样的事。

最后希望市委办公厅定的30个每周专报信息单位，都按照要求，认真地把信息工作做好。因为30个单位都是很重要的单位，都是非提供信息不可的单位，都是综合部门，重要单位，你不提供信息谁提供信息呀。虽然这些部门业务很重，但也很光荣，希望再接再厉，把信息工作做好，能真正起到领导耳目的作用，能起到帮助领导科学决策的作用，起到树立先进，树立正气，表彰先进的作用。能够使大家都愿意看，每天摆在我们桌子上，成为每个领导或每个部门领导都必读的，不读就感到缺一件事没做，要达到这样的水平，那我们的作用就更大。同志们都很辛苦，过去为信息工作都作了很多贡献，希望大家今年取得更大的成绩。

谢谢大家！

在全市精神文明建设工作会议上的讲话

（1992年6月）

同志们：

今天，我着重讲三个问题：

一、认真学习和贯彻小平同志视察南方的重要谈话精神

今年初，小平同志视察深圳、珠海时指出，“广东力争20年赶上亚洲‘四小龙’，不仅经济要上去，社会秩序、社会风气也要搞好，两个文明建设都要超过他们，这才是有中国特色的社会主义”。小平同志的指示，进一步阐明了我们工作的重要指导思想：建设有中国特色的社会主义，首先要发展生产力，加快改革开放的步伐，在经济上赶超亚洲“四小龙”。同时，要把精神文明建设搞好，消除社会各种丑恶现象，保持良好的社会秩序。只有经济发展了，才能为精神文明建设提供雄厚的物质基础；精神文明建设搞好了，反过来又能为经济建设提供强大的思想动力和智力支持。这实际上是经济基础决定上层建筑，上层建筑反作用于经济基础的关系。

我们要全面领会小平同志的指示精神，坚持两手抓，两手都要硬，不能以为强调经济建设，精神文明建设就可以忽视了，更不能把物质文明和精神文明建设割裂开来，对立起来。相反，越是改革开放，商品经济越发展，就越要重视和加强精神文明建设。深圳的实践充分地说明了这一点。12年来，我们始终坚持两个文明一起抓，努力使两个文明同步发展，互相促进。尽管我们的精神文明建设还存在不少问题，还有许多薄弱环节，但我们是按照这个方向去努力的。总的说，精神文明建设同经济发展一样，成绩是显著的，从而保证了特区经济社会稳定、健康地发展。在新的形势下，党中央和小平同志对特区建设寄予了更高的期望，提出了新的要求。我们经济建设和改革开放的任务更加繁重

了，与此相适应的，对精神文明建设的要求也更高了。这一点，我们各级领导同志的头脑要很清醒，思想要很明确。在现代化建设和改革开放的整个过程中，必须大力发展社会主义民主和社会主义法制，坚持一手抓经济建设，一手抓精神文明，努力使两手都硬起来。只有这样，才能不辜负党和人民对我们的殷切期望，才能实现特区的发展战略目标，保证经济的高速发展和社会的全面进步。

二、当前我市精神文明建设要着重抓好的几项工作

（一）善始善终地搞好农村社会主义思想教育

我市农村的社教工作，由于指导思想比较明确，政策比较稳妥，尤其是抓住群众普遍关心而又强烈要求解决的问题，所以，进展比较顺利，效果比较好。这次社教的经验要很好总结，一些好的做法要集中起来，概括提高，作为今后加强农村基层建设的重要财富。从特区农村当前的情况来看，要着重解决好两个问题：一是特区农村“两个转变”的问题。特区农村的两个转变是历史性的转变。在历史转变关头，有大量工作要做。要通过社会主义思想教育，引导农民正确处理国家、集体和个人三者利益的关系，树立全局观念。各级领导干部要站在历史转变关头的前列，向群众宣传解释党的政策，组织和带领群众实现这两个转变。我们制订的政策既维护了农民的现实利益，又充分考虑到他们转为居民后的长远利益。特区农村的群众要理解党的改革开放政策，积极支持和参与两个转变。上步村的试点搞得很成功。六个居委会，一下就成立起来了。上步村的党员、干部非常顾全大局。特区内其他农村要学习、借鉴他们的经验。按照市委、市政府的部署，把这项工作积极稳妥地抓好。二是坚决纠正农村社会中发生的一些丑恶现象。特别是对农村一些青年不爱学习，不思进取，不参加劳动，游手好闲的问题，要引起充分的重视，采取得力的措施，对他们进行教育、帮助和引导，从而使我们的青年一代的素质全面提高，能够在特区这个特殊的环境里健康成长。努力避免农村一些青年经济上富裕之后，精神上走向堕落的现象。

（二）加强社会治安的综合治理，打击刑事犯罪活动，扫除“七害”

我市的社会治安形势一直比较严峻。尽管市委、市政府下了很大决心，整治治安秩序，有关部门和社会各界都作了很大努力，一次又一次地开展了打击

犯罪活动。但是,这个问题始终没有完全解决好,广大群众还不满意,各种犯罪案件仍然比较多。主要是刑事案件,经济犯罪案件和嫖、赌、毒、黑等“七害”。有些已经影响到我市的政治生活、经济生活和人民的精神生活。不彻底治理,会严重危害特区的改革开放和建设事业。

解决好这个问题,我看关键是三条:一是依靠和发动广大群众形成社会监督、群众监督、舆论监督的社会环境,形成群防群治网络;二是拳头要硬,就是我们的执法、执纪部门要过硬,班子、队伍要过硬。有这样的队伍与群众相结合,社会治安的许多难题就会攻而取之,战而胜之;三是依法办事,打击各种犯罪和惩治各种丑恶现象,绝不手软,切实创造一个良好的社会经济环境。

(三)在党员干部中坚持反腐倡廉的教育,以转变党政机关作风来带动整个社会风气的好转

前段时间,我们利用高森祥这个反面典型在党员干部中进行了反腐倡廉的教育,收到了一定的效果。但是,不要以为处决了高森祥,就万事大吉了。党内的腐败、不廉洁的现象并没有从根本上消除。有些机关部门,门难进,脸难看;一些机关干部态度骄横,下面来办事,要请吃饭,要送礼送钱。群众对此意见很大,但又不敢得罪他们。

转变机关作风是老生常谈,可是基层群众和企业反映比较强烈,不认真解决不行。要真正解决这个问题,只靠教育、靠一般号召不行,而是要动真格的,要采取切实措施。一是建立制度,并把各项办事制度、办事程序公开,特别是涉及几个部门的事都要程序化、规范化,在一个部门内部办事的程序要尽可能缩短。二是深化改革,凡是能用市场机制,用公平、公正、公开竞争的,都要用市场机制,不允许私下、个别交易,以消除滋生腐败的土壤。营运车牌公开拍卖,政府一下收入5亿多元,不用靠什么关系,大家公平、公开竞争。现在有些单位不愿搞招标了,非要搞议标,私下交易,这是很不正常的。三是办事要有时间限制,要明确规定在多长时间内把事情办完,对办事人员和领导审批都要有时间约束。时间体现效率,这方面一定要有明确的要求和规定。一件事情20天办不完,可以1个月,或者再长些,但必须在这个期限内作出明确答复。如果没有答复,可以看成这件事情是认可了。这个问题请有关部门研究一下,搞出一个制度,搞出一个办法来。四是谢非书记一再强调到机关办事不准送礼,也不准收礼,更不准卡、要,不准到企业报销,不准向企业提各种条件,这要坚决贯彻。今后，对送礼和收礼的要定同等的罪，要受同样的处罚；五是重申党政机关干部不允许炒股票和炒房地产；六是涉及几个部门的事要多采取联审的办法，联审会议一次通过解决；七是对发生案件要坚决查处，要排除干扰，不能姑息，不能迁就，不能说情，更不能庇护；八是要进行检查评议和好坏典型教育，有的内部通报表扬和批评，有的要公开处理，以儆效尤；九是领导抓，抓领导，从领导做起，从领导抓起，各单位、各部门的主要领导要负起责任，单位不廉洁，群众反映大，要由领导负责，认真整改。作风老是不好的单位，领导人自己要引咎辞职，不辞职的要免掉。

（四）进一步加强社会公德和职业道德教育，树立良好的社会风尚

特区社会的道德风尚总的来说是好的，但也存在不少问题，有些甚至还很严重。在社会公德方面，当前要主要强调培养人们的爱国主义、集体主义精神。有些人为了个人的利益，损公肥私，损人利己，钻国家政策的空子发不义之财，有些人对国家和人民的财产随意践踏。这些都是与我们的社会公德背道而驰的。要认真加以解决。在职业道德方面要着重解决好商业信誉和优质服务的问题。某些商店出售假冒伪劣商品，使顾客深受其害；医疗单位有些医生收黑钱，服务态度恶劣，对病人不负责任，经常有群众投诉；群众对有些基层部门即所谓的“七所八站”的意见也比较多。为群众服务的部门，不为群众办事，群众当然不满。还有其他一些服务单位，都存在类似的问题，这些都严重地影响了特区的形象和声誉。要在全市范围内广泛开展社会公德和职业道德的教育，提高广大干部职工的道德水平，树立正确的道德观，形成良好的社会道德风尚，维护特区的良好形象。宣传舆论部门在这方面要多下点工夫，多做点文章。

三、关于贯彻落实好我市精神文明建设“八五”规划的问题

去年11月，市委郑重地颁发了精神文明建设“八五”规划，提出了“八五”和未来十年我市精神文明建设的总体要求和任务。我们精神文明建设的目标和任务都比较明确了。但这只是一个规划，要把它变成现实，还要靠我们做工作，抓落实，靠我们的具体行动。

如何贯彻好这个规划？这是我们各个部门都要认真考虑的问题。要把规划提出来的任务一件一件地落实到部门，落实到基层单位。我看首要的问题

是各级领导的重视。《规划》颁发几个月了,不少部门行动比较快,按照《规划》的要求,结合制订今年的工作计划,已经把本部门、本单位精神文明建设的计划也订出来了,并且正在付诸实施,这很好。但有的部门和单位至今还没有动,领导不关心不过问。这次会议以后,各个部门、各个单位,都要由党政领导牵头,制订出本部门、本单位的计划,提出明确的任务和措施,把"八五"规划的要求落实好。要做到有计划,有检查,有专人抓,各有关部门要相互配合。为了使精神文明建设的规划落到实处,我认为,要着重在以下几个方面下工夫。

(一)要一手抓表彰先进,一手抓打击犯罪和消除"七害"

要发现典型,树立榜样。市里今年要评选"文明市民",树立一批先进典型。同时,要抓打击各种犯罪活动,包括对一些不良倾向要敢于揭露和批评。以树立正气。

(二)既要重视抓好"硬"件建设,又要抓好"软"件建设

精神文明建设要有物质基础。现在基层反映:群众文化娱乐设施不足的矛盾比较突出,买书难,看国内电视难,基层建文化体育设施找地方难,等等。这些都要逐步解决。但阵地有了,设施搞起来了,还要充分利用好,经常开展活动,把软件的文章做好,把形式与内容统一起来。在设施不足的情况下,更要注意从"软件"上下工夫,把各项教育活动搞好搞活。

(三)要把抓示范与普及推广结合起来

开展精神文明建设活动要先抓点,后推广,由点到面。市里决定把一镇(沙头角镇)、一楼(国贸大厦)、一村(水围村)作为全市的文明示范点,要把这三个点的试点工作搞好,努力建成全市的先进点。各区(县)、全市各系统都要抓自己的点。农村开展创建文明村镇、文明户的活动也要先搞试点,先抓出几个模范点来,在取得经验后,再在面上铺开。

(四)要一手抓教育,一手抓制度建设

一方面精神文明建设以思想道德教育为核心,要着眼于教育引导,帮助启迪人们提高思想道德水准,增强自我调节行为的能力;另一方面也要辅之以一定的行政管理和法制约束的手段,把精神文明建设的内容引入行政管理的轨道,通过规章制度、奖罚机制、各种法规、条例、公约来规范人们的行为。特别是在基层单位,更需要很具体的约束手段。

至于今年的工作，市里今年初制定了工作要点，抓几件实事，已下发了。各单位、各部门，特别是主管领导和主管部门一定要狠抓落实，把要点提出的任务落实好。要按照两手抓、两手硬的要求，做到两个计划一起订，两个任务一起下，两项工作一起查。这样，我市精神文明建设一定会取得更大的进步，迈上一个新的台阶。

在市人大代表评议“一府两院”机关作风情况通报会上的讲话提要

（1992年6月）

同志们:

今天召开市“一府两院”的11个单位负责人会议，主要是通报一下市人大常委会今年2月下旬至3月中旬组织的100名市人大代表评议“一府两院”机关作风的情况。参加今天会议的单位，也就是代表在走访评议中被评定为好的和比较好的单位。因此，今天的会议也是个表彰先进的会议。参加今天会议的还有我们市人大常委会的几位副主任，市人民政府常务副市长王众孚同志、市中级人民法院王常营院长、市人民检察院熊秉权检察长及有关新闻单位。现在我就前段市人大代表评议“一府两院”机关作风情况作个通报说明。

一、关于组织市人大代表评议“一府两院”机关作风的目的和做法

组织市人大代表评议“一府两院”机关作风的活动，是根据代表的提议，根据广大群众的要求，经过市人大常委会主任会议和常委会认真讨论决定的，这项工作得到市委领导的赞同和“一府两院”的支持。整个评议活动进展顺利。这次评议的主要内容是：“廉洁奉公、工作作风和服务态度、工作效率和服务质量”三个方面。评议的原则是只评单位，不评个人。评议的目的是表彰先进、督促后进、转变作风、提高效率。在评议过程中，来自基层工作的100名代表，以对人民高度负责的使命感和主人翁精神，采取走访、座谈、听汇报、个别了解、自选访问点、自定活动方式，在广泛听取基层单位和群众对市“一府两院”工作部门机关作风的意见后，也就是在充分调查研究的基础上，再以无记名方式填写评议表，对被评议单位的机关作风做出好、中、差的综合评定。

代表评议结束后，市人大常委会办公厅根据代表交回的评议表，按部门、按综合评定意见分类、统计和整理汇总，力求做到如实反映代表的评议意见。

二、关于评议的情况

参加评议的百名代表共走访了579个基层单位，召开各种类型座谈会915次，共填写评议表693张，其中属于这次评议范围的655张（不是评议一府两院的38张）。在655张评议表格中，综合评定机关作风属于好的231张，占总数的35.3%；属于中等的289张，占总数的44.1%；属于比较差的135张，占总数的20.6%。被评及的部门达39个，占评议范围对象的42个部门的93%。以上是在评议中总的概况。

这次评议活动中，被评为好的单位有相当一批，其中比较集中的有市财政局、计划局、外事办、农业局、市人民检察院、市计划生育办公室、统计局、市中级人民法院、建设局、市府办公厅、环保局等11个单位，也就是参加今天会议的单位。你们这11个单位，在这次评议中共获评议表158张，占总数的24.1%，其中反映好的有101张，占好表总数的43.7%；中等的53张，占总数18.3%；差的仅4张，占总数2.9%。根据代表的评议，这些单位作风好的主要表现在：

一是领导重视机关作风建设，能够以身作则，注意加强机关的思想教育工作，树立为经济建设服务、为改革开放服务、为企业服务的观点，各项制度比较完善，贯彻执行制度比较好，市财政局、计划局、农业局、环保局、建设局（原建筑工务局）等单位在这方面做得比较好，代表们在走访评议中给予充分的肯定。如评议市财政局的表共有22张，其中好的19张，中等的3张，差的没有。市计划局也是如此，在获得39张评议表中，好的22张，中等的17张，差的没有。代表在评议中普遍反映这两个局的领导以身作则。

二是廉洁奉公方面，不以权谋私，不搞权钱交易，不吃请、不收礼，尽职尽责地为群众和基层办实事。如市计生办、外事办、检察院等单位在这方面做得比较好，代表和群众都比较满意。

三是在工作效率、服务质量方面，对工作认真负责，办事不推脱，工作效率比较高。凡能解决的立即办，不附加任何条件；虽有困难经过努力可以办到的就积极创造条件解决；对确因条件限制，一时难于解决的也能说明情况，讲清道理，取得理解。市政府办公厅、市中级人民法院、市统计局等单位在这方面做得比较好。

以上是代表在走访评议中对11个单位机关作风的综合评定意见。通过代表的评议，使我们看到了我市国家机关的作风总体是好的和比较好的，成绩是主要的。广大机关干部勤勤恳恳、兢兢业业为深圳的建设付出了辛勤的劳动和作出了贡献。但是，我们更应看到目前我市国家机关工作作风，与深圳经济发展和改革开放的形势要求，与基层单位和人民群众的要求，还有不少差距。在这次评议中，也有少数几个单位，代表和群众意见较大，认为这些单位的有些办事部门和下属基层单位廉政建设较差，不正之风较严重，还不同程度地存在着故意刁难，以权谋私，搞权钱交易；有的办事人员服务态度不好，“门难进、脸难看、事难办”，动辄训人、骂人、不理睬人；有的办事环节多，手续烦琐，拖压现象严重，工作效率很低，有的“吃、拿、卡、要、拖”，作风恶劣，群众对此反映强烈。为此，整顿和改进机关作风、提高服务质量、提高办事效率，仍然是市直机关建设面临的一项紧迫任务。因此，我们要认真贯彻邓小平同志来深视察的谈话精神，加强机关作风建设和廉政建设，克服形式主义和官僚主义，切实转变和改进机关作风，做到两手抓，两手都要硬。

今天参加会议的11个单位，在这次代表评议中，人民群众对你们的机关作风反映是好的，是比较满意的，你们在特区经济建设和精神文明建设方面，做出了成绩，起到好的作用。赢得了人民的称赞，在此，我代表市人大常委会祝贺你们，感谢你们。

在此我提几点希望：

市人大代表评议“一府两院”机关工作，是代表履行职责，表达民意的一种方式，也是一种社会调查。实践已经证明，这种评议活动，对“一府两院”的机关作风建设起到了一定的促进作用，这项工作已经引起社会和基层单位的广泛关注。这说明，我们市人大常委会和人大代表在履行宪法和法律赋予的职权方面做了一点探索，在监督工作方面抓住了人民群众普遍关心的问题，人民群众是欢迎的。今后我们将继续坚持这项评议形式。我们这次评议以后，已组织市人大代表进行总结、提高和完善，以后每年都要进行，对于评议好的要给予表彰，对于差的，甚至是几年评议都是这个样，群众始终都不满意的，我们要采取坚决组织措施。我们希望通过评议，能促进我们机关作风建设。

1. 希望在座的各单位的领导同志，能够正确对待代表的评议。在这次评议中，代表们对你们的工作作风是比较满意的。我希望大家能够把它作为推动机关作风建设的动力，而不要作为包袱背起来。在成绩面前，可能有两种态度，一种是作为继续前进的动力，一种是把成绩作为包袱背起来，后一种就很危险。在赞扬声中，既要看到自己的成绩，又要看到自己的不足，要防止自满情绪。建议你们回去后发动机关干部认真总结一下机关作风建设的经验，机关作风好，好在什么地方，有哪些成功的做法，要认真总结推广，该表扬要表扬，要敢于树立先进典型，培养有自己特色的机关作风，努力当好我市机关作风建设的“排头兵”，为抓好全市机关作风建设探索路子。

2. 希望你们在成绩面前找差距，查问题，堵塞漏洞。在这次评议中，你们所在的部门虽然从整体上被评为好的和比较好的单位，但也应看到还存在一些不足。代表们对你们的作风建设也提出了一些意见和建议，对你们的个别办事部门和个别工作人员的服务态度差、工作效率低及不廉洁的问题也提出了诚恳的批评。也希望大家根据代表们的意见，开展一次对照检查，找问题，查原因，认真整改。

3. 对于代表评议“一府两院”的工作，市人大常委会决定，把其作为人大监督的一种重要方式，每年定期进行一次。评议的对象、内容和方式方法将根据实际情况有所改进。也希望大家就如何搞好人大代表的评议工作提出建议和意见，以便改进我们的组织工作。

最后再讲几句。机关作风，确实是我市经济和社会发展要解决的重要问题。我们市里，邓小平同志来深圳视察后形势大好，国内国际形势大好，愿意到深圳投资的很多，现在一个月就有七八十家到我们这里投资，今年以来有400多家，投资金额也比去年成倍地翻番。在这么好的形势下，我们机关作风更应该适应形势发展的需要。现在外商对我们反映是办事效率低，机关作风差，“吃、拿、卡、要、拖”的现象比较突出，外商和我们自己的老总印象很深刻，如一个企业的总经理对我讲，现在我们这里办一个事，办了半年多还没有批下来，还不知道结果，他说去天津办一个项目2天就批下来，他的公司又到青岛去办项目，40分钟就定下来，相比之下，我们的效率太低了。我们要认真抓一下软环境，现在中央发了4号文件，全方位开放，沿海、沿江、沿边都开放。如果我们在软件和行政管理跟不上，效率很低，作风很差，那我们的优势就很难发挥，这个与我们今后十年的发展，在创造深圳速度的同时创造深圳效益至关重要。我们不能只注重硬件，软件建设也要狠抓，要使外商、外地人和深圳自己的基层单位感觉到，我们确实有改革的作风，确实不愧为排头兵。我们只有抓到这个程度，才好向中央交代，好向省委交代。如果我们机关作风很差，问题很多，人家一谈起来，茶余饭后一提就这个话题，那我们就不好交代。

我们今天评议比较好的11个单位，我们希望你们认真总结经验，作为一个动力把它往前推动一步，提高一步，回去以后要发动机关认真总结一下，再找找差距，现在办事环节应该尽量、尽可能地简化。李灏、良玉同志反复讲，反复强调机关作风要认真抓，市政府也要下决心抓，涉及投资环境问题，涉及群众切身利益问题，群众关心的热点问题，特别是廉洁问题，要认真抓好。

最后，预祝在座的各单位及所属部门在下一次评议中取得更好的成绩。

巩固社教成果，加速城市化进程

——在深圳市第二批社教工作总结表彰大会上的讲话

（1992年7月）

同志们：

首先，请允许我代表市委、市政府向参加和关心、支持这次社教工作的各级干部和全体工作人员，特别是向今天受到表彰的先进工作组和优秀工作队员表示崇高的敬意和衷心的感谢！向“农村十佳党支部”表示热烈的祝贺！

刚才，广镇同志对我市第二批社教工作作了全面的总结，讲得很好。省社教办潘嘉念副主任也作了讲话，对我市第二批社教工作给予了肯定，提出了要求和希望。下面我补充两点意见。

第一，我市第二批社教工作取得了很大成绩，获得了圆满的成功。

通过这次社教，我市农村在建设社会主义新农村，在共同富裕和农村的两个文明建设上又向前跨进了一步。所以这次社教无论是在农村还是在城市基层，反映都很好。可以说是群众很满意，干部很满意，工作队员很满意，上级领导也很满意。为什么这次社教工作取得了这么大的成绩？我认为有如下几个原因：

一是把认真学习贯彻小平同志今春南方重要谈话的精神，作为社教工作的一条主线贯穿始终。通过认真学习小平同志的重要谈话，解决了基层干部群众一些深层次的思想认识问题。比如：姓“资”姓“社”的问题；既要防“左”又要防右，但当前主要是防“左”的问题；计划和市场的问题，等等，小平同志都明确地提出来并作了深刻的阐述，使我们的干部群众在思想上澄清了一些模糊认识。深入学习小平同志的重要谈话的过程，实际上是又一次思想解放的过程，对我们这次社教工作起了重要的推动作用。

二是广大干部和工作队员认真贯彻执行了中央和省委制订的社教工作的

方针政策。年龄稍大一些的同志都清楚，过去搞过很多次运动，往往是先扎根串联，重组阶级队伍，不相信广大干部和群众，没有从发展生产力这个角度出发，所以，成效很差，甚至受到群众的抵制和反对。我们这次社教和以前的政治运动不一样。社教贯彻了党的“一个中心，两个基本点”的基本路线，完全是为了维护广大群众的利益，发展农村生产力，所以得到广大群众的支持和拥护。

三是社教当中坚持了两个文明建设一起抓。这也是小平同志南方谈话中的一个重要观点。坚持两手抓，一手抓经济发展，抓以家庭联产承包责任制为主要内容的双层经营体制的完善和巩固，抓农村股份合作制经济的发展；另一手抓党的建设，抓社会主义精神文明建设，抓创建“文明户、文明村、文明街”活动，抓社会治安综合治理，抓对青少年的教育。

四是我们的工作队员能够和群众打成一片，不辞辛苦，作风艰苦深入，工作扎实。有这么一批坚决贯彻执行党的路线方针政策的工作队员和基层干部，才使这次社教工作取得这么大的成绩。

五是有省委省政府的正确领导和关心、支持。去年初，我们在搞社教试点的时候，省委郭荣昌副书记亲自到试点来检查工作，并作了重要指示，同意宝安县在社教当中把农村股份合作制全面铺开，在全省进行试点。省委其他领导对我市的社教工作也很关心，经常给我们打电话作指示或亲临检查指导。没有省委、省政府的正确领导、关心和支持，我们的社教工作也不可能取得这么大的成绩。

第二，社教结束以后怎么办？

首先，要巩固和发展社教成果。农村和城市基层的广大干部群众要继续解放思想。解放思想的一个重要任务，就是进一步领会小平同志讲的关于“三个有利于”的标准。只要有利于发展社会主义社会的生产力，有利于增强社会主义国家的综合国力，有利于提高人民的生活水平，我们就干，这个方向就是对的；凡是不利于这三条的，我们就不要干。这是一个根本的界线，一条根本的原则。在此基础上，进一步加强农村和城市基层党支部的建设，使广大农村和城市基层，能够更多地涌现出像今天表彰的“农村十佳党支部”这样的党组织，带领广大基层干部群众搞好两个文明建设。要特别突出抓好“文明户、文明村、文明街”的建设，广镇同志刚才也特别强调了这一点。“文明户、文明村、文明街”的建设，在全省已经铺开，有的市已经抓出了很大成效。我们市才刚刚开始，希望各级领导，特别是基层党支部，要认真抓好“文明户、文明村、文明街”的建设，来促进其他工作。同时，要继续抓好青少年的教育和社会治安的综合治理工作。社教工作成果不但要巩固，而且要向前推进一步，不要以为社教结束了，就可以一劳永逸了，以致前段解决的问题出现反复，甚至出现倒退的现象。最重要的，还是要大力发展经济。这里强调一点，就是要大力引进技术和人才。这一点非常重要，应该作为我们努力的方向。现在，农村技术和人才都比较缺乏，自办企业不但数量少，而且经营管理水平低，多数档次较高的企业都是外商来经营。我们要努力改变这种状况，花大力气引进技术，引进人才，较快地提高我市农村企业的档次和经营管理水平。

其次，宝安县的体制要变动，撤县建区，实行城市化管理。前不久我和广镇同志到中央去汇报，各个部委都表示支持，估计不久中央就会批复。希望宝安县当前要做好两项工作：一是各级干部要稳定，思想要稳定，工作要稳定。现在形势大好，思想一动摇，工作一松动，就要影响经济发展。所以宝安县各级干部都要坚守岗位，继续做好工作。二是要做好撤县建区的准备工作。对此，市委办公厅已经发了一个文件，有12项准备工作，其中有一些是市直各部门做的，有一些是宝安县做的，希望都要认真做好，待中央批复的文件一下达，就能顺利地实现转变。这项工作是历史性的。因为宝安县经过10年改革开放，各项事业迅猛发展，实际上已经城市化了，必然要实现这个转变。在这个历史性的转变关头，各级领导要站在前列，领导广大群众迈好这一步。

再次，特区内的三个区在社教的基础上下半年要做好农村城市化的工作。目前，这项工作已经全面铺开。前段时间，三个区我都跑了一下，感到三个区都很主动，区委、区政府都把责任承担起来，认真部署和开展农村城市化工作。现在，各区都要进一步开展农村城市化的宣传教育，使市委制定的30条方针家喻户晓，人人明白。同时，要加紧培训骨干，建立领导机构和工作班子，制订和完善各方面工作计划，切实把这项工作做好。因为农村城市化，实现“两个转变”是个系统工程，涉及各个部门、各个系统。希望各个部门、各个系统都要紧密配合，制订出自己的计划，然后按照计划实施。我们到福田区，了解到这个区的干部和群众对农村城市化反应很热烈，士气很高，他们通过上步村的试点，看到了“两个转变”确实是促进了生产力的发展。市里没有“平调”一分钱，没有损害群众的利益，所以大家都很拥护。下半年一定要把这项工作认真抓好，抓出成效。

最后，社教工作队员要把社教中的好思想、好作风带回原单位。在社教工作中，你们也接受了教育，经受了锻炼和考验，思想素质和业务水平都有了很大提高。希望大家把社教中密切联系群众，热心为群众服务，为群众办实事、办好事的奉献精神和工作作风带回机关。你们参加社教之后，对改进机关作风的必要性就有更深体会了。基层单位的干部群众跑到机关办点事确实很难，到处求，到处“叩头”。你们在社教中为群众办事也有这样的体会。你们体会到这一点，就要在转变机关作风中带个头，为基层服务，为群众服务，主动服务，积极服务，深入到基层去服务。通过社教，工作队员已经与群众建立了深厚的感情。今后，群众办事可能还要来找你们，或者通过你们找其他部门，帮助跑一跑，联系联系。我希望你们都来做基层的联络员，继续为群众办好事办实事，并预祝你们在今后的工作中取得更大的成绩！

钥匙在国家机关手中

——也谈把企业推向市场*

（1992年8月）

增强国营大中型企业活力，使企业形成自主经营、自负盈亏、自我约束、自我发展的良性循环机制，是经济体制改革的核心问题。

实践已经使越来越多的人认识到：要搞活国营大中型企业，必须把企业推向市场。

把企业推向市场意味着企业的生产经营从由计划行政部门决定转到由市场决定上来，意味着商品和服务的价格从以计划价格为主转到以市场价格为主上来，意味着资源配置以行政部门的行政手段分配为主转到以市场为主的轨道上来，意味着由计划经济体制转到商品经济（市场经济）体制上来。

只有实现上述转变，才谈得上真正把企业推向市场。

那么，实现上述转变，搞活企业，把企业推向市场的钥匙在哪里呢？

搞活国营大中型企业，企业职工特别是企业的经营管理者负有重大责任，这一点是毫无疑问的。但是，因而就得出搞活大中型企业的钥匙就在企业本身的结论，那是不正确的。人所共知，全国绝大多数国营企业活力不强，根本原因不在企业自身，而在整个经济体制和企业运行机制。计划经济体制和以行政命令为主的企业运行机制严重束缚着企业经营者的手脚和严重影响职工积极性的发挥。这种计划经济体制，是捆绑国营企业手脚的绳索。国家计划行政机关为维护和贯彻这种计划经济体制而制定的一套行政办法，实际上已经成为把企业与市场隔离开来的墙壁；不按价值规律办事的计划价格则成为企业的蒙眼布，它使企业看不清市场的真正需求。

因此，妨碍企业走向市场的，正是计划经济体制，正是执行这种计划经济

* 此文以力工笔名发表在《深圳特区报》1992年8月31日第一版。

体制的国家行政机关及其制定的一系列行政管理办法。要搞活大中型企业，把企业推向市场，必须把精力集中在这里，把脑筋动在这里，做大的文章，动大的手术。

因此，我们可以肯定地说把企业推向市场、搞活国营大中型企业的钥匙就在国家机关手中。

这样说是不是公道？

是的。历史的发展已经作出了证明。

这样的认识是不是偏激？

非也，历史的发展将继续作出证明。

我们试想：在大跃进的年代，会种田的似乎不是农民，而是县委书记、县长、公社书记，他们成天忙于催种催收。该种什么，该种多少，什么时候种，什么时候收，农民不能自主，而要由少数领导人决定。结果怎么样呢？大家都清楚——阻碍和破坏了农业生产力。现在农村实行联产承包责任到户，领导人不用催种催收了，去掉了领导人和领导机关不该管、管不了、也管不好的事，农民获得了种田的自主权，从而焕发了积极性，解放了农业生产力，迅速改变了农业生产的面貌。

可是，现在工业上也存在着类似上述的情况：仿佛国营企业的领导人和职工都不知道该生产什么、生产多少；也不知道原材料怎么进，产品怎么销；更不知道企业该不该技术改造和扩大再生产……而“懂得”这些的却是有关行政机关。企业生产和发展的决策权不在企业手里，而在国家机关及少数领导干部手上。国家机关的荷包里揣着生产力，想给谁就给谁，想给多少就给多少。企业要不断向国家机关朝谒、烧香、拜佛、求“神灵”保佑。这套做法不是由市场来引导企业行为，而是把企业行为导向国家机关。这难道是正常的吗？这难道不是是非颠倒吗？试问，这套体制、做法不彻底改变，企业自身何以走向市场？原苏联在这个方面颠倒了70年，结果是国力凋零、民生涂炭、亡党亡国，这个现实的教训难道还不能使我们惊醒吗？

要把企业推向市场，增强企业活力，必须创造什么样的条件呢？

首先，当务之急是各级国家机关简政放权，转变职能。这是把企业推向市场的必要条件，这就是真正的钥匙。机关要转变职能，由直接管理经济转到间接管理经济，由微观管理经济转到宏观管理经济，由以行政手段为主配置资源转到以市场手段为主配置资源。要实现上述转变必须首先精简放权，把那些政府部门不该管、管不了、也管不好的权力放给企业和基层，腾出手来搞宏观调控，建立宏观调控体系，研究宏观调控政策。放权才能精简，放弃微观权力才能搞宏观调控，否则，批钱、批物、批指示、批项目的微观权力集中在行政机关手里，忙“批”就忙得人晕头转向，还有精力去搞宏观调控吗？要“批”的事情一大堆，人员还嫌紧张，哪能精简人员呢？因而，放权是前提，精简是关键，转变职能是目标。不精简放权，转变职能的目标就达不到。或者暂时精简了，不久又新一轮膨胀。什么时候政府部门不干预企业的微观权力了，政企职能真正分开了，什么时候就有希望把企业推向市场。为把企业推向市场，必须做到：

把生产经营权给企业！

把分配权给企业！

把产品销售权给企业！

把用人权给企业！

把技术改造和扩大再生产的权也给企业！

让市场去调节、去导向！

让市场去引导合理配置资源！

让价值规律真正发挥作用！

使企业生产、生活服务社会化！

使企业待业、养老保险社会化！

使企业工伤、医疗、住房保险社会化！

非如此，把企业推向市场只是一句空话，增强企业活力也只是空想。

与此同时，各级政府部门必须简化办事手续，主动为企业、为基层服务。办一件事要几个月甚至几年，要盖几十个公章，这是适应不了改革开放、搞活企业的新形势的。

其次，积极培育市场机制，要花力气把流通搞活，给企业创造平等竞争的市场条件。要建立和完善生活资料和生产资料市场、专业和综合市场，现货和期货市场，零售和批发市场，技术和信息市场，人才和劳力市场，资金和外汇市场，证券和股票市场，以及产权市场等等。

这些市场的建立和完善，一方面有赖于政府机关的筹划和推动；另一方面又以机关简政放权为条件。

第三，要加速法制建设，特别要加速商品流通、市场营销方面的立法工作。用法律保护市场机制的发育，用法律规范商品经济行为，用法律保护公平竞争，打击犯罪，用法律促进商品经济顺利发展。

我们过去“一放就乱”，乱就乱在没有法制，给企业放权，建立和完善市场机制又必须以法制建设为条件。而法制建设的责任也在国家机关。

第四，深化价格改革，把生产资料价格双轨制逐渐并轨，逐步放开价格，使之形成市场价格体系，从而为全国性的大市场、大流通创造条件，使价值规律充分发挥作用，使商品经济迅速发展。提高人们对这一改革的必要性的认识程度，并以实际的步骤推动这一改革深入发展，关键也在国家机关。

第五，要搞活企业，把企业推向市场，必须建立社会保障体系，如养老保险、待业保险、工伤保险、医疗保险和住房保险等等，使企业职工的各方面保障社会化，从而减轻企业的负担。与此同时，要为企业生产经营和职工生活提供社会服务，建立和完善社会服务体系。从而为企业面向市场平等竞争创造社会条件，这些社会保障和社会服务体系的建立也要由政府机关制定政策、采取措施加以推动。

俗语说，解铃还需系铃人。过去我们为了搞计划经济，建立一套行政计划体系；现在要搞市场经济，仍需我们自己来拆除这一套行政计划体系的藩篱，建立适应市场经济的宏观调控新体系。因而，搞活企业，把企业推向市场的钥匙，确实是在国家机关手里。

但是，有人却说：把企业推向市场，要求“具有较完善的市场机制。如果市场机制发生扭曲和变形，市场功能就不可能得到有效的发挥，从而也就难以替代国家成为企业经济活动的调节者”（《论把企业推向市场》，《人民日报》1992年7月10日第五版）。这话令人费解，值得商榷。要把企业推向市场，必须完善市场机制，这是完全正确的，但是怎么完善市场机制呢？“市场机制发生扭曲和变形”的原因在哪里呢？因为“市场机制扭曲和变形”，市场“就难以替代国家成为企业经济活动的调节者”，那又怎么会把企业推向市场呢？我们认为市场价格扭曲和变形的根本原因在于国家行政机关用行政手段制定的计划价格，如果不用市场价格代替计划价格，那么把企业推向市场岂不成了空话！国家行政机关的行政手段作为企业生产经营的调节者不能用市场替代，市场机制仍然会继续扭曲和变形，“市场价格体系仍然严重不合理”，按这样逻辑把企业推向市场不是遥遥无期吗？岂不是以“基本条件还没有完备”为名，行坚持“计划导向”之实吗？岂不是以担心出现“调节真空”为名，行放慢把企业推向市场进程之实吗？这哪里是真要把企业推向市场呢？

把企业推向市场，彻底变革计划经济体制，从而解放生产力，是一场革命。

要从国家机关手中放弃微观权力（实权），从而解除束缚生产力发展的绳索，促进生产力发展，更是一场现实的革命。

国家机关，特别是领导干部，要站在推动社会生产力发的高度，在改革的大潮中，自觉革命，自我革命。谁如此，谁就站在推动历史前进的岗位上；否则就会被历史所淘汰。这是不以人们意志为转移的。

我们国家机关特别是高级干部要拿起手中钥匙，打开阻碍企业走向市场的锁链。

在市政府第四次全体(扩大)会议上有关廉政建设的讲话*

(1992年12月)

我们的政府能否保持清正廉洁,勤政高效,这是关系到人心向背,关系到深圳建设事业的兴衰成败的大问题。因此,我们必须把加强政风建设,作为一项重要任务来抓。从整体上来看,我市政府机关和工作人员的作风是好的,绝大多数同志是廉洁奉公,勤政务实,任劳任怨,尽职尽责地工作的,为深圳的建设作出了很大贡献。但是,也存在着一些不尽如人意的地方。在政府机关工作人员中,索贿受贿、贪污腐化、以权谋私的现象时有发生;有的部门和工作人员中服务意识淡薄,“门难进、脸难看、事难办”的官僚主义和衙门作风严重,成为群众议论的热门话题;有的对待工作敷衍塞责,遇事推诿扯皮,办事拖拉,效率很低;有的见有利可图的事就争着办,反之,本属于自己该办的事,能推则推;有的政策观念淡薄,有令不行,有禁不止,我行我素;有的缺乏艰苦细致的作风,不深入实际调查研究,对自己职能范围内的工作情况若明若暗,谈问题似是而非,碰到问题提不出具体有效的解决办法;还有个别的人“老子天下第一”,老虎屁股摸不得,听到批评意见就跳,甚至寻机打击报复等等。上述这些表现,虽然是少数同志中的问题,有的只是个别现象,但是如果不注意克服,任其发展下去,必然使政府脱离人民群众,必然败坏特区的声誉,必然影响特区的投资环境。因此,必须引起我们的高度重视。目前,我们正在组织开展提合理化建议活动,发动机关广大干部,为转变政府职能、改进机关作风、提高办事效率献计献策,这项工作一定要抓出成效。这里,再强调几点:

第一,要明确责任。改进机关作风,要从市长们做起,带头抓,每位市长对自己主管的战线要负总责,认真组织研究措施,认真搞好整改。政府各部门

* 原载《深圳风》1993年第一期。

的主要负责人要亲自抓，一抓到底。对于切实采取了整改措施，机关办事效率明显提高，作风明显好转的，经过领导小组验收，可以按期结束；对于整改措施不力，作风依然如故，甚至没怎么动作的部门，这项活动不能结束，时间要延长，直到有成效为止。

第二，要坚持正确的思想导向。深化改革，扩大开放，很多观念必须更新，这是毫无疑问的。但是全心全意为人民服务的观念，机关为企业、为基层服务的观念，人民利益高于一切、个人利益服从全局利益的观念不能变。如果我们机关干部特别是领导干部，把上述观念“更新”了，变成个人至上、金钱至上，那不但丧失人民公仆的本色，甚至会堕落为贪官、昏官、庸官。我们要以江总书记说的“淡泊明志，夙夜在公”作为广大干部的座右铭。

第三，要把机关廉政建设落到实处。一是要加强廉政教育，使全体工作人员，进一步增强“执政为民，当好公仆”的意识，树立勤政、廉政、公正、高效之风。二是要采取有效措施，铲除产生不廉洁的土壤，凡能通过市场解决的经济活动，都不要采用行政审批手段。三是要建立健全廉政建设的领导责任制。最近市委、市政府作出了《关于反腐保廉工作责任制的规定》，实行一级抓一级，层层抓落实。各级领导要率先垂范。不但要严格自律，管好自己，而且要带好下属干部，管好亲属子女和身边的工作人员。四是对管钱、管物、管人部门和岗位要进行干部交流。这不是说有问题才交流，而是依据干部交流政策和工作需要进行交流。这一工作请组织、人事部门提出计划，付诸实施。五是加强监督。对过去制定的“两公开一监督”等行之有效的廉政措施，要继续执行，并不断加以完善。要在我们党政机关树立起一批清正廉洁的先进典型，表彰他们的事迹，学习他们的好思想、好作风；对不正之风要认真纠正。对违法乱纪的腐败分子要坚决惩处。同时，建立起有效的群众监督、社会舆论监督和政纪法纪监督。六是政府各部门对国务院和省政府主管部门要尊重，多请示，多汇报，争取上级部门多给予我们政策上、工作上的支持。各个业务部门每年至少要主动要上级部门汇报工作两至三次。上级部门来我们这里检查指导工作，一定要认真做好接待和汇报，要谦虚谨慎，热情周到。七是要进一步做好人民群众的来信来访工作，接受社会和群众的监督。

第四，要真抓实干，大兴调查研究之风。党的十四大对我国未来建设的大政方针已定，市委一届五次全体（扩大）会议对我市的工作方针和指导思想已经明确。发展前景鼓舞人心，群众意气风发。现在关键的是，各级政府和各级领导同志，必须集中精力，狠抓各项工作的落实。蛇口有条大标语：空谈误国，实干兴邦。我们对于每项工作，要真正做到任务落实，措施落实，责任落实，时间落实。政府机关每个部门每年都要办成几件事关全局的实事，办成几件事关全市群众利益的实事。这就要求我们各级政府和各级领导，必须有艰苦奋斗和务实的精神，转变作风，深入基层，调查研究，实行面对面的领导和现场办公，及时为基层、企业、群众排难解忧。搞社会主义市场经济，很多问题我们不懂、不熟悉，我们面临许多新情况、新问题，只有善于学习，通过调查研究，才能掌握第一手材料，才能制定出切实可行的政策和措施。市政府和各部门，明年要定出若干调研题目，由领导亲自主持调查研究，并拿出调研成果。在制定政策法规方面，谁的调研成果被采纳得越多，谁的成绩就越大。哪个部门问题多，什么方案、政策、法规草案都提不出来，或者提出来了不符合实际，不被采用，你就没有成绩。这要列入政府各部门领导年度考核的主要内容，也是宏观管理的主要内容，在这方面我们要认真奖优罚劣。

在市党政机关开展提合理化建议活动动员会议上的讲话

（1992年12月）

同志们：

在全市党政机关开展提合理化建议、改进机关作风的活动，是我们贯彻落实市委扩大会议精神的重要措施，也是学习贯彻十四大精神和小平同志关于建设有中国特色社会主义理论的过程。这次活动对机关来说也是一个理论联系实际的学习活动，意义非常重大。特别是特区处在改革开放的前沿，是发挥“排头兵”和试验场的作用，我们要继续深化改革，继续走在前边，不辜负小平同志和党中央、省委对我们的期望和要求，就要继续发扬敢闯精神，继续进行试验。我们党政机关处于首脑地位、领导地位，是领导和组织这个改革试验的。党政机关工作效率如何，水平如何，作风如何，对特区的改革和试验有着直接的关系，起着重要的作用。市委全体扩大会议提出力争20年赶上亚洲“四小龙”的规划，要把深圳建设成为一个综合性的经济特区和多功能的国际性城市。我们机关是实现这个宏观目标的组织者、领导者，要靠我们带领全市干部职工和全市人民，去实现这个宏伟的目标，也要看我们机关以什么样的姿态，以什么样的精神状态去开展工作。在市委扩大会议上讨论的时候，同志们对我们机关好的方面给予了表扬，但是更多的、比较集中的是一些批评的意见，尤其是对机关作风、办事效率、廉政建设等方面提出了尖锐的批评。李灏同志在总结讲话时提出，机关作风已到了非解决不可的时候了。我们机关干部特别是领导干部，是不是和市委，和李灏同志的讲话认识都一致了呢？是不是大家都认为到了非解决不可的时候了呢？我看要进一步统一认识，有了统一认识，就有紧迫感，就应该立即采取措施来改进我们的机关作风，这是一方面。从另一方面来说，小平同志提出，改革就是解放生产力，也是一场革命。这场革命对机关干部来说迫在眉睫，要求我们必须投身到这场改革中去。为什么这么说呢？过去我们说的革命都是暴力革命和阶级斗争，而我们这场革命是要解放生产力，促进生产力的发展，这就是这场革命的目的。这场革命从某种意义上来说是一场思想革命。小平同志说要换脑筋。换什么脑筋呢？主要是从计划经济转到市场经济上来，要进行思想认识上的革命，要转变思想，转变观念，更新观念。在体制上要转变束缚生产力发展的旧体制，建立生气勃勃的促进生产力发展的市场经济体制，这实际上是一个历史性转变。在这个历史性转变的关头，我们机关干部，特别是领导干部要站在改革的前列。对我们机关干部来说，改进机关作风也是一场自觉革命、自我革命。不是要旁人来革我们的命，而是要带领广大群众来更新观念，转变思想，然后简政放权，还权于企业，把企业真正推向市场。然后来做我们机关干部应该做的事情：抓宏观管理，抓协调服务，抓检查监督，抓制定规划。这确实是一个历史性的转变，确实是一场深刻的革命，如果我们认识不到这个问题，就会在这场改革中落伍。我们的机关也无法适应特区的地位，不能适应十四大提出的建立市场经济体制的要求。

这次活动是一次广泛的群众性活动，要充分依靠和相信广大机关干部，必须把广大机关干部的积极性和聪明才智调动起来，通过提合理化建议，把简政放权，转变职能，转变机关作风，廉政建设，勤政建设，提高工作效率搞得更好。我们相信广大机关干部是能够认真贯彻十四大精神和市委扩大会议精神，是会按照中央的路线、方针、政策搞好这次活动的。相信和依靠广大机关干部是开展这次活动的根本出发点。这次活动的指导思想：一是认真学习十四大精神和小平同志关于建设有中国特色社会主义的理论，真正掌握精神，理论联系实际，来解决我们机关的问题，推进和改进机关工作；二是以国务院颁布的企业转换经营机制《条例》为依据。通过这次活动，各个机关要认真研究怎样来实施这个条例，每一条怎么落实，怎么简政放权，中央规定的企业的权利在我们这里怎样实现，怎么把企业推向市场。

简政放权之后要搞清楚哪些权应该放，必须放，放了以后怎么办，怎么监督检查；哪些权不能放，还要加强宏观调控。但怎样简化手续，怎样“两公开一监督”，要建立制度。这次会议我们发了一个企业转换经营机制的实施办法，还是个讨论稿，希望发动广大机关干部认真讨论修改。要求每个单位结合自己的工作，提出修改意见，特别是怎么落实《条例》的意见。第三点就是机关要转变职能，由直接管理转到间接管理，由微观管理转到宏观管理。一方面是政府各个部门都要加强和加快培育市场机制，完善市场体制，这有很多工作要做，任务是很艰巨的。前十年我们已经做了大量的工作，有了很大的进展，但是还必须向更高层次发展；另一个方面，政府机关要建立宏观调控体系。机关的职能按照中央的规定是“规划、协调、监督、服务”四项。以后又在规划、协调、监督、服务之外又加上了一条宏观调控。江总书记在十四大报告里对机关的职能是这样讲的：“统筹规划，信息引导，组织协调，提供服务，检查监督。”政府机关的职能部门必须按照中央文件和总书记报告提的这几方面职能来下工夫做文章。比如说，加强宏观调控，没有信息不行。我们的信息体系怎么样，规划怎么样，有没有及时反馈全面的经济信息。不掌握经济信息怎么调控？指挥者就不知道力量往哪边投，进攻往哪边进攻，你就没法指挥。首先要建立经济效益的指标体系，城市发展的指标体系，要迅速建立起来。另外就是要搞好规划，就要搞好调查研究，要掌握情况，这也离不开信息，离不开测算。所以我们机关要大兴调查研究之风，解决宏观问题必须了解整个经济，把一个方面一个产业的情况弄清楚了。再研究对策、措施、规章，才能达到指挥全局的目的。

我们以前搞规划由于信息量不足，主观随意性很大，往往指标都是根据计划者的主观意愿来确定的，制订后实际指导意义不大。现在制订的规划必须有实践的意义，必须是个滚动式的规划，能指导我们的行动的规划。另外一个就是要制定政策，进行政策引导。比如说我们特区要防止环境污染，如印染行业再也不能搞了，就要有政策。高科技产业的土地费能不能减，减多少？调入的科技人员入户口等都要有个政策引导。像我市自行车年产量达一两百万辆了，已成为世界最大的自行车生产基地。新报批的自行车企业还让不让它再搞？类似的问题都要有政策引导。鼓励的要有政策，限制的也要有政策。我们的机关就是要通过调查研究，制定政策，引导经济发展。还有就是建立法规体系。搞市场经济没有法规是不行的。有两个方面：一个是政府规章，一个是法规。政府机关要抓宏观调控，就要把主要精力来研究规章，制定规章，研究法律、制定法规。如果把主要精力都放在微观的审批上，把规章法规放在次要位置，那就本末倒置了。还有就是政府的协调服务，要为基层为企业服务，为企业创造更好的投资环境、工作环境、生活环境，给居民创造更好的生产生活条件。政府要主动积极地服务，要走出机关去为基层服务。需要多个部门服务的还要组织协调好。另外，就是要用经济杠杆来调控，例如利用税率、汇率、利息，这都是经济杠杆、经济手段。这是更高层次的宏观调控。如果我们对经济规律、经济态势没有全盘的掌握，就很难调控。以前我们的调控不是在刚发现苗头的时候去调控，而往往是在事件已经发生、结果已经产生了才去调控，那已经很晚了。还有是政府机关要负责选拔干部，培养人才。深圳各方面的人才需求量很大，现在远远跟不上。政府机关要选拔人才，培养人才，使用人才，为企业事业单位选拔培养更多更好的人才。比如现在不少企业要求实行股份制，资产要进行评估，而会计师事务所、审计师事务所、律师事务所、资产评估所人才跟不上。有关部门要尽快想办法组织培训，可以从国内国外调进一些这样的人才来，甚至吸引外地会计师事务所到我们这里来注册。还有一条就是行政指令是必不可少的。但是一定要政令畅通，令行禁止。举个例子，今年7月份市体改办、市人事局等7个单位联合发了个文件，提出要“消灭亏损企业，消灭企业亏损”，要求亏损的企业都要上报到有关部门来。文件发出后，只有3家亏损企业按规定上报来。还有近200家工商企业，根本不理会这个文件。你说政令怎么畅通呢？政令不通没什么效率可言。政令一定要畅通，应该执行的要坚决执行。不能发了文件就完了，还要加强检查监督。权放下去以后，要制定法规规章，企业要在法律的范围内运作，企业违法违章违纪了要坚决查处、坚决纠正。检查监督的机关和部门要加强。市委扩大会议上大家反映现在政府部门是重审批、轻管理。批了以后就没管了。昨天开企业座谈会，东方企业有限公司反映，政府发了文把它合并了以后存在一些问题，需要政府来协调服务，找谁谁都不管。这个机关推到那个机关，那个机关推到这个机关。如果是这个局面，企业感到很不方便。政府下了文件让我这样搞，包袱让我背，问题却不帮解决。所以，重审批轻管理一定要转变，应该走向市场的，都应该推向市场，然后加强管理监督服务。这个转变不容易，它涉及权力的重新调整。

现在有些部门审批权很大，不是依法审批，而是若明若暗，弹性很大，你攻攻关，他就批你。把审批权和利益联系在一起了，这不好。市委扩大会议上企业组反映很强烈，说机关有些人要价很高，要送购物券，又要新马泰旅游，甚至某些机关的司机也要企业拿钱到香港旅游，而有的企业也答应这么干。企业自己首先风要正。企业不要送购物券，不要搞这些名堂嘛。以后企业再搞也要追究企业的责任，严重的追究行贿罪。对我们机关干部来说，首先不要搞这些名堂，不要搞钱权交易。审批权力下放，一些人要丧失某些权力，如果没有这种觉悟，没有正确的指导思想，就不可能成为改革的动力，还可能成为革命的阻力。

第三个问题是提点希望和要求。第一点是希望各个部门的主要领导要亲自抓，认真组织本部门、本单位提合理化建议，对大家提的合理化建议要认真梳梳辫子，进行分析分类。对好的合理化建议，涉及本部门的，要在本部门认真组织整改，研究制定措施；对涉及外单位的，要认真地向政府反馈，要写出报告，这次活动对各级领导班子是个实实在在的考验。

第二点希望是通过这次活动，各个部门能够采取切实可行的措施，提高办事效率，真正简政放权，真正转变作风。作风是不是转变了，不能我们自己说，要人家说，要让到机关办事的人来评价。这才是客观公正的。

政府部门该下放的权力要下放，还要留下的一些必要的审批权。审批权也要逐渐变成审核，依法依章审核，并且要采取联审的办法。如果是一个机关内部的要采用办公会的办法，一次通过。如果是遇到几个部门的，采取联审的办法，一次通过。不要到一个部门办一件事情就要跑几个处，每个处都是由办事员到科长、处长、局长，纵向横向要人家跑几个月，跑半年，这样不行，一定要采取措施，提高办事效率。办事还要提出时限要求，要求几天十几天必须办完要有规定。要尽可能地利用市场机制，让市场来减轻政府机关部门的负担和压力，像拍卖汽车牌照一样，不是发牌照，也不要人家来攻关。你们考虑考虑，现在用行政手段来批的项目，有哪些能推向市场、转向市场机制，有的能立即用市场机制的可以马上去办；有的如果需要创造条件的，可以进一步完善市场机制，建立市场组织，或者建立中介组织，做出计划，限期推向市场。

第三点希望就是要加强机关的协调合作。为基层服务需要协调，现在有这样的问题，因为有些事情都不是一个部门能办的，需要几个部门配合起来办。配合起来办总要有一个部门来牵头，牵头的单位往往都很难，因为都是平级单位、平级干部，我怎么去组织人家呢？这个观点要改变，是不是从我们市长们先做起。市长也是分工不分家，凡是这个业务交给某一个市长牵头的，他就可以直接组织其他市长管的部门，直接组织协调，召集开会也好，研究问题也好。各个部门都要听，不能说他不是主管我的市长怎么让我去开会。如果市政府已经定了哪个部门牵头，要其他部门配合的，牵头的部门就可以直接找其他部门配合。其他部门要有风格，要积极主动地配合，因为工作需要合作，需要配合，有的不要你牵头，要你当好配角。希望各级、各个局的领导都要有这个风格，有这个姿态，要积极主动地配合，因为机关好多事情你不合作，你说你的意见，他说他的意见，两个扯皮，争论不休，影响我们机关的效率，损害我们的声誉，最后还是影响生产力发展，影响工作。

第四点就是希望我们能够把机关的主要力量放在研究制订各方面的规章、法规和采取一些政策措施上来，多搞调查研究，向政府多提一些建设性意见、方案、措施、法规、规章，我们要把主要精力转到这方面来。

最后，我希望企事业单位和各群众团体以及关心机关的各界人士给我们的活动予支持和帮助。对他们提出的批评、建议和改进措施，我们表示欢迎。也希望组织这次活动的领导小组以及两个办公厅、机关工委能集中力量切实抓好这个工作，要深入到各个机关调查研究，发现好的典型，总结提出的合理化建议和经验，及时地宣传引导。对于不积极主动、不认真组织、成效不大的也要给予帮助。也希望我们的传媒全力配合，开辟专栏，集中力量进行宣传，加强舆论导向。最后希望大家不要辜负全市广大群众，不要辜负国内外的投资者和企业家对我们的期望。也不要辜负中央对我们的要求和希望。我们要通过这次活动真正做到转变政府职能、转变机关作风。能够使机关建设和我们担负的任务相适应起来，能够带领全市人民搞好改革，搞好建设。

企业改革与政府改革

——在市计划财贸工作会议上的讲话

（1993年3月）

同志们：

这次全市计划财贸工作会议，主要是传达中央和省的几个会议精神，安排我市今年的计划财贸工作，会议结束时，众孚同志要作总结讲话，对今年的计划财贸工作提出具体要求。关于去年的经济情况，市政府第四次全体（扩大）会议已经讲了，总的来看，我市在邓小平同志视察南方重要谈话的鼓舞下，全市广大干部群众认真贯彻党的十四大精神，在经济社会发展各个方面，特别是在完善投资环境、改善生活条件、吸引外商投资、基础设施建设等方面得到了较大的成果。这是全市广大干部群众在市委的领导下，克服重重困难，艰苦奋斗，努力工作的结果。这些我就不展开讲了。

今年我市计划财贸工作总的任务是：围绕建立社会主义市场经济体制，继续深化改革，扩大开放，完善生产要素市场，转换企业经营机制，把企业推向市场，简政放权，转变政府职能，建立宏观管理和宏观调控体系。在培育发展生产要素市场方面，要逐步完善以下七类市场：一是资金、证券、股票市场，这是要素市场的龙头，今年一定要扩大范围，规范管理；二是人才劳务市场；三是科技市场；四是期货市场；五是房地产市场；六是物资市场；七是产权市场。希望各部门、各单位在完善这些市场方面下工夫，花力气，取得进展。

下面，我主要谈谈关于企业改革和政府机关改革的问题。

一、关于企业改革问题

我们要以转换企业经营机制为突破口，把企业真正推向市场。市政府已以5号令发布了转换企业经营机制的《实施办法》，还发布了《关于简化审批程序减少审批环节的若干规定》《关于简化外商投资立项审批程序的试行办法》《深圳经济特区投资导向目录》等配套文件，还有一些配套措施要陆续发布。前几天，市政府常务会议又讨论了关于推动对内经济联合的若干规定，即将发布。此外，市工商局已就企业直接登记注册问题，规划国土局需要土地资源配置的项目怎样取得土地问题，组织人事部门对企业领导班子、领导干部的管理体制、管理权限问题，也正在制定配套措施。但仅有措施还不行，还要各个部门认真贯彻执行，协调动作，转换企业机制才能真正落到实处。在此，我强调几点：

（一）推进企业产权制度改革，理顺产权关系

要和建立完善产权交易市场，通过产权市场优化产业结构和产品结构。大力推进企业产权转让，实行企业兼并和依法破产，这项措施是使企业转到以经济效益为中心的轨道所必需的。企业搞不好，产品方向不对头，或者经营不善以及其他原因，该破产的就破产，该转让的就转让，该兼并就兼并，要形成产权可以流动的市场机制。我市现有200多家亏损企业。去年，市里7个部门联合发了文件，提出“消灭企业亏损和亏损企业”，对亏损企业要整顿，限期整改，有的要进行产权转让，有的在亏损期间不能拿奖金，同时对企业领导也有相应规定。但真正按这个文件实施却做得很不够。今年，仍要按这个要求去做，希望有关部门和各个企业，把这项工作作为计划财贸工作的主要方面来抓，切实抓出成效。

（二）加速股份制改造

不管是上市的公司，还是搞企业内部职工持股制的公司，都要加速股份制的改造；未实行股份制的企业要逐步改造成有限责任公司。今年4月份，市人大要讨论通过《股份公司条例》和《有限责任公司条例》，依法推进财产占有的社会化。

（三）把城乡集体企业改造成股份合作公司

为什么要叫“股份合作公司”？根据我市城乡集体企业的情况，由于历史上征地的原因，乡村已把国土转让收入形成了乡村的集体财产，盖了厂房，建了工厂。这部分资产是集体的，这方面的股份，目前群众只能享受分配权，没有继承权，也不能转让。所以它和真正意义上的股份制是不同的。去年我市农村城市化过程中，这个问题是关键，我们找了有关的法律，经过反复研究，决定集体的财产不能分了记在个人名下。如果是群众集资建起来的企业，搞起来的项目，那完全是另一回事。

（四）完善集团公司组织

我市的集团公司有些是经过批准的，有些是自己加个“括弧”就叫集团公司。真集团公司是什么概念？市体改办已经起草了文件，最近市里准备讨论。现有的集团公司组织层次架构上漏洞太多，设置不科学不合理；内部管理和控制架构上也有很大缺失。我们要把集团公司建成真正以资产为纽带、紧密型的企业集团。在企业集团巩固发展的基础上，再进一步发展成跨国公司。有的企业想一下子成为跨国公司，在海外搞多少个点，如果没有经营经验和基础，这是不现实的。所以，首先要按照规范要求，完善我们的集团公司。

（五）取消企业行政级别，建立企业分类定级标准

市投资管理公司已拿出了一个意见，市政府已进行了讨论。总的要求是按企业的营业额、创造的利润、上缴的税金和其他主要指标，来确定企业的级别。不是哪个领导，也不是市政府说你是哪一级，你就是哪一级，或者说派个领导是局级，你这个企业就是局级。企业级别要由企业的经营情况、效益情况等几个主要指标来确定，大体上分为三类九级，每类里有三级。现在我们正在研究企业分类定级后，如何与企业的有关待遇挂钩问题。也就是说，企业对国家的贡献越大，级别待遇就越高。这就是提倡多给国家作贡献。如果你占用国家很多固定资产，但创造很少的经济效益，很多人在那里吃闲饭，你的级别就上不去。我们按照这个办法初步测算了一下，这种分类定级的办法大体上是合理的。现在的集团公司没达到相应级别的可以保留两年，要争取达到标准，两年评定一次，如果还达不到标准，就要降下来。昨天，总后勤部授予南方制药厂为军队模范企业，他们的机制就是企业的干部能上能下，职工能进能出，奖金能多能少，机构能立能撤。这本身就是一个激励机制，我们制定的企业分类定级办法，也是要建立这种机制。对这个分类定级办法，我们要听取人大、政协、民主党派的意见，特别是企业的意见，争取今年上半年出台。

（六）进一步完善企业的领导体制和干部管理体制

一方面，要贯彻企业转换经营机制《条例》，真正把人事权给企业，给企业的董事会和经理；另一方面，我们也主张要有所制约，一定按照用干部的标准，要有程序、有办法、有监督。现在市里的方案已基本起草好，不久也要出台。

(七)深化企业内部配套改革

要按照国家的要求实行全员合同制,彻底打破“铁饭碗”,“大锅饭”和“铁交椅”。这项改革是很不容易的,但没有这个改革,就建立不起适应市场经济需要的企业内部运行机制,希望厂长(经理)们在这方面下工夫。

(八)企业要实行全面质量管理,建立起全面质量管理体系

我们在这方面的差距还比较大。企业的产品质量怎样,信誉怎样,市场前景怎样,都和经营管理有关。要建立企业全面质量管理体系,首先要用领导的工作质量来保证企业的工作质量,用企业干部的工作质量,保证企业经营质量,用企业的经营质量,保证企业的产品质量和服务质量。产品质量是企业的生命,要提倡在企业产品质量有“一票否决权”。搞经营服务的要讲服务质量,宾馆、饭店要讲究服务质量,这与产品质量一样重要。希望能建立服务的全面质量保证体系。

(九)要依靠工人阶级管好企业

企业扩大经营自主权后,最主要的还是依靠广大工人阶级,充分调动职工的积极性,真正体现职工是企业的主人、国家的主人地位,增强企业对职工的凝聚力。要特别注意落实好科技人员政策,落实好知识分子政策,调动科技人员和管理人员的积极性。在这方面,有些企业创造了很好的经验,企业党的工作、工会工作、共青团的工作都做得很好,要认真总结推广。

(十)企业要建立自我约束机制

向企业放权以后,企业不能放任自流,要加强自我约束。企业的主要领导人和领导集体,要重视这个问题,约束机制建立得好,企业的管理就能走上正轨。作为企业的领导人,作出正确的决策固然重要,但更重要的,是要建立一套完整的、适应市场经济的、科学的企业运行体系和运行机制,企业的自我约束机制主要是企业内部分配机制、投资机制和用人的约束机制。把这几个方面的机制形成体系,形成制度,企业的健康发展就大有希望。

我们要通过深化改革,使企业切实转到以市场竞争求生存上来,转到以经济效益为中心上来,转到以科技进步求发展上来,转到以加强管理求效益上来,转到以人才开发为企业发展的根本条件上来,真正成为自主经营、自负盈亏、自我约束、自我发展的商品生产和经营的经济实体。

二、关于政府机关改革问题

发展社会主义市场经济，政府必须简政放权，转变职能，由微观管理转到宏观管理，由直接管理转到间接管理。我市贯彻《条例》实施办法及配套措施的颁布实行，标志着我市简政放权、转变政府职能又向前迈进了一步。但是，转变职能不仅仅是放弃政府不该管的那些微观权力，更重要的是要研究行使好宏观管理的职责和权力，这是一项长期的、艰巨的任务。今年，我们要着重抓好以下几项工作：

（一）进一步解放思想、统一认识

简政放权、转变职能，是由计划经济向市场经济的一个历史性转变，它涉及权力的再分配和各种利益的再调整，不是一个轻松的过程。在这个转变中，是站在前列起积极推动作用，还是起阻碍作用；是从促进生产力全局出发，还是从个人和局部小团体的利益出发，这对每个同志，特别是领导者都是很现实的考验。因此，我们要坚持党性，顾全大局，个人利益、局部利益要服从全局利益、整体利益。要以“三个有利于”为标准，大胆改革，积极主动地把微观权力放到企业去，放到市场去，对于那些不该行使的行政审批权力，能转到企业就转到企业，能转到市场就转到市场，该转到中介服务机构就转到中介服务机构。我们特区改革开放要先行一步，如果在这个方面迈不开步子，政府审批的权很多，以权谋私的事情不断发生，那么特区的政府是个什么形象？我们机关的领导干部一定要充分认识这个问题。在最近开展的简政放权、转变职能、提合理化建议活动中，绝大多数的部门领导对这个问题都非常重视，非常认真，做得有成效；但也有个别的同志开始骂大街，权力没有了，转移了，就发牢骚，这很不好。我们要做好这些同志的工作，不要在改革中形成阻力。个别同志一时想不通的，也要按照民主集中制的原则，政府定了的事情就要坚决贯彻执行，不能各自为政。

（二）政府部门要加强宏观管理，部门间做到协调和配合工作

所谓宏观管理，就是对全局的管理，就是搞好“规划、协调、监督、调控、服务”工作。宏观管理是一项系统工程，需要各个方面很好地协调配合。如民政方面的事情，民政局要牵头，其他部门要配合；计划方面的事情，计划局要牵头，其他部门要配合；国土规划方面的事情，规划国土局要牵头，其他部门要配合。现在的问题是,有些事情需要一个主管部门牵头,其他部门配合的,牵头的单位感到有困难,牵不起来,认为都是平级单位,有些局长比我资格还老,我怎么牵这个头;配合的单位也有想法,认为我们是平级单位,怎么由你来牵我的头呢?这些认识都不妥当。实际上这只是职责分工,是互相支持,互相配合,互相协调的问题。确定牵头的单位要负起责任来,如果确实协调不了,哪个部门就是不参加,可以向主管市长反映。我希望大家在协调配合上能做得更好,只有这样才能够进行宏观调控。我们过去还有个毛病,就是一个事情,要么你做,要么我做,如果合起来做,是上道工序下道工序配合的关系,则不愿意干。我看这样不好,该协同做的,一定要协同做。我举个例子,比如科技"三项"费用,国家计委给了一部分基金,我市财政配套一部分,也就是计划局管一部分,财政给科技局也列了一部分。这两部分钱完全应该合在一块,都是用在科技方面的。政府常务会议已经说了这个问题,第一道工序是科技局,科技局要拿出个总盘子来,哪些是重点,钱应该往哪里花;第二道工序是计划局,计划局最后平衡协调定案。最后都是一个盘子,不要把钱你分一点,我分一点,把工作分割了。所以,一定要主动协调,主动参与协调,定了以后主动服从协调,执行协调的决定,坚决避免各自为政,避免互相推诿扯皮,避免争权夺利,避免互相看不起。

(三)简政放权要处理好几个关系

一是该放的权与不该放的权的关系。现在搞简政放权,是否什么权都放?要明确哪些是该放的权,哪些是不该放的权。应该给企业的产、供、销、人、财、物权,都要放给企业,用市场机制来运作的,不要政府审批的,都应该创造条件,让市场去运作。但是,政府对经济的监督、调控、协调的职能和权力不但不能放,还要加强。二是统筹放权和各自放权的关系。放权不是一个部门的事情,不可能一个部门说放权了就放下去,你放了,别的部门没有放下去,协调不了。因此,一定要协调放权。如果只是一个部门的事,不涉及旁的部门,那么,这个权可以自己商量放下去,请示主管市长以后就可以定了。凡是涉及几个部门的,都要协商确定之后,由主管部门牵头,其他部门配合来放这个权。不要今天你宣布放这个权,明天他宣布放那个权,统一不起来,给企业造成麻烦。三是暂时保留和长远保留的权力的关系。放权有个逐步的过程,有的要放给市场,拿到市场去投标,但我们还缺乏经验,这就要先拿几个品种去试试，暂时保留一部分审批权，取得经验后再渐渐推进。对那些要长远保留的审批权，是政府职能范围内的权力，要明确，但不能以暂时保留的名义把那些该下放的权力长期保留下来，或者一旦有了气候，把放下去的权再收回来。四是放权与机构的关系。权放下去以后，有的部门没这个事干了，编制部门要跟上去，根据职权、职责、职能及时调整确定机构和人员编制。五是处理好放权、放手与撒手的关系。放权也要放手，但是不等于撒手不管，一定要加强宏观管理和宏观调控。

（四）建立信息体系

我一再呼吁解决这个问题，因为搞宏观调控、宏观管理，如果对国民经济和社会发展情况不了解，指标体系情况不掌握，对指标之间的关系不能进行分析，就没法进行宏观管理，也没法进行宏观调控，我们的领导者就会像瞎子摸象一样，什么问题突出了才去解决什么问题，至于宏观怎样，发展趋势怎么样，则说不清楚。所以，要抓紧建立起国民经济和社会发展的指标体系，建立起城市质量和居民生活质量的指标体系，建立起企业经济效益的指标体系。在国家统一的指标体系基础上，我们也可以有自己的指标体系。我们要实现信息系统的现代化和电子化，一定要做到准确、及时、统一。现在拿出来的数字是一会儿一个样，有的还互相矛盾。因此，希望计划局、统计局和信息中心承担起这个任务。政府其他部门也有这个任务，如劳动统计有劳动统计的一套，人事统计有人事统计的一套，经发局、贸易局对工业企业、贸易企业也要有一套统计指标，并与统计局协调起来，成为一个体系。各个专业部门都是这个体系的组成部分。各个企业在数据统计方面也要配合，凡是属于市统计系统要的数据，必须完成。这是宏观管理和宏观调控所必需的。

（五）建立经济活动分析制度

政府有关部门要定期进行经济活动分析，特别是对计划、财政、金融、企业贸易情况，要进行定期的综合的分析。请计划部门进行研究，怎么建立经济活动分析制度。这项工作由计划部门牵头，其他部门参加，一个季度，分析一次，通过经济活动的分析，及时采取对策和措施，及时加以引导。

（六）建立调查研究制度

政府部门和企事业单位，主要是政府部门，要针对自己的工作，认真组织调查研究。对重大的问题，市委、市政府要列出专题，组织专门力量进行调查研究，制定出解决问题的方案、方针和政策。去年，特区内农村城市化工作，市委、市政府组织了很大的力量进行调查研究，最后制定了30条政策。由于调查研究比较充分，情况了解得清楚，制定的政策就比较符合实际，符合农民的利益，所以得到了拥护，最后执行得很好。调查研究是政府很重要的基本功，我们各个部门必须要下这个决心。这次合理化建议活动，有的部门把要解决的重大问题、重大课题都提出来了，我们希望通过调查研究，找到答案。这是政府部门的基本功，谁的调研成果大，解决的问题多，谁的部门领导成绩就大，在新形势下，政府部门要下这个决心搞好调研工作。

（七）政府要建立奖励制度

一是对政府机关人员调查研究、制定规章、法规要设立成果奖。对好的调查研究报告，对执行效果好的规章、法规，要给予起草者重奖；二是对企业厂长（经理）设立效益奖。过去由企业给厂长经理奖，或者是工会出面，职工代表大会决定给厂长经理奖，经理不敢拿。今后我们要以政府的名义堂堂正正给企业领导发奖，名正言顺地奖。凡是经济效益好的发展快的，政府要给予重奖。三是设立科技发明、创造、贡献奖。这是专门奖励科技人员的，也包括教育、医疗、卫生方面的科技人员。四是设立社会公益事业贡献奖。五是设立廉政勤政奖。政府办公厅组织具体研究实施办法，政府研究确定后执行。

（八）要积极主动争取上级的支持

我们各个方面的工作，如果没有中央、省有关部门的支持，是很难顺利开展的。各个部门有什么问题，要及时主动向上级请示汇报，如果涉及全市性的问题，报市政府定了以后再向上级汇报。我们深圳有个好的条件，就是经常有中央和省各个部门的领导同志来检查指导工作，我们一方面要搞好接待，一方面要主动请示汇报，争取上级的理解和支持。这方面，市水利局的负责同志做得很好。春节期间，他们积极主动地到省里汇报我市供水和水利建设情况，最近，省水利厅的领导亲自到深圳来，对企石取水方案组织我们与东莞协调，把东莞与深圳的用水结合起来，设计了新的线路。我们其他部门的领导也应该这样做。目前，市委、市政府确定了请求中央和省解决的一些主要问题，但有个别部门连本部门需要中央和省里解决什么问题也拿不出方案。因此，各个部门凡是要中央和省解决什么问题，自己首先要积极主动地搞好调查研究，拿出方案，提交政府研究，尽快上报解决。

（九）政府各部门要积极主动地搞好服务

一为基层服务，二为企业服务，归根到底是为发展生产力和为群众利益服务。这种服务必须积极主动，有组织、有计划、有领导地进行。服务好坏不是自己评价，要让基层和企业去评价，基层和企业评价好就要表彰。

当前，摆在我们面前的问题是，深圳特区今后还要不要“特”，要不要继续改革开放，要不要继续实验。对这个问题，中央领导向我们提出了更高的要求，深圳所面临的形势和任务也要求我们必须更大胆地试验，加快改革开放的步伐。搞社会主义市场经济，要解决的新课题很多，要探索试验的事情也很多，各级领导和全市人民都要横下一条心，继续发扬敢闯敢试的精神，深化改革，扩大开放，把我市的各项事业推上一个新的台阶。

抓住机遇　迎接挑战　发挥优势　再创优势

——在市提合理化建议活动总结表彰会议上的讲话

(1993年4月)

同志们:

刚才众孚同志代表市委、市政府把我们前一个阶段开展的市区两级机关提合理化建议活动做了全面总结和表彰,把今年组织调研的题目和办10件实事的两个文件向大家宣布了。下面我补充讲几点意见。

一、关于前一个阶段提合理化建议活动

从总的来看,我们开展的这一活动,发动面较广、影响较大,群众和机关干部都比较满意。归纳起来我认为有这么几个特点:

第一是抓住了中心,主要是围绕简政放权、转变政府职能、转变企业经营机制开展的。在提合理化建议期间,市政府发了转换国有企业经营机制的实施办法,并且进行了相应的一系列配套改革。比如实行了简政放权,一个是向区里放权;一个是向企业放权,把中央规定的14项权力包括人、财、物、产、供、销等都放给企业。还有就是给市场放权,凡是能利用市场机制运作的,就不用行政审批手段,这项工作政府有关部门正在认真研究、逐步实施。正是因为抓住了这个中心,我们这次提合理化建议活动就比较有成效。

第二是我们在这项工作中充分地相信群众、依靠群众。不仅发动机关的广大干部参加,同时我们的市民也积极参与了这次活动。通过这个活动,充分表现出我们机关广大干部和市民对特区事业的关心,也充分说明广大干部群众对深圳今后的发展都有一种责任感和紧迫感,要求我们市委、市政府带领全市人民抓住机遇、深化改革、扩大开放。同时,我们的各级领导干部,对这项工作一方面是亲自抓,带头学,认真组织提合理化建议。另一方面,对各种

意见，多数领导都有一种闻过则喜的精神，能正视批评，不怕合理化建议提得尖锐，只要是有对的成分，就要吸收过来，认真改正。这种精神是很可贵的。

第三是边提边整边改。我们很多部门在这次活动当中，以本单位为主，对大家提的合理化建议，凡是对的，都在认真整改，这种精神在我们今后的工作中还要继续发扬。提合理化建议这项活动虽然取得了初步的成效，但只是一个良好的开端，我们今后的任务还很重。这次提合理化建议活动领导小组，工作做得积极主动，他们进行了认真的调查研究、总结验收，并且把这些重要的合理化建议汇编成一个本子，各单位的领导要认真地看一看，群众提的那些合理化建议是应该现在改而没有改的，要认真研究，抓紧整改；现在条件不具备的，要深入调研，提出方案。另外，还要继续发动群众，使这一活动经常化、制度化，这也是我们充分发扬民主、密切联系群众的一个好的作风、好的方法。

还有一点，我提醒机关的同志要特别注意加强廉政建议。我们特区的各级政府，都要建设成高效廉洁的政府。我们改革开放的试验，不但是要在经济体制上，而且也要在这方面取得进展。如果我们特区政府被人看成是腐败丛生的政府，那我们的改革就是不成功的。所以我们各级领导对这项工作绝不能放松，要认真抓，要号召我们的广大机关干部，在勤政廉政方面做出表率。要提倡为基层服务、为企业服务、为发展生产力服务，为广大群众排忧解难，把群众的利益放在第一位，把个人的利益放在集体的利益之中。

二、关于抓住机遇、迎接挑战

刚刚结束的全国人大八届一次会议和政协八届一次会议，是继党的十四大之后的又一次十分重要的会议。“两会”始终贯彻小平同志关于抓住历史机遇，加速发展的精神。江泽民总书记的讲话，李鹏总理的政府工作报告都突出了抓住机遇、加速发展、深化改革、扩大开放这个主题。深圳作为经济特区，应该紧紧把握有利机遇，勇敢地迎接新的挑战，把各项工作推上新的台阶。

现在对深圳的形势怎么看，有各种不同的说法。听得最多的是，“内地特区化、特区内地化”。这个说法有对的一面，就是内地特区化，过去给特区的特惠政策现在有的已普惠到全国了，全国开放的程度、水平高了，范围大了，由沿海开放到沿江、沿边开放，进而到全国开放，这既是一个改革开放的大好形势，同时也是对我们的一个严峻挑战。但说特区内地化，这个就不很确切。当然，这个说法应引起我们的注意和警惕。因为深圳确实存在机关办事效率不高等问题，对此我们正在采取措施加以改进。李鹏总理在《政府工作报告》中明确提出，经济特区要在建立社会主义市场经济中积累经验、起示范作用。也就是说，特区还要探索、还要超前试验、还要“特”。我们大家在提合理化建议中表现出了危机感、紧迫感和责任感，因为大家都认识到，我们面临着很好的发展机遇，但是也存在着巨大的挑战。如何抓住机遇、迎接挑战，是摆在特区每一个干部面前必须要回答的问题。江总书记在八届人大一次会议上到广东团做了重要讲话，总书记讲话是做了准备、有针对性的，给广东吃了个定心丸。在此之前也有一些说法，有的认为现在重点北移了，广东不那么重要了。总书记的讲话就是针对这种不正确的认识，给广东吃个定心丸：广东还是要继续深化改革、扩大开放，走在全国前列。因为小平同志已提出来了，广东要力争20年赶上亚洲“四小龙”。总书记还对特区、对广东的工作提出了具体的要求。我们要用实际行动来落实总书记和总理的讲话精神。要依靠群众、发动群众、集思广益、群策群力，要使我们的广大干部群众能够真正认识自己、解剖自己、树立起危机感、紧迫感，不安于现状，不盲目乐观，继续发扬开拓、创新、团结、奉献的深圳精神，继续发扬敢闯精神，把各项工作做好。

三、关于发挥优势、再创优势

我们特区还有没有优势？回答是肯定的。经过12年的改革开放，特区创造了很多的优势。现在仍然具有不少优势，我们要充分地认识到，并继续发挥好这些优势。首先，从计划经济到市场经济是一个历史的发展转变过程，我们经过这些年超前的改革探索，已经初步形成了市场经济体制和市场经济环境。我认为这是一个优势，这是我们十几年来在改革开放中先走一步的成果，是一个很大的优势，我们的市场发育程度、市场发育水平和要素市场的建立都比全国领先。认识到这一点，并不是为了吃老本而是要继续发挥这个优势、总结经验和教训，继续完善市场经济体制。其次，我们在政府管理方面，也进行了改革试验，如劳动制度、人事制度、机构改革等方面。我们的机构改革，先后进行了五次，该取消的专业机构有的早就取消了，该加强的机构也已经加强了，该建立的社会服务机构和社会中介组织都逐步地建立起来了，这方面我们还是有优势的。第三，就是我们的人才优势。由于特区的市场环境比较好，又注意了吸收人才、培养人才，这里包括两方面人才，一个是我们拥有一批科技、教育、文化、卫生、体育等各种专业人才，这对我们事业的发展是非常重要的。另一方面是管理人才，特别是企业家队伍。由于市场环境好，造就了一批能适应国内外市场发展的、适应国内外市场环境的管理人才，一批企业家崛起，这个企业家队伍，是我们发展市场经济最宝贵的力量。如果没有人才，发展经济就只能是一句空话。我们有积聚人才的环境，又有通过实践培养造就人才的条件，从而造就了一批人才，这对我们今后的发展是至关重要的。还有我们广大居民的素质得到了普遍地提高，平等、竞争、效益的观念已深入人心，这也是一个财富。人们思想观念的转变、素质的提高，不仅对发展市场经济，而且对建设国际性现代化城市都是一个先决条件。第四，就是我们的民主和法制建设。去年7月1日，全国人大常委会第26次会议授予深圳市立法权，这就给了我们一个优势。如果说前十年，我们进行了经济体制的改革探索，并且取得了很大成绩的话，那么后十年，不但要进行经济体制的改革探索，还要进行民主法制建设的改革探索，也就是说，经济体制的改革试验要和政治体制的改革试验都能配套进行。大家可以设想一下，如果我们只进行经济体制改革，法制建设跟不上，是个什么情况？肯定不能更好地建立市场经济体制。所以这个优势我们必须充分发挥。第五，政策方面的优势。比如保税区、保税生产资料市场等方面的政策。国务院已原则同意，即将批准我们设立盐田港保税区，实际上这就是政策优势。还有关于外商投资的一些政策优势，我们还继续拥有。第六，还有一点优势就是地理、区位的优势。这个优势是其他任何城市不能取代的。深圳毗邻香港，这意味着我们离国际市场很近，信息非常灵通，交换、交流非常方便。我们有天然的良港和将要建成的国际空港，这是我们最大的优势。我们现在提出双港起飞正在抓“两港”建设，在调研题目中也列为第一项。如果要建成国际性城市，要成为国际交往的一个枢纽中心，没有这优良的海港和空港的建设是很难办到的。这些优势是前十年创造的结果，我们要继续发挥，对此我们要有一个充分的认识。当然，我们也应该看到，在全国新一轮的改革开放浪潮中和周边地区追赶“四小龙”、加速发展的新形势下，我们的优势也有削弱的可能。如果我们不能充分地发挥已有的优势，积极再创新的优势，我们就很可能落后。因此，我们要充分认识自己，解剖自己，既要看到我们的优势，也要认识到存在的问题，认识到我们发展中存在的困难和不足，才能把我们自己的工作搞好。

深圳要进一步发展和前进，必须再创优势，我认为有这么几点：

第一，要进一步扩大开放。扩大开放包括对外和对内两个方面：对外我们要在更高层次、更多领域吸引更多的外资和技术；对内则要进一步扩大在科技领域的合作，创办更高层次的内联企业。开放的深度和广度都要进一步扩大，特别是运行机制要深化改革，适应扩大开放的要求。如果我们的运作机制跟不上，就是有天然的良港，也建不成国际中转大港。同时，软件建设也要跟上，才能适应扩大开放的需要。

第二，要进一步深化改革，主要是转换企业经营机制，转变政府职能，这两者要配套进行。要完善市场体系，完善社会服务体系，完善社会保障体系。这些需要我们有关单位做超前实验，做进一步探索。

第三，要按照国际性城市功能的标准，加快交通、运输、通讯、供电、供水等重大基础设施的建设。这里面的龙头是搞好城市规划。如果我们这些基础设施建设跟不上城市发展的要求，那我们不用说建国际性城市，连居民生活需求都保障不了。如果基础设施的建设不能很好地解决，城市功能不能很好地配套、不能完善的话，那么我们的经济就不可能很好地发展。

第四，要按照现代化、国际化城市的水平来规划我们的城市建设。一方面要管好土地资源，用好土地资源。现在乱批、乱占、乱用土地的现象很严重，必须制止和纠正，对土地一级市场必须集中管理，做到“五个统一”。另一方面要优化、美化我们的城市环境，加强环境保护，彻底保护水源、大气，控制噪声。如果这方面的问题不能引起我们的高度重视，解决得不好，将会成为制约深圳今后发展的一个严重问题。特别是我们市内的水源，都是我们的饮用水源，如果我们排污都排到我们的饮用水源中去，造成恶性循环，将严重危害我们的生活。我们要通过立法保护水源，任何单位、个人，都不能破坏水源保护区，这是一个迫在眉睫的问题。

第五，要继续培养引进人才，全面提高人的素质，提高人的文明程度。这也是我们最关键最重要的问题。我们很多单位的领导都已经认识到这个问题，但是，也有些单位只是从眼前的经济利益、经济效益出发，还没有注意到这个问题的重要性。人才的优势是最大的优势，是最根本的优势。没有人才的优势，其他的优势都谈不上。我们要制定出更加优惠的政策，采取更加有力的措施，来吸引大批各类人才。希望全市各单位的领导，都能把人才问题看成是最重要的问题。

综上所述，再创优势是关系到深圳特区深化改革、扩大开放，更快、更好地向前发展的重要任务，我们一定要树立信心，奋发努力，锐意创新，切实推进各方面的工作。

四、关于开展重大课题调研工作

市委、市政府的各部门、各单位要动员起来，开展全市性重大课题的调查研究，提高我市的工作水平和决策水平。这项工作市委、市政府已经下达文件，希望大家认真贯彻执行。

调查研究应该是我们党政机关一个经常性的工作，是我们的一个基本功，也是我们抓住机遇、迎接挑战、发挥优势、再创优势的一个根本性措施。如果我们自己对各方面的问题总是若明若暗，拿不出具体的政策，制订不出符合实际情况、指导实践的规章和法规，那我们就很难把工作推向前进。所以在当前抓好重大课题的调查研究，就是落实抓住机遇、迎接挑战的一个最重要措施，是我们依靠群众、发动群众，从实践中来、从群众中来、到群众中去的一个很好的工作方法，也是我们克服官僚主义的一个有力武器。

关于调研工作，在这里我提几点要求：

第一，各级领导要重视、要亲自抓、亲自组织、亲自调研。我们这次市与局两个层次的调研题目，都列了负责人和牵头单位，这些单位和负责人都要负起责任，要注意搞好横向配合，彼此需要提供情况，提供资料，需要抽人的，大家都要顾全大局、互相支持，目的就是推进工作。

第二，要把情况真正弄清。我们过去有的调查，连基本情况都没弄清，就提几条建议了事，这根本不解决问题。必须真正弄清情况，才能为决策和管理提供科学依据。譬如说亏损企业究竟有多少？亏损到什么程度？是什么原因？各类型企业有什么不同？有什么倾向性的问题？这些都要弄清，才好下决心制定政策采取措施。弄清情况也是一个基本功，如果不下苦功夫调查研究，你根本弄不清情况。

第三，我们调研出的成果一定要能够指导我们的实践，和实践紧密相连，不能脱离我们的工作实际。不能像写论文一样，文采很好，文字水平很高，可以发表，可以得奖，可是指导实践不行，这就不是好的调查报告。我们调研的正确指导原则，就是要抓住我们前进中的矛盾，解决前进中的问题。

再有一点，就是要对调研工作进行表彰奖励。这次广慧同志牵头搞的有一个题目：制订政府奖励方法、建立激励机制。准备设立一个党政机关调研大奖。而且，规章、法规搞得好也要重奖。反之，调研不好、完不成任务的，就要受到批评。我们列的几十个题目，可能考虑不全，可能还有一些重要的课题没有列上，有的部门还没有题目，这不等于说这些部门不重要，比如说计划生育工作就是很重要的工作。没有列上题目的部门，要围绕自己部门的工作找题目，提出来，我们再把它列上。

五、关于为全市人民做好10件实事

去年开始，市政府就采用了这个做法，实践证明效果不错。我们今年还继续沿用这个做法，但比去年又有所改进。第一，这10件实事确实是群众迫切希望解决的事情。凡是群众迫切希望解决的，都是大事。我们听取了各方面的意见，列了首先要办好的这10件事。第二，这10件事目标比较具体，也好检查，有关单位负责人都已签了字。希望有关部门落实好资金、人员，尤其是涉及几个部门的，大家一定要互相很好地配合。譬如说建校问题，这是一个迫切需要解决的问题，我们去年也列了，可是计划局安排的建校经费，还有几千万没有花出去，主要是征地搬迁等问题的衔接脱节，今年我们确定由规划国土局来牵头，但体制协调问题还要很好地组织解决。这次我们要公开布置、公开检查，究竟是哪里完成得好，哪里完不成，要找原因。我们的目标，就是要把我市的各方面搞得更好，使大家生活在这个城市里感到安全、方便、舒畅，从而激发大家的积极性，把深圳建设得更好。

总之，我们今年的工作任务非常重，形势非常紧迫，希望大家能够齐心协力、团结一致、抓住机遇、迎接挑战、发挥优势、再创优势，为完成我们今年的各项计划和目标作出自己的贡献。

在市双拥工作领导小组第四次全体（扩大）会上的讲话

（1993年4月）

同志们：

今天，市双拥工作领导小组召开了第四次全体（扩大）会议。刚才几位同志的发言，就如何做好我市创建双拥模范城的工作讲了不少好的意见。这次会议，是围绕创建双拥模范城这个主题进行的一次再动员、再鼓劲的会议。会后，希望大家就会议上决定的事项抓紧落实，力争今年把我市创建成全国双拥模范城而努力。现在我就如何做好我市双拥工作讲几句话。

双拥工作是我党我军的优良传统，有了这个双拥，中国人民解放军在共产党领导下，在全国人民的支持下，打下了人民的江山。我们这一代，特别是我们深圳，更要继承发扬我党我军这个光荣的革命传统，要教育广大人民群众、教育广大指战员发扬优良传统，把双拥工作搞得更好。从地方来说，要尽最大努力做好拥军优属工作，使我们的子弟兵安心在部队服役，真心实意来保卫我们的国防。我们要切实帮助子弟兵解决困难，凡是我们能做到的就要做好。从军队来说要多爱民，要有军民鱼水关系，特别是在深圳，在发展社会主义市场经济情况下，更应该搞好共建精神文明，如文明街、文明村、文明居委会、文明店、双拥街等，使我们城市的精神文明建设和管理水平进一步提高。

双拥工作是军地双方的事。地方要爱护我们的子弟兵，广镇同志讲的意见都应该落实，要写在纪要里。深圳特区过去是搞军事政治边防，现在是经济特区，在经济繁荣的情况下，经济特区更需要军队来保卫，更需要军队来稳定社会秩序、稳定国家。特别是1997年香港要回归，回归后深圳是香港驻军基地。深圳土地面积不大，但驻军却是全国比较多的，加上香港驻军后方基地，这个密度就更大。我们做好拥军工作既是光荣的，又是十分必要的，不管怎样，这项工作必须做好，创建双拥模范城的目标一定要实现。但我们不只是为了达到双拥模范城去做这个工作的，我们做工作的目的和立足点是要把深圳这个改革开放的“窗口”搞得更好，精神文明建设搞得更好，社会更稳定，经济发展得更快。要实现这一点，没有坚强的军民团结、没有军队的保卫是肯定不行的。所以希望各个单位，希望38个成员单位，每个部门都要把双拥工作纳入本单位的工作计划，都要考虑在拥军优属、拥政爱民方面该做些什么工作。各区、各部门要像宝安区那样，会上提出要解决的问题，马上就表态落实，要有个时间观念，毫不犹豫。以上的几个事要在六月底前完成。军用土地要划红线，这是个比较大的问题，国土部门要负责，双拥办参与研究解决。处理历史用地原则是：①满足军事用地需要，这是考虑问题的一个重要原则；②要符合城市规则，现在我们不是边陲小镇、村庄，需要调整的要调整；③要本着实事求是的精神，从实际情况出发，如果大家都实事求是，事情就好解决；④互谅互让，从双拥的原则出发，从站到对方的角度去考虑问题，地方要站到军队需要方面来考虑，军队要站到地方来考虑地方的困难，考虑城市规划的需要，这样互谅互让，才能把问题解决好。我们是搞社会主义市场经济，但我们在处理这个问题上，不能只考虑地就是钱，钱就是地，有了地就有钱，如果只考虑这个，问题是解决不了的，再拖两年也解决不了。我们地方政府部门的领导干部，部队的领导干部，指导思想都要明确，一定要互谅互让，如果把它拖下来，我们大家都没有光，政府市长没光，部队团长、政委也没光。这个问题，市国土局一定要尽快解决，不能等他们来请，可以直接服务到营房，主动提出方案。

另外，帮驻军解决的几个问题，一、二线边防维修问题，几个区都要落实，按广镇同志讲的去落实。可以考虑在五月份开个双拥创建动员会，做一次动员，动员区、镇、村，动员各级政府、企事业单位。南岭村拿出200万元给国防科工委奖励有功人员，刘华清同志亲自写信表扬他们。可以考虑搞个双拥基金，市财政拨一点，各单位、各企业捐一点，我们深圳还是有条件的。

今年“八一”建军节开双拥表彰会，不要简单地慰问一下，要多做一点实实在在的工作，军队、地方做得好的都要表扬。特别在现在的情况下，关键是领导，地方一样，军队也一样。领导统一了，许多事情就好办。一旦出了一点问题，关键是领导组织得如何，解决得如何；地方怎样处理，部队团长、政委怎么处理。军地双方都要化解矛盾，积极地解决问题。这些事只要我们能够认真负责任，当做重大事情来抓，是有希望解决好的。最后，感谢驻深部队对地方的支持。

谢谢大家！

发挥优势再创优势　继续当好“排头兵”

（1993年6月）

一、抓住机遇，迎接挑战

两个月前召开的全国人大八届一次会议和政协八届一次会议，是继党的十四大之后的又一次十分重要的会议。“两会”始终贯彻小平同志关于抓住历史机遇，加快发展的精神。江泽民总书记的讲话，李鹏总理的政府工作报告都突出了抓住机遇、加速发展、深化改革、扩大开放这个主题。深圳作为经济特区，应该紧紧把握有利机遇，勇敢地迎接新的挑战，把各项工作推上新的台阶。

现在对深圳的形势怎么看，有各种不同的说法。听得最多的是，“内地特区化、特区内地化”。这个说法有对的一面，就是内地特区化，过去给特区的特惠政策现在有的已普惠到全国了，全国开放的程度、水平高了，范围大了，由沿海开放到沿江、沿边开放，进而到全国开放，这既是一个改革开放的大好形势，同时也是对我们的一个严峻挑战。但说特区内地化，这就不很确切。当然，这个说法应引起我们的注意和警惕。因为深圳确实存在机关办事效率不高等问题，对此我们正在采取措施加以改进。李鹏总理在《政府工作报告》中明确提出，经济特区要在建立社会主义市场经济中积累经验，起示范作用。也就是说，特区还要探索，还要超前试验，还要“特”。

如何抓住机遇，迎接挑战，是摆在特区干部和人民面前必须回答的问题。目前对深圳来说，是机遇与挑战并存的关键时期。从国际环境来看，当前国际经济发展的新特点是经济、技术竞争加剧，世界经济的一体化与区域集团化同时并进。世界众多学者所看好的亚太地区将处于一个在经济上群雄并起的时代，日本和原来的“四小龙”经济持续发展，东南亚新的“四小龙”正在崛起，连原来经济落后的越南也作出了全方位开放的态势奋起直追。与此同时，国际产业结构经历又一次新的调整，亚太地区经济保持强劲的发展势头，大量剩余资金和先进技术需要寻找新的投资市场，尤其是巨额的华侨资本及技术、信息和管理人才向这一地区集聚，更对深圳构成一种小平同志所说的“独特的机遇”。从国内情况看，当前面临着加快开放步伐、加大改革力度的新形势，沿海、沿江、沿边的多元化、全方位开放格局正在形成。这对我们既是挑战，也提供面临着加快开放步伐、加大改革力度的新形势，沿海、沿江、沿边的多元化、全方位开放格局正在形成。这对我们既是挑战，也提供了新的机遇。深圳要继续当好建设有中国特色社会主义的“排头兵”，在全国发挥示范作用，就一定要抓住机遇，加快发展。小平同志视察南方的讲话中，提出广东要力争20年赶上亚洲“四小龙”。江泽民总书记最近在海南省建省办经济特区5周年庆祝大会上的讲话中，再次肯定了经济特区的“排头兵”作用，要求经济特区继续走在全国改革开放和经济发展的前列。我们要落实这些讲话精神，把深圳经济特区办得更活更实更富生机更有成效。要依靠群众、发动群众、集思广益、群策群力，要使我们的广大干部群众能够真正认识自己，解剖自己，树立起危机感、紧迫感，不安于现状，不盲目乐观，继续发扬敢闯精神，把各项工作做好。

二、解剖自己，发挥优势

我们特区还有没有优势？回答是肯定的。经过12年的改革开放，特区创造了很多的优势。现在仍然具有不少优势，我们充分地认识到并继续发挥好这些优势。

首先，深圳在迈向社会主义市场经济体制方面，具有“先行一步”的优势。经济体制转变并非一朝一夕之功，从传统的计划经济体制转变为市场经济体制，是一场深刻的社会变革，是一个历史的发展转变过程。10余年来，深圳始终坚持市场取向改革路子，不断加大市场调节在资源配置中的作用，在经济体制上率先进行了一系列改革试验。到目前为止，我们在市场经济体制包括市场发育程度和要素市场建立等方面都比较健全。这主要体现在：市场调节的作用广泛进入深圳特区经济活动的各个领域；初步建立了一个充满生机的市场体系；通过政府放权以及企业承包经营和股份制改造，逐步形成了自主经营、自负盈亏、自我发展和自我约束的企业经营机制；在所有制结构和分配方式上，建立了以公有制为主体、多种经济成分并存、互相融合、共同发展的所有制结构和以按劳分配为主、多种分配方式并存的分配体系。总之，我们经过10余年超前探索，已经初步形成了市场经济体制和市场经济环境。这是一个很大的优势。

其次，在政府管理方面，也进行了改革试验，如劳动制度、人事制度、机构改革等方面都做了探索。我们的机构改革先后进行了5次，该取消的专业机构早就取消了，该加强的机构也已经得到了加强。同时，政府已将微观审批权逐步下放，把工作重点转移到制定社会和国民经济发展规划、制定产业政策、搞好综合平衡、健全法制建设、改善投资环境和社会服务等宏观管理和调控上来。政府还培育了各类中介组织，如各种行业协会和各类事务所等，初步形成新的协调经济活动、联系政企关系的社会服务体系。

第三，就是我们的人才优势。特区市场环境较好，又注意了吸收人才、培养人才。这里包括两方面人才：一方面是我们拥有一批科技、教育、文化、卫生、体育等各种专业人才，这对我们事业的发展是非常重要的；另一方面是经济管理人才，特别是企业家队伍。由于市场环境好，造就了一批能适应国内外市场发展的、适应国内外市场环境的管理人才，一批企业家崛起。这个企业家队伍是我们发展市场经济最宝贵的力量。如果没有人才，发展经济就只能是一句空话。我们有积聚人才的环境，又有通过实践培养造就人才的条件，从而造就了一批人才，这对我们今后的发展是至关重要的。还有我们广大居民的素质得到了普遍的提高，平等、竞争、效益的观念已深入人心，这也是一个财富。人们思想观念的转变、素质的提高，不仅对发展社会主义市场经济，而且对建设国际性现代化城市都是一个先决条件。

第四，就是我们的民主和法制建设。去年7月1日，七届全国人大常委会第26次会议授予深圳市立法权，这就给了我们一个优势。去年11月，市政府讨论通过了法制局组织草拟的《深圳经济特区1992年7月~1995年6月法规起草工作计划》。根据这一计划，我们要在今后三五年内制定80多个法规。届时，深圳特区规范市场经济的法规基本框架就将形成。

如果说前十年，我们进行了经济体制的改革探索，并且取得了很大成绩的话，那么今后十年，不但要进行经济体制的改革探索，还要进行民主法制建设的改革探索。也就是说，经济体制的改革试验要和政治体制的改革试验配套进行。大家可以设想一下，如果我们只进行经济体制改革，法制建设跟不上，是个什么情况？肯定不能更好地建立市场体制。所以这个优势我们必须充分发挥。

第五，政策方面的优势。比如保税区、保税生产资料市场等方面的政策，实际上就是政策优势。还有关于外商投资的一些政策优势，我们还继续拥有。

第六，还有一点优势就是地缘、区位优势。这个优势是其他任何地方不能取代的。深圳毗邻香港，这意味着我们离国际市场很近，信息非常灵通，交换、交流非常方便。我们有天然的国际中转海港和国际空港，这是我们最大的优势。我们现在正在抓“两港”的建设。如果要建成国际性城市，要成为国际交往的一个区域中心，没有这个优良的海港和空港是很难办到的。伴随这个地缘优势的还有一个人缘优势。目前华侨、华裔在全世界有几千万，其中95%以上在东南亚地区。在2000多万广东籍华侨、华裔中，首先受惠的是深圳和珠江三角洲地区。仅去年深圳引进的外资项目，港资就占了88%。因此，深圳在打好“侨”牌这方面有自己独特的优势。

总之，这些优势是前十年创造的结果，我们充分认识优势，是为了更好抓住机遇发挥优势，而不是为了骄傲自满。对此我们要有一个充分的认识。当然，我们更应该看到，在全国新一轮的改革开放浪潮中和周边地区追赶“四小龙”、加速发展的新形势下，我们的优势也有削弱的可能。如果我们不能充分地发挥已有的优势，积极再创新的优势，我们就很可能落后。因此，我们要充分认识自己，解剖自己，既要看到我们的优势，也要认识到存在的问题，认识到我们发展中存在的困难和不足，才能把我们自己的工作搞好。

三、继续探索，再创优势

李鹏总理在《政府工作报告》中指出：特区还要积累经验，起示范作用。这就要求我们要在更大范围内继续进行超前试验和探索，在发挥原有优势基础上再创新的优势，继续为全国的改革开放提供新的启示、新的思路和新的经验。

如何再创新的优势？我认为需要从以下几方面努力。

第一，进一步扩大开放，建立与国际市场相衔接并按国际惯例运作的经济运行机制。扩大开放包括对外和对内两个方面：对外我们要在更高层次、更多领域吸引更多的外资和技术，寻求更广泛的合作；对内则要进一步扩大在科技经济等各个领域的合作，创办更高层次的多形式、多渠道的联合。对外开放的深度和广度要进一步扩大，特别是运行机制要深化改革，适应扩大开放的要求。现在世界经济发展的趋势是市场国际化和区域集团化同时发展，世界经济一体化趋势造就了一个国际大市场。深圳要发展市场经济，必须参与国际市场的交往和竞争，必须按国际惯例办事。必须扩大深圳市场的开放度、国际参与度和关联度，加快深圳市场的国际化，使之成为国际市场链条体系中的重要环节；接受国际市场供求关系的调节，并根据国际市场的需求来安排生产和经营，使之成为联系国际、国内两个市场的纽带和桥梁。为了适应进一步扩大开放的要求、首先需要改革现行的口岸管理体制。深圳有12个口岸，人员进出占全国的50%，车辆进出占全国的80%，船舶进出占全国的10%，如果不按国际惯例办事，不但深圳的改革开放难以深入，也影响我们国家开放的形象。但是现行的口岸体制很不适应国际交流的要求。各有各的规章，每家都要收费，费人、费钱、费时。我们设想，七八家检查单位不一定都上一线。检查收费，可以统一起来由一家代查，一次性收费。这是进一步扩大开放的重要步骤，在目前全国性的口岸改革条件还不成熟的情况下，可以先让经济特区试验。

第二，进一步深化改革，加快建立社会主义市场经济体制。主要是“两转”：转换企业经营机制，转变政府职能，这两者要配套进行改革。首先必须理顺政府、企业、市场三者的关系。三者的关系是，政府培育和调控市场，市场解放政府，政府解放企业，企业解放生产力。

“两转”之一是企业转换机制。企业改革的重点是国有企业转换经营机制。转换经营机制，目前最深层的改革是改革传统国有资产管理体制，理顺产权关系，使产权界定明晰化、法制化，即建立现代产权制度。我国是一个公有制经济为主体的社会主义国家，提高巨额国有资产的运营效率，搞活大中型国有企业，是建立市场经济体制关键所在。而目前中国经济体制改革的主要难点，大多与传统国有资产管理体制有关。首先，国家所有、国家经营是传统国有资产管理体制的基本的特征，也是企业难以真正成为独立的商品生产者的根本原因。尽管经历了10余年的改革开放，给企业下放了一定生产经营权，但是由于产权关系不明晰，国有企业始终未形成自主经营、自我积累、自我发展、自我约束的经营机制，缺乏严格的责任、利益约束机制，企业行为普遍短期化。改革实践表明，不触动国有资产实现形式和管理体制，不明晰产权，国有企业改革难以取得实质性进展。其次，在传统国有资产管理体制下，国有资产实行实物管理、直接划拨的体制，使国有资产存量难以合理流动并有效配置，直接影响国有资产的运营效率，致使国有企业技术、设备落后，产业结构变动缓慢。这就从根本上要求产权进入市场，让市场来促使国有资产存量的合理流动和要素的优化组合。

第三，在传统国有资产管理体制下，政府管理者与所有者职能合一，既影响政府有效地发挥宏观调控作用，又很难成为关心资产合理使用和价值增值的真正所有者。由于政府扮演双重角色，往往造成管理上的混乱，并弱化了所有权主体的职责和基本权益，国有资产往往成为人人所有、人人皆无的无主财产，出现所有者“空位”，这就从根本上要求明晰产权，确定资产所有者的人格化代表，建立一套保证国有资产保值增值的管理体制。为此，必须从以下几个方面入手：

一是做到所有权的一个明确，就是明确全民国有资产为各级政府所有，我们市明确市政府、区政府、镇政府等为各级财产的所有者，实行谁投资、谁所有、谁管理谁受益的原则，使国有资产的所有权界定进一步明晰化。

二是做到一个观念的更新，即国有必国营的观念要更新。国有资产可以国营，但不等于必须国营，也可以股份制、合营、合作、承包和租赁。

三是做到四个分离：即政企分离，党政机关部门不能办企业，企业必须从财务等方面与机关部门脱钩，摆脱企业是部门附属物的地位；政府的行政管理职能与国有资产管理职能分离，我们专门建立了管理国有资产的投资管理公司，负责对国有资产的运作；企业资产、企业法人所有权与政府对本级政府总体资产的终极所有权分离，这样使国有资产人格化，产权界定清晰，责任落实；企业法人所有权与经营权分离，这大多在股份制企业实行，董事长是企业法人代表，是所有权的代表，而总经理负责经营权，受董事会聘任。

四是企业划分类型由过去按所有制划分改变为按企业经营形态划分。再按不同所有制区分企业类型，制订各种所有制不同的政策和法规，就不再适应市场经济的要求。我们把企业规范为股份制公司、有限责任公司、无限责任公司和股份合作公司四类，并分别制定法规，供各种所有制企业在同一个市场中进行平等竞争。

五是取消企业的行政级别，按企业自己的经营规模和经济效益分类定级，初步把深圳企业分为三类九级，使企业建立起以经济效益为中心的激励机制和自我约束机制。

六是建立国有资产价值管理制度，形成国有资产正常流动和优化组合的机制。我们建立了产权交易所，使过去条块分割凝固了的产权，进入流通领域，实行资产转让、兼并、重组、拍卖和依法破产，让该死的死掉，有生命力的发展得更好。

“两转”之二是政府转变职能。建立市场经济体制要与政府简政放权配套，要继续给企业放权、给基层放权、给市场放权。政府管理职能由直接管理转向间接管理，从微观管理转到宏观管理，从条块分割管理转到全社会管理，由审批管理转到以市场为基础的管理，由实物管理转到价值管理。

要加快建立社会主义市场经济体制。政府在工作中必须着力培育市场，必须建立五大体系：一是由商品市场、生产要素市场和产权市场三个层次构成的市场体系。目前深圳市场体系中第一层次的商品市场发育比较早，也比较成熟。如农副产品、日用工业品等消费品市场，建材、机电等生产资料市场和仓储、运输、通讯、旅游、文化娱乐等服务市场都可归结为第一层次。第二层次的生产要素市场主要是劳动力、科技、管理人才市场，房地产和金融市场。这方面深圳先走了一步，尤其是金融市场发展较快。目前重点是建立和完善金融市场体系，包括证券市场、股票市场、资金拆借市场、保险市场、金饰品市场和外汇市场等。金融市场是生产要素市场的龙头，它的改革、健全的程度决定着市场体系形成的深度，即经济体制改革的深度。第三层次是产权市场。企业产权采取有偿转让、出租和租赁等形式进入市场，这将从根本上触及传统国有资产管理体制的基础。产权转让是生产要素合理流动、资产存量调整和整个国民经济结构优化的基本途径。通过产权市场，使国有资产存量向善于经营、效益好的企业集中，实现企业组织结构的重组，促使国民经济结构的调整和优化。因此我们需要大力培育产权转让市场。

二是要建立介于政府与企业之间，为发展生产力服务的多层次、多功能的社会服务体系。要大力发展那些联系、沟通、融合资金、劳动、技术、信息等要素的供给和需求的市场中介组织，积极发展那些规范企业健康成长必不可少的市场公证机构，如会计师事务所、律师事务所、咨询服务机构、资产及物业评估机构、审计及公证机构等。还要发展和健全行业协会、商会等组织。为了更好地发展特区市场中介组织，需要一大批注册会计师、注册律师、评估师、测量师等专业人才，可以考虑让境外有名望、有影响的市场中介机构和专业人才到深圳来开发业务。

三是建立包括离退休保障、待业保障、住房保障、医疗保障在内的社会保障体系。在社会保障制度方面，深圳是全国的改革试点城市，已经正式实施社会保障综合改革方案，要逐步建立起配套的社会保险和福利保险制度，真正解决“老者有所靠、病者有所医、居者有其屋”问题。

四是建立法律体系。没有完备的法律就等于没有完善的市场经济。市场需要规范化，没有规范的市场经济是一场灾难。要充分利用好深圳的立法权，尽快制定和颁布一批与市场经济相适应的地方法规和规章，特别是建立符合国际惯例的涉外法规，包括各类公司法、破产法等，利用法规和规章来保证市场经济健康发展。

五是建立宏观管理和宏观调控体系。市场经济不是不要管理和计划，更不是放任自流。社会主义市场经济要求重塑计划机制，政府由向企业下达生产分配的指令性计划转向制定经济社会发展战略、中近期经济发展规划和城市建设规划；要求宏观管理和服务。要建立起上下通畅、严密合理、监控有力的宏观调控体系，尽快建立和完善各种管理监督措施，包括人口、劳动、人事、财务、税收、信贷、投资、审计、统计、分配以及企业行为等方面的监控体系和监控手段。

第四，要根据国际性城市功能进行城市规划，加快交通、通讯、能源、供水、供电等基础设施建设，并做好城市环境保护工作。

纵观世界各主要国际性都市，无不具有交通枢纽功能。深圳要跻身国际性城市行列，必须建设快速、通畅、高效的现代交通运输网络。首先是要加快“两港”建设，促其“双港起飞”：完善深圳机场建设，加快开辟国际航线，尽早把深圳机场建成国际航空港；把盐田港建成国际保税港。同时要在三五年内建成地铁（轻铁）等市区快速干道系统，加快城市铁路运输系统的建设，配合做好广深线高速铁路的建设，逐步形成海陆空全面发展的客运中心和物流中心。现代化的海港和空港，对于国际性城市的建设至关重要，我们要立足于以大港口、大运输带动大贸易，以大贸易带动大金融，以大金融带动整体经济上的大发展。

深圳不仅要成为国际性的物流、客流中心，而且要成为信息交流中心。然而深圳目前邮电通讯业还跟不上经济发展需要，装电话难，打电话难，已经成为深圳市民的热门话题。深大电话公司应尽快改造成股份公司，多渠道筹资以求尽快发展。深圳是一个缺水资源的城市，必须在省里统一领导下，把引水、供水工程作为主要任务来抓。在这方面，政府已有切实的规划，要抓紧实施。

一方面，要管好土地资源，用好土地资源。现在乱批、乱占、乱用土地的现象很严重，必制止和纠正，对土地一级市场必须集中管理，做到“五个统一”。另一方面要优化、美化我们的城市环境。加强环境保护，彻底保护水源、大气，控制噪声。如果这方面的问题不能引起我们的高度重视，解决得不好，将会成为制约深圳今后发展的一个严重问题。特别是我们市内的水源，都是我们的饮用水源，如果我们排污都排到我们的饮用水源中去，造成恶性循环，将严重危害我们的生活。我们要通过立法保护水源。同时，要继续抓好城市总体规划。

第五，要培育和引进人才，全面提高人口素质。深圳虽然在10余年的改革开放中引进和培养出一批科技人才和管理人才，但是随着深圳建成综合性经济特区和现代化、多功能国际性城市战略目标的提出，深圳还需要大量各方面人才。第三产业的发展又需要大量金融、贸易、通讯等方面人才，更需要大量能适应国际国内市场变化的企业家。经济的发展最终取决于人才的发掘。人才的优势是最大的优势，是最根本的优势。没有人才的优势，其他的优势都谈不上。我们要制定更加优惠的政策，采取更加有力的措施，来吸收大批各类人才，使深圳成为各类人才荟萃之地，从而更好地发挥和创造深圳的优势。

第六，深圳的企业要大力拓展远洋直接贸易，以自己的名优产品直接进入国际市场。这样不但培养锻炼了人才，提高了企业经济效益，而且能够促进远洋运输和深圳第三产业的发展。同时要大力发展转口贸易，把深圳办成广大内地的“中转港”，产品进入国际市场的“前店”，而广大内陆则是深圳的生产基地，充分运用内地人才、科技、资源等优势，与深圳的优势互补，互利互惠，共同发展。

发挥市场机制优势　促进高新技术产业发展

——在珠江三角洲地区发展高新技术产业座谈会上的讲话

（1993年6月）

省委决定召开的珠江三角洲地区发展高新技术产业座谈会，是具体落实小平同志“科学技术是第一生产力”以及江泽民总书记有关科技工作的多次讲话精神的重要会议，充分体现省委高瞻远瞩地抓住了我省社会经济发展中的关键问题。这次会议的召开，对于加快珠江三角洲以及全省高新技术产业的发展必将产生巨大的促进作用。这次会议在深圳召开，对我市发展高新技术产业工作既是一次检查督促，也是一个极大的鼓舞。会前谢非同志专门来深圳检查布置会议工作，这种工作方法十分值得我们学习。

深圳经济特区建立以来，在中央和省的正确领导下，在全国、全省尤其是珠江三角洲各兄弟市的大力支持下，全市国民经济获得了持续高速的发展，高新技术产业也随之取得了相应的进步。我们深深感到，在深圳这个资源贫乏、空间有限的城市，传统的劳动密集型、高能耗型产业的发展已越来越受到限制。深圳的经济发展要保持速度与效益相统一，增强国际国内市场的竞争力，就必须进一步确立把发展高新技术产业放在主导产业的地位上的思想，舍此没有第二条出路。现在，我受市委、市政府委托，汇报我市高新技术产业和产品开发工作的情况。

一、高新技术产业发展的现状

本世纪80年代初，由于特区建设刚刚起步，我市工业还是以劳动密集型为主，技术水平较低，随着投资环境的不断改善，内地科技人才和国外先进技术设备开始大量进入深圳，为高新技术产业的起步奠定了必要的基础。到了80年代中期，作为工业大发展的必然结果，我市产生了第一批高新技术企业。进入90年代，“科学技术是第一生产力”的思想日益深入人心，发展高新技术产业得到进一步的重视。1990年，我市制订了2000年经济社会发展规划，确立了“以科技进步为动力，大力发展高新技术产业和第三产业”的战略方针；1991年5月，又颁布了《关于加快高新技术及其产业发展的暂行规定》。市委、市政府明确提出“把发展科技放在经济和社会发展的首要位置”。几年来，我市还颁布了一系列鼓励高新技术产业发展的优惠政策，并且注意在不同时期，制定不同的产业政策，抓住一些骨干企业和拳头产品予以推动。因此，我市高新技术产业得到了较快的发展。

（一）初步形成六大领域的高新技术产业群

最近几年，全市高新技术产业一直保持高速增长的势头。根据国家科委公布的标准统计，1988年高新技术产品产值4.5亿元，约占全市工业总产值的4.5%，到1992年，猛增到47.3亿元，占全市工业总产值的12.7%，约比全国高出7个百分点。在这期间，工业总产值增长4倍，高新技术产品产值增长10倍以上。部分高新技术产品出现跳跃式的增长，如程控电话交换机1992年产量比1991年增长3倍。到目前为止，全市已初步形成计算机及其软件、通信、微电子及基础元器件、新材料、生物工程、机电一体化等六大领域的高新技术产业群。

（二）一些高新技术产品在国内外市场占有一席之地

到目前为止，我市已开发生产出13大类246种高新技术产品。其中，以核磁共振成像系统、基因工程干扰素、人工智能系统为代表的一些产品在技术水平上处于国内领先地位；部分产品在国内外市场上占有一席之地。1992年，我市从事软件开发和销售的企业有200多家，出口量占全国1/3以上；液晶显示器产量占全国60%；程控电话交换机产量92万线，占全国的1/5；软磁盘产量2亿多片，占全国生产能力的1/5以上；计算机硬盘磁头产量391万只，占世界产量的8%。

（三）出现了一些高新技术骨干企业

我市从事高新技术产品生产开发的企业达到500家左右。截至1993年5月，按照省规定标准，被认定为高新技术企业的有41家。这些企业在技术开发和经营管理等方面达到了较高的水平，已成为我市高新技术产品开发生产中的骨干企业，如华为和中兴通讯等事业。1992年，被认定的32家高新技术企业总产值为31.4亿元，占全市工业总产值的8%，企业人均利税4.1万元，全员劳动生产率32.3万元，比全市独立核算工业企业（包括三资企业）的平均数分别高出1.3倍和3.7倍。其中索泰克电子公司人均利税6.7万元，全员劳动生产率达到98.3万元。

（四）高新技术企业发展出现了多种模式

——引进人才，实行“头脑入股”，促进高新技术企业的发展。我市高新技术企业把网罗人才看得比引进科技成果、设备更重要，不惜花重金引进国内外人才，不仅带来了技术，还带来先进的管理和销售渠道。为了最大限度地发挥引进人才的作用，有的企业还成功地采用了“头脑入股”的方式，把引进人才同企业的发展捆在一起，形成利益共同体，大大加快了企业的发展。以深圳开发科技公司为例，该公司从美国等国家聘请了四位专家，用技术和销售渠道入股占有公司34%的股份。仅用半年时间就开发出计算机硬盘磁头，并设计和建立了进口关键设备与国产配套设备相结合的生产线，使企业迅速成为世界三大计算机硬盘磁头生产厂家之一。

——坚持依托内地科研力量，发展多种形式的合作关系，推动高新技术产品的开发生产。我市自主开发能力较差，因而高新技术企业一直把依托内地科研力量作为企业生存发展的必要条件，利用深圳和内地科研机构之间的密切联系，发展多种形式的合作关系。有的企业直接把内地的科研成果拿到深圳转化为商品，如长园应用化学有限公司，把国家“六五”科技攻关项目移到深圳开发生产出辐射交联热缩材料电缆附件，1992年销售额达到1343万元，占据国内市场的1/3。有的企业则是看准有市场潜力的项目，委托内地科研机构研究开发，再把成果拿回深圳转化为商品，如金科公司了解到铝合金添加剂市场容量大，就委托中科院金属所进行开发，然后将成果移到深圳，现已形成批量生产能力。还有的企业利用技术入股、联合开发等多种形式，吸引内地科研力量参与高新技术产品的开发生产，增强了企业的竞争力。

——利用深圳的地理优势，把国内外高新技术要素进行优化组合，发展高新技术产业。我市是国内外两个市场的交汇点，这为高新技术要素的优化组合提供了机会。一些企业利用这一便利，根据自己的特点，选择要素进行组合，发展优势项目，取得了成功。如中美合资的安科高新技术有限公司，把国内磁体技术、软件技术、系统设计技术及相关产品与美国电子技术及相关产品进行嫁接，研制成功永磁体核磁共振扫描成像仪。有的企业则把国内技术与国外设备进行配套，从而弥补了国内技术工程化方面的缺陷，加快了企业的发展。

(五)高新技术产业的发展趋势

目前,我市高新技术产业在发展过程中呈现出以下几种趋势。

一是以软件设计为主体开发高新技术产品的方式显露出强大的生命力。软件设计所需投资少,加上深圳毗邻香港,便于接受国际市场信息,有利于形成低成本、低投入、高技术、高效益的特点,特别是ASIC(专用集成电路)设计,适用面极广,开发成功一个ASIC芯片,就是一个功能器件,也就是一个新产品。一批企业都已认识和开始利用这种优势,紧紧抓住软件设计这个关键,开发核心技术,将其与功能器件进行系统组合,形成性能优良的产品,产生了很好的经济效益。如深业国际商业数据公司,与清华大学、东南大学联合,以专用芯片设计为突破口,设计出新的传呼机芯片,在国外加工后,生产出中文信息传呼系统,在国内同类产品中处于领先地位,预计今年销售额将达1亿多元。

二是出现了一批依托国家"863"计划科研成果的高新技术企业。"863"计划拥有一批国家级的科技成果,其中一些成果处于世界科技前沿。近年来,我们推动企业加强与"863"各个课题组的联系、联合,召开了一些专题展示会、研究会,把这批成果尽快转化为高附加值产品,形成商品生产。这种形式的高新技术企业发展速度很快,大有后来居上的势头。

三是出现高新技术向传统产业渗透的良好势头。如中华自行车(集团)股份有限公司和飞亚达公司,利用高新技术开发高附加值的碳素纤维自行车、永不磨损型手表、取得了很大的成功。又如,深圳中航企业集团的开特电脑设备公司,利用电脑技术成功地开发出水泥集散自动控制系统,对全省建材行业的近200家水泥厂进行了改造,降低了能耗,大大提高了劳动生产率,产生了很好的经济效益和社会效益。

此外,一些原来从事传统产品生产的企业,开始把力量投入到高新技术产品的开发中去,形成了一定规模的高新技术产品开发生产能力。一些原来以房地产、贸易为主的集团公司也开始涉足高新技术领域,取得了初步的成果。

(六)发展高新技术产业面临的几个主要问题

我市高新技术产业的发展虽然取得了一定的成绩,但仍存在不少困难和问题,突出表现在以下几个方面。

资金方面:科技风险投资机制尚未形成,影响了初创时期的高新技术企业的发展;科技贷款资金不足,不利于高新技术企业的规模经营。

分配方面：现行的个人收入所得税起征点太低，不利于提高科技人员工资水平，影响了科技人员的积极性，科技人才流动性也较大；某些行业利用政策和市场经济体制的不尽完善，获取超额利润，对高新技术产业造成了一定的冲击，不利于高新技术产业的健康发展。

人员出境：高新技术企业人员出境难，尤其是民间科技企业的科技人员只能走“因私”出境的渠道，不利于高新技术的产业化、国际化。

二、发展高新技术产业的初步体会

回顾我市高新技术产业的发展过程，我们有如下几条初步体会：

（一）高新技术产业的发展是一个过程，有它本身的规律可循

我们必须把高新技术产业的发展放在首位，锲而不舍地抓下去，但在具体制定产业政策和确定项目时，要切合实际，特别是确定一些尖端技术项目，风险很大，更要慎重从事。还应当看到，高新技术产业需要一般产业的支持。电脑是高技术，包装、丝印，包括文字说明也必须与它相匹配，才构成一个完整的产品。因此，在发展高新技术产业的同时，不能轻视劳动与技术密集型产业的发展。目前来说，双密型产业仍应是我们的产业重点。对于劳动密集型产品的发展也不应完全放弃。

（二）要立足发展那些包含在千家万户需要的产品中的高新技术，即市场覆盖面较大的高新技术，才容易形成规模，才能取得最好的经济效益

我们不能脱离市场谈论高新技术，也不能把高新技术神秘化。在这方面，我们有过教训。我们有两家磁头厂，一家是开发科技有限公司，搞的是温盘磁头，一个只卖几美元，但市场需求量大，规模大，效益好，去年出口值近1亿美元，获纯利770多万美元，多次被评为全国先进企业。另一家搞的是高档磁头，技术上比温盘磁头高，每只卖1700美元，但只有飞机黑匣子上用，市场覆盖面极小，没有效益，最后关门了事。所以，尊重市场才能真正促进高新技术产业发展。

（三）发展高新技术产业，必须学会利用国际分工，从成本和效益观念出发，合理组织产品配套

不能不切实际地追求国产化率，国内的东西一时上不去，就用国外的，先把产品搞出来，赚了钱再说。我们的磁头、软盘片、液晶显示器等，都是这么做的。这是尽快搞出新产品，提高产品竞争力，扩大出口，创造经济效益的好路子。当我们有钱了，经验多了，渠道多了，国内配套部分的技术改造也就容易上了，国产化率反而提高得更快。

(四)发展高新技术产品要有“甘当配角”的思想

高新技术产品不仅包括最终产品，也包括零配件、元器件在内。我们要努力搞出最终产品，但在国际市场上，最终产品直接处于激烈竞争的最前线，人家的牌子响，推销网强，宣传广告厉害，往往非我们所及。如计算机，我们就很难竞争得过IBM和苹果公司。而计算机是由多个部件组成的，在整体产品上，我们没有竞争优势，但在某些零件、某些元器件上我们却有竞争优势。我们就要从自己的优势出发，生产那些零部件出口，为他们配套，这样成功的把握就很大。这也是一种“借船出海”的稳妥办法，即他们去打市场，担风险，只要他们有生意，我们也就有钱赚。

(五)要注意培养一批既懂技术和管理、又会经营的“双料人才”，为他们创造一个好的发展环境

我们体会到，发展高新技术产业，光有一批懂得技术的人才还不行。有些人有发明创造，产品也有前景，但当了经理搞来搞去上不去，企业一团糟。问题就在于这些同志技术上是内行，管理上是外行。为了解决这个问题，我们注意提倡企业家与技术人员结合，取长补短。对于广大科技人员，则把他们推到市场中去经风雨、见世面，即使失败了也是成功，因为科技人员从市场的失败中得到锻炼，学会了经营，他们有了市场经验就是真正成功的开始。

(六)要注意完善高新技术产品的配套环境

一个高新技术产品或产业的形成与发展，需要相当多的东西来配套，从元器件、功能件到包装材料等等，缺一不可。所以，配套环境越完善，高新技术产业发展就越快。配套环境的形成，一方面有赖于产业群体的建立，即配套产品生产企业的建立；另一方面，有赖于通过流通渠道，如发展各种生产资料市场来完善。从目前发展趋势来看，珠江三角洲应当作为一个整体来规划，以形成一个良好的高新技术产业发展的支撑环境。比如，华为技术有限公司生产的程控交换机就是由珠江三角洲地区80多个厂家来配套的。如果什么都由华为公司自己搞，花钱多不说，也搞不了这么快。建议这次会议能够有组织地推动珠江三角洲地区高新技术产业支撑环境的形成，这必将会大大节约高新技术产品开发的投资，大大加快高新技术产业群体的发展。

（七）发展高新技术要树立信心，认清优势

过去人们常常认为，我们是发展中国家，只有在劳动密集型或劳动与技术双密集型的产品上有竞争优势，而在高新技术产品上往往缺乏竞争优势。其实这是不对的。至少，在那些凝结着较多的技术人员活劳动的高新技术产业领域，我们同样有竞争优势。相比较而言，我们的简单劳动固然便宜，而我们的复杂劳动更便宜。因此，只要善于选择一些适合的产业领域来发展，我们就有优势，就能取胜。这几年，我们下决心抓ASIC（专用集成电路）设计群的发展，并取得一些成绩，就是这个道理。现在一些大的跨国公司，如IBM、DEC等，都看到这一点，并且主动加强同我们合作。

（八）要加强政府对高新技术产业发展的引导和扶持

高新技术产业既是一个高附加值的产业，也是一个高风险的产业，仅仅依靠企业的自发行为，虽可以搞出一些产品，但很难形成规模，很难形成产业。特别是在高新技术产业还处于发展的初级阶段，配套环境还不完备的时候，就更需要政府的支持。政府的支持不能采取计划经济的办法，而主要应当在给他们创造好的政策，好的环境，在“引导、扶持、服务”方面做好工作。

“引导”就是通过制定发展规划、产业政策和投资指南，引导国内外投资者对高新技术产业进行投资，引导企业向高新技术发展。这几年，我们先后制定了《深圳市科学技术发展规划（1990~2000）》《深圳市国民经济和社会发展十年规划和第八个五年计划纲要》《深圳市近期产业政策实施规定》《深圳经济特区投资导向目录》等，引导人才、技术、资金投向高新技术产业。

“扶持”就是对符合我市发展规划、产业政策的企业和产品，给予政策上的倾斜。我们颁布了《关于加快高新技术及其产业发展的暂行规定》《关于依靠科技进步推动经济发展的决定》《关于企业奖励技术开发人员的暂行规定》《关于企业技术开发经费提取和使用的暂行办法》，以及《深圳经济特区民办科技企业管理规定》等，对高新技术企业和项目实施了一系列优惠政策。

“服务”就是努力为高新技术企业的发展解决各种实际问题。现在，这方面的文件、规定已不少了，关键是落实。去年，我们借省里检查落实高新技术企业政策的东风，按照有关政策，对经认定的32家高新技术企业，给予了减免税收4480万元，减免土地使用费和地价799万元，安排科技贷款4610万元，解决户口指标309个，减免城市人口增容费153万元等优惠，受到高新技术企业的衷心欢迎。

三、进一步发展高新技术产业的设想

我市今后发展高新技术产业的初步设想是：抓住时机，加快发展，尽快在计算机及其软件、通信、微电子及基础元器件、新材料、生物工程、机电一体化、激光等七个领域，扶持和培育出一批具有相当实力的高新技术的大型企业，使我市成为高新技术产品开发和出口的重要基地之一。具体目标是：

“八五”期末，全市高新技术产业年产值达到130亿元，占工业总产值比重的25%；人均年产值25万~30万元；人均年利税4万元；科技进步贡献率从现在的30%提高到35%~40%。

到2000年，全市高新技术产业年产值达到330亿元，占工业总产值比重的30%；人均年产值40万~45万元；人均年利税6万元；科技进步贡献率达45%~50%。

为了实现上述目标，必须切实解决高新技术产业在发展中所面临的问题，大胆探索发展高新技术产业的配套改革措施，并要在政策上有所突破，努力营造一个有利于高新技术产业蓬勃发展的环境。我们准备重点抓好以下几件事：

（一）加大科技投入的力度，建立科技与金融有机结合的新体制

资金不足是长期以来困扰高新技术产业发展的突出问题，我们要探索一条按市场经济机制运作、科技与金融相结合的新体制来发展科技。具体做法是：较大幅度增加科技贷款的额度，对科技成果的商品化、产业化给予贷款支持；筹建股份制科技银行，为高新技术产业发展提供有力的专项资金支持，筹建科技风险投资基金，重点支持初创时期的高新技术企业的发展，在条件成熟时，要加快发展更多的科技风险投资基金；银行对有市场前景的高新技术企业，优先解决流动资金，并不受资产抵押规模的限制；符合上市条件的高新技术企业，优先安排股票上市。

（二）进一步完善科技市场体系，为高新技术企业发展创造良好的市场条件

办好科技成果交易中心，并逐步扩大规模，把中心办成一个面向全国的科技大市场。大力发展无形资产评估事务所，大力发展技术经纪行，允许和鼓

励个人兼职从事技术经纪活动，逐步形成交易、中介、评估、仲裁配套的技术市场体系；要认真执行已经颁布的知识产权保护条例，并制定相应的政府规章，保证技术交易公平合理。

（三）实行地产倾斜，扶持高新技术企业发展

为解决房地产价格不断上涨给高新技术企业发展带来的不利影响，我们准备划出几片土地，建立若干个高新技术工业区。在这些区域里为高新技术企业发展提供所需要的各种条件。

（四）为高新技术企业科技人员出境创造便利条件

增加高新技术企业的出港长证指标，并取消出港放行条；高新技术企业人员因公出国需办理长期护照的不应受数量限制。

（五）切实提高高新技术企业科技人员的待遇

为调动科技人员的积极性，切实解决科技人员收入偏低的问题，要深化企业分配制度的改革，并相应提高高新技术企业科技人员个人收入调节税的起征点；鼓励科技人员技术入股，技术股的比例由双方商定，政府不作硬性规定；高新技术企业的户口指标、微利房商品指标，今后将实行单列，给予重点解决；深化住房制度改革，银行对高新技术企业科技人员购买商品房和微利房给予贷款支持；建设科技专家公寓；为有突出贡献的科技人员解决住房困难。

深圳发展高新技术产业面临着一个难得的历史机遇，我们一定要有历史的使命感和紧迫感，贯彻落实好这次会议精神，虚心学习珠江三角洲和全省兄弟市的好经验，锲而不舍地把我市的高新技术产业搞得更好。

积极行动起来，把我市反腐败斗争抓紧抓好抓出成效

——在中共深圳市委常委扩大会议上的讲话

（1993年9月）

同志们：

这次市委常委扩大会议，中心议题就是结合深圳的实际，研究部署如何贯彻落实好中央和省委关于开展反腐败斗争的指示精神，把我市反腐败斗争抓紧抓好，切实抓出成效来。

今天上午，我们传达学习了江泽民同志在中央纪委第二次全体会议上的重要讲话，学习了邓小平同志关于反腐败问题的有关论述。这是我们开展反腐败斗争的重要思想武器。同时，还传达了尉健行同志在中央纪委第二次全体会议上的讲话，以及谢非、朱森林同志在省委常委扩大会议上的讲话。这些讲话对如何开展反腐败斗争作了明确的部署。对此我们都要认真学习，深刻领会，坚决贯彻执行。

下面，我讲几点意见：

一、充分认识这场反腐败斗争的重大意义

以江泽民同志在中央纪委第二次全体会议上的讲话精神，来统一我市全体党员干部特别是领导干部的思想，充分认识当前反腐败的重大意义，是搞好反腐败斗争的关键。

关于反腐败斗争的重大意义，中央和省委的领导同志都从理论与实践的结合上作了深刻的阐述。结合深圳的实际，我着重从以下五个方面来谈些认识：

（一）要从邓小平同志关于建设有中国特色的社会主义理论的高度，来认识反腐败斗争的重大意义

邓小平同志关于端正党风、加强廉政建设、反对腐败的一系列重要论述，是建设有中国特色社会主义理论的重要组成部分。这些论述，对于我们搞好反腐败斗争，有着十分重要的指导意义。

小平同志去年初视察南方在谈到广东追赶亚洲“四小龙”时指出：要坚持两手抓，两手都要硬。不仅经济要上去，社会秩序、社会风气也要搞好，两个文明都超过他们是小平同志的一贯思想。早在1980年初建立经济特区时，小平同志就提出了两手抓问题，即一手抓改革开放，一手抓打击经济犯罪。所以，这才是有中国特色的社会主义。之后他又从不同的角度一再强调要坚持两手抓，直到去年初的重要谈话提出“两手都要硬”。小平同志说：“经济建设这一手我们搞得相当有成绩，形势喜人，这是我们国家的成功。但风气如果坏下去，经济搞成功又有什么意义？会在另一方面变质，反过来影响整个经济变质，发展下去会形成贪污、盗窃、贿赂横行的世界。”因此，“开放、搞活延续多久，端正党风的工作就得干多久，纠正不正之风，打击犯罪就得干多久。这样才能保证我们开放、搞活政策的正确执行。整个改革开放过程中都要反对腐败”。小平同志的这些论述，要求我们在抓经济建设这个中心工作的同时，必须抓好反腐败斗争。否则，建设有中国特色的社会主义的宏伟目标就难以实现。

（二）要从关系执政党生死存亡的高度，来认识反腐败斗争的重大意义

要巩固党的执政地位，必须解决两个根本问题：一是要把经济搞上去；二是把党风廉政建设搞好。这两个问题都是关系到执政党生死存亡的重大问题。而要把党风和廉政建设搞好，就必须坚持进行反腐败斗争。

腐败现象，从本质上说是剥削制度、剥削阶级的产物，是与我们党的宗旨水火不相容的。中国共产党是中国工人阶级的先锋队，是全心全意为人民服务的无产阶级政党。党从成立之日起，就以铲除各种腐败现象为己任。然而，由于历史与现实的种种原因，消极腐败现象不可能在短时期内彻底消灭，在一定的条件下，一些新的腐败现象还会产生，一些已被消灭的丑恶现象也可能死灰复燃，有的甚至还会滋长蔓延，渗透到我们党内来。它是党的健康肌体中出现的病毒，其危害极大，隐患无穷，损害了党的形象和威信，破坏了党与人民群众的血肉联系，使党失信于民，最终必然要危及党的执政地位。正如江泽民总书记在一次讲话中曾尖锐指出的那样，党风问题，腐败现象，不抓不行了。否则，确有亡党亡国的危险。

（三）要从巩固改革开放成果和保证经济建设健康发展的高度，来认识反腐败斗争的重大意义

改革开放的目的是为了解放和发展生产力，把经济建设搞上去。而腐败现象正是阻碍、干扰和破坏经济健康发展的消极因素。我们惩治腐败分子、克服腐败现象正是排除这种对经济发展和改革开放的干扰和破坏，保障改革开放和经济建设的顺利进行。当前，在小平同志视察南方重要谈话和党的十四大精神指导下，我国改革开放和经济建设事业正蓬勃发展。但是，如果不坚决抵制和克服腐败现象，我们的改革开放成果将被葬送，我们的经济建设将难以顺利进行。这在实际生活中也得到了证明。凡是不正之风和消极腐败现象严重的地区、部门或单位，群众的积极性就会受到挫折，经济发展也必然受到影响。我市去年的“8·10”事件就是由于有些人私分股票抽签表的腐败行为而引发的，它直接影响了股票市场改革试验的顺利进行。这方面的例子不胜枚举。可见，不抓紧反腐败，不抓紧纠正不正之风，就会败坏党风和社会风气，也会严重影响改革开放和经济建设的顺利进行。因此，要巩固和发展大好形势，捍卫来之不易的改革开放成果，就必须坚持深入开展反腐败的斗争。

（四）要从共产党维护人民群众根本利益的高度，来认识反腐败的重大意义

我们共产党是全心全意为人民服务的，党的一切政策都以广大人民群众的根本利益为出发点和归宿。只有为人民的利益去拼搏、去奋斗，共产党才能扎根于群众之中，才能得到人民的拥护和爱戴，我们党的事业才能兴旺发达、无往而不胜。

然而，共产党内和党政机关内腐败现象的滋生蔓延，恰恰在动摇我们事业的根基，恰恰损害人民群众的根本利益，使我们党脱离人民群众，这是一种极大的危险。要人民群众拥护我们党和政府，我们就必须为广大人民群众的根本利益去同腐败现象作斗争，坚决铲除腐败。

（五）要从深圳特区所肩负的重任和存在的腐败现象，来认识反腐败斗争的重大意义

深圳特区是我国改革开放的“前沿阵地”和“试验场”。党和人民对深圳寄予厚望。1990年，江泽民总书记来深圳视察时指出“特区要当好建设有中国特色的社会主义的排头兵”。这就要求我们不仅在经济建设方面走在前面，而且在社会主义精神文明建设和党风廉政建设方面也要走在前面。去年初，小平同志视察深圳时希望我们“要搞得再快一点”，深圳的广大干部和群众意气风发，制定了20年基本实现现代化的宏伟目标，提出把深圳建设成为多功能、现代化的国际性城市，成为经济繁荣、社会全面进步的社会主义窗口。这就要求我们不但要把经济建设搞好，而且也要把精神文明建设搞上去，要继续发扬“开拓、创新、团结、奉献”的深圳精神。深圳的干部要有“特别高的觉悟，特别好的作风，特别严的纪律，特别高的效率”，这样才能带领广大干部群众为实现上述宏伟目标而奋斗。

应该充分肯定，过去的10多年来，深圳在两个文明建设方面所取得的巨大成就，是特区党员干部和广大群众团结奋斗的结果，我市绝大多数党员和干部是廉洁奉公的，反腐败斗争也是有成效的。但是，我们也必须清醒地看到，深圳确实也存在一些令广大干部群众担忧的消极腐败现象。贪赃枉法、行贿受贿、敲诈勒索、权钱交易、挥霍人民财富、腐化堕落等现象都不同程度地存在，有些还比较严重。如不迅速惩治和遏制，就会葬送我们十几年来艰苦奋斗所取得的成果，就无法完成历史赋予我们的重任，也就辜负了党和人民对我们的期望。因此，我们一定要从特区所肩负的历史使命的高度，来认识这场反腐败斗争的重大意义。

二、突出抓好近期反腐败的三项工作

反腐败斗争是全党的一项重要工作。任务很艰巨，要做的工作很多。根据中央的要求和省委常委扩大会议的部署，结合深圳的实际，我市反腐败近期要突出抓好以下三项工作：

（一）抓领导干部带头廉洁自律

党的十四大报告指出：“廉洁奉公，勤政为民，要从各级领导机关和领导干部做起。党员领导干部首先是高中级干部，要严于律己，以身作则。”各级党政领导干部廉洁自律，率先垂范，对于搞好这场反腐败斗争至关重要。当前，领导干部主要要从三方面带头搞好廉洁自律：一要带头学习理论。重点学习邓小平同志关于建设有中国特色社会主义理论，特别是小平同志关于加强党风廉政建设和反对腐败的一系列重要指示，要自觉地用小平同志的理论思想来武装自己的头脑，要充分认识到“中国要出问题，还是出在共产党内，关键是共产党内部要搞好，关键是共产党的领导干部自身要搞好”。从而牢牢树立起正确的人生观、世界观和价值观，自觉抵制资本主义腐朽思想的侵蚀。二要带头严格执行党的纪律和有关规定。针对当前不正之风和消极腐败现象的新特点、新问题，中央对党政机关县（处）级以上领导干部在廉洁自律方面重申和提出了“五不准”的规定。这些规定对领导干部来说，是基本要求，是有约束力的纪律，每个领导干部都要坚决执行，如有违反必须坚决纠正。领导干部要组织自查，如有违反要在10月中旬前如实向组织报告、登记。待中纪委、监察部关于五项规定的实施细则下达后，再按实施细则做具体处理。领导干部要有高度的自觉性，严于律己，要成为执行党纪、遵守规章的楷模。正人先正己，要求别人做到的，自己首先要做到；要求别人不做的，自己首先不去做。不能言行不一，说一套，做一套，你规定你的，我干我的。如果连党内的规定都不能遵守，连党纪约束都不愿接受，那就不够党员的基本条件了。有的群众反映：现在廉政条规已成套成册，但一些领导干部仍然是我行我素。这种现象必须迅速改变。三要带头遵守党的民主集中制原则。党员领导干部要正确处理个人与组织的关系，自觉置身于党组织和党员的监督之下，坚持群众路线，坚持集体领导，维护党的团结，严格遵守党的民主集中制原则。最近，市委起草了《关于党政机关领导干部带头廉洁自律的若干规定》，主要包括不自行其是、不以权谋私、不任人唯亲等九条规定，提交这次会议讨论通过后颁布执行。各级领导干部还要自觉接受人大、政协、民主党派、监督检查部门、人民群众和新闻舆论等各种监督。

（二）抓大案要案的查处

当前反腐败斗争的任务很重，有些消极腐败现象还在滋长和蔓延，不严肃查处一批大案要案，就不足以遏制腐败现象蔓延的势头。各级党委、政府都要特别重视加强对查处大案要案工作的领导，对重大案件，主要领导要亲自听取汇报，具体指导。对大案要案要进行摸底排队，集中力量突破一批，做到快查、快结、快审、快处理，以教育广大干部和群众，震慑犯罪分子。在办案中，要敢于碰硬，敢于斗争，不管是谁，在法纪面前人人平等，只要违纪违法就要按党纪、政纪和国家法律严肃查处。要依靠群众，鼓励和支持群众检举揭发腐败现象，拓宽举报渠道，扩大案件线索。还要注意保护检举人，对检举有功者予以奖励，同时也要防止诬陷。各级党委和政府都要支持办案单位的工作，决不允许瞒案不报，压案不办。对纪检、监察机关提交党委和政府讨论审批的案件，原则上要在一个月内进行审批，不准拖延。对涉及处以上干部问题的案件，任何人不得压制办案单位查处，更不能包庇、袒护甚至干扰、阻碍办案。对于有压制、报复、干扰、说情行为者，一经查实，要严肃处理。

纪检、监察部门的工作重点是抓反腐败。当前要集中力量抓好大案要案的查处工作，并要协同作战，形成合力。查办的重点要集中在领导机关、领导干部和司法部门、行政执法部门、经济管理部门及其工作人员的违纪违法案件。各级纪检、监察部门要认真分析本地区、本单位的实际情况，确定各自的重点，列出大案要案名单，集中力量查个水落石出。同时还要注意帮助发案单位认真吸取教训，检查工作中的漏洞，举一反三，亡羊补牢，有针对性地建立和健全各项管理制度。人民法院、人民检察院对大案要案，要抓紧依法审理，年底前要分批公开宣判。

这里我要强调一点，在整个反腐败斗争中，纪检、监察、检察、公安、司法等部门既要发挥各自的职能作用，又要很好地协调配合，发挥对各种腐败现象联合作战的整体效能，就可以使我市反腐败斗争的顺利进行有了组织上的保证。

（三）刹住群众最不满意的几股不正之风

开展反腐败斗争一方面要严肃惩处违纪违法分子，另一方面必须刹住群众最不满意的不正之风。中央、省委要求认真治理的党政机关经商，乱收费，乱要赞助等不正之风，我们都要坚决进行治理，并切实抓出成效。市委决定把刹住群众反映比较强烈的以下几股不正之风作为工作的重点，力争年底前取得明显成效。

一是乱收费，特别是国家机关利用职权乱收费。对这股风前几年已进行过专项治理，并有收效，但近年又有发展蔓延之势。有的明目张胆，有的巧立名目，搞所谓“有偿服务”，把本来属于自己职责范围的日常行政工作也变为本单位“创收”的手段，甚至发展到个别学校、幼儿园也乱收费，人大代表和人民群众对此反映强烈。各部门都要按照国务院即将颁布的《关于治理乱收费的规定》和省政府《关于依法管理收费制止乱收费的若干规定》，对去年以来出台的各项收费进行一次全面清理整顿。首先要进行自查自纠，核查这些项目该不该收费，标准是否合理。对违反规定的公布取消，接受群众的监督。这项工作从市直机关抓起，主要领导负责，一级抓一级，层层抓落实，年底前要向人民群众做出负责的交代。

二是用公款大吃大喝、公费出国或赴港澳旅游。从现在起，党政机关干部一律不准接受企业的宴请；上级或外地的领导同志来我市检查指导工作，一律在迎宾馆接待。各级党政干部到基层工作必须用餐的，应在内部食堂按标准用餐。对党政机关干部因公出国或赴港澳的，有关部门要按规定严格把关；各单位不准巧立名目组织本单位或下属单位的干部公费出国或赴港澳旅游；对用公款旅游的，财务部门不准报销其费用，并追究当事人的责任。对领导干部确因工作需要办理赴港澳"长证"的问题，有关部门要严格把关，加强管理。

三是机关经商办企业。这个问题中央已经三令五申，不准党政机关经商办企业，省委和市委也早有明确规定，我市通过前段治理也有所控制。现在这股风又重新冒头，有的机关先办团体，再以团体名义办企业。市委重申：各级党政机关一律不准经商办企业，已经经商办企业的机关单位，必须按规定同原机关彻底脱钩。今后再发生类似问题，要追究申办机关和批准部门领导者的责任。

四是处以上干部买卖股票。现在中央已明确规定机关处以上领导干部不准买卖股票，这次省委常委扩大会议也要求处以上干部带头执行这个规定，我们要坚决执行。鉴于过去深圳买卖股票的情况比较复杂，方式也不尽相同。因此，我们要着手调查研究，制定出区别不同情况作出不同处理的具体办法。但是，对买卖股票中的不正之风和腐败现象，市委的态度一向是明确的：对利用职权买"干股"、内部股或"人情股"，从中获取暴利的要严肃查处；对挪用公款炒卖股票的要坚决查处；对证券从业人员利用工作之便为自己或亲朋好友炒股票的也要坚决查处；对利用工作时间炒股票的要重申纪律，给予批评教育，问题严重的要作出纪律处分。

纠正不正之风，党政领导要一齐抓，主要领导要亲自抓，要组织专门力量，进行专项治理。我们要通过专项治理，下工夫解决以地谋私、以贷谋私等不正之风，并结合专项治理下工夫解决社会治安和除"七害"等问题。由各单位领导负责，认真组织力量加以解决，取得成效。

各级党委和政府要通过抓紧抓好上述三项工作，提高坚持两手抓的自觉性，使党风、政风和领导作风都有明显转变；对大案要案要做到依法惩处，使腐败分子受到应有的打击；基本刹住群众反映强烈的几股不正之风，从而使这场反腐败斗争取得明显成效。

三、把搞好近期反腐败斗争与建立反腐保廉的有效机制结合起来

江泽民同志指出，惩治腐败，要作为一个系统工程来抓，标本兼治，综合治理。既要治标，更要治本。反腐败斗争贯穿于改革开放的全过程，不可能毕其功于一役。因此，我们必须把完成反腐败的阶段性任务和建立反腐保廉机制的长远目标结合起来，不仅要取得阶段性成果，而且要着眼建立反腐保廉的有效机制。要在探索建立和发展社会主义市场经济过程中，通过不断深化改革，扩大开放，简政放权，加强法律和廉政制度建设，完善管理和监督约束机制，从根本上遏制和消除腐败。从深圳的实际情况来看，要着重做好以下几个方面的结合：

（一）把反腐败斗争同深化改革，加快经济发展步伐，建立和完善社会主义市场经济体制结合起来

腐败现象的产生有各种复杂的原因，其中很重要的一点是由于在经济体制转换的过程中，制度不配套、不到位、不完善。因此，要从根本上铲除腐败现象，必须深化改革，加快转变政府职能和转换企业经营机制，加快建立和发展社会主义市场经济的步伐。当社会资源的配置主要是通过市场，而不是通过政府权力部门的时候，那种以权谋私、权钱交易的腐败行为所赖以依附的条件将大为减少。

深圳作为改革开放的“排头兵”，在建立社会主义市场经济体制方面进行了一系列的探索，例如，将过去实行的企业审批制改为核准制；对土地有偿使用实行公开拍卖或集体审批制；对社会资源的分配，凡能实行公开招标和拍卖的，都尽可能地将过去的行政审批办法改为实行市场化原则。这些改革措施对有效地遏制腐败现象的滋生都发挥了积极作用。当前我们就是要牢牢把握经济建设这个中心，贯彻落实好中央6号文件关于深化改革、加强和改善国民经济宏观调控的精神，把反腐败斗争同深化改革、建立和完善社会主义市场

经济体制结合起来，更好地为经济建设和改革开放服务。从建立社会主义市场经济的宏观着眼，抓法规、政策建设，抓体制、制度建设，建立起一整套与社会主义市场经济相适应的反腐保廉的预防机制、监督机制、权力约束机制。通过预防机制，将各种腐败现象消灭在萌芽状态中；通过监督机制，创造一种“公开办事、公平交易”的市场经济环境，铲除产生腐败的土壤；通过权力约束机制，加快机构和行政管理体制的改革，使政府职能真正从直接管理转变为间接宏观调控，并进一步建立和完善与市场经济相适应的企业机制、投资机制、价格机制、流通机制，减少滋生腐败的土壤。

（二）把反腐败斗争同加强廉政监督机制建设、法制建设结合起来

衡量反腐败斗争的成果，不仅要看领导干部是否坚决执行中央规定的“五不准”，是否从严查处一批大案要案，刹住几股群众反映强烈的不正之风，同时还要看防止腐败的有关预防和约束机制是否真正建立起来。通过制度来防范、遏制腐败，从而防止腐败现象收敛一阵之后又抬头，防止不正之风刹住一阵之后又再刮风。

当前加强廉政监督机制的建设，一是建立和完善党员干部内部监督机制。要加强各级纪委的建设。各级领导班子要按照中央和省委的要求，建立和完善内部权力约束制度。要定期进行集体检查，互相监督。要健全党内民主生活制度，党员领导干部要在领导班子中的党组织和本人所在党支部过双重民主生活，自觉接受党员和党组织的监督，认真开展批评和自我批评。不允许有任何凌驾于党组织之上的特殊党员。二是加强人大对市政府和检察院、法院的工作监督和法律监督，加强人民政协对党政工作的监督。政协通过对提案检查，也是一种很好的监督形式。我市人大有计划地组织人大代表对“一府两院”及其职能部门的工作进行评议，发挥了积极作用，这方面的工作要进一步规范化、制度化，更好地发挥人大的积极监督作用。我市各级党政机关要及时向政协通报有关反腐保廉的情况，听取意见，自觉接受民主党派、人民团体和无党派人士的批评和监督，这方面的工作也要制度化、经常化。三是强化纪检、监察、检察、审计等专门机关的监督、制约、执法作用，大胆履行职责，忠于职守，敢于碰硬。四是坚持和完善“两公开一监督”的群众监督机制。这项工作我市开展得比较早，取得了一定成效，现在要加以巩固和完善，决不能流于形式。特别是那些管钱、管物、管地、管发证、管项目、管户口的单位和部门，要公开办事制度，公开办事结果，自觉接受群众监督，真正实现办事公开、公平、公正。五是加强新闻舆论监督。在这次反腐败斗争中各新闻单位要发挥更大作用，总结廉政、勤政典型，同时也揭露反面典型，通过新闻舆论宣传，教育人民。同时，还要加强新闻舆论自身的监督，把新闻单位自身的精神文明建设抓好。

在加强廉政监督机制建设的同时，还要充分发挥我市人大享有的立法优势，及时将那些成熟的、规范的监督、约束制度上升为法规，使我市廉政监督机制的建设走上法制化的轨道。

（三）把反腐败斗争同加强党的自身建设结合起来

党的自身建设直接关系到党在群众中的威信、凝聚力和战斗力。要通过这次反腐败斗争，使党的自身建设得到进一步加强，尤其要加强各级领导班子的思想作风建设，要从解决当前腐败问题着手，把各级领导班子建设成为政治坚定，勇于改革创新，廉政勤政的坚强集体。首先要认真学习和全面正确地掌握邓小平同志建设有中国特色社会主义理论，尤其是学习小平同志一系列有关反腐败和加强党的廉政建设的论述，在思想上筑起抵御腐败的钢铁长城。其次是要强调严格执行民主集中制原则，个人服从组织，少数服从多数，下级服从上级，全党服从中央。决不允许有令不行，有禁不止，甚至阳奉阴违，另搞一套。只有这样才能贯彻落实好中央和省委对当前反腐败斗争的各项部署，巩固和发展大好形势。第三是树立求实务实的作风，真抓实干，敢于碰硬，反对官僚主义、形式主义的作风。要把领导干部是否廉洁、是否深入基层倾听群众的呼声，想群众之所想，急群众之所急，帮群众之所需，作为考核和选拔领导干部的重要条件。不廉洁的不能提拔重用。

（四）把反腐败斗争同加强思想教育、在全社会弘扬正气结合起来

加强思想教育，扩大教育面，在全社会弘扬正气，这是开展反腐败斗争的一个重要的方面。主要是抓好三个方面的工作：一是正确处理好个人利益与公共利益的关系。教育广大党员、干部树立公仆意识，树立为人民、为国家利益乐于奉献的精神，把公共的、人民的、国家的利益放在第一位，坚决反对拜金主义、享乐主义和极端个人主义，决不干那种损害社会、损害人民利益的事情。自觉抵制腐朽思想文化的侵蚀，牢固树立共产主义的思想道德和人生价值观念，发挥共产党员在反腐败斗争中的先锋模范作用。二是结合普法教育，增强党员干部的法制观念。要定期开展法制教育活动，组织对法律、法规的宣传学习。我市三级党校以及各类学校的学习、教育中，要增加精神文明建设和廉政建设方面的内容。对一些典型案例进行剖析，提高广大党员干部对是非美丑的判断水平，使之懂法守法，形成良好社会风尚。三是加强宣传力度，宣传我们中华民族的崇高气节和优良传统，宣传共产主义的理想、信念，宣传“开拓、创新、团结、奉献”的深圳精神，大力树立和表彰艰苦奋斗、讲求奉献、开拓进取、建功立业的先进典型。报纸、电台、电视台等新闻媒介，对那些自觉抵制腐败、敢于同腐败现象作斗争的单位和个人，要大力宣传。对于丑恶现象要敢于鞭笞。在全社会形成腐败可耻、廉政勤政光荣，艰苦奋斗、讲求奉献、为社会主义现代化建设事业建功立业的良好社会氛围，进一步促进我市社会主义精神文明建设。

四、切实加强党对这场反腐败斗争的领导

反腐败斗争是一项关系到党和政权建设的重要工作，各级党组织，首先是党政一把手，必须负起全面的领导责任，站在斗争的前列，切实加强党对这场反腐败斗争的领导。

（一）反腐败斗争要始终坚持在党的统一领导下，有组织、有步骤、有秩序地进行

反腐败斗争是下半年各级党委和政府的工作重点，各区、各部门、各单位都要在市委的统一号令下迅速行动起来，把这件大事摆到重要议事日程，党政一把手要在帮助各级领导干部克服思想障碍、提高认识的基础上，部署力量，真抓实干，结合本单位的实际，切实解决几个突出的问题，以振奋人心，取信于民。在反腐败斗争中，各级党组织要统揽全局，牢牢把握好几项原则。开展反腐败斗争必须坚持党的基本路线紧紧围绕以经济建设为中心，为推进改革、建设和发展服务；反腐败斗争要突出党政领导机关和司法部门、行政执法部门、经济管理部门这个重点；必须从领导干部做起，包括领导干部身边的工作人员；必须严格依法办案；要鼓励群众举报，不搞群众运动，不搞人人过关；惩治腐败与扶持正气相结合等。在反腐败斗争的具体操作上，各级党委还要注意相对集中力量，解决重点单位的重点问题，打好歼灭战；对问题比较多、领导不得力、局面打不开的单位，上级要组织力量派人下去帮助处理；要严格党

的纪律，保证政令畅通，做到步调一致；要建立党委统一领导下的分工负责制度，各有关部门既有分工负责，又协调动作，党政同心同德，形成整体合力，共同搞好反腐败斗争。

（二）切实加强检查监督，层层落实领导责任制

为保证我市反腐败工作落到实处，切实抓出成效，必须进一步贯彻落实责任制。去年，市委、市政府在《关于反腐保廉工作责任制的规定》中强调，对本区、本部门、本单位的反腐保廉工作，各级党政主要领导负全面责任；各级领导班子分管党风和廉政工作的成员要负直接领导责任；班子其他成员对自己所负责的战线要负主要责任。这是加强我市党风和廉政建设的一项极为重要的制度，也是搞好当前反腐败斗争的一项有效措施，各级领导必须认真执行。市委、市政府领导班子要带头执行，常委、副市长首先要对所分管的战线的反腐保廉工作负起责任，要坚持“两手抓，两手都要硬”，既要抓好经济工作和业务工作，也要抓好廉政建设。要结合改革和发展经济措施的实施，研究在党风廉政建设方面可能出现的问题及对策，做到改革开放、发展经济坚定不移，反对腐败、端正党风，加强廉政建设也坚定不移。各级领导班子民主生活会都要认真检查《规定》的执行情况。要把检查责任制的落实情况同对干部的考察使用结合起来，把是否负起反腐保廉责任作为领导干部是否称职或提拔的重要依据。各级党委、政府对反腐败工作要有布置，有检查，有督促，有落实。哪个单位在反腐保廉上出了问题，哪个单位的领导要负责任。今年10月份，我市将开展全市党风和廉政建设大检查，重点就是检查各单位贯彻落实反腐保廉工作责任制的情况。我们要通过落实责任制，使反腐败斗争有明确的分工，明确的责任。到年底对反腐保廉工作做得好的、对在这次反腐败斗争中表现突出的要进行表彰奖励。相反对工作不力的要批评教育、督促整改。

（三）加强党对纪检、监察和执法机关工作的领导，充分发挥他们的职能作用

深圳的纪检、监察机关和执法机关在端正党风、加强廉政建设和反腐败斗争中，做了大量工作，起了很好的作用。在新形势下，反腐败斗争任务更繁重、更艰巨，纪检监察机关和执法机关的责任也就更大。各级党委要加强对纪检、监察和执法机关工作的领导，进一步加强队伍的建设，切实支持他们依章、依法独立履行职权，排除干扰和阻力，做他们的坚强后盾。各级纪检、监察和执法机关也要切实负起责任，加强自身建设，提高工作效率和水平，要更加主动、积极、大胆地开展反腐败斗争，把工作做细、做实、做好。

各级党组织既是这场反腐败斗争的领导者、组织者，同时党组织自身又要在反腐败斗争中经受锻炼和考验，在领导这场反腐败斗争中自觉加强自身建设。我相信，通过这场斗争，清除党内腐败分子和克服腐败现象，我市党组织将变得更纯洁、更有凝聚力和战斗力，真正成为反腐防变的坚强战斗堡垒。

同志们，让我们在党中央和省委的领导下，迅速行动起来，带领全市人民齐心协力，团结奋斗，去夺取这场反腐败斗争的胜利！

加强供水和防洪排涝基础设施建设

——在全市水务工作会议上的讲话（摘要）

（1993年11月）

这次全市水务工作会议是为了加强我市的供水和防洪排涝基础设施建设而召开的。会议很重要，开得也很成功，大家围绕建立我市优质高效的供水和防洪排涝服务体系这一目标，研究讨论了为完成工作任务而采取深化水务改革的方向和措施，进一步明确了本世纪90年代的工作任务。下面我再强调几点：

一、要充分认清我市水务建设的严峻形势和紧迫任务

市委、市政府历来都十分重视我市的水务基础建设，虽然经过多年的不懈努力，形势仍然十分严峻。首先，深圳境内没有客水经过，水资源非常短缺。而台风暴雨多，雨量集中，水库的调蓄能力有限，往往缺水和水灾交错，给我市造成严重的损失；其次，由于我市社会经济的高速发展，人口急剧增加，远远超出了早期规划设想的规模，这就形成了能源、交通、水利、通讯等基础设施滞后于经济和人口增长的状况，而又以供水和防洪排涝设施建设滞后尤为突出。前几年的水荒，今年“6·16”和“9·26”水灾，特别是9·26台风暴雨，深圳水库严重超出防限水位。省三防指挥部下令从26日22时20分开始泄洪。如果不泄洪，深圳水库将会严重出险，深圳市就会受到严重威胁，还会影响到香港的供水。泄洪之后，保住了水库，保住了深圳，但由于暴雨太大罗湖区受灾严重，损失巨大，这是一对矛盾，说明了我市的供水和防洪排涝设施无法适应城市发展的需求，成为现代化城市的薄弱环节。三是我市的供水系统的建设和管理，还存在条块分割的多头管水的现象，影响工作效率。

为了进一步加快水利的建设，改变我市供水和防洪排涝设施薄弱的局面，市委、市政府决定撤销水利局，组建水务局，把其他部门的管水的职能集

中到水务局，实现水源建设和制配水一条龙管理。市水务局既是水利部门，也可以说是城市水务建设部门。我希望市直属机关有关部门全力支持水务局的工作，继续坚持在人财物方面向水倾斜，使水务设施建设在较短的时期内有明显的变化。也希望各区、镇政府要重视水务工作，按照当前体制改革的要求，进一步理顺关系，明确水务主管部门，在机构改革中，把这个问题处理好，为建立优质高效的供水和防洪排涝服务体系打下基础。

二、要抓好水务建设的规划和分期实施

水务建设规划必须依据我市国民经济和社会发展的需求来制定。我市的水源建设中长期规划已于去年制定，并经过省政府的批准，正在逐步组织实施。

要抓紧我市防洪排涝的总体规划。市水务局成立了防洪排涝总体规划领导小组及办公室，与珠江水利委员会配合，全面开展了工作。

水务部门还要进一步研究制订我市的水土保持规划和水源保护规划，落实防治水土流失、治理水源污染、保护水环境的有效措施，扭转目前水土流失严重，水源污染恶化的局面。要与环保部门配合，解决饮用水达标的问题，保障人民的身体健康。

各区、镇政府要依据各自的社会经济发展计划抓紧制订与全市水务建设相衔接的中长期供水发展规划、防洪排涝规划和水土保持与水环境保护规划。各项规划一定要有超前意识，突出重点，同时要量力而行，按发展需要分期实施。

水务建设任务艰巨，时间紧迫，不能有丝毫的懈怠。我们要努力抓紧当前的工作，落实好明年的建设计划，按期实施。

要抓紧西枝江引水工程建设，完成配套松子坑水库第一期扩建工程和输水管道、泵站工程，力争明年底发挥效益，以解决东部地区缺水问题，解决东部建设大石化大量需水的问题；观澜河引水工程力争明年年底前向观澜、龙华两镇供水；抓紧东江企石引水工程的前期工作。明年用水高峰期前力争完成梅林水厂第一期30万吨/日供水能力，笔架山水厂的应急工程一定要在明年6月底前完成，同时要积极开展管网改造工程。

要总结今年“6·16”和“9·26”两次水灾的经验教训，按照市人大常委会

提出的《关于“6·16”水灾后加强防洪治洪工作的议案》要求，刻不容缓地推进治理深圳河的工作，抓紧布吉河、洪湖的整治，并逐步地改造我们城市的排洪系统；进一步研究制定防洪预案，争取把灾害损失减少到最低程度。

三、要进一步深化水利改革

去年底，广东省委、省人民政府作出了《关于进一步加强水利建设的决定》。这是贯彻落实党的十四大精神中，深化水利改革的重要部署，是适应我省国民经济和社会发展的需要，加强水利建设的重大决策。市委、市政府为贯彻这个《决定》，专门下达了通知，提出了加强水务建设的任务，提出了深化水利改革，保障水利基础产业发展的若干措施。全市水务系统要在“改革与发展”方面下工夫，特别要改革投入产出机制，拓宽水务建设和资金渠道。完善我市的水务基础设施，需要投入巨额的资金，各级财政一定要增加投入。但是单靠财政拨款是不够的，要在统一规划管理的前提下，提倡“水利为社会，社会办水利”，市、区、镇、村四个轮子一起转，国家、集体、群众一起上，“谁投资、谁受益”，积极推动股份制办水。还要积极创造条件，利用贷款和外资发展水务建设。

要抓好水费改革，按照国务院和广东省人民政府颁布的水利工程水费核定计收和管理办法，合理确定水价，使国家投入的资金能逐步回收，用于水利工程的滚动开发。对国家已经出台的收费规定，要抓紧实施，依照有关规定收好、用好、管好所收资金。对水务建设所需要的投入，要与计划、财政等部门研究一个统筹安排方案，设法解决基础设施建设资金不足的问题。

要不断提高经营管理水平，特别要加强国有资产的管理，防止流失或损毁，更要防止贪污受贿和侵占行为的发生。要使国有资产保值、增值，要做好水利工程的定权发证工作。规划国土部门要给予大力支持，按有关规定，划定水利工程和排洪河道管理范围和保护范围。自来水行业的管理也要改革，建立集团公司，统一管理、调度全市的自来水供应，逐步实现控制和调度的自动化。

四、要抓好节约用水工作

近年来，我市的供水需求量，年平均以25%的速度递增，按此速度，每三年时间，从水源到制配水设施就得翻一番，这是目前我市经济能力无法承受的，即使有投资，也无法得到水源的保障。因此，在抓好水源建设的同时，要抓紧节约用水的宣传并制定相应的规定，今后要严禁耗水量大的企业在我市立项建设。要号召居民节约用水，要推广节水措施及中水利用技术，提高重复利用率，对于节约用水必须要有计划要求，限期落实。

在中共深圳市委工作会议上的总结讲话

（1994年1月）

同志们：

这次市委工作会议是一次很重要的会议，大家反映，这次会议开得及时，开得实在，虚实结合。改革的主题鲜明，会议开得是成功的。会上学习贯彻了党的十四届三中全会、全国经济工作会议精神，以及省委七届二次全会、省经济工作会议精神，就我市如何落实中央和省部署的一系列改革任务，众孚、祖基同志和常委、副市长分别谈了很好的意见。这些意见是市领导同志和有关部门的同志在调查研究、反复讨论的基础上提出来的，既集中了大家的智慧，又体现了市委、市政府的意图。我完全同意。这些讲话和有关会议文件，在吸取与会同志在讨论中提出的好的意见之后，将尽快印发下去。这次会议部署的一些具体工作从现在开始就要努力去完成，有的重大问题虽然已提出，但还要调查研究，拿出方案，比较论证，最后决策；会议提出的我市经济和社会发展的一些重要指标通过人大审议决定。这实际上是市委、市政府对各个方面工作的部署，各级都要抓好落实。落实就要建立责任制，我们市委、市政府的领导同志在这方面首先要带好头。区委、区政府和各部门也都要建立责任制。对重点工作要落实到每个领导成员，落实到每个职能部门。哪件事情谁负责，什么时候完成，达到什么标准，要十分明确，要定期检查。今年，市委市政府将实行各部门、各单位目标责任制，年初订出目标，列成表格，责任到人。这样，我们会议确定的各项任务，就能落到实处。

1994年是贯彻《决定》的第一年，也是进一步改革开放，加快发展步伐，建立特区社会主义市场经济体制关键性的一年。今年中央在企业制度、金融、财税、外贸、投资等方面提出了一系列改革方案，有关具体改革措施正陆续出台。今年是改革范围广、力度大、层次深、任务重的一年，一个全方位的新一轮改革浪潮正在全国掀起，改革在向纵深推进，这对我们深圳的改革开放是个巨大的推动。目前世界经济产业结构在进行新的调整，国际资本尤其是华人资本正在寻找新的投资场所，这是我们引进外资和先进技术难得的历史性机遇。1997年香港回归祖国，做好与香港在经济运行机制和发展方面的衔接，将会进一步促进深港两地的经济合作与繁荣，使深圳更好地发挥窗口作用。深圳确实面临着一个更好的改革开放的大环境和新机遇，面临着一个加快发展的重要历史时期。机不可失，时不我待。我们要抓住机遇，加速发展，充分发挥改革开放先行一步的优势，继续深化改革、扩大开放，率先建立社会主义市场经济体制，在不断探索和试验方面迈出更大、更扎实的步伐，使各方面工作上一个新台阶。

下面，我就1994年的工作，再强调几点意见。

一、以建立现代企业制度为核心，继续深化改革，重点突破

根据《决定》的精神，全国经济体制改革要实行整体推进，重点突破。我们既要按照中央和省委的统一部署，搞好全国改革的衔接，又要结合深圳的实际，提出我们深化改革的举措，继续超前探索。

深圳作为全国改革开放的“试验场”，在建立社会主义市场经济体制方面进行了一系列探索。现在，中央和省委又要求经济特区在全国、全省新一轮改革推进过程中继续发挥示范和带头作用。根据这一要求，考虑香港“九七”回归的背景，以及深圳改革的实际进程，我们要实现率先建立社会主义市场经济体制的目标，必须率先建立和完善现代企业制度，实现产权主体多元化，经济运行法制化，企业组织公司化，市场运作规范化，保障服务社会化。为此，我们要着力建立和完善生产要素市场体系、社会服务体系、社会保障体系、宏观调控体系和比较健全的法律体系。

建立现代企业制度是建立社会主义市场经济体制的核心问题。深圳较早地进行了股份制改造的试点，在转换企业经营机制、落实企业自主权、加强国有资产管理、企业产权转让等方面推出了一系列举措，使深圳的企业逐步向现代企业制度方向靠拢，这些改革基本上是符合《决定》精神的。但按《决定》的要求还有相当差距，必须加快改革的步伐。今年，要全面展开企业的公司化改造工作，争取在两三年内，把市属国有企业改造成为有限责任公司，把符合

条件的企业改造成股份有限公司。根据我市非国有企业比较重大特点，积极进行非国有企业制度的完善，城镇集体企业、乡镇企业以及民营高科技企业都要通过多种形式的探索、逐步改造为股份合作公司，职工持股的公司有的也可以改组为股份公司。在进一步转换企业经营机制方面，针对我市企业存在的难点问题，今年要重点抓好四项改革：一是进一步明确和完善国有资产管理体系三个层次的职责和职权，解决资产评估标准、国有资产低价折股等问题。要健全资产评估机构，制定统一的有权威性资产评估制度，完善与之相配套的法律、法规，确保国有资产的安全和增值。二是完善企业的组织体系和制度，对于股份公司，要形成股东会、董事会、经营班子和监事会之间的制衡关系，进一步明确各自的权责利，强化企业内部的约束和监督机制。三是改革企业的内部分配制度。企业在贯彻工资总额增长幅度低于本企业经济效益增长幅度、职工实际平均工资增长幅度低于本企业劳动生产率增长幅度原则的前提下，可自行确定工资总额。要建立利益机制，把经营者和国有企业的利益紧紧捆在一起，充分调动经营者为国家利益负责的积极性，真正体现“效率优先、兼顾公平”的原则。可以选择一部分企业进行试点，实行董事会成员与资产增值挂钩的薪金制，企业经理人员与经营效益挂钩的薪金制。通过深化企业制度改革，使特区的企业逐步朝着无固定经营范围、无固定地域界限、无上级主管部门并实行跨行业、跨所有制、跨地区、跨国度经营的方向（简称三无四跨）发展。四是必须转变政府职能，实行政企分开，政府要由微观管理转为宏观管理，由直接管理转为间接管理，由分割的部门管理转为全面的综合管理。政府要简政放权，继续转变职能，强化服务，提高办事效率，为建立现代企业制度创造良好的外部条件。

金融体制的改革是今年改革的难点和重点，金融改革的突破在深圳有着特别的意义。虽然金融作为国家宏观调控的主要手段，地方的金融改革有一定的局限性，但是深圳紧邻香港这个国际金融中心，加上又是全国仅有的两个证券交易试点城市之一，发挥好这两个优势，深圳的金融体制改革是可以大有作为的。深圳金融体制要在贯彻国家金融体制改革总的方针原则的前提下，逐步与香港的金融运行机制相衔接，成为香港这个国际金融中心的延伸，并逐步朝着国际金融中心的目标迈进。今年的金融改革要积极探索国家专业银行分行改造成为商业银行的途径，认真总结推广发展银行、招商银行、平安保险公司等地方金融机构运作经验，充分发挥地方金融机构的作用，并积极组建城市合作银行和农村合作银行，加快发展非银行金融机构。特别是要进一步扩大特区金融的对外开放，引进一批资本雄厚、国际信誉较高的外资银行，积极组建中外合资银行，扩大外资金融机构的业务范围，推动市内金融机构到境外去设立分支机构，扩大海外融资渠道。要在现有金融市场的基础上，积极开辟外汇市场、国债市场，并大力发展保险机构，培育保险市场，扩大服务范围。要继续发挥深圳证券市场的优势，进一步扩大交易规模，增加新的交易品种，吸收国内外基金上市，争取联合香港互相挂牌，研究A、B股的改革方案，探索公股流通方式，力争有几家公司到海外上市，进一步规范和繁荣股市。

进一步培育和完善要素市场是深圳深化改革的又一项重要内容。深圳特区的市场体系目前已粗具雏形，但发育还不够成熟，下一步要着力规范、完善和扩大规模。今年我们要在金融市场、科技市场、人才市场和劳动力市场、房地产市场、信息市场和产权市场的建立和完善上下工夫，使这些要素市场能成为有影响力的区域性的大市场。保税生产资料市场扩大供应范围的时机已经成熟，我们要积极争取将保税生产资料市场的服务范围扩大到全国。期货市场要进一步健全制度，扩大品种和规模，使其健康发展。要采取有效措施使更多的信息进入市场，加快信息商品化、产业化的步伐。同时，还要大力发展会计师事务所、审计师事务所、律师事务所等社会中介组织，完善有关的政策法规，使中介组织向规范化、市场化、社会化方向发展。要加强对中介组织的管理和监督，积极引进境外各类中介机构。要发挥我市中介组织的优势，使我市中介组织的机构设置和服务范围向全省和全国扩展。

农业、教育、科技、文化等领域的改革也要认真搞好。

在建立社会主义市场经济体制的改革中，面临着许多新问题、新矛盾以及新的组织方式和新的利益格局。对此，我们必须深入调查研究，认真解决好这些问题。各项改革都涉及方方面面的利益。各级领导和各单位、各部门既要精心组织，精心策划，考虑周全，协调一致，又要顾全大局、识整体，以局部利益服从于全局整体利益，树立改革开放的全局观念，保证改革的顺利进行。

二、进一步扩大开放，形成特区对外开放的新格局

新一轮的改革开放浪潮正在全国蓬勃掀起，深圳特区要继续保持先行一

步的优势和特色，在发展外向型经济方面取得更大的突破，在国内、外两个市场的交流方面扮演重要角色，就必须进一步扩大对外开放的广度和深度，形成高层次、宽领域、纵深化的对外开放新格局。

首先，要加强和完善一、二线管理，争取实施特别关税政策。我们已经研究和制定了方案，要经过专家的咨询论证，使之完善；同时要积极主动向省和中央有关部门请示汇报，争取他们的领导、支持和理解。这不仅有利于深圳市场机制快速发育和国际性商埠的形成，更重要的是有利于全国利用深圳这个“窗口”走向国际市场，有利于与香港“九七”回归的衔接。这是把深圳建成国际性城市，实现小平同志提出的再造几个“香港”战略的重要举措。为此，我们现在就要着手争取在中央有关部门和省的支持下，进一步改革口岸管理体制，理顺口岸关系，使口岸管理达到“简便、高效、安全、畅顺”的目标，逐步建立起按国际惯例运作、与香港和国际市场更好衔接的口岸管理体制。同时要加强二线的硬件和软件的建设，把二线管好、管严，为实现特别关税政策创造条件、打好基础。对外国游客进入深圳特区实行72小时免签证的方案，省政府已经同意，正在报国务院审批。这也是我们扩大开放的一项重大举措。

其次，要充分利用现有的保税区“直接通道”的优势，加强深圳特区与香港及国际市场的衔接。在争取实施特别关税政策的同时，要充分发挥现有的保税区、保税仓、保税生产资料市场的作用，用足、用好、用活保税区的特殊政策，把沙头角、福田保税区和盐田保税区作为特区在运行机制、口岸管理体制和进、出口贸易、金融、人员出入境等方面扩大开放的试点，为深圳特区进一步开放进行探索，积累经验。今年要抓紧盐田港保税港区的方案设计与报批工作，争取年内开始运作。

第三，扩大引进规模，拓宽投资领域，大力吸引和利用外资。当前，我们要在扩大引进外资规模、领域上做文章，不断加快我市引进和利用外资的步伐。一是进一步改善投资环境，为外商提供良好的投资条件。要在集中力量继续抓好各项基础设施硬件建设的同时，注重抓好投资的软件建设，依法完善和加强对外商投资企业的管理，使之依法经营，依法纳税，依法保护职工的合法权益；健全吸引外商投资的各种政策、法律制度，并努力完善服务体系，提高服务质量，提高办事效率。二是明确重点，加强引导，不断提高引进外资的档次和水平，以推动我市产业结构优化升级，实现外商投资由劳动密集型向资金、技术密集型的转变。当前，要注意引导外资重点投向我市公路、机场、码头、地铁等基础设施建设，投向能源、原材料、元器件等基础产业，投向激光电子、光纤通讯、生物工程等高新技术产业。要扩大金融、保险、商贸、旅游、房地产等行业和项目中利用外商直接投资的比重。在继续大力引进和利用好港澳资金的同时，积极创造条件，引进欧美等国家的大跨国公司、大财团的资金和技术。三是进一步拓宽引进外资渠道，多方面的引进外资。继续鼓励外商通过直接投资创办各类“三资”企业，特别是发展经营期限较长、合作比较稳定可靠的合资合作企业；吸引海外基金参与我市金融、证券业务，融通国际资本，并为“三资”企业提供全面、优质、高效的金融投资咨询服务；要通过出让部分国有企业产权方式吸收外资。

第四，依托全国，依托广东，让更多企业走向国际市场。深圳作为连接国内与国际市场的桥梁与纽带，要在实现国内经济与国际经济互接互补中发挥更大的作用。近年来，深圳的外引内联已朝着以深圳为基地，以内地为腹地，以港澳和海外市场为前沿的多向交流、多向合作的方向迈进，逐步形成“三点一线”(国际市场—深圳—内地)的开放型经济格局。我们要抓住有利条件和时机，依托内地，走向海外，促进“三点一线”的开放型经济格局向更高层次发展。要支持我市企业多发展直接远洋贸易，以全国深化外贸体制改革为契机，调整我市外贸结构，培植一批有后方基地、技工贸结合的综合性大型集团公司，从事多元化跨省、跨国经营，建立和扩大深圳产品在全国及远洋市场上的销售渠道和网络，进一步发展内外贸易业务。要支持我市有条件的企业向国内外企业参股、控股，更直接参与国内、国际的经济合作和竞争。还要发挥我市驻外机构、驻外企业和内地各驻深机构、企业的作用，不断拓展海内外市场，增强竞争能力。

三、抓住当前有利时机，加快特区发展步伐

全国新一轮的改革开放必将极大地促进生产力的发展。我们要始终坚持小平同志“发展才是硬道理”的思想，紧紧抓住当前大好机遇，深化改革、扩大开放，继续保持国民经济持续、快速、健康的发展势头，保证今年各项经济和社会发展指标的全面完成。

一是要把经济发展的思路真正转到以提高经济效益为中心的轨道上来。

这几年我市经济发展一直保持30%以上的高速增长势头，去年有些经济效益指标也比前年有所提高，但总的来看经济效益仍不理想。目前市属国有企业亏损面和亏损额都比较大，成了经济发展的一个沉重负担。到去年11月底，亏损企业就达236户，亏损额达3.4亿元。因此，提高经济效益的重要一环是抓好市属国有企业的扭亏增盈。今年要继续落实扭亏增盈的各项措施，进一步加强企业的管理与监督，完善企业的各项制度，尤其是财务制度。我市国有企业有一个重要特点就是高负债经营，要真正树立在市场经济条件下举债经营的成本与风险意识，将负债率控制在适当范围内，提高资金使用效率。要总结推广我市一些企业建立内部财务结算中心的经验，首先把一类公司和部分二类公司建成资产经营中心、投资中心、账务结算中心、监督和服务中心，从行政管理型转向资产经营型。对那些长期经营不善、亏损严重、资不抵债的企业，要进行产权转让或依法破产。通过狠抓扭亏增盈工作，把企业亏损减少到最低程度，力争把我市国有企业的经济效益提高一步。对经营有方、效益提高的企业经营者要给予重奖；对较长时间经营不善、造成严重亏损的企业负责人要予以撤换。

二是要切实强化国有资产管理，保证国有资产的安全增值。深圳率先成立了国有资产管理的专门机构，实现政府社会经济管理与资产管理职能的分离，在国有资产管理体制改革方面迈出了较大步伐。但必须看到，我市国有资产流失的问题还比较严重，漏洞尚有不少。由于决策失误、经营不善、用人不当、乱担保、乱垫支、乱摊派、乱集资、挪用挥霍公款、贪污和携款外逃等原因，造成损失的数额是相当惊人的。据市属企业清产核资初步统计，损失挂账资产总额累计达24.7亿元。因此，加强国有资产的管理已成当务之急。国家即将颁布国有资产的监管条例，我市的具体管理办法也将出台。我们要依法进一步对国有资产的管理，落实各项措施。要继续做好市属企业的清产核资和产权登记工作，摸清国有资产的“家底”。同时把国家对国有企业，由过去承担无限责任改变承担有限责任。今后凡是新建企业都要按市人大通过的有关条例进行，即成为股份公司或有限责任公司或股份合作公司。

三是大力发展高新技术产业，提高科技进步对国民经济发展的贡献率。深圳经济的后劲在于加快高新技术产业的发展。去年在我市召开的全省高新技术产业经验交流会，肯定了我们取得的成绩。但也要看到，我市的新技术产业在整个产业结构中的比重仍较小，科技进步对国民经济发展贡献率还较低。在政策方面，今年要进一步落实市委、市政府关于鼓励高新技术产业发展的各项优惠政策，在贷款、用地、住房、招工、调干、出国赴港、减免增容费等方面继续实行政策倾斜。提倡和鼓励科技人员以自己的创造发明成果进行技术入股。通过颁布实施有关奖励条例，对有突出贡献的科技人员给予重奖。在项目选择上，要重点扶持那些起点高、有市场竞争力的项目和企业；对那些在国际市场上有竞争力、有市场前景的高新技术产品，要促使其迅速扩大生产，尽快形成规模。在产业布局上，要进一步抓好基地的建设和配套，在切实办好科技工业园和软件工业园等现有高科技园区的同时，积极筹建高科技工业村。要加快科技体制的改革，促进科研成果的商品化，使科技成果迅速转化为生产力，使深圳真正成为高新技术产业比较发达的现代化城市。

四是加速第三产业的发展，进一步优化结构，提高档次。去年我市第三产业在整个国民经济产值中所占比重略有下降，与国际上一些发达的商埠城市相比，无论是在规模、结构，还是在档次上，都有相当大的差距。因此，要把加速第三产业的发展作为今年经济工作的一项突出任务。首先是要把第三产业真正放到建设国际性城市支柱产业的位置上，制定出加快发展的倾斜政策。其次是要确立大流通、大商贸、大金融、大旅游的第三产业发展思路，并按照这一思路做好第三产业的发展规划，优化第三产业内部结构，着重抓好以“两港”建设为龙头的一批第三产业重点项目的建设。同时要进一步发展金融、交通、仓储、商贸、旅游、信息等行业，带动第三产业的全面发展。第三是大力引进国外先进管理经验和先进技术，用现代高新技术武装第三产业，提高第三产业的水平。

五是继续搞好基础设施建设，不断完善城市功能。要以完善现代化国际性城市的功能为目标，加快我市城市基础设施建设与配套，首先是要集中力量抓好海港、空港、交通、通信、供水、供电、供气等基础设施的建设；其次是要抓好保证城市正常运转和安全项目的建设，解决防洪、防火、排洪、排污河道治理等问题；第三要尽快解决一些社会发展中与人民生活密切相关的配套项目，确保住宅、医疗、卫生、教育、“菜篮子”工程等项目的建设。第四要加速福田中心区的基础设施建设。福田中心区的前期准备工作已基本就绪，今年要加快建设步伐，完成土地平整，区内道路管线全部打通，并逐步提供开发用地，按规划要求展开多项功能设施建设。为保证这些重点项目的完成，必须建立项目责任制，采取领导分工负责的办法，狠抓落实。

六是从根本上提高城市规划和管理水平。要把城市管理作为社会综合系统工程来对待，结合经济、文化、行政、法律等多种手段来管理好城市。要切实制订和进一步完善我市的城市总体和区域规划，加强城市国土管理，对过去规划和建设布局中不合理的要求尽快调整；对不符合安全要求的布局和设施，要采取果断措施妥善处理；对滥用土地资源、破坏生态环境的乱批、乱占、乱建现象要坚决制止，切实保护生态环境。要建立和完善城市管理法规体系，严格依法治市，做好省的依法治市的试点工作，进一步建立和完善规划、建设、环保、消防、卫生、交通、市政管理、生产等方面的法规条例。同时，要加强执法监督，建立适应现代化城市要求的城市管理督察机制和执法程序，扭转城市管理中无法可依、有法不依、执法不严的状况。通过宣传教育和奖惩手段，提高市民的法制意识和文明水准，树立起与现代化城市相适应的良好社会风尚。

这里，我想再补充一点，江泽民总书记在全国经济工作会议讲话中指出，前一个时期不少地方重大事故频繁发生，人员伤亡、财产损失严重，是建国以来少有的，这是什么原因造成的？应该从中吸取哪些教训呢？有的地方领导已经引起注意，正在研究总结：但也有地方吃了苦头仍不警觉，这种官僚主义态度何以向党向人民群众交代？不批评、不教育、不转变，怎么能行？越是在经济快速发展的时候越要特别注意加强管理，管理严格了、科学了，才能有纪律、有秩序，才能出凝聚力，出经济效益。在搞好硬件建设的同时，就必须考虑进行及时的人员培训，安全教育和规章制度建设等软件建设，真正做到互相配套，相得益彰，这要作为系统工作来抓。要清醒看到，加强管理是经济工作极其重要的组成部分，也是直接关系到社会稳定、经济健康发展的大问题，所以各地区、各部门的领导同志必须高度重视，万万不能疏忽大意。我们要很好理解、消化总书记讲话精神，敲起警钟，消除严重的官僚主义，否则，确实难以向人民交代。

七是积极培养、选拔和吸引、延揽各类人才，以适应特区建设事业发展的需要。市场经济的竞争说到底是人才的竞争。随着特区改革开放和建设事业的快速发展，我们对人才的渴求从来没有像今天这样迫切。我们要通过制定政策和法规，通过深入细致的工作，创造出一个特区人才辈出的良好环境和激励竞争机制，使更多的人才能够脱颖而出。各级领导和组织人事部门要重视人才，要有识别人才的能力，要善于发现人才，敢于重用人才。同时要在社会上形成尊重知识，尊重人才的良好风尚。首先，我们要用好特区现有的人才。特区经过10多年的建设和发展，不仅出成果、出经验，而且也涌现出许多优秀人才。这批人才是特区建设的宝贵财富，要十分珍惜和用好现有这批人才。要扬长避短，用人所长，使每一个真正的人才在深圳都能有用武之地。其次，要继续采取优惠政策，吸引和延揽国内、国外的优秀人才，特别是特区建设和发展中短缺、急需的金融、外贸、法律、会计、证券和高科技等方面的专业人才以及高层次的管理人才。第三，要按照建设多功能、现代化的国际性城市的要求，加速对现有干部的培训工作，尤其要抓好各级领导干部的培训，提高干部队伍的整体素质。同时要办好普通教育、高等教育，办好成人教育和职业技术教育，真正把教育放在优先发展的战略地位，为特区的长远发展输送更多的优秀人才。

四、领导挂帅，群专结合，从严打击，切实加强社会治安的综合治理

要保证各项任务和目标的实现，需要有一个安定的政治和社会环境。我市社会治安问题年年讲、月月抓，虽然有一定成效，但形势仍然十分严峻。严重刑事犯罪活动十分猖獗，恶性暴力案件大幅上升。社会治安问题成了外商担忧、市民关注的热点问题，迫切要求我们采取坚决有力的措施加以解决。

首先是各级党政领导一定要从保证特区政治安定、经济繁荣和社会稳定的大局来高度重视社会治安问题。决不能认为社会治安只是公安部门的事，各级领导都要把保一方平安作为任期目标之一，谁主管谁负责，将社会治安好坏与党政领导的政绩考核、晋职晋级和奖惩挂起钩来。其次是从严打击、从严管理、从严治警。当前要集中力量，突出重点，加大力度，狠狠打击涉枪、杀人、抢劫、绑架勒索、入室盗窃、车匪路霸和带黑社会性质的犯罪活动，依法从重从快惩处犯罪分子。要强化对外来（流动）人口的管理，市有关部门和各区要采取切实可行措施，认真解决“三无”人员滞留特区的问题。希望有关部门和各区联合起来，在人口管理特别是清除“三无”人员工作方面，各区应进行试点，取得经验后，全面推广。整顿、充实政法队伍，提高执法人员素质，也

刻不容缓。目前，我们的警力不足，基层治安力量薄弱，素质也有待提高。一方面，要大力充实加强公安政法队伍的力量。另一方面，要从严治警，整顿党风警纪，从提高素质上要战斗力，教育全体公安政法人员牢固树立全心全意为人民服务的思想，一切从人民的利益出发，增强组织性和纪律性。对不合格的公安政治人员，要坚决调整，对违法违纪人员要严肃处理。第三是要大力加强基层派出所建设，抓好派出所所长和基层公安干警的培训，实行干警交流、岗位轮换制度。社会治安管理更坚持专业队伍与群众相结合的方针，充分发挥街道办事处、居委会和企业群防群治作用，发动、依靠和组织广大人民群众搞好社会治安。第四是加强对社会治安问题的调查研究，通过调研认真解决一些重大问题，做好疏导和防范工作，及时化解矛盾，把问题解决在萌芽状态。各级党政部门和社会各界都要关心、支持公安政法部门工作。公安部门提出加强社会治安急需解决的几个问题，政府有关部门要给予大力支持。

五、加强和改善党的领导，不断提高各级党组织的战斗力和领导市场经济的能力

党的领导是建立社会主义市场经济体制的根本保证。深圳要在全国率先建立社会主义市场经济体制，要进行探索和试验，更加迫切需要加强和改善党的领导。

首先，各级领导干部要认真学好《邓小平文选》第三卷和十四届三中全会《决定》，用邓小平同志建设有中国特色社会主义理论武装头脑，指导工作。搞社会主义市场经济，我们过去的经验知识都远不够，必须认真学习市场经济专业知识，我们每个同志都存在这个问题。形势越好越要学习，改革任务越重越要学习，开放层次越高越要学习。要按照江泽民总书记提出的“多挤点时间学习，少搞一点应酬”的要求去做，必要的应酬还是少不了，但要提倡自觉，形成风气，多挤时间学习，提高各级领导班子的思想理论素质和工作水平。

其次，要进一步加强各级领导班子的勤政廉政建设。我们深圳的领导班子，是在特区复杂的情况下锻炼成长起来的，总体状况是好的，是有战斗力的，是廉洁奉公的。但也有个别领导干部在成绩面前不思进取了，艰苦创业精神淡薄了，拜金主义、极端个人主义和享乐主义有所滋长。这与我们所肩负的责任是不相适应的。因此，在新的一年里，我们必须认真抓好勤政廉政建设，继续

深入开展反腐败斗争，巩固反腐败斗争已取得的成果。要继续实行各级领导班子任期工作目标责任制，加强对各级领导干部的管理和政绩考核。对政绩突出的要给予表彰和奖励；对那些心思不放在工作上，搞不正之风，甚至以权谋私的领导干部，要坚决进行调整。

第三，要认真解决班子的团结问题。班子的团结，我们年年都讲，但还是存在不少问题。从市委来讲，我们要从改革领导体制和完善管理制度方面努力，尽量减少因为体制、制度的因素给班子成员之间造成的摩擦，如企业里董事长与总经理由于职责不清造成扯皮，形成不团结，这是在改革中出现的问题，我们同样需要通过改革予以解决。但增强班子团结根本还得靠加强领导班子的自身建设。从一些班子长期闹不团结的原因来看，许多时候并不是是是非非之争，而是个人权力利益之争。所以，不团结有工作方法问题，但主要的是思想觉悟问题。如果每个班子成员，都能从特区改革和发展大局出发，从党和人民的利益出发，即使工作中有一些矛盾，也完全可以通过谈心交心、开展批评与自我批评来解决。从根本上说，搞好党内团结就是要坚持党的民主集中制的原则。主要领导同志要有高的姿态和好的民主作风，要善于在民主的基础上实行正确的集中，善于听取不同的意见，善于团结大家一道工作。班子的其他成员要支持主要领导的工作，共同维护领导班子的团结。能不能搞好团结，是检验一个领导干部综合素质高低的重要标准。我们要十分珍惜和自觉维护领导班子的团结，共同为实现特区改革和发展的宏伟目标而努力工作。

第四，要切实转变领导作风，搞好调查研究，抓好各项工作的落实。为顺利完成今年的各项工作，各级领导干部的领导方式必须有一个明显的进步。要深入实际，调查研究，注意研究新情况，解决新问题。多做些调查，少一点主观主义；多干些实事，少说些空话。各单位、各部门要根据市委、市政府的部署，确定今年的调查研究课题，并把调研任务落实到人。要通过调查研究，发现问题，找出矛盾的症结，提出解决问题的办法。要坚持深入基层，深入群众，多听取群众的意见和呼声，关心他们的疾苦，切实解决与群众密切相关的实际问题。

转变领导作风是转变机关作风的关键。各级领导要在自身转变作风的基础上，狠抓机关作风的转变，狠抓政府职能的转变，切实实行政企分开，切实提高办事效率，切实为基层、为群众做好服务，切实克服对企业吃、拿、卡、要等不正之风。通过转变作风，为群众多办实事，进一步密切党群、干群关系。

第五，要加强党对人大、政协工作的领导，充分支持他们的工作，切实加强社会主义民主与法制建设。要密切与民主党派的联系，多听取他们对市委、市政府工作的意见，发挥民主党派参政议政的作用。同时，要加强党对工、青、妇等群众团体的领导，发挥他们在团结群众、联系群众中的桥梁、纽带作用，充分调动各方面的积极因素。要继续搞好军民团结、军政团结，扎扎实实地开展军警民共建社会主义精神文明活动，力争早日把我市建成“双拥模范城”。

同志们，今年我市改革开放和经济发展的任务很重，要做的工作很多。让我们同心同德，振奋精神，迎接挑战，锐意进取，全面完成今年的各项任务！

现代企业制度与国有资产产权

——深圳试验的启示和思考*

(1994年1月)

党的第十四次代表大会确立了我国建立社会主义市场经济新体制，这标志着我国经济体制改革进入了一个新阶段。在此之后，大家几乎一致认为，解决国有资产产权问题是深化社会主义市场经济体制改革的重点、难点和焦点，是增强整个国民经济活力和搞活国有大中型企业的关键，是建立现代企业制度的重要一环。江泽民总书记去年8月在大连视察工作时对这一问题作了重要指示，他说："要加快国有资产产权管理体制的改革和国有资产的立法工作，理顺产权关系和国家与企业的关系，防止国有资产流失，使国有资产保值增值。现代企业制度是社会化大生产和商品经济发展的结果，是生产力发展的内在要求，建立产权关系明晰、责任制度明确的适应社会主义市场经济发展要求的现代企业制度，是搞好国有大中型企业的关键。"这就十分明确地向我们提出了国有资产产权改革、建立现代企业制度的要求。党的十四届三中全会作出的《中共中央关于建立社会主义市场经济体制若干问题的决定》进一步明确提出："建立适应市场经济要求，产权明晰、权责明确、政企分开、管理科学的现代企业制度。"这无疑为今后国有企业的改革指明了方向。

现在摆在我们面前的是怎样建立现代企业制度？怎样建立起国有资产的产权制度？在这方面，深圳改革的实践，为回答这一问题提供了某些启示和线索。主要可以归纳为：产权主体多元化、产权形态货币化、产权流动市场化、产权管理法制化、产权运作人格化、产权经营公司化和公司经营股份制。

---

* 原载《特区理论与实践》1994年第1期。

一、在解决产权关系这一核心问题上下工夫

国有资产产权改革是深化经济体制改革和建立现代企业制度的核心问题。在我们改革开放10多年之后的今天，在党中央已指明了方向并经过试验已取得初步成果的情况下，解决这个问题不但必要，而且可能。可以说已经到了不解决就难以前进的地步，必须在解决这个核心问题上下工夫。

在计划经济体制年代，国有资产产权主体一元化，国家是唯一的产权代表，全国好像一个大工厂，企业只是一个个生产车间，计划由国家定，原材料由国家供应，资金由国家统拨，人员由国家统分，产品由国家包销，盈利由国家统收，亏损由国家统补，全国是一个“大锅”，职工吃企业的“大锅饭”，企业吃国家的“大锅饭”，大家都吃“大锅饭”。

这样的所有制产权关系形式，不但不能促进我国生产力发展，而且严重地阻碍了我国生产力发展。这已是无可争辩的事实。党的十一届三中全会以后，人们越来越认识到国有企业改革的必要性和紧迫性，并进行了一系列的改革，从减税让利到简政放权，从企业承包制到经营权与所有权分离。虽然取得一些成果和进步，但使国有企业活起来的根本问题并未触及，国有企业仍然未摆脱发展缓慢、效益低下、资产流失、亏损严重、所占比例减少、包袱沉重的局面。

这里，根本原因就在于以前的改革没有触动国有资产产权体制的改革，换句话说，就是在我国处在社会主义初级阶段这个基本国情前提下，公有制并没有找到适当的实现形式。我们过去只满足于国有资产国家所有，即全民所有，名义上人人有份、人人有责，实际上人人都不关心，人人都无法负责，使国有资产产权处于“虚置”和“空位”状态。一方面，国家是国有资产的唯一有资格的总代表，但它无法对数以万计的国有企业和数以万亿计的国有资产行使所有权，因此国家的所有权成了名存实空的所有权；另一方面，国有企业的经营者，他们虽然实际上占有和使用着国有资产，但他们并不是产权拥有者，因而他们不能成为适应市场经济要求的独立的商品生产者或经营者，不具备构成市场主体的条件。概括地说，就是国家具有国有资产的所有权，却无法实际运用国有资产；而企业能实际运用国有资产，又没有国有资产的财产权。这种脱节，也使国有资产实际成为“无主”资产。这一问题的解决，首先要打破国有资产产权主体一元化

的框框，走国有资产产权主体多元化的路子。利益主体多元化，势必要求国有资产产权主体的多元化，这种多元化不仅是国有资产在各级政府之间多元化，而且也要在不同代表国有资产出资者之间多元化，不仅在国有资产内部多元化，而且在不同所有制之间多元化。这是一种客观必然性，是不以人们意志为转移的。从全国范围的全局看（第一个层次），实行三重所有权的分离与重组是必要和可能的。所谓三重所有权，即：国家最终所有权、各级政府实际所有权、企业法人的委托所有权。这样对国有资产产权分离重组之后，有以下几点好处：

第一，不但维护了国家所有制，而且为国有资产产权的实现形式寻找一条路子。不仅从法律上使国有资产国家所有制得到保障，而且在必要时使国家对任何国有资产拥有最终占有权和处置权。

第二，可以充分明确各级政府对国有资产的责任和权利，实现产权主体多元化，并使产权主体与利益主体相一致，使国有资产在各级政府的管理下，真正达到迅速增值目的。

第三，把国有资产的产权委托给企业法人，使企业法人拥有法人财产权，使国有资产产权得以落实，长期困扰我们的国有资产产权“虚位”的问题可望得到解决。

从各级政府的局部来看（第二层次），对国有资产实行三层体制和三个分离，即第一个层次——由政府建立国有资产管理委员会和它的办公室，作为本级政府管理本级国有资产的专门管理和监督机构，实行政府的行政管理职能与国有资产管理职能分离。第二个层次——建立本级政府的国有资产产权经营公司（控股公司），对本级政府国有资产的产权经营，实现政府对国有资产产权管理与国有资产的产权经营相分离。第三个层次——企业集团公司或公司拥有被委托授权的企业法人财产权，对国有资产或其他资产依法生产经营，实现出资者的财产收益权、重大问题决定权和选择企业负责人的选择权与企业法人的财产占有权、使用权、处置权相分离。

深圳就是按照第二个层次，实行三层体制和基本实现三个分离的。同时，以理顺产权关系为核心，对国有资产管理和企业制度进行了一系列新的探索。

首先，建立以市政府负责同志牵头的国有资产管理委员会，在市政府领导下，行使国有资产管理职能，其成员由市财政局、体改办、计划局、统计局、规划国土局、经济发展局、贸易发展局、法制局等有关部门的负责同志组成。它的基本职能是：贯彻执行国家关于国有资产管理的方针政策和法规，根据实际情况制定本级政府有关国有资产的方针政策和规章，组织起草法规草案，对市级国有资产作出重大决策；对全市国有资产运作情况进行检查、监督，从价值形态上保证国有资产保值增值；组织对国有资产产权的界定、资产评估，对有关资产纠纷的处理；组织对国有资产的授权委托经营，并对业绩进行考核、监督等。总之，它是本级政府宏观管理国有资产的专门机构和组织形式。

其次，建立经营性的市级国有资产经营（控股）公司。它是本级政府国有资产产权经营机构，它的职能是制定国有资产产权经营的方针、计划和目标；制定国有资产产权经营的规章制度；对国有企业的经营进行监督、管理；受市国有资产管理委员会的委托，代表政府对国有资产参股或控股的企业行使股东权益：向各类企业进行有偿周转投资或参股、控股投资，并可为国有企业提供贷款担保；负责重要投资和海外投资的审查、立项和担保，对基础产业、重要产业的企业实行控股。组织国有企业的股份有限公司和有限责任公司的改造；负责产权交易所的管理等等。

第三，大力贯彻企业转换经营机制条例。深圳市政府制定了实施细则，把企业十四项权力真正放给企业，同时推动企业内部配套改革，转换机制，把企业真正推向市场。我们把企业注册审批制改为依法核准制，大大简化了审批手续。同时对国有企业实行同外资企业同样的市场政策，同样的税负、税率。给它们创造平等竞争的市场外部条件。把转换企业经营机制与转变政府职能配套进行，政府向基层、向企业、向市场放权。凡是能用市场机制运作的，不再用行政手段审批；凡是区、镇能办好的事，不集中在市、区政府办理；凡是属人、财、物、产、供、销等企业微观权力的都还权予企业。同时，加强政府的宏观调控职能，对经济的运行进行预测，对市场走向进行监控，及时发布产业政策进行引导。这些都使企业活力增强，机关办事效率提高，使企业和机关各自走上自己的轨道，逐步实现政企分开。

第四，要建立现代企业制度和实现国有资产的产权制度改革，必须加速法制建设，完善经济立法，使社会主义市场经济运行法制化、产权管理法制化。自1992年7月1日全国人大常委会授予深圳经济特区立法权以来，市人大已经通过了近20个法规，市政府常务会议已经通过了20多个有法律效力的规章，其中市人大常委会通过的《深圳经济特区股份有限公司条例》和《深圳经济特区有限责任公司条例》为实现产权管理法制化奠定了基础，并为我市国有企业公司化创造了条件。

我们对公司的划分，不再按不同的所有制分类，而是按公司财产的组织形式划分，基本划分为股份公司、有限责任公司、股份合作公司和无限责任公司。并按这些类型公司立法，无论什么所有制的公司都依法纳入不同类型，平等地参加市场竞争。深圳市国有企业现已有193家改造为股份有限公司，3家试点改造成有限责任公司。我们计划在此基础上，再经过两三年的努力，把国有企业全部公司化。这样改造之后一来使产权明晰；二来使出资者和经营者权责明确，形成科学的企业内部管理机制；三来使政企真正分开，企业重大决策由出资者按一定组织形式做出，使政府摆脱了对微观经济的直接干预，使企业成为独立行使民事权力和承担民事责任的独立法人，真正成为市场的主体。总之有利于促进生产力的发展。

第五，要使国有资产产权形态货币化，产权流动市场化，我们必须对国有资产的管理由过去的物质形态为主转为价值形态为主。为此，我们建立了具有法律效力的、权威性的各种资产评估机构。我们先后组建了会计师事务所29家、审计师事务所13家、律师事务所16家，此外还有一批其他中介服务、咨询机构。通过这些中介机构对资产（包括国有资产）进行规范的、有权威的评估，作出价值损、溢的判断，作出资产运作情况的结论。在此基础上，才能对国有企业进行股份制改造，也才能进行产权流动和交易，市资产评估机构已成功地评估了549个项目，评估资产总值达250多亿元，增值78亿元，平均增值比例为30%。

1992年2月，我国第一个产权交易机构“深圳市产权交易所”正式开业，这个深层次的市场机制一经出现就显示勃勃生机，到现在为止，产权交易所受理产权转让业务62单，成交54单，成交额1.4亿元人民币。在转让企业中，属股权转让28单、产权转让26单，转让的全民企业13家、内联企业30家、股份制企业4家、合资企业4家、私营企业2家、集体企业1家。通过这一机制，使产权结构及时调整，使企业逐步向有利发展的产业优化组合，使一些企业起死回生。实践证明，产权进入市场之后，深圳社会主义市场经济体系框架才趋于完备。

第六，从1993年起我市开始建立以国际通用指标为主体的、适合我市情况的企业分类定级评价体系，使过去在计划经济体制下，单纯依靠占有资产规模套用行政级别来确定企业级别待遇和社会地位的做法，转到在市场经济体制下主要依靠企业经济效益和对国家贡献来评价国有企业级别待遇和社会地位的轨道上来。按这一方案，已把我市的第一批137家国有企业按照资产（总资产、净资产）、利税（利润总额、上缴利税）、销售（销售额、创汇总额）三大指标体系，分为三类九级，类别级别实行浮动制，根据经营业绩可升可降，并与企业经营者及职工的待遇挂钩，企业效益越好、对国家贡献越大，其企业类级越高、经营者和职工的待遇越高。这个办法加强了企业的自我发展机制、自我激励机制和自我约束机制，使企业由过去的“官本位”向市场本位转化，使企业由追求速度、数量指标向追求效益指标转化。

第七，我们从建立现代企业制度开始，就已经实行了利税分流。税收纳入财政收入，作为行政事业费用开支；国有企业税后利润按不同行业的不同情况，按比例上交国有资产经营公司。1992年我们制定了按不同行业分类上缴利润的实施办法，多数利润留给企业发展，上交的部分也用于支持优先发展的产业、技术改造和扩大再生产。给国有企业创造与非国有企业同样的竞争条件。

第八，在各项改革措施实行的同时，我们在全市所有企业实行了全员劳动合同制，取消了企业中工人、干部的界限，统称企业员工。凡是进厂的员工都要用契约方式与企业签约，应届大中专毕业生分配也不例外，依照合同享受权利、履行义务，劳动部门进行合同管理，彻底打破“铁饭碗”。与上述全员劳动合同制配套进行的就是建立全市社会保障体系，从1992年开始全市性的离退休保障、待业保障、医疗保障和住房公基金已经全面推开。新组建了劳动保险局和医疗保险局，负责实施这一工作。从1年多的实践看，路子对头，成效显著，但仍需不断完善和改进。

我们在实行了上述一些改革配套措施之后，对国有资产的迅速增值起到了积极作用，截至1992年底的13年间，市属国有企业总资产年均递增61.6%；净资产年均递增53.9%，实现利润年均递增54.9%。1993年1~9月，国有资产总额比去年同期增加246亿元，增长62.4%；国有资产净值比去年同期增加66亿元，增长82.5%，国有企业销售收入比去年同期增加65亿元，增长34.2%，其中工交企业增长51.4%，实现利税总额比去年同期增加8.78亿元，增长77%，其中商贸企业增长109.9%；国有企业上缴利润比上年也大幅度增加。

实践结果表明,这些探索和试验是成功的。但仍需进一步完善和配套,进一步规范和法制化,只要我们发扬“敢闯”、“敢试”精神,奋力实践,路子会越走越宽。

二、股份制是国有企业改革的出路

在过去很长一段时间里,总有一种看法,把股份制经济与资本主义画等号,把它看做是与社会主义制度不相容的异己之物。因而出现股份制经济姓“资”的责难,甚至把搞股份制说成是搞“私有化”。1992年年初邓小平同志在深圳视察时的谈话,才解决了姓“资”姓“社”问题。他说:“改革开放迈不开步子,不敢闯,说来说去就是怕资本主义的东西多了,走了资本主义道路,要害是姓‘资’还是姓‘社’的问题。判断的标准,应该主要看是否有利于发展社会主义社会的生产力,是否有利于增强社会主义国家的综合国力,是否有利于提高人民的生活水平”,“深圳的建设成就,明确回答了那些有这样那样担心的人,特区姓‘社’不姓‘资’”。(《邓小平文选》第三卷,第372页)这才使全国人民真正明白了在社会主义建设中判断各方面工作是非得失的标准。从而,股份制经济的改革试验才得以继续大踏步地向前推进。

深圳几年来实行股份制试点的探索和实践完全证明了股份制经济的强大生命力。截至1993年10月,深圳已改造成股份有限公司的有193家,其中:上市公司30家(另有市外的上市公司33家),内部股份制有限公司163家,在内部股份制有限公司中,法人之间参股、控股的有51家,企业职工内部参股的有112家。这些股份公司已经成为深圳最有活力最有生气的公司,成为发展最快效益最好的公司。据有关单位对我市上市股份公司调查的结果显示,这些公司有高资产增值率和高投资回报率的特点。据市属15家主要股份公司统计,1990年至1992年总资产年平均增长率为53.5%,净资产年平均增长率为60.1%,总利润年平均增长率为62.6%。

又据对市属15家主要股份公司统计,1991年的平均投资回报率为44.1%;1992年的平均投资回报率为59.4%。1992年比1991年的投资回报率提高了15.3个百分点。这样高的投资回报率只有在经营机制完全转换了的股份制企业才有可能实现。

我们再看看股份制企业与非股份制企业相比较的情况,股份制企业的优势也显示得十分清楚。据调查情况显示：1991年深圳的100家纳税大户，其中8家上市股份制公司平均每户纳税1474万元，是100家纳税大户中最高的。1991年深圳100家最大销售额企业中，有8家上市股份制公司，它们平均每户销售额3.8亿元，是100家销售额大户中最高的。又据调查显示：1992年10家主要市属上市股份制公司的资本利润率平均为26.74%，而同期市属主要17家非股份制公司的资本利润率平均为12.68%，股份制企业比非股份制企业高出14个百分点。10家主要市属上市股份制公司的销售收入利润率平均为23.7%，而同期市属主要17家非股份制公司的销售收入利润率平均为10.75%，股份制企业比非股份制企业高出12.62个百分点。

这些事实充分说明了股份制公司的优越性。人们不禁要问，股份制公司为什么有这么大的优越性呢？概括起来，有以下几点：

第一，使各种不同所有制经济通过参股、控股和股权交易能有机地融合在一起，过去一般都认为公有制与私有制是互不相容的，是有我没你，彼此取代和斗争的关系。而股份制经济则不然，完全可以把公有资本与私有资本结合在一块，风险共担、利润共享，不但不排斥，而且互相渗透、共同发展。它的深远意义就在于通过这种形式改变所有制结构，形成崭新的混合所有制结构。正如《中共中央关于建立社会主义市场经济体制若干问题的决定》中所说的："随着产权的流动和重组，财产混合所有的经济单位越来越多，将会形成新的所有制结构。"这种所有制结构是产权十分明晰的、能促进生产力发展的所有制结构。

第二，这种股份制经济是使财产所有者的所有权（即出资者的所有权）与企业法人财产权和经营权相分离的组织形式。财产所有者（出资者）根据注入股份的多少，享有不等的权力，这些权力主要是：资产收益权、重大问题决策权和对主要经营者的选举权。而股份公司的经营者对出资者负责，他们对出资者授予的法人财产权，从占有、使用、收益到处置权都具备。这种职责职权的明确划分，一方面容易做到政企真正分开，使政府不能直接干预企业的生产和经营，董事会的组成也是由出资者委派，主要经理人员则由董事会任免聘用。这就摆脱了过去完全由行政任命企业干部的局面。另一方面解除了国家对企业承担的无限责任，出资者只对企业债务承担以投入企业的资本额为限的有限责任。

随着社会生产力的发展，生产社会化程度的提高，财产的组织形式也必然产生相应变化，这就是使所有权本身分离为单纯所有权和法人财产权，前者只表示对主体财产价值形式的所有关系，后者是由另一个主体承担的对财产的占有、使用、收益和处置等权力，即实际支配财产的权力。股份制就是这样一种财产占有形式，这是一种财产占有社会化的形式，是同生产社会化发展要求相适应的形式。因此，通过股份制改造国有企业，使出资者的所有权和企业法人财产分离，使财产占有方式社会化，这从更深层次的意义上说，是基本上缓解了传统所有制实现形式（产权主体单一）与生产社会化发展要求的矛盾。

第三，股份公司是为国家建设迅速直接集资的最有效形式。我们过去建立国有企业，从基建资金到流动资金基本都由银行贷款，企业背上沉重包袱，有时企业的收益还低于银行的利息，不用说还本，就连付息也很困难。所以有的经理人员常说：我们的企业是给银行办的。当然这不很全面，但还是反映出一定的问题。

而股份公司由出资者认购股权，这种投入既不还本也不付息，而且可以在很短的时间内筹集到足够的建设资金，作为一种投资，只有在经营获利时才能分红，如果企业亏损，股东就无红可分，如果破产，股东甘认倒霉，过去企业风险都由国家承担，现在股份公司的风险是股东大家承担，风险也分散化了。

第四，实行股份公司制度可以使国有资本迅速扩张、迅速增值，大体上有四次增值机会：一是对国有资产进行评估。评估均以现时的市场行情为依据进行，如房地产，虽然折旧了若干年，原值所剩不多了，但按现行市场价评估，往往是不但不贬值，还要增值，我市的评估结果一般增幅在30%左右，有的更高，这是第一次增值；二是企业在一级市场发行股票，发多少股票企业收回多少资金，而企业的资产并没有因为发股票而少一砖一瓦，在这种情况下企业增加了资金运用量，这是第二次增值；三是企业在一级市场发行股票时，一般均溢价发行，企业经营越好、效益越高、市场信誉越好，溢价就越高，在这里企业的信誉也值钱，一级市场溢价发行这一块全部归企业所有，这是第三次增值。四是国有股在二级市场参与交易，市场在牛市时抛出，把投资兑成现金，用于其他扩大再生产或流动资金使用，这是第四次增值。现在一般情况下，国有股在股份公司中占60%~70%的股份，在股权很分散的情况下，如果把国有股权在二级市场抛出20%~30%，仍然会占有控股地位（当前由于市场脆弱，国有股暂未在二级市场流通，但这只是迟早和方式的问题）。国有资本在股份制的运作过程中通过这四次扩张，能大大增加运用资金的数量，搞新产品开发、技术改造、扩大生产规模或者上新项目都有能力去做，我市企业（主要是上市企业）到内地投资、开拓市场已在40亿元以上，有几百个项目，已经超过了建市第一个十年内地到深圳的投资。深圳股份制企业所以有这个能力，主要是因为中央让我们试点，给了我们一个好的企业机制，是股份制有强大生命力的表现。

第五，股份公司制度有利于充分发挥企业职工的积极性，一般股份制企业职工都拥有本企业的股份，这就把企业职工利益与企业利益有机地结合起来了，职工是企业主人的味道更浓了，职工是企业主人再不是只讲贡献有份，而且在财产分配上也有份了，这样“主人”就落实了，职工与企业成了利益共同体。

第六，能有效克服企业经理人员的短期行为。股东大会是股份公司的最高权力机关，董事会是股东大会选举产生的执行权力机关，而经理则是被董事会聘任的授权经营者，各自职能、职权明确，互相制约，形成一个股份公司运作的互相制衡的有机整体。

股东们既要求其股份能长远增值，也希望当年多分红利。也就是说股东既要求长远利益得到满足，也要求眼前利益得到满足，二者在出资者身上是统一的。因此，股东和他们选举产生的董事会必然也按这一尺度来衡量和要求经营者，如果经营者只顾本企业职工短期利益，有拼设备、超分配、高福利等损害股东利益的行为，股东大会和董事会是不会答应的，是要坚决制止的。这种利益制约关系，有效地克服了国有企业普遍存在的短期行为。

第七，股份公司特别是公众股份公司经营的透明度很高，要定期向社会公众公布经营业绩，接受社会监督，经营业绩要经过会计师事务所或审计师事务所审计认定，才能向社会公布，来不得半点虚假，更不能隐瞒利润，如果经营业绩突出，股价就会上涨，人家就会抢买你的股票；如果经营业绩差，股价就会下跌，人家就会抛你的股票。这个社会监督机制对股份公司来说是强有力的，经营者在经营时要时时刻刻考虑这一条。

第八，股份公司机制改变了过去由国家单一作为投资主体的局面，改变为公众投资、基金投资和其他各种投资形式使投资主体多元化，这在投资领域是一项重大改革；同时把居民的结余消费基金转化为生产基金，有利于生产力的发展。截至1993年10月，深圳股市交易量已超过1000亿元大关，有人会担心，拿这么多钱投资股票，银行存款是不是会受到很大的冲击？实践的结果告诉我们，这种担心是多余的，因为股民在一级市场花钱买了股票之后，钱转一圈到企业手中，企业拿到钱仍然存入银行，到用时再支取；股民在二级市场买卖股票，也都要通过银行存来取去，我市银行的存款余额由1990年的252.14亿元，上升到1993年10月的637.3亿元，净增385.16亿元，增长1.5倍。

第九，企业实行股份制有利于股权的转让和流动。从全局看，有利于充分利用市场机制进行产业结构调整，使有限的资源迅速往效益好的领域（产业）流动，使整个经济获得最大效益；从企业的局部看，可使公司在短期内产业或产品结构得到迅速调整，回避了单一经营的风险，并尽可能获得超额利润。如深圳发展银行股份有限公司，在深圳、武汉、北京、四川等地参股企业24家，股权投资达2.8亿元，产业包括金融、电力、交通、机械、轻工、地产、仓储和贸易等等，这是发展银行能够实现高资产增值率和高投资回报率的根本原因。

第十，股份制企业由于克服了计划经济体制的各种束缚和羁绊，它完全以市场为中心，以盈利为目的，奋马疾鞭，南征北战，寻求机遇，迅猛扩展。这就使股份制企业最终成为"三无"、"四跨"企业（所谓"三无"即：无固定经营范围、无固定地域界限、无上级主管部门。所谓"四跨"即：跨行业、跨不同所有制、跨地区、跨国度），成为全国性企业集团或跨国公司，推动生产力得到发展。

对这样一个有利于生产力发展的新事物，我们要积极扩大试验，完善运作体系，建立规范性规章和法规，促其健康发展。

但同时，我们也要切记，对股份制绝不可一哄而上，也不能借股份制改造私分国有资产，更不能让其他非公有制企业挖国有资产墙脚、占国有资产便宜，我们要在试验取得经验的基础上，有计划、有步骤地逐步推开。如果不注意这一点，也会把好事办坏。试想：国有资产实行股份制前需要对国有资产进行评估，我们有那么多评估能力和力量吗？我国有上万亿的国有资产、有数以万计的国有企业，而且潜亏和明亏者占有相当大比例，有谁愿意去买它的股权？目前我们的有关法律尚不完善，搞不好会造成混乱和损失，甚至影响安定。因此，我们必须有组织、有领导地逐步推进，既努力开拓，又力求稳妥，这样才能使股份制改革顺利进行，我们深信股份制是国有企业改革的出路。

在全市宣传思想工作会议上的讲话

（1994年4月）

同志们：

市委召开这次重要的会议，主题是认真贯彻落实全国和全省宣传思想工作会议的精神，在特区发展的新时期，按照“两手抓、两手都要硬”的方针，研究和部署如何在新的形势下加强和改进我市的宣传思想工作。这次会议对于加强我市的精神文明建设，促进经济的发展，推动社会全面进步，具有十分重大的意义。

全国宣传思想工作会议，是在我国建立社会主义市场经济体制和现代化建设的关键时期，党中央召开的一个具有全局意义的重要会议。江泽民同志在会议上的讲话，阐明新时期加强宣传思想工作的重要意义，提出了宣传思想工作的根本指针和主要任务，指出必须加强和改善党对宣传思想工作的领导，对宣传思想战线的同志们寄予殷切的希望。江泽民同志的重要讲话是新时期我们党关于宣传思想工作的纲领性文件，具有重大的指导意义。在全省的宣传思想工作会议上，谢非、朱森林、黄华华等领导同志对全省的宣传思想工作提出了新的要求。我们要认真学习领会，按照中央和省委的要求，进一步统一认识，服从大局，解放思想，实事求是，结合我市实际，把工作真正落到实处。

下面，我就如何贯彻落实全国和全省宣传思想工作会议精神，加强和改进我市的宣传思想工作，讲三个问题。

一、充分认识新时期宣传思想工作的重要性

全国、全省宣传思想工作会议，充分阐明了新时期宣传思想工作的地位与作用，我们要认真学习、领会。宣传思想工作历来是党的工作的一个重要方面，中国革命和建设的每一个胜利，都离不开宣传思想工作，这是我们党的一条

基本经验。高度重视宣传思想工作是我们党的一大传统、一大优势。

当前，我国正处在改革开放、建立社会主义市场经济体制的新的历史时期，这既给宣传思想工作提供了新的动力和良好的契机，又给宣传思想工作提出了更重的任务和更高的要求。深圳要率先建立社会主义市场经济体制，力争在2010年人均国内生产总值达到7万元，接近亚洲“四小龙”中香港和新加坡的水平，还要建成一个多功能、现代化的国际性城市，这些艰巨而光荣的任务的完成，关键是人的现代化和全市市民综合素质的提高。而宣传思想工作正是做人的工作，是塑造人的灵魂的系统工程。通过宣传思想工作可以促进人们树立马克思主义的世界观、人生观和价值观，树立适应社会化大生产和社会主义市场经济的新思路、新观念，为建设社会主义市场经济体制和现代化建设培养有理想、有道德、有文化、有纪律的社会主义新人。同时，在由传统的计划经济向社会主义市场经济转变的过程中，在经济体制改革进入整体推进、重点突破的关键时期，必然会改变原有的各种不合理的利益格局，会触及部分人的利益，甚至出现某种社会心态的不平衡，这就需要我们针对群众所关注的“热点”和“难点”问题，及时地做好解疑释惑、疏导教育的工作，为建立社会主义市场经济体制和实现社会主义现代化创造一个积极向上的舆论环境和社会环境。

深圳是对外开放的“窗口”和改革的“试验地”，江泽民总书记在庆祝深圳经济特区成立10周年大会的讲话中，还期望我们成为建设有中国特色社会主义的“排头兵”。这就要求我们“两个文明”建设都要领先一步，不仅要创造快于资本主义社会的经济发展速度，而且要创造高度的精神文明，探索在发展社会主义市场经济的条件下搞好社会主义精神文明建设的新路子。否则，特区就没有达到自己的战略目标，就没有完成中央、省委交给的任务。所以说，宣传思想工作乃至整个精神文明建设搞得好不好，关系到特区建设的兴衰成败，我们务必从战略高度上来认识这个问题。同时，深圳与香港一河之隔，是东西方两种文化的交汇点，这有利于我们拓展视野，及时掌握日新月异的经济、科技和文化信息，促进人们观念的更新和管理水平的提高，但外来影响中的消极因素也会潜移默化地渗透到我们社会生活的各个方面，这就要求我们的宣传思想工作要有效地帮助人们崇尚真善美，鄙弃假恶丑，积极引导，弘扬正气。深圳又是一个“移民城市”，人员来自四面八方，尤其是暂住人口的比例较大，各自的生活习俗、文化背景、社会经历和奔向特区的动机不一，思想道德素质和文化水平参差不齐，形成一个层次多、距离大、变动频率高的社会成员状况。这就要求我们加强宣传思想工作，起到团结、鼓劲的作用，增强我们队伍的凝聚力。总之，种种地缘人缘条件，既给我们的宣传思想工作提供了有利的机遇，又增加了我们宣传思想工作的难度。我们还必须清醒地看到：现在，拜金主义、享乐主义和极端个人主义等思想在我市少部分人的头脑中还严重存在，由此出现了以权谋私、贪图安逸、不思进取或不顾全大局等现象有所抬头；基层组织，尤其是企业和村镇的宣传思想工作中还存在不少薄弱环节，人们在物质生活水平提高以后，如何追求健康高尚的精神文化生活这个问题，仍没有很好地解决；百万劳务工的思想文化生活也亟待加强、丰富和引导，特别是广大青少年学生的德育教育应切实得到加强。此外，我市文化建设的硬件逐渐滞后于城市发展的需要，与深圳经济社会发展的地位与目标不太相称，文化市场的管理也有待加强。所有这些，都说明我们的宣传思想工作，只能加强，不能削弱。

建立特区以来，宣传文化系统的同志们克服各种困难，做了大量工作，成绩是显著的。宣传思想工作围绕经济建设这个中心，配合党在各个时期的工作任务，对于激励全市党员、干部和群众以敢闯的精神来加快社会主义市场经济体制的建立，弘扬“开拓、创新、团结、奉献”的深圳精神，保持良好的社会主义精神风貌，促进经济建设的高速发展，都发挥了积极的作用。总的来说，我市各级党委和政府，对宣传思想工作是重视的。但在少部分领导干部的头脑中，仍不同程度地存在着认识不清、重视不够的问题：有的同志认为宣传思想工作是软任务，做点表面文章就行了，对宣传思想工作还没有落到实处；有的同志认为把经济工作搞好就行了，宣传思想工作无关大局，在实际工作中还没有把它摆上重要议事日程。各级党委、政府务必要提高认识，在重视抓好经济建设、城市发展的同时，用多一点精力和时间关注和重视培养人的健康文明的生活方式，培育“开拓、创新、团结、奉献”的深圳精神。这些工作不仅是宣传思想文化工作部门的事，也是全党的大事，全社会都要高度重视、密切配合，开创我市宣传思想工作的新局面。

二、坚持“两手抓、两手都要硬”的方针，加强和改进我市的宣传思想工作

江泽民同志在全国宣传思想工作会议上提出的“一个根本指针、四个方面的工作”，是在建立社会主义市场经济新体制过程中加强宣传思想工作的战略思想和总体部署。宣传思想工作要服从和服务于全党和全市工作的大局，牢牢把握邓小平同志建设有中国特色社会主义理论这一根本指针，以科学的理论武装人，以正确的舆论引导人，以高尚的精神塑造人，以优秀的作品鼓舞人，努力培养和造就“四有”新人。邵汉青同志传达了全国和全省的宣传思想工作会议精神，并就我市如何贯彻落实会议精神和搞好今后一个时期的宣传思想工作谈了具体的意见。我完全同意。下面，我再强调几点：

（一）进一步落实用邓小平同志建设有中国特色社会主义理论武装全党的任务

用邓小平同志建设有中国特色社会主义理论武装我市的党员、干部和群众，是我们宣传思想工作最重要的任务。要联系全党、全市工作的大局，认真组织党员、干部和群众深入学好《邓小平文选》第三卷和十四届三中全会《决定》，紧紧抓住解放思想、实事求是这个精髓，掌握基本观点，学以致用。深圳改革开放十多年来取得的巨大成就，是深圳人民在邓小平同志建设有中国特色社会主义理论的指导下，通过艰苦奋斗而取得的。因此，小平同志的理论对深圳的工作有很强的针对性和深远的指导意义。我们的党员干部，特别是领导同志，必须认真学习，联系实际，深入思考。比如，小平同志总结深圳的经验是“敢闯”，我们如何在新的形势下保持和发扬小平同志倡导的勇于实践、敢于探索的精神？小平同志多次强调要坚持两手抓，两手都要硬，我们如何在工作中真正落到实处？小平同志提出要建立社会主义市场经济体制，我们如何深化改革，重点突破，整体推进，率先建立社会主义市场经济体制？小平同志提出“一国两制”的战略构想，希望亲眼看到我国对香港恢复行使主权，我们如何发挥人缘地缘优势，采取对策，做好深港衔接，为香港平稳过渡、顺利回归作出应有的贡献？我们要用邓小平同志建设有中国特色社会主义的理论，指导我们的工作，不断解决两个文明建设中存在的深层次的问题。深圳改革开放和现代化建设越向前发展，我们面临的新课题就越多，靠

我们原有的工作经验和知识已适应不了形势的发展的需要。学习科学的理论，全面提高人的素质是一项十分紧迫的任务。当前，我们还要学好十四届三中全会的《决定》，学好社会主义市场经济理论和基本知识，学习现代化科学知识。市委、各区委中心组的学习制度要严格执行，各级党委、各级领导干部和宣传思想工作部门的同志要带头学习。在学习中要有重点，分不同层次，加强分类指导，要采取有力措施，抓好全市9万3千多名党员的理论教育和素质的提高。建设好这支队伍，我们党的理论、路线、方针和政策就能够通过他们的工作落实到基层，我们建设事业的发展就有了可靠的保证。要发挥各级党校的作用，重点抓好处级以上党员干部的培训，争取再用2年时间，把全市在职的处以上干部全部轮训一遍。要深入开展有中国特色社会主义理论的宣传和研究工作，围绕如何率先建立社会主义市场经济体制，如何进一步发挥深圳改革开放的“试验场”和“窗口”作用，如何建设大保税区，如何搞好深圳与香港经济上的合作与互补，如何加强全市党的建设和精神文明建设等重大课题开展调研，拿出一批有较高实用价值的理论成果，为市委、市政府的重大决策提供咨询和论证。

（二）抓好基层的宣传思想工作，努力培养“四有”新人

宣传思想工作的根本目标，是培养和造就“四有”新人。我们要在全市人民中大力提倡江泽民同志倡导的64字创业精神，继续弘扬深圳精神，深入开展向徐洪刚、陈兆尊、刘远波和驻深53210部队学习的活动，旗帜鲜明地反对拜金主义、享乐主义、极端个人主义，抵御资本主义和封建主义腐朽思想的侵蚀，逐步使“开拓、创新、团结、奉献”的深圳精神深入人心，成为全社会共同的行为准则。

当前，要针对我市精神文明建设存在的主要问题，做好四项基础性的工作：

第一，重点抓好党员队伍、党政机关工作人员的思想教育和廉政建设。党员、干部一定要从严要求自己，挤出时间自觉学习理论和各方面的知识，要少应酬，多下基层搞调查研究，倾听群众的呼声，联系实际思考问题，善于用科学的理论指导解决实践中的问题。要坚持党日活动和民主生活会制度，经常开展批评和自我批评，加强对党政机关工作人员尤其是领导干部的监督。当前要下大力气解决机关极少数干部中存在的“软、懒、散、贪、骄”的问题，要通过深入细致的思想工作和严肃党纪政纪，教育广大党员干部牢固树立全心全意为人民服务的思想，自觉增强公仆意识，廉政勤政，切实转变机关工作作风，增强各级党组织的凝聚力和战斗力，提高政府的工作效率。要抓好一年一度的党员评议工作和机关干部年终考核工作，大力表彰先进，对不合格的党员和违纪的干部，按照党纪政纪进行严肃处理。

第二，抓好对青少年学生和劳务工的教育和培养。我市16万青少年学生和百万劳务工是建设深圳今天与明天的重要力量，全社会尤其是教育、文化、工会、共青团、妇联等部门都要关心他们的成长。要加强学校的思想教育工作，协调社会、学校、家庭等方面的力量，发挥各自的优势，形成对青少年学生教育的大网络大环境。对一些青少年学生中出现的精神空虚、法纪观念淡薄、无心向学、贪图享乐等不良倾向，要运用精神激励、道德规范、法律教育、文化熏陶等手段，标本兼治。引导广大青少年学生树立正确的理想、信念和人生观、价值观，培养健康、文明、科学的生活方式，激发他们热爱祖国、建设祖国，热爱深圳、建设深圳的热情，为祖国的未来奋发学习、努力工作。各类企业都要把培养和关心劳务工当做义不容辞的职责，采取有效措施和多种形式，努力改善劳务工的学习、工作和生活条件，切实维护他们的合法权益，并对他们进行职业道德、社会公德和职业技能的培养教育。同时，百万劳务工要树立远大理想，自尊自爱自强，积极投身于深圳的建设事业。

第三，进一步加强企事业单位管理人员的思想教育工作。我们经济的发展需要造就一支思想品德好、经济业务强的管理干部队伍和优秀的企业家队伍。管理人员要正确处理公与私的关系，公众利益与个人利益的关系，廉洁自律，奋发向上。要自觉抵制“一切向钱看”的思潮和腐朽的生活方式的侵蚀，发扬艰苦创业的精神，努力开拓国内外市场。企事业单位的党组织要做好他们日常工作中的思想教育。宣传、组织、人事、经济等部门要统一协调，制订培训计划，发挥市行政学院和各个经济部门的培训中心的作用，分期分批轮训企事业单位中层以上的管理人员，组织他们学习科学的理论，学习市场经济、科技、现代企业管理和法律知识，全面提高他们的素质。

第四，把宣传思想工作的重点放在基层。要抓好基层组织的建设，充分发挥基层党支部的战斗堡垒作用，在企业、学校、街道、农村建立一支思想和业务水平高的政治工作队伍，形成党、政、工、团、妇齐抓共管，社会各界积极参与的思想政治工作新格局。要动员全社会的力量，广泛深入开展精神文明建设活动，努力抓好科学文化知识教育，爱国主义、集体主义和社会主义教育，社会公德、职业道德、学生品德、家庭伦理道德教育，法律和国防教育等四项基础教育。认真搞好交通、邮电、旅游、商业等“窗口”行业的文明建设，边境线和特区管理线的文明建设，进一步深入开展文明单位、文明户、文明市民评选活动，拥军优属、拥政爱民和军警民共建精神文明活动，以及大力加强社会治安综合治理等五项文明建设工程。这些基础性的工作，各级党委和政府特别是企业、学校、街道、镇的党组织，要统一研究、统一部署、统一协调；各部门要积极参与，层层落实，常抓不懈，并不断取得明显的成效。

要认真抓好基层尤其是村镇的宣传思想工作。街道办事处、居委会和镇、村要建立宣传思想工作的网络和阵地，运用好文艺演出、公益活动、大众传媒、集体活动和管理制度等载体，把宣传思想工作做实做活。继续深入开展创建文明村文明户的活动，组织“富裕以后怎么办”等课题的讨论，帮助人们在农村城市化的进程中辨别是非，抵制封建、愚昧、腐朽思想的侵袭，提高现代文明意识。善于发现和积极培育一批村镇两个文明建设中的新典型，在全市推广，努力扩大村镇文明点的覆盖面。当前在全市开展的“怎样做个深圳人”的大讨论，很有现实意义。希望各级党委、政府引导干部群众积极参加讨论，力求在广泛讨论、自我教育的基础上，形成市民普遍认同的行为道德规范。

（三）做好舆论引导工作，为全市的改革开放和经济社会发展创造良好的舆论环境

我们在率先建立社会主义市场经济体制的过程中，迫切需要正确舆论的支持和引导。要通过富有成效的宣传引导和教育，把全市人民的思想和行动统一到党的基本路线上来，充分调动群众的积极性、创造性，为实现我市发展的战略目标而奋斗。我们的舆论要做到有利于改革开放和社会生产力的发展，有利于保持和维护安定团结的政治局面和社会稳定，有利于社会风气的扶正祛邪，有利于培养“四有”新人。要坚持正确的舆论导向，需要做好三个方面的工作：

第一，加大改革开放和经济建设的宣传力度，为改革、发展和稳定服务。今年我市在深化改革、扩大开放、加快立法、依法治市，加快建立现代企业制度、完善国有资产管理体制等方面将有一系列重要的改革措施出台，涉及经济基础和上层建筑各个领域的变革，涉及局部利益的调整，必然要冲破僵化的经济模式，破除各种陈旧观念的束缚。但是，我们队伍中还有一些同志仍然用旧体制老眼光去看待这些变革。现在时常碰到，凡是涉及利益关系调整的改革，就不是那么顺畅。有的同志不是从大局着想，总是抱住小团体的利益不放，这样就会阻碍或拖延改革的进程。我们必须准确领会和宣传市委、市政府的改革举措，做好舆论引导，促进人们解放思想，更新观念，树立适应社会主义市场经济的新思想和新观念。对人们关注的“热点”、“难点”问题，要及时疏导，化解矛盾，引导干部群众正确处理局部与全局、眼前与长远、个人与集体之间的利益关系，增强心理承受能力，坚定信心，促进改革的顺利进行和经济的持续、快速、健康发展。

第二，舆论宣传要立足于培养“四有”新人，加强正面教育。报刊、电视、广播具有时效快、影响大、覆盖面广等特点，又易于贴近群众，深入家庭，是新时期我们宣传党的路线、方针、政策和做好思想政治工作的有效载体。中央和省委领导都十分强调舆论引导的重要性，我们要重视这方面的工作，加强和改进大众传媒的舆论引导，发挥其育人的功能。要热情讴歌深圳人民在改革开放和发展社会主义市场经济中建立的业绩；讴歌在两个文明建设中涌现出来的先进典型和新思想、新风尚。要在全社会提倡奉献精神，反对拜金主义；提倡集体主义精神，反对极端个人主义；提倡健康、文明、科学的生活方式，反对腐朽的生活方式；提倡艰苦创业，反对享乐主义；提倡实事求是，反对主观主义；提倡实干，反对空谈等等。要做到旗帜鲜明地扶正祛邪，为提高全市人民的思想素质和道德水平，创造一个奋发向上的社会舆论环境。

第三，加强对新闻舆论的宏观管理。舆论宣传要坚持团结、稳定、鼓劲、正面宣传为主的方针，坚持唯物辩证法，防止片面性和简单化，正确处理好内容健康与形式生动活泼的关系，正面宣传和反面揭露的关系，社会效益与经济效益的关系，做到内容健康，报道准确，播发及时，精彩动人。党委宣传部门要加强新闻舆论导向的宏观管理，建立统一的阅评制度，抓好宣传报道的数量和质量。大众传媒要严格执行宣传纪律，注意内外有别，把握分寸，掌握好对敏感、复杂问题报道的“度”。要加强对外宣传工作，尤其要加大对港宣传的力度，努力提高我市广播电视在港的覆盖率和收视率，加强与香港新闻界的联系与沟通，积极影响外界舆论，为再创深圳优势营造较好的外部舆论环境。

（四）加快发展文化事业，营造健康、良好的文化氛围

我市文化事业的发展，要顺应探索有中国特色社会主义的实践和建设现代化国际性城市的客观要求，必须在批判继承的基础上，促进优秀的民族传统文化与外来文化精华的有机结合，吸收和共享世界文化资源，敢于探索创新，逐步形成国际性城市海纳百川的文化气派，为建设有中国特色社会主义文化作出应有的贡献。

深圳建设头十年，我们建成了图书馆、体育馆等八大文化基础设施。随着经济的发展和人口的增长，现有的设施已难以适应群众的需要，更不能适应建设现代化国际性城市的要求。国务院要求在“八五”期间县区级应建有图书馆、文化站、图书中心门市部、电影院。我市目前各区离这个要求还有一段距离，在市一届人大六次会议上，经大会主席团讨论决定提交的关于加强文化设施建设的议案，应引起我们各级党委、政府的高度重视。我们在文化建设的问题上，要着眼于未来，着眼于人民群众，着眼于提高全市的文明水平，下决心陆续再建设一批具有相当规模和现代化水平的文化设施，并将这些设施纳入全市经济社会发展的总体规划。同时要抓好基层的群众性文化设施建设。要开设一些少收费或不收费的公众娱乐场所，满足广大群众的文化需求。

我们要营造全社会健康、良好的社会主义文化氛围。对文化的发展也要有跨世纪的眼光，通过经济、行政和法律等方面的手段，统筹安排新闻出版、广播影视、文化艺术、社会科学等事业的规模和布局。要本着坚持社会效益第一，社会效益与经济效益相统一的原则，精心组织反映主旋律精神产品的生产，扶持和发展高雅文化。鼓励和帮助文艺工作者深入改革开放第一线，深入群众，努力创作讴歌改革开放和经济建设的具有艺术魅力的文艺精品。每年都要推出一批高品位、高水平的文学、影视、戏剧、音乐、美术、摄影等优秀文艺作品，为人民群众提供更多更好的精神食粮。要建立系统的、科学的精神产品激励机制。要继续在实践中探索，在实践中提高，进一步搞好企业文化、社区文化、村镇文化、校园文化建设。

唱响主旋律，还要提倡多样化。用健康有益、丰富多彩、群众喜闻乐见的精神产品和文化活动，满足群众多层次、多方面的需求。要进一步活跃深圳的对内对外文化交流，有计划地组织国内外优秀文艺团体和著名艺术家来我市演出、交流，活跃深圳文艺舞台，推动全市的文化向更高层次发展。要加强文化网络、文化市场的建设和管理。公安、城管、工商、文化等部门要通力合作，坚持原则，排除各种干扰，坚持不懈地开展“扫黄”斗争，坚决执行《深圳经济特区文化市场管理条例》，对那些危害深圳建设事业发展，损害市民特别是青少年身心健康的文化垃圾，坚决予以清除，不能任其泛滥；对少数经教育不改的制“黄”贩“黄”的生产经营单位，坚决予以吊销营业执照，直至诉诸法律；对有关的责任人员，公安部门要依法处理；构成犯罪的，由司法机关依法从严惩处。主管部门要认真负起责任，新闻媒介要积极配合，全体市民都要以主人翁的态度，共同努力，形成我市健康、高尚的精神生活环境。

三、加强和改善党对宣传思想工作的领导

党中央把坚持“两手抓、两手都要硬”的落实问题郑重地提到全党面前，要求我们各级党委摆到重要议程上来。各级党委、各级政府，特别是主要领导同志，要注意研究和掌握宣传思想工作的规律，善于把宣传思想工作同经济工作及其他各项工作紧密结合起来，相互促进；要经常深入宣传思想工作系统，调查研究，总结经验，提出办法，解决问题，不但要给宣传工作部门以更多的关心、支持和帮助，而且要亲自部署和抓好宣传思想工作。今后，对领导干部和领导班子的考察，要把是否重视宣传思想工作，是否善于抓好宣传思想工作，作为衡量政治素质强不强，领导水平高不高的重要标志之一；要把宣传思想工作的成效和精神文明建设的成果，作为评价一个单位、一个部门和一个地区工作成绩的重要方面。

为了全面落实宣传思想工作的任务，切实加强和改善党对宣传思想工作的领导，努力把工作提高到一个新水平。当前，要重点抓好：

（一）理顺和完善宣传文化事业的领导体制

要充分发挥各级党委宣传部门的作用。市委宣传部是市委在意识形态领域的综合职能部门，根据粤办发［1994］5号文件精神，文化、广播电视、新闻出版、社科研究等单位的业务工作归口市委宣传部统一管理，宣传部要在市委及市委思想文化工作领导小组的领导下，积极开展工作。市委常委会已做了决定，根据中共中央1989年7号文件和省委1990年6号等文件精神，宣传部对宣传文化系统各单位的领导班子进行考察、了解，提出任免意见，经组织部门审

核后上报市委审批任免；属于政府序列的部门领导干部，报市委审批后，由人大常委会和政府任免。各区委可参照这一精神执行。

（二）制定和落实宣传文化事业的经济政策

为扶持和加快宣传文化事业的发展，根据中央和省委的指示精神，经市委常委讨论，原则同意宣传部提出的意见。由宣传部牵头，组织力量，着手研究制定深圳文化发展战略和规划，逐年实施，滚动发展。市财政要支持与国际性城市相配套的文化设施建设，并根据地方财力，逐年增加宣传文化事业专项经费。从事宣传文化的企事业单位交纳的所得税、营业税和增值税地方留成部分，由税务部门按章征收后，再返回作为"宣传文化事业发展专项基金"；从营业性的文化娱乐场所征收的特种消费附加费也注入该项基金。用以扶持优秀文化的发展。

（三）培养和造就一支政治强、业务精、作风正的宣传文化工作队伍

我市宣传文化系统的广大干部群众，为深圳建设和发展辛勤工作，作出了许多贡献，是一支有奉献精神、有探索勇气、有战斗力的队伍。市委和市政府信任这支队伍，全市人民对这支队伍寄予厚望。建设好这支队伍，是搞好宣传思想工作的组织保证。各级党委要从政治上、思想上、工作上、生活上关心这支队伍。要着眼于培养深圳自己的人才，并善于借助全国宣传文化界的力量，根据城市建设和经济社会发展需要，逐步扩大这支队伍。要进一步贯彻尊重知识、尊重人才的方针，充分发挥广大知识分子的聪明才智，努力造就一批在全国乃至国际上有影响的各类专门人才，对有突出贡献的，要特别爱护和珍惜，并大力表彰和奖励。

各级政府部门要为从事宣传思想工作的干部群众提供工作需要的条件，并积极帮助他们解决实际困难，使宣传思想工作更富有成效。

加强宣传文化系统干部队伍建设，关键是加强领导班子的建设，要按照干部队伍"四化"方针和德才兼备的原则，配备好宣传文化系统的各级领导班子，领导班子成员要能力强、素质高、思想好、作风硬，要给大家作出好样子。并且有计划地组织宣传思想工作干部和经济管理干部岗位交流。要把宣传思想工作与经济工作有机地结合起来抓好。

在新的形势下，中央、省委和市委对宣传文化系统的广大干部群众提出了更高的要求。宣传文化系统的干部群众不要辜负党和人民的期望，要增强事业心和使命感，要注意克服宣传思想工作“难做”和“不实惠”等想法，树立全心全意为人民服务的思想，坚持党性原则，牢固树立群众观点，要努力提高政治觉悟和理论水平，热爱本职工作，提倡敬业精神，自觉增长知识和才干。总之，我们希望宣传文化系统的同志们努力提高思想素质，掌握市场经济和现代化知识，增强文化修养，改进工作作风，不断创造新业绩。

重点突破　整体推进　率先建立现代企业制度

——在市现代企业制度试点工作会议上的讲话

（1994年5月）

市委、市政府召开的这次现代企业制度试点工作会议，是一次非常重要的会议。这次会议主要是学习、贯彻党中央、国务院关于建立现代企业制度的有关方针、政策，讨论我市现代企业制度试点的细则、方案，部署今年企业改革试点工作。参加这次会议的有市五套班子成员，政府有关部门的负责人，以及25家试点企业的领导班子成员。会上其他同志还要介绍企业试点的具体方案，我主要就试点工作的一些主要问题讲几点意见。

一、建立现代企业制度是我市率先建立社会主义市场经济新体制的基础和关键环节

特区建立以来，在小平同志建设有中国特色社会主义理论的指导下，深圳发扬“敢闯”的精神，勇于实践，在企业改革方面进行了一系列大胆探索，对搞活国有企业，解放生产力，转换企业经营机制起了十分重要的作用。比如，我市较早地进行了股份制改革试点，进行企业股份制改造；简政放权，落实企业经营自主权；加强国有资产管理，建立国有资产管理的新体制；取消企业行政级别，按国际惯例对企业分类定级；以及在企业劳动用工、领导体制、社会保障体制等方面都进行了一系列超前的改革试验。实践证明，这些改革，增强了国有企业的活力，为我市改革开放和经济发展打下了良好的基础，也为全国的改革提供了有益的经验。

但是，我们应该清醒地看到，从总体上讲，我市国有企业的改革还只是初步的，基本上还处在放权让利的政策调整阶段。我市大多数国有企业还没有进行股份制改革，这些企业产权不清，权责不明，企业的法人制度、有限责任

制度、内部科学的管理制度还没有真正建立起来。即使进行了股份制改造的企业，甚至是上市公司，在建立明晰的产权关系，转换企业经营机制，建立科学的管理制度方面，仍然存在着很多问题。一些企业把股份制改造仅仅作为集资的手段，没有把股份制改造与转换经营机制和建立现代企业制度很好地结合起来；一些公司实行股份制改造以后，其管理体制和经营方式，还没有脱离原有水平，企业的领导体制、分配制度、约束机制还没有按新体制运行。有的企业董事会、党委、总经理之间职责不清、关系不顺，影响企业的效率和效益。个别股份制企业的董事会没有真正发挥作用，监事会形同虚设，国有资产的代表实际上处于"缺位"状态，严重威胁着国有资产的安全和广大股东的利益。这些情况表明，如果我们只在形式上进行了股份制改造，而不能真正在建立新机制、新体制、新制度上下工夫，国有企业就不可能真正搞活，股份制改造也可能会流于形式。

党的十四届三中全会通过的《关于建立社会主义市场经济体制若干问题的决定》明确指出：以公有制为主体的现代企业制度是社会主义市场经济体制的基础，建立现代企业制度，是发展社会化大生产和市场经济的必然要求，是我国国有企业改革的方向。这一论断既是对10多年来我国企业改革实践的科学总结，也是在改革指导思想和改革战略上的一个重大突破。它标志着我国的企业改革已从过去放权让利为主，进入到以理顺产权关系为主的制度创新阶段。

根据中央的要求，深圳经济特区作为我国改革开放的"试验场"，肩负着率先建立社会主义市场经济新体制的历史使命。今年年初召开的市委工作会议，确定了今年改革的总体要求，把建立现代企业制度，推进企业公司化改造列为今年改革的核心和重点。把建立现代企业制度作为整个经济体制改革的核心，既是从整体上建立市场经济新体制的客观要求，也是从根本上解决国有企业面临的问题的迫切需要。

在我们要建立的社会主义市场经济新体制中，企业是市场竞争的主体和整个体制框架的微观基础。只有按照产权清晰、权责明确、政企分开、管理科学的要求建立起现代企业制度，国有企业才能真正转换经营机制，成为有活力的市场竞争主体和法人实体。公平竞争的市场机制才能真正形成，完善的市场体系也才能真正建立；以间接调控为主的宏观调控体系也才能真正发挥作用。因此，尽快建立现代企业制度，是深圳率先建立市场经济新体制的关键所在。

另一方面，在过去的一段时间内，为了吸引外资，改善投资环境，促进经济发展，国家在税收、留汇、进出口等方面赋予特区一定的优惠政策，这些政策不仅对海外投资者有着极大的吸引力，也为我们特区国有企业的发展提供了优越的外部环境，成为国有企业发展壮大，提高竞争实力的重要因素之一。随着我国改革的进一步深化和开放的进一步扩大，国家过去对特区的一些优惠政策已逐步变成“普惠”政策，这对特区国有企业是一个严峻的考验。目前，我市一些企业在国家今年各项改革措施出台后已经出现了费用上升、效益下滑、亏损增加、债务严重的问题，个别企业甚至连税款也难以如期如数上缴。国有企业的严峻形势摆在我们面前，解决这些问题除了需要我们继续争取国家必要的支持外，从根本上讲要靠加快企业改革来解决。只有加快现代企业制度的建立，提高企业对市场经济的适应能力和竞争能力，才是解决特区国有企业发展的长久之计和根本出路。

特别需要指出的是，目前，离香港“九七”回归只有3年了，我国恢复“关贸总协定”缔约国的地位也为期不远。随着“九七”香港的回归和加入关贸总协定，深港经济将逐步走向一体化，我国经济将逐步纳入世界经济体制之中。这就意味着，我们的国有企业将被推向国际市场，参与国际竞争。我们要想在同国外企业竞争中保持活力和优势，立于不败之地，必须建立足以能和国外企业相竞争的现代企业制度。如果我们不加快推进现代企业制度的改革，尽快使企业按国际惯例办事，提高企业在国际市场上的竞争能力，我们就有可能在未来的市场竞争中被淘汰。从这个意义上讲，加快推进建立现代企业制度的改革，对我们来说确实是一项刻不容缓的重要工作。

二、现代企业制度试点的指导思想和基本原则

建立现代企业制度是我国企业改革的一个质的飞跃，由于这项改革涉及许多方面，实现改革目标需要一个过程，不能要求所有国有企业在短时间内都建立起现代企业制度。为了更好地推进我市国有企业的改革，市委决定采取重点突破、全面推进的方针，在绝大多数企业继续进行转换经营机制，加强内部管理，提高经济效益的同时，选择了28家不同规模、不同类型、不同行业的

企业进行建立现代企业制度的试点，通过试点，探索进一步搞活国有企业的办法，在解决企业发展中面临的一些重要问题方面争取有所突破，闯出一条建立现代企业制度的路子，为在全市范围内建立现代企业制度积累经验。

在新的形势下进行企业改革的试点，其目的就是把企业的改革从放权让利的政策调整转移到建立现代企业制度上来，建立起符合社会化大生产和市场经济要求的企业法人制度、有限责任制度和科学的内部管理制度，解决好企业的产权、人事权和分配权，为企业实现无固定经营范围、无固定地域界限、无上级行政主管部门和跨所有制、跨行业、跨地区、跨国度经营创造条件，使企业真正成为自主经营、自负盈亏、自我约束和自我发展的市场经济主体。

建立现代企业制度试点工作涉及面比较广，问题也比较复杂，可以说触及了以往改革中一直想解决但又没有真正解决的一些重大问题。因此，试点工作本身就具有一定的难度。为了保障试点工作的顺利进行，实现预期目标，试点工作的组织和实施要遵循以下几项原则：

（一）要按照《中华人民共和国公司法》的要求，全面规范试点企业的生产经营活动和企业的治理结构

《公司法》7月1日就要正式实施了，《公司法》体现了国际惯例，也是我国企业改革实践发展的结晶。《公司法》从公司组织结构安排到公司运作规则，都有明确的规定，是我国建立现代企业制度的基本依据。因此，在整个试点过程中，无论是试点方案的制订，还是试点的组织实施，都要按《公司法》的要求来规范，使试点工作保持较高的水准。在试点方案实施过程中，对出现的新问题，如果《公司法》有明确规定的，要以《公司法》的规定为依据加以解决；如果出现特殊问题，《公司法》没有明确规定的，要参照《公司法》的基本精神和原则来研究和制定解决办法。对正在进行股份制改造的试点企业，一开始就应该按《公司法》进行规范。对已经进行股份制改造的试点企业，凡是不符合《公司法》要求的，要逐步加以改进和完善。

（二）以发展生产力为标准，大胆探索、大胆实践，使试点工作具有超前性

如何建立现代企业制度，在理论上和实践上都还需要不断探索和总结经验。当前，企业改革和发展所遇到的问题，有些在《公司法》和国家有关规定中已经明确，有些国家只提出了解决问题的原则，即使国家有关规定已经明确的，也需要经过实践加以完善。在这种情况下，我们的现代企业制度试点工作，要坚持小平同志提出的“三个有利于”的原则，以是否有利于发展生产力为标准，在不违背《公司法》和国家有关规定的基本原则下，大胆探索，大胆实践，凡是有利于发展生产力，有利于搞活企业的，就大胆试，大胆闯，在实践中要及时总结经验，对的要尽快推广，错的要及时纠正。

（三）要逐步完善市场竞争机制，为企业创造公平竞争的外部条件

公平竞争是市场经济一个最基本的特征，一切商品、劳务和生产要素都应该能够在完整、有序、开放、竞争的市场体系中自由流动。企业作为市场竞争的主体，除国家有特别规定外，都应该享有进行上述活动的权力。因此，在建立现代企业制度试点中，一定要充分调动企业的积极性，苦练内功，在建立企业内部的产权制度、领导体制、分配制度、约束机制以及其他管理制度上下工夫。我们再不能走过去对试点企业给予很多特殊照顾的老路。多年的实践证明，靠特殊的优惠政策和条件进行的试点是没有生命力的，也没有多大的推广价值。在试点过程中，即使制定一些有利于企业改革和发展的配套措施，也应该是符合未来改革大方向的，符合公平竞争的要求的。

（四）企业改革试点工作要与转变政府职能相结合，要以现代企业制度试点为契机，进一步推动政府转变职能，改进机关工作作风，提高办事效益

现代企业制度的建立不是孤立的企业行为，单靠企业的努力是不够的，必须同政府转变职能很好地结合起来。没有政府职能的进一步转变，建立现代企业制度是十分困难的。这就要求在试点工作中，政府各部门要主动地根据建立现代企业制度的要求，进行自身的改革，转变职能。在试点过程中，凡是建立现代企业制度要求政府转变的职能，各部门都要积极主动改革，搞好配合，不允许职能部门以各种理由阻碍政府职能的转变，阻碍现代企业制度的试点工作。如果通过企业试点工作能进一步推动政府转变职能，这将对深圳建立社会主义市场经济体制产生重要的影响。

（五）在试点工作中要处理好改革、发展和稳定的关系，促进企业的发展，保持企业领导班子和员工队伍的稳定

这次企业改革的试点工作涉及产权制度的建立、领导班子的健全、权力的调整、分配制度的改革等一系列复杂而敏感的问题。试点企业的领导班子在积极做好改革试点的同时，要继续抓好企业的生产经营工作，提高经济效益，扩大经营规模，通过改革试点促进企业的发展上一个新台阶。此外，在改革过程中，要考虑到企业领导班子和员工的承受能力，在领导体制改革中，要尽可能保持现有领导班子的稳定和团结，在分配制度改革中，要兼顾各方面的利益，保持员工队伍的稳定。

三、试点过程中需要注意和解决几个主要问题

这次现代企业制度试点的内容很广泛，领导小组办公室经过2个多月的工作，提出了十几个有关规定、办法和方案，大体上涉及产权制度、领导体制、分配制度、约束机制、配套改革以及完善国有资产管理体制等六个方面的内容。对这些规定、方案，这次会上还要听取试点企业和有关部门的意见，经过修改最后确定。有关这些规定、方案的具体内容，我不详细讲了，这里主要谈一下试点过程中需要注意和解决的几个主要问题：

（一）关于建立产权制度的改革

理顺产权关系，建立、健全企业法人制度，是建立现代企业制度的核心。这次参加试点的企业，有一部分已经过股份制改革甚至是上市公司，这些企业的产权基本上是明确的，个别遗留的问题可作为个别情况处理，不存在要重新明确产权关系的问题。但也有相当一部分是正在进行股份制改造的企业，这些企业在股份制改造过程中，一定要严格按照财政部及我市有关界定产权的规定和政策，在清产核资中处理好潜亏、呆账、坏账等问题，在产权界定中要处理好资产评估增殖部分折股、国有股权的权益问题、内部职工股的分配等问题，防止国有资产的流失。试点企业要建立责任制，哪个企业在股份制发行中出现了国有资产流失的问题，要追究企业领导人的责任。为了保证国有资产的安全、增殖，所有试点企业都要按照试点要求，从下半年起建立健全产权代表报告制度，对不执行报告制度造成国有资产流失的，要严肃处理。

（二）关于领导体制的改革

企业领导体制的改革，涉及董事会结构调整，董事长、总经理的聘任，企业党组织的政治核心作用的发挥等许多问题，改革的力度是相当大的，各有关部门务必高度重视，不能出大的偏差。就领导体制的改革我想再强调几点：

第一，企业领导体制改革要严格按照《公司法》办事，对企业领导班子，由过去党组织、政府管理逐步转变到由产权部门管理，实行谁投资、谁派人、谁管理、谁负责。董事的推荐，董事长的产生应严格按照股权比例决定，谁的股

权多，董事长就由谁推荐，谁委派。国有企业或国有控股企业的董事、董事长由组织人事部门和产权部门提名、考核、推荐，经过法定程序产生。

第二，关于企业经营班子的产生，对国有企业和国有控股企业，也应该按《公司法》办事，总经理由董事长提名，董事会任命，决定权在董事会。考虑到国有企业不同于私有制企业，国有企业产权代表不同于私有企业的老板，因此，在总经理的任命程序上，还需要组织人事部门和产权部门的考核。再由董事会聘任，这个考核程序还是要坚持，否则没有一点制约。

第三，要划清董事长与总经理的权责，避免权责不清带来的问题。当然，企业的经营活动是错综复杂的，有些工作是相互交叉的，要绝对划清权责范围也是难以做到的。在这种情况下，一方面要尽可能划清权责；另一方面也要互相支持，互相配合。董事长要抓大事，支持总经理搞好日常经营活动，总经理要尊重董事长，重大问题要征求董事长的意见，从而形成既相互制约，又相互促进的局面。

第四，企业党组织的政治核心地位不能动摇，但政治核心作用的实现方式应加以改善，并允许不断探索。企业党组织的政治核心作用，主要通过规范董事会、经营班子中党员的行为，通过加强对工会、共青团组织等群众团体的领导，通过加强思想政治工作，发挥党员模范带头作用等方面来体现。党组织对企业重大经营活动和人事工作有建议权，但决策权和生产经营指挥权必须在董事会和总经理。党组织负责人能够与董事会、监事会、经营班子等交叉的，尽量交叉任职。

鉴于企业领导体制改革事关试点企业的发展和稳定，在试点中，组织部、投资管理公司和试点领导小组办公室切实负起责任，精心设计，精心组织，相互配合，有计划、有步骤、稳妥地将这项改革搞好。

（三）关于分配制度的改革

这次企业分配制度的改革，涉及放开工资总额控制，董事长、总经理实行年薪制，企业内部工资收入适当拉开差距，建立奖励制度以及内部职工持股计划等等，范围很广，改革的力度很大。从企业改革和发展的要求来看，这些改革都是十分必要的。如果不打破分配上的平均主义，不把企业的利益同经营者的利益捆在一起，我们就无法调动经营者及经营管理人员的积极性，并且难以杜绝企业“暗拿”、“回扣”等违法违纪现象。总的来说，分配制度的改革必须下工夫搞好。

但是我们应当清醒地看到，分配制度的改革是有风险的，搞得不好容易出偏差。比如放开工资总额控制之后，企业如果不能坚持“两个低于”的原则，就有可能出现消费基金膨胀，为经济发展和社会安定带来不利影响。董事会、总经理实行年薪制，如果方案设计的不周密，或者执行过程控制不严格，就有可能出现两种情况，要么是经营者收入太低，起不到应有的作用，要么是经营者收入太高，超出合理限度和广大群众的心理承受能力，出现过分的收入悬殊，也不利于调动广大劳动者的积极性，不利于社会的安定。

要做到既推进分配制度的改革，又尽量减少风险，需要企业和各个部门的配合。具体来说，要做好三个方面的工作：一是在制订改革方案时，一定要设计必要的约束手段，而且这种约束手段应该是“硬”的，是可以操作的。一旦发现试点企业违背改革方案，就要及时纠正，甚至撤销试点资格。二是制订方案时要进行认真的测算，特别是年薪制的挂钩比例，要力争定得合理、科学。三是劳动部门要定期检查，对有关数据要进行认真核实，特别是对净资产、利润增长额要核实准确，若发现企业弄虚作假，或者会计师事务所出假账，要严肃处理。试点企业的同志要严格要求自己，顾全大局，把分配制度的改革抓细抓实抓好。另外，企业内部职工持股计划是国际上普遍实行的一种分配形式，在我国还没有实行。这次试点小组提出了较为详细的实施方案，准备选一家中等规模的企业试点，希望企业给予必要的配合。

(四)关于建立企业内部监督、约束机制问题

形成企业内部的约束机制是建立现代企业制度的重要组成部分。现代企业制度最基本的形式是公司制，股份公司是实行所有权和经营权相分离的企业组织形式，产权所有者往往不能亲自管理公司，而是把管理权委托给董事会，董事会又将日常经营管理权交给总经理，这种“委托代理”的机制，一方面可以创造较高的管理效率；另一方面也可能产生管理层的利益与产权所有者的利益相背离的现象。西方企业通常采用建立严密的监督、约束机制来解决这个矛盾。当前我们的股份制企业监督、约束机制非常薄弱，有的企业董事会不能真正发挥作用，不能有效地监督经营班子，大多数企业监事会形同虚设，根本谈不上对董事会的监督。一些企业的投资约束、财务约束也很不健全。随着企业改革的深入和企业法人财产权的建立，企业董事会、总经理在人事、分配、财务、投资方面的权力相当大，因此，加快建立和形成企业内部的监督、约束机制，是当前企业发展中的一个突出问题。

为了加强企业内部监督约束机制，这次试点方案采取了四条措施。一是改善董事会结构，减少经营班子成员在董事会中的比例，健全董事会的办事机构，其目的就是充分发挥董事会在重大问题上的决策能力和加强对经营班子的监督功能。二是强化监事会的功能，我们依据《公司法》基本精神，在监事会的组成、责权、作用等方面有所突破，希望通过监事会功能的发挥，起到监督董事会的作用。这既是建立现代企业制度的要求，也是保护广大股民利益的迫切要求。三是设立财务总监，进入董事会，加强对企业财务的监督。企业财务总监和财务负责人的权责是不一样的，财务负责人是对总经理负责，主要任务是搞好企业内部的财务管理。财务总监对董事会负责，主要任务是对企业重大经营活动从财务上进行监督。四是建立和健全项目投资的监督和约束机制，包括制定完善的决策程序，建立项目执行人、监督人制度等。

企业内部约束机制的建立主要靠企业自身的努力，再好的条例、规定，企业不认真贯彻执行，也不能发挥应有的作用。这次企业改革试点能否成功，在很大程度上取决于企业监督和约束机制能不能健全，希望有关部门和试点企业的领导班子高度重视这一问题。

（五）关于企业试点的配套改革问题

这次为试点企业提供的配套措施，不是为试点企业提供的优惠政策，而是想通过试点促进政府职能的转变。因此，这次配套改革措施主要是要按照国际惯例，为试点企业平等竞争创造必要的条件，包括放开对经营范围、进出口权的限制等等，这些改革一旦试点成功，很快就要推广。因此，各有关部门要大力支持这次试点，凡是应该办的，能办到的，都要尽力按照试点计划安排去办，不能拖着不办，需要协商的问题，由市领导小组办公室统一协调，以保证试点工作的顺利进行。

四、加强领导，通力合作，精心组织，扎扎实实地把现代企业制度试点工作搞好

这次现代企业制度的试点工作，市委、市政府非常重视。专门成立了领导小组及办公室，经过几个月的工作，基本完成了试点方案的起草工作。但是

大量、繁重的任务还在后面，制订方案不容易，落实起来更困难。根据试点计划，整个试点工作要在今冬明春结束，成功的经验要在明年推广。因此，各部门和各试点企业要加强领导，通力合作，精心组织，有计划、有步骤地把试点工作做好。

(一)统一认识，加强领导，实行严格的责任制度

这次现代企业制度试点工作是事关深圳特区率先建立社会主义市场经济新体制的一件大事。各有关部门，各试点企业要提高认识，认真学习小平同志建设有中国特色的社会主义理论，学习十四届三中全会的《决定》，学习即将实施的《公司法》，掌握现代企业制度的基本知识，并结合深圳的实际，研究新情况，解决新问题。为了把试点工作抓好，市委决定市五套班子成员每人亲自抓一个试点企业，实行责任制，具体指导每个企业的试点工作。领导小组办公室的同志要为领导配备联络员，为领导抓好试点提供服务。

(二)市委、市政府有关部门要大力支持改革试点工作，分工协作，促进政府职能的转变

投资管理公司和证管办要抓好正在进行有限责任公司和股份制改造的工作，按期完成改造任务，解决改造过程中有关的问题，落实产权代表报告制度；组织好建设集团公司的改造和免税商品供应公司的国家独资有限公司的改造。

——组织部要组成专门班子，负责企业试点中关于领导体制的改革，与投资管理公司一起，如期完成一、二类企业董事会结构的调整，董事长、监事长的委派，总经理的考核等工作。企业领导体制的改革要先行，因为领导体制不定，其他试点内容也难以展开。

——劳动局要抓好分配制度改革，特别是年薪制的改革和放开工资总额控制后的检查工作。与投资管理公司一道落实有关试点企业董事长、总经理的年薪和奖励，既要保证改革措施的实施，又要防止消费基金的膨胀。

——工商局、经发局、贸发局等有关部门要按照试点的方案，大力支持企业试点工作，按时完成本部门应该做的工作，并结合试点研究进一步转变职能，提高办事效率的措施。

（三）试点企业要集中精力，把改革作为今年的重要任务，并积极配合有关部门做好试点工作

这次企业改革试点不是给企业优惠政策，而是要进行制度的建设和创新，对此，试点企业一定要有充分的思想准备。对试点领导小组制定的有关细则、规定要认真研究落实，对净资产、利润等指标进行核算时，要实事求是，不能虚报、瞒报。试点企业领导要顾全大局，搞好班子的团结，保证试点任务顺利完成。企业在试点过程中有什么想法和建议，可及时向领导小组办公室反映。

（四）领导小组办公室要精心组织，严密部署，紧张而有秩序地做好改革试点的日常组织、协调工作

这次改革试点任务重，涉及面广，领导小组办公室要继续发挥认真负责的作风，树立高度的责任感，深入试点企业调查研究。各部门要支持试点办公室的工作，试点办公室要尊重各部门的意见，加强对有关部门的协调，精心组织和部署每一项工作，扎扎实实地把试点工作做好。

同志们，建立现代企业制度试点工作，是市委、市政府今年的一项重要工作，它的成功与否，事关深圳率先建立社会主义市场经济体制的大局，各个部门，各个试点企业一定要共同努力，发挥“敢闯”精神，继续当好改革开放的“试验场”，不辜负党中央、国务院、省委、省政府对我们的期望。

我的讲话完了。谢谢！

认清形势　服从大局　加大力度　不断夺取我市反腐败斗争的新胜利

——在深圳市反腐保廉工作会议上的讲话

(1994年5月)

同志们:

今天我市反腐保廉工作会议开得很好。俊华同志传达了中央纪委三次全会精神和江泽民总书记在会上的重要讲话,华枢同志代表市委作了去年我市反腐保廉工作的总结和今年工作的部署。刚才,市委又表彰了去年反腐保廉工作中的先进集体和先进个人。我们希望,受表彰的单位和同志再接再厉,发扬成绩,争取更大的荣誉;也希望全市各单位和广大党员干部向受表彰的先进单位和先进个人学习。在这里,我们还应该表扬市纪律检查委员会、市监察局、市检察院、市公安局、市法院等单位,在去年的反腐保廉工作中,做了大量的工作,他们战斗在第一线,冲锋陷阵,为我市反腐败斗争取得可喜成效立下了汗马功劳。去年,法制局在法制建设方面,为我市作出了突出的贡献。这一年经过他们认真努力,把我市建特区以来500多个红头文件,进行全面的分析整理,该废止的废止,该修订的修订,该上升为法规的上升为法规。同时,与人大有关部门密切协作,组织市有关单位,又立了30多个法规和规章(草案),提交市人大常委会讨论通过,取得了很大的成绩。所以,也值得表扬,值得学习。

最近,在北京召开的全国人大、政协会议,对深圳非常关注。无论是人大代表,还是政协委员和国内外记者,都十分关注深圳。关注的问题,我接触到的,有这么几个方面:一是深圳在深化改革、扩大开放方面有什么战略部署;二是对深圳的反腐败斗争和廉政建设方面,提问很多;三是对我市的机关作风也提了很多意见，批评的意见也不少，有些还比较尖锐。在广东代表团组织的记者会上，首先提出的问题就是，反映深圳的办事效率很低，连北京都不如，办事很难，特别是官僚主义严重。我从两个方面进行了回答，一方面，大家关心的问题，也是我们市委、市政府比较关心和注意的问题，也是我们正在着手解决的问题。我们也切实采取了一些措施，有了很大的提高和改进。当然，我们还存在这样那样的问题，特别是在工作作风和廉政建设方面，还有这样那样的问题，还需要继续努力。另一方面，我们也不可能满足所有外商的要求。比如，宝安撤县建区前，村里出让了一批土地给台商、外商，交了定金。这些都是不合法的，我们都不能承认。有的台商以搞高科技工业城为名，要我市一大片土地，但一个项目都拿不出来。这样我们当然不能批准。像这样，“难”就是应该的了。总之，外界不少人士对我市的机关作风和廉政建设反映不太好。所以希望深圳的干部在工作当中，要重视这个问题，继续努力，发挥“窗口”、“试验地”和“排头兵”的作用。

在全国人大开会的时候，很多记者都问我，你对李鹏总理报告中关于反腐败的问题有什么认识，你们要怎么做，有什么措施，我给他们说了五条：第一，反腐败工作只能加强，不能削弱；第二，反腐败的任务，必须落实，不能只说不做；第三，反腐败必须领导带头，廉洁自律，不能只要求下面，不要求自己；第四，反腐败要加强制度建设和立法，不能因人而异，因事而异；第五，反腐败必须加强检查监督，形成监督机制，制约我们的政府和各个权力机关。

可以说，今天的大会既是前一阶段反腐败斗争的总结表彰大会，更是深入持久地开展反腐败斗争的部署和动员大会。希望各单位的领导同志要全面领会这次会议的精神，认清形势，明确任务，坚定决心，振奋精神，紧紧围绕全党工作的大局和深圳的发展目标，结合本地区本单位的实际，采取更加切实有力的措施，认真传达、坚决落实会议精神，不断把我市的反腐败斗争引向深入，推向前进。

下面，我再讲几点意见：

一、不能松劲，牢固确立深入持久反腐败的思想

当前，影响和制约深入持久、更有成效地开展反腐败斗争的最大思想障碍，是来自一些同志特别是一些领导干部中的松劲思想和自满情绪，把反腐败

看做是权宜之计,甚至仍然把反腐败同改革开放、经济发展对立起来。如果,这种思想认识不解决,这种盲目乐观的情绪不消除,我们就不可能坚持建设有中国特色社会主义的理论,就不可能全面贯彻执行党在社会主义初级阶段的基本路线,就不可能坚定不移地坚持两手抓,两手都要硬的方针。

要看到反腐败是一项长期任务,必须一个阶段接着一个阶段地进行。早在改革开放的初期,邓小平同志就敏锐地洞察出伴随着改革开放,消极腐败现象将会在党和政府中滋长蔓延的趋势,及时提出了"两手抓"的问题,明确地告诫全党:要"一手抓改革开放,一手抓惩治腐败"。随后,他又更加鲜明地号召全党:"开放搞活政策延续多久,端正党风就得干多久,纠正不正之风,打击犯罪就得干多久。"回顾我们特区的发展历程,再一次证明了小平同志论断的英明正确。从我市抓走私贩私,打击严重经济犯罪活动;从清理干部以权谋私建私房,到去年开展反腐败斗争,腐败现象哪一天都没有停止过,反腐败斗争又有什么理由"刀枪入库,马放南山"!如果这样,我们取得的成果就要丢掉。各级领导干部都要清醒地看到,去年一个时期的反腐败斗争仅仅是完成长期任务中的一个阶段,即使取得了一定成绩,也是初步的。有些工作还并不落实,有些领导干部自查自纠尚未整改,有些深层次问题需要进一步解决,群众还不满意。怎么可以只搞"一阵子"就松懈下来呢?!我们要充分肯定成绩,但必须清醒地看到问题。认真处理好反腐败斗争阶段性和长期性的关系,一个阶段一个阶段深入持久地抓下去,抓出成果,决不能给腐败分子以"喘息的机会",决不能让腐败行为有"宽松的环境"。

要看到反腐败的形势依然严峻,必须一个硬仗接一个硬仗地奋力攻坚。在中纪委三次全会上,江泽民总书记深刻指出,这次反腐败斗争,"揭露出来的问题是严重的。腐败现象已渗透到社会生活的广泛领域,尤其是侵蚀到我们的党和干部队伍。利用职权营私舞弊、贪赃枉法、索贿受贿等犯罪行为,达到了惊人程度"。从我市消极腐败现象滋长蔓延的情况看,形势也是严峻的。诚然,特区成立10多年来,广大干部群众艰苦奋斗,开拓奉献,把昔日荒凉的边陲小镇逐步建成了如今举世瞩目、粗具规模的现代化城市,这是必须肯定的基本事实。但是,我们更要清醒地看到,随着改革开放的不断深入,消极腐败现象在我们特区滋生蔓延之势,有增无减。有些方面的情形越来越严重,人民群众的举报揭发越来越多。有的贪污受贿几万,几十万,甚至上千万,犯罪金额之大，令人触目惊心；有的腐化堕落，嫖娼，生活方式之糜烂，令人难以容忍；有的团伙作案，偷税骗税上亿元，竟携巨额公款外逃，在全国也是罕见的。在全国人大会议上的两院报告里面，最高检察长的报告，点了我市四个名：一个是我市某公司在广州分公司的经理曾利华，索贿受贿在全国也是罕见的。第二处点名，从正面说我们抓逃犯，点了王建业、文石兴，都追捕回来了。在法院的报告里面，有一处表扬了我们深圳法院。更使人民群众担心的是，这些年来，拜金主义、极端个人主义和腐朽的生活方式正在我们一些党员干部甚至一些领导干部中滋生。邓小平同志曾经谆谆告诫我们："经济建设这一手我们搞得相当有成绩，形势喜人，这是我们国家的成功。但风气如果坏下去，经济搞成功又有什么意义？会在另一方面变质，反过来影响整个经济，发展下去会形成贪污、盗窃、贿赂横行的世界。"如果这样下去，怎么能谈得上建设有中国特色社会主义，又怎么能把深圳建设成为一个多功能、现代化的国际性城市？！因此，我们千万不能低估腐败现象的严重性。同时，更要看到反腐败是一场斗争，是一场硬仗，不下决心，不花力气，就会毁掉一批干部，愧对于我们的百姓。

要看到反腐败关系到党的建设和政权的巩固，关系到特区的兴衰成败。江泽民总书记说得好："开展反腐败斗争，说到底是要在新形势下巩固和加强党同人民群众的联系，巩固我们党的执政地位，使我们党更好地担负起领导改革开放和社会主义现代化建设的历史重任。党同人民群众的关系如何，是关系到党的事业兴衰成败和党的生死存亡的一个根本政治问题。这个道理要反复讲，警钟长鸣，务必引起全党同志的高度重视。"今年伊始，在不到一个月的时间里，江泽民总书记就先后亲自主持召开了中央书记处会议、中央政治局常委会议和中央政治局全体会议，专门讨论研究和部署深入持久地开展反腐败斗争的问题。由此可见，党中央对开展反腐败斗争是何等的重视，中央反腐败的决心和大格局没有变。为了开好今天的会议，贯彻好中央的精神，市委、市政府进行了反复研究和认真部署。特别是市委、市政府又进一步重新分工，突出重点，加强了每项任务的领导力量。各级党委、政府都要像中央那样，把反腐败斗争真正当做大事来抓。去年，反腐败斗争各级党委抓得比较紧，有了成效，不仅群众拥护，社会也稳定，而且保证了改革的深化，促进了经济的高速发展，这是全市上下有目共睹的事实，有什么理由说"反腐败影响改革开放和经济发展”呢?所以，我们要更有成效地开展反腐败斗争，不仅要巩固成果，而且要发展成果，为我市的改革、发展和稳定，提供更为有力的重要保证。

二、领导干部要带头廉洁自律，为全市人民做出好样子

小平同志指出:“党是整个社会的表率，党的各级领导同志又是全党的表率”、“不正之风很突出，要先从领导干部纠正起，群众的眼睛都盯着他们，他们改了，下面就好办”。这些论述告诉我们，反腐保廉工作，领导是关键。我市现有处以上干部3600多人，其中局级干部500多人。这是贯彻落实党中央的路线、方针和政策，推动我市改革开放和经济建设的骨干力量，也是全市党员、干部反腐保廉的带头人。从目前情况来看，我市各级领导干部绝大多数是廉洁的，都比较自觉履行自己的职责，懂得自己的身份和影响力，能做到洁身自好。但是，也确有少数领导干部受到拜金主义、极端个人主义和腐朽生活方式的影响，联系群众和全心全意为人民服务的观念慢慢地淡薄了，甚至利用党和人民给的权力为自己、为亲戚朋友牟取私利，干出了一些违纪违法的事情。这个问题确实应当引起我们各级领导干部的高度重视。去年中央提出的开展反腐败斗争的三项工作任务中，第一项就是要求抓好处以上领导干部的廉洁自律。如果我们3600多名处以上领导干部都能带头廉洁自律，全市的反腐保廉工作就一定能够搞好。领导干部是非常关键的。这一点，小平同志和江总书记都反复讲过。因为，领导就是要带领大家前进，就是要有组织力、有号召力、有感召力、有影响力。就是要以自己的模范行动来影响干部和群众。领导的影响力，一般讲有两类，一类是强制性的影响力，就是权力的影响力;第二类是非强制性的影响力，就是领导本人行为的影响力，如果只用权力的影响力，下面就容易产生离心力。权力的影响力不可没有，也不可泛用。主要还是用自己行为的影响力，能力的影响力，感情的影响力。你廉洁不廉洁，你说得怎么样，做得怎么样，这个对群众的影响力是非常大的。如果你自己说的是一套，做的是另一套，你教育旁人要这么做，你自己偏偏不这么做，这个就没有影响力，谁还信服你呢?所以，全市这么多处以上领导干部，如果大家都能廉洁自律，我们深圳的反腐败工作和反腐保廉工作，肯定会抓得好。

怎样带好这个头?从哪些方面带头呢?

一是各级领导干部要带头贯彻执行中央的“两个五条”的规定。去年中央

提出领导干部廉洁自律的五条规定，我市组织了处级以上领导干部开展了自查自纠，也确实查出和纠正了一些问题。但是，与人民群众的期望，与纪检、监察机关和司法部门掌握的情况，还有一些差距。有的同志还有很大差距。有的领导干部在自查自纠中，避重就轻，讲明不讲暗；有的领导干部至今没有自查和整改。中央坚持“惩前毖后、治病救人”的方针，要求领导干部自查自纠，这是党对干部的爱护和关心。我们的领导干部能不能自觉地自查自纠，这是对我们党性和组织纪律观念的一次很好的检验。小平同志讲：“共产党的领导够不够格，决定于我们党的思想和作风。”希望各级都要按照去年中纪委的“五条规定”抓好领导干部对照和整改工作。在中央纪委三次全会上，尉健行同志讲，按照中央的指示，今年反腐败三项工作的大格局不变，但根据形势要求，赋予了新的内容。在继续抓好去年中央提出五条规定的基础上，又提出了新的“五条规定”，有十三个“不准”。各级领导干部对此要对照检查，严格执行。必须看到有的问题在我市是比较严重的，比如违反规定购买更换进口豪华小汽车；利用职权向企业、下属单位换车、借车、摊派款项买车；食宿超标准、大操大办庆典活动等等。市委、市政府准备根据中央的新的五条规定，拟定出一些具体的实施细则。各级领导一定要认真贯彻执行，不要强调客观原因，也不要强调我们“特区特殊”。特区领导干部在思想作风和廉洁方面，更要比旁人要求严格。

二是要带头落实整改。对照中央“两个五条”的规定检查出来的问题，关键在于整改。中央和省委已有这个精神：凡自查出来的问题纠正了，改过来了，原则上可以不给予党纪政纪处分；但不查不纠的，一经群众举报，一经查实，要严肃处理。去年，我市在反腐败三项工作中，有的尚未得到完全落实和整改。如处以上领导干部自查出的一些问题，有的没有整改；清理出和宣布取消的乱收费项目，有的没有落实到基层；党政机关经商办企业的问题，仍有不少没有彻底脱钩；挪用、借用、拖欠公款的，还有一批单位和个人没有彻底清退；公款吃喝、送礼、出国出境旅游等，又有回升。有的单位又重新用公款组织旅游。什么原因造成这种情况呢？这就是我们一些领导干部没有带好头，没有认真进行纠正和抓落实。我们都应该明白，查只是手段，改才是目的。只查不改，讲一套，做一套，这是最坏的作风。各级党政一把手一定要带头整改，狠抓落实。纪检、监察、组织人事部门和三个工委，都要加强检查监督。对经反复督促,仍坚持不改正的人,要严肃处理。

三是要带头敢抓敢管。我们做领导干部的,不仅自身要廉洁,而且要勤政,坚持从严治党,从严治政。对出现的腐败行为要大胆抓,大胆管。现在有的领导干部,怕管多了丢选票,当老好人。党和人民交给你管理、服务的权力,你不管也不理,就是一种失职行为。因此,各级党政领导,一定要主动抓好本单位的反腐保廉的思想教育、职业道德的教育;一定要抓建章建制,防微杜渐;一定要抓行业不正之风的整治工作。如发现本单位有违纪违法案件,一定要认真查处,绝不能怕得罪人。去年发生的“8·5”爆炸和“11·19”火灾事件,就有我们机关作风不廉洁的问题,消防队提出的整改意见,我们的有些单位没有认真整改,结果造成巨大灾难。

四是领导干部要带头联系群众,巩固和加强党和人民群众的血肉联系。人民群众是我们国家的主人,是我们服务和为之奋斗的主体,是我们力量的源泉。我们必须代表和维护他们的利益,更好地保护群众的利益。必须密切联系群众,倾听群众的呼声和意见。只有得到人民群众的拥护,我们的政权才能巩固。江泽民总书记说,经济搞不好会垮台,腐败泛滥,贪污横行,严重的脱离群众,也会垮台。这两个“会垮台”,是一点都不错的。东欧共产党的垮台,有的既是经济没有搞上去,同时又是腐败所致。我们的经济是搞上去了,但腐败横行,脱离群众,也是要垮台的。这个警钟,一定要在我们共产党的领导干部中长鸣。要牢记江总书记的这个教诲。

企业领导干部,也要带头廉洁自律。一方面不要认为反腐败斗争只是党政机关的事,与己无关。实际上,党政机关、司法部门、执法部门、经济管理部门发生的一些腐败问题,有些与企业有密切的联系。另一方面,企业领导本身也应该廉洁自律。如果发生一些腐败现象,如偷税漏税,公款吃喝;公费出国、出境旅游,搞回扣中饱私囊,以公司的名义、国家的名义做私人生意,有的在境外截留公款等等。这些都是腐败行为,所以,中央要求企业领导也要廉洁自律是完全正确和符合实际的。作为企业的领导干部一定要明确、重视这个问题。要在搞好本身廉洁自律的同时,认真抓好本单位全体员工的反腐保廉工作。

三、加强责任，在抓落实、见成效上狠下工夫

如何搞好今年的反腐败工作，党中央、国务院、中央纪委已经作出部署，指导思想、总体要求和工作任务都已经非常明确，现在的关键问题，就是怎样结合我市的实际情况，狠抓落实，一步步把反腐败斗争引向深入，一个阶段一个阶段地抓出新的成效。

抓落实、见成效，必须加大反腐败的工作力度。从我市反腐败的现状和面临的形势来看，今年的任务不是轻了，而是更重了；要求不是宽了，而是更严了。对此，各级领导干部必须有清醒的认识，决不能有丝毫的松懈，必须加大力度狠抓落实。现在，在个别甚至一些领导干部中有一种很不好的作风，就是工作浮在上面，不明实情，不干实事，不求实效，满足于上面的精神传达了，该抓的工作部署完就完了。这样的领导作风怎么能够做好工作，更何况是开展反腐败斗争呢！回顾我们党开展反腐败的历史，从50年代被枪毙的刘青山、张子善，到我市90年代处决的高森祥、陈炳根，无一不是真抓实干的结果。开展反腐败，绝不是为了做做样子给人看，摆摆姿势，而是要真正落实反腐败的各项任务，抓出群众看得见、摸得着的实际成效。所以，决不能满足于一般号召和传达学习，更不能停留在开了会，发了文件的水平上。要一个案件一个案件地狠抓查处，要一个问题一个问题地认真整改，要一项工作一项工作地落到实处。各单位特别是各级领导干部都要在抓落实、见成效上狠下工夫。组织要更严密，工作要更细致，行动要更踏实，措施要更有力。否则，就谈不上落实。今后，看一级政府，一个机关，一个单位，一个企业的反腐败工作好与坏，标准只有一条，这就是反腐败任务有没有落实，反腐败斗争有没有成效。具体讲，该自查的是否查了、改了，该查处的案件是否严肃的查处了。该纠正的不正之风是否纠正了。归结为一句话：群众是不是满意了。

抓落实，见成效，必须强化反腐保廉责任制。去年以来，我市开展反腐保廉的实践再一次证明，哪个单位执行了反腐保廉责任制，哪个单位“两手抓”的问题就比较落实，反腐败就出成效。相反，反腐败就抓得不好。一些没有什么成效，群众不满意的单位，恰恰是没有落实责任制，有的根本就没有建立责任制，这种状况要纠正。那些差的、问题较多的单位要迎头赶上。今年，各级党委、政府和各企事业单位不仅要继续执行责任制，而且要强化领导责任制。

要按照“谁主管谁负责，一级抓一级”的原则，将反腐败的任务一项项落实给每个领导干部，一条条分解到机关各个部门，不仅明确分工和责任，而且要明确要求和标准。各级领导干部特别是党政一把手，对反腐败的重大问题要亲自动手解决，对发现的重要案件要亲自过问和查处，对重要的工作部署要亲自检查落实。今后，要把坚持“两手抓”，落实反腐保廉工作责任制的情况，作为考察使用提拔干部的一条重要内容。组织人事部门要会同纪检、监察机关共同把住这个关。各行各业管理部门和各执法管理部门要按照党委、政府的要求，切实担负起本行业本部门纠正不正之风的责任，把纠风工作逐项落实到基层，不能推诿，不能把反腐败只看做是专门监督部门的事。这里，我要再强调一下各级领导班子民主生活会的问题。民主生活会是我们党加强对领导干部管理监督的重要活动方式。然而，这些年来有些单位的民主生活会质量有所下降，流于形式，没有思想性、原则性，缺乏战斗力，触及不了思想。今年，各级都要好好整顿一下民主生活会的会风。凡是召开民主生活会的，都要先征求群众对领导干部和个人的意见；再进行自我检查，开展批评和自我批评，不能回避问题；然后认真整改，向群众通报情况。如果群众不满意，问题没解决的，要由“班长”负责；民主生活会走了过场的，要重开。

抓落实，见成效。必须狠抓监督检查，兑现奖惩。今年反腐败工作部署以后，各单位和各级领导干部都要把注意力放在监督检查上。市委、市政府除7月份组织全面检查外，还将定期通报情况，让社会各界都来关心我市反腐败斗争的进程，监督反腐败工作的落实。各区、各工委、各部门、各单位要逐级负责，一级抓一级，定期开展监督检查，逐条逐项地落实反腐败任务，保证今年反腐败目标如期实现。要认真落实反腐保廉工作的奖惩制度。凡是抓得紧、成效明显的，要表彰奖励；凡是工作不落实，没有成效，群众不满意的，要给予批评；对问题较多，后果严重的，要追究主要领导的责任。各级人大、政协和各民主党派都要围绕抓落实、见成效，积极开展监督。要组织检查组深入到机关部门和基层单位检查指导工作，倾听意见，及时发现和指出问题，帮助党和政府消除腐败现象。各新闻宣传单位要加强舆论监督，及时报道反腐败斗争的进展情况和成效，披露解剖重大典型案件，指出苗头性、倾向性问题，形成强有力的舆论监督。各级纪检、监察机关要在党委、政府的统一领导下，充分发挥组织、协调和指导作用，认真履行监督检查职责，切实加强力量，采取更有力的措施，检查监督三项主要任务的落实。我们的税务部门、审计部门也负有监督的责任，也要在自己的工作当中，发现问题，解决问题。

四、把握政策，切实保证反腐败斗争健康有序地进行

今年的反腐败工作，是在我国经济体制改革进入整体推进、重点突破的新阶段，一些重大改革方案陆续出台的新形势下进行的。改革、发展和稳定是全党工作的大局。服从服务于这个大局，是今年开展反腐败斗争的指导思想和各项工作的出发点。因此，只有坚决执行党中央、国务院关于反腐败工作的方针政策，才能保证反腐败的健康有序进行，也才能充分发挥反腐败服从服务于大局的重要作用。

必须坚定不移地贯彻执行党中央、国务院关于今年反腐败的各项要求。腐败现象是制约、破坏改革、发展的重要障碍，是社会政治不稳定的一个重要因素。不清除腐败现象，不惩处腐败分子，我们的改革、发展就不可能有良好的社会环境，甚至还会危及党和政权的巩固。反腐败是贯穿改革开放全过程的重大政治任务，改革开放搞多久，反对腐败就要搞多久。今年，党中央又根据形势的发展要求赋予反腐败以新的内容，反腐败的力度只能加强不能削弱。我们既要坚定不移地执行去年的老“五条”，又要坚定不移地执行今年的新“五条”；既要巩固和发展去年取得的成果，又要把反腐败引向深入。今年的新“五条”，传达学习以后，有不符合的，就要自觉地纠正，不要等着人家来纠正你了，你才被动纠正，这就不好了。

必须严肃查处大案要案。去年开展反腐败斗争以来，无论从群众的大量举报来看，还是从腐败分子犯罪的惊人程度来看，查处大案要案，已经成为全社会关注的焦点。在这个问题上，我们决不能辜负广大人民群众的热切期望。今年，要继续以查处党政领导机关、领导干部和司法机关、行政执法部门、经济管理部门及其工作人员违纪违法案件为重点，着重查处：领导干部贪污受贿、以权谋私、失职渎职、腐化堕落等案件；执法执纪人员徇私舞弊、贪赃枉法、执法违法、执纪违纪等案件；以及法人走私贩私、偷税漏税等违纪违法案件。各级党委、政府、各单位都要加强对办案工作的领导，主要领导要亲自过问。要坚决排除各种阻力和干扰，坚决支持监督职能部门对重大案件的查处工作。对揭露出来的大案要案，不管涉及哪一级干部，不论阻力多大，都要坚

决一查到底，予以惩处。该判刑的要判刑，该处分的要处分，决不能搞官官相护和单位保护主义，决不能让腐败分子为所欲为，逍遥法外。去年以来，我市纪检、监察、检察、法院等监督、司法机关和广大监督、司法干部，直接战斗在反腐败斗争的最前线，面对面地同腐败分子开展坚决地斗争，在查处大要案、追捕缉拿重大经济罪犯等方面，做了大量工作，受到了党和人民的赞誉。今年，要再接再厉，继续把工作重点放在突破一批大要案上，力争快查、快审、快结、快判。

必须坚持实事求是的原则，把握好政策界限。今年的反腐败工作，任务很重，工作量很大，涉及面很广，情况也很复杂。在这种情况下，我们更要严格执行党的方针政策，正确区分和处理两类不同性质的矛盾，划清和把握好政策界限。要看到，腐败分子是极少数，消极腐败现象量大面广。所以，我们要坚持党的"惩前毖后，治病救人"的方针，学会用不同方法解决不同性质的矛盾，努力化消极因素为积极因素。对腐败分子要坚决查处，决不手软，对腐败现象要坚决整治，防止蔓延。在这里，我要重申：对已经清理出来的问题，不能边说边犯，边纠边犯；对有一般不正之风的人，主要是批评教育，本人主动检查了，而且改正了，就可以不加追究；对不查不纠，拒不接受教育，群众举报查实的人，必须严肃处理；对袒护、包庇腐败分子的，必须绳之于党纪国法；对搞打击报复，诬告陷害好人，制造不安定因素的，必须严肃查处；对瞒案不报，有案不查的，必须追究领导人的责任；对举报有功，挽回重大经济损失，坚决同腐败分子作斗争有功的，要大力表彰奖励。

同志们，在新的一年里，我市反腐败斗争的任务是艰巨的，市委、市政府反腐败的决心也是坚定的。我们要认真贯彻中纪委三次全会精神和江泽民总书记的重要讲话，紧紧围绕"抓住机遇，深化改革，扩大开放，促进发展，保持稳定"这个大局，把反腐败斗争深入、持久、更有成效地开展下去，为深圳发挥优势、再创优势，提供重要保证，作出新的贡献。

最后，我再讲两点：一点就是社会的稳定问题。最近，我市有一些不稳定的苗头，闹事的苗头。希望我们各有关部门、主管部门，公安、政法部门，要给予严重的关注。要做好工作，化解矛盾，把问题解决在萌芽状态。不能事件发生了，我们还不了解情况。第二点，我市正在做的清理"三无"人员的工作。各个区、各有关部门和市委、市政府的领导同志，都抓得很紧，工作很有成效，群众反映是好的。这项工作，要注意几点：一是对被清理的“三无”人员，我们要正确对待。他们也是我们的阶级兄弟。不该在特区，这一点是肯定的。但他们没有犯罪，也没有犯法。我们绝对不能用其他的手段，要像对待我们的兄弟姐妹一样，爱护他们，做好思想工作，请他们走。这也有个纪律的问题。二是清理以后，一定要处理好。我们的屋主、店主、地主，一定要负起责任，今后再有的话，就要追查这“三主”的责任。第三点，就是我们的二线管理要加强。这几天，堵在外边的就有4万多人。可以想象，不加强二线管理，特区将是个什么面貌。如果我们的清查工作告一段落之后，二线管理放松下来，还会陆续有人进驻。所以，二线管理的加强，请有关部门认真研究，认真解决。这样才能保证深圳有一个好的社会环境，保证我市的改革开放顺利进行。

全市人民行动起来，为把深圳建成法治城市而努力奋斗

——在全市依法治市动员大会上的讲话

(1994年6月)

同志们：

今天召开全市依法治市动员大会，我代表市委、市人大常委会、市政府向大会作动员讲话。

去年12月份，中共广东省委、省人大常委会作出决定，将我市作为全省依法治市的试点城市。这是省委和省人大交给我们深圳特区的一项新的试验任务，是对深圳工作的信任和推动。我们不能辜负省委和省人大的期望，全市各级党委，各级人大和各级政府都要积极行动起来，投入依法治市工作，使深圳不仅成为改革开放的“窗口”和“试验场”，而且还要成为民主与法制建设的“窗口”和“试验场”。下面，我就依法治市的工作讲几点意见。

一、正确认识依法治市的重大意义及其紧迫性

依法治市，就是依照宪法、法律、法规和规章来建设和管理城市，依法调整和规范城市的政治、经济、文化和社会生活各个领域的关系，使城市工作的方方面面都做到“有法可依、有法必依、执法必严、违法必究”。加强特区的全面管理，实行依法治市，对于深圳当前的改革和发展有着特别重大的意义。

第一，是深化改革，扩大开放，在深圳率先建设起社会主义市场经济体制的需要。深圳特区经过14年的改革开放，已经进入了一个飞速发展的时期。以市场经济为取向的改革已经深化为要建设社会主义市场经济体制，改革已进入到整体推进与重点突破相结合的新阶段。这个阶段的改革提出的显著要求是，

必须注重体制与政策的规范化，使改革的决策与立法的决策紧密结合起来，用法律、法规来引导、推进、保障改革，保障社会主义市场经济体制的建立。

第二，是实现深圳发展战略目标的需要。党的十四大后，深圳提出用20年左右的时间基本实现四个现代化，把深圳建成技术先进、经济繁荣、外向型、多功能、现代化的国际性城市。要达到这样的目标，深圳的社会主义民主和法制建设必须要有一个大的发展。其发展的重要表现形式就是实现依法治市。依法治市是现代化国际性城市的重要标志之一。

第三，是深圳发挥民主和法制建设“试验场”和“窗口”作用的需要。建设高度民主和法制是建设现代化社会主义国家的根本任务，加强民主和法制建设也是深圳重要的试验任务，也应该大胆地试，大胆地闯，真正发挥“试验场”的作用。江泽民总书记最近指出，经济特区的发展，已进入了一个提高整体素质、增创特区优势的新阶段。特区还要特，首先要加快改革的力度，拓展改革的领域，即在加快建立社会主义市场经济的法律、法规体系，处理好改革、发展、稳定的关系。

实行依法治市与经济体制改革一样，不仅仅是一个大课题，而且也是我们面临的十分紧迫的现实任务。必须清醒地看到，我们虽然在发展社会主义市场经济方面取得了一些突破，处在改革开放的前沿层次上；但是，我们在民主和法制建设方面步子还不够快，民主与法制建设还没有适应建立社会主义市场经济体制的要求，存在的问题和缺陷还比较多。

一是在城市政治、经济和社会生活的有些方面，还“无法可依”。立法工作明显滞后于经济发展的速度，特别是保障建立市场经济体制方面的法规规章还不完善，改革的决策与立法的决策结合也不够紧密，有些政策还不够规范。

二是有法不依、执法不严的问题比较突出。政府和司法机关的法制建设不够健全，依法办事、依法行政的意识不强，健全的执法机制还没有建立起来。有些部门和单位，有法不依，有令不行，有禁不止，为了自身的利益损害全局利益；有些行政执法部门体制不规范，关系不顺，内部的工作规章制度不健全，运作程序混乱，工作推诿，相互扯皮；有的机关部门及其工作人员官僚主义严重，群众观念淡薄，门难进、脸难看、事难办；还有些人包括少数领导干部，无视法纪、以言代法、执法犯法、徇私枉法、以权谋私、钱权交易、贪污受贿，群众对这种情况很不满意。

三是监督机制不健全。人大及其常委会的监督,行政机关和司法机关的内部监督,社会群众监督,新闻舆论监督等等。由于种种原因,致使有些监督工作不落实,监督的效能发挥不够,使一部分权力失去监督,失去制约,也使滥用权力所产生的腐败现象不能得到及时的遏制。

这些问题的存在,影响了法律、法规的实施,损害了法律的尊严,也影响了政府与人民群众的关系和社会的安定团结,直接制约着深圳特区改革开放向纵深发展。这些问题,只有通过推进依法治市才能逐步加以解决。总之,只有实行依法治市,经济才能健康发展,社会才能长治久安。因此,我们对依法治市的工作要有紧迫感。各级党委、各级人大、各级政府、各级司法机关要把依法治市作为一项重要的工作任务,齐心协力地抓起来,并切实抓出成效。

二、依法治市的目标和任务

深圳实现依法治市的总体目标是:从1994年起,用3~5年左右的时间,使我市适应市场经济发展的主要领域的法规规章基本配套,做到“有法可依、有法必依、执法必严、违法必究”;再用5年左右的时间,使我市的法制建设达到法规、规章比较健全,执法和监督机制比较完善,社会的法律意识和法制观念显著增强,形成社会安定、秩序井然、人民安居乐业的社会环境。从而把深圳建成经济繁荣、具有较高程度的民主和法制的现代化国际性城市。要达到这个目标,必须具体做好这样几方面的工作:

(一)用好立法权,加快立法步伐

市人大及常委会和市政府要抓紧立法工作。特别是要围绕我市改革的重点,如建立现代企业制度、金融体制改革、财税改革、建立社会保障体系、政府机构改革、廉政建设、社会治安、城市管理、环境保护、精神文明建设等方面加快法规规章建设。使我市社会生活的各个领域有法可依,为全面实行依法治市打好基础。

(二)建立依法行政的机制,实现政府工作的法制化

政府严格守法,依法行政,是实现依法治市的关键。政府要改变旧的观念,政府作为执法主体,执法不仅仅要使基层和民众守法,更重要的是政府及其工作人员必须首先守法,只有守好法,才能执好法。因此,要下大气力切实抓好政府工作人员守法和依法行政的工作。政府及其部门要逐步做到主要依靠法律、法规来管理经济和社会事务。不仅要在管理内容方面严格遵守法律规范，而且在管理的方式和程序方面也要严格依法办事。政府可根据需要制定必要的行政管理规章，将政府机关的机构设置、职能及工作程序规范化、法制化、公开化，理顺部门之间的工作关系，明确职责分工，依法行使职权。要建立和健全政府执法责任制，纯洁行政执法队伍。同时，政府要切实整顿机关工作作风，转变职能，增强服务意识，做到“严格执法、优质服务、高效运作、清正廉洁”。

（三）加强和改善司法工作

主要是健全执法机制，严格依法办案，加强司法监督，严厉打击各种犯罪活动，维护社会稳定，保障经济的发展和公民的合法权益。

（四）建立和完善民主监督机制

最主要的是要加强人大及其常委会的法律监督和工作监督。将权力纳入法律、制度的监督之下，从根本上防止滥用权力。城市建设的重大决策要按法定程序提交人大讨论做出决定再由政府组织实施。哪些事是属于重大事项，必须提交人大决定，这个问题要在调查研究的基础上加以规范界定。人大监督要把对法律、法规的实施放在重要的位置上。要认真搞好对“一府两院”的评议，经常地、有计划地组织人大代表进行工作视察和执法检查，要着手制定人大监督的规范，强化人大及其常委会的监督力度，增强监督实效。同时，要充分发挥人民政协、各民主党派、人民团体在政治协商和民主监督中的作用。充分发挥法律监督、工作监督、群众监督和舆论监督的作用。使各级政府及其工作人员置于有效的监督之下，形成健全的民主决策和民主监督机制。

（五）深入开展法制教育宣传，把普法教育与依法治市结合起来，提高全社会的法律意识和法制观念

要组织各级领导干部，广大党员、国家公务人员和群众认真开展法律知识的学习，只有学法、懂法，才能执法、守法。全市的中小学校也要重视对学生进行法律知识的教育，要开设法制教育课程。要通过普及法律知识的宣传和教育，使国家机关及其工作人员牢固树立依法行使职权和履行义务的观念，使全体市民知法守法，依法维护自身权益，自觉履行义务，同各种违法行为作斗争，形成一种守法光荣，违法可耻，依法办事的风尚。

三、今年依法治市要抓好的几项工作

今年是我市进一步深化改革、扩大开放，保持国民经济持续、快速、健康发展的一年。我们要认真贯彻中央提出的“抓住机遇，深化改革、扩大开放、促进发展、保持稳定”的工作方针。坚持一手抓改革开放，一手抓法制建设，推进依法治市。市委经过认真地研究，同意市依法治市领导小组办公室关于《深圳市依法治市方案》，并已转发全市。关于今年依法治市的工作要点也基本确定。请各单位结合实际，认真组织贯彻实施。下面，我强调一下今年依法治市要抓好的几项主要工作。

（一）认真开展对公检法司机关的评议工作

贯彻省、市人大评议工作会议精神，组织人大代表对我市公检法司机关进行评议，并切实抓出成效，是我市依法治市工作的重要突破口。公检法司机关担负着打击敌人、惩治犯罪、维护治安、稳定社会、保障国家和人民生命财产安全的重大任务，又是国家重要的执法机关，掌握着生死予夺的“刀把子”。其工作如何直接关系到改革开放和经济建设，关系到社会稳定，关系到党和政府的形象，我市各级党委要高度重视这项工作，切实加强领导，把评议公检法司的工作做好。今年，我市主要是评议区级公检法司机关。目前，评议工作正进行中，市、区人大常委会要精心组织，人大代表要依法大胆行使职权；公检法司机关要虚心接受评议，自觉接受人大和人民群众的监督。公检法司机关对评议中提出的问题，要逐条梳理，逐条拿出整改措施，切实整改。对于少数干警存在的执法犯法的行为要依照法纪，严肃查处。要通过评议活动，促进公检法司机关实现从严治警，严格依法办案，建立起“执法责任制”。争取在最近几年内，使执法机关的队伍素质，执法活动，执法水平有明显的改善和提高。

在评议工作中，人民群众反应强烈、最不满意的问题之一，是深圳市的社会治安问题。“七害”泛滥，杀人抢劫等重大刑事案件时有发生，群众缺乏安全感。公检法司要通过评议整改，充分发挥在社会治安综合治理中的重要职能作用，要依法严厉打击各类违法活动，使我市社会治安秩序有明显的好转。

（二）抓好政府行政的试点

政府依法行政是依法治市的工作主体。依法治市主要还是讲政府依法治市，讲政府工作的法制化。市委经过研究决定，将市劳动局和规划国土局两个部门作为依法行政的试点。这两个局也都制定了依法行政的工作方案，建议市政府把这两个方案转发到政府各部门，各部门都要参照其做法，并根据各自工作的性质、任务、目标，制定出依法行政的工作规范。希望两个试点单位一定要组织力量抓好试点工作，认真实施自己的方案，今年一定要抓出成效，抓出经验，明年在面上推广。其他部门也包括各个区，应于今年10月份以前制订出工作方案，并逐步实施。各个区、镇也可参照市里抓点的做法开始抓“依法治镇”、“依法治村”的试点工作。依法治市领导小组办公室要对此项工作进行督促检查。

（三）依法推进企业制度的改革

今年我市改革的重点之一是深化企业的改革。全面贯彻实施国家的公司法和特区的公司条例，是今年依法治市工作的一项重要任务。全市所有的公司都应按照公司法和公司条例来进行改造和运作，全面规范企业的生产经营活动和企业的管理结构。目前正在进行股份制改造的企业，一开始就应该按公司法和公司条例进行规范，已经进行过股份制改造的企业，要对照法律、法规加以改进和完善。市委确定的28家试点企业，改革的步子要加快，对所面临的问题都提出来，依据法律法规加以解决。政府有关部门要严格依法办事，该放的权一定要放，该管的要管好，要切实转变职能，转变作风。市人大及其常委会应就公司法、公司条例的实施情况，重点组织代表视察、检查，监督公司法有效地贯彻实施。

（四）强化执法监督检查

拟在今年第三季度，在全市深入开展一次执法大检查，检查的重点是市场经济和城市管理方面的法律、法规执行情况。各部门、各单位以自查为主，市依法治市工作领导小组办公室要负责组织落实，并有重点地进行抽查。各部门要通过检查，找出执法工作中存在的问题，研究出整改措施并切实整改。市、区人大及其常委会在今年工作安排的基础上，要加大法律监督工作的力度。特别是要检查深圳特区法规的执行情况，对于执法检查中发现的重大违法行为和典型案件，要予以“曝光”，并及时公布处理结果。市法制局也要在协调政府部门起草法规、规章草案的同时，抓好行政执法的检查工作。

(五)认真搞好今年的立法工作

今年的立法,要根据深圳改革和发展的需要,配合重大改革措施的出台,抓住带全局性、影响较大的立法项目。市人大常委会已确定了今年审议特区土地使用权出让条例、劳动合同条例、国有资产管理条例等25个法规;市政府也确定了制定特区预算外资金管理规定、市容环境卫生管理办法等27个规章,要抓紧组织落实,定时间、定任务、定要求,如期完成。在立法工作中,要做到急用先立,保证重点、避繁从简、注重配套。要注意多制定单项性条例或规定;同时,在起草、审议法规、规章草案的过程中,要从全局利益出发,防止和剔除那些强调局部利益或带旧体制色彩的内容。市人大常委会和市政府要做好协调把关工作,保证立法质量。

(六)加强依法治市的宣传,强化法制教育

深圳实行依法治市,是全体深圳市民的义务和责任,离不开全体市民参与和支持。这次动员大会之后,要利用报纸、电视和广播电台等各种新闻传媒广泛持久地开展依法治市的宣传和动员活动,展开依法治市的讨论,造成依法治市强大的宣传舆论和工作声势。使各级领导、广大党员干部、群众充分认识了解依法治市的意义、目标、任务和措施,力求做到家喻户晓,人人皆知,提高参与依法治市的自觉性和积极性。

要采取有效措施,强化普法教育。市委宣传部和市司法局已经拟订了宣传教育方案,要抓紧实施。法制教育既要围绕“二五”普法的内容,又要围绕依法治市的内容,紧密配合进行。我市的三级党校,要把法律知识的学习作为重要的培训内容。各机关部门、企业、学校要制定出本单位进行法制教育的计划;各单位要通过举办各种形式的学习班、培训班、开设法制教育等方式,进行广泛的法律知识教育。各部门的领导、处级干部和一般干部都要分期分批参加学习培训。熟悉和掌握与本部门工作有关的法律、法规。为了防止学习流于形式,要有必要的考核措施,把法律知识的掌握及其应用水平作为干部考核、晋升的重要条件。

四、各级领导要带头执法,增强法制观念

依法治市,各级领导能否带头守法执法是很关键的因素。要群众守法,要下属守法,要部门机关守法,首先我们各级领导干部要带头守法执法。目前,

我市的基层群众对执法状况不够满意，对政府一些部门，对一部分国家公职人员包括少数领导官僚主义和腐败行为意见较大，这不能责怪群众，我们应该从领导工作自身找原因，勇于正视问题，承认不足，真心实意地加以改正。

实行依法治市要从领导干部做起，正人先正己。领导干部一是要带头学法，掌握工作必备的法律知识。二是要严格守法，养成严格依法办事的习惯，违法乱纪的事不能干。不学法，不懂法，不守法的干部，不是称职的干部。希望各级领导要带好头，从现在做起，从自己做起，严于律己。当前，各级领导干部还要带头刹一刹“人情风”。对于群众反映的各类特权问题、腐败现象，领导同志都要特别加以重视，认真对待。

强调领导的带头作用，更重要的还是要带头抓好自己分管的地方、部门、单位的工作。领导干部要做到公正廉洁，“公生明，廉生威”。各级领导要勤政廉政，增强责任感，要带出一个地方，一个部门，一个企业，一个单位好的风气。希望各级领导干部一定要严格要求自己，做守法执法的模范，做勤政廉政的模范，为深圳实现依法治市作出应有的贡献。

五、加强对依法治市工作的组织领导

依法治市是一项长期艰巨的任务，也是一项社会系统工程，涉及权力机关、行政机关、司法机关和党的组织等各个方面的工作，必须加强领导。为此，市委决定成立依法治市领导小组，在市委统一领导下进行工作。市委、市人大、市政府的主要领导同志分别担任正副组长，下设办公室负责日常工作。希望各区，各机关部门、市属各公司企业的领导都重视这一工作。参照市里的做法，领导同志要亲自抓，按照市委的部署和要求把依法治市作为重要的日常工作切实抓起来，务必抓出成效，形成依法治市、依法治区、依法治镇的总体格局。

同志们：依法治市任务十分艰巨，需要长期坚持不懈，扎扎实实地抓下去。最近江总书记在广东考察时强调，中央对发展经济特区的决心不变；中央对经济特区的基本政策不变；经济特区在全国改革开放和现代化建设的地位和作用不变。这是中央对特区的鼓舞和鞭策。我们一定要以小平同志建设有中国特色的社会主义理论和党的基本路线为指导，解放思想，实事求是，胆子要大，步子要稳，理论与实际相结合，借鉴与独创相统一，努力形成和发展经济特区的中国特色、中国风格、中国气派。现在我们开展依法治市，也正是用实际行动落实江泽民总书记的指示精神。市委号召,全市各级党委、各级国家机关、各人民团体,广大党员、干部、全体市民,要团结起来,积极行动起来,齐心协力投入依法治市,为开创我市民主法治新局面而努力奋斗。

“增创新优势，更上一层楼”

——在市委工作会议上的讲话

（1994年7月）

同志们：

这次市委工作会议的主题是传达学习贯彻江总书记视察广东的重要指示和省委工作会议精神，总结上半年的工作，部署下半年的工作。江总书记这次视察广东，着重对经济特区工作作了指示，谈到了特区的地位、作用、基本政策、发展方向等一系列重要问题。我们这次会议，就是要围绕如何贯彻江总书记的指示精神，增创新的优势，提高整体素质，把我市各项工作推上一个新的台阶进行讨论、研究和部署。

下面，我代表市委讲几点意见。

一、关于我市上半年工作的情况

今年以来，我市认真贯彻中央关于“抓住机遇，深化改革，扩大开放，促进发展，保持稳定”的方针，两个文明建设都有了很大的发展。

（一）经济快速、健康、协调发展

1. 主要经济指标增长势头良好。今年上半年，我市经济总量大幅度增长，全市实现国内生产总值250.39亿元，比去年同期（下同）增长28.1%；工业生产全面上升，总产值达269.79亿元（1990年不变价计），增长34.8%，产销率达到96.7%，比去年同期提高1.2个百分点；市场销售和进出口持续增长，全市实现社会商品零售总额94.81亿元，进出口总额132.9亿美元，分别增长34.7%、28.8%；利用外资规模扩大，上半年实际利用外资7.56亿美元，增长53%；财税状况良好，完成财政收入32.22亿元，增长75.3%，完成工商税收40.94亿元，增长68.72%。

2. 宏观调控取得明显成效。基建投资增幅回落，上半年全市基本建设累计完成83.8亿元，比去年同期增长26.9%，增幅比去年同期回落73.1个百分点；第三产业投资比重上升，占全部投资的84.1%，比去年同期提高10.8个百分点；金融保持稳定、健康发展，形势趋好，存款余额先降后升，6月末达773.19亿元，比年初增加21.3%；新增贷款逐月增加，贷款结构得到改善，6月末各项贷款余额为560.56亿元，比年初和去年同期分别增长15.4%、32.2%，其中十家银行用于保重点的贷款资金占第二季度新增贷款总额的86.5%；信贷存差增大，6月末存差由年初时的122亿元上升到212亿元；外汇市场运作平稳；物价涨势趋缓，3到6月各项物价指数逐月回落，市场供应良好，居民消费心理相对稳定。

(二)城市基础设施建设加快，城市投资环境不断改善

1. 重点项目建设进展顺利。今年的30个重点项目，都是侧重于城市基础设施、交通、运输、通信业和能源工业等对改善投资环境、增强我市国民经济实力具有重要作用的行业。年度投资为55.7亿元，目前资金已基本落实，上半年累计完成项目投资25.8亿元，占全年计划46.3%，达到计划进度要求。其中6月份完成投资6.58亿元，比前5个月平均完成额增长71.4%，表明工程进度明显加快。机场第二候机楼和停机坪扩建全面开工；盐田港一期工程通过国家验收，集装箱码头已正式启用；妈湾电厂2号机组进入主体安装，二期准备工作全面铺开；北环快速干道、11座立交桥和10座人行天桥已完成总投资的75%；地铁一号线一期工程已完成项目评估；东部电厂项目建议书获国家计委批准；其他项目也按计划进展顺利。

2. 为群众办10件实事进展顺利，基础设施建设全面加快。除列入重点项目的工程外，笔架山水厂扩建工程已投入使用，日供水增加14万吨；大冲水厂扩建工程通过总体验收，日供水能力增至35万吨，使我市供水大大缓解；防洪排涝工程(总投资1.16亿元)，已完成雨汛管渠清理工程的60%，布吉河改造等工程已经铺开，福田旧村排涝工程正加快进行；邮电通信建设(总投资11.3亿元)，已完成市话扩容10.3万门，占全年计划的34%，电话放号7.5万户，占年计划的68.7%；上半年已完成无线移动电话放号7909户，新建邮电服务网点12个，新增磁卡电话166部；中小学幼儿园建设进展较快，已完成计划投资的95.7%，8月底，可基本投入使用，新增学位12530个；住宅建设按计划进行，

7000套单元住宅年底可基本完成。另外，消防设施工程（总投资4.5亿元）、“菜篮子”工程建设（总投资6.8亿元）、医院建设（总投资3.3亿元）、垃圾站和公厕（总投资660万元）等建设项目也都加快了步伐，大部分工程年底可望完成。

（三）建立社会主义市场经济体制的各项改革稳步推进

1. 贯彻落实国家重大改革措施，宏观经济体制在改革中实现平稳过渡。

今年初，国家在财税、金融、外汇、投资等方面推出了一系列重大改革措施。其中，财税和外汇体制的改革使我市的经济运行面临很大考验。我们一方面积极贯彻国家的有关规定，精心组织各项改革的实施，另一方面如实地向中央反映我们的情况和建议，努力争取国家各有关部门的支持，使特区有些现行政策得以保留，保证了经济的稳定发展。

目前，在财税体制改革方面，中央税与地方税分开的工作已基本完成，市和区的分配格局基本确定，比较平稳地实现了由过去的财政包干制向分税制的过渡，新的财政体制运行良好，财政收入有所增长。在外汇及外贸体制改革方面，我们采取了一系列具体措施，帮助企业尽快适应汇率并轨和税率调整后的新形势。金融体制、计划体制和投资体制的改革，也取得了新的进展。

2. 根据我市的实际，加快了建立现代企业制度和各项配套改革的步伐。

我市今年经济体制改革的总体思路，是以建立现代企业制度为核心，全面推进企业公司化改造，并在转变政府职能，建立完善宏观经济调控体系，培育和完善要素市场，健全社会保障制度以及建立市场经济法律体系等配套改革方面取得新的突破。

按照这一思路，我们成立了建立现代企业制度试点领导小组，选择了28家企业作为试点单位，按照《公司法》要求建立企业法人制度、有限责任制度和科学的管理制度。这些试点企业，有的是改组为国家独资有限责任公司，有的是改组为国有资产产权经营公司，有的是配合股份制改革着重进行建立新的产权管理制度、科学规范的领导制度、分配制度和内部监督约束制度的试点，有的作为规范完善股份合作制的试点。目前，试点准备工作已基本就绪，即将进入具体操作。与此同时，继续推行企业公司化改造，实行有限责任制度，全面开展清产核资，第一批17家企业已开始实行国有资产授权经营制度；进一步理顺政企关系，为实现国有企业无行政主管部门制定了改革方案。围绕建立现代企业制度这一核心，其他各个方面的配套改革也正在逐步深入。

(四)精神文明建设进一步加强

1. 深入学习《邓选》三卷和十四届三中全会的《决定》，坚持用建设有中国特色的社会主义理论武装干部群众的头脑。

根据中央和省委的部署，市委对学习《邓选》三卷和《决定》作了统一安排。坚持自学为主与适当辅导、研讨相结合，坚持学习《邓选》三卷与《决定》和学习市场经济理论知识相结合，坚持学习理论与研究解决特区改革和发展中的重大问题相结合。市委、市政府等五套班子领导带头参加了学习。从去年12月到今年上半年，共举办4期局级干部读书班，参训人数占局级干部总数的96%。6月份，举行了局级干部学习《邓选》三卷汇报会，有17个单位的领导在会上分别作了口头或书面发言。市、区两级共举办处以上领导干部读书班33期，参训人员2582人，占全市处以上干部总数的82.2%。有123名局(区)级领导干部撰写了论文或体会文章，有32名同志的文章在深圳特区报、深圳商报、《特区理论与实践》等报刊上发表。市委组织部、宣传部还联合举办了学习邓小平建设有中国特色社会主义理论征文活动。通过学习，各级领导干部进一步加深了对建立社会主义市场经济体制意义的认识，增强了运用科学理论解决现实问题的能力。

2. 反腐败三项工作进一步开展，并取得新的成果。

——领导干部廉洁自律取得新成效。根据中央提出的党政机关县(处)级以上领导干部廉洁自律“新老五条规定”，我市各级领导干部普遍对照“五条”规定进行了自查自纠。

——查处大要案取得新突破。上半年我市纪检监察和司法机关查结、突破了一批大案要案。据统计，1~6月，全市纪检监察机关共立案108宗，查结96宗；全市纪检监察机关立案侦查贪污、贿赂等经济犯罪案件90宗，依法逮捕62人(局、处级干部9人)，向法院起诉35人；全市公安机关侦查走私贩私、诈骗等罪案29宗；全市审判机关审结贪污贿赂、挪用公款等案件51宗。

——纠风工作取得新成绩。一是今年4月公布了第三批被取消的行政事业性乱收费项目，总计取消乱收费项目202项，纠正乱收费项目7项。二是继续抓好党政机关与所办经济实体的脱钩工作。市委、市政府分两批对全市111家党政机关所办的公司和经济实体作出脱钩的处理决定。第一批脱钩的40家经济实体到8月份完成脱钩工作。此外，在清理和纠正用公款出国（境）旅游，清理借用、挪用、拖欠公款的清退工作，纠正用公款请客送礼、铺张浪费的不正之风等方面也取得了成效。

3. 认真贯彻全国宣传思想工作会议精神，狠抓精神文明建设各项工作的落实。

——为贯彻全国和全省宣传思想工作会议精神，我们召开了全市宣传思想工作会议，认真总结了我市十四年来抓好精神文明建设的基本经验，研究了如何在新形势下加强和改进我市宣传思想工作的问题，进一步理顺了宣传文化工作领导体制，制定落实了文化经济政策。全市群众性的创建共建活动不断深入，国贸大厦、沙头角镇通过了文明单位的验收；一批文明村、文明户被命名并挂牌。经过全市军警民共同努力，我市创建"双拥模范城活动"取得喜人成果，被省授予"双拥模范城"称号。

——继续大力发展教育科学文化事业。市委继续把教育放在优先发展的战略地位，大幅度增加教育的投入。1994年财政教育投入比去年增长28%。为大力发展文化科学艺术事业，市委制定了精神文明建设奖励和优秀科技成果奖励条例。一批优秀文艺成果和科技成果分别在全国和全市获奖。

4. 深入开展专项斗争，组织专项整治，社会治安形势有所好转。

——我市坚决贯彻中央关于全力维护政治稳定的方针，先后妥善处理了罢工、请愿等多起影响社会安定的事件，确保了社会的稳定。

——不断开展扫除"七害"的专项斗争，加强对各类社会丑恶现象的治理。打击取缔、清理整顿、教育管理、强制戒毒等各种手段综合运用，在一定程度上遏制了卖淫嫖娼、聚众赌博、吸毒贩毒等违法犯罪活动的发展蔓延。

——开展专项打击，遏制刑事犯罪。上半年，有组织、有计划地开展了打击车匪路霸、反盗抢机动车等专项斗争，并取得一定成效。

——组织专项整治，解决治安难题。主要抓了三项工作：一是清理"三无"人员，二是综合整治交通秩序，三是抓了"文明安全小区"的试点，并在罗湖区召开现场会，推广了鹿丹村小区等试点经验。

上半年，在城市绿化、美化、爱国卫生、计划生育以及工、青、妇等各项工作中，也取得了显著成绩。人大、政协围绕市委中心工作作了大量的工作，也取得很大成绩。

（五）当前存在的几个突出问题

上半年，我市各项工作虽然取得了显著的成绩，但也还存在一些比较突出的问题，面临的形势还很严峻。主要问题是：

1. 资金供求矛盾突出。

尽管我市贷款投放力度逐月加大，上半年新增贷款总额74个亿，在全国居于前列，其中二季度创下历史最高水平，但企业仍普遍感到资金短缺，固定资产贷款缺口较大，流动资金贷款不足。造成这一矛盾的主要原因：一是在建项目总规模偏大，主要是房地产，造成庞大的固定资产信贷需求；二是流动资金贷款增长赶不上生产需求的增长；三是企业对资金运用的结构不够合理，挪用流动资金搞固定资产投资、房地产占压资金较多；四是资金不合理外流，一些企业盲目斥巨资投入内地房地产，造成资金大量积压，效益很差，有的难以回收；五是企业资金使用效率较低。我市企业贷款与产值比为0.47∶1，远高于全国平均0.2∶1的水平。上半年我市国有企业经营效益下降，生产成本、库存、应收款和管理费用等大幅增加，三角债增多，加剧了资金紧张形势。

2. 国有企业亏损显著增加，有的企业经营管理不善。

据统计，市属国有企业上半年亏损面达31%，比去年同期增加近10个百分点；亏损总额为3.18亿元，比去年同期增加20.1%。造成效益滑坡的直接原因是销售萎缩，库存和应收款增加，成本上升，有的税负增加。据统计，市属国有企业上半年存货达153.4亿元，应收款206.1亿元，比去年同期大幅增加，两项合计359.5亿元，占这些企业全部流动资金的67%。这里面有政策调整和宏观经济环境变化方面的影响，也有产业结构和企业组织不合理的问题，更重要的还是企业的经营管理水平低。一些企业经营机制转换尚未到位，风险意识淡薄，在博取短期高额利润思想的驱动下，不顾行业和产品特点盲目扩大经营范围，将有限资金甚至70%以上流动资金投入房地产，遇上市场不景气又未及时调整应变，致使经营陷入困境。少数企业经营作风不端正，财务报表随意性很大，根本反映不了实际经营状况；有的企业工资增长比去年提高近50%，远超过劳动生产率的增长幅度，导致成本上升，甚至一些严重亏损企业，工资、奖金还照发不误。

3. 物价指数仍在高位徘徊，控制通货膨胀的任务仍很艰巨。

今年上半年，物价上涨幅度明显趋缓，但价格指数仍居高不下。上半年累计平均居民消费价格指数和零售物价指数与上年同期相比，升幅均为17%。综合全国物价变动的大背景，考虑税制改革、外汇改革以及近期华南、华东等地水灾的影响，我市实现全年物价指数升幅控制在15%以内的目标难度很大，任务非常艰巨。

4. 政府宏观管理措施不到位，监控不得力。

对经济运行中出现的问题，我们及时调查研究、积极主动地去解决不够。例如，企业挪用流动资金投入房地产的问题，企业盲目举债投资内地的问题，我们对此未能及时采取有效手段加以控制；企业消费基金增长过快，违背了“两个低于”的原则，我们虽已看到，但采取措施不力；对亏损企业扭亏增盈措施不到位，我们7个部门曾就此联合发过文件，但现在，一些亏损企业仍在增发工资和奖金。我们的不少工作，都存在着措施不到位、监控不得力的问题。各单位领导必须认真研究解决。

5. 城市规划、管理滞后，恶性事故屡屡发生。

自去年发生一些重大事故后，我市大多数政府部门和企业都提高了安全防范意识，制定了相应措施，加强监督和管理。但仍有不少单位和企业，尤其是“三来一补”企业的安全生产意识淡薄，不按制度办事，不顾广大劳动者的切身利益。少数政府部门监督、执法不力，对违反规划、违章设计、违章施工、违章生产现象未能及时制止和纠正，致使恶性事故仍时有发生。如今年6月4日龙岗镇协成五金制品厂的塌楼事故，造成11人死亡，8人重伤；今年7月7日平湖镇华联皮具厂的火灾，造成6人死亡。发生这些问题，直接原因是安全生产意识不强，但最根本的是我们城市管理跟不上，管理监督不到位。这些血的教训应当引起我们足够的警觉！

6. 消极腐败现象尚未从根本上得到遏制，行之有效的反腐保廉监督约束机制还没有完全形成。

我市前段反腐败斗争尽管取得了很大成效，但不能对此估计过高。应清醒看到，一些干部甚至部分领导干部还存在着比较严重的特权思想、极端个人主义和拜金主义；讲排场，讲享受，比阔气，奢侈浪费、畸形消费之风还很突出；以权谋私、贪污受贿、走私、贩毒等权钱交易的腐败行为还时有发生。对此，我们目前还未形成有效的监督制约机制，反腐败斗争还任重道远。

7. 社会治安形势仍然十分严峻。

一是刑事案件总体上还居高不下。入屋盗窃、诈骗、抢夺、伤害、涉枪、贩毒等方面的犯罪比上年同期大幅上升,刑事案件总体呈上升的势头。二是“七害”现象有蔓延之势。“三陪”、嫖娼又有回潮;吸毒面也在扩散;参赌人数增多,规模扩大。三是仍有许多潜在的社会不安定因素。这些都需要引起我们的高度重视。

总之,今年上半年我市在全国加强宏观调控、改革力度大、各种困难和问题较多的情况下,两个文明建设仍然取得了显著成绩,还是大家共同努力的结果。但是,我们对存在的问题和困难要有充分的估计,要保持清醒的头脑予以高度的重视,要认真总结经验,振奋精神,扎扎实实地作好今后的各项工作。

二、认真贯彻江总书记指示精神,努力增创新的优势,提高整体素质,把各项工作推上新台阶

最近,江总书记亲临深圳视察,代表党中央、国务院郑重重申了经济特区的“三个不变”。这是江总书记继邓小平同志视察南方发表重要谈话两年后,在特区发展的关键时刻发表的重要讲话,进一步阐明了新时期特区发展的前途和方向,具有重要的现实指导意义和深远的历史意义。我们要认真学习好江总书记的讲话,深刻领会其精神实质,用这个讲话统一全体党员、干部和全市人民的思想,振奋精神,开拓进取,推动各项工作跃上新台阶,不辜负党中央、国务院对经济特区的亲切关怀和殷切希望。

(一)解放思想,更新观念,把特区工作的立足点转移到苦练内功、提高整体素质上来

江总书记视察深圳时明确指出:“今后特区发展所必需的而又有可能实行的一些灵活政策的优势还得有,但保持特区优势的立足点和重点不应再放在这上面了,而主要应通过深化各项改革、调整经济结构、加强全面管理、提高人员素质、完善投资环境、增进经济效益、健全法制规范,使整体经济水平再上一个台阶”,“要增创新优势,更上一层楼,通过增创新优势和充分发挥特区的新优势来发展特区的新特色”。江总书记的这些指示十分明确地告诉我们,经济特区的发展进入了一个新的历史阶段。特区工作的立足点要由过去较多的依靠优惠政策和灵活措施转移到主要的是依靠苦练内功、增创新优势、提高整体素质上来。对这一转变,我们特区的广大干部群众,特别是各级领导

干部，一定要有一个明确的认识，要认识到这种转变的必要性和必然性，并主动适应这一转变，积极推动这一转变的实现。

从全国来看，各地的经济、社会发展，是一个紧密联系的统一体，我们深圳经济特区要自觉地为促进全国社会主义市场经济一体化作出积极贡献。我们要自觉地把自己摆在大局之中，要服从这个大局，顾全这个大局，为全国这个大局服务。

从深圳自身来看，经过14年的建设和发展，已有了一定的经济实力，具备了自我发展的条件。深圳下一步的发展，从根本上来说，只有靠深化改革、扩大开放，靠经济社会发展，靠完善城市功能求进步，找出路，而不能只靠优惠政策。这样的“排头兵”才是真正过硬的，这样的“试验场”对全国才更具有借鉴意义，才能真正发挥特区对全国的辐射作用。

提高整体素质，一是要切实提高经济素质。特区经济的规模、结构、速度、效益，特区的综合经济实力和发展后劲，都是经济素质的具体反映。经过14年的发展，深圳特区经济高速发展，效益也比较好，向外型经济有了初步的基础，对内地的辐射功能也日益增强，但与国内外一些大的城市相比，经济素质在总体上还有很大的差距。深圳要进一步增强在国际市场上的竞争力，对全国经济发展作出应有的贡献，必须在提高经济素质方面下工夫。近年来，深圳经济保持了持续高速增长的发展势头，但产业结构还要继续深入调整，高新技术产业和第三产业在国民生产总值中所占的比重还需要有更大的提高。尤其是我们还要造就一批在国内国外能够产生重要影响的支柱产业、拳头产品和骨干企业。因此，还是要讲艰苦创业，埋头苦干，从整体上进一步提高经济素质，增强我们的竞争实力和发展后劲。

二是要提高深圳人的思想道德素质和科学文化素质。我们要率先建立社会主义市场经济体制，最根本的是必须提高深圳人的整体素质。要进一步抓好四项基础教育、五项文明建设工程的实施落实；下大力气抓好青少年的思想道德教育和法制教育；继续开展“怎样做个深圳人”的大讨论和“文明市民”评比等活动；制定《深圳人行为道德规范》；不断深化社会公德、职业道德和家庭伦理道德教育；广泛普及青少年的科学文化知识教育，大力加强成人教育工作；努力提高深圳人的思想道德素质和科学文化素质。要进一步优化人口结构。要采取各种措施，培养一大批适应现代化建设需要的优秀人才，造就“四有”新人。

三是要下大力气搞好管理。管理水平的高低,是城市整体素质的综合反映。江总书记指出:“经济要发展,管理要加强。管理工作要全面,管理水平要提高。无论是经济的、法律的、行政的、社会的管理水平都要提高。搞现代化建设,没有现代化的管理是不可想象的。要向管理要秩序、要速度、要效益。在实现和加强现代化管理方面,经济特区也应走在全国前列。”江总书记的指示,一针见血地指出了我们工作中的薄弱环节,具有很强的针对性。近年来我市经济社会发展过程中出现的许多问题,实质上都是管理上的问题。因此,要提高特区的整体素质,必须从提高各方面的管理水平入手,带动和促进各方面的工作。全面提高特区的经济管理水平、城市管理水平,客观上有一个在实践中不断学习、摸索和总结经验的过程,但更重要的是主观上有没有真正加以重视。在我们的实际工作中,确实存在着不重视管理、不研究如何提高管理水平的倾向,甚至是付出了血的代价也没有引起足够的警觉和吸取教训。这种状况不能继续下去了。只要我们真正把管理问题摆到议事日程上来,在管理上多下点工夫,多用点心思,既借鉴国外先进的管理经验,又结合我们的实际情况加以创新,我们完全有条件使各项工作的管理水平有一个明显的提高。

四是要进一步提高各级领导班子、领导干部的素质和决策水平。决策水平如何,是衡量领导干部素质高低的重要标志之一。现在的一些决策,还停留在粗放式的、经验式的水平上。几千万元的投资项目,有时就凭一个人拍脑袋来决策。一些错误的决策,不仅给局部的工作造成直接的损失,而且影响了全局,拖累了全局。因此,提高整体素质,必须提高各级领导班子和领导干部的素质,提高决策水平。同时,要遵循规范的决策程序,坚持民主决策、科学决策。

(二)开拓创新,敢闯敢冒,努力增创特区新优势

增创新优势,既包括增创经济优势、物质文明优势,也包括增创精神文明优势,思想政治优势,社会全面进步优势。这几个方面都需要我们下大力气,继续扎扎实实地进行艰苦的工作,才能取得成效。

结合深圳实际,我们首先是要增创经济体制和运行机制的优势。十几年来,深圳在建立社会主义市场经济体制方面进行了有益的探索,我们要继续加以完善和提高,争取率先建立社会主义市场经济新体制;其次是要增创城市功能优势。把深圳机场建成国际航空港,把东、西两个港区建成国际中转大港。建立起金融、商贸、远洋运输、旅游、信息的区域性中心,以大港口、大运输带动大贸易，以大贸易带动大金融，以大金融带动整体经济的大发展，使深圳成为连接国内、国外两个市场的枢纽和桥梁。第三是要增创产业结构、产品结构的优势。继续实行“以先进工业为基础、以高科技产业为先导、第三产业为支柱、农业现代化水平较高、科学技术比较先进”的发展战略，增强深圳经济的整体实力。花大气力建立计算机及其软件、微电子及元器件、通信工程、生物工程等一些高新技术产业的新优势。第四是要增创精神文明建设的优势。始终坚持“两手抓，两手都要硬”，推动社会的全面进步。

要增创这四个方面的优势，当前我们尤其要在充分用好基本政策、搞好与香港的衔接以及充分用好立法权这三点上取得新的突破，并使之贯穿于增创特区新优势的全过程。

一是用好、用足中央给予经济特区的基本政策，在率先建立社会主义市场经济体制方面发挥试验和示范作用。这次江总书记视察深圳，明确重申“中央对经济特区的基本政策不变”、“特区还要特”。要求特区为带动和促进全国其他地区的共同发展，共同繁荣作出新的贡献。为国家对香港恢复行使主权和保持香港的长期繁荣作出更多的贡献。这既是对我们的巨大鼓舞和鞭策，又对特区今后的发展提出了更高的要求。深圳经济特区的发展和经验证明，中央对经济特区的基本政策是完全正确的。深圳所取得的每一项成就，最主要的是得益于党中央、国务院的正确决策和省委、省政府的正确领导，得益于党中央、国务院赋予的特殊政策和灵活措施。因此，我们要继续用好、用足、用活中央对经济特区的基本政策。在与中央保持一致，坚持社会主义方向，服从国家改革大局，不损害国家利益的前提下，积极争取中央和国务院各部委的支持，保持特区原有的基本政策不变。主要包括：特区已经实行并为实践证明是符合社会主义市场经济体制改革方向、促进生产力发展的政策不要改变；国家以法律形式确定下来在特区实行、符合特区实际的政策不要改变；中央和国务院已经下放给特区的权限，对全局不造成负面影响的政策不要收回，以保持特区基本政策的连续性。

在争取保持特区原有的基本政策不变的前提下，我们还要在率先建立社会主义市场经济体制和按国际惯例办事等方面，积极发挥主观能动性和创造性，继续大胆试验，积极探索，在全国改革开放中继续先行一步。一是在全国建立社会主义市场经济体制的改革过程中，不可能每一个地区、每一个行业都同时到位。我们要争取中央的支持，大胆进行建立社会主义市场经济体制改革先行一步、先行到位的试验，率先在全国建立起社会主义市场经济的新体制，为全国的整体改革服务；二是在按国际惯例办事方面，争取中央的支持，允许深圳先行试验，率先与国际惯例、国际市场接轨，为全国社会主义市场经济一体化服务。如金融体制改革、资产风险比例管理、口岸管理体制改革等等。只要我们认真贯彻执行好党中央关于经济特区的基本政策，并扎扎实实苦练内功，就一定能推动特区工作再上一个新的台阶。

二是要抓住“九七”香港回归祖国这一契机，积极做好与香港的衔接。香港于1997年回归祖国，这是一件具有重大历史意义的事件。江总书记在视察深圳的讲话中，对深圳、珠海为保持香港、澳门的繁荣稳定起到重要作用也寄予殷切希望。如何做好和香港的衔接，在具体工作中，主要是从六个方面做出努力：①毗邻香港，发展自己。香港是国际金融中心、贸易中心之一，我们要利用香港这一优势，促进我市经济更好的发展；②借助香港，走向国际。我们现在对外贸易很大一部分通过香港转口，可以借助香港走向国际市场；③借鉴香港，国际惯例。我们说的市场经济运行机制，主要是学习香港按国际惯例办事，与香港在运行机制方面进行更好的衔接；④联合香港，辐射内地。联合香港的技术、资金优势，向内地辐射。⑤区别香港，“一国两制”。深圳是社会主义的经济特区。任何时候都不可能成为香港的扩大和延伸。这一点必须保持清醒的头脑和认识；⑥衔接香港，互惠互利。努力促进双方共同繁荣和发展。

三是充分运用深圳的立法权。全国人大授予深圳立法权，这是深圳率先建立社会主义市场经济体制的又一大优势。我们一定要充分用好立法权，营造与国际性城市相适应的法制环境。一方面是制定立法规划，加快立法进程。要按照我市依法治市工作方案，全力以赴地开展以法治市的试验，做到有法必依、执法必严、违法必究。同时，要大胆借鉴和移植香港及国际上的成功法规，为我所用。

江泽民总书记的重要讲话，为特区的进一步发展指明了方向。如何贯彻江总书记的讲话，这次会议只是提出一些初步的思路。会后，我们各单位还要组织力量，根据江总书记对特区工作提出的五条要求，结合各自的实际，认真研究落实。

（三）进一步深化改革、扩大开放，保持经济又快又好地向前发展

1. 以建立现代企业制度为龙头，大胆试验，配套改革，加快建立社会主义市场经济体制的微观基础。

——切实抓好28家企业建立现代企业制度的试点工作，在完善企业的产权制度、领导体制、分配制度和约束监督机制方面取得成效。试点的有关规定已基本形成，有七项马上可以发布试行，有五项等市委、市政府研究后试行。试点文件中的一些规定，可能还有不完善的地方，必须坚持在实践中进一步检验和完善。这项改革至关重要，一定要大胆地试，及时总结经验，不断完善提高。

——所有的市属、区属国有企业都要健全法人制度。要抓紧进行清产核资，实行国有资产授权经营，把无限责任公司，转变为有限责任公司，按国有资产的保值情况严格考核经营者的业绩。经营业绩好的要表彰奖励；凡是不能实现国有资产保值增值，甚至造成国有资产流失的，经营者都要承担责任；虚报假报经营业绩的，都要认真追究。

——要继续贯彻执行国家出台的六大改革措施，结合我市实际，进行配套改革。同时，要积极引导企业尽快适应新税制和新的外汇管理体制。必须看到，国家出台的六大改革措施是建立社会主义市场经济体制的重大举措，对特区今后的改革和发展将产生深远的影响，我们必须尽快转换企业的经营机制，缩短新旧体制转换的“磨合”期。

——不失时机地推进其他各项配套改革。首先实行取消国有企业的行政主管部门的改革，这项改革方案市委已研究通过了，即将实行。其次要进一步深化金融体制改革，实行银行资产风险比例管理。要盘活存量资金，加速资金周转，提高资金效益。为此，各银行必须在人民银行的领导下，切实加强对资金使用的监管，对暗中乱提高利率的要坚决查处；对乱拆借的坚决制止；对把流动资金改为长线投资的要坚决纠正；对随意扩大基建规模，骗取贷款的要坚决收回，并停止贷款。第三要建立和完善社会监督体系，必须对会计、审计行业进行改革，试行无限责任制或合伙制，使社会审计机构对其评估、审计结果切实负起法律的和经济的责任。第四要进一步完善社会保障制度，完善社会保障规章，扩大社会保障的覆盖面，正确处理好社会保障中的各种矛盾。第五要促使特区的对外经济活动更好地与国际惯例衔接，加快口岸管理体制的改革。第六，切实转变政府职能，减少审批事项，减少收费项目，放宽企业注册登记，放宽进出口限制，加强服务功能，加强监督协调功能，加强社会管理功能。总之，凡是有利于促进生产力发展，改革的条件又基本具备的，都必须不失时机地向前推进，取得实效。

2. 以加强招商引资为主线，加快发展外向型经济，进一步扩大对外开放。

在招商引资方面，我们以往更多的是坐等外商上门，并且主要依靠香港，而且规模小的一般加工企业比重很大。在全国形成全方位开放新格局的背景下，我们要很好地研究如何提高招商引资工作水平的问题。一是要充分利用民间和官方的各种渠道，加强对外宣传，使国外尤其是西方发达国家和地区的投资者更多地了解深圳的投资环境和投资机会。二是要有选择、有目的地加强与国际上大的财团和跨国公司的联系与合作，吸引他们前来进行大型的、长期的投资，提高引资招商的档次，改善我市利用外资的结构。三是有计划地组织到国外开展招商活动。四是在利用外资的渠道、领域、方式和政策措施上要有新的突破。同时，还要进一步改善投资环境，按国际惯例办事，提高办事效率和服务水平。

3. 以转换企业经营机制为核心，加强和改善企业的经营管理，降低成本，扭转亏损，开拓市场，提高效益。

——在既定的宏观经济条件下，企业的生存和发展主要取决于企业自身的素质，主要是产品质量和经营管理水平。我们的企业必须眼睛向内，苦练内功，狠挖潜力，向加强内部经营管理要效益。一是要防止决策失误和资金使用不当；二是要严格控制工资性支出的增长，压缩管理费用的开支。投资管理公司和集团总公司必须在指导企业强化财务管理方面切实负起责任来。银行也要充分发挥其职能作用，对企业资金流向进行有效监控。劳动部门要按照“两个低于”的原则坚决控制好工资基金的增长。

——要狠抓促销工作，积极开拓国内、国外两个市场。针对当前企业存货和应收款大幅度增加、大量占压资金的问题，必须强调，不论是工交企业、商贸企业还是房地产企业，都要把促销工作和抓紧销售货款的回笼工作作为保证经济健康发展的大事来抓。5月份我市在香港举办的房地产展销会和7月份在上海举办的商品展销会，都取得了可喜的成绩。这说明我们在进一步开拓市场方面还有很大潜力。行业协会、总商会、贸促会以及政府有关部门都应当积极组织展销活动，为企业创造更多的促销机会。要大幅度地降低库存，加速资金周转。

——要狠抓扭亏增盈。上半年企业效益的下滑，使今年的扭亏工作难度加大，必须进一步加强对扭亏增盈工作的领导。认真贯彻全国扭亏增盈工作会议精神，市里已经设立由各有关部门参加的扭亏增盈工作领导小组，并派出10个工作小组下到10个重点亏损大户，调查研究，具体帮助这些企业扭亏增盈。各亏损企业要定出扭亏目标和严格措施，实行扭亏目标责任制。扭亏有望和增盈前景好的，要给予一定的扶持。对几年连续亏损又扭亏无望的，甚至又有新的亏损的要关停并转直至破产的，领导人就地免职，并不得易地任职。对因决策失误、铺张浪费等管理不善造成和扩大企业亏损的有关责任人员，必须追究相应的责任。

4. 以优化产业结构为重点，大力抓好经济结构的调整。

——加强对产业结构调整的引导和调控。一是特区内不再兴办“三来一补”企业，原来的劳动密集型的“三来一补”企业在特区生存有困难的要有组织的向外转移，好的设法留在宝安、龙岗两区继续发展，促其转型提高；二是大力发展高新技术产业、基础产业和第三产业；三是抓住一些龙头产业，形成协作配套能力，发展一批专业化、大批量、高起点、高效益的协作配套厂；四是到生产成本低、运输方便的内地设立加工厂，实行“三点一线”战略；五是到内地去投资一定要量力而行，必须选好地点，选好机遇，要有市场、有效益。不能盲目铺摊子，到处建高楼把资金压死。政府部门和银行根据上述精神研究制定对策，该管的要管好，该控的要控住，该放的要放开。

——要努力优化产品结构。企业要真正做到以市场为导向，依靠科技，开发新产品，提高产品的技术含量，增强产品的竞争力，增创更多的拳头产品和有自主知识产权的名牌产品。企业要以销定产，不能盲目追求产值，造成新的产品积压。政府要加强引导，市场前景不明朗的不能批准立项，产品长期打不开市场的要设法促其转产。在优化产品结构方面，要突出强调参与国际竞争、开拓国际市场，联合内地，联合港澳，使更多的中国产品进入世界市场。

——要强化企业组织结构的调整。积极扶持一批管理基础好、有效益、有潜力的骨干企业向综合商社、跨地区、跨国集团的方向发展。那些经营不善、长期效益差的企业，要逐步淘汰。

5. 以建设国际性城市为目标，全面提高城市规划和管理的整体水平。

——要高度重视和切实做好修订城市总体规划的工作，特别是要科学地编制各个小区的详细规划。“菜篮子”和农业保护用地也要列入规划，确保“菜篮子”工程用地。城市小区详细规划要提请市人大审议，要借鉴香港城市小区规划立法的经验，通过立法确立小区详细规划的权威性。国土的开发与管理必须严格地执行规划。

——要下决心提高城市管理的整体水平。依法治市的工作要有明显的成效。规划、建设、环保、消防、卫生、交通、市政管理、安全生产、计划生育等法规条例要进一步完善。要继续抓好抗洪救灾工作，加快防洪排涝工程建设和深圳河的治理。政府部门要依法行政，管理要到位，监督纠正要到位，对违反规划和法规的要坚决纠正。

根据我们以往的情况，凡涉及几个部门的工作，往往在部门之间的职责上扯皮，有权有利的就争，无权无利有责的就推，造成部门之间办事不协调、效率低、扯皮多，容易被人钻空子，这种状况必须下决心改变。否则，政府工作的次序和质量就难于提高。要进一步强调分管领导和部门负责制，凡部门间职责不清的，各位市长、局长要真正负起责任，认真协调，明确分工。

6. 以抓关键保全局为原则，进一步搞好宏观调控。

——要继续严格控制投资规模，集中财力物力确保重点项目的建设。重点建设项目关系到城市功能的进一步完善，对今后的发展具有直接的影响，要实行项目法人负责制，确保投资效益和建设进度。其他投资项目要量力而行。市和区的项目都要实行固定资产投资登记备案制，不得越权审批，更不得突破规模。

——要严格控制消费基金增长过猛，控制行政事业经费和集团购买力的过快增长。行政事业经费支出要严格按预算执行，各项基金和预算外资金的管理也要进一步加强。

——要进一步加强对物价的管理和监控。物价问题事关发展和稳定的大局，要千方百计把物价上涨幅度控制在预定目标的范围内。要从严控制36种商品收费价格的调整，严格监审居民生活必需品和服务项目价格，合理控制批零差率，实行明码实价制度。坚决打击欺行霸市、哄抬物价、强买强卖的不法行为。要进一步清理各种不合理摊派和收费，遏制投资成本过快上升的势头。

（四）切实加强党的建设和精神文明建设，努力保持深圳的社会主义精神风貌

精神文明建设，决定着特区的性质和发展方向。社会主义现代化决不能以牺牲社会主义精神文明为代价。中国特色社会主义的基本性质和特点，决定了必须两个文明一起抓，两手都要硬。

1. 进一步加强各级领导班子建设和党的基层组织建设，增强各级党组织的战斗力和凝聚力。

领导班子建设，最重要的是思想作风建设。我市各级领导班子的思想作风，自健全民主生活会制度、普遍开展自查自纠活动以来，总的情况是好的。但仍然有部分领导班子不同程度地存在着一些问题。主要表现在：思想理论水平不适应领导社会主义市场经济建设的要求；部分领导廉洁自律较差，少数人腐败堕落行为已发展到比较严重的地步；有的不认真执行民主集中制原则，“家长制”作风严重；有的软弱涣散，不团结；还有的严重脱离群众，作风漂浮，娱乐应酬太多，深入基层解决实际问题少等等。这些现象群众很不满意，必须引起我们高度重视。要把领导班子建设好，首先是要进一步加强学习。下半年，要继续深入学习《邓选》三卷和党的十四届三中全会的《决定》，学习江总书记视察深圳的重要讲话，并结合研读《什么是社会主义市场经济》和《现代科技基础知识》这两本书。通过学习，不断提高各级领导干部的思想理论素养和用建设有中国特色社会主义理论解决实际问题的能力。把一班人的思想、精力，都集中、统一到增强党性、改进作风、提高驾驭社会主义市场经济的本领上来。其次，要进一步健全民主集中制。增强领导班子团结，加强集体领导，充分发扬民主，防止独断专行，实行决策的科学化、民主化。这方面，一把手更要以身作则，率先垂范。第三，要搞好勤政廉政建设，严格党纪政纪，对那些党性不纯、个人主义膨胀甚至腐败堕落、违法乱纪者，一经发现，要严肃查处，绝不姑息。市委特别强调，全市党员干部尤其是领导干部，要严格遵守外事纪律、财经纪律、人事纪律、宣传纪律和组织纪律。第四，要大力提倡深入基层、深入实际，大兴调查研究之风，为群众多办实事，切实纠正官僚主义、形式主义。下半年要对领导班子思想作风建设情况作一次检查。表彰先进，树立典型，弘扬正气。把那些作风正派、干出实绩，得到群众拥护的优秀干部选拔到各级领导班子里来，着力培养和造就一支适应市场经济发展需要的跨世纪的年轻干部队伍。特别要注意选拔民主党派干部、非党干部和妇女干部。

农村基层党组织建设，要很好地总结前一段工作队驻点加强基层建设的经验。下半年要把加强基层党的建设和政权建设作为一项重点工作来抓。市委初定9月召开全市基层建设工作现场会，总结交流经验，表彰先进，推动基层建设工作的发展。对企业党的基层组织建设，要适应建立现代企业制度的需要，实行分类指导，努力探索国有独资企业、国家控股企业以及各类混合所有制经济组织党建工作的新路子。党组织在现代企业中的活动方式可以大胆探索，加以改进，但其固有的地位的作用则不能削弱。与此同时，要积极、稳妥地在各类非公有制经济组织中建立和健全党的组织，加强在非公有制经济组织中党的建设。

2. 深入开展反腐败斗争，进一步建立完善反腐保廉机制。

深圳经济特区面临的反腐败斗争任务很繁重、很艰巨。各级党委、政府要继续加强领导，采取坚决有力的措施，狠抓反腐败三项工作的落实，在治本上下工夫，探索建立一套反腐保廉的有效机制。

关于领导干部廉洁自律问题，对因故未能参加专题民主生活会进行对照检查的领导干部，要逐个落实补查和补报；领导干部对照检查、清理登记和落实整改的情况，要如实向干部群众反馈，接受监督；对照检查出来的问题，要逐项整改；自查不自觉、整改不彻底、群众不满意的要给予批评，并限期改正；对问题严重又不查不纠，甚至边整边犯、顶风违法违纪的，一经查实，从严处理。

关于查办大要案问题，纪检监察和司法机关对已经掌握大要案和重要线索，还要进一步集中人力、物力一宗一宗突破，抓紧查结和处理，争取在国庆节前后再公开通报一批，宣判一批。

纠风工作重在抓出实效，已经取得的纠风成果，如已明令取缔、纠正的乱收费项目要巩固，防止重新抬头和回潮；已经采取的纠风措施如党政机关与所办经济实体的脱钩处理决定，要检查督促落实；对纠风过程中出现的新情况、新问题要认真研究，采取相应对策，及时解决。

反腐保廉的根本在于建立有效的监督约束机制。下半年要重点针对反腐败斗争中暴露出来的问题和管理上、制度上存在的漏洞和薄弱环节，认真总结经验教训，完善各项规章制度，制定相应的廉政法规。要抓住金融业、执法监督部门等重点行业、重点部门进行建立、健全监督制约机制的试点，加快建立高效、统一、权威且具有特区特色的监督体制和机制。廉政立法也要加快。

3. 深入开展除“七害”斗争，进一步加强文化市场的管理，繁荣我市的文化事业。

黄、赌、毒、黑等社会丑恶现象毒化社会风气，污染社会环境，危害人们身心健康，与社会主义精神文明格格不入。深圳是社会主义经济特区，决不能让黄、赌、毒、黑等腐朽没落现象泛滥蔓延。我们必须采取坚决有力的措施，深入开展除“七害”斗争。要根据全省的统一部署，从现在起开展一次除“七害”的大战役。除“七害”要抓出成效，主要有三条：一是全市广大干部群众尤其是领导干部对除“七害”斗争的思想认识要统一，要深刻认识“七害”现象的危害性、深圳“七害”现象的严重性和除“七害”的紧迫性，这是除“七害”斗争取得成效的关键。这几年，我们一次又一次地扫“黄”，清过“三陪”，禁过赌，但总收效于一时，屡扫不尽，屡清不止，屡禁不绝，究其原因，根本的问题是有些同志包括一些领导干部对除“七害”特别是对禁赌、扫黄、清“三陪”等思想认识不一致，存在着模糊甚至错误的认识。有的把“七害”与生财之道联系起来，有的把“七害”与所谓国际惯例联系起来，还有的把除“七害”与“左”相联系等等。这些认识不澄清，除“七害”怎么能彻底，又怎么能持久？在对待“七害”问题上，市委的态度很明确，就是深入、持久、彻底地开展除“七害”斗争，决不手软，决不留情。只要我们认识一致，上下拧成一条绳，除“七害”斗争一定能有明显成效。二是除“七害”必须层层建立领导责任制。首先要建立市、区、镇三级党政一把手的领导责任制，一级抓一级，今后哪个地方除“七害”不得力，哪个地方的主要领导就要负领导责任。其次要建立公安、文化、工商、贸发等主管部门领导责任制。公安、文化、工商、贸发等部门直接处于除“七害”斗争第一线，这些部门要切实履行职责，相互协调、配合，统一行动。今后，哪个主管部门在除“七害”问题上失职，要追究哪个主管部门领导的责任。再次要建立企业经营者和老板的责任制，哪家饮食旅业、娱乐场所、桑拿浴室、发廊厅、录像室等出现黄、赌、毒、黑等问题，哪家企业的经营者和老板要承担责任。三是从严打击、从严惩处。要加大打击力度，对“七害”的策划者、保护伞、经营者和首要分子等要从严惩处，该罚的罚，该劳教的劳教，该判的判，有的还要重罚、重判。对违法经营的企业要责令停业整顿，有的还要吊销其营业执照。要进一步研究除“七害”的对策、措施和办法,对症下药,标本兼治,把“七害”的危害减少到最低限度。

在扫除“七害”净化文化市场的同时,要进一步繁荣社会主义的新闻出版、广播电视事业和文化艺术创作。要加紧制定深圳特区文化发展战略,认真实施“五个一”工程,进一步加强社会科学研究工作,组织开展好第二届深圳大鹏文艺奖的评奖活动。大力扶植高雅文化的发展,鼓励文化艺术工作者深入生活,努力创作出更多更好的优秀精神文化产品。切实做到“以科学的理论武装人,以正确的舆论引导人,以高尚的精神塑造人,以优秀的作品鼓舞人”。

4. 强化社会治安综合治理,保证我市社会的安定。

下半年社会治安工作要做的事很多,我们要继续在加强社会治安综合治理上狠下工夫,在全力维护政治稳定的同时,着重抓好以下几项工作:

——集中警力,开展“严打”,加大打击力度。针对当前社会治安的突出问题,要集中警力,适时组织打“黑”、反盗抢机动车、打击车匪路霸和街头诈骗、抢夺犯罪等专项行动,从重从快打击各种刑事犯罪活动,把刑事犯罪上升的势头坚决打下去。

——加快对重大、恶性案件的侦破和审结工作。

——推广“安全文明小区”试点经验,抓好社区文明安全基础建设。下半年要在全市范围内推广“安全文明小区”试点经验,到年底,各区都要建立“安全文明小区”。

——加强公安政法队伍建设是搞好社会治安的组织保证。要继续坚持从严治警的方针,抓紧抓好政法队伍领导班子建设、干警培训和廉政建设。同时,要尽快组建一支高素质、有战斗力的巡警队伍。向全国招聘、选调干警的工作要抓紧。选调干警的面要广,要严把质量关,做到宁缺毋滥。同时要争取用较短时间取消公安系统的保安员,合格的转为正式公安。

同志们,下半年我们面临的任务是繁重的。江总书记的讲话,既为特区进一步的发展指明了方向,也为特区的发展提供了新的契机,我们一定要振奋精神,树立信心,用江总书记的讲话精神,统一全市广大干部和群众的思想,兢兢业业,苦练内功,挖掘潜力,真抓实干,把各项工作落到实处,使我市两个文明建设不断取得新的成绩。

在中共深圳市委一届七次全体会议上的讲话

（1994年11月）

同志们：

我们这次会议，时间很短，效率很高，大家认真学习了党的十四届四中全会精神和省委七届三次全会精神，分析了我市党的建设的现状，讨论研究了进一步加强我市党的建设的问题，审议通过了《中共深圳市委关于贯彻〈中共中央关于加强党的建设几个重大问题的决定〉的若干措施》，讨论修改了《中共深圳市委关于在建立现代企业制度过程中改进和加强国有企业党的工作的意见》、《中共深圳市委关于加强农村基层党组织建设的意见》、《中共深圳市委关于加强和改进我市党员教育工作的若干意见》、《中共深圳市委关于新形势下进一步加强党校工作的意见》。这次会议开得很成功。会议期间，大家集中精力，在认真学习领会中央和省委两个会议精神的基础上，紧密结合深圳的实际，以高度负责的精神，对几个文件进行了认真的讨论修改，提出了许多宝贵意见。这次会议对进一步统一大家的思想，增强在新形势下加强党的建设的紧迫感和责任感，把我市党的建设提高到一个新的水平，具有十分重要的意义。

在新形势下如何加强和改进党的建设，中央的《决定》和省委的《意见》都提出了明确的要求，我们这次会议也提出了具体贯彻措施。现在的问题关键是抓好落实。会后，各级党组织要认真抓好会议精神的传达贯彻，把会议精神真正落到实处。下面，我就这次会议的贯彻落实和今冬明春的工作，谈几点意见：

一、进一步提高对新形势下加强党的建设重要意义的认识

当前，我国正处在历史性的伟大变革之中。国际上各种政治力量的斗争错综复杂，以经济和科技为基础的综合国力较量日趋激烈。中国正面临着难得的

发展机遇，也面临着严峻的挑战。抓住机遇，发展自己，实现中华民族的腾飞，是历史赋予我们党的光荣而艰巨的使命。肩负着历史使命的中国共产党，经受着时代的考验，必须加强自身建设，不断提高执政水平和领导水平。

1992年邓小平同志视察南方的重要谈话和党的十四大宣告坚持党的基本路线一百年不动摇，确定建立社会主义市场经济体制的改革目标，从而开创了我国改革开放和现代化建设的新阶段。在这种情况下，最重要的是什么呢？回想起毛泽东同志在党的六中全会上所作的《论新阶段》的报告中指出，在党确立了抗日战争的方针政策以后，还有一个重要的问题，“这就是中国共产党在民族战争中处于何种地位的问题，就是中国共产党应该怎样认识自己，加强自己，团结自己，才能领导这次战争达到胜利而不致失败的问题”。今天，历史再次向我们提出了这样的问题：我们党怎样才能领导改革开放和社会主义现代化建设事业不断取得新的胜利呢？十四届四中全会《决定》明确指出：“党必须善于在改革开放的新形势下认识自己、加强自己、提高自己，认真研究和解决在自身建设中出现的新矛盾和新问题。”《决定》是新形势下加强党的建设的行动指南，具有重大的深远的意义。

加强和改善党领导，是特区各项事业健康发展的根本保证。深圳能有今天，是同坚持和改善党的领导，加强和改进党的建设密切相关的。越是发展市场经济，越要全面坚持党的基本路线；越是改革开放，越要重视抓好党的建设；越是任务艰巨、情况复杂，越要发挥党的作用，这是我们的共识和结论。深圳要增创新优势，更上一层楼，要率先建立社会主义市场经济体制，继续发挥“试验场”的作用；要早日实现深圳的经济和社会发展目标，争取对全国有更大的贡献；要建设国际性城市，进一步完善城市功能；要进一步加强精神文明建设，努力保持社会主义的精神风貌；要做好与香港的衔接，为维护香港的长期稳定和繁荣发挥积极作用，这一切归根结底取决于我们能不能加强和改善党的领导。只有从思想上、政治上、组织上和作风上全面加强党的建设，进一步增强各级党组织的凝聚力和战斗力，我们才能够调动一切积极因素，率领全市人民克服前进道路上的各种困难，坚定不移地朝着特区建设的宏伟目标前进。

四中全会《决定》提出要进一步加强党的建设的几个问题，完全符合深圳的实际。从我市党的建设状况来看，总的形势是好的，但存在的问题也不容忽视。一个时期以来，民主集中制的观念和意识在不少同志头脑中有所淡化，民主集中制原则在一些单位和组织中没能得到很好的贯彻执行；有的领导班子缺乏民主气氛，个别人独断专行，有的单位分散主义严重，令不行禁不止，或者软弱涣散，不思进取；部分基层党组织建设比较薄弱，一些班子年龄老化、观念陈旧、素质偏低；在培养选拔干部方面，离形成一个使优秀人才脱颖而出的机制还有差距，在一些单位中，搞亲亲疏疏，划小圈子，任人唯亲，搞突击提干等不良现象时有发生；一些党员党性观念淡薄了，理想信念淡化了，奋斗精神减退了，有的甚至倒在糖衣炮弹、灯红酒绿之中；个别领导干部以权谋私，违法违纪，腐败堕落，经不起市场经济的考验；在企业和农村中发展党员的工作，流动党员的管理工作，特殊经济组织中的党建工作等等，都还存在许多不尽如人意的地方。因此，我们要紧密联系实际学习贯彻中央的《决定》，把中央的《决定》落在实处。

二、联系实际，狠抓落实，认真解决党的建设的几个重大问题

我们这次全会审议通过的贯彻中央《坚定》的《若干措施》以及其他几个文件，是贯彻落实四中全会精神的具体意见，各级党组织在贯彻过程中，应紧密联系本单位实际，逐个问题狠抓落实。

（一）关于坚持和健全民主集中制的问题

坚持和健全民主集中制，是当前党的组织建设方面“特别要提出的解决的”问题之一。关于这个问题，概括起来讲：要突出一个重点，增强两种观念，抓好三个环节，克服四种倾向和行为。

坚持和健全民主集中制，要抓住各级领导班子的主要负责人这个重点。主要负责人在集体领导中负有主要责任，其重大责任之一，就是要充分发挥一班人的积极性和创造性，要使大家敢于讲话，敢于讲真话，敢于发表不同的意见，做到推心置腹，畅所欲言，造成一种生动活泼的气氛。通过发扬民主，集中大家的智慧，形成正确的意见和决定。当然，为了集中正确的意见，主要领导既要从谏如流，又要择善而从。要善于分析各种意见，做到心中有数。一般来说，能够反映多数人意见的决定，往往是比较正确的。因此，坚持和健全民主集中制，向各级领导干部特别是领导班子的主要负责人提出了很高的要求。应当指出，能不能模范地贯彻执行民主集中制，是领导干部综合素质、政治品德

和党性修养的重要体现。主要领导要善于协调沟通，做深入细致的工作，善于化解矛盾，增进团结，形成班子的合力。我们共产党人以全心全意为人民服务为宗旨，谋求的是绝大多数人的根本利益，而不是个人或小团体的私利，只要立党为公，始终把党和人民的事业摆在首位，就能以开阔的视野和宽广的胸怀，去面对一切矛盾和问题，成为模范遵守和执行民主集中制的表率。

要增强两种观念：一是要增强全党服从中央，维护中央权威的观念。四中全会《决定》重申了党章规定的“四个服从”，其中最重要的是全党服从中央。当前全国的形势很好，但还面临着许多复杂的情况和问题，要巩固已有的成绩，必须继续处理好发展、改革、稳定三者的关系，这就更需要维护中央的权威，保证中央的政令畅通。我们一定要以高度的自觉性，在党的基本路线和总方针、总政策、总目标以及关系全局的重大问题上，与中央自觉地保持高度一致，服从和贯彻国家的宏观调控政策，维护安定团结的大局。在这个前提下，我们还要注意把中央的路线、方针政策和深圳的实际情况结合起来，调动各方面的积极性，发扬“敢闯”精神，创造性地开展工作。二是要增强党的纪律观念。民主集中制既是一种领导制度、组织原则，又是党的纪律。近些年，在一些党员中党的纪律观念有所松弛，违反党纪的现象时有发生。因此，必须重申党的各项纪律，坚决同违反民主集中制的行为作斗争。

要抓好三个环节：一是要抓好学习和教育，提高广大党员、干部贯彻执行民主集中制的自觉性。从今冬起，市区两级党校要举办培训班，对处以上干部普遍进行轮训，主要是学习全会《决定》和小平同志建设有中国特色社会主义理论及党章，进一步提高对新形势下坚持和健全民主集中制重要意义的认识。要正确认识民主集中制的内涵，正确认识坚持民主集中制与发展社会主义市场经济的关系。必须强调指出，民主集中制的基本原则和精神是普遍适用的，在我们从事改革和建设的活动中，没有也不允许有可以不遵循民主集中制原则的特殊领域。就是在企业里面，企业的经营、管理和决策，也要遵循民主集中制的原则，充分发扬民主，调动广大员工的积极性，在这方面完全能够体现出民主集中制原则的优点。所不同的是，在企业的经营活动中，企业的主要负责人与副职的关系，不是少数服从多数的关系，不可以简单搬用少数服从多数的原则。企业的主要负责人对生产经营中的问题有权作出决定，副手要坚决执行决策，但决策的情况应该记录在案，并对执行情况及时跟踪检查，主要负责人对决策的后果要承担责任。企业的领导人如何才能使用好法律规定的这种决策权力？还是要充分发扬民主，深入调查研究，听取各方面的意见，才可以避免主观武断、盲目决策。滥用职权是造成企业决策失误的一个重要原因。企业领导人不遵循民主集中制原则不外有两种原因：第一种是误解或曲解了《企业法》的有关精神，认为经理负责制就不需要发扬民主；第二种是明知故犯，另有他图。实践告诉我们，坚持民主集中制原则同发展市场经济是根本一致的，它有利于调动一切积极因素，有利于充分发挥各方面的主动性和创造力，有利于实现决策民主化、科学化，使我们不犯错误或少犯错误，把企业办得更好，确保市场经济的健康发展。二是要抓好制度建设。各级党委和政府，各单位的领导班子，都要按照民主集中制的要求建立健全会议制度、议事规则和干部选拔制度等决策程序，市、区两级还要进一步明确全委会、常委会的职责范围。要建立健全领导、专家、群众相结合的决策机制，真正实现决策的民主化、科学化。要坚持和健全组织生活制度、领导班子民主生活制度，积极开展批评与自我批评，提高解决自身问题的能力。三是要抓监督与检查。党的各级纪检机关要把贯彻执行民主集中制的情况作为纪检工作的重要内容之一。要建立健全监督机制，通过强有力的监督和检查，分出优劣，表扬好的，批评差的。对严重违反民主集中制原则的，要执行纪律，严肃查处。各级党委儿其是市、区两级党委，在对重大问题决策时，要认真贯彻民主集中制，不仅要依靠党内监督，而且要充分发挥人大、政协、各民主党派、司法监察机关，舆论工具和群众团体的监督作用，从而保证决策的科学化、民主化。

要坚决纠正和克服四种错误倾向和行为：一是对上级的指示、决议采取实用主义的态度，符合自己口味和利益的就执行，不符合自己口味和利益的就抵触，甚至我行我素，顶着不办。二是搞自由主义，传播小道消息，散布流言飞语。违犯党的保密原则，不该扩散的东西到处扩散，四面讨好，无原则地拉关系、做好人，无视党的组织原则和纪律。三是个人意见第一，个人利益第一，不是个人服从组织，而是要组织服从个人；只要组织照顾，不要组织纪律；只能升、不能降；工作调动只想去条件好的单位，不愿去条件艰苦和困难的单位；只想去有实权的岗位，不愿去做思想政治工作的岗位。四是在班子内只强调分工，不讲协作，分工如分家。部门间有权有利的事互相争夺，为基层和社会服务、比较麻烦的事就推来推去，互相扯皮。这几种倾向和行为都是同党的民主集中制相违背的,应该引起各级党组织和党员领导干部的注意,要认真克服,采取有力措施,切实解决这类问题。

(二)关于加强和改进党的基层组织建设的问题

党的基层组织是党的全部工作和战斗力的基础。改革的推进、经济的发展和社会的稳定,都要领先基层党组织战斗堡垒作用和广大党员先锋模范作用的充分发挥。我们要按照中央和省委的要求,结合我市的实际,用改革的精神研究党的基层组织建设的新情况、新问题,切实加强党的基层组织建设。

要积极探索在建立现代企业制度的条件下,企业党建工作的新路子。四中全会《决定》明确指出,国有企业建立现代企业制度的改革,必须坚定不移地推进;并重申国有企业建立现代企业制度要坚持发挥党组织的政治核心作用;还要求国有企业党组织要按党章规定的职责和国家的有关法律法规开展工作。我们要按照这个思路,结合深圳的实际,尽快摸索出符合现代化生产客观要求、具有中国特色的现代企业领导体制。小平同志早就说过,加强党的领导,必须改善党的领导。建立现代企业制度,给党的建设提出了许多新要求,新课题,因此,企业党的工作要改进,要创新,不改进不创新就不能加强。我们这次会议讨论的《关于在建立现代企业制度过程中改进和加强国有企业党的工作的意见》明确指出,企业党组织最根本的是要把自身建设好。要健全党的组织生活,建立党的生活制度,不断提高党员素质,增强党性。要通过挑选德才兼备的高素质的党员干部担任企业的负责人和充分发挥广大党员的先锋模范作用,来保证党的路线、方针、政策和国家法律、法令在企业的贯彻执行。企业党组织要支持、维护经营班子正确行使《企业法》规定的职权,把搞好企业改革、转换经营机制、提高经济效益作为党组织工作的出发点和落脚点。党委书记职务和企业行政职务,能一肩挑的一肩挑,不能一肩挑的要选配好专职党务干部。不论企业党政领导是"一肩挑"还是"交叉任职",都要求企业中的党员负责人必须讲党性、讲大局、讲团结、讲民主。有条件的企业的人事、监察工作和党委的组织、纪检工作可以合署办公,以便更好地发挥党组织的监督保证作用。企业经营班子在依照法律行使职权的同时,在重大问题的决策上,要自觉听取党组织的意见,取得党组织的支持,使经营决策转化为全体党员、员工的共同意志和行动,确保决策的顺利实施。建立现代企业制度,我们仍处在探索阶段,市委、市政府确定的现代企业制度试点单位要率先在企业党建工作方面做出成绩，积累经验。非试点企业也要勇于实践，积极开拓新路子。对其他各类经济组织的党建工作，要按照我们已经发的若干文件的精神，加强分类指导，继续积极扩大党建工作的覆盖面，建立健全党的基层组织。要发挥这些企业中的工会、共青团等群众组织的作用，抓好企业文化建设，不断提高党的影响力。

农村和城市基层党组织建设的重点是选好带头人，配好班子。要认真解决少数基层组织不健全、不起作用、不适应经济发展的问题。加强农村和街道居委会的工作，是我市基层建设的基础性工作。目前，我市这两级基层组织较为薄弱，班子和党员队伍老化、素质偏低、管理能力弱已成为普遍的突出问题。要切实加强以党支部建设为核心的基层组织建设，通过教育和有计划的培训，不断提高居委会、村委会“一班人”的整体素质，增强管理能力，推动城市和农村两个文明建设的发展。按照中央和省委的要求，依照这次会议讨论的《关于加强农村基层党组织建设的意见》，切实把基层党组织建设好。区、镇、街道党委要对农村基层党组织建设情况进行全面摸底，市里也要参与，要积极组织，对那些软弱涣散、作风不正、群众意见大、不能承担领导两个文明建设重任的班子，坚决进行调整和整顿。要选好支部书记，把班子配齐，特别是要挑选那些有群众基础、工作成绩突出、比较年轻的干部当带头人。要重视对基层干部的培养，争取用3～5年时间，对40岁以下的干部，完成中等学历成人教育。要使基层党组织的主要负责人具备贯彻执行党的路线方针政策，成为带领群众共同致富的带头人。基层领导班子要把发展农村、街道经济、加强基层组织建设、维护社会治安作为当前的主要任务，围绕党的中心工作抓好落实。要关心群众疾苦，为群众谋利益、办实事；要有民主作风，办事要公开，要及时解决干群之间的矛盾；要坚持“五个一”的组织生活制度。要建立健全农村财务制度。对那些后进的基层组织，上级要派干部、派工作队去帮助，继续采取派工作队下基层、机关定点挂钩、企业与基层共建、富村与穷村结对等有效措施，争取在两年内把农村基层组织建设提高到一个新的水平。

各级党委要把加强和改进基层党组织建设放在重要位置，建立责任制。党委书记是第一责任人，党建工作能否抓出成效，是考核其是否称职的一个重要依据。市委常委、担任副市长的市委委员，区委常委、担任副区长的区委委员和工委委员，都要分别联系一个企业、一个村镇、一所学校（或机关事业单位),结合抓经济和业务工作,抓好基层党组织建设,并负责总结推广试点经验和改变后进点的面貌。

机关、街道、学校及社会团体、社会中介组织等基层党组织,都要按照《决定》精神,结合自身的特点和重点来开展工作。机关工委、企业工委、驻深工委和教育系统党委作为联系市委和基层党组织的纽带和桥梁,要履行职能,深入实际,调查研究,掌握情况,为加强基层党组织建设充分发挥协调、沟通和指导作用。

(三)关于积极培养和选拔德才兼备的领导干部的问题

培养和选拔德才兼备的领导干部,是关系全局的重大问题。新老干部的交替与合作,是党的事业继往开来、兴旺发达的重要保证。我们要以高度的责任感和使命感来做好这一具有战略意义的工作,不断培养和造就大批德才兼备的优秀干部和能够跨世纪担当重任的领导人才。

要进一步扩大选拔干部的视野。各级党组织要把培养和选拔优秀年轻干部的工作提到重要议事日程,作出规划。要加强人才成长规律的研究,改进党管干部的管理机制。要以实施国家公务员制度为契机,加快实行干部分类管理的进程。扩大民主,完善考核,推进交流,加强监督,逐步形成优秀人才脱颖而出,富有生机与活力的用人机制。

要正确贯彻干部队伍"四化"的方针和德才兼备的原则。全面考核干部的德、能、勤、绩,德是基础,绩是主要条件。要提倡不拘一格选用人才,反对求全责备;提倡搞五湖四海,广开进贤之路,反对任人唯亲。领导干部尤其要懂得"埋没人才也是过",坚决破除陈旧、僵化的用人观,坚持立党为公,任人唯贤,不凭个人好恶、亲疏、利害关系选人用人。

要进一步完善后备干部的推荐选拔制度。要充分发挥组织人事部门的作用,全市每两年要进行一次后备干部的推荐选拔工作。后备干部的选拔要走群众路线,充分发扬民主,对那些坚持党的基本路线、全心全意为人民服务、勤政廉政、工作有成绩、群众拥护的优秀年轻干部,要大胆提拔使用,创造条件让他们"小步快跑"。今后,提拔干部一般都要从后备干部里选拔。要提倡干部能上能下,到艰苦的地方去工作,去改变落后面貌。要坚持实行干部岗位轮换和交流制度。市委常委已经决定,今后要把机关正处级干部在本部门内部岗位轮换的调配权下放给各部委办局,不再报组织人事部门审批,只需备案。提拔任用部门领导干部的，一般要在本部门中层两个以上岗位工作过，并要政绩突出。

机关干部要保持精干、高效、廉洁，要能进能出。现在是出口不畅，一些不适应机关工作的人员出不去。市委常委已经议定，今后机关干部要参加保险，相应的建立保险制度。对不适应机关工作的要抽出来集中培训，然后再视需要和培训情况重新分配工作。分配不出去的及不服从分配的可以待业，待业待遇与公务员待遇不一样。要制定相应的规章和法规，要尽量压缩党政干部的调干指标，首先要在市内选拔调剂，少数确实优秀的人才和急需的岗位再从外地调入。

要切实加强对选拔任用领导干部工作的监督检查，坚决防止和纠正用人上的各种不正之风。每年组织、纪检部门要联合对贯彻组织路线的情况进行一次检查。对在选人用人问题上不讲党性，无视组织纪律，拉帮结派的，没有群众基础、不具备德才条件搞突击提干的，还有不履行程序，也不建档案，也不搞考核和推荐，随意就提拔的，要检查纠正。对不符合条件，未按组织程序办的，要坚决纠正，严肃处理。组织人事部门尤其要以身作则，率先垂范，带头执行人事纪律和规定，以增强监督的有效性。

（四）关于进一步加强各级领导班子思想作风建设的问题

领导班子思想作风建设是一个需要反复强调的问题。谢非同志在这次省委全会的重要讲话中，以相当篇幅强调了领导班子思想作风建设的重要性，并向各级班子提出了要求。深圳处于改革开放的前沿，情况复杂，任务繁重，加强领导班子思想作风建设尤为重要。

首先，要增强学习的自觉性，不断提高各级领导班子政治业务素质和领导水平。虽然我们在发展市场经济的探索中已先行一步，积累了一定的经验，但如何进一步完善市场经济体制和运行机制，驾驭市场经济，我们懂得还不多。改革越深入，开放越扩大，发展越迅速，对我们各级领导干部的要求也就越高。在全国全方位对外开放的新形势下，我们唯有加强学习，永不自满，艰苦奋斗，才能保持优势，增创优势。这就要求我们每一个党员尤其是党员领导干部要下大力气学好邓小平同志建设有中国特色社会主义理论，并用这一理论指导改革和建设的实践，在改造客观世界的同时努力改造主观世界。思想作风如何，是领导干部人生观、世界观的集中体现。结合我市情况，特别要强调把群众利益放在第一位，把党的利益放在第一位，把整体利益放在第一位，坚决反对拜金主义、个人主义和腐朽的生活方式。我们要大力提倡活到老、学到老、改造到老。

其次，要改进工作作风，深入调查研究，密切联系群众。各级各部门主要领导要带头深入基层，大兴调查研究之风，掌握第一手材料，帮助基层解决实际问题；要结合各自分管的工作，每年确定重点课题，组织专门班子调研，拿出解决问题的方案，有的要成为规章和法规。抓工作要一抓到底，抓出成效。我们党的活力来源于同人民群众的血肉联系。要增强公仆意识、服务意识，改进机关作风。要十分注意关心群众生活，多为群众办实事。人民群众总是从我们的党员、党的干部身上去看党的风气的，我们应该把作风建设提高到维护党的执政地位的高度去认识、去对待。对群众最关心、反映最强烈的问题，主要领导要亲自过问，妥善解决。当前，维护社会稳定是一个重要任务。要加强对新时期人民内部矛盾的研究，对企业劳资纠纷、企业破产或产权转让、富余员工安置、基层干群关系、财产纠纷、腐败行为等引起的矛盾，要认真研究，及时化解，把工作尽量做深、做细。把问题解决在基层，解决在萌芽状态。今后，从市领导到基层单位，各级都要减少不必要的会议和应酬，千万不要把时间和精力耗费在各种各样的形式主义活动之中，要把主要精力用于深入实际，调查研究，勤政务实，勤政为民。

第三，班子成员之间要提倡多交心通气，互相支持，互相谅解，坦诚相待，与人为善，正确开展批评和自我批评。而不要互相猜疑，互相埋怨，互相拆台，搞小动作，当面一套，背后一套。

第四，要加大反腐保廉工作的力度，健全各项廉政法规制度，强化监督约束机制。中央决心把反腐败斗争深入持久地进行下去，市委坚决执行中央、省委关于反腐败斗争的指示和部署。要进一步落实各级领导班子抓反腐保廉工作的责任制，书记要负总责，一级抓一级。必须加快反腐保廉监督约束机制的建设，加强和健全党内监督，进一步推行和完善办事公开、群众监督等各项规章制度，加快廉政立法，研究制订与各项改革开放措施相配套的廉政法规，并坚决付诸实施。

每一个党员干部特别是领导干部要以身作则，廉洁自律，节操自守。凡是要求下面做到的，自己要首先做好，在住房、用车、出国、亲属子女安排工作、公务活动等方面，不搞特殊化。处以上领导干部要按照中央提出的廉洁自律两个“五条规定”和省、市委的实施办法，认真自查自纠，在整改上下工夫。必须坚持从严治党，严禁领导干部以权谋私。要抓紧大案要案的查处，坚决清除腐败分子。使我们各级党组织更具有凝聚力和战斗力。

三、以贯彻党的十四届四中全会精神为动力，推动各项工作任务的顺利完成

我们要以贯彻党的十四届四中全会精神为动力，进一步鼓舞斗志、振奋精神，扎扎实实做好今冬明春的各项工作，确保今年各项任务的顺利完成，为明年工作打好基础。

在全市人民的共同努力下，1~9月份，我市经济和社会发展继续保持了良好的势头。全市累计实现国内生产总值397.85亿元，比去年同期增长27.5%；工业总产值432.88亿元，增长32.4%；社会商品零售总额147.05亿元，增长28.7%；预算内财政收入51.47亿元，增长70%；外贸进出口总值（海关数）238.14亿元，增长24.7%；完成基建投资136.61亿元，增长18.5%，增幅回落63.1个百分点；1~9月份商品零售物价总指数为116.7%，低于全国和广东省平均水平；各项社会事业也有新的发展。当然，我们也要看到，上次市委工作会议所指出的几个突出问题，如国有企业亏损增加的问题、物价问题、管理监控不力的问题、城市规划管理滞后的问题以及社会治安方面的问题等等，虽然已经采取了相应措施，取得一定成效，但有的还没有从根本上得到解决。各个单位都必须集中精力，继续抓紧做好工作，特别是把有效地控制物价落到实处，保证今年各项任务的完成。同时，要制定安排好明年的改革和发展计划。

对于当前的工作，有几个问题需要特别加以强调：

（一）抓紧解决经济工作中的突出矛盾，全面完成今年各项计划

首先，是坚决控制物价上涨，特别是对群众生活必需品价格的上涨要采取妥善措施加以控制。必须坚决执行物价政策，对乱涨价的必须坚决纠正和查处，力争完成今年物价控制计划。

其次，是资金供求的矛盾。企业总是普遍感到资金短缺，固定资产贷款和流动资金贷款都不能满足要求。7月份市委工作会议之后，我们组织了一些调查。看来，资金紧缺将是一个长期的基本态势。但是相对于全国的情况来说，

深圳的资金供给还是比内地宽松一些，今年新增贷款的规模确实比较大。资金供求矛盾突出的原因，一方面是资金的不合理流向还没有很好地调整过来，另一方面是资金的使用效率较低，资金占压太大。解决这一矛盾，不能寄希望于资金供给总量的大幅度增长，而只能在资金的合理使用上做文章，尽一切可能盘活存量资金。银行要进一步加强对资金使用的监管，要切实调整好贷款结构和贷款的实际流向，挖掘资金供给的潜力。有市场、有效益的企业对流动资金的需求，银行要尽量满足，保证资金。要严格控制基建规模。企业要进一步强化自身的管理，尤其是经营决策和财务的管理，提高决策和经营管理的水平，提高资金使用效率。政府有关部门要多做协调和沟通的工作，从各个方面帮助企业设法解决库存和房地产积压等问题，把有限的资金用到最合适的地方。资金使用效率提高了，各方都能得益，大家要齐心协力，把工作做细做实，为全面完成各项计划创造更好的条件。

第三个突出的矛盾是，国有企业如何扭亏增盈。市委工作会议之后，市里组织了10个工作组下到13家重点亏损企业帮助扭亏增盈，对面上的扭亏增盈工作也发了文件。对重点亏损企业，市里下定决心要“派人帮、用钱帮、政策帮”。而从10个工作组前一阶段调查分析的结果来看，扭亏增盈的关键还在于充分发掘企业内部的潜力。对于企业来说，市里的“帮”只是个外因，市里的外因必须通过企业的内因才能起作用。因此，“三帮”还要通过“三结合”才能见成效。一是“派人帮”要与加强企业领导班子建设、职工队伍建设相结合；二是“用钱帮”要与企业自身的产业结构、产品结构、组织结构调整相结合。企业要把自身的结构调整搞好，该淘汰的产品、该下马的项目、该破产的企业要当机立断，坚决调整，不要久拖不决；三是“政策帮”要与企业转换经营机制、建立现代企业制度相结合。要看到，市里能够给的政策已经都给了，关键还是企业的经营思想、经营作风、经营管理要有根本的转变。企业不解决经营机制的问题，不可能真正实现扭亏增盈的目标。有一些亏损企业对解决自身存在问题缺乏紧迫感，总是把注意力放在向政府要钱、要地、要照顾上。因此，要切实端正思想，扫除障碍，正视问题，对症下药，抓出成效。在企业扭亏增盈工作中，要认真分析造成企业亏损的原因，研究防止出现新的亏损的对策。现在看来，有些企业的所谓“应收款”是国有资产流失的一个巨大漏洞。有的人通过各种方法，把企业的财产变成了收不回来的“应收款”，自己却暗中大捞一把。对这些给企业和国家造成巨大损失的责任人员，不但要采取果断的组织措施，而且要追究责任。如果不能真正触动到人，国有资产无人负责的局面就不可能改变，国有企业亏损的问题也难以得到根治。

第四个突出的矛盾是，投资环境和招商引资的问题。应该说，经过近几年的努力，我市基础设施建设的成效有目共睹，投资的硬环境包括供电、供水、交通、通讯等等都有显著的发展。但是，我市在吸引外资方面却出现了一些不容乐观的情况。今年以来，新签利用外资协议的数量比去年同期明显减少（至9月底止，新签协议为1641项，比去年同期的2660项减少了38.3%），实际利用外资累计额增长较慢，1~9月累计额为11亿美元，要完成全年的17亿美元的计划还要作很大的努力。因此，要在继续改善硬环境的同时，下决心系统地改善我市的投资软环境。要专门研究如何遏制投资成本上升过猛的势头和进一步提高工作效率、改善机关作风、改善配套服务的问题；要变被动为主动，走出门去，在主动开展招商引资方面取得实质性的突破，做到有计划、有目标、有组织的引资招商。

（二）认真完成各项改革的配套，保证各项改革顺利到位

今年是国家重大改革措施出台最多的一年，也是我市在深化改革方面取得新突破的一年，各项改革的力度和深度可以说是前所未有的。这些改革涉及面都比较宽广，各项配套措施客观上有一个逐步跟进的过程，我们在工作上必须争取主动，尽可能缩短这个过程。

在贯彻实施国家关于财税、金融等方面的重大改革措施时，必须及时研究和处理新情况新问题。在实行分税制的过程中，要坚决贯彻“各收各税”的原则，协调好国税局和地税局的关系，坚持在维护国家利益、保证中央税收的同时，认真组织地方税收，促进地方财政收入的增长。在金融制度改革方面，要积极争取再先走一步，加快组建城市信用合作银行的工作，推进银行商业化和金融市场化的改革进程。同时，要下工夫发展完善证券市场，发展和扩大期货市场和保税生产资料市场。

我市今年出台的重大改革，主要是改革国有资产管理体制，建立现代企业制度。我们选择了28家企业进行试点，要花力气把试点工作做好。在清产核资的基础上，要进一步扩大国有资产授权经营，并尽快把国有企业改造成有限责任公司。从11月1日起，我市已正式实施国有企业无上级行政主管部门的改革。这对于推动我市国有企业朝“三无四跨”方向发展，转变政府职能都具有重要的影响。党政机关与所办经济实体要坚决脱钩，对这项工作落实的情况，年底前后要进行认真检查。在取消了国有企业行政主管部门之后，怎样强化行业管理和监督，各级政府职能部门怎样进一步转变职能，加强对整个经济工作的宏观管理和指导，改善对企业的服务，这些问题都需要我们认真研究，尽快完善各项配套措施，保证改革顺利到位。

对于一些即将实施的重大改革政策，也要加紧进行调研，在系统配套上下工夫，制定相应的制度和法规，使改革不断深入。如口岸管理制度改革、建立龙岗大工业区的有关政策、户籍制度的改革政策、住房制度的进一步改革的政策等等，都要抓紧进行。

（三）切实加强城市规划、建设和管理

城市的规划、建设和管理，是一个城市现代化水平最直接的体现。整个城市的投资环境、生活环境、生态环境，要有全面的规划。不仅基础设施和服务设施要纳入规划，环境保护更要纳入规划。不仅要讲修马路、盖房子，更要讲绿化、美化环境。不仅要有总体的规划，而且要有具体的小区详细规划。我们决心用两三年的时间把小区详细规划搞好。同时，用两年左右的时间，彻底整治环境，要制订出综合整治环境的计划，并要建章立法。城市管理必须按照国际性城市的要求，切实完善功能，做到“高起点规划，高标准建设，高效能管理”。政府各职能部门和有关单位，都要切实下工夫研究和解决这个问题。当前要特别强调管理要到位，监督纠正要到位。各级政府的职能部门首先要把自己职责范围内的事情管好。涉及几个部门的工作，要互相配合，分管领导要加强协调。要积极推进依法治市的试点，把城市的规划、建设、管理切实纳入法制化的轨道。

（四）坚持不懈地开展除“七害”斗争，加强社会治安综合治理

今年以来，我们一个战役接一个战役地进行了社会治安综合治理，特别是展开了除“七害”的大战役，在一定程度上遏制了黄、赌、毒、黑等丑恶现象的蔓延，社会风气有所好转，有一定成效。但是，我们要清醒地看到，社会治安的形势仍然相当严峻，必须常抓不懈。对“七害”和各种犯罪活动，必须狠狠打击，有恶必除。在这个问题上，市委的态度一贯是非常坚决的。

当前，要继续深入开展除“七害”斗争，各级领导要进一步统一认识，切实建立市、区、镇三级党政一把手的领导责任制，主管部门的领导责任制以及企业经营者和所有者的责任制，层层抓落实。要深挖“七害”活动的策划者、保护伞、经营者和为首分子等四种人，从严惩处，一定要把“七害”的危害减少到最低限度。

对于社会治安问题，前几天我们就关于开展冬季灭罪战役作了部署，各单位要坚决贯彻执行。要广泛发动群众，依靠群众，动员全社会力量，投入更多警力和武警部队，坚决打击各种犯罪活动。对危害特别大的团伙犯罪，杀人、抢劫、涉枪、强奸等重大犯罪案件要一查到底，从重、从快审理，保证社会稳定，保护广大居民和投资者的安全。

要继续深入开展创建文明城市活动，进一步加强对文明村、文明户、文明市民等群众性创建活动的领导，培养和挖掘一批新的文明点。要把创建全国“双拥模范城”的活动进一步引向深入，密切军政军民关系。要广泛推广创建文明安全小区的经验，进一步扩大文明安全小区的覆盖面。要抓紧制定深圳人行为道德规范，从整体上提高深圳人的文明道德素质，形成良好的特区社会新风尚。

同志们，摆在我们面前的任务是十分繁重的。市委号召，全市各级党组织和广大党员要认真贯彻落实党的十四届四中全会和省委七届三次全会精神，按照江泽民总书记视察深圳时重要讲话的要求，继续增创新优势，提高整体素质，开拓创新，团结奉献，扎扎实实做好各项工作，把我市的两个文明建设推上一个新的台阶。

统一思想　组织落实

——在中共深圳市委一届八次全体(扩大)会议结束时的讲话

(1994年12月)

同志们:

我们这次会议开了两天,今天就要结束了。刚才听了七个组讨论情况的汇报,大家非常认真,对贯彻中央经济工作会议精神提出了很多好的意见和建议,也提出了一些问题。下面我根据大家讨论的情况讲几点意见:

一、要进一步统一思想认识

要把大家的思想认识统一到中央的精神上来。对中央的精神,我们这一级的任务就是要狠抓落实,这就要求首先要提高认识,统一思想。思想认识好,行动才自觉,抓落实才有思想基础。市委这次会议提早开,尽快开,就是要用中央的精神统一大家的思想和行动,给大家充分的时间,进行调查研究,制订好各个方面的计划,认真组织好落实。

第一个问题:关于贯彻中央的方针政策问题

我这里强调四点:一是贯彻中央的精神必须坚决,真正做到政令畅通,令行禁止。这是党的十四届四中全会提出的加强民主集中制的严格要求。个人服从组织,少数服从多数,下级服从上级,全党服从中央。"四个服从"里面,最重要是全党服从中央。这一点要坚定不移,如果贯彻中央的方针政策在实际中遇到困难,要及时请示报告,积极反映意见和建议,不能搞上有政策下有对策。中央的大政方针我们不能违背,决不能另搞一套。二是贯彻中央的方针政策必须坚持小平同志讲的"三个有利于"的原则。小平同志提出的"三个有利于"的原则是衡量一切是非的根本原则,凡是有利于生产力发展的,有利于国力增强的,有利于提高人民生活水平的事情就坚决去干。三是贯彻中央的方针政策必须坚持实事求是的原则，江总书记、李鹏总理的讲话都强调了这一点，要求实事求是，一切从实际出发，将中央的方针政策与当地的实际情况紧密结合。毛主席以前曾经说过，对中央的方针政策最好的抵制方法就是照传、照念就完了。我们对中央的方针政策，不能是照传照念，必须紧密结合我们的实际情况进行创造性的工作。四是贯彻中央的方针政策要有利于发挥中央和地方两个积极性。中央领导讲话里也强调了这点，中央文件也是一再强调这个问题，既要有利于发挥中央和中央各个部门的积极性，也要有利于调动地方的积极性，这样我们的工作才有生机，才有活力，也才能真正搞好。还有一点就是依法办事，贯彻中央的精神必须要依法办事。总书记讲了市场经济就是法制经济，无论是党委，还是政府，都必须在法律的范围内工作，必须要树立法制观念，坚决依法办事。我们是依法治市的试点城市，更要这么做。特别是政府各部门，都要依法行政，要做到每个领域都要有法律依据。这样，市场经济基本框架也就形成了，法制建设也有了基础。现在我们还有好多工作没法可依。也有的是有法不依。我想把握住这几条，在贯彻民主集中制，全党服从中央，保证政令畅通这个问题上就能做得好一些。我们在实际工作中决不能违背中央的方针政策，但是在做法上要结合实际情况，这是应该注意的，包括我们的立法。深圳拥有的立法权不能与宪法的条文相抵触，也不能违背其他法律的原则。可以和其他法律条文不一致，但要符合法律原则。我们在处理市与区、镇、街道办事处的关系时，上述几条原则也是适用的。在这次讨论中，各区的同志对简政放权，提了一些意见和建议，我看要把握这么几条，一条就是坚决贯彻简政放权的原则，区能做好的事尽量发挥区的作用，尽量让区去做。部门要收权，必须经市委、市政府同意。涉及上下职能调整，必须由编制办公室调查研究提出意见，报市委、市政府同意后才能办。不能政出多门，自己下个文件就把权收回来。对上级事关全局性的文件怎么贯彻落实，也要经市委、市政府研究定，不能由某个部门从局部的利益出发作出决定就往下发文，这个不合适。我们今天说这个原则，希望大家自觉按这个规矩办，这是第一条。第二条就是我们尽量把利益留在区里，不损害区里的利益，让区里能集中点财力干事，比如土地出让费，我们基本上都给区留下了，房屋租赁费用也要给区里。第三条根据实际情况，市委、市政府决定应该集中的，还是要集中。比如国土管理集中，是完全正确的和必要的。区里也要抓好统一管理，统一规划，统一征用。

国土一级市场绝对要控制在政府手里，这个不能乱，谁都想利用国土来谋取利益，这个不行。希望区里的同志能理解和支持。

第二个问题：要把思想统一到中央关于明年经济工作的指导思想和主要任务上来

中央关于明年经济工作的指导思想和主要任务提得很明确，完全符合我们的情况。这个指导思想是：坚持邓小平同志建设有中国特色社会主义的理论和党的基本路线，全面贯彻党的十四大和十四届三中、四中全会精神，继续把握“抓住机遇，深化改革，扩大开放，促进发展，保持稳定”的全党全国工作大局，进一步处理好改革、发展和稳定的关系，加速建立社会主义市场经济体制，实现国民经济持续、快速、健康发展和社会全面进步。要实现国民经济持续、快速、健康发展，必须深化改革，以改革求发展，以发展求稳定，以稳定来保证改革和发展的顺利进行。明年经济工作的主要任务是：继续加强改善宏观调控，抑制通货膨胀，保持国民经济发展的好势头；以深化国有企业改革为重点，推进各项配套改革，完善各项宏观管理体制；增加农业投入，确保农副产品供应，全面发展和繁荣农村经济；加大结构调整力度，强化管理和推动技术进步，提高经济的整体素质和效益。这四个层次的任务完全符合我们的实际情况，我们要紧紧围绕这些任务去开展工作。讨论中，有的同志对给企业简政放权还不太理解，有的认为时机还不够成熟。我们特区的经济改革是走在前面的，如果说我们不成熟，其他地方就更不成熟了。中央关于转换企业经营机制条例中明确的21项微观权力都要放给企业，包括人、财、物、产、供、销的权力，这是中央明文规定的，必须坚决落实。这次中央领导又强调要贯彻转换经营机制条例，我们特区各级领导同志在这个问题上必须自觉带头和中央保持一致，一定要统一到中央的这个决策上来。条例就是法。还有同志提出，企业与机关脱钩，人、财、物都不管，没有把柄在手中，就管不了企业。这还是老观念，是主要用行政手段来管企业的观念，是计划经济的观念。市场经济要求企业要成为市场的主体，政府部门是服务于企业的。所以，企业必须与机关脱钩。这是中央有文件明确要求的。实行企业无行政主管部门，完全符合市场经济的改革方向，不能说有的企业亏损了，我们就不改革了，就要收权了，甚至搞机关办企业，这个不行，不能走回头路。总书记和总理都强调，政府就是要由直接管理转到间接管理，由微观管理转到宏观管理，转到全社会管理，全行业的管理对各种所有制企业的管理。所以存在有上述种种不正确的认识，正恰恰说明我们的宏观管理跟不上，是我们的薄弱环节。我们要闯路子，敢试验，就是要闯这个路子。如果再走回头路，是没有出路的。这次会议就是要统一这个思想，统一这个认识。

第三个问题：对深圳的形势也要统一思想认识

从讨论发言看，大家对深圳的形势认识还比较统一。我们的经济形势确实很好。可以说是持续、快速、健康发展的，这是大家共同努力的结果，是全市人民拼搏奋斗的结果。我在北京开会时发言说，今年的经济工作是难度最大的一年，是最困难的一年，也是改革范围最广，力度最大的一年，有不少困难大家都齐心协力克服了。改革的衔接也很好。我们的财政局、税务局对财税制改革提出了13项变通措施，得到了省和国务院有关部门的同意和支持。如果没有这13项措施，根本实行不了新税制。但是在好形势下绝对不能飘飘然，不能骄傲自满。一定要清醒地看到我们的问题，并认真研究，加以解决。我们的问题不能说成特别严重，但也相当突出。首先是物价问题。我们虽比全国平均水平低几个百分点，但我们的物价水平比较高。如果每年都是这么大幅度地增长，也不得了，也要把我们的效益都吃掉。企业的日子将很难过，群众生活也要下降。我们今年的物价水平是建特区以来的第五个高峰，所以控制物价上涨这个任务相当艰巨。这次会议以后，有关部门必须携起手来，坚决控制物价，要采取有效措施，对于乱涨价的，要坚决打击。我和海东主任已经商量了，要立个“反暴利法”。什么算暴利，从法律上界定清楚，就好依法处理了。其次，就是企业问题，特别是国有企业问题，国有企业总的形势是向好的方向发展。一个季度比一个季度好，但是问题仍然很突出，我下面还要讲。明年要下大决心，解决好企业转换经营机制问题。企业改革的出路，特别是国有企业，就是转换经营机制。我们这次到法国去，印象很深也感到很意外的是，法国全国只有一个电力公司，是国有的，既管发电厂，也管电网，输配电，核电站五十几所，全是国有的。这个企业兴旺发达，不但给国家交税，也给国家交利润，并且是用自己积累的资金发展，国家不再投入，新建核电站也好，新建输配电网也好，都是企业自己积累。它虽是国有企业，但是它的机制解决了，完全成了市场的主体。政府根本不干预它的经营，搞得非常好，所以不能说是国有企业就不能搞好。企业要搞好，关键在两条：一是转换机制，二是选好用好人，选对国家负责的人选好人也要用新机制。还有一些问题，如：城市管理，环境污染，水土流失，社会治安，这些问题都比较突出。所以大家必须统一思想认识，振奋精神才有可能完成好明年的工作。这是我说的第三个问题。

二、要抓好改革和发展的中心环节

这个中心环节就是转换国有企业经营机制，建立现代企业制度。建立现代企业制度既涉及改革问题，也涉及发展问题，是个中心环节，要抓住。一是符合中央精神，中央明年改革的重点就是国有企业。二是符合我们深圳的实际情况，我们的企业转换经营机制的任务难度大，任务重，处境很困难。今年国有企业利润普遍下降，经营困难。现在欠税已达6亿多，这是历史上很少见的。不但欠税，还欠银行的利息。这就说明我们企业困难很大，企业的应收款比去年上升了64.3%，应收款就是“三角债”，你欠我，我欠他，该收的收不上来，该还的还不了。国有企业产品积压100多亿，流动资金严重不足。我市工业企业流动资金贷款占工业总产值的比重比去年同期下降7个百分点，商业企业流动资金与销售总额的比例少了41个百分点，下降得更厉害，商业的流动资金实际上比去年下降10.9%。如果说企业自有资金充实流动资金，或者资金周转加快了，少用银行贷款了，反映出下降是形势好的象征。可这里的下降恰恰说明企业流动资金不足，不是正常的现象。银行今年作了很大努力，千方百计组织企业流动资金，但企业普遍反映流动资金偏紧，所以银行明年怎样组织存款，很好地调整资金的存贷结构，对有市场、有效益的企业的产品要尽量保证有资金的供应。我们给各家银行、金融机构提出这一光荣任务，对深圳有效益的，产品有市场的，能还得起贷款的企业，要千方百计组织贷款保证，如果真正做到这一条，那我们银行的工作就真是过硬了。但现在还有些差距，希望银行同志加倍努力，和政府部门协调起来，组织联手调查，和企业签订合同，保证资金供给和还贷。李鹏总理的讲话里面有一条，讲了技、工、贸、金相结合。以前讲技工贸，现在又加个金，这个意义很重大，就是产业资本和金融资本要结合，光有产业资本发展，没有金融资本支持，产业资本就很难发展，这是个很重要的问题。比如说现在高新科技产业面临着国外市场的竞争，竞争相当激烈，金融资本不作后台的话，很可能被扼杀在摇篮里。例如程控交换机，我们的程控交换机销出后，钱回不来，没有贷款支持买方。在外国就有银行作后盾，有政府、金融机构长期给买方低息贷款，或卖方贷款，这就很容易抢占中国市场。蛇口招商银行就做得很好，他们给湖北荆州买方信贷，来买我们华为公司的程控交换机，这就是很好的结合，我希望我们的银行多做这样的结合，多给这些企业以支持。企业的形势好了，市的财政形势就好，整个经济形势就好，所以说它是个中心环节。对这个中心环节我们有关的政府部门和银行要齐心协力紧紧抓住。

三、要狠抓两个综合治理

一个是社会的综合治理，一个是环境的综合治理，我看这是刻不容缓了。两个综合治理必须上下、左右下决心，一起来行动。从市到区要组织强有力的班子，制订出整体方案，全市总动员，充分发动群众，组织调动一切力量，用铁的手腕，重拳出击，一个战役接一个战役打，打好每一个战役。社会综合治理包括社会治安问题，除“七害”的问题，三无人员问题、文化市场的管理问题等等。环境的综合治理包括水源保护问题，“三废”处理问题，垃圾处理问题，城市绿化美化问题，城市管理问题，制止滥搭滥建，乱开发的问题等等。市委、市政府已经统一了思想，下决心进行综合治理。今天又和区里的同志交换了意见，他们都一致同意。区委、区政府也必须把这两项综合治理任务抓在手里，认真组织力量做好。如果我们对环境再不进行综合治理，任其下去，水土流失，滥开发，不要说让后代承受恶果，就是我们这一代人现时就要承受恶果。环境综合治理也包括排污、防洪，这个任务也是相当艰巨的。政府要认真研究，要落实每一项治理任务，要有负责人。层层负责，建立责任制，把各个部门的力量协调起来。现在违章建筑非常多，临时建筑也非常多，这里要强调一下，以后原则上不批临时建筑。临时建筑是不符合城市建设规律的。你批他1年半、2年，他占用5年，5年以后还不给你。你要用的话，他还振振有词，说什么要给我多少补偿，给我多少地。这怎么行呢？对于已经乱搭乱建的，要坚决清除。昨天已有了报道，罗湖区对这项工作抓得很认真，做得很好，他们在清理“三无人员”的同时，也清理了乱搭乱建。这里还要指出，涉及我们有关政府部门违章批准的滥搭滥建，也要坚决限期拆除，哪一级领导都要坚持原则，就是你自己决定的也要纠正，严重的要坚决处理。这个决心要坚定，要建设现代化的国际性城市，就必须解决这个问题。还有绿化美化问题，城市管理问题也要加强，在市中心，包括各个区、镇中心，都要按照城市化标准把树种起来，草栽起来，还要有人管，有人修剪。凡是开发的土地，都要栽树、种草，要修护坡，修挡墙，不能造成严重水土流失，要一片一片地，一块一块地治理。像我们的布吉河今年请了6000多官兵，清理了一个礼拜，市民反映很强烈。你不治理布吉河的水土流失，就会是今年清理了，明年还要清理。洪湖不清理，用不了几年都淤平了，东湖的淤积也相当严重，我们的沙湾镇是东湖的水源区，可是现在污水都直接往水库里排，污染相当严重。这种现象不能再继续下去了。最近红树林遭到严重破坏，这个事人大查得好，管得好，要坚决依法处理。红树林是国家级的自然保护区，一定要保护好，不能破坏。我们这次在罗湖区清理“三无人员”和拆迁临时建筑和违章建筑时，武警部队给予很大支持，特别是武警指挥部谢指挥长积极支持和参与。在我们一线管理区，更不能有“三无人员”，也不能有滥搭滥建的，更不能有地下工厂、地下仓库，希望我们的指挥部按这个要求，认真检查。这也是武警部队为美化深圳环境作出的贡献。

四、要抓好三个控制

一是坚决控制物价。特别是和群众生活密切相关的生活必需品的价格和服务收费价格，必须控制在合理水平，就是要控制在计划指标之内。物价增幅要低于人民生活水平提高的幅度，如果超过了，那人民生活水平就下降了，实际购买力就要下降了。物价增幅还要低于经济增长的幅度，这才算是正常、合理的。明年要加强对物价的控制，对违法违纪的要坚决查处。

二是控制基建规模。把基建规模控制在国家的指标之内，控制在我们的能力之内。我们要抓住重点，因为规模有限，财力有限，就必须抓住重点。明年基建规模盘子究竟多大，请计划局有关部门协商，再排排项目，然后向人大报告。我们这次会议提265个亿，从增幅看是不高，但从实际看要比今年增30个亿左右。

三是控制消费基金增长。这也是中央的精神，我们必须坚决贯彻。明年劳动部门、人事部门和银行要携起手来，严格控制。镕基同志说了，以后企业开户，以一个银行为主，不能在好多家都开户，银行不能怕储户走了就不敢管。劳动部门要真正管起来。现在有两个矛盾的现象，对于外资企业，我们担心克扣职工工资，可是对国有企业却担心超发工资，这说明国有企业改革不到位，约束机制不健全。国有企业的领导者应该对赚钱的劲头要大于花钱劲头，为国家谋利益的劲头、谋长远利益的劲头，要大于谋眼前利益的劲头，这样才够一个国有企业领导的资格。我们个别企业的领导是花钱的劲头大于赚钱的劲头，千方百计钻空子来花钱，把国有企业掏空，这是对国家、对企业、对人民不负责任的态度，必须坚决给予制止和纠正。对于消费基金的增长不符合“两个低于”的原则，而是两个高于的，要坚决检查纠正。据投资管理公司检查反映，今年已有六七家问题相当严重。其中有一个企业消费基金比去年同期增长了260%，另一个企业增长了220%，是不是劳动生产率增长那么高了？劳动部门要先立规矩，然后按规矩认真检查，违背的坚决纠正。这三个控制是中央提出的要求，我们要抓紧落实。

五、要进一步加速做好三个方面的工作

一是要进一步加速法制建设。我们是依法治市的试点，政府各个部门必须依法行政。今年工商局、劳动局、规划国土局，已经做了这方面的试点，情况怎样要总结，有成效，有经验，要推广，其他部门明年也要拿出这方面的规划措施来。凡是有法的，都要坚决执法，在法律范围内活动。政府能用市场机制的都用市场机制，尽量减少行政审批。能公开招标的就不要搞审批，不然的话，批得越多，越容易造成腐败。当然必须要批的，是政府职能的，要公开依法审批。明年要有一个立法计划，要把这项工作放在首位。各个部门都要组织力量加快立法工作。

二是要进一步加速产业结构调整。首先，对第一产业，菜篮子和农业必须加以重视。要加强保护农业用地，不能随便占用，对菜篮子工程要增加投入，要建好我们的菜园子，要搞企业化生产，不要搞成一家一户的小生产。现在菜农都是外来户，遍地搭的是棚子，产量不高，质量很差，这样做后遗症很大。凡是菜篮子基地，都要争取搞成“三高”产业的基地，蔬菜要一亩顶三亩，一亩要生产15吨以上。我们现在已经开始这么搞了，但是这些民工不是成建制地有组织地轮换，而是东来一个西来一个，很难管理。这个问题要解决。要把我们的蔬菜基地、副食基地、水果基地、养殖基地都建设好，保护好。对此，财政局局长发言完全赞成，计划部门也赞成，思想统一了就好统一行动了，也包括农田水利建设，都要增加投入。第二，要大力发展高新技术产业和新产

品,要给予扶持,要形成气候。第三,要大力发展主导产业,抓住骨干项目和重点企业。市委、市政府已定了七个主导产业,主要是第二产业的主导产业,市政府要组织研究,要具体落实哪个领导抓哪个产业。经发局、计划局要很好研究,认真采取措施,把重点项目和骨干企业抓住,加速发展,形成气候,到2000年产值往上翻番是完全有希望的。第四,要加速第三产业的发展。主导产业内未列第三产业,这不是说不重要,而是要另列计划,第三产业是市里定的支柱产业,这里面也包括金融产业,都要做好规划,加速发展。特别要拓展国内外市场,这是个关键问题,政府要把企业组织起来,经常地有计划地拓展国内外市场。

要进一步认真研究对"三来一补"的政策问题。对已有的"三来一补"企业怎样处理,有这样几个原则,一是在特区内,除边远地区外,原则上不再兴办"三来一补"企业。总书记上次来深圳时也说到不能再搞低水平、低档次的"三来一补"。二是对现有的"三来一补"企业,要贯彻既不鼓励又不歧视的政策,要根据企业的具体情况,有条件的要促其"转型升级",还要创造条件,解决好影响投资环境中的一些问题,制止乱卡、乱要、乱收费,搞好社会治安。现在外商特别是台商,有的对治安状况担心,要请保镖,这样下去不行。土地费用怎么收法,也值得很好研究。总之,投资硬环境、软环境都要搞好。三是特区内的"三来一补"企业,如果是好的、符合我们产业政策的,可通过经发局、贸发局、宝安和龙岗两区携起手来,有组织地转移到宝安、龙岗两个新区去。还有就是贯彻我们的"三点一线"战略,把加工放在内地,把主导产业、龙头留在深圳,内地加工后通过深圳这个窗口打入国际市场。这也包括协作配套、出口加工基地等若干环节。对企业迁离深圳的问题不能掉以轻心,宝安、龙岗两区今年转出去的"三来一补"企业有几百家,房屋空置了上百万平方米,按这种趋势发展下去还会更多。我们早就有这个疑虑,"三来一补"就是有这个可能,最终就给你留个厂房,什么也没有了,资金、技术和设备都带走了,因此我们要积极改善投资环境,对好的"三来一补"企业能留住的设法留住并促其转型升级。我们还要学习珠江三角洲"四小虎"的一些做法,加速发展我们自己的工业和自己的拳头产品,尤其是高科技产品。四是对宝安、龙岗区的一些地区适当发展一些高档次的"三来一补"企业和符合我们产业政策的、附加值高的、新技术新产业的产品。

三是要加速扩大开放。按总书记讲的，要向深层次、宽领域、纵深化发展。在吸收外资方面，希望各有关方面要很好地组织落实。口岸改革要积极推进，现已有了方案，德成同志已组织进行了研究。省政府已给国务院正式打了报告，题目是关于深圳市口岸改革的试点方案，我看了以后觉得很全面，我们只能在此方案上前进，不能后退。还有和香港硬件、软件衔接问题，也涉及口岸改革。随着“九七”来临，和香港的衔接势在必行，口岸往来越方便，对我们的经济发展和改革越有利。有的同志讲，实行24小时通关，人都留不住，都跑了，我认为不是这么回事。因为一旦实施24小时通关，港商更方便到我们这里来住了，因为这边费用便宜多了。现在是外商过一次关排几个小时队，人家当然不想来了，也不想到深圳来投资了。所以对口岸改革，要很好下工夫。对外开放的题目很多，文章要好好地做。现在的福田、沙头角保税区要在改革开放方面加速试验，为将来建大保税区创造条件。

六、要继续做好七个方面的工作

一是加强领导班子建设。这次“四中全会”和全国组织工作会议上，总书记特别强调组织建设、领导班子配备和中青年干部的选拔，我们要很好地抓落实。这里强调一个问题，省委批准我们市委明年4月换届，人大、政协在4月底或5月份换届，这项工作任务很艰巨，希望各级党委认真做好有关准备工作。换届就要涉及领导干部的进退问题，我们的领导干部觉悟都很高，有的年龄到了，快退了，仍然坚持站好最后一班岗，工作非常认真，表现出共产党员的崇高品质。我希望大家努力工作，用实际行动迎接党代会、人代会、政协会的召开。

二是加强青年干部的选拔工作。总书记在报告里也讲了，要加强对中青年干部的选拔和第三梯队的建设。为此，一要有组织地选拔，二要走群众路线，广泛推荐，拓宽视野。对现有的中青年干部，缺什么，补什么，要给予锻炼提高的机会。理论学习、实践和奉献精神都要强调，德和才，德是基础，考核干部，要德才兼备，要看实践，看政绩，看奉献。培养干部也可以小步快跑，特别优秀的，可以超出公务员的一般规定给予破格提拔。配班子要严格要求，要有年龄梯度。各级领导都有这个任务和责任，培养选拔年轻干部。

三是加强基层组织建设。省委开了会议，各区都下了工夫，我们要继续抓好落实。主要是选好带头人。现在基层组织的领导干部年龄偏大，文化偏低，素质问题比较突出，必须下决心解决。基层组织是我们做好各项工作的基础，领导班子一定要配好。南岭村领导班子比较坚强，张伟基同志以身作则，是群众的好带头人，所以，这个村各项工作始终走在前头，龙岗区准备推广他们的经验。横岗镇的经验就是把股份合作制与精神文明建设结合起来，他们的经验已在全国推广，在深圳更应推广。宝安西乡镇的劳动村，沙井镇的万丰村，松岗镇的溪头村都很好，这些先进典型的经验要组织推广，对后进的要抓紧转化。今年我们已派了工作队去帮，反映不错，区里要组织验收，问题解决了、群众满意了，工作组可以撤。否则，要继续帮。明年还要派一批。基层包括一些村和居委会，对道路、自来水、电话、集体分配的问题没有解决的，区、镇两级政府要组织力量，争取明年全部解决，再不能有这样的后进村。我们深圳自己的贫富差距不能拉得很大，我们应该有力量有办法解决这些问题。特区内居委会的用地问题，民政部门等有关单位要认真帮助解决。在农村，还要解决财会制度的问题，要建章立制，推广坪山镇电脑记账的办法，选好财会人员。班子建设要处理好本地人与外来人关系，不管哪里来的，要选能任贤、用好人才。村里如确实没有这方面的人才，区里可以派，当地落户的外来人，是能人也要大胆起用。对村里吸毒、赌博、黑社会等社会治安问题，也要很好地解决。“三高”农业问题，市、区可实行企业化经营、管理。龙岗区在村里推广“五小”农业，小菜园、小果园、小鱼池、小养殖基地等，村一级要实行以工补农，以商补农，村要解决这个问题，否则，全部租让或雇请外地民工来搞，效益很差，后遗症很大。

四是加强反腐败斗争。这是一个不能松懈的问题。特区成立以来，我们在反腐败方面一直保持了清醒的头脑，也取得了一定的成果，积累了一些经验。但随着改革开放的不断深入，这方面还会出现许多新的情况和问题，必须常抓不懈。去年以来我们认真抓，按中央和省委的部署，在反腐败斗争方面取得了重大成果。明年一方面要狠抓成果的巩固和扩大，同时要着力在建立完善市场经济体制条件下反腐保廉监督约束机制上下工夫，加快廉政立法进程，切实做到用制度正风管人，把反腐败斗争进一步引向深入。

五是加强人口控制，优化人口结构。深圳人口管理是一个大问题，也是有别于其他地方的一个突出问题，市委已听过一次汇报，并研究决定进行深圳户籍制度改革。现在正在修订户籍制度改革方案，经多方征求意见后，将在布吉镇先行试点。我们的指导思想是控制人口增长、优化人口结构，提高人的素质，而不是靠进人来收钱。当然城市增容费要收，但目的不是收钱。“三无”人员要坚决清除，明年开始，招工将首先在市内解决，再不用招工办法来直接进户口。进城镇常住户口，起码要先在这儿干几年，符合条件的、达到一定要求的，才能解决常住户口。明年进户口指标要从严控制。对计划生育问题，也要认真抓好，要赶北京、上海，达到全国先进水平。

六是要加强教育、文化、科技、体育、卫生工作，要关心群众生活中的热点和难点问题。我们的教育是有特色的，受到省里表扬。要把教育办成广东省最好、最发达的。像实验学校、深圳中学这样的学校，每个区都要有一所。蛇口的育才中学也办得很有特色。像实验学校这样的学校，深圳要有七八所。徐惟城同志看了实验学校，非常赞赏。实验学校、深圳中学的经验，教育局要认真推广。其他教育也要抓好。妇儿中心已开始建了，陈慕华同志看了很高兴，说建成以后将是全国之最，她希望我们在世界妇女大会召开之前建成。明年世界第四十一届高尔夫球赛在深举行，这也是个大事，几十个国家的球员参赛，世界各地的观众将云集深圳观看比赛，并现场直播，我们要利用这个机会，搞好我们的管理和建设，这是让世界了解深圳的极好机会。我们要抓紧时间做好工作，特别是把我们的精神文明建设推上一个新台阶。梅观高速公路要打通，这是运输局的任务，“五一”前要保证通车。梅林口岸明年5月1日前也一定要打通投入使用。由口岸办负责。大家都要重视这件事，机会难得，要做好各方面的组织和服务工作，扩大深圳、广东乃至中国在国际上的影响。

七是加强调查研究，转变机关作风、提高决策水平和办事效率。市委已初步研究了明年的调研课题，市委各部门、各区都要有自己的调研题目。我们的接待任务非常重，时间很紧，但调查研究不能少，总书记说调查研究是“谋事之基，成事之道”，只有通过调研，了解问题的症结所在，才能很好地解决问题，工作才能做好。调研题目一定要有针对性，要能指导实践。“开放市场”的大题目已研究几年了，还要继续出成果，委托国务院特区办搞的深圳如何率先实行国民待遇问题的研究，也在搞。小题目，如现在党政机关工作人员没有社会保障，人员就不能待业，这个也需要调查研究提出意见，在此我只是举几个例子。机关办事效率低的问题，反映还是不少，机关本身对机关的办事效率也不满意，讨论中，大家提了不少意见，我们要下决心解决这个问题。人大、政协、民主党派要发挥监督作用，包括对执法的监督。

最后讲讲学习问题。总书记特别强调学习问题，我们作为领导干部，深感知识缺乏，学习时间不够。我不反对大家娱乐，我认为，娱乐是为了有一个健康的身体，是为了搞好工作。我们要把目的放在搞好工作上。我们的领导干部可以适当地娱乐，但不能沉迷于此。机关干部要团结一致、振奋精神，把中央的任务落到实处。就是要贯彻总书记的讲话精神，增创新优势，更上一层楼。这次会议以后，关键是落实，各单位都要研究制订计划，采取有力措施，真正把各项工作抓紧抓实。

大力弘扬奉献精神
努力提高深圳社会文明水平

——在陈观玉事迹报告会上的讲话

（1995年3月）

同志们：

今天我们在这里举行陈观玉事迹报告会，对与会的每一个同志来说，都是一堂非常生动丰富的人生观、道德观和价值观的教育课。听了陈观玉同志自己的介绍和其他几位同志的发言，我们感到，陈观玉同志的事迹确实十分感人，她的可敬和可贵之处，在于她以助人为乐作为人生的坚定信念，自觉为社会、为人民奉献了自己的一片爱心，用自己的实践，为我们树立起一座人生旅途上的路标。凡是接触过陈观玉或听到她事迹的人，都会产生一种深深的敬意，她崇高的精神、优秀的品德和高尚的情怀形成了一股鼓舞人、激励人的力量。今天，市委作出了向陈观玉学习的决定，市精神文明办、市总工会、团市委、市妇联又联合发出向陈观玉学习的倡议，这个倡议很好，我相信一定会得到全市人民的热烈响应。我们大力宣传、学习陈观玉的模范事迹，就是要努力弘扬深圳人的奉献精神，通过开展向陈观玉学习的活动，把我市精神文明建设推向一个新的阶段，努力提高社会的文明水平。

陈观玉几十年为群众、为有困难者做了数不清的好事，平凡的事迹中蕴藏着深圳人精神面貌的丰富内涵。她是深圳特区精神文明的一块瑰宝，是值得我们全市干部和群众学习的楷模。

陈观玉是无私奉献的典范。陈观玉既是老典型，又是新模范，她用数十年的奉献，回答了“人为什么活着”、“人怎样活着才有意义”、“应该做怎样的人”这样一些严肃的人生问题，她的精神集中体现了无比高尚的人生观、道德观、价值观，她行动中所表现的人生价值观，和那些只讲社会对个人需要的满足和尊重、不讲个人对社会的责任和贡献的人生价值观是截然不同的。陈观玉是生活在我们身边的活雷锋，是深圳一面永不褪色的鲜艳红旗，她为深圳人争了光，为共产党员的称号争了光，为广大妇女争了光，堪称全市党员的模范和全市妇女的典范，我们为有她这样一个先进典型而感到骄傲。人生的价值不在于索取，而在于奉献，我们要向陈观玉学习，树立正确的人生观、道德观和价值观，牢固树立为祖国繁荣富强、人民幸福而乐于奉献的思想，自觉抵制享乐主义、极端个人主义和拜金主义的消极影响，在平凡的岗位上做出不平凡的贡献，为特区建设增添光彩。

陈观玉是助人为乐的典型。陈观玉不论在困境之中还是在富裕之中，一直帮助他人，扶危解困，帮难助弱，始终以别人的快乐为快乐。陈观玉虽然富裕了，仍然保持艰苦奋斗的优良传统，过着简朴的生活，富了不忘国家，不忘贫困地区的人民，体现了“先天下之忧而忧，后天下之乐而乐”的高尚品德。她是深圳优秀市民的典型代表。走共同富裕的道路，是社会主义制度所决定的，也是我们先走上富裕道路的地区和群众的崇高使命。

“全国支持深圳，深圳服务全国”，我们全体市民、机关干部，特别是领导干部，都要向她学习，学习她毫不利己、专门利人的精神，急贫困地区群众之所急，为国分忧的精神。我市各级党委和政府都要像罗湖区那样、像沙头角镇那样积极组织广大干部群众，用实际行动向陈观玉学习，积极帮助老、少、边、贫地区脱贫致富，尽一份力量，与他们走共同富裕的道路。

陈观玉是爱国拥军的榜样。陈观玉始终不忘支援国防建设，长期做拥军工作，和驻守边防的官兵结下了深厚的鱼水情谊。她爱军人、敬军人，把自己的一双儿女改名为“拥军”、“爱民”，用自己的爱心和行动谱写了一支“拥军曲”。她的拥军行动得到驻军官兵的一致赞扬。深圳地处祖国南大门，做好拥军工作有着十分重要的意义。全市人民要以陈观玉为榜样，胸怀祖国，关心国防，用实际行动支援国防建设，为部队多做好事，多办实事，早日把我市建设成为全国的“双拥模范城市”。

陈观玉是深圳人行为道德的楷模。陈观玉的事迹之所以感人至深，是因为她既继承和发扬了中华民族的传统美德，又服务于现代社会。我们即将推出的《深圳人行为道德规范》，这是进一步提高市民道德水平的一项有历史和现实意义的工作。我们要通过开展学习陈观玉活动，使全市形成良好的社会风尚、道德风范，把全市人民的精神境界提高到一个新的水平。

同志们！深圳特区在改革开放政策指引下，经济建设迅速发展，人民生活也得到很大改善，这和全国的支持是分不开的。深圳人完全有责任有义务在力所能及的范围内关心援助内地贫困地区建设，全市人民要和陈观玉一道，共同担负起向社会奉献爱心的历史重任。为了把学习陈观玉活动扎扎实实地开展下去，落实到每个单位和个人的行动中去，市委已经做出决定，在我市开展特区与老区、山区“心连心”的活动。这项活动共有五项内容：一是进一步开展援建“希望小学”活动；二是开展“1（职工）+1（学生）”助学活动；三是运用经济合作发展基金支持对口地区经济发展，增加“造血”功能；四是吸收对口地区劳务工在深圳安排就业；五是为老区、山区培训适应社会主义市场经济要求的干部。除了本省的对口扶持地区外，初步把省外对口扶持地区扩大到10个，包括陕西延安地区、江西井冈山地区和萍乡市、四川阿坝州和巫山县、湖北红安县、湖南浏阳县和宁乡县、贵州和平县、河北张北县。我们五个区和三个工委及教育局党委分别对口扶持一个老区或山区，为了搞好特区与老区、山区“心连心”活动，各级领导必须高度重视，把这项活动看做是学习陈观玉的具体行动。市里要成立“心连心”活动领导小组，做好领导和协调工作，各区各单位参照这一做法认真组织实施。我们要通过开展“心连心”活动，切实为老区、山区的发展作出我们应有的贡献。

同志们！我市正处在一个增创新优势，再上新台阶的历史性关键时期。我们要建设国际大都市，不仅要有高度发达的物质文明，还要有高度发达的精神文明。我们今天学习陈观玉的事迹，就是要学习她的奉献精神、美好品德和高尚情操，使全市涌现出千千万万的陈观玉。事实告诉我们，我市正在不断涌现出英雄模范人物。比如，3月24日上午，在我市布心肉菜市场执行公务的工商人员张彦平、叶丽浓同志秉公执法、一丝不苟，为了广大消费者利益，敢于向违法商贩作斗争、被肉贩杀害的英雄事迹，武警战士班荣皇同志疾恶如仇、见义勇为，坚持维护群众利益而英勇献身的英雄事迹，保安员曾金兵同志忠于职守、正义凛然。他们都是我们全市人民学习的榜样。有关部门要认真总结他们的英雄事迹，组织全市学习，有关单位要做好家属的抚恤工作。希望全市人民积极行动起来，像陈观玉和我市其他英雄先进人物那样，从我做起，从小事实事做起,从现在做起,把我市的精神文明建设提高到一个新的水平,让开拓创新团结奉献的深圳精神发扬光大,让充满爱心的文明之花在深圳的土地上结出硕果,激励我们在建设有中国特色社会主义大道上阔步前进!

为把深圳建设成为社会主义现代化的国际性城市而奋斗

——在中国共产党深圳市第二次代表大会上的报告

（1995年4月）

同志们：

我代表中国共产党深圳第一届委员会向大会作报告。

这次大会的主要任务是：以邓小平同志建设有中国特色社会主义理论和党的基本路线为指导，回顾总结我市第一次党代会以来的工作，选举产生中国共产党深圳市第二届委员会和纪律检查委员会，确定今后一个时期我市改革和发展的任务，动员全市党员和人民群众，进一步解放思想，抓住机遇，深化改革，扩大开放，加快发展，为把深圳建设成为社会主义现代化的国际性城市而努力奋斗。

一、5年来的成就和主要体会

第一次党代会以来的5年，是我们沿着有中国特色社会主义道路继续探索前进、不断创造新业绩的5年，是深圳特区创业史上一个具有重要意义的发展时期。1992年初，邓小平同志再次视察深圳，充分肯定深圳经济特区的成就和经验，要求我们思想更解放一点，改革开放的胆子更大一点，建设的步子更快一点，千万不可丧失时机。小平同志的重要谈话，极大地鼓舞了深圳人民，更加坚定了我们办好经济特区的决心。5年来，在中央和广东省委的领导下，我们围绕第一次党代会提出的建设现代化国际性城市的目标，积极探索，奋力开拓，改革开放和两个文明建设都取得了新的成就。

(一)国民经济持续、快速、健康发展,综合经济实力显著增强

1994年与1990年相比,全市国内生产总值由144.82亿元增加到560亿元,年均递增31.7%,比“七五”期间的年均递增率提高了9个百分点。经济的高速增长是在不断优化结构、提高质量、讲求效益的前提下实现的。我们坚持科学技术是第一生产力,注重扶持和发展高新技术产业。1994年高新技术产品产值达139亿元,占工业总产值的17.2%,比1990年提高了12个百分点。尽管工业总产值的基数不断增长,但出口产值的比重始终保持在50%左右。1994年全市外贸出口总额达183亿美元,约占全国的15.1%,连续两年居于全国大中城市首位。商贸、金融、交通、通信、房地产、旅游等第三产业迅速崛起,成为推动经济发展的新的增长点。高质高产高效的“三高”农业、创汇农业和“菜篮子”工程建设也取得了好成绩。在保持“深圳速度”的同时,努力创造“深圳效益”。全市工业全员劳动生产率(按增加值计算)由1990年的1.22万元提高到1994年的3.57万元,年均递增30.8%。地方预算内财政收入由1990年的21.7亿元,增加到1994年的74.4亿元,按可比口径计算,年均递增44.8%。经过几年来的建设,深圳的综合经济实力又上了一个新台阶。

(二)城市功能逐步完善,城市面貌大为改观

1991年至1994年累计完成基建投资548亿元,占建特区以来基建投资总额的70.4%。其中供水、供电、交通、通讯和市政工程建设投资完成211.34亿元,占同期基建总投资的38.6%,比“七五”期间上升18个百分点。前些年曾一度困扰经济发展和人民生活的缺水、缺电的“瓶颈”问题得到缓解。全市立体化的交通网络初步建成,交通状况大为改观。新火车站、北环快速干道及十余座大型立交桥相继投入使用。深圳机场和盐田港的初步建成,进一步密切了深圳同国内国外的联系和交往。邮电通讯快速发展。电话装机总容量达101.15万门,可与230多个国家和地区的城市及国内1700多个城市直拨通话。城市管理水平提高,环境得到改善,特区内建成区绿化覆盖率达43.9%,荣获“国家卫生城市”和“国家园林城市”的称号。

(三)改革继续深入,社会主义市场经济体制基本框架初步形成

现代企业制度正在逐步建立。近1/3的市属国有企业进行了公司制改造,全面实行了国有企业无行政主管部门的改革,取消企业行政级别,取消企业干部、工人界限。以建立企业法人制度、有限责任制度和科学管理制度为目标的现代企业制度试点取得新的突破。组建了新的国有资产经营公司，对国有资产实行授权经营。

宏观管理和调控体系不断完善，政府职能逐步由直接管理转向间接管理，由微观管理转向宏观管理，由部门分割管理转向全社会管理。企业注册登记实行核准制，生产要素分配以市场配置为主。

市场体系进一步发展完善。商品市场向专业化系列化方向发展，金融、劳动力、房地产、技术、信息等生产要素市场粗具规模。深圳证券市场成为全国两大证券市场之一，有色金属期货市场和布吉农产品批发市场成为国家级中心市场。保税生产资料市场服务范围扩大到全省。企业产权市场对促进产权流动和优化重组发挥了积极作用。

新型的社会保障体系初步形成。建立了社会共济与自我保障相结合的职工养老保险、医疗保险及住房公积金制度，全面推行了社会工伤保险和职工失业保险。农村中也广泛实行了社会医疗保险和养老保险。与此同时，社会服务体系日益健全。

适应特区社会主义市场经济要求的法律体系初步建立。自1992年全国人大常委会授予深圳经济特区立法权以来，先后制定颁布了有关市场主体、市场运行规则、城市管理、社会保障等方面的法规44项和行政规章80多件。

实现了特区内农村向城市、农民向居民的两个转变。顺利完成了撤销宝安县建制、新建宝安和龙岗两个区的工作，加快了深圳城市化进程。

（四）对外开放不断扩大，招商引资取得新突破

进一步简化了外商投资审批程序。每半年编制公布“投资导向目录”以产业政策引导外资投向，对鼓励和允许发展的项目实行直接核准登记。

招商引资规模迅速扩大。基础设施、基础产业和资金密集、技术密集的工业项目成为引进外资的主体，外商投资领域不断扩大。沙头角、福田两个保税区的建设有了新的进展。1991年至1994年，全市实际利用外资44.57亿美元，相当于“七五”期间的1.9倍。新增外资金融机构26家，外商投资企业近8000家，分别为1990年前的1.2倍和2.5倍。

港口及口岸管理体制的改革取得突破。简化了口岸通关验放手续，皇岗口岸试行24小时通关，对外国旅游团实行72小时免签证。1994年，全市口岸入出境人员5194万人次，比1990年增加46.6%，占全国的50%以上，入出境车辆

738.5万辆次，比1990年增加51.9%，占全国的80%左右；接待境外游客186万人次，旅游创汇收入6.8亿美元，分别为1990年的1.25倍和4.2倍。

对外交往日益扩大。1991年至1994年接待世界各国部长级以上代表团482批。多层次、多形式的对外经济、技术、文化交流不断发展。1994年全市出口总额相当于国内生产总值的275%，深圳成为我国经济外向度较高的城市之一。

（五）人民生活显著改善，生活质量不断提高

1994年，全市人均国内生产总值达1.78万元，比1990年增长91%，朝着接近和赶上中等发达国家和地区水平的目标前进了一大步。全市职工年均货币工资10572元，农民人均分配年收入3692元，扣除物价因素，比1990年实际增长56.5%和20.4%。特区内人均居住面积13.69平方米，住房成套率88%，人均绿地25平方米，食品支出占消费性支出的比重为38.4%，均超过我国城市小康标准。人均拥有电话数居全国各大城市之首。人均购书65.16元，比1990年增长167.4%。居民精神文化生活日益丰富。

（六）对国家的贡献不断增大，初步发挥出对内地经济的辐射作用

我市财政直接向中央和省财政上缴的数额逐年增大，到1994年底已累计上缴45.5亿元。海关、银行、邮电、铁路系统累计上缴中央409.76亿元。从1989年起，我市每年用市区两级财政可用财力的2%，设立经济合作发展基金，扶持贫困地区发展经济，目前这项基金已达4亿左右。近几年，我市以低息贷款、捐款及各种融资方式，先后向梅州、河源、韶关、清远、三峡库区等地投入8亿多元资金，帮助上述地区兴建了115个项目，促进了当地经济的发展。深圳企业参股、控股、租赁、合作等形式，到内地投资达100多亿元。目前有200万外来劳工在深圳就业，1994年汇回内地的劳动收入约80亿元。

（七）坚持“两手抓”的方针，精神文明建设取得新成果

爱国主义、集体主义和社会主义教育，社会公德、职业道德、学生品德和家庭伦理道德教育，法律教育及科学文化知识教育等“四项基础教育”得到普及。“窗口”行业文明建设，边境线和特区管理线的“文明线”建设，评选文明村镇、文明单位、文明户、文明市民，拥军优属、拥政爱民和军警民共建精神文明，加强社会治安综合治理等“五项文明建设工程”取得显著成效。广泛开展了“怎样做个深圳人”的大讨论，弘扬了“开拓、创新、团结、奉献”的深圳精神。我市于1994年获得了全省“双拥模范城”称号。教育的投入大幅度增加，1994年市财政教育投入8.38亿元，比1990年的1.93亿元翻了两番多，平均递增44.3%；设立了教育发展基金，筹得资金2亿多元。体育场等一批新的文体设施建成并投入使用。4年间，政府对医疗卫生事业的投入年均递增58.59%。新创办了深圳电视二台、有线广播电视台、深圳电台经济台以及3份全国发行的报纸。新闻出版、文学艺术等方面产生了一批在全国和全省获奖并有一定影响力的精品。依法加强了对文化市场的管理。狠抓了社会治安的综合治理，重点开展了除“七害”、打击车匪路霸、反盗抢机动车、清理“三无”人员、整顿交通秩序等专项斗争和专项整治，治安秩序和交通秩序有了改善。

（八）党的建设进一步加强，干部队伍素质不断提高

到1994年底，全市已建立基层党组织8700多个，有党员9.9万多名，分别比1990年增加41.8%和37.5%。我们坚持用邓小平同志建设有中国特色社会主义理论教育党员。4年间，以市、区、镇（街道办事处）三级党校为主要阵地，分期分批对党员干部进行轮训共24万多人次，党员教育初步实现阵地化、网络化、制度化。不断加强领导班子的组织建设和思想作风建设，增强了班子的战斗力。民主进一步健全，决策的民主化、科学化水平不断提高。积极培养和选拔优秀年轻干部，市属局级单位、各区和一、二类企业领导班子的平均年龄由1990年的53.4岁下降到1994年51.2岁，大专以上文化程度由70.4%上升到77.8%。积极探索各类新经济组织党建工作的新路子，制定了外商投资企业、股份制企业以及私营个体等经济组织党的工作规定。目前已在外商投资企业中建立党组织959个，组建了市总商会民营企业党委和24个私营企业及个体户党支部，促进了各类新经济组织中党组织的健康发展。基层党组织建设进一步增强。去年以来，全市分两批抽调了780名机关干部组成180个基层建设工作组，深入到村、居委会帮助工作，促进了基层组织的建设。反腐败斗争取得阶段性成果，党风廉政建设进一步加强。全市处以上领导干部对照中纪委提出的新老五条规定，逐条检查，认真整改，提高了廉洁自律的自觉性。4年多来，全市纪检机关共立案707宗，其中大案要案265宗，处分违纪党员干部645人，严肃了党的纪律，纯洁了党的组织。近年来从境外和内地抓回携款潜逃者58人，为国家和集体挽回经济损失、追回流失资金4.46亿元。群众反映比较强烈的部门和行业不正之风初步得到遏制。制定了一批廉政制度和法规，反腐保廉工作逐步走上制度化、法制化的轨道。

深圳作为全国率先进行改革开放的试验区，在经济和社会发展方面所取得的成就是举世瞩目的。这些成就的取得，归功于党中央和省委的正确领导，归功于全市党员和广大军民的共同奋斗，同时也得到了兄弟省市和港澳台同胞、海外侨胞、外国朋友的真诚合作和大力支持。在此，我谨代表中共深圳市委，向所有关心和支持深圳、为深圳的改革与建设作出贡献的同志们和朋友们致以衷心的感谢和崇高的敬意！

回顾我市第一次党代会以来的工作，最根本的经验是：坚持以邓小平同志建设有中国特色社会主义理论为指导，解放思想，实事求是，从实际出发来确定深圳改革和发展的思路，推动特区建设不断迈上新台阶。可以说，特区今天的兴旺发达，是邓小平同志建设有中有特色社会主义理论指导下所取得的丰硕成果。从特区日新月异的变化中，深圳人民进一步感受到小平同志理论的无比正确，对建设有中国特色社会主义更加充满信心！

在实践中，我们的主要体会是：

——坚持敢闯敢试敢探索，率先建立社会主义市场经济体制和运行机制。邓小平同志指出，“深圳的重要经验就是敢闯”，“看准了的，就大胆地试，大胆地闯”，“没有一点闯的精神，没有一点‘冒’的精神，没有一股气呀、劲呀，就走不出一条好路，走不出一条新路，就干不出新的事业”。可以说，改革开放就是深圳迅速发展的强大动力，敢闯敢试敢探索是深圳经验的集中体现。从一定意义上讲，“敢闯”就是坚持实践第一、解放思想、实事求是的表现；是相信群众、依靠群众、尊重群众首创精神的表现；是披荆斩棘、艰苦创业，对社会主义前途充满信心的表现。我们坚持以邓小平同志“三个有利于”作为判断各方面工作是非得失的标准，紧紧围绕发展生产力、率先建立社会主义市场经济体制这一总目标，进行了一系列配套改革，经济体制改革由单项突破转向整体推进，从而初步形成了社会主义市场经济体制的基本框架，不仅促进了我市经济建设的迅速发展，也为全国经济体制改革的深化提供了借鉴。实践证明，只有敢闯敢试敢探索，经济特区的发展才能永葆生机和活力。

——坚持党的领导，自觉维护党中央的权威。在建设特区的实践中，既要提倡和发扬敢闯精神，创造性地开展工作，又要顾全大局，自觉维护党中央的权威，与党中央保持高度一致，保证政令畅通。要正确处理局部利益与全局利益的关系，眼前利益与长远利益的关系，维护改革、发展和稳定这一全党工作的大局。我们深深体会到，发展社会主义市场经济，更要树立全国一盘棋的思想。近年来，我们认真贯彻落实党中央加强和改善宏观调控的一系列措施，积极实施中央相继推出的一系列重大改革举措。1994年，我市基建投资规模的增幅比上年回落了42个百分点，大大低于同期全国全省的增长幅度；物价增幅在全国35个大中城市中保持较低水平；实行分税制后，中央税和地方税保持了同步大幅度的增长。这都充分说明，只有坚持党的领导，自觉维护党中央的权威，特区的改革和发展才能保持正确的方向。

——坚持建设现代化国际性城市的发展目标，努力提高城市整体素质。不同的发展阶段应该有不同的战略目标。一个新的发展目标的确立，必将对一个阶段的工作产生重大的影响。80年代，我们提出要建立以工业为主的外向型经济特区，由抓基建、打基础到上水平、求效益，从而建立了具有深圳特色的、较具规模的外向型工业体系。1990年，我市第一次党代会提出了把深圳建成一个多功能现代化的国际性城市的目标。我们围绕这一目标进行高起点规划，加大重点基础设施建设的投入，努力完善城市功能；不断优化产业结构，大力发展高新技术产业和第三产业，加强区域性金融中心和商贸中心的地位，提高整体经济实力；努力与国际惯例衔接，逐步完善法制体系，从而使深圳的整体素质大为提高。当然，我们离国际性城市的目标还有很大的差距，但只要我们再接再厉，把科学态度和实干精神结合起来，坚定不移地向前迈进，宏伟的目标就一定能够实现。

——坚持为国家多作贡献，走共同富裕的道路。一部分地区先发展起来，然后带动其他地区发展，最终实现共同富裕，这是邓小平同志建设有中国特色社会主义理论的重要思想，也是社会主义的本质体现。江泽民总书记去年视察广东时又明确提出，“我们创建经济特区的目的，并不只是为了特区本身的发展和现代化，更重大的意义在于要通过特区的发展，充分发挥它们对全国其他地区发展的推动作用和辐射功效”。特区创立15年来，我们始终把实现共同富裕作为特区工作的基本方向、重要原则和义不容辞的历史责任，注意加强与内地的横向经济联合，力所能及地帮助和扶持内地贫困地区，为国家多作贡献，不断增强特区的辐射功能；注意教育广大党员干部和全市人民，不忘报效国家、报效全国人民。1992年以来，我市共为老区、山区援建希望小学27所，并开展“1（家）+1（学生）”助学活动，帮助贫困地区学生4000多名。最近，我们将对口扶持的范围扩大到广东省外的10个地区。我们相信，随着深圳经济的进一步发展，我们对国家的贡献、对内地的支持将会越来越大。

——坚持搞好深港衔接，为实现“一国两制”的战略构想发挥积极作用。深圳毗邻香港，地理位置特殊。搞好深港衔接，不仅有利于充分发挥深圳的窗口作用，更有利于促进香港的平衡过渡。近年来，我们按照“利用香港，发展自己；借助香港，走向国际；借鉴香港，国际惯例；联合香港，辐射内地；衔接香港，互惠互利；区别香港，‘一国两制’”的思路，在金融、外贸、市场机制以及交通和通信等各个方面积极做好与香港的衔接。深港之间的合作交流日益密切，两地在经济上的差距逐步缩小，从而进一步增强了港澳同胞回归祖国的信心，对维护香港的长期繁荣与稳定发挥了积极作用。

——坚持“两手抓”的方针，建设高度的社会主义精神文明。发展物质文明，任何时候都不能以削弱甚至牺牲精神文明为代价。深圳是社会主义的经济特区，更要坚持“两手抓”的方针，在建设高度物质文明的同时，努力建设高度的社会主义精神文明，成为社会主义精神文明的示范区。几年来，我们重视加强以爱国主义为核心的思想道德教育，培养高尚的道德情操；大力发展教育科学文化事业，促进社会的全面进步；积极推进民主法制建设，坚持依法治市；深入开展反腐败斗争，坚决扫除“七害”；努力弘扬民族优秀文化，营造良好的文化氛围。社会主义精神文明建设的加强，为我市的改革开放和经济建设提供了强大的精神动力和智力支持，使特区在经济高速发展的同时，不断克服资本主义的种种弊端，保持了社会主义精神风貌。实践使我们深深体会到：两个文明建设协调发展，是有中国特色社会主义的内在要求。经济特区只有坚持“两手抓、两手都要硬”，才能始终保持社会主义的发展方向。

总结几年来的工作，我们虽然取得了很大的成就，但是绝不能因此而忽视前进中存在的各种困难、问题和薄弱环节。主要是：

经济发展的质量和效益有待提高。产业结构还不尽合理；物价上涨的压力未能从根本上得到缓解；投资成本上升过猛；部分企业经济效益不理想，国有资产流失的漏洞较多。

城市规划、建设和管理水平离建设国际性城市的目标还有较大差距。几起严重事故，给国家和人民生命财产造成重大损失；还有不少地方存在脏、乱、差现象，乱开发、乱搭建现象屡见不鲜，水土流失严重，环境治理的任务还相当繁重。

社会治安形势比较严峻。尽管打击力度不断加大，发案率仍居高不下，特别是恶性大案不断发生，威胁着人民生命财产的安全。

一些政府工作人员办事效率低，服务态度差，一些部门“门难进、脸难看，事难办”。有的人甚至吃、拿、卡、要，搞权钱交易，企业和群众反映较大。

党的建设也存在一些不容忽视的问题。少数党员、干部全心全意为人民服务的思想淡薄了，艰苦创业的精神减弱了；少数单位的领导班子不能很好地贯彻民主集中制，甚至闹不团结，影响正常工作；部分基层党组织领导班子素质偏低，年龄偏大，不能适应两个文明建设的要求。

对上述种种问题，我们必须予以高度重视，采取得力措施认真加以解决。

二、今后5年的基本任务

本世纪的最后5年，是我国确立社会主义市场经济体制，推进建设有中国特色社会主义伟大工程的5年，也是深圳能否实现建设社会主义现代化国际性城市战略目标的非常关键的时期。

1994年6月，江泽民总书记视察广东，代表党中央、国务院郑重重申了经济特区的“三个不变”，指出经济特区的发展已进入提高整体素质、增创特区优势的新阶段，要求我们按照小平同志指引的有中国特色社会主义道路继续不断探索，把经济特区办得更好，努力形成经济特区中国特色、中国风格、中国气派。党中央的要求，使我们对新形势下经济特区的历史地位和作用的认识更加明确，对建设现代化国际性城市的信心更加坚定。我们只有朝着这个宏伟目标前进，才能不负党中央的重托，才能最大限度地凝聚人心，鼓舞斗志，锲而不舍，再创辉煌。

深圳要建成现代化国际性城市，就是要在经济体制和运行机制上，成为建立社会主义市场经济体制、按国际惯例运作的先行区。在经济规模、综合实力上，成为走在全国前列的经济强市之一。在城市功能上，成为国际贸易的窗口，连接国内外市场的重要桥梁和纽带；成为与国际金融市场有着紧密联系的区域性金融中心；成为海、陆、空运全面发展，辐射国内、国外的交通运输枢纽；成为高新技术密集型产业基地；成为手段现代化、系统网络化、传输技术科学化,沟通海内外市场的信息中心;成为富有时代气息和民族特色的综合性的旅游胜地。在精神文明建设上,成为善于吸收人类社会文明成果,促进社会全面进步的先进地区。在提高人民生活水平和走共同富裕道路上,成为率先赶上中等发达国家水平、对国家贡献较大的地区之一。

今后5年,我们总的指导思想是:以邓小平同志建设有中国特色社会主义理论和党的基本路线为指导,以"抓住机遇,深化改革,扩大开放,促进发展,保持稳定"的方针总揽全局,以增创新优势,提高整体素质为根本措施,以率先建立社会主义市场经济体制和运行机制,优化经济结构,完善城市功能为重点,以建立区域性金融中心、信息中心、商贸中心为突破口,以加强党的建设和精神文明建设为保证,把深圳初步建设成为社会主义现代化的国际性城市。

根据上述指导思想和奋斗目标,今后5年我们要努力完成的基本任务是:

(一)增创产业新优势,保持国民经济持续、快速、健康发展

到2000年,我市整体经济实力要再上一个新台阶:国内生产总值达到1500亿元,工业总产值1600亿元,农业总产值12亿元,社会消费品零售总额700亿元,外贸出口300亿元,预算内财政收入150亿元,总人口400万人,人均国内生产总值3.75万元。通过优化产业结构,提高整体经济素质,初步形成以先进工业为基础,高新技术产业为先导,第三产业为支柱,"三高"创汇农业发达的现代经济体系。

积极调整工业结构,重点抓好计算机及其软件、通信、微电子及基础元器件、视听、机电一体化、重点轻工、能源等七大主导产业,到2000年形成1200亿元的产值。大力培育高新技术骨干企业,高新技术产品产值在工业总产值中的比重上升到32%。大力发展以出口为导向的工业,扶持一批有较强竞争力的名牌产品,工业出口产值比重保持在50%以上。继续实行倾斜政策,进一步办好沙头角、福田两个保税区和科技工业园,加快高新技术工业村和龙岗大工业区的建设步伐,使我市成为面向国际市场的高新技术成果商品化、产业化的重要基地。

到2000年,第三产业增加值要达到750亿元,在国内生产总值中的比重由1994年的42.1%上升到50%。进一步优化第三产业的内部结构,重点发展金融、商贸、交通、通讯、信息、旅游、仓储、房地产等支柱行业。要以参与国际竞争、加快与国际市场相融合的步伐为目标,用现代科学技术来装备第三产业，不断提高服务质量，增强综合服务能力。

农业要继续向“三高”和创汇型的方向发展。要确保农业用地，增加农业投入，实行以工补农，落实农业优惠政策。努力建设高标准的“菜篮子”基地，积极发展环境农业、观光农业，不断提高农业现代化水平。

继续采取有力措施，促进我市边远落后地区经济社会发展。市、区、镇各级要加强规划和指导，增加投入，帮助边远落后地区尽快脱贫致富，加快工业化、城市化、现代化的步伐。

（二）增创改革开放新优势，率先建立社会主义市场经济体制

我们的目标是在全国率先建立社会主义市场经济体制。1997年前后完成新体制各项基本制度的建立，到2000年新体制逐步完善成熟。

全面建立现代企业制度。对我市国有企业进行公司制改造，根据实际情况改为股份有限公司或有限责任公司。从产权制度、领导体制、分配激励机制和监督约束机制四个方面入手，建立和规范企业的内部制度体系。通过一系列组织创新、制度建设和相应的配套改革，使企业成为自主经营、自负盈亏、自我约束、自我发展的法人财产实体和市场竞争主体。继续深化国有资产管理体制改革，建立国有资产经营责任制，完善授权经营制度，保证国有资产的安全增值。继续进行集团公司、资产经营公司、投资控股公司等组织形式的创新，探索金融资本与产业资本相结合的新路子。同时，按照市场经济要求，合理界定和优化政府职能，实行政企分开，提高运作效率，为企业创造公平竞争的外部运行环境。

形成高度开放的现代化市场体系。要突破地域界限，向国内外全面开放各类市场，促进市场体系整体结构和功能的现代化，使深圳市场成为国际市场的一部分。商品市场要优化结构，扩大辐射范围。重点发展一批国家级的商品批发市场，把保税生产资料市场建成全国性的保税物资交流中心，办好有色金属及商品综合期货市场，加强管理和规范，提高在国际国内市场上的影响力。金融市场要迈向多元化、国际化。积极发展各种金融工具，拓宽国际融资渠道，进一步增强深圳证券交易所的辐射力，形成高效率、低成本的资本市场和融资中心。劳动力市场要完善双向选择、合理流动的就业竞争机制。建立一批人才流动服务机构和人才搜寻机构，培育经理市场及高级人才市场。加大投入，高起点地建设技术、信息市场基础设施，吸引国内外技术和信息商品在深圳汇聚和交易。规范土地使用权一级市场的运作，开放土地房产二、三级市场，完善配套政策和竞争机制，促进房地产市场健康发展。进一步开放产权市场，鼓励国内外机构和个人投资者参与企业产权交易。加速服务社会化进程，形成多层次、多功能的服务市场体系。

完善政府宏观经济调控体系。面向市场、面向企业、面向基层、切实转变各级政府职能，简政放权，实现国有资产所有者职能与政府社会经济管理职能的分离，把属于企业的职能全部还给企业，把要素分配和资源配置的职能转给市场，把中介组织能够承担的事务交给中介组织，政府保留的少量审批职能要公开化、规范化。要强化政府在制定发展规划和产业政策、协调服务、管理监督等方面的职能。

实现改革的综合配套和整体推进。继续深化分配制度、住房制度、户籍制度、社会保障制度、社会中介服务体系、社会经济监督体系和口岸管理体制的改革。搞好与全国宏观经济体制改革的衔接和与国际惯例的衔接。继续推进政治体制、科技体制、教育体制和文化体制的改革。

形成高层次、宽领域的对外开放格局，实现与国际经济全面接轨。更加灵活地采用国际通用的引资方式，鼓励外资投向交通、能源等基础设施项目、高新技术骨干项目和第三产业项目，加强与跨国公司、国际大财团的合作。努力优化投资软环境，进一步简化投资审批程序和口岸查验手续、监管方式。逐步实行对外商的国民待遇，拓宽投资领域。积极拓展海外市场，建立外销网络，扩大出口，发展远洋贸易，培植一批有竞争力的能够进行跨国经营的企业集团。

（三）增创基础设施建设新优势，实现城市功能现代化

城市基础设施建设要超前发展，要高质量、高效益地搞好交通、能源、供水、通讯等建设，适应建设现代化国际性城市的需要。交通方面，加快深圳机场二期、盐田港二期、平湖编组站、地铁一号线一期、城市快速干道系统、高速公路系统等一批重点工程的建设步伐，形成进出便捷、多层次、多功能、立体式的交通网络。能源方面，抓紧建设西部电厂、前湾燃机电厂、东部电厂等一批电力骨干项目，到本世纪末电力装机总容量达到567万千瓦，并积极搞好电网建设。供水和防洪排涝方面，在加快兴建东江、西枝江等五大引蓄水骨干工程的同时，还要对新丰江水库或西江的取水方案做可行性比较研究。要在省的统一规划和协调下，争取各有关兄弟城市的支持，根本解决我市的供水问题。搞好深圳河、茅洲河治理等一批防洪、排涝、排污工程的建设，全面提高抵御自然灾害的能力。通信方面，到2000年，全市电话交换机容量超过240万门，广泛应用数据通信等新的通信技术和手段，把信息化放在突出位置，建立联结国内外的综合信息传播体系。

（四）增创人才新优势，努力建设教育强市

一个国家、一个地区经济发展后劲的大小，取决于劳动者的素质，取决于人才的数量与质量，而人才的基础在教育。因此，必须以建设教育强市为目标，坚持把教育摆在优先发展的战略位置，认真贯彻落实《中国教育改革和发展纲要》，建立具有深圳特色的现代化的大教育体系。要加大政府对教育的投入，到2000年，政府财政性教育经费支出达到预算内财政支出的15%。采取倾斜政策，调动全社会力量，多形式、多层次、多渠道集资兴办各级各类学校，创办一批国内有影响力的名牌学校。抓好基础教育和高等教育，大力发展职业教育和成人教育，普遍提高劳动者的素质，培养各类优秀人才，特别是高层次人才。继续做好延揽人才的工作，积极培养和引进建设国际性城市急需的各类专业人才、技术人才和管理人才，同时要开发、用好现有人才，让各类人才充分施展才干。

（五）增创依法治市新优势，营造良好的法制环境

建设国际性城市，必须有与之相适应的良好的法制环境。我们要充分发挥深圳拥有立法权的优势，大胆借鉴、移植发达国家和地区的经济法规和立法经验，加快立法步伐。到2000年，形成与国家法律、法规相互配套、协调，与国际惯例相衔接，适应深圳经济社会发展的较完备的法律体系。严格执法，加强执法监督，提高司法和行政执法水平。深入开展普法教育，增强全社会的法律意识和法制观念。加强对依法治市工作的领导，逐步走向依法治市的轨道，建立良好的市场经济和社会生活秩序。

当前和今后一个时期要突出抓好社会治安的综合治理和环境的综合治理。要认真贯彻落实《深圳市社会治安综合治理领导责任制实施办法》，全面整治社会治安。要把严打斗争的锋芒对准那些影响我市社会治安的严重刑事犯罪活动。进一步加强专项斗争和专项整治，继续扫除“七害”。加强暂住人口和流动人口的管理，搞好文明安全小区建设。力争今年内社会治安、社会风气有较大好转。要按照《深圳市环境综合治理实施方案及奖惩办法》，对市容卫生、供水排水、排洪排污、道路交通、开发建设、环境保护、城乡绿化等方面的问题，加大力度进行综合治理，争取用两年的时间，彻底扭转城镇某些地方“脏、乱、差”的状况，使城市面貌、环境质量与建设国际性城市的要求相适应。

(六)增创横向经济联合新优势，强化辐射和服务内地功能

服务全国，辐射内地，优势互补，共同发展，这是特区肩负的重要历史使命和战略任务。我们要进一步增强自觉性和使命感。要广泛开展“特区与老区、山区心连心”活动，坚持运用经济合作发展基金、对口招工、智力培训、援建“希望工程”等方式，重点扶持广东省的一些贫困地区，并逐步向省外的贫困地区辐射。继续实施内地、深圳、海外“三点一线”的发展战略，与内地共建出口加工基地，进行专业化协作配套和联合投资开发，使更多的拳头产品打入国际市场。我们要按照省委建立珠江三角洲经济区的战略部署，积极参与，当好窗口，搞好衔接，做好服务，为珠三角经济区的腾飞作出贡献。

(七)增创深港衔接新优势，为保持香港繁荣稳定发挥积极作用

1997年，我国将恢复对香港行使主权。我们必须抓住这一历史机遇，充分利用毗邻香港的区位优势，继续积极做好深港衔接这篇大文章，加快建设现代化国际性城市的进程，为保持香港繁荣稳定发挥积极作用。要加速口岸改革，在口岸上做好衔接；加速城市基础设施建设，在城市功能上做好衔接；加速金融市场的国际化，在建设金融中心上做好衔接；加速扩大开放，在按国际惯例运作方面做好衔接；加速完善市场体系，在市场运作机制上做好衔接，进一步密切深港合作，实现优势互补,促进共同繁荣。

(八)增创管理新优势，全面提高城市管理水平

要全面提高管理水平，向管理要速度、要效益、要秩序。要学习借鉴国外先进的管理经验，建立科学的规章制度，实现管理的现代化。要建立和健全城市管理工作责任制，形成一级抓一级，层层抓落实的责任制体系。通过严格的管理，提高各项工作的水平。要从建设现代化国际性城市的战略目标出发，着眼于经济、社会和生态环境的协调发展，抓紧修订我市“九五”和2010年经济社会发展总体规划和专项规划。城市总体规划和片区规划要高起点、高标准，具有前瞻性、科学性，在大胆借鉴发达国家和地区先进经验的基础上，体现深圳特色。要用立法手段来保证规划的严肃性并落到实处。

（九）增创社会发展新优势，不断提高人民生活质量

到2000年，我市居民生活水平要在小康基础上再提高一步，接近中等发达国家和地区的水平。大力发展各项社会事业，全面提高人民生活质量。居民消费结构不断优化，住房、衣着、文娱消费比重上升，食品支出比重下降；居住环境继续改善，90%以上的家庭有单元式住房；电话主线普及率由每百人16.3线提高到36线；控制人口增长，优化人口结构，搞好计划生育；实现普遍就业，失业率控制在3%以下；进一步完善失业、养老、医疗、工伤、助残、扶贫、救灾等社会保障制度。实现人民生活富裕，社会繁荣安定。

（十）增创社会主义精神文明建设新优势，全面提高深圳人的综合素质

加强宣传思想工作，坚持“以科学的理论武装人，以正确的舆论引导人，以高尚的精神塑造人，以优秀的品质鼓舞人”。深入开展爱国主义、集体主义和社会主义教育，加强社会公德、职业道德、家庭美德和个人品德教育，认真贯彻实施《深圳市文化发展规划》，做好推行《深圳市民行为道德规范》的工作，抓好《新三字经》通俗读本的宣传教育。继续弘扬深圳精神，深入开展学习孔繁森同志的活动，大力宣传陈观玉等先进典型，形成文明进步、健康向上的现代都市风尚。进一步开展创建文明单位、文明村镇、文明安全小区和评选文明市民等群众性活动。深入开展拥军优属、拥政爱民和军警民共建精神文明活动，早日建成“国家双拥模范城”。陆续建设一批具有相当规模和现代化水平的文化设施和群众性文化活动基地，每年都要推出一批高品位、高水平的文学艺术作品，为人民群众提供健康丰富的精神食粮。活跃对内对外文化交流，加强文化市场管理，保护知识产权。大力发展新闻、出版、广播、影视、体育、卫生事业。通过多方面努力，培养和造就具有较高综合素质的现代深圳人。

同志们，建设现代化国际性城市，是深圳在整个90年代乃至迈向新世纪的宏伟目标。实现这一宏伟目标，对进一步壮大深圳的经济实力，增强城市辐射功能；对广东20年基本实现现代化，发挥“珠三角”城市群的整体优势；对保持香港的繁荣稳定，都具有十分重要的意义，实现这一宏伟目标，深圳将会在全国的经济社会发展和国际经济交往中发挥更加积极的作用，更加充分地显示出社会主义制度的强大生命力。

三、加强党的建设　改善党的领导

加强党的建设，改善党的领导，是实现建设社会主义现代化国际性城市奋斗目标的根本保证。随着国际性城市建设步伐日益加快，经济体制改革进一步深入，对外开放不断扩大，如何保持深圳特区的社会主义性质和发展方向，提高各级党组织驾驭市场经济的能力；如何保证广大党员干部经受住对外开放和发展市场经济的考验，更好地发挥先锋模范作用。这些都是我市党的建设中必须回答和解决的重大课题。必须按照党的十四届四中全会的要求，认真落实市委一届七次全会提出的《中共深圳市委贯彻〈中共中央关于加强党的建设几个重大问题的决定〉的若干措施》，全面加强党的思想建设、组织建设和作风建设，进一步提高执政水平。

（一）深入学习邓小平同志建设有中国特色社会主义理论，提高党员干部的马克思主义理论素养和驾驭市场经济的能力

各级党员领导干部要继续带头学好邓小平同志建设有中国特色社会主义理论，健全党委中心组学习制度。进一步发挥市、区和基层党校思想理论教育的主阵地作用，有计划地轮训党员领导干部。处以上领导干部要认真学习《邓小平文选》，在研读原著上下工夫，努力掌握这一理论的科学体系，把学习理论同总结实践经验结合起来，同增强党性、改造世界观结合起来，努力提高理论水平，增强贯彻执行党的基本路线的自觉性和正确处理改革、发展、稳定三者关系的能力，增强工作的预见性和主动性。要紧密联系深圳改革和发展实际，加强理论研究。要继续组织广大党员学习小平同志的理论，学习党章，学习法律，学习《中共中央关于建立社会主义市场经济体制若干问题的决定》，学习《什么是社会主义市场经济》和《现代科学技术基础知识》等必读教材，使广大党员干部掌握市场经济的基本知识、基本理论，成为懂经济、懂法律、懂现代科技知识，做好本职工作的行家和能手。

（二）坚持和健全民主集中制，维护和加强领导班子的团结统一

民主集中制是党的根本组织制度和领导制度，又是党的纪律。全市各级党组织必须强化全局观念和纪律观念，以高度的自觉性维护党中央的权威，保证政令通畅。各级领导班子要进一步完善集体领导和个人分工负责相结合的制度，按照民主集中制的原则健全决策程序，实现决策的民主化、科学化。

进一步发扬党内民主，切实保障党员民主权利。落实党内生活制度，加强党内监督，严肃党的纪律。要不断改进领导方法，提高领导艺术，充分调动和发挥一班人的积极性和创造性。要继续增强领导班子的团结，总结贯彻民主集中制的好典型并予以推广；对闹不团结的要在党内进行分析解剖和教育，严重的予以通报和组织处理。我们各级领导干部要始终把党和人民的事业摆在首位，多一些沟通，互相理解、互相支持、互相帮助，把各级领导班子建设得更加朝气蓬勃，更加坚强。

（三）积极培养和选拔优秀年轻干部，努力造就大批能够跨世纪担当重任的领导人才

建设现代化国际性城市是跨世纪的宏伟工程，需要大批能够跨世纪担当重任的领导人才。必须坚决破除论资排辈、求全责备、迁就照顾等陈旧观念，为优秀年轻干部的健康成长创造条件，把经过特区改革与建设实践锻炼、政治坚定、政绩明显、廉政守纪、群众信任、年富力强的干部，大胆选配到重要岗位。我们党的干部是人民的公仆，必须把"革命化"放在第一位。政治立场不稳、党性观念不强、思想意识不健康、群众不拥护的，不能选拔。没有明显政绩、不能开创工作新局面的，也不能担当重任。

要强化对干部的教育和管理，切实改变重选拔任用、轻管理教育的状况，加大干部培训的力度。继续采取在岗提高、党校学习、挂职锻炼、换岗交流等途径，全面提高我市干部队伍的素质。

要认真总结经验，加快干部人事制度的改革。逐步建立和完善与社会主义市场经济相适应的干部人事管理机制，建设一支精干、高效、廉洁的公务员队伍和干部队伍。选拔任用干部要坚持走群众路线，逐步完善民主推荐、民意测验和民主评议等办法，使之规范化、制度化。要建立各类人才信息库，完善后备干部制度，努力形成优秀人才能够脱颖而出、干部能上能下、公务员能进能出的干部人事管理机制。

（四）加强党的基层组织建设，不断提高基层党组织的凝聚力和战斗力

要按中央提出的建设一个好领导班子尤其要有一个好书记，培养锻炼一支好队伍，选准一条发展好路子，完善一个好的经营体制，健全一套好的管理制度的"五个好"的要求，加强农村和街道基层党组织建设。抓紧调整充实基层组织领导班子，对那些软弱涣散、作风不正、群众意见大、不能承担领导两个文明建设重任的班子，坚决进行调整和整顿。尤其是要挑选那些受群众拥护、工作实绩突出、比较年轻的干部担当基层党组织的带头人。

要用改革的精神积极探索在市场经济条件下加强党建工作的新路子。在推进国有企业建立现代企业制度的改革进程中，企业党组织要坚持发挥政治核心作用，支持、维护经营班子正确行使《企业法》规定的职权，搞好企业改革，转换经营机制，提高经济效益。在新经济组织不断增多的情况下，要按照市委制定的有关文件规定，加强分类指导，扩大党建工作的覆盖面。党政机关和学校、医院等事业单位及社会团体、社会中介组织的党组织，应根据各自的工作任务和特点加强和改进自身建设。要加强对流动党员的管理，积极做好发展新党员的工作。

要切实加强对基层党组织工作的指导。市委各部门、各工委、区委要把加强基层党组织建设列入重要议事日程，健全和落实党委抓基层建设工作的责任制，经常分析基层建设的新矛盾、新问题，及时掌握新情况，有针对性地加强指导。继续采取派工作队、定点挂钩等行之有效的形式，深入企业、村镇、学校，结合抓经济和业务工作，抓好基层党组织建设，促进党的各项方针政策的贯彻执行。

（五）继续深入开展反腐败斗争，切实加强党风廉政建设

建设社会主义现代化国际性城市，客观上要求有一个廉洁高效、取信于民的政府，有一支经得起市场经济考验、过得硬的党员干部队伍。因此，要把加强党风廉政建设，开展以反腐败斗争贯穿于发展社会主义市场经济、建设现代化国际性城市的始终，常抓不懈。

加强党风廉政建设的关键在于提高干部和党员队伍的思想政治素质。要通过共产主义理想与信念教育、全心全意为人民服务宗旨教育和艰苦奋斗、勤俭节约教育，使广大党员和干部牢固树立正确的人生观和世界观，增强对各种腐败行为的抵御能力。

要坚持从严治党，从严治政。进一步加强对反腐败斗争的领导，落实各级党政领导班子和各职能部门反腐保廉工作的责任制。各级领导干部要带头廉洁自律，起表率作用，带头抵制权钱交易，自觉接受法律监督、党内监督、群众监督和舆论监督。

反腐败斗争要在深入上下工夫。在继续坚持抓好县处级以上领导干部反腐保廉工作的同时，要认真抓好国有企业、事业单位和基层站、所的反腐败斗争。进一步加大对严重经济犯罪分子的打击力度，以查处经济犯罪大案要案为重点，毫不手软地惩治腐败分子。进一步推行和完善办事公开、群众监督和干部回避等各项规章制度，健全领导干部廉政、勤政的监督约束机制。加快廉政立法，研究制订与特区各项改革措施相配套的廉政法规，探索具有特区特色的监督体制。

必须采取坚决措施，切实转变机关作风，提高办事效率，增强公仆意识，改进服务质量。要认真清除形式主义、官僚主义。各级领导要尽量减少应酬，用更多的时间深入基层调查研究，多为群众办实事，多为基层解决问题，密切党群、干群关系，树立深圳党政机关廉洁高效的良好形象。

（六）积极推进社会主义民主法制建设，进一步改善和加强党对人大、政协和群团组织工作的领导

要进一步坚持和完善人民代表大会制度，加强党在人民代表大会中的工作，充分尊重和维护各级人大的职权，完善人大各项职能，运用好立法权，进一步加快立法进程，促进体制和政策的规范化，行使好监督职能。

要进一步巩固和发展爱国统一战线。坚持和完善中国共产党领导的多党合作与政治协商制度，逐步实现政治协商、民主监督和参政议政的规范化、制度化，努力探索、创造特区政协工作的新特色。支持各民主党派搞好自身建设，充分发挥民主党派民主监督、参政议政的积极作用。要根据“九七”香港回归祖国新形势的要求，认真做好海外联谊工作，团结港、澳、台同胞和海外侨胞，为深圳的发展和祖国的统一大业贡献力量。

要加强和改善党对武装工作的领导，认真做好民兵工作，加强国防教育，增强全民的国防意识。

要加强和改善党对工会、共青团、妇联等群众团体工作的领导，重视发挥它们的作用，支持它们按照各自章程，创造性地开展工作，畅顺地反映群众的心声，更好地发挥这些组织作为党和政府联系群众的桥梁、纽带作用，进一步密切党组织与群众的联系。

同志们，回首往事，我们用了短短15年时间，把一个昔日贫穷落后的边陲小镇建设成为初步繁荣的经济特区，创造了举世瞩目的“深圳速度”，显示了社会主义在中国的勃勃生机。展望未来，我们将再用15年或者更长一点时间进行第二次创业，把深圳建设成为富裕、文明、民主的社会主义现代化的国际性城市，向全世界展示有中国特色社会主义的无限光明前景。这第二次创业比第一次创业更艰巨、更伟大，任重而道远。形势的发展鞭策着我们，宏大的目标鼓舞着我们。全市各级党组织、全体共产党员要积极行动起来，团结群众、依靠群众，在以江泽民同志为核心的党中央的领导下，沿着邓小平同志指引的有中国特色社会主义道路继续开拓前进，为把深圳建设成为社会主义现代化的国际性城市而努力奋斗！

在市直行政机关依法行政动员大会上的讲话

（1995年5月）

同志们：

市依法治市领导小组今天召开这个会议，实际上是依法治市工作的一次再动员，是我市依法行政工作由点到面，已步入全面实施阶段。刚才，子彬同志作了动员报告，他讲的意见很好，我完全赞同。劳动、规划、环保等几个局介绍了近年来依法行政的做法，讲得都很好，值得各个部门学习借鉴。下面，我再讲几点意见：

一、进一步提高对依法治市、依法行政工作的认识

1993年底，广东省委、省人大常委会赋予了深圳依法治市的试点任务。1年多来，市委、市人大、市政府对依法治市工作是重视的。市委常委及依法治市领导小组多次召开会议，专题研究依法治市工作；市人大常委会受市委委托，具体抓依法治市的组织协调、督促检查，发挥了主导作用；市政府常务会议现在主要是讨论法规、规章草案，法制工作列入政府的重要议事日程。市领导在各种重要会议上经常强调严格执法。1年多来我们在依法治市方面做了大量工作。市依法治市领导小组和市人大常委会主要抓了组织人大代表评议区级公检法司机关这个依法治市的突破口，抓了市劳动局、规划国土局依法行政的试点，参与抓了贯彻《公司法》和深圳特区两个公司条例，规范企业的生产经营活动，建立现代企业制度的试点工作；市、区人大常委会开展了大量的执法检查活动；今年依法治市的重要工作之一——依法进行环境、社会综合治理的工作，也取得了初步成效；各区依法治区的工作也逐步展开；市依法治市领导小组办公室也得到了充实和加强。今年4月、5月先后召开的市第二次党代会和市二届人大一次会议，把“增创依法治市新优势，营造良好的法制环

境”，作为第二次创业的十大战略措施之一，明确地提了出来，这个有利于全市上下提高对依法治市工作的认识。

不久前，全国人大常委会和广东省人大常委会先后派出考察组，对深圳的依法治市工作进行了考察，向中央和省里的领导同志写出了考察报告，对深圳依法治市工作的领导体制、运作方式及抓的主要工作，给予了肯定。我们要以上级的鼓励为动力，把依法治市工作做得更好。

应该看到，依法治市是复杂的系统工程，是个长期的历史任务。我们的依法治市工作还只是刚刚起步，只是开了一个好头，还有大量艰巨的工作要做，任重而道远。现在的问题是，我们各级领导干部要进一步提高对依法治市、依法行政工作的认识，关键的问题是观念的转变，要从贯彻执行中央关于“依法治国”、省委关于“依法治省”的指示精神，从深圳率先建立社会主义市场经济体制，建设现代化国际性城市这样一个高度来转变观念，提高认识。

中国历史上长期以来就有建立法治社会的理想。但过去的各个朝代都没能实现。新中国成立后，毛泽东同志亲自领导制定了第一部宪法，后来在总结经验教训的基础上，邓小平同志提出一定要建立法制社会的思想。邓小平同志早在1987年就明确提出，要发展社会主义民主，必须健全社会主义法制，使其民主化、制度化，使这种制度不因领导人的改变而改变。1986年，小平同志又指出：“搞四个现代化一定要有两手，只有一手是不行的。所谓两手，即一手抓建设，一手抓法制。”小平同志1992年春视察南方时又指出：“还是要靠法制，搞法制靠得住些。”小平同志“依法治国”的思想，正得到中央第三代领导集体的重视和贯彻。今年初，中央先后举办了两次法律知识讲座，中央政治局全体常委和政治局委员参加了学习。江泽民总书记在讲座上指出，建设社会主义法制，实行依法治国，是为了把我国建设成为富强、民主、文明的社会主义现代化国家。最近，江泽民总书记在第十四届亚太法律协会大会开幕式上的讲话中又指出，经济的发展，社会的进步，都离不开法制的完整;反过来，法制的完整，又会进一步促进经济繁荣和社会进步。建设符合本国国情的完备的法制，是一个国家繁荣昌盛的重要保证，我国人民在邓小平同志建设有中国特色社会主义理论的指导下，坚持一手抓经济，一手抓法制建设，把完善社会主义法制，作为建设富强、民主、文明的社会主义现代化国家的重要目标之一，这个目标一定能够实现。广东省委提出“依法治省”的战略目标也正是为了加强法制，促进市场经济的现代化建设的发展。在这种形势下，深圳特区怎样贯彻执行中央和省委加强法制的指示精神，把依法治市工作推向一个新阶段，在市场经济的规范化、法制化方面，为全省乃至全国进行探索，这是我们面临的一个重要课题，需要引起高度重视。

今年3月，在市委召开的依法治市领导小组第三次会议讨论1995年依法治市工作要点时，我讲过，依法治市是深圳的发展方向，是我们的追求目标，这同我们建设现代化国际性城市的目标是一致的，也完全符合前面提到的江总书记的讲话精神。加强法制，实行依法治市，正是为了把深圳建设成为现代化国际性城市。国际性城市的标志是什么？国际性城市的重要标志之一就是法制完善。要搞市场经济，要建设国际性城市，必定走法治这条路。海东同志前不久在劳动局检查依法行政工作时讲依法治市、依法行政就是要从人治转到法治，我赞成这个观点。客观地讲，我们恰恰是在这点上与发达国家和地区有差距。比如新加坡和香港，也是有健全的法律的。香港一些友好的知名人士向我们建议，深圳要建"国际性城市"，除了注重经济方面，还应着力健全并坚决执行各种法规，使整个社会处于法治之下，这样才能获得成功。所以，我们各级领导干部在思想观念上要有一个大的转变，要转变过去计划经济时代的一些观念，从主要靠行政分配资源、靠指标审批的经济、靠行政命令的办法，转变到主要依靠经济手段、市场手段和法律法规管理经济和社会事务上来。经济手段和市场手段也都要用法律规范，也就是江泽民总书记讲的"建立社会主义市场经济体制，必须学会运用法律来规范和引导市场经济的运行，把市场运行纳入规范和法制的轨道，保证社会主义市场经济体制健康发展"。市劳动局等依法行政试点的意义，好就好在领导人和干部职工的思想观念已经开始转变，认识到了依法领导、依法行政的重要性和必要性，开始转到依法领导、依法行政上来了。这是一个可喜的进步。我们讲依法治市，依法行政，根本的在于观念的转变，认识的提高。这是我要讲的第一点意见。

二、怎样实行依法行政

依法行政，是宪法和法律对我们政府工作的基本要求。我看过今年上半年修改的《地方人大和政府组织法》，这个法在"地方各级人民政府"这一章专门增加了一条规定："地方各级人民政府必须依法行使行政职权。"这就对政府机关依法行政提出了明确的法律要求。依法行政是依法治市工作的中心环节,政府机关带头依法行政,可以对全市依法治市各方面的工作起到示范作用,也会对市民群众知法守法带来积极的影响。怎样实行依法行政?刚才子彬同志讲了很好的意见,我再强调几点。

一是依法行政要同改革紧密结合。依法行政本身也是政治体制和经济体制改革的重要内容之一。改革,改在哪里?一方面,应改在那些复杂繁琐的办事程序和审批环节、手续上。要通过立法,尽可能减少审批环节,依法实行核准制,控制行政权力的膨胀和延伸。审批环节越多,越容易造成矛盾和滋生腐败现象。不受制约的审批,大权独揽,必然产生腐败,王建业案件就是一个深刻的教训。在市场经济条件下,政府机关主要是搞好宏观管理,在更高层次上搞好服务,为企业服务,为市民服务。这是我们政府机关的天职。把那些微观的经济管理事项应该交给企业和中介组织去办。另一方面,要把改革的决策同立法的决策紧密结合。劳动局在这方面做得比较好。他们围绕劳动体制改革,积极起草并经法定程序制定了一批劳动法规规章,使依法行政基本上有法可依。这方面的经验值得推广。我们要按照《中共中央关于建立社会主义市场经济体制若干问题的决定》中的要求,"改革决策要与立法决策紧密结合,立法要体现改革精神,用法律引导、推进和保障改革顺利进行"。凡是应兴应革的事项,尽可能做到立法要紧紧跟上,使改革的行为有法可依,有章可循,这既有利于政府部门依法行政,也有利于改革顺利进行。此外,在政府机构包括各局下属机构的设置上也要改革,要依法行政,根据执法的要求和任务来设置机构。我在今年3月的依法治市领导小组会议上讲过这样一个意见,在国外,政府机构依法设立,设立后依法行政,我们能不能试验一下,给一个局级立一个法,使其依法设立,然后依法行政。这就走到法治这个路子上来了。海东、余庆同志赞成我的这个想法,他们同市依法治市办公室、市劳动局做了研究,初步意见是在劳动局先试验。劳动局在依法设置机构上,先走一步,也就是跟法扣起来,根据法律法规规定的任务来设置内部机构,充实执法一线的力量,减少机构,然后用立法的形式将理顺的机构模式相对固定下来,整个机构围绕法律的实施来运转,依法行政。我很赞成他们的这些意见。昨天挂牌的社会保险管理局也要按照依法设置机构、依法行政的思路开始运作。这是一场改革,也是一次"革命"。我认为这与中央关于政治体制改革和加强民主与法制建设的精神是相符的，实施过程中，可能会有阻力，但不能动摇，要解放思想，实事求是。附带说一句，依法设置机构，不能受原来机构“三定”的局限，“三定”是不是真正符合市场经济的要求，要回过头来研究思考。市场经济就是法制经济，我们的政府机构就要依法设置，依法运作，依法行政。这样，我们的政府机关就会逐步转变成精简、高效、执法、服务的行政机关，老百姓就会拥护、支持我们的政府。

二是要严格执法，同时注重执法的社会效果。大城市的管理，我们特区的管理，是一门复杂的科学，政府部门负有重要责任。城市管理的核心问题是走向有序化，有序化管理实际上就是依法治市，严格执法。今年4月，《人民日报》约我就“市场经济条件下的城市建设与管理”写过一篇文章，在谈到加强城市建设与管理的对策时，我谈了通过法制化的手段，严格执法，强化城市管理的观点。我们在座的有些同志可能到过新加坡，新加坡给人一个突出的感觉就是清洁、美丽、宁静、井然有序。何以做到如此？一条重要原因，就是有一套行之有效的严格的法规，严格执法的制度和执法人员。按照他们的法律规定，随地吐一口痰，罚款500新元（折合人民币1600元），在公共场所吸烟或乱扔纸屑、果皮，罚款500新元，毫不含糊，还令你承认自己违反了卫生法规；任何人贩运海洛因达15克，一旦证据确凿，就会面对死刑，谁也不能幸免，所以世界上的贩毒集团都把贩毒到新加坡视为畏途，不敢以身试法。新加坡实行法治的经验值得我们很好借鉴。我市当前法制建设中的一个重要问题，就是执法不严的现象仍然大量存在，群众反映比较强烈。有的执法部门受利益驱动的影响，不能严肃执法，或者从维护本单位、本行业的局部利益出发，来决定对法律法规的态度；有的执法人员弄权渎职，贪赃枉法，徇私枉法，影响了法律法规的严格执法。执法监督机制不健全，法规不完善，执法环境和手段不理想等等，也是执法不严的原因。我们各执法部门要高度重视这个问题，痛下决心改进。如果有法不严格执行，不仅谈不上依法行政，反而会把风气搞坏，影响法律的尊严。我们要记住一条古训：“法令行则国治。”同样，对市而言，法令行则市治。只有从严执法，才有社会的安定与文明；只有对违法犯罪者严惩不贷，才能使守法者安居乐业。

当然，严格执法的同时，还要注重执法的社会效果，要文明执法。我们的执法工作做得好不好，依法行政做得好不好，要由群众来评价。今年市二届人大一次会议闭幕式上，子彬同志讲过这样一个观点，治安好不好，不能由我们自己说，要由群众来评价。我赞成这个意见。我们的政府是人民的政府，我们的工作包括各项执法工作，要以人民满意不满意作为检验标准。

三是要建立起依法行政、公正执法的内部监督制约机制，建立执法责任制。依法行政，关键靠人。所有政府工作人员都要学法，特别要熟悉自己职责范围内的有关法律法规。“以其昏昏，使人昭昭”是不行的。《国家赔偿法》已于今年1月1日开始施行，违法行政给人民和企事业单位造成损害的，要依法给予赔偿，并追究有关责任人的责任。各部门都要对有关法律法规进行清理，汇编成册，人手一册，明确本部门的执法范围、执法手段和执法程序，把执法任务和责任落实到每个岗位，并建立监督制约机制。要做到法律归口，责任到人，奖惩兑现，保证法律法规的贯彻实施。最近，市政府给几个局的执法人员颁发了《行政执法证》，给部分执法监督人员颁发了《行政执法监督证》，这是一个好的举措，要形成制度，坚持下去。所有的执法人员都必须经过考核，持证上岗，接受监督，促进依法行政，促进执法责任制的建立。这是我要讲的第二点意见。

三、加强对依法行政工作的领导和检查督促

依法行政是一项重要的工作，各级党委和政府要切实加强领导。江泽民总书记在今年初的一次讲话中指出：“党领导人民制定的宪法和法律是人民意志的体现，是党的主张的体现。执行宪法和法律，是对人民意见的尊重，是贯彻党的路线、方针、政策的重要保障。党既要领导宪法和法律的制定，又要自觉地在宪法和法律的范围内活动，严格依法办事，依法治理国家。”我们各级党委在领导本行政区域内贯彻执行法律法规上负有重要责任，要努力使依法治市、依法行政的工作顺利开展。市依法治市办公室是市依法治市领导小组的办事机构，要在市委、市人大常委会的领导下，切实担负起依法治市工作的组织协调和指导监督任务。市直各行政机关要在9月底前将各自依法行政、建立执法责任制的工作方案报市依法治市办公室，由市依法治市办公室汇总转报市依法治市领导小组。依法治市办要对各部门制订方案及方案的实施进行检查督促。有关法制工作的文件、材料要报送依法治市办，有关这方面的会议要邀请依法治市办参加。

市、区两级人大常委会要继续发挥在依法治市中的主导作用，加强对法律法规实施的监督。人大的法律监督和工作监督，要把对政府机关依法行政的监督作为重点，加强检查督促。同时，要加强对司法机关的监督。今年市人大常委会将组织人大代表首次评议市法院、市检察院的工作，重点是评议两院执法情况。这也是全市人民关注的一个热点，希望两院要正确对待，欢迎监督；人大要精心组织，搞好监督。总之，要加大监督力度，对执法检查中发现的重要问题，可依法列入人大常委会会议议程审议，或依法组织质询、询问，进行特定问题调查，强化法律监督手段，依法追究违法行政的单位和个人的责任。

市、区政府及政府各部门的领导同志要督促有关法制机构，加强对执法人员的培训考核，抓紧日常的行政执法检查，及时纠正违法行政行为。

各部门的依法行政工作还要虚心接受人民群众的监督，对人民群众的申诉控告要认真受理，依法查处。还要接受新闻舆论的监督，对重大的违法行为和典型案件及处理情况，要通过新闻媒介适当予以曝光，起到震慑和教育作用。

同志们！我们要按照中央和省委关于加强法制的指示精神，把我市的依法治市、依法行政工作推向前进，营造良好的法制环境，保障我市建设现代化国际性城市的宏伟事业顺利进行！

发挥各自优势　实现共同富裕*

（1995年6月）

深圳是全国改革开放的“窗口”和“试验场”，深圳的发展证明这个“窗口”和“试验场”的作用是成功的。发展起来之后，深圳如何处理好与内地的关系，如何服务全国、辐射内地、共同发展、共同富裕，是摆在我们面前的一项极为重要的历史使命和战略任务。正如江泽民总书记指出的：“坚持发展经济特区以及沿海经济比较发达地区同内地的横向联合，在发挥各自优势的基础上，做到分工协作，优势互补，这对于促进全国统一的社会主义市场经济的发展，逐步缩小沿海与内地的发展差距，实现共同富裕极为重要。”江总书记的这段话，为正确处理经济特区与内地的关系指明了方向，是经济特区工作的重要指导思想。在这一思想指导下，深圳与内地横向经济联合的路子越走越宽。

一、深圳与内地横向经济联合的新变化

深圳经济特区创办以来，全国不少省市和国务院有关部委纷纷到深圳投资建立“窗口”企业。目前，深圳已有内联企业6628家，内地投入资本金近百亿元，工业产值及出口额占全市的1/4左右。可见，深圳的发展离不开内地的支援。进入90年代以来，深圳与内地的横向经济联合发生了新的变化，主要有以下几个特点：

首先，内地资本金在建特区之初单向流入深圳的局面发生了重大变化，即由以前的单向合作向双向合作发展，合作空间和领域不断扩大。据银行统计，1990年深圳各家银行向内地拆出资金21.87亿元，到1994年深圳各家银行向内地拆出资金77.75亿元，是1990年的3.56倍。另据不完全统计，1987年到1994

* 原载《人民日报》1995年6月22日。

年，深圳企业到内地80多个地区兴办合作投资项目1390多个，总金额超过百亿元。深圳企业通过这些合作项目，把适应市场经济的运作机制带到内地，把先进的设备、技术和管理方式带到内地；又把内地企业带到深圳，把双方合作生产的产品带到国际市场。随着深圳经济特区发展实力的增强，输入内地的"深资"会越来越多，范围会越来越广，内地与深圳的关系会越来越密切，深圳的"窗口"作用会越来越大。

其次，深圳吸纳了大量的内地剩余劳动力。1994年深圳平均每月注册的内、外企业751家，现在全市注册的工商企业总计64379户，其中内资企业31916户，"三资"企业11251户，"三来一补"企业12023户，还有私营企业9189户。这些企业的兴建，吸纳了200多万人的内地剩余劳动力，按人均每年寄回家乡3000元计，每年寄回内地的共计60亿元，这对安置内地剩余劳动力就业和帮助内地农村脱贫起到一定作用。

第三，深圳经济发展起来之后，主动帮助一些经济欠发达地区改变面貌、脱贫致富。从1989年起，深圳市政府将市、区财政收入可用财力2%作为合作发展基金，扶持经济欠发达的地区。具体的做法是，合作发展基金对确定项目给予低息贷款，然后用项目的收入偿还基金贷款，使合作发展基金滚动发展。根据广东省委、省政府的安排，深圳与广东梅州市建立了对口支援关系，以后又逐步把合作发展基金的使用范围扩大到河源市、韶关市、清远市和三峡库区巫山县等。

据统计，深圳累计向上述地区投放资金8亿多元，其中合作发展基金3.3亿元，各种融资4.5亿元，捐款6000万元。在扶持兴建的115个项目中，交通、能源和老企业技术改造项目占70%，有力地促进了当地经济的发展。今年，根据合作发展基金数量的增加，市委决定，把合作发展基金的使用范围扩大到延安、井冈山和四川阿坝藏族自治州。

二、"三点一线战略"形成的经济优势

把"外引"和"内联"结合起来，使深圳的地缘、人缘优势转化成深圳与内地共享的经济优势。在外引内联的实践中，深圳逐渐形成了"三点一线"战略。所谓"三点一线"战略，是指充分利用特区优势，依托内地，面向海外，以产品加工、贸易、科技成果、资金和其他资源为纽带，将内地—深圳—国际市

场三点连成一线，形成最佳组合。

实行“三点一线”战略，现已初步摸索出以下六种形式：一是生产加工劳动密集型。即把深圳特区初期建设的劳动密集型产品转移到内地生产，或在内地新建劳动密集型加工企业，在深圳接单，在内地生产，产品销往国际市场，形成深圳与内地“前店后厂”的新格局。目前全市已有500多家企业实现了这种转移。这样做，一方面充分发挥内地劳动力、土地资源等优势，使企业降低了生产费用和成本；另一方面符合深圳在大力发展高新技术产业和第三产业的产业结构调整方向；同时密切了深圳与内地的经济关系，促进内地经济发展，使深圳更好地发挥全国“窗口”作用。可谓一举多得。二是原材料辅助材料供应型。即运用深圳企业的技术、资金和管理，在内地一些原材料产地设厂，使深圳的龙头企业有可靠的原料、辅助材料的供应渠道。三是协作配套型。即以深圳的主机厂为龙头，充分利用内地现有的生产设备、厂房和技术力量，生产为主机配套的零部件、配套件和协作件。如深圳每年生产的几百万辆自行车，零部件协作配套厂多在江浙一带；深圳每年生产的几百万线程控交换机和几亿块手表的零部件协作配套厂多在广东一带等等。四是技术开发型。深圳企业与内地大专院校、科研院所或企业联合，共同开发和生产先进技术、先进工艺、先进产品；或引进国外先进技术，改造内地国有企业的老产品、老工艺，然后把他们的产品销往国内外市场。如广东90%以上的小水泥厂，采用深圳开发的电子自动控制技术后，减小了劳动强度，提高了产品质量和效益。五是参投控股型。深圳企业到内地国有老企业参股控股，使内地老企业不但转换了经营机制，改造了设备工艺，而且经济效益出现了转机。如牡丹江市电视机厂与深圳康佳电子股份有限公司联营之后，生产康佳彩电，使这家亏损企业一跃转为该市的利税大户。六是出口基地型。深圳的一些大、中型外贸企业在原材料产地设立出口加工基地，对内地来说，可以得到资金和技术，把资源转化为商品，并与国际市场联系起来；对深圳企业来说，有了可靠的出口货源基地和出口商品供应。深圳与内地两个优势互补，两个优势联合，形成新的优势。

此外，内地利用深圳这个“窗口”，在引进外资、技术、项目和管理等方面也起到很大作用。

三、深圳实践证明中国实现共同富裕大有希望

深圳的实践完全证明了改革开放总设计师邓小平同志设计的允许一部分有条件的地区先发展起来，先发展起来的地区带动后发展的地区，最终达到共同富裕的构想是完全正确的。江泽民同志去年6月视察深圳时，要求深圳对内地要发挥好“窗口”、辐射和带动作用，走互惠互利、协调发展、共同富裕的道路。党中央的正确的指导思想和正确的路线，使得深圳在共同富裕的道路上发挥着更大的作用。我国在过去一段漫长岁月里，实行的是平均主义的“大锅饭”政策，结果是，条件不好的地区不富裕，条件好的地区也不能富裕，自然条件差但资源丰富的地区因无力开发富有的资源而不能摆脱贫穷，因此国家难以富强起来。这里严重的障碍是平均主义指导思想作怪。如果不克服这种平均主义思想，让一部分地区先发展起来，并走出先富带后富的路子，共同富裕是很难实现的。

深圳的实践证明了邓小平同志倡导的、中央决策的建立经济特区的构想是完全正确的。在全国几个特殊的地方，中央给予特殊政策和灵活措施，让特区尽快发展起来。一是让这些特殊政策发挥作用，利用更多的国际资源发展自己；二是为两岸统一和在香港、澳门恢复行使主权做好促进工作；三是使特区对内地发展起到“窗口”作用、辐射作用和带动作用；四是起到了建立社会主义市场经济体制的“试验场”作用。深圳发展的实践完全起到了以上四个作用。换句话说，深圳能起到这个作用，完全是中央的路线和给特区的特殊政策的作用。前不久，江泽民总书记代表党中央、国务院明确指出：“中央对发展经济特区的决心不变，中央对经济特区的基本政策不变，经济特区在全国改革开放和现代化建设中的地位和作用不变”，“特区还要特”。特区政策发挥作用越大，特区的发展就越快，对内地辐射力也会越强。

深圳的实践证明了实现共同富裕，必须走社会主义市场经济的路子。深圳经济迅速发展的成功经验，归结起来就是建立了社会主义市场经济体制和运行机制。深圳改革开放16年来，国内生产总值平均每年递增35.9%，工业总产值平均每年递增56.3%，社会消费品零售总额平均每年递增42%，对外贸易进出口总额平均每年递增60%，地方预算内财政收入平均每年递增52.4%，深圳企业的全员劳动生产率是全国平均的3倍多。如果不是改革开放，不是建立社

会主义市场经济体制和运行机制，这种飞跃的发展速度是不可设想的，辐射和带动内地共同发展更是不可能的。

深圳对内地辐射力的增强，是与深圳的实力增长成正比例的。在1987年以前是内地单向来深圳投资，从1987年开始深圳向内地投资，当年投资760万元；到1990年“深资”投向内地达17677万元；1991年、1992年“深资”向内地投入37.88亿元。这些数字表明，随着深圳经济实力的增强，向内地的辐射越来越大。这种辐射是走一条发挥各自优势，互惠互利互补、共同发展的路子，只有走这条路，共同富裕的路子才能越走越宽。

党和国家给特区的特殊政策和灵活措施的实践结果，使深圳的生产力突飞猛进地发展，使人民生活水平迅速提高，对国家的贡献越来越大，并带动广大内陆腹地的经济发展，这是铁的事实，这是得民心的大好事。我们一切工作最终要用邓小平同志提出的三个“有利于”来衡量，这样，中国实现共同富裕就大有希望。

全面加强党的建设，为建设现代化国际性城市提供组织保证

——在“七一”表彰大会上的讲话

（1995年6月）

同志们：

在全市各级党组织和广大党员、干部认真学习贯彻市第二次党代表大会和市二届人大一次会议精神，进一步增创新优势的新形势下，迎来了中国共产党成立74周年的喜庆节日。今天我们隆重集会，庆祝党的生日，表彰先进基层党组织、优秀共产党员和优秀党务工作者。在此，我代表中共深圳市委，向获得省委表彰的先进基层党组织、优秀共产党员、优秀党务工作者、优秀区委书记和市委表彰的先进基层党组织、优秀共产党员和优秀党务工作者表示热烈的祝贺和崇高的敬意！并向全市各级党组织和广大共产党员致以节日的问候！

深圳经济特区建立15年来，在中央和省委的正确领导下，各级党组织、广大共产党员和人民群众积极探索，奋力开拓，辛勤耕耘，忘我工作，使深圳发生了翻天覆地的变化，取得了举世瞩目的成就。特别是在邓小平同志视察南方重要谈话和党的十四大精神指引下，全市各级党组织带领广大党员和群众抓住机遇，深化改革，扩大开放，加快发展使特区的各项建设事业不断取得新的成就。国民经济持续、快速、健康发展，综合经济实力显著增强；城市功能逐步完善，城市面貌大为改观；改革继续深入，社会主义市场经济体制基本框架初步形成；对外开放不断扩大，招商引资取得新突破；人民生活显著改善，生活质量不断提高；对国家贡献不断增大，初步发挥出对内地经济的辐射作用；社会主义精神文明建设取得新成果；党的建设进一步加强，干部队伍素质不断提高。这些成绩，都是在邓小平同志建设有中国特色社会主义理论指引下，正

确贯彻党中央、国务院赋予深圳经济特区特殊政策和灵活措施的结果。同时，也是全市各级党组织紧紧围绕经济建设这个中心，抓好党的建设，充分发挥党组织的战斗堡垒作用和共产党员的先锋模范作用，带领全市人民艰苦奋斗、开拓创新、不断探索的结果。

受省委和市委表彰的先进基层党组织、优秀共产党员和优秀党务工作者，是我市基层党组织和全体共产党员的杰出代表，集中体现了新时期党组织和党员的精神风貌。市委号召全市各级党组织和全体共产党员要以他们为榜样，结合学习孔繁森、陈观玉同志的先进事迹，广泛深入地开展“创先争优”活动，促进特区两个文明建设蓬勃发展。同时，希望受表彰的单位和同志珍惜荣誉，谦虚谨慎，戒骄戒躁，再接再厉，继续保持和发扬“开拓、创新、团结、奉献”的深圳精神，为把深圳建设成为社会主义现代化的国际性城市再立新功。

经过10多年的建设与发展，深圳已经进入到一个提高整体素质，增创新优势的阶段。市第二次党代会明确提出今后工作总的指导思想和增创十个新优势的基本任务，提出要用15年或者更长一点时间进行第二次创业，把深圳建设成为富裕、文明、民主的社会主义现代化的国际性城市，向全世界展示有中国特色社会主义的无限光明前景。这第二次创业比第一次创业更艰苦、更伟大，任重而道远。全市各级党组织和广大共产党员必须充分认识特区所肩负的重任，进一步增强责任感和紧迫感。

深圳改革和发展的实践证明，无论是增创物质文明新优势，还是增创精神文明新优势，最关键的是要加强和改善党的领导。加强党的建设，改善党的领导是我们最大的政治优势，也是我们完成第二次创业、实现建设社会主义现代化国际性城市奋斗目标的根本保证。因此，我们要按照党的十四届四中全会关于加强党的建设的整体部署，认真落实《中共深圳市委贯彻〈中共中央关于加强党的建设几个重大问题的决定〉的若干措施》和市第二次党代会精神，全面加强党的思想建设、组织建设和作风建设，进一步提高执政水平，把特区各级党组织建设好，使之成为带领全市人民进行社会主义现代化建设的坚强领导核心。当前，要着重从以下几个方面加强党的建设：

一、必须认真组织学习邓小平同志建设有中国特色社会主义理论

和党章，提高党员干部的马克思主义理论素养，增强党性

邓小平同志建设有中国特色社会主义理论，是当代中国的马克思主义，是引导我们在新的历史时期开创全新事业的思想武器和行动指针。党的十四大通过的党章，是新时期党的建设的纲领，是规范党员言行的依据。组织全体党员认真学习建设有中国特色社会主义理论和党章，对于进一步加强党的建设，改善党的领导，提高党的战斗力，有着十分重要的意义。党的十四届四中全会通过的《中共中央关于加强党的建设几个重大问题的决定》提出，从现在起，用3年的时间，在全体党员中有计划、有步骤地开展一次建设有中国特色社会主义理论和党章的学习活动。中组部、中宣部还专门下发文件，作出了部署。全市各级党组织要结合贯彻市第二次党代会精神和开展党章、纪律教育学习月活动的有利时机，组织广大党员干部认真学习邓小平同志关于建设有中国特色社会主义理论和《中国共产党章程》。学习要坚持理论联系实际的原则，联系当前的形势和任务的实际，联系党员的思想和工作实际，着重解决好三个问题：第一，树立共产主义理想，坚定走有中国特色社会主义道路的信念，提高坚持党的基本理论和基本路线的自觉性，模范执行党的各项政策。第二，坚持全心全意为人民服务的宗旨，密切联系群众，廉洁奉公，遵纪守法，自觉抵制拜金主义、个人主义和腐朽生活方式的侵蚀。第三，按照党章的规定认真履行义务，正确行使权力，在改革和建设中建功立业。

二、必须进一步坚持和健全民主集中制，搞好领导班子的思想作风建设

民主集中制是党的根本组织制度和领导制度，是科学的、合理的有效制度。全市各级党组织要把坚持和健全民主集中制作为搞好班子思想作风建设的一项重要措施来抓。要认真抓好对全市党员特别是处以上领导干部进行民主集中制的再教育。各级领导要抓紧为本单位党员和干部上一次民主集中制的专题党课。要认真总结和推广坚持民主集中制的先进单位和个人的典型经验。要把民主集中制的建设落实到班子建设、制度建设和业务建设中去。要进一步坚持、完善集体领导和个人分工相结合的制度，按照民主集中制的原则健全决策程序，实现决策的民主化和科学化。要充分发扬党内民主，切实保障党员的民主权利。要充分发扬党的民主生活制度，加强党内监督，严肃党的纪律，不断改进领导方法，提高领导艺术，增进领导班子的团结，充分发挥和调动党员的积极性和创造性，从而增强领导班子的凝聚力和战斗力。

三、必须继续深化干部人事制度的改革，形成有利于优秀人才脱颖而出的用人机制

要认真贯彻《中共中央关于抓紧培养选拔优秀年轻干部的通知》精神，加强干部选拔任用制度的改革，坚决破除论资排辈、求全责备、迁就照顾等陈旧观念，不拘一格选拔人才，积极充实各级领导班子中优秀年轻干部的数量，加强和改进后备干部工作，切实把党的十四届四中全会提出的关于培养和选拔德才兼备的领导干部的战略任务落到实处。要积极探索市场经济条件下坚持党管干部的新路子，改进党管干部的方法，进一步调整和理顺国有企业领导人员管理体制。要认真总结经验，不断健全和完善干部考核制度、交流制度和监督检查制度，逐步实现人才选拔工作的制度化、民主化和科学化，从而形成优秀人才能够脱颖而出、干部能上能下、公务员能进能出的科学合理的人才竞争机制。

四、必须加强和改进党的基层组织建设，充分发挥党组织的战斗堡垒作用和党员的先锋模范作用

党的基层组织是党的全部工作和战斗力的基础。加强党的基层组织建设，充分发挥党组织的战斗堡垒作用和党员的先锋模范作用，是我市率先建立社会主义市场经济体制，建设现代化国际性城市的重要保证。各级党委要按照中央和省委的要求，建立责任制，调整充实基层党组织领导班子，整顿后进支部，抓紧抓好农村和街道基层党组织建设，保证党的各项方针政策的贯彻落实。要突出重点，分类指导，不断加强和改进各类经济组织、党政机关和学校等事业单位的基层党组织建设。在推进国有企业建立现代企业制度的改革进程中，企业党组织要坚持发挥政治核心作用，支持、维护经营班子正确行使《公司法》规定的职权，搞好企业改革，转换经营机制，提高经济效益。对外商投资企业，要突出抓好党组织的建立健全工作，扩大党的工作覆盖面。对私营企业和个体工商户，党组织要以促进私营个体经济健康发展为主要任务，充分发挥保证监督作用。党政机关和学校等事业单位及社会团体、社会中介组织的党组织，要根据各自的工作任务和特点，加强和改进党组织的自身建设，抓好思想政治教育

和勤政廉政建设，发挥保证监督作用。要以全面提高素质、增强党性为目标，加强对党员的教育和管理，充分发挥党员的先锋模范作用，使之成为带领群众努力搞好两个文明建设的骨干分子。要针对流动党员不断增加的新情况，切实加强对流动党员的管理，按照中组部的统一部署，实行《流动党员活动证》制度。要坚持标准，保证质量，积极慎重地做好发展党员工作。发展党员工作的重点是把生产和工作在基层第一线的优秀分子吸收到党内来，着力改善全市党员队伍的年龄结构、知识结构和分布状况。同时，还必须建立和保持一支高素质、相对稳定的党务工作队伍，以保证党的基层组织建设各项工作任务的落实。

五、必须坚持从严治党，深入持久地开展反腐败斗争

执政党的党风问题是关系到党的生死存亡的问题。要坚持从严治党，从严治政，进一步加强对反腐败工作的领导，落实各级党政领导班子和各职能部门反腐保廉工作的责任制。要通过共产主义理想与信念教育、全心全意为人民服务宗旨和艰苦奋斗、勤俭节约教育，提高广大党员干部的政治素质，使之牢固树立正确的人生观和世界观，增强对各种腐败行为的抵御能力。反腐败斗争要深入持久地进行下去，要从领导干部自身做起，带头廉洁自律，带头抵制权钱交易，自觉接受法律监督、党内监督、群众监督和舆论监督，起表率和示范作用。目前我市正在开展的清理领导干部超标准用车，开局很好，效果显著，受到了群众的好评。但我们不能就此满足，要继续抓好领导干部的廉洁自律，查处大案要案，纠正行业不正之风，健全监督约束机制，加快廉政立法，完善廉政建设的法规体系。要进一步推行和完善办事公开、群众监督和干部回避等各项规章制度，转变机关作风，提高办事效率，增强公仆意识，改进服务质量，密切党群干群关系，树立深圳党政机关廉政高效的良好形象。

同志们，市第二次党代会已经明确提出了我们今后的奋斗目标，我们面临的任务光荣而艰巨。全市各级党组织和全体共产党员要在邓小平同志建设有中国特色社会主义理论的指导下，在以江泽民同志为核心的党中央和省委的领导下，团结群众，依靠群众，脚踏实地，开拓进取，为实现市党代会提出的宏伟目标而努力奋斗！

办好城市合作商业银行

（1995年10月）

深圳城市合作商业银行在全国率先组建，成为我国第一家城市合作商业银行。这是国家对特区的关心和支持，是我市金融体制改革的又一重大成就，是金融业为特区成立15周年所献的一份厚礼。深圳城市合作商业银行作为地方性股份制商业银行，它的成立必将对我市深化金融体制改革，扩大金融对外开放，促进我市社会经济发展发挥重要作用。

一、深圳城市合作商业银行是改革的产物，也必将在改革中求发展

发展是硬道理，而只有改革才能发展。这是经过深圳经济特区十五年实践检验了的真理。深圳城市合作商业银行就是在对原城市信用社按照社会主义市场经济要求进行根本性改制的基础上成立的，是改革的产物。从1992年10月第一家城市信用社成立到今年4月，我市共有城市信用社16家，总资产64亿元，各项存款余额50亿元，各项贷款余额34亿元。城市信用社的迅速发展有力地支持了我市经济的发展，为我市经济改革与发展做出了不可磨灭的贡献。但是，城市信用社在其发展过程中存在着许多问题。如资产规模小，抵制风险能力弱；内部管理薄弱；经营活动违纪违规现象不时发生等。解决这些问题的根本出路在于改革。根据《中共中央关于建立社会主义市场经济体制若干问题的决定》和《国务院关于金融体制改革的决定》，我市从去年8月开始筹备城市合作商业银行。深圳城市合作商业银行筹备组发扬深圳人“敢闯”、“敢试”的改革创新精神，在没有任何先例可循的情况下，勇于改革与探索，按照国务院、人民银行总行、深圳市委、市政府和人民银行深圳分行要求，比较好地完成了组建工作。深圳城市合作商业银行所实行的一级法人的体制，在对城市信用社进行清产核资与评估的基础上使之全部纳入合作商业

银行的做法，将地方财政信用纳入合作商业银行的做法，得到了人民银行总行的充分肯定，并正在向全国各地推广。我市又一次发挥了经济特区“试验场”的作用。

深圳城市合作商业银行是改革的产物，也只有在改革中才能发展。根据深圳城市合作商业银行的现状和社会主义市场经济的要求，目前至少要抓好以下几项改革：(1)深化内部管理体制改革，按照规范的股份制商业银行的要求，建立健全内部规章制度和管理机制；(2)遵循市场经济规律，实行“自主经营、自负盈亏、自担风险、自求平衡、自我约束、自我发展”的运行机制，办成一家真正的商业银行；(3)参照国际惯例，借鉴国外商业银行的先进经营管理经验，规范经营行为与业务操作。

二、作为地方性商业银行，深圳城市合作商业银行要以支持地方经济发展为己任，努力为实现我市2000年和2010年发展战略目标多作贡献

《中共中央关于经济体制改革的决定》中指出：“要充分发挥城市的中心作用，逐步形成以城市特别是大、中城市为依托的，不同规模、开放式、网络型的经济区。”城市合作商业银行的组建势必对城市的经济发展起到积极的促进作用。同时，城市合作商业银行的组建也使地方增加金融手段，有助于地方政府根据本地的实际情况运用资金手段，调整产业结构，扶持重点行业或项目，支持地方经济的持续稳定增长。深圳城市合作商业银行作为地方性股份制商业银行，其165家股东全部由本地产生；市政府所持的国有股占总股本的25%以上，居相对控股地位；深圳城市合作商业银行又是地方财政信用的指定代理银行。因而必将对我市社会经济的发展发挥重要作用。

今年上半年我市召开的第二届党代会和第二届人代会上已经提出了要把我市建设成为社会主义现代化国际性城市的奋斗目标，并建成“四个中心、一个基地”。党的十四届五中全会上通过的《中共中央关于制定国民经济和社会发展“九五”计划和2010年远景目标的建议》对特区未来的发展提出了更高的要求。建成区域性金融中心是建成其他三个中心和实现发展战略目标的关键。深圳城市合作商业银行的成立将对完善我市的金融组织体系，引进竞争机制，促进专业银行商业化，加强金融监管等产生积极的作用。从而有利于建立

区域性金融中心。实现我市2000年和2010年发展战略目标，需要金融机构提供资金融通、结算等方面的金融服务。深圳城市合作商业银行在这方面将发挥积极作用，支持我市外向型经济发展。

三、着眼于21世纪，努力创建一流现代商业银行

作为一家新型的商业银行，要想在日趋激烈的金融竞争中生存与发展，不仅要立足现实，把基础打好，而且要面向未来进行科学的发展规划。深圳城市合作商业银行初步确立了创建一流现代商业银行的目标和分三步走的发展战略规划，应该说目标是比较宏伟的，规划也基本可行，关键在于如何落实。我认为，首先要迈出稳健的第一步，要进一步理顺深圳城市商业银行与原城市信用社的体制关系，妥善处理各种历史遗留问题，抓好基础建设。其次，要进一步深化改革，搞好与香港金融的衔接向国际惯例靠拢按国际惯例办事；第三，要立足深圳，在政策允许的情况下努力向外拓展，扩大发展空间。要实现上述发展目标，起码要做到以下几点：一是班子要团结开拓，勤奋廉洁；二是队伍要敬业奉献，奋发拼搏，职工要有强大的凝聚力；三是在工作上要决策民主，管理科学；四是要狠抓服务，为社会提供方便、快捷的服务，一切从客户出发。

祝愿深圳城市合作商业银行早日建成一流现代商业银行。

努力实践和探索走共同富裕的道路*

（1995年10月）

允许一部分有条件的地区先富起来，先富带动后富，最终达到共同富裕，是邓小平建设有中国特色社会主义理论的一个重要内容。如何认识和实践邓小平同志提出的这一走向共同富裕的构想，逐步走出缩小先富地区同后富地区之间发展差距的路子，已经成为大家关注的热点问题。本文试图结合深圳的实践就此问题谈点看法。

一、部分地区先富是达到共同富裕的必由之路

早在1978年，邓小平同志就明确指出："在经济政策上，我认为要允许一部分地区、一部分企业、一部分工人农民，由于辛勤努力成绩大而收入先多一些，生活先好起来。一部分人生活先好起来，就必然产生极大的示范力量，影响左邻右舍，带动其他地区、其他单位的人们向他们学习。这样，就会使整个国民经济不断地波浪式地向前发展，使全国各族人民都能比较快地富裕起来。"（《邓小平文选》第2卷，第152页）这是对平均主义大锅饭的破解，这是一个影响和带动整个国民经济发展的"大政策"，是实现社会主义共同富裕的必由之路。长期以来，人们对社会主义存在一种误解，认为社会主义就是要搞平均主义。在这种认识支配下，我们在过去的漫长岁月里，实际是平均主义的"大锅饭"政策，结果是，大家都不能富裕起来，条件不好的地区富裕不起来，条件好的地区也富裕不起来，自然条件差但资源丰富的地区也无力开发富有的资源摆脱贫穷，因而国家也难富起来。这种平均主义思想，是我国长期实行计划经济体制和"左"的指导思想的产物，事实证明是有悖生产力的发展规律和社会主义本质的，结果只能导致共同落后、共同贫穷。社会主义的目的是

* 此文发表于《求是》杂志1995年第19期。

共同富裕。但要实现共同富裕的目标，搞平均主义，同步发展，同等富裕、同时富裕是不可能达到的。我国解放以来的发展历史已经作出了结论。允许一部分地区先富起来这一“大政策”的实施，先富地区对后富地区必然产生辐射和示范，激励后富地区致富的积极性。这样，通过先富影响、带动和帮助后富，才能加快实现社会主义共同富裕的目的。对于这一点，邓小平同志多次指出：“鼓励一部分地区、一部分人先富裕起来，达到共同富裕的目的”（《邓小平文选》第3卷，第142页），“一部分地区发展快一点，带动大部分地区，这是加速发展、达到共同富裕的捷径”。（《邓小平文选》第3卷，第166页）

允许一部分地区先富起来，完全符合经济发展的客观规律。大家知道，我国各地区地理环境和自然条件的差异很大，加之历史上形成的原因，因而，经济发展始终存在着不平衡性。这种不平衡性本身就是发展的客观规律性。让一部分有条件的地区先行发展和富裕起来，而后通过中央财政的转移支付，通过地区间的技术、经济的扩散与合作，先富带后富，实现从不平衡到逐步比较平衡发展的转变，最终达到共同富裕，这是我国经济发展规律的客观要求。从世界上发达国家的发展过程看，在先发展地区与后发展地区的关系上，先是发展差距相对拉大，然后再使发展差距逐渐缩小，这已是被若干国家发展实践证实了的规律性现象。邓小平同志正是基于对世界和我国国情的深刻认识，对客观经济规律的透彻把握，才为我国确立了实现共同富裕的正确道路。

创办深圳经济特区，可以说是实行邓小平同志提出的让一部分地区先富起来，以带动全国共同富裕的“大政策”的战略性措施之一。深圳毗邻香港，具有地缘和人缘优势，在国家实行对外开放政策以后，具有引进国外资金、技术和先进管理经验，发展外向型经济，走向国际市场的有利条件。借助于这个有利条件，深圳经济特区成立15年来，依靠中央的正确政策，依靠全国的支援，依靠特区人民的辛勤劳动，由一个边陲小镇迅速发展成为粗具规模的现代化城市，成为全国发展最快的地区之一。

深圳特区能够先发展起来首先得益于党的改革开放政策。由于特殊的地理位置，深圳经济特区成为我国对外开放较早的地区之一，在经济特区—沿海开放城市和开放地带—内地三个层次中，处于开放的最前沿，是对外开放的“窗口”。党中央、国务院赋予了特区包括税收、市场开放、要素市场建立、土地使用、银行信贷等适应市场经济要求的改革和特殊政策、灵活措施。特区凭借区位优势和特殊政策，大力引进外资，发展外向型经济；同时，坚持市场取向改革，逐步改革束缚生产力发展的旧的经济体制，建立社会主义市场经济体制和运行机制，从而推动经济迅速发展。15年来国内生产总值平均每年递增35.9%，工业总产值平均每年递增56.3%，对外进出口贸易平均每年递增52.4%，经济实力已跨入全国城市前列，与香港经济差距在迅速缩小。

深圳的发展离不开全国的支持。创办深圳经济特区以来，全国许多省市和国务院有关部委纷纷到深圳建立“窗口”企业。目前，深圳已有内联企业6628家，投入资本金近百亿元，工业产值及出口额占我市1/4左右。这些“窗口”企业有很多已经发展成为集团公司，为国家和本地区创造了可观的经济效益，对深圳的发展也起了重要的作用。如湖南省在深企业的净资产超过30亿元，为本省创造的利润和为深圳交的税金都迅速增加。同时，来自内地200多万“打工仔”、“打工妹”，为特区的发展贡献了自己的青春和才华，不仅有力地促进了特区经济的发展，而且为贫困地区脱贫致富起了积极推动作用。他们不仅带回和积累了资金，也学到了技术和管理，交了不少朋友，有了供销渠道，不少人回内地后成了“小老板”。他们一年寄往内地的劳务收入超过80亿元。

深圳的发展更靠深圳人民自身的艰苦创业和辛勤劳动。深圳经济特区建立前，原宝安县是很不发达地区，农民年均收入只有129元，工业产值只有6100万元，区位优势未能充分发挥，与香港差距越来越大。特区建立时，中央决定只给政策不给钱，让特区自己“杀出一条血路来”。特区人民在党中央、国务院和省委、省政府正确领导下，发扬“开拓、创新、团结、奉献”的拓荒牛精神，敢闯敢试，大胆探索，终于在一穷二白的土地上画出了最新最美的图画。深圳人创造了闻名遐迩的“深圳速度”，同时又不断提高经济效益，深圳企业创造的劳动生产率是内地城市企业的3倍多。一批大企业已享誉国内外，大批名牌产品已打入国际市场，外销产品的产值占工业总产值的55%。如果没有深圳人民的辛勤劳动，深圳经济发展的奇迹是不可能的。

深圳的发展在中央正确路线和政策指引下，也得益于港澳台同胞和外商的合作。15年来，深圳实际利用外资77.1亿美元，兴建“三资”企业1.1万家，“三来一补”企业1.2万户。这些企业对深圳经济发展起了积极推动作用。

深圳15年的迅速发展证明，邓小平同志关于让一部分有条件的地区先富起来，以带动后发展地区，最终实现共同富裕的政策，是从全国大局着眼的正确政策，是达到共同富裕的必由之路。

二、先富地区帮助后富地区是义不容辞的责任

先富与共富是辩证统一的。先富是共富的前提和动力。共富是先富的目的和归宿。允许一部分人、一部分地区先富起来与带动其他地区共同富裕不可脱节。邓小平同志一再指出：我们根本目标是共同富裕。我们的政策是让一部分人先富起来，让一部分地区先好起来，好起来后再去帮助落后的地区，实现共同富裕。在这里，先富是作为共富的条件提出来的，一开始就被共同富裕这一最终目标与归宿所规定。对全局而言，先富是手段，共富才是目的。

共同富裕是社会主义本质的体现。邓小平同志指出："社会主义的本质，是解放生产力，发展生产力，消灭剥削，消除两极分化，最终达到共同富裕。"（《邓小平文选》第三卷，第373页）贫穷不是社会主义，两极分化也不是社会主义，社会主义与资本主义不同的地方就是共同富裕，而不是两极分化，这是可以理解的，应充分予以重视，但应当相信，有中国特色的社会主义能够避免两极分化。由于我们坚持以公有制为主体、多种经济成分共同发展的方针，坚持以按劳分配为主体、多种分配方式并存的方针和效率优先、兼顾公平的原则，这就从根本上保证了既能让一部分地区、一部分人先富裕起来，又能最终实现共同富裕。在诚实劳动和合法经营的导向下，富裕起来的地区和人民，不仅没牺牲共同利益，而且对发展共同利益作了贡献。一方面，先发展起来的地区，给国家多交税，国家多收入，使国家有力量实现财政转移支付，多投资欠发达地区搞基础设施建设，开发资源，发展经济；另一方面，先发展起来的地区把帮助支持欠发达地区发展作为自己义不容辞的义务，积极为共同富裕多作贡献，这样就会逐步缩小先富和后富地区之间的差距。

先富帮后富，实现共同富裕，也是社会主义优越性的体现。我们党领导人民搞革命、搞社会主义，就是为了解放和发展生产力，使综合国力不断增强，使人民生活水平不断提高。我们建立社会主义市场经济体制，既要追求资源配置的效率目标，也要兼顾公平原则，更要对贫困地区采取有效的扶持和帮助政策，鼓励先富带后富，最终实现共富。先富带后富，实现共富，也是改革和发展的要求，是维护稳定的重要条件。各地区发展不平衡是不可避免的，但必须

时刻关注贫困地区的发展，如果贫困地区总是处于贫困状态，不仅影响社会主义现代化目标的实现，而且影响全国的协调发展和安定团结。先富带后富，实现共富，不仅是重大的经济问题，而且是重大的政治问题，具有深远的现实意义和历史意义。

中央在深圳建立经济特区，把深圳作为全国改革开放的“试验场”和“窗口”，把深圳作为探索建设有中国特色社会主义道路的“排头兵”，让深圳先发展起来的目的，就是要充分发挥它对全国其他地区发展的推动作用和辐射作用。正如江泽民总书记去年视察深圳时指出的：“我们创建经济特区的目的，并不只是为了特区本身的发展和现代化，更重大的意义在于要通过特区的发展，充分发挥它们对全国其他地区发展的推动作用和辐射功效。这要作为特区建设的基本方向和重要原则进一步明确起来。”深圳特区15年来，我们始终把实现共同富裕作为特区工作的基本方向、重要原则和义不容辞的历史责任。“依托全国、服务全国”是我们明确的工作方针。在服务全国，支持内地发展经济方面，我们努力做了一些力所能及的工作。特区建立以来，市财政向中央和省财政上缴的数额逐年增加，到1994年底已累计上缴45.5亿元。随着深圳经济实力逐步增强，对国家的贡献越来越大。建特区以来，由于深圳迅速发展，国家直接由特区获取的收入越来越多，仅就海关税、海关代征税、银行利润上交，铁路、邮电利润上交就超过500亿元。15年来，深圳通过为内地招商服务、到内地投资、培训和交流干部、对口招工、智力支持、设立合作发展基金和进行无偿支援等多种方式帮助和带动内地经济发展。几年来我市人民和政府捐款1000多万元，在全国10多个省市兴建了27所希望学校；为受灾贫困地区捐款上亿元，衣物60万件；支援西藏1250万元进行通讯建设。今年全市开展学习孔繁森、陈观玉与老区山区心连心活动，即将在全国11个老区、少数民族地区、山区兴建106所希望学校，帮助5万个失学儿童重返校园。我们为西藏、三峡移民地区和革命老区举办领导干部培训班，现已培训过千人，使他们增长市场经济知识，为内地经济社会发展在培训人才方面尽微薄之力。*我们认为，深圳在这些方面所做的工作，是体现了邓小平同志关于走共同富裕道路的思想的，这既是中央兴办特区的初衷，也是特区先发展

* 《南方日报》2001年7月5日一版报道说：“近10年来，深圳对口扶持了3个省市的66个县市，对西部地区的扶贫投资已达40亿元；义务为中西部地区的14个省、市、自治区培训各类管理干部8000余名；深圳人民无偿捐赠的现金达7.2亿元，援建了305所希望小学，资助失学儿童8.4万名，并扶持建设了一批基础设施和教育卫生事业项目。

起来之后应尽的责任和义务。

三、按市场经济规律走共同富裕道路

先发展起来的地区带动和帮助后发展的地区，除尽支援的义务责任以外，更主要的是按市场经济规律走共同富裕道路，实现优势互补，互惠互利，共同发展。江泽民同志去年在考察广东讲话中指出："坚持发展经济特区以及沿海经济比较发达地区同内地的横向联合，在发挥各自优势的基础上，做到分工协作，优势互补，这对于促进全国统一的社会主义市场经济的发展，逐步缩小沿海与内地的发展差距，实现共同富裕，极为重要。"要做到优势互补，共同发展，从根本上说，必须按市场经济规律办事。只有通过发展社会主义市场经济，生产要素按照比较利益原则在全国范围内自由而有序地流动，从而形成地区之间经济的内在联系和纽带，这样才能使先发展起来的地区按照市场经济规律，更好地带动和帮助后发展地区。

根据上述指导思想，深圳经济特区在带动内地经济的发展，帮助贫困地区实现共同富裕方面，主要采取了以下做法。

第一，把特区的资金、技术和管理优势与中西部的资源优势结合起来，推动特区生产要素向欠发达地区流动，带动后发展地区经济发展。深圳经过10余年经济发展，经济实力大为增强，资金优势十分明显。据银行统计，1990年深圳各家银行向内地拆出资金21.87亿元，到1994年各家银行向内地拆出资金增加到77.75亿元，是1990年的3.56倍。从1987年开始到1994年，深圳企业到内地80多个地区兴建独资、合资、合作项目1390个，投入资本金超过100亿元。深圳企业到内地投资逐年增强。同时由于深圳从一开始就发展外向型经济，较早借鉴国外先进技术和管理经验，并借助毗邻香港的地缘优势，信息和市场优势突出，这些都是中西部地区不曾拥有的优势。但是深圳自然资源匮乏，这是一个明显的劣势，而中西部地区资源丰富，又是一个明显的优势。这就使沿海地区与中西部地区优势互补，利用沿海的资金和技术，开发中西部的资源，把资源优势变为产品优势、产业优势，使优势互补、共同发展。例如，深圳企业在新疆就设立了52家企业，还有15家企业与新疆企业合资或合作。

第二，利用特区优势，依托内地，面向海外，促进"三点一线"发展战略的实现。深圳在10余年经济发展中，发挥了"外引内联"的作用和横向经济联合的协作优势。今后应该把“外引内联”与带动欠发达地区结合起来，同时推动“外引内联”向更高层次的“三点一线”发展模式转变。所谓“三点一线”战略，它是指充分利用特区优势，依托内地，面向海外，以产品加工、贸易、科技成果、资金和其他资源为纽带，将“内地—深圳—国际市场”三点连成一线，形成最佳组合，为我国企业占领国际市场赢得竞争优势和比较利益。

从深圳的实践看，实现“三点一线”战略，初步摸索出以下六种形式。一是生产加工劳动密集型。即是把深圳特区初期建设的劳动密集型产品转移到内地生产，或在内地新建劳动密集型的加工企业，在深圳接单，在内地生产，产品销往国际市场，形成深圳与内地“前店后厂”的新格局，截至目前已有500多家企业实现了这种转移。一方面充分发挥内地劳动力、土地等资源优势，使企业降低了生产费用和成本；另一方面利用深圳离国际市场近、信息灵的优势，由其深圳的总部为转移到内地的加工企业提供国际市场最新动态信息和发展情况，使内地的加工企业与国际市场紧密相连。同时也密切了深圳与内地的经济关系，促进内地经济发展，使深圳更好地发挥全国的“窗口”作用，可谓一举多得。二是原材料辅助材料供应型。即运用深圳企业的技术、资金和管理，在内地的原材料产地设厂，一方面使深圳的龙头企业有可靠的原材料辅助材料的供应渠道；另一方面使内地的资源优势充分发挥出来。其中有独资兴建、合资合作兴建或发展内地国有老企业等。三是协作配套型。即以深圳的主机厂为龙头，充分利用内地现有的生产设备、厂房和技术力量，生产为主机配套的零部件、配套件和协作件。这样，一来使内地的现有生产力得以充分发挥，二来容易形成现代化大生产、大分工、大协作的格局，在各地形成一批专业化、大批量、高水平生产的“小巨人”厂，提高专业化协作水平和经济效益，避免了“大而全”、“小而全”的局面。如深圳年产500万辆自行车，零部件协作配套厂在内地很多，远在江浙一带；深圳生产的250万线程控交换机和2.3亿块手表的零配件协作配套厂在内地的有很多。四是技术开发型。深圳企业与内地大专院校、科研院所或企业联合，对先进技术、先进工艺、先进产品联合开发和生产，或把国外先进技术引进内地后改造内地国有老企业的老产品、老工艺，然后把产品销到国内、外市场，形成新的生产力。五是参股控股，对内地国有老企业的经营机制和设备工艺进行改造，或者使内地老企业成为深圳企业的子公司，生产深圳企业的名牌产品，销往国内、外市场，使内地老企业不但转换了经营机制，而且经济效益出现转机。如牡丹江市电视机厂与深圳康佳电子股份有限公司联营之后，生产康佳名牌彩电，使该企业由亏损大户转为该市的利税大户。六是出口基地型。深圳的大、中型外贸企业在原材料产地设立出口加工基地。对内地来说，使原材料产区得到资金投入和技术，把资源转化为商品，并与国际市场联系起来；对深圳企业来说，有了可靠的出口货源基地和出口商品供应，使两个优势互补，两个优势联合，形成新的优势。

第三，抓好对口扶持，设立合作发展基金，进行开发式扶贫，增强欠发达地区的“造血”功能。我们不能把先富帮后富理解为发达地区对贫困地区的施舍，等靠对欠发达地区的无偿拨款式支持，这样，即使经济实力再强也是有限的。因此必须在市场经济条件下走一条既能促进贫困地区经济发展，又是自身承受得起的地区之间互相支持、长久合作、共同发展的新路子。对此，我们认为设立经济合作发展基金是一种可行的办法。

从1989年起，深圳市政府将市、区财政每年财政可用财力的2%，作为合作发展基金，用来扶持经济欠发达地区，共同研究开发的项目。用合作发展基金给确定的项目以低息贷款（比银行当时利息低一半），用项目的收入偿还给基金，使基金滚动发展，先后扶持广东的梅州、河源、清远、韶关、肇庆和三峡移民地区的巫山县，已经使用3.3亿元扶持贫困地区兴建了115个项目，其中交通、能源和老企业技术改造占70%，有力地促进了当地经济的发展，增强了欠发达地区的“造血”功能。市委决定把基金范围进一步扩大到四川阿坝藏族自治州、延安、井冈山和湖北的红安县等。这种方式和传统的拨款救济式的扶持方法的最大不同就是把双方利益和风险捆在一起，要求除了向支持对象发放优惠贷款外，还要对贷款项目进行分析、研究和筛选，强调贷款项目的可开发性和经济效益，既有支援帮助的一面，又是按市场经济规律办事，从而使救济式扶贫变成开发式扶贫，“输血”变成了“造血”。实践证明，这是扶持内地贫困地区发展经济，实现共同富裕的一条行之有效的途径。

宝贵的精神财富

（1995年10月）

在我们共和国的武装力量中，有着许许多多像“南京路上好八连”、“南海前哨钢八连”、“深圳特区好六连”等举世闻名的英雄连队。他们的事迹教育和鼓舞了一代又一代人；他们的精神，成了全民族的宝贵财富。令人高兴的是，今天又一个具有时代特色的英雄群体出现在深圳经济特区——这就是早在1984年被武警总部命名为“沙头角模范中队”的广东省边防总队第六支队的驻沙头角十三中队。

这是一个有着光荣传统和历史荣誉的单位。它的前身是中国人民解放军“白台山英雄团”的一部分。1969年3月移防到深圳沙头角镇，至今已在深港边防线上生活战斗了26个春秋。在七八十年代，这个英雄单位就在一街两制的“中英街”上写下了“拒腐防变，一尘不染”的动人篇章，赢得了“遵纪守法模范班”、“先进集体标兵”、“硬骨头式连队”、“红旗团支部”等殊荣。进入改革开放新的历史时期，十三中队继续发扬我党我军的优良传统，同时不断地吸取改革开放的精神营养，为人民立下了新的功勋。尤其是近几年来，这个中队按照江主席提出的“政治合格、军事过硬、作风优良、纪律严明、保障有力”的要求建设部队，取得了全面过硬的优异成绩。他们始终坚持正确的政治方向，模范地执行和捍卫党的改革开放路线；他们刻苦练兵，技术精湛，武艺高强，有效地给驻地创造了和平、稳定、安全的发展环境：他们忠于职守，不怕困难，不怕吃苦，不怕牺牲，日夜坚守岗位，有力地捍卫了祖国和民族的尊严；他们无私奉献，正确对待个人得失，甘愿舍小家为大家，涌现了一大批爱国奉献的先进人物典型；他们艰苦奋斗，努力减轻人民负担，极大地弘扬了“南泥湾”精神；他们遵纪守法，文明执勤，直观地向世人展示了人民军队文明之师的良好形象；他们引导官兵树立正确的世界观、人生观和价值观，拒腐防变，长期地保持了“一尘不染”的人民战士的本色;他们视驻地为故乡,学人民,爱人民,为人民,完全彻底地实践了人民军队全心全意为人民服务的宗旨。他们堪称威武之师、钢铁之师、文明之师和仁义之师!

“沙头角模范中队”这个英雄群体出在我们身边,是特区人的光荣和骄傲。他们的事迹,值得大书特书,万人传诵;他们的精神,是对特区建设作出的一份特殊贡献,将成为全社会的一笔宝贵财富。学习他们的精神,这对于促进全社会的精神文明建设,树立正气,端正党风,加强廉政建设和鼓舞全市人民同心同德地推进改革开放进程,无疑有着巨大的现实意义和历史意义。当前,深圳经济特区正进行第二次创业,按照江泽民总书记的要求增创新优势,提高整体素质,沿着有中国特色社会主义的道路乘胜前进。经济发展离不开良好的舆论环境,离不开强大的精神支柱。我希望深圳经济特区不断涌现出更多的像“沙头角模范中队”这样的先进典型,从而起到更广泛的教育人和鼓舞人的作用;同时也希望全社会都来学习这个中队坚定信念、忠于职守、爱国奉献、艰苦奋斗、遵纪守法、助人为乐、拥政爱民的高尚情操和精神,加强军民军政团结,万众一心,为把特区建设成为具有高度物质文明和精神文明的国际大都市而努力奋斗!

在中共深圳市委二届二次全会上的讲话

（1995年11月）

同志们：

中国共产党深圳市第二届委员会第二次全体会议就要结束了。这次会议的主题，是深入贯彻党的十四届五中全会和省委七届四次全体（扩大）会议精神，研究我市国民经济和社会发展的“九五”计划。子彬同志代表市委作了《关于制定深圳市国民经济和社会发展“九五”计划的意见》的报告。出席全会的各位市委委员、候补委员和列席会议的同志，本着对党和人民高度负责的精神，对我市“九五”计划的指导思想、奋斗目标、战略任务和政策措施等各个方面，进行了充分的讨论，提出了许多宝贵的意见。全会审议并通过了《中共深圳市委关于制定深圳市国民经济和社会发展“九五”计划的意见》，达到了预期的目的。

现在，我就如何贯彻落实党的十四届五中全会和省委七届四次全体（扩大）会议精神，结合我市的实际情况谈三点意见：

一、认真贯彻落实党的十四届五中全会和省委七届四次全体（扩大）会议精神，摆正位置，认清形势，满怀信心投入深圳第二次创业

党的十四届五中全会通过的《中共中央关于制定国民经济和社会发展“九五”计划和2010年远景目标的建议》，全面体现了邓小平建设有中国特色社会主义理论和党的基本路线的要求，是指引全党和全国各族人民沿着建设有中国特色社会主义道路阔步前进，实现国家富强、民族振兴和社会长治久安，胜利跨入21世纪的宏伟纲领。广东省委七届四次全体（扩大）会议，是深入贯彻党的十四届五中全会精神，认真研究我省“九五”时期国民经济与社会发展的奋斗目标与工作方针的一次重要会议。认真学习、深刻领会五中全会

和省委扩大会议精神，对于我们科学制订“九五”计划，正确把握深圳未来的发展方向，具有重要指导意义。我们要用五中全会的精神，来指导深圳的第二次创业，使深圳建设社会主义现代化的国际性城市的奋斗目标具有切实的可行性。

五中全会指出：从战略上看，沿海地区先发展起来并继续发挥优势，这是一个大局。发展到一定时候沿海多做一些贡献支持内地发展，这也是一个大局。这是新形势下党中央提出的坚持区域经济协调发展、逐步缩小地区发展差距的指导方针，体现了邓小平同志鼓励一部分地区先发展起来，先富带后富，最终实现共同富裕的重要思想和社会主义的本质特征。我们要同党中央保持高度一致，自觉服从全国经济发展大局，并积极服务于这一大局。

实现“九五”时期的奋斗目标，关键是实行五中全会提出的两个具有全局意义的根本性转变，即经济体制从传统的计划经济体制向社会主义市场经济体制转变，经济增长方式从粗放型向集约型转变。15年来，我们率先建立了社会主义市场经济体制的基本框架，在创造“深圳速度”的同时努力创造“深圳效益”，在实行两个转变方面先走了一步，已经具备了比较好的基础。但是，我们距两个根本转变的要求还有相当的差距。“九五”期间，我们要把提高经济效益和经济增长质量作为经济工作的中心任务，继续深化和全面推进各项改革，建立比较完善的社会主义市场经济体制和运行机制。

对深圳来说，要实行党中央提出的这两个根本性转变，全市各级领导干部就必须在指导思想上实现特区工作立足点的根本性转变，即特区发展要从主要依靠优惠政策转移到提高整体素质、增创新优势上来。去年6月，江泽民总书记视察深圳发表重要讲话之后，市委工作会议就提出要转变特区工作的立足点。今年4月，在市第二次党代会上，我代表市委提出了今后5年总的指导思想和基本任务，提出要增创十个方面的新优势，又突出强调要转变立足点。深圳特区过去取得巨大成就，首先得益于中央的特殊优惠政策，但现在特殊优惠政策逐步变成了普惠政策，我们的立足点再也不能放在优惠政策上。五中全会提出在发展社会主义市场经济的过程中，在坚持特区基本政策不变的情况下，有些具体办法要有所调整和完善。在这种调整过程中会使我们遇到一些暂时的困难和压力，我们要万众一心，变压力为动力，把立足点放在增创新优势上，放在做好两个根本转变上，采取切实有力措施，增强经济实力。15

年前我们白手起家创办特区，依靠敢闯精神，“杀出一条血路”，迅速把深圳建设成为粗具规模的现代化城市。今天，我们有了这样的实力，这样的基础，又积累了宝贵经验，只要我们继续弘扬“开拓、创新、团结、奉献”的深圳精神，继续当好敢闯敢试、艰苦创业的开荒牛，苦练内功，切实提高整体素质，我们就完全有条件、有能力实现深圳第二次创业的宏伟目标。在新形势下更好地发挥深圳特区对外开放的“窗口”作用，建立社会主义市场经济体制的“试验场”作用，对内地的示范、辐射和带动作用，香港回归的衔接作用，不辜负党中央和全国人民对我们的厚望和重托！

二、统揽全局，抓住重点，推动深圳经济社会的全面发展

对“九五”期间我市国民经济和社会发展的奋斗目标、主要任务以及实现“九五”计划的措施与对策，子彬同志的讲话已作了具体部署。全市各级党组织必须坚持以邓小平建设有中国特色社会主义理论和党的基本路线为指导，坚持“抓住机遇，深化改革，扩大开放，促进发展，保持稳定”的方针，统揽全局，抓住重点，认真解决新形势下出现的新矛盾和新问题，促进经济全面发展和社会全面进步。

（一）贯彻“三个协调发展”的方针，实施“三个一批”和“三点一线”的发展战略

“三个协调发展”的方针，即第一、二、三产业协调发展，特区内外协调发展，两个文明建设协调发展。五中全会和省委扩大会议指出，要大力加强第一产业，调整提高第二产业，积极发展第三产业。这完全适合深圳的实际，我们要坚决贯彻。我市的第一产业要大力发展高产、高质、高效的“三高”农业和创汇农业，向规模化、集约型方向发展，搞好反季节蔬菜生产等“菜篮子”工程，建好管好农产品批发大市场，并以农批大市场为依托向全国辐射。第二产业要以先进工业为基础，以高新技术产业为先导，加快科技成果的商品化、产业化，加快传统产业的技术改造，不断调整提高。第三产业按照我市“一个基地、四个中心、一个胜地”的发展目标，积极发展金融、信息、商贸、运输等支柱产业和服务业，进一步提高第三产业在国内生产总值中的比重。

特区内外的协调发展，一是按照城市功能的整体要求，统一协调特区和宝安、龙岗两区的发展规划；二是进一步统一协调特区内外的政策，特别是要

争取特区的立法适用于宝安、龙岗两区；三是产业发展要做好统一协调，形成第一产业主要依托宝安、龙岗两区、第二产业逐步把重点移向特区外两区、第三产业以特区内为龙头的特区内外协调发展的布局；四是加速边远山区的开发和发展，今后两三年内要通过实施“同富裕工程”，带动边远山区两个文明建设，使之与特区协调发展。

两个文明建设协调发展，必须坚持两手抓、两手都要硬的方针，要在继续抓好经济建设的同时，下足工夫认真抓好社会主义精神文明建设。把做好爱国主义、集体主义、社会主义教育放在重要位置；深入开展法制教育和职业道德、社会公德教育；大力发展科技文教事业，提高人的综合素质，树立文明新风，建设文化名城。加强社会治安综合治理，坚决打击犯罪，扫除“七害”，坚决惩治腐败，加强依法治市，为经济发展提供良好的社会环境。加强环境综合治理，实现经济效益、社会效益和环境效益的协调发展。

实施“三个一批”的发展战略，一是形成一批支柱产业和主导产业。要大力发展与国际金融市场接轨的金融服务体系、与国际通讯网互联的信息工程体系、内外贸结合的商贸展览体系、联结国内外市场的海陆空综合运输体系，抓好港口、机场以及国际展览中心等重点项目的建设，完善交通、通讯等基础设施，促进金融、商贸、通信、信息、交通、旅游、房地产等第三产业的发展。要加大工业投资和技改投资的比重，重点抓好计算机及其软件、微电子及基础元器件、光机电仪一体化、通信、视听、重点轻工和能源等主导产业。二是要发展一批大型企业集团。以产权为纽带，以产业发展方向对路、产品市场潜力大、效益好的大中型企业为核心，形成一批组织集团化、经营规模化、管理科学化、产品高档化，年销售额达到50亿元至100亿元的企业集团和综合商社，发展跨行业、跨地区、跨国经营，参与高水平的国际经济合作与竞争。三是要创造一批名牌产品。以市场为导向，大力扶持一批技术含量高的“拳头”产品，提高质量、形成规模，使之成为在国内外市场上信誉好、知名度高的“名牌”。以“名牌”战略扩大深圳产品的影响，提高深圳产品在国际国内两个市场的占有率，促进全市经济上质量、上水平、上效益。

要进一步实施内地、深圳和国际市场“三点一线”的发展战略，三点以深圳为支点，推动“外引内联”向更高层次发展。以产品加工、贸易、科技、资金和其他资源为纽带，联合内地和台港客商，把更多的中国产品打进国际市场，再把国际上的大公司的技术、管理经验甚至项目引进来，把深圳建成国际国内两个市场的枢纽和桥梁。

（二）加快综合配套改革，率先建立和完善社会主义市场经济体制和运行机制

“九五”期间，我们必须按照江泽民总书记视察深圳时的指示，“进一步解放思想，大胆试验，加快经济体制的综合配套改革”。要按照五中全会和省委扩大会议的部署，在建立和完善社会主义市场经济体制和运行机制上取得新的突破。

一是要加快建立以“产权清晰，权责明确，政企分开，管理科学”为特征的现代企业制度。按照五中全会的要求，把“三改一加强”即企业的改革、改组、改造和加强管理有机地结合起来，使企业真正成为自主经营、自负盈亏、自我发展、自我约束的法人实体和市场竞争主体，形成有利于节约、降耗、增效的企业经营机制和有利于自主创新的技术进步机制，为产业结构的优化和经济的高效运行构造微观基础。加强对建立现代企业制度试点工作的领导，进一步探索完善企业的产权制度、领导体制、分配制度，强化企业内部的自我约束机制和政府对企业的宏观管理，突破难点，取得经验，及时推广。在进一步完善国有资产管理体系、确保国有资产安全增值的基础上，加快国有企业组织结构、产权结构的调整，重点抓好国有大中型企业的改革和发展。通过联合、兼并、合资合作、股份合作制、租赁、承包经营和出售等多种方式，对小型国有企业进行职工内部持股的改革。建立优胜劣汰机制，对经营不善、管理不善、发展无望的企业进行并停并转卖。切实搞活产权交易市场，促进资本的流动和优化。积极建立和搞活高级经理人才市场，广开渠道发掘人才，培养和造就一支高素质的企业家队伍。在保持公有经济的主体地位、充分发挥国有经济的主导作用，使之在改革中不断发展壮大的同时，鼓励发展多种形式的产权混合所有的经济组织，鼓励发展民营经济。国有企业必须切实转换经营机制，在加强内部管理和技术进步上狠下工夫，增强活力和竞争力，在多种经济成分的平等竞争中求发展、求提高。要进一步转变政府职能，完善要素市场体系，发展社会中介服务体系，完善社会保障体系，健全法律体系，为各类企业创造公平竞争的市场环境。

二是要搞好口岸管理体制改革。深圳是全国唯一的海、陆、空口岸齐备的城市，口岸体制的改革对深圳的发展至关重要。国务院把深圳作为全国港口及口岸管理体制改革的试点，我们必须按照试点方案的要求，切实抓紧做好深圳口岸管理条例和各项细则的起草、协调和实施工作，确保这项改革的顺利进行。要借鉴国际通行做法，简化查验方式，减少收费项目，依法把关，有效监管，方便进出，形成高效运作的口岸管理体系，使深圳口岸成为国际一流的口岸。

三是要继续深化社会保障制度改革。在理顺社会保险管理体制的基础上，按照社会共济与个人自济相结合的原则，加快完善职工养老、医疗等各项社会保险制度，扩大社会保险的覆盖面，形成服务社会化、管理法制化的多层次的城乡社会保障体系，充分发挥社会保障制度对于维护社会稳定的功能。

四是要加快金融体制改革，继续推行银行资产风险管理，争取把专业银行办成真正的商业银行，进一步办好区域性股份制银行。同时积极引进外资银行，争取适当扩大外资银行的经营范围。探索发展离岸金融业务，开辟新的业务种类和业务方式。以搞活证券市场为重点，建立、培育和繁荣各种金融市场。完善金融调控机制，提高金融管理现代化水平，为搞活企业、搞活经济提供良好的金融服务。

与此同时，财税管理体制改革、商贸管理体制改革、住房制度改革、户籍制度改革等等，都要走出新路子，与社会主义市场经济体制相适应。

(三)进一步扩大对外开放，开创招商引资新局面

随着全国范围内全方位对外开放格局的形成和发展，随着周边国家和地区开放程度的提高，未来几年我市的招商引资将面临严峻的挑战。为此，我们必须积极探索，采取有效措施，在对外开放方面取得新的突破。要继续办好福田保税区和沙头角保税区，争取盐田港保税区的方案尽快批准，并充分发挥其功能。积极探索外贸体制改革的新路子，进行外贸企业内部股份制的试点和外资、私营企业经营进出口业务的试点。对外资企业逐步实行国民待遇，成熟一项，实行一项。在放开产品内销市场、进出口贸易、商业零售、开办中外合资和外商独资旅行社、货运代理等方面，选择一些有实力的外资企业进行试验。在深圳市管理范围内，从明年一季度开始，在对外商提供社会服务方面，实行与国内居民同一价格的原则。有关部门应抓紧做好准备，尽快完成实施方案。深圳经济特区要在对外商投资实行国民待遇方面走在前面。

要进一步扩大招商引资。首先要采取多种方式加强与外商的联系和沟通，切实为现有的外商投资企业提供优质服务。对外商所关心的问题，既要及时做好宣传解释工作，更要采取实际的措施，帮助解决。通过良好的服务，使外商消除疑虑，增强信心，增加投资，扩大规模，更新设备，提高机械化、自动化水平，开发新产品。鼓励外资银行等金融机构，把其客户带来深圳投资。鼓励在深圳生产主机的外资企业引进配套的零部件落户深圳。在深圳已形成零部件配套能力的行业，要注意把主机引进深圳生产，形成更高层次更完整的生产链条。“三来一补”企业也要在稳定中发展、在发展中转型提高。明年有一大批“三来一补”合同到期，市和各区都要积极主动做好服务工作，使其能在深圳继续发展壮大转型提高。在搞好对外商投资的“一站式”审批，“一条龙”服务的基础上，要探索招商引资的新形式、新途径。鼓励以BOT等形式利用外资进行基础设施建设。鼓励外商投资开发工业区，支持以外商引商招商。在继续鼓励台港澳客商扩大在深投资的同时，充分发挥深圳华侨众多的优势，做好引进海外华侨华人资金的工作。重视面向国际金融机构和大财团、跨国公司招商办实业，引进其资金、技术和现代管理经验，加快我市基础产业、高新技术产业和第三产业的发展。要把高起点引进国外先进技术与吸收创新、自主开发相结合，形成更多的自主知识产权；把引进国际大财团、跨国公司与组建我市大型企业集团、开展跨地区跨国经营相结合；把扩大引进外资与加强内联相结合；充分利用国际国内两种资源，形成优势组合，进一步提高利用外资的效益。

为了进一步开创招商引资新局面，必须千方百计优化投资环境，特别是改善软环境。要坚决制止“三乱”，保障外商合法权益。加强社会治安综合治理，确保广大群众和投资者安全。要加强机关建设，提高素质，改进作风，减少办事环节，减少审批事项，廉政勤政，切实提高办事效率。

（四）积极搞好深港衔接，为促进香港长期稳定繁荣多作贡献

江泽民总书记指出：“由于深圳、珠海毗邻港澳的这种特殊的经济地理位置，对于促进香港、澳门的稳定和发展，具有其他地区不可替代的作用。”搞好深港衔接，有利于深圳在高层次上发挥区位优势。深港衔接，首先是城市基础设施和城市功能的衔接。要加快港口、机场的建设，开辟西部跨海通道，从海运、空运、铁路、公路各个方面加强与香港交通网络的衔接，增强分流与互补的功能，提高深港两地作为运输中心、物流中心的地位。把口岸改革好是做好上述衔接的必要条件。要科学规划，与香港共同做好下个世纪引水工程论证和建设，切实解决好两地的长期用水问题。供配电和排洪排污等方面，都要加强两地的信息合作。要共同搞好几期深圳河的治理。通讯和信息业基础设施的建设，也要与香港衔接。其次是产业发展上的衔接，重点是金融、商贸、信息、旅游等产业的衔接。要充分利用香港这一国际大都市的金融、贸易、信息等优势，加强两地合作，提高深圳相关产业的国际化程度。同时，大力发展“三高”和创汇农业，提高产品质量，增加品种，确保对香港供应，提高创汇能力。再次，还要在经济管理和运行机制等方面做好衔接。要借鉴香港和国际上先进的经营机制和管理经验，加快按国际惯例办事的进程。

总之，我们要按照互惠互利、优势互补的原则，努力搞好深港衔接，为促进香港的长期繁荣稳定作出积极的贡献。

三、加强和改善党的领导，保证深圳国民经济和社会发展“九五”计划的顺利实施

我们这一届市委的任期正好是“九五”期间，在世纪之交肩负着重大的历史使命。我们一定要聚精会神地抓好党的建设，切实研究和解决党的自身建设中的新矛盾新问题，不断增强各级党组织的凝聚力和战斗力。当前迫切需要进一步提高两个能力：一是进一步提高各级党政领导班子对社会主义现代化建设的领导能力，确保党对特区工作的全面领导；二是进一步提高广大党员干部反腐防变的能力，确保党员干部队伍经受住执政、改革开放和发展市场经济的考验。把各级党组织建设成为领导社会主义现代化建设的坚强核心，是顺利实施“九五”计划的根本保证。

（一）进一步提高各级党政领导班子对社会主义现代化建设的领导能力，确保党对特区工作的全面领导

五中全会再次提出加强理论学习的要求，这就是坚持不懈地用邓小平建设有中国特色社会主义理论武装全党，重点是进一步提高各级领导干部的理论素养。五中全会通过的《建议》和江泽民总书记的重要讲话，集中地体现了邓小平建设有中国特色社会主义理论的基本精神。深入学习邓小平建设有中国特色社会主义理念，要掌握其科学体系和精神实质，特别要深刻领会关于什

么是社会主义、怎样建设社会主义和发展经济特区的思想。要着重学习和把握“发展才是硬道理”的观点，千方百计加快经济发展，进一步增强深圳的经济实力；学习和把握“改革是中国的第二次革命”的观点，继续加大改革的力度，以改革推进特区的进一步发展；学习和把握“中国的发展离不开世界”的观点，进一步扩大对外开放程度，提高对外开放水平，加快与国际惯例接轨的步伐，积极参与高水平的国际经济合作与竞争；学习和把握“科学技术是第一生产力”的观点，努力实施“科教兴市”的战略，真正把经济建设转移到依靠科技进步和提高劳动者素质的轨道上来；学习和把握“一国两制”的战略构想，积极搞好深港衔接，实现互惠互利，促进共同繁荣；学习和把握“两手抓，两手都要硬”的观点，在加强物质文明建设的同时，切实把精神文明建设提到更加突出的地位，把深圳建设成为社会主义物质文明与精神文明的“示范区”和现代化的高度文明的城市；学习和把握有条件的地区先发展，先富带后富，最终实现共同富裕的观点，增强特区的辐射功效，争取对国家多作贡献。

特区的领导干部对特区的建设事业应具有高度的历史责任感和事业心。深圳的经济社会越发展，改革开放越深入，我们的工作越繁重，就越要注重学习、提高自己。我们这一届市委的同志，在学习上要做出表率，按照党的十四届四中全会提出的要求，努力成为忠诚马克思主义、坚持走中国特色社会主义道路，有知识、懂业务、胜任本职工作的内行。这就要求我们在把理论学习引向深入的同时，努力加强专业知识的学习，进一步提高领导经济工作和业务工作的能力。现代化建设需要大批懂经济、会管理的干部。“九五”期间，要进一步扩大开放，加快与国际惯例接轨的步伐，就必须刻苦钻研现代世界经济社会发展规律的知识；要加强城市管理、企业管理，就必须刻苦钻研现代管理知识；要强化“依法行政”，“依法治市”，就必须深入学习有关法律知识。总之，我们要按照现代化建设的要求，完善自身的知识结构，才能取得工作的主动权。

提高领导能力，必须进一步健全民主集中制。我们所面临的任务是如此繁重，经济管理、城市管理是这样复杂，单凭一个人或几个人拍脑袋是绝对不行的。民主集中制是马克思主义认识论和群众路线在党的生活和组织建设中的运用。各级领导班子一定要坚持民主集中制，把集体领导与个人分工负责很好地结合起来，充分发挥领导班子集体的智慧，实行民主决策，使我们各项决策都具有较准确的预见性和较高的科学性。企业领导班子也要贯彻民主集中制原则，建立适合企业特点的民主、科学决策制度和程序，充分调动广大员工的积极性，纠正主观武断、个人说了算、盲目决策的现象。领导干部要大兴调查研究之风，深入实际、深入基层、深入群众，切实了解和掌握第一手情况。坚决克服官僚主义、主观主义和形式主义，创造性地开展工作，在第二次创业中不断开拓新局面。

（二）进一步提高广大党员干部反腐防变的能力，确保特区党员干部队伍经受住执政、改革开放和发展市场经济的考验

党风廉政问题的实质，是执政党同人民群众的关系问题，它决定着人心的向背、政权的安危。我们一定要从党和国家兴衰存亡的高度来认识这个问题的重要性。提高广大党员干部反腐防变的能力，是进一步加强特区党的自身建设的需要，是深圳顺利实施“九五”计划、进行第二次创业的需要。

要提高广大党员干部反腐防变的能力，必须在反腐败的实践中，立足于教育，着眼于防范，筑起一道反腐防变的坚固防线，形成一种使人不敢腐败、不能腐败、不想腐败的机制和环境。

要继续把党风廉政建设和反腐败斗争引向深入。一是进一步抓好领导干部的廉洁自律，全面落实中央的各项有关规定。在处以上党政领导干部廉洁自律整改与巩固的同时，着重加强企事业单位和镇、街道办事处领导干部以及基层站、所负责人的廉洁自律工作。要严格对照中央的部署和要求，对这方面情况进行认真检查与总结，及时发现和解决问题，防止走过场。二是继续加大惩治腐败的力度，集中力量查处大案要案。要充分认识反腐败斗争的长期性、艰巨性和复杂性，坚决克服松懈、畏难情绪，树立持久作战的思想。要把专门机关的工作和广泛发动群众结合起来，形成全党动手、全民动员的局面，力争在查处违法违纪大案要案方面有新的突破。三是以治“三乱”为重点的纠风工作不能放松。要把整治“三乱”与整顿机关作风结合起来，狠抓机关作风建设，努力铲除产生不正之风的土壤。各级党政领导班子一定要切实负起责任，使反腐保廉领导责任制真正到位，做到分工明确，任务落实，业务工作管到哪里，反腐保廉工作就抓到哪里。

大力加强思想政治教育，引导广大党员干部牢固树立正确的世界观、人生观和价值观。党内有腐败行为的是少数，反腐败斗争要立足于提高广大党员干部的思想政治素质，通过教育将反腐败的“关口”前移，筑起反腐防变的思想防线。要按照十四届五中全会的精神，坚持不懈地用邓小平建设有中国特色社会主义理论教育干部和群众，在全社会形成共同理想和精神支柱；坚持不懈地加强艰苦奋斗的优良传统教育，倡导敬业创业精神；坚持不懈地加强道德建设和爱国主义、集体主义、社会主义思想教育，反对拜金主义、个人主义和腐朽生活方式，反对一切损公肥私、以权谋私的思想行为。通过学习和教育，形成免疫自律机制，为廉政建设奠定坚实的思想基础。

进一步抓好廉政制度建设，健全监督约束机制。邓小平同志指出，制度问题更带根本性、全局性、稳定性和长期性。思想教育必须与制度建设、法制建设结合起来，才能相辅相成，取得好的效果。有法可依，有章可循，是反腐败的根本保证。必须加快我市廉政立法步伐，完善廉政法规的配套工作。要结合国家公务员制度改革和现代企业制度的建立，针对存在的问题，建立健全监督约束机制。特别要强化对权力的监督，严肃党纪政纪，规范行政行为，严格办事程序，提高行政透明度，防止滥用权力的现象发生。党内和国家机关的内部监督与群众监督相结合，纪检、监察、检察等职能部门的监督与人大、政协及社会各界舆论监督相结合，充分发挥社会整体监督机制的威力。通过完善的立法、严格的执法和强有力的监督，使党风廉政建设和反腐败斗争逐步走向制度化、法律化。

同志们，深圳的“九五”计划，是在世纪之交具有重大意义的战略性发展计划。让我们在十四届五中全会精神指引下，在以江泽民同志为核心的党中央领导下，进一步统一思想，振奋精神，团结全市广大党员和群众，满怀信心地投身到第二次创业，使我们的城市迅速向现代化国际性城市迈进，为党、为国家、为人民作出更大贡献！

在深圳市领导干部反腐保廉述职大会上的讲话

（1996年1月）

这次市委党风廉政建设领导小组组织召开的我市首次领导干部反腐保廉述职大会，是一个试验，也是一个探索。在大会上作述职的同志，都作了充分的准备，并且都先在基层，在自己所领导的单位里作了述职报告，然后再选出来集中在市里作述职报告。原定是两个半天，9位同志述职，考虑到春节前夕事情很多，就把一天的会压缩到半天，由4位同志在大会上作述职发言，其他5位同志作书面述职。他们的述职报告都印发了书面材料。这个述职大会开得很好，我听了以后很受教育，也很受启发，相信同志们也一定很受教育。实际上，这是一次党风廉政建设，特别是领导干部廉洁自律自我教育的经验交流会，是进行自我教育和相互教育，相互启发的有效形式。同时，也是促使我市各级领导干部在反腐保廉工作中以身作则，坚持两手抓，两手都要硬，推动党风廉政建设深入开展的一项新举措。

下面，我就这次开展反腐保廉述职活动，讲四个问题。

第一个问题是从这次反腐保廉述职活动中可以看到什么。从这次反腐保廉述职大会中，从4位同志的述职发言中，第一，我们可以看到我市确确实实有一大批领导干部在自己的岗位上默默无闻地奉献自己的智慧和心血，勤勤恳恳地为党的事业奉献自己的力量，做好自己的工作。特别在反腐保廉工作中，无论是在保自己廉洁，还是在所领导的本系统、本单位中保一方廉洁，都取得了可喜成绩。正是由于有这么一大批领导干部，我们深圳才有今天的成绩。总的看，我市的党风廉政建设，特别是领导干部廉洁自律工作方面取得了可喜的成果，也取得了可喜的经验。我市去年整个政治、经济、社会形势都很好，经济快速、健康、协调发展，社会稳定，精神文明建设也取得了可喜的成果，这可以说是我们抓党风廉政建设所取得的成果，如果没有党的建设、党风和廉政建设作保证，我市两个文明建设就不会取得这样的成果。第二，我们可以看到我市去年确确实实涌现出了一大批党风廉政建设和领导干部廉洁自律的先进集体、先进个人，我们已通过各种形式树立起这些先进典型，树立起好的风气，号召广大党员干部向这些先进集体、先进个人学习。这次反腐保廉述职大会就是一个弘扬廉洁，树立先进典型的大会。第三，我们还可以看到，中央和省、市委制定的各项廉洁自律的规章制度在我市得到了贯彻落实。今天这4位述职的同志都着重讲了这一点，他们都在本单位建立了一系列的党风廉政制度，做到了以制度管人，以法管人。第四，他们对违反纪律的，违反党纪国法的，进行了坚决查处，做到了认真检查、认真纠正。这些方面，我们在去年都取得了很大的成绩，说明我市在党风廉政建设方面确确实实向前推进了一步。但是，在肯定上述成绩的同时，也不能不看到我市在党风廉政建设上还有很多不足和很多问题。一是在用人上任人唯亲、搞团团伙伙，特别是有的企业，搞个人说了算，用人不是按能力，按水平，按德才标准，而是按老乡标准，按亲疏标准，这样用人就偏了，我们的事业就肯定要受到损失。这个问题比较突出。二是以权谋私，即利用党和国家给予的职权，利用行业上、职务上的权利和便利，搞权钱交易，搞权权交易，搞权法交易，牟取私利。三是国有资产流失。有的人在国有企业和国有控股公司里搞“私捞”，使国有资产严重流失。有的甚至内外勾结，挖国有资产。还有一种表现，就是在廉政建设方面，有的领导不敢做，不敢管，搞好人主义，失之以软、失之以宽、失之以偏。有些单位好坏不分，好人不香，坏人不臭，这样的单位，党风就没法好转，希望我们今年通过抓党风廉政建设、抓领导干部廉洁自律，使这些问题不断得到纠正。

第二个问题是我们党风廉政建设和领导干部廉洁自律方面要坚持的原则和方针。主要有八条。第一条是要学习理论。领导干部要认真学习小平同志建设有中国特色的社会主义理论，学习江总书记一系列的讲话和指示，学习党的五中、六中全会决定的精神，特别是学习江总书记对我们深圳经济特区的重要指示精神。只有学习理论，武装好头脑，掌握客观规律，按群众的要求、按客观规律办事，我们才能把事情办好。通过学习，我们不但要严格要求自己，做廉洁自律的模范，更主要的还要在自身廉洁自律的基础上，把本系统本单位的反腐保廉工作抓好。并且按照客观规律把各方面工作做好，达到一流的水平。要达到这个目的，学习就是不可缺少的。刚才几位同志的述职都讲到这个问题。一个人的精力总是有限的，如果不看书不看报，也不学习，脑子里面一片空白，有时间就下餐馆吃喝，就去跳舞、卡拉OK，你这样怎么能搞好工作？！所以学习理论、武装思想是非常重要的，这样才能方向明确，才能知道要做什么，应该怎么做。第二条是要坚持反腐保廉工作为改革开放和经济建设服务。以经济建设为中心，这一指导思想必须十分明确。搞好反腐保廉工作的目的，就是为改革开放和经济建设服务，就是为了发展生产力。第三条是要坚决贯彻一要坚决、二要持久的方针。抓反腐保廉工作，首先要坚决，不能手软，并且要持久地抓下去，不是抓一阵子。第四条是要从严治党、从严治政，依法治市、依法行政。第五条是一把手负总责，做到全党动手，党政一起抓。不管是党的领导、还是政府的领导，在抓廉洁自律方面，在抓党风廉政建设方面，都是责无旁贷的。一把手一定要担负起这一责任，要坚持两手抓、两手都要硬。第六条是坚持群众路线，相信群众、依靠群众，发动群众积极参与反腐败斗争。第七条是层层建立责任制，一级抓一级，从领导抓起，抓领导，领导抓。最后一条我们深圳是经济特区，改革开放走在前边，社会主义市场经济也走在前边，所以越是改革开放，越是发展市场经济，越要把反腐保廉工作、惩治腐败放到重要的位置上来抓。这8条原则和方针我们必须长期坚持。

第三个问题是这次反腐保廉述职活动给我们一些什么启示。这次作述职发言的4位同志，都讲得非常好，实实在在、认认真真，得到了大家的肯定。如果不是他们自己亲自做的，或者没做到的就拿上来吹，那肯定大家不信服。比如秋容同志讲她没有在本单位报销过一次车票，没有让下级单位办过一件自己的私事，如果做不到的话，她敢这样讲吗？又如中航企业集团，它几乎是和我们特区同龄的企业，共有12个局以上干部，这些年来，没有违纪的；200多个处以上干部，没有违法犯罪的；4000多人次出国，没有违反外事纪律的，十几年来，一贯都这样，如果不是党风正，不抓领导干部廉洁自律，是做不到的。所以，这个述职大会，既是一个自我教育、互相教育、自我监督、互相监督的大会；也是一个总结经验，交流经验，互相借鉴的大会；还是一个让群众公开监督领导干部的大会。今天在大会上作述职发言的4位同志，在这之前，都按市里要求向本单位或本系统有关部门和代表做了反腐保廉述职报告。他们在本单位或本系统作述职报告，那种监督更直接，更不能说假话、说空话。如果你向我们说，我们可能不知道你做了还是没做，但是在你本单位本系统说，你没做的事你都说了，那你肯定站不住脚，肯定会遭到大家的倒喝彩。所以今天这个会议是很成功的。另外，这次9位同志中，有市委常委、市人大常委会副主任、市总工会主席，有区长、有经理、有局长，各个方面的人都有，这个也说明我们任何一个党的领导干部，都在监督的范围之内，都是受监督的。正像小平同志讲的，凡是共产党员都要接受监督。这个公开述职就是一种让群众监督的形式，一种内部互相监督的形式，这种做法是很好的。因此，我们要从这次反腐保廉述职活动中，得到两点有益启示：

一是廉洁自律，以身作则，要不断增强自觉性。要增强自觉性，这是和我们执政党的地位有密切关系的。我们党是执政党，并且是长期执政，以前执政，以后还要执政，老是执政的地位也就容易脱离群众，容易犯官僚主义，容易不廉洁。我们的民主党派都是友党，是参政党。在这种历史条件下，增强我们共产党领导干部的自身廉洁自律的自觉性就显得非常必要、非常重要。从另一方面看，我们处在特区，整天和国际资本打交道，整天受到资产阶级思想的侵蚀，如果稍为放松警惕，不严格要求自己，就有可能被拉下去；今天送一点这，明天送一点那，越送越贵、越送越多，可能最后就使你走上犯罪的道路。我们这里也有送的，也有向我们这里送的，我们都做了处理，也希望大家今后不要送。领导干部要增强自觉性，就像统书同志讲的，要靠勤勤恳恳工作，要靠为党的事业去奋斗。也像秋容同志讲的，要淡泊名利，对名利看得淡一些，不要看得那么重，好好工作就行了。组织上用人不是凭送东西多少，而是看你工作干得怎么样。这次在大会上作述职发言的几个同志，他们在用人方面都是这样。用人的腐败是最大的腐败，对这一点，我们多数同志可以说达成了共识。所以，作为领导干部，增强自觉性、增强责任感、增强使命感是非常重要的。对个人来说，首先自己要廉洁，不仅要听你怎么说，还要看你怎么做，我们今天这4位同志，他们说的只是他们做的一小部分，如果把他们做的都说出来，恐怕一天都说不完。今天时间有要求，他们不可能说那么多，只说了他们做的好事和廉洁方面的一小部分。他们从小事做起，从大处着眼，一件一件事情去做，一件一件事情去要求，任何一件事情，都要考虑到廉洁问题，都不放松，都不放过。总之，作为领导干部，刚才已经讲了，对权力、地位，不要看得那么重，如果看重了就容易形成跑官、要官，虚假成绩、浮夸、自吹等一些不正之风。这是我们领导干部所不能做的。所以，作为领导干部个人来说，就要增强自觉性。特别要有胸怀，能团结大家共同奋斗，无私才能无畏，公生明、廉生威。首先自己要做好，严格要求，做出好样子，真正清正廉洁，你不讲，你做出来了，群众就信服你。只有这样，你说话才有力量，才能带领大家齐心协力、团结在党的周围去为事业而奋斗。否则，自己做得不好，你说得再好，也是没有用的，一点都没用。

二是不但自己要做好，要做出表率，还要带领一班人把本系统本单位的反腐保廉工作做好，这是一个过硬本领。有的干部，自己什么坏事也不干，但是在工作上没有主意，没有办法，工作做不好，也不行。作为领导干部，主要还是干工作，既要自己廉洁，又要使整个队伍、整个班子廉洁，把反腐保廉工作做好。这个就要有过硬本领了，就要下工夫了。我们今天述职发言的4位同志都是在某一个方面担负领导责任的，在这方面也都下了工夫，都有一定的经验。一定要把领导班子建设好，使一班人既站得住，又顶得住。我们过去常常听到一句话，叫做在深圳经济特区，顶住的站不住，站住的顶不住，当然这是句俏皮话，不完全正确，但也反映了一定的客观现实。我们既要站住，又要顶住，那就要靠我们班子的力量，如果把哪个人突出起来，他将既站不住也顶不住。特别是班子不团结，四分五裂，你搞我，我搞你，坐不到一条板凳上，那就不攻自破，肯定既站不住也顶不住。站不住的问题是个人的位置问题；对歪风邪气、对违犯党纪的、对不廉洁的，你顶不住，那就是全党的问题、全局的问题、全市的问题。因此，我们如果要选择的话，宁可选择站不住，也要顶得住。如果选择要站得住，不想顶，什么都做好人，我看最后也会站不住的。我相信我们的班子如果齐心协力，就一定既能站得住也能顶得住。我们市里这一班人，市委、市政府领导班子经常研究这个问题，目的就是要形成合力，做到既要站得住，又要顶得住，希望大家在这方面对我们进行监督。要把本系统本单位反腐保廉工作做好，还要加强制度建设，加强法制建设。这几位同志的述职报告都讲到用制度管人的问题。特别是规划国土局，去年以来实行了一系列改革，对规章制度进行了认真修改，修订了几十万字，向社会公开发行依法行政手册，公开办事制度，公开廉洁办事规则，并在内部实行督办制度，实行一个窗口办文，不接触被办文的人员和单位，封闭起来办文。因为国土这块算是块肥肉，谁都去攻，矛盾和问题也比较突出，凡是批不准的，肯定有一肚子意见。但国土就是这么多国土，属一次性的资源，必须慎之又慎，不能滥批滥用！如果滥批滥用，后果是不堪设想的。我们规划国土局采取这些措施是完全必要的，做得是好的，希望各有关单位和企业要给予理解和支持。也希望他们能做得更好。所以制度建设，用制度管人，依法治市，依法行政非常必要，各部门、各单位要在这方面认真下工夫。还有一条，就是要树立先进典型，树立正气，那些做得好的，把它的经验总结出来，推广出去，单位有自己单位的先进典型，系统有自己系统的先进典型，市也要有自己的先进典型。各单位各系统最好能成为全国、全省的先进典型。最后还有一条，就是要加强监督检查，如果只管说、只管布置，而没有监督检查，也是不行的。做好监督检查，必须分出好和坏。比如用人方面，我们已把权力下放了，有的下放到企业，有的下放到资产经营公司，但是市的组织部门，要保留监督检查的权力。凡是违纪的，违背条例、违背规定的，必须坚决予以纠正。所以，在党风廉政建设方面，各级纪委和组织、人事、监察部门，都要下工夫认认真真做好监督检查工作，人大、政协和其他职能部门也要做好监督检查工作。

最后一个问题是我市领导干部反腐保廉述职制度才刚开始实行，今后要在基层广泛地开展这一活动。今后各级领导干部，每年都要结合年终考核工作，作反腐保廉的述职。主要是在本单位的领导和被领导之间要述职报告，目的是接受本系统、本单位干部群众的监督，同时也使领导干部真正实行自我监督，总结经验，发扬成绩。同时，今后拿到市里来述职交流的，既要有总结经验的，也要有总结教训的。我们这次主要是总结经验，主要是选择做得好的和做得比较好的，并且有成效的，集中在市里述职。今后要抓两头，对那些在反腐保廉工作中有深刻教训的，也要选择个别典型来述职。最后希望把我们今年的党风廉政建设责任制更加推进一步，落到实处，把党风廉政建设搞得更好，特别是要把领导干部廉洁自律工作再提高一步，以实际行动和优异成绩来迎接“九七”香港回归，迎接党的十五大的胜利召开。

认真做好我市的组织工作，以实际行动迎接党的十五大胜利召开

——在全市组织工作会议上的讲话（摘要）

（1996年2月）

今年是我市实施“二次创业”的第二年，我们将面临“九七”香港回归和党的十五大召开这两件大事，组织工作的任务相当繁重。各级党委和组织部门要在以江泽民同志为核心的党中央领导下，齐心协力，顾全大局，增强团结，努力完成组织工作的各项任务，以实际行动迎接“九七”香港回归和党的十五大的胜利召开。

一、要充分肯定去年我市组织工作取得的成绩

去年我市两个文明建设取得了可喜的成绩，这些成绩的取得，是由党的建设、各级领导班子的建设作保证的。去年，在市委和各级党委的领导下，我市组织系统的广大干部，辛勤工作，奋力开拓，为加强党的建设和各级领导班子建设做了大量工作。

一是坚持党管干部原则，按照管少、管好、管活的原则，推进了干部人事制度改革。去年我市干部制度改革主要做了两件事：一件是将原由市委组织部管理的一、二类企业领导人员交由资产经营公司管理，既体现了党管干部的原则，又体现了管少、管精，管人与管资产既紧密结合，又合理制约的特点。另一件是成立了市企业高级经理人才评价推荐中心。中心成立以后，做了很多工作，对企业经理人才的数量、种类、年龄、学历层次结构作了认真调查，对企业的人才需求进行了测算，并初步建立了工作模式和操作规程。这两项工作是具有探索性的重要改革，要继续做好有关的各项工作，保证改革措施落实到位。

二是加强了各级领导班子和干部队伍建设。坚持“四化”方针和德才兼备的原则，按照搞“五湖四海”的要求，选拔了一批优秀年轻干部充实到各级领导班子，优化了班子结构，增强了班子活力。同时，通过“优秀年轻干部推荐月”，拓宽了选人视野，发现了一大批优秀人才。在群众推荐、组织考察的基础上进一步筛选，初步建立起党政领导干部、企业家和科技专家这“三支队伍”的后备人员名单。

三是加强了干部的培养教育，提高了领导干部的思想政治素质和业务素质。充分发挥各级党校的作用，对广大干部进行了政治理论、法制纪律教育。各级领导班子坚持中心组学习制度，既学习邓小平建设有中国特色社会主义理论，又联系特区实际调查研究，解决实际问题。我们还着手实施高级人才培养工程，这项工作在社会上产生了很大反响。

外语、电脑作为现代社会的两种工作技能，年轻干部一定要掌握好。我们选派干部到境外培训，先将他们送到大学进行英语和电脑的强化培训，收到了较好的效果。我们制定的《1995~1999年深圳市干部培训整体规划》也正在实施，干部的政治业务和技能培训已全面展开。

四是强化了公务员管理。首先是把好入口关，公务员的录用都采取公开、公正的招考办法，凭真才实学公平竞争，根据职位和编制择优录用，保证了公务员队伍整体素质的提高，防止了选人用人上的不正之风。其次是疏通了出口，去年对基本称职的公务员进行了离岗培训，对不称职的作了辞退。此外，加大了干部交流力度，各部门普遍实行了公务员的岗位轮换。

五是加强了农村基层组织建设。继续组派基层组织建设工作队，奔赴农村和街道第一线，围绕“五个好”的目标深入开展农村基层建设工作。帮助驻点选好班长，配好班子，选准经济发展的路子，搞好制度建设和社会治安综合治理。工作队为基层做了大量的实事、好事，深受基层广大干部群众的欢迎。许多工作队帮助驻点村引进资金、项目，与“同富裕工程”紧密结合，促进了经济欠发达村脱贫致富。目前全市416个欠发达村的基础设施和村民的生活条件都有了很大的改善。

六是加强了制度建设和党员干部教育工作。我们先后建立了一系列有关党建工作和干部监督管理的规章制度，使《党政领导干部选拔任用工作暂行条例》和《中国共产党地方委员会工作条例（试行）》得到了较好的贯彻落实。

对国有企业，我们还制定下发了《深圳市公司党组织工作暂行规定》等五个文件。去年我们还树立了陈观玉等一批先进模范典型，评选表彰了10名模范共产党员，号召广大党员向他们学习，对党员干部起到了很好的教育和示范作用，推动了两个文明的建设。同时抓紧了大案要案的查处，处理了一批犯错误的干部，对干部进行了警戒教育，增强了各级干部的廉洁自律意识。

在充分肯定去年我市组织工作成绩的同时，也应看到存在的一些不足，一是后备干部储备不够，素质也有待进一步提高；二是干部队伍中存在不正之风，有的还比较严重，如在干部工作中有“跑风漏气”，有的跑官要官；三是有的干部原则性不强，很“乖巧”，怕得罪人，不敢坚持原则，求得一团和气。此外，干部中还存在一种很不好的现象，维护党和人民利益的人往往受孤立，而一些善于投机钻营的人，什么“关”都可以攻下来。今后要很好地注意克服这些问题，增强各级党组织和组织部门的战斗力。

二、加强思想政治建设，努力提高各级领导干部的思想政治素质

在纪念中国共产党75周年座谈会上，江泽民同志发表了《努力建设高素质的干部队伍》的重要讲话。建设高素质的干部队伍首先是建设高素质的领导班子，特别是要抓好领导班子的思想政治建设。最近，市委制定下发了《关于加强领导班子思想政治建设的意见》，各级领导班子要认真贯彻落实。

加强领导班子思想政治建设，当前要强调五个方面：一要强调学习。各级领导班子要把加强学习放在思想政治建设的首位。要继续深入学习马列主义、毛泽东思想特别是邓小平建设有中国特色社会主义理论，学习《党章》，学习江泽民同志的有关重要讲话，提高政治理论水平，把握正确的政治方向。同时，要学习社会主义市场经济、现代科学技术、法律、管理、历史及其他相关知识。二要强调民主集中制建设。贯彻执行民主集中制，是正确决策的重要保证，也是班子团结的重要保证。必须重申，一切重大问题都要由领导班子集体讨论决定。领导班子讨论决定问题时，要在调查研究的基础上充分发扬民主，允许不同意见的争论，最后按少数服从多数的原则作出决定。新调整、组建的三家市级资产经营公司领导班子，要特别注意贯彻执行民主集中制，充分发挥党、政班子集体领导的作用，重大问题决策和重要人事任免，要按民主集中制的原则讨论决定。各级领导班子还要注意建立健全并严格执行民主集中制的

各项具体制度。要通过搞好民主集中制建设，进一步增强干部的政治纪律观念，加强班子的团结，提高班子的凝聚力、战斗力。三是强调坚持党的根本宗旨。加强思想政治建设，最核心的问题是要解决好对人民群众的态度问题，解决好同人民群众的关系问题。各级领导干部都要坚持全心全意为人民服务的宗旨，为人民谋利益。大家在电视专题片《邓小平》中可以看到，小平同志第三次复出时讲了一番话，他说，我出来工作可以有两种态度，一个是做官，一个是做点工作。小平同志冒着再一次被打倒的政治风险，选择了后一种态度。他这种完全将个人荣辱置之度外，奋不顾身地为党、为人民工作的精神，是我们每一个干部都应该认真学习的。四要强调解放思想，实事求是，一切从实际出发。邓小平建设有中国特色社会主义理论，之所以得到全国人民乃至全世界有识之士的赞同和拥护，就是因为这个理论是马列主义基本原理同当代中国的具体实际紧密结合的产物。我们要坚持以邓小平理论建设有中国特色社会主义理论和党的基本路线为指针，在改革开放实践中明辨是非，把改革开放事业不断推向前进。要自觉以小平同志提出的“三个有利于”为标准，关键是坚持生产力标准来检验我们的工作。只有生产力发展了，才能增强综合国力，才能提高人民群众的生活水平。这个问题随时随地都在考验我们，看我们能不能实事求是，是不是一切从实际出发。敢不敢实事求是，还表现在我们组织部门的干部下去考察干部时敢不敢说实话，能不能反映真实情况，是不是坚持原则。江总书记要求我们奋不顾身地工作。什么是奋不顾身？在战争年代面临着生与死的问题，在现在最多就是丢乌纱帽，晚提拔或是不提拔，这有什么大不了的？倘若为了名利连真话都不敢讲，不敢坚持原则，还算什么共产党员！五要强调廉洁自律。要坚持不懈地对各级领导班子和领导干部进行廉洁自律教育，增强干部的廉洁自律意识，正确处理好自律与他律、律己与律人的关系。各级领导干部要带头模范遵守党纪国法，增强抵御各种腐朽思想和生活方式侵蚀的能力，自觉过好名位关、权力关、金钱关、色情关、人情关。要求别人做到的，自己首先做到；禁止别人做的，自己坚决不做。同时，要严格管教好亲属子女和身边的工作人员，加强对所属单位和分管部门领导干部的严格要求、严格管理、严格监督，切实从制度和机制上堵塞滋生腐败和不正之风的漏洞。

加强领导班子的思想政治建设还必须抓住三个重点：一是要抓住“一把手”。党政“一把手”在领导班子以至整个地区、单位、部门中处于核心地位，起着关键性作用。“一把手”的思想政治素质高，就会影响和带动整个班子乃至整个地区、单位或部门的思想政治建设。“一把手”要坚定正确的政治方向和政治立场，模范贯彻民主集中制原则，带头发扬民主，善于听取不同意见，增强驾驭全局的能力，调动各方面的积极性，团结和带领“一班人”和广大群众做好各项工作。要坚持任人唯贤，搞“五湖四海”，不搞任人唯亲，不搞亲亲疏疏、团团伙伙。历史上最大的腐败是吏治的腐败，现在有些人跑官要官，买官卖官，这与旧社会《官场现形记》中的卖官鬻爵有何区别？我们的干部特别是各级领导班子的“一把手”，要按江总书记提出的要求，做到自重、自省、自警、自励，对不正之风自觉抵制，与这些不良现象作坚决斗争。二是要抓住年轻干部。年轻干部有年龄、文化方面的优势，许多同志在自己的岗位上做出了出色的成绩，积累了一定的实践经验。但是，也有相当一部分年轻干部缺乏对马克思主义理论的系统学习，缺乏对党的历史和优良传统的深入了解，缺乏严格的党内生活、艰苦环境和基层群众工作的锻炼，加上深圳特区处在改革开放的前沿，西方资产阶级腐朽思想文化和发展市场经济负面效应的影响比较直接，容易滋长拜金主义、享乐主义和个人主义。因此，要把加强年轻干部的思想政治建设，提高他们的思想政治素质，作为一项长期的战略性任务来抓，使年轻干部尽快成长和成熟起来。年轻干部应当十分珍惜组织的培养和群众的信任，谦虚谨慎，戒骄戒躁，淡泊名利，加强党性锻炼，树立正确的世界观、人生观、价值观，不断提高走有中国特色社会主义道路的自觉性和坚定性。三是要抓住各级权力部门的领导干部。直接掌握人、财、物调配权力的部门，往往是腐败现象的高发部位。这些部门的领导干部，更容易成为“糖衣炮弹”攻击的对象。加强他们的思想政治建设，提高他们的思想政治素质，增强他们的廉洁自律意识，显得至关重要。因此，加强班子的思想政治建设，要把各级权力部门的领导干部作为重点对象，抓住不放，切实抓出成效来。各级领导干部要从思想深处真正解决好谁让掌权、为谁掌权、怎样掌权、对谁负责的问题，自觉做到立党为公、执政为民，艰苦奋斗，无私奉献。

三、加强优秀年轻干部的培养选拔，切实抓好“三支队伍”建设

培养选拔优秀年轻干部，加强“三支队伍”建设，是近年来中央一直强调的重要工作，是事关党和国家工作大局的重要问题。我市国民经济和社会发展

"九五"计划以及第二次党代会提出的奋斗目标能否顺利实现，取决于是否拥有一大批能够跨世纪担当重任的优秀年轻干部，是否拥有具有相当数量的、高素质的党政领导干部队伍、企业家队伍和科技专家队伍。1995年4月市委制定下发了《中共深圳市委关于抓紧培养选拔优秀年轻干部的若干措施》，对培养选拔优秀年轻干部工作提出了明确的目标和具体的要求。各级党委和组织部门必须进一步提高认识，加大工作力度，切实把培养选拔优秀年轻干部的工作抓紧抓好，抓出成效。

要不断拓宽选人渠道，努力营造有利于优秀人才脱颖而出的机制。邓小平同志讲过："要创造一种环境，使拔尖人才能够脱颖而出。改革就是要创造这种环境。"如何创造优秀人才脱颖而出的用人环境，组织人事部门和各级领导干部担负着重要的责任。当前要在以下几个方面下工夫：一是要坚持公道正派，坚决防止和纠正用人上的不正之风。如果我们不公道正派，任人唯亲，好人受气，能干的提不起来，会跑官要官的提得快，群众肯定不满意。二是要把坚持党管干部原则与坚持走群众路线结合起来。在干部工作中，只有坚持走群众路线，扩大干部选拔工作的民主程度，依靠群众选拔人才，才能拓宽选才视野，广开进贤之路，广纳各路英才；也只有坚持走群众路线，充分尊重民意，集中群众的智慧，把广大群众的意见当做选拔任用干部的重要依据，才能真正把人选准选好。同时，坚持走群众路线，还可以树立正确的用人导向，防止伸手要官、跑官要官、眼睛向上不向下等不正之风，使干部能够一门心思放在党和人民的事业上，勤奋工作，努力做出实绩。现在有一个问题，用干部是对群众负责还是对领导负责？如何将这两者统一起来？我看首先要对群众负责，对领导负责归根到底也是对群众负责。要把握一条，用干部要看群众同意不同意，组织人事部门选拔干部仅靠个别谈话是不够的，因为这有它的局限性，往往很难准确反映干部的真实情况，必须采取民主推荐和德能勤绩综合测评的方式，广泛听取群众的意见，大家都拥护的，大家都认为是优秀的，这样的干部使用起来往往比较准。如沙井镇在村一级采取直接选举村干部的方式，效果就很好。群众行使自己的权利，将自己信赖和拥护的、有开拓精神的、为群众谋利益的干部选到领导岗位。这就是一种好的用人环境，我们组织人事部门就是要营造这样一种环境。

各级党委和组织部门要采取组织推荐和群众推荐相结合，上级推荐和下级推荐相结合，上级考核与群众评议相结合，不断拓宽选人用人渠道。我市去年6月开展的“优秀年轻干部推荐月”活动，就是依靠群众推荐来选拔人才的一条有效途径。组织部门要认真总结经验，要认真考察，严格筛选，防止鱼目混珠；对确定为后备干部的人员，要分类排队，重点培养。发现、选拔人才的另一条有效途径，就是采取公开招聘的形式，面向全国，甚至面向海外公开招聘深圳紧缺的优秀人才。今年我们要公开招聘市经发局、贸发局、招商局、外事办和一些市属企业的副职，这种公开招聘中的竞争与伸手要官有本质的不同，这是凭真才实学，公平竞争，应加以鼓励和提倡。近年来我市先后公开招聘了市科技工业园总经理、市卫生局局长、市建筑设计总院院长，从实践来看效果是好的。组织人事部门要认真总结“双推双考”的经验。严格掌握选人标准，进一步改进招聘方法。市企业高级经理人才评价推荐中心要充分发挥职能作用，切实加大工作力度。要重视引进市场竞争机制和现代化的人才测评手段，抓紧研究建立科学合理的评价体系，积极做好企业经理人才的搜寻、考核、评价、培训和推荐等各个环节的工作，确保选人荐人质量。把中心建成区域性的高级人才推荐中心。

四、加强制度建设，切实做好干部选拔任用工作的监督检查

监督有各方面的监督，像舆论监督、群众监督、上级对下级的监督等等。这里我要讲的是组织人事部门对执行干部选拔任用制度的监督。当前要着重做好两方面的工作：

一是建立健全制度，做到有章可循。加强干部工作的监督管理，必须有制度作保证。中央颁发的《党政领导干部选拔任用工作暂行条例》，规定了选拔任用干部的原则、标准和程序，提出了选拔任用党政领导干部“十不准”的工作纪律，并制定了相应的制裁措施，确定了干部工作监督的组织体系，明确了党委组织部门、人事部门、纪检机关、监察部门在干部选拔任用工作中实行监督的分工协作关系。《条例》是一个十分重要的文件，各级党委和组织人事部门要认真学习好、执行好，要结合本地区、本单位的工作实际制订相应的实施细则和配套措施，建立定性、定量的检查考核指标体系，把好干部选拔任用的推荐关、考察关、呈报关、审批关，真正把德才兼备、群众公认的干部选拔到领导岗位上来。各部门、各单位在制订实施细则和配套措施时要力求体现三

性：一是政策性，要符合党的干部路线，要与《条例》的精神相一致；二是针对性，要针对干部选拔任用工作中易出问题的环节和人民群众关心的热点来建章立制；三是可行性，要从实际出发，不搞形式主义。我市已建立了领导干部廉政档案制度、个人收入和财产申报制度、礼品上缴制度、个人重大事项报告制度、离任审计制度、回避制度、诫勉谈话制度、干部交流制度、离深请假报告制度、班子民主生活会制度、工作思想汇报制度等，各级党委和组织人事部门要认真执行。为保证《条例》的各项规定落实到实处，今后还要再制定一些配套措施。市委最近同意印发了市委组织部制定的《关于建立干部推荐考察工作责任制的意见》，就是我市贯彻《条例》的一个重要配套文件，必须认真抓好落实，以进一步规范干部推荐、考察的工作程序，明确相关的责任，严肃干部工作纪律。

二是加强监督检查，保证管理到位。有了制度关键要抓好贯彻落实，否则，制度就形同虚设，变成一纸空文。要采取办培训班等方式，组织干部学习有关制度，提高大家按制度办事的自觉性。对干部选拔任用工作要强调几点：①一定要让群众更多地参与。不论选拔哪一级、哪一个职位的领导干部，也不论是领导推荐的、组织部门推荐的，还是下面单位报上来的人选，都要进行民主推荐和民意测验。在民主推荐和民意测验中得不到多数群众拥护的，不能列入考察对象，更不能提拔重用。②一定要经过组织考察。组织部门要通过考察谈话，听取各方面的意见，对考察对象作出恰如其分的评价。③一定要坚持集体讨论。讨论时要充分发扬民主，贯彻民主集中制原则，但又不要简单地以少数服从多数通过，对少数人的意见特别是反映重要情况的意见要注意听取。不成熟的不上会，或者缓议，会后作进一步的考察了解。加强监督检查是保证制度贯彻执行的一种有效手段。各级组织人事部门要加大干部选拔任用工作的监督检查力度，敢于碰硬，敢于执行制度。对此，各级党组织要支持，要撑腰。对违反《条例》规定的，要发现一个查处一个，该纠正的纠正，该通报的通报，该处分的处分，绝不姑息迁就。要通过加强干部选拔任用的监督检查，有效地遏制干部任用上的腐败现象和不正之风。

五、加强组织部门的自身建设，提高组工干部的整体素质

组织部门是党委的重要职能部门。组织部门责任重大，把一个单位或部

门的领导选错了，就会给这个单位或部门的工作带来很大影响。组织部门的任务相当艰巨，也十分光荣，选准了人，用好了人，配好了班子，就能大大地促进党领导的各项事业的发展。因此，组织部门要加强自身建设，替党委当好“伯乐”。要坚持原则，纠正用人上的不正之风相当难，但为了党的事业和人民的利益，再难也要坚持，决不能在用人问题上丧失原则。组织人事部门的同志要坚持党管干部的原则，选好人，用好人，配好班子。要组织干部深入学理论，学党章，提高理论水平和政策水平，树立正确的世界观、人生观、价值观；要在组织部门形成讲学习、讲政治、讲正气的良好氛围，做到公道正派，敢于坚持原则，讲真话，不唯上，只为实，自觉抵制和纠正用人上的不正之风；还要谦虚谨慎，注意深入基层，调查研究，不断开拓工作新思路。

在干部考察工作中，要注意处理好“五个关系”：一是处理好理论与实践的关系。要用邓小平建设有中国特色社会主义理论来指导我们组织工作的实践，客观评价每一个干部，全面准确地衡量他们的德才状况。同时要克服考察干部材料千篇一律，空洞无物的现象。二是要处理好组织意见和群众意见的关系。组织上的意见和群众意见不一致时，要认真分析，分清是非，去伪存真，使干部考察能真正反映干部的本来面貌，为组织上的用人决策提供可靠依据。三是要处理好领导与被领导的关系。下级要对上级负责，实事求是，敢讲真话，敢于反映真实情况。要实施干部考察工作责任制，干部考察使用的结果要和组织部门的业绩挂起钩来。四是要处理好服务与监督的关系。监督也是一种服务，要摆正自己的位置，谦虚谨慎，端正服务态度，提高服务质量。五是要处理好多数人意见与少数人的意见的关系。要深入调查研究，注意广泛听取群众意见，对少数人的意见特别是反映重要情况的意见要认真对待，有时往往少数人的意见是正确的，因此，要予以重视，这样可以更好在防止选人用人上的失误。

突出重点　大胆实践
积极构建社会主义市场经济的微观基础

——在深圳市企业工作会议上的讲话

（1996年4月）

同志们：

国有企业改革是我市今年经济体制改革的重点，为深化企业改革，并把企业改革同企业管理和发展结合起来，市委、市政府决定召开我市第一次企业工作会议。这次会议的任务主要是传达学习国务院和省委、省政府召开的有关企业改革会议精神，分析我市企业改革的形势，部署今年深化企业改革，加强企业管理，提高经济效益，促进企业发展等一系列工作。会上子彬同志已经就加强企业管理等方面的工作作了具体部署，我主要就今年企业改革的一些重要问题谈几点意见。

一、认清形势，增强信心，加大企业改革力度，积极构建社会主义市场经济的微观基础

今年，经济特区已经建立15周年。15年前，在国际共产主义运动处于低潮、传统的计划经济模式面临严重挑战的重要历史关头，小平同志高瞻远瞩，以伟大的马克思列宁主义者的宏伟气魄，亲自倡导创建了深圳经济特区。15年来，在小平同志建设有中国特色社会主义理论的指导下，深圳在改革开放和经济建设方面取得了举世瞩目的成就，为丰富小平同志建设有中国特色的社会主义理论，为传统的计划经济向社会主义市场经济过渡进行了有益的探索，提供了丰富的实践经验。

在15年来特区发展的过程中，我们始终坚持以市场为取向的改革，冲破传

统计划经济体制的束缚，进行了多方面的改革试验。通过改革，我市的国有企业得到了迅速发展，不少特区创办前的县办小企业在特区建设过程中建立新的企业，在市场经济的浪潮中迅速发展成为体制灵活、实力雄厚的骨干企业和企业集团，从而成为深圳社会主义公有制的主体。但另一方面，在市场经济发展过程中，由于各种原因，仍有相当一部分国有企业机制不活，经营不善，存在不少亟待解决的问题和矛盾，处于比较困难的境地。

由于国有企业存在的一些问题和矛盾没有很好得到解决，使得一些同志对国有企业的改革和发展疑虑重重，信心不足，对国有企业在市场经济条件下能否搞好产生怀疑。我认为，在社会主义市场经济条件下，按市场规律运作，国有企业是完全可以搞好的。

党的十四届三中全会《关于建立社会主义市场经济体制若干问题的决定》，提出了建立“产权清晰、权责明确、政企分开、管理科学”的现代企业制度，使之成为拥有法人财产权的真正独立的市场竞争主体，这就从根本上解决了国有企业与市场经济相结合的具体途径问题。当前国有企业存在的各种问题，最主要的是体制和机制问题，只要我们按照十四届三中全会的精神和建立现代企业制度的要求，坚持改革，理顺体制，转换机制，使国有企业和其他经济成分的企业一样，真正成为具有独立自主权的市场主体，增强其在市场经济中的竞争力、应变能力和经济实力，国有企业同样能够充满活力。这不仅是理论上的推论，而且也是被深圳15年企业改革的实践所证明了的。

15年来，深圳发扬“敢闯”的精神，勇于实践，在企业改革方面进行了一系列的大胆探索，对搞活企业，解放生产力，转换企业经营机制起到了十分重要的作用。比如，我市较早地进行了公司制改革试点，培养和塑造了一批体制灵活、实力雄厚、知名度高的股份有限公司，其中相当一批公司成为在深圳证券交易所上市的大公司；我市在政企分开、简政放权、落实企业经营自主权、取消企业行政主管部门等方面的改革，使相当一批企业较早摆脱传统计划经济体制的束缚，逐步成为自主经营、自负盈亏、自我约束、自我发展的有活力的法人实体和市场竞争主体；我市较早地进行了国有资产管理体制的改革探索，逐步形成和不断完善了三个层次的国有资产管理体系，维护了国有资产的安全增值，促进了国有资产的不断壮大；我市多年来在产权流动、企业重组等方面做了大量的工作，形成了不少以产权为纽带，以拳头产品为龙头的组织体系较为合理的企业集团，为我市产业结构的调整创造了有利条件；我市作为全国第一个推出社会保障制度综合改革的试点城市，通过养老、医疗、失业、工伤保险以及住房公积金制度的建立，使企业负担社会化，保障了劳动者合法权益，维护了社会的稳定，为企业的发展提供了较好的外部环境；多年来我们注意在企业改革中加强企业内部的资产管理、财务管理和投资管理，形成了不少组织科学、管理严格、经济效益较好的企业；此外最近两年我们还率先进行了企业制度改革的试点，在产权制度、领导体制、分配制度、监督约束机制等方面进行试验，为建立现代企业制度进行了探索等等。

15年来在企业改革方面我们所采取的一系列措施，增强了国有企业的活力，为我市经济的繁荣和社会主义市场经济体制的建立打下了良好的基础，也为全国的企业改革提供了有益的经验。改革促进了发展，我们的国有企业从无到有，从小到大，不断发展壮大，成为我市国民经济的主导力量。从1980年到1994年，我市市属国有企业的总资产从1.6亿元增长到1018亿元，净资产从0.61亿元增长到200.6亿元，国有企业实现利润从0.15亿元增长到50.5亿元。回顾过去，展望未来，我们应该充满信心，只要我们抓住改革，坚持改革，深化改革，通过改革逐步解决国有企业面临的问题和困难，我们的国有企业是完全可以搞得好的，任何怀疑的态度，悲观的情绪，无所作为的观点都是不正确的，也是不符合实际的。

当然，我们在对国有企业改革充满信心的同时，也应该清醒地看到，与内地的企业相比，我市的企业虽然在内部机制、融资能力、经营观念、对市场的应变能力和适应能力、企业的社会负担等方面有一定的优势和有利条件，但与市场经济的要求和建立国际性城市的需要相比，我市国有企业也面临着一些不可忽视的问题和矛盾。比如，在内部经营机制方面，很多企业的经营机制还没有根据市场经济的要求得到根本转变，部分企业亏损严重，负债率超过国际一般标准，经济效益不高；在企业改制方面，大多数国有企业还没有根据《公司法》的要求进行公司制改造，公司制改造所必需的产权界定、资产评估、股本募集等任务还十分繁重；在企业组织结构方面，普遍存在着内部层次多，组织链条长，管理跨度大的问题，一些三级、四级公司实际上处于失控的状态；在企业规模上，我市还缺少一批管理科学、规模宏大、实力雄厚、多元化、敢于在国际市场竞争的大型企业集团和骨干企业；在企业管理方面，我市企业的基础管理比较薄弱,不少企业管理粗放,核算失真,财务混乱,投资失误,监督无力,造成国有资产流失;在企业经营管理人才方面,能适应市场经济要求的、精通业务和管理的企业家队伍的人数还远远不够,企业普遍存在高级经营管理人才流失严重,后备经营管理人才严重不足的问题等等。国有企业存在的这些问题和矛盾如果不能得到很好的解决,不仅国有企业不能更好更快地发展,而且我们增创特区新优势,积极建立社会主义市场经济体制的目标也难以实现。解决这些问题,需要多方面努力,采取各种措施,但最根本的要靠改革。只要坚持和深化改革,我们的国有企业就一定能在激烈的市场竞争中增强活力,扩大实力。企业当前面临的问题和矛盾就是我们进一步改革要突破的重点。因此,今年市委、市政府根据中央和省委的精神,决定把企业改革作为全市深化经济体制改革、增创特区新优势的重点抓紧抓好,扎扎实实地抓出成效来。

深化企业改革,总的来说,我们应当按照党的十四届三中全会通过的《关于建立社会主义市场经济体制若干问题的决定》的精神,以建立产权清晰、权责明确、政企分开、管理科学的现代企业制度为目标,加快企业经营机制的转换,使企业真正成为有活力的市场竞争主体和法人实体。根据深圳率先建立社会主义市场经济新体制的要求,我市企业改革的总的目标是:用三年左右的时间,基本完成国有企业的公司制改造工作。将大多数企业改组为有限责任公司,把具备条件的大中型企业改组为股份有限公司,把少数符合条件的大中型国有企业改组为上市公司。与此同时,依法对"三资"企业、私营企业、股份合作企业、合伙制企业等不同性质、不同组织形式的企业进行规范。在加快企业改制的同时,进一步建立和完善国有资产管理体制,形成灵活有效的企业产权流动机制和优胜劣汰的破产机制,培育一批大型和超大型的跨区域、多元化的企业集团和综合商社,为所有企业创造平等的公平竞争的外部环境,建立社会主义市场经济新秩序,从整体上提高我市企业的市场竞争能力、应变能力和经济增长的质量与效益,从而积极构建社会主义市场经济的微观基础。

二、突出重点,大胆实践,力争今年在企业改革方面有新的突破

根据中央和省有关会议精神,结合我市的实际情况,今年我市企业改革的总体要求是:以建立现代企业制度为目标,在继续抓好企业制度改革试点

的同时，认真推广已经成熟的经验，把企业改革同管理和发展结合起来，把企业改制同改组和改造结合起来，扶持一批体制灵活、管理科学、实力雄厚的大型企业集团；并围绕企业改革，进一步抓好完善社会保障制度、转变政府职能等配套改革措施。根据这一指导思想，今年我市企业改革要突出重点，全面推进，抓好以下六个方面的工作：

（一）继续抓好建立现代企业制度试点工作，为推动全市企业改革、建立现代企业制度积累经验

去年，我市按照党的十四大关于加快改革步伐，建立现代企业制度的战略部署，在全国率先开展了建立现代企业制度的试点工作。市委、市政府批准颁发的《关于选择部分企业进行现代企业制度试点的意见》等13份规范文件，从企业产权制度、领导体制、分配制度、监督约束制度到配套改革等五个方面，对试点工作做了全面的部署。这些规范文件是按照《公司法》的原则要求，结合我市的实际情况制定的，在许多方面有所突破。文件公布和组织实施以后，在国内引起了较大的反响。国家有关部门和省委、省政府的领导同志对深圳改革试点的方向和具体做法给予了充分的肯定。我们要把上级领导的鼓励和支持作为动力，努力把试点工作做得更好。今年要在巩固去年试点成果的基础上，围绕产权制度、领导体制、分配制度和监督约束机制四个方面，扎扎实实地继续抓好试点工作，争取有新的进展、新的突破，并认真总结经验，看准了的就及时总结推广。有关试点的具体工作，去年已经做了部署，企业制度改革办公室的同志认真负责，做了大量的工作，在这里我想再强调以下几点：

一是推进公司制改造工作。今年要全面完成试点企业中11家拟进行公司制改造工作，其中包括有限责任公司、国家独资有限责任公司、股份有限公司和资产经营公司，无论哪一种形式都要严格按照有关法规一开始就规范地进行改造。为了探索集团公司下属二级公司产权多元化的路子，今年企业制度改革办公室要选择几家试点的集团公司，如深房、莱英达、中航技等公司对下属全资企业进行有限责任制改造。

二是要坚决贯彻执行市委通过的《关于完善试点企业领导体制的若干规定（试行）》，进一步理顺试点企业的领导体制。有关部门要密切配合，按计划完成试点企业领导班子的调整工作，明确界定企业决策机构，执行机构和监督机构的职责权限。我们已提出的完善企业领导体制的若干措施，包括调整董事会结构，加强监事会的功能，设立财务总监，发挥党组织的监督指导作用以及董事长、总经理的兼职等规定，各试点企业要认真执行，有关部门要积极配合，企改办要逐户检查，不落实的不能验收。

三是分配制度改革的试点要及时总结。去年我们对企业分配制度进行了大胆的探索，包括企业自主决定工资分配方式，董事长、总经理实行年薪制，对企业经营管理人员进行奖励，以及内部员工持股等等，实践证明效果是好的。今年上半年劳动局、投资管理公司要落实已实行年薪制试点企业的年薪结算工作，完成有关奖励制度及“两个低于”的各项规定。下半年要对其他试点企业的董事长和总经理逐步实行年薪制。内部员工持股制度，要在总结经验的基础上进一步扩大试点。

四是进一步强化企业的监督和约束机制。要切实抓好试点企业监督和约束机制的建立，完善监事会运作；建立严格的财务管理和投资决策审议制度，具备条件的企业要组建内部财务结算中心；继续向试点企业委派财务总监，并选择个别有条件的国有独资企业进行外派监事长的试点。

五是在试点企业中开展调整和解决企业负债问题的调查研究工作，并选择赛格集团对企业债务进行清理和调整。区别不同情况采取不同的办法予以处理，取得经验后再逐步推广。此项工作请投资管理公司、财政局、人民银行等单位给予必要的支持，企业制度改革办公室要加强协调。

今年试点工作的任务是艰巨的。因此，要求政府各有关部门和试点企业，要继续解放思想、大胆探索，学习借鉴其他省市建立现代企业制度试点的做法和有益经验，扎扎实实地做好工作。要通力合作，积极配合，提高试点工作效率。要注重配套，使试点工作与其他各项改革措施有机结合起来。要建立目标责任制，年内全面完成试点工作。

（二）加快企业公司制改造步伐，完善国有资产管理体制

公司制是现代企业制度的基本形式，符合市场经济要求和发展方向。我市已完成公司制改造的企业大多数运行情况是好的，不少企业已成为我市的骨干企业，显示出公司制改造的生命力。我们要继续按照十四届三中全会精神和《公司法》抓紧进行公司制改造，争取3年左右完成市属企业的公司制改组工作。今年要重点推进有限责任公司改组工作，市属一级公司改组为有限责任公司的比例一定要突破1/3。在把大部分国有企业改造成为有限责任公司的同时，选择少数具备条件的大中型企业改组为股份有限公司，并把某些特殊行业和专营企业改组为国有独资有限公司。在政府主要抓好集团公司改造的同时，集团公司也要对下属二级公司进行有限责任公司的改造工作，通过集团公司和二级公司两个层次的改造，理顺其产权关系，实现产权主体多元化，确立企业集团内部以产权关系为纽带的母子公司体制，完善集团公司与二级公司的法人治理结构。

去年，由于种种原因，公司制改造遇到一些困难。比如，由于受宏观经济的影响，公司制改造中的募集资金有一定的难度；一些企业担心改制后监督机制加强，怕影响正常工作；一些企业认为公司改制后不能上市对企业没有什么好处等等。对这些问题，属于思想认识方面的要加强学习和宣传，属于政策性的问题有关部门要进行研究，提出解决办法。比如对非市属国有企业招股困难的，市属国有企业可以交叉持股或者相互换股，以实现产权主体多元化。总之，公司制改造工作一定要坚定不移地推行下去，要根据部门分工，建立责任制。根据市政府的会议纪要，市属一级公司的改制工作，由投资管理公司负责，试点企业的改制工作由企改办统一审批和协调；向社会募集的股份有限公司由证管办负责；二级公司的改制工作由集团公司负责，企业制度改革办公室予以指导；非市属国有企业的改制由体改办负责。各部门要各负其责，通力合作，认真抓好公司改制工作。

在推行公司制改造过程中，要对过去已经改造的100多家以定向募集方式设立的公司进行整顿和规范。体改办要按照国家有关规定，根据我市的实际情况，在调查研究的基础上，对过去以定向募集方式设立的股份有限公司提出规范意见。对定向募集公司中的内部职工股可与正在试点的员工持股结合起来。

对非上市公司要通过建立多元化、多层次的二级市场实现其股权转让。今年要积极探索筹建专业机构代理的产权交易“无形市场”，依靠合格的中介机构促进非上市公司股权的流动。要在市体改办的统一协调下，尽快确定试点方案，加快制定交易规则及专业机构资质审查规定，规范市场行为，年内专业机构代理制度的试点要进行运作，并不断总结经验加以完善。在产权转让中，既要促进企业产权的流动，又要确保国有资产的安全，防止国有资产流失，对产权交易中造成国有资产流失的要追究责任。

随着市属国有企业的改制，对国有资产的管理将提出更高的要求，为此，今年要继续改革和完善现有的国有资产管理体制。国资委及国资办要依据市人大常委会即将通过的《深圳经济特区国有资产管理条例》，制定有关配套法规和规章，使整个国有资产管理工作纳入法制轨道，做到依法管理和经营国有资产。国资办要尽快完善机构，充实人员，切实运作起来。

要继续抓好市属国有企业清产核资、产权登记和发放资产授权占用证书的工作，进一步落实企业法人财产权。去年，我们分两批向43家市属国有企业发放了《国有资产授权占用证书》，这次会上又对28家企业发放了《国有资产授权占用证书》，今年上半年国有资产授权经营工作要全部搞完。

（三）把企业的改制、改组和改造结合起来，调整企业组织结构，培育一批大型企业集团

近几年，随着经济的发展和改革的深入，我市企业组织结构发生了一定程度的变化，形成了一批具有一定规模的企业集团。实践证明，搞活大中型国有企业，必须充分发挥规模经济的优势。但是，现有的企业集团无论在数量、规模、管理和效益上都还不能适应特区经济发展的需要，并且在组织结构上存在着许多不合理的因素。企业组织结构不合理，造成投资决策分散，无法形成规模优势，抗风险能力差，市场竞争能力不强；监管不力，容易造成国有资产流失。因此，从今年开始，我们要下大力气调整企业组织结构，把企业的改制、改造和改组结合起来，积极扶持重点企业集团的发展，要把发展企业集团作为一项重大的改革措施和长远的发展战略任务，认真抓好。今年要做好以下几项重要工作：

一是选择并扶持一批特大型企业集团。有关部门要从我市实际出发，综合考虑国家、省、市产业政策与规划，确定扶持一批企业集团发展的具体原则和标准，参照省政府扶持企业集团的若干政策，制定我市的具体政策和方案。初步设想，可选择10家左右大型企业集团，使其到2000年每家年销售额或营业额达到100亿元人民币以上。这些企业要按照集团化、实业化和国际化原则，组建以支柱产业为基础，以名牌企业为龙头，经济实力雄厚，具有国际竞争能力的大型、特大型企业集团。集团要根据自己的实力，从跨地区逐步走向跨国，不断发展壮大。

二是要支持企业之间的兼并重组，使市属国有企业实现大型化。要调整市属企业的组织结构，对一些规模小、行业相同、产品相似的三类企业进行优化组合，有选择地合并重组一些集团公司。还可以根据我市的产业发展战略，调整产业结构，以龙头产品为重点，组建一批卫星接收、电脑软件和以电子产品为主导的高科技企业集团。兼并、重组企业集团一定要坚持按经济规律办事，不能靠简单的行政手段，不能搞长官意志的拉郎配，政府主要是加强政策引导，靠经济手段支持、协调企业集团的发展。企业集团的组织要根据我市的实际情况，即可以走专业化经营的路子，组建专业化集团；也可以走多元化的路子，组建综合性的企业集团。考虑到企业的兼并重组涉及面广，这项工作要加强领导，在企业制度改革领导小组的统一领导和协调下，有计划有步骤地展开，既要积极，又要慎重。

三是搞好现有企业集团内部的结构调整和产权重组，促进以产权为纽带的集团公司迅速扩大规模。要针对企业集团存在的问题，根据实际情况，对大型企业集团内部的组织结构进行调整。对二级公司应实行改组的方针，即调整内部的组织结构，对具备条件的二级公司进行有限责任制的改造，建立企业法人制度和有限责任制度；对三级公司采取收缩的方针，即收缩经营开发的战线，限制进一步盲目发展，以便集中精力搞好二级公司；对四级公司采取淘汰的方针，要采取坚决措施，区别情况，采取不同方式实行逐步淘汰，其中该合并的合并，该转让的转让。为在今年切实抓出成效来，投资管理公司、体改办等部门要制定具体办法，指导企业进行组织结构调整。

（四）认真总结推广和完善企业改革和发展中的成功经验，带动全市各类企业加快建立现代企业制度

特区建立以来，我市相当一批企业办得不错，积累了许多成功的经验，特别是近几年一批股份制企业和企业集团在深化改革方面又创造了新的经验，有的还受到国务院和省委的高度重视。因此，今年的企业改革工作，一方面要继续抓好现代企业制度的试点工作，另一方面，要积极总结、推广和完善国有企业现有的成功经验，以抓住机遇，赢得时间，及时解决国有企业面临的各种问题。

我们推广企业的成功经验，一定要具有普遍性，一定要符合建立现代企业制度的要求，有推广价值。这次企业工作会议上，一些企业交流了他们的经验和做法，希望各企业要认真地进行学习。

(五)把企业改革与加强管理结合起来,进一步强化企业内部管理,苦练内功,提高经济效益

理顺产权关系,进行公司的改制工作,是建立现代企业制度、搞活国有企业的基础。但并不是说明晰了产权关系,企业就自然而然搞好了。实践证明,企业既要有好的体制,还要有好的管理。关于如何抓好管理的问题,子彬同志已作了具体部署,我在这里再简要地强调几点:

一是抓好资产管理,处理好总公司与二级公司的关系。各集团公司对二级企业要逐步进行有限责任制的改造,逐步形成以产权为纽带的紧密型母子公司管理模式。在处理集团(总)公司与二级公司的关系上,要按照现代企业制度的要求,以资产为纽带,在集团(总)公司建立起科学、高效的管理模式,并形成对二级公司放得开、管得住的管理机制。

二是加强投资管理,建立有效的投资决策与监控制度。资产经营公司与市属一级公司要建立起投资决策与监控制度,对重大项目的投资、大额资金的调动等事项,必须进行集体审议,集体决策,建立投资项目责任制和跟踪管理制度,确保投向合理,规模适度和资金安全。

三是强化财务管理,确保国有资产的安全。根据我市近几年的经验,集团公司设立财务结算中心,有利于加强整个集团的财务监控。因此,具备条件的集团公司都要建立内部财务结算中心,强化资金的统一调度和监督。健全企业内部财务制度,严格遵守财经纪律和核算制度;继续加强对财务人员的专业培训,提高企业财务人员的整体素质。

(六)搞好企业领导班子建设,造就一支适应社会主义市场经济需要的企业家队伍

企业领导班子的建设对建立现代企业制度至关重要,我们提出的一系列深化改革、强化管理和加快发展的措施,都要靠强有力的领导班子去落实。企业领导班子的建设比较复杂,多年来多数企业一直没有很好的得到解决。根据建立社会主义市场经济的要求,企业领导班子的建设要着重建立和完善培养、选择企业家的机制,形成一支精通业务和管理的企业家队伍。

在建立企业家队伍方面,要引进市场竞争机制,加快经理人才(包括国有企业产权代表和高级管理人员)市场的建立。建立经理人才市场是我市今年完善市场体系的一项重要任务。要通过政府指导、专业机构运作的经理人才市场，逐步培育市场机制，充分开发国内外各类高级经理人才资源，形成适应经济发展的高级经理人才库，最终形成双向选择、公平竞争、运行规则健全、服务体系完善的经理人才市场。这项工作已设计了方案，体改办、国资办、组织部等有关部门要抓紧进行试点，今年尽快运作起来，以抢占制高点，尽快为国有企业吸引和储备大批高级经理人才。在经理人才市场中，政府有关部门要参与资格认定，以提高权威性；由专业的经理人才机构向用人单位推荐，用人单位决定聘用。专业的经理人才机构一定要高标准建设，提高信用度和成功率。

三、政府各部门要积极配合，抓好企业改革的综合配套工作

（一）进一步转变政府职能，加强完善宏观经济管理

政府部门如何适应企业改革的需要转变职能，是需要我们很好研究的一个问题。去年，我们实行了企业无行政主管部门改革，这是在政企分开、转变政府职能方面所采取的一项重要措施。实行这项改革后，政府的责任不是减轻了，而是加重了。各部门要认真贯彻中央、省和我市有关文件精神，不准办经济实体，已办的要坚决脱钩。各职能部门要面向全社会不同经济形式的经济实体，实行全行业的宏观管理，要更好地发挥政策、规划、协调、管理、服务和监督职能，真正实现从直接管理向间接管理转变，从微观管理向宏观管理转变，从行政手段为主向经济手段和法律手段为主转变。政府职能的转变，要进行整体设计，综合配套。要通过立法，依法设立机构，依法行政。要提高办事效率，切实搞好服务，为企业创造良好的外部环境。

今年要切实抓好计划局、经发局和贸发局转变政府职能，加强宏观管理和行为管理的试点，根据发展社会主义市场经济和加强宏观调控的要求，明确界定三局的职能，探索把三局的宏观管理和行业管理同全市计划管理工作有效结合的方式方法。要加强和完善现有各行业协会组织，为它们有效地履行职能和开展工作创造条件，充分发挥其联系政府和企业的“桥梁”和“纽带”作用。同时，可以考虑设立一个资金来源多渠道的产业发展基金，扶持重点行业、重点企业的发展，促进企业的技术进步。

（二）进一步完善社会保障制度改革

我市社会保障制度的综合改革从1992年实施以来，总的来说是成功的，进展是顺利的，这项改革促进了社会主义市场经济体制的建立和发展，为全国

社会保障制度改革提供了宝贵的经验。今年我们要继续深化改革，针对社会保障体制中存在的问题进一步完善社会保障制度。社会保障制度改革的意义重大，它既解决了职工的后顾之忧，保障了劳动者的合法权益，体现了社会主义制度的优越性，又解决了企业办社会问题，减轻了企业负担，是深化企业改革，建立现代企业制度，真正建立劳动力市场的一项重要配套措施。同时，完善的社会保障体系还是保持社会稳定的有效杠杆，所以，有关部门今年一定要下决心抓好。

根据国务院的精神和我市两年来社会保障制度改革的实践，我市进一步完善社会保障制度的目标是：用两年时间，在我市基本建立起适应社会主义市场经济体制要求的，社会保障管理机构统一，保障方式多层次、服务社会化、管理法制化的社会保障体系。

今年要按照总体设计、突出重点、分步实施的原则，重点抓好理顺社会保障管理体制；完善企业养老、失业保险制度；改革和完善医疗保险制度；搞好机关事业单位职工和企业职工养老、失业保险制度的衔接；进一步完善住房公积金制度；加快社会保障立法等六个方面的工作。有关社会保障制度的完善和改革工作，市委常委会已作了充分研究，要按已定的原则抓紧实施。各部门要搞好配合，如期完成这项任务。

（三）大力发展社会中介组织，完善社会经济中介服务监督体系，建立社会主义市场经济新秩序

深圳要率先建立社会主义市场经济新体制，离不开市场经济新秩序的完善，特别是在传统计划经济体制向市场经济体制过渡时期，企业作为独立法人实体，政府不再直接干预企业的经营行为，企业的自我约束能力还比较弱。在这种情况下，社会主义市场经济新秩序的建立，除了政府加强立法、企业加强自律以外，进一步发展社会中介组织，规范中介组织的行为将起着十分重要的作用。近年来，我市社会中介组织发展很快，已经建立了一大批会计师事务所、审计师事务所、律师事务所、资产评估事务所、房地产评估所等。这些中介组织在深圳改革开放、经济发展和建立社会主义市场经济新秩序方面起到了重要作用。但是，从企业改革和发展的需要来看，还存在着许多急需解决的问题：一是数量不够，难以满足需要；二是质量不高，一些中介组织不能公正执业，甚至为企业作假账，出伪证，从而造成一部分企业财务混乱，国有资产严重流失；三是体制不合理，不少是政府部门办的中介组织，对自身行为难以承担应有的经济责任和法律责任；四是对中介组织的立法薄弱。因此，完善社会监督体系，对中介组织要采取“发展、整顿、改制、立法”的方针，积极发展不同性质的中介组织，政府为中介组织的发展提供必要的支持；对违法乱纪、弄虚作假的中介组织，要坚决查办，公开处理；对部分中介组织进行合伙制改组，使其对自身行为负无限责任。通过改革，要形成事务所自律、行业协会监管及政府部门监督指导三个层次的监管机制。要加强社会经济监督的立法，使各中介组织依法执业，并依法对自己的行为承担经济责任、行政责任或法律责任。

完善社会经济监督体系，建立社会主义市场经济新秩序的改革，今年首先从社会审计行业入手。注册会计师协会和审计师协会合并后，初步实现了注册会计师行业的统一。下一步要对各会计师事务所进行整顿，并选择部分会计师事务所作为合伙制的改造试点，使其与所挂靠的政府部门在职能、财务、人员、名称等方面彻底脱钩，真正成为独立执业、自负盈亏、自我发展的机构，能够公开、公正地执行社会监督业务，对自己的行为承担无限连带或有限责任。下半年要开始对资产评估行业进行整顿和规范。

（四）逐步完善市场竞争机制，为所有企业创造一个公平竞争的外部环境

公平竞争是市场经济的一个最基本特征，在完善的市场经济条件下，一切商品、劳务和生产要素都应该能够在完整、有序、开放、竞争的市场体系中自由流动，所有企业作为市场竞争的主体，除国家有特别规定外，都应该依法享有进行上述活动的权利。深圳作为经济特区，经济结构多元化，外资、内联、集体和私营企业比重较大，因此，我们的企业改革，在重视大中型国有企业改革的同时，一定要从建立市场经济的全局出发，率先建立规范、完善的市场经济体系，营造一个公平竞争的企业运行环境，使深圳的所有企业都能在公平的市场竞争中优胜劣汰，共同发展。通过平等竞争机制吸引国内外的资金、人才、技术等生产要素汇集深圳，并得到有效合理的配置，促进深圳经济的繁荣。我认为，能不能营造一个公平竞争的外部环境，是我们的企业改革能否成功，社会主义市场经济体制能否建立的关键所在。

营造公平竞争的外部环境，既是企业改革的要求，也是企业改革的重要配套措施，搞得好不好，关键在政府。政府各部门今年要做好以下三方面的工作：

一是政府各部门在运用土地、资金、税收等手段进行宏观调控时，要按照市场规律的要求，对各种所有制、各种类型、各种规模的企业一视同仁，保障企业的平等地位和正当权益，除国家有特殊规定外，不应当允许少数企业靠特殊政策和非经营性等不平等地位取得额外的利益和竞争优势。

二是政府各部门在制定财税、金融、外汇、外贸、社会保障、劳动用工等方面的经济政策时，要符合国际惯例，使所有企业都能够公平地承担税负和各种义务，机会均等地享有权利。要进一步放开企业的经营范围，放宽投资领域；逐步取消在银行贷款、进出口贸易、人才指标等方面对部分企业的不平等限制政策；对政府特许的专营、特殊营业等领域，要尽量引入竞争机制，减少垄断；对于政府分配的资源，要采取拍卖、招标等形式，提高资源配置效率。

三是政府各部门在履行行政管理和少数审批职能时，要提高透明度，审批程序要公开化、规范化，要有公开的办事规则和工作程序，对所有企业一个办事标准，不准一部分企业搞特殊化。总之，我们要努力为企业营造一个公正、平等的环境，充分利用公平竞争、优胜劣汰的市场机制来调节和促进企业的发展，从而保证深圳经济发展的生机和活力，促进特区经济快速、持续、健康地发展。

深圳经济特区行政改革与政府创新情况
——在马尼拉关于行政改革国际会议上的发言

（1996年5月）

女士们、先生们：

我很荣幸地被邀请参加在风光秀丽的马尼拉市举行的关于行政改革的国际会议，这次会议讨论的主题很好，它能给我们这些从事实际工作的同志提供许多有益的帮助，在此，对会议的组织者表示衷心的感谢。

我来自中国的深圳经济特区。下面，我简单地介绍一下，我们深圳经济特区在建立新型的政府—企业—民众之间关系方面的情况。

深圳经济特区是中国改革开放的一大标志，是改革开放的产物，是改革开放的“试验场”。在这个大的“试验场”里，我们按照邓小平同志建设有中国特色的社会主义理论，走出了一条改革与创新的新路。历经16年的发展，深圳经济社会各项事业取得了飞跃式发展，1995年底，全市国内生产总值796亿元，年均递增35.5%，工业总产值（1990年价）900亿元，年均递增56.3%，全社会固定资产投资总额275.8亿元，年均递增46.8%，外贸进出口总额387.7亿美元，年均递增53.3%，地方预算内财政收入88亿元，年均递增50%，全市总人口345.12万人，城区建成面积达260平方公里（全市总面积为2020平方公里）。

在行政改革方面，深圳经济特区在全国率先突破传统计划经济体制的管理模式，建立起适应社会主义市场经济体制需要的新型管理模式，主要表现在以下几个方面：

一、转变政府职能，改革政府机构

深圳经济特区建立之初，经济发展目标就不同于中国其他地区。我们根据新的外向型经济发展的要求，重点对政府的经济管理职能和机构进行了改革。在政企关系上，按照政企职责分开、所有权与经营权分离的原则，改直接管理为间接管理：实行了企业无行政主管部门的改革，使企业与政府部门彻底脱钩，政府机关不再按行政隶属关系直接管理企业，而是实行全行业的管理与指导，为所有企业创造平等竞争的外部市场环境，对各种不同所有制企业实行统一办事标准。另一方面，我们通过建立适应社会主义市场经济体制需要的现代企业制度，落实企业生产经营自主权，转换经营机制，使企业真正成为自主经营、自负盈亏、自我发展、自我约束的法人实体和市场竞争主体。在管理内容上，由微观管理转变到宏观管理，政府主要职能是统筹规划、掌握政策、依法行政、信息引导、组织协调、提供服务和检查监督，对经济活动实行宏观调控。在管理手段上，一改过去主要以计划控制为依靠的市场调节，积极培育和发展市场体系，健全市场规范，完善市场秩序，使市场在资源配置过程中发挥基础性作用。

在理顺政企关系过程中，加强国有资产管理，理顺和界定产权关系，落实企业法人财产权，确保国有资产安全与增值。目前，已形成了代表市政府的国资办—资产经营公司—国有企业三个层次的国有资产管理体系。

在机构设置方面，与职能转变相适应，撤并了专业经济管理部门，将原专业经济管理部门承担的一些事务推向市场，按市场规律运作，同时，对其他行政机构予以调整，按行业管理与宏观调控的需要，建立起大行业、大系统的综合管理体系。

二、把市场机制引入政府管理之中，将过去的一些政府行为转变为市场行为

例如，在城市建设的设计与施工方面，采用了工程招标投标制度，而不是由政府审批。在房地产管理方面，实行商品化经营，放开地产市场，全面推行土地有偿使用：土地的一级市场由市政府垄断，采用协议、招标、公开拍卖几种形式将土地使用权出让给使用者；允许土地使用权流通、转让、买卖与抵押；出口物资配额分配实行招标；价格以市场调节为主等。通过这一系列改革，弱化了政府管理权力，使政府部门真正从微观管理转变到宏观调控上来。

三、合理划分市、区管理职能，理顺市与城区之间的关系，充分发挥市区两个积极性

城市规划、土地、经济综合管理等事务，以市政府管理为主，城市的社会事务、城市管理等则以区政府管理为主，城市建设等事务则实行统一领导，分级管理。

四、按照干部人事分类管理的目标要求，积极建立和推行国家公务员制度

根据中国共产党的十三大提出的把建立干部的分类管理制度作为人事制度改革的目标模式，把建立国家公务员制度作为实施分类管理的起点和重点要求，我们率先进行了建立和推行国家公务员制度试点。改过去封闭式录用干部为公开考试、择优录用；改过去以委任制为主任用干部为委任、选任、考任、聘任等多种形式；加强培训与考核，实施职位分类，建立辞职辞退制度，建立勤政廉政机制等等。通过推行公务员制度，提高了特区公务员队伍的素质，增强了公务员队伍的生机与活力。

五、大力发展社会中介组织，充分发挥社会的活力

随着深圳经济特区市场经济的发展，企业在生产经营活动中需要的服务层面越来越广，政府管理面临的环境越来越复杂，为解决这些问题，我们积极培育和发展社会中介组织。到目前为止，全市已有市场中介机构3300多家，从业人员3万5千多人，他们活跃在特区社会经济发展的大舞台，为规范深圳经济特区市场秩序，维护和协调不同利益主体权益，沟通政府与企业、市场、民众的联系，发挥了重要的作用。

六、建立健全社会保险制度

在传统的计划经济条件下，政府办企业，企业办社会，各企业自我服务、自我保险，保险的范围、保险的种类有限，社会化程度低。为真正转变政府职能，转换企业经营机制，特区率先建立了社会共济与自我保障的社会保险制度，并实行社会保险行政管理与基金管理分开、执行机构与监督机构分设，以

逐步实现保障方式层次多元化，服务社会化，管理法制化。

七、大力加强依法治市工作

特区建立以来，在市场经济立法方面大胆探索，建立了一整套市场行为规范，至今，先后制定和颁布了30多个法规和500多个行政规章。政府在转变职能，加强宏观管理过程中，能以法律手段取代行政手段，通过立法、执法和监督执法来管理经济、社会活动，使各项改革措施和各类市场秩序有法可依、有章可循，使政府法外行为受到限制，并通过推行依法治市工作，弱化政府部门审批权，实行依法核准制，加强了政府依法行政。

通过以上的行政改革与创新，建立和完善了以市场为基础的价格体系、新的国有资产管理体系、商品和要素市场体系、社会保障体系、社会服务体系、政府宏观管理和法律体系等八大体系，初步建立起了适应社会主义市场经济体制需要的行政管理体制。尽管如此，与现代社会经济发展的要求相比，与世界上较发达的城市相比，还有很大差距。我们将继续借鉴国内外政府管理的先进经验，结合特区发展的需要，进一步深化特区的行政改革，大力培育和发展社会自我管理、自我组织能力，充分释放社会能量。希望各位与会代表给特区的行政改革与创新多提有益的、建设性的意见与建议，使特区经济、社会发展更上一层楼，把经济特区办得更好。

深圳经济特区是中国改革开放的“窗口”，这里环境优美，旅游景点丰富，毗邻香港，交通发达方便，欢迎与会代表到深圳特区观光旅游。

谢谢!

在中共深圳市委二届三次全体会议上的讲话

（1996年5月）

同志们：

我们这次全会，集中学习了江泽民总书记《领导干部一定要讲政治》的重要讲话，认真学习了《中国共产党地方委员会工作条例（试行）》，审议通过了《中共深圳市委会议制度》。会议开得很有成效。下面，我代表市委常委会讲几点意见。

一、各级领导干部要带头讲政治，努力提高政治素质

（一）进一步深刻认识讲政治的重要性

我们这次全会集中学习讨论了江泽民总书记《领导干部一定要讲政治》的重要讲话。讲话自今年元月公开发表后，在全党全国引起强烈反响，一个结合贯彻党的十四届五中全会精神认真学习江总书记的重要讲话、讲政治谋大业的良好风气正在形成。这篇讲话具有深刻的社会历史背景和鲜明的时代特征。它在我国改革开放和现代化建设深入发展的关键时刻，提出了讲政治这一关系全党同志如何更好地全面贯彻执行党的基本路线、关系党的建设和国家发展全局的重大原则问题，讲出了广大党员、干部和人民群众的愿望和呼声，具有很强的思想性和针对性，是指导我们加强党的思想政治建设，推进建设有中国特色社会主义事业的重要文献。由于经济特区在我国改革开放和现代化建设的大局中承担着艰巨的历史使命，党中央对我们的工作寄予着厚望，我们在特区工作的同志，更要结合实际，反复学习，进一步深刻认识讲政治的极端重要性。

领导干部一定要讲政治，是由当前国际国内形势发展所决定的。从国际上看，当今世界发生大转折，以经济和科技为基础的综合国力较量日趋激烈，各

种政治力量的斗争错综复杂，局部地区动荡不安。苏东剧变后，西方敌对势力将“西化”、“分化”的矛头集中指向社会主义中国，用尽经济、政治等各种手段，企图遏制中国的发展，企图扼杀社会主义新的希望和前途。我国既面临世界范围内科技和经济竞争的挑战，也面临国际霸权主义和强权政治的压力。从国内来看，18年来改革与建设的成就辉煌，但前进过程中的新矛盾、新问题也层出不穷；实行“两个根本性转变”的形势逼人，实现跨世纪宏伟目标的任务十分繁重、艰巨。因此，必须头脑清醒，旗帜鲜明，善于从政治上判断形势、分析问题，善于辩证地认识和处理经济同政治、经济同其他各项工作的关系，始终把握正确的政治方向。

领导干部一定要讲政治，是深圳进行第二次创业的迫切需要。深圳第二次创业的历史使命，是要按照党中央、国务院的要求，继续办好经济特区，增创新优势，更上一层楼，更好地发挥“四个作用”。为此，我们已制定出建设社会主义现代化国际性城市的奋斗目标和发展战略。应该看到，这既是重大的经济任务，也是重大的政治任务。各级领导干部只有充分认识继续办好经济特区的重大政治意义，始终坚持从政治的高度总揽全局、观察和处理各种复杂的矛盾和问题，始终坚持两手抓、两手都要硬，才能保证特区两个文明建设都走在全国前面，实现党中央、国务院的战略意图。

领导干部一定要讲政治，也是加强特区党的自身建设的必然要求。深圳特区16年来之所以能取得辉煌成就，归根结底在于不断加强了党的建设，关键在于加强了各级领导班子建设。在第二次创业中，能否顺利实现我市经济社会发展战略目标、完成特区肩负的历史使命，在很大程度上取决于各级领导班子和领导干部的状况，取决于他们的思想政治水平和领导水平的高低。各级领导班子只有进一步加强思想政治建设，领导干部带头讲政治、讲廉洁、树正气，才能成为率领人民群众开创改革开放和现代化建设新局面的坚强领导核心。

（二）加强党性锻炼，树立正确的世界观、人生观

江泽民总书记指出，讲政治，包括政治方向、政治立场、政治观点、政治纪律、政治鉴别力、政治敏锐性。这六个方面，是相互联系、具有内在统一性的不可分割的整体。政治方向、政治立场，集中地体现着一个人在大是大非问题上的根本态度、基本原则和鲜明的政治倾向性。它是决定一个人一切言行的准绳。而一定的政治方向、政治立场，又总是受一定的政治观点所支配、为一定的政治纪律所制约，同时也反映出一定的政治鉴别力和政治敏锐性。严格的政治纪律为坚持正确的政治方向、政治立场提供保障；反过来，坚持正确的政治方向、政治立场，就能自觉地严守党的政治纪律。这六个方面的有机统一，是一个领导干部的政治素质最完整、最集中的体现，是衡量人的政治素质的最高标准。讲政治，就是要围绕坚持正确的政治方向、政治立场这个核心，努力提高领导干部的政治素质。

江泽民总书记指出：有理论上的坚定，政治上才能坚定。要提高领导干部的政治素质，就必须坚持以科学的理论武装人，坚持不懈地用邓小平建设有中国特色社会主义理论武装头脑，通过学习理论和社会实践，解决好世界观、人生观问题。我们各级领导干部一定要带头加强党性锻炼，在改造客观世界的同时努力改造主观世界。改造主观世界，就是要解决怎样做人的问题。毛泽东同志早在全国解放前夕，在党的七届二中全会上，就以极大的预见性，向全党同志敲响了防止资产阶级糖衣炮弹袭击的警钟。时隔近半个世纪之后，在党的十四届五中全会上，江泽民总书记以史为鉴，又再次向全党同志敲响了防止腐败的警钟，要求领导干部首先要堂堂正正做人，坚持全心全意为人民服务的宗旨。在改革开放和发展市场经济的条件下，特别是在深圳特区这样比较复杂的环境中，强调堂堂正正做人，更具有强烈的现实意义。特区的绝大多数党员干部都经受住了改革开放和发展市场经济的考验，但也有不少人在糖弹面前打了败仗。根本的教训，就是放松了世界观的改造，背离了我们党为人民服务的宗旨。身为特区的领导干部，肩负如此崇高的使命，承担如此重大的责任，不能不时刻防微杜渐，严于律己，要自觉地接受党组织的严格要求、严格管理、严格监督。不仅要在发展经济、组织生产方面勇于开拓，奋不顾身地工作，而且要在精神文明和廉洁自律方面以身作则，做出表率。以孔繁森、陈观玉等一大批先进模范人物为榜样，以共产主义道德标准要求自己，树立正确的世界观、人生观和价值观，我们就能够在特殊的环境中始终保持共产党人的本色，在任何复杂的斗争中不迷失方向。

二、认真贯彻“两手抓，两手都要硬”的方针，加大精神文明建设力度

在更高层次更宽领域推进改革开放的同时，把社会主义精神文明建设推上一个新台阶，这既是建设有中国特色社会主义的战略任务，也是深圳第二次

创业的奋斗目标和重要保证。我们党和国家领导人历来强调，不能以牺牲精神文明为代价去换取经济的一时发展，任何时候任何情况下都要坚持两手抓，两手都要硬。今年将召开的党的十四届六中全会把社会主义精神文明建设作为主要议题，表明了党中央对搞好精神文明建设的信心和决心。结合深圳精神文明建设的实际和当前的工作重点，我想谈几点意见：

（一）总结经验，加大力度，把精神文明建设推向更深层次和更高水平

建立特区16年来，市委、市政府一直把精神文明建设摆在突出地位，始终坚持两手抓，两手都要硬，不断探索精神文明建设切合深圳实际的路子。实践表明，深圳的精神文明建设基本上适应了物质文明建设高速发展的需要，做到了两个文明建设同步发展。这主要体现在：特区党的领导不断加强和改善，保证了特区发展的社会主义方向；思想道德建设不断推进，保持了特区的社会主义精神风貌；教育科学文化事业蓬勃发展，深圳市民的综合素质明显提高；民主法制建设和廉政建设有重大进展，机关作风和社会环境、投资环境进一步改善。10多年来精神文明建设取得很大成绩，也积累了比较丰富的经验，做了许多有益的探索。概括地说，我市在精神文明建设方面已初步走出了两条行之有效的路子。一是农村的精神文明建设与股份合作制经济相结合的路子。深圳的农村经济有80%多是股份合作制经济。针对农村和农民的实际状况，可以把对农民的思想教育寓于管理制度的执行之中，即把精神文明建设主要是思想道德建设与股份合作制经济分配制度中的奖惩条例相结合，通过制度的约束，使精神文明逐步变成人们的自觉行为。二是城市的精神文明建设与安全文明小区建设相结合的路子。建设安全文明小区，既要搞好社会治安综合治理，也要搞好环境综合治理，努力提高居民的文明素质。我市规划在3年内创建1034个安全文明小区，已验收达标的403个，今年还要新创建400个安全文明小区。通过创建安全文明小区，把社会治安综合治理、环境综合治理、城市双拥工作以及创建文明街道、居委会、文明单位和文明市民的活动结合起来，可以不断扩大精神文明建设的覆盖面，带动全社会的精神文明建设工作。这两条路子很有深圳特色，是我们长期艰苦探索出来的，一定要坚持走下去。

在充分肯定精神文明建设的成就和经验时，也要清醒地看到，我们工作中还存在一定差距，还存在不少矛盾和问题。各级领导干部务必保持清醒的头脑、旺盛的斗志，加大工作力度，切切实实把精神文明建设推向更高水平，为深圳第二次创业提供更有力的动力、智力支持和思想保证。江泽民总书记两次视察深圳时，希望特区两个文明建设都走在全国前面，这表明党中央对深圳搞好精神文明建设的期望很高。市委、市政府对进一步搞好精神文明建设也下了很大的决心。今年初，我们已召开会议对今后一个时期的精神文明建设作了全面部署，提出了狠抓理论建设、思想道德建设、教育科学文化建设、环境建设、群众性创建精神文明活动和党风廉政建设等六大基本任务。希望各级领导干部狠抓落实，切实做到两个文明一起抓，两副担子一起挑，两个成果一起拿。为了把精神文明建设进一步引向深入，当前要着重强调这样几点。一是要继续沿着行之有效的"两条路子"走下去，着力搞好八大工程。这八大工程是：学习和实践邓小平建设有中国特色社会主义理论工程；教育工程；文明窗口工程；社会治安综合治理工程；环境综合治理工程；"双拥"共建工程；反腐保廉工程；法制建设工程。二是要继续总结和推广典型经验。16年来积累的经验是丰富的，值得进一步认真总结，把经验升华为理性认识，形成新的明确的工作思路和做法，以指导今后的工作。要通过认真总结，发现和树立先进典型，充分发挥典型的示范、带动作用，弘扬社会正气。老典型要巩固、要提高，新典型要培育、要发展。我们深圳要涌现出千千万万个陈观玉，要有成百上千个学习陈观玉的先进集体。通过不断总结和推广典型经验，营造浓厚的人人学先进、个个讲文明的社会环境和氛围。三是要深入调查研究，制定好精神文明建设规划。目前，为迎接六中全会的召开，我们正在开展一场较大规模的思想道德问题调研活动，这项工作一定要扎扎实实抓好，摸清真实情况和动态，同时，我们还准备近日组团到张家港市参观考察，学习先进经验，然后结合深圳的实际完善我市精神文明建设"九五"规划。四是要抓好督促检查，狠抓各项工作的落实。凡是已经布置的工作，有关部门都要定期督促检查，及时反馈情况，提出改进意见。分优劣、明赏罚，该表扬的要表扬，该批评的要批评。只有这样，精神文明建设才能真正落到实处。

（二）领导干部带头廉洁自律，把反腐败斗争引向深入

反腐败是关系到我们党和国家兴衰存亡的大问题。各级领导必须从讲政治的高度来认识反腐败的重要性和紧迫性，从改革、发展、稳定的全局来把握反腐败工作，把党风廉政建设作为深圳第二次创业的基础性工作来抓。

对于如何搞好反腐败斗争，前一阶段市委、市政府召开的反腐败工作会议已作了具体部署和要求。各级领导班子要狠抓落实，对本地区、本单位、本部门的反腐败斗争切实负起责任。这里我特别强调各级领导干部要坚持做到“四自”，即自重、自省、自警、自励。自重，就是要增强反腐败的政治责任感和使命感，正确对待权力，正确行使权力。自省，就是要加强党性修养，养成每日“三省吾身”的习惯，经常反思自己的行为，使自己的言行符合党和人民的利益。自警，就是要筑牢廉洁自律的防线，以那些违法犯罪、腐化堕落的事例警醒自己，增强对腐朽思想侵蚀的免疫力。自励，就是要加强理论学习，牢固地树立起马克思主义的世界观、人生观、价值观，向孔繁森等优秀领导干部学习。领导干部除自身廉洁自律之外，还要站在反腐败斗争的第一线，敢于领导、敢于斗争、敢于查处、敢于碰硬，特别是对大案要案要一查到底，永葆共产党人和人民公仆的本色。

（三）坚决打击各种犯罪，努力创造良好、稳定的社会治安环境

最近全国范围开展的“严打”斗争，是党中央根据全国社会治安形势作出的重大决策，表明了党中央、国务院对解决社会治安问题的坚定决心和信心。我们必须从讲政治的高度深刻认识开展“严打”斗争的重要意义，把思想统一到党中央的决策上来。我市开展“严打”斗争，既是贯彻中央和省指示精神，坚持“两手抓，两手都要硬”的具体行动，同时也是深圳第二次创业的迫切需要。实践证明，利用全国全省开展“严打”斗争这个有利时机，认真组织好“严打大会战”，是解决当前治安的突出问题，有力打击犯罪分子的嚣张气焰，为二次创业创造良好治安环境的一项重要措施。各级党政领导要以对党和人民高度负责的精神，以“为官一任，保一方平安”为己任，按照市委市政府的部署，认真组织和指挥实施这次大会战的各项工作。

解决社会治安问题，要特别注意把“严打”与加强防范、管理工作结合起来。要进一步推进安全文明小区建设，加强对出租屋和外来人员的管理，减少各种刑事案件的发生，全面落实社会治安综合治理的各项措施。同时，要注意利用“严打大会战”的大好时机，加强我市政法队伍的建设，进一步提高政法队伍的整体素质，增强战斗力，为深圳的长治久安提供有力保障。

三、认真贯彻落实《条例》，切实坚持和健全民主集中制

最近，中共中央下发了《中国共产党地方委员会工作条例（试行）》，这是

继党的十四届四中全会《决定》后，又一个加强党的建设、提高和改进党的地方工作的重要文件。我们必须深刻领会《条例》的精神实质，紧密结合深圳的实际，认真抓好《条例》的贯彻落实。

（一）要深刻认识贯彻落实《条例》的意义

《条例》的第一条指出，制定本条例的目的是为了坚持和健全党的民主集中制，加强和改进党的地方委员会的领导。因此，它的宗旨是坚持和健全党的民主集中制。

十四大党章对十二大党章的一个重大修改，就是关于民主集中制问题，即在总纲关于对党的建设的基本要求第四项“坚持民主集中制”中，把“在民主的基础上实行高度的集中”改为“民主集中制是民主基础上的集中和集中指导下的民主相结合”，并指出，这既是党的根本组织原则，也是群众路线在党的生活中的运用。这一重大修改，是采用了邓小平同志1979年3月在《坚持四项基本原则》重要讲话中的提法。小平同志的原话是：“我们实行的是民主集中制，这就是民主基础上的集中和集中指导下的民主相结合。”（《邓小平文选》第二卷，第175页）这一提法，可以说是建党以来对民主集中制含义所作的最科学的概括，从本质上揭示了这一制度的根本特征。党的十四届四中全会，我们党对民主集中制的认识，又有了新的深化。四中全会通过的《中共中央关于加强党的建设几个重大问题的决定》进一步指出，民主集中制“是马克思主义认识论和群众路线在党的生活和组织建设中的运用”。并对民主与集中两个概念作了科学概括：“民主集中制的民主，就是党员和党组织的意愿、主张的充分表达和积极性创造性的充分发挥；民主集中制的集中，就是全党意志、智慧的凝聚和行动的一致。”现在，中央下发的《中国共产党地方委员会工作条例（试行）》，正是把党章和四中全会决定中关于把民主集中制这一马克思主义认识论作为地方党委工作规范化和制度化的具体表现。

地方党委对《条例》的执行，不仅仅是工作方式、方法的问题，而且是能否在实际工作中从马克思主义的认识论出发，坚持群众路线的重大原则问题。这个指导思想解决了，我们地方党委才能从理论和实践结合的高度上，加强和改进党的领导，搞好第二次创业。

（二）紧密结合深圳实际，全面贯彻落实《条例》

四中全会以来，市委对加强党的建设一直高度重视。市委一届七次全会制定了关于加强党的建设的一整套措施。一年多来，党的自身建设不断加强，各级领导班子的战斗力、凝聚力得到提高。市委的各项工作制度、议事规则等正不断走向完善，工作效率不断提高。但也要看到，我们在如何进一步坚持和健全民主集中制，如何进一步提高决策的民主化、科学化水平等方面，也还存在一些薄弱环节，亟待进一步改进和完善，必须以贯彻《条例》为契机，进一步改进和加强市委的工作。

要自觉维护党中央权威，保证中央政令畅通。民主集中制要求个人服从组织，少数服从多数，下级服从上级，全党服从中央。这正如小平同志指出的："民主和集中的关系，权利和义务的关系，归根结底，就是以上所说的各种利益的相互关系在政治上和法律上的表现。"正确处理这些利益关系，在政治上就要坚持四个服从，最根本的一条是全党服从中央。按五中全会要求，在发展社会主义市场经济的过程中，在坚持特区基本政策不变的情况下，有些具体办法要有所调整和完善。对此，第一，我们市委一定要坚决服从中央对有关政策的调整，坚持从大局出发，自觉执行中央的方针政策；第二，要把立足点放在增创新优势上，化解调整过程中出现的困难和压力，积极开创改革开放的新局面。

要以坚持和健全民主集中制为核心，进一步提高决策民主化科学化水平。《条例》从坚持和健全民主集中制这一核心内容出发，对地方党委决策的民主化、科学化、程序化，从会议制度、议事规则等方面作了具体的规范，这是提高领导班子驾驭市场经济能力的重要保证。对此，我们要一项一项对照落实，不能以任何借口不执行，甚至违反。对于违反《条例》规定、践踏民主集中制的人和事，要严肃处理。要进一步强调落实集体领导与分工负责制，市级班子成员要明确分工，有职有权，对于分工范围内的工作要敢于负责；一把手要把坚持民主集中制作为政治要求，做贯彻执行民主集中制的模范，更要注意在充分发扬民主上下工夫。要进一步建立健全市委民主科学的决策程序，凡是重大问题的决策，都必须深入调查研究，提出一种或多种决策方案；征求有关方面和群众意见；请有关专家论证；修订完善方案；提交党委会或全委会集体讨论表决；加强跟踪监督，注意反馈完善。通过这种程序，来保障我们的决策符合客观实际，符合广大人民群众的利益，符合中央的统一部署。

要以贯彻《条例》为契机，进一步加强领导班子的思想、理论、作风建设。

《条例》既是我们地方党委的工作准则，也是加强地方党委思想作风建设的指南。从深圳的实际看，班子建设一要加强学习，二要加强调查研究，三要加强廉洁自律。思想、理论、作风建设是一个班子的基础性建设，三者是个有机的整体，理论建设是思想作风建设的基础和指南。市委要进一步落实中心组学习制度，领导班子成员要带头减少应酬，减少事务性活动，挤时间学习。这方面市委已经作出决定，形成深办发［1996］25号文，即《关于进一步精简会议、活动和文件的通知》，要认真抓好落实。最近一个时期，党委成员要把学习邓小平建设有中国特色社会主义理论与学习江泽民同志关于《领导干部一定要讲政治》的重要讲话以及学习《条例》结合起来。各级领导要继续解放思想、实事求是，深入调查研究，改进工作作风，坚持勤政为民。要继续健全领导干部下基层工作日制度，常委要坚持基层联系点制度。市委班子成员每年下基层工作和调研的时间不得少于两个月。党员领导干部要自觉参加双重民主生活会，要把提高民主生活会质量作为贯彻《条例》的重要方面来抓，健全监督约束机制。

最后说一点。1993年6月，市委以深发［1993］12号文，发出《中共深圳市委会议制度》。现在，我们根据《条例》的精神和有关规定，对这个会议制度作了修改，从指导思想上增加了总则一章，对市委全体会议、市委常委会议、市委书记办公会、市委工作会议、市委常委民主生活会、市委理论学习中心组学习会都作了具体的规范。在这次全委会之前，这个制度以“征求意见稿”的形式发给市委委员、候补委员，大家提了一些意见和建议。会上，大家又对修订草案发表了很好的意见，通过表决，一致通过了这个制度。要通过贯彻《条例》，执行制度，把市委建设成为领导特区改革开放和现代化建设事业的坚强核心。

关于深圳经济特区未来发展政策取向的建议

——在珠海召开的特区工作会议上给中央领导的汇报发言*

（1996年7月）

深圳经济特区凭借邓小平路线的指引和党中央给予特区特殊政策，才创造了“深圳速度”，才取得了令人瞩目的成就，为中国的社会主义改革开放增了光。实践雄辩地证明中央给特区的特殊政策不但是正确的，而且是成功的。政策和策略确实是党的生命。

特区发展到今天，未来政策取向如何？我考虑可有上、中、下三策，可供选择。

上策：

对有条件的特区进一步给予自由港政策，建成国际通行的自由贸易区，并且是具有中国特色的自由贸易区。一是有小平路线的理论指导，小平讲的在国内再造几个香港，我理解是用自由港的机制，创造更高的生产力，绝不是造资本主义，自由贸易区机制没有姓资姓社之分。二是自由贸易区是国际惯例，各国几乎都在搞，美国最多103个，从1934年就立了法。只有300多万人口、18万平方公里土地的乌拉圭就有7个自由贸易区。三是有特区十几年实践的经验为基础。四是抓住香港、澳门回归的历史机遇，使深圳、珠海在运行机制上与香港、澳门衔接，不但保持香港、澳门的稳定繁荣，而且确保世界经济运营中心的战略地位（台湾正与我们竞争这种地位，他们为香港“九七”以后做准备，已宣布台中市和高雄市为自由贸易区）。五是增强特区的辐射、带动作用，为国家多作贡献。香港面积不及深圳一半，陆域水域条件我们不比香港差，虽然深圳

* 在珠海召开的特区工作会议上给李鹏总理、李岚清副总理、谢非书记等汇报时称大、中、小三个方案，而未讲上、中、下三策，实质内容一样，给领导汇报尽可能讲得缓和一些。

发展这么快，但国民生产总值才是香港的6%左右，如果有自由港政策，深圳的巨大潜力还可以发挥更大更好，为国家做更多的贡献。六是深圳特区有二线铁丝网与内地严格分开容易监管。现在是条件具备、时机成熟、挑战在即、机遇展现，抓住历史机遇，就会迎来新的改革开放局面。

中策：

可分两个方面政策取向：一方面把现在的“保税区”建成功能齐全、按国际惯例运作的（境内关外）真正“保税区”；另一方面按“两按一试验”办法让特区运作，即：一按国际惯例，二按市场经济规律，给特区试验权，让特区先行先试。

下策：

除保留特区现有的15%所得税税率以外，其他政策基本上与全国其他地区一样。

根据深圳前16年的发展情况，对上、中、下三策的实施结果可以作以下预测：

实行上策，预计还可以在今后一个阶段内保持前16年的发展速度递增。如财政收入每年可递增50%，到2000年财政收入可达556亿元，其他各项指标及效益将同步增长，国家的直接、间接收益更大。

实行中策，预计今后一个阶段内还可以保持“八五”时期的发展速度递增。如财政收入每年可递增39%，到2000年财政收入可达到345亿元，其他指标也相应增长。

实行下策，发展速度将大幅下降，预计财政收入每年可递增10%，到2000年财政收入可达141亿元。就市财政收入一项指标看，上策是下策的四倍，蛋糕做大了，国家怎么切怎么有理，国家实力增强了，中西部发展才能快。

实行上策，要解决一个认识问题：就是认为搞市场经济各地区政策都要一律化，否则就不是公平竞争，就不是市场经济的错误观念。给特区的特殊政策，不是以牺牲其他地区利益为条件的，而且是恰恰相反，正是为了全局利益，正是为了加速中西部开发与发展才这么办的。搞市场经济必须全国政策都一律化，纯粹是一种神话。

实行上策，是把特区和沿海推向国际市场，让他们参与或代表“国家队”去与世界市场抗争，去与国际惯例接轨，正是全党、全国、全局的利益所在，正是抓住机遇、走向国际、壮大国力的实际步骤。如果采用下策，把特区与全国拉平，在全国内部看似乎“公平”，但从国际竞争和全国的全局利益看，则是不公平、不合理的。

我认为邓小平同志的地区发展战略，是实事求是、区别对待、政策倾斜、梯度推进、协调发展、共同富裕。而绝不是搞一律化、一刀切，绝不是政策一样、平均发展，那不是实事求是的思想路线。

此意见谨供参考，有不妥之处望与会领导批评指正。

在市委常委扩大会议上的讲话

（1996年8月）

同志们：

这次市委常委扩大会议的主题，是“反腐保廉、依法治市”。会议的主要任务，是学习江泽民同志关于领导干部一定要讲政治和依法治国的重要讲话，传达贯彻7月份省委常委扩大会议精神，认真分析我市反腐保廉和依法治市的工作状况，总结经验教训，提出进一步加强这两项工作的对策措施。在“九五”开局之年召开的这次省委常委扩大会议，是一次十分重要的会议。为使会议的精神真正落到实处，市委决定分3个阶段认真抓好传达贯彻。第一阶段，7月23日至26日，市五套班子首先进行了传达学习。第二阶段，从今天起用3天时间，组织全市镇、处以上单位领导干部集中进行传达贯彻学习。第三阶段，以各区委、工委为单位，利用各级党校分期分批组织党员干部进行学习和培训。刚才，子彬同志传达了省委常委扩大会议的精神。下午，华枢、广镇、景涣同志将分别就反腐保廉、依法治市和社会治安综合治理等方面的工作作专题发言。下面，我就如何进一步加强反腐保廉和依法治市工作讲几点意见。

一、提高认识，加大力度，坚持不懈地搞好反腐保廉工作

早在特区创办之初，党中央就曾告诫我们，实行特殊政策和灵活措施，我们可以学到资本主义国家一些先进的技术和管理经验，但西方的腐朽思想和生活方式也可能渗透进来，我们可能会烂掉一些干部，要准备付出代价。深圳特区创立16年来，市委、市政府对党风廉政建设历来很重视，思想上这根弦一直绷得很紧。特别是1993年党中央决定开展反腐败斗争以来，市委把反腐保廉当做严肃的政治任务摆到重要议事日程，加强领导，加大力度，反腐败斗争取得了显著成效，也积累了一定的经验。因此，我市反腐保廉工作总的形势是

好的，主要表现在：反腐败斗争的领导格局已经形成；领导干部廉洁自律、查处大案要案、纠正不正之风三项主要工作取得了阶段性的成果；廉政法规、制度建设有了明显进展，反腐保廉的监督约束机制正在形成；绝大多数党员干部经受住了改革开放和发展市场经济的考验。反腐败斗争的深入开展，促进了深圳经济社会的健康发展，保证了改革开放的顺利进行。

但是，我们也要清醒地认识到，反腐败斗争的形势依然十分严峻，反腐保廉工作任重而道远。主要表现在：

——经济领域大案要案仍居高不下。1993年以来，纪检监察机关查处贪污、贿赂、挪用公款、骗税、套汇、走私、贪赃枉法等经济领域的违法违纪案件共281宗，占立案总数的43%。有10人因经济违法犯罪被判极刑。在金钱的诱惑面前，仍然有人铤而走险，边反边犯。据统计，全市开展反腐败斗争以来新发生的经济案件105宗，比1991年至1993年所查的经济案件比例高出12%。去年，广东省共查处大案要案230宗，深圳就占了60宗，占1/4。今年1~6月，全省立案查处大案要案130多宗，深圳就占了44宗，占1/3。由此可见，尽管我们不断加大打击力度，但大案要案的发案率仍居高不下，且各种大案要案所涉及的金额越来越大，仅罗湖区的3宗经济要案，涉及金额就近2亿元。

——党政机关、行政执法机关、司法机关和经济管理部门的案件增多。从1993年8月至今年6月，全市共立案调查“三机关一部门”中的党员、干部违法违纪案件295宗，占立案总数的36.5%，有247人受党纪、政纪处分，60人被提起公诉，18人被判有期徒刑，7人被判无期徒刑，4人被判极刑。

——少数党员干部腐化堕落案件时有发生。开展反腐败斗争以来，先后有59名腐化堕落的党员干部受到党纪政纪处分和法律制裁，有的因此而上了“断头台”。宝安区龙城派出所所长徐贤发，包养情妇之事即将败露时，指使他人杀死情妇，并抛尸于路用汽车碾压以制造假象，去年被枪决。今年立案查处的腐化堕落案件又比上年同期上升6个百分点。

——严重官僚主义失职渎职和利用手中权力搞权钱交易，造成国有资产流失的问题比较严重。开展反腐败斗争以来，被查处的这类案件有82宗，所造成的损失共达人民币3.84亿元、港币4121万元、美金800万元。

——领导干部的廉洁自律离中央的要求仍有差距，人民群众还不满意。今年第一季度，市纪委受理的群众信访举报中，涉及局处级干部114人，比去年同期上升了5%，其中属廉洁自律问题的比重高达65%。说明有的领导干部确实自查不自觉，查小不查大，继续我行我素。江泽民同志说，我们各级领导干部绝大多数是好的或比较好的，腐败分子是极少数，但不注意廉洁自律的人却有相当的数量。这个判断完全符合我市的实际。

——纠风工作量大面广。去年我市纠正和制止乱收费取得了显著成绩，但形势不容乐观，乱收费仍然是企业、群众投诉的热点。明令取消的收费项目，有的还没有很好落实，落实了的又有反弹回潮，有的甚至边纠边犯，继续搞"上有政策，下有对策"。清查"小金库"的工作涉及方方面面的利益，阻力很大。工程招标投标是深圳的创造，但我们只有30%左右的工程搞了招投标，基建工程方面的不正之风群众反映强烈。

——反腐保廉的监督约束机制还未完善，深层次的问题还未解决。如何加强对各级领导干部的有效监督，加强对政府审批部门、经济管理部门的权力监督，加强对执法机关、执法队伍的执法监督，加强对国有企业领导人员的制约监督，还没有真正形成有效的机制。反腐保廉的制度、法规、机制建设方面还有相当多的问题亟待解决。

总之，我们既要看到形势好的一面，以增强信心；又要看到形势严峻的一面，以增强忧患意识和紧迫感。从我市实际来看，腐败现象在某些方面或某些单位的滋生和蔓延，既有客观原因，也有主观原因，概括地讲有如下几点：

一是放松了世界观的改造，忘记了共产党员全心全意为人民服务的宗旨，把为人民谋利益变成为自己谋利益。有的党员干部不是像陈观玉那样对待人生价值，毫不利己，专门利人，艰苦奋斗，无私奉献，而是私欲膨胀，"争名于朝、争利于市"，追求享受，腐化堕落，经不起执政、改革开放和发展市场经济的考验。还有一些在艰苦革命斗争环境和特区艰苦创业时期过来的人，在胜利和成功面前，产生了居功自傲的情绪，认为革命到头了，大功告成了，该享受享受了。于是松懈了自我学习、自我改造的自觉性，贪图安逸、不思进取，讲享受、摆阔气，比待遇、谋私利的思想也就抬头。总之，没有从思想上筑起拒腐防变的坚固防线，是腐败现象得以滋生、蔓延的深层原因。

二是我们处在由计划经济向市场经济转变过程中，也处在由过去平均主义大锅饭的分配方式向效率优先、兼顾公平的分配方式的转变之中，在这个过程中人们很容易滋生拜金主义思潮，有的公职人员挡不住金钱的诱惑，把市场经济等价交换原则扩大到政治生活中来，搞权钱交易，产生腐败。

三是深圳处在两种社会制度的交会点上，是对外开放的窗口，对外交往频繁，容易滋生腐败现象。这种地理位置既有对境外优秀文明成果接触多、信息灵、传递快的优势，为我们走向国际市场、引进国外的资金技术和管理经验带来极大的好处，但也有受外界腐朽思想和生活方式影响首当其冲的问题，存在被腐蚀的危险。虽然，我们在建特区之初就明确提出“有所引进、有所抵制”的方针，在宣传思想战线做了大量工作，马克思主义意识形态在特区思想文化领域中是占主导地位的，但封建主义、资本主义腐朽思想和生活方式的冲击和影响不可低估，总会俘虏一些意志薄弱者。人们在对外交往、发展经济的同时，也面临着种种诱惑，一些党员干部正是在与资本主义打交道的过程中，头脑中滋长了拜金主义、享乐主义和极端个人主义，最终堕落成腐败分子。

四是新旧两种体制的转换和更替，改革开放中的超前试验和探索难免存在一些漏洞、空隙。深圳在改革中进行了大量的探索和试验，初步建立起社会主义市场经济体制的基本框架，取得了很大成功。正是由于率先改革、超前试验，无现成经验可循，旧体制的开始破除虽然较早，但新体制的完善却需要时间；对企业放权搞活做得较好，但调控与监督却未及时到位；改革探索需要重点突破，但相关的改革却不够配套；经济规模迅速扩大，规范管理还未完全跟上。这就造成我们在机制上、制度上和管理上存在许多不完善、不成熟的地方，在两种体制转换的过程中出现了一些漏洞、空隙和盲点。高森祥、王建业等腐败分子正是利用了新旧体制转换过程中制度不健全、管理不完善、监督不到位的漏洞，挖空心思钻空子、大肆侵吞和骗取国家财物，最终走上了自我毁灭之路。

五是对党员干部监督不力、管理不严，用人制度不完善。一些腐败现象之所以屡反不止，而且愈演愈烈；有的领导干部之所以长期违纪违法而未被发现，甚至还被提拔，其主要原因，就是我们对领导干部缺乏监督、疏于管理。例如，原福田保税区管委会综合处长高××、地政处长张××、开发公司经理赖××，利用职务之便收受包工头的贿赂，已被分别判处10年以上徒刑。令人深思的是，上述三人中有两人就是在犯罪期间由副处长提升为处长，高××还是保税区有名的“红人”。这说明，我们在对干部的考核上、管理上存在一些漏洞和问题。一些单位用人以地域划圈、以行业画线，以人情、裙带和老部下、老上级、老同学、老同事、老乡、老战友等各种关系搞帮帮伙伙，亲亲疏疏。有的人千方百计拉关系、找靠山，寻求政治背景支持，依靠金钱开路，为谋取仕途、升迁职位，绞尽脑汁，挥霍国家钱财，跑官要官甚至买官骗官。某些公有企业出现了“夫妻店”、“亲友帮”、“老乡帮”等怪现象。在干部选拔任用中，有的考核不准，感情用事；只注重业务能力，忽视政治素质；只注重领导推荐，轻视群众意见。用人制度上的不健全、不完善，为某些心术不正的人提供了可乘之机。

六是一些单位思想政治工作薄弱。一些党员干部不讲学习、不讲政治、不讲正气，迷失了政治方向；有的单位坏人胡作非为，好人含冤受气，而有些领导干部却不讲原则，不作斗争，有的甚至包庇纵容、同流合污，以致正气受压，邪气横行。有的甚至形成利益集团，互相掩护，互相包庇，互相利用，为非为歹，违法乱纪。他们不是按党纪国法行事，而是为牟取私利而纠合在一起。如果让这种人得逞，群众就要遭殃，事业就要受损害。

正确估计分析形势，有助于我们进一步增强反腐败斗争的决心和信心。反贪污腐败，是当今世界各国在追求稳定和发展中面临的一个共同课题。社会主义制度不允许腐败，共产党坚决反对腐败，这是由我们党和国家的性质所决定的。腐败犯罪阻碍改革开放，破坏经济建设，恶化党群关系，影响社会稳定，必须坚决惩治，这是我们党的一贯主张。深圳是经济特区，在实现第二次创业的宏伟目标、迎接香港“九七”回归的新形势下，进一步加强反腐败斗争更具有深远的政治意义。各级党政领导一定要从探索建设有中国特色社会主义道路的高度，从党的生死存亡和国家的长治久安、特区的兴衰成败的高度，从促进香港顺利回归、保持香港繁荣稳定的高度，从密切党和人民群众关系的高度，总之，就是要从讲政治的高度来深刻认识进一步加强党风廉政建设的意义，树立忧患意识，增强紧迫感，提高自觉性。在前一阶段已取得的重大成果和经验的基础上，采取更加得力的措施，把反腐保廉工作继续引向深入。

第一，要加强对党员干部的思想教育和管理，引导他们树立正确的世界观、人生观、价值观。大量事实说明，那种损人利己、损公肥私、金钱至上、以权谋私的思想和行为，归根到底是在世界观、人生观、价值观上出了毛病。人为什么活着？怎样活着最有价值？这些问题看起来抽象，其实它就反映在我们的言行举止当中。而对这些问题的回答,就鲜明地体现着一个人的世界观。所以,反腐保廉要标本兼治、着力治本,坚持从严治党,狠抓思想政治建设,狠抓对党员干部尤其是领导干部的思想道德教育。江泽民同志强调,对领导干部要严格要求、严格管理、严格监督。严格要求,首先就是对世界观方面的要求,对思想境界、人格素质和道德理想的要求。要在广大党员干部队伍中,坚持不懈地用邓小平建设有中国特色社会主义理论武装头脑,坚持不懈地进行共产主义理想信念教育、党风党纪教育、法制教育和职业道德教育。教育要充分运用正反两面的典型材料,采取各种有效的形式。我市今年下半年实施的“反腐保廉、依法治市教育工程”,有关部门要精心组织,切实抓好,务求实效。各级领导干部要真正树立起正确的世界观、人生观、价值观,时刻以孔繁森、陈观玉等先进模范人物为榜样,坚持全心全意为人民服务的宗旨,不断增强拒腐防变的能力,坚决抵制拜金主义、享乐主义、极端个人主义和资产阶级腐朽生活方式,在特区复杂的环境中始终坚持讲学习、讲政治、讲正气,以自重、自省、自警、自励为安身立命之道,经受住改革开放和发展市场经济的考验。

第二,要进一步加大惩治腐败的力度,集中力量查处大案要案,毫不手软地惩治腐败分子。当前的重点,仍然是查处党政机关、行政执法机关、司法机关、经济管理部门和处级以上领导干部的违法违纪案件。对于发案率较高、大案要案较多的金融、证券、房地产、土地出租批租、建筑工程承发包等领域,要组织力量进行执法监察和专项检查,发现严重违法违纪的,不管涉及谁,都要一查到底。各级党委和政府要进一步加强领导,坚持和完善反腐保廉责任制,大力支持办案工作。我市纪检监察检察机关实行办案体制改革的实践,已初见成效,要继续加以深化和完善,充分发挥新的办案体制的优势,集中力量,统一协调,形成办案合力,提高办案效率,坚决排除阻力,突破一批有影响的大案要案,以鼓舞群众,教育干部,震慑罪犯。

第三,要进一步建立健全反腐保廉的监督约束机制。对领导干部的监督,其实质就是对权力的监督。江泽民同志指出:“干部权力越大,责任就越大,对他们运用权力的行为就应当严格监督。”剖析王宝森、陈炳根、王建业等反面典型,他们之所以走向腐败堕落,除了主观因素外,一个主要原因就是对权力失去监督。强化对权力的监督,首先必须狠抓党内监督,健全民主集中制和各项廉政制度，坚决执行中纪委六次全会所重申和建立的“五项制度”，增强党组织解决自身问题的能力。同时，要把党内监督和党外监督、直接监督和间接监督结合起来，形成党纪、政纪、法纪全方位的监督网络。要围绕建设廉洁高效的政府这一目标，结合转变职能，深化管理体制改革，尽快建立起适应社会主义市场经济体制的特区廉政法规体系，以严密的制度和法规保证监督到位，从而建立起使人不想腐败、不能腐败、不敢腐败的机制，这是治本之策。

第四，要坚持党的干部政策，优化用人机制。江泽民同志指出：“历史上的腐败现象，为害最烈的是吏治的腐败。”可见，用人的腐败是最大的腐败。一个社会，只有吏治清明，才能政治昌明。无论哪个地方和单位，如果用人得当，就必然政通人和、事业兴旺；如果用人不当甚至坏人当道，就必然乱象丛生、民生凋敝。因此，我们必须高度重视和认真对待用人问题，把任人唯贤与反腐保廉紧密结合起来。各级党委和政府要全面贯彻落实江泽民同志《努力建设高素质的干部队伍》的讲话精神，正确执行干部队伍“四化”方针和德才兼备原则，正确执行党的干部政策，坚持任人唯贤，反对任人唯亲；坚持民主集中制，反对个人说了算。选拔任用干部一定要坚持走群众路线，完善民主程序，扩大群众的民主参与。多数群众不赞成的干部，不能提拔重用。请客送礼、拉帮结派和跑官、要官的，不仅不能任用，而且要进行严肃的批评教育。对干部的考核、推荐，也要建立责任制，谁考核、谁推荐，都要切实负起责任。考核干部要广泛听取意见，包括听取纪检、监察部门的意见。考核要有客观标准，推荐要提倡公开化，要接受群众监督和实践的检验。总之，要认真执行《党政领导干部选拔任用工作暂行条例》，建立和健全干部培训、考核、推荐、任免、奖惩、岗位交流和备用结合等一系列规章制度，严格按法规和制度办事，坚决堵塞一切漏洞，不给跑官要官、买官卖官之徒以可乘之机。对于在用人方面搞不正之风和违法乱纪的，必须严肃查处。

第五，要进一步转变政府职能。政府部门要搞一次调查研究，看究竟哪些事项应该审批，哪些事项不必审批，弄个清楚明白。应该审批的，要规范其审批程序，真正做到依法审批，提高透明度，以接受群众监督。凡是可以用市场机制解决的问题，必须尽量利用市场机制，把审批的范围减到最低限度。市政府要在调研基础上切实减少一批审批事项。特别要强调的是，领导干部不要个人随便批条子、批项目、批钱批物，不要参与工程承包具体事宜。在自己直接管理的范围内不允许让自己子女亲友承包工程谋私利。要坚持工程招标制度，堵住“跑批条”的工程中介人的后路，不让无资格的包工头承包工程。

第六，要进一步端正经济工作的指导思想。发展经济不能搞歪门邪道，不能见利忘义，不能只顾经济效益不顾社会效益。前一段我们搞“严打”，扫除“黄赌毒”，据说某些行业的税收减少了30%，一些人就抱怨歌厅舞场、酒楼发廊的生意不好做了。这里头有一个究竟是要靠什么赚钱、靠什么来发展经济的问题。近年来，走私贩私、假冒伪劣、非法盗版、制黄售黄、色情交易等之所以屡禁不止，一个重要原因就是地方保护主义和小团体利益在作怪，就是一些同志在经济工作的指导思想上有偏差。我们建设的是有中国特色的社会主义，在任何时候、任何情况下，都不能以牺牲精神文明为代价，去换取经济的一时发展。靠歪门邪道换来的所谓经济繁荣，绝不是真正的繁荣。相反，它扰乱了经济秩序，败坏了社会风气，腐蚀了干部群众，提供了滋生腐败的温床，其最终的恶果必然是破坏社会主义市场经济体制的建立，搞垮社会主义的经济基础。我们各级领导务必把经济工作的指导思想弄清楚、搞正确。这既是全面执行党的基本路线的内在要求，也是经济建设得以健康、快速发展的关键所在。

二、加强领导，协调一致，推动依法治市工作再上新台阶

1993年11月，省委、省人大常委会决定在深圳进行“依法治市”的试点。两年多来，依法治市工作取得了明显的成效，受到省委常委扩大会议的充分肯定。应该说，我市的依法治市试点工作是成功的，成功的标志可以概括为这样几个方面：一是地方立法工作迈上轨道，法制建设步伐加快。获得立法权以来，市人大及其常委会制定特区法规70多件，市政府制定特区规章90多件，为依法治市提供了“法”的前提。二是建立了依法治市工作的组织领导体系，市委起领导作用，人大起主导作用，“一府两院”起主体作用。大家协调一致，各司其职，各负其责。三是政府机关积极依法行政，许多职能部门改革管理体制和管理方式，简化办事程序，公开办事制度，增强服务意识，接受社会监督，同时加大了执法力度，受到社会好评。四是依法建立现代企业制度工作不断深入开展，企业按照“一法两条例”规范生产经营和管理机构的工作已由点到面逐步推广。五是领导干部和广大市民的法制意识普遍增强，知法、讲法、守法的

气氛日趋浓厚。在充分肯定成绩的同时，我们也必须清醒看到，目前的工作还只是个开端，还存在许多薄弱环节，离真正实现建设法制城市的目标还有很大差距。依法治市是依法治国、依法治省在地方行政区域的具体体现，它是实现建设法治国家的基础。我市第二次创业的目标，是建成社会主义现代化的国际性城市，包括率先建立社会主义市场经济体制，这一切的重要前提是实现依法治市。同时，依法治市也是推进廉政建设、遏制腐败现象、实现社会稳定和长治久安的重要保证。认识到这一点，当务之急是要认真总结前一段我们开展试点工作的经验，推动依法治市工作再上新的台阶。

（一）加强领导和协调，充分发挥“三个作用”

在依法治市工作中，要充分发挥市委的领导作用、人大的主导作用、“一府两院”的主体作用。各级党委要支持国家权力机关依法行使职权，支持行政机关依法行政，支持司法机关依法独立行使司法职权，帮助解决工作中遇到的重大问题，做好协调工作。各区委应有专门机构、各级党委应有专人负责本地区、本部门的依法治市工作。人大及其常委会要根据宪法和法律赋予的职权，在依法治市中发挥主导作用：一是组织协调。在市委领导下，依照法律规定，协调权力机关、行政机关、司法机关各种关系，明确各方面的职责、职权，调动各方面的力量，共同努力做好工作。二是处理决定重大问题，及时把市委关于依法治市的决策和主张，通过法定程序，作出决议、决定，交“一府两院”实施，动员全市人民贯彻执行。三是搞好地方立法工作，尽快制定和完善依法治市所必需的法规，为推进依法治市提供法律依据。“一府两院”在依法治市工作中的主体作用，主要体现在严格执法、公正司法上。各级政府要进一步转变职能，改变工作方法，把各项工作纳入法制轨道，作出的决策要符合法律法规的规定，开展各项工作要遵守和执行法律法规。对那些尚不具备立法条件而又必须加强管理的问题，政府要及时制定规章，加以规范，做到有章可循。

（二）加强立法的配套，进一步提高立法质量

随着依法治市工作的全面推进，我市立法工作面临的任务将越来越繁重。因此，务必继续发扬敢闯敢试的精神，珍惜立法权，用足用好立法权，加快立法步伐。要结合我市实际，切实做好规划，按照“积极稳妥、突出重点、实用优先、适度超前、重视配套”的原则推进立法工作。对急需的法规，成熟一个，推出一个；对配套的法规要及时制定；对过时的法规要及时清理废止；要针对实施过程中发现的问题对法规进行及时的修改和完善，力争实现立法工作的良性循环。在加快立法步伐和配套的同时，要特别重视提高立法质量。法规起草部门要站在全市的高度，牢固树立法治观念和全局观念，自觉防止和克服部门利益的狭隘思想。与此同时，要切实提高立法工作者自身的修养和素质，完善立法程序，特别注意走好群众路线与专家相结合的路子。只有这样，才能制定出客观、公正、高质量的法规，为依法治市工作创造良好的法制环境。

（三）突出重点，切实加强执法监督

执法监督是保证依法治市工作落到实处的关键一环。如果得不到有效的实施，再好的法规也只是一种装饰。各级人大及其常委会、各级政协要充分发挥监督职能，把执法监督、民主监督放在与立法同等重要的地位，全方位加大监督力度。一是加大行政执法的监督力度，监督各级政府做到依法行政。依法行政是实现从人治转变到法治，最终实现依法治市的中心环节。全市各行政机关要切实按照依法治市的精神和部署，从机构的设立到各个环节的运作，从各级领导到普通干部都自觉依法行政。要认真总结和推广试点经验，把依法行政进一步引向深入，逐步建立起依法行政责任制。二是加强对公检法司执法机关的监督。总的来说，我市执法队伍是好的，是有战斗力的。但是，也有极少数执法人员有法不依、执法不严，甚至执法犯法。某些执法人员把金钱和利益关系置于法律之上，热衷于办“金钱案”、“关系案”和“人情案”，歪曲事实，偏袒坏人，打击好人，在社会上造成了极坏的影响。对这些扰乱法律秩序的恶劣行径和“害群之马”，务必下大决心进行坚决的处理和铲除。只有这样，依法治市工作才能够取信于民，得到全市人民的拥护和参与。加强对执法队伍的监督，一方面要提高执法队伍的思想觉悟、执法水平和自律精神，使他们成为全心全意为人民掌权执法的高素质队伍；另一方面要加大对错案的监督，通过对个案的纠正和处理，逐步建立起严明的错案责任追究制度，为依法治市创造良好公正的司法环境。三是加强对社会中介组织的依法整顿、治理和监督。近年来社会中介组织发展迅猛，促进了社会服务体系的建立和发展，但也有一些中介机构，置法律和社会公正原则于不顾，为客户做假账、出具假验资报告、假证明等，扰乱了正常的市场经济秩序，严重损害了社会公正和国家利益。因此，依法治理和整顿社会中介组织，加强对社会中介组织的指导和监督，使之发挥应有的中介组织功能，既是完善特区市场经济秩序必不可少的组成部分，也是依法治市的客观要求。要下决心切实把社会中介组织整顿好。

（四）各级领导干部要以身作则，率先垂范

我们党是执政党，党必须在宪法和法律的范围内活动，因此，各级领导干部要进一步增强法律意识，在学法、执法和守法方面作出表率。在这方面，当前存在的主要问题，一是对法律的权威性认识不足，未能正确处理权与法的关系。一些领导干部，法律意识和法制观念淡薄，颠倒了法律同权力的关系，工作中只重视行政手段而忽视法律手段，甚至滥用权力，随意发号施令，致使法律法规无法得到贯彻实施。有法不知道、知道不执行、执法不坚决的现象在一些领导干部身上表现相当突出，权大于法、以言代法、以权压法、徇私枉法等恶劣行为也时有发生。二是对民主法制建设对于经济建设的保障和促进作用认识不足，未能正确处理经济建设与民主法制建设的关系。一些领导干部把民主法制建设同经济建设对立起来，认为“经济要发展，法律要松绑”，或者说“只要经济上去了，依不依法都没关系”。实际上，没有法律、法规的引导、规范和保障，必将导致国民经济的失调和混乱，到头来必然受到客观规律的惩罚，这方面我们已有沉痛的教训。市场经济就是法治经济，要加强法律培训。各级党校要设置和加强法制课程，尤其要把社会主义市场经济建设中必须掌握的法律知识列入干部培训内容。今后领导干部的使用、提拔都要考核知法、守法和执法情况。增强法律意识，重要的是落实到行动上，落实到领导工作、执法工作、行政工作的具体实践中。转变领导方式和工作方式，从根本上说，就是要依法执政、依法行政、依法办事。

三、正确把握反腐保廉和依法治市的关系，做好两个结合

加强党风廉政建设，建设法治国家，是邓小平建设有中国特色社会主义理论的重要内容。反腐保廉和依法治市，是实现深圳第二次创业宏伟目标的重要保证，二者紧密联系，相互促进。反腐保廉，需要有健全的法律法规和完善的规章制度，需要有强有力的法律监督和法律制约，需要有严厉的执法措施和惩处手段。依法治市，就是以法律为准绳，运用法律这个神圣的武器制约权力，防范权力产生腐败，惩治社会上尤其是一些执法机关和有权力的行政执法人员中出现的腐败行为。不抓反腐保廉，就谈不上依法治市；没有依法治市，也就无法制止腐败。因此，加强法制建设是从根本上遏制腐败现象的重要措

施和有效途径。而反腐保廉工作做好了,就能够促进和保障依法治市工作向健康方向发展。各级党委和政府要正确把握反腐保廉和依法治市的关系,把反腐保廉和依法治市作为全市当前极为重要的工作任务,切实抓紧抓好,抓出成效,推动两个文明建设的各项工作。

反腐保廉和依法治市,要同经济工作紧密结合起来。反腐保廉和依法治市,是促进经济发展的重要动力,是建立社会主义市场经济体制的重要保证。发展经济是最大的政治。反腐保廉和依法治市,要服务和服从于经济建设。在推进第二次创业,建立社会主义市场经济体制,加快实现深圳经济特区“三个根本转变”的新形势下,更需要我们通过加强反腐保廉和依法治市,进一步促进我市经济的持续、快速、健康发展。我市上半年总的经济形势是好的,国内生产总值达到398.73亿元,比去年同期增长17.5%;工业总产值(现价)526.44亿元,增长23.6%;进出口贸易总额177.21亿美元,增长0.3%;地方预算内财政收入52.06亿元,增长20.3%;社会消费品零售总额155.87亿元,增长13.7%;实际利用外资9.01亿美元,增长39.5%。工业生产继续保持较高的发展速度,外商投资创历史最好水平,社会固定资产投资稳中有升,金融稳定、股市活跃,物价指数增幅继续回落,地方财政收入稳步增长。但是,我们也要清醒地看到,随着国家对特区某些具体政策的调整,我市利用外资和外贸出口难度加大,投资及消费需求对经济增长的推动力减弱,有的国有企业效益仍然较差,国有企业改革还有待于进一步加快。各级党委和政府要在认真分析上半年我市经济形势的基础上,积极采取措施,下大力气解决影响我市经济建设的深层次问题,把市委二届二次全会提出的目标落到实处。

反腐保廉和依法治市,还要同精神文明建设紧密结合起来。反腐保廉和依法治市,是社会主义精神文明建设的重要组成部分,必须与思想道德建设和教育、科学、文化建设等其他方面紧密结合,互相促进。今年下半年,中央将召开六中全会,着重研究加强精神文明建设问题。我们要借这个东风,加大精神文明建设的力度,推动我市精神文明建设再上新台阶。要根据省委常委扩大会议精神和我市精神文明建设的实际,充分运用正反两个方面的典型,加强对广大党员的教育,增强党性。要正确处理执行党的基本经济政策与教育党员干部牢记党的宗旨的关系;提倡经济效益、公平竞争、适度消费同教育党员干部顾全大局、艰苦奋斗、乐于奉献的关系;提倡学习借鉴外国文明成果同教育党员干部坚决抵制资产阶级腐朽思想和生活方式的关系。要以反腐保廉和依法治市为突破口，继续探索社会主义精神文明建设的新路子，认真做好我市精神文明建设“九五”计划和2010年远景规划的制定实施工作，以实际行动迎接六中全会的召开。

同志们，共产党人最讲认真，共产党人最可贵的品格是说到做到，言行一致，表里一致，理论与实践相统一。共产党人最反对的是言行不一，表里不一，理论与实践相脱节。让我们用自己的实际行动来证明我们是真正的共产党人，为党的利益，为人民的利益，奋不顾身地工作，把反腐保廉和依法治市的各项任务落到实处。

在中共深圳市委二届四次全会上的讲话

（1996年11月）

同志们：

我们这次全会，主要任务是认真学习、贯彻党的十四届六中全会和省委七届五次全会精神，审议通过《深圳市社会主义精神文明建设“九五”规划》。党的十四届六中全会一结束，市委即在10月12日召开了常委扩大会进行了传达学习。尔后又专门发文，对全市学习贯彻六中全会精神作了部署。这次会议是在前段学习贯彻基础上，结合贯彻省委七届五次全会精神，联系深圳实际，进一步研究如何将六中全会精神落到实处，抓好我市精神文明建设“九五”规划的实施，把深圳精神文明建设推上一个新台阶。下面，我讲几点意见。

一、认真贯彻党的十四届六中全会和省委七届五次全会精神，把社会主义精神文明建设提到更加突出的地位

中国共产党第十四届中央委员会第六次全体会议于10月7日至10日在北京举行。这次全会从全面实现我国跨世纪宏伟目标的要求出发，专门研究精神文明建设的若干重要问题，强调在把物质文明建设搞得更好的同时，把社会主义精神文明建设提到更加突出的地位，这是改革开放和现代化建设进一步发展的需要，是全党和全国各族人民的迫切要求，是继续全面、准确、积极贯彻邓小平建设有中国特色社会主义理论和党的基本路线的战略性部署。

全会及其通过的《决议》，在科学、系统地总结了十一届三中全会以来18年我国精神文明建设取得巨大成就的同时，清醒地指出在社会精神生活方面还存在不少不容忽视的问题，并站在辩证唯物主义的高度上告诫我们：看不到18年来精神文明建设的主流，就会丧失信心，是错误的；看不到问题的严重性

和紧迫性，就会丧失警惕，是危险的。只有坚持全面的、历史的、发展的观点，把精神文明建设放到建设有中国特色社会主义整个事业的大局中来考察，才能提高认识，统一思想，增强建设精神文明的自信心和责任感。

全会及其通过的《决议》，深刻地分析了社会主义精神文明建设面临的形势。我们进行的精神文明建设是以经济建设为中心、坚持四项基本原则和坚持改革开放的精神文明建设，是继承发扬优良传统而又充分体现时代精神、立足本国而又面向世界的精神文明建设。《决议》指出，在发展社会主义市场经济和对外开放条件下建设社会主义精神文明，是中国共产党人和中国人民一项艰巨的历史使命。建立社会主义市场经济体制是我国经济振兴和社会进步的必由之路，同时，市场自身的弱点和消极方面也会反映到精神生活中来。由于在向社会主义市场经济体制转变和对外开放的过程中会面临许多复杂的新情况、新问题，在新形势下加强精神文明建设，是对全党同志的一个重要考验。对于这种长期性、复杂性要有足够的思想准备，精神文明建设必须常抓不懈。

全会及其通过的《决议》，明确提出了社会主义精神文明建设的指导思想、目标任务、工作方针和重大措施，对今后一个时期的精神文明建设作出了全面部署。全会明确指出，社会主义精神文明建设的指导思想是：以马克思列宁主义、毛泽东思想和邓小平建设有中国特色社会主义理论为指导，坚持党的基本路线和基本方针，加强思想道德建设，发展教育科学文化，以科学的理论武装人，以正确的舆论引导人，以高尚的精神塑造人，以优秀的作品鼓舞人，培育有理想、有道德、有文化、有纪律的社会主义公民，提高全民族的思想道德素质和科学文化素质，团结和动员各族人民把我国建设成为富强、民主、文明的社会主义现代化国家。今后15年的主要目标是：全民族牢固树立建设有中国特色社会主义的共同理想，牢固树立坚持党的基本路线不动摇的坚定信念；实现以思想道德修养、科学教育水平、民主法制观念为主要内容的公民素质的显著提高，以积极健康、丰富多彩、服务人民为主要要求的文化生活质量的显著提高，以社会风气、公共秩序、生活环境为主要标志的城乡文明程度的显著提高；在全国范围形成物质文明建设和精神文明建设协调发展的良好局面，因而要求我们坚持重在建设的方针，把长远目标同阶段性任务结合起来，切实抓好今后5年的工作；要从大局着眼，认真解决当前精神文明建设中干部和群众普遍关心的重要问题，通过扎实有效的工作，使社会主义精神文明建设以新的面貌进入21世纪。

六中全会《决议》既有很强的战略性、思想性、指导性，又有很强的现实针对性和可操作性，是今后一个时期指导我国社会主义精神文明建设的纲领性文件。江泽民总书记在全会上的重要讲话，以马列主义、毛泽东思想和邓小平建设有中国特色社会主义理论为指导，体现了全面贯彻党的基本路线、基本方针的要求，理论性很强，针对性也很强，对进一步推动新时期精神文明建设具有重要指导作用。中共广东省委在11月1日至3日召开了七届五次全会，传达学习六中全会精神，研究部署我省加强思想道德文化建设问题，审议通过了《中共广东省委关于加强思想道德文化建设的决定》，谢非同志作了重要讲话。党的十四届六中全会和广东省委七届五次全会的召开，对于指导我们进一步加强精神文明精神，推进特区各项事业的发展，具有重大的现实意义和深远的历史意义。我们要抓住学习贯彻十四届六中全会和省委七届五次全会精神这个契机，把全会精神落到实处，努力把我市的精神文明建设提高到一个新的水平，争取做到像江总书记所希望的那样，特区在两个文明建设方面要走在全国前面。

二、正确认识我市精神文明建设所面临的形势，进一步增强工作的紧迫感、责任感

（一）深圳16年来精神文明建设的主要成就

深圳经济特区创立以来，历届市委、市政府都高度重视精神文明建设。深圳在改革开放和经济建设取得巨大成就的同时，社会主义精神文明建设也取得了显著成就，主要表现在：邓小平建设有中国特色社会主义理论和党的基本路线深入人心，指导深圳创造了举世瞩目的“深圳速度”和“深圳效益”，充分展现出有中国特色社会主义的勃勃生机；以爱国主义、集体主义、社会主义教育为核心的思想道德建设不断加强，培育出“开拓、创新、团结、奉献”的深圳精神，形成了与发展社会主义市场经济相适应的意识观念；宣传思想工作和教科文卫体事业蓬勃发展，“科教兴市”战略全面推进，为特区改革开放和经济建设提供了强大的舆论力量和智力支持；社会治安综合治理和环境综合治理取得重大进展，投资环境、社会环境、生态环境和生活环境不断优化，城市功能日趋完善，城市面貌明显改观；群众性创建精神文明活动日益深入，文明小

区、文明单位、文明家庭、军民共建等活动卓有成效，涌现出陈观玉和元平特校、市交警、特区好六连、沙头角模范中队、义工联等一大批富有时代精神的先进个人和先进集体；企业文化、社区文化、村镇文化、广场文化等富有特色的现代文明健康的生活方式正逐步形成；党风廉政建设和民主法制建设不断加强，“反腐保廉，依法治市”工作取得可喜成果，党风的好转促进了政风民风的好转，各项事业逐步纳入法制轨道。卓有成效的精神文明建设，为深圳的改革开放和经济建设提供了强大的精神动力和有力的思想保证及智力支持。

深圳16年来精神文明建设所以能取得这样的成就，最根本的经验是坚持邓小平建设有中国特色社会主义理论和党的基本路线为指导，坚持越是发展社会主义市场经济，越是扩大对外开放，就越要把精神文明建设放在更加突出位置。坚持从实际出发，积极探索改革开放和发展社会主义市场经济条件下社会主义精神文明建设的新路子。在精神文明建设的实践中，注意把握和处理好坚持改革开放与坚持四项基本原则的关系；发展市场经济与保持党政廉洁的关系；提倡文化多样性与弘扬社会主义主旋律的关系；发展多种经济成分与坚持社会主义经营方向的关系等等。深圳16年来在精神文明建设方面的主要体会是：在经济体制改革先行试验，对外开放不断扩大的情况下，注意加强四项基本原则的教育，坚持马克思主义在思想意识形态领域的指导地位，保证了特区的社会主义发展方向；在市场经济相对较为发达的情况下，重视加强党风廉政建设，坚持不懈地开展反腐败斗争，保证了绝大多数干部党员经受住了改革开放、发展市场经济的考验；在物质生活水平提高较快、人口结构较为独特的情况下，努力培育和弘扬“深圳精神”，坚持社会主义价值观、道德观在思想道德领域的主体地位，保证了特区社会主义精神风貌；在多种经济成分共同发展的情况下，注意加强法制建设和企业思想政治工作，努力规范市场和企业行为，加快建立现代企业制度、培育社会主义企业文化，保证了社会主义经营方向；在中西文化交汇、多种文化碰撞的情况下，坚持“有所引进，有所抵制”、“排污不排外”的方针，积极弘扬社会主义主旋律，保证了文化事业的健康发展。

在充分肯定16年来深圳精神文明建设的成就和经验的同时，我们也要清醒地看到存在的问题和不足。六中全会《决议》指出的精神文明建设领域存在的问题，在深圳也都不同程度地存在，有的还比较突出。如部分党员干部艰苦创业、敢闯敢冒的精神有所淡化，拜金主义、享乐主义和个人主义有所滋长；

官僚主义不负责任和形式主义走过场不时出现;“黄、赌、毒、黑”和封建迷信等社会丑恶现象屡禁不绝;基层群众文化设施相对薄弱,文化市场法规、机制和管理有待进一步完善和加强;反腐败斗争形势仍然严峻;社会治安和环境综合治理的任务还十分艰巨,城市环境中“脏乱差”和乱摆卖、乱搭建、乱张贴等问题仍比较突出等等。对我市精神文明建设中存在的问题,各级党政领导必须要有足够的重视。特区的精神文明建设如同改革开放和经济发展一样令人瞩目,我们的精神文明建设得好与不好,关系到改革开放的窗口形象,关系到改革开放的方向问题,关系到全国和全党的大局,因此,我们必须下大力气切实抓紧抓好。

(二)深圳精神文明建设面临的新形势、新任务

本世纪的最后5年,是我国确立社会主义市场经济体制,实施国民经济和社会发展“九五”计划,全面推进建设有中国特色社会主义伟大事业的关键时期。在全国改革开放和现代化建设的大局中,深圳特区要更好地发挥对外开放的“窗口”作用,经济体制改革的“试验场”作用,对内地的示范、辐射和带动作用,对保持香港繁荣稳定的促进作用,这是特区发展新阶段所面临的重大历史使命。围绕这一使命,市委二届二次全会确立了实施深圳“九五”计划的指导思想、奋斗目标和发展战略,深圳人民开始第二次创业,走上了建设社会主义现代化国际性城市的新里程。深圳进行第二次创业的新形势,不但经济建设要走在全国的前列,而且精神文明建设也要走在全国的前列,在经济建设和改革开放方面敢当排头兵,在精神文明建设方面也必须敢于争当排头兵。全市各级领导同志必须有这个胆识,有这个气概,有这种精神状态,否则我们的排头兵就是不健全的排头兵,不过硬的排头兵。只有两个文明建设都是排头兵,才是真正过硬的合格的排头兵。只有基于这种思想认识,才能真正增强我们对精神文明建设的信心和决心、紧迫感和责任感。

在新形势下加强精神文明建设,要求我们更加坚定地以邓小平建设有中国特色社会主义理论和党的基本路线为指导,保持深圳特区建设和发展的社会主义方向。社会主义市场经济体制不仅同社会主义基本经济制度政治制度结合在一起,而且同社会主义精神文明结合在一起。在深圳率先建立社会主义市场经济体制和进一步扩大对外开放的过程中,精神文明建设的一个极其重要的任务,就是要克服市场自身的弱点和消极方向,防止和遏制腐朽思想和丑恶现象的滋长蔓延，抵御西方意识形态的渗透和敌对势力对我“西化”、“分化”的图谋。江总书记在六中全会的讲话中强调指出，香港特别行政区与我们内地的经济特区有本质不同，香港特别行政区根据“一国两制”方针，将长期实行资本主义制度，而深圳等经济特区则是坚持实行社会主义制度。因此，精神文明建设要为特区在改革开放和现代化建设中继续保持社会主义精神风貌，提供更加有力的思想保证。

在新形势下加强精神文明建设，要求全面提高深圳人的综合素质。邓小平同志提出：“劳动者只有具备较高的科学文化水平、丰富的生产经验、先进的劳动技能，才能在现代化的生产中发挥更大的作用。”第二次创业比第一次创业更艰巨，要实行经济体制和经济增长方式的转变，实行特区发展由主要依靠优惠政策向提高整体素质、增创新优势转变，贯彻“三个协调发展”的方针，实施“三个一批”和“三点一线”的发展战略，这一切都对人的素质提出了很高的要求。只有全面提高深圳人的综合素质，才能顺利实现第二次创业的宏伟目标。

在新形势下加强精神文明建设，要求大力提高城市文明程度。一个城市的文明程度，是这个城市现代化水平的重要标志。要把深圳建设成为社会主义现代化的国际性城市，必须在大力增强综合经济实力的同时，大力提高城市文明程度。目前，深圳的城市文明程度，包括社会风气、公共秩序和生活环境等各个方面，与社会主义现代化国际性城市的要求还相差甚远，社会治安综合治理和环境综合治理的任务还相当艰巨。“九七”香港回归之期只剩234天了，能否尽快使我市城市环境有一个较大改观，以崭新的现代文明城市风貌来迎接香港回归，是全市人民的一个重要任务。

三、以党的十四届六中全会精神为指导，加强党对精神文明建设的领导，切实抓好深圳市社会主义精神文明建设“九五”规划的实施

这次提交全会审议的《深圳市社会主义精神文明建设“九五”规划》，是根据党的十四届六中全会精神，对我市“九五”期间的精神文明建设作出的新部署，提出了指导思想、奋斗目标和主要任务，提出要重点抓好十大工程，重点解决六个问题，实现四个显著提高。这个规划切合深圳实际的程度如何，请到会的同志发扬民主，认真审议修改，使之成为有较强实际操作性的一个指导

性文件。这个规划审议通过之后，各级党委、政府、各部门、各单位要紧密结合实际，认真抓好规划的落实。下面我就加强和改善党对精神文明建设的领导谈几点意见：

(一)加强和改善党对精神文明建设的领导，努力形成“两手抓”的领导体制和工作机制

建设物质文明关键在党，建设精神文明关键也在党。按照中央的要求使特区两个文明建设都走在全国前面，这既是摆在我们面前一项非常光荣而又十分艰巨的任务，又是对全市各级领导干部的严峻考验。邓小平同志多次指出，改革开放以来，我们物质文明这一手比较硬，取得了显著成就，但精神文明建设这一手比较软。这个问题要解决，让精神文明这一手真正硬起来。贯彻六中全会精神，抓好我市精神文明建设“九五”规划的实施，首先必须解决精神文明建设如何硬起来的问题。这里要特别强调“三个过硬”：一是领导认识和作风要过硬。江总书记指出，社会文明既包括物质文明也包括精神文明，缺少任何一个方面，社会就是畸形的，不可能健康地向前发展。各级党委、政府的一班人都要有这个认识，全面把握两个文明建设的辩证关系，当前和今后一个时期要特别重视增强“两手抓，两手都要硬”的自觉性和坚定性。这就要求我们在进行第二次创业时，在继续发扬敢闯敢试敢探索的精神，苦练内功，切实推进各项改革开放事业，集中精力把经济建设搞上去的同时，要花大气力狠抓精神文明建设，认真解决精神文明建设中的难点问题；要敢于高标准、严要求，要敢碰硬，敢抓敢管敢闯敢试，要敢于清除陈腐的东西，要敢于向最先进的典型看齐，迎头赶上。要做到这些，我们就必须全面系统地学习邓小平关于精神文明建设的思想，提高理论水平，提高政策水平，提高两手抓的本领。要转变作风，深入实际，调查研究，发现问题及时解决。要善于抓典型，培养运用好典型推动本单位本系统的工作。在实践中，要遵循精神文明的规律，紧密结合本地区部门实际情况，总结新经验探索新路子。二是领导班子一班人要过硬。一方面班长要当表率，带好班，真正做到“一把手抓两手，两手都要硬”。班子成员都要以身作则，要别人做的自己先做好，要求别人不做的，自己坚决不做。同时要管好自己身边的工作人员和子女亲属；另一方面，对自己主管、分管单位的精神文明建设认真负起责任，要有在我们手里改变面貌，在我们手里解决问题的决心和信心。三是措施手段要过硬。首先是建立领导人责任制，任务落实到领导人和单位，限期完成任务；其次，对领导人完成任务情况要考核检查，成绩卓著的要表彰奖励，委以重任，没有特殊原因不能完成主要任务的领导人应辞职让贤，让能完成任务能改变面貌的人干；再次，任何单位和部门在精神文明建设上都要有自己的成功做法和经验，都要有自己的先进典型，并推广开来。对后进单位，领导人要亲自抓点改变面貌。

要建立和健全“两手抓”的领导体制和工作机制。一要建立健全各级党政一把手对精神文明建设总负责的领导体制，形成“党政一把手，都要抓两手”的领导格局。精神文明建设是党政的共同任务，要在党委统一领导下，党政主要领导亲自抓，一级抓一级，层层抓落实。要把两个文明作为统一的奋斗目标，一起部署，一起落实，一起检查。二要健全、完善组织领导协调机制，处理好精神文明建设的各种关系。市社会主义精神文明建设委员会作为全市精神文明建设的领导机构，统一负责全市精神文明建设的规划、组织、协调、指挥工作，下设市社会主义精神文明建设办公室。市文明办作为市文明委常设办事机构，要具体做好全市精神文明建设的管理、实施、监督、检查工作，并协调好市社会综治办、环境综治办和文教科卫体等部门的精神文明建设工作。要进一步理顺“条条”与“块块”的关系。精神文明建设各项具体工作以“块块”为主，由各区、镇（街道办事处）党委、政府全面负责。五个区文明办要加强力量，各街道办事处和镇都要有抓精神文明的人员。各居民小区内的管理处和居委会也要协调好关系，共同抓好居民小区的精神文明建设。全市党政军各部门，人大、政协，各民主党派，工青妇等群众团体及社会各方面，要密切配合、齐抓共管、形成合力，把各战线的工作切实落实在块上，落实到基层。三是加强精神文明的制度化和法制化建设。要把精神文明建设的有关立法要求列入我市“九五”期间立法的总体规划之中，同时要抓好精神文明建设有关法规的宣传、教育、普及工作，使精神文明建设尽快步入法制化的轨道。

（二）进一步加大思想道德建设工作的力度，加大对精神文明建设的投入

在实施精神文明建设“九五”规划过程中，一定要贯彻精神文明重在建设的指导方针。从深圳的实际出发，有两方面工作要重点抓好：

一方面是要进一步加大思想道德建设工作的力度。《决议》指出，社会主义思想道德集中体现着精神文明建设的性质和方向，对社会政治经济的发展具有巨大的能动作用。要顺利发展社会主义市场经济，就要建设社会主义市场经济新秩序，即既要有法制规范，又要有道德规范。但是一个时期以来，在社会精神生活方面存在不容忽视的问题，一些领域道德失范，拜金主义、享乐主义、个人主义滋长。深圳作为对外开放的“窗口”和经济体制改革的“试验场”，其特殊的环境和条件决定了思想道德建设任务的艰巨性。关于“九五”期间思想道德建设的具体任务，规划中已有明确阐述，在实施时有两点要注意：一是思想道德教育一定要有针对性，落到实处。要狠抓邓小平建设有中国特色社会主义理论的学习和宣传，教育干部和群众牢固树立建设有中国特色社会主义的共同理想，牢固树立坚持党的基本路线不动摇的坚定信念，全面推进和不断加快市场经济体制改革的步伐；狠抓爱国主义、集体主义、社会主义教育，引导人们树立正确的世界观、人生观、价值观；狠抓艰苦创业精神的教育，努力弘扬“深圳精神”，引导人们正确认识国情、市情，正确认识第二次创业的艰巨性，激励干部群众艰苦奋斗、自强不息；狠抓社会公德、职业道德、家庭美德和个人品德教育，提高全体市民的道德水准，提高城市文明程度，进一步改善我市的投资环境、社会环境和生活环境。二是思想道德建设要分层次，抓重点。对青少年学生要着重培养他们的思想政治觉悟和优秀品德，为他们的健康成长创造良好条件；对外来劳务人员要努力提高他们的文明程度、遵纪守法的意识以及履行公民权利义务的观念；对居民、村民要着力提高他们的科学文化水平，倡导健康文明的生活方式，下决心想办法解决村、居民中部分青壮年“不读书、不做工、不务农、不经商”问题，消除农村中的封建迷信和好逸恶劳现象，使农民跟上城市化的发展步伐；对党员干部的教育要和反腐保廉工作结合起来，牢固树立全心全意为人民服务的思想和依法治市的观念，发扬开拓进取、敢闯敢试的创业精神，转变机关作风，提高办事效率，廉洁奉公，勤政为民。

另一方面，实施精神文明建设“九五”规划要有必要的物质保障。要大力加强社会主义精神文明的基础建设，为精神文明这个复杂的社会系统工程构筑坚实的载体，奠定牢固的基础。为此，要把精神文明建设列入本地区的经济社会发展规划，逐步增加对精神文明建设各项事业的投入，为精神文明建设各项任务的落实提供必要的物质条件。投资重点要放在市、区文化教育设施的配套建设和安全文明小区的创建及文化市场的管理上。要加强对精神文明建设方面基金的管理，用好用活各类基金。要健全宣传文化事业的财政专项资金制度。要充分运用税收、信贷、价格等经济手段支持宣传文化事业，促进文化事业的产业化发展。同时，发动社会各界增加对精神文明建设的投入，坚持财政投入、自我发展和社会资助相结合，逐步形成适应社会主义市场经济要求的多渠道的精神文明建设投资体系。要继续发扬艰苦创业精神，坚持勤俭办文化事业，努力提高资金使用效益，充分发挥现有文化设施的作用。

（三）认真总结精神文明建设的新鲜经验，深入持久地开展群众性精神文明创建活动

深入持久地开展群众性精神文明创建活动，是实施我市精神文明建设“九五”规划的一条重要途径。各项精神文明创建活动，要同解决人民群众普遍关心的实际问题，同促进经济发展和社会进步紧密结合，持之以恒，务求实效，使群众在参与中受到教育，在实践中得到提高，最终促使两个文明建设有机结合，落到实处。群众性精神文明创建活动在实践中创造和积累了许多宝贵经验，对这些从群众中来的经验，我们必须认真加以总结和提高，用于指导今后的工作。具体来说，就是要继续走好三条路子，进一步抓好十大工程建设。

继续走好三条路子，即城市社区精神文明建设坚持同创建安全文明小区相结合；农村社区精神文明建设坚持同贯彻股份合作制中的奖惩制度相结合；企业精神文明建设坚持同建立现代企业制度、培育企业文化相结合。这三条路子是我市精神文明建设多年实践逐步摸索出来的成功经验，是实现两个文明建设有机结合，使精神文明建设真正硬起来，并最终落到实处的有效措施和基本思路。我们要继续坚持下去，并使之更加完善，不仅要促进我市精神文明建设“九五”规划的实施，而且要力争为全国的精神文明建设提供更多可借鉴的做法。在这里，我着重说一下城市精神文明建设同创建安全文明小区的结合问题。通过两年来的实践，我市创建安全文明小区取得了突破性进展，目前全市已建成达标小区625个，其中莲花北等一批高质量的小区被评为“全国优秀示范住宅小区”，得到了省、中央有关领导的赞扬和肯定。创建安全文明小区是把我市建设成为社会主义现代化国际性城市的基础工作之一，是我们党和政府为群众办实事、好事，密切党群关系、警民关系的具体体现。各级领导要亲自挂帅，以保一方平安的责任感和使命感，进一步加强对创建工作的领导。同时，要广泛深入地发动群众，把领导的积极性和群众的积极性紧密结合起来。明年是我市开展创建活动的第三年，要全面完成任务，并巩固提高，把我市创建安全文明小区工作提高到新水平，为深圳精神文明建设“九五”规划的顺利实施打下良好的基础。

“九五”期间，我市精神文明建设的基本任务是全面实施“十大建设工程”，即理论建设工程、思想道德廉政建设工程、教育人才工程、科技创新工程、文化建设工程、环境建设工程、文明“窗口”建设工程、群众性精神文明创建工程、“双拥”共建工程和法制建设工程。走群众路线，是我们党的基本工作方法。只有广泛深入地发动群众，把群众参与精神文明建设的积极性和创造性充分调动起来，精神文明建设各项工程才能深入持久地开展下去，精神文明建设各项任务才能真正落到实处。开展群众性精神文明创建活动，是精神文明建设的坚实载体，是我市精神文明建设“十大工程”顺利实施的可靠保证。在这里，再讲一讲关于党风廉政建设的问题。党风廉政建设是社会主义精神文明建设的重要组成部分。加强精神文明建设首先要从严治党，搞好党风，以好的党风和政风带出好的民风。实现党风政风的根本好转，实施党风廉政教育工程是基础。各级领导干部要严格按照市委关于“反腐保廉”教育工程的要求逐项抓落实。特别是要突出领导干部带头学习、带头接受教育的问题，要通过教育，着重解决理想信念和思想作风方面存在的问题，防止一些领导干部特别是中青年干部在日益复杂的斗争中迷失方向，要通过狠抓廉政教育，使各级领导干部成为廉政建设的表率，更好地发挥在新时期精神文明建设中的模范带头作用。

(四)抓住香港回归的历史机遇，努力创建现代化高标准文明城市

创建高标准文明城市是推动我市精神文明建设上台阶、上档次的客观要求，是实现城市现代化的重要标志，也是提高深圳市民现代化文明素质的重要载体。“九七”香港回归日益临近，以崭新的城市面貌迎接香港回归，对于深圳具有特殊重要的意义。江泽民总书记在六中全会上重要讲话中指出：“我们不仅能够实现香港政权的顺利交接、平稳过渡，而且有信心、有能力、有办法保持香港的长期稳定和繁荣。”深圳特区毗邻香港，在促进香港繁荣稳定方面肩负着重大的历史使命。香港作为著名的国际性大都市，在城市文明程度、居民文化素养等方面都有较高的水平。因此，社会主义的深圳经济特区更要努力创建高标准的现代化文明城市，才能更好地与香港做好衔接。第一步是努力达到省委提出的经济繁荣、政治清明、风尚良好、科教领先、文化发达、规划科学、建设美观、环境优美、管理先进、城乡一体的基本标准。第二步是达到国内领先水平并向现代化国际性城市标准全面迈进。宝安区提出以张家港为榜样，力争用3~5年把宝安区建成高标准文明区，这很好。各区、各单位、各基层组织都要行动起来，根据自身的职责范围确定好创建文明村、文明户、文明街道、文明企业、文明单位、文明小区的任务与措施。市有关部门要贯彻全省创建文明市县（区）座谈会精神，抓紧落实创建文明城市的工作。

创建高标准文明城市，必须继续抓紧治理解决群众关心的热点难点问题。

一是要大力加强党政机关建设，树立高效廉洁的政府形象。这方面近年已取得成效，一批政府部门适应市场经济发展和人民群众的要求，积极转变职能，提高效率，搞好服务，受到基层和群众的好评，为党和政府争了光。我们要再接再厉，克服不足，重点是继续健全和完善公务员制度，形成协调配套、科学有效的管理、监督机制，把好“入口”，疏通“出口”，强化择优汰劣机制，进一步完善年度考核制度，开展公务员岗位考核工作，严格依法行政、依法办事（案）。要狠抓市委、市政府有关加强党政机关建设规定的落实和检查，坚决改变“门难进、脸难看、事难办”的状况，杜绝“吃、拿、卡、要”行为，切实转变机关作风，提高办事效率。以敬业乐业，勤政为民，高效廉洁的良好作风和形象，带动社会风气的好转。

二是要进一步加强社会治安和环境的综合治理。声势浩大的“严打”斗争，已进行了5个多月，取得了很大成绩，有效地促进了社会治安秩序的好转，增强了人民群众的安全感。要巩固“严打”斗争的成果，真正实现长治久安，还必须全面落实社会治安综合治理的各项措施，把“打击、防范、教育、管理、建设、改造”每一项落到实处。要进一步强化对流动人口的管理，加强对出租屋的整顿和管理。两个综合治理要坚持“谁主管、谁负责”的原则，切实运用“系统抓、抓系统”同“条块结合，以块为主”的方法，实行属地管理，努力把各项综合治理措施落实到基层，消除条块分割、各自为政、无人负责的现象。在环境综合治理方面，近期重点是落实好《关于综合治理市容环境，迎接“九七”香港回归实施方案》，这项工作涉及面广，时间紧，任务重。要在市政府的统一组织协调下，以各区政府为主，各职能部门密切配合，实行一把手负责制，一级抓一级，层层落实，动员全市人民奋战八个月，扎扎实实开展市容环境综合治理活动，对城市街道乱摆卖问题，要当做重点、难点，狠下决心，彻底加以解决。宝安、龙岗两个区，要结合自己实际情况花大力气解决好环境综合治理问题，力求尽快改变村镇中的脏乱差局面。

三是要继续整治“三乱”，建设文明“窗口”。市委、市政府采取一系列措施整治“三乱”，情况明显好转。但“三乱”仍未绝迹，有的地方近来又出现回潮，有的单位阳奉阴违，说一套，做一套，或巧立名目，或改头换面。这种不正之风的滋长，严重地败坏了政府的声誉，损害了党群关系，破坏了投资环境。必须进一步加大整治力度，继续狠刹“三乱”歪风，坚决清理和制止乱收费、乱摊派，坚决打击假冒伪劣产品，巩固已有成果。

四是要继续坚决扫除“黄、赌、毒、黑”等社会丑恶现象，净化社会环境。要充分认识“七害”问题的严重性，进一步端正经济工作的指导思想。那些认为“取缔黄赌毒会影响投资环境”之说，是完全错误的。我们建设的是社会主义的经济特区，是靠改革开放政策的吸引力，靠高质量的服务，靠营造安全、文明的社会环境，而绝不是靠一些乌七八糟的东西。特区目前良好的投资环境，正是我们一手抓法制，坚决打击腐败丑恶现象，一手抓建设，大力繁荣经济的结果。发展经济要靠真功夫，靠努力发展高新技术产业，优化经济结构，提高经济质量和风气，靠歪门邪道繁荣不了经济，而只会腐蚀干部和群众，损害特区形象。当前重点要抓“扫黄”、“打非”斗争，这不是一般的治安问题，而是关系到社会主义市场经济秩序能否建立，知识产权能否得到保护，特区的文明形象能否树立的大问题。前一段我们通过突击检查清理，工作有了很大进展，但切不可掉以轻心。市、区都要继续组织明察暗访，凡查到的坚决处理为首者、经营者和保护伞。这是一项长期而艰巨的任务，我们要从大局出发，继续下大决心、花大力气坚持不懈地抓下去。在这一手抓打击的同时，要一手抓好管理和建设，发挥群众监督作用，规范文化市场行为，促进社会精神文化生活的繁荣与发展。

同志们，党的十四届六中全会为我们加强社会主义精神文明建设指明了方向。党中央、全国人民对深圳精神文明建设赋予很高的期望，摆在我们面前的任务极其艰巨。我们要进一步提高认识，统一思想，振奋精神，扎实工作，推动全市精神文明建设迈上新台阶，力争两个文明建设都走在全国的前面，进一步展现有中国特色社会主义的巨大魅力。

在中共深圳市纪委第四次全体（扩大）会议上的讲话

（1997年3月）

同志们：

这次会议开得很好，上午容根同志传达了江总书记在中央纪委第八次全会上的讲话。总书记的讲话高屋建瓴，有很强的针对性，切中了问题的要害。华枢同志传达了中央纪委、省纪委第八次全会精神，并部署了我市的贯彻意见；刚才，市纪委通过了全会决议，子彬同志作了重要讲话，讲得很好。我完全同意，希望同志们按会议要求和子彬同志讲话精神抓好落实。

去年，我市整个经济、政治、社会形势很好，经济继续保持快速、健康、协调发展，社会稳定，社会主义精神文明建设和党风廉政建设，取得了显著的成绩，反腐败各项工作在巩固以往成果的基础上，又取得了新的进展，为我市的改革开放和经济建设提供了坚强的政治保证。在省纪委第八次全会上，华枢同志介绍了我市反腐败斗争和党风廉政建设的做法，受到省纪委的重视和充分的肯定。省纪委书记王宗春同志说：深圳市反腐败和党风廉政建设工作为什么抓得好？就是他们认识对头，抓得比较落实。这是对我们的鼓励和鞭策。我们的工作还有差距，既要看到成绩，又要看到问题。市委对我市纪检监察工作是满意的。借这个机会，我代表市委对辛勤战斗在第一线的全市纪检监察系统的同志们表示衷心的感谢！关于今年的反腐保廉工作安排，华枢同志已在1月16日召开的全市反腐保廉工作情况通报会上作了部署，其基本精神与中央纪委和省纪委的要求是一致的。我们要把贯彻中央纪委和省纪委第八次全会精神同本地区本单位本部门的实际情况紧密结合起来，加强领导，讲究实效，有的放矢，狠抓落实。下面，我讲两个问题：

第一个问题：深刻认识反腐败斗争是关系党心民心、关系党和国家前途命运的严重政治斗争

这个观点是江泽民同志在中央纪委第八次全会上提出来的。早在1980年，邓小平同志就指出："我们自从实行对外开放和对内搞活经济两个方面的政策以来，不过一两年时间，就有相当多的干部被腐蚀了。要足够估计到这样的形势。这股风来得很猛。如果我们党不严重注意，不坚决刹住这股风，那么，我们的党和国家确实要发生会不会'改变面貌'的问题。这不是危言耸听。"陈云同志也指出，"执政党的党风问题是有关党的生死存亡的问题"。1993年，党中央、国务院作出了反腐败斗争的决定，江泽民同志提出"要把反腐败斗争作为一项重大政治任务抓紧抓好"。1995年，江泽民同志要求"领导干部一定要讲政治"，要从讲政治的高度认识和抓好反腐败斗争。最近，江泽民同志在中央纪委第八次全会上又进一步指出："反腐败斗争是关系党心民心、关系党和国家前途命运的严重政治斗争。"江总书记的这一指示，科学地分析了反腐败斗争面临的形势，阐明了反腐败斗争的性质、任务、目的和要求，体现了新时期党中央从严治党、从严治政的一贯方针。

第一，从反腐败斗争的性质来看，它是捍卫党的纯洁性的政治斗争。我们党的宗旨是全心全意为人民服务，党章明文规定：党除了工人阶级和最广大人民群众的利益，没有自己特殊的利益。所以，党内出现的严重腐败现象，是直接损害广大人民群众利益的，我们必须坚决反对，坚决斗争。在腐蚀与反腐蚀的斗争中，我们队伍中有些意志薄弱者经受不住考验，堕落成腐败分子，对此，我们党历来采取唯物主义的态度，对腐败分子发现一个清除一个，以保持党的工人阶级先锋队的性质，不断增强党的凝聚力和战斗力。可见，着力解决好党风存在的腐败问题，是一场严肃的政治斗争。

第二，从反腐败斗争的任务来看，它是维护改革开放和现代化建设顺利进行的政治保证。社会主义现代化建设是当前最大的政治。大量的事实表明，消极腐败现象严重扰乱着社会秩序，破坏了社会公平和公正的原则，侵蚀了社会道德和人们的精神世界，影响着社会稳定、发展与进步。所以说，反腐败既是同损害人民根本利益的行为作斗争，也是为我国社会主义改革开放和现代化建设事业顺利进行提供更强有力的政治保证。

第三，从反腐败斗争的现状来看，形势依然严峻，端正党风任务依然繁重。应当肯定，我市干部队伍主流是好的，绝大多数党员干部是廉洁奉公的。但是，也应当看到我市的党风廉政建设还有很多不足和问题：一是经济领域的违法违纪大案要案居高不下，去年，我市查处的大案要案有80%发生在经济领域；二是国有资产流失比较严重。有的人在国有企业和国有控股公司里“私捞”，甚至内外勾结，挖国家墙脚，造成的损失数额惊人；三是在用人上搞团团伙伙，任人唯亲。江泽民同志指出的组织、人事领域和政法部门的腐败现象在我市一些单位和部门程度不同地存在着；四是有的人以权谋私，搞权钱交易、权权交易、权法交易；五是贪图享受，奢侈浪费等消极腐败现象还有蔓延的势头，有的不正之风纠而复生；六是有的单位对把反腐败斗争贯穿于改革开放全过程的认识还不完全统一，有的领导搞好人主义，不敢抓，不敢管，失之于软；有的单位缺乏是非原则，好坏不分等等。这些问题不解决好，势必挫伤广大干部群众的积极性，改革开放和现代化建设事业就没有坚强的群众基础和组织保障，就有可能走到邪路上去的危险。

因此，在新形势下，各级党委、政府，务必从战略和全局的高度深化对反腐保廉工作的重要性和紧迫性的认识，务必提高坚持“两手抓、两手都要硬”方针的自觉性，务必加强对反腐败斗争和党风廉政建设的领导，决不能掉以轻心，决不能畏难止步，决不能松懈斗志。

第二个问题：深圳经济特区的各级党委、政府和领导干部必须保持和发扬我党艰苦奋斗的优良传统

江泽民同志在中央纪委第八次全会上的讲话，用了大量篇幅，纵古论今，提出要把艰苦奋斗作为凝聚、激励全党全国人民去夺取改革开放和现代化建设新胜利的精神动力，号召全党特别是党的各级领导干部艰苦奋斗，艰苦创业，反对奢侈浪费，以此影响和带动党风政风和社会风气，从而实现反腐保廉、标本兼治的目标。学习了江总书记的讲话，我们感到这个问题对我们经济特区尤其具有重要的现实意义。

（一）艰苦奋斗是人类社会进步的精神动力

艰苦奋斗是一个古老而且内涵十分丰富的话题，在公元前400年，它作为统治阶级的一种行为规范被提出来，经过历朝历代有识之士在实践中丰富和

发展，成为中国社会中经济伦理思想的重要内容。艰苦奋斗的思想，发展到后来，成为衡量和评价一个时代兴衰的重要标志。我国历史上第一个因为穷奢极欲而导致灭亡的王朝是殷商。古代最著名的靠艰苦奋斗富国强兵，报仇雪耻的例子是越王勾践。他“卧薪尝胆”，磨炼意志；食不加肉，衣不重彩；礼贤下士，与百姓同劳，使越国很快强大起来，最后，越国三千甲兵打败了吴国。墨子总结前代与同代人的历史经验教训，认为统治阶级如果追求穷奢极欲的生活，“厚作必敛于百姓，暴夺民衣食之财”，这样的社会必然灭亡。可见，艰苦奋斗的思想源远流长，是中华民族宝库中一颗璀璨的明珠。

但是，把中华民族艰苦奋斗的优良传统继承发扬得最好的是中国共产党人。中国革命胜利的历史，是中国人民在中国共产党领导下艰苦奋斗的光荣史。毛泽东、周恩来、刘少奇、朱德和邓小平同志等老一辈无产阶级革命家，为了中国人民的解放和建设事业，毕生艰苦奋斗，与人民同甘共苦，奋斗不息。方志敏烈士的《可爱的中国》就是中国共产党人崇高革命理想的真实写照。东北抗日联军领导人杨靖宇同志在极其艰难困苦的情况下坚持与日寇作战，牺牲后日本人搞不明白为什么他的意志比钢铁还坚强，怀疑他的身体构造与普通人不同，用刺刀剖开他的腹部，看到胃里面只有树皮和草根，于是，他们才明白：中国共产党人是不可战胜的。在漫长的革命斗争和建设新中国的历史征程中，一代代共产党人抛头颅，洒热血，吃尽万般苦，为后人树立了威武不屈、富贵不淫、贫贱不移的光辉榜样，长征精神、南泥湾精神、焦裕禄精神和孔繁森精神，像太阳的光辉永远照耀着中国人民的奋斗之路。更加难能可贵的是，中国共产党人还把中华民族这一优良传统理论化，为我们留下了宝贵的精神财富。毛泽东同志第一次提出把艰苦奋斗，密切联系群众作为党的“三大作风”之一，并指出：艰苦奋斗的革命精神和坚定正确的政治方向是密切相连的，没有坚定正确的政治方向，就不能激发艰苦奋斗的工作作风；没有艰苦奋斗的工作作风，也就不能执行坚定正确的政治方向。在建国前夕，毛泽东同志告诫全党：因为胜利，党内的骄傲情绪，以功臣自居的情绪，停顿起来、不求进步的情绪，贪图享乐不愿再过艰苦生活的情绪，可能生长。敌人的武力是不能征服我们的，这点已经得到证明了。但是，可能有这样一些共产党人，他们是不曾被拿枪的敌人征服过，他们在这些敌人面前不愧英雄的称号；但是经不起人们用糖衣裹着的炮弹的攻击，他们在糖弹面前打败仗。中国的革命是伟大的，但革命以后的路程更长，工作更伟大，更艰苦。这一点现在就必须向党内讲明白，务必使同志们继续地保持谦虚、谨慎、不骄、不躁的作风，务必使同志们继续保持艰苦奋斗的作风。毛泽东同志指示发表郭沫若的《甲申三百年祭》，从李自成的成功与失败中汲取教训。建国初期，为了整顿贪污腐败的风气，他亲自处理了新中国第一大案——刘青山、张子善贪污案。由于毛泽东同志的自觉革命精神和卓越的政治见识，使中国共产党能够避免历史上由兴到衰的周期率。

在改革开放新的历史时期，艰苦奋斗还要不要？邓小平同志提醒全党："中国搞四个现代化，要老老实实地艰苦创业，艰苦朴素教育要抓紧，一直要抓60至70年。我们的国家越发展，越要艰苦创业。"他又说："现在需要全国的干部，首先是高级干部起模范带头作用，把我们党的艰苦朴素，密切联系群众的传统作风很好地恢复起来，坚持下去"。"现在强调一下艰苦奋斗的作风特别重要，有了这一点，好多事情都会变化，都会好起来。所以现在选干部，特别是选高级干部，要选艰苦奋斗或者比较艰苦奋斗的"。1989年，小平同志在发表的《保持艰苦奋斗的传统》的谈话中指出："10年最大的失误是在教育方面，思想工作薄弱了。在经济得到可喜发展、人民生活得到改善的情况下，没有告诉人民，包括共产党在内，应该保持艰苦奋斗的传统。坚持这个传统，才能抗住腐败现象。"为了体现党中央和邓小平同志的一贯思想，党的第十二次、十三次、十四次全国代表大会都把艰苦奋斗这一口号写进了大会确定的总任务和党的基本路线。江总书记在第八届全国人大第一次会议上把艰苦创业总结为64个字。这充分说明，艰苦奋斗是新时期党的基本路线、基本方针的重要内容，是建设有中国特色社会主义理论的重要组成部分。

艰苦奋斗精神不仅是中华民族的优良传统，而且在西方世界也逐渐成为人们推崇的精神文明成果。资产阶级的人生观，就其思想基础来说就是个人主义和享乐主义，所以是一种腐朽的人生观。现在，在西方国家里，有些政治家和有识之士对享乐主义泛滥、思想堕落、精神颓废深感忧虑。认为要用清廉、简朴的生活方式和思想来挽救世风日下的西方世界。一些国家的经济非常发达，人均国民收入已达上万美元或几万美元，但他们仍然很节俭，精打细算，决不轻易浪费。接待客人的费用算了又算，宴会上仅够吃饱。由此看出，艰苦奋斗的作风作为一种精神力量，是人类改造自然、改造社会的精神动力，它是全人类共同的精神财富，不仅发展中国家需要靠艰苦奋斗摆脱贫困；而且发达国家也要靠艰苦奋斗节省资源，增加积累。因此，艰苦朴素、勤俭节约是世界性的课题，首先是我们共产党人的课题。

(二)在深圳经济特区讲艰苦奋斗具有特殊重要的意义

深圳发展靠什么？一靠邓小平建设有中国特色社会主义理论、党的基本路线的指引和中央的正确领导；二靠党的改革开放好政策；三靠全市广大党员、干部和人民群众艰苦创业、艰苦奋斗的精神。市委大院的“拓荒牛”就是深圳人精神风貌的形象概括。今天，深圳已基本上步入经济发达地区行列，人们的收入和生活水平提高了，还要不要讲艰苦奋斗？回答是肯定的。但现在有些人不喜欢“艰苦奋斗”这几个字了，好像现在提艰苦奋斗过时了，这是错误的。我们不仅不能丢掉艰苦奋斗精神，而且要继续发扬光大。

艰苦奋斗是深圳第二次创业的客观要求。市第二次党代会确定了我市二次创业目标——把深圳建设成为社会主义现代化国际性城市，为国家的现代化建设和保持香港繁荣稳定作出自己新的贡献。二次创业目标经过各级党委、政府规划部署，已经细化为具体方案，正分期分批实施。在整个实施过程中，需要全市党员干部带领人民群众艰苦创业，用艰苦奋斗精神激发人们的积极性、创造性，勇于探索和解决前进中的各种困难和问题；需要用艰苦奋斗精神去紧缩开支，集中财力、物力保证重点建设；需要用艰苦奋斗精神，培养“四有”社会主义公民，提高人们的思想道德文化素质；需要用艰苦奋斗精神去抵制消极腐败现象，引导人们克服那些过度消费的不健康现象。

艰苦奋斗是凝聚党心民心的法宝。我市党员和干部队伍总的来说是保持了艰苦奋斗优良作风的。但是也要看到，一些单位忽视了艰苦奋斗的教育，致使享乐主义、拜金主义和极端个人主义在一些党员干部头脑中滋长起来。丢掉了老传统，忘记了国情民情，讲排场、讲阔气、讲派头，比阔斗富的现象屡见不鲜。一是吃喝玩乐，挥霍公款。现在有的人推崇什么以身体健康为中心，说要工作糊涂一点，生活潇洒一点。饱食终日，经常出入高级宾馆和娱乐场所，工作没有劲头，混日子，如果这样，我们党还有什么战斗力？这个问题我要多说几句。最近，市纪委代市委、市政府起草的反对奢侈浪费的若干规定，第一条就是禁止党政机关工作人员接受可能对公正执行公务有影响的宴请。深圳地方不大，交通也方便，一会就能回到家，不一定非要吃请。企业拿公款请吃，这不是个好事，好多钱都吃掉了，不仅浪费，而且损害党政机关形象。请了这个请那个，好像不请就办不成事，实际上我们机关工作人员并不是非得吃了饭才能办事的嘛。公款吃喝问题江总书记讲了很多次了，讲得非常严肃，要引起我们的高度重视，检查监督、严肃执纪要跟上去。二是购买小汽车和“大哥大”等通信器材的费用持续增长。据统计，去年全市购买小汽车的费用比上年增长较大，尤其是购买通信器材的开支比上年增长69%，大大超过了国民生产总值和地方财政收入增长的速度。当然，我不是说要让大家骑自行车上班、走路去办事，不是说不能用手提电话，问题是要有个限制，要适度，要有个规矩。三是攀比修建高标准办公楼。有的单位一建就几十层，科员每人一间，局长、处长每人一套，配大班桌、大班椅，有的一个桌子就好几万元。有的村镇和企业等基层单位的办公室也十分豪华，每个领导都是一连几个套间，有写字间、卧室、书房，有的甚至还有桑拿浴室。市政府决定近几年停止新建办公楼的审批，这个决定是正确的，也符合上级精神。四是各种纪念、庆典搞得比较滥，有的还发礼品、纪念品。这里我要说一下春茗会的问题。市和区每年都要到香港去开春茗会，目的是招商引资，这是必要的。但是，要不要去那么多人，要不要那么铺张？有的春茗会借机发钱、发东西、摸奖、还搞什么金饰奖品，真是大慷公家之慨！有的春茗会大多数是我们自己的人，港商不多。类似这种情况我看要改进。明年搞春茗会要严格控制本市去的人，要由市、区主要领导和搞经济协作的、吸引外资的、经济管理的、统战工作的有关领导去，由与港商投资有密切关系的人员去，其他无关的人不要去。我们去的人一律不发纪念品。还有荔枝节也要改进，荔枝节要坚持“文化搭台，经济唱戏”，不能搞铺张浪费。你搞他也搞，你送他也送，你请他也请，搞得非常滥，以后不能这么搞。五是会议多，文件过多。过去深圳会堂几乎天天是会，打开电视，翻开报纸，大量会议消息。后来，市委作了一个规定，星期二、三为“无会日”，但并没有完全解决问题，会议的费用也不得了。今后，下去调查研究能够解决问题的就不要开会。有的局两三个领导，成天泡在会上，哪个会都得参加，特别是综合部门，如计划部门、财政部门，哪个会都少不了他们，转着圈开会，你叫他们怎么工作？会多了，没时间调查研究，没时间考虑政策和改革问题，这是个很大的弊病。应该精简会议，能不开的会就不开，或几个会合起来开。一个部门一年开一两个会议就行了。开会时也不要让大家都陪会，谁主管的、谁干的事就让谁参加。会议这么多，不仅浪费大量的钱财，也浪费了很多人宝贵的时间和精力。文件多了看不过来，主要精神吃不透，分不清主次，反而要误事。所以市里发文件要少而精。“文山会海”是个老大难问题，我们深圳要狠下决心，解决好这个问题，希望上下统一思想认识，严格把关，下工夫精简会议和文件，拿出更多的时间和精力到基层调查研究，帮助群众解决实际问题，不然的话，群众对我们的机关作风还是不满意。就目前来说，深圳不少国有企业生产经营相当困难，下岗人员增多；同富裕工程刚起步，不少农村还处于贫困状态；外地的打工仔打工妹收入微薄，与当地比较富裕的反差很大。因此，各级党政机关和领导干部必须发扬艰苦奋斗、勤俭节约精神，与人民群众同甘共苦，保持同人民群众的血肉联系，深入调查研究，关心群众疾苦，只有这样才能团结带领群众实现我们的目标。

艰苦奋斗是遏制腐败的标本兼治措施。江泽民同志指出：“奢侈浪费行为既是产生消极颓废现象的一种常见表现，也是严重腐败问题得以藏身和蔓延的温床，如果不加以整治，后果不堪设想。”这就从理论的高度阐明了艰苦奋斗与反腐败的辩证关系。从我市去年受处分的党员干部分析，经济上贪污受贿的占34.9%，生活上腐化堕落的占9.3%。这些人有的过去是好干部、好党员，曾经是好军人，当过先进模范，后来，丢掉了艰苦朴素的作风，沉湎于灯红酒绿，追求金钱、享乐、美色，最终犯了错误，个别的堕落为腐败分子。可见，讲艰苦奋斗对于深入开展反腐败斗争具有标本兼治的现实意义，既有经济意义，又有政治意义。我相信，我市从抓艰苦奋斗入手，就能找到一个反腐保廉有效的突破口。艰苦奋斗之风在全党兴起之时，就是反腐败斗争取得重大胜利之日，希望各级党组织很好地研究一下，认真落实江总书记讲的发扬艰苦奋斗作风的问题。

（三）深圳要当艰苦奋斗的排头兵

深圳在过去17年，改革开放开先河，“敢闯敢试敢探索”，创造了开拓创新，团结奉献的深圳精神。今天，我们第二次创业，更要发扬艰苦奋斗，自觉奉献精神。

首先，人是要有一点精神的。深圳人要坚决克服小富即安、小富即奢的小生产者思想观念、树立立大志、创大业，赶超“四小龙”，建设现代深圳的志向。向张家港人学习，向陈观玉同志学习，把眼光投向二次创业的大目标中去。讲政治就要讲艰苦奋斗，讲反腐败就要讲艰苦奋斗。党员干部尤其是领导干部要认真学习理论，改造人生观、世界观。要达到这个目的，学习是不可缺少的。如果不看书、不看报，怎么搞好工作？因此，要学习理论，武装思想，这样才能明确方向，才能树立“自律”精神，自觉遵守中央纪委和省纪委的“廉政准则”的规定，管好自己，自省其身，廉政勤政，率先垂范，不辜负党和人民对自己的期望。

其次，市委办公厅要协助各有关部门按照中央、省委的精神，制订出防止铺张浪费，保持艰苦朴素作风的具体规定和可操作性的措施。比如，公款吃喝玩乐问题，能否从报销制度上来限制？通信费、交通费和人员编制经费开支问题能否试行包干制度？我们正在试点，试验成功了就推广。开会问题要立规矩，一个职能部门一年最多开几次大会，什么样的会议谁出席，不要让领导经常陪会，要改变领导不到场就不够重视的观念。发文件也要严格限制，各种杂志、信息、动态、情况要坚决压缩，职能部门一般不要办这类刊物。此外，市委、市政府关于今后两年暂停各类机关办公楼、培训中心的审批，严格限制事业单位新上基建项目，严格控制用公款操办各种庆典活动和各类评比、达标、检查活动，领导干部参加企事业单位的庆典、剪彩活动必须经过组织批准，由市委办公厅统一协调等规定，要坚决贯彻执行。

第三，要加大查处奢侈浪费违纪案件的力度。我们不搞不教而诛，但对教育了不听，有了规定不执行的，就必须严肃纪律，决不能手软。不能搞“下不为例”的事情。毛泽东同志说，贪污和浪费是极大的犯罪。现在贪污受贿已引起社会公愤，有的只能背地里偷偷摸摸地搞，但奢侈浪费却大摇大摆、明目张胆地干。我们要加强思想教育，要像警惕贪污受贿一样警惕奢侈浪费；要健全制度，像防范贪污受贿一样防止奢侈浪费；要加大执纪力度，像整治贪污受贿一样整治奢侈浪费。贪污受贿的干部要罢官，奢侈浪费的干部也不能重用，严重的也要罢官。对那些公款吃喝玩乐，甚至公款赌博、嫖娼、包养情妇的；对慷公家之慨，挥霍浪费造成重大损失的；对违反规定滥发礼品、纪念品的；对盲目决策，造成国有资产严重损失和流失的人和事，要依纪依法严肃查处。

最后再强调一点，这次会议是贯彻中央纪委、省纪委第八次全会精神，市纪委作了具体部署，作了决议，关键是要狠抓落实。落实的关键是领导要亲自抓，要带头。首先，领导要做出好样子，在艰苦奋斗、廉洁自律方面作表率；第二，主要领导干部对本单位本部门的反腐保廉工作要负总责，要时时抓、亲自抓。第三，对于违法违纪的，要坚决查处，决不手软。第四，要建立制度和法规，逐步消除滋生腐败的土壤。我相信，在广大党员干部和人民群众共同努力下，今年我市的反腐败斗争和党风廉政建设一定能取得更大的成效。

发挥深圳经济特区优势，辐射、带动京九铁路沿线区域经济发展

——在京九沿线经济发展研讨会上的发言

（1997年3月）

京九铁路沿线地区是我国最具发展潜力的新的经济增长带之一。京九铁路开通运营，对缓解南北运输紧张状况，完善路网布局、充分发挥运输综合效益，适应扩大开放，发展经济和加快沿线革命老区脱贫致富，维护港澳地区稳定和繁荣，都具有重大意义。深圳要借助京九铁路沿线区域快速发展的契机，加快第二次创业步伐，力争早日建设成为社会主义现代化国际性城市。

一、建立经济特区以来深圳经济社会的发展情况

（一）国民经济持续快速健康发展，综合性经济实力进入全国大中城市前列

从1980年到1995年的16年间，从主要经济指标来看，全市国内生产总值平均递增35.5%，工业总产值年均递增56.3%，固定资产投资总额年均递增46.8%，社会消费品零售总额年均递增41.8%，外贸出口总额年均递增53.3%，地方预算内财政收入年均递增50%。从企业的发展来看，市属国有企业的总资产由1.61亿元增加到1195.7亿元，国有净资产由0.61亿元增加到266亿元，实现利润由0.15亿元增加到59.3亿元。在创造和保持“深圳速度”的同时，产业结构逐步调整优化，经济增长的质量和效益不断提高，形成了良好的“深圳效益”。据国家国有资产管理局的统计，1995年我市国有企业国有资产总额在全国各省市列第23位，实现利润居第四位，五项主要效益指标均居全国第一位。其中，总资产报酬率为7.2%（全国平均3.7%），净资产利润率为12.9%（全国平均3.7%），资本收益率为21.5%（全国平均3.9%），销售利润率为9.8%（全国

平均2.0%)，获利倍数为2.17(全国平均1.31)。1996年，全市国内生产总值中第一、二、三产业的比重为1.7∶49.3∶49.0，高新技术产品产值占全市工业总产值的比例达28.7%，工业产品销售率97.4%，工业经济效益综合指数为154，工业全员劳动生产率(按增加值计算)5.17万元/人。

1992年1月，邓小平同志再次亲临深圳视察，发表了重要谈话，极大地推动了深圳特区的改革和发展。小平同志视察后的5年，是深圳发展得最快、最好的时期，主要经济指标大都翻了两番多。1996年，我市国内生产总值达到950亿元，为1991年236.66亿元的4倍，年均递增26.4%；工业总产值(1990年不变价)1062亿元，为1991年288.8亿元的3.68倍，年均递增29.8%；社会消费品零售总额342.27亿元，为1991年91.94亿元的3.7倍，年均递增30.1%；外贸出口总额212亿美元，为1991年的2.6倍，年均递增21.1%；实际利用外资24.22亿美元，为1991年5.8亿美元的4.17倍，年均递增33.1%；地方预算内财政收入131.5亿元，按同口径比较，为1991年27.3亿元的4.82倍，年均递增43.9%。目前，我市国内生产总值居于全国大中城市第四位，外贸出口总额已连续第四年居全国大中城市首位。

(二)基础设施日益完善，城市功能不断增强

建立经济特区以来，深圳用10多年的时间走完了世界上其他城市上百年的发展历程，初步形成了现代化城市的规模和格局，供水、供电、交通、环保等设施进一步完善，投资环境不断改善。至1996年底，城市建成面积299.5平方公里(其中特区101平方公里)，日供水能力328万吨，发电装机容量387.8万千瓦，电话装机容量140多万门，是我国第五个电话装机容量超百万门的城市，教育、文化、体育、卫生等设施日益配套。

作为我国目前唯一拥有陆、海、空口岸的城市，深圳已建成国家一类口岸13个。1996年，深圳口岸入出境人员6321万人次，约占全国的50%；入出境车辆853万辆次，约占全国的70%。深圳机场1996年旅客吞吐量434.6万人次，居全国空港第四位。由东西部8个港区组成的深圳港已成为全国八大港口之一。1996年集装箱吞吐量58.9万标箱，由国内港口第七位跃居第四位。随着京九铁路的开通，我国纵贯南北的两条交通大动脉在深圳汇接，深圳作为交通运输枢纽和连接国际国内两个市场重要通道的功能，得到了进一步的加强。

（三）坚持探索和试验，经济体制改革不断深入

我们围绕建立社会主义市场经济体制这一目标，坚持解放思想，实事求是，大胆进行了一系列改革试验，概括地说，就是努力建立和完善十个体系：1. 以市场为基础的价格体系；2. 与国际惯例接轨的国民经济核算和企业会计核算新体系；3. 新的国有资产管理体系；4. 包括各种生产资料、生产要素以及企业产权在内的市场体系；5. 多层次多形式的社会服务体系；6. 社会共济与自我保障相结合的社会保障体系；7. 以公有制为主体、多种经济成分相互依存和融合的所有制体系；8. 以按劳分配为主，效率优先、兼顾公平，保持“两个低于”的企业自主分配体系；9. 以宏观、间接管理为主，面向全社会的政府管理和调控体系；10. 适应特区社会主义市场经济发展要求的法规体系，从而初步形成了社会主义市场经济体制的基本框架。

近年来，我市紧紧抓住企业改革这个中心环节，积极推进各项改革，使之相互配套、互相促进，推动了经济体制和经济增长方式的转变，推动了特区发展从主要依靠优惠政策向提高整体素质，增创新优势的转变。

在开展企业改革的同时，我们还进行了住房制度改革、户籍制度改革、口岸改革、现代企业制度改革、金融财税改革等一系列改革。这些改革推动了我市第二次创业的步伐，保证了我们建设有中国特色社会主义事业的顺利发展。

（四）社会主义精神文明建设不断加强，经济社会协调发展

在发展社会主义市场经济和对外开放的条件下，深圳的精神文明建设较早地面对着一系列新情况、新问题，市委、市政府始终坚持“两手抓，两手都要硬”的方针，下大力气认真解决精神文明建设方面所面临的问题：一是努力加强以爱国主义为核心的思想道德建设；二是优先发展教育，努力建设“教育强市”；三是繁荣文化事业，努力建设“现代文化名城”；四是狠抓社会治安综合治理；五是大力加强环境综合治理；六是创建安全文明小区成效显著；七是军警民共建精神文明活动不断深入；八是大力加强民主法制建设，积极推进“依法治市”；九是大力加强廉政建设，增强反腐保廉力度。

在实践中，我市逐步摸索出了加强社会主义精神文明建设的三条路子：一是把城市的精神文明建设与安全文明小区的建设相结合；二是把农村的精神文明建设与农村股份合作制的奖惩制度相结合；三是把企业的精神文明建设与建立现代企业制度、培育企业文化相结合。通过各种行之有效的办法，切实把社会主义精神文明建设的目标、任务落实到基层。

(五)坚持走共同富裕道路,初步发挥了对内地的示范、辐射和带动作用

在深圳特区的建设和发展过程中,市委、市政府始终把服务全国、走共同富裕道路作为特区工作的基本方向、重要原则和义不容辞的历史责任,努力增强对内地的辐射和带动功效,逐步摸索出一条“帮带结合,以带为主”的路子,具体来说,就是“七帮七带”。

“帮”,就是发挥共产主义精神,力所能及地帮助和扶持“老、少、边、穷”欠发达地区增强“造血”功能和提高素质,脱贫致富。一是设立经济合作基金,二是为内地培训干部,三是对口扶持省内外部分市县,四是对口招工,五是援建希望小学,六是开展一个职工家庭资助一个失学儿童的“1+1”助学活动,七是灾害救助。目前,由市、区两级财政以每年可用财力的2%设立的经济合作基金,已向省内外部分欠发达地区投放了6.2亿元,扶持了247个项目;在本市范围内,正在组织实施“同富裕工程”,扶持帮助416个欠发达自然村的经济社会发展。通过有组织地开展“特区与老区、山区心连心活动”,全市已捐赠7000多万元,为延安、井冈山等11个地区援建希望小学142所,资助6万多名失学儿童复学。

“带”,就是按照市场经济的规律,推动生产要素的合理流动,实现优势互补,带动内地共同发展。具体形式,一是深圳的劳动密集型企业向内地转移,二是专业化协作配套,三是到内地投资开发,四是通过参股控股改造内地老企业,五是深圳外贸企业到内地建立加工生产基地,六是与内地实施科技与智力的联合开发,七是积极参与“光彩事业”。随着深圳经济实力的增强,这种优势互补、共同发展的带动作用将越来越大。

深圳建立经济特区以来在两个文明建设方面所取得成就和所产生的示范、带动和辐射作用,证明了邓小平建设有中国特色社会主义理论的科学性和创造性;向全世界显示了有中国特色社会主义的强大生机与活力;证明了党中央、国务院兴办经济特区、赋予特区特殊政策的战略决策不仅是正确的,而且是成功的。经济特区已成为我国实行改革开放的一个重要象征,产生了巨大的国际影响。

二、深圳第二次创业的任务、目标和工作思路

随着全国建立社会主义市场经济体制目标的确立，经济特区的发展进入了提高整体素质、增创特区优势的新阶段。1994年6月和1995年12月，江泽民同志两次亲临深圳视察，代表党中央重申了经济特区的“三个不变”，要求我们“增创新优势，更上一层楼”，更好地发挥深圳特区对外开放的“窗口”作用，经济体制改革的“试验场”作用，对内地的示范、带动和辐射作用，对保持香港繁荣稳定的促进作用。按照党中央的要求，我市在1995年召开的第二次党代会提出，再用15年时间进行第二次创业，把深圳建设成为社会主义现代化的国际性城市，更好地为全国、全省改革开放和现代化建设的大局服务。

深圳第二次创业总的指导思想是：以邓小平建设有中国特色社会主义理论和党的基本路线为指导，以“抓住机遇，深化改革，扩大开放，促进发展，保持稳定”的方针总揽全局，以增创新优势、提高整体素质为根本措施，以率先建立社会主义市场经济体制和运行机制、优化经济结构、完善城市功能为重点，以建立高新技术产业基地和区域性金融中心、信息中心、商贸中心、运输中心及旅游胜地为突破口，以加强党的建设和精神文明建设为保证，把深圳建设成为社会主义现代化的国际性城市。“九五”期间，我市经济和社会发展的主要目标是：到2000年，国内生产总值比1995年翻一番，全市实现宽裕的小康，部分区、镇达到比较富裕的水平，整体经济质量和效益有较大的提高，精神文明建设和党的建设、党风廉政建设、民主法制建设上新的水平。

当前和今后一个时期，我们将下大力气增创各个方面的新优势，包括：增创改革开放的新优势，保持国民经济持续、快速、健康发展；增创基础设施新优势，实现城市功能现代化和国际化；增创依法治市新优势，全面提高管理水平；增创科技兴市新优势，提高人的整体素质；增创横向经济联合新优势，增强辐射和带动功能；增创深港合作新优势，促进香港的繁荣稳定；增创社会主义精神文明建设新优势，促进社会全面进步等等。总之，要尽最大的努力，使深圳成为两个文明建设协调发展、经济社会全面进步的先进城市。

“九五”期间，我们总的工作思路是：

1. 切实实行“三个转变”。在切实实行中央提出的“两个转变”的同时，结合深圳的实际，切实实行特区发展从主要依靠优惠政策向提高整体素质、

增创新优势转变，把工作的立足点放在苦练内功、向内使劲上，努力从政策优势型转向体制优势型，功能优势型。

2. 把握三个工作要点。一是要按照市场经济规律，按照国际惯例，大胆探索、大胆试验，在更高层次和更宽领域推进改革开放，二是要认真实行“科教兴市”战略，三是切实推进“依法治市”。

3. 贯彻“三个协调发展”的方针。努力实现第一、二、三产业协调发展，特区内、特区外协调发展和两个文明建设协调发展。

4. 实施“三个一批”和“三点一线”的发展战略。大力发展金融服务体系、信息网络体系，商贸展览体系和海陆空运输体系，加大工业投资和技改投资的比重，形成一批支柱产业和主导产业；培植发展一批跨行业、跨地区、跨国经营有能力参与高水平国际经济合作与竞争的大型企业集团；加快产品结构的调整，重点扶持一批技术含量高、形成规模、信誉好、知名度高的名牌产品。同时，进一步实施内地、深圳和国际市场“三点一线”的发展战略，推动“外引内联”向更高层次发展。

在精神文明建设方面，我们根据党的十四届六中全会精神和深圳的实际，制定了《深圳市社会主义精神文明建设“十五”规划》，主要内容是要努力搞好“十大工程”：一是理论建设工程，把邓小平建设有中国特色社会主义理论的学习，研究和宣传不断引向深入，推动深圳第二次创业的实践；二是思想道德建设工程，加强社会公德、职业道德、家庭美德和个人品德建设，弘扬开拓、创新、团结、奉献的“深圳精神”；三是文化建设工程，创作优秀作品，坚持正确的舆论导向；四是教育建设工程，提高全体市民的科学文化素质；五是科技建设工程，推进“科教兴市”；六是环境建设工程，加强社会治安综合治理和环境综合治理，创造安全文明的工作生活环境；七是文明“窗口”建设工程，提高“窗口”单位和行业的服务水平，树立良好的工作作风和行业新风；八是群众性精神文明创建工程，深入开展“做文明市民、创文明单位、建文明城市”系列活动，提高城市文明程度；九是“双拥”共建工程，进一步密切军政、军警民关系；十是法制建设工程，全面推进依法治市。

三、发挥深圳经济特区的整体优势，进一步加强与京九铁路沿线地区的经济技术合作

京九铁路是我国本世纪90年代最伟大的工程之一。京九铁路建成通车，对加快实现我国现代化战略目标，促进沿线广大地区的发展，调整地区产业布局，确保香港的繁荣稳定具有重要的现实意义和深远的历史意义。深圳特区经过17年的建设和发展，综合经济实力进入全国大中城市前列，但是要实现第二次创业的宏伟目标，我们面临的问题和困难还很多，特别是深圳的自然资源相对不足，各种生产要素对内地的依赖性强。因此，加强深圳与京九铁路沿线地区经济技术合作，既是促进京九沿线地区国民经济的发展，实施邓小平同志提出的“共同富裕”构想战略步骤的需要，同时也是充分发挥深圳对内地的示范、辐射和带动作用，促进深圳第二次创业的需要。正是基于这些考虑，市委、市政府十分重视深圳与京九沿线地区的经济技术合作工作，特别是京九线开通之后，我们组织市委政研室、市政办公厅、经协办和市综合开发研究院等单位就深圳与京九沿线地区开展经济技术合作工作进行了广泛而深入的调研，基本形成了加强深圳与京九沿线地区经济技术合作的一些设想。

（一）深圳与京九沿线地区经济技术合作的现状

从深圳特区建立到1996年，深圳与沿线省市的投资总额达到74.8亿元（不含中央部委在深投资）。其中，工业占52%，商贸业占17%，房地产业占18%。合作投资中，深圳在京九沿线省市投资24.9亿元，占67%。其中，工业占62%，商贸业占5%，房地产业占11%。沿线省市在深投资49.9亿元，占67%。其中，工业占48%，商贸业占23%，房地产业占22%。这一方面表明，深圳特区的建立和高速发展得到了包括京九沿线地区在内的全国人民的大力支持，同时反映出沿线地区在利用深圳改革开放先行试验的优势带动自身经济发展，从而加强与深圳经济基础合作方面有强烈的愿望。另一方面，随着深圳经济的快速发展，特别是实施“三点一线”战略以来，深圳对沿线地区的投资逐年加大，经济技术合作水平明显提高，在带动沿线地区经济发展中的作用日益增强。

（二）深圳今后与京九铁路沿线地区发展经济技术合作的指导思想

加强深圳与京九铁路沿线地区的经济与技术合作的总体设想是：以铁路

为纽带，以市场为导向，打破行政区划的限制，协调沿线地区的整体发展战略，培育和创新区域经济合作新模式和新机制，优化沿线地区资源配置，改善产业结构和生产力布局，形成人流、物流、信息流、资金流通畅互动的开放式市场环境，推动沿线各地区经济的协调发展，缩小差距。同时要以国家整体利益为本，用战略的眼光寻找京九沿线的产业发展方向，使京九沿线产业及经济带融入华南经济圈、长江流域经济圈和环渤海经济圈之中，成为京沪线与京广线产业带之间的第三个产业带。

加强深圳与京九沿线地区经济与技术合作，我们首先要遵循市场经济规律，按照互惠互利和平等合作的原则，取长补短，优势互补，分工协作，共同发展。京九铁路穿越9省市、24个地区的84个县市，辐射范围很广。因此，加强深圳与沿线地区的经济技术合作，我们还要坚持循序渐进、先易后难、分步推进、以点带面、逐步推开的方针，首先是在城市功能比较齐全的交通枢纽城市重点合作建设关联性、互利性强的产业项目，然后利用产业关联性和产业发展规律，逐步扩大合作，带动沿线广大地区在工农业及金融、科技、信息等各个领域的广泛深入的合作。

(三)深圳与京九沿线地区进一步合作的主要领域与前景展望

在现有合作基础上，深圳与京九沿线地区的未来经济技术合作主要集中在以下几个方面：

——交通运输。双方利用现有港口、铁路、公路等交通设施，开展江河海联运、海陆空联运，调节沿线地区客货流量与流向，加强交通运输合作，使京九沿线地区借助深圳通道直接进入香港市场和国际市场。

——产业转移与合作。深圳要借助京九线，按照市场经济规律，将第一次创业中形成的一些传统产业、劳动力密集型产业等，逐步进行调整、优化和转移，加强与沿线地区合作，尽快形成高新技术产业、金融、贸易、旅游、信息、运输等六大支柱产业。

——市场开放。随着京九沿线经济带的形成和市场的发育和发展，加强沟通，互通有无，形成共同市场。

——相互投资。至1996年底止，深圳在内地的投资总额已达146亿元。京九开通之后，深圳已有许多企业做出依托京九交通优势、抢占京九沿线经济发展制高点的决策，进一步发挥资金、技术、管理方面的优势，对口相互支持和帮助老区的经济发展，加强经济合作。

——资源开发。京九沿线地区约为50万平方公里，农业资源丰富、矿产资源丰富、劳动力资源丰富、旅游资源丰富，借助京九沿线丰富的自然、经济资源，使它与深圳的一些优势结合起来，将形成巨大的新的生产力。

——利用外资。据不完全统计，围绕京九铁路经济开发的招商项目已超过300亿元，这必将推动整个内地的对外开放，同时也将推动深圳的改革开放和与沿线地区的合作再上新的台阶。

领导同志要有正确的人才观

——在1997深圳市优秀年轻干部推荐月活动动员大会上的讲话

(1997年4月)

同志们:

市委召开的这次会议很重要。子彬同志作了动员报告,讲得很好,我完全同意。润生同志还要代表市委回顾总结去年全市优秀年轻干部推荐月活动情况,具体部署今年全市优秀年轻干部推荐月工作。希望同志们按照子彬、润生同志讲话精神和会议要求抓好落实。

下面,我着重讲两个问题。

第一个问题:领导同志在推荐培养选拔优秀年轻干部时要有正确的人才观

古人说:“为政之本在于任贤。”这里讲的“贤”,用今天的话来说就是德才兼备。这句古老的格言是经过长期实践凝结而成的,对于现代的各级各类领导同志仍然十分珍贵。国家人才选好了,国家就会兴旺。企业人才选好了,同样企业就会发达。群众是创造历史的主人。中国由于有了第一代、第二代和第三代核心领导人的正确领导,有了建设有中国特色社会主义理论的正确指导,才能稳住阵脚,坚定地走社会主义道路。反面的例子很多,教训也很深刻。“文革”期间,小人得势,“四人帮”猖獗,给国家和人民带来巨大灾难。所以,如何选人用人自古以来就是大学问。用什么人,怎么用人,值得我们好好思考。历史上有著名的“楚汉相争”,刘邦在庆功会上说:“夫运筹帷幄之中,决胜千里之外,吾不如子房;镇国家,抚百姓,给饷馈,不绝粮道,吾不如萧何;连百万之众,战必胜,攻必取,吾不如韩信。”为什么刘邦能够取得胜利呢?就是因为他善于使用这些杰出人才。相反，由于项羽不会用人，自以为是，最后导致兵败垓下、自刎乌江的悲剧结局。毛泽东同志说得好：“领导者的责任，归结起来主要是出主意、用干部两件事。”邓小平同志也指出：“善于发现人才，团结人才，使用人才，是领导者成熟的重要标志之一。”由此可见，推荐培养选拔人才是领导同志的重要职责，对优秀年轻干部的推荐培养选拔是否得当，直接关系到领导的效能、事业的成败和国家的兴衰。江泽民同志希望深圳“增创新优势，更上一层楼”，我们必须明确，没有一大批出类拔萃的人才的努力奋斗，这新一层楼是上不去的，新优势也是创不出来的。无论增创什么新优势都离不开人才。当前，在发展社会主义市场经济、进行深圳第二次创业的过程中，各级领导同志面临的任务是光荣而艰巨的，更需要各方面人才的共同努力。领导同志必须能够正确地推荐培养选拔优秀年轻干部，可以说，不会举贤荐能的领导者是一个不称职的领导者。

领导同志在推荐人才时要有正确的态度，归纳起来，主要有以下四个方面。

（一）要有爱才之心

人才是党和国家的宝贵财富，我们共产党的干部必须爱才。党的事业不是某家某人的私产，而是千百万人民群众的千秋大业。深圳贝来实验室的带头人，试验10余年，双手都烧坏了，创造出全新概念的发电机，引起国内外关注和肯定。还有一位留美博士回国后定居深圳，开发了许多高科技的生物工程和产品，产生了很好的效果。在经营管理方面的优秀人才也有很多，他们都是深圳的宝贵财富。这些年来，市委、市政府爱护人才，为人才脱颖而出和正确使用创造条件，做了很多工作，也取得了很大成效，但还不够，需要继续努力。当领导的还要看到，有些优秀人才埋头苦干，奋力拼搏，像拓荒牛一样，不考虑个人的名利得失，不围绕领导转圈子，因而不容易被领导重视。这种情况下，更需要领导同志有爱才之心，深入到工作和群众之中去发现推荐人才。爱才如宝，是领导同志应有的品质，也是正确推荐优秀年轻干部的基础。

（二）要有识才之眼

识才首先必须相信人才是有的，而且就在我们的现实生活之中。十一届三中全会以来，中央一再强调指出，只要我们清除长期以来在用人方面“左”的错误影响，人才就在我们的身边，人才就一定可以大量涌现。唐代文学家韩愈写道:“世有伯乐,然后才有千里马。千里马常有,而伯乐不常有。”现代领导者都应该成为新时代的伯乐。

识才要看一贯表现。特别是在国家、集体和个人利益发生冲突,在遇到困难和危险的关键时候,最能识别个人的本质。现在有的干部在关键时候,满脑子个人主义,斤斤计较个人得失,个人利益一点也碰不得,有的为了个人的位子、票子、房子等到处公关,拉关系,找后台,走门子,这样的干部一个也不能用。

识才要看实绩。实践是检验真理的唯一标准。不能只看他说得怎么样,更主要看他做得怎么样。识别企业的优秀人才,我们要走群众路线,看他的工作实绩,了解近几年企业的经济效益、经营情况和开拓业绩,然后挑选为国有企业改革和发展勇于拼搏的优秀人才。现在有的会计师事务所不顾职业道德,只要企业给钱就可以为企业做假账,搞虚假利润。这种现象必须坚决纠正,否则我们就推荐不出真正为企业竭忠尽智的好领导。

识才要辨别忠奸。古人云“大奸似忠,大诈似信。”这种大奸似忠的人,不仅扰乱领导者识才,而且一旦工作发现失误,他们更会谗言陷害人才,严重损害党的事业。事实上,那些善于恭维奉承拍马屁的人,正是那些最容易把事情弄坏的人。而那些能够经常指出批评自己的缺点与错误的人,却是对于事情最有帮助的人,最可宝贵的人。领导同志要能够识别忠奸,千万不能亲小人远君子。小人的私利一旦得不到满足,立刻反目成仇,反过来陷害领导,这样的事我们这里不少。要千万警惕这些人。领导同志的视线一旦被小人挡住了,就选不出好的人才。

(三)要有护才之魄

人才的脱颖而出常常会遇到种种困难和阻力,尤其是拔尖人才的破土而出更是如此。保护人才首先就要在人才脱颖之时给予足够的支持,理直气壮地给他们撑腰。鲁迅一针见血指出:“我觉得中国有时是极爱平等的国度。有什么稍稍显得突出,就有人拿了长刀来削平它。”鲁迅先生抨击的虽然是旧中国的情形,但平均主义思想和丑陋的嫉贤妒能心理至今仍笼罩着某些人的头脑。在现实生活中,那些好犯“红眼病”,喜欢拨弄是非者,大多是不把精力用在事业上,而是用在个人钻营上。相反,那些事业上的强者,大多把精力和才智都耗费在事业的拼搏上,无暇顾及这些无聊的争斗对自己的伤害,对某些社会习俗和传统偏见的压力缺乏抗争能力。在这种情况下，领导同志要理直气壮地给人才以支持和保护，敢于扶正祛邪。领导者要保护人才，特别要注意消除流言飞语的影响，以正视听。现在陷害、诬告好人者有之，一旦发现，要坚决从严惩处。把精力放在陷害好人的人，绝不是贤才，做领导者眼睛要亮。

人才也会犯错误，也会在工作中失误。既是人才总是勇于探索的，在探索过程中的错误与失误甚至会更多一些。在这种情况下更需要领导同志帮助和保护人才。领导同志是既帮助他纠正错误又首先把责任担当起来呢，还是怕受牵连、落井下石呢？这是两种截然不同的态度。我们各级领导同志必须坚持前者舍弃后者。特别是组织人事部门的领导同志更应该在人才有困难时要帮助，有毛病时也要帮助，把这两方面的工作都做好。

（四）要有举才之德

优秀的领导者应该有举荐人才的美德。这对于国家和人民的事业有利，同时对领导功能的有效发挥也有利。要大胆举荐优秀人才，不能搞武大郎开店，必要时还要带头让贤。优秀领导者应该像老师一样培养人才。学生超过老师，是老师最大的光荣。当领导者相形见绌的时候，就应有勇气让贤。这是很不容易做到的事情，但作为领导者要有这样的德。

领导举荐要公开化。一般说来，对一个人才的组织指挥能力和学识水平最了解的应该是他的主管领导。领导同志通过向下属人才布置任务，督促、检查、观察其完成任务的过程和结果，能够获取对其基本素质和综合能力的全面评价资料。因此，领导者的举荐有一定的可信度。但是，为了防止极少数领导者以权谋私，提携亲信，必须建立健全一定的有效保障制度，明确规定凡是基层领导者荐举的人才，必须经过上级领导和组织部门认真考察，领导班子集体研究，才能做出最终决断。

领导同志要鼓励人才自荐。古往今来，不少有作为的人才是通过自我推荐脱颖而出的。通过自荐，可以引起人们对这位人才的关注，争取到继续发挥才能和显露才能的机会和条件。这两年我们面向全国招聘的部分局级干部，都是自荐来的。在去年招聘干部中就有的在年终考评时被评为优秀。当然，自荐者也需要有自知之明，对自己的才能做出比较准确的判断，还需要有勇气和胆量。有的人虽然有抱负有才干但未能充分显露，当有了机会却又没有胆量自我推荐，错过了时机，终生遗憾。敢于自荐也是一种难得的品格。从社会方面看，尤其是领导同志应该给自荐者撑腰。要排除传统观念的束缚，不要把自荐与“伸手要官”、“狂妄自大”、“出风头”等同起来，落选后就议论纷纷，给自荐者造成精神压力；更不能用扭曲的病态心理来看待那些想有所作为的人才渴望在事业上取得成功的急切心情。

第二个问题：进一步健全让企业优秀人才脱颖而出的选人用人机制

各级组织人事部门、市级资产经营公司和企业党组织要努力创造生动活泼的、让企业优秀人才脱颖而出的选人用人机制。近年来，市委、市政府为了坚持党对国有企业的领导，充分发挥国有企业党组织的政治核心作用，促进国有企业的发展，正在努力造就这样一种机制，取得了一定成绩。关于企业选人用人机制问题，我强调两点意见。一是要充分发挥市企业高级经理人才评价推荐中心的职能作用。在坚持党管干部原则的指导下，市委市政府在去年推荐月动员大会上，宣布成立了市企业高级经理人才评价推荐中心。该中心运用科学的程序和方法，对企业高级经理人才进行搜寻、评价、培训和推荐。这是一个很好的尝试和改革，经过一年的运作，已经收到了良好效果。市级各资产经营公司的领导同志要支持评荐中心的业务开展，共同做好这项改革探索工作。二是企业内部要建立一套好的用人机制，使优秀人才不断地成长起来。要把坚持党管干部原则同完善企业选人用人机制结合起来，同保证厂长（经理）和董事会依法行使用人权结合起来，深化企业人事制度改革。在怎样用人的问题上，党委书记、厂长（经理）、董事长要达成共识，同心同德，不能争来扯去。分你的人还是我的人，这样用人肯定用不准用不好。国有企业党组织参与企业重大问题决策是发挥政治核心作用的重要职责和基本途径，厂长（经理）、董事长要理解和支持。党组织要支持、帮助董事会和经营班子在选人用人上做到任人唯贤、科学公正。同时党组织和领导人员要努力提高参与决策的能力和水平。对企业领导人员的推荐、考察、任免应建立健全必要的制度和工作程序，认真实施，坚决防止和纠正选人用人上的不正之风。董事会和经营班子在对重要人事问题决策前，应听取、尊重党委的意见，重要人事决策的执行情况，及时向党委通报。这样做，大家都出以公心，以事业为重，企业的用人问题就能得到很好的解决。

同志们，这次会议是今年全市开展优秀年轻干部推荐月活动的动员大会。今年的推荐月活动时间比去年提前了一个月。希望全市各级领导同志从战略上全局上深刻认识搞好国有企业的重大意义，以高度的政治责任感和历史使命感，为市属国有企业推荐优秀年轻的后备领导人员。我相信，在各级党组织、广大党员干部和人民群众的共同努力下，今年我市的优秀年轻干部推荐月活动一定能够取得更大成绩。随着一大批企业后备领导人员的健康成长，我市国有企业的改革和发展一定会更加兴旺，社会经济发展一定会更快更好，为我市第二次创业作出新的贡献。

在市科协第四次代表大会开幕式上的讲话(摘要)*

(1997年5月)

同志们:

深圳市科学技术协会第四次代表大会今天隆重开幕了。我代表市委、市政府,向大会表示热烈的祝贺!向全市各条战线的广大科技工作者,表示崇高的敬意和亲切的慰问!

市科协"三大"会议以来的四年间,深圳的社会经济持续快速健康发展,以高新技术产业为标志的深圳科技事业兴旺发达,蒸蒸日上,90年代深圳科技事业的长足发展和依靠科技进步推动经济发展所取得的可喜成绩,凝聚着全市科技工作者的智慧和汗水;你们在第二次创业中继续弘扬"开拓、创新、团结、奉献"的深圳精神,为我市科技和经济的发展作出了重要的贡献。市委、市政府和全市人民由衷地感谢你们。

科学技术是推动社会进步的最强大的杠杆。深圳要发展,科技需先行。深圳经济发展要保持速度与效益相统一,在国际、国内的合作与竞争中取得更大的主动权,根本出路在于必须进一步把发展高新技术产业抓紧抓好。

"发展高科技,实现产业化。"这是小平同志生前对全国科技工作者的殷切期望,也是他对深圳经济特区的谆谆嘱托。江泽民总书记视察深圳时指出,发展高新技术,深圳是有基础有条件的,也是有很大潜力的,在这方面我们应该带好头,做好示范,尽快形成自己的优势。高新技术产业的优势起来了,就可以推动深圳的整个经济和技术上一个新台阶。当前,全市的科技工作者正在围绕市委、市政府提出的"三个一批"的经济发展战略,实施科技三大工程,即大力发展高新技术的电子信息、生物工程、新材料三个主导产业,扶持和培育

* 原载《深圳特区报》1997年5月21日。

26家大型高新技术企业，开发19个高新技术名牌产品；到本世纪末，使全市的高新技术产品产值达到占工业总产值的35%以上，从而使深圳高新技术产业的技术档次、经济规模、企业效益接近国际先进水平，使深圳成为我国重要的高新技术产业基地。市委、市政府相信你们将不负重托，勇挑重担，为深圳第二次创业建功立业。

这里，我衷心地向全市的科技工作者提几点希望：

一是科技工作者要奋力拼搏，在科教兴市的伟大实践中实现自己的理想和社会价值。

广大科技工作者认真学习、深刻领会江泽民总书记在中国科协“五大”开幕式上重要讲话的理论内涵和精神实质，高举爱国主义旗帜，坚持建设有中国特色社会主义政治方向，积极投身于经济建设的主战场。要围绕市委提出的在深圳率先实现两个根本性转变的任务，大力加快高新技术产业的发展，做好用高新技术改造传统产业、武装第三产业这篇科技大文章。要抓住香港回归的有利时机，加快深港两地科技优势的互补，为保持香港繁荣稳定起到积极的促进作用。全市的科技工作要有历史的紧迫感，励精图治，在科教兴市和深圳第二次创业的伟大实践中实现自己的理想和社会价值。

二是加速跨世纪的人才培养，建立起宏大的高科技人才队伍。

人才是科技要素中最可宝贵的资源，充分发挥广大科技工作者的聪明才智，培养和造就更多更优秀的科技人才，是深圳实现第二次创业目标的保证和基础。我们要加速跨世纪的科技人才的培养，这不仅是市委、市政府的殷切希望，也是每个科技工作者的神圣职责。中老年科技工作者要提携青年科技工作者，举贤荐能，青年科技工作者要勤学敬业，开拓进取。我们还要有针对性地培养一批既懂科学技术、又熟悉经营管理和国际惯例的复合型高级人才，以满足高新技术领域国际合作和竞争的需要。同时，要特别重视造就一批能进入国家“863”高科技项目的青年学术带头人和技术带头人，为深圳的高新技术产业发展储备源源不断的高级人才。

我们常讲要“尊重知识、尊重人才”、“创造人才脱颖而出的好机制”，那么，怎么叫“尊重知识、尊重人才”呢？怎么样创造人才脱颖而出的机制呢？就是让人才有价值，让人才的创造成果有价值。所谓有价值，就是有社会价值和经济价值。

三是弘扬科学精神，争做社会主义精神文明建设的排头兵。

科技进步是社会主义精神文明建设的重要基石。广大科技工作者要认真学习贯彻党的十四届六中全会和《深圳市精神文明建设“九五”规划》，高举科学旗帜，弘扬科学精神，加强科普工作，运用各种手段和方式，向全市人民特别是各级干部传授科学知识、科学思想、科学方法，反对封建迷信和愚昧落后的生活方式，揭露和抵制各种伪科学、反科学行为，为提高全市人民的科学文化素质和思想道德素质而不懈努力。

四是科协要充分发挥桥梁与纽带作用，为推进科技进步再立新功。

深圳市科协作为我市科技工作者的群众组织和市委、市政府领导的人民团体，是深圳发展科技事业的重要社会力量。市科协及其所属团体，人才荟萃，希望你们在实施科教兴市战略中，更好地发挥桥梁与纽带作用，进一步团结和动员广大科技工作者，为加快我市的科技进步，推动经济发展再建新功。

推动科技进步是全党全民的历史性任务。各级党委和政府要不断改善和加强对科协工作的领导，重视和支持各级科协的工作，为他们充分发挥作用创造必要的条件。特别要重视发挥科协在科学论证、决策咨询等方面的作用，促进政府决策的科学化、民主化，使科协成为市委、市政府带领全市人民进行第二次创业的参谋部门之一。

同志们，我们正处在一个新时代的起点，这是一个中华民族空前强盛，科学技术日新月异，发展机遇层出不穷的伟大时代。科技进步作为我市社会和经济发展的重要载体，对于深圳迈向21世纪，实现第二次创业目标，具有举足轻重的作用。深圳科技进步的速度，不仅决定着深圳在本世纪末乃至下一个世纪的经济发展水平，更直接关系到我市社会经济发展战略目标能否顺利实现。全市的广大科技工作者，应以此为光荣，以此为己任，不辱历史使命，为深圳的美好未来再创佳绩，再添光彩！

在欢送驻香港部队进驻香港大会上的讲话

（1997年6月）

尊敬的习仲勋同志，尊敬的驻香港部队司令员刘镇武将军、政治委员熊自仁将军，尊敬的驻香港部队全体官兵，同志们，朋友们：

在举世瞩目的香港回归政权交接仪式举行前夕，在普天同庆香港回归祖国之际，我们深圳市委、市政府暨各界代表在这里隆重举行大会，热烈欢送驻港部队进驻香港。首先，我代表中共深圳市委、深圳市人民政府和全市深圳人民，向驻港部队全体官兵致以最热烈的祝贺和崇高的敬意！

中国人民解放军驻香港部队进驻香港，是中国政府恢复对香港行使主权的象征，是香港繁荣稳定的基本保证。香港政权交接和解放军进驻香港，标志着外国侵略者强加在中华民族身上的百年耻辱得到彻底洗雪，标志着邓小平同志“一国两制”的伟大构想变成了现实。人民军队过香江，军威国威天下扬。此情此景，任何一个中国公民和炎黄子孙都会为之激动，为之骄傲，为之自豪！部队胜利地进驻香港，不仅在中国人民解放军建军史上写下了光辉的一页，而且在中国和世界的现代史上，也将写下浓重的一笔。这不仅是驻港部队和全军的光荣，也是全世界炎黄子孙的光荣！

驻港部队是威武文明之师。驻港部队组建以来，牢记全国人民的重托和自己的特殊使命，认真贯彻邓小平关于新时期军队建设的思想，认真贯彻江泽民总书记关于全面加强部队建设的一系列重要指示，大力加强革命化、现代化、正规化建设，努力做到政治特别坚强、军事特别过硬、纪律特别严明、作风特别优良、保障特别有力，迅速树立起威武之师、文明之师的良好形象，展现了人民军队的勃勃英姿。深圳的各界代表、香港的知名人士多次参观了驻港部队的军事表演、营区面貌，深深感受到这支部队不愧为具有光荣历史和革命传统的英雄部队。驻港部队的好思想、好作风、好经验、好传统，永远值得我们学习。

驻港部队为支援深圳特区建设作出了重大贡献。这支部队继承和发扬了人民军队爱人民的光荣传统，与深圳人民同呼吸、共命运、心连心，大力支持特区的改革开放和现代化建设，积极开展拥政爱民和“军民共建”活动，为推动特区的两个文明建设作出了突出贡献，立了大功。在此，特向驻港部队全体官兵表示衷心的感谢！

驻港部队在深圳这块土地上组建以后，与我们结下了深厚的感情。军爱民，民拥军。军民团结一家亲。深圳现在是、将来也是驻港部队的坚强后盾和可靠后方。我们市委、市政府和各界群众，将一如既往地关心、支持驻港部队的建设，继续做好部队的后勤保障工作，努力为驻港部队的官兵排忧解难。我们要以实际行动，支持驻港部队进港后顺利履行神圣职责，确保稳定繁荣。

同志们，朋友们！香港回归意义重大，香港回归之后继续保持繁荣稳定意义更为重大。同样，部队进港意义重大，进港之后能够不辱使命意义更为重大。因此，香港回归后，我们在各自不同的岗位上肩负着共同的责任。让我们共同携手，坚决贯彻江泽民总书记的指示，高举邓小平建设有中国特色社会主义理论的伟大旗帜，进一步深化改革、扩大开放，推动两个文明建设上新台阶，利用我们的优势，在继续发挥“窗口”作用、“试验场”作用及“示范、辐射和带动”作用的同时，充分发挥促进香港繁荣稳定的作用。我们相信，驻港部队进港后，一定能够忠实地履行《基本法》和《驻军法》赋予的神圣职责，发扬人民军队的优良传统的作风，圆满完成香港的防务任务，为保持香港繁荣稳定立新功，为五星红旗和八一军旗增添光彩！

最后，祝愿驻香港部队工作顺利，万事如意！

谢谢大家！

深入学习贯彻江总书记在中央党校重要讲话精神，以优异成绩迎接党的十五大召开

——在市委工作会议上的讲话

（1997年7月）

同志们：

这次市委工作会议时间不长，内容丰富，中心是研究部署如何以迎接党的十五大召开为动力，做好下半年的各项工作。上午，子彬同志就如何贯彻落实中央13号文件精神和做好下半年工作讲了话，容根同志传达了全省县委书记学习会的精神，都讲得很好，我完全同意。明天，与会同志还要进行分组讨论。下面，我就深入学习贯彻江总书记在中央党校重要讲话精神，做好下半年的工作，以优异成绩迎接党的十五大召开，讲四点意见。

一、高举邓小平建设有中国特色社会主义理论的伟大旗帜，把各级领导和党员干部的思想统一到江总书记重要讲话精神上来

5月29日，江泽民总书记在中央党校省部级干部进修班毕业典礼上发表了重要讲话。讲话站在跨世纪的历史高度，抓住关系我国社会主义前途命运的根本性问题，作了全面、深刻、科学的论述。这个讲话，对于统一全党思想，对于开好党的十五大，把社会主义改革开放和现代化建设事业推向前进，具有极其重要的现实意义和深远意义。它是党中央第三代领导集体高举邓小平建设有中国特色社会主义理论伟大旗帜、带领我国胜利跨越21世纪的政治宣言。讲话发表后，我市各级领导和党员干部进行了认真的学习，对讲话精神有了一定的理解。但是，无论从学习的深度，还是从运用这个讲话精神指导工作方面来说，前段的成果都仅仅是初步的。我们讲迎接十五大，最首要、最根本的，是

要把思想切实统一到江总书记重要讲话精神上来，要把继续深入学习贯彻江总书记重要讲话精神，作为加强思想政治建设的战略任务，作为指导工作的根本方针来抓。区、局以上单位理论学习中心组、各级党校轮训、各级党组织的党日活动和其他思想教育活动，都要把学习领会总书记重要讲话精神作为重要内容，反复学习领会，统一思想。宣传舆论部门要继续加大宣传力度，指导和帮助党员干部掌握好总书记讲话的基本精神。

学习贯彻江总书记重要讲话，要在领会基本精神、把握主要观点、深化认识、统一思想上下工夫。根据前段大家学习的体会，要努力做到“六个不动摇”：一是高举邓小平建设有中国特色社会主义理论的伟大旗帜不动摇。江总书记关于坚持邓小平建设有中国特色社会主义理论就是真正坚持马克思主义、毛泽东思想，高举邓小平建设有中国特色社会主义理论旗帜就是真正高举马克思主义、毛泽东思想旗帜的重要论断，鲜明地确定了邓小平建设有中国特色社会主义理论的历史地位，阐明了邓小平建设有中国特色社会主义理论在社会主义现代化建设中无可替代的指导作用。我们要毫不动摇地高举邓小平建设有中国特色社会主义理论旗帜，更加深入地学习和掌握建设有中国特色社会主义理论，更加自觉地坚持党的基本路线。二是坚持一切从社会主义初级阶段的实际出发不动摇。江总书记的讲话重申并精辟地阐述了初级阶段理论，具有很强的针对性和指导性。我们要深刻认识初级阶段理论的科学性，牢牢把握现阶段的主要矛盾以及解决这一矛盾的基本方针，抓住发展社会生产力这个根本任务不放，坚持摈弃那些超越阶段的错误观念和做法，坚持从国情出发、从深圳的实际出发，去认真解决改革开放和现代化建设中遇到的实际问题。三是坚持解放思想、敢闯敢试不动摇。江总书记关于坚持“三个有利于”的标准，“努力寻找能够极大的促进生产力发展的公有制实现形式，一切反映社会化大生产规律的经营方式和组织形式都可以大胆利用”的论述，对我们党是一次新的思想解放。我们要深刻领会把握这一重要思想，进一步打破旧观念、旧框框，敢闯敢试敢探索，在“努力寻找”和“大胆利用”上做好“文章”，加大改革力度，在全面建设社会主义市场经济体制方面取得新的发展。四是坚持社会主义现代化建设三个方面协调发展不动摇。要向江总书记要求的那样，经济体制改革要有新的突破，政治体制改革要继续推进，精神文明建设要切实加强。任何时候都不能偏离经济建设这个中心，围绕这个中心搞好政治体制改革和精神文明建设。五是坚持大力加强党的建设不动摇。要按照江总书记的要求，努力在党内造成一种能够认真学习的风气、民主讨论的风气、积极探索的风气、求真务实的风气，努力建设一支高素质的干部队伍，把各级领导班子建设成为政治坚强、清正廉洁的班子，勇于探索、求真务实的班子，开拓进取、团结奋斗的班子，并带领全市人民实现深圳第二次创业的宏伟目标。六是紧密团结在以江泽民同志为核心的党中央周围不动摇。江总书记重要讲话所体现的基本思想再一次证明，以江泽民同志为核心的党中央的第三代领导集体，是高举邓小平建设有中国特色社会主义理论伟大旗帜、把我国改革开放和现代化建设事业全面推向21世纪的坚强领导核心。在这个核心的领导下，我们的事业会更加兴旺，我们的前途会更加光明。我们要用创造性的工作，用我们两个文明建设的成果，来维护党中央的权威和迎接十五大的召开。

江泽民总书记要求我们经济体制改革要有新的突破、政治体制改革要继续推进、精神文明建设要切实加强。那么，我们必须认真研究在哪方面“突破”，怎么去“突破”。

首先，要在认识上有新的突破。一是要认识社会主义市场经济的内涵。社会主义市场经济是在社会主义条件下，建设市场经济。就市场经济的规律而言，没有姓“资”姓“社”之分。无论资本主义国家还是社会主义国家，都必须遵循市场经济规律才能获得成功；二是生产关系必须适应生产力的发展水平，才能解放和发展生产力。生产关系无论是超前，还是滞后都会阻碍和破坏生产力的发展。过去，我们不顾生产力发展水平的客观条件，不断对生产关系采取“革命行动”，使之“前进”，使生产关系超越了生产力的发展水平，而破坏了生产力。生产关系中的所有制，不是越公越先进，衡量生产关系是否先进的唯一尺度是生产力发展水平。在社会主义初级阶段的生产力水平上，只能是以公有制为主体、多种所有制并存共同发展；三是社会主义初级阶段公有制的实现形式也不仅仅是国家所有制和集体所有制，而是多样性的，如社区所有、社团所有、社会基金所有等等都是公有制的实现形式；四是股份制经济是适合于现代化大生产的财产组织形式，能推动生产力的发展，它不存在姓“资”姓“社”问题。在股份公司中，广大劳动者持有股权，是在劳动者实行劳动联合的基础上，劳动者的报酬一部分转化为投资的资本联合起来，形成劳动者的资本联合，这种企业组织形式不仅有利于生产力的发展，也有利于工人阶级成为财产的真正主人；五是劳动创造的剩余价值，在做出必要的各种扣除之后，劳动者参与剩余价值的分配是一种朝着社会主义方向发展的社会进步。不但推动生产力的发展，而且能够驱动职工为国家、集体和个人的长远利益而奋斗；六是政治体制改革与经济体制改革相辅相成，必须同步进行。上层建筑要不断适应经济基础，上层建筑不能超越经济基础而“先进”，也不能滞后于经济基础。“先进”和滞后都会阻碍和破坏生产力的发展。

其次，是实践的突破。实践的突破是认识突破的来源，认识的突破也必然推动实践的进一步突破。那么，我们在实践上有哪些突破呢？一是要努力总结、探索、寻找促进生产力发展的公有制实现形式，大力推进股份经济、股份合作经济、混合所有制经济的发展。总结探索社区所有经济、社团所有经济、社会基金所有经济等的公有制经济实现形式；二是科学技术是第一生产力，因此，科学技术作为一种资本投入（无论属于群体或个人均可），与现代化大生产相结合，与现代的企业组织形式相结合，实行技术入股，并建立风险投资基金机制，会大大推动生产力的发展。我市要进一步推进和规范；三是现代企业的经营管理是一门科学技术，因而，现代企业的科学管理也属第一生产力范畴。把科学管理技术作为资本投入，与现代化大生产和现代企业组织形式相结合，让经营管理者（群体或个人）占有股权，同样会大大推动生产力的发展。在这方面我们还要认真探索；四是实行企业员工在本企业普遍持股制度，是公有经济实现形式的一个重大改革和突破。无论职工持股的比例多大，均属公有制范畴，是社会主义的发展和进步。我市已有两年多的试验，有些成功经验，要继续扩大、规范和提高；五是在我市农村和城市社区已普遍实行的股份合作经济组织形式，是社区所有的集体经济，要认真总结规范，全面推动，使之健康发展；六是对我市国有、集体企业必须立足建立现代企业制度，转换企业内部经营机制，建立起国家、集体和职工利益相一致的利益机制，使职工既参加劳动分配又参加企业剩余价值分配的长期有效的激励机制和随之而产生的建立在群众基础上的强有力的内部约束机制。在此基础上，优化产权结构、企业组织结构和产品结构，建立法人治理结构，抓好大企业集团的建立和放活小企业的工作才能事半功倍。如果企业内部机制不转换，企业的规模越大，亏空就可能越大。

学习贯彻江总书记重要讲话精神，在提高认识的基础上要结合实际开展调查研究，为贯彻落实十五大精神做好准备。现在距十五大召开时间已经不长了，各级党委和政府及各部门根据江总书记讲话的精神，结合深圳的情况把经济体制改革、政治体制改革和精神文明建设继续推向前进，特别是公有制企业的改革要有明显的进展。

二、坚持敢闯敢试敢探索，全面建设社会主义市场经济体制

邓小平同志要求广东20年基本实现现代化，这是我们为之奋斗的目标。我们实现现代化之日，就是我市完成第二次创业任务、全面建成社会主义市场经济体制之时。

全面建设社会主义市场经济体制，是我们第二次创业的根本任务之一。全面建设社会主义市场经济体制至少包括下列内容：

一是公有制企业改制工作全面完成，建立起较完善的现代企业制度，使公有制企业适应市场经济要求，充满生机和活力，使公有制企业、混合所有制企业和非公有制企业在同一个市场上公平竞争。

二是有较完备的商业化、市场化、法制化、现代化的金融资本市场体系，并使产业资本与金融资本有机结合。

三是正确处理好以市场手段为基础配置资源与行政手段配置资源的关系。必须切实保障市场配置资源的基础地位和主体地位，行政手段的宏观管理和宏观调控必须在以市场为基础配置资源的基础上进行，它是对市场配置资源负面效应的预防和调控，而绝不是在宏观调控为主下的市场配置资源，更不能回到主要以行政审批手段配置资源的计划经济轨道。为此，必须进一步精简机构，减少审批，真正实行政企分开。

四是建立起完善、健全的全方位服务的社会服务体系和社会保障体系，实行法制化的公开、公平、公正的开放和竞争有序的社会服务。

五是建立起现代化的、与国内外衔接的信息化工程和信息化网络，用信息技术改造和装备各行各业，从而提高生产力、提高办事效率，提高人民生活质量，提高城市现代化管理水平。

六是在更深层次、更宽领域、更高水平上扩大对外开放，特别是发挥区位优势，对港、澳、台的开放要进一步加强。按市场经济规律办事，与国际通用惯例衔接，扩大对外合作与交流，加速贸易体制改革，开拓国际市场，扩大对

外贸易。对外商投资者扩大国民待遇范围，积极吸引外商企业特别是大跨国公司来深投资。进一步完善保税区政策，健全保税区功能。

七是要建设完备的城市功能。要在高科技产业发展的基础上，大力发展第三产业，使之能提供全方位的社会经济服务，特别是金融、证券、信息、贸易、展览、运输、旅游等方面的服务。城市基础设施不断适应和满足经济社会发展的需要。实行可持续发展战略，加大污水、废气和噪音的治理力度，环境保护要走在全国前列。

八是建立起能促进生产力发展的分配机制，以按劳分配为主、与其他分配形式相结合的分配机制，并以法律手段保护合法收入，打击非法收入，调控收入差距过大以达到社会公平。

九是有较完备的、适应市场运作的法律规章体系。政府机关依法设立，政府部门依法行政，法律意识深入人心，人人生活在法制的环境当中，保障市场经济和整个社会正常有序地运作和发展。

十是城市居民的素质大大提高，形成优良的建立在爱国主义、集体主义、社会主义基础上的社会主义精神风貌，开拓、创新、团结、奉献的深圳精神得到切实发扬。各类人才成批涌现，建立起人才培养、选拔、使用的科学用人机制，大力实行人才的教育开发工程，使之适应和满足经济社会发展的需求。

上述是我们全面建立社会主义市场经济体制的主要方面，请大家在讨论中修改补充。我们要加倍努力，为实现这一目标而奋斗。

当前，为落实江泽民总书记“5·29”讲话精神和迎接十五大的召开，应该做好两方面的工作。一方面做好设计、规划、论证和协调工作，积极向上级争取批准推进我市改革开放方面的有关政策。譬如：引进港、澳、台中小银行政策、外商银行试办人民币业务、引进合资的投资银行、证券公司和保险公司问题、金银市场问题、企业集团设财务公司，建立高科技风险投资基金等问题；又譬如口岸未来监管模式设计与改革、24小时通关、边检职业化等问题；还譬如有关保税区一系列政策完善问题、高科技外资企业进口设备免关税问题，还有与香港衔接跨境大型项目和其他大型项目审批问题等等。这一类事情必须积极主动地争取上级批准，这些政策和项目落实了我们才有所突破有所前进。

另一方面的工作是不需经过上级批准我们自己就可以做的。我们必须抓在手里，不失时机地抓紧抓好，譬如国有企业抓大放小、资产结构的优化、现代企业制度的建立、组建大企业集团；引导高科技企业发展的有关政策规定；资产经营公司利用金融市场直接融资，进行资本运作；商贸企业的外贸代理制、发展连锁经营、建立配送中心；信息资源库的建设和共享，信息网络的联通，信息化应用范围的扩大；政府职能的进一步转变，减少政府审批事项；各种社会保险基金的完善和扩大覆盖面；安全文明小区的创建，社会治安和环境的综合治理；各方面法规的建立和完善等等。各单位都要以这两方面的工作为突破口，力争抓出成效，以实际行动迎接十五大召开。

三、“讲文明、树新风、创三优、争一流”，巩固和发展“迎回归”工作的成果

上半年，在党中央、国务院的正确领导和统一部署下，市委、市政府把做好“迎回归”的工作作为严肃重要的政治任务，抓住了这个历史机遇，加强领导，精心组织，广泛开展“迎回归、创三优、争一流”活动，全市人民兢兢业业，忘我工作，为迎接香港回归祖国做了大量工作，圆满完成了中央代表团、观礼团和内地筹委的接待任务和欢送驻港部队进驻香港，为香港回归作出了我们应有的贡献。中央办公厅、国务院办公厅专门发来感谢电，广州军区和驻港部队也先后发来感谢电和感谢信，充分肯定我市“迎回归”的各项工作成绩。通过“迎回归、创三优、争一流”活动，我市社会治安、市容市貌、服务水平、社会秩序等各项工作都迈上了一个新台阶。同时，培养和形成了一种勇于争先、争创一流的进取精神，这是一笔宝贵精神财富，是“深圳精神”的充分体现。最近，中央文明委和省文明委召开了电话会议，部署开展“讲文明、树新风”活动，要求在文明言行、环境卫生、服务质量、交通秩序四个方面取得成效。这项活动与我市开展的“创三优、争一流”活动的目标是一致的。根据中央和省委的要求，结合我市的实际，市委号召全市人民积极开展“讲文明、树新风、创三优、争一流”活动，以文明的风尚、优美的环境、优质的服务、优良的秩序迎接党的十五大胜利召开。

（一）反对奢侈浪费，树立艰苦奋斗、勤俭节约的社会风尚

今年1月，江泽民总书记在中纪委第八次全会上作了题为《大力发扬艰苦奋斗的精神》的重要讲话。根据这个讲话精神，党中央、国务院作出了关于党政机关厉行节约制止奢侈浪费行为的若干规定。我市也制定颁布了相应的规

定和贯彻意见。今天上午,子彬同志又作了全面部署。现在的问题是如何去贯彻落实。我们开展"讲文明、树新风、创三优、争一流"活动,首先是要坚决反对奢侈浪费行为,树立艰苦奋斗、勤俭节约的社会风尚,要通过这一活动,把全社会的风气带好。

反对奢侈浪费行为,树立艰苦奋斗、勤俭节约的社会风尚,关键是各级领导干部要率先垂范。一种良好的社会风尚,首先是各级领导要身体力行、做出好样子。江泽民总书记说:"上梁不正下梁歪,中梁不正倒下来。"因此,各级领导干部必须从执政党生死存亡的高度充分认识铺张浪费、奢侈腐败问题的严重危害性,按照江总书记的讲话精神,自觉做到艰苦奋斗、勤俭节约、吃苦在前、享受在后,永葆共产党人的本色,从我做起,从本部门、本单位做起,从每一件小事做起,从而带动全社会风气的明显好转。今天,我在这里郑重向全市宣布一项市委常委会议决议:今后,除了重要外事接待活动和上级机关领导来深视察工作、外省市来访接待活动需要陪餐外,市领导和机关工作人员一律不得参加企业和企业领导人用公款宴请的活动。请全市人民公开监督。同时,希望全市党委、政府领导都要制定相应的措施,敢于向全社会公开承诺,自觉接受群众监督。要求下面做到的,自己首先要做到,要求下面不做的,自己首先不做。各级领导班子要把制止奢侈浪费行为,树立艰苦奋斗、勤俭节约之风作为加强自身建设的重要任务来抓。下半年,我们检查反奢倡俭工作,首先检查领导班子和领导干部。希望从我们市委、市政府开始,一级带一级,使反奢倡俭的工作真正得到落实,在十五大召开之前,要按照子彬的要求逐项落实,取得明显的阶段性成果。各级领导干部肩负着管理社会政治、经济、文化等各行各业的重任,"独善其身"还不够,还要管理好自己所属的部门和部下。同时,树立艰苦奋斗、勤俭节约的社会风尚,不仅仅是领导干部的责任,同时也是全社会共同的责任。因此,各级领导干部要认真教育和引导各级党政机关和本单位的干部职工,牢固树立艰苦奋斗、勤俭节约的良好风尚,坚决制止和反对铺张浪费、奢侈腐败行为。属于下面的问题,领导管理要严,不能放任自流。只有全市人民广泛参与"讲文明、树新风、创三优、争一流"活动,共同反对奢侈浪费行为,共同树立艰苦奋斗、勤俭节约之风,我们的党风和社会风气才能真正好起来。

（二）广泛动员全社会参与，深入开展群众性精神文明创建活动

开展“讲文明、树新风、创三优、争一流”活动，是群众性精神文明创建工作的重要组成部分，也是人民群众移风易俗、改造社会的伟大创造。动员群众直接参与群众性精神文明创建活动，将市民的思想道德教育和身体力行很好地结合起来，可以使群众在亲自参与的实践中受到熏陶和感染，对于提高全体市民的思想道德文化水平，形成团结互助、平等友爱的人际关系和文明健康、规范有序的社会风气，具有重要的意义。

多年来，我们在社会主义精神文明建设实践中，深入开展了丰富多彩的群众性创建活动，取得了喜人的成果，涌现出“深圳特区精神文明好六连”、“沙头角模范中队”、“广东省学雷锋标兵”陈观玉、“全国文明村镇示范点南岭村”等一大批文明的先进单位和个人，我市还先后荣获了“国家卫生城市”、“国家园林城市”、“全国双拥模范城”称号。通过广泛开展群众性精神文明创建活动，广大市民受到生动具体的爱国主义、集体主义和社会主义教育，在全社会逐步形成了良好的社会风气和高尚的道德情操。今年下半年，我们要继续开展第四届文明市民、文明单位、创建文明单位积极分子以及文明企业评选活动，通过开展评选活动进一步推动全市市民、各单位、各行业文明创建活动的广泛开展。今年的各项先进评选活动要纳入“讲文明、树新风、创三优、争一流”活动之中。要依靠群众，动员群众，移风易俗，改造社会，实现优美环境、优良秩序、优质服务，树立一代新风，争创现代文明城市。要进一步搞好社区文化建设试点。在企业，要加强企业职工思想政治工作和企业文化建设；在农村，努力创建文明户、文明企业和文明村镇。充分激发市民的家园意识，增强市民的环境意识，号召市民从“我”做起，从现在做起，讲文明、树新风，把每一个人自己的文明言行与深圳市的文明形象紧密联系起来，为特区的城市文明增光添彩。要继续做好双拥工作，促进军警民共建精神文明活动，巩固创建“全国双拥模范城”的成果。

创建活动重在落实，贵在坚持。良好行为的养成，文明素质的提高，社会风气的改善，需要日积月累，持之以恒。各单位、各部门、各行业要根据自己的实际，确定阶段性目标，务必使“讲文明、树新风”活动取得实实在在的效果。年底，我市将召开“讲文明、树新风、创三优、争一流”工作总结表彰大会，总结经验，表彰先进，树立典型，大力推动全市精神文明创建活动的深入开展。

(三)加大社会治安综合治理力度,努力维护社会政治稳定

要切实加强隐蔽战线的斗争。当前,国内外敌对势力的渗透破坏活动是影响我市社会政治稳定的首要因素。由于我市紧邻港澳,又是改革开放的"窗口",西方敌对势力不会放弃渗透破坏活动。国内"两非"、"两乱"分子也将在深圳作为他们与西方反动势力相对呼应的联结点。特别在党的十五大召开这个时期,国内外反动势力必然会虎视眈眈,千方百计搞破坏。我们决不能有一丝一毫的松劲麻痹思想,我市隐蔽战线上反渗透、反破坏的工作只能加强,不能放松。政府部门必须把它作为维护社会政治稳定的首要任务来完成。国家安全部门、公安部门要提高发现、控制能力,严密防范和打击敌对势力的渗透破坏活动。同时,在迎接党的十五大的召开期间,要积极配合首都做好安全保卫工作,确保会议期间不发生大的政治和治安事件。外事等有关部门都要主动配合国家安全和公安部门,开展反渗透、反破坏斗争。

要继续严厉打击严重刑事犯罪活动和经济犯罪活动。近几年来,通过加强社会治安综合治理和接连不断开展专项斗争,我市的治安形势明显好转,人民群众安全感增强。但我们不能盲目乐观,我市的社会治安状况与中央、省的要求还有很大距离,有的群众还不时受到侵害。所以,各级政法部门要继续坚持"严打"方针,针对治安突出问题加大"严打"斗争力度,在巩固成果的基础上,再创佳绩。要通过严厉打击各种严重刑事犯罪,坚决把各种严重刑事犯罪的发案率进一步降下来,实现社会治安的根本好转。要继续深入开展"扫黄打非"斗争,清除"七害",净化社会环境。同时,各级党委、政府和政工部门,要把打击经济领域的犯罪活动作为两个文明建设的一项紧迫任务,摆上重要议事日程,切实抓紧抓好,加大对经济大案要案的查处力度。

要正确处理新时期人民内部矛盾,认真解决人民群众关心的热点难点问题,进一步密切党群关系。随着改革开放的不断深入和利益格局的调整,新的社会矛盾不断出现,社会稳定面临着严峻考验。如果我们的头脑不清醒,不下大力气解决社会热点难点问题,妥善处理好新时期人民内部矛盾,很有可能引发群体性突发事件,影响社会政治稳定。各级党委、政府和各部门把妥善处理新时期人民内部矛盾作为保持社会稳定,密切党群关系的政治任务来抓,同心协力,互相配合,切实把热点难点问题解决好,全力排除社会不稳定因素,让人民群众的日子过得更美满更安定。

要进一步推进安全文明小区建设，以创建活动带动社会治安综合治理和环境综合治理各项工作的落实。开展群众性创建安全文明小区活动，是加强社会精神文明建设，推动讲文明、树新风活动深入开展的一种好形式，也是实现两个综合治理有机结合、保证社会长治久安的重要举措。各级党委、政府必须坚持不懈把创建安全文明小区活动抓好，确保今年全市规划606个小区创建任务的顺利完成，继续巩固871个安全文明小区的创建成果，努力把我市创建安全文明小区工作推上一个新水平。抓好安全文明小区建设，必须把综合治理的各项措施落实到小区。要下大力气建立并完善社会治安管理和防范网络，强化以公安干警为骨干、各部门紧密配合、广大群众积极参与的全市治安专群结合的联防体系，力争实现社会治安状况的根本好转。

（四）进一步加大城市环境整治力度，不断提高城市环境建设水平

大力整治市容环境，是深圳市建设现代化国际性城市的基本要求。今年以来，我们紧紧抓住迎接香港回归这一历史机遇，加大了城市环境整治的力度，狠抓了拆除城市违章建筑、清理“三无”人员、整治乱摆卖、落实“辖区三包”责任制、抓好口岸改造、整治道路交通秩序、提高园林绿化水平等八项重点工程。通过整治，我市城市面貌焕然一新，以良好形象迎接香港回归。

当前，我们要结合开展“讲文明、树新风”活动，进一步巩固、扩大已有的工作成果，持续深入地开展全市环境整治工作。一是继续抓好城市净化工作，巩固环境整治成果。防止“脏乱差”现象回潮，特别是要防止违章建筑物死灰复燃，防止“三无”人员以及街头卖花女、乞丐、擦车仔等有损特区形象的现象重新蔓延，防止乱摆卖、乱张贴、乱停放现象再度泛滥。扩大战果，消灭脏乱差死角。城市环境综合治理是一项长期工程，不能紧一时松一时，各部门、各单位，要做到标本兼治，在加大整治力度的同时，针对实际情况建立健全各种规章制度，努力做到依法治理，使城市能够经常性地保持优美的环境。二是抓好城市绿化工作。经过几年大抓绿化工作，我市城市森林覆盖率达52.7%，其中城区绿地率达40.9%，人均公共绿地面积34.1平方米，这三个指标均高于国家达标标准。在此基础上，我们要进一步抓好市政园林建设和公共场地绿化、垂直绿化等工作，形成具有亚热带特色的多层次绿化系统，提高绿化档次。特别是所有“黄土裸露”的地方都要全部覆盖绿化，使全市森林覆盖率从52%提高到60%以上。三是抓好城市美化工作。继续加强市政基础设施的建设、维护和管理。有计划地对市政道路进行大修改造,保证路灯完好。继续整治户外广告标牌和路标牌,统一规划,统一标准,提高档次,美化城市。

(五)继续加强机关建设和"窗口"行业建设,进一步提高服务水平

各级党政机关在改革开放和现代化建设中肩负重大责任。深圳作为改革开放的"窗口"城市,机关工作人员和全市各"窗口"行业代表了深圳特区的对外形象,是香港同胞和海内外朋友了解社会主义制度的主要"窗口"。因此,机关建设和"窗口"行业建设在我市显得尤为重要。"迎回归"活动开展以来,我市机关建设和"窗口"行业建设进步明显。在文明程度、机关作风和服务水平上,都比过去显著改进,开始塑造了特区政府高效廉洁、优质服务的形象,并涌现出一批荣获国家级表彰的先进机关。但是,机关中的不廉洁现象仍然存在,机关办事效率还有待提高,机关建设还有大量工作要做,"窗口"行业建设的成果要进一步巩固和发展。各单位、各部门要切实加强干部队伍的思想政治建设,树立全心全意为人民服务的思想,发扬艰苦奋斗、真抓实干、奋发进取的工作精神,坚持依法治市,克服官僚主义,清除腐败现象,提高工作效率,形成良好的工作作风和服务质量,努力发挥机关对全社会的模范带头作用,在全国同系统、同行业中争创一流成绩。要继续推进依法行政工作,把机关建设提高到一个新的水平。各级党政干部特别是领导干部要切实转变观念,改变过去那种主要依靠行政手段、行政命令管理社会经济事务的旧思想旧方法,要学会善于用法律、经济、市场的手段管理经济和社会,不断提高干部队伍的自身素质,做到敢于依法行政,善于依法行政,推动行政管理和领导决策的科学化、民主化、规范化和制度化。建设文明窗口,要重视各行业的职业道德教育,首先从群众关注、社会影响大的行业入手,并逐步扩大到其他行业,重点是提高口岸、公安、边防、工商、税务、旅游、卫生、邮电、交通、金融以及供水、供电、供气等"窗口"行业的职业道德水平和服务质量。

总之,精神文明建设必须与经济体制和政治体制改革同步进行,才能提高人们的素质,才能保障经济和社会健康发展。

四、切实加强党的建设和领导班子建设,保证各项任务的完成

容根同志上午传达了省委召开的县委书记学习会和谢非书记讲话的精神,这个会议精神非常重要。特别是谢非书记的讲话非常有针对性,是加强党

的建设，特别是加强领导班子建设的新的动员令。我们要认真研究落实。结合我们的情况，我讲四点：

一是我们市的领导班子根据工作需要届中调整已到位，希望同志们在各自的岗位上认真做好工作，熟悉新情况，研究新问题，深入群众调查研究，不断解决群众中迫切需要解决的问题。加强团结与合作，给广大干部群众做出好样子。希望大家不但给予支持和帮助，更要加强监督。

二是明年上半年区里要换届，区里的领导同志要以大局为重，积极工作，保持稳定，创造佳绩。不要为了个人位子，不安心工作。一方面请同志们放心，我们坚决贯彻任人唯贤的原则，坚决抵制各种不正之风，一切从工作出发，从广大群众的利益出发，把换届准备工作做实、做好；另一方面，也希望同志们顾全大局，不计较个人得失，愉快服从组织决定。

三是加强基层党组织建设。首先是企业基层党组织建设要加强。现在，企业改革和转换经营机制、优化资产结构、加强经营管理等任务非常艰巨，因此，必须切实加强企业党的领导，贯彻党的路线、方针、政策，确保国有资产的安全和增值，确保企业经营班子依法履行职权职责，充分发挥党员和职工的积极性，维护广大职工的权益，增强企业凝聚力，处理好国家、集体和职工个人的利益关系；其次是农村基层党组织，特别是欠发达村的党的建设要切实加强，要向南岭村学习，向张伟基同志学习，成为带领群众文明致富的领导核心和带头人。按照“五个一”的要求，使欠发达村切实改变面貌，把“同富裕工程”建设好，最终使群众得到利益。

四是反腐败斗争要切实加强。首先是领导干部带头廉洁自律，自觉接受监督。其次是建立规章制度，并认真检查，以制度管人。再次是坚决查处大案要案，各司法部门要坚决依法办案，狠狠打击各种刑事和经济犯罪。

同志们，我们面临的任务非常繁重，让我们紧密地团结在以江泽民同志为核心的党中央周围，振奋精神，同心同德，扎扎实实，埋头苦干，推动我市两个文明建设迈上新的台阶。

全民动员　提高认识　完成扶贫帮困任务

——在“深黔携手扶贫帮困”动员大会上的报告(摘要)*

(1997年7月)

一、统一思想,提高认识,认真贯彻落实中央扶贫开发工作会议精神

去年9月,党中央、国务院召开了中央扶贫开发工作会议,并做出了《关于尽快解决农村贫困人口温饱问题的决定》。江泽民总书记、李鹏总理等党和国家领导人发表了重要讲话,要求进一步统一全党、全国人民的认识,动员全社会的力量,加大扶贫开发的力度,坚决完成国家“八七”扶贫攻坚计划。中央认为,今后5年扶贫任务不管多么艰巨,时间多么紧迫,也要下决心打赢这场攻坚战,啃下这块硬骨头,到本世纪末基本解决贫困人口温饱问题的目标绝不能动摇。中央下了这么大的决心要解决贫困人口温饱问题,并把帮扶贵州省黔南州和毕节地区的光荣而艰巨的任务交给了深圳市。这是党中央、国务院对我们深圳的信任和希望,我们必须下定决心,全力以赴,全民动员,坚决把党中央、国务院交给的任务完成好。为此,必须提高认识,统一思想。

首先,实施扶贫帮困是由我们党的宗旨和社会主义制度的性质所决定的。我们党的宗旨是全心全意为人民服务,我们搞社会主义是要解放和发展生产力,消灭剥削和贫穷,最终实现共同富裕,小平同志早就指出,贫穷不是社会主义。一部分人富起来一部分人长期贫困,也不是社会主义。鼓励和支持一部分有条件的地方先富起来,先富帮后富,最后达到共同富裕,这是社会主义的本质要求。改革开放以来,深圳和沿海其他省市利用国家赋予的优惠政策和区位优势,经过10多年的艰苦奋斗,经济发展较快,经济实力大大增强,人民生活相对比较富裕。而西部欠发达地区由于自然的、历史的、社会的多方面原因,虽然与过去相比有了很大发展,但有相当一部分人家仍然没有脱贫。因

* 原载《深圳特区报》1997年7月10日第一版。

此，党中央、国务院适时作出沿海东部省市帮扶西部省区的战略决策，完全符合小平同志的战略思想，充分体现了社会主义制度的本质特征。我们要把扶贫帮困工作作为义不容辞的职责和任务来完成。

第二，开展扶贫帮困是事关大局的政治任务。党的十四届五中全会和八届人大四次会议确定，到本世纪末，我国人均国民生产总值要比1980年翻两番，要基本消除贫困现象，人民生活达到小康水平。只有实现这些目标才能全面完成现代化建设的第二步战略部署，并为下个世纪的更大发展奠定坚实的基础。也就是说，实现小康目标，不仅要看全国的人均收入，还要看是否基本消除了贫困现象。如果不能消除贫困现象，东西部地区发展的相对差距进一步扩大，就会影响全国小康目标的实现，影响整个社会主义现代化建设的进程。

小平同志指出，让一部分有条件的地区先富起来，然后，在不削弱发达地区活力的前提下，先富起来的地区支援贫困地区，这是逐步缩小地区发展差距，促进区域经济协调发展，实现本世纪末经济和社会发展目标的一个大的战役。因此，我们要把开展对贵州省的扶贫帮困工作作为执行和服务于国家扶贫战略的大事来抓，自觉地把它抓实抓好，不辜负中央对我们的期望。

第三，深圳是靠中央赋予的特殊政策发展起来的，是靠全国各地包括贫困地区的支持发展起来的。特区建设初期，贵州省的许多大企业纷纷来深投资，其中一些大企业已在特区不断发展壮大，为特区的发展作出了贡献。到目前为止，贵州省在深圳兴办各类企业已达70多家，总投资20亿元，有10万名贵州籍的同志在特区各条战线上参加建设工作。现在我们有了一定的经济实力，我们不能忘记曾经帮助过我们的地区，不能忘记曾为中国革命作出过巨大贡献和牺牲的老区人民，我们有责任和义务帮助贫困地区发展经济，脱贫致富。

贵州省黔南州和毕节地区是我市的重点对口支援地区。这两个地区曾为中国革命事业作出过巨大的贡献和牺牲。然而，由于自然条件恶劣，交通不便等原因，仍有160万人处于贫困线以下，人均年收入不足300元，生活极端贫困。前不久，我让几家新闻单位赴贵州采访，拍了录像，真实地反映了他们的贫困生活，有些农户家徒四壁，连玉米糊糊都喝不饱；有的地方群众吃盐、喝水还相当困难，连衣服、被子都很缺少；教育落后，师资缺乏，适龄儿童无钱上学的情况非常普遍。我们作为特区的共产党员，特区的群众，看到他们生活如此困苦，决不能坐视不管。过去，我们开展特区与老区山区心连心活动，曾经涌现出像陈观玉这样的先进个人和南岭村这样的先进集体。这次我市开展“深黔携手扶贫帮困”活动，大家一定要全力以赴，一定要把党中央和国务院交给我们的扶贫帮困任务完成好，为实现国家八七扶贫攻坚计划作出应有的贡献。

二、贯彻开发式扶贫的方针，重点解决制约贫困地区经济发展的突出问题

江泽民总书记在中央扶贫开发工作会议上指出：“由救济式扶贫转向开发式扶贫，是扶贫工作的重大改革，也是扶贫工作的一项基本方针。”贯彻这个方针，把贫困地区干部群众的自身努力同我们的扶持结合起来，解决群众生产、生活中急需解决的问题，大力发展教育事业，开发当地资源，改善生产条件，增强自我积累、自我发展的能力，是摆脱贫困的根本出路。根据我市对口扶贫地区的实际情况，深黔携手、扶贫帮困活动要突出重点、讲求实效，重点抓好以下三个方面的问题。

一要积极引导和帮助深圳企业到贵州投资兴业。按照市场经济规律，鼓励和帮助企业之间的协作和联合，是新形势下扶贫工作的一个重要形式。贵州省有着丰富的自然资源和劳动力资源，随着我市产业结构的调整，一些劳动密集型的产业可以逐步向贵州转移，深圳企业也可以去贵州建立稳固的原材料生产基地和外贸出口商品生产基地。贵州省的基础工业雄厚，深圳一些产品的配件或半成品可以放在贵州生产，以降低生产成本。另外，我们要积极鼓励深圳的大企业收购、兼并、参股贵州的企业，搞低成本扩张，以盘活当地的大中型企业存量资产，增加当地税收和就业机会。

二要重视发展当地的教育事业和智力扶贫。要继续开展“1+1”助学活动（“1+1”助学工程即深圳一个职工帮助贫困地区一个失学儿童，深圳有近6万职工参加，帮助7万多失学儿童入学。），依靠社会的力量，使一些失学儿童重新进校；要帮助当地兴建一批希望学校，改善教学设备，提高教师队伍的素质。同时，要重视干部培训工作。贫困地区的经济发展问题，说到底是人才问题。要为当地培训干部。要组织当地干部到深圳来学习现代的管理知识和技能。市委党校和市工业干部培训中心，要进一步发挥好“基地”的作用，有计划地对当地党政领导干部和企业领导干部进行培训。

三要帮助贫困户解决一部分穿衣、盖被问题，发动全市干部群众、全市市民自愿捐助资金和衣物、被子。大家一起行动，就一定能帮助贫困群众解决很大的问题，希望大家宁可自己艰苦一点，节约一点，也要支援贫困地区的兄弟姐妹。

三、进一步加强对扶贫帮困工作的领导，层层落实责任制

江泽民总书记指出："能否打胜扶贫攻坚战，关键是把扶贫工作放在什么位置，投入多大力量，党政一把手是不是真抓实干，能不能把各方面的力量组织起来，形成强大的合力。"当前，我们必须进一步加强对扶贫工作的领导，层层实行党政一把手负责制，认真打好扶贫攻坚战。

第一，全市各级党政一把手要亲自组织完成市委部署的对口扶持任务。现在，我市对口扶贫的任务已经下达，具体的活动实施方案已经制定出来了，关键是要抓好落实。各级党政一把手、各资产经营公司党委和经营班子，都要亲自调查研究、安排部署、组织协调、督促检查。各部门、各单位一把手，要针对对口扶贫任务，亲自抓落实。经济协作部门要根据工作需要，组织好各方面力量，各负其责，协同作战。同时，要层层检查落实。及时了解扶贫计划实施情况，做到有组织、有计划、有检查、有落实、有成效。

第二，广泛动员全社会力量参与扶贫。帮助贫困地区群众解决实际问题，是党和政府的重要任务，也是全社会的共同责任。广泛动员全社会力量参与扶贫，是扶贫工作的一条重要方针。坚持这条方针，不仅可以加快脱贫进度，而且有利于树立和发扬良好的社会风尚。我们中华民族有扶贫济困的优良传统。近几年来，我市社会各界开展了多种形式的扶贫济困活动，取得了明显的成效。我们要把这种优良传统进一步发扬起来。现在，社会上有一种很不好的风气，就是大吃大喝，挥霍浪费。这种奢侈之风是社会主义事业的腐蚀剂。我们要深入地进行国情教育，提倡艰苦奋斗、勤俭办一切事情的精神，克服奢侈浪费的不良风气，激发全市人民扶贫帮困的热情，把扶贫帮困工作更加广泛深入地开展起来。有关部门要及早行动，抓紧组织落实。同时，各级党政机关和全市各部门、各单位，要广泛发动群众关心和支持扶贫工作，积极开展向贫困地区献爱心活动。外资企业的经营者和员工，希望他们与我们一道扶贫。做好事、做善事，大家都有份。

第三，要把扶贫攻坚任务落实到具体的贫困村、贫困户。这是党中央和江泽民总书记对扶贫攻坚工作的具体要求，也是能否保证扶贫目标任务完成的重要措施。只有贫困地区每一个村、每一户人都脱贫了，那么我们的扶贫任务才算真正完成了。因此，各有关对口扶贫单位的领导要同当地的党政领导一起，对对口扶贫的地区、镇、村和贫困户，进行认真的调查研究，研究一下脱贫的方法和途径，尽可能协助制定行之有效的扶贫实施方案，一个村一个村地扶持，一户一户地脱贫，这样才真正达到扶贫目标。

在深圳市与黔南州对口帮扶工作汇报座谈会上的讲话*

（1997年8月）

尊敬的省委王书记、袁省长，尊敬的李书记、兰州长，尊敬的黔南州各位领导同志和父老乡亲们：

我这次率深圳市委、市政府经济合作考察团来到贵州来到黔南地区，一进入贵州的土地，就受到省委、省政府和贵州各族人民最热烈、最友好、最热情的接待。借这个机会，我对黔南州的父老兄弟，对我们最热情、最友好的接待表示衷心的感谢！

首先，我们到贵州来，到老区山区来，是期待已久、渴望已久的，今天终于能够实现了。黔南地区是革命的老区，曾经为革命的胜利做出了突出的贡献。遵义会议就在贵州开的，在遵义会议召开之前，就在我们黔南的瓮安县召开了准备会议，保证了遵义会议的胜利召开，所以黔南地区是有优良革命传统，为革命作出了贡献的老区、山区。我们这次来，也是向山区老区人民表示敬意、表示感谢。我们深圳改革开放的17年来，经济社会得到全面发展，起了天翻地覆的变化，这主要是以江泽民同志为首的党中央坚决贯彻了邓小平同志的改革开放路线，是党中央、国务院、省委、省政府的正确领导，除此之外，还有全国人民的大力支援，也包括贵州省的各族人民和黔南地区对我们深圳的支援。现在黔南许多同志在深圳工作，为深圳的改革开放，经济发展，社会稳定作出了自己的贡献，我们借这个机会也对黔南州的领导同志们和各族的父老乡亲表示诚挚的敬意和衷心的感谢！

第二，我们这次是来学习的，是来向贵州省、黔南州的同志们学习、向老区、山区人民、向各族人民学习的。黔南州的广大各族人民群众为革命事业作

* 中共黔南州委办公室根据录音整理

出了突出的贡献。各族人民团结一致，为建设社会主义，为摆脱贫穷艰苦奋斗，这种精神非常值得我们学习。大关村的典型经验在深圳电视台几次播放之后，给我们深圳各级领导和广大人民群众以深刻的教育，我们深圳在发展起来以后，按照党中央、国务院的要求，还要发扬艰苦创业的精神，要艰苦奋斗，进行第二次创业，才能达到我们的目标，取得更多的成就。所以这次来，主要是向黔南各族人民学习。学习你们的爱国主义精神，艰苦奋斗精神，各个民族团结一致的精神。

第三，我们是来调查研究的。主要是研究如何进一步贯彻落实小平同志“先富帮后富，最终实现共同富裕”的教导，怎么贯彻以江泽民同志为核心的党中央提出的“八七”扶贫攻坚计划，怎么进一步抓落实，研究我们共同携手，使还没有摆脱贫困的广大人民群众（还有80万人口），怎样尽快在2000年以前脱贫，走上小康的路子。在这方面，深圳的广大人民群众和市委、市政府的认识是非常一致的。因为以前的宝安县（特区建立以前叫宝安县）是非常贫穷的，吃粮靠返销，吃的还是红薯叶子，返销粮还买不起，花钱就更不用提，1979年宝安县的农民人均收入是129元，群众很穷，为了生活常往香港跑，在这样的基础上经过17年的改革开放，广大人民群众尝到了改革开放的甜头，切实体会到小平同志改革开放路线的正确性。深圳人民富裕起来后，没有忘记全国还有很多阶级兄弟尚没有脱贫，所以我们全市350多万人民群众认识是非常统一的，对山区老区的人民怀着深厚的感情，都愿意与山区、老区人民结为互相学习、互相帮助的对子，认真贯彻小平同志的路线。小平同志1992年南方谈话中反复交代我们，要先富帮后富，最终实现共同富裕，这才是社会主义；一部分地区有条件的先发展起来，然后你们给国家多创税、多创利，多给山区、老区人民尽快富裕起来提供帮助，最终实现共同富裕，如果是长期处于贫穷状态，贫穷不是社会主义，一部分很富，一部分长期很穷也不是社会主义。我们市委、市政府牢记小平同志的教导，坚决贯彻中央“八七”扶贫攻坚计划，作为我们的一项政治任务，也是我们要走的社会主义道路的必经之路，我们这次主要是研究落实好如何联合合作。

一方面主要是按社会主义市场经济规律，优势互补，互惠互利，共同发展，要走这个路子，我们叫“三点一线”的战略发展方针。所谓三点一线：一点就是深圳这个我国改革开放的窗口，对外贸易的窗口，即小平同志讲的四个窗口作用；把广大的内地，特别是老区、山区作为一点，把国际市场作为一点，连成一线，把国际上的先进产品和先进技术、资金、管理、经验以及设备通过深圳带到内地，把内地的资源优势变为产品优势和产业优势，然后通过深圳这个前沿经济窗口打到国际、国内市场，达到国内富民、富县的目的。我们认为，这个路子会越走越宽。这个路子主要要靠企业家来做（今天来了一批企业家）。市委、市政府的作用是积极号召、组织领导、牵线搭桥、政策引导、企业决定、政府协调。比如说政策引导，我们经过研究，决定5家深圳的银行提供1亿元贷款给黔南州和毕节地区的企业，或是给深圳的企业到贵州办厂提供贷款，并且由政府贴息，这就是政策引导。另外我们还有合作基金，每年深圳市、区两级财政收入的2%提到该基金，帮助我们对口的县市搞一些项目，比如说小水利、小化肥厂、技术改造等，然后用此基金滚动发展，收回再贷，搞低贷款等。我们还在研究，以后到黔南、毕节两地投资办厂的企业，或经商办厂人员要给予适当政策，否则优秀人才不愿离开深圳到这来，怎么办呢？工资待遇与在深圳一样，并且借了贷款和政府的资金连本带息还完后，剩下以后获得的利润在贵州的经营人员可以享有股权，市政府和市经协办要在这方面研究一下，提出一些政策，这样才有人愿来。如果全是国有，而个人没有，或生活待遇不行，就没人来，即使来了也不会好好干，为使深圳来的资金发挥效益，就要采取必要的政策进行引导。组织协调就是市政府组织各资产经营公司或资产经营公司组织各企业，我们还想进一步组织在深圳的外商、港商企业（有18000家）到贵州来，到黔南州来投资、办厂、兴业。另外在为贵州开发资源方面引进先进技术。比如我们从德国引进一种叫“植物动力2003”，它既不是肥料，也不是生长素，而是世界上目前最先进的生物制成品，一亩地喷洒一次，不论是大田作物还是蔬菜、水果都会大幅度地增产，在全国1000个点试验的结果全部有效，蔬菜可增产70%~80%，且改良土壤，根系发达，在内蒙古的牧草对比试验看出，喷洒该物的根系比没喷洒的根系要长一倍，牧草长得也高一倍，对于大田小麦、包谷，特别是烟叶抗病虫害能力强，如能在贵州全面推广，则可帮助贵州的粮食、烟叶大幅度增长，我们也想在贵州推广，党委、政府将积极支持和帮助，哪怕是我们先送一些做试验。还有一种世界上最先进的养蜂设备，可使蜂王产卵提高到20倍，蜂王浆在国际市场上相当走俏，这种技术我们这里可以试一下。很多的先进技术我们可以共同引进，共同开发，使我们贵州的丰富资源变为与国内、国际大市场联系起来的大宗商品，这就可以脱贫致富了。按市场经济规律办事是一条主要的路子，让我们的企业唱主角，政府起帮助和推动作用。

第二方面作为全国改革开放窗口，我们更愿作为贵州省毕节、黔南两地的对外窗口。为你们的产品资源闯入国际市场，提供帮助，也希望贵州能和我们充分合作，利用窗口把黔南好的商品打到国际市场。实际上我们有很多优势和好的产品，但要形成基地化、规模化生产才能打到国际市场，如果产量很少，形不成批量，连运费都不够。我们非常愿意成为贵州省毕节地区和黔南州对外推销产品的窗口，引进技术的窗口，引进人才、引进设备、引进资金的窗口。昨晚我们对贵州省的王书记说应该到深圳去招商，每次去下到县区，上到省级，效果都会很好。

第三方面，深圳市各级党委、政府，全市的机关干部和广大人民群众都积极参与扶贫帮困的工作，这方面我们尽了微薄的力量，是很有限的。我们把黔南州的6个贫困县分到各个区来具体帮助，市里更要帮助，这就把对口帮扶的任务落实下去了。今年六、七、八三个月开展“深黔携手”活动，发动广大干部、党员，广大群众热烈响应市委、市政府号召，捐款已达7624万元，还有20车皮左右的衣服、被服，现在活动仍在继续，非常踊跃，这对我们来说是一种爱国主义的教育，是一种艰苦奋斗的教育，是一种各民族大团结的教育，是一种精神文明建设的内容。这些物资对部分山区、老区群众来说确实也解决一部分问题。可以搞些“1+1”助学活动，修学校，搞教育基金，我们认为摆脱贫困，走向富裕，提高教育水平和人口素质是关键；也可以解决一些群众生产和生活中急需的、困难的问题，如吃水、修水窖，搞地膜覆盖、小水利等。我觉得搞小水利既解决山区用电，又可创税，既富县又富民。坡改梯也是解决山区退耕还林，提高产量的办法，搞一亩坡改梯约在100~200元之间，利用我们力所能及的力量改一个村、改一个乡，改一个是一个，像大关那样，达到人均5分旱涝保收的地就可以解决温饱，有一亩就更好了。目前，在深圳打工的人员有200万，我们希望贵州有更多的人到深圳工作。对有些不愿出去工作的要动员起来，打破一下传统的观念，双方的劳动部门要有组织、有步骤地动员组织，我们叫做“四定一轮换”。湖南和四川的说法是出去一个富了一家，一年起码汇回5000元人民币，据深圳市邮局统计，在深圳打工的同志每年邮回家乡的钱超过100个亿，这其中还不包括春节带回家去的那部分钱。到深圳工作，一方面可为深圳的建设作出更大的贡献，另一方面也解决了贫困家庭的收入，更重要的是可以培养人才。经过市场经济的考验，有一定的管理经验和技术，回来后可以造福家乡。湖南、江西等省作过调查，在广东打工回去的，有的办了企业，有的办得很好，湖南旺旺食品厂的老板最初就在深圳打过工，零陵县有条街的老板几乎都是打工后回去的，这对当地长远的经济发展是非常有好处的。希望劳动部门和打工同志结合起来，多出去些人到外面工作，出去的人多了，认识的人也多了，引进的资金、带回的收入就多了。听说在贵阳市有个大学生给台湾老板打工，现在把台湾老板引来了，更兴旺了，像这样的事有很多，总的来说，我们合作的路子是越走越宽。我们希望贵州省、黔南州和毕节地区更多地和深圳发展经济合作。

总之，我们这次来就是研究一下，实实在在地帮助贫困农户尽快脱贫，完成党中央交给我们的“八七”扶贫攻坚的政治任务，我们只是配角，但一定当好配角，完成配角的任务。我们市委、市政府已下决心，在没有脱贫时候，我们都要全心全意地帮到底，脱贫以后我们共同富裕走到底。脱贫以后，我们合作的项目、合作的事业会更多，联系会越来越密切，差距会有的，但是会缩小的，希望黔南州父老兄弟、各族人民和我们携起手来，一起来完成党中央交给的“八七”扶贫攻坚任务。

最后，我代表全团同志再一次向黔南州的领导和同志们以及各族人民对我们最热烈的欢迎表示衷心的感谢！

高举旗帜　解放思想　抓住机遇　努力把党的十五大精神落到实处

——在中共深圳市委二届六次全会上的报告

(1997年10月)

同志们:

我们这次全体会议的主题,是深入学习贯彻党的十五大精神和省委七届七次全会精神,研究提出我市全面贯彻落实的任务和措施。为了开好这次会议,我们做了充分的准备。党的十五大闭幕以后,市五套班子和市委理论学习中心组分三次组织传达学习,并围绕贯彻党的十五大精神,开展了11个课题的调研工作。我们这次全会,将进一步明确全面建设社会主义市场经济体制的目标和任务,动员全市党员和广大干部群众高举邓小平理论的伟大旗帜,把我市的两个文明建设推向新阶段。下面,我受市委常委会委托,向全会报告。

一、深刻认识党的十五大的伟大深远意义,把干部群众的思想统一到江泽民同志报告精神上来

党的十五大是在我国改革开放和社会主义现代化建设的关键时刻召开的,是一次承前启后、继往开来的具有重大历史和现实意义的大会,是以江泽民同志为核心的党中央高举邓小平理论伟大旗帜带领全国各族人民迈向新世纪的光辉里程碑。江泽民同志向大会作的报告,站在跨世纪的历史高度,高屋建瓴,总揽全局,回顾过去,展望未来。这个报告,集中了全党和各族人民的经验和智慧,深刻论述了邓小平理论的历史地位和指导意义,提出高举邓小平理论的伟大旗帜,充分反映了时代的要求、人民的心愿。江泽民同志的报告系统、完整地论述了社会主义初级阶段的基本国情,科学概括了社会主义初级阶

段的基本纲领，对跨世纪的伟大事业做出了战略部署，是我们党带领全国人民胜利迈向21世纪的政治宣言和行动纲领。报告充分显示，以江泽民同志为核心的党的第三代中央领导集体，是邓小平理论和邓小平同志所开创的伟大事业的忠实可靠的继承者，完全能够在任何复杂的形势下驾驭全局，领导全国人民开拓进取，胜利前进。

贯彻党的十五大精神，首先是高举邓小平理论的伟大旗帜。把邓小平理论正式写进我们党的章程，这是我们党经过近20年改革开放和社会主义现代化建设的成功实践做出的历史性抉择，具有划时代的意义。邓小平理论是毛泽东思想的发展，是当代中国的马克思主义，是马克思主义在中国发展的新阶段，是振兴中华民族的强大精神支柱。历史已经并将继续证明，只有把马克思主义同当代中国实践和时代特征结合起来的邓小平理论，才能正确解决我国社会主义的前途和命运问题。各级党员干部，特别是领导干部一定要完整、准确地把握邓小平理论这一科学体系，深刻领会这一理论的精神实质，自觉坚持用这一理论武装头脑，指导工作和实践。

贯彻党的十五大精神，必须认真领会社会主义初级阶段理论，进一步增强坚持在社会主义初级阶段的基本路线和基本纲领的自觉性。社会主义初级阶段理论是邓小平理论的重要基石。江泽民同志在十五大报告中重申并进一步阐述了社会主义初级阶段理论，强调指出：中国现在处于并将长期处于社会主义初级阶段。这是对我们所处历史阶段的科学定位，是对科学社会主义理论的丰富和发展。报告第一次系统全面地高度概括了社会主义初级阶段的基本特征和历史进程，论述了社会主义初级阶段的主要矛盾和根本任务，明确提出了建设社会主义初级阶段的经济、政治、文化的基本纲领。这为我们党在初级阶段如何建设社会主义、实现国家现代化指明了前进的方向。深刻领会社会主义初级阶段理论，就必须坚持社会主义道路而又不超越历史阶段，就必须坚持以经济建设为中心而又不忽视精神文明建设和社会进步。深刻领会，准确把握社会主义初级阶段理论，对于我们正确认识中国的国情和深圳的市情，具有十分重要的意义。

贯彻党的十五大精神，必须进一步解放思想。江泽民同志的报告为我们树立了进一步解放思想的光辉典范。报告坚持马克思主义的基本原理，从中国实际出发，在一系列重大理论问题上取得了新的突破。例如：社会主义的基本经济制度包括多种所有制在内、多种所有制长期共同发展；对公有制的主体地位和国有经济的主导地位要有科学的、完整的认识；一切反映社会化生产规律的经营方式和组织形式都可以大胆利用，我们不仅需要多种所有制并存，而且需要多样化的公有制实现形式；劳动者的劳动联合和劳动者的资本联合为主的集体经济，尤其要提倡和鼓励；要把按劳分配和按生产要素分配结合起来；依法治国，建设社会主义法治国家等等，都是对传统理论的重大突破。深圳经济特区创立17年来之所以能取得举世瞩目的成就，其中最重要的原因就是坚持解放思想，实事求是，按照“三个有利于”的标准，敢闯敢试。应当清醒地认识到，深圳前17年虽然取得了一些成就，但是来不得半点骄傲，目前解放思想的任务仍然很重。我们的认识与十五大的要求差距很大，例如：抓大放小的方针，中央已经明确，但我们的一些单位不愿意放小，热衷于把小的归并成大的；我们的一些机关热衷于审批权，把放的权也想方设法往回收；深化改革涉及权利和利益的调整，有些单位不从全局出发，不从“三个有利于”出发，而是从部门小团体利益出发，阻碍深化改革。凡此种种，都要在贯彻党的十五大精神中认真解决，否则改革就无法深入，生产力就无法解放和发展。看不到前进中存在的这些问题，对解决这些问题束手无策，陶醉于成绩而不思进取，我们就会失去排头兵的地位，甚至被形势所淘汰。必须特别指出的是，解放思想，从根本上来说是立场问题。只有坚持一切从人民的利益出发，真正坚持“三个有利于”的标准，才能自觉解放思想，放弃局部小利，自觉服从全局。党的十五大要求经济特区在体制创新、产业升级、扩大开放等方面继续走在全国的前面，发挥对全国的示范、辐射、带动作用。我们如果不能保持清醒的头脑，树立忧患意识，增强紧迫感，在继续深化改革扩大开放方面动真格，就很难完成这一光荣而艰巨的任务。因此，我们必须抓住贯彻党的十五大精神这个机遇，进一步解放思想、更新观念，团结和带领全市人民继续深化改革，力求在调整完善所有制结构方面取得新的突破，在国有企业改革方面取得新的突破，在转变政府职能方面取得新的突破，在经济运行机制方面取得新的突破，在深港经济合作方面取得新的突破。只有这样，我们才能以体制创新的优势和城市功能的优势，推动深圳两个文明建设再上新台阶。

继续深入学习贯彻党的十五大精神，是当前和今后几年的一项重要政治任务，各级党组织要根据中央和省委的要求以及市委《关于认真学习贯彻党的十五大精神的通知》的部署，精心组织好党的十五大精神的贯彻学习。学习中要着重领会和把握以下六个基本观点：一是深刻领会邓小平理论的精髓，自觉坚持解放思想，实事求是，一切从实际出发，坚持“三个有利于”的标准；二是深刻领会社会主义初级阶段理论，自觉坚持党在社会主义初级阶段的基本路线和基本纲领；三是深刻认识经济体制改革新突破的重要意义，自觉坚持敢闯敢试敢探索，加快全面建设社会主义市场经济体制；四是深刻认识继续推进政治体制改革的重要意义，自觉坚持以适应经济基础和生产力发展为目标，积极稳妥地推进政治体制改革，加强民主法制建设；五是深刻认识建设有中国特色社会主义文化和加强社会主义精神文明建设的重要意义，自觉坚持“两手抓，两手都要硬”的方针，为改革开放和经济建设创造良好的文化条件，提供强大的智力支持和精神动力；六是深刻认识进一步加强党的建设的重要意义，自觉坚持与党中央保持高度一致，从思想上、组织上、作风上全面加强党的建设。通过学习，把干部群众的思想真正统一到江泽民同志报告精神上来，把党的十五大精神真正贯彻到我们各项工作中去。

二、坚持敢闯敢试，全面建设社会主义市场经济体制

经过前10多年的努力，深圳已初步形成了社会主义市场经济体制的基本框架。在这个基础上，我们一定要紧紧抓住贯彻党的十五大精神这个契机，进一步深化改革，扩大开放，大胆探索，勇于试验，全面建设社会主义市场经济体制，争取再用10年或者更多一点时间，在全国率先形成比较完善的社会主义市场经济体制和运行机制，把深圳建设成为社会主义现代化的国际性城市。

根据深圳实际，我们所要全面建设的比较完善的社会主义市场经济体制和运行机制，主要包括：多种所有制经济公平竞争、共同发展，大力发展混合所有制经济，使基本经济制度和运行机制更趋完善和巩固；国有企业全面建立现代企业制度，使国有经济在市场竞争中充满生机活力，控制力不断增强；以商品市场为基础、以要素市场为主体的统一开放、竞争有序的市场体系发达完备，市场配置资源的基础性作用得到全面而充分的发挥；按劳分配和按生产要素分配相结合，技术资本和经营资本等生产要素等参与分配，效率优先、兼顾公平的收入分配制度和分配调节机制趋于完善；多层次的、覆盖全社会的社会保障制度完善成熟；社会经济监督、服务体系依法运行，更趋完善；经济运

行与国际惯例接轨，对外开放进一步扩大，在更高层次和更宽领域参与国内国际市场竞争；建立起面向现代化、面向世界、面向未来的教育、科技体制，完善城市功能、促进产业升级，为市场经济发展提供科技和人才条件及城市环境条件；政府依法行政、廉洁高效，以间接管理为主、面向全社会的经济管理调控体系有效运作；适应市场经济要求的法规体系比较完备，经济运营和社会管理的法制化程度达到较高水平。

"把我们的事业全面推向21世纪，就是抓住机遇而不可丧失机遇，开拓进取而不可因循守旧"。全面建设社会主义市场经济体制和运行机制，任务非常艰巨，我们一定要认清形势，以高度的历史责任感，在深入调查研究的基础上，不断推出新的举措，迈出新的步伐。为此，必须着重做好以下几个方面的工作。

(一)进一步调整和完善所有制结构，大力发展混合所有制经济

调整和完善所有制结构，是全面建设社会主义市场经济体制的基础。要从我市现实的生产力发展水平出发，大力发展混合所有制经济，努力为多种所有制经济的平等竞争、共同发展创造条件。一是认识要提高，思想要解放。要逐步淡化按行政隶属关系划分和管理企业概念，只要是符合产业政策，有利于壮大我市综合经济实力，不论是隶属于哪里，政府都要为其提供良好的服务。二是不论什么所有制，政策上要一视同仁，逐步消除对非公有制经济的限制与歧视政策。凡是在深圳的企业，不分所有制形式和隶属关系，在投资、信贷、税收、用人、土地批租、进出口权及社会保障等方面，都应享有同样的政策待遇。对外资企业要逐步完善国民待遇；三是要积极推动国有产权的流动，重视以优质的国有资产吸引国内、国外最先进的技术，与最具实力和生机的厂家进行合资、合作，更快地提高我们的生产力水平；四是要尊重群众的首创精神，支持和鼓励各种所有制经济的相互融合，支持和鼓励所有企业按照自己的实际情况采取最为有效的财产组织形式和经营方式。积极探索劳动者的劳动联合和劳动者的资本联合的具体实现形式，积极推进企业员工内部持股制度；五是要及时总结、完善和规范各种所有制经济制度，使之法制化。必须及时解决各种矛盾，最大限度地降低制度创新的成本和代价。

(二)继续深化国有企业改革，加快建立现代企业制度

深化产权制度改革，加快国有企业尤其是大型国有企业产权主体多元化的进程。现在有一种不好的倾向，纷纷要搞国有独资，而且董事长、总经理和党委书记三职一肩挑，这是与十五大精神背道而驰的，是与现代企业制度相悖的。必须严格控制国有独资有限责任公司的数量，在竞争性行业不要搞国有独资。国有独资公司，除享有特许经营权政府特殊补贴的之外，都要创造条件改组为有限责任公司或股份公司。新办的企业一开始就在实行产权主体的多元化，推动各种生产要素的优化组合，努力寻找能够极大促进生产力发展的公有制实现形式。国有企业实行公司制，目前也有一种不好的倾向，就是假改制，走形式，应付了事。结果企业机制没真正转换，企业仍然活不起来。国资部门要认真监督。非国有制经济参股、控股我市竞争性行业的国有企业，原则上没有股权比例的限制，只要符合“三个有利于”的标准，一切反映社会化生产规律的经营方式和组织形式都要大胆利用。

深化企业领导体制改革，下大力气完善法人治理结构。当前，必须全面贯彻落实去年市委、市政府通过的7个文件。国资部门和资产经营公司要全面研究落实，不能各取所需，权责要真正到位，国资办要认真检查落实情况。各资产经营公司和企业必须按五个《暂行规定》办事，不得我行我素、各行其是。

始终把转换企业经营机制作为建立现代制度的重要一环。关键是要建立企业内部的动力机制、企业外部的市场压力机制和必须强制实行的法律的强制力机制以及道德的自制力机制。动力机制包括精神动力和物质动力，通过动力机制的建立，将企业经营者和全体员工的切身利益与企业兴衰紧密地联系在一起，极大地增强职工对企业生死存亡的关切度，这样才能真正建立起激励机制、约束机制、科学管理和技术创新机制。市委、市政府制定的《深圳市国有企业经营者年薪制暂行规定》、《深圳市国有企业内部员工持股试点暂行规定》，就是试图在建立企业内部动力机制方面取得新的突破。政府要加速培育企业外部的市场压力机制，通过把市场压力机制转化为企业内部动力机制，使企业自觉围绕用户转、围绕市场转。法律的强制力机制的建立，是使企业公平竞争的必要条件，没有这个条件，也就没有市场经济可言。在强调法律的强制力机制的同时，不可忽略道德的自制力机制。

（三）对国有经济进行战略性改组，要花大力气抓大的，下真工夫放小的，力争“抓大放小”取得新的突破

打破行政区划隶属关系的限制，按照市场经济规律，以经济手段为主，辅以必要的行政手段，鼓励和帮助大型企业之间、大型企业与跨国公司之间的“强强合作”。这种合作不能单纯为了扩大资产规模，而要以增强竞争力、提高规模经济效益和市场占有率为目的，以市场为导向，以资本为纽带，以创名牌为核心，形成跨地区、跨行业、跨所有制、跨国经营的大型企业集团。提高效益是中心，转换机制是根本。培育大型企业集团，要把转换经营机制放在最优先地位，切实抓紧抓好。不转换经营机制，没有产权明晰的实现形式，没有良好的内在动力机制，没有完善的法人治理结构，没有切实有效的监督约束，大企业集团早晚也要出毛病，而且出大毛病。因此，一定要克服重规模、轻转制的倾向。凡是不认真转换经营机制的企业，资产经营公司要负责督促检查，认真采取措施解决。企业领导要在转制上下真工夫，通过转制加强科学管理，提高经济效益。政府对大型企业集团的支持，不限于国有企业，要引进竞争机制，进行优胜劣汰，形成真正充满生机与活力的大企业集团。

就我市实际情况而言，国有经济的战略性改组，主要工作是放开搞活国有小企业。在这方面，中央的政策、措施都非常明确，但我们目前放得很不够。一是思想解放不到位，在这方面已经落后于其他城市了；二是涉及权力和利益的调整，怕失去权力和利益；三是配套措施滞后，遇到难点突不破；四是领导对情况不明，决心不大，作风不扎实，政策措施不到位；五是做法单一，多数是采取归并、划转方式，没有解决放活的根本问题。因此，必须提高认识，下大决心，克服障碍，加快放活国有小企业的步伐。在全市范围内，除了市委、市政府确定扶持的大型企业集团，其他都属于放小的范围。各部门、各资产经营公司和各区、镇，都必须把放活国有小企业作为重要任务，千方百计在“放”字上进行大胆探索，从实际出发，不拘一格，采取员工持股、股份合作、公开拍卖、转让、兼并、租赁、破产清算等多种形式，彻底放开搞活。放活小企业，目标在于“活”，关键在于“放”，不能简单地用行政划转、归并的办法，代替“放小”中各项扎实细致的工作。我市市属国有一级企业中，三类以下的有37户，占企业数42%，但利润3276万元，只占7‰，把这些企业放活，没有风险。对这些企业，把国有资产退出来，把经营管理力量退出来，让职工进入，让其他资本进入，该退的退、该进的进，目的是使企业活起来。只有放开小的，我们才能集中精力抓好大的。在“放小”过程中，要认真处理好转让价格、债务担保、历史用地、员工安置等问题，确保放活国有小企业的工作顺利进行。要认真做好清产核资、资产评估和审计工作，防止国有资产流失。年底前政府要对放活小企业的实施情况再进行一次深入的调研，形成一套鼓励改革、促进发展的更为具体的政策措施。各有关部门要正确对待利益格局的合理调整，从大局出发，全力支持放活小企业的工作。

（四）加快发展要素市场，进一步完善市场体系

积极推进金融体制改革，完善金融市场体系。一方面，要努力争取国家的支持，在金融体制改革中先行先试。另一方面，要针对金融市场发育过程中存在的薄弱环节，努力开拓进取，在规范市场运作和发挥市场功能上取得新的进展。在资本市场方面，要积极支持深圳交易所规范运作、开拓市场，巩固和提高深圳作为全国证券交易市场的地位，深入研究如何充分利用深圳和香港两个市场的融资功能，努力开辟新的融资渠道和融资方式。积极创造条件设立国债投资基金、公共基金、中外合资基金和中外合资银行，积极探索建立科技风险投资机制。促进金融资本与产业资本的结合。在进一步开拓货币市场、外汇市场、保险市场、离岸金融市场、金银市场、企业债券市场等方面，也要拓宽路子，争取国家支持，推出新的改革措施。

努力培育和发展统一、开放和多层次的人力资源市场，充分发挥市场对人力资源配置的基础性作用。一是必须进一步深化劳动人事管理体制改革，打破地区、部门管理的分割，克服引进人才的体制障碍，加快各种人才市场的建设，使之成为地区性、全国性的大市场。二是要加快人力资源市场的信息化建设，依靠现代化的信息手段，形成跨部门、跨区域的相互配合、资源共享的人才信息网络，把深圳人力资源市场建设成为高度信息化的枢纽市场。三是要继续加大力度规范整顿社会人才、职业中介市场，坚决查处违规违法行为，引导职业中介组织以市场需求为导向，为用人单位提供多层次的搜寻、培训、评荐服务，以高效优质的服务赢得市场。四是要进一步调整优化我市的人才结构，对优秀人才的引进采取倾斜政策，重点引进紧缺的各类学科带头人和高级专业技术与管理人才，对一般性管理人员和劳务工则要采取有计划引进的政策，保护市内就业。

大力培育和发展产权市场，促进资源的合理配置。要高度重视和充分发挥产权交易所在“抓大放小”、资产重组中的作用，促进深圳企业与国内外企业之间的产权流动，通过优势互补，优化我市产业结构。培育和发展产权市场，关键在于培育一批由高素质专业人才组成的投融资咨询机构、企业管理顾问机构以及资产、资信评估和会计师、律师等中介服务组织，为产权交易多方提供咨询、媒介、策划等方面的服务。培育和发展产权市场，要特别注重中介组织的监督约束和行业自律，依法开展公开、公正和公平的中介服务。必须加紧引进和培训高素质的专业人才，形成一批运作规范、能够提供高效优质服务的中介机构，充分发挥产权市场中介组织的功能，扩大产权市场的规模，促进资本流动，实现资源的合理配置。

大力培育和发展信息市场。推进国民经济的信息化建设，是世纪之交的一个崭新课题。随着21世纪的来临，信息产业作为未来经济社会发展制高点的地位越来越显要。我们要有高度的紧迫感和危机意识，切实提高对发展信息化工程和产业的认识，把加快发展信息市场提到重要位置上来。要加紧引进和培训高素质的信息和网络技术专门人才，大力普及信息技术的应用知识，迅速提高信息技术应用水平，要大力巩固计算机、程控交换机等信息技术产品生产基地的优势和地位，加大力度开发信息产业，把我市的高科技信息产品推向全国乃至全世界市场。要打破信息化建设中的地区、部门分割，一定要搞大联合，做到互联互通，政府要加大信息化建设的规划、管理和组织协调力度，在科学规划的基础上，加快信息网络建设，形成统一规范的信息市场。

(五)进一步转变政府职能，充分发挥市场配置资源的基础性作用

转变政府职能，核心问题在于正确处理资源配置中行政手段与市场作用的关系。转变政府职能的方向，就是要保证市场在资源配置中更好地发挥基础性作用。在这个问题上，各级行政机关、各部门的领导同志要切实转变观念，从社会主义市场经济发展的大局出发去思考问题，摒弃从本部门的权力、利益出发的思维方式，充分尊重市场的客观规律。当前，要切实抓好审批制度改革，对那些能由市场调节的要坚决放开，把政府审批项目减少到最低限度。要严格按照市政府5号令和《深圳市企业无行政主管部门改革实施办法》，逐条检查落实，对那些擅自恢复用行政手段干预企业的行为和做法要坚决纠正。对城市规划、土地、环保、计生、财政支出以及有关法律、法规规定的审批项目，一定要公开办事，依法审批，减少审批环节，接受群众监督。在改革政府审批制度的同时，要切实提高政府部门的服务意识，在搞好调查研究的基础上搞好服务，及时解决经济发展中的问题和企业急需解决的困难，推动生产力的发展。要进一步加强行政执法和执法监督，切实依法维护市场秩序。要自觉依法行政，提高办事效率，提高宏观管理、行业管理的水平。

（六）继续深化社会保障制度改革，完善多层次的社会保障体系

当前，深化社会保障制度改革的首要任务是扩大各项社会保障制度的覆盖面，提高参保率。一是要加快立法，健全法制，以法律手段保证社会保险制度的贯彻实施。抓紧制定养老保险条例、医疗保险条例，修改工伤保险条例，使主要的社会保险项目有法可依。二是要着力健全社会保险执法监督机制，对拒不履行法定社会保险义务的用人单位，依法强制执行。建立目标责任制和检查通报制度，采取适当形式把用人单位参加社会保险管理机构的情况向社会公布，加强监督。三是社会保险管理机构要强化服务意识，下大力气加强队伍的思想建设、业务建设和廉政建设，切实提高服务水平，以高效优质的服务增强社会保险制度的吸引力。与此同时，必须进一步完善城市和农村居民最低生活保障制度，使在最低生活水准以下的居民切实得到社会保障。

进一步完善社会保障基金管理运营制度。社会保障基金必须严格管理，保证安全和增值。各项社会保险基金（也包括其他基金）一律纳入财政专户，统一管理。社会保险管理机构要健全规章制度，严格按规定核定和发放保险金，完善内部审计制度，对基金使用情况进行经常性审计。财政、审计部门要加强监督，认真进行年度审计检查。各项社会保险制度所积累的基金，必须按照基金经办与运营分离的原则，委托专门机构运营。社会保险基金的使用和运营情况，要定期公布，接受社会和群众监督，决不能把基金挪作他用，牟取私利。

（七）继续深化社会分配制度改革，完善社会分配结构和分配方式

积极探索按生产要素进行分配的多种形式。按照效率优先、兼顾公平的原则，在进一步探索完善内部员工持股制、企业经营者年薪制的同时，积极探索各种行之有效的分配方式，鼓励劳动者投资生产领域和参与剩余价值的分配，充分调动企业经营者和全体员工的积极性。对有特殊贡献的企业经营者、有发明创造的科技人员，可以奖励一定数额的红股或认股权。要认真总结和进一步规范技术和专利产品入股的具体办法，鼓励群体或个人的专利技术经过评估作价，在国有企业、集体企业或其他所有制类型企业中折价入股，按股分红。在发展农村股份合作制的过程中，积极吸引农民以资金入股，切实做到按股分红。要进一步规范完善股份合作制，在群众自愿的原则下，创造条件逐步由社区型股份合作经济发展为企业型股份合作经济，使我市股份合作经济发展为企业型股份合作经济，使我市股份合作制企业上规模、上档次、上水平。

大力加强对预算外资金的管理。一个时期以来，一些单位用预算外资金私建“小金库”，超标准发放奖金和各种“福利”，有的人从中牟利，掉进犯罪的深渊。这是社会分配制度改革中必须认真解决的一个突出问题。各部门领导一定要克服只顾部门小团体利益的思想，树立全局观念、整体观念。要严格执行《国务院关于加强预算外资金管理的决定》，制订具体实施办法，对分散管理的预算外资金实行专户储存，保证资金的合理使用，堵住资金流失的漏洞，使这一部分宝贵的资源发挥应有的效用。财政部门要切实负起责任。

加强收入分配的调控，进一步完善三个层次的政府调控手段。一是坚持和完善最低工资保障制度，以保障低薪收入阶层的基本生活，严格执行《深圳经济特区欠薪保障条例》，切实保障劳动者的合法权益。二是坚持和完善工资指导线制度，引导工资水平的合理增长；积极推进工资管理部门与企业、银行、税务等部门的电脑联网。三是强化个人所得税的征收与管理，并争取国家批准试点，适时开征遗产税。对高收入行业、高收入阶层，要加强税收稽查。进一步落实个人所得税代扣代缴制度，对阻止财务人员依法扣缴的单位领导和个人予以严肃处理。坚决打击非法收入，严肃整治乱收费，严厉查处偷逃税，严厉制裁侵吞国有资产的行为。

（八）加强深港经济合作，认真借鉴香港的经济管理经验

香港是实行资本主义制度的特别行政区，深圳是实行社会主义制度的经济特区，但在发展市场经济方面，所遵循的市场规律是相同的。充分发挥区位优势，加强深港经济合作，积极借鉴香港按照市场经济规律和国际惯例办事的成功经验和做法，是深圳全面建设社会主义市场经济体制的重要途径。

香港回归为实现深港经济合作提供了更加便利的条件，也提出了更高的要求。必须牢牢把握这一机遇，加强深港经济合作，优势互补。一是要使我们的企业在经营机制和科学管理方面，逐步向国际惯例靠拢；二是要大力发展社会中介服务机构，完善市场规则，加快要素市场的发展完善；三是要借助香港资本市场，加快我市经济发展；四是进一步规范股份制企业的运作，加强对股份制企业的管理，推动证券市场按照国际惯例运作；五是要借鉴香港经验，形成依法治市的运行机制。

加强深港经济合作，借鉴香港经济管理经验，最终必须落实到完备深圳城市功能、形成产业优势、扩大对外开放上来。在城市功能方面，要加快港口、机场、公路、铁路、信息网络的建设和口岸建设，尽快解决制约深港两地城市功能互补、发展经济合作的“瓶颈”问题，使人流、物流、资金流和信息流在深圳这个咽喉地带畅通无阻，为保持香港的国际金融中心、贸易中心和信息中心地位做好服务。要抓紧抓好深港西部通道、铜鼓航道、皇岗—落马洲客运轨道接驳工程、深圳机场二期工程、盐田港二期工程、华南国际集装箱多式联运中心等重点项目建设。完善口岸计算机查验和监管措施，进一步改善口岸管理，提高服务水平。在产业合作方面，要千方百计地推进深港高新技术产业和第三产业的合作，培育优势产业和新的经济增长点。加快完成深港两地支付与清算系统的衔接，充分利用香港作为世界金融中心的有利条件，扩大境外融资和利用外资的规模，筹措深圳建设和发展的资金。把深圳和内地的科技、人才、土地、劳动力等优势与香港的资金、信息、市场结合起来，共同发展高新技术产业，建立深港高新技术产业走廊。进一步开放旅游市场，完善“72小时便利签证”措施，提高深港两地在旅游业管理和服务方面的合作水平。深港经济合作，要整体设计、先易后难、分步实施，各项合作方案要增强可操作性，积极争取国务院和省政府的支持，争取与港府达成共识，以取得实际进展。

全面建设社会主义市场经济体制，是一项跨世纪的系统工程，涉及社会的方方面面，必须正确处理好改革、发展、稳定三者之间的关系，努力保持稳定的政治环境和社会秩序。要把改革的力度、发展的速度和社会的承受程度统一起来，在社会政治稳定中推进改革、发展，在改革、发展中实现社会政治稳定。在大力推进各项改革的同时，必须妥善处理新时期人民内部矛盾，认真解决群众中需要解决的热点和难点问题。尤其是要依靠社会各方面的力量，关心和安排好下岗职工的生活，推进再就业工程，搞好职业培训，拓宽本地人口就业门路。同时，要热情关心机关和企事业单位离退休职工的生活，切实解决好他们生活中遇到的问题和困难，使其老有所养、老有所医、老有所乐、老有所为，调动全社会各方面积极性和创造性，为全面建设社会主义市场经济体制创造一个良好的社会环境。

三、加强党的建设、精神文明建设和民主法制建设，确保跨世纪宏伟目标的胜利实现

(一)全面加强党的建设，继续深入开展反腐败斗争

江泽民总书记在十五大报告中，对面向新世纪的中国共产党的建设作出了总体部署。深圳要胜利实现第二次创业的宏伟目标，关键在于坚持、加强改善党的领导。深圳经济特区建立以来，我们始终重视加强党的建设，改善党的领导，各级领导班子和干部队伍建设不断加强，基层党组织建设不断完善，干部人事制度改革逐步深化，党风廉政建设和反腐败斗争取得明显成效。在充分肯定成绩的同时，我们也应清醒地看到党的建设方面存在薄弱环节：个别领导班子和领导干部思想政治素质不高，艰苦奋斗、敢闯敢试精神有所弱化，生活上贪图享乐，工作上满足现状；个别干部不是把主要精力放在工作上，而是热衷于拉关系，走后门，找靠山，跑官要官；个别干部无视党的纪律和团结，无事生非、造谣滋事，甚至恶意诽谤诬告他人，极端个人主义和自由化现象严重；干部队伍年龄、知识结构不尽合理，后备干部储备不足；少数党的基层组织软弱涣散，缺乏凝聚力和战斗力；少数党员干部甚至领导干部腐化堕落等等。各级党组织和党员领导干部要从战略和全局的高度，充分认识全面加强党的建设的重要性和必要性，把这一项伟大工程作为一项长期的重要任务抓紧抓好。当前和今后一个时期，我市党建工作的指导思想是：以十五大精神为指导，坚定不移地用邓小平理论武装全体党员干部，紧紧围绕经济建设这个中心，研究新情况、解决新问题，突出重点、分类指导、统筹兼顾、整体推进，从思想上、组织上、作风上全面加强党的建设。

以继续深入学习邓小平理论为首要任务，进一步加强党的思想建设。要结合贯彻落实党的十五大精神，围绕有中国特色社会主义的经济、政治、文化建设的一系列重大理论问题，继续采取党校轮训、理论中心组学习、领导干部上党课、举办学理论报告会和专题讲座等形式，掀起学习邓小平理论的新高潮，用邓小平理论武装党员干部。通过学习，力求全面完整准确地掌握邓小平理论的科学体系，深刻领会邓小平理论的精神实质，进一步提高各级党员干部，尤其党员领导干部的马克思主义理论素养和政治思想素质，自觉用邓小平理论来指导、解决改革开放和经济社会发展中的实际问题，增强坚持党的基

本路线，驾驭社会主义市场经济和拒腐防变的能力。

以坚持健全民主集中制为重点，不断加强领导班子建设。必须把领导干部尤其是一把手贯彻执行民主集中制情况作为衡量班子综合素质的重要内容。从我市的实际情况看，贯彻民主集中制的原则，既要防止独断专行，搞“一言堂”，又要防止一个班子形不成核心，一盘散沙。组织、纪检部门要把加强对各级领导班子贯彻民主集中制情况的考核和监督作为一项重要工作来抓。要进一步优化各级领导班子的结构，坚持按照“四化”方针和德才兼备的原则，加大选拔任用年轻干部的力度，把群众公认是坚持执行党的基本路线、实绩突出、清正廉洁的干部及时选拔到领导岗位上来。那些背离党的路线的人，那些贪图私利、弄虚作假、跑官要官的人，那些无事生非、恶意诽谤、无视党的团结和纪律的人，决不能进入各级领导班子。当前，要认真做好区级班子换届工作，努力实现区级班子结构的优化配置。以实施高级人才培养工程为龙头，开展全方位的干部培训，强化干部的实践锻炼，加速培养和造就一大批为现代化建设所需要、担当跨世纪重任的优秀人才，提高干部队伍的整体素质，为我市的经济社会发展提供充足的人才基础。

以适应社会主义市场经济体制需要为目标，积极推进干部人事制度改革。建立高素质的干部队伍，必须在形成科学用人机制上取得新的突破。一是要在干部人事管理改革上有所突破。按照政企分开、政事分开、分类管理的原则，分别建立机关、企业、事业单位各自不同的干部人事制度，促进干部人事管理规范化、科学化、制度化。按照干部下管一级和管人管事相结合的原则，进一步完善干部分级管理体制，改进驻深单位干部协管工作。二是要在改革干部选拔任用制度上有所突破。要建立科学的领导干部综合素质评价体系，试行“竞争上岗”制度，能者上、平者让、庸者下。要增加向社会公开招聘任用领导干部工作的透明度，加大群众在评价干部是否胜任这一考察中的作用。同时，要进一步推行干部岗位交流。三是要在改革企业人事制度上有所突破。企业领导人员的选聘必须引入市场机制，充分发挥高级经理人才评荐中心的作用，全面实行市属国有企业领导人员资格认定和持证上岗制度。企业用人必须按照公平、公正的原则进行考核、考试，公开录用，决不允许换一个领导人带进一班亲信，换掉一班原来的骨干。四是要在建立健全干部监督管理机制上有所突破。抓紧制定科学规范、操作性较强的配套检查指标体系，把监督检查工作落到实处。

以继承和创新相结合为原则，切实加强和改进党的基层组织建设。针对我市建立社会主义市场经济体制过程中党组织和党员队伍的实际，大胆探索加强和改进党的基层组织建设的新路子。一是要继续加强以国有企业为重点的各类经济组织中党的建设，认真研究解决国有企业党组织的设置、职能、任务等问题。建立健全金融、证券机构基层党组织，条件成熟时成立金融证券工委；加强对各类混合所有制和私营、个体经济领域的党组织建设，以改革的精神研究新情况，解决新问题，提出新措施。二是要坚持和完善农村基层组织建设责任制。按照“五个好”的要求，抓好班子建设，按照1:1的比例培养后备干部，为农村引进各类技术和管理人才。三是要积极探索加强流动党员管理的具体方式。四是要长期有步骤地开展基层党员干部培训，大力提高基层党务工作人员的思想政治素质和政策水平。五是全面实行基层党组织和党员的目标管理办法，完善民主评议党员制度，健全和完善党内民主生活，保持党的先进性和纯洁性，增加党的凝聚力和战斗力。

以深化改革为动力，进一步加大反腐败斗争的力度。反腐败是一场复杂、艰巨、长期的斗争，必须坚持标本兼治、综合治理。解决滋生腐败现象的深层次问题，根本出路在于改革。只有深化体制改革，认真研究在体制、法制、政策、管理等方面存在的问题，铲除腐败现象赖以滋生的土壤，才能从根本上取得反腐败斗争的胜利。必须坚持党要管党、从严治党的方针。治党不严，腐败难反。要加强对党员干部的党性党风党纪教育，运用正、反两方面的典型，用各种现代手段提高教育效果，提高广大党员干部拒腐防变的能力。在转变政府职能的过程中，要坚持公正、公平、公开的原则，形成相互制约的制衡机制，努力消除因权力尤其是审批权所引发的权钱交易等腐败现象。要针对管钱、管物、管人、管法等容易引发腐败现象的主要环节，认真采取措施防止权钱交易。在建立现代企业制度过程中，进一步完善民主管理和监督，强化监事会的监督职能，谨防国有资产以各种渠道、以各种方式流失。要切实抓好中央13号文件的落实，年底前要进行一次认真检查，遏制奢侈浪费之风。要将依法治市工作和反腐败斗争有机结合起来，完善廉政法制，要加大党内监督的力度，强化党委会内部的监督和纪委对同级党委的监督，加强对党政主要负责人的监督，防止滥用权力、以权谋私。要进一步探索纪检、监察机关的机构改革，进一步提高纪检工作水平。要切实加大反腐败三项工作的力度，坚决查处大案要案。纪检监察等部门要全力合作，力争在近期突破一批、处理一批、党内通报一批。针对群众反映的问题，要集中力量进行专项治理，防止党内不正之风的滋生蔓延。

（二）进一步加强社会主义精神文明建设，努力建设有中国特色的社会主义文化

江泽民同志在十五大报告中指出，社会主义现代化应该有繁荣的经济，也应该有繁荣的文化。只有经济、政治、文化协调发展，只有两个文明都搞好，才是有中国特色的社会主义。江总书记的报告，把文化建设提到十分突出的位置，深刻阐明了在建设社会主义市场经济过程中加强文化建设的极端重要意义。

深圳经济特区创立以来，由于市场经济的发展，大大促进了人们思想文化观念的更新，推动了文化事业迅猛发展。与此同时，文化事业蓬勃发展，也推动了市场经济的发育和完善。实践证明，社会主义市场经济的建立，需要文化事业的发展为之提供相应的思想文化条件。在深圳进行第二次创业的今天，我们要全面建设有中国特色的社会主义文化。建设有中国特色社会主义文化，就是要以邓小平理论为指导，根据全面建立社会主义市场经济体制的要求，努力形成先进的思想观念，文明的道德规范，良好的文化氛围，高尚的社会风尚，健康的生活方式。

根据我市建设社会主义现代化国际性城市和全面建设社会主义市场经济体制的要求，我市文化事业发展的目标是努力将深圳建设成为社会主义现代文化名城。按照这一目标，必须形成国内一流的现代文化设施和文化景观，达到国内一流的文化科技和传播水平，举办国内一流的文化节庆和文化活动，培育国内一流的文化市场和文化产业，造就国内一流的文化人才和文化成果，创造国内一流的文化条件和文化环境。本世纪的最后三年，要为现代文化名城的建设积极创造条件，打下坚实的基础。建设现代文化名城，一是要重视规划对文化工作的指导作用。根据我市精神文明建设“九五”规划的总体部署，我市正在制定《深圳市文化事业发展（1998~2000）三年规划及2010年远景目标》。规划颁布之后，各级党委和政府要认真抓好落实。二是要积极推进文化管理体制改革。在社会主义市场经济条件下，政府要逐步由“办”文化向“管”

文化转变，加快文化产业化的发展步伐。要按照“坚持方向、适应市场、遵循规律”的要求，切实推进专业文艺团体的社会化的进程。三是要继续加大对宣传文化事业的资金投入，落实文化经济政策。当前，我市对宣传文化事业的投入量从总体上看是比较大的，但是，投融资渠道较为单一，现有基金又比较分散，不便集中使用管理，为此，要抓紧筹建统一的“深圳精神文明建设基金会”，集中管理现有各类宣传文化基金、专项资金，广开筹资渠道，把钱花在刀刃上。四是要进一步加强精品创作，繁荣文艺事业。要继续像抓《情系中英街》、《走进新时代》那样，加大精品创作的力度。五是要积极开展文化交流，特别是深港文化的交流，充分发挥深圳的“窗口”作用，努力弘扬民族优秀文化，吸收世界文化精华，增强文化辐射功能。六是要着力培养和引进适应文化事业跨世纪发展需要的优秀人才，努力造就一支国内一流的电影电视、文学艺术、新闻出版、文化传播等跨世纪的文化人才队伍。七是加强基层群众性、社区性文化建设，满足广大群众的文化需求，使人民群众生活丰富多彩。

精神文明重在建设，要继续坚持“两手抓，两手都要硬”的方针，推动社会主义精神文明建设的深入开展。我市加强精神文明建设的大政方针已经确定，关键是狠抓落实。各级党委、政府，各有关部门和单位都必须结合学习贯彻十五大精神，抓好精神文明建设“九五”规划的实施。当前，要重点抓好“理论建设工程”，坚持用邓小平理论武装全市党员和群众；抓好“思想道德建设工程”，形成与社会主义市场经济相适应的行为道德规范；抓好“教育建设工程”，努力提高市民的科学文化素质；抓好“群众性创建精神文明工程”，把创建安全文明小区等活动同解决人民群众普遍关心的实际问题，同促进经济发展和社会进步紧密结合起来；抓好“双拥工程”，巩固和扩大“双拥”工作成果。“九五”规划中的其他工程都要逐一落实，持之以恒，务求实效，努力树立社会新风，塑造深圳形象，提高全体市民的综合素质和城市的文明程度。

（三）积极稳妥推进政治体制改革，切实加强民主法制建设

近几年改革开放的实践使我们愈加清醒地认识到：政治体制改革必须以上层建筑适应经济基础为标准。深化机构改革是政治体制改革的一项重要任务，也是切实转变政府职能的迫切需要。深圳自建市以来，认真探索机构改革之路，先后进行了五次较大的机构改革，逐步形成了机构设置大体合理、机构运作比较协调、行政效率相对较高的行政管理体制。但是，从改革的总目标来看，还需要加大改革力度。必须以转变政府职能、实现政企分开、政府高效运作为目的，遵循“小政府、大社会，少审批、多服务，高效率、法制化”的改革总思路和精简、统一、效能的原则，加快建立适应社会主义市场经济体制要求的，符合国际惯例的功能合理、办事高效、运转协调、行为规范的行政管理体系。要加快机构编制立法，在全国率先实现组织机构、职能、编制、工作程序的法定化。党政办事机构统筹考虑，能精简的还要精简。要减少审批特别是层次过多过滥的审批。在政府逐步简政放权的同时，要加快培养形成与新型行政管理体系相配套的社会服务体系，建立由专家和相关研究机构组成的决策咨询机构，辅助政府有效进行宏观管理。

发展社会主义民主政治，是改革开放进一步深入的重要保证。没有民主就没有社会主义，就没有社会主义现代化。深圳要迎接新一轮改革开放浪潮，确保经济社会各项事业稳步发展，必须进一步完善社会主义民主制度，发挥群众在民主选举、民主决策、民主管理、民主监督中的重要作用，充分调动全市人民的积极性和创造性。要坚持完善人民代表大会制度，保证人民代表大会及其常委会依法履行国家权力机关的职能，加强立法和监督工作，密切人民代表同人民的联系。要把改革开放和经济社会发展的重大决策同立法结合起来。要继续推进人民政协政治协商、民主监督、参政议政的规范化、制度化。要做好统战工作，团结一切可以团结的力量，更好地为深圳的第二次创业服务。要进一步加强基层民主政治建设，疏通民主渠道，创造机会大力支持人民群众参政议政，重要问题决策和重大改革方案要通过新闻媒介向全社会公布，广泛听取群众意见。要健全民主选举制度，保证群众依法管理自己的事情，强化群众的直接监督。

加强社会主义法制建设，是发展社会主义民主政治的集中体现和重要保障。深圳作为广东省的“依法治市”试点城市，经过4年的努力，依法治市工作取得了重要进展。但是，我们仍应清醒地看到：我市社会主义市场经济体制法规体系还不够健全，有法不依、执法不严、违法不究的现象还大量存在，甚至徇私枉法的事也时有发生，行政、司法监督还有待进一步加强，全社会法制意识还有待进一步提高，普法教育和依法治市工作必须进一步加大力度，抓出成效。一是各级领导和政府部门工作人员要认真带头学法，切实增强法律意识和法制观念。由于机关干部不学法、不懂法，我们已经付出了沉重的代价。实践证明，只有知法懂法才能正确使用法律，才能真正做到依法行政。二是要继续加强立法工作，全面建立社会主义市场经济体制法规体系。要积极主动向国际惯例靠拢，坚持以经济立法为重点，严格立法的立项论证审核制度，提高专家和群众的参与程度，促进立法的科学化和民主化，提高立法质量。要清理和修订不适应形势要求的现有特区法规和规章。三是要大力推进依法行政。依法行政是依法治市的中心环节。要逐步做到依法设立政府机构，规范行政执法主体和行为，严格行政执法程序；加紧建立和实施行政执法责任制和评议考核制度，促进依法行政工作制度化、规范化；全面提高公务员的依法行政意识和水平。四是要大力加强执法监督。尤其要加大对公、检、法、司部门违法违纪案件的查处工作。公、检、法部门是国家专政机关，代表国家行使法律权力，这是神圣的权力，不能任人玷污。如果执法不公，贪赃枉法，社会就将失去公正，人民民主专政的政权就会变质。这方面，广大群众反映强烈。要充分用好宪法赋予人大对“一府两院”的监督权，坚持立法和监督并重，继续完善领导述职、行政公文督办、错案追究等制度，强化监督约束机制。健全行政司法部门的内部制约机制。党内监督、群众监督、新闻监督要全力配合，形成合力。要切实加强思想教育，增强司法人员维护社会公正、捍卫法律尊严的责任感、事业心和自觉性，加大力度提高司法人员法制素质和司法水平，培养优秀司法人才。认真抓好法制宣传教育，深化全民法律意识与法制观念，在全社会形成学法、知法、守法、用法的良好风气。

同志们！党的十五大为我国跨世纪的发展描绘了光辉的前景，让我们在党的十五大精神的指引下，高举邓小平理论的伟大旗帜，更加紧密地团结在以江泽民同志为核心的党中央周围，进一步解放思想，实事求是，振奋精神，扎实工作，为全面建设社会主义市场经济体制，为人民的富裕文明，为实现深圳第二次创业的宏伟目标而努力奋斗。

关于泰商吴贤成告深圳市政府案的请示*

（1997年11月）

江总书记：

您好！

已经轰动深、港、泰乃至全国上下的泰商吴贤成告深圳市政府案，一审广东省高院在没有听取中方四家公司、深圳市政府、国家工商总局和国家国土局意见的情况下，明显偏袒泰方，按吴贤成泰方意见，一审作出深圳市政府败诉的不公正判决。已使中方四家公司和市政府蒙受了巨大权益和声誉损失。在此情况下，一审法院以泰方之词向上报告，在最高法院未二审前就表态支持一审判决，我们曾多次请求向最高法院最高领导人汇报真实情况，但屡遭拒绝。而且由最高法院最高领导人上报批件，让中央主要领导人圈阅，然后他几次往下批文："这个案是'经中央领导批准的'，我意此案不再作改动"。我们认为：一是在中央主要领导人对案件不知情的情况下，让中央领导人承担"批准"的责任是不妥当的，更不能让中央领导人承担对这个案子拍板定案的责任；二是此案已进入二审程序，在二审之前，最高法院的最高领导人竟然先下定论："此案不再作改动"，然后再按这个定论进行二审，这就意味着二审也将剥夺中方四家公司和深圳市政府及中央有关部门申诉受害的理由及法律依据和充分揭露泰商吴贤成违法和提供虚假证据的权力。就是中方再有理、再依法，最高法官先把案定死了，中方败诉已成定局，那么，我们上诉还有什么作用？"依法治国"如何体现？

我们请求中央领导对最高法院最高领导人以先下的结论为依据进行走过

* ①此一深圳市委（深报［1997］17号）文件是笔者本人根据当时的情况起草的，经过市长李子彬审阅后正式上报的；

②江泽民总书记在深圳市委的请示文件上做出重要批示，大意是：坚决依法处理，认真开好二审，请广东省、深圳市和有关部门参加，把事实真正弄清，做出正确判决。

场的二审的欠妥做法给予指示性的意见。给中方充分申诉的权力，依法维护国家和中方公司的正当权益，真正秉公执法，真正公开审判，使党的声誉、国家利益和法律尊严不受损害。

如果是我们无理可讲、无法可依，我们绝不希望法院做出偏袒我们的枉法判决。

请总书记明鉴。

血　路

风口浪尖弄潮头，
改革必伴热血流。
血路杀得伤遍体，
夕阳染红孺子牛。

——厉有为

厉有为文集（下）

议政篇

深圳出版发行集团
海天出版社

图书在版编目(CIP)数据

历有为文集. 下/历有为著.--深圳：海天出版社，2010.11
ISBN 978-7-80747-885-0

Ⅰ.①历… Ⅱ.①历… Ⅲ.①政论—中国—文集 Ⅳ.①D602-53

中国版本图书馆CIP数据核字(2010)第091757号

历有为文集
LIYOUWEI WENJI

出 品 人　陈锦涛
出版策划　毛世屏
责任编辑　刘本玉
责任技编　蔡梅琴
装帧设计　海天龙

出版发行　海天出版社
地　　址　深圳市彩田南路海天大厦　(518033)
网　　址　www.htph.com.cn
订购电话　0755-83460137(批发)　83460397(邮购)
设计制作　深圳市海天龙广告有限公司　Tel:83461000
印　　刷　深圳市华信图文印务有限公司
开　　本　787mm×1092mm　1/16
印　　张　35.5
字　　数　562千
版　　次　2010年11月第1版
印　　次　2010年11月第1次
印　　数　1-6000
总 定 价　74.00元（上、下册）

在十届全国政协大会上发言

首次参加全国政协会议

在山西运城唐朝铁牛铁人像前

说　明

一、本文集收集了我在湖北，主要是在深圳和全国政协工作期间所写的文章、大会发言和提案等。除了党代会、人代会上的报告和重大会议上的讲话是集体创作外，其他均为个人所作。

二、本文集共两册：上册为《施政篇》，是我在任湖北省副省长和深圳市人大主任、市长、市委书记时所写；下册为《议政篇》，是我在任全国政协常委，港、澳、台、侨委员会副主任时所写，同时也收入3篇纪念性文章以及附录《访谈篇》，其中收集了记者的采访文章及有关调查报告等。

三、为了忠于历史，本文集的文章内容均未做删改（订正了个别错字和做了有关的规范性处理除外）。因此，在当时的历史条件下，认识不足或有些错误在所难免。

四、本文集在文章中涉及的人，亦原文照发。特别是在关于特区的争论关于所有制问题的争论以及关于深圳贤成大厦案件的争论的文章中所涉及的人，亦未做删改。如有得罪，敬请谅解。

五、本文集的文章基本上按时间顺序排列。只有个别文章，为了内容上的前后衔接未按时间顺序排列。

六、本文集在深圳经济特区创立30周年时出版，作为献给为深圳经济特区创立呕心沥血的老一辈无产阶级革命家和深圳特区的拓荒牛们的一份礼物。另外，本文集的出版得到海天出版社许多同志的大力支持，在此对他们表示诚挚的谢意。

世纪伟业　历史丰碑

——怀念邓小平同志*

（1998年1月）

江泽民同志在党的十五大所作的报告中指出：“一个世纪以来，中国人民在前进道路上经历了三次历史性的巨大变化，产生了三位站在时代前列的伟大人物：孙中山、毛泽东、邓小平。”

第三次历史性的巨大变化，就是在以邓小平为核心的党的第二代中央领导集体的领导下，实行改革开放，为实现社会主义现代化而奋斗，成功地走出了一条建设有中国特色社会主义的新道路。邓小平同志亲自倡导创办的深圳经济特区，是改革开放的“窗口”和“试验场”，是率先探索实践有中国特色社会主义道路的排头兵；邓小平同志关于经济特区建设的思想，是邓小平理论的重要组成部分。深圳特区的建立与发展，每一步都倾注着他的心血和汗水，闪耀着他理论思想的光辉。

一、杀出一条血路来

1978年11月至12月召开的中共中央工作会议和十一届三中全会，根据邓小平同志的提议，决定从1979年起把全党工作重点转移到社会主义现代化建设上来。

诚然，这个全党工作重点的战略转移由于种种原因来得很晚，几乎推迟了整整20余年。早在1957年4月，邓小平同志在西安干部会上就指出：“我们前一个阶段做的事情是干革命。”今后的任务“就是要调动一切积极因素，调动一切力量，为把我国建设成为一个伟大的社会主义工业国而奋斗。这是我们今后很长时期的任务。”20多年过去了，当邓小平同志历尽浩劫，审时度势，在

* 此文发表于《回忆邓小平》下卷，中共中央文献出版社，1998年2月。

全党作出工作重点转移的战略决策的时候，可以想见，他的心情该是多么沉重、紧迫和果决啊！所以，在1979年4月中央工作会议上，当广东省委负责同志提出在邻近港澳和沿海地区划出一些地方，设置类似海外的出口加工区的设想时，邓小平同志立即给予支持并提出要求：可以划出一块地方，叫做特区。过去陕甘宁就是特区嘛。中央没有钱，你们自己去搞，杀出一条血路来。

“杀出一条血路来”，也是邓小平同志在改革开放之初，向特区、向全国发出的一个动员令，反映了中国改革开放事业的形势之严峻，任务之艰巨，凝聚着总设计师对于办好特区的希冀和热望。他要通过试办特区来探索一条建设有中国特色社会主义的成功之路，以赢得与资本主义相比较的优势。这就必须解放思想，实事求是，一切从实际出发，去进行大胆的探索和试验。这也是邓小平同志一贯倡导的思想原则。早在1975年9月，邓小平同志在全国农村工作座谈会上就指出：“现在的问题相当多，要解决，没有一股劲不行。要敢字当头，横下一条心。”以后，邓小平同志多次指出，改革是中国的第二次革命，改革的性质同过去的革命一样，也是为了扫除发展社会生产力的障碍，改革也可以叫革命性的变革。兴办经济特区是我国对外开放的重大步骤，而开放也是改革。因此，小平同志嘱托特区“杀出一条血路来”，就是希望特区在全国先行一步，充分发挥对外开放的“窗口”和改革的“试验场”作用，为全国的改革开放提供经验。

“杀出一条血路来”充分表达了邓小平同志建设有中国特色社会主义的决心和信心。只要我们敢于“杀出一条血路”，我们的前途就必定无限光明，我们的目标就一定能够达到。

在邓小平同志“杀出一条血路来”精神的指引下，深圳市委一班人坚持解放思想，实事求是，坚持实践是检验真理的唯一标准，率领全市人民发扬埋头苦干、艰苦创业的拓荒牛精神，披荆斩棘，开拓进取，勇敢地冲破了“左”的思想的种种束缚，大刀阔斧地革除旧的传统计划体制的种种弊端，闯出一条迅速发展社会生产力的路子。深圳人靠中央给予特区的特殊政策和灵活措施，靠吸引外资，靠“滚雪球”，靠改革，靠艰苦奋斗，靠深圳人的勤劳和智慧，铺就一条条马路，建起一幢幢大厦，办起一个个企业，开设一个个工厂。在党中央和广东省委的正确领导下，通过全市人民的共同努力，深圳人民以移山填海、改天换地的气势，用短短的几年时间便在这块贫瘠的土地上建起了一座粗具规模的现代化新城。

二、不是收，而是放

深圳经济特区的迅速崛起令世人瞩目。随着外商外资的不断涌入，引起了国内外各阶层人士的广泛关注。在得到多数人理解和支持的同时，也遭到国内外少数不同意见者的怀疑和指责，说什么“在深圳这块土地上除了五星红旗是红的外，其他一切都是‘黄’的”了；说什么“辛辛苦苦几十年，一夜回到解放前”等等。

那么，深圳特区在改革开放中所实行的方针、政策和办法、措施，究竟对不对？经济特区这个成长在社会主义土地上的新事物，究竟是进步的还是倒退的？特区还要不要办下去？尤其在1984年就要到来的时候，国家经过几年的调整，国民经济得到恢复，人民生活有了显著提高，改革开放正取得初步成效，在这样一个重要时刻，我们究竟是前进，还是后退？是因循守旧还是继续开拓创新？是再度关起门来还是进一步开放？等等，已经成为深圳特区，乃至全国人民极为关心的问题。邓小平同志正是在这样一个重大历史背景下，于1984年初来到南方、来到深圳的。

1984年1月24日，当时任中共中央政治局常委、中央顾问委员会主任的邓小平，在中央政治局委员王震、杨尚昆的陪同下，乘专列来到深圳。这天早上，当列车到达广州站，广东省负责人梁灵光等到车上看望邓小平同志时，邓小平同志说：“办特区是我倡议的，中央定的，是不是能够成功，我要来看一看。”

中午12时30分，邓小平同志一行的专列到达深圳火车站。下午3时30分，邓小平同志在他下榻的迎宾馆桂园稍事休息后，便听取了深圳市委书记、市长梁湘的汇报。梁湘同志说，办特区几年来，深圳的变化很大，工农业产值、财政收入增长幅度很快，特别是工业产值，1982年达3.6亿元，1983年跃上7.2亿元。这时，邓小平同志插话问：“那就是一年翻了一番？”梁湘同志说：“是翻了一番，比建特区前的1978年增长了10倍多，财政收入也增长了10倍。”邓小平同志满意地点了点头。40分钟的汇报邓小平同志聚精会神地听着，不时插话询问。下午4时40分，邓小平同志等中央领导人来到当时楼层最高的国贸大厦，登上20层的大厦天台，俯瞰正在建设中的罗湖新城区。60多幢18层以上的高楼大部分正在建设之中，到处是吊机伸出的长长巨臂，到处是繁忙的工地。此时，已是接近黄昏，寒风袭人，80高龄的邓小平同志却毫不在意。随行人员曾几次要为他披上大衣，都被他拒绝了。是的，看到有那么一股子干劲、一股子精神的劳动大军，看到他所开创的事业正在变为现实的动人情景，邓小平同志的心里该有多热啊！

25日上午9时，邓小平同志来到上步工业区中航电脑公司参观。接着来到当时富甲全省农村的渔民村，与村党支部书记吴柏森等交谈，了解情况，参观村民们别墅式的住宅。吴柏森告诉他，去年全村纯收入达47万元，平均每人月收入439元。邓小平同志听后十分高兴。

26日上午8时30分，邓小平同志一行来到濒临深圳湾海滨的招商局蛇口工业区，听取了工业区董事长袁庚的汇报。蛇口工业区是在党的改革开放政策指引下，不用国家一分钱，在古老的荒滩上建设起来的。邓小平同志一行兴致勃勃地登上微波山，从山顶俯瞰整个蛇口工业区，还向企业负责人了解资金和设备引进、产品销路、职工收入和人才培训等情况。10时30分，邓小平同志等到即将开业的海上游乐中心——"海上世界"做客，并挥笔题写了"海上世界"4个苍劲挺拔的大字。

邓小平同志在深圳的视察，可谓不辞劳苦，脚步匆匆，就在这短短的两天里，他的社会调查是那样的广泛和深入：听汇报，进工厂，下农村，访家庭；参观产品、设施，了解生产、经营，关心职工生活；与群众座谈、合影、交朋友，从而掌握了大量的第一手材料。他从听到和看到的特区基本情况、基本面貌中，从深圳的领导者、生产者和经营者的精神状态和工作效率中，从产品的产量、质量和经济效益中，从深圳国内生产总值、财政收入、人们生活水平的增长率中，清清楚楚地看到了一个兴旺发达的社会主义经济特区的立体形象。在离开深圳几天后的2月1日，正是农历大年三十，邓小平同志为深圳经济特区题词："深圳的发展和经验证明，我们建立经济特区的政策是正确的。邓小平1984年1月26日"。邓小平同志特地将题词的日期写在他离开深圳的那一天，这充分表明，题词的内容是他老人家在深圳经过两天全面而深入的调查思考后得出的结论。

邓小平同志视察深圳、珠海等特区，亲眼看到由他亲自设计的社会主义改革开放和现代化建设的新道路，在经过深圳特区和其他地区的实践检验后，已充分证明是完全行得通的，是一条通往有中国特色社会主义的康庄大道。于是，在回到北京后的2月24日，邓小平同志同几位中央负责同志，对办好经济特区和进一步开放等问题作了重要谈话和部署。他强调指出："我们建立经济特区，实行开放政策，有个指导思想要明确，就是不是收，而是放。"

"不是收，而是放"，是邓小平同志为特区、为全国改革开放提出的一个极其重要的指导思想。以后，他又曾多次强调这一观点，深刻阐述这一指导思想的丰富内涵和长远的战略指导意义。1984年6月，邓小平同志在会见外宾时指出："三十几年的经验教训告诉我们，关起门来搞建设是不行的，发展不起来。"同年10月，又说："现在任何国家要发达起来，闭关自守都不可能，我们吃过这个苦头，我们的老祖宗吃过这个苦头。"1985年4月，邓小平同志又一次指出："对外开放具有重要意义，任何一个国家要发展，孤立起来，闭关自守是不可能的，不加强国际交往，不引进发达国家的先进经验、先进科学技术和资金，是不可能的。"邓小平同志一贯认为，现在的世界是开放的世界，中国的发展离不开世界，改革开放要贯穿中国整个发展过程。党中央明确地把对外开放作为建设有中国特色社会主义的一项基本国策，是完全正确的。

在1984年2月24日的谈话中，邓小平同志还就特区的地位、作用问题作了高度的概括和总结。他说："特区是个窗口，是技术的窗口，管理的窗口，知识的窗口，也是对外政策的窗口。从特区可以引进技术，获得知识，学到管理，管理也是知识。特区成为开放的基地，不仅在经济方面、培养人才方面使我们得到好处，而且会扩大我国的对外影响。"这些重要思想观点的提出，一方面为特区指明了前进的方向，另一方面，正式确立了特区在全国改革开放中的地位和作用，树起了一面旗帜，从而大大加快了全国改革开放的步伐，加快了建设有中国特色社会主义的进程。

在邓小平同志"不是收，而是放"指导思想的指引下，中国的改革开放出现了一个由特区向沿海、由沿海向内地迅速发展的新时期。历史充分证明，邓小平同志1984年视察深圳等地以及所发表的题词和谈话，成为中国改革开放、建设有中国特色社会主义的一座里程碑，也是深圳经济特区建设史上的一座丰碑。

三、不仅是正确的，而且是成功的

邓小平同志视察深圳经济特区的题词和在北京的谈话发表后，全国范围内迅速掀起了一场进一步解放思想、扩大开放的热潮。深圳特区根据全国改革开放步伐大大加快的形势，一方面充分发挥特区“四个窗口”的功能和作用，为全国改革开放服务；一方面迅速调整自己的战略，果断地将工作重点转移到发展外向型经济方面来。

邓小平同志，这位特区建设的倡导者和指导者，改革开放和社会主义现代化建设的总设计师，自1984年视察深圳后，对深圳特区的发展变化更加关切了。他在会见外宾的谈话中，不时地谈到深圳特区的情况。1985年6月，邓小平同志在会见阿尔及利亚客人时说：“深圳经济特区是个试验，路子走得是否对，还要看一看。”同年8月，邓小平同志在会见日本客人时指出：“我们特区的经济从内向转到外向，现在还是刚起步，所以能出口的好的产品还不多。只要深圳没有做到这一步，它的关就还没有过，还不能证明它的发展是很健康的。不过，听说这方面有了一点进步。”他又说：“前不久我对一位外国客人说，深圳是个试验，外面就有人议论，说什么中国的政策是不是又要改变，是不是我否定了原来关于经济特区的判断。所以，现在我要肯定两句话：第一句话是，建立经济特区的政策是正确的；第二句话是，经济特区还是一个试验。”

深圳是个试验，整个开放政策也是一个试验，是一个大试验。在改革开放的实践中要大胆探索，大胆试验。建设有中国特色社会主义的崭新事业，只能在探索和试验中才能取得成功，深圳作为改革开放的“窗口”和“试验场”，尤其应敢闯、敢试、敢探索。邓小平同志充满辩证法思想和历史唯物主义精神的谈话，给深圳人民以很大的鞭策，鼓舞了深圳人民的斗志，坚定了特区发展外向型经济的步伐，使深圳的外向型经济和两个文明建设在很短的时间内取得较快的发展。

1987年，当邓小平同志得知深圳的两个文明建设都有突破，特别是在发展外向型经济方面，工业产品出口产值在工业总产值的比重由1985年的37.1%，上升到1986年的51%时，非常满意。6月12日，邓小平同志在会见南斯拉夫客人时高兴地谈道：“深圳的同志告诉我，那里的工业产品50%以上出口，外汇收支可以平衡。现在我可以放胆地说，我们建立经济特区的决定不仅是正确的，而且是成功的。所有的怀疑都可以消除了。”到1987年，深圳特区探索建设有中国特色社会主义道路已有9个年头，取得了重要成就，也积累了相当的经验，实现了两个文明建设的同步发展。在丰富的实践的基础上，邓小平同志郑重地向世界宣布：我们建立经济特区的政策，不仅是正确的，而且是成功的。其含义就远远超出了建立经济特区本身。

四、你们要搞快一点

历史总是在波浪中前进。

80年代末90年代初，正当深圳特区、乃至全国改革开放事业不断发展之际，国内外政治形势发生了较大的动荡和变化。在国内，出了1989年春夏之交的那场风波；在国际上，东欧一些社会主义国家发生了剧变。另一方面在我们党内外，曾一度出现了凡事都要问一问姓“社”还是姓“资”的另一种“凡是”。这种种因素，从不同方面不同程度地影响和干扰着中国改革开放事业的进程。那么，中国改革开放以来的路线、方针、政策究竟对不对？社会主义中国在国内外风云变幻的形势和环境下如何面对严峻的挑战？这些重大问题，不仅成为中国人民关心的焦点，而且成为世界瞩目的焦点。

邓小平同志高瞻远瞩，洞察一切，再次显示出他那把握复杂形势作出正确决策的智慧与能力。他深知，要打破目前形势的僵局，把建设有中国特色社会主义事业推向全面胜利，就必须彻底解决长期以来困扰和束缚人们的那些重大理论问题、思想问题。正是在这样的背景下，在深圳特区乃至全国改革开放向前发展的关键时刻，他再次来到深圳，并发表了具有深远意义的重要谈话，从而掀起了中国新一轮改革开放的浪潮。

1992年1月19日上午8时许，邓小平同志偕夫人卓琳及工作人员乘坐的专列徐徐开进深圳火车站。在下榻的迎宾馆桂园，他对安排他休息的深圳市负责人说：“到了深圳，我坐不住啊，想到处去看看。”在迎宾馆散步时，女儿邓楠提起8年前为深圳题词一事，邓小平同志记忆犹新地吟诵道：“深圳的发展和经验证明，我们建立经济特区的政策是正确的。”一个字也没有错，也不会错，因为它凝结着邓小平同志的心血和智慧。正是在这题词精神的指引下，深圳经济特区才有了一个巨大的飞跃。上午10时，邓小平同志在广东省委书记谢非、深圳市委书记李灏等的陪同下乘车参观市容。邓小平同志看到市区面貌发生的巨大变化，非常高兴，对陪同人员说：“8年过去了，这次来看，深圳发展得这么快，我没有想到。”邓小平同志边观光市容，边同省市负责同志交谈。他说：“对办特区，从一开始就有不同意见，担心是不是搞资本主义。深圳的建设成就，明确回答了那些有这样那样担心的人。特区姓‘社’不姓‘资’。”邓小平同志一开始就将多年来一直困扰、束缚人们思想的姓“资”姓“社”问题点穿说透，令省市负责同志振奋不已。他继续说：“从深圳的情况看，公有制是主体，外商投资只占1/4，就是外资部分，我们还可以从税收、劳务等方面得到益处嘛！多搞点‘三资’企业不要怕。”“有的人认为，多一分外资，就多一分资本主义，‘三资’企业多了，就是资本主义的东西多了，就是发展了资本主义。这些人连基本常识都没有。”在从火车站向皇岗口岸开去的路上，邓小平同志对谢非等同志说“广东20年赶上亚洲‘四小龙’，不仅经济要上去，社会秩序、社会风气也要搞好，两个文明建设都要超过他们，这才是有中国特色的社会主义”。

1月20日上午9时35分邓小平同志在省市负责同志陪同下来到国贸大厦，登上53层的旋转餐厅，俯瞰市容。8年前，大厦还在建设之中。今天，当邓小平同志站在大厅俯瞰市容的时候，不禁为这被人们誉为“一夜城”的雄伟壮观和清新气息感到喜悦和欣慰。他高兴地说：“看了以后，信心增加了。”在旋转餐厅，邓小平同志听完李灏同志关于深圳市两个文明建设情况的汇报后，开始了他长达30分钟的谈话。谈话一开始，邓小平同志仍然从人们最为关心的问题——什么是社会主义、怎样建设社会主义的问题谈起。他说：“要坚持党的十一届三中全会以来的路线、方针、政策，关键是坚持‘一个中心，两个基本点’。不坚持社会主义，不改革开放，不发展经济，不改善人民生活，只能是死路一条。基本路线要管一百年，动摇不得”；“为什么‘六四’以后我们的国家能够很稳定？就是因为我们搞了改革开放，促进了经济发展，人民生活得到了改善。所以，军队、国家政权，都要维护这条道路、这个制度、这些政策。”

怎样建设社会主义，是邓小平同志在建国后长期思索的问题。早在1950年5月，邓小平同志就指出：“一切都要引导到发展生产力上。共产党就是为发展社会生产力的，否则就违背了马克思主义理论。”1962年，邓小平同志又指出：“在生产关系上不能完全采取一种固定不变的形式，看用哪种形式能够调动群众的积极性就采用哪种形式。”在改革开放之初的1979年3月，邓小平同志强调要走出一条中国式的现代化道路。到了1982年，在党的十二大开幕词中，邓小平同志说：“把马克思主义的普遍真理同我国的具体实际结合起来，走自己的道路，建设有中国特色的社会主义，这就是我们总结长期历史经验得出的基本结论。”革命是解放生产力，改革也是解放生产力。社会主义基本制度确立以后，还要从根本上改变束缚生产力发展的经济体制，建立起充满生机和活力的社会主义经济体制，促进生产力的发展。在这次谈话中，他精辟地阐述了社会主义的本质就是解放生产力，发展生产力，消灭剥削，消除两极分化，最终达到共同富裕。同时要坚持两手抓，一手抓改革开放，一手抓打击各种犯罪活动，这两只手都要硬。中国要警惕右，但主要是防止"左"。总之，中国解决所有问题的关键是要靠自己的发展。抓住时机，发展自己。发展才是硬道理。

邓小平同志的谈话高屋建瓴，洞幽烛微，明辨是非，廓清了许多重大理论问题，如拨云见日，一下子扫除了人们心头上的迷雾。正如江泽民同志在十五大报告中所指出的："1992年邓小平南方谈话，是在国际国内政治风波严峻考验的重大历史关头，坚持十一届三中全会以来的理论和路线，深刻回答长期束缚人们思想的许多重大认识问题，把改革开放和现代化建设推进到新阶段的又一个解放思想、实事求是的宣言书。"

1月21日上午，邓小平同志和家人来到华侨城中国民俗文化村和锦绣中华微缩景区参观。22日上午，邓小平同志等来到深圳市仙湖植物园，在那里和前一天刚到深圳的杨尚昆同志见面，亲切交谈。在青山绿水间，他们一同散步，一同在临近湖水18米处的草坪上种下一棵生命力极强的常青树——高山榕。

下午3时10分，邓小平同志和杨尚昆同志在他们下榻的市迎宾馆桂园接见了深圳市五套班子的负责同志，并同他们合影留念。邓小平同志语重心长地对大家说："改革开放胆子要大一些，敢于试验，不能像小脚女人一样。看准了的，就大胆地试，大胆地闯。深圳的重要经验就是敢闯。没有一点闯的精神，没有一点'冒'的精神，没有一股气呀、劲呀，就走不出一条好路，走不出一条新路，就干不出新的事业。"

1月23日上午8时30分，邓小平同志跟部分市负责同志在迎宾馆桂园握手告别后，乘车前往蛇口工业区。8年前，邓小平同志是在蛇口港码头走上军舰，离开深圳的。今天，88岁高龄的邓小平同志又要从这里离开深圳了。深圳人怀着依依不舍的心情，目送这位仍在为自己的祖国和人民操劳奔波的世纪老人渐渐离去。他先同前来迎接他的珠海市负责同志握手，然后同深圳市负责同志一一握手告别，向码头走去。可是，他刚迈出几步，突然又转过身来，对深圳市负责同志说："你们要搞快一点！"

“你们要搞快一点！”是邓小平同志对深圳特区人民、乃至全国人民的嘱托和希望，也是邓小平同志1992年视察南方发表讲话的高潮和落脚点。要求搞快一点，既体现出小平同志那种善于把握时机加快发展的高度责任感、紧迫感，也反映出他对社会主义本质特点的深刻理解。他一贯认为，社会主义的优越性归根到底要体现在它的生产力比资本主义发展得更快一些，更高一些。社会主义要赢得与资本主义相比较的优势，必须而且也可能发展得更快一些。从我们自己这些年的经验看，经济发展隔几年上一个台阶，是能够办得到的。正如邓小平同志所说，现在，我们国内条件具备，国际环境有利，再加上发挥社会主义制度能够集中力量办大事的优势，在今后的现代化建设过程中，出现若干个发展速度比较快、效益比较好的阶段，是必要的，也是能够办到的。我们就是要有这个雄心壮志！

小平同志永远离开了我们，但他的业绩、思想和风范与世长存，他的谆谆教诲永远在我们心中回响。邓小平同志南方谈话发表后，全国掀起了改革开放和现代化建设的新高潮，深圳特区的两个文明建设又出现了新的飞跃。深圳市国内生产总值由1991年的236.67亿元提高到1996年的950.04亿元，增长222.59%（按可比口径计算），地方预算内财政收入由27.33亿元提高到131.75亿元，增长517.8%。在邓小平同志逝世1周年的日子里，深圳人民无不深切怀念邓小平同志，无不称颂邓小平理论给深圳、给全国人民带来的温暖和幸福。今天，我们纪念他、缅怀他，最重要的就是要进一步学习和运用他的理论、思想、观点和方法。深圳人民决心在以江泽民同志为核心的党中央领导下，高举邓小平理论的伟大旗帜，继承邓小平同志的遗志，继续敢闯敢试敢探索，沿着党的十五大指引的方向，把建设有中国特色社会主义事业全面推向21世纪。

把老百姓的事当成大事来办

——纪念胡耀邦同志诞辰90周年

（2005年11月）

胡耀邦同志已经离开我们16个年头了。在他诞辰90周年之际，使我回忆起20多年前的一件往事，刻骨铭心，永志不忘。这件事使身处困境的千万群众得到了温暖，有了生活新的出路；这件事说明胡耀邦同志是敢于解放思想、敢于实事求是的典范；说明中央主要领导同志把老百姓的事时刻放在心头，当成大事来办。

在上个世纪五六十年代，毛主席、党中央为预防战争，号召和组织全国人民大搞“三线建设”，在“靠山、分散、隐蔽”方针指导下，中国第二汽车制造厂在湖北省郧阳地区十堰山区拉开了大幕。建设者来自四面八方，企业管理人员、技术人员和一部分技工分别来自“长春一汽”、“北汽”、“上汽”等汽车厂和汽车零部件厂，实行老厂包新厂办法建设“二汽”。当时正值“文化大革命”时期，解放军实行“三支两军”，“二汽”毫无例外地实行“军队支左”，由军代表主持“二汽”建厂工作。上个世纪70年代初，由于“二汽”急于出“政治车”，决定由湖北、河南等省招录1万5千名转复军人，把他们培养成“二汽”的生产骨干，他们绝大多数人到中年，已在农村娶妻生子，两地分居，而且由于家属是农村户口，无法到十堰市安家，给他们生活造成极大困难，每到春种、秋收季节这部分转复军人职工就要回家帮助家里种地、收割，然而汽车生产是不能间断的，因此，对汽车生产影响很大。有些转复军人职工家属无奈来到十堰二汽，在山边、草地搭建窝棚住下，一家几口挤在几平方米的棚户中，一家老小吃职工一个人的口粮，生活十分困难，处境十分恶劣。有的家属出于无奈，成了拾荒者，小孩子们也无法读书。

按当时的政策，只有职工家属落下城镇户口，才有口粮供应，才可能就业，职工才能分配家属宿舍，孩子才能入学读书。没有城镇户口的家庭这些基本生活问题什么也解决不了。虽然市公安局每年有一些“农转非”指标，个别解决一些“农转非”问题，但是，也是杯水车薪，无济于事。

此问题成了“二汽”和十堰市领导最费心思、最挠头的大问题。

1973年4月底到5月初，湖北省委召开了“二汽建设座谈会”，“二汽”主要领导饶斌同志给省委汇报时提出了这个问题，他说：“1970年和1971年出‘政治车’时，由湖北、河南调入的15000名转复军人，他们多数家在农村，老婆孩子不能来，生活上有困难，请求省委能想办法解决他们的户口问题。”省委一位领导说：“要划个政策杠杠才好。”饶斌同志说：“还有由上海、长春支援来的老工人，他们的家属也在农村。如若分批解决，工龄15年以上的有400多人，工龄20年以上的有100多人。”由于当时的政策限制，只有讨论未能解决。

除了“二汽”大批转复军人家属存在这个问题以外，还有十堰市本身由于建厂占地、乡镇企业、地方工业中的职工及其家属农村户口的人也为数不少，在十堰由山村转变成城市的过程中，必然遇到的十分棘手的问题。

当时国家政策是从严控制城镇人口，严格“农转非”制度。在上个世纪80年代中期，国家粮食生产和供应形势有所好转，除了城镇人口供应计划口粮以外，有条件的允许在国有粮店购买“议价粮”（比计划内供应口粮价格要高的米、面等粮食）。

1983年我任十堰市市长，多为此事犯难，于是与市委书记王清贵同志商量如何解决这一问题，解除这部分职工的后顾之忧，使“二汽”职工安心山区“三线建设”。我们当时从改革户口制度上想找个突破口，但题目太大，涉及全国，不好解决。于是我们称作中小城镇户口改革试点，把范围大大缩小，我在调查研究的基础上提出了改革方案。王清贵书记让我去给黄知真省长汇报，请省政府批准试点，分批解决。黄省长也为此事大伤脑筋，想帮助解决，但政策不允许；想批准试点，又怕越权和引起连锁反应，他说，“在我们省此类问题不少，如大冶铁矿、丹江口工程遗留下的职工家属问题，拖到现在没有解决，省政府也很急。要解决你们的问题除非让中央特批。”

黄省长虽然没答应怎么解决，但给我们指出让中央特批的路。怎么让中央特批呢？请省委省政府转报告，不太可能，因为涉及面很广。于是我与王清贵书记商量并一致同意，把十堰市作为中小城镇户口改革试点为题，以书记、市长二人的个人名义，我起草了给时任总书记的胡耀邦同志的信，信中汇报了“二汽”和十堰市的情况，提出把十堰市作为中小城镇户口改革试点的请求，其中一个核心的内容是在不增加国家财政负担的前提下，解决“二汽”转复军人家属“农转非”问题，即：这部分“农转非”人员吃“议价粮”，高出的粮价由职工个人负担。

我带上市委书记和我签名的信赶到北京，去见时任中办主任的王兆国同志，他热情地接待了我。兆国同志十分了解“二汽”和十堰市的情况，十分理解和支持我们的请求，表示不但转信给胡耀邦同志，还要做工作。

材料报上去不到十天，我得知中办通知，让我去北京，说总书记有重要批示。我和王清贵书记都喜出望外。我到京后，见到总书记的批示，兴奋不已，赶快给王清贵书记和省长黄知真报告，省长在电话里说：“你尽快乘飞机来武汉给我汇报”。黄省长接过胡耀邦同志批示的抄件，逐字逐句地读了起来：

启立、兆国同志：

我们的户口政策必须按照新的情况加以改变，过去的户口政策严格限制农村人口转入城镇，是按照过去的粮食情况制订的，是适应于过去的情况的，是不得已的办法。现在的情况变了，因此不能再沿袭过去的办法，延缓了中小城镇的发展，我们现在要放手让一部分有专长的农村能工巧匠和城镇职工的农村家属进入城镇来就业，从而一方面发展城镇各种生产和服务事业，一方面腾出一部分耕地，让留在农村的人口占有更多的耕地，从而使农村富裕得更快，这是一个各方面都皆大欢喜的政策。问题是一个吃粮的补贴问题，即如果将这些人完全转为城镇人口，国家要拿出一笔钱补贴这些人的吃粮，因此，要说明这批人的口粮只能是由国家供应的议价粮。这一部分‘议价’没有几个钱，说清楚了，这些人是能够接受的。这个政策中央许多同志都同意，也都理解。但下面的一些同志不理解，因此不执行。现在我们许多事办不通，往往是没有把道理讲清楚。我们一些同志起草文件，往往只讲应该如何如何，不讲为什么要如何如何。因此请有关部门迅速搞个文件下去，文件由国务院下达。王清贵同志的信，另由兆国同志酌情作复。

胡耀邦

6.14

黄省长读完后拍案而起，叫道：“这回好了，我们省的遗留问题可以参照总书记的批示解决了！太好了！太好了！”

不久，湖北省委省政府同意十堰市的中小城市户口改革试点方案：一、任务与目标：在一年半到两年时间内，分批解决干部、职工农村户口家属2万人；招聘科技人员、教师、技术工人和能工巧匠，解决农村户口3000人，使十堰市的城镇人口由18.2万人增加到20.5万人，以促进汽车工业和服务业的发展。二、解决范围：本市厂办农场“农对农”的户口；本市干部、职工的农村家属户口；本市干部职工放在自己口袋里的农村家属户口；本市街道企业和城区内的乡镇企业亦工亦农中的骨干职工本人农村户口；招聘来的科技人员、教员、技术工人和能工巧匠本人户口及家属户口。三、政策界限：有下列情形之一的农村户口可以迁入本市为城镇户口：国家干部、全民或大集体职工的家属是本市“农对农”户口；国家干部、全民或大集体职工放在自己口袋里的农村家属户口；父母均为城镇户口，未成年子女的农村户口；30岁以上或工龄10年以上的国家干部，全民或大集体职工农村家属户口在本市内的；30岁以上或工龄10年以上的国家干部，全民或大集体职工农村家属户口在外地的等十项内容在政策界限之内。四、办法与措施：为解决粮、菜、肉、蛋、煤等价格倒挂，采用把粮、肉、蛋等价格补贴按年按人补到现在城镇人口，然后适当放开粮、肉、蛋等的价格。以后迁入的农村户口人员（招聘的科技人员、教员等除外）和调入的干部、工人（科技干部、大中专毕业生、局以上领导干部除外）及新生婴儿均不再享受粮价等补贴……共八项措施。五、审批手续：各基层单位申报，各派出所受理审查，报市公安局审批；属招聘来的由市劳动局、人事局会同公安局协商办理。六、组织领导：在市委领导下，建立户口改革领导小组，由我任组长，由分管政法的程秀杰同志任副组长，由有关方面领导10余人为成员。

根据耀邦同志的批示和省委关广实同志的指示精神及省政府的批准文件，此项试点工作从1984年8月开始，到12月第一批试点结束，解决了4155户，14415人。这一广大群众关心的老大难问题，得到了圆满解决。特别值得一提的是，在解决这样大量而复杂敏感的问题中，在最后检查验收时，竟没有发现一件违纪行为，领导干部中有很多人有农村的亲友，没有一个人违纪“搭顺风车”的，严格的纪律保证了此项任务的顺利完成。

20多年过去了，回首往事，胡耀邦同志那种体察民情、关注民生、热爱人民群众，千方百计解决群众的困难问题，把群众生活的事当成大事来抓的高尚情操和品格，十分值得敬仰、值得学习、值得继承。展望未来，20年前胡耀邦同志的批示，可以说是指引我们国家城镇化发展方向的、解决“三农”问题的具有重大历史意义的重要批示。

在以胡锦涛同志为总书记的党中央的正确领导下，坚决贯彻“立党为公、执政为民”的宗旨，坚决实践“权为民所用，情为民所系，利为民所谋”的指导原则，坚决执行党的十六届五中全会《关于制订国民经济和社会发展第十一个五年规划的建设》，民生问题会越来越得到党和政府的关注，广大民众一定会得到越来越多的实利，人民群众建设社会主义的积极性一定会越来越高涨，我们的社会主义祖国一定会越来越繁荣富强，全面建设小康社会的目标一定能够实现。

身居高位，心系人民

——为纪念李先念主席诞辰100周年而作

（2008年10月）

1983年10月我开始由第二汽车制造厂调十堰市任市长，在头一年里，我跑遍了十堰的沟沟、汊汊、山山、水水，除了使我真切地感受到偏远山区的民众贫穷以外，使我最担心的是山区的城市防洪问题。

在建二汽前，十堰地区根本谈不上防洪设施，任凭老天爷主宰。二汽建在这里，每个分厂一条沟，共占据了20多条山沟建厂，如果再不搞防洪建设，一旦下暴雨山洪暴发，二汽将毁于一旦，国家损失不堪设想。防洪建设是市政工程，但是规划建二汽时，没有这一规划，也没有这笔投资，当时也没有十堰市。这个防洪问题不解决，不但是我这个做市长的心头大患，也是二汽领导人的心头大患。

明显的教训我经历过两次，第一次是1970年夏天的那场暴雨把道路几乎全部毁掉，新建的宿舍和厂房成片垮塌，当时我自己好危险，差点被洪水冲走。到1982年7月29日又一场大暴雨，山洪暴发使二汽40多个车间泡在水中，从美国进口贵重的格里森齿轮加工机床全部埋在泥里，房倒屋塌，供水、供电、通讯、交通中断，道路、桥梁、水管、高压线冲垮，农田菜地被毁，汽车停产，死亡14人，净损失过亿元人民币。水患的后遗症以后多年难以消除。从此以后，上级各部门十分关心十堰市的防洪，请省水电设计部门进行了规划设计，并写出了可行性研究报告，编制出设计任务书，建议由二汽分担经费7300万元，由十堰市分担2900万元。防洪建好后，防洪设施可达到百年一遇的防洪标准，对二汽可以做到万无一失。

十堰市是由二汽建设而设立的市，开始是市厂合一，称“十堰二汽”，1983年分设十堰市和第二汽车制造厂，刚分出来时，是一个很穷的市，无论从市防洪经费和城市建设维护费的渠道都无法解决这2900万元的防洪经费。为此，市政府已向省政府专门做出报告，请省里帮助解决，省政府于1984年以鄂政发（1984）31号文报国务院，请求国家立项支助，但很长时间项目未批，钱更没着落。

这可急坏了我这个市长，无奈之下，我越级跑到北京，通过熟人关系找到水电部长钱正英同志，请求她给予指导帮助。钱部长工作十分认真，态度和蔼可亲，她在听完我汇报后，说："有为同志，我们国家是个大国，而且很穷，现在长江、黄河的重大防洪工程我还在犯愁，你知道吧，长江、黄河都已成了悬河，河床淤得比两岸的地面都高出了许多，有的河段还没有治理，说实在话，你们十堰市现在很难排上队。……"我只有表示感谢和理解，但悻悻走出部长办公室。

回十堰市后，我去与二汽领导陈清泰、马跃等同志商量，他们说先念同志对二汽防洪很关心，可否找找先念想想办法。

于是，他们把先念同志关心二汽防洪的相关材料提供给我。早在1973年9月13日先念同志对二汽防洪做过重要批示：要求二汽"想尽一切办法，完全、彻底、干净解决之"，并要把防洪作为"二汽建设的当务之急"，"决不能再拖，拖就是对党、对国家、对人民的犯罪"。先念同志又于1978年去二汽视察，又对二汽防洪做出与上述类似的重要指示，但是十余个年头过去了，问题仍放在那里没有解决。

于是我与市委书记王清贵商量，可否以市委书记和市长两人名义，给先念同志写封信，说明利害关系，请先念同志帮助想想办法，尽快解决十堰市防洪问题。清贵书记完全赞成我的意见。我于1984年9月1日写好了三页半纸的信，由清贵书记和我签名，我马上又跑到北京，联系到先念的秘书，我把来意向秘书说明，并把信件交给秘书。我对秘书的热情接待表示感谢，并请求秘书千万把信转交先念同志。没过多久秘书打电话告诉我说："先念主席对你们的信做了重要批示。"并传达说："主席说他在你们鄂西北打过游击，他晓得那里暴雨的厉害。二汽是国宝，冲垮了不得了，防洪是百年大计，千年大计，应该抓紧落实。"我对秘书工作的认真负责，打心眼里十分感激和敬佩。对先念主席对基层单位和群众的关心，表示由衷的敬仰。

没过多久，钱正英部长打电话找我，让我去北京见她。我再次来到钱部长办公室，钱部长说：“你们真有办法找到先念主席。先念主席有正式批示，你说你要多少钱吧？”“我们有3000万就可以了”我回答。“好吧！我按这个数给你们列入计划”。钱部长说着把先念主席的批示递给我看，先念主席的批示是：“依林同志并宋平、正英同志：二汽和十堰市的防洪问题，要抓紧解决。这笔钱应该花，否则，一旦发生类似安康的灭顶之灾，损失就难以估量。请酌。李先念，1984年9月27日。”依林同志在上边批示：“请宋平、正英同志商量如何执行先念同志的批示。”

由于先念主席的一再关心和支持，十堰市拿到这3000万元，经过两年多的努力，十堰市的防洪水平已经万无一失，不但第二汽车制造厂（现东风公司）的防洪安全解除了后顾之忧，也为十堰的老百姓解除了山洪水患之苦。作为国家主席，身居高位，而心系企业和百姓疾苦，实在令人敬佩，并将成为后代人学习的楷模。

目 录

附录：访谈篇

议政篇

在全国十届五大会上发言

特区起示范作用需进一步改革体制和完善机制

——在全国人代会上广东代表团全体会议上的发言*

（1993年3月）

经济体制和运行机制不深化改革，深圳就难以起到示范作用，更难以建成国际性城市。

就深圳要创造些什么条件才能搞好示范，我想谈以下五点意见。

首先，要解放思想，实事求是，抓住时机，发扬敢闯精神，用小平同志关于建设有中国特色社会主义的理论来指导深圳的工作实践。

其次，要完善经济运行机制，建立与国际市场相衔接和通行的经济运行机制，这一点十分重要。深圳要发挥好示范作用，有关方面的运行机制必须改革。国家在全国性改革不成熟的情况下，可以先让特区试验，给特区试验权。

第三，建立社会主义市场经济体制，必须理顺政府、企业、市场三者的关系。政府要培育和调控市场，市场解放政府，政府解放企业，企业解放生产力。为此，要建立五大体系来适应市场经济的要求。一是由商品市场、生产要素市场和产权市场三个层次构成的市场体系；二是介于政府和企业之间、为发展生产力服务的社会服务体系；三是包括离退休保障、待业保障、住房保障、医疗保障在内的社会保障体系；四是法律体系，没有完备的法律就等于没有完善的市场经济体制，深圳要在三五年内立80多个法，建立起市场经济的基本法规框架；五是宏观管理和宏观调控体系，这一点要花大气力，下大工夫。

第四，经济体制改革的核心是企业改革，企业改革的重点是国有企业转换经营机制。要真正转换经营机制，需要进行配套改革：与政府简政放权配套，给基层放权，给企业放权，给市场放权；与政府转变职能和廉政建设配

* 原载《深圳特区报》1993年3月19日第一版，略改。

套，由直接管理、微观管理、条块分割管理转到间接管理、宏观管理、全社会管理。

第五，在公有制为主体的情况下建立市场经济体制，最深层次的改革是理顺产权关系，使产权界定明晰化、法制化，达到产权主体多元化，这是需要探索和试验的。

怎么搞？首先是把全民所有的产权改变为各级政府所有，谁投资，谁所有，谁经营，谁受益。在此基础上，做到三个分离，政府行政职能与管理国有资产职能分离，所有权与经营权分离，企业级别与行政级别分离。要破除以所有制划分企业类别，破除不同所有制有不同政策法规的做法，而按企业组织形态不同来划分企业类别，将企业规范成股份公司、有限责任公司、无限责任公司和股份合作公司四种类型。股份制是使国有资本迅速发展增值的有效途径，国有企业股份制改造步伐必须加快。同时，要建立产权交易市场，使过去条块分割凝固了的产权走入流通领域，实行资产转让、兼并、重组、拍卖和依法破产，该死的死掉，有生命力的活得更好。

在建立社会主义市场经济体制的过程中，有很多问题需要探索、试验、示范，深圳经济特区有信心起好示范作用。

抓住机遇　发展自己

——略谈学习《邓小平文选》第三卷的体会*

（1993年7月）

邓小平同志是我国社会主义改革开放和现代化建设的总设计师，为建设有中国特色社会主义理论这一当代马克思主义理论的创立作出了历史性的重大贡献。《邓小平文选》第三卷汇集了小平同志从1982年党的十二大到1992年春视察南方这一时期的重要著作。这期间，小平同志曾两次视察他亲自倡导创办的深圳经济特区。第一次视察，他充分肯定了深圳经济特区的成就和建立经济特区政策的正确；第二次视察的重要谈话，又明确回答了改革开放以来经常困扰和束缚我们思想的重大理论和实践问题，并充分肯定了深圳的重要经验就是敢闯。两年后，我们有机会系统地学习《邓小平文选》第三卷，倍感亲切。《邓小平文选》第三卷的出版，为我们深圳经济发展和改革开放事业提供了巨大的精神力量，以及具有迫切的现实意义和深远的历史意义的理论指导。

“抓住时机，发展自己”是邓小平同志视察南方重要谈话中提出来的，下面我就深圳的实际来谈谈对这一论点的体会。

一、“抓住时机，发展自己”命题的内在含义

小平同志为什么多次在不同场合反复强调要抓住时机，不要错过机遇，发展的机遇不多呢？我的体会是：第一，我国曾多次丧失发展的机遇，导致了经济长期落后。19世纪西方殖民者入侵中国，中国虽然曾经经历了洋务运动、戊戌改良和辛亥革命等运动，但封建统治的腐朽、没落和西方帝国主义势力的侵略使得中国无法走上民族经济振兴之路；新民主主义革命胜利后，我国本

* 原载《深圳特区报》1993年11月7日第一版。

来可以进入全面发展经济时期，但随后的“反右扩大化”和“文化大革命”又使中国再一次错过了时机，从而使我国经济落后于发达国家。第二，十一届三中全会以后，我国奉行改革开放政策，使经济发展有了路线和政策的保证。国际形势也为我国发展提供了一个和平的外部环境。

抓住时机，发展自己，是邓小平同志基于对当代世界的深刻分析而做出的科学论断。他指出，世界上矛盾多得很，我们可利用的矛盾存在着，对我们有利的条件存在着，机遇存在着。问题是要善于把握。综观全局，不管怎么变化，我们要真正扎扎实实地抓好这十年建设。现在世界发生了大转折，是个机遇，不抓住机会，别人会比我们快得多，我们就落在后面了。他清醒地分析我国在世界所处的地位，认为中国发展前途在大陆，“一国两制”终将把祖国统一起来。大陆已经有相当的基础。我们还有几千万爱国同胞在海外，这在世界上是独一无二的，这是我们的机遇。

对于怎样抓住机遇，邓小平同志非常明确地指出了一条路：根本的一条是改革开放不能丢，坚持改革开放才能抓住时机上台阶。必须对外开放，不要把自己孤立起来，搞成封闭的国家。同时又要坚持独立自主，自力更生，把国家的主权和安全始终放在第一位。要提倡科学，靠科学才有希望。他谆谆告诫我们，坚持改革开放是决定中国命运的一招。小平同志语重心长地指出：“从现在起到下世纪中叶，将是很紧要的时期，我们要埋头苦干。我们肩膀上的担子重、责任大啊！”

二、“抓住时机，发展自己”在深圳的实践

深圳经济特区是在小平同志亲自关怀下建立起来的。在短短14年时间里，深圳已从昔日的边陲小镇发展到今天的粗具规模的现代化城市，其中重要的一条就是抓住了时机，发展了自己。

深圳特区建立伊始，除中央赋予深圳特区特殊优惠的政策和灵活措施之外，可谓一片空白、百业待兴。但深圳抓住了有利时机，敢闯敢干，艰苦创业，充分用好、用活中央给予的特殊政策，创造了引人注目的“深圳速度”。国内生产总值从1979年的1.96亿元增长到了1992年的284.3亿元，平均每年递增46.6%，国民收入从1.6亿元增长到193.5亿元，平均每年递增44.6%，工业总产值从0.71亿元增长到371.38亿元，平均每年递增61.4%。

深圳取得如此巨大的成功，一个重要方面在于抓住时机，及时地加速发展了自己。最初根据中央要求，提出了发展外向型经济的战略，并强调“以发展工业为主”的方针，随着经济的发展，根据深圳所负担的使命，又提出了“以发展先进工业为基础，以第三产业为支柱”的战略方针，党的十四大以后，深圳更明确要率先建立社会主义市场经济体制和建成多功能、现代化、国际性城市的目标。深圳正是通过适时地调整发展方针，推进经济社会发展。

深圳抓住时机，不仅体现在调整发展目标上，在产业结构调整上也取得了成功。建特区初期，利用国际经济产业转移特别是新兴工业化地区向外转移劳动密集型产业的机遇，与我们的劳动力和土地廉价优势相结合，大力发展“三来一补”企业；接着对污染环境的“三来一补”企业进行淘汰，并大力提倡“三来一补”企业的转型提高；进入90年代以来，为适应深圳新的战略目标，深圳又开始了向发展高新技术产业和第三产业转型升级，实践证明是成功的。总之，深圳的经验证明了小平同志“抓住时机，发展自己”的论断是正确的，是完全能够有效地发展社会主义经济的。

三、抓住机遇，再创新的优势

深圳，作为中国改革开放的“试验地”，下一步究竟如何抓住时机，发展自己，促使经济发展上一个新台阶？这是摆在我们面前的一项艰巨而紧迫的任务。

“抓住时机”，首先是要认清我们当前面临的机遇和挑战。小平同志早在1985年就曾指出：“和平和发展是当代世界的两大问题”。小平同志作为伟大的战略家，看到了“冷战”结束以后整个国际局势会有一个相对和平的时期。这个以和平和发展为主题的国际局势，为我们发展经济提供了一个和平的外部环境。我们应该利用这个机遇加快经济建设步伐。但是小平同志又提醒我们在看到机遇的同时，也要看到面临的挑战，“现在，周边的一些国家和地区经济发展比我们快”。我们周边一些国家中，最先从二次世界大战留下的废墟上崛起的是日本，然后是亚洲“四小龙”。近年东盟国家的发展势头很猛，就连经济落后的越南也做出了开放的态势。小平同志敏锐地发现了新兴工业化国家经济的飞速发展，警觉到“我们不发展或发展太慢”可能再次“丧失机会”，表现了总设计师深沉的民族忧患意识、危机意识和博大的爱国情怀。

小平同志有关“时机”和“机遇”的论述，对深圳的实践有着直接的现实指导意义，就最近一段时期来看，深圳应该抓住一些重要机遇。首先应该抓住目前世界经济产业结构进行新的调整、国际资本尤其是华人资本正在寻找新的投资场所的历史性机遇，加快改革，扩大开放，为引进外资创造良好的投资环境；其次，还应该抓住“九七香港回归”和“复关”提供的机遇，“复关”意味着我国经济与国际市场的全面“接轨”，香港回归则是深圳首当其冲地面临着与香港的“衔接”。这两种“接轨”都是深圳率先建立社会主义市场经济新体制和建成国际性城市的新机遇。恢复中国关贸总协定缔约国地位后，标志着中国经济成为世界经济的一部分，中国市场成为国际市场的一部分；而九七香港回归将会使深圳成为“一国两制”的连接点和结合部，成为中国走向世界的枢纽和“通道”。深圳应该利用这些特殊的机遇，逐步实施类似香港的自由港政策，尽快实现深圳市场与香港市场的“衔接”，缩小深港之间在经济总体水平、国际参与度和国际关联度上的差距。

“发展自己”，关键是要再创深圳新的优势。深圳经过10多年的建设和发展，已经成为一座粗具规模的现代化城市，在对外开放、体制改革、产业结构、人才和思想观念等方面形成了一定的优势。但是这些优势随着全国改革开放的深入发展正在逐渐减弱或消失。这就要求我们在原有的基础上再深化改革、扩大开放，发扬敢闯精神，加速发展，再创新的优势。因此我们必须认真学习《邓小平文选》第三卷，真正把小平同志建设有中国特色社会主义理论贯彻到我们改革开放的实践中去。主要的应该在产权改革、要素市场体系的建立、分配制度改革、企业改革、金融改革和法制建设上有新的突破，继续在建立社会主义市场经济体制方面先行一步；进一步扩大开放的深度和广度；力争逐步把深圳特区建成大保税区；积极发展高新技术产业，加快发展第三产业，调整和优化产业结构；按照国际性城市的标准，加快基础设施建设，完善城市功能，改善投资环境；加强宏观调控，认真解决经济运行中的重大问题，保持国民经济高速、持续、协调发展；转变政府职能，加强廉政建设，深入开展反腐败斗争，建立良好的党风、政风和社会风气，建设社会主义精神文明。总之，我们一定要以邓小平同志建设有中国特色社会主义理论为指导，为在深圳率先形成社会主义市场经济体制和建成多功能现代化国际性城市而奋斗。

搞好衔接　当好窗口*

（1995年1月）

去年下半年，省委决定对珠江三角洲经济区进行统一规划。这是为实现中央和邓小平同志要求广东率先实现现代化的战略决策，增创广东新优势的重大举措，它将有力地推进珠江三角洲的经济腾飞，使之成为举世瞩目的大经济区、城市群。对推动全省、华南乃至全国经济发展都具有重大而深远的意义。

对省委这一重大决策，我们深圳市坚决响应，全力配合，真抓实干，多作贡献。

深圳是珠江三角洲对外开放的前沿和窗口，珠江三角洲是深圳的腹地和后盾。深圳与珠江三角洲交往频繁，合作富有成效，与兄弟市携手共建经济区具有较好的基础。目前，我们正在抓紧制订《深圳市与珠江三角洲经济区规划衔接的基本方案》，按照省委的思路，积极行动，推进衔接。

第一，加强深圳与周围地区在水、电、交通等基础设施建设方面的衔接。经过10多年的建设与发展，珠江三角洲城镇已日趋连成一体，各城市基础设施的对接已显得十分迫切，城市的迅速扩展产生许多新的问题，远非一个城市所能独立解决。以水为例，深圳要想很好地解决这一问题，近期就需要与东莞、惠州等兄弟市密切配合，远期还需要与香港和广东其他市合作。省委、省政府领导同志多次强调，要帮助深圳搞好水源开发，解决用水难的问题，要把深圳水源开发问题纳入整个珠江三角洲经济区的规划之中，这是对深圳的巨大支持。

第二，加强深圳与周边地区产业发展规划的衔接。把深圳产业发展规划纳入珠江三角洲经济区的规划之中，有助于深圳与周边地区形成合理布局的

* 原载《深圳特区报》1995年1月19日。

产业格局，同时也有利于克服各城市之间产业趋同、布局分散、效益不高等弊端，更好地促进深圳与周边城市的分工协作、互利互补，进一步推动深圳的产业升级并使之尽快上规模、上档次、上水平。

第三，加强深圳与珠江三角洲其他地区的市场的衔接。随着市场经济的发展，珠江三角洲各类市场很活跃，构成各市场优势互补的态势，形成统一、开放、竞争、有序的大市场，对整个经济区的发展意义重大。深圳的发展，起步于市场，得益于市场，深圳的优势也在于市场。我们要努力把握建设大经济区这个契机，发挥特区招商窗口、展览窗口、物流窗口和区域性金融证券中心等市场优势，加速与经济区中各类市场的衔接，共筑大市场，推进经济区的市场建设。

第四，加强深圳与珠江三角洲在政策制定方面的衔接。从珠江三角洲地区来看，一方面它包括经济特区、开放城市、经济开发区三个基本开放层次，具有不同的区域政策。另一方面，珠江三角洲经济区需要辅之以整体性、均衡性的政策，指导和协调区内社会经济的协同发展。在制定规划和政策时，既要讲统一，又要讲特点；既要从自身的实际出发，又要服从经济区总体发展的大局，使各项政策更好地衔接。

还要加强深圳与周边地区在环境规划、社会发展规划和精神文明建设规划方面的衔接。

以上几方面衔接的考虑，我们已责成有关部门，并指定各部门主要领导负责这一工作，力求制订出具体、配套、可操作的方案供市委市政府和省委省政府决策，把省委的战略意图付诸实际行动。

在共建珠江三角洲经济区过程中，对深圳来说，还有一个如何定位、如何发挥作用的问题。深圳是全国和广东的窗口，也是珠江三角洲的窗口。因此，深圳在珠江三角洲经济区规划中，就要充分发挥窗口作用，努力把这一窗口建成高水平的窗口，以进一步增强对珠江三角洲的影响力和辐射力。我们认为这种窗口作用，主要体现在以下几个方面：

第一，当好国际贸易窗口。去年，深圳出口总值182亿美元，在全国大中城市中居首位。我们要进一步把深圳建成万商云集之地，成为国际国内市场交流的枢纽和桥梁，成为珠江三角洲经济区走向国际的主要通道。

第二，当好融资窗口。深圳目前拥有金融机构198个，网点1017个，其中包括外资机构和中外合资机构48家，金融门类多、功能齐全，装备也较先进，且市场机制健全，经济活动活跃，经济效益良好；深圳还具有全国性的证券交易市场的优势，所以有希望成为联系国内和国际金融市场的资本融通及交易的枢纽市场。

第三，创建市场机制的窗口。深圳在建立社会主义市场经济体制、发挥市场机制作用方面先走了一步，市场机制比较健全，在珠江三角洲经济区实现由过渡型市场经济向成熟规范型市场经济转变中，深圳将起到积极的推动作用。

第四，当好高新技术产业窗口。在高新技术产业发展中，深圳在珠江三角洲经济区拥有较多优势。1993年，深圳市高新技术产值比1988年增长了10倍，去年又比前年增长64%，高新技术产业产值占全市工业总产值的18.8%。今后随着特区发展高新技术产业战略的实施和推进，将进一步发挥深圳高新技术产业基地的辐射作用。

第五，当好信息窗口。深圳毗邻香港这个国际性信息中心，近年信息业发展迅速，目前已建立覆盖全市的政府宏观经济调控信息网络系统和面向社会的公共信息服务网络系统。通过这些网络，汇集了国内外许多重要信息资源，对社会经济发展起了越来越大的作用，预计在2000年将基本实现全市国民经济信息化、信息手段现代化、信息系统网络化、传输技术科学化，从而为珠江三角洲乃至全国提供良好的信息服务。

第六，当好城市管理的窗口。深圳正在努力建设一座国际性城市，完善国际性城市功能，加强城市环境建设和管理，提高城市文明程度，为珠江三角洲城市化提供服务。

深圳还要加速民主与法制建设，加速立法，使上层建筑改革适应经济基础的要求。在这方面，深圳也要大胆探索，大胆实践，充分发挥窗口作用。

展望未来，充满信心。我们相信，伴随整个珠江三角洲经济区的起飞和大生产、大流通、大市场格局的形成，深圳和珠江三角洲其他城市的改革开放和经济建设将跃上新的台阶，省委、省政府制定的发展规划一定能够实现，珠江三角洲一定能为全省和全国的发展作出更大贡献！

邓小平建设有中国特色社会主义理论在深圳的实践
——《探索者之路》序*

（1995年11月）

邓小平建设有中国特色社会主义理论，是当代中国的马克思主义，是马克思主义基本原理与当代中国实际相结合的产物。这一理论第一次比较系统地初步回答了在中国这样一个经济文化比较落后的国家，如何建设社会主义、如何巩固和发展社会主义的一系列基本问题，是我国改革开放和社会主义现代化建设的指导思想。

创办经济特区，是在邓小平同志亲自倡导下，党中央、国务院为推进我国的改革开放和现代化建设做出的一项重大战略决策，是建设有中国特色社会主义理论和实践的重要组成部分。在传统社会主义计划经济陷入困境，社会主义经济发展普遍处于低潮时，邓小平同志要求特区“杀出一条血路来”，明确提出特区是对外开放的“窗口”、特区要发展外向型经济、特区经济发展要尽可能“搞快一点”、特区要坚持“两手抓”、特区姓“社”不姓“资”、“深圳的重要经验就是敢闯”等一系列理论和观点，指明了经济特区建设和发展的方向。深圳经济特区建立整整15周年了。这15年的光辉历程，就是努力实践邓小平建设有中国特色社会主义理论的过程。深圳经济特区15年改革开放和现代化建设的巨大成就，雄辩地证明了邓小平建设有中国特色社会主义理论的伟大和正确。大体说来，主要体现在以下几个方面。

首先，深圳15年来经济和社会的迅速发展证明，沿着邓小平建设有中国特色社会主义理论指引的方向，就能够极大地解放和发展社会生产力。15年来，在党中央和广东省委的正确领导下，深圳经济持续、健康和超高速发展，

* 《探索者之路》一书由海天出版社于1995年11月出版发行。

国内生产总值平均每年递增36%，工业总产值平均每年递增57.4%，社会消费品零售总额平均每年递增42.2%，地方预算内财政收入平均每年递增52.4%。邓小平同志1992年视察深圳以后两年，全市国内生产总值翻了一番，由1992年的283亿元达到1994年的567.15亿元。为世人所瞩目的“深圳速度”，是城市发展史上从没有过的奇迹，也是亚洲“四小龙”在任何发展时期都没有达到过的。这个“一夜城”的历史奇迹，彻底打破了“贫穷就是社会主义”，“中国共产党人只能搞革命，不能搞建设”的谬论。邓小平同志关于社会主义的本质在于“解放生产力，发展生产力”的理论，关于“抓住时机，发展自己，关键是发展经济”、“发展是硬道理”的经典表述，在深圳的实践中得到了确凿的注释。

其次，深圳以市场为导向的经济体制改革试验，为社会主义基本制度与市场经济的成功结合提供了示范，转变了传统的社会主义计划经济体制。邓小平同志以巨大的理论勇气和果断的探索精神，提出计划多一点还是市场多一点，不是社会主义与资本主义的本质区别，社会主义也可以搞市场经济的论断。历史赋予我国经济特区的重大使命，便是通过改革试验，探索出一条在社会主义基本制度下搞市场经济的新路子。深圳从建立特区时起，就开始了以市场为取向的改革，让市场在资源配置中发挥基础性作用，围绕建立和完善以市场为基础的价格体系、新的国民经济与企业核算体系、国有资产管理体系、生产要素市场体系、宏观调控体系、社会保障体系、社会服务体系和适应市场经济的法规体系，进行了一系列配套改革，初步形成了社会主义市场经济体制的基本框架，极大地推动了深圳经济的发展，证明了邓小平同志“改革是发展的动力”、“改革是第二次革命”的英明论断。从而，为全国的经济体制改革提供了借鉴，为我国确立社会主义市场经济体制的目标提供了实践的素材。

第三，深圳对外开放的实践，为全国全方位对外开放格局的形成和发展提供了许多有益的经验，也确证了邓小平对外开放思想的远见卓识。世界近现代史表明，人类进入工业社会后，全世界迅速跨入了一个开放的时代，经济一体化进程推动着资金、技术、管理经验、信息、人才等生产力要素在全世界范围流动和优化配置。邓小平同志敏锐地把握了世界发展大趋势，深刻总结了中国历史的经验教训，指出：“对外开放具有重要意义，任何一个国家要发展，孤立起来，闭关自守是不可能的，不加强国际交流，不引进发达国家的先进经验、先进科学技术和资金，是不可能的。”于是，他要求特区发挥“窗口”作用，

“成为对外开放的基地”。按照这一要求，深圳大力引进外资，引进技术，引进人才，引进先进的管理经验，积极探索按国际惯例办事。15年来，全市累计实际利用外资80多亿美元，外商投资企业发展到1.1万余家；外贸出口总额去年达到183亿美元，连续两年（1993~1994）名列全国大中城市第一位。深圳的实践证明，中国的发展离不开世界，必须敢于并善于利用国内国际两种资源两个市场，大力发展外向型经济，才能逐步与国际市场接轨，才能在更大的世界舞台上参与国际经济竞争。深圳对外开放的经验表明，社会主义要早日赶上发达国家，必须大胆借鉴、吸收人类社会包括资本主义国家创造出来的优秀文明成果，结合自己的实际进行新的创造。只有这样，才能加快发展，赢得与资本主义相比较的优势。深圳的对外开放实践，既证明了邓小平理论的深刻性和预见性，也为中国告别闭关自守的沉闷时代而充当了鸣锣开道的勇敢的马前卒！

第四，深圳特区坚持为国家多作贡献，走共同富裕道路，实践证明，邓小平同志关于先富带后富、实现共同富裕的构想是完全正确的。消除两极分化，实现共同富裕，是社会主义的本质要求。邓小平同志关于如何实现共同富裕的思想，超越社会主义学说的传统观点，阐明了共同富裕不是同时、同步和同等富裕，不是平均主义，而是让一部分地区、一部分人先发展起来，然后带动其他地区的发展，最终实现共同富裕。深圳特区建立15年来，始终把实现共同富裕作为特区工作的基本方向、重要原则和义不容辞的历史责任。在加快特区发展、壮大经济实力，为国家多作贡献的同时，深圳大力发展与内地经济的横向联合，实施内地、深圳与国际市场“三点一线”发展战略，增强对内地发展的辐射和带动功能，并通过定向招工、合作开发、低息借款、代培干部和资助“希望工程”等多种形式，力所能及地帮助和扶持内地后发展地区。到1994年底，全市财政累计上缴中央和省45.5亿元，海关、银行、邮电、铁路等系统累计中央直接多收450亿元，深圳企业以参股、控股、租赁、合作等形式，到内地投资130多亿元，兴办企业1960多家。深圳从1989年开始设立的经济合作发展基金，已先后向梅州、河源、清远、肇庆、韶关、三峡库区、井冈山、四川阿坝、延安等地的110多个项目投放了3.8亿元，为增强上述地区“造血”功能、促进当地经济的发展发挥了积极作用。深圳的实践表明，邓小平同志“先发展地区带动后发展地区，达到共同富裕”的构想，指明了实现共同富裕的正确道路。

第五，深圳以坚持“两手抓”的方针，强化特区精神文明建设的事实，证明了两个文明建设的协调发展，才是有中国特色的社会主义。过去一个时期，人们对社会主义的理解，忽略了物质文明建设的基础性作用，甚至片面强调“越穷越革命”。在经济建设成为全党工作重心的新时期，又容易出现片面强调物质文明建设而忽略精神文明建设的偏向。邓小平同志郑重提出坚持“两手抓”、“两手都要硬”的思想，殷切希望经济特区在建设高度物质文明的同时，努力建设高度的社会主义精神文明。15年来，深圳特区坚持不懈地开展爱国主义、集体主义和社会主义教育，开展“四项基本教育”和“五项文明建设工程”活动，制定了《深圳人行为道德规范》，努力培养“四有”新人；坚持不懈地提高党组织驾驭市场经济的能力，使特区党员干部既能在市场经济大海中学会“游泳”，又能拒腐防变，保持特区发展的正确方向。实践证明，加强社会主义精神文明建设，为深圳的改革开放和经济建设提供了强大的精神动力和智力支持。特区在经济发展的同时，保持了社会主义的精神风貌，经济繁荣与社会进步、经济社会发展与人的现代化，正在呈现出协调发展、全面进步的可喜局面。

江泽民总书记指出，经济特区的发展已进入一个提高整体素质，增创新优势的新阶段。党的十四届五中全会再次强调，经济特区的基本政策不变，在发展社会主义市场经济的过程中，有些具体办法要有所调整和完善；经济特区要培育新优势，积极参与高水平的国际经济合作和竞争，充分发挥示范、辐射和带动作用。这是党中央、国务院对经济特区发展提出的更高要求。我们要以邓小平建设有中国特色社会主义理论为根本指针，总结和反思深圳特区15年来的经验，认真贯彻五中全会精神，实行经济体制从传统的计划经济体制向社会主义市场经济体制的根本转变，经济增长方式从粗放型向集约型的转变，特区发展从主要依靠优惠政策向提高整体素质、增创新优势转变，再用15年或者更长一点时间进行第二次创业，把深圳建设成为富裕、文明、民主的社会主义现代化的国际性城市。

在深圳特区建立15周年的时候，由市委宣传部牵头组织，市委宣传部、政策研究室、市计划局、经济体制改革办公室、统计信息局、社会科学研究中心、投资管理公司、深圳大学、综合开发研究院共同撰写的《探索者之路》一书，将学习、研究邓小平建设有中国特色社会主义理论与深圳改革开放和现代化建设实践有机地结合起来，力图较系统地总结深圳15年来的经验与成就，提出若干既有深圳特色又有某种普遍意义的重大课题，同时也剖析了深圳经济发展和改革开放实践中存在的不足，探讨了特区未来发展的问题。这种阶段性的理论思考，无疑具有多方面的积极意义。希望该书的出版，能推进深圳广大党员、干部对改革开放和现代化建设的认识的深化，积极投身到深圳的“第二次创业”之中。

是为序。

关于国家机构改革中政企分开的发言*

（1995年12月）

我们过去机构多次改革，形成了一个怪圈：精简、膨胀、再精简、再膨胀。为什么呢？其根本原因在于政企不分、政府没有转变职能，政府直接干预企业的经营活动，没有形成市场配置资源的主导性作用，同时把过多的社会职责和事务矛盾都集中在政府身上，使政府管了许多不该管、管不了也管不好的事情，影响了政府重要职能的发挥。这种部门职能重叠、政企不分、政出多门，对有权有利的事就相互争权夺利，对没有收益的事情就互相推诿扯皮，造成钱权交易风行，办事效率低下。这种上层建筑架构与社会主义市场经济发展的矛盾日益突出，不改革会严重阻碍社会生产力的发展。要走出以往机构改革的怪圈，这次国家机构改革应该侧重于政企分开、转变职能、精干高效、依法行政上来。为此提出如下具体建议：

1. 首先是把企业人、财、物、产、供、销的职能和职权还给企业，不再由政府部门包揽行使。

2. 其次是把企业级别待遇与政府机构的级别待遇彻底脱钩，不以行政级别套企业级别待遇；企业应按营业额、实现利润和上交税金等指标体系来评价企业级别待遇，企业实现利润、上交税金越多级别待遇越高，把企业引上以经济效益为中心的轨道。

3. 取消国有企业的行政上级主管部门，由国有企业的行政部门的行政管理改为资产部门以出资者的身份进行资产管理。

4. 国有企业的领导班子，按现代企业制度要求，由出资者委派出资者的代表——董事长或董事，对国有资产增值保值负责，经营班子由董事会决定任命，而不是由政府专业部门和人事组织部门任命（可以与国资部门商量共同

* 此发言是在国家机构改革座谈会上的发言。

推荐资产代表),也不是由政府专业部门和人事组织部门对国有资产增值、保值负责,这些政府部门也无法负责。

为此,对企业高级经理人才的选拔任用要市场化,建立搜集、培训、评价、推荐的社会机构,广泛用市场机制选贤任能,使之科学化。

5. 把资源配置由行政部门为主转为以市场配置资源为主,把应由企业办的给企业,把应由市场办的给市场,把应由中介组织办的给中介组织,政府部门必须审批的项目要尽量减少到必要的最低程度,并且公开、公正、依法办理。因此,对各级政府部门的审批权应逐项清理,然后进行分解,能分解出去的分解出去,保留最少的必要的审批权力。

6. 经以上措施才能做到使政府对企业直接管理转到间接管理;由微观管理转到宏观管理;由行政部门的行政管理转到以出资者身份的资产管理;由行政部门的分割式管理转到对各种所有制企业的全社会管理,政府设法给各种所有制企业的顺利发展,创造公平竞争的外部市场环境和条件。

7. 政府要在上述政企分开的条件下,加强宏观分析预测、宏观计划、宏观调控、宏观管理,制定法律和规章,使政府机关做到依法行政,加强调研和社会服务职能,使社会主义市场经济顺利发展。

8. 在此基础上逐步做到政府机构依法设立,由人大立法后实施。

9. 政府部门的简政放权,应是纵向放权,不能给部门横向放权,这是一条基本原则,使政府不至于被部门利益和意志所主宰和分割,使政府处于软弱状态。要纵向放权,就是分清中央与地方及地方各级政府之间的财权、人权和事权。在我们这么大的国家,经济发展水平和经济社会条件千差万别的情况,实行国家集权的一级调控是难以适应瞬息万变的市场经济要求的。因此两级调控是符合国情实际的。例如:国家税种、国家与地方分成的税种和银行利息率等项目必须国家调控,任何地方不能改动;但是凡是不涉及国家整体利益的事项,例如地方税种、地方出让地价等项目,可由各地方根据实际情况确定,这样既有利于结合实际发挥两个积极性,又会极大地促进生产力的发展。这样做绝不是削弱中央权力,而是使中央行使的权力更集中、更有效、更宜实行、更能增强国力。

10. 现在不少国家机关部门把下级对应部门的人事任免权收上来,或者叫做事先备案,或者叫条条垂直领导,这样做弊病很多,除个别单位以外,应该认真改变。政府部门是在本级政府领导下，由本级人大任免，对本级人大负责，上级对应部门只是业务指导关系。

香港回归和我们的对策*

（1996年9月）

香港自古是中国领土。1841年英国占领了香港，从此150多年来香港沦为英国的统治地区，这是中华民族的奇耻大辱。

明年7月1日我国将对香港恢复行使主权，这是邓小平同志“一国两制”伟大构想的胜利，也是祖国日益强大的象征。从此，香港将回到祖国的怀抱，开始一个新的纪元。

香港回归祖国，将给我们带来千载难逢的历史性机遇，也将是对我们的严峻挑战。

所谓机遇，就是使香港更加繁荣、发展、稳定，同时“借助香港发展自己”，使大陆同香港形成合力，更强有力地参与国际合作与竞争。所谓挑战，就是香港回归祖国之后，我们能不能保持住香港国际贸易、金融、航运、信息等中心地位，并使香港带动和促进大陆经济（区域经济）的快速发展，共创经济繁荣。可以说，现在是历史性关键时刻，机遇千载难逢，稍纵即逝；挑战十分严峻，不进则退。

去年，江泽民总书记在深圳视察时明确提出要深圳发挥四个作用：一是对外开放的“窗口”作用，二是社会主义市场经济的“试验场”作用，三是对内地的示范、带动和辐射作用，四是在恢复对香港行使主权和保持香港繁荣稳定方面起促进作用。这是党中央、国务院在新形势下赋予深圳的历史性特殊使命。我们将以自己的实际行动，抓住机遇，迎接挑战，作出应有的贡献。

---

* 该文写于中共中央党校。一位领导人看了我文章后，指示国务院特区办发表个声明，说厉有为文章的观点不代表中央的观点。我在中央党校借学习的机会，思考一下香港即将回归后的政策方针取向，完全是我个人的意见。

一、香港在世界中的经济地位

（一）香港是国际贸易中心

香港是世界著名的国际贸易中心，在世界经济中占有十分重要的地位，人称“东方明珠”。我们仅从下面的几组数据，就可以窥见这个国际经贸中心的一斑。

香港面积只有世界总面积的百万分之八，人口只占世界人口的千分之一，但进出口贸易额却占世界贸易额的3.6%。香港的面积只有中国总面积的万分之一点一，人口约占中国总人口的千分之五，但进出口贸易额却占中国内地的78.6%。1995年香港进出口贸易额17228亿港元，排在世界第八位。

（二）香港是国际运输中心

香港有优良现代化的港口。1995年香港港口的货柜吞吐量达1256万标箱，居世界第一位。

香港启德机场1995年处理货物达143万吨，居世界第二位。抵港航班达150118班，旅客达2740万人次，为世界第五大繁忙空港之一。

香港与大陆的陆路交通特别繁忙，每天过境车流量3.2万辆次，过境火车乘客1995年达4540万人次。

香港与中国内地相比，港口货物吞吐量占大陆的22%，空运货物吞吐量占内地的144%，空港旅客吞吐量占内地的42%。

（三）香港是国际金融中心

香港金融业十分发达，名列世界前100名的大银行中有85家在香港营业。香港银行及接受存款机构共有5900亿美元的境外资产，占全球总额的8%；香港的外汇市场、黄金市场、股票市场分别排列世界的第五位、第四位和亚洲的第二位。同时，香港还有位居世界第三位的银团贷款中心。

（四）香港是国际信息中心

香港的信息事业非常发达。香港的信息事业机构、信息传播系统及信息技术水平处于世界领先地位。电话密度高居世界前列，人均国际电讯使用率及拥有传呼机数均居世界榜首。同时，香港还是世界上第一个拥有全数码系统电讯网络的城市。

(五)香港是国际旅游中心

香港旅游业已成为最大的服务行业之一，也是赚取外汇的第二大行业。1995年游客人数首次突破千万大关，旅游收入达720亿港元。

近二三十年间，香港经济高速增长。1995年香港国民生产总值达11113.91亿港元，比1979年的894.73亿港元增长12.4倍，平均实际增长7.92%；进出口贸易达17227.78亿港元，比1979年的1417.49亿港元增长12.2倍，年均实际增长8.19%；财政收入达1807.26亿港元，比1979年的167.96亿港元增长10.7倍，年均实际增长7.30%；货柜码头吞吐量达1256.2万标箱，比1979年的130.9万标箱增长9.6倍，年均增长15.2%。

但是，香港目前的进一步发展也面临着新的问题：例如面临产业结构调整升级的压力，一般第二产业的企业大量转出香港几乎成了空壳。而港英当局并未制定相应法规促其产业升级，实现第二产业的转型升级缺乏相应的动力；由于第二产业的企业出走，第三产业缺乏服务对象，同时第三产业也面临费用提高、成本上升的压力；房地产业一业独大、一业独高、脱离价值轨迹的畸形产业结构，孕育着很大风险；她的国际经贸和金融中心地位受到来自周边国家和地区的压力和挑战等等。

二、香港成为国际经贸中心的成因

第二次世界大战前，香港只是一个转口港，工业不发达，市场不繁荣。当时经济发达比不上广州，更不如上海。但在第二次世界大战之后，香港创造了持续数十年的经济高速发展和繁荣奇迹。究其原因，不外是外部条件和内在因素两个方面。外部条件主要是抓住历史发展机遇和充分利用“中国大陆因素”；内在因素主要是自由港式的、高度开放的、国际性的市场经济体制和运行机制。外因是条件，内因是根据，内、外因相统一，才使香港经济起飞成功，成为亚洲著名的“四小龙”之一。

就外因条件而言，除香港地处亚太中心地区，有天然良港的地理条件之外，最重要的还是“中国大陆因素”在起作用。“40年代末期中国大陆的解放战争，给香港‘送来’了一批资金、设备和人才，为香港的轻纺工业打下了基础”。在香港经济正在起飞的时候，正借中国大陆开始改革开放，香港抓住这个历史机遇，把大量的劳动密集型企业、初加工型企业向内地转移，特别是向珠江三角洲转移，只深圳就有上万家这类企业转移过来，充分利用大陆廉价的劳动力和其他资源，大大降低了成本，提高了产品的竞争能力，给香港的产业结构调整和升级创造了极佳的条件，从而促进了香港的繁荣发展，与此同时也带动和辐射了华南乃至全国经济的发展。

香港在抓住机遇充分利用“中国大陆因素”的同时，也抓住资本主义产业结构调整和资本输出的机遇，吸收了大量的外来技术和资本，从而加速了工业化和现代化的步伐。

就内在因素而言，自由港式的市场经济则是其主导因素。香港自由港政策从开埠时就已开始实施，但是，是个逐步完善、逐步放开、逐步国际化的过程。这种自由港政策的确立，其理论来源于英国古典经济学家亚当·斯密的“自由放任”学说，同时也是一种国际惯例，各国政府普遍运用这自由港（自由贸易区）模式。首先是实行贸易自由、投资自由、企业经营自由、外汇及黄金买卖进出自由、通航自由等等，总之是人、财、物进出方便自由且免征关税；其次是逐步建立和完善适应自由港市场经济的法制体系，所谓的自由是在法制范畴内的自由，而且这种法律保护自由港的运作和自由贸易的发展；再次，香港采用低税负政策，以平均标准税率计香港17.5%，比美（42%）、英（52%）、澳（45%）、日（38%）、新加坡（30%）都低。个人所得税香港是15%，比美（14%~70%）、英（30%~91%）、日（24%）和新加坡（18%）都低。因此，大量的生产要素、资源流入香港，促进了它的繁荣发展，使它成为国际经济中心。香港自由港政策固然对香港发展十分重要，但在实践中真正起作用的是人，正如邓小平同志指出的：“香港人是能治理好香港的，要有这个自信心。香港过去的繁荣，主要是以中国人为主体的香港人干出来的。”还有，香港当局根据自由港式市场经济发展中暴露的问题，由过去的“消极不干预”体制，转而采用“积极不干预主义”。一方面通过“看得见的手”创造良好的投资环境和公平竞争条件，充分发挥“看不见的手”的资源配置和调控作用，保持自由港式的市场经济正常运行；另一方面，在市场自发调控失效或难以调控到的地方，或出现损害整体发展利益和公众利益的情况时，政府进行慎重、适度的行政干预。以“看不见的手”调控为主，以“看得见的手”干预为辅，二者有机结合，“看得见的手”的干预是弥补“看不见的手”的不足，以保自由港式的市场经济的正常运行。

三、做好衔接，保持香港繁荣稳定

香港再有不到一年时间就要回归祖国。香港回归后，能不能保持繁荣发展？能不能保持其国际经贸中心的地位？现实地摆在我们面前，这不仅是个经济问题，而且更是个政治问题。我们共产党人别无选择，要面对现实，挑起重任，迎接挑战，确保香港的繁荣稳定和持续发展。

要保持香港的繁荣发展，首先，要坚决贯彻“一国两制”方针，这就意味着香港的资本主义制度不变，香港的自由港式经济模式不变，香港的市场运行机制不变，香港居民的生活方式不变……这是最重要的一条。人心稳定，经济繁荣。从另一个角度讲，就是香港是香港，大陆是大陆（香港是香港，深圳是深圳）。香港是资本主义制度，大陆是社会主义制度。我们讨论的衔接是在“一国两制”前提下，经济发展的衔接，而绝不是离开“一国两制”的社会制度的衔接。其次，要充分发挥“中国大陆因素”对香港的作用。“中国大陆因素”发挥得越好，越有利于香港的繁荣发展。若发挥好“中国大陆因素”，则必须深入贯彻“抓住机遇、深化改革、扩大开放、保持稳定、促进发展”的20字方针。在党中央领导下，与香港共同探索和实施新的政策措施，使“中国大陆因素”有新的内涵和发挥新的作用。大陆与香港经济衔接紧密，不但有利于香港经济发展，同时也有利于大陆的经济发展。

深圳是大陆与香港衔接的咽喉，内外两个市场交汇的枢纽和桥梁。深圳与香港的衔接，其实质就是整个中国大陆与香港的衔接。因此它绝不只是深圳本身与香港之间的问题，而是带有全局性的问题，因而必须从全局的角度来认识、研究和解决这一问题。例如西部通道、皇岗地铁接驳、深圳河治理等大型共同的基础设施建设；红树林和相邻地区的环境保护；在衔接的边境处设立衔接的保税区；在香港境内的深圳插花地共同开发成高科技发展区等等问题。

四、深圳的高速发展给香港顺利回归和与香港衔接创造了条件

实践已经证明，邓小平同志倡导建立经济特区，党中央、国务院给经济特区特殊政策和灵活措施不但是完全正确的，而且是成功的。深圳特区在党中央、国务院、广东省委、省政府的正确领导下，16年来取得了举世瞩目的成

就，经济社会取得了高速发展。1980年至1995年，深圳国内生产总值平均递增35.5%；工业总产值年均递增56.3%；社会消费品零售总额年均递增41.8%；地方预算内财政收入年均递增50%；进出口贸易总额年均递增52%；其中出口年均递增53.3%。城市综合经济实力在全国大中城市中排列前几位（进出口总额排第一位，财政收入排第四位，存、贷款排第五位，国内生产总值、固定资产投资、社会商品零售总额均排第六位，工业总产值排第七位）。

深圳被人称为“一夜城”和“深圳速度”是名副其实的。她的成长速度超过亚洲“四小龙”任何发展时期的发展速度，她用十几年的时间走完了世界城市发展史上百年的历程。在国际共产主义运动处于危机的时候，中国却欣欣向荣，特区的发展突飞猛进，为中华民族争了气，为社会主义争了光，受到国际社会的一致好评。尼克松1993年4月访问深圳时对我说：“我1979年访问中国会见邓小平，他给我讲中国的三步发展战略设想，我当时嘴里没说，但是心里想，你的设想实现不了。14年过去了，我再来看中国，特别是看到深圳的现实，邓小平的战略真的一步一步实现了。邓小平了不起。”

深圳的崛起不是无缘无故的。最根本的一条就是在邓小平建设有中国特色的社会主义理论指导下，认真贯彻党中央、国务院给予经济特区的特殊政策和灵活措施，是这个基本理论基本路线和基本政策发挥了无穷的威力。正如邓小平同志给深圳的题词写的那样：“深圳的发展和经验证明，我们建立经济特区的政策是正确的。”题词3年后邓小平同志又说：“现在我可以大胆地说，我们建立经济特区的决定不仅是正确的，而且是成功的，所有的怀疑都可以消除了。”

在改革开放路线指引下，我们率先进行了建立社会主义市场经济体制的一系列试验。概括16年来方方面面的改革，我们实质上就做了一件事，就是建立社会主义市场经济体制和运行机制。通过改革，我们初步建立了社会主义市场经济的十个体系：以市场为基础配置资源的价格体系；新的与国际接轨的国民经济核算体系和企业会计核算体系；新的国有资产管理经营体系；以公有制为主体的各种所有制公平竞争的所有制体系；效率优先、兼顾公平，以按劳分配为主与其他分配形式相结合的分配体系；生产要素市场体系；以中介组织为主体的社会服务体系；以养老、医疗为主体的社会保障体系；政府宏观管理和调节体系；适应社会主义市场经济的法律体系。其中以生产要素市场体系和国有资产管理经营体系为核心，其他体系协调配套，是一个不可分割的系统工程和完整整体。它既涵盖了经济基础，也涵盖了上层建筑；它既涵盖了市场主体，也涵盖了政府职能。深圳的发展实践证明，这一系列的社会主义市场经济的改革试验是成功的，大大地促进和解放了生产力的发展。从而也相应地提高了居民的生活水平。深圳的发展也得益于全国的支援和国际上的合作，特别是得益于香港的合作。深港毗邻，唇齿相依，休戚与共。1995年在深的外商投资企业中港商投资占80%；深圳建特区以来实际利用港资61.4亿美元，占外商在深圳实际投资的65%；深圳的对外贸易额86%是经过香港转口的。这几组数字一方面说明深圳为香港的产业结构调整和发展提供了空间和条件；另一方面也说明了香港在深圳的发展中起了很大的作用。二者相辅相成。

从上面不难看出，深圳的迅速崛起确为香港“九七”回归创造了条件，打下了衔接的基础。

五、要做好衔接，就要更好地发展自己

深港做好衔接，首要任务是发展壮大自己，尽快缩小与香港经济上的差距。深圳建市16年，虽然发展成就斐然，但与香港相比，仍然差距很大。深圳的土地面积是香港的一倍，两条南北铁路大动脉都到深圳，并用专用铁路线与深圳东西两大港区相连。深圳有8个海港，最大的盐田港，港口条件并不比香港差。深圳其他自然条件也与香港差不多，但是经济实力和经济发展水平却相差很远。深圳的国内生产总值只有香港的6.6%，财政收入只有香港的4.5%（深圳不包括海关税等），进出口贸易总额只有香港的17.6%，货柜码头吞吐量只有香港的2.3%，空运货物吞吐量只有香港的5.4%，空运旅客吞吐量只有香港的19.3%，旅游收入只有香港的15.8%，上市公司总市值只有香港的5.9%，金融机构数量只有香港的5.5%，银行存、贷款余额分别只有香港的5.1%和2.0%……这些巨大的差距，一方面说明香港确实是国际经贸中心；另一方面也说明深圳的发展潜力非常之大，发展余地非常之大。深圳只有按照江泽民总书记指出的“增创新优势，更上一层楼”，提高整体素质，才能更好地与香港衔接，才能更好地起到内地与香港之间衔接的枢纽和桥梁作用。我们增创新优势的总体目标是增创社会主义市场经济体系和运行机制的新优势和城市功能的新优势，以及产业结构的新优势等等，总之，是人才的新优势，因为无论什么新优势都要人

才去开拓、去创造。还有一点值得特别提出，深圳与香港是社会主义制度与资本主义制度的分界点（也是连接点），是两种制度比较、竞争的前沿。人们都喜欢直观地比较孰优孰劣，深圳只有加速发展，尽快缩小与香港的差距，而不是扩大差距，社会主义制度的优越性才有说服力。形势严峻地摆在我们面前，无论从哪个角度，深圳只有加速发展这一条路可供选择。

六、深圳未来地位的两种定位

根据中央的要求，深圳基本上有两种功能，一种是城市的一般功能，即深圳先行试验功能，凡是成功的国内其他城市可以借鉴、可以推广。譬如：按市场经济规律办事的一些做法等，如果是符合客观规律、具有普遍意义的，可以全国推广实行。一般功能具有先行一步的试验性质。第二种功能是特殊功能，如把深圳建设成外向型经济的国际性自由贸易区，又如深圳要在运行机制、经济发展、口岸、交通、产业和基础设施等方面与香港进行衔接等，这是她的特殊地理位置所决定了的特殊功能，使之发挥特殊作用，在这方面，其他城市是不能学习和借鉴的，也是无法效仿的。根据这两种功能，江泽民总书记对深圳提出要发挥前面提到的“四个作用”。深圳未来地位是由深圳的功能和作用决定的，而不是人们主观臆造出来的。一种意见认为，根据深圳的特殊功能和作用的要求，深圳应处于特殊地位、特殊政策和起特殊作用，这是全局利益所需要的，这样就使她发展得更快，与香港和国际市场衔接得更好，对内地的带动、示范和辐射作用更大，对国家的贡献更多。另一种意见认为搞市场经济，不能搞地区政策倾斜，深圳等地要与全国其他地区政策统一拉平，这才是公平竞争。前一种意见，是让深圳等地参与或代表“国家队”，首先冲向国际市场，与国际市场一争高低，并带动内地一起走向国际市场，从而使中国经济冲上新的台阶。后一种意见则是限制有潜力、能发挥特殊功能作用的地区发挥其应有的作用。与全国其他地区政策拉平，从国内各地区内部看，似乎是很“公平”；但从国际竞争的全局看并不公平。从各个局部看，似乎是很“公平”，但从全局发展利益看并不公平，它会阻碍全局的发展。因此，前一种意见是可取的，而后一种意见是不可取的。

而且，从深圳前16年的实践结果看，把深圳辟为特区，给她特殊政策，是发挥了多么巨大的威力和作用，事实完全证实了上述结论的客观必然性。

七、深圳未来政策的两种取向

对深圳未来政策发展也有两个可供选择的政策取向。一种认为应抓住“九七”香港回归的大好机遇，使经济特区持续特下去，把特区政策进一步向前推进，即把经济特区建成自由贸易区。第一，符合邓小平的进一步改革开放的指导思想，他说：“现在有一个香港，我们在内地还要造几个‘香港’，就是说，为了实行我们的发展战略目标，要更加开放。”接着，他在向中央领导人作“我的政治交代”时又说：“凡是遇到机会就不要丢，就是要坚持，要干起来，要体现改革开放，大开放。我过去说过要再造几个‘香港’，就是说我们要开放，不能收，要比过去更开放。不开放就发展不起来。”邓小平讲的在内地再造几个“香港”，我认为就是利用自由港的机制和政策，创造比资本主义更高的社会主义生产力就是“大开放”。资本主义可以用自由港机制和政策发展资本主义的生产力，社会主义也可以用它发展社会主义的生产力，自由港机制和政策本身没有姓“资”姓“社”之分，它是发展生产力的、在某些特定地区的特殊手段。香港、新加坡等地利用自由港机制和政策发展社会生产力取得了巨大成功，我们大陆有条件的个别地方也完全可以利用自由港机制和政策取得巨大成功。也正如邓小平同志指出的：“我看这不会失败，肯定益处很大。”第二，符合国际惯例。从16世纪中叶开始，欧洲就出现了自由港（自由贸易区），到19世纪下半叶直至二战前自由贸易区由欧洲发展到波斯湾，从印度洋发展到东南亚，在国际贸易通道上的重要港口城市，先后辟为自由贸易区。到二战后，自由贸易区蓬勃发展，尤其是发展中国家，把设立自由贸易区作为拓展对外贸易，引进资金和技术，增加就业，振兴本国经济的重要手段，使自由贸易区在全世界进一步发展。据美国专家沃尔特1992年调查统计，全球已有698个自由贸易区（不包括出口加工区），其中北美414个（美国103个，是自由贸易区最多的国家）。今年6月我们访问有310万人口，有18万平方公里土地的南美洲的乌拉圭就有7个自由贸易区。各国都在利用自由贸易区的机制，尽可能多地利用国际资源，尽可能多地增加出口创汇，占领国际市场。正如邓小平同志所说的：“……实行自由港的某些政策，这在国际上是有先例的。”第三，深圳改革开放辟为特区已经16年了，取得了很大的成功，经济社会发展、城市功能完善、市场机制建立已经为建立自由贸易区创造了条件、打下了基础。第四，深圳建立特区初期就设想建立自由贸易区，才围了80多公里长的二线铁线网作为与内地的隔离线，因为某些原因才没有实行。现在二线铁丝网维修一新，管理加强，为辟为自由贸易区也创造了条件。第五，把深圳经济特区在香港“九七”回归时辟为自由贸易区，不仅抓住了最好的历史机遇，而且中国大陆内地通过深圳与香港在运行机制上更好地衔接，使深圳发展得更快更好。一方面确保香港稳定繁荣，另一方面对内地更好地起窗口、带动和辐射作用。一举几得，实为上策。

另一种政策取向，是把特区政策取消，和全国其他城市政策“统一”、“拉平”，进行所谓的“公平竞争”。这种思潮已见端倪，但是党中央、国务院已明确指出经济特区“三个不变”，即中央办特区的决心不变，特区的基本政策不变，特区在改革开放中的地位和作用不变。这“三个不变”对取消特区的思潮给予明确的回答。这种思潮的根源是平均主义思潮作怪，貌似公平、公正，实则是违背实事求是思想路线，是延缓开放和阻碍中国经济参与国际市场竞争的下策。

八、深港衔接的原则和内容

深港衔接的原则在政治上应严格贯彻“一国两制”原则，在经济上坚持优势互补、互惠互利、共同发展的原则；在运行机制上做好衔接，坚持按国际惯例办事的原则；在实施办法上坚持突出重点、循序渐进的原则。积极主动地推动深港衔接。

在衔接内容上主要有机制的衔接、城市功能和基础设施的衔接、口岸管理的衔接、产业发展的衔接、社会服务的衔接等等。

运行机制的衔接是最重要的衔接，把深圳经济特区开辟为自由贸易区，享受某些自由港政策，使之与香港运行机制更好地衔接。因为运行机制是经济发展的内在动因，它起着决定性的关键作用。

城市功能和基础设施的衔接，主要是港口、机场、公路、铁路、信息网络的协调建设和衔接，如由蛇口东角头到香港屯门的海上大桥——西部通道工程，皇岗——落马洲过境客流通道工程，铜鼓出海航道工程，深圳河治理工程等等，这些重大工程的建设，使之确保人流、物流、资金流在这个咽喉地带畅通无阻，从而加强香港国际经济中心地位。

口岸管理的衔接势在必行，迫在眉睫。“九七”回归后，香港与深圳之间的口岸虽然由国境口岸变为国内口岸，但仍按国境口岸管理，必须按国际惯例办事，大大简化手续，使口岸成为依法把关、监管有效、方便进出、优良服务、管理科学、收费合理的国际一流口岸。同时，要做到24小时昼夜通关，使双方衔接更紧密，往来更便利。

产业发展衔接的重点放在第三产业的衔接上，主要是金融、商贸、旅游、展览、信息等产业上，使之巩固香港金融、商贸、运输等的国际中心地位，同时带动深圳发展，还要加强深港高新技术产业的合作与发展。

社会服务方面的衔接主要是指深圳给香港做好供水，供电，供应鲜活商品、副食品，环境保护，防洪排涝等方面的衔接，在这方面深圳要为香港多作贡献。另外，香港的服务业水平高、品种多、效益好，在“九七”回归后，扩展到珠江三角洲乃至全国。

九、结论

我们通过上述的分析论述，可以简要得出如下结论：利用香港，发展自己；借助香港，走向国际；借鉴香港，国际惯例；学习香港，科学管理；合作香港，互惠互利；衔接香港，辐射内地；服务香港，双方满意；区别香港，“一国两制”。

关于所有制若干问题的思考*

（1996年12月）

所有制问题是社会主义经济理论中最基本的问题之一，也是理论界争议和分歧最大的问题之一。在我国改革开放的实践中，许多重大的改革和经济政策都涉及所有制问题。我利用脱产学习的机会，重新学习了马克思主义经典作家关于所有制的论述，并以深圳改革开放的实践为基础，对所有制问题进行了思考，有一些新的认识，写出来以求教大家。

一、是马克思主义经典作家的预言不妥，还是我们目前尚未达到他们预言的条件？

马克思在《共产党宣言》中说："从这个意义上说，共产党人可以把自己的理论概括为一句话：消灭私有制。"（《马克思主义著作选编》乙种本，第30页）恩格斯在《社会主义从空想到科学的发展》中说："自从资本主义生产方式在历史上出现以来，由社会占有全部生产资料，常常作为未来的理想隐隐约约地浮现在个别人物和整个的派别的脑海中。但是，这种占有只有在实现它的实际条件已经具备的时候才能成为可能，才能成为历史的必然性。"（《马克思主义著作选编》乙种本，第177页）那么，马克思是从什么意义上说要"消灭私有制"呢？恩格斯说的"由社会占有全部生产资料"的"实际条件"又是指什么呢？不弄明白他们得出结论所依据的历史条件，就到处套用他们的结论，非要犯历史性错误不可。原苏联和东欧在社会生产力发展不具备条件的情况下，就用行政手段实行80%~90%的生产资料社会占有，进而实行社会主义的计划经济，结果是从内部窒息了经济发展的动力机制；从外部丧失了竞争的压

* 此文是我于1996年下半年在中共中央党校省部级干部轮训班学习时写的结业论文，并在两个班结业总结会上指定发言。该文是针对当时社会上对此问题的种种看法并结合深圳的实践有感而发的。

力机制，使人们的积极性、创造性不能充分发挥，生产力发展受到阻碍，致使商品供应十分匮乏，人民生活水平没有明显提高。总是认为自己的机制、办法比别人优越的人们，几十年之后，放开眼界一看，比别人大大落后了，人民不满意了。江泽民总书记说："只有理论上的坚定，政治上才能坚定。"(《在全国宣传部长会议上的讲话》，《人民日报》1996年1月25日)同样，理论上的危机，产生了信仰的危机和政治危机，有的人开始怀疑共产党这套办法行不行了，怀疑马克思列宁主义还灵不灵了。于是产生了种种思潮，什么"私有化"，什么"新思维"等等。原苏联和东欧在急剧蜕变的道路上，摇摇晃晃，跌跌撞撞，步履蹒跚，迷失方向，在经济上陷入了生产倒退通货膨胀的困境，人民群众生活更加艰难。最终导致共产党不得不退出执政地位，国家走上了分裂的道路。

原苏联和东欧社会主义国家这种历史性的大曲折的原因是复杂的、多方面的，但是根本原因是什么呢？有人认为是苏联出了个戈尔巴乔夫，戈尔巴乔夫提出了个"新思维"，把苏联和东欧社会主义搞垮了。于是得出结论，要保住社会主义江山，就要打倒党内的戈尔巴乔夫式的人物。也有人进行了一番研究，得出的结论是"和平演变三部曲：攻心、夺权、私有化"。"攻心"者，意识形态也。谁"攻心"？资本主义也。攻谁的心？共产党人也。共产党从建立那天起，就宣布要战胜资本主义，这些国家的共产党为什么没攻下人家的心，反而被人家攻下了心呢？是何道理？显然根本原因不在攻心。

"夺权"者，上层建筑也。资本主义国家未出一兵一将，未放一枪一炮，而且这些社会主义国家手中掌握着强大的武装力量，怎么会被人"夺权"呢？中国有句古话叫做"得民心者得天下"。反之，失民心者失天下。这些国家的路线和体制脱离了人民群众，丧失了民心，才丧失了政权。而不是外力"夺权"的结果。显然造成这种"剧变"的根本原因不在"夺权"。

"私有化"者，直到现在这个词的含义不清，如果把适合和促进生产力发展的公有制的实现形式，如股份制，也认为是"私有化"的话，那是一种违背客观经济规律的误导；如果是马克思主义经典作家指出的私人生产、单独经营、私人占有的私有经济含义，那就是历史的大倒退。这条私有化的路子是谁也走不通的。因此，所谓"三部曲"起码有两点误导：一是陷入外因决定论，二是陷入上层建筑决定论。这都是与马克思主义背道而驰的。

以上认为的两种原因，都没有找到这种历史性剧变的根本原因。

这种历史性剧变的根本原因，不能从意识形态上去找，也不能从上层建筑去找，更不能从外因去找。要从生产关系与生产力的发展与适应情况去找，从所有制的实现形式是不是适应生产力发展水平上去找。正如马克思所说的："我们判断一个人不能以他对自己的看法为根据，同样，我们判断这样一个变革时代也不能以它的意识为根据；相反，这个意识必须从物质生活的矛盾中，从社会生产力和生产关系之间的现存冲突中去解释。"（《马克思〈政治经济学批判〉序言》，《马克思主义著作选编》乙种本，第49～50页）简要地说，就是这些国家在没有达到马克思和恩格斯所说的"消灭私有制"和"由社会占有全部生产资料"的条件的情况下，就出于好心，急于求成，却违背了客观规律，使生产力的发展受到障碍。结果使社会主义事业受到严重挫折，从理论上看，这也是由于误解马克思主义关于所有制问题论断的原意而带来的恶果。

那么，马克思、恩格斯所说的"消灭私有制"、"由社会占有全部生产资料"的条件究竟是什么呢？

第一，马克思、恩格斯所指的条件，是指社会发展处在资本主义的生产关系已容纳不下生产力发展之后的社会主义（即共产主义）的历史阶段，很明显，现代发达的资本主义国家还没有达到这一步，更不用说当时生产力相对落后的原资本主义俄国和生产力欠发达的东欧国家以及中国，离马克思、恩格斯所指的历史阶段相距更远。如果我们把马克思、恩格斯称之为的社会主义叫做资本主义之后的社会主义（共产主义）的话，那么，我们现实的社会主义就是未充分发展的资本主义之前的社会主义——社会主义的初级阶段。在这个初级阶段生产力相对不发达的情况下，人为地去改变生产关系，实行全民所有制式的公有制，使生产关系超越了生产力的发展水平，这就类似于拔苗助长，违背了生产关系必须适应生产力发展水平的客观规律，必然要受到客观规律的惩罚。

第二，恩格斯明确指出："无产阶级将取得国家政权，并且首先把生产资料变为国家财产。但是，这样一来它就消灭了作为无产阶级的自身，消灭了一切阶级差别和阶级对立，也消灭了作为国家的国家。"（《社会主义从空想到科学的发展》，《马克思主义著作选编》乙种本，第176页）恩格斯在同一篇文章中又说："一旦社会占有了生产资料，商品生产就将被消除，而产品对生产者的统治也将随之消除。"（《马克思主义著作选编》乙种本，第179～180页）

在这里,恩格斯所指的“生产资料变为国家财产”的“实际条件”就是消灭阶级、阶级差别和阶级对立,消灭国家、消灭商品生产范畴的共产主义社会。显然,这样的经济社会发展条件还离我们很遥远。我们只能设想和实施我们在社会主义初级阶段所能办到的事情,而不能设想和实施我们在社会主义初级阶段办不到的事情。真理往前跨越一步,就会变成谬误,就会走弯路、犯错误。我们在这方面曾经犯过的错误够严重的了,教训够深刻的了,付出的代价也是够大的了。

第三,过去社会主义国家几乎毫无例外的都实行计划经济,用这只看得见的手取代看不见的手的作用,并认为这是社会主义的基本特征之一。实践是无情的,现在这种有情的计划,不得不让位给无情的市场;主观的计划经济,不得不让位给客观的市场经济;看得见的手的作用,不得不让位给看不见的手去发挥基础作用。这是客观经济规律作用的结果,是不以人们的意志为转移的。

那么,这种计划经济体制是怎样产生的呢?由于马克思、恩格斯预言未来的社会主义(共产主义)实行由全社会占有生产资料,而与这种生产资料占有形式相适应的便是全社会的计划生产。恩格斯在《社会主义从空想到科学的发展》一文中有这么几段话:“而资本主义社会的无计划生产向行将到来的社会主义社会的计划生产投降。”(《马克思主义著作选编》乙种本,第173页)资本主义“社会的生产无政府状态就让位于按照全社会和每个成员的需要对生产进行的社会的有计划的调节”。(《马克思主义著作选编》乙种本,第175~176页)“社会主义从此按照预定计划进行的社会生产就成为可能的了”。(《马克思主义著作选编》乙种本,第182页)恩格斯预见的社会主义进行有计划生产,一方面他是依据由全社会占有生产资料的占有形式,而有计划生产是与这种占有形式相一致的;另一方面他是针对资本主义生产的无政府状态,而进行了相反的预测。由此不难得出结论,后来被社会主义国家普遍实行的计划经济体制是由不顾条件套用马克思主义经典作家的预见性的论述发展而来的。

计划经济体制既然不适应我们现代社会主义生产力发展水平的要求,那么,人们自然会进一步认识到:引起计划经济体制的由全社会占有生产资料的全民所有制的实现形式也势必不适应现代社会主义生产力发展水平的要求,因此，全民所有制的实现形式必须进行改革。

第四，长期以来，由于生产资料的所有制实现形式和计划经济体制不适应生产力发展水平的要求，使当代社会主义国家的经济缺乏生机和活力，成为投资饥渴经济，成为商品短缺经济，成为高投入低产出、劳动生产率低下的浪费型经济，成为用行政审批手段配置资源、机关庞大的官僚经济，最终是离国际市场竞争的要求越来越远。这种所有制实现形式和经济体制势必成为严重束缚生产力发展的桎梏。不妨试举几例：我国1995年有124家汽车整车生产厂，比先进工业化国家的所有汽车整车生产厂之和还要多，哪个汽车厂不是计划经济审批出来的？但是1995年全国共生产汽车144万辆，每厂平均年产汽车只有1万辆多一点，人均年生产汽车1.16辆。我国汽车工业的骄子——长春第一汽车厂1995年人均生产汽车也不到2辆。而日本仅日产汽车一家1995年生产汽车156万辆，人均生产汽车31.84辆。像这样的情况绝不是个别现象，据有关部门调查显示，从1979到1991年我国造成无效的投资高达6800亿元，新建大、中型企业有二分之一不能正常发挥作用。1995年国有企业亏损高达461亿元，比1990年增加182亿元，每年平均增亏近40亿元。这些触目惊心的数字和不情愿的对比足以使我们猛醒。其原因是很复杂的，而深层次的根本原因就是所有制实现形式和计划经济体制不适应现代社会主义生产力发展水平的要求。

早在十几年前，根据经济生活中存在的问题，我们就已明确提出把经济工作转到以经济效益为中心的轨道上来。可是十几年过去了，国有企业效益越来越差、亏损越来越多，为什么老是转不过来？原因是多方面的，其根本原因是计划经济体制和所有制的实现形式。我们把提高经济效益比做过河，不架起桥或不找到船是过不去的。这桥或船就是生产资料所有制的实现形式必须适应生产力发展水平的要求。正如江泽民总书记指出的：把经济工作“转到以经济效益为中心的轨道上来。这一思想，早在改革开放之初就已经明确指出，虽然取得一定进展，但总体效果还不明显。其原因是复杂的、多方面的，最主要的是经济体制和运行机制的问题”（《正确处理社会主义现代化建设中的若干重大关系》，《人民日报》新华社讯1995年10月9日）。总书记的讲话一针见血。我理解，这种经济体制就是计划经济体制，这种深层次的运行机制就是全民所有制财产占有形式的运行机制。

二、判断所有制先进与否的标准究竟是什么?

我们过去曾经提出过我国社会主义的基本矛盾是先进的生产关系与落后的生产力的矛盾,这个命题就意味着:第一,我们承认超越生产力发展水平的生产关系是“先进”的生产关系,而不是相反。第二,我们承认生产关系可以超越生产力发展水平,并不顾生产力发展水平去改变生产关系是可行的,而不是相反。第三,我们承认“先进”的生产关系,可以大大解放和促进落后生产力的发展,而不是相反。上述认识,在经过几十年的实践检验之后,我们再按照马克思主义关于生产关系一定要适应生产力发展水平的理论回过头看一看:这种一味改变生产关系,使“先进”的生产关系超越生产力发展水平的做法,不但不能解放和促进生产力的发展,而且恰恰相反,对生产力的顺利发展起到了阻碍和破坏作用。实践无情地告诉我们:生产关系既不应该落后于生产力的发展水平而存在,也不能超越生产力的发展水平而“先进”。两种情况都会阻碍或破坏生产力的发展。

这里有一点值得特别指出,当革命条件成熟时,无产阶级适时抓住历史机遇夺取政权,建立无产阶级专政的国家,是完全必要的。其中的关键问题是,无产阶级专政的国家应该运用国家政权的力量,按照马克思主义的理论指导,使生产关系不断适应生产力的发展水平,从而推动生产力的发展;而绝不是运用国家政权的力量,使生产关系超越生产力的发展水平而“先进”。

我们以往传统的看法是越“公”越先进,首先是全民所有制最先进;其次是集体所有制;再次是公私合营;私有制最落后,甚至是反动的。出于这种认识,在历史上搞“一大二公”、搞“穷过渡”,急于改变生产资料的所有制形式,把私有改变为公私合营,进而改变为公有;把集体所有制也看做是过渡性的,于是也急急忙忙向“大公”过渡。以为生产资料的所有制关系这么一改变,生产力就会大解放、大发展,于是在全国搞“大跃进”、“超英赶美”,结果是:“先进”的生产关系超越了生产力的发展水平,从良好的主观愿望出发,以破坏社会生产力而告终。

应当着重指出的还有一个传统观念,就是认为公有与私有是水火不相容的,是有我没你、有你没我的关系。这种认识使我们为捍卫社会主义所有制的纯洁性而急于消灭私有制,结果仍然付出了沉重的代价。

实践已经证明，在一定的历史条件下，公有经济与私有经济既有相互排斥的一面，也有相互依存和融合的一面，而且后者显得更为普遍，更为重要。

那么究竟什么所有制最先进呢？直言之，在一定历史时期，什么所有制最能适应和促进生产力的发展，什么所有制就最先进。与其说这是一个理论问题，倒不如说是一个实践问题，让实践来告诉我们一切。

三、全民所有制与国家所有制是不是一回事？

我们现在一般的认为是一回事，但是，实际上它们并非是一回事。

全民所有制即全社会占有生产资料，或者叫生产资料由全社会占有，这种生产资料公有制的实现形式，马克思和恩格斯在他们的著作中做了充分的论证和预言，正如前面提到过的，它的实现条件是共产主义社会。因此，在我国社会主义初级阶段的生产力水平下，是不适于实行全民所有制的生产资料占有形式的，道理很简单：它不适应现实生产力的发展水平。

国家所有制则同全民所有制不同（它们的相同点就是属于公有制范畴），它是自从国家产生以来就有国家所有制，奴隶制国家有奴隶主的国家所有制，封建制国家有封建主的国家所有制，资本主义国家有资产阶级的国家所有制，无产阶级国家，同样也有无产阶级的国家所有制等等。这种国家所有制是由统治阶级的国家为代表的占有形态，是以国家为代表的公有制的一般形态，因而，它不是社会主义国家公有制的特殊形态。由此，不难得出结论：国家所有制不应当成为社会主义国家的本质特征。

以下几点，我们应该加以明确：

第一，国家所有制属于公有制性质。但是，在不同性质的国家中，公有资产为不同的统治阶级运用和服务。

第二，国家所有制的资产占社会总资产比例的多少，以及国家所有制的资产与私有资产比例的多少，不是区分不同性质国家的标志。就是在同样性质的不同国家，这个比例也是各不相同的；就是在同一个国家的不同历史时期，这个比例也是各不相同的。

第三，这种国家所有制在市场经济条件下，应由各级国家机关或由各级国家行政机关依法行使所有权。即在国家所有制内部形成产权主体多元化和利益主体多元化的格局，以适应市场经济发育和市场竞争的需要。如果把国家所有制看成是一个单一主体，那么，属于单一主体内的各个企业是不适合进行真正的市场交换和竞争的。

第四，在社会主义初级阶段，国家所有制与其他形式的公有制或私有制同时并存，互为条件，互相依存，公平竞争，并非互不相容。

第五，国家所有制与其他所有制可以互相融合，成为混合所有制。对每个具体的经济实体而言，并非一定要百分之百的国家所有。

第六，国家所有制的企业要实行政企分开。国家所有制的事业也要实行政事分开。以便使国家所有制的企业和事业与非国家所有制的企业和事业处于同等地位，公平竞争，以不至于使国家权力被滥用以牟取私利，从而导致国家权力的异化。

第七，就一般情况而言，属市场竞争性的行业，不宜由国家所有制垄断或占主导地位，因为这种垄断和主导地位会窒息竞争和影响发展。

第八，无产阶级的国家所有制，更适宜于从事社会效益为主，公益性为主的行业和事业，因为这样更能体现国家为社会和人民大众利益服务的本质特征。

四、从生产资料占有方式上怎么样来区别社会主义与资本主义？

从生产资料占有方式上来区别社会主义和资本主义，是从根本上划清社会主义与资本主义的界线。绝大多数生产资料被极少数人占有，剥夺了绝大多数人的生产资料占有权，这样的占有方式就是私有制，这样的社会就是资本主义社会，或者叫资产阶级占统治地位的社会。马克思所处的那个时代的发达国家就是这样，他在《共产党宣言》中写道："在你们的现存社会里，私有财产对十分之九的成员来说已经被消灭了；这种私有制之所以存在，正是因为私有财产对十分之九的成员来说已经不存在。"（《马克思主义著作选编》乙种本，第32页）马克思正是从极少数人对多数人剥削的财产占有方式的意义上讲"消灭私有制"的。这种财产占有方式不利于调动广大劳动者的积极性，阻碍生产力的发展。

同样，在生产力未达到一定水平的情况下，就实行由全社会占有生产资料的所有制形式，也会挫伤广大劳动者的积极性，因而阻碍生产力的发展。

那么，我们设想，在我国社会主义初级阶段现实的生产力发展水平上，有没有可能实行使多数劳动者占有多数生产资料的社会主义占有形式？这种占有形式由生产资料的占有人数和对生产资料的占有数量的量变，从而使占有性质发生质变，即由资本主义性质的占有转变为社会主义性质的占有。这种多数人占有多数生产资料的社会主义占有形式，与马克思、恩格斯预言的由全社会占有生产资料的形式不同，一是马克思、恩格斯指的是共产主义时代的占有形式，而我们的多数人占有多数生产资料的占有形式是社会主义初级阶段的占有形式；二是目前我们实行的全民所有制的占有形式对我们目前的历史阶段来说是理论上的、理想化的、不实际的占有形式。对全民企业职工来说，全民资产的增值与否与经营者和生产者的利益关联度有多大？他们对全民资产的所有权如何体现？实际上没有财产处置权和收益分配权的所有权是毫无意义的所有权。对在全民企业工作的职工尚且如此，那么，对全民企业职工以外的广大人民群众就更没体现占有意义了，他们和全民资产的利益关联度更低。这就是全民资产增值的动力机制在广大劳动者中荡然无存的深层原因。

我们所说的多数人占有多数生产资料不是指全民所有制或国家所有制的占有，而是指现实的、真实的、实际的占有，这种占有是既有财产处置权又有收益分配权的实实在在的占有，是与现代大生产、与公有制相联系在一起的占有，而不是私有制的占有。

五、除了公有制和私有制之外，有没有介乎两者之间的所有制实现形式？

从历史发展的长河看，原始社会的漫长时代，由于生产力极低，没有产生私有财产占有问题，是一种原始的公有共产制社会；在原始公社后期开始产生私有财产占有，到奴隶社会、封建社会和资本主义社会，以及我们现代的社会主义社会都是私有制和公有制并存的社会；按马克思、恩格斯的预言，到共产主义社会又将是消灭私有制的高级公有共产制社会。即：原始公有共产制社会——公、私所有制并存的社会——高级公有共产制社会。到高级公有共产制社会是我们的理想，我们共产党人时刻为实现这一理想而奋斗。但同时必须明白：这是需要十几代，甚至几十代人的艰苦努力才能达到的，决不能再走到“左”倾急性病的误区。

就当代社会主义而言，除了公有制和私有制两种所有制形式同时存在外，还有介乎两者之间的所有制实现形式。这种所有制实现形式既带有私有制属性，同时又具有公有制的性质。它的特征是：适应社会化大生产的需要，适应生产力发展的要求；它是若干私人资产的集合，组成不可分割的集体资产；但是它并没有剥夺私人资产的所有权，只是使所有权与法人财产权相分离，所有权与经营权相分离；它为全体资产所有者谋利益；因而它具有公有制的性质和社会的属性。我们可称这种所有制的实现形式为社会所有制。对于这种社会所有制，马克思和恩格斯有过论述。马克思说：“那种本身建立在社会生产方式的基础上并以生产资料和劳动力的社会集中为前提的资本，在这里直接取得了社会资本(即那些直接联合起来的个人的资本)的形式，而与私人资本相对立并且它的企业也表现为社会企业，而与私人企业相对立。这是作为私人财产的资本在资本主义生产方式本身范围内的扬弃。”(《资本论》第三卷，第493页)恩格斯在《1891年社会民主党纲领草案批判》中这样写道：“据我所知，资本主义生产是一种社会形式，是一个经济阶段，而资本主义私人生产则是在这个阶段内这样或那样表现出来的现象。但是究竟什么是资本主义私人生产呢？那是由单个企业家所经营的生产，可是这种生产已经愈来愈成为一种例外了。由股份公司经营的资本主义生产，已不再是私人生产，而是为许多结合在一起的人谋利的生产。”(《马克思恩格斯全集》第22卷，第270页)马克思和恩格斯的话说得十分清楚：一是社会资本与私人资本相对立，社会资本是对私人资本的扬弃和发展；二是私人生产、私人资本具有私有制性质，而组织起来的股份公司的生产、社会资本则具有社会所有制性质，前者与后者截然不同，而后者是前者的继承和发展，是生产力发展的结果，是社会的进步。有人可能会问：马克思和恩格斯说的都是在资本主义生产方式界限以内的扬弃，怎么会适应于社会主义呢？要知道，决定生产关系(财产所有关系)的是生产力发展水平，而不是社会制度。我们当代的社会主义是未充分发展的资本主义之前的社会主义，即社会主义的初级阶段，在这个社会历史阶段里，正像需要商品、货币和市场经济存在一样，也需要社会所有制的存在，而且是会适应和促进生产力发展的十分有必要的存在，是愈来愈需要大力提倡和发展的存在。

六、什么是“私有化”？什么不是“私有化”？

在苏俄和东欧蜕变之后，在90年代初的我国批判“私有化”之空气甚浓，有的写文章批判道：“在中国南方的一个城市往内地大吹私有化之风，在

‘六四’之前他们敢讲私有化，‘六四’之后他们不敢讲私有化了，于是用股份化代替私有化，股份化是私有化的潜行。”这股所谓反私有化风始终没有停刮。但是，当他们大批“私有化”的时候，根本没有说清楚什么是“私有化”，什么不是“私有化”的问题。

在我国现有国情的情况下把国有资产无偿地或者以有价证券形式分配给职工和居民个人的行为可以称为私有化。在我国国有资产占主导地位、数量庞大并占据要害产业的情况下，进行这种私有化，不仅将破坏生产力，降低劳动生产率，而且将引起政治不稳和混乱。因此，是不可取的。我国有12亿多人口，五万多亿资产如何分法？这绝不是说说而已的事，是很难行得通的，因此，也是不可行的。“私有化”的路子在我国是走不通的。

与时同时，我们必须弄明白什么不是“私有化”？如果把适应和促进生产力发展的一些生产资料占有社会化的实现形式误认为是“私有化”加以阻止和批判，那就要犯历史性错误。

首先，发展股份制经济不是“私有化”。这在马克思和恩格斯的著作中有明确的论述。马克思在《资本论》中指出：“资本主义生产极度发展的这个结果（指股份制公司——笔者注），是一个必须的过渡点，以便资本再转化为生产者的所有，不过这时它已经不是当做一个一个分立的生产者的私有财产，而是当做共同生产者共有的财产，直接的社会财产。”（《资本论》第三卷，第503页）又说：“资本主义的股份企业和合作工厂一样要看做是由资本主义生产方式向社会共同生产方式的过渡形式。”（同上，第506页）他又说，股份公司“这是否定的否定。这种否定不是重新建立私有制，而是在资本主义时代的成就的基础上，也就是说，在协作和对土地及靠劳动本身生产的生产资料的共同占有的基础上，重新建立个人所有制”（《马克思恩格斯全集》第23卷，第832页）。

之所以引用马克思上述一系列论述，无非是说明他们的认识的深刻性和思想的一贯性和统一性。从上述摘录的几段中我们看出：第一，马克思和恩格斯认为股份制公司的性质是由资本主义生产方式向共产主义生产方式转变的过渡点，一种必须经过的过渡形式。第二，股份制公司的资本是社会资本，而与私人资本相对立，股份制企业是社会企业，而与私人企业相对立，股份制公司制度带有公有制性质，而与私有制相对立。第三，这一过渡点或者过渡形式，不是转瞬即逝的过渡点，而是一个过渡的历史长过程，即由资本主义私人所有制一直到共产主义公有制的一个长过程，逐渐由量变到质变的长过程。第四，马克思、恩格斯把资本主义的私人生产、单独经营、私人占有的私有制与股份制公司的集体生产、共同占有的社会所有制进行了严格的区分。后者是对前者的否定，是社会进步的结果。我们把这种所有制关系视为介乎于资本主义私有制和共产主义公有制之间状态的一种公有制的实现形式，它是迈向共产主义的必由过渡形式。当然在这种公有制实现形式中，不可避免地还存在着私有制的胎记，所以马克思才说是在资本主义生产方式之内的扬弃。第五，有人在研究资本主义为什么“垂而不死”的问题。资本主义的根本矛盾是生产资料的私人占有与生产的社会化的矛盾。而股份制公司的占有形式是社会占有形式，部分地改变了私人占有形式，使生产资料占有社会化与生产的社会化相适应，所以才推动了生产力的发展和社会的进步。从这个意义上说，资本主义也在发展变化，并且是按马克思主义所揭示的规律在发展变化。

其次，私营经济的发展不等于“私有化”。我们的国家宪法是允许私营经济存在的，要存在它就要发展，这不能视为“私有化”。正如江泽民总书记说的，“以公有经济为主体，多种经济成分共同发展，是我们必须长期坚持的方针。它是由我国社会主义制度和现阶段生产力发展水平决定的”（《正确处理社会主义现代化建设中的若干重大问题》，《人民日报》新华社讯1995年10月9日）。在对待私营经济问题上，我们有两条路可供选择，我们正处在选择的十字路口，有人已经提出私营经济大款太多了、太大了怎么办的问题，但并没有给出答案，言外之意很明显：私营经济大款不要太多，也不要太大，多了、大了就是资本主义了，很危险。怎么办呢？

一条路是限制发展，譬如雇工不准超过八个，资产不准超过多少，银行贷款受到限制等等。这条路子过去我们曾经试过，并且在极低生产力水平下无情地试过：自留地不超过多少，养牲畜不超过多少，养家禽不超过多少，拥有果树不超过多少，超过就是资本主义，当成资本主义尾巴割掉。其结果是违背了经济规律，违反了人民群众的意愿，破坏了生产力的发展。这条路走不得，不能再重演历史悲剧了。现在私有业主担心什么时候政策会变，什么时候会挨批，什么时候会被“改造”，于是对扩大再生产规模热情不高，抢先消费却劲头十足；另一种表现就是把资本金往境外转移，甚至想方设法弄到境外居留权。这种倾向十分不利于我国生产力的发展。

另一条路子就是不限制发展，而且还要在公平竞争、依法经营条件下鼓励发展，至于分配差距拉大的问题可以用法律规范，在社会再分配时实现相对公平，如个人所得税，可以按收入递增个人所得税递增的办法征收。再如制定财产继承法，征收较高的继承税。这是符合效率优先兼顾公平的分配原则的。至于私营经济发展会产生资本主义的担心也是多余的，就如同邓小平同志南方视察谈话中批评过的："有的人认为，多一分外资，就多一分资本主义，'三资'企业多了，就是资本主义的东西多了，就是发展了资本主义，这些人连基本常识都没有。"（《邓小平文选》第三卷，第373页）同样，认为多一分私营经济就多一分资本主义的说法或认识也是不对的。

再次，部分国有资产的产权进入市场流通和交易，有买有卖，这也不等于"私有化"。搞社会主义市场经济，产权必须要进入市场，通过产权的流通进行产业结构的调整，优化产业结构；通过产权流通，优胜劣汰，提高经济效益；通过产权流通，使资源合理配置，防止资源浪费。总之，是通过看不见的手的力量，使市场经济健康发展，怎么能说是"私有化"呢？

搞社会主义市场经济，不能像搞产品经济那样，忽视资产的价值形态，而只重视资产的物质形态。过去，哪怕国家花大量投入之后没有效益，设备放在那里，没人批评，也不计较资产的流失；你一旦卖掉，哪怕是卖个好价钱，也有人说这是资产流失，这是"私有化"。哪怕是等值的以价值形态收回来，也不行，说什么"价值形态与实物形态不可分"，那只好"货到地头死"了，国有资产投到哪里就死在哪里了。更有甚者，把国有资产卖给外国人说成是"卖国"，是"败家子"。马克思早就指出"一切国家的生产和消费都成为世界性的了"（《马克思主义著作选编》乙种本，第17页），难道在马克思逝世100多年之后的今天，我们还能拒绝产权的跨国流动吗？对这种观点，说轻了是思想僵化，说重了是以马克思主义的名义反对马克思主义。这种产权流动只要是遵照市场经济等价交换原则，是我们产业结构调整需要或者经济发展需要的，就不能认为是"私有化"。

近来有人不断批判"靓女外嫁"或"靓女先嫁"，提出不能"靓女先嫁"，更不能"靓女外嫁"，并且上纲调门很高。从整体上看，我们的经济与发达资本主义国家相比，无论从生产力发展水平上、劳动生产率水平上、技术装备和产品的技术水平上都处于劣势状态，在这种格局下，采取什么发展战略和策略十分关键。是把门重新关起来吗？想关也是关不住的。那么，我们自己从头开发，迎头赶上，超过他们，这种策略可行吗？对个别行业、个别产品可行。但对多数行业、多数产品不可行，打平手就不易，超过就更难。一是才力和财力不允许，二是时间不允许。那么，我们在与发达的资本主义国家竞争中，不甘落后，不甘失败，要怎么办呢？最好的办法是争取“双胜局”：即把世界上最先进的技术、厂家引进来合资合作，通过合资合作把我们带起来，把水平提高，达到国际先进水平；同时也部分地让出市场，让合作方同时获利。因此，“先嫁”的也好，“外嫁”的也好，关键不是是不是“靓女”的问题，而是“靓女”要嫁给谁，是不是嫁给最先进的技术和最好的合作伙伴，和以什么条件“外嫁”的问题。如果条件对我们有利，“靓女”为什么不能“先嫁”或“外嫁”呢？一切从有利于发展生产力出发，就不难认识这些问题了，不能把它与“私有化”硬扯在一起。

总之，把国有资产无偿分掉是私有化。除此之外的股份制经济、发展私营经济和部分国有资产产权进入流通市场等不是“私有化”。

七、在我国私有经济是否属于社会主义的经济基础？

有人认为在我国社会主义初级阶段存在的私有经济是资本主义的经济基础，而我则认为是社会主义经济基础的有机组成部分。

第一，我国的私有经济是在我国无产阶级专政下允许生存、发展的私有经济；是在社会主义制度下，用社会主义法律规范的私有经济，在我国私有经济的发展是严格受到国家制度和法律的制约，使之朝着有利于人民大众的方向发展。

第二，我国私有经济与公有经济的并存与发展从各方面不断满足人民的需求，是我国经济发展和人民生活所必需的。

第三，我国私有经济的存在和发展是我国经济实力的有机组成部分，有益于我国综合国力的增强。

第四，我国私有经济的存在与发展解决了一大批城市和农村人口就业问题。我国城市有大批待业人员，农村“九五”期间将有2亿多劳动力需要从农业转移出来，私有经济的发展对缓解就业将起到明显作用，有利于一些地方脱贫，有利于群众生活水平的提高。

第五，我国私有经济所有者在法律范围内通过诚实劳动和守法经营，先富裕起来，起到示范作用，在全社会形成努力创造财富的局面，先富带后富，有利于最终实现共同富裕。

第六，我国私有经济发展了，给社会主义国家多交税、多创汇，从经济上支持了无产阶级专政的政权，使国家更快更好地发展，社会更稳定。

在我国社会主义初级阶段，所有制结构是以公有制经济为主体，多种经济成分共同发展的条件下，就决定了我国的经济基础是综合经济基础，而不可能是单一的公有制经济基础，承认这种综合经济基础，才能使上层建筑不断适应这种经济基础的要求；否则在人们的意识中、在国家上层建筑的行为中就可能以陈旧的观念和做法——只讲公有与私有排斥的一面，而不讲公有与私有相互依存的一面。因而对私有经济加以不必要的限制，这势必造成上层建筑与经济基础的脱节，从而阻碍生产力的发展。

更有一种与马克思主义背道而驰的认识：就是从社会主义的社会制度出发，认为所有制关系要反过来适应社会政治制度，并从社会主义就是要消灭私有制的观念出发，认为私有经济发展了，会引导到资本主义，其结论就是多一分私有经济，就多一分资本主义，这种观点是极其有害的。有人可能会问，私有经济有剥削，剥削就是资本主义性质的，剥削多了不是走向资本主义吗？不错，极少数人剥削绝大多数人的社会，就是资本主义社会。我们社会主义的本质是消灭剥削，最终实现共同富裕。但是，不可能要求一夜之间消灭剥削，需要有一个逐渐消灭的长过程。我国虽然现在消灭了剥削阶级和剥削制度，实行了无产阶级专政，但由于生产力的原因，还不能完全消灭剥削，允许私有经济存在也就意味着允许存在剥削，这种剥削从我国国情看是利大于弊的。这就像我们将来要消灭国家，但现在还必须加强国家机器一样的道理。

八、在我国社会主义初级阶段，有哪些所有制形式适应和促进生产力发展？

前面已经讲过，我们可以创造出有别于资本主义极少数人占有绝大多数生产资料的情形，使多数人占有多数生产资料。具体讲可以探索如下几种实现形式：

第一，各级政府所有的公有制实现形式。其中：中央政府所有的中央国有;各级地方政府所有的就是地方国有。这些国有资产分别由各级政府所有,各级政府的资产经营单位经营、各级政府享有收益分配权,由各级政府对其保值、增值负责。这样一来,就营造了一个在国有经济内部产权主体多元化,利益主体多元化,权利与义务相统一,谁投资、谁受益的格局,这样就能适应市场经济发展的要求。由各级政府所有的实现形式可统称为国家所有制。

第二,由社区集体形成并集体拥有的资产,为社区集体占有的资产,可称之为社区所有制。社区所有制属公有制性质。对这种资产占有形式的发展和分配,可以实行股份合作制的办法加以规范。产权可以量化到社区个人,但这种量化到个人的产权目前只是分配权,逐步可以发展为拥有财产处置权和财产转让、继承权。

第三,由劳动者个人投资集合成的集体资产,由劳动者集体采取某种方式行使所有权、经营权、财产处置权和收益分配权。这种财产占有形式可称之为劳动者集体所有制,属公有制性质。

第四,由社团投资形成的资产,可称之为社团所有制,亦属公有制性质。其资产由社团所有、社团经营(或委托经营)、社团收益。

第五,由各种社会基金投资形成的资产,可称之为社会基金所有制,属公有制性质。其资产由社会基金会所有、基金会经营(或委托经营)、基金会收益。

第六,劳动者个人将其劳动所得的剩余部分转化为资本,在大公司中购入部分产权或部分股权。这种形态的资本已经由私人资本转化为不可分割的集体资本,已具有社会资本的性质,可称这种所有制的实现形式为社会所有制。它是达到共产主义公有制必须经过的过渡形式,属公有制性质。

第七,现代社会中科学技术对于社会生产力的发展和社会的进步越来越重要。科学技术是第一生产力。拥有科学技术的单位和个人,可把科学技术作为资本投入,与其他资本结合。对于科学技术投入来说,可以称之为技术资本。把这种技术资本融入现代大生产之中,它推动生产力发展的力量越来越大,那么,这种技术资本也就越来越重要。无论属于单位所有或个人所有的技术,在融入现代化大生产之后,它已取得了社会生产的形态,因此也是社会所有制范畴。

第八,现代社会中,科学的经营管理越来越重要。对于某些有科学管理能力的集体和个人,把这种科学管理能力作为资本投入,并与其他资本相结合而形成的资本，对于科学管理投入来说，可以称之为经营资本。把这种经营资本融入现代化大生产之后，它已取得了社会生产的形态，因此也是社会所有制范畴。

第九，除上述以外，还有私人资本、单独经营、私人所有的私有制经济，在我们社会主义初级阶段中也允许存在和发展。相对上述八种公有制实现形式而言，这也是必要的、有益的。

第十，以上各种所有制经济的互相融合形成的经济实体，则为混合所有制。随着生产力的发展和生产的社会化，混合所有制的实现形式会越来越多，越来越普遍。

九、革命成功后的无产阶级是不是永远是无产阶级?

马克思主义经典作家认为无产阶级的解放一方面是政治的解放，另一方面是经济的解放，归根到底是经济的解放。邓小平同志说："我们革命的目的就是解放生产力，发展生产力。离开了生产力的发展、国家的富强、人民生活的改善，革命就是空的。"又说："革命精神是非常宝贵的，没有革命精神就没有革命行动。但是，革命是在物质利益的基础上产生的。"(《邓小平文选》第二卷，第231页和第146页)无产阶级参加革命之所以最坚决、最彻底，就是因为他们是无产阶级，就是要改变这种无产阶级的地位。那么，无产阶级革命成功之后他们和他们的后代又应该怎么样呢？他们和他们的后代还应该是无产阶级吗？或者他们和他们的后代成为剥削别人的剥削阶级吗？或者一部分成为剥削阶级，另一部分仍然成为无产阶级吗？我认为上述路子我们都不能走，那都不是我们的目标。最好的选择是在生产力发展的基础上，使无产阶级和他们的后代成为有产的劳动阶级，这个劳动阶级的人数占的比例最多，这个劳动阶级占有社会总资产的数量最大，形成一个多数人占有多数生产资料的局面，形成有产的劳动阶级的大平台。社会上最富有的剥削者和最贫穷的无产者两头是极少数，这样我们共产党人为绝大多数人谋利益的目的就基本上实现了(当然还要向更高级、更富有的方向迈进)，我们的政府就较容易在二次分配时调控两头。社会也会实现长治久安的局面。

这里有几点值得特别指出：一是这种有产的劳动阶级对生产资料的占有是实实在在的占有，即是有财产处置权和收益分配权的占有，而不是目前实行的全民所有制的不实际的占有。二是这种占有资产的多数人在占有资产之后仍然参加劳动，仍然是劳动者，而不能成为不劳而食的剥削者。三是这种占有形式以生产力发展、生产社会化和财产占有社会化、分散化为条件的，我们现在随着生产力的发展正在具备这种条件，并且我们要采取措施积极创造这种条件。四是多数劳动者占有多数生产资料的这种占有，是和各种形式的公有制、和社会化大生产联系在一起的，而绝不是搞私有化。五是这种占有不是平均的占有，是多少不等的、有差别的占有。六是解决社会贫富差别拉大和社会分配不公问题，主要不是在生产领域、不是第一次分配时加以限制，而是通过国家法律手段在二次分配时加以调控解决。七是这种占绝对优势、占有多数生产资料的有产的劳动阶级，是推动生产力发展和历史进步的主导力量，也是我党必须依靠的阶级力量。八是随着现代科学技术和管理技术的发展，科学技术和管理技术对生产力发展和社会进步的作用越来越大，技术资本和经营资本的作用会越来越大，技术资本和经营资本在总资本中的份额会越来越多，掌握先进科学技术和科学管理的人群有可能成为先富裕起来的人群。他们是先进生产力的代表和组织者，他们是有产的劳动阶级的组成部分，他们是历史车轮的主要驱动力。充分发挥他们的作用，充分调动他们的积极性、创造性，并同时使他们先富起来，是完全正当的，这对人民、对国家、对历史发展益处大焉。九是执政党在这个理论认识基础上，制定相应的政策法规加以推动，并鼓励积极的探索试验，对试验成功者加以总结推广。

十、上层建筑怎么样适应这种经济基础、适应这种生产资料的占有形式？

马克思主义告诉我们，上层建筑在经济基础之上产生，并适应经济基础，同时上层建筑对经济基础又起反作用。上层建筑适应经济基础，就会推动生产力的发展；反之，则阻碍或破坏生产力的发展。那么，怎样调整上层建筑才能更好地适应这种经济基础呢？

第一，对于执政党来说最重要的是认识客观事物的发展规律，并自觉按客观规律办事，取得事半功倍的结果。譬如市场经济的基本经济规律本来是价值规律，但过去长期以来没有认识价值规律的作用，更没有提到市场经济的基本经济规律上来认识。甚至批判价值规律，把价值规律与“最大限度地满足人们日益增长的物质文化需求”对立起来，把“最大限度地满足人们日益增长的物质文化需求”作为社会主义的基本经济规律，轻视和否定价值规律的作用。这种“最大限度地满足人们日益增长的物质文化需求”离开了价值规律只能是良好的主观愿望，而根本不成其为规律。对社会主义基本经济规律的提法是斯大林提出来的，但恰恰是原苏联对人们的需求满足得最不好，这是莫大的讥讽。我们曾提出过“……多、快、好、省地建设社会主义”的总路线，也是由于违反价值规律行事，其结果却是“少、慢、差、费”。我们过去有时也强调价值规律的作用和“按价值规律办事”，但是仍然坚持用行政手段配置资源，其结果不但使价值规律无法发挥作用，而且严重违反价值规律。

又譬如，物质利益原则。邓小平同志说：“不讲多劳多得，不重视物质利益，对少数先进分子可以，对广大群众不行，一段时间可以，长期不行。……不讲物质利益，那就是唯心论。”（《邓小平文选》第二卷，第146页）物质利益原则是人类社会的一个重要规律，我们做任何事情都要考虑这一规律，并按这一规律办事。我们过去在否定物质利益原则的思想指导下突出精神力量的作用，就不得不付出沉重的代价。

再譬如：前面提到的生产关系一定要适应生产力发展的规律；经济基础决定上层建筑，上层建筑又反作用于经济基础的规律等等。在我们工作的实践中是万万不能离开的，偏离了这些规律我们就要吃苦头。还譬如，非此即彼、非公即私、非“社”即“资”的思维方法曾经在我们的同志中占统治地位，现在在一些人的思维中仍然占统治地位。恩格斯说：“辩证法不知道什么绝对分明的和固定不变的界限，不知道什么无条件的普遍有效的‘非此即彼！’并且使对立互为中介；辩证法是唯一的最高度地适合于自然观的这一发展阶段的思维方法。”（《马克思恩格斯全集》第20卷，第554～555页）在所有制方面，马克思、恩格斯研究的股份制经济形态，就是介乎资本主义私有制经济与共产主义公有制经济的中间形态，并在历史的长期发展中存在着。在这里事物表现为“亦此亦彼”的形态。

第二，以邓小平建设有中国特色社会主义理论武装全党和全国人民。邓小平理论之所以被广大人民接受，就是他的认识、主张符合当今中国社会经济发展的实际，是当代的马克思主义。我们要用邓小平指出的“应该主要看是否有利于发展社会主义社会的生产力，是否有利于增强社会主义国家的综合国力，是否有利于提高人民的生活水平”(《邓小平文选》第三卷，第372页)来判断是非得失标准，解放思想，实事求是，从而大踏步地发展社会主义事业。

第三，加速市场经济体制的完善、加速政府职能转变。总的方向是政府培育市场，市场解放政府，政府解放企业，企业解放生产力。把政府从对企业的直接管理、微观管理中解放出来，转到用法律、经济等杠杆的宏观调控上来。

第四，推进政治体制改革，加强民主和法制建设。目前特别应着力解决政府的机构改革，使政府的架构适应市场经济体制的要求，使之由行政手段为主配置资源向以市场为主配置资源转变，由直接管企业向间接管企业转变，由微观管理向宏观管理转变，由部门分割管理向全社会管理转变。并实行集权与分权相结合的原则，凡是下级能办好的事都应该让下级去办，以便适应千变万化的市场经济，有利于生产力的发展。加强立法和执法力度，在法制范围内逐步扩大民主，这是政治体制改革的又一个重点，应着力抓好，抓出成效。

第五，认真贯彻十四届六中全会精神，加强思想道德和文化建设，使两个文明建设协调发展。正如十四届六中全会的《决议》中所写的那样：我们要“鼓励支持一切有利于解放和发展社会主义社会生产力的思想道德，一切有利于国家统一、民族团结、社会进步的思想道德，一切有利于追求真善美、抵制假恶丑、弘扬正气的思想道德，一切有利于履行公民权利与义务、用诚实劳动争取美好生活的思想道德，团结和引导亿万人民积极向上，不断提高全民族的思想道德水平”，“反对和抵制拜金主义，享乐主义和个人主义”(《中共中央关于加强社会主义精神文明建设若干重要问题的决议》第13页和16页)。

在我国社会主义初级阶段，对人们的思想道德也要分层次地提出要求：对少数先进分子和公务人员要树立全心全意为人民服务的思想道德，公利至上，先公后私，私在其中；对于绝大多数人民群众是服从公利，公私兼顾；对于私有经济业主是遵纪守法、依法经营，树立既为公也为私的主客观相统一的义利观。

总之，上层建筑改革来自于经济基础发展的要求；反过来，上层建筑通过改革不断适应经济基础的发展，从而推动生产力的发展和社会的进步。

关于《关于所有制若干问题的思考》一文的前前后后

（1998年10月）

1996年下半年，我参加了中共中央党校省部级干部进修一班学习。刚入中央党校时，有的同志对我说：“你已经59岁了，正是找领导活动的好机会。”我一笑了之。我哪里也没有活动，而是一头扎进书斋里认真读书，认真思考，认真总结经验，认真写文章。在3个多月的学习时间里我写了多篇文章。当时正值1997年香港回归前夕，为迎接香港回归，我写了《香港回归和我们的对策》一文。一位中央领导人看到了这篇文章，于是给国务院特区办下达指示，让特区办发表个声明，说厉有为文章的观点不代表中央的观点，使我感到哭笑不得。

当时正值国有企业改革怎么深入的重要关键时刻，我经过认真思考和总结写出了《努力探索国有企业改革之路》的文章，并在1997年一次研讨会上发表。

学习期间我还尽量搜集资料，计划写一篇东、中、西部地区经济协调发展的文章，主张产业政策倾斜与地区政策倾斜相结合，并反驳“地区政策倾斜就是不公平竞争，就不是社会主义市场经济”的主张。

学习期间我花精力最多的是研究和思考社会财产占有问题，即“所有制问题”，我认为“当时改革已经到了非在产权上动刀子不可的关键时刻，既无法回避，也无法超越”。于是我除了总结深圳的实践经验之外，还到阅览室查找有关资料和认真阅读马列原著，还重新阅读了斯大林的《社会主义经济问题》一书，认真思考苏、东剧变的根本原因，经多次修改，写出了《关于所有制若干问题的思考》一文，第一稿是九个部分，后来结合对中央十四届六中全会文件的学习，又增加了第十部分，即上层建筑部分。初稿写出后，征求班主任和一些教授的意见，他们都给予热情的帮助和提出修改意见，并积极支持文中的主要观点。

临毕业时，班主任老师建议我拿《关于所有制若干问题的思考》一文作为毕业论文，并推荐我在两个省部级班毕业总结会上作交流发言。发言后，在老师和同学间引起强烈反响。有的问：这篇文章是不是表达了中央的观点？是不是中央的授意？有的问：文章是不是秘书代劳的？还有人担心：在现时情况下，文章的观点能站住脚吗？会不会有负面影响？更多的同学是赞成该文的观点，并纷纷索要文稿。我请班主任请示党校进修部领导同意后，在送给老师和同学文稿时，都在上边写了一句话："此文不供发表，请提宝贵意见。"中共中央组织部负责干部教育培训的部务委员赵××也要去了一份。

我刚离开中央党校回到深圳，就有一伙人把《思考》一文复印散发，并打着"首都理论界"的幌子，在中央党校召开了一次对我《思考》一文的批判会，并写了一份措词严厉、未有署名的批判《按语》。《按语》中说："厉有为的思考，绝不是一份普通的'学习'体会和'思考'，而是精心准备抛出的一份企图彻底改变我国社会主义改革方向的政治宣言和经济纲领"，"是一份及时而难得的反面教材"，是"背叛社会主义"，是"反马克思主义的修正主义浊流"等等，充满了咬牙切齿般的咒骂。

我知道对所有制问题当时争论很大，我的《思考》一文也是针对某些观点写的，尤其是针对反和平演变学习班得出的"攻心、夺权、私有化"的和平演变三部曲的结论写的。但我没有料到这篇文章会使一些人恼羞成怒，破口大骂，气势汹汹，不可一世。他们的大批判比"文革"还要"文革"。是这样吗？让我们看看实际情况。

由中国三个学会当时的负责人宋×、汪××、项××联名，给党中央领导写信，信中说"厉有为不够共产党员条件，更不适合作为中央候补委员进入党的中央委员会，也不适宜担任任何一级党政组织之领导职务"，并建议党中央对我"撤销职务，开除党籍"。

与此同时，大批判的文章接踵而至。如1997年2月10日出版的《历史唯物主义通讯》第28期的大批判文章《厉有为意欲何为？》，奇怪的是竟然没有作者署名，却打出所谓"首都理论界人士"。文中批判说：《思考》是"从根本上否定了现时社会主义制度的历史必然性和优越性，否认了历史的辩证法"，

“要毁掉我国全民所有制，搞私有化，在编造理论依据”，“厉文提出的所谓‘让多数人占有多数生产资料’的私人股份化方案，是一个地道的私有化方案”，“他说的要形成有产的劳动阶级大平台，则是欺人之谈”，“厉文都明显带有纲领性和鼓动性”，一连串的大帽子狠狠地向我扣来。

又如1997年1月16日，吉林省社会科学院原副院长冯宝兴写长文点名批判我，题目是《一个否定革命、否定历史、取消国有制、实行私有化的理论纲领——评厉有为〈关于所有制若干问题的思考〉》，文中竟横加罪名，肆无忌惮，如说《思考》一文“是不顾事实的谬论”，“是欺骗人民的走向资本主义的骗局”，“厉有为主张私有经济是我国社会主义经济基础的有机组成部分，其目的在于反对‘对私有经济加以限制’，任其不受限制地发展”，“厉文给他的理论披上了似乎是马克思主义的理论外衣，因而具有很大的欺骗性”，棍子铺天盖地地向我打来。

还如，国家计委经贸所原所长杨德明写了近两万字的《社会主义还是资本主义》的大批判文章，对我进行攻击，说“厉文不过是国内外反对社会主义国有经济的各种理论观点的集大成”，“与我党根本宗旨相对抗，与我党的党纲相对抗，反对走社会主义道路，鼓吹资本主义道路”，“反对社会主义国民经济计划，反对我党中央近年来加强宏观调控”，“歪曲马克思和恩格斯的理论”，“鼓吹所谓的混合所有制”，“篡改中共中央六中全会决定”，“丑化社会主义”，“美化现代资本主义”，“是彻头彻尾的反马克思主义观点，是违反党章、违反宪法、违反邓小平理论”，“与邓小平理论和以江泽民为核心的党中央的方针相对抗”，“厉鼓吹的是股份赌博经济”，“厉文明目张胆地反对马克思主义，反对社会主义，倒是不多见的。这是一篇政治宣言书，作者代表他背后的利益集团宣布其政治经济纲领”不一而足。海外传媒在评论他们的大批判文章时说：“比文化大革命的大批判有过之而无不及”。

与社会上的大批判同时，在中共中央组织部的《党建研究参考资料》第1187期（1997年3月27日）“当前党内思想状况点滴”上报材料中，不点名的批判我的文章的观点并引用我文章的话，定调为“杂音”。另外还有中共中央宣传部主要领导人×××把批判我的文章搜集起来，送给时任总书记的江泽民同志，1997年4月的一天，江泽民总书记在中南海办公室约见我谈话，一开始就说：“×××把批你的文章都送给我，我一看骂你骂得很厉害，我就找×××

说，你为什么不把厉有为的文章也给我看，我要看看他究竟说了什么？这时×××才把你的文章复印给我，复印得很不清楚。但是你的32页的文章我都看完了。”接着江泽民总书记表示对此事的关切，对我表示关心，对理论探讨兴趣很高。江泽民总书记问了文章中的几个问题，我一一作答，并向江泽民总书记汇报了写此文章的背景和指导思想。最后，江泽民总书记说：“你回去安心做你的市委书记，任凭风浪起，稳坐钓鱼船。”

同年5月29日江泽民总书记在中共中央党校省部级干部进修班毕业典礼上作了重要报告，我参加了此次报告会。此次报告实质是向高层领导人传达了即将召开的党的第十五次代表大会的指导思想的讯息，其中讲到学风问题时，他说，我们要“着眼于马克思主义理论的运用，着眼于提高对实际问题的理论思考，着眼于新的实践和新的发展。离开本国实际和时代发展来谈马克思主义，没有意义，孤立静止地研究马克思主义，把马克思主义同他在现实生活中的生动发展割裂开来，对立起来，没有出路”。他要求“党内一定要努力创造一种认真学习的风气，民主讨论的风气，积极探索的风气，求真务实的风气”。听完报告后，中央党校一位领导对我说：“总书记这个报告把你解放了。”江泽民总书记在十五大报告中指出：“股份制是现代企业的一种资本组织形式，有利于所有权和经营权的分离，有利于提高企业和资本的运作效率，资本主义可以用，社会主义也可以用。”我《思考》一文的观点符合十五大报告的观点，也符合十五大报告中关于调整和完善所有制结构和实行公有制为主体的多种所有制实现形式的论述。

从此之后，对我的围攻销声匿迹了。

就在大批判我的时候，我给时任中央政治局常委、书记处书记兼中央党校校长的胡锦涛同志写了一封信，信中提出三点建议：一是请求中央坚决贯彻邓小平南方谈话中提出的“要警惕右，但主要是防止‘左’”的教导，我认为那时的形势仍然是像邓小平说的那样。二是建议在全党和中央党校内有个好的学风，请求对学员要加以爱护，对学员写的毕业论文要加以保护，实行“四不原则”，鼓励学员讲实话、说真话，认真研究理论和实际问题，用马克思主义的世界观和方法论研究和解决实际问题。三是建议中央党校应成为重大实践和理论问题研究的场所，用伟大的理论指导伟大的实践。

据后来彭悦同志说：“胡锦涛在接见汪家缪等同志时，曾提到厉有为的文章，并对汪家缪同志说，在党校内要发扬理论探讨的精神，不要乱扣帽子，要贯彻‘三不’主义（不扣帽子、不打棍子、不装袋子）。”

后来，据说中央党校还为此发了一个文件。

在对我进行围攻的同时，中央党校不少老师和领导，中央、国家机关领导，社科界、工商界和新闻界的同志们纷纷给我写信、发电报，表示支持，有的还写了论文，如辽宁大学原校长、经济学家冯玉忠写了《也谈所有制问题上的历史经验——致厉有为同志》对我文章中的观点表示坚决支持（此文收在《市场、体制与文化》一书中）。广东社科界召开支持“思考”一文的研讨会等等。

历史是一面镜子，不管你是美还是丑，是善还是恶，是好还是不好，也不管你是喜欢还是不喜欢，它都要如实地留给历史。

对批判我的学者们，我认为他们也是出于对国家前途命运的关心，但是理论观点各不相同。他们对我的批判上纲上线太高，学风有待改进，我们决不能再回到文化大革命置人于死地的大批判时代。

我在中国共产党第十五次代表大会上再次当选为中共中央候补委员。1998年当选为第九届全国政协常委。2003年被评为中国改革之星。30年的改革开放实践使我深深体会到：没有探索，就没有前进；没有改革开放，就没有发展，就没有光明的未来；只有改革开放，才能民富国强，才有中国特色的社会主义。

加强深港经济合作　促进经济共同繁荣*

(1997年6月)

随着英国在香港的统治的结束，中国政府恢复对香港行使主权，中华民族的统一大业将迈出历史性的一步，开始新的一页。

从近代鸦片战争开始，英国殖民主义者用侵略战争和逼签不平等条约等手段，在香港地区推进殖民统治，使中华民族蒙受巨大的耻辱。新中国成立以来，中国共产党人为在适当的时机和平解决香港问题，明确提出了“长期打算，充分利用”的方针。改革开放后，邓小平同志高瞻远瞩，实事求是，创造性地提出了“一国两制”的伟大构想，为顺利实现香港回归祖国，开拓了光明前景。

一、“一国两制”为香港回归祖国和长期繁荣稳定创造了新的历史机遇

香港是著名的国际经济中心，它的金融、贸易、航运、信息等功能已在全世界特别是亚太地区占有举足轻重的地位。二战后香港经济飞速发展，其中一个重要原因是，“中国内地因素”发挥了重要作用，为香港经济发展创造重要机遇。比如，1979年以后，香港借内地改革开放的大好形势，把大量的劳动密集型企业、初加工型企业转移到内地，特别是深圳和珠江三角洲地区，充分利用内地的劳动资源和土地资源，降低了经营成本，提高了国际竞争力，加快了香港的产业结构调整与升级，促进了80年代以来香港经济的繁荣稳定。事实已经证明，“中国内地因素”发挥得越好，就越有利于香港的繁荣发展。“一国两制”科学构想的实施和香港回归将给香港社会经济的繁荣稳定带来又一次重大的发展机遇，如果利用得好，香港未来的经济前景将无可限量。

首先，“一国两制”构想的基本出发点和追求的主要目标之一，就是要在香港回归祖国之后，确保香港的繁荣稳定。邓小平同志曾强调指出，在1997

* 原载《人民日报》1997年6月3日。

年后继续保持香港的繁荣稳定是中国解决香港问题的三大基本立场和努力目标之一。“一国两制”构想目标的明确性，为香港的繁荣稳定打下坚实的政治基础。

其次，《中华人民共和国香港特别行政区基本法》把“一国两制”构想通过法制形式确定下来。根据《基本法》，“九七”后的香港继续实行资本主义制度，现行的社会经济制度不变，生活方式不变，现行的法律制度也基本不变。香港将实行“港人治港”、“高度自治”。也就是说，通过保持香港与内地现有两种制度并存不变的独特模式，过去曾经对香港经济繁荣稳定起过积极作用的各种因素不仅保留下来了，而且，在一些方面还得到了比过去更有利的保障，这些因素在今后会对香港经济发展发挥更好的积极作用。

第三，在“一国两制”的新构架下，香港与内地的经济合作、互补关系将更密切，交往将更便利。改革开放以来，我国把经济建设摆在各项工作的首位，取得了举世瞩目的成就。我国是世界经济发展最迅猛的国家之一，许多国际权威机构对我国的发展前景普遍看好。内地经济持续快速增长和现代化进程的全面推进，加上巨大的市场潜力，廉价的运作成本，丰富的自然资源，必然给香港的发展创造有利条件，成为香港经济增长的“催化剂”。

二、充分发挥深圳在保持香港繁荣稳定中的促进作用

1995年12月，江泽民同志明确指出，深圳经济特区要发挥好“四个作用”，即对外开放的“窗口”作用；经济体制改革的“试验场”作用；对内地的示范、辐射和带动作用；在恢复对香港行使主权和保持香港繁荣稳定方面的促进作用。按照中央统一部署，为保持香港的长期繁荣稳定作出更多贡献，是深圳责无旁贷的重大历史使命。

党中央之所以将这一历史重任交给深圳，这跟深圳与香港之间的地缘、人缘和经济上的特殊联系是分不开的。深圳与香港在历史上曾属同一个县治，是唯一与香港接壤的城市，也是香港与内地的结合部。由于这种地缘因素，香港同胞往往通过深圳看内地的发展状况。深圳是我国对外开放的“窗口”，也是香港同胞了解内地的“窗口”。深圳的发展能够使香港同胞感受到祖国的繁荣昌盛，从而增强对“九七”后香港发展前途的信心。深圳作为香港连接内地的唯一的陆路通道，在香港利用“中国内地因素”中也具有特殊作用。广深、

深汕高速公路的通车，使香港与闽粤各地连成一体；京广、京九铁路经深圳通往香港，更使香港与内地之间的距离拉近，使两地的经贸往来更加频繁。可以说，深圳是香港与内地开展经济联系的桥梁。

深圳经济特区建立17年来，在实行对外开放和发展外向型经济过程中，与香港的经济联系越来越密切，深港经济已经形成“唇齿相依、一荣俱荣、一损俱损”的局面。据统计，1979年至1995年间，港商在深圳实际投资达61.4亿美元，设立“三资”企业近万家、“三来一补”企业1.2万家。位居全国进出口贸易总额榜首的深圳，外贸的86%以上是通过香港转口的。1995年深圳对香港出口188.7亿美元，从香港进口133.7亿美元。深港间的这种经贸关系不仅为深圳发展提供了机遇，而且对香港降低生产经营成本，实现产业升级和保持国际贸易中心地位具有重要作用。同时，随着深圳经济实力的不断增强和投资环境的不断改善，深圳还将促使香港资金、市场、信息、管理服务优势同内地的制造能力、科技力量和广阔市场优势结合起来，从而支持和促进内地和香港产业的发展。此外，深圳还是香港的后勤保障基地，目前香港75%的淡水、70%的牛奶、40%以上的活鸡、25%以上的蔬菜是深圳供应的。总之，由于深圳毗邻香港的地理位置和深港两地长期形成的特殊经济联系使深圳对于促进香港的繁荣稳定，具有其他地区不可替代的作用。

深圳之所以能够在保持香港的长期繁荣稳定中发挥促进作用，除了人缘、地缘因素外，其经济的持续、快速、健康发展也是极为重要的原因。深圳经济特区建立以来，经济快速发展，社会全面进步。1980年至1995年，深圳国内生产总值年均递增35.5%；工业总产值年均递增56.3%；社会消费品零售总额年均递增41.8%；地方预算内财政收入年均递增50%；进出口贸易总额年均递增52%，其中出口年均递增53.3%。截至1996年底，深圳市已实现国内生产总值950.04亿元，工业总产值1062.69亿元（1990年不变价），地方预算内收入达131.75亿元，城市综合经济实力居全国大中城市前列。全市全年进出口贸易总额390.53亿美元，其中出口总额212.08亿美元，居全国大中城市之首。在经济快速增长的同时，深圳市政建设和城市面貌日新月异，城市基础设施不断完善，城市功能的国际化程度不断提高，科技、教育、文化、卫生、体育等各项社会事业全面进步，市民的现代意识、公共意识、法律意识明显提高。深圳现已成为我国经济比较发达、市场环境比较健全、国际化程度比较高的大城市之一，为保持香港长期繁荣稳定发挥着积极的促进作用。试想，如果今天的深圳还像17年前那样是一个落后的边陲小镇，它对香港长期繁荣稳定的促进作用根本就无从谈起。

正因为我国坚定不移地实行改革开放政策，才使昔日的边陲小镇在短短的十几年间发生了天翻地覆的变化，终于在“九七”到来之前，在毗邻香港的地方，奇迹般地矗立起一座社会主义现代化新城。为此，我们更加怀念中国改革开放的总设计师邓小平同志，更加钦佩当年他亲自决定在深圳建立我国第一个经济特区的英明决策。

深圳的发展为香港的繁荣提供了广阔的产业发展空间。

近年来，随着新加坡、台湾等周边国家和地区的发展，香港的国际金融、经贸和航运中心的地位面临着严峻的挑战，香港要保持其目前的经济地位，必须实现产业结构的不断升级和拓展更广阔的经济发展空间。与其相毗邻的深圳，目前已具备相当的经济规模和经济实力，综合生产成本低于香港，是中国社会主义市场经济发育程度较高、投资环境较好、投资回报最丰厚的地区之一。香港可以利用深圳作为其产业发展的空间，在金融、商贸、航运服务等方面进行更高层次的合作，加速香港产业结构的升级和生产经营成本的降低。

深圳的发展为香港缓解基础设施压力提供了更为经济的选择。

随着香港经济的发展，基础设施的压力不断增大，特别是港口不堪重负，机场运力饱和，基础设施对经济发展的瓶颈作用日益明显。深圳目前和将来所具备的能源、交通、港口、机场、通讯等基础设施，可以直接为香港的发展服务，这比香港新建、重建这些基础设施要经济得多。

深圳的发展为香港开拓市场空间提供了便利条件。

深圳作为香港与内地经贸往来最重要的陆路货物转运和集散地，不仅继续为香港拓展内地市场发挥重要作用，而且，随着深圳市场购买力的不断增强和市场容量的不断扩大，其本身也成为香港不断拓展市场空间的对象。深圳为香港扩大对内地出口，发展转口贸易提供了大量商业机会。这一切都说明，深圳今后可以在保持香港繁荣稳定方面作出更大贡献。实践证明，深圳发展得越快，建设得越好，就越有利于香港繁荣稳定。

三、加强深港经济合作，促进两地经济共同繁荣和发展

香港回归祖国以后，进一步开展和加强深港两地的经济合作，具有重要意义。

首先，加强深港经济合作，是保持香港繁荣稳定的客观需要。香港回归后，能否继续保持其国际经贸中心和国际金融中心的地位，很大程度上取决于香港与内地未来的经济关系。长期以来，深港两地已经形成了稳步合作、互利互荣的经济态势。要更好地发挥“中国内地因素”对香港经济发展的积极作用，首先要发挥好深圳的作用，借助深港两地高度的经济互补性，搞好深港经济合作，形成香港—深圳—内地“三点一线”的战略格局，达到优势互补。可以说，促进深港经济合作，是保持香港国际经贸中心、金融中心、航运中心地位的一个重要条件。

其次，搞好深港经济合作，是把深圳建设成为现代国际性城市的必然选择。把深圳建成现代化国际性城市，必须优化产业结构、产品结构和企业组织结构，发展商贸、金融、信息、交通、旅游等第三产业，发展高新技术产业，培育新的经济增长点。同时，要搞好城市基础设施建设完善城市功能。这些往往都与深港经济合作联系在一起。香港回归，将为深圳更好地借助香港发展自己提供了新的机遇。

再次，加强深港经济合作，是增强我国经济实力的一条有效途径。随着深港两地经济合作的日益加强，经济联系的不断密切，两地产业结构和生产要素配置的优化，深港两地和珠江三角洲将共同构成一个具有较强综合经济实力和整体对外竞争优势的经济区和城市群。这个经济区和城市群将有力推动粤港澳乃至整个华南区域经济体系的发展，成为牵引中国和亚太区域经济发展的一个重要成长点，从而有助于增强我国在世界经济中的地位。

开展深港经济合作，必须在政治上坚持“一国两制”原则，在经济上坚持优势互补、互惠互利、共同发展的方针。实行“一国两制”是深港合作必须遵循的基本原则。在“一国”之下，实行两种不同的社会制度，是深港两地的本质区别，香港继续实行资本主义制度，深圳实行社会主义制度，不能因两地经济合作而混淆它们在政治制度上的不同。同时，深港经济合作应当达到优势互补、互惠互利、互相促进、共同发展的目的。香港回归后，深港两地将会由过

去民间的、分散的、短期的和由市场机制自发推动的合作，向以政府间协调为助力、市场机制为基础、产业界为主体的长期全面合作转变。开展深港经济合作，在实施方法上应突出重点、循序渐进。目前应主要做好深港口岸管理协调工作，加强深港两地城市基础设施建设的合作，积极推进深港产业共同发展。通过深港经济合作，深圳将更好地借鉴和学习一些先进的经济管理方法，并从实际出发，探索出一套行之有效的经验和做法，使深圳的经济运行机制和管理方法更加适应现代社会化生产的要求，以便更好地借鉴和利用香港发展自己，确保深港经济合作取得更大成效。

努力探索国有企业改革之路

——在“社科研究为党政决策和两个文明建设服务研讨会”上的发言*

（1997年11月）

首先让我代表深圳市委和今天与会的深圳市的各位同志向中国社科院和来自全国各省市社科院的领导同志表示最热烈的欢迎！

借此机会，我想结合学习十五大精神和深圳改革实践，就国有企业改革问题谈一些看法，请教于大家。

一

我本人在国有企业里工作过20年，是学工程出身的。众所周知，在计划经济时代，所有的国有企业基本上都是按苏联模式搞的。苏联搞计划经济有近70年时间，中国也有近40年时间。当我们回头看看走过的这一段路，都会觉得那时的企业没有生机没有活力没有市场竞争力。大家都感觉到这是一条已走到了尽头的路，如果再在这条路上走下去，是非常危险的，是会与外国的差距越拉越大，跟不上世界经济发展的。

苏联在建国70年后和东欧一系列的社会主义国家都发生了剧变，这剧变的产生是有多种原因的，我们要问，其中最深层次的根本原因是什么呢？从90年代初起，我国的社科理论界、宣传界都在思考、研究这个问题。这个问题就现实地摆在我们面前，使我们不得不思考：我们的路应该怎么走？

邓小平同志给我们指出了改革开放这一条路，并有邓小平理论作指导。所以在国际共产主义运动处于极度危机的时候，中国的社会主义能够欣欣向荣地发展。中国的改革是首先从农村开始再到城市，并逐步深入的。从开始搞特

* 此文于1996年下半年在中共中央党校学习时写成。

区，到沿海的十几个城市，再到内地，然后到边沿，直至全国都开放。深圳在改革开放中担负改革开放试验场的作用，正如小平同志讲是四个窗口作用，总书记讲是发挥四个功能作用：对外开放的窗口作用、社会主义市场经济体制改革的试验场作用、对内地的示范带动辐射作用、对香港回归的促进作用。我们正在按总书记的四个要求来深化改革继续扩大开放。

我认为国有企业存在五个方面的锁链把企业手脚锁得死死的，影响了企业的发展。

第一是计划经济的锁链。

也许有的同志的意见会不一样，认为计划经济的作用不能完全否定，因为它在建国初期有很好的作用。但从经济发展的角度来说，它不是让企业来面对市场，来进行技术改造，进行产品、技术设备的更新，而实际上让每个企业都是按照国家计划，生产什么，生产多少，什么时间交多少，这些由国家决定，企业只顾生产就行了，生产出来就交给国家，不管市场，也不面对市场。我在第一汽车厂、第二汽车厂工作过20年，生产任务都是国家任务，国家计划是指令性的，比如一汽的解放牌就是30年一贯制。所以我认为计划经济没有对我们的国有企业、公有制经济起到好的推动作用。

第二就是政府部门分割的行政管理对国有企业的发展起了阻碍作用。

政府是企业的主宰，企业是政府的附属物，政府把企业的人、财、物，产、供、销控制得死死的，资源配置权全在政府，一方面造成政府行政的官僚主义；另一方面束缚了企业的健康发展。同时也造成了社会生产力的部门分割，形成企业的大而全和小而全，造成资源的严重浪费。这条锁链现在还没有完全打破。

第三是银行高信贷利息企业承担不了。

过去我们企业的融资渠道基本上是两个：一是国家投资，二是银行信贷。国家的投资是有限的，主要用在基础设施建设和改善人民生活上，对于工业企业来说，国家的投资力量是不够的。所以资本金很缺乏，往往许多大的企业没有资本金。由于企业从一开始就要靠银行贷款，从开头就背沉重的包袱起步，就算企业产品很好，也很难发展。天津无缝钢管厂就是一个例子。融资渠道过于单一，以至于许多企业老总说是给银行打工。企业实现的税金、利润上交国家，还要偿还贷款，甚至是大修理基金、设备折旧费也按规定比例上交国家，根本没有资金进行企业自身的改造。

第四是企业办社会。

本应政府办社会，可现在反过来了，政府办企业，企业办社会，特别是一些大中企业。因为如果不办就没人给企业服务。反正是国家的钱，要搞就搞个全的。所以企业生产的专业化、协作配套很不发达，什么配套设施都要自己搞。如二汽筹建时的主要的零配件都要自己生产。除了生产上大而全外，生活配套也是大而全。当然这有其客观原因，当时搞三线建设时没有城市设施，什么都要从头建设。这样占用了大批的资金和人员，有的抽最好的干部去做。由于建厂的初期按军队建制，企业车间就如军队的连队。企业也照搬军队每个连有一个食堂的做法，每个车间建一个食堂，这样一个企业就有十几个食堂，而每间食堂最后都亏损。所以说企业办社会的弊端很多，现在想脱钩也不容易，有的政府也不想要，也没能力要，还是让企业先负担着，而有的办得好的，企业也不愿出让。

第五是企业冗员太多。

因为只有减员才能增效，冗员太多，就很难提高劳动效率。企业是政府的附属物，经济效益好的企业待遇高、福利好，谁都想往里去，每个企业部门都挤得满满的，哪个政府主管部门都能往企业塞人，这给国有企业发展造成很大障碍。

所有这几方面造成了国有企业没有生机、没有活力，没有条件去面向市场竞争。这并不是改革开放的结果，也绝不是地方领导只侧重发展私有经济，把人力、物力、财力都投到非公有制经济上去的结果，而是长期以来的吃大锅饭的机制造成的。这种现象在许多社会主义国家都存在。

国有企业存在这么些问题、锁链，使得企业没法更快、更好地适应市场经济的发展，所以需要改革，需要探索。国有企业因为机制不灵活，造成其自身面临几个风险：

第一是工人失业下岗问题，这是现实的风险。

由于长期积累下来的问题，使企业一向市场开放，一按市场经济运作就明显不适应，特别是面对国际市场。机制不适应，产品销不出去，企业只好停工关门。在原有冗员就特别多的情况下，造成了工人失业，而且都集中在城市里。这个风险很大，特别是在没有建立健全社会保障的情况下风险更大些。

第二是市场竞争的风险，内外两个市场的竞争风险。

中国正在争取加入世贸组织，这需要降低关税，按国际惯例办事，按世贸组织的规则来运作。世贸组织的一个根本原则就是市场准入原则。国内市场就更没法再对国际市场关上门了。同人家一比较，我们的企业在装备上、技术上、产品的质量水平上，多数是不如人家的。同行业同样的产品，由于成本高、质量差，根本无法竞争。有的产品，我们还没有开发出来，如通信产品，在我国可以说是“八国联军”。另外还有内部竞争，除了公有制国有经济，国内还有非公有制经济。这些非公有经济在国内市场与国有经济的竞争也很激烈。面对国内、国际两个市场的竞争，风险加剧，这也是工人下岗特别多的一个原因。市场是企业发展的基础，企业就要致力于提高产品的市场占有率，失掉市场，企业就会衰落。

第三，上市公司的风险，这是潜在的风险。

贯彻中央的产权明晰、责权明确、政企分开、管理科学的方针，转换国有企业的经营机制迫在眉睫。如果不转变这个机制，风险将越来越大。现在企业懂得直接融资了，知道通过证券市场直接融资，这是好事，可以降低企业资产负债率，增强企业的活力。这种融资不同于银行的借款，只要有利润就可以给股民分红，如果亏损了，股民也无利可图。风险分散化了，这对企业是好事。但如果国有企业机制不转变，国有大中型企业上市后还按老机制来运作，拿了股民的钱，不知怎么用或用不好，这潜在的风险相当大。因为这不仅是关系到本企业职工的利益，而且关系到全社会的问题，关系到股民的问题。我们深圳有大约50家上市公司，其中有几家，就没法给股民分红，处于亏损状态，今年我们采取了相应措施。如果全国有这么一批国有大中型企业不转制，那么这个潜在的风险是很大的。

第四是政策的风险。

中央提出的“公有制为主体，国有制为主导”的这个政策现实无疑是正确的。但这必须是建立在国有企业转制的基础上，建立在把国有企业推向市场，搞活其机制的基础上，企业有生机、有活力，能自我发展、自我约束的基础上，否则政策风险很大。比如我们在1958年提出的“鼓足干劲，力争上游，多快好省地建设社会主义”的总路线非常全面，是政策和方向。但实践的结果却是“少慢差费”，损失很大，浪费很大。我不是说现有政策不对，而是政策必须建立在国有企业转制搞活的基础上，不然这个政策会失效。到下个世纪初，想让国有企业起主导作用，若是国有企业没这个能力，那么我们的政策不就会失败了吗?因此国有企业转制迫在眉睫。

最后是政治风险。

我们看看俄罗斯与一些东欧国家，这些国家政党不得不交出权力，国家不得不动荡不安，人民的生活受到了极大的损失，更严重的是有的国家四分五裂，如俄罗斯、南斯拉夫。所以政治风险不是不存在，国有企业的这个经济基础没生机、没活力，必然会影响到政治基础，会影响到政权的巩固。

由此，不难看出，国有企业转制是多么重要。

二

国有企业存在这些问题和风险，我们必须思考它的出路在哪里?我想邓小平理论所做出的探索，江总书记十五大提出的，特别是关于所有制方面，在经济理论方面的突破，就是我们的出路。概括来说就是转换国企经营机制，抛弃旧的机制，建立新的机制。机制层次很多，包括企业运行机制、企业制约机制、企业组织机制等，但我认为从微观到宏观，最主要的是四个机制:

第一是企业内部的动力机制。

所谓动力就是使企业经营者和生产者有拼命想使企业搞好的力量，包括精神动力和物质动力两个方面。如加强党的领导，贯彻党的方针政策。我们深圳在精神文明建设方面总结了三条路子，其中一条路是在企业里，在党的领导下，贯彻党的方针政策，叫做企业文化建设。深圳的企业多数是混合所有制，外商企业、合资企业比较多，所以不能完全按照国有企业的做法。贯彻党的路线、方针政策，党在后面，工会在前面，以工会的面貌出现，载体是企业文化，以企业文化名义来加强企业职工的思想工作，这是一种精神动力。我们深圳有很多企业的企业文化建设得比较好。

企业文化也分几个层次，其中的一个层次是增强职工的凝聚力，不管哪种类型的企业都是希望自己的职工有为发展企业生产力奋斗向上的拼搏精神。深圳的康佳公司虽为合资公司，但企业里有自己的党委，党委公开活动，企业文化发展得非常活跃。企业的经营管理也是一种企业文化，我们深圳的华为公司的企业文化，叫做《华为基本法》。他们提出的口号是“人人当雷锋，但不让雷锋吃亏”。我们知道雷锋是吃亏的角色，设定这个目标，没人愿意学，“雷锋”容易被社会孤立，所以华为公司提出要学习雷锋精神，但不能让他吃亏。这是精神动力方面。

还有物资动力方面。物质动力应是精神动力的基础。江总书记十五大报告有了劳动者的劳动联合和劳动者的资本联合这一新的提法。让企业职工真正地拥有企业的股权或产权，使他们实现资本联合。职工不但能拿工资，还能分红利。实行企业职工内部持股这一做法，我们在公有企业进行了试点。我们的华为公司生产程控交换机、网络、电源，刚开发出无线的900兆数字通信，在北京展览，是中国第一家。其企业内3000职工占有企业股权，并且有其一套管理办法，每年都调整一次，从总裁到职工都持股，只有一部分不符合条件的新职工不持股。公司里都是20岁左右的年轻人，因为机制好，干劲很大。前年我们去时，有位19岁的高级工程师，有位23岁的总工程师，企业的副总裁也就20~30岁左右，他们不少是中国科技大学少年班的学生。华为企业里是没有打架斗殴的，很少违法乱纪的。外国人包括美国、西欧、日本都想挖华为公司的人才，但都挖不动，相反被华为公司挖了人才。华为公司在外国设的点都请了很多洋人，让洋人给我们打工。华为在俄罗斯就拥有两家企业，请俄罗斯退下来的邮电部头头给华为打工。前不久，在甘肃的通信企业投标中，美国一家企业本来报价500万美元，后来一听说华为公司也参加投标，马上降到了500万人民币，最后是华为中标，国家邮电部奖励了华为200万元。以前的华为说是私有企业，但现在应该是劳动者的劳动联合和劳动者的资本联合的集体企业。企业机制好，使得经营者有动力，职工有动力。前面提到的那位年轻的副总裁在扶贫帮困活动中支援贵州时，把企业奖励的10万元，捐了其中的8万元。建立企业内部动力机制，这是深层次的机制，这是自觉的约束机制。华为公司的3000多职工都拥有股权，如果老总任意买高级轿车或挥霍企业资财，职工可不答应，所以监督机制自然形成了，新产品开发机制和其他机制也容易形成。

第二是企业外部市场竞争的压力机制。

搞市场经济，企业就要面对市场，到市场里去竞争，去拼搏，把外部市场压力变为内部动力。深圳10多年的改革就集中做了一件事：建立社会主义市场经济体制和运行机制。深圳第二次党代会总结的题目就是建立了社会主义市场经济的基本框架。国家体改委经过调查、研究、总结，在国家会议上发了文件，承认深圳和上海基本建立了市场经济体制的框架。省委在贯彻十五大精神的会议上，组织全省推广深圳与顺德建立市场经济的基本框架的经验。

深圳总结了四个方面的做法，叫做政府培育市场，市场解脱政府，政府解放企业，企业解放生产力。我们以前搞计划经济，没有市场，没有市场机制。要建市场，就首先要培育市场。市场培育起来，就能解脱政府。应该由市场、中介组织做的事就让市场、中介组织机构去办，把政府解脱出来去做政府的事，比如管宏观、政策、调控、协调、引导、城市规划建设和社会服务等。同时政府解放企业，这里主要是指国有企业。以前国有企业是政府的附属物，现在国有企业是适应市场需要的、有独立地位的企业法人，可以平等地参加市场竞争，从而解放了生产力。这样就形成了一根链条：政府培育市场，市场解脱政府，政府解放企业，企业解放生产力，最后落脚在生产力上。

市场机制需要政府来建立。这个建立过程有很多麻烦和矛盾。如中介机构最初都是各政府部门创立的，财政局建立会计师事务所，审计局建立审计师事务所，社会团体也建这个所那个所，这是初创阶段，要依赖机关部门。这些中介机构建立起来之后，第二阶段要与政府机关脱钩，成为独立的法人，成为承担民事责任和刑事责任的法人单位，并由立法来保障。

第三是法律的强制力机制。

从一定意义上讲，市场没有法律规范是不行的，市场经济就是法制经济。企业之间互相竞争，这些竞争就应有规则。投机取巧、违法乱纪、侵犯旁人权益等不法行为都不能保证竞争的公正和公平。法律机制的特点是具有强制力，具有公正性，对合法的进行保护，对违法的进行惩处，使人们的活动更规范更有效，使市场有序运作。

第四是人们的道德自制力机制。在市场经济条件下更要提倡道德的力量，道德建设与法律建设相结合，法律是人的外部的强制力，道德是人们内在的约束力，二者相辅相成，才使经济发展，社会进步。

第二个出路在于产权明晰，责权明确。

这个出路，江总书记在十五大报告中已讲得很明白，国有企业产权主体多元化，利益主体多元化，这较过去前进了一大步，有很大的突破。以前我们的国有企业是独家经营的，现在让非国有制的集体、外商、私人企业都可以参与进来，搞混合所有制经济。

深圳就是混合所有制经济成为主体。前几年深圳向省委汇报时，省委就肯定了我们走混合所有制经济的路——不要搞百分百的纯而又纯的国有。深圳独资国有的企业只有11家，但我们还嫌太多。凡是具有竞争性的，只要不是享有政府特殊优惠政策的，或特殊垄断的行业都不搞国有独资。这其中的第二个含义是国有与国有之间也要搞有限责任公司和股份公司。企业里起码有两家到五十家法人，哪怕都是国有但都代表着不同的利益。这里有一个概念，人大起草法律争论很大，即“国家所有”是否就指中央政府所有。我不认同这个观点，主张国有可分中央国有和地方国有。中央投资的是中央国有，哪级地方政府投资的就是哪级地方政府国有。这就在内部体现了投资主体多元化，利益主体多元化。而我们在实践上已经是这样做了，但理论上还没有同步发展。如大亚湾核电站本都是国有，但也分了广东省政府占有多少股权，核电工业总公司占有多少股权。又如像中航机这个大集团，就是中央国有，实现的利润上交给国家、上交给主管部门，深圳只管服务不管其他。但深圳地方财政投资的企业，利润就不用交给国家。所以在实践中，我们已经体现了投资主体多元化，利益主体多元化，但理论上还是没有突破，国有企业还是只能让中央政府代表所有权，地方政府只能是委托经营，不是“所有”。所以理论与实际是脱节的。深圳国有资产已达1329亿元，中央没有投资，谁投资谁负责、谁所有、谁受益，是完全正确的方向。

在企业内部也应产权明晰。十五大报告里提出“产权明晰，责权明确”，有人提出反对，认识不一致，说产权明晰会明晰到私有化去。而我们讲的企业内部产权明晰就是可以让职工持股，职工参与剩余价值的分配。在私人企业里，剩余价值都归老板，以前国有企业的剩余价值归国家，与职工无缘，职工只拿工资，企业办得好，也只是福利好一些，奖金多一些而已。而现在职工有了企业股权，参与了剩余价值的分配，这是一种社会的进步，是动力机制的一种体现，不是有的人所说的后退。

深圳的农村也全实行了股份合作经济，这在全国是最早的。在农村社教的时候，深圳就开始普遍实行股份合作制了。当时我向省里请示，省里主要领导视察后表态说全省还搞不了，深圳可以先搞。为什么全省搞不了呢？因为在村一级搞股份合作经济会与基层村主任的利益冲突很大。深圳农村里的资产是很多的，村里的资产及收益分配以往基本是村主任说了算，愿意与谁合资，资产怎么用，村民是说不上话的，也监督不到位的。所以，搞股份合作制在村一级有阻力，但我们下了决心搞股份合作经济。那时深圳的农村大部分已城市化，多数土地国家征用了。土地征用费没有分，形成了村里的集体资产，多数用来盖了厂房，办第二产业和第三产业，所以这种所有制是村级社区所有制。凡是本村村民都能参与分配，股权和分配权都记在村民名下，但不能继承也不能转让。有的村里做法较简单，有劳动力的人是一股，没有劳动力的人是半股。有的复杂些。上面我说我们的精神文明建设第一条路在企业，是企业文化建设，而第二条路子就在农村：精神文明建设的指标与股份合作经济的分配相结合。村里每年都分配红利，而如何分配就与很多精神文明指标挂钩，许多村、镇都已经这么做了。如超计划生育的父母双方与小孩3人10年间不给分红，有的村里每年分红达上万元，这笔账，村民自己也会计算的。这样一挂钩，计划生育的工作就收效很好。深圳的农村里一般把每年的利润的30%至40%用于分配，70%至60%留用于生产发展。今年我们的精神文明指标又添了新的内容。过去，我们的两个郊区多实行土葬，大约占了95%的比例，很少实行火葬。这样本来绿化得很好的山上满山遍野都是“鬼屋”，这与我们建设现代化国际性城市很不符合，与股份合作制分配一挂钩，今年两个郊区的火化率可达100%。

农村股份合作经济是产权明晰的一种形式。深圳的横岗镇最先实行实验了三级股份合作制。前几年王珏教授来横岗考察时，看中了横岗，当时他认为国有企业改革推不动，不如“让农村包围城市”，先搞农村股份合作制，所以他把全国股份合作制的研讨会拉到横岗来开。现在深圳横岗就发展得很好。

小平同志过去曾强调过，江总书记十五大报告中也提到，科学技术是第一生产力。但这要做到真正实现，就必须让科学人才有价值，让科学发明有价值，才能体现出科技是第一生产力。而让它有价值就是让技术与经营管理成为资本并参与利润的分配。十几年前，有几个外籍专家拥有计算机磁头技术，希望以技术作为资本参股，由中国投入资金建企业。那时，这可是新鲜事。江总书记那时还是电子工业部部长，拍板了这件事，让深圳开发科技企业试着搞，企业让这几个专家以技术参股，拥有了30%的股权。现在这家企业已有几十亿的资产，成为世界第三家计算机磁头生产厂家。而这几个外籍专家也越来越投入新技术，因为这也是他们的企业，他们想方设法把新的技术往企业里投入，企业也越发展越大，他们的股权也越滚越大，分红也越来越多。这个机制很简单也很实际。

第三条出路是政企分开，精简机构，政府转变职能。

企业转换机制和政府转变职能是相辅相成的，政府不转变职能，不精简机构，不政企分开，企业就没法转换机制。中央首先认识到了这个问题，江总书记在十五大报告中就把这个问题提得非常尖锐，非常明确，并指定了中央常委的朱副总理专门负责机构改革，在明年人大开会之前提出方案。大家知道以前的几次机构改革是越改越多，吃皇粮的也越来越多。过去我曾经参与在湖北的沙市、黄石的机构改革试点工作，这两个市的机构改革本来都改得很好，但上级部门压力就跟着来了，要求“上下对口”，后来又被逼得改了回去。我们把这叫做“下动上不动，越动越被动”。

深圳也面临这种压力，政府一撤什么部门，上级部门就开始施压，或三番五次地要设这个部门那个部门。所以机构改革从中央开始改起，是非常重要的。

机构改革势在必行，现行机构是计划经济时代的产物，它不适应市场经济对政府职能的要求。只有改革机构转变政府职能，才能使政府由直接管理、微观管理转为宏观管理。政府里设的机构多，人也多，就要管事，什么事都要管，什么都要报、什么都要批。这就会产生吃拿卡要不正之风。有的贫困的山区县，人口不多，但吃皇粮的就超过1万多人。在有的贫困地区，名牌大学学生就分不下去，因为机关里都塞满了人，有的老少几代同堂在一个机关。国家的财政收入都花在公务人员吃饭上。中央一而再再而三地讲要减轻农民负担，但都收效不大。前几天有报道说浙江的一个市长在被判刑后在监狱里接受记者采访，被问到犯罪的原因时，就说是人情顶不住。这个浙江的市长说，他为办一个发电机厂的审批就往北京跑了60多趟，还说“我是收了人家的人情，但我求人家办事时，也得送人情”。这样的机制怎么能发展生产力呢？谁跑得勤，谁送的人情多，谁关系密，谁就可以办成事，而不是市场机制在起作用，配置资源不是市场而是权力。

另外是机关不能办企业。深圳市从前年开始就让已存在的111家机关办的企业从人财物到产供销都与政府脱钩，这是一件很难的事，这关系到断了有的机关的财路，砸了机关的小钱柜，所以有的机关顶得很厉害。最近深圳就查出的一个案子是关于有的机关还偷偷摸摸地办企业，还拥有企业的股权，分的红利给职工当福利。你们可想而知这阻力是很大的，但是深圳坚决实行了国有企业的政企分开。

第四个出路在于国有资产建立管理体系，与政府行政管理职能分开。

深圳已建立三级国有资产管理体系，第一级是国有资产委员会与办公室，使政府的行政管理职能与资产管理职能分开。凡属经营性的国有资产都属这个委员会和办公室管理，即我前面所提到的1329亿国有资产。第二个层次是建立资产经营公司。深圳按行业分别建立了三个资产经营公司，实现了企业的生产经营和资本经营的分开，资产经营公司主要搞资本经营运作。第三个层次是企业。实现了财产的所有权和经营权相分离。

这三个层次实现了三个分离，形成了一个体系，但这个体系还并不完善，我们制定了一些相应规章制度，并正逐步地完善。

第五个出路是中央提出的“三改一加强”。

好的机制建立起来也必须有好的管理，如加强企业经济核算，生产企业保证产品质量，把产品质量放在第一位。只要按中央的“三改一加强”，加强企业的经营管理，加强机制的转换，国有企业就会有出路。

三

下面我把深圳这几年来的国有企业改革的做法简要介绍一下。

政府建立市场经济体制和运行机制，搞好国有资产经营公司，使企业投资主体多元化，利益主体多元化，发展混合所有制经济，大中企业实行股份制，中小企业实行职工内部持股。这是我们这几年来主要走的路子。

第一是利税分流。

这在80年代末就开始了。所谓利税分流就是把税务局收的企业的税金交到财政局统一使用，而国有企业的利润不作为财政收入，而是交到国有资产经营公司，作为国有企业技术改造、扩大再生产的资金。政府只有在资金周转不灵时才动用一点作为城建投资。深圳为了与国家政策衔接，就采取列收列支的办法，即国有企业的利润列入市里财政收入，但还是由国有资产经营公司来使用。这样给国有企业创造出一个市场公平竞争的环境，同其他经济成分的企业一样在交税后可以把利润用于自身的发展。

第二是实行股份制改造。

这在全国也是比较早的，深圳先搞股份制改造，后有六家股份制公司上市。这在当时，是挨批的。1991年省委让我参加中央党校的反和平演变学习班。学习班里就有人写简报，说深圳的股份制是“私有化的潜行”。我当时带去了材料，有股份制国有企业与非股份制国有企业的比较，包括效益、净资产增值、总资产增值、利税增值等等，数字证明了是股份制国有企业优越得多。股份制经济不是私有经济，而是公有制经济的重要实现形式，是适应和促进生产力发展的财产组织形式。

第三是政企分开。

政府的机关部门不办企业，政府由企业经营者身份，转变为国有资产经营者身份，并与机关各部门的行政职能分开。前面已讲过了。

第四是搞好国有资产经营，就是上面提到的三个层次、三个分离。

第五是企业取消行政级别。

以前企业按机关级别来套工资、套待遇等。深圳前几年花了一年多时间，参照国际惯例设计了企业的“三类九级”的评定办法，即企业分类定级办法：“以资产规模分类，以实现利润和上缴税金分级”，这样就试着把企业转到一个以创造经济效益为中心的轨道上。企业实现的利润越多，上交的税金越多，级别就越高，把企业领导人和职工的工资待遇水平与级别类别挂钩。企业的分类定级是两年评一次的，今年已是第三次了。评定的级别是用公式算出来的，不是凭某个领导拍脑袋拍出来的。以前有个企业是市政府的一个副秘书长下海办的，由于这个老总是局级干部，虽然企业规模很小，也算是个局级企业。但现在一评定等级，只能算是个“等外企业”，连三类九级条件都够不上，这家企业现在已经垮了，被其他企业兼并。企业定级两年一评定，而企业领导任期通常为四年，任期内共评两次。如果在这个老总任期内，这个企业降了级，只要是经营的问题，老总自然就该承担责任，辞职也是自然的了。这样一来，该升的、该降的、该罚的、该奖的非常明显了。

第六是取消国有企业的政府行政主管部门。

以前情况是建筑类企业建设局管，房地产类企业归国土局管，工业企业归经发局管，贸易企业归贸发局管，每家企业都有自己的归口婆婆。现在我们深圳都彻底割断这条脐带，国有企业无上级行政主管部门，而是把行政管理变为以资产为纽带的管理，转到国有资产管理公司去了。以前的主管部门现在只管调查研究，行业服务管理。

过去机关部门都有自己的企业，既要管理自己的企业，又兼顾行业管理，而主要的力量、优惠政策、资金都放到了自己的企业中去了，没有精力也不能公平地对全社会行业进行管理。现在让这些管理部门只管全社会的宏观管理、调查研究、制定政策，组织服务促进生产力发展。

第七是实行全员劳动合同制。

企业职工不再分干部和工人，统称企业员工，实行全员劳动合同制，包括大学毕业生、研究生，干什么职位就拿什么工资，并形成了人才大市场和企业经理评价推荐中心这两类市场。现在的人才市场是区域性的，每天进场人数平均在5000人左右。

人才大市场还实现计算机联网，企业有终端，凡想来深工作的人，不用亲身来深圳，只要输资料入电脑即可。远程也已开通，如清华大学学生可以通过大屏幕与深圳方面直接对话进行远程招聘。这是信息工程建设的成果。

第八是在“两个低于”的前提下企业自主分配。

企业分配制度也在进行改革。在“两个低于”的前提下，企业实行自主分配，包括按劳分配和按生产要素分配。劳动部门与银行联合起来，企业在银行有手册，按“两个低于”原则进行监管。一般情况下，最高最低相差达三到五倍。深圳的蛇口工业区达八倍。

第九是加强企业内部财务管理。

财务总监由资产经营公司下派，对重大的开支、重大的投资项目必须实行企业负责人与下派的财务总监联签。财务总监负起了企业财务监督的职责。

第十是建立国有企业资产代表制。

具体的做法是在控股公司派董事长，参股公司派董事。资产情况由资产代表向资产经营公司报告，这样国有资产就有了明确的全权代表人，这代表人是要与市政府的资产部门签订委托责任书。

第十一是加强法制建设，依法来管理企业。

深圳在有立法权后，首先以企业为主体立了四个法律：分别为股份有限公司条例、有限责任公司条例、股份合作公司条例、合伙公司条例。这四个法律基本上涵盖了不同所有制的公司。还将陆续出台一些相应的法规。

第十二是制定了一些规范性文件。

在立法尚不成熟的情况下，围绕企业改革的需要，由市委和政府制定了七个规范性文件来理顺董事会、企业经营班子、工会、监事会的关系。如企业党的领导起什么作用，职代会、工会、党委怎么运作等等都有一定的规范。

第十三是走以公有制为主体的混合所有制的路子。

从深圳市的税收情况来看国有和国有控股企业占60%以上。国有资产控制力增强，国有资本增值很快。实践说明，混合所有制经济并未削弱国有经济，而是使国有经济更快地发展。

第十四是农村实行股份合作经济，前面已经讲了。

第十五是管资产和管人相结合，相互制约，下管一级。

市委只管国有资产办公室和三个资产经营公司的班子。委派企业领导人的权力下放给资产经营公司，即资产经营公司向企业委派董事长，而总经理又是董事会聘任的。这个模式使资产与人的管理即结合又制约。

第十六是我们建立企业高级人才市场。

我们把这个做法和党管干部原则结合起来，对企业高级人才的搜寻、培训、评价、推荐等实行一条龙服务。这个高级经理人才市场刚建立不久，由组织部管辖，属事业单位，待条件逐步成熟后就实行企业化管理。企业高级人才市场现在已开始发挥作用。

第十七是资产经营公司加强资本运作。

今年深圳由资本市场直接融资达70个亿。企业资金不再只靠银行贷款，从而打破了旧机制。

第十八是企业职工内部持股。

深圳的企业职工内部持股已试验了3年。我们在1994年制定的职工内部持股办法中加以规范，使企业职工既拿劳动报酬，又分红利，真正成为资产的主人。企业增强了内部动力机制，职工对企业的关切度大大提高。

另外还有优化资本结构、增资减债、抓大放小、“三个一批”等。“三个一批”是指创造一批高科技产业、一批大集团公司、一批名牌产品的发展战略。去年深圳18家重点大型企业实现的产值占全市独立核算工业总产值的48.9%，利税占58.5%，销售收入占48.8%。今年这18家企业产值的比重已超过50%，利税增幅34.9%，高于全市平均的15个百分点，实现利润30亿元，占独立核算工业企业的66.3%。可见大企业集团发展的方向是正确的。以电子通信、生物医药、新能源、新材料为主的一批高科技产业迅猛发展，是深圳的发展后劲所在，是新的经济增长点。在这些高新企业当中同时产生了一批高科技的名牌产品。

江总书记在十五大报告中谈到处理十二个关系时指出国有企业不活的根本原因是体制和机制，这是说到点子上了。总书记今年3月份在上海的讲话时指出，要积极工作，勇于进取，既要充分看到解决这些问题的艰巨性、复杂性，又要坚定搞好国有企业的信心，党中央国务院已明确国有企业的改革方向和基本方针，坚持邓小平理论和党的基本路线，以“三个有利于”为标准，解放思想，实事求是，从实际出发，勇于实践，大胆探索，扎实工作，一定能搞好国有企业的改革和发展。这话讲得非常好。

国有企业是今年体制改革的重点，也是政府工作的突出任务。目前有些国有企业面临不同程度的困难、问题，主要是因为体制机制、思想观念不适应市场经济发展的要求。不少企业技术进步缓慢，经营管理落后，忽视市场营销，没有真正地面对市场生产。

放活小企业方面我们也做了一些工作：市内一级企业已放11家，正在进行的有27家，准备进行的有11家。二级企业已放230家，由年初1224家减到了989家。这样就把技术力量、资金力量让了出来集中发展大型企业。

这几年来深圳国有企业发展情况是好的。去年统计深圳国有资产为1329亿，和全国36个省市比较，总资产数量排23位，资产并不多，但去年深圳国有企业实现利润为51.8亿元，占第三位。深圳国有总资产仅占全国份额的1.38%，但实现的利润占全国的6.32%。而且五个效益指标都排在全国第一，包括总资产收益率5.3%（全国平均3%）；净资产利润率为12.9%（全国为1.9%）；资本收益率18.4%（全国为1%）；销售利润率8.7%（全国为1.3%）；获利倍数2.0（全国为1.2）。综合工业效益指数为156%，全国平均不到100%，也在全国的前列。这一切充分说明，大力推进改革是促进国有企业发展的强大动力。

深圳市九名领导联名给中纪委领导的报告*

（1998年2月）

培文并报庆泽同志：

轰动海内外的深圳贤成大厦刑事案和行政诉讼案，已经四五年了。现在有越来越多的事实证明：涉嫌不法外商吴贤成与国内银行相勾结，以签订假《投资合同》和假《协议书》等一系列违法行为，涉嫌诈骗国家巨额银行资金，继而把还债责任转嫁他人；接着国内银行又涉嫌与司法部门串通，武汉检察院竟然出具伪证和取伪证，已涉嫌掩护诈骗；武汉法院在审判时竟然把真合同隐瞒不提，依据假合同进行枉法判决；最高检察院偏听偏信，以假作真，以不构成诈骗罪作撤案处理。至今国家银行资金无法收回，真正投资者替吴还债背了黑锅，犯罪嫌疑人吴贤成及同伙仍逍遥法外，国家司法公正受到严重损害。

最高法院对行政诉讼案做出终审判决，但却都是错误判决：错误认定是两公司认为政府侵权；错误认定吴贤成有诉讼主体资格；错误认定工商部门没有直接注销企业的权力；错误认定适用《公司法》；错误认定注销该公司的法律程序；错误混淆企业法人合作双方的履约责任和审批机关的审批责任；错误认定注销该公司的法律依据和事实依据等等。

无论刑事案件还是行政案件都有明显的枉法之嫌，我党正以整风精神开展讲学习、讲政治、讲正气活动，解剖这一案件，对讲政治、树正气、反腐败、维护司法公正、密切党群关系大有益处。请中纪委组织听我们一次案情证据的汇报。

特此报告。

* 中纪委领导已同意听深圳市一次汇报，由于有关单位抵制而告吹。

签名的人员有:

李广镇　深圳市人大主任

李子彬　深圳市政府市长

林祖基　深圳市政协主席

李容根　深圳市委副书记

张余庆　深圳市人大副主任

胡政光　深圳市人大副主任

郭荣俊　深圳市政府副市长

刘家琛　深圳市政协副主席

厉有为　深圳市政府高级顾问

关于在深圳市进行镇一级政权由镇民直接选举试验的提案

——全国政协九届一次会议上的发言

（1998年3月）

江泽民总书记在十五大的报告中明确提出要不断扩大民主直选的范围，从而调动广大人民群众各方面的积极性，使基层政权领导班子和领导干部真正由群众选拔、真正为群众办事、真正贯彻邓小平理论和中央的路线，这会大大巩固基层政权，密切干群关系，克服跑官、要官、买官、卖官的不正之风，促进生产力发展。在全国尚未实行、未取得经验的情况下，可先在条件基本成熟的深圳经济特区进行试点，深圳已有这方面的条件和请求。

1. 经党中央、全国人大、国务院同意后，先请深圳市拿出具体试点方案；

2. 此方案报上级有关部门审批；

3. 由中央、省市组成试点工作组，在适当时机开始试行；

4. 对试验结果进行总结，根据试点情况，决定下步是否推开，在什么范围推开、在什么时机推开等等。

以此将我国的民主、法制建设不断推向前进。

关于建立深圳香港高科技走廊的提案

——全国政协九届一次会议上的发言

（1998年3月）

香港回归祖国之后，要继续保持香港的繁荣稳定，这既是香港人“港人治港”的责任，也是全中国人民的责任。深圳紧临香港，对保持香港繁荣稳定，对促进香港与内地的经济合作将起桥梁和纽带作用，同时也推动了深圳的发展。因此建议在深圳河两岸的8平方公里的落马洲与福田保税区一带共同建立高科技开发走廊，享受保税区政策。充分利用香港资讯、资金、市场等多种优势与深圳的技术人才、劳动力资源、地价、广大腹地市场等优势结合起来，共同提高产业水平，同时会使香港经济转型提高。

1. 在国务院、港澳办、特区办和省的领导下，组成深港对此事的筹备班子，开始筹划。

2. 建立由香港特别行政区政府和深圳市政府及有关单位出资的开发基金会，起到开发启动作用。

3. 设计方案报国务院批准。

4. 由深圳和香港为主出人组成开发走廊的工作班子。

5. 制订开发计划和分步开发的步骤。

6. 形成以电子信息、生物工程和新材料、新能源产业为主的高科技开发走廊和配套生产能力。

7. 在开发区内工作的职工可居住生活在深圳，不要涉及香港的“外劳”问题。

8. 制定相应的政策规章，经国务院批准后实施。

迅速建立促进高科技产业发展的机制

——在全国政协九届一次会议上的发言

（1998年3月）

大力发展高科技产业，是我们调整产业结构，迅速赶上世界科技先进水平的重大举措，要使高科技产业顺利发展，必须尽快研究制定促进高科技产业发展的运行机制。

1. 使科技人员对所开发的已投入生产的项目享有股权，并有收益分配权；

2. 由各级政府组织建立为新生的高科技小企业提供贷款担保的专门担保企业或基金；

3. 建立风险投资基金，对高科技的创造发明进行风险投资，建立风险投资基金我们没有经验，第一可以引进境外的风险投资基金与我方合资合作运作，第二可以在特区先进行试验；

4. 在股票证券市场上建立风险投资第二板块，高科技企业无须三年经营业绩就可以上市招股；

5. 培育科技市场的机制，建立高科技项目、高科技人才、高科技资金等三位体的市场交易平台，使科学技术迅速转化为生产力；

6. 建议由国家科委、国家证券、证监委和深圳市对此事联合制订方案，报国务院批准后实施（深圳已有此设想）。

此一举措望能尽早实施。

关于机构改革中政企分开，政府转变职能的意见

——在全国政协九届一次会议上的发言

（1998年3月）

我们过去机构多次改革，形成了一个怪圈：精简、膨胀，再精简、再膨胀。为什么呢？其根本原因在于政企不分、政府没有转变职能，政府直接干预企业的经营活动，同时把过多的社会职责和事务矛盾都集中在政府身上，使政府管了许多不该管、管不了也管不好的事情，影响了政府重要职能的发挥。这种部门职能重叠、政企不分、政出多门，对有权有利的事就互相争权夺利，对没有利益的事情就互相推诿扯皮，造成钱权交易风行，办事效率低下。这种上层建筑架构与社会主义市场经济发展的矛盾日益突出，不改革会严重阻碍社会生产力的发展。要走出以往机构改革的怪圈，这次国家机构改革应该侧重于政企分开、转变职能、精干高效、依法行政上来。为此提出如下具体建议：

1. 首先是把企业人、财、物，产、供、销的职能和职权还给企业，不再由政府部门包揽行使。

2. 其次是把国有企业级别待遇与政府机构的级别待遇彻底脱钩，不以行政级别套企业级别待遇；国有企业应按营业额、实现利润和上交税金等指标体系来评价企业级别待遇，国有企业实现利润、上交税金越多级别待遇越高，把企业引上以经济效益为中心的轨道。

3. 取消国有企业的行政上级主管部门，由国有企业的行政部门的行政管理改为资产部门以出资者的身份进行资产管理。

4. 国有企业的领导班子，按现代企业制度要求，由出资者委派出资者的代表——董事长或董事，对国有资产增值保值负责，经营班子由董事会决定

* 原载《深圳特区报》1998年3月12日。

任命，而不是由组织部门和人事部门任命，也不是由政府专业部门和人事组织部门对国有资产增值、保值负责，这些政府部门也无法负责。

企业的经理人才也是生产要素之一，在其他生产要素已经市场化的情况下，对企业经理人才的选拔任用也要市场化，建立搜集、培训、评价、推荐的社会中介机构，广泛用市场机制选贤任能，使之适应市场经济要求。

5. 把资源配置由行政部门为主转为以市场配置资源为主，把应由企业办的给企业，把应由市场办的给市场，把应由中介组织办的给中介组织，政府部门必须审批的项目要尽量减少到必要的最低程度，并且公开、公正、依法办理。因此，对各级政府部门的审批权应逐项清理，然后进行分解，能分解出去的分解出去，保留最少的必要的审批项目。

6. 经以上措施才能做到使政府对企业由直接管理转到间接管理；由微观管理转到宏观管理；由行政部门的行政管理转到以出资者身份的资产管理；由行政部门的分割式管理转到对各种所有制企业的全社会管理，政府设法给各种所有制企业的顺利发展，创造公平竞争的外部市场环境和条件。

7. 政府要在上述政企分开的条件下，加强宏观分析预测、宏观计划、宏观调控、宏观管理，制定法律和规章，使政府机关做到依法行政，加强调研和服务职能，使社会主义市场经济顺利发展。

8. 在此基础上逐步做到政府部门依法设立，由全国人大立法后实施。

9. 政府部门的简政放权，应是纵向放权，不能给部门横向放权，这是一条基本原则。这使政府不至于被部门利益和意志所主宰和分割，使政府处于软弱状态。要纵向放权，就是分清中央与地方及地方各级政府之间的人权和事权。在我们这么大的国家，经济发展水平和经济社会条件千差万别的情况，实行国家集权的一级调控是难以适应瞬息万变的市场经济要求的。因此两级调控是符合国情实际的。例如：国家税种、国家与地方分成的税种如银行利息率等项目必须国家调控，任何地方不能改动；但是凡是不涉及国家整体利益的事项，例如地方税种、地方税减免等项目，可由各地方根据实际情况确定，这样既有利于结合实际发挥两个积极性，又会极大地促进生产力的发展。这样做绝不是削弱中央权力，而是使中央行使的权力更集中、更有效、更宜实行，更能增强国力。

10. 现在不少国家政府机关部门把下级对应部门的人权、事权收上来，或者叫条条垂直领导，这样做弊病很多，实际上是肢解了地方政府，应该认真改变。政府组成部门是在本级政府领导下，由本级人大任免，对本级人大负责，上级对应部门只是业务指导关系。这种关系应在机构改革中理顺。

关于吴贤成涉嫌诈骗犯罪事实俱在应依法追究，最高检察院不该做撤案处理的提案*

（1998年3月）

泰国商人吴贤成伙同段继红，以投资深圳贤成大厦为幌子，涉嫌诈骗国内银行贷款5900万元一案，于1994年4月初由最高人民检察院、广东省人民检察院和深圳市人民检察院三级派员组成联合调查组由最高检察院陈燕麟副厅长领导专案组进行调查，同年9月立案侦查，历时3年，于1997年4月侦查终结。陈燕麟专案组已经写出认定构成严重诈骗犯罪的报告。此时最高检把陈燕麟专案组撤掉，换上最高检反贪局局长罗辑和副局长叶患伦重新审理，同时写出构不成诈骗罪的报告，报到最高检察院，最高人民检察院检察长办公会议研究认为："吴贤成与两家银行的关系是一种借贷关系，吴没有诈骗两家银行贷款的主观故意，有还款愿望和还款能力，因此，尚不能认定吴贤成、段继红构成诈骗罪。"

认为吴贤成的行为不构成犯罪而将该案作撤案处理是严重的错误决定。其错误的根源在于主管办案的国家反贪局原领导人歪曲事实、以权压法、进行误导、纵容犯罪，致使该案作了撤案的错误决定。该专案组换人后，对原陈燕麟专案组办案的十几卷卷宗没有审阅，也没有重新取证，致使该案在限期结案的压力下匆忙结案。

下面，我将吴贤成案件的真实情况，哪些主要犯罪事实被歪曲了，哪些新的犯罪证据没有提取及隐瞒，哪些新的线索没有调查，向最高检报告如下：

* 全国政协对此提案未作为提案处理，以委员来信转到最高检察院。

一、吴贤成涉嫌诈骗案的主要事实真相

1989年4月，吴贤成代表泰国贤成两合公司(注册资本金200万泰铢，相当人民币60万元)与深圳四家国有公司签订了《合作合同书》，成立了中外合作企业——深圳贤成大厦有限公司。合同规定由中方四家国有公司出地，泰方吴贤成出资，共同兴建64层高的深圳贤成大厦，号称“中国第一楼”。

合作企业成立后，吴贤成仅于1989年5月从泰国汇入114万元港币，以后一直没有依合同规定出资。大厦建设一直拖延两年未能开工建设。中方四股东曾要求解除合约。在此情况下，吴背着中方四股东私下拉港商洪昌公司王文洪合作，在泰国和香港签订了协议书、契约等合作文件，其中把吴贤成在深圳贤成大厦有限公司的权益出让给王文洪50%，然后各投资1.1亿港元共同建设深圳贤成大厦。协议书签订后，王文洪向深圳贤成大厦有限公司投资1.1亿港元，大厦才开始建设。此时，吴贤成承诺的1.1亿港元不但不投资，而且拒绝给王文洪办理加入深圳贤成大厦有限公司成为股东的法律手续。继而吴贤成向深圳国际仲裁委员会申请仲裁：①请求裁定与王文洪签订的《协议书》无效；②请求裁定王文洪在深圳贤成大厦有限公司内没有任何股权和权益；③请求裁定王文洪对深圳贤成大厦没有投资；④请求裁定吴与王在签订《协议书》前后没有欺诈行为。深圳国际仲裁委员会经过反复认真调查和开庭，做出终局裁决：裁定王文洪在深圳贤成大厦有限公司中具有实际投资；认为吴贤成有欺诈行为，责令吴贤成在30天内给王文洪办理成为深圳贤成大厦有限公司股东的法律手续。吴申请仲裁失败。但吴贤成在个别司法高官袒护下，至今拒不执行裁决。

(一)涉嫌骗取国内银行贷款的经过

1. 1992年9月，吴贤成、段继红经他人介绍认识了中国银行湖北省分行花桥支行的刘人本(信贷科副科长)与孙云琳(副行长)，吴、段以深圳贤成大厦工程需要投资为借口，以高利贷款为诱饵，以行贿为手段，邀请他们到深圳对贤成大厦进行实地考察，同年9月29日和11月13日，吴贤成以其境外香港贤成集团公司的名义与花桥支行签订了三份《投资合同》，共向花桥支行借款人民币3900万元，利息分别为25%和27%，期限为14个月和1年。

2. 1993年1月，吴贤成、段继红通过其财务部长文小玲介绍，认识了中国

农业银行西安分行干部高犁。吴、段以深圳贤成大厦工程需要投资为借口，于1月15日，吴贤成以泰国贤成两合公司名义与西安农行职工技协服务部签订了《借款合同》，以利息20%的高息借款人民币2000万元，期限为1年。

在涉嫌骗取上述两家国内银行贷款过程中，吴、段使用了以下涉嫌诈骗手法：

（1）隐瞒贷款用途。吴贤成虚构了用于建设深圳贤成大厦的用途。在与花桥支行的《投资合同》中虚假地写道"用于深圳半山别墅或贤成大厦"（深圳根本就没有什么半山别墅）。正如花桥支行信贷副科长刘人本在1994年11月1日的交代中证实："我与吴贤成始终是围绕深圳贤成大厦项目谈的……我们考察贤成大厦项目，对贤成大厦进行短期投资。"对西安农行的贷款，吴、段也是以投资贤成大厦的名义而取得的，但借款合同上并不写明借款用途。而且也并未用于建设深圳贤成大厦，说明吴、段在贷款的用途上对国内两家银行隐瞒了事实真相。

（2）隐瞒了贷款主体资格。吴、段为什么要以香港贤成集团名义与花桥支行签《投资合同》？刘人本交代："我起草了两份合同，一份是与陈文龙所在的泰生龙有限公司，一份是与深圳贤成大厦有限公司。但后来段继红让我们将甲方抬头改为香港贤成集团有限公司。"花桥支行为什么按段继红要求改变借款甲方呢？因为花桥支行的副行长、信贷科长都受了贿。由此看出，吴、段故意对花桥支行隐瞒了香港贤成集团公司不是深圳贤成大厦投资主体的事实真相。

（3）使用了虚假、非法的担保。香港贤成集团公司不是深圳贤成大厦有限公司的外方合作者，它与深圳贤成大厦公司并无任何权益关系，但在与花桥支行签订的《投资合同》中均注明："甲方即香港贤成集团公司保证以甲方所拥有的贤成大厦楼花面积作抵押。"这样的担保条款是虚假的。在与西安农行的《借款合同》中也写明："以甲方所拥有的深圳贤成大厦的楼花作为抵押品，抵押给乙方。"这种未经中方合作者同意情况下，没有董事会授权情况下，擅自将合作公司共同共有财产为其境外公司的债务作抵押的担保条款是非法的，因此也是无效的。

（4）使用了高利引诱和行贿的手段。吴、段向花桥支行的两笔借款年息分别为25%和27%，向西安农行的借款年息为20%，说明吴、段是以高利贷为诱饵而涉嫌骗取贷款的。在涉嫌骗取贷款过程中，为了收买银行工作人员，段继红先后向孙云琳、刘人本等人行贿人民币3万元、港币3万元、泰铢6万元以及电视机、录像机等物品(检察机关已查实),通过行贿达到了为自己非法骗取银行贷款的目的。

(二)被骗贷款的去向

吴贤成、段继红从上述两家国有银行所涉嫌骗取的贷款,均按吴贤成的指定,汇入了吴贤成私人的深圳南泰针纺织品有限公司账户。吴、段采取转账、套汇、提取现金等手段,全部非法占为已有。

1. 武汉花桥支行3900万元人民币汇入南泰账户后的去向:

(1)付江门市兴盛房地产置业有限公司2272.68万元,经查系吴用于归还自己在香港佳和公司的借款。

(2)付中建三局一公司1034.72万元,据查吴将此笔款套汇成港币1160万元取走。

(3)付深圳市春园商场275.1万元,换成300万元港币取走。

(4)付宝安金达等8家单位款共计290万元及吴贤成提取现金12.9万元(均与深圳贤成大厦无关)。

2. 西安农行2000万元(扣除利息实际到账为1813.5万元)人民币汇入南泰账户后的去向。

(1)付中建三局一公司1067.5万元,把深圳贤成大厦有限公司付给中建三局一公司的工程款以重复付款为名把1000万元港币套走。

(2)付深圳贤成大厦有限公司520万元,后又从深圳贤成大厦有限公司账上返回南泰账户521.4万元(包括1.4万元利息)。段继红将其中的400万元以私人款项借给贤成大厦有限公司,月息3%,作为工程款支付给中建三局一公司。

(3)付借款介绍人陈文龙、顾兴义等人佣金170万元。

从以上两家国内银行贷款的去向可以看出,吴贤成所“借”之款不仅没有汇入深圳贤成大厦有限公司账户,而且完全没有用于深圳贤成大厦建设。因此,从借款去向更加清楚地证明吴、段所谓的借款用于投资深圳贤成大厦完全是一个骗局,但最高检察院对“借”款去向却知之不理。

(三)更为恶劣的是制作假合同、假账,以恶意转嫁债务的方法,达到最终非法占有银行贷款的目的。

1. 1994年4月检察机关根据举报开始调查吴贤成涉嫌诈骗国内银行贷

款的问题。吴、段为逃避罪责，竟指使财务人员做假账，并串通银行工作人员制作假合同，把他以境外公司名义从武汉花桥支行的高利借款3900万元的债务，公然转嫁到深圳贤成大厦有限公司身上。

（1）1994年4月，吴、段指使深圳贤成大厦有限公司财务部长文小玲做假账，把香港贤成集团公司向花桥支行借的3900万元，做成深圳贤成大厦有限公司的债务。

（2）1994年7月6日，段继红窜至武汉，与花桥支行的孙云琳、刘人本等人串通，制作了两份假《投资合同》以取代两份原《投资合同》。两份假《投资合同》所写的签订时间仍为原合同的时间，把借款甲方原为香港贤成集团公司改变为深圳贤成大厦有限公司，段还指使花桥支行尽快利用假合同起诉深圳贤成大厦有限公司。这样，吴、段就将还款责任推到了深圳贤成大厦有限公司头上。

（3）1996年3月，武汉市中级人民法院依据花桥支行提供的上述假合同，判决深圳鸿昌广场有限公司（深圳贤成大厦有限公司清算后成立的新公司）应在10天内偿还花桥支行的投资本息。这样，使吴、段恶意转嫁债务，非法占有贷款的目的在银行和法院的配合下得以实现。

2. 1993年10月份，西安农行方面因担心贷款被骗，无法收回，便派高犁等人来深圳找吴贤成要求还款。吴不但不同意还款，还将还款责任转嫁给了深圳贤成大厦有限公司。

（1）1993年10月18日，在吴贤成拿到2000万元贷款9个月之后，吴贤成背着中方合作者，在未经深圳贤成大厦有限公司董事会授权的情况下，既代表深圳贤成大厦有限公司（乙方），又代表泰国贤成两合公司（内方）与西安农行（甲方）签订了三方《借款偿还协议书》，在协议书中，吴贤成虚构西安农行2000万元人民币借款“用于建造贤成大厦”的事实，并代表深圳贤成大厦有限公司承诺“乙方愿无条件地承担此笔借款本息的偿还责任”。吴贤成通过上述行为，将其泰国贤成两合公司借款的还款责任恶意转嫁到了深圳贤成大厦有限公司身上。

（2）1994年4月，检察机关调查吴贤成诈骗西安农行贷款问题时，依法扣留了吴的护照，并敦促他尽快还清西安农行的贷款。吴向检察机关写了“还款保证书”，承诺15天内还500万元，3个月还清余款。但事后，除归还利息495.5

万元人民币外，吴贤成为逃避债务、逃避法律追究，逃匿国外。

（3）吴贤成在两家银行巨款诈骗到手后的1993年12月22日向深圳市罗湖区法院提交的一份《申请复议书》中，竟然还欺骗地声明：“吴贤成先生从未以深圳贤成大厦有限公司名义向任何单位借款”。真是欲盖弥彰，其诈骗嘴脸暴露无遗。

以上事实充分说明吴贤成根本就不是一个合法的外商，其代表的泰国贤成两合公司根本就没有出资兴建贤成大厦的能力。从其“投资”行为过程看，吴贤成根本就谈不上有实际出资；从其“贷款”行为过程看，吴、段从用欺骗手段获取贷款开始，到用欺骗的手段非法占有贷款而终，构成了极为典型的涉嫌贷款诈骗罪。

然而，面对这些证据确凿的犯罪事实，最高检察院反贪局原领导人却向上级领导汇报说“吴贤成与国内两家银行之间是一种正常的借贷关系，吴、段没有诈骗的主观故意”，甚至认为吴贤成所签的几份借款合同，“主体明确、内容明确、担保真实，在借款过程中未采取虚构事实、隐瞒事实真相的欺骗手段”。

这样对案情的认定是何等的不符事实，何等的离谱，何等荒唐。明明是虚假无效的担保，却认定为是真实的担保；明明是贷款已经被吴贤成骗走了，却认定吴贤成没有诈骗的主观故意；明明是一起典型的涉嫌金融诈骗案，却认定为是一种正常的借贷关系。这种混淆是非，严重背离事实真相的案情认定，不可能给案件处理带来正确的结论。最高检察院反贪局的办案负责人为什么会做出这么荒唐的结论？我们却不得而知。

二、吴贤成涉嫌诈骗案尚未查清或根本没查的问题

吴贤成涉嫌诈骗案新的线索没有深入查证，主要是：

1. 在对犯罪嫌疑人吴贤成讯问方面：本案几十卷材料中，对主要犯罪嫌疑人吴贤成的问话笔录只有两次，仅几页材料，内容主要是为西安农行追款。对吴在境外境内非法融资、涉嫌骗取国内银行贷款的一系列虚假行为均没有问及。

2. 对犯罪嫌疑人段继红虽有多次讯问，但对其与花桥支行有关人员串通制作假合同，指使会计文小玲做假账的动机、目的及具体经过等方面，未作全

面、系统的讯问调查。

3. 对证人深圳贤成大厦有限公司财务部长文小玲主动交代的做假账的经过，也没有找她认真核实，制作询问笔录。

4. 对吴贤成写假收据入账经过的重要知情人，深圳贤成大厦有限公司财务人员王喜华也没有进行调查，获取证人证言。

5. 对陪同段继红去武汉串通花桥支行有关人员制作假合同、假收据的证人罗鸿业和李冬青（亲眼见到段制假的经过）没有进行调查取证。

6. 对已获取的证明段继红制作假合同的证人证言（主要是武汉市检察院对刘人本、孙云琳、喻德智等人的调查笔录）却没有装入卷宗。如此重要的定罪证据，陈燕麟已把证据取回，后来的叶惠伦为什么不入卷宗?

7. 吴、段从以投资贤成大厦为名涉嫌骗取国内银行贷款，到制作假合同、假账恶意转嫁债务到深圳贤成大厦有限公司头上，非法占有银行贷款，整个过程均是背着中方合作者和深圳贤成大厦的实际投资者香港鸿昌公司而为的，对这一欺骗的事实也没有向中方和香港鸿昌公司的有关管理人员进行调查取证。

8. 在对书证的调取认证方面：有关假合同、假收据、假账均已获取了。然而既没有给有关参与制假的人辨认，也没有作刑事技术鉴定，更没有作证据使用。这么重要的定罪证据，为什么偏偏忽略不计?

9. 在对有关账目的会计鉴定方面：对被吴贤成、段继红涉嫌骗取的5900万元人民币贷款汇入南泰针纺织品有限公司账户后的去向和用途没有作专项的司法会计鉴定。

10. 吴贤成、段继红以深圳贤成大厦名义，在深圳7家银行开设了18个银行账户，又私下以“深圳南泰针纺织品有限公司”名义在中行罗湖口岸支行开设了账户。设立这么多账户的资金往来与其诈骗犯罪的内在联系，没有调查取证。

11. 对吴贤成与花桥支行行长喻德智、副行长孙云琳等人私下成立“泰国银泰公司”，要在曼谷建贤成大厦，吴贤成从花桥支行获取210万美元到泰国“投资”被骗的事实，没有进行调查取证。

12. 对吴贤成与深圳市某集团公司“对等投资泰国惠成公司”，从该集团公司借款1500多万元替吴贤成还了地价款以及吴贤成叫该集团公司担保向农行中物办贷款50万美元作开班费问题，也没有调查取证。

有力的证据不用，该取的证据不取，在此情况下匆忙撤换工作组，然后匆忙做出违背事实和法律的“构不成犯罪”的虚假结论是为什么？

三、吴贤成案件中有关银行及领导人涉嫌违法犯罪的事实真相

花桥支行和西安市农行两家总共贷款给吴贤成人民币5900万元（此外还有以双方合作在泰国办公司名义被吴贤成涉嫌骗去投资200多万美元）至今无法收回，国家银行财产蒙受巨大损失。在上述两笔贷款中，银行及其经办人有如下涉嫌违法犯罪问题：

（一）不审查贷款的主体是否合格，乱放贷

《中国银行对外商投资企业贷款办法》第七条及其《实施细则》第十条规定，向银行贷款的主体必须是“中国境内独立经济法人”，还必须有企业董事会借款决议和借款授权。中行花桥支行和西安农行在借贷款给吴贤成过程中，均贷给其境外的公司，即香港贤成集团和泰国贤成两合公司，两家公司均不是中国境内独立经济法人。同时也未要求吴贤成出具董事会借款决议和授权书。显然两家银行均违反上述规定放贷。

（二）对贷出的巨额资金不监督，玩忽职守

《中国银行对外商投资企业贷款办法》第十四条规定，银行应对贷款企业贷款的用途、还款计划进行监督。但是，两家银行把款贷出后，完全没有进行监督，不管贷款的去向，不管贷款的用途，不管吴贤成有无偿还能力。吴贤成把所贷的5900万元人民币全部要求银行汇入吴私人开设的账户，吴根本不是把此款用于深圳贤成大厦工程建设，而是用于偿还其私人债务和进行挥霍。银行人员由于与吴串通一气，对钱的去向不闻不问，有关责任人实为玩忽职守。

（三）对无效、非法的抵押担保置之不理

《中外合作经营企业法实施细则》第二十条规定：“合作各方应当以其自有的财产或者财产权利作为投资或者合作条件，对该投资或者合作条件不得设置抵押权或者其他形式的担保。”《中国银行对外商投资企业贷款办法实施细则》第二十条规定：“抵押财产，需由企业董事会做出财产抵押决议，并由法人代表或有权签字人签署抵押担保文件。抵押担保书应由抵押人所在地公证

处办理公证手续。”吴贤成向两家银行贷款用的是其境外公司名义，而在《投资合同》和《借贷合同》中却都有注明“用深圳贤成大厦楼花作抵押”。吴贤成将合作条件设置了抵押权是非法的，并且吴贤成用境外公司贷款，却用境内的合作企业法人的楼花作抵押是虚假的。两家银行对这种明显的非法及虚假的情况置之不理，甚至也没有签订任何担保书及办理不动产抵押登记和公证手续。

（四）违反国家对银行贷款利率的规定，牟取高额利率，破坏金融管理秩序

《中国银行对外商投资企业贷款办法实施细则》第十四条规定：“人民币贷款利率，按中国人民银行规定执行。”国务院也三令五申，不准超越规定擅自抬高或减低利率。但两家银行对国家的法律和政策置若罔闻，把贷款利率擅自抬高到25%、27%和20%，为追逐高额利率，明目张胆地违反法律。

（五）银行部门参与作假证，伪造合同，违法提起诉讼，成为涉嫌诈骗分子的帮凶和同伙

1994年4月，司法机关根据举报开始调查吴贤成的违法犯罪问题。吴贤成为了逃避罪责，一方面指使其公司财务人员做假账；另一方面指派其小老婆段继红窜至武汉，与花桥支行的喻德智、孙云琳、刘人本等人串通，花桥支行竟然同意吴、段的非法要求，合伙制作了两份假的《投资合同》，以取代两份原来签订的《投资合同》。两份假《投资合同》所写的签订时间仍为原合同的时间，把原来的借款甲方香港贤成集团公司改变为深圳贤成大厦有限公司，增加了“投资深圳贤成大厦”和“签约地在武汉、诉讼由签约地的法律部门管辖”等内容。银行方面还要求段继红写了深圳贤成大厦有限公司收到花桥支行投资款3900万元的假收款“收据”。然后，花桥支行用他们合伙制作的假合同、假收据作为证据，向武汉市中级人民法院起诉深圳贤成大厦有限公司清算组及深圳鸿昌广场有限公司。武汉市中级法院据此假合同、假收据判决深圳方败诉，判决应在10天内偿还花桥支行的投资本息。这样，把吴贤成境外公司的贷款全部非法转嫁到深圳贤成大厦有限公司头上，使吴贤成涉嫌诈骗得逞，也掩盖了银行方面的违法问题。根据我国法律规定，吴贤成的行为应构成诈骗犯罪，其涉嫌诈骗的主观故意明显，并且已将银行资金非法占为己有。银行事实上成了涉嫌诈骗犯罪的帮凶和同伙。西安农行在将2000万资金付给吴贤成9个月之后，于1993年10月18日又与吴贤成签订一份《借款偿还协议书》。在该协议书中，银行方面任凭吴贤成加入了虚构原借款合同中未注明的借款用途是“用于建造贤成大厦”和该借款“已全部用于建造贤成大厦”的虚假事实，配合吴贤成在协议中写明由深圳贤成大厦有限公司向西安农行承担还款责任的内容，使吴贤成恶意转嫁债务的阴谋得逞。其行为性质与武汉花桥支行无异。

（六）银行职员收受贿赂

根据武汉和深圳两地检察机关的调查证实，花桥支行的孙云琳、刘人本等人在贷款过程中，先后多次被吴贤成、段继红邀请到深圳、香港、泰国等地名为考察实为游玩，并收受吴贤成、段继红的贿赂款人民币3万元、港币3万元、泰铢6万元以及电视机、录像机等物品。

上述事实，完全证实两家银行的一系列违法行为，应当依法查办。

四、我的意见和请求

最高检察院对吴贤成涉嫌诈骗案的错误定性和处理，使吴贤成鲸吞了国家银行5900万元巨款而逍遥法外，开创了不法外商在国内诈骗犯罪不予追究法律责任的先例，破坏了改革开放的投资环境，践踏了国家法律，损害了国有资产利益，也损害了正当投资者的权益，在深圳、香港、泰国以至东南亚一带，造成了极坏的影响。我认为，吴贤成案件是在改革开放新形势下出现的打着投资旗号进行涉嫌经济诈骗的典型。吴贤成涉嫌犯罪，其手段狡猾，涉嫌诈骗数额巨大，影响极为恶劣。为了维护法律的尊严和国家的利益，为维护改革开放的良好法制环境，也为了震慑其他披着投资外衣进行经济诈骗的犯罪分子，对吴贤成的涉嫌诈骗犯罪必须依法制裁。因此。我请求：

1. 因为此案已惊动了中央领导人，故请求由中央有关领导同志或委托专人出面召集人大、纪委、公安、检察、法院等有关部门的有关人员，倾听一下深圳市的具体案情汇报，对本案进行会诊。

2. 请求最高检察院自己进行案件复查，如不能自己复查，则请求全国人大进行个案监督检查。

3. 请求对银行的违法行为依法查处。

附件：

最高人民检察院办公厅
[1998]高检办发第76号
——关于对厉有为委员对贤成大厦案件的来信答复

厉有为委员：

全国政协提案办公室转来您“关于吴贤成涉嫌诈骗犯罪事实俱在应依法追究，最高检察院不该做撤案处理”的来信收悉，现答复如下：

吴贤成案于1997年4月侦查终结后，深圳市院检察委员会进行了讨论，并将意见上报广东省人民检察院。广东省院在调卷审查的基础上，检察委员会专门讨论研究了此案，并向最高人民检察院写出了报告。1997年5月19日，高检院检察长办公会议就此案进行研究，认为吴贤成在向武汉、西安两家银行贷款5900万元人民币过程中有违规行为，但尚不能认定吴贤成构成诈骗罪，同意广东省检察院检察委员会关于吴贤成的行为不构成诈骗罪的处理意见。6月11日，高检院向中央政法委员会报告了吴贤成案的处理意见。6月26日，中央政法委召集全国人大法工委、高法、高检、公安部、外经贸部、外交部、国家工商局、广东省委政法委有关负责同志对吴贤成案件进行了认真的研究，一致同意最高人民检察院对吴贤成案所提出的处理意见。因此，对吴贤成案件的处理是依据事实和法律，严格依照法律程序进行的。您信中反映武汉银行人员受贿问题，高检院已交由湖北省检察机关查处，我们将督促其提出处理意见。

感谢您对检察工作的关心和支持。

特此函复。

最高人民检察院办公厅

1998年8月28日

最高人民检察院办公厅　1998年8月31日印发

给最高检领导的信*

(1998年10月)

最高检察院办公厅并韩检察长和各位副检察长:

贵院[1998]高检办发第76号函:“关于贤成大厦案件来信的答复”我们已经收到,感谢你们的答复!现再去信,有以下各点相告。

一、在我们给贵院写这信的时候,头脑清醒、心里明白:

要把此案弄个水落石出,我们面对的不只是吴贤成,而是那些手握法权的高官。我们与他们远日无冤,近日无仇,不想得罪他们,也不想与他们结怨。但是,在涉及国家利益和法律尊严面前,我们应该如何抉择呢?

在此案尚未彻底搞个水落石出之际,他们利用手中权力,可能让我们先下地狱,不让我们再说话。他们已经造了我们不少谣言。因而不但需要我们做出牺牲,也更需要领导的理解和支持。

一个不公正的裁决,其危害远远超过犯罪,犯罪是无视法律而不正,不公正裁决是纵容犯罪,毁坏法律,造成天下不公。在枉法后面的复杂关系,比案件本身要复杂百倍!与司法腐败作斗争要比与犯罪作斗争难上千倍!但是,为维护公众利益,我们又该如何抉择呢?

纠正下级或别人的错案较容易,纠正自己的错案,特别是最高司法当局领导人定的错案,就难上加难,谁肯为这么一个案件,在高官之间搞得不愉快呢?但是事实和法律摆在那里,民心摆在那里,我们又该如何抉择呢?

共产党是最讲认真的,是最讲实事求是的。难道这是说说而已,说给别人听的吗?轮到自己就不准备去实行吗?我想不会是这样!如果是这样,那我们的事业就可悲了!江总书记常讲,上梁不正下梁歪,中梁不正垮下来。这不是杞人忧天。

* 对此信,最高检察院未有回音。

法律是维护国家和人民大众利益的工具，而不是某些司法人员的专利，任其阉割，任其篡改；法律也不是一个面团，按着司法人员的意志，想捏成什么样就捏成什么样。否则，比没有法律还坏，因为他们打着执法公平、公正的旗号欺人骗人贩卖私货。

我们不愿意看到安徒生的童话在中国再现：人人都睁着眼睛说瞎话，说"皇帝的新衣真漂亮"。我们不愿意遵循"话不在真，好听则灵"的"诀窍"。

事实毕竟是事实，任何掩饰都是无济于事的；历史毕竟是历史，任何事情迟早要还历史本来面目！

我们希望以我们的真诚和忠诚，唤起你们的共鸣，共同依法维护国家利益和法律尊严。

二、"答复"只讲了此案的处理经过，没涉及一点去信中提到的事实和法律。我们办案不是依据哪一级机关和以哪种过程决定，而是依据事实和法律而决定。"答复"一字不提我们信中提的事实和法律，只讲处理过程，是不能令人信服的。如果你们说我们送的材料哪条不实，或者引用的法律哪条不对，可能会说服我们。只讲处理过程，不讲事实和法律，怎么能服人呢？请恕我直言。

三、你们在"答复"中说的过程实际并不完全，请允许我再补充一点。就在中政委对此案第二次协调会之后，他们把最高法院同意的广东省高院一审意见和最高检察院检察长办公会议意见合并起来，作为中政委协调会议意见报给当时的政法委的领导人，该领导人把此报告批给江泽民、李鹏、朱镕基和李岚清四位中央主要领导人阅示。四位领导人都圈阅了。然后政法委主要领导人就向有关单位批示："这个案是中央领导人批准的，我意此案不再作改动。"我们仿佛有理无处诉，有冤无处申了！但是，深圳市委、市政府为维护国家利益，为捍卫法律尊严，我们并没有灰心。坚信我们党是坚持真理修正错误的，坚信政法战线广大干部是匡正去邪、依法办事的，坚信正义的事业迟早会胜利的！于是我们给四位圈阅的中央领导人有的当面汇报、有的送了材料，他们都有积极的回应。我们给江泽民同志的报告中说：在中央主要领导人对案件不知情的情况下，让中央领导人承担"批准"的责任是不妥当的；此案已进入二审程序（指行政诉讼部分），在二审之前，最高法院最高领导人竟然先下定论"此案不再作改动"，然后再按这个调子二审，这不是依法治国。江泽民同志在我们的报告上批示：坚决依法处理，认真开好二审，请广东省、深圳市和有关部门参加，把事实真正弄清，做出正确判决。总书记的这个批示不只是针对最高法院，也是针对最高检察院的，我们相信最高检察院一定会传达、学习和贯彻。但是从你们的“答复”中看不出你们认真研究了事实和法律的实际行动。请恕我们直言。

四、这么一个不大不小的涉嫌诈骗案件，按司法管辖权，哪一级公安部门都可以立案侦查。可是偏偏拿到最高检察院直接立案，然后叫做“三级检察机关联合办案”。这里有什么角角我们不知内里，但总觉得蹊跷！更使人难以理解的是，最高检察院派陈燕麟副厅长任办案组长，他一身正气、两眼雪亮，不受利诱，克服种种困难和阻力，把作案证据一个个拿到，正在节节胜利快要结案之时，最高检察院突然决定换“将”，“九道金牌”催调陈燕麟回京，不准他再过问此案。接着由最高检察院反贪局领导罗辑带队下来亲自部署，让最高检察院反贪局另一位领导叶惠伦来领导办案。这位领导下车伊始，在没有认真调查研究的情况下，在新专案组对案情未作分析和研究的情况下，就给最高检察院写了《关于吴贤成案情况的报告》。整个报告不顾事实、不顾法律，替泰商吴贤成辩护，说什么“首先是不构成诈骗罪，其理由：一是没有诈骗主观故意；二是没有虚构事实，隐瞒真相等诈骗犯罪行为；三是吴将这些资金绝大部分直接或间接用于贤成大厦建设”。这些都是违背事实，没有根据的假话。接着他就用他定好的这个调子，让下级检察机关按构不成诈骗罪提出报告。但深圳检察委员会的报告是认定构成诈骗罪的。

贵院1997年5月19日检察长办公会议认定的说法与上述叶惠伦的“报告”说法完全一致，说什么：“吴没有诈骗两家银行贷款的主观故意，有还款愿望和还款能力，因此，尚不能认定吴贤成、段继红构成诈骗罪。”（高检发反贪字［1997］5号文件）由此可见，上述“报告”对检察院对此案定性起了决定作用。

五、让我们看看泰商吴贤成是不是像贵院反贪局领导人认定的那样“没有诈骗主观故意”、“没有虚构事实，隐瞒真相等诈骗犯罪行为”？是不是“吴将这些资金绝大部分直接或间接用于贤成大厦建设”？

1. 吴贤成于1992年3月3日在香港注册了一个注册资本20港元的空壳公司——香港贤成集团有限公司。吴以上述公司名义（甲方）与中国银行湖北省分行花桥支行（乙方）于1992年9月29日至1993年12月6日先后签订了三个《投资合同》、一个《合同的说明》、一个总《合同》，共借得贷款3900万元，“投资”期一年，利息分别为年息25%、27%和30%，均按吴的要求汇入吴的私人账号。其中三份《投资合同》都写道：“就投资（香港）贤成集团有限公司”，其中一份《投资合同》写道：“甲方保证此投资款用于深圳半山别墅或贤成大厦”。吴贤成的香港贤成集团有限公司不是深圳贤成大厦的投资者，与深圳贤成大厦有限公司无任何经济和法律关系，怎么能用香港贤成集团有限公司借款建深圳贤成大厦呢？深圳直到现在也没有什么“半山别墅”！吴贤成也根本没在深圳搞什么“半山别墅”！这不是用虚假事实搞诈骗又是什么？吴贤成本来与花桥支行谈好的是以深圳贤成大厦有限公司为甲方与该行签《投资合同》的。但到临签合同时，吴要求把甲方改为香港贤成集团有限公司（见花桥支行刘人本的交代书证），由于花桥支行的领导人受了吴贤成的贿赂（已查实尚未处理），就给这种欺诈大开方便之门。

吴贤成把银行的钱拿到手不想还要赖账，花桥支行的钱怕收不回来，怎么办呢？于是双方恶意串通，于1994年5月28日双方签订了《关于修改变更投资合同的协议》，该“协议”把深圳贤成大厦有限公司作为丙方加了进去（背着中方和港方股东干的），“协议”写道：“鉴于乙方资金3900万元已按丙方要求汇入其指定账户（丙方根本没有指定账户，实际是甲方已指定了账户，在此造假——笔者注），用于深圳贤成大厦建设（又造假——笔者注），甲乙丙三方商定，将原甲乙双方所签订《投资合同》中甲方享有的权利义务由丙方承继（实际是甲方已把权利即3900万元拿到手了，把还债义务转嫁给丙方——笔者注），由乙方与丙方签订投资合同。”（这就是1994年7月6日签订两份假“投资合同”的由来——笔者注）“协议”又写道：“乙丙双方同意在签订《投资合同》时将签约日期定为原甲乙双方所签投资合同的相同时间。”（这就是假“投资合同”时间倒签欺骗行为的大暴露——笔者注）“协议”还写道：“若丙方不能按《投资合同》规定的时间偿还贷款（此时还债时间早已过期了，在此造假——笔者注），乙方有权追究其违约责任。”（为下一步在武汉中院起诉丙方埋下伏笔，后来他们真是这么干了——笔者注）

这个“协议”把1994年7月6日吴贤成的小老婆段继红与花桥支行签订的两份假《投资合同》的诈骗性质暴露得淋漓尽致！

在吴贤成把银行的钱拿到手一年零十个月之后的1994年7月6日与该行领导人恶意勾结签订了两份假《投资合同》，假合同与真合同的不同之处有以下六点：①把借款甲方香港贤成集团有限公司改为深圳贤成大厦有限公司。借款时签的真合同用香港贤成集团有限公司，是为了把银行的钱拿到手转往境外据为己有；当钱拿到手之后，要还债时，再签假合同，把甲方改为深圳贤成大厦有限公司，把还债责任转嫁到贤成大厦有限公司头上，吴贤成则逃之夭夭！这铁的事实，难道还能说没有诈骗主观故意吗？！最高检察院反贪局领导人的“报告”对吴与花桥支行签假合同搞诈骗叫做“原合同主体不明确，双方遂重新签订合同”。一个是吴贤成在香港的私人公司，一个是在深圳的中外合作公司，两个完全不同的主体，根本不存在“主体不明确”的问题！真是袒护得太露骨了！②把原合同的“就投资香港贤成集团有限公司”，改为假合同的“就投资深圳贤成大厦”。③把假合同的实际签订日期由1994年7月6日，往前回复到原合同时间即1992年9月29日和1992年11月13日，以便以假乱真。④假合同比原合同改写了一条“若发生纠纷，不能解决时，诉讼于乙方所在地（即武汉）法律部门”。这就为下一步更恶劣诉讼行为埋下伏笔。⑤原合同有吴贤成与孙云琳的签名，而假合同以吴、孙私章代替，没有签名。⑥原合同有律师见证，而假合同则没有。

用虚拟的虚假合同和虚构的事实，吴已达到把骗到手的银行的钱的还债责任转嫁给深圳贤成大厦有限公司的目的。在这铁的事实面前，还能说“没有虚构事实、隐瞒真相等诈骗犯罪行为”吗？！

上述事实足以证明吴贤成已经虚构了事实涉嫌进行诈骗。

2. 吴贤成既然以建深圳贤成大厦名义借款，就应该把款项汇入深圳贤成大厦账号并用于深圳贤成大厦建设。但是吴却把钱汇入与深圳贤成大厦无关的他的私人账号，然后用套汇等非法手段转到海外据为己有（我们交的材料中每一笔都有去处），最高检察院反贪局领导人的“报告”却说什么“这些资金绝大部分直接或间接用于贤成大厦建设”，纯属虚构。

3. 最高检察院反贪局领导人的“报告”说什么吴贤成在贤成大厦的权益“被强行剥夺”这完全不是事实。吴没钱投资，拉港商王文洪合伙，从大厦开始建设到建到地面五层王文洪投资1亿多港元。吴贤成对贤成大厦不但没有投资，反而想要侵吞合作伙伴王文洪的投资，于是吴贤成提请仲裁，深圳国际经济贸易仲裁委员会的“裁决书”认定是王文洪对贤成大厦1亿多港元的实际投资，而不是吴贤成的投资，仲裁委的裁决完全依据事实，是完全正确的终局裁决，吴的侵吞失败。“裁决书”本应作为检察机关办案的依据，然而在叶惠伦的“报告”中竟然说什么：“仲裁裁决虽是终局裁决，但它并不是终极真理。”这哪里像高级检察官的语言？袒护得太离谱了。并且“报告”竟然把中方四家公司出的土地的“市值3.24亿元”，也说成是吴贤成的权益！无权益硬说有权益；别人的权益硬说是吴贤成的权益；本来吴无权益被剥夺，却硬说吴的权益被强行剥夺！太过分了。

4. 吴贤成与花桥支行签订假《投资合同》后，花桥支行领导人又为吴涉嫌进一步诈骗充当马前卒，恶人先告状：1996年3月10日花桥支行行长喻德智诉深圳贤成大厦清算组和深圳鸿昌广场有限公司：“令两被告立即偿付贷款3900万元”，“承担贷款利息”。武汉中院竟然依据假《投资合同》下判《民事判决书》124号，让与吴贤成涉嫌诈骗毫无关系的深圳鸿昌广场有限公司替吴贤成还债。并强行从银行账号上把资金划走。至此，吴贤成的涉嫌诈骗行径在花桥支行合谋下，在武汉中院的错判下，完全得手！在政法高官的袒护下，现仍逍遥法外！新中国的政法界、金融界就真的黑到这种程度吗？有个别这样骗子并不足为奇，使人难以理解和容忍的竟有司法高官层层保护，使涉嫌诈骗者横行无忌，受害者和政府却寸步难行！我们不敢相信这是事实，但是事实却摆在这里！国家巨资被骗走却投诉无门！我们真不敢相信这种局面！

5. 吴贤成又以泰国贤成两合公司名义（甲方）于1993年1月15日与西安农行（乙方）签订《借款合同》，吴拿到2000万元，吴在把钱拿到手9个月之后的1993年10月18日，又与西安农行签订一份《借款偿还协议书》。这份“协议书”把原《借款合同》中没有的深圳贤成大厦有限公司作为乙方加了进去；把西安农行改为甲方，把泰国贤成两合公司改为丙方，变成了三方协议。吴贤成一个人，私自带着两个公司公章，同时代表两个公司，与西安农行签三方协议，实属违法、无效协议。原《借款合同》没写借款用途，而“协议书”却增加写入了“用于建造贤成大厦”。“协议书”进而虚构事实写道：“乙方确认上述借款已全部用于建造深圳贤成大厦……现乙方愿无条件地承担此笔借款本息的偿还责任。”吴贤成以泰国贤成两合公司与西安农行签订借款合同，纯属是吴的个人行为，与深圳贤成大厦有限公司无关。而“协议书”却把吴贤成的个人借款变成了深圳贤成大厦有限公司的借款。钱入了吴的腰包，“协议书”却把偿债责任转嫁到中外合作公司深圳贤成大厦有限公司头上！如果这不是诈骗行为，难道在中国还有诈骗行为吗？最高检察院反贪局领导人“报告”的“没有虚构事实、隐瞒真相”的结论不是太虚假了吗！关于这一节在最高反贪局领导人叶惠伦的“报告”中却只字不提。作为高级检察官竟敢这样明目张胆地无视事实，隐瞒真相，真是走得太远了！值得指出的是，吴的上述事实都是违背公司章程和政府的批准文件，背着中方四家股东干的。

六、你们在“答复”中说中政委组织众多部门“对吴贤成案件进行了认真的研究”。这完全不是事实。八个部门到会是真，认真研究是假。会上读了最高法院关于行政诉讼案件部分和最高检察院关于刑事案件部分的结论意见，对这个结论的事实依据和法律依据根本没有讨论，对于未参与本案工作的与会者来说根本无从“认真研究”；对本案的焦点问题，更没有展开讨论。值得提出的是，第一次中政委的协调会是让深圳市政府参加的，并做了汇报，写出了较好的纪要，但第二次协调会（就是你们“答复”中说的这次）却不让深圳市政府参加，令人费解！把中政委第二次协调会会议记录拿来一阅，看哪个部门，对哪个事实，对哪条法律、法规进行了什么“认真研究”？一看便知。你们用“认真研究”可以糊弄上级，但糊弄知情的政协委员是糊弄不过去的。请恕我们直言。

衷心希望贵院重新认真审查，依法裁定，以告慰国家和人民，以打击犯罪惩治腐败，人民之大幸，法律之大幸！

请回信批评指正。

坚持可持续发展战略的实践与探索

——深圳环境保护的做法与体会

（1999年4月）

改革开放以后，我国开始了快速的城市化进程。城市化一方面孕育了城市现代文明，促进了经济、文化、科技和社会的发展，进而改变了人们的传统观念并提高了人们的生活质量；另一方面，高强度开发建设引发的一系列环境与发展的矛盾和问题，又必然对城市的进一步发展形成羁绊和制约。因此，在城市的社会经济活动中，处理好环境与发展之间的矛盾，解决好城市生态环境问题，已成为当今人类社会关注的一个重大理论与实践问题。

深圳作为我国快速城市化的一个突出代表，经过20年的建设和发展，已使一座崭新的现代化城市在原本空旷、落后、贫瘠的土地上拔地而起。在此期间，我们在对外开放、建立社会主义市场经济体制框架、两个文明建设、城市建设与管理等经济社会发展诸多方面进行了艰苦的探索与实践，取得了举世瞩目的成就。同时，我们在坚持贯彻可持续发展战略、加强环境保护、提高城市生态环境质量等方面也进行了许多有益的尝试，初步走出了一条与本市社会经济发展相适应的、具有深圳特色的环境保护之路。

一、从边陲小镇迈向现代化国际性城市的环境建设

深圳的发展大体经历了四个阶段。80年代初至80年代中期，为构造经济特区的空间布局雏形、奠定良好投资环境必要基础的起步和初创阶段；80年代中期至80年代末，为创造高速度和高效益、大力发展外向型经济的拓展和成型阶段；90年代初至90年代中期，为初步形成现代化城市规模、发展先进工业和初步建立高新技术产业体系的提高和发展阶段；90年代中期以后，进入调整和优化结构、增创发展新优势的全面提高和全面发展阶段。这一艰苦的

奋斗历程使原先城区面积只有3平方公里、人口不到3万的边陲小镇，建成区范围以年均25.9%的速率扩大，人口规模以年均13.4%速度递增，从而发展成为拥有300平方公里建城区，395万人口，综合经济实力跃居全国大中城市前列的粗具规模的现代化城市。

20年的沧桑巨变使深圳成为我国最具有经济实力和发展速度最快的城市之一。1998年，全市国内生产总值达到1289.28亿元，居全国大中城市第6位；从1997年到1998年，全市国内生产总值年递增32.2%，20年增长了655倍。其发展速度之快，创造了世界城市发展史上的奇迹。深圳的建设和发展，不像国内大多城市是对现有城市进行改造和拓展，而是在近乎空白的边陲描绘现代化城市的蓝图。在年均17平方公里土地的高强度开发建设的情况下，深圳的城市环境保护工作一直面对超乎寻常的艰巨性、复杂性和特殊性。因此，在保护全市人民赖以生存和发展的生态环境上，深圳能否也像经济建设一样，向党和人民交上一份满意的答卷，这始终是对深圳人民一个严峻的考验。

值得欣慰的是，从特区创建伊始，直至深圳每一个发展阶段，我们都注重避免沿袭许多城市在环境保护方面所走过的弯路，始终将保护环境作为关系到深圳前途的大事来抓，积极进行环境建设，努力创造良好的城市环境，塑造优美的城市形象。由于城市生态环境的不断优化、城市整体环境质量的不断提高，深圳已成为全国最具有可持续发展能力的城市之一。目前，全市郊野游览用地247平方公里，自然生态用地706平方公里，自然保护区面积125平方公里。1998年，城市绿化和森林覆盖率达53.8%，建成区绿化覆盖率达44%，整个城市面貌体现出园林化特点。全市环境基础设施建设日趋完善，形成了较强的服务能力。建成全国第一座生活垃圾焚烧厂，日处理垃圾能力450吨。在全国率先建成大型危险废物填埋场和工业废物处理站，危险物和工业废物均得到安全处置。全市拥有城市污水处理厂5座，日污水处理能力67.4万吨，实际处理率达到29.9%。垃圾处理厂（场）3座，日处理能力4500吨，垃圾处理率达到100%。全市建成烟尘控制区299.9平方公里，建成环境噪声达标区191.3平方公里。各类主要污染物的排放得到有效控制，总体环境质量稳步提高。1998年，全市大气环境质量符合国家环境空气质量二级标准，主要饮用水源水质达到国家地面水质Ⅱ类标准，近海海水水质保持在良好水平，交通干线噪声平均值69.8分贝，区域环境噪声平均值57.2分贝。市民对政府环保工作的满意率为99.5%，对环境质量状况的满意率达到99.2%。去年，为了进一步加强环境建设，更好地夯实现代化国际性城市的环境基础，市政府下达了《1998~2005年环境质量建设目标与任务》，重点安排河流综合整治，水源保护、城市污水处理、大气环境改善、环境噪声治理、固体废物处理以及生态环境改善等共38项环境质量建设工程，预计总投资约100亿元。它们的如期实现和完成，将使深圳的环境质量提高到一个崭新的水平，并为建设一个具有更好生存空间的园林式、花园式现代化新型城市提供良好的环境条件。

由于可持续发展的深圳思想内涵，在深圳城市的发展中得到突出体现，从1992年我市正式参加国家重点城市的“城市环境综合整治定量考核”以来，历年成绩均进入全国先进城市行列，被国家环保局授予“1992~1994年全国城市环境综合整治十佳城市”。近年来，全市还先后获得了“国家卫生城市”、“国家园林城市”、“国家环境保护模范城市”、“全国优秀旅游城市”等光荣称号。深圳的总体环保工作已步入全国大中城市前列。

二、从经济发展和城市建设的战略高度，探索实现经济、人口、资源、环境协调发展的路子

发展是人类社会不断进步的永恒主题。面对当代环境与发展的深刻矛盾，究竟走什么样的发展道路，是任何国家、任何城市都不能回避的问题。在整个深圳发展的过程中，我们站在经济发展和城市建设的战略高度，确立发展新思路，力求从根本上实现经济、人口、资源、环境的协调发展。

（一）以可持续发展的战略思想，确立发展新思路

环境建设与经济建设是对立统一的矛盾体。一般来讲，一个国家或一个城市，在经济发展的初级阶段，客观上经济增长的数量和速度往往处于优先考虑的地位，但高强度的开发建设又必然会使生态环境付出一定的代价。也就是说，环境质量的下降，必将导致支撑经济持续发展的环境条件的恶化，对经济社会的长期发展形成强大制约。深圳是一个新兴城市，经济的快速发展，人口和城市规模的不断扩大，对整个资源和环境的压力显然很大，这对我们的经济发展和城市建设显然是一个挑战。为了不走“先发展经济、后整治环境”、“先污染、后治理”、“先破坏、再保护”的弯路，不以资源过度消耗、环境污染和生态破坏的沉重代价来换取经济的高速增长，我们以可持续发展思想为

指导,确立发展新思路。

一是建立全新的发展模式。在发展方针上,强调社会、经济与资源、环境的综合协调,制定重大社会经济发展政策、规划资源开发利用和重大项目建设时,把保护环境、维护城市生态与促进发展一并考虑,统筹安排;在发展目标上,努力促进经济增长方式的根本转变,一方面切实注重经济总量的增长,另一方面努力注重发展质量的提高,其中包括生活质量和环境条件的改善和提高;在经济政策上,注重环境经济政策与税收、财政政策、金融政策以及产业政策的协调,更有效和更广泛地采用经济手段保护资源和环境,建立经济发展政策与环境政策衔接的通道;在消费模式上,树立正确的价值观和消费观,建立节省资源、适度消费的发展模式,包括低消耗的生产体系、适当消费的生活体系、体现效率与公平的社会体系、保证持续稳定增长的经济体系。所有这些,均为我市的环境与发展综合决策发挥着积极的引导作用。

二是强化政府在增强可持续发展能力中的主导作用。市场经济条件下,市场在资源配置中发挥着基础作用。但是,市场这只“看不见的手”,在能够更有效、更节省、更合理地调节资源配置,调节各种经济关系和经济活动的同时,也有其局限性,特别是在生态环境保护、资源的永续利用等方面,存在“市场失灵”和“市场盲区”,必须依靠政府行为加以调控,弥补市场机制的不足,切实解决市场配置资源与环境保护之间的矛盾。我们主要的做法是,狠抓并推进产业结构的调整、优化。好的产业发展战略能够有效地利用资源和保护生态环境,而良好的环境质量又能更好地促进产业发展战略的实施。从深圳实际出发,我们把经济工作的重点放在调整优化经济结构、增强经济发展后劲上,实现一、二、三产业的协调发展。1998年,全市三产业比重为1.6:49.3:49.1。由于产业结构的优化,我市在获得巨大经济效益的同时,工业污染得到了有效控制,环境质量明显改善,万元工业产值废水排放量、大气污染物排放量、固体废物排放量均远低于全国平均水平。

三是紧紧依靠科技进步进行可持续发展。“科学技术是第一生产力,”科技是经济发展的决定性因素。环境问题既是个经济问题,也是个科学技术问题。没有科技进步,就没有可持续发展。科技的进步,有利于促进自然资源的开发利用由粗放型向集约型转变;用科学技术改造传统产业,推动产业升级,优化经济结构,能够有效减少对环境的污染。江总书记在十五大报告中明确指出，要“改造和提高传统产业，发展新兴产业和高技术产业，推进国民经济信息化”。为此，我们把科技创新放在产业升级的关键地位，大力发展质量效益型、科技先导型、资源节约型的先进工业，注重产业结构的优化、注重新产品的研制和开发、注重清洁工业和清洁生产、注重技术进步和现代化管理，推动经济建设由数量型、消耗型、单一型的粗放经营向质量型、效益型、综合型的集约化经营转变，避免用片面扩大外延的办法追求高速度，坚持走技术先进和内涵发展的道路。过去的几年，我市科技工作进展显著，高技术产业迅速发展。1998年全市高新技术产品产值655亿元，占工业总产值的比重达35.4%。高新技术的快速产业化进程，使科学技术为深圳的可持续发展提供了强大动力。

（二）以可持续发展思想为指导，进行城市空间布局

为了在经济高速发展、人口数量骤增的情况下，保护城市生态结构和功能、保持城市开发建设的有序性和内涵性，更好地集约利用土地资源，我市在进行城市总体布局时，遵循了这样几个指导思想：一是为建设现代化的国际性城市提供必要的城市空间支持条件；二是以可持续发展为长远目标，建立经济、社会、资源和环境协调发展的资源配置机制和功能机制；三是以整体和系统的观念，从全市范围寻求资源的合理配置以及社会经济的合理布局。也就是说，把保护环境和维护生态平衡作为城市总体规划的战略前提，根据城市发展的客观要求和城市性质、资源与环境条件，不断优化城市结构和总体布局。全市规划了“三条轴线”、“三个圈层”、“三级城市中心”以及九个规模不等、功能各异、配套齐全的功能组团，组团内部进行功能分区，工业相对集中，全市除农业保护、发展备用、城市建设等用地外，其余1146平方公里的土地都做出了合理的布局和安排。其中84平方公里的一级水源保护区列为专项进行严格控制，在严禁任何城市开发建设行为的同时，有计划地逐步外迁现已存在的城市建设项目。此外，我们还将76%的非建设用地作为城市生态用地，与有机组织的城市建设用地相结合，建设城市的环境背景——绿地生态系统。为了阻止城市用地的无序蔓延，防止城市环境恶化，在城市组团之间，分布着800~1200米宽，共约68平方公里的绿化隔离带，同时还规划了旅游休闲用地31处共41平方公里、郊野游览用地22处共247平方公里、自然生态用地706平方公里。这些控制用地对整个城市的生态环境极为有利，对全市的环境保护产生了积极的影响。总之，整个城市的布局立足于可持续发展的战略高度，平衡人口、资源、环境的关系，确定城市规模、土地利用功能、开发强度和开发时序，从而极大地促使深圳这样一个年均土地开发高达17平方公里的年轻城市，将土地开发由外延式向内涵式转变，城市土地利用由粗放型向集约型转变。

人口与城市可持续发展密切相关。人作为社会经济活动的主体，对城市建设具有正反两方面的作用力。适度的人口总量、优良的人口素质、合理的人口结构，可以促进人口经济、社会、资源、环境的协调发展，推动城市发展的前进步伐。而人口素质不高、人口规模过大，则又会成为城市发展的制约和障碍。为此我们在深圳的城市建设发展过程中，注重深入分析人口增长与城市经济发展和生态环境的关系，探讨人口承载力及经济最优化人口规模，通过对人口规模的理性预测和控制，将重要社会资源如住房、城市公共设施和基础设施在建设的空间、规模和时序上加以合理安排，使全体社会成员能公平共享社会资源和服务，以求在城市家园中共同生存发展。

三、以全面改善城市环境质量为核心，积极开展城市环境综合整治和工业污染防治工作。良好的城市环境质量，是经济社会发展的基础

为此，我们高度重视完善政府的调控职能，综合运用经济、法律、行政、科技、教育等各种手段，加强环境保护，努力提高城市生态环境质量，不断增强深圳的可持续发展能力。

(一) 确立环境保护的重要地位，提高环境与发展综合决策水平

将环境保护融合和渗透在有关经济政策和经济指标中，在制定和实施社会经济发展规划、计划时，把环境保护作为重要内容，作为衡量经济社会发展质量、发展水平和发展进程的重要标准。1990年，我市编制了《深圳市环境保护十年规划和“八五”计划》；1994年，又以更高的标准和起点系统编制了《深圳市环境保护“九五”计划和2010年长远规划》。上述规划从全市社会经济发展的需求出发，充分考虑资源和环境的现实条件，正确处理环境保护与经济发展的关系，形成了由目标、任务、政策、管理措施和工程项目等组成的完整体系。1995年，我市还专门制定了《深圳市与珠江三角洲经济区环境保护衔接方案》，对区域性的社会经济和环境协调发展，进行了多层次、全方位的系统

研究，并提出了相应的对策和措施。为了保证规划真正得到落实，我们把环境保护的主要指标和措施，包括环境保护投资计划、大中型污染治理及生态保护项目等都纳入了《深圳市国民经济和社会发展“九五”计划》、《深圳市城市总体规划（1996~2010）》以及全市产业、科技等其他有关专题规划之中，使全市的环境建设与社会经济发展有机地结合起来，构建了社会经济与环境协调发展的有效载体和坚实基础。

（二）加强环境法制建设，将环境保护所涉及的各主体利害关系运用法律加以规范

自1992年我市拥有立法权后，我们充分考虑了环境保护的现实要求，切实加强了环境立法工作。我们围绕建立适应社会主义市场经济的环境监督管理机制，遵循有利于建设现代化国际性城市的原则，在不与国家、省有关法律法规基本原则相抵触的前提下，总结特区环保工作的经验，大胆借鉴吸收国内外城市环境保护立法的先进做法和经验，基本建立起了环保法规、规章体系。市人大审议颁布了《深圳经济特区环境保护条例》、《深圳经济特区环境噪声污染防治条例》、《深圳经济特区饮用水源保护条例》、《大亚湾核电厂周围限制发展地区安全保障与环境管理条例》以及水土保持、园林绿化等法规。市政府制定了《深圳经济特区城市绿化管理办法》、《深圳经济特区机动车排气污染防治规定》、《深圳经济特区城市排水费征收管理暂行办法》、《深圳经济特区施工工地管理办法》、《关于严格实行垃圾袋装化及定时定点送放清运垃圾的通告》、《关于禁止机动车鸣笛的通告》以及饮用水源保护区、噪声标准适用区域划分等一系列政府规章和规范性文件，为可持续发展战略由思想变为现实提供了有力的法制保障。

在加强环境保护立法的同时，严格、公正、准确执法，早在1989年我市便在全国率先全面推行了环保违法案件的“查处分开”和“票款分离”制度，将调查、立案、审议、决定部门有机分开，切实提高了政府的办事效率和环境管理水平，取得了很好的效果。

（三）加强环境监督管理和综合整治，全面改善城市环境质量

长期以来，我们致力于建立和完善适应社会主义市场经济体制的环境管理制度，以基本管理制度为依托，坚持以严格执法为核心，遵循污染防治与生态保护并重、新污染控制与老污染治理并重、硬件建设与软件建设并重的原则，强化环境监督管理，大力开展综合整治。一是把好建设项目审批关，严格控制新污染的产生。坚持“以控制新污染为主，新老污染管理并重”的原则，坚决实行建设项目“环保一票否决权”制度，通过历年的《深圳市投资导向目录》，从宏观上调控各类对环境有影响的项目，全市大中型项目的环境影响评价和“三同时”执行率历年保持在100%。1992年以来，市一级的环保部门共受理各类建设项目的环境影响审批17800多项。1998年受理的3800多项中，有近500项由于达不到环保要求而未予批准，很好地起到了防患于未然的作用。二是积极防治工业污染。对工业污染实施源头控制。90年代以来，我们着重对重点污染行业、企业进行整治，对上百家污染严重的企业进行限期治理，对于污染严重又治理无望的小皮革、小电镀、小造纸等“十五小”企业坚决予以关停。加强对各污染较大企业的现场检查，每年的检查频次在1500次以上，对各类污染进行了有效的监督，使各类企业污染物排放量逐年减少。三是加强对城市污水、工业固体废物和生活垃圾、噪声、大气污染的管理和监督。通过实施减量化、资源化、无害化等措施减轻固体废物污染。推广汽车燃气化，大力整治机动车尾气超标，加强交通噪声、施工噪声、生活噪声监督管理，在市区内开展机动车禁止鸣笛行动，控制噪声污染。四是抓好饮用水源保护，提高城市供水水质。划定约占全市总面积28%的24个饮用水源保护区。强化了供水水质监督检查，有效控制了饮用水源水质下降趋势。五是积极保护城市生态。1998年全市治理水土流失面积达50平方公里，占全市水土流失面积的27%。加强对市内主要河道的治理，治理深圳河一期工程全面完成，二期工程正在加紧进行，逐步形成了高标准的防洪排涝体系。加强了近岸海域保护，强化海岸工程建设项目的管理，先后否定了盐田港煤码头、大型燃煤电厂等严重污染型的建设项目，较好地保护了海洋环境和海洋岸线资源。

（四）强化市民环境保护意识，搞好环境保护软件建设良好的环境意识是社会经济与环境协调发展的基本条件

公众的环境意识水平是社会主义精神文明建设的重要标志。我们按照江总书记强调的：要通过教育、宣传和其他方面的工作，使环境保护这项基本国策家喻户晓，人人皆知，以各种方式强化公众的环境意识。在制订《深圳市社会主义精神文明建设“九五”规划》时，把“环境建设工程”列为精神文明建设十大工程之一。切实加强环境教育，要求领导干部要正确处理权力与法律、经济与环境、长远与短期、全局与局部等重大关系，增强环境保护国策意识、可持续发展战略意识、环境与发展综合决策意识、环境行政意识和环境经济意识。对于广大市民尤其是广大青少年，我们则以社会经济和环境协调发展的重要意义、公民的权利和义务等为侧重点，增强其环境法治意识、环境科技意识、环境文明意识、环境道德意识、文明消费意识以及环境文化意识，主动参与城市环境建设。从1997年8月起，向全市发布空气质量周报，让广大市民、企事业单位了解城市环境、关心环境质量，使环保工作有较为坚实的社会基础。

四、对深圳实施可持续发展战略的几点思考

深圳20年的环境保护实践使我们深深体会到要搞好保护工作必须正确处理好三个关系：一是必须处理好环境保护与经济发展的关系。在我市社会经济发展的历史进程中，我们面前始终有两条路，一条路是重视环境、保护环境、改善环境，在良好的环境条件下求得持续发展；另一条路是滥用资源、忽视环境、破坏环境，以牺牲环境为代价求得一时的经济增长。走前一条路是造福子孙后代，走后一条路是危害子孙后代的生存和发展。二是必须处理好环境保护与改革开放的关系。作为国家改革开放的“窗口”和“试验场”，良好的环境质量是深圳改革开放的重要基础和基础保证。在经济社会发展中，我们必须很好地协调两者之间的关系，任何时候都不能为了局部的经济利益而动摇或削弱这一基础。三是必须处理好环境保护与精神文明建设的关系。搞好环境保护是社会文明进步的标志，也就是说，优美的城市环境、良好的环境质量是城市精神文明和物质文明建设发展的结晶和升华。我们也清醒地看到，作为全国对外开放的“窗口”和经济体制改革的“试验场”，深圳的建设成就不仅昭示了建立社会主义市场经济的光明未来，为我国的改革开放和现代化建设发挥了巨大的示范、辐射和带动作用，而且也为新兴的区域性经济中心城市的发展，提供了许多新鲜经验。然而，尽管深圳在经济体制、市场体系、运行机制、管理手段、基础设施等方面进行了开拓性的探索。但它不可能超越城市发展的一般规律，各国城市发展初期的自发性、盲目性和滞后性的烙印也深深地刻在深圳高速的城市化进程中，由此产生的诸多社会、经济以及环境等问题与矛盾，严重制约了深圳的建设和发展。随着深圳经济规模的不断扩大，这些

问题和矛盾也在不断凸现和激化。

1. 在经济转轨时期，面临产业结构优化升级、经济增长方式转变、宏观与微观经济运行的反差太大等诸多矛盾。一是从城市经济的发展进程看，经济中心城市以第三产业为主的总体思路是正确的，但是以“三产”为主，第二产业该如何发展，传统工业与新兴产业的关系如何处理，问题非常复杂；二是粗放型的经济增长方式仍占主导地位，“高投入、高消耗、低产出、低效益”的增长方式尚未消除，传统产业和劳动密集型的企业比重很大，高附加值和高市场占有率的产品较少，企业技术装备水平比较低，在增加值中科技进步贡献率明显低于资本要素贡献率，粗放型的经济增长方式不仅提高了经济发展的成本，降低了深圳的国际竞争力，而且破坏了生态环境，严重阻碍着深圳经济的可持续发展；三是宏观经济运行与微观企业经营之间的反差较大，深圳宏观经济连年持续发展，国内生产总值高速增长，但是企业的经济效益并不理想，不少企业经营困难，有些企业的产品结构调整还难以适应市场经济的要求，企业技术开发能力较差，缺少新的经济增长点，市场开拓力不强。宏观与微观的反差，说明部分产品无法实现生产到消费的正常转化，形成无效供给，造成了资源的极大浪费。

2. 水资源严重不足，饮用水源遭受到污染的威胁。深圳市人均占有水资源600多立方米，为全国人均占有量的1/3、广东省人均占有量的1/4，是全国严重缺水的七大城市之一。深圳市境内水源可开发利用量为每年4.17亿立方米，加上东深引水可供量每年4.93亿立方米，可利用总量为9.10亿立方米。而2000年全市的需水量约为15亿立方米，供需对比缺口很大。水资源的严重不足已成为制约深圳经济社会发展的重要因素。更为严重的是，现有的宝贵水源又受到了污染的威胁，水环境质量日益下降，以生活污水为主的废水排放量逐年增加，而污水处理设施建设严重滞后，导致主要饮用水源地的36项有机污染指标中，有10项指标不同程度超标，其中磷、氮100%超标，补充饮用水源地的污染也呈逐年上升趋势，河流的80%受到有机污染。由于主要水源地的人口增长过快，劳动密集型企业高速发展，水源污染控制难度越来越大，“水量”型缺水和“水质”型缺水的矛盾日益严重。

3. 粗放型的土地开发，导致土地资源稀缺和水土流失。深圳可建设用地在900平方公里以上，占全市面积的44.5%，可以说，适于城市建设的土地资源并不缺乏。但是，由于快速的城市化，开发速度高达年均17平方公里以上，城市建设用地已达299平方公里，另有平整而未建设的土地234平方公里，两者合计533平方公里。此外，深圳开发中的平土待建和挖山采石等活动，占用了很大面积的生物生产性地表，原有的各种生态特征随土地利用状态改变而消失，生态系统的结构和功能均发生较大变化，并逐渐衍生了一系列生态问题。全市人为的水土流失面积达148平方公里，占全市土地面积的7.4%，主要河流年淤积总量为250万吨。不仅如此，全市的土地供应、管制、开发、利用也比较混乱。总之，以土地扩张和破坏为主的粗放经营方式，消耗了大量的土地资源，造成深圳土地资源稀缺和生态破坏，为其继续发展留下了后患。

4. 超常规的人口增长，影响了城市开发的有序性和内涵性。1980年至1998年，深圳人口以年均约15%的速度增长。远远超过了预期人口控制的增长规模。这使深圳的城市开发建设，尤其是基础设施和生活服务设施建设滞后于人口实际增长的需求，与此同时，还造成了城市土地和产业的无序性外延扩大。此外，约占七成的暂住人口，其不稳定性增加了城市发展计划、管理和控制的难度，以及住房和交通紧张等一系列社会问题。再者，深圳社会劳动力总量由1979年的13.95万人猛增至1997年的272.01万人，增加了18倍，平均每年增加14.4万人，劳动力结构为初级工和体能型劳动力居多，技术型和技能型的熟练劳动者少，由此造成劳动力市场紧张与过剩、总量性失业与结构性失业并存的现象，同时也增加了产业结构转型提高的难度。

5. 城市规划建设管理水平仍难以适应市场经济的要求。随着深圳的城市建设向纵深发展，城市规划建设和管理的许多深层次问题越来越显现出来。如城市规划的战略性和前瞻性问题，土地开发利用的协调性和集约性问题，城市管理的科学性和有效性问题，城市基础设施建设的资金来源单一且严重不足，公用事业缺乏政策等引导和支持，均成为深圳进一步发展的制约因素。目前，深圳城市基础设施建设的资金来源有城市建设维护税费的收入、政府计划内资金和融资三种途径，其中城市建设维护税费的收入是城市建设与维护的专项资金，但这一部分的资金太少，而融资又受到投资体制的制约，所以大部分资金得靠政府投入，给政府造成的压力越来越大。根据规划，“九五”期间，深圳市政府在污水处理和垃圾处理上需投资40亿元人民币，每年平均投资8亿元左右，而近两年的年均实际投资不到3个亿。

上面提出的问题，既带有城市化进程中的普遍性，也具有深圳自身发展特殊性。它们的存在显然给深圳的进一步发展带来更大的难度，从而决定了必须进一步探索具有深圳特色的环境保护模式。只有这样，才能早日实现建设现代化国际性城市的宏伟目标。

读《正名》所想到的*

（1998年8月）

在我的案头有两份报纸，分别报道了两个惊人的受到他人诬陷，但最终水落石出的案件。一份是《深圳特区报》3月22日报道的《为新闻精品正名——一桩荒诞的"新闻冤案"始末》，另一份是《深圳晚报》3月21日报道的《深圳女律师为原重庆副市长正名》。这两篇"正名"文章，有异曲同工之处，读后百感交集，既感到振奋，同时又感到失望。

振奋的是，在我们的社会中，敢于主持正义、坚持真理，敢于与邪恶势力作斗争的大有人在。他们不为权贵所屈，不为利益所诱，不为名位所倾；他们一身正气、两袖清风，主持公道、为民请命；他们不顾个人得失，为公利勇往直前，为群众义无反顾；他们为事业，以正祛邪；他们为大众讨回公道。两篇"正名"文章中的中国记协主席邵华泽和深圳女律师刘振芳等就是这类人的典型例子。这样的人，值得群众称赞，值得干部学习。这样的人多了，我们的事业就会兴旺发达，我们的党群、干群关系就会亲密无间，什么困难都不在话下，我们的党风和社会风气就一定会好转。

同时，使我感到失望的是，这两个冤案都由诬告陷害他人而造成的，但是诬告者得到了什么应得的惩处呢？引起了什么舆论谴责呢？没有下文。虽然，由于遇上了正义之人使诬陷者没能得逞，但是，却兴师动众，劳民伤财，花费了大量的宝贵时间、精力和金钱，不得已去做这些"正名"的虚功，还险些把好人投入被陷害的万丈深渊。而诬告之人却逍遥法外、逍遥纪外，没有受到任何惩处和谴责，甚至还道貌岸然地装作正人君子。这样，不但是不公道的，而且对社会、对集体危害甚大。如此下去，躲在阴暗角落里暗中干着陷害好人的人，就自以为得计，就会继续害人，甚至这种害群之马会越来越多，形成邪恶

* 原载《深圳商报》。

势力，严重败坏干部、职工队伍的风气，严重败坏党风，甚而容易形成坏人整好人甚嚣尘上，而被陷害的好人却无处伸张的局面。这种局面是我们的党、我们的社会、我们广大人民群众不愿意看到的。

因此，我们有必要对诬陷他人的情况做一点剖析，以防其害，以祛其害。

诬陷他人的人大致有以下几种类型：

一是“政敌”攻击型。这种人官瘾很大，却没有自知之明，对自己的德、才没有个符合实际的认识，一味追逐名利，一心想往上爬，因而就不择手段，自认为谁阻碍了他的仕途之路，谁就成为他当然的“政敌”，就要不顾一切地、疯狂地去攻击、陷害他人。有的制造谣言，有的进行暗算，有的借刀杀人，有的挑拨离间，甚至发展到雇佣杀手进行人身伤害。从揭露出来的事实看，已经到了骇人听闻的地步。是可忍，孰不可忍！

这种官迷心窍的势利小人如若得逞，事业遭殃，群众受害。对这种人不但要提防，而且要能识别，从事组织、人事工作的同志尤其要能识别，更不能让这种人钻进组织、人事部门。

二是金钱私利型。在社会主义市场经济条件下，是要讲金钱、讲利益的，这是指在法律、政策范围内，通过正常经营、正常手段、正常渠道而获取的金钱和利益。而绝不是相反。但在市场经济条件下，有些人发财心切，总是想通过邪门歪道去发不义之财，于是就不顾公德、不讲道德、不择手段、不计后果；于是就施计攻关、拉人下水，或小恩小惠、金钱开道；甚至枉法犯罪。一旦金钱私利不能满足，或计谋不能得逞，或被揭露真相，就图谋报复，造谣生事。这种以达到金钱私利为目的的诬告、陷害，在市场经济条件下，如不能加以遏制，就会泛滥成灾。我们必须提高警觉，严明政纪和法纪。

三是个人恩怨报复型。在干部、职工队伍中，都要有严明的纪律约束，不但要有纪律，而且更要执行纪律。谁违犯了纪律，自然应受到批评教育或者纪律处分。有的人受到批评或处分，不是“静坐深思己过”，进行自省，接受教训，改过从新，而怨恨他人，认为是某某人与他过不去，有意整他。于是，怀恨在心，寻机报复。诬陷原重庆副市长魏文烈同志的人就是这种类型。写领导人不实匿名信的也多属此类。领导人有毛病、有错误，或者违法乱纪，我们主张善意地去批评帮助，或负责地、实事求是地向上级具名反映或向有关部门举报。我国公民，无论有官无官，无论官大官小，在纪律和法律面前应人人平等，并实行公道、公正、公开的原则。我们坚决反对以匿名的形式捏造莫须有的罪名对人进行诬陷。这种以谋私利而泄私愤、图报复的人，不但自己不能进步，还要危害他人，危害社会。

四是嫉妒打击型。人人都有自强心，但人人也都有不如别人的地方。在工作中，在同志之间开展正当、友好的竞争，想超过别人，这是好现象。当别人做出成绩、超过自己的时候，应当虚心学习，迎头赶上，才是正道。但有一种人，对做出成绩超过自己的人，千方百计进行排斥和打击，或攻其一点不计其余，或旁敲侧击，千方百计进行诋毁，或制造流言飞语进行伤害，或捏造莫须有的罪名进行诬告。深圳电视台记者韩建勇和李燮获得中国新闻一等奖，是一件大好事，是他们刻苦工作的结果，很值得大家学习。但有人偏偏嫉妒进步，对人家获奖心里不舒服、不服气。于是，就写匿名信，捏造假情况，告黑状，进行陷害。若不是遇到邵华泽、范任仁、李观湖、康雅丽、高承恩等一批实事求是的领导干部，韩建勇和李燮真要蒙冤受辱了。

五是猜忌陷害型。有的人不但私心很重，而且疑心很重。发生在自己身上的事，总是东猜西想，而把想象当事实，把怀疑当实事，把似是而非的联想和莫名其妙的罪名硬加在别人头上。于是，就想方设法报复、攻击。这种人多了，在同志之间是非就多，捕风捉影的事就多，流言飞语就多，恩恩怨怨就多，互相猜忌闹意见的就多，不但造成同志之间的不团结，而且极易伤害好人。

六是反诬型。本来是自己输理、犯错误或犯罪，却丧尽天良，写黑信、告黑状，颠倒是非，诬陷他人，诽谤对方，先把与之作斗争的对方置于不利地位。尤其是在反腐败斗争中，一些腐败分子为了隐瞒自己贪赃枉法的真相，拼命对自己进行乔装打扮：有的把自己包装成“黑包公”，有的把自己包装成什么“模范”、“功臣”，反倒往与腐败进行斗争的人的脸上抹黑，横加罪名。企图把水搅混，以求脱身。在司法案件中此种恶劣情况屡见不鲜，应引起人们特别是承担反腐败任务部门的密切关注。

七是合谋团伙型。有些诬告陷害并非一人所为。有的利用老婆、孩子、亲戚、朋友参与陷害他人的勾当；有的由于某种利益原因，结成利益团伙，集体诬陷他人；有的结成死党，串通一气，陷害他人；有的用金钱收买，借旁人之手进行陷害；有的搞阴谋、设圈套迫使别人为他们的陷害行为服务。如果几个人以上，一个口径、异口同声地陷害他人。若是我们的纪检监察部门、司法部门不明察，很容易造成冤案。事实证明，越是团伙合谋害人，对社会危害越大。这种事特别值得我们警觉。

八是内外勾结型。有些人搞阴谋陷害人，在内部行不通，或不方便，怕露马脚，于是就利用境外、国外舆论内外勾结，把捏造的事实捅到境外、国外发表，然后达到“出口转内销”的目的。更恶劣的是，竟有人与一些为人们所不齿的下流谣言刊物同流合污、互相勾结、狼狈为奸，陷害好人。这种人竟然堕落到这种程度，真是天理难容！

无论是哪种类型、哪种表现，我们各级组织不能给这种人以生长的土壤，更不能任其发展成为气候。否则，贻害无穷。广东省广播电视学会会长许光辉同志说得好：“这封匿名信不仅中伤了这件新闻精品，使精品的作者蒙受委屈，名誉受到损害，还几乎把深圳特区同行，以致把广东省新闻界推向耻辱的深渊！”

我们主张与人为善，团结合作，坚持原则，互相帮助，就是有意见，也要明来明去，而不能暗箭伤人。特别对匿名信，各级领导人都要提高警觉，认真识别，明辨真伪，而绝不能轻易上当，使干事业者痛，不干事整人者快。

邪门歪道难长久，人间正道是沧桑。

两份报告较量的背后说明了什么？*

（2000年7月）

经最高检察院于1994年9月12日批准，成立由三级检察机关组成的专案组，立案侦查吴贤成、段继红涉嫌诈骗的案件，在侦查两年多之后，在把吴、段涉嫌诈骗的罪证都已取到之后，专案组写出了《关于吴贤成案件的情况报告》（以下简称专案组报告），这个专案组报告用铁的事实，认定吴贤成、段继红构成诈骗罪，段继红和文小玲构成侵占罪，应追究刑事责任。就在此时，1996年10月，最高检察院又派反贪局原局长罗辑带领原副局长叶惠伦等人来深圳，他们下车伊始即召开会议，宣布泰商吴贤成"无罪"，该案属"经济纠纷"。为此，与三级检察机关专案组发生意见分歧。随后高检院将由高检院委派的办案组负责人、副厅长陈燕麟及其随员急调回京，并责令今后不准再过问此案，改由叶惠伦接替他们的工作。叶等人下来没几天，就急急忙忙以叶惠伦等三人"承办人"的个人名义，又重新写出《关于吴贤成案情况的报告》（以下简称叶氏报告）。这个报告把专案组报告全部推翻、全盘否定，认定吴贤成、段继红构不成诈骗罪。说也奇怪，两份报告都是依据两年多调查的同一事实，都是11页纸的篇幅，时间都是1996年11月15日出笼，而且题目仅相差一个"件"字。但是，其中的立场却完全不同，对事实的态度完全不同，得出的结论也完全不同。

中政委曾对这两个报告进行过研究，结论是："不排除吴贤成有诈骗犯罪的嫌疑，办案工作应抓紧进行。"但罗辑、叶惠伦等人置中政委的结论于不顾，一意孤行地将叶氏报告正式上报高检院，在主管该案的最高检察院副检察长反对的情况下，该报告仍得以通过。

现在让我们看看两份报告是怎么较量的：

* 此材料由笔者本人起草，陈燕麟修改补充并上报最高检察院领导。无回音。

一、是民事经济纠纷案，还是刑事诈骗案？钱是吴贤成的香港贤成公司借的，但用假合同把还债责任转嫁给第三方

叶氏报告称："本案权属明确，大账清楚。对吴贤成在国内贷款5900万元，向云浮铁矿借款（实为吴私自卖楼花收的订金——笔者注）1207.44万元，我们认为既不能认定为诈骗罪，也不能认定为侵占罪，而是一种个人民事行为。"又称："吴贤成案源于泰国两合公司内部股东权益之争，本质上纯粹是一种民事经济纠纷。"

但专案组报告说："犯罪嫌疑人吴贤成、段继红采取隐瞒事实真相、提供虚假担保、行贿国家工作人员、转嫁还债责任等手段，利用合同诈骗国内银行巨款5900万元，占为已有，数额特别巨大，情节严重，其行为触犯《中华人民共和国刑法》第一百五十二条之规定，构成诈骗罪，应依法追究刑事责任。"

两份报告的不同结论，各自的理由是什么呢？

叶氏报告称："首先是构不成诈骗罪。其理由，一是没有诈骗主观故意。吴贷款、借款目的是用于建设贤成大厦。贤成大厦在建项目的市场价值及吴在其中所占有的股权值远远大于贷款、借款数额。他不会为小利而舍大利，这不符合诈骗的心理特征。二是没有实施虚构事实，隐瞒真相等诈骗犯罪行为。三是吴将这些资金绝大部分直接或间接（还佳和3000万）用于贤成大厦建设。"

事实真的是这样吗？怎么首先就认定"借款目的是用于建设贤成大厦"呢？怎么认定"没有实施虚构事实，隐瞒真相等诈骗犯罪行为"呢？怎么得出"这些资金用于贤成大厦建设"呢？

专案组报告说："1992年9月11日，吴贤成伙同段继红违反《中外合资经营企业合营各方出资的若干规定》第十条、《中外合作经营企业法》第十七条和《中外合作经营企业法实施细则》第十九条之规定以及深圳市政府批准的补充合同第四条第2款的约定，背着合作中方四家股东，以香港贤成（集团）公司名义，非法用深圳贤成大厦楼花作抵押，打着投资建设深圳贤成大厦的幌子，先后三次与中国银行湖北省分行花桥支行办事处信托部签订《投资合同》，借款人民币共计3900万元，年利率分别为25%和27%。但是所借之款并没有汇入贤成大厦公司账户，而被吴贤成指定汇入与贤成大厦公司无关的深圳南泰

针纺织品有限公司单独在中国银行罗湖口岸支行开设的0103010008065账户（为吴在该公司设立的私人账户——笔者注），由吴贤成个人掌握，借款到手后，吴贤成、段继红与银行恶意串通，又以贤成大厦有限公司名义与银行再次签订内容相同、日期一样的合同，将还款责任转嫁给贤成大厦公司。”专案组报告接着说：“1993年1月，吴贤成采取与武汉借款同样的手法，以泰国贤成两合公司名义，与中国农行西安市分行职工技协服务部签订《借款合同》，借到人民币2000万元，年利率22%，根据吴贤成的指定，汇入深圳南泰针纺织品有限公司账户，由吴贤成个人掌握。款借到手后，吴贤成于1993年10月18日又以泰国贤成两合公司董事长和深圳贤成大厦公司董事长双重身份，持两个公司公章，背着合作中方，与西安农行三方签订《借款偿还协议》，该‘协议’捏造事实，声称‘乙方（深圳贤成大厦有限公司）确认上述借款已全部用于建造深圳贤成大厦……现乙方愿无条件地承担此笔借款、本息的偿还责任’，将偿还责任转嫁给了深圳贤成大厦有限公司。”

专案组报告还说：“上述银行借款汇入深圳南泰针纺织品有限公司账户后，吴贤成没有投入深圳贤成大厦工程建设，而是通过各种方式，将资金转移，或调换成港币，提现取走。”接着专案组报告从四个方面详细列举了借款的去向，以证明吴的借款没用来建深圳贤成大厦的事实。在合计借的5900万元中，只有400万元以建深圳贤成大厦工程款汇入建设大厦的施工单位——中建三局一公司，只占借款总数的6.78%。就这400万元，还是以“段继红私人借给贤成大厦公司的工程款，月息3%”。这根本没作为吴贤成对大厦的投资投入。

叶氏报告把上述铁的事实弃之不用，反而得出没有“虚构事实”、没有“隐瞒真相等诈骗犯罪行为”的虚假结论，那么，叶氏报告是不是涉嫌故意隐瞒涉嫌诈骗的犯罪事实呢？在铁的证据面前，叶氏报告的虚假结论不攻自破了。

让我们再具体看看事实是怎么样的：

1. 泰商吴贤成于1992年3月3日在香港与徐某注册了一个只有注册资本金20港元的香港贤成集团有限公司（以下简称香港贤成公司），吴任董事长。半年后的1992年9月29日开始，吴以香港贤成公司为甲方，中国银行武汉花桥支行为乙方，先后签订了三个《投资合同》，共借到3900万元，接着又签了一个《合同的说明》，借款到期不还，又签了一个如何还款的总合同，这些铁一般的事实证明钱是吴贤成的香港贤成公司借的。

2. 当吴把借到的钱套成外汇取走之后，吴、段与花桥支行恶意串通，于1994年5月28日签订了《关于修改变更投资合同的协议》，此协议除原签合同的香港贤成公司甲方和中国银行武汉花桥支行乙方以外，吴背着深圳贤成公司其他股东，凭借他自己握有深圳贤成公司公章的便利条件，把深圳贤成公司作为丙方加了进去，此协议完全是一个虚构事实、隐瞒真相的协议：

第一，"协议"写道："就有关乙方向深圳贤成大厦投资贷款的合同修改变更及终止事宜达成如下意见。"事实是只存在花桥支行（乙方）向香港贤成公司（甲方）投资贷款的合同，根本不存在乙方向深圳贤成公司投资贷款的合同。这里搞移花接木术，撒了个弥天大谎！

第二，在此"协议"中，把原《投资合同》中的"就投资香港贤成集团有限公司"改为"协议"中的"就投资深圳贤成大厦"。在签此"协议"时，吴贤成已把借到的3900万元套成港币据为己有，根本没投资建设深圳贤成大厦，而"协议"却虚假地改为"就投资建设深圳贤成大厦"。纯属虚构事实。实际上香港贤成集团公司和深圳贤成大厦有限公司毫无关系，它无权向贤成大厦投资。

第三，此"协议"又写道："鉴于乙方资金3900万元已按丙方要求汇入其指定账户，用于深圳贤成大厦建设。"这又是弥天大谎：实际是吴贤成自己指定汇入他的私人账户；根本不存在深圳贤成公司（丙方）要求汇入指定账户的事，借的钱也根本没有用于深圳贤成大厦的建设。

第四，此"协议"又写道："将原甲乙双方所签订《投资合同》中甲方享有的权利义务由丙方承继，由乙方与丙方签订《投资合同》。""甲方"即吴贤成的香港贤成公司，所谓"权利"即借到的3900万元，吴贤成已据为己有；实际是把还债的义务转嫁由深圳贤成公司（丙方）承担，接着再由乙方和丙方签订虚假的《投资合同》。这种用改变借款甲方的办法，虚构事实，隐瞒真相，把还债责任转嫁给第三方，自己逃之夭夭。这种欺诈行为是再明显不过了！

第五，此"协议"还写道："乙丙双方同意在签订《投资合同》时将签约日期定为原甲乙双方所签投资合同的相同时间。"这一条明白地告诉人们：他们即将签订的、篡改甲方的、虚假的《投资合同》，是要把时间倒签原合同时间，以便以假乱真。如果这还不叫“虚构事实”的话，那么，还有什么才算“虚构事实”呢？

3. 在这个经过一番苦心虚构的“协议”之后，段继红出面按照虚假“协议”的构想，与花桥支行签订了两份把甲方改为深圳贤成公司、时间倒签为原《投资合同》时间的假《投资合同》。这两份假《投资合同》明显露出马脚，与原《投资合同》不符之处，竟有八处之多。例如：真合同载明“就投资香港贤成集团公司”，而假合同改为“就投资深圳贤成大厦”；把真合同的借款甲方香港贤成公司，改为假合同借款甲方深圳贤成公司；真合同年利率25%，而假合同是24%；真合同第一笔借款为450万元，而假合同改为2400万元；真合同有吴贤成和副行长孙云琳双方签名、盖章，而假合同则没有签名，只有私章（此时吴贤成被立案侦查已逃往海外没到场，无法签名）；真合同有律师鉴证，而假合同没有；假合同虽然在真合同签订一年多之后签的，但时间仍倒签为原合同时间；真合同写明“双方发生纠纷不能解决时诉讼于法律部门”，而没有限定国内哪里的法律部门，而假合同只限于乙方所在地法律部门（即武汉）等等。除签订假《投资合同》之外，双方还假造了两份收条、一份催款通知书和一份关于指定汇入账户的函等一系列假文件。

上述的虚假协议、假投资合同和一系列假文件，在叶氏报告中只字不提。这是不是又在替诈骗嫌疑人故意隐瞒罪证呢？

这些吴贤成、段继红与花桥支行合谋虚构的假文件，被武汉市中级人民法院（1999）武民再字第10号判决书充分认定并揭露了出来。武汉市中级人民法院再审判决认定：钱是吴贤成以香港贤成公司借的，也是吴贤成用的；并没有用于建设深圳贤成大厦；继而串通银行用时间倒签的、篡改借款甲方的假《投资合同》把还债责任转嫁给第三方——深圳贤成公司，吴自己拿到钱后逃之夭夭，至今不还。武汉市中级人民法院判令吴贤成以他的个人财产还债，而不是由第三方还债。

4. 专案组报告说：“1993年1月，吴贤成采用与武汉借款同样的手法，以泰国贤成两合公司的名义，与中国农业银行西安市分行职工技协服务部签订借款合同，借到人民币2000万元，年利率22%。根据吴贤成的指定，汇入深圳南泰针纺织品有限公司在中国银行罗湖口岸支行开设的上述账户，由吴贤成个人掌握。借款到手后，吴贤成于1993年10月18日又以泰国贤成两合公司董事长和深圳贤成大厦有限公司董事长双重身份，持两个公司的公章，背着合作中方，与西安农行三方签订《借款偿还协议》。该协议捏造事实，声称‘乙方(深圳贤成大厦有限公司)确认上述借款已全部用于建造深圳贤成大厦……现乙方愿无条件地承担此笔借款、本息的偿还责任’，将偿还责任转嫁给了深圳贤成大厦有限公司。”

但是，叶氏报告中对吴贤成与西安农行签订转嫁债务的《借款偿还协议》却只字不提。这再一次证明，叶氏报告想把吴涉嫌诈骗罪的犯罪事实全部隐去，然后才得出“构不成诈骗罪”的虚假结论。

吴贤成将借到手的2000万元据为已有，既没汇入深圳贤成公司账号，也没用于大厦建设；但在《借款偿还协议》中却虚构了“借款已全部用于建设深圳贤成大厦”的假话，并把吴贤成以泰国贤成公司的借款、用款真相隐瞒起来，却造假让深圳贤成公司无条件地承担吴私人借款本息的偿还责任。这明明白白是在诈骗国家银行的巨资!

叶氏报告称，是他们“认真审阅了案卷材料”之后，才得出的“没有实施虚构事实，隐瞒真相等诈骗犯罪行为”的结论的。在他们审阅案卷时，武汉的《关于修改变更投资合同的协议》和随之签订的假《投资合同》及西安的《借款偿还协议》等材料已在案卷之中，他们为什么视而不见、弃而不用呢?这种“认真审阅”除了继续弄虚作假欺骗中央之外，还能作何解释呢?

叶氏报告又为什么把重大的、构成诈骗犯罪事实的材料弃之不用，而却得出“没有实施虚构事实、隐瞒真相”的结论呢?这种行为不作故意掩盖犯罪，又作何解释呢?他们为什么故意要这么干呢?上述事实无可争辩地证明：是吴贤成利用虚假合同和协议，涉嫌诈骗国家巨额银行资金，而叶氏报告为什么置国家利益于不顾，偏偏轻描淡写地说这是“民事经济纠纷”案呢?(对于武汉银行状告深圳的企业替吴还债，这是民事诉讼案；而对于吴与银行合谋以假协议、假合同骗取银行巨款，然后转嫁债务，则纯属于涉嫌诈骗性质，两者怎能混淆?)

罗辑带领叶惠伦等人下来，急不可待地抛开专案组以“承办人”名义写出报告，是真的来对案件进行“督办”呢，还是来翻案呢?从上述事实中人们不难得出结论。

二、吴贤成在国内银行借巨款，到底是谁用的？两份报告为何不同？

叶氏报告称："吴将这些资金绝大部分直接或间接（还佳和3000万）用于贤成大厦建设。"

专案组报告则另有说法："经查，上述银行借款汇入深圳南泰针纺织品有限公司账户后，吴贤成没有投入深圳贤成大厦工程建设，而是通过各种方式，将资金转移，或调换成港币，提现取走。"接着专案组报告从四个方面逐笔列举了资金的去向，用铁一般的事实完全证实了专案组报告的上述结论。

如：吴的借款中有2162.22万元，分四次汇入中建三局一公司（深圳贤成大厦的施工单位）账上，然后通过中建三局一公司套汇成2660万元港币又转出去，由吴、段提现取走，去向不明。这能算是吴的借款用于大厦的建设吗？

吴贤成的泰国贤成公司向香港佳和公司借款3000万港币，其中2000万港币汇入吴在香港的个人账户，1000万港币汇入深圳贤成大厦公司账户（这1000万算吴贤成建贤成大厦的投资）。然后，吴用国内银行借款还佳和的私人借款本息，这能算吴贤成的银行借款"间接"投资贤成大厦吗？这是小学生都能算明白的账。那么，高级检察官为什么就这么"不明白"呢？

武汉市中级人民法院再审判决书写道："再审查明……合同签订后，分次汇入香贤公司（即香港贤成公司——笔者注）董事长吴贤成指定的南泰针纺织品有限公司的账户。嗣后，吴贤成等人通过转账、调换港币、提取现金等方式，将汇入南泰账户的人民币汇入中建三局一公司、江门兴盛房地产公司等换得港币4544万元（含吴贤成从西安农行借的部分借款），偿还泰国贤成两合公司（吴贤成在泰国注册的公司）向香港佳和有限公司的借款本息。"

这一再审判决认定的事实表明：吴贤成在银行借的款绝大部分都套汇成港币据为己有，其中一部分还了私人欠账。

叶氏报告为什么竟与事实相差千里之遥？叶氏报告是根据什么得出"吴将这些资金绝大部分直接或间接用于贤成大厦建设"的结论呢？如果不是故意为犯罪嫌疑人开脱，那么，为什么置案卷中这么多铁的事实于不顾呢？

三、吴贤成涉嫌诈骗，有没有主观故意？两份报告的各自结论是怎么得出的？

叶氏报告称：吴贤成“没有诈骗主观故意”。

专案组报告则认为“其诈骗的主观动机十分明显”。专案组报告接着分析道：“吴贤成向国内两家银行借款都是先以境外公司名义，而后又采用‘金蝉脱壳’的手法，将偿还责任转嫁给深圳贤成大厦，使其逃脱还债责任。特别是借款时，他都声称‘用于贤成大厦’，但同时又指令两家银行将款汇入与大厦无关的南泰针纺织品有限公司其个人控制的账号上，款到手后，又将绝大部分借款转移占为己有，其诈骗主观故意暴露无遗。”

如果吴没有主观故意想诈骗，那么，为什么与武汉银行签订虚假的《关于修改变更投资合同的协议》？又为什么继而签订假的《投资合同》？为什么与西安农行签订三方的《借款偿还协议》？欺诈事实是明摆着的，叶氏报告为什么把事实歪曲到离谱的程度呢？

香港贤成公司不是深圳贤成公司的股东，也不是该大厦的投资方，香港贤成公司与深圳贤成公司无任何经济和法律关系。那么，为什么以香港贤成公司名义借款建深圳贤成大厦呢？为什么借来的款没有用于建大厦，还要让深圳贤成公司还债呢？为什么用贤成大厦楼花为自己借款作非法、无效的抵押呢？难道这些事实还不能充分证明吴诈骗的主观故意吗？

叶氏报告谎称的“没有诈骗主观故意”的结论是完全站不住脚的。那么，这个结论又是怎么得出的呢？为什么这样费尽心机编造谎言呢？只有罗辑、叶惠伦等人自己心里明白！

四、叶氏报告的其他谎言

1. 叶氏报告称：“吴贷款、借款目的是用于建设贤成大厦。”请问何以见得吴借款的目的是建贤成大厦呢？吴借贷的5900万元，事实是根本未用来投资建设深圳贤成大厦。这已经是无可辩驳的事实，叶氏报告为什么置这些铁的事实于不顾，竟然首先得出“借款目的是用于建设贤成大厦”的虚假结论呢？接着又以这个虚假的结论为依据，推导出吴“没有诈骗的主观故意”的结论。这难道不是以荒诞的谎言为根据，在编织更荒诞的谎言吗？！

2. 叶氏报告称："吴以泰国和香港贤成公司及深圳贤成大厦向银行、企业借款均有正式合同。"在这里叶氏报告"巧妙"地把泰国贤成公司、香港贤成公司与深圳贤成公司混为一谈，不加区别，究竟是哪个公司借的款？在叶氏报告里这成了一码事了！仿佛三个公司都借了款！谁真借款、谁假借款在这里消失了！仿佛都是一样，而没有转嫁债务！这是真糊涂，还是装糊涂？是真分不清，还是有意混淆？他们自己心里也明白。

叶氏报告说"借款均有正式合同"，这就更使人不明白了。在这里真合同和假合同没界限了、没区分了，在这里假合同和真合同都用"正式合同"一词加以混淆和回避了，于是诈骗行为消失了！多么"好"的报告，吴贤成找什么样的高明律师也不如这样的高级检察官"高明"和顶用！

3. 对深圳贤成大厦的先期1亿左右投资究竟是谁的投资？

1989年4月13日泰商吴贤成以泰国贤成两合公司与中国四家公司共同注册了深圳贤成公司，中方四家公司出地，吴贤成出资，合作建设深圳贤成大厦，当时号称"中国第一楼"。由于吴贤成的泰国贤成公司是一个注册资本金只有200万泰铢（当时相当于人民币60万元），经营毛巾、台布的小公司，根本无力投资建设大厦，致使由1989年4月13日注册成立深圳贤成公司始，大厦建设拖了两年又八个月不能正式开工建设。在中方权益受到严重损害，中方强烈要求解除合约的情况下，吴贤成于1991年11月，背着中方股东，私下拉香港鸿昌国际投资有限公司（以下简称香港鸿昌公司）投资共建大厦，吴贤成与香港鸿昌公司董事长王文洪先后签订了《承让股权意向书》、《股份和约》、《契约》、《协议书》等文书，这些文书约定，泰方和港方共同投资，各出1.1亿港元建深圳贤成大厦，各占大厦外方权益的50%。香港鸿昌公司依约向深圳贤成大厦投入资金1亿港元左右，大厦才于1992年4月实际开工。

但吴贤成不履行约定，不但自己不履行投资1.1亿港元的约定，而且也不给王文洪办理成为深圳贤成公司股东的法律手续。在王文洪多次要求下，于1992年6月10日在各方均参加的临时董事会上，泰、港、中三方共同签订了《补充合同（二）》，决定吸收香港鸿昌公司成为深圳贤成公司股东，并进一步确认港、泰双方在大厦对等投资，各享有外方在大厦中权益的50%。《补充合同（二）》签订后，吴贤成反悔，拒不报政府审批。并进一步表示不承认王文洪的投资和权益。把王文洪的对大厦的投资说成是什么对泰国贤成公司的"购股款”。于是王的投资就变成了吴的投资。接着吴贤成请求仲裁:“(1)裁定与王文洪签订的《协议书》无效;(2)裁定王文洪在深圳贤成大厦有限公司没有任何股权和权益;(3)裁定王文洪在深圳贤成大厦有限公司没有实际投资;(4)裁定吴贤成与王文洪在签订《协议书》前后没有欺诈行为和侵权行为。”真乃恶人先告状、此地无银三百两啊!

中国国际经济贸易仲裁委员会深圳分会经过认真调查取证,根据事实材料,于1994年8月以[94]深国仲结字第40号裁决书,做出终局裁决:“鸿昌公司在深圳贤成大厦有限公司中具有实际投资;泰国贤成两合公司应在本裁决做出之日起30日内,协同中方四家公司办理鸿昌公司成为深圳贤成大厦有限公司合作者的法律手续。”

但吴贤成至今拒不执行此裁决。

专案组的报告依据中国国际经济贸易仲裁委员会深圳分会的符合实际的裁决,认定王文洪是先期1亿左右港元的真正投资者。

而叶氏报告则称:“是王文洪以个人名义用1.1亿港币购买泰国贤成两合公司50%的股份,从而间接拥有两合公司在贤成大厦中50%股份。”因此,叶氏报告一口咬定王文洪的1.1亿港元不是对贤成大厦的直接投资,而是购买泰国贤成两合公司股份的购股款,这样王文洪的1.1亿港元的投资就变成了是吴贤成的投资。高级检察官在帮助吴贤成变戏法。可是在吴与王的所有文书中,没有一句话写这是购买泰国贤成两合公司的购股款!恰恰相反,却在文书中多处十分明白无误地写明是王对大厦的投资。叶氏报告的戏法不知道是怎么把投资款变成了购股款?把王文洪的投资变成了吴贤成的投资?(仲裁书中,是王对大厦的投资,还是购股款,说得十分明白。)泰国贤成两合公司的注册资本金才200万泰铢,就是扩股十倍,也才2000万泰铢(当时只相当于人民币600万元),王文洪为什么要花上1.1亿港元,买该公司50%的股份呢?假的就是假的,再伪装、再编造也是假的。

叶氏报告,为了制造吴贤成构不成诈骗罪,为了把王文洪的对贤成大厦的直接投资变成是吴贤成的投资,出路就只有否定仲裁委的裁决了,于是就不遗余力地歪曲和否认仲裁委的裁决,叶氏报告称“仲裁裁决虽是终局裁决,但它并不是终极真理”,并以此否认仲裁委的裁决。

第一,检察官没有否决仲裁委裁决的权力和法律依据。

第二，拿什么“终极真理”否定裁决是超越了执法范畴。“终极真理”乃哲学范畴，在这里叶氏报告不是在从严执法，而是在玩弄哲学词汇，替吴贤成无理狡辩！

叶氏报告替吴贤成诡辩的主观故意已是十分明显，已经到了无以复加的地步了！有这么高级检察官为之声嘶力竭地诡辩撑腰，也难怪吴贤成至今拒不执行仲裁委的裁决了。

叶氏报告所称的股东经济纠纷案，实际上是吴贤成想侵吞王文洪的投资案，在仲裁委裁决之后，已经解决了。但叶氏报告不但否定仲裁委的裁决，而且进而把整个涉嫌诈骗案也说成是经济纠纷案。用心何其良苦！

4. 深圳贤成大厦建设为什么停工？

叶氏报告称：“1993年8月，王文洪的鸿昌公司向深圳市罗湖区法院起诉泰国两合公司，要求确认鸿昌公司在贤成大厦的股权。同年11月，法院根据原告财产保全申请扣留了贤成大厦的所有印章，查封冻结了资产，贤成大厦被迫全面停工。”

专案组的报告说：“自泰、港双方发生纠纷后，港方不再向大厦注入资金，而泰国贤成两合公司又无资金，造成贤成大厦工程于1993年9月20日全面停工。”

一个说1993年11月由于王文洪诉讼被迫停工；另一个说1993年9月20日由于吴没有资金投入而全面停工。到底事实如何呢？中建三局一公司在1993年9月20日的《关于贤成大厦工程被迫停止施工的致函》中说：“我司承建的贵司贤成大厦工程，自今年5月份以来，由于贵司一直未能及时、按量支付工程进度款，致使工程处于半窝工状态。原计划目前主体施工应至十一层，而现只完成至第五层。鉴于本工程在深圳市影响较大，我司为维护贵我双方的合作大局，竭尽全力维持施工，并曾于5月24日、6月7日和8月13日三次致函贵司，要求贵司紧急行动，解决资金问题，但至今未获解决，现据粗略计算，贵司已拖欠我司工程进度款近千万元”，“鉴于我司目前已无力再支持贤成大厦工程的施工。因此，特此函告贵司，贤成大厦工程将于9月20日起全面停工”。明明白白是吴贤成不投资，由于缺资金而停工。

吴贤成律师张××于1995年5月20日发表《郑重声明》，其中说：“贤成大厦1993年11月3日查封前，承建单位确实提出建设费紧张，有可能导致停工的问题，于是我们每月给建设费人民币200万元，工程在建中。11月3日裁定下来后方才被迫停工……”张××的说法与叶氏报告的说法怎么会不谋而合呢？

为驳斥张××的《郑重声明》，中建三局一公司于1995年7月15日发表《声明》，说张的说法“完全不符合事实。真实的情况是：……到1993年9月份，包括前期基础桩工程的欠款，深圳贤成大厦有限公司累计欠款达千万元，我公司为维护施工，赊欠大宗材料，形成新的三角债，实无能力再继续施工而被迫全面停工，与上述（张正乾）《郑重声明》中所说什么‘11月3日裁定下来后方才被迫停工……’毫不相干（停工在前——9月20日；裁定在后——11月3日）”。

上述这些停工事实材料，叶氏报告“认真审阅”案卷了吗？如果是认真审阅案卷，为什么还如此歪曲事实呢？怎么会不但把真的事实都丢弃不用，而且编造谎言呢？不依据事实，只凭自己的主观故意去编造假话，并写成正式报告欺骗中央，这是最高检察院反贪局的高官应有的行为吗？

5. 叶氏报告为什么在报告中对国家银行干部受贿，对吴贤成、段继红行贿遮遮掩掩？

专案组的报告对中国银行湖北省分行花桥支行的领导干部受贿行为如实反映和认定，并对这种与吴贤成搞权钱交易进行共同诈骗，进行了揭露。专案组报告说：“1993年1月至6月，吴贤成伙同段继红为达其长期掩盖诈骗国内银行巨额贷款之目的，由段继红出面，分别在深圳、香港、曼谷等地分数次向中国银行湖北省分行花桥支行副行长孙云琳、科长刘人本行贿人民币3万元、港币4万元、泰币5万元和彩电、录像机各一部。”这已经是被认定了的铁的事实。

可是在叶氏报告中，对吴贤成、段继红在贷款过程中给国家银行领导干部行贿、中国银行湖北省分行花桥支行的领导干部受贿却轻描淡写、遮遮掩掩，说什么因“行贿人系泰国公民，无法查证核实行贿事实”。事实是，虽然吴逃到海外，但段始终在国内，怎么会没法核实呢？专案组以诈骗和侵占罪逮捕了段继红，可是罗、叶等人指示必须放人，强行把段放掉。这就是他们说的“无法查证核实”的现实表现吗？这种欺骗的伎俩是昭然若揭了。

对他们行贿、受贿的认定，就更充分地揭示了他们恶意串通，以假合同、假协议进行合谋诈骗的本质。叶氏报告不至于如此“疏忽”吧！那么，最高检察院反贪局的原领导人为什么要这么干呢？

6. 叶氏报告一再搬出贤成大厦的评估价值，目的何在？

叶氏报告称："1991年10月，深圳市房产管理局房屋交易所评估，当时贤成大厦建设用地市值3.24亿元人民币。"用以说明吴借款能还得起贷款。事实是，在1991年10月由于吴贤成没有资金投入，贤成大厦没有开工建设，中方四家公司投入的土地仍放在那里，这是中方土地的市值，怎么会成为吴贤成能还得起贷款的资本了呢？叶氏报告中写这一段，和吴贤成作此评估，都是一个目的：说这些价值属于吴贤成拥有的，吴就可以以此为资本掩盖骗术了！可以以此为资本来侵吞王文洪的1.1亿港元的投资了！叶氏报告与吴的所作所为一唱一和，显得特别合拍！

叶氏报告又称："深圳市房屋交易所1993年10月26日，评估其价值人民币8.2932亿余元。"事实是，由于香港鸿昌公司王文洪投入的1亿港元左右，大厦才开始建设，待到大厦于1993年9月20日全面停工时，已完成地下四层、地面五层的土建工程。这是用王文洪的投资建设的。大厦在全面停工后吴贤成为什么作此评估呢？其目的有二：一是想把王文洪投资形成的资产窃为自己的资产作准备；其二是依此为资本，在国内银行实行贷款诈骗。叶氏报告想用此评估价值一说替吴涉嫌诈骗打掩护也是枉然：因为这一评估是用假设投资法评估的，假设条件是：大厦3年半建成，假设投资6.1亿元人民币，假设每平方米楼房售价1.4万元，才评出8亿多的假设价值。这能成为吴能还起贷款的依据吗？！

中国国际经济贸易仲裁委员会深圳分会的终局裁决已经认定是王文洪对贤成大厦的直接投资，而非为吴贤成的投资。叶氏报告否定仲裁委的裁决，原来是与认定房屋交易所评估价值是属于吴贤成拥有，是一脉相承的，都是为吴贤成的欺诈行为打掩护的。作这样的分析一点也不为过，且看叶氏报告是怎么写的："吴贷款、借款的目的是用于贤成大厦。贤成大厦在建项目的市场价值及吴在其中所占有股权值远远大大于贷款、借款数额。他不会为小利而舍大利，这不符合诈骗罪的心理特征。"叶氏报告把不是吴贤成的财产谎称是吴贤成的财产，其最终目的是要得出吴"没有诈骗主观故意"的结论。

叶氏报告把真的隐去，编织一幕幕谎言，以这些谎言作铺垫，最终目的是要得出吴贤成不构成诈骗罪的骗人结论。叶氏报告的结论，与吴贤成做此评估并依此为口实实施诈骗是如出一辙，与吴贤成的律师的辩护如出一辙。

7. 合作企业的合同约定与政府审批合同时的批准意见及有关法规的规定

不一致时，以谁的为准？

合作各方在合作时所签订的合同条款与政府批准合作合同时的意见及有关法规的规定不一致时，肯定要以法规的规定和政府的批准意见为准。这几乎是尽人皆知的常理。

但是，叶氏报告却违背这一常理，在报告中称："合同规定，合作公司可以用土地使用权取得贷款，风险由泰方承担。"报告又称："吴也有权在国内贷款，风险自负。"是这样吗？

第一，这与我国《中外合作经营企业法》和该法的《实施细则》及《中外合资经营企业合营各方出资的若干规定》中，均明确外方投资者必须由境外取得资金投入，不得以国内的土地和其他资产作抵押向国内银行贷款投入（何况吴的国内银行贷款还未投入深圳贤成大厦建设）。

第二，深圳市政府在审批合作公司补充合同时，已经明确指出，合作公司贷款的担保问题由乙方（泰方）负责。这一审批意见完全符合法律规定。但叶氏报告对深圳市政府的重要批复视而不见，有意回避。

合作公司合同规定的条款，已被政府批文所否定，已与我国法律所不容。那么，叶氏报告为什么还堂而皇之地把它写入报告替吴诡辩呢？真是机关算尽，强词夺理。

第三，叶氏报告说的"合作公司可以用土地使用权取得贷款"，"风险由泰方承担"或"风险自负"。这完全是谎言。请问：泰方（即泰国贤成两合公司）不出资，用合作公司名义、用中方出的土地使用权作抵押，在国内银行贷款，吴贤成有什么风险可言？有什么办法让吴贤成承担风险？现在吴贤成逃到海外已经7年多了，银行贷款仍未偿还，反而通过假协议、假合同把债务转嫁到合作公司头上，这就是吴贤成"风险自负"的实践证明吗？与其如此，不如中方自己贷款、用自己拥有的土地作抵押不是更好吗，何必与外商合作建大厦呢？

无论从什么角度看，叶氏报告成了替吴贤成逃脱罪责的违法辩护士！法律摆在那里，政府的批准文件摆在那里，大量的事实摆在那里，叶氏报告不去"认真审阅"，反而装聋作哑，满纸荒唐言，一颗黑心肝！这到底是为什么？作为最高检察院反贪局的高级检察官天地良心何在？党纪、国法怎容？

五、在段继红、文小玲是否构成侵占罪问题上，两份报告也截然不同

叶氏报告称："我们认为，段、文侵占犯罪事实不清，证据不足，批捕程序不当，其行为亦难以认定为犯罪。"他们在写此报告之前，就紧急下令把已逮人犯强令放掉。

但专案组报告说："1993年6月8日，吴贤成、段继红背着合作方，未经有关部门批准，擅自以贤成大厦公司名义，与广东云浮硫铁矿企业集团公司签订售楼协议，将贤成大厦28、29层，约4300平方米的楼花以每平方米按港币20800元预售给云浮硫铁矿，收定金人民币1207.44万元，吴贤成、段继红与会计文小玲串通，将这笔定金作为段继红的私款，借给贤成大厦，月息3%。又经查实，会计文小玲以还段继红'借款'的名义，从贤成大厦账户支付给段继红259万元。从1993年1月至1993年11月，贤成大厦向段继红借款账面已计利息302万元。"专案组报告还说："1993年2月20日，段继红、文小玲合谋，在办理该公司支付中建三局一公司900万元港币工程款的业务中，由文小玲预先告知中建三局一公司财务科会计钱萍，付给该公司900万元港币工程款后，将其中的500万元港币退到深圳宝生银行账户。3月5日钱萍按文的要求，将500万元港币转入宝生银行。3月8日文小玲从宝生银行将这500万元港币另加2万元港币共502万元港币现金提出，除2万元交段继红外，将500万元港币按黑市价1:1.14的比率兑换成570万人民币，然后通过深圳莲庆商店将其中550万人民币打回中建三局一公司，顶替该公司退回的500万港币，余下20万人民币现金由段继红和文小玲私分。"批捕报告中写道："文将自己私分的10万元人民币在农行中物办以自己的名字开户存入，而后取走占有。又将段继红分得的10万元人民币以段之子吴成成的名字存入银行后，把存款交给段继红。"

但叶氏报告则称："而这20万的财产既难以认定为是贤成大厦的财产，也难以认定为中建三局的财产。即使是贤成大厦的财产也是外方的财产，而吴贤成是其所有者的代表，段与吴是夫妻关系，而文则是他们的雇员。"

把贤成大厦合作公司的财产认定为是外方吴贤成的财产，是叶氏等人完全忘记了这是在中国的合作公司，除外方以外，还有中方四家股东，还有港方真正投资者，怎么能把合作公司的财产看成吴贤成个人的财产呢？段继红是吴

贤成的小老婆,但是深圳贤成大厦有限公司不是他们夫妻的私人企业。段、文以套汇等恶劣手段,个人侵占合作公司的财产为什么不算侵占?

至于叶氏报告说的“批捕程序不当”纯属一派胡言,现查《移送审查逮捕人犯表》,完全符合批捕程序。

六、两份报告较量的诸多问题给人们留下了沉重疑问

一是:在最高检察院决定立此案,并决定三级检察机关联合办案时,领导人态度很坚决,为什么中途态度大变?为什么当案件证据已经取得,即将胜利结案的前夕,最高检察院突然决定更换专案组负责人?这是出于什么动机?这样做合乎什么情理?是什么力量在背后主使?

二是:罗、叶等人下来之后,为什么不认真听取各方意见和认真审阅卷宗,不但不听前任专案组的意见,而且是急急忙忙以个人名义给中央写出与事实完全相悖的报告?为什么报告竟然与吴贤成、段继红,甚至与他们的律师张××是同一口径、同一提法、同一腔调?是不谋而合还是有谋而合?他们的所作所为,使人们不得不疑问:他们下来的目的是不是来替吴、段翻案的?那么又为什么敢于枉法替吴、段翻案呢?

三是:在专案组报告列举了吴、段的涉嫌行贿犯罪事实之后,接着写道:“吴贤成、段继红行贿其他国家机关工作人员的线索正在调查中。”从这句话中,我们已经嗅到了腐败与反腐败斗争在这个案子上已摆开了战场的味道;专案组不仅要决心查实吴贤成、段继红的涉嫌诈骗罪行,而且还要坚决查清与这个案子有关的官员的腐败行为,专案组确实也是这么干的。这就犯了大“忌”,这不能不引起一些贪官的忌恨和反扑,甚至设置重重障碍,阻挠、刁难,断水、断电。在一些做法无效的情况下,把专案组负责人在临胜利结案前撤掉,与这场反腐败斗争有没有关系?我们决不能掉以轻心!

四是:根据我国刑法规定,诈骗罪是指以非法占有为目的,用虚构事实或隐瞒真相的方法骗取财物的行为。而对吴贤成、段继红用这把法律的尺子去衡量,无疑属于诈骗犯罪。但是案子已拖8年有余,国内外对最高司法机关不但不追究犯罪,而且千方百计袒护犯罪、保护犯罪,引起强烈不满,并通过党内、人大、政协渠道屡屡反映,直到今天也没有一个明确的答复、明白的说法。这究竟是为什么?如果这样下去,还有什么“执法必严、违法必究”可言?

还有什么“依法治国，建设社会主义法治国家”可言？

人民检察官特别是高级检察官本应坚决依法惩治腐败、打击犯罪，依法维护国家利益和人民群众的生命财产安全。但是罗辑、叶惠伦等人却反其道而行之，用自己手中的司法大权保护犯罪，去损害国家和人民的利益，从而损害我党的威望、破坏安定团结的局面。我想，这是我们国家和我们党决不能容忍的。从这件事发生起，几年来我曾多次向最高检察院和有关领导反映，当时只讲案件的事，并没有涉及人，希望把错定的案子纠正过来、惩治犯罪就行了，但是均无任何效果。在无奈之下，才不得不涉及人。

历有为　陈燕麟

武汉市法院自纠错案的背后和思考*

（1999年9月）

中国银行湖北省分行花桥支行行长喻德智诉深圳贤成大厦清算组和深圳鸿昌广场有限公司的贷款投资民事诉讼案，已经沸沸扬扬、争来辩去有好几年了。不久前，一条消息不胫而走——武汉市中级人民法院把4年前的一桩错判的冤案经再审自己纠正过来了！这条消息惊动了海内外，因为涉案者是泰商吴贤成，受害者、被冤枉的对象除中方四家公司外，主要是港商王文洪；也轰动了金融界，因为初审时的原告是中国银行湖北省分行花桥分行；同时，也震动了司法界，因为这个案子的谜底一旦揭开，涉案人的庐山真面目就会大白天下。

湖北省武汉市中级人民法院再审的《民事判决书》（1999）武民再字第10号"判决如下：一、撤销本院（1996）武民初字第124号民事判决；二、深圳贤成大厦有限公司清算后，以董事长吴贤成在该公司的实际投资所产生的价值或楼房面积折抵，偿还中国银行湖北省分行花桥支行的投资借款人民币3900万元及资金占用费"。这一再审判决，确定了两个基本事实：一是，钱是吴贤成的香港贤成公司借的，钱并没有用于建设深圳贤成大厦，而是套汇成港币弄到海外据为己有；二是，钱也要吴贤成自己来还。

对于这个再审结论，正直的人都拍手叫好；心怀鬼胎的人则惴惴不安；还有不少的好心人则感到吃惊。武汉市中级人民法院在错判4年之后，敢于纠正自己错判的冤案，可谓是光明磊落的正义之举，可谓是社会主义市场经济秩序的坚强卫士，可谓是我们伟大祖国法律尊严的坚强捍卫者，可谓是与违法腐败

* ①深圳贤成大厦有限公司是泰商吴贤成以泰国贤成两合公司名义投资，以深圳四家公司出地，为合作建设深圳贤成大厦而注册成立的中外合作公司。该公司1989年4月13日注册，到1994年4月13日期满，董事长由吴贤成担任。

②此文原载《深圳特区报》1999年6月9日，花桥支行领导人喻德智以侵犯名誉权为由，把《深圳特区报》告上法庭，并索赔名誉损失费900万元。武汉中院一审判《深圳特区报》败诉。之后，《深圳特区报》上诉。湖北省法院坚持调解，结果各付各的诉讼费了事。

行为作斗争冲锋在前的尖兵。在这个再审判决之中，我们仿佛看到了法官正气凛然的高大形象，仿佛看到了法官为了国家的利益和法律尊严不为权倾、不为利惑的正义果敢精神。这一再审判决，终于冲破了层层乌云见了天日，终于弄清了真伪，还了事物的本来面目，终于戳穿了伪劣的欺诈行为，也终于给了世人一个符合实际的正义的交代。

一、是谁向武汉花桥支行贷款

泰国商人吴贤成于1992年3月3日伙同徐某在香港注册了一个资本金只有20港元的香港贤成集团有限公司（以下简称香港贤成），吴自任董事长。半年后，吴开始以香港贤成名义向武汉花桥支行借款。香港贤成为甲方，花桥支行为乙方，双方于1992年9月29日、1992年11月13日和1993年1月30日先后签订了三份《投资合同》，花桥支行共向香港贤成投资贷款3900万元，还款期分别为14个月和1年。“投资利润”年25%和27%。接着双方签订了一份《合同的说明》，在借款到期不还情况下，吴贤成与花桥支行又签了一份写明吴还债来源和期限的总合同。这五份合同都明明白白告诉人们：钱是吴贤成以香港贤成的名义向花桥支行借的；当然，花桥支行也清楚：钱是借给吴贤成的香港贤成的。

香港贤成与深圳贤成大厦有限公司无任何经济和法律关系。但却以深圳贤成公司的房产为香港贤成借款作非法无效抵押，并打着建深圳贤成大厦的旗号。

二、吴贤成借的款哪里去了

吴贤成借款既然打着建深圳贤成大厦的旗号，那么，款项应该用于建设大厦才对。但是不然，据武汉市中级人民法院“再审查明：……合同签订后，分次汇入香港公司董事长吴贤成指定的南泰针纺织品有限公司（以下简称南泰，为吴的私人账户——笔者注）的账户。嗣后，吴贤成等人通过转账、调换港币、提取现金等方式，将南泰账户的人民币汇入中建三局一公司（深圳贤成大厦的承建单位）、江门兴盛房地产公司等单位，换得港币4544万元（含吴贤成从西安农行借的部分借款），偿还泰国贤成两合公司（吴贤成在泰国注册的公司）向香港佳和有限公司借款的本息。另有400万元从南泰账户汇入中建三局一公司作为工程款”。

这一再审查明的事实告诉人们，吴贤成借款绝大部分都套汇成港币据为己有，有一部分还了私人欠款，只有400万元作为工程款汇入建设贤成大厦的施工单位。只占借款总额的10.25%。就这400万元，还是以段继红私人名义借给贤成大厦有限公司的，月息3%，根本就没有作为吴贤成的投资。于是我们不难得出结论，吴的借款完全是香港贤成所为，并非深圳贤成大厦有限公司所为，所借之款也未用于建设深圳贤成大厦。

武汉花桥支行“投资”给吴贤成的香港贤成，应该向吴贤成的香港贤成讨债才是。但令人奇怪的是，花桥支行偏偏不向吴贤成的香港贤成公司讨债，而状告与借款无关的深圳贤成大厦有限公司的后续公司——深圳鸿昌广场有限公司，让这个公司还债。这是怎么一回事呢?

三、吴贤成串通花桥支行签订转嫁债务的“协议”和假《投资合同》

吴贤成借款到期不还，花桥支行的领导由于他们自己明白的原因，不向吴讨债，于是共同想出了转嫁债务的方法，接着就产生了《关于修改变更投资合同的协议》，此“协议”的签署者原借款甲方香港贤成和乙方花桥支行，背着深圳贤成大厦有限公司的中方四家股东和港方真正投资者，凭借吴贤成是深圳贤成大厦有限公司董事长，手握深圳贤成大厦有限公司公章的便利条件，把深圳贤成大厦有限公司作为丙方加了进去，变成了虚假的三方“协议”。“协议”称：“就有关乙方向深圳贤成大厦投资贷款的合同（根本不存在此合同，此乃虚构——笔者注）修改变更及终止事宜达成如下意见。”此协议把原来真《投资合同》中的“就投资香港贤成集团有限公司”改为“就投资深圳贤成大厦”（纯属虚构——笔者注），此“协议”称：“鉴于乙方资金3900万元已按丙方要求汇入其指定账户（汇入的账户是吴贤成指定的私人账户，根本不存在丙方要求汇入的指定账户——笔者注），用于深圳贤成大厦的建设（虚构事实——笔者注）。”此“协议”还写道：“将原甲乙双方所签订《投资合同》中甲方享有的权利义务由丙方承继。”[享有的权利，即借到的3900万元，吴贤成已拿到手；实际是只把还债的义务转移到深圳贤成大厦有限公司（丙方）承担，此乃诈骗实质——笔者注]协议的真正用意完全暴露无遗。接着，由吴贤成的“助理”段继红出面与花桥支行领导人签订了两份假《投资合同》，假《投资合同》与真《投资合同》不同之处的要点如下：①把借款甲方由香港贤成改为深圳贤成大厦有限公司；②把借款用途改为“就投资深圳贤成大厦”；③真合同的年利息25%，而假合同则写成24%；④真合同第一笔投资贷款为450万元，而假合同的第一笔投资贷款则为2400万元；⑤真合同有吴贤成和副行长孙云琳的签名和盖章，而假合同只有私章没有签名（因吴贤成此时已被立案侦查，逃到海外）；⑥真合同有律师廖弘兵的鉴证，而假合同没有；⑦假合同把时间倒签至真合同的时间，即1992年9月29日和1992年11月13日；⑧真合同规定“双方发生纠纷不能解决时诉讼于法律部门”，而假合同改为“诉讼于乙方所在地（即武汉）的法律部门”，这一条为下一步在武汉诉讼埋下了伏笔。

除签订假“协议”和假《投资合同》外，还伪造了“收条”两份、“催款通知书”和“关于指定汇入账户的函”等一系列假文件。

武汉市中级人民法院在再审判决书中写道：“1994年5月28日，花桥支行与香贤公司（指香港贤成——笔者注）、深贤公司（指深圳贤成大厦有限公司——笔者注）三方签订《关于修改变更投资合同的协议》，将花桥支行3900万元投资贷款的还本付息的义务，由香贤公司转为深贤公司全部承担。该协议中，香贤公司和深贤公司的法定代表人均为吴贤成。同日，花桥支行与深贤公司签订了两份《投资合同》和一份‘补充协议’，深贤公司为借款人，签约时间和收款收据的时间均倒签为原《投资合同》的时间……”

他们动了这么多心思，搞这么多假文书想干什么呢？对吴贤成来说是达到转嫁还债责任达到诈骗的目的；对花桥支行来说是另找一个还债的主，不管是真还是假，以掩人耳目。

四、花桥支行假戏真做，把与吴借款无关的单位告上公堂

上述《关于修改变更投资合同的协议》和假《投资合同》等一系列假文书完成之后，花桥支行行长喻德智以假《投资合同》把深圳贤成大厦有限公司的后续公司——鸿昌广场有限公司告上公堂，用法律手段向鸿昌讨债了！

这里值得特别指出的是，吴借的钱绝大多数弄到海外，因缺资金贤成大厦建设已经停工1年以上，深圳贤成大厦有限公司的营业执照已经过期7个多

月，并未申请延期，中方四家股东和港方真正投资者的权益受到严重损害。吴逃到海外，企业处于瘫痪状态。为维持正常市场经济秩序，深圳市工商局依据《企业法人登记管理条例》第二十二条予以直接注销，市外资办继而依法批准设立鸿昌广场有限公司，由香港的真正投资者香港鸿昌国际投资集团有限公司董事长王文洪继续投资建设此大厦，成立了鸿昌广场有限公司，并承继原深圳贤成大厦有限公司的合法的债权债务。到花桥支行诉讼时，深圳贤成大厦有限公司已被注销了，所以花桥支行诉深圳贤成大厦清算组和鸿昌广场有限公司。喻德智的诉讼请求是："①判令两被告立即偿付贷款3900万元；②判令两被告承担贷款利息；③判令两被告支付原告为催款而支付的费用；④由两被告承担本案诉讼费用。"

鸿昌广场有限公司没借这笔3900万元，也未花到这3900万元，银行却让他来还钱，何其冤也！

吴贤成的香港贤成公司借钱不还，把还债责任转嫁他人，何其恶也！

花桥支行领导明明知道钱是吴贤成借的、用的，而不向吴索要，偏要把鸿昌广场有限公司告上公堂，何其伪也！

花桥支行的领导人为什么这么干呢？

五、花桥支行领导人涉嫌受贿

在吴贤成向花桥支行借款的过程中，据查，曾大肆向花桥支行的领导人行贿。据三级检察机关以陈燕麟副厅长为首的联合专案组调查后写成的《关于吴贤成案件的情况报告》中认定："1993年1月至6月，吴贤成伙同段继红为达其长期掩盖诈骗国内银行巨额贷款之目的，由段继红出面，分别在深圳、香港、曼谷等地分数次向中国银行湖北分行花桥支行副行长孙云琳、科长刘人本行贿人民币×万元、港币×万元、泰币×万元和彩电、录像机各一部。"

花桥支行在给吴贤成的香港贤成公司贷款这件事上，该行领导人为什么违章借给吴贤成香港公司那么多钱？为什么不敢向吴贤成讨债？为什么与吴、段制造一系列的假文书？又为什么铤而走险，竟然依据假《投资合同》状告与吴的借款无关的单位和个人？答案不言自明。

六、武汉市中级人民法院民事庭初审制造了冤案

1996年9月25日，武汉市中级人民法院民事庭下判了（1996）武民初字第124号《民事判决书》，判决如下："一、由被告深圳贤成大厦有限公司清算组返还原告中国银行湖北分行花桥支行投资款3900万元整及该款项的资金占用费。二、被告深圳鸿昌广场有限公司在接受贤成大厦的财产及债权债务后，依法对上述款项负清偿责任。"

接着该法院于1996年12月6日下发了（1996）武执字第1205号《执行通知书》，责令深圳鸿昌广场有限公司"于1996年12月9日前履行如下内容，逾期不履行，本院依法强制执行：请于限令之日前，将人民币6063.8712万元汇入武汉市中级人民法院账上（其中本金3900万元，利息2068.498万元，诉讼费、保全费60.3732万元，执行费35万元）"。

再接着就是强制执行，从深圳鸿昌广场有限公司的银行账号上分别划走77万元和286万元两笔资金，替吴贤成还债。

武汉市中级人民法院民事庭在初审判决中有一件事使人百思不得其解：洋洋六页纸的判决书，竟然把吴贤成与花桥支行领导人签订的以香港贤成为甲方的真《投资合同》只字不提。只依据后来把时间倒签的假《投资合同》进行违背事实的判决，这是为什么？是在审案时未发现同一个3900万元借款有两套不同的《投资合同》吗？不是！在审理此案时真、假两套《投资合同》均已在案卷中。

按常理，在判决书中应把两套合同同时载入，然后鉴明真伪，去伪存真，依法审判。然而这个初审判决书竟然敢于把真的证据隐去，然后依据假的证据审判，这究竟是什么原因？后来的事态发展给了答案：庭长王青因受贿下狱。

在武汉市中级人民法院民事庭审理此案过程中，武汉某检察机关的反贪部门出具了一份《情况说明》。《情况说明》称："1994年10月我局在调查中国银行湖北省分行花桥支行与深圳贤成大厦有限公司有关情况时发现两套《投资合同》，一套合同的甲方是'香港贤成集团'，一套合同的甲方是'深圳贤成大厦有限公司'，而乙方都是'中国银行湖北省分行花桥办事处信托部'（现改为花桥支行）。对此事我局对中国银行湖北省分行花桥支行和深圳贤成大厦有限公司进行了调查。经查证，后一份合同是该行根据1993年中央六号文件

精神，经甲乙双方协商同意后签订的，是该行在整顿金融秩序中对该3900万元投资合同的修改和完善，我局认为：以深圳贤成大厦有限公司为甲方签订的合同是真实的。”这个《情况说明》的结论恰恰与事实相悖，把假的说成是“真实的”。

该部门在审理吴贤成涉嫌诈骗案时还有一件事很奇怪：在派人调查吴贤成借款去向进行取证时，专门调取吴贤成把借款打入中建三局一公司(建设深圳贤成大厦的施工单位)账户的2162.22万元人民币，并分四次打入的详细清单。可是，接着吴贤成通过中建三局一公司套汇成2660万元港币，分五次把钱取走的事实材料，却明知不取。这又是为什么？

七、港商王文洪为什么对深圳贤成大厦投资

泰商吴贤成与他老婆翁婵珍在泰国注册了泰国贤成两合公司，注册资本200万泰铢(当时相当于人民币60万元)，吴以泰国贤成公司名义与深圳四家公司(深圳市工艺服装工业公司、深圳上海时装公司、深圳上海二轻工业贸易公司、深圳市家用工业公司)合作，由中方四公司出地，吴贤成出资，合作在深圳建贤成大厦。在1989年当时号称“中国第一楼”。1989年4月13日注册了深圳贤成大厦有限公司，到1994年4月13日期满，吴贤成任董事长。

由于吴贤成无心、无钱投资建大厦，贤成大厦注册后两年多未开工建设。于是吴私下拉港商王文洪投资建深圳贤成大厦，双方签订了《协议书》，约定各投资1.1亿港元建设大厦，吴把贤成大厦权益让给王50%。《协议书》签订后王文洪打入贤成大厦公司1亿多港元，大厦开始建设，但吴仍不投资。这时王文洪要求吴给办理深圳贤成大厦有限公司股东的法律手续。吴不但不予办理，反而说王的投资是吴自己的投资。于是吴贤成请求仲裁：“①裁定与王文洪签订的《协议书》无效；②裁定王文洪在深圳贤成大厦有限公司内没有任何股权及权益；③裁定王文洪在深圳贤成大厦有限公司没有实际投资；④裁定吴贤成与王文洪在签订《协议书》前后没有欺诈行为和侵权行为。”真是此地无银三百两！

国际经济贸易仲裁委员会深圳分会经过认真调查取证和核实有关材料，做出了终局裁决：“王文洪在深圳贤成大厦有限公司中具有实际投资；令吴贤成在30天内给王文洪办理成为深圳贤成大厦有限公司合作者的法律手续。”

吴的请求仲裁失败（这就是某些人所称之所谓“产权纠纷案”）。吴贤成至今拒不执行仲裁裁决。

王文洪就是这样被吴贤成拉入贤成大厦建设的，但直到现在也未成为真正的股东，而只好称为“港方真正投资者”。

这一系列事实充分说明，吴贤成无钱、无力、无心建贤成大厦，只是以建贤成大厦为名义，干了许多正常人很难于理解、很难干出的事情。

八、思考

此一惊动上下、轰动海内外的案子，包括所谓产权纠纷案、刑事诈骗案、民事贷款诉讼案、吴贤成告深圳市政府的行政诉讼案等等。武汉市人民法院的再审判决，只是了结了民事贷款诉讼案，从而使诈骗刑事案件再也无法隐藏。这只是揭开冰山的一角。就这一角，就引发了人们诸多的疑问和思考。

思考之一：吴贤成、段继红以建深圳贤成大厦之名，用香港和泰国的公司在武汉、西安等地借款。款借到后套成外汇据为己有，然后与银行串通，以假“协议”、假“投资合同”把还款责任转嫁给与吴借款无关的深圳的公司，七年多借款不还。吴、段至今逍遥法外。我国刑法规定，诈骗罪是指以非法占有为目的，用虚假事实或隐瞒真相的方法骗取财物的行为。用这把法律的尺子去衡量，吴、段难道构不成诈骗罪吗？三级检察机关联合专案组经过两年多调查取证，于1996年11月15日写成的《关于吴贤成案件的情况报告》中写道：“犯罪嫌疑人吴贤成、段继红采取隐瞒事实真相、提供虚假担保、行贿国家工作人员、转嫁还债责任等手段，利用合同诈骗国内银行巨款5900万元，占为己有，数额特别巨大，情节严重，其行为触犯《中华人民共和国刑法》第一百五十二条之规定，构成诈骗罪，应当依法追究刑事责任。”这义正词严、掷地有声的报告，却被最高检察院反贪局原领导人以“本质上纯粹是一种民事经济纠纷”的声音所压制，而起不了作用，接着把案件以“构不成诈骗罪”撤掉，把拘捕的涉案人员放掉了事。这个事实说明了什么？值得深思。

思考之二：在我国引进外资过程中，假投资、真诈骗大有人在，不足为奇。但是，外商与国内的国家银行领导干部串通起来，以假协议、假合同欺骗国家、损害国家利益，这就不能说不奇怪了；这些银行部门的领导人又以假协议、假合同为据，协助外商转嫁债务，把与吴贤成借款无关的第三方告上公堂，这就太离谱了；武汉某检察机关的反贪部门出具《情况说明》，把假的说成是真的，武汉市法院民事庭初审竟把真合同隐去不提，依据假合同枉判……这一路“绿灯”，使外商诈骗屡屡得手，畅通无阻，这就更离谱了！在这些行为的背后究竟藏匿着什么？令人深思。

思考之三：如果此案不是被武汉市法院告申庭的法官以秉公执法、正气凛然的大无畏精神，经再审予以纠正，那将是一种正邪颠倒的局面。中国的干部、职工和真正的外商投资者将怎样认识和评价我们的金融秩序和司法公正？中国还有什么社会主义市场经济的正常秩序可言？还有什么讲政治、讲正气和安定团结可言？

事实再一次证明，正直的执法人员是绝大多数，并得道多助；违法乱纪分子是少数，而且失道寡助。隐瞒是不能持久的，正义终将战胜邪恶！

思考之四：从这一案件中我们可以看出，我们一些干部（甚至高级干部）很容易被一些不法分子的金钱、物质的糖弹打中，或被一些非正常人事关系所左右，不惜干出出卖良心、出卖法律、出卖国家利益的勾当来。为了蝇头小利去甘当违法犯罪分子的帮凶，而且利用手中权力，大搞权钱交易。这些人已经由人民的公仆沦落为社会主义的蛀虫。

思考之五：纠正这桩错案、冤案的执法人员与违法犯罪作坚决斗争的广大干部、群众，虽然受到很多非议，受到很大压力，受了很多委屈，但是，他们始终以国家利益为重，以维护国家的法律尊严为重，以维护社会主义市场经济正常秩序为重，正义凛然，光明正大，站在反腐斗争的前线。这样的人多了，我们党、我们国家正气就大了，我们的事业就大有希望了。否则，主持公道和正义的人会越来越少，建设社会主义法治国家也将成为泡影。

总之，这一案件给我们留下的思考太多、太多，给我们留下的话题太重、太重，给我们留下的教训太深、太深。我们要认真总结经验，吸取教训，为我们国家的长治久安和反腐败斗争的胜利而奋斗不止。

关于西部大开发的几个问题*

（2000年2月）

在世纪之交，党中央审时度势做出了西部大开发的决策，深得全国各族人民的拥护和国内外各界人士的支持。

西部大开发绝不是较短时期的权宜之计，而是要长期坚持实施的重大战略决策；西部大开发决不仅仅关乎西部地区，而是关乎全国各地区发展、走共同富裕道路的全局性重大问题；西部大开发决不仅仅是经济的开发，而是涉及经济、社会、生态、环境等诸多因素的系统工程。因此，做好西部大开发应当做到五个双到位，即：政府行为与市场行为双到位；中央政府调控与地方政府调控双到位；产业政策倾斜与地区政策倾斜双到位；经济、社会的治理和开发与生态、环境的治理和开发双到位；对外开放与对内开放双到位。

一、关于政府行为与市场行为双到位问题

西部大开发必须以政府为主导（特别是中央政府），主要体现在：一是制定大政方针和政策，并适时通过国家的立法形式把党的方针政策体现出来；二是制定长远规划和分阶段的规划，既有全面综合规划，又有各行业的专业规划，并使之协调配套；三是组织领导规划的实施和调控、协调和服务；四是精心培育市场，建立、健全和完善市场经济体系和运行机制；五是集中全国的人力、物力、财力加大对西部的基础设施、环境保护和资源开发等特色产业的投入，积极争取外援，大力推进西部开发的顺利实施。

西部大开发必须运用市场机制，要充分发挥“看不见的手”的作用，决不可以以“看得见的手”取而代之。其要点：一是必须贯彻市场经济原则，遵循市场经济规律；二是任何开发活动都要讲求效益，而且是经济、社会和环境效

* 原载《深圳特区报》2000年2月23日。

益的统一；三是必须紧紧围绕市场进行开发，不仅着眼于国内市场，而且还要着眼于国际市场；四是在开发中不断提高人民教育水平、生活水平、消费水平，扩大内需，拉动经济增长；五是除了西部资源开发和基础设施建设以外的生产性、竞争性项目都要以经济效益为核心，通过竞争比较来确定。就西部的资源开发和基础设施建设而言，也要讲求经济、社会和环境效益。决不能因西部大开发，再在西部上一批经济效益差的项目，造成重复建设和背上新的包袱。

政府行为与市场行为运用得当，会相得益彰；运用不当，会事倍功半。不能只强调市场行为而放弃政府的主导作用，其中的关键是政府要善于培育市场，让市场机制发挥作用，让企业成为市场的主体。

二、关于中央政府与地方政府调控双到位问题

我们党一贯主张发挥两个积极性，即中央的积极性和地方的积极性，西部大开发也要充分发挥两个积极性。在西部大开发中，应更多、更好地发挥地方积极性，中央政府要转变职能、简政放权，减少层层审批，给地方政府一定的政策调控空间。因为，就西部各省、市、自治区而言，情况也是千差万别，要针对各自的实际情况，采取不同的办法和措施才能奏效。地方政府也要转变职能、精兵简政，形成“小政府大社会”的格局，能用市场机制和企业行为去办的事，决不包揽在政府手中去办。地方政府必须在中央的大政方针指引下去因地制宜，而绝不能离开中央的大政方针去各行其是。

三、关于产业政策与地区政策倾斜双到位问题

西部大开发必须制定和实施适合西部地区的、区域性的、特殊的优惠政策，造成西部地区与其他地区的政策势差，才有可能引导资金、技术、人才和项目向西部流动，这是客观经济规律所规定的。

有人认为，实行区域性优惠政策，会破坏地区间公平竞争，就不是社会主义市场经济了，只有全国各地实行“一刀切”的政策才是公平竞争。这是对社会主义市场经济的严重曲解。政策是政府最重要的调控手段，也是政府最重要的资源，正是为了实现公平、为了促进发展、为了从各地的不同实际情况出发，才实行地区间的不同政策，这是“实事求是”原则的重要体现。邓小平同志讲的“两个大局”就体现了从实际出发，在不同地区之间、在不同的时期内

实行不同的政策，使一部分地区先富裕起来，先富带后富，最终实现共同富裕的构想。在全国各地均实行“一律化”的政策是万万行不通的，“没有区别就没有政策”。在我党历史上这种教训实在太深刻了。

制定政策不仅制定地区性优惠政策，而且还要制定产业性优惠政策，对在西部地区鼓励投资的如基础设施建设、生态文化旅游产业、环境保护产业、资源（特别是水资源）开发和高科技等行业给予特殊优惠政策倾斜。把地区优惠政策与产业优惠政策结合起来，形成矩阵式的政策网络，对西部大开发是十分必要的。

不仅要制定西部大开发的优惠政策，而且还需要把政策上升为法律、法规，并且协调配套。这就是最重要的投资环境。

四、关于经济社会与生态环境治理开发双到位的问题

要使西部经济可持续发展，必须提高教育水平和人口素质，必须解决水的问题和生态环境的问题，这样西部经济可持续发展才有可能。

因此，应在西部大开发中利用有利时机调整产业结构，用新技术武装改造传统产业，并形成新的、有特色的优势产业。

在西部大开发中，应把解决水的问题放在最突出的位置。水是威胁西部人类生存的最大因素，也是制约西部经济社会发展的最大因素，改善西部生态环境首先应从解决水的问题做起。解决西部水的问题，国家应该有大的方略，制定大的规划，进行大的投资，花费大的气力，才有望逐步解决；要尊重科学，把水设法留在高处，引到用处，消除害处，增进益处；要开源与节水并重；要有重大政策支持；要动员全民治水、治山、治沙。西部有了水，植树种草、防风治沙才会事半功倍，生态环境才会改善，经济发展才会有“血脉”，人类生存和发展才会有条件。

五、关于对外开放与对内开放双到位问题

我国对外开放已积累了20多年的经验，随着西部大开发和加入WTO，应把对外开放提高到一个新的水平，使我国经济（尤其是西部经济）对世界经济的参与度提高到一个新的水平。这种进一步对外开放，必然是投资领域和市场的开放。开放市场是西部大开发的重要条件。

西部大开发不仅需要对外开放，更需要对内开放，让我国东部、中部各种形态的资本与外国资本在西部地区享受同样优惠政策，促使国内资本加速向西部流动。资本流入西部仍以市场开放、政策引导为条件。资本的流入必然伴随着技术、人才等生产要素的流入。

六、关于西部大开发与城市化的问题

落实西部大开发战略，应以西部现有的大、中城市为载体，带动广大农村地区去实现。西部大开发的过程，也是西部工业化和城市化的过程。我国城市化水平滞后，西部尤其如此，在西部大开发中加速城市化是必然选择。

我国西部地广人稀，城市化方略应以发展大、中城市为主，根据实际条件发展特色小城镇。特别是对现有大、中城市，要进一步做好城市规划，完善功能，扩大容量，增强吸纳能力，使更多企业和农村人口进入大、中城市。这有利于形成规模效应，有利于教育发展和人口素质的提高，有利于人才吸纳和作用发挥，有利于生产要素的合理组合和资源的节约，有利于拉动内需，提高人民生活水平。

在西部地区城市化过程中，要采取切实措施加速城市的现代化。同时要坚决防止和克服“城市病”的发生和蔓延。

在西部大开发和城市化进程中，要特别注意保护好各民族创造的灿烂的文化，并使之发扬光大，形成独具特色和风格的民族文化名城，从而带动旅游业和其他产业的发展。

关于我国城市现代化和城市(镇)化几个问题的建议

——在全国政协会上的发言

(2000年9月)

我国城市(镇)化水平不但滞后于工业化水平,而且也低于世界同等发展水平国家的城市(镇)化水平;城市(镇)化水平与发达国家比差距更大。

消灭城乡差别、工农差别、脑体差别是我们要实现的理想目标,而城市(镇)化的进程,使我们离这个理想目标越来越近。

新世纪即将来临,从一定意义上说,21世纪是中国城市(镇)化世纪,我们应该抓住历史机遇,加速我国城市(镇)化进程,从而提高人的自身素质,提高生活水平,扩大需求,促进经济的迅速增长,从而进一步满足人们的更高需求。

为此,提出如下建议:

一、建议国家组织制定全国性的城市(镇)化方略和全盘规划,制定出适应和促进各类城市(镇)发展的战略目标和方针政策

譬如:稳步发展特大城市(400万人口以上)和大城市(100~400万人口),积极地发展中(50~100万人口)、小(20~50万人口)城市,有重点地发展各具特色的小城镇(20万人口以下)。在实现工业化的同时,加速城市(镇)化步伐;在克服和防止"城市病"的同时,使大、中、小城市和小城镇协调发展。到2050年使我国城市(镇)化水平由目前的30%提高到70%。

制定城市(镇)化战略规划,无论从哪个方面讲,都是十分需要的。

二、建议国家适时建立三个指标体系

1. 建立城市现代化指标体系。目前我国城市都在向现代化城市迈进。更有些走在前面的城市，已经提出在21世纪初期实现城市现代化的目标。因此，及时提出城市现代化指标体系，对城市向现代化迈进具有重大指导意义。目前中国城市发展研究会已初步提出30项指标体系（草案），如果再经过城市工作者和专家论证之后，由国家发布试行是可取的。

2. 建立以县为单位的城市（镇）化指标体系。城市（镇）化势在必行，但这是一门科学，必须尊重科学、实事求是，不能一哄而起。因此，建立必要的指标体系，用以衡量城市（镇）化水平，是十分必要的。山东已在20个县进行了城市（镇）化试点，并初步制订了20个指标体系，可以在此基础上加以总结完善和推广试行。

3. 建立小城镇建设的目标体系。在中共中央十五届三中全会提出发展小城镇是个大战略和今年中共中央十一号文件指引下，小城镇建设方兴未艾。在此种情况下提出小城镇建设的目标体系就显得十分必要。如人口规模目标、基础设施目标、环境设施目标、文化教育设施目标、产业发展目标等等。按照目标要求去建设小城镇，就会避免造成新的重复建设和巨大浪费；避免造成新的环境问题；避免给人民群众生产、生活造成新的困扰。这个目标体系应在科学论证的基础上提出和试行。

三、建议国家组织力量，在调查研究的基础上，使我国的行政管理体制的链条缩短，层次减少，人员精简，效率提高

目前，我国的行政管理层次有中央、省（市、自治区）、地（市）、县（市）、乡（镇）五级。如果再算上副省级和副地级等层次就更多。层次多的直接结果是人多，效率低，工作难落实到底，群众负担重。在城市（镇）化过程中，适当调整行政区划结构，减少层次使其发挥更大效能，是有其必要的。

四、加强小城镇的民主、法制建设，加速乡（镇）的机构改革，有条件的地区应当合并乡（镇），以求较彻底解决减轻农民负担问题，提高农民的生活水平

1. 现在交通、通信很发达，适当扩大乡（镇）管辖范围，已是可行的。江苏、浙江、山东等省市对乡（镇）进行适当合并，已取得很好效果。如江苏省已由1975个乡（镇）合并为1466个乡（镇），撤并掉509个乡（镇）平均面积扩大17.06平方公里，达到66.2平方公里，平均人口增加1.13万人，达到4.26万人。此一工作在较短时间完成，社会平稳，群众满意。

2. 上级设在乡（镇）的“七所八所”亦应抓紧改革，能撤并的均应撤并。再不允许有向农民直接收取费用养活自己的机构存在。设在乡（镇）的“人大”、“政协”机构建议撤销。

3. 在城市（镇）化过程中，选择党的领导力量强、经济基础好、社会风气正的镇进行镇级行政领导直选试点，以推进民主化进程，如果与现行《地方组织法》有悖，全国人大可以通过试点议案解决。

4. 基层乡（镇）精简下来的干部的去向问题，需要妥善安置。山东的做法值得借鉴。他们结合农村产业结构调整，让精简下来的乡（镇）干部去承包新开发的产业，给农村产业结构调整做示范，效果很好。

五、农村城市（镇）化要从我国东、中、西部的不同情况出发分类指导

在我国东、中、西部地区的情况差别很大，在城市（镇）化过程中必须区分不同情况，进行分类指导。如长江三角洲、珠江三角洲等地可以实行就地普遍城市（镇）化；而在中、西部却完全不现实。又如沿海地区城市（镇）化，土地问题，特别是与耕地的矛盾十分突出；而西部则主要是资金和投资环境、生态环境问题十分突出。因此，不可能采取同样的政策和办法，必须区分不同情况，实施具体有效的、有针对性的方针政策。如果用没区分的政策指导则容易出毛病。

六、关于城市（镇）化中的土地问题

城市（镇）的发展需要土地，我国人均耕地少而且减速很快，矛盾突出，为

解决好这一矛盾，应在总结各地经验的基础上，制定具体政策和法规。如：

1. 改革目前土地出让费一次性缴纳50～70年的政策，改为年度均衡缴纳，使其分散化长期化缴纳的政策。这样可防止和克服三方面的弊病：①克服企业特别是乡镇企业用地时一次性拿出一大笔钱的困难，尤其是乡镇企业在往镇的工业园区集中时，这个矛盾尤为突出；②克服有的基层干部只顾眼前利益和只追求短期效益而不顾长远利益，大量出让土地资源的行为；③防止土地使用期终结时（50年或70年后），企业又要一下子拿出一大笔钱重新购置土地使用权的困境。

2. 城市（镇）建设规划非占用耕地不可时，必须严格实行耕地补偿政策。有的可以用荒地、荒坡、砖窑、旧坟地等改造而成；有的无法就地补偿，可采用异地补偿办法，由占用耕地者出钱，到人少地多的贫困地区去补偿，使资金往贫困地区流动，浙江有些地方用此办法较成功。

3. 在小城镇发展建设中，涉及土地入股、土地置换、土地流转等问题，目前政策、法规均不够明确，在执行中较为混乱，容易出现漏洞。如以租代征现象，亟待制定政策和法规加以规范。

七、在城市（镇）化过程中，户籍制度改革势在必行

现有近亿的农村劳动力到城里做工，怎么样使他们逐步成为产业工人和城市居民，应采取措施解决他们的住房、社会保障、子女读书等问题。应以居住和就业情况为基本条件，使这部分农村人口留在城市。

此问题对我国经济、社会发展和稳定关系重大，中央应适时调整户籍政策，通过户籍政策调整，促进城市化和“三农”问题的解决。

八、国家财税金融政策应适应城市（镇）化的发展，满足城市（镇）建设资金需求

1. 增加城市（镇）维护建设费（应改为税）的收取比例，并明确谁收谁用的原则。同时取消城市（镇）名目繁多的收费项目。

2. 国有企业上交的利润，国资经营部门应将此利润只用于国企的改造和发展，而不能用于城市（镇）建设。如果把国企上缴利润用于城市公用事业和基础设施建设，就会造成国企与其他所有制企业不公平竞争的状况。

3. 国家和上级政府对与小城镇相关的建设项目，如公路干道建设、电网建设、广播电视电缆建设、通信线路建设、供水供气管网工程等等，应由国家和上级政府承担，不让小城镇分担。

4. 深化城建改革，凡城建中属经营性的项目，均应实行开放式、市场化原则，实行投资主体多元化，谁投资、谁所有、谁受益的原则。同时，财税上实行鼓励和优惠政策。

5. 城市土地出让收入的绝大部分留给所在地的城市（镇）政府，用于城市（镇）建设。

6. 银行应有较长期的优惠贷款额度支持城市（镇）建设工程，国家也可以适度发行城市（镇）建设债券，支持城市（镇）化发展。

九、城市（镇）化最根本的目的是为广大人民群众谋利益

通过城乡结构、产业结构和人口结构的调整，达到提高人口素质、促进经济发展和提高人民生活水平的目的。因此，在工作中必须遵照广大群众的意愿，做好深入细致的思想工作，避免搞“一律化”“一刀切”、强迫命令、急于求成，因而损害群众利益，甚至影响社会稳定；避免乱集资、乱摊派，加重农民负担；避免基层干部借此牟取私利、损公肥私，甚至贪污受贿、挪用公款等违法乱纪行为；避免只注重城市（镇）外延扩张，而忽视城市（镇）内涵深化发展，只注重出“政绩”的“形象工程”，而忽视城市（镇）经济体制改革和城市（镇）功能的完善，从而造成就业不足、教育不足、住房不足、供水供电不足、环境治理不足等新的“城市病”的危险。

因此，从广大人民群众的利益出发，做好城市（镇）化工作，是我们的出发点和归宿，这是一条不可动摇的原则。

克服体制障碍　迎接“十五”挑战

（2000年11月）

新世纪之初，我们迎来了“十五”计划，这既是一个发展机遇，又是一个严峻挑战。我们一方面要抓住机遇，加快发展；另一方面要采取措施，迎接挑战。

在诸多的挑战中，最主要的挑战应该是逐步健全和完善社会主义市场经济体制和运行机制，克服体制性障碍，进行体制创新。正如中共中央十五届五中全会通过的《中共中央关于制定国民经济和社会发展第十个五年计划的建议》中所说的：“发展经济和结构调整归根到底要靠改革。要大胆探索，勇于创新，突破影响生产力发展的体制性障碍，逐步完善社会主义市场经济体制。”

为什么体制问题成为主要挑战呢？

“十五”计划的建议提出我们把发展作为主题，这是完全正确的。要使经济、社会取得快速、健康发展，必须建立在完善的社会主义市场经济体制和运行机制的基础上，这是毫无疑义的。此其一。

“十五”计划的建议提出我们把经济结构调整作为主线，这是完全必要的。经济基础结构调整能否成功，也取决于社会主义市场经济体制完善和运作得如何。市场经济体制健全，能够做到以市场为基础配置资源，使企业成为结构调整的主角，使市场信息畅通无阻，对结构调整起到客观的指导作用，经济结构调整就有可能成功。反之，如果市场经济体制不健全，形成以行政手段为主配置资源的局面，使政府经济部门成为结构调整的主角，经济结构调整就有可能失败，这种教训曾在我国不长的历史中反复出现过。因此可以说，经济结构调整成败的关键是突破体制性障碍，健全社会主义市场经济体制。此其二。

“十五”计划的建议提出以科技进步作为动力，是完全适当的。科技进步离不开体制创新，只有市场经济的新体制才能更好地支撑起科技进步的大厦。没有新体制和新机制的健全和完善，科技进步将大打折扣，体制性的障碍不克服，会把科技进步扼杀在摇篮之中、扼杀在书斋之中，很难把科技转化为生产力和形成现代化的高科技产业。此其三。

我国的国有企业要转变经营机制，建立现代企业制度，这是毫无疑义的。但企业转变经营机制的前提条件是政府职能的转变，是市场经济体制的完善。如果政府职能不转变，市场经济体制不完善，只让企业转变机制，那等于白说。特别是国有上市公司，直接面对着广大社会股民，与人民群众利益直接相关，转变经营机制，建立现代企业制度尤为迫切，因此，它对建立和完善市场经济体制的要求也尤为迫切。如果这些上市的国有大中型企业不能尽快转变经营机制，经营失利，不能反馈股民利益，几年之后，潜伏的危机就有可能爆发，这绝不是危言耸听。从这个角度看，转变政府职能、完善市场经济体制也迫在眉睫。此其四。

我国即将加入WTO。加入WTO后对我国的最大冲击不是行业，也不是产业；而是政府，是经济体制和运行机制不适应国际竞争要求的冲击。这一生死攸关的挑战，决定着我们能否迅速形成很强的国际竞争力，能否形成同国际大跨国公司相抗衡的大企业集团，能否造就与国际大公司相媲美的劳动生产率，能否在国际竞争中取胜，如此等等，都有赖于社会主义市场经济体制和运行机制的健全和完善。此其五。

从人才的管理、选拔和使用的角度看，进行体制创新也势在必行。对人才的管理和使用要适应市场经济体制的要求，实行公开化、市场化和法制化。在人才市场的激烈竞争中，给人才以施展才华的广阔天地，使大批优秀人才脱颖而出，形成千帆竞渡、百舸争流的局面。在社会主义市场经济条件下，我党党管干部的原则，不应再体现在让哪个部门去管，部门之间如何分享管人的权力；而是体现在党中央领导下，通过国家权力机关建立适应市场经济要求的选人、用人的体制和运行机制，建立相应法规和制度，使我党党管干部的原则在更高层次上得到体现，从而大大促进科技进步和生产力的发展。此其六。

此外，第三产业的发展，农业和农村经济结构的调整，行政管理体制的改革，西部大开发的顺利进行，城市（镇）化的实施，资源的管理和生态环境的保护等等也都有赖于社会主义市场经济体制的健全和完善，有赖于体制创新。

体制性障碍不克服，我们就难以建立完善的市场经济体制和运行机制，因而也就难于实现由计划经济体制向市场经济体制的根本转变。

那么，障碍究竟在哪里呢?

首先，是传统思维、传统观念、习惯势力的障碍。以往的事实告诉我们，人们往往是重陈规、轻创新，重一致、轻变化，重规范、轻突破，重行政、轻市场，重主观、轻客观，重权力、轻规律。这是旧体制和传统文化给人们打下的深深的烙印，人们自觉不自觉地在这个烙印周边徘徊，这是一种思想文化方面的障碍。没有很强的思想解放运动的冲击，这个障碍难得退却。

其次，体制转变过程中权力和利益重新调整的障碍。这个障碍是个根本性、实质性的障碍，这个障碍与前一个障碍紧紧地交织在一起。由计划经济体制向市场经济体制的转变，就意味着由行政权力支配型经济向市场主导型经济转变，就意味着某行政官员权力的丧失、地位的变化、谋私利筹码的不复存在。有的人不愿意承认这一点，但是，仔细想想：政府职能设置在机构改革时为什么部门之间对行政权力“寸土必争”？为什么政府部门的审批项目越来越多，而且越来越喜欢审批权力上收？为什么分配干部时都愿意到有权有势的部门去？一些领导人又为什么总想把自己的亲信安插到有权有势的部门去？难道不是旧的权力和利益观念在那里起作用吗？有的甚至私利膨胀，用公共权力结党营私、贪污受贿从而走上违纪、违法和犯罪道路。

克服这个障碍，难就难在障碍存在于权力机体本身。我们党坚定地提出了改革的方向和方针，但是障碍又来自行政机体的内部，有时革命的动力和革命的对象集合为一身。不痛下决心进行自我革命，没有一大批有高度觉悟的、有很强事业心的、有很强烈忧患意识的、有炽烈的群众观点的领导干部是难于使此一改革成功的。政府职能的转变，行政体制的改革，市场经济体制的健全完善，正需要这么一大批干部。

再次，由计划经济向市场经济转变，同时也意味着由政府部门的直接微观管理向间接宏观管理转变。由过去的直接批人、批钱、批物、批指标、批项目等转到调查研究、掌握信息、宏观调控、宏观管理上来。前者简单，用基数法、水平法，加加减减就可以搞定；而后者可不那么容易，没有一定的学识、经验和水平是万万搞不好的，因而人们容易弃难就简。前者容易与个人私利联系起来，后者是与国家宏观利益联系起来，于是有人往往弃后者从前者就不难理解了。

从上述分析不难看出，坚决对行政体制进行改革，认真转变政府职能，克服形形色色的官僚主义，是克服体制性障碍的关键所在。我们应该下大决心，花大气力，集中全党的智慧和力量，把这件事办好，使社会主义市场经济体制和运行机制迅速完善、健全起来，牵住这个牛鼻子可以起到事半功倍的效果，使新世纪开局的各项工作不断取得新的胜利。

关于请求查清深圳贤成大厦刑事案件卷宗材料“丢失”的提案*

(2001年3月)

泰国商人吴贤成与中方深圳四家公司合作，中方四公司出土地，由吴贤成投资，在深圳建深圳贤成大厦(号称“中国第一楼”)。吴并未投资，反而与国内银行工作人员勾结，用行贿和签订假投资合同等手段，在国内中国银行武汉花桥支行涉嫌诈骗银行资金3900万元，又在西安农行职工技协服务部涉嫌诈骗2000万元，此款均换成港币弄到海外自用。

事情败露之后，最高检察院领导决定由最高检牵头，并派陈燕麟副厅长，与省、市检察院组成三级检察机关联合专案组进行立案侦查。陈燕麟专案组认真工作两年多，取到了吴贤成的小老婆段继红与武汉花桥支行行长喻德智、副行长孙云琳、信贷科长刘人本等人，在一个晚上双方签订了把借款甲方香港贤成集团公司(吴贤成注册的空壳公司)与乙方武汉花桥支行签订的借款3900万元的合同(吴贤成本人与孙云琳签的)，把借款甲方改为深圳贤成大厦有限公司的假合同(段继红与孙云琳签的)。因此把还款责任由香港贤成集团公司转嫁给深圳贤成大厦有限公司。

陈燕麟专案组把吴签的真合同、段签的假合同都取证入卷，并且，陈燕麟专案组把武汉花桥支行行长喻德智、副行长孙云琳、信贷科长刘人本、计划科副科长邓军、办公室主任王力强等人在武汉市检察院反贪局交代承认签订假合同的笔录，全部由武汉反贪局复印，取来入吴贤成案卷宗。

就在认定吴贤成严重涉嫌诈骗罪即将结案之时，最高检反贪局局长罗辑、副局长叶惠伦来到深圳，撤换掉陈燕麟专案组，卷宗材料全部移交，此后

* 此文为在全国政协大会上的提案。

由罗、叶为主办案，并立即结论为“吴贤成构不成诈骗罪”。在卷宗移交罗、叶并结论吴构不成诈骗罪之后，发现卷宗里武汉花桥支行领导人交代的承认与段继红签订假合同转嫁债务的笔录九份、50多页材料从卷宗里消失了。如果这些材料存在吴贤成的卷宗里，无论如何定“吴贤成构不成诈骗罪”是站不住脚的，是经不起历史检验的，于是这些有力的证据就从卷宗里消失了，我们怀疑很可能是一种职务犯罪行为。应把“丢失”卷宗材料问题查个水落石出。

不仅如此，吴贤成、段继红与花桥支行领导人之间有行贿受贿行为，陈燕麟专案组已查实，当事人已承认，并交出了受贿的钱和物品，但至今未得到惩处，应依法处理。

罗、叶在接替陈的专案组后，一不审阅厚厚的卷宗，二不找当事人和中方企业调查，三不听陈燕麟专案组意见，马上就以叶惠伦等三人“承办人”名义给最高检写出“吴贤成构不成诈骗罪”的报告，此报告是非颠倒，与吴贤成及其律师的说法如出一辙，竟把中国国际经济贸易仲裁委员会终局裁决认定吴贤成有欺诈行为的结论给推翻，报告中说什么“虽是终局裁决，但不是终极真理”。请问：检察官有权力否定和推翻仲裁终局裁决的结论吗？叶惠伦等三人的报告完全是欺骗性质的虚假报告，应彻查清楚。

以上事实，请有关单位和领导明察，还司法予公正，还社会予公道，还吴贤成涉嫌诈骗的本来面目，还中国和深圳好的投资环境。

附件:

最高人民检察院办公厅(函)
[2001]高检办发第119号
——关于吴贤成案件有关问题调查情况的复函

厉有为同志:

今年3月,您通过全国政协信访办公室给我院转来反映吴贤成案件有关问题的材料,我院领导非常重视,责成专门调查小组进行调查。现将调查情况及处理意见反馈如下:

一、关于吴贤成案件卷宗材料是否被抽走的问题

经调查,吴贤成等人案件由深圳市检察院1997年8月22日结案归档,共归档26卷。1999年8月6日全案26卷移交深圳市法制局。深圳市检察院档案科证实,在此之前,无人调阅过这些案卷。1999年9月8日,深圳市公安局二处从法制局借走全部卷宗。2000年6月5日,由于段继红不服深圳市检察院的不予赔偿的决定,向广东省检察院刑事赔偿办公室申请复议,该办公室向深圳市公安局二处借阅了吴贤成、段继红案件3本卷宗。经查阅,该3本案卷中没有您在来信中所说的9份材料,但是也不存在缺页或者卷宗材料被抽走的痕迹。同样,另外23本卷宗也不存在缺页或卷宗材料被抽走等问题。

另外,经到湖北省武汉市检察院调查证实,您在来信中提到的9份材料,实际均由武汉市检察院归档,分别装订在1994年武检反贪立字第40号刘人本受贿案正卷第1卷、1994年武检反贪立字第41号孙云琳受贿案内卷第2卷(刘、孙案件与吴贤成案件有关联)。因为刘人本、孙云琳受贿案是由武汉市检察院立案侦查的,对有关的调查笔录由武汉市检察院归档是正常现象。

综上,不存在吴贤成案件卷宗材料被抽走的问题。

二、关于您在来信中提到的9份材料与吴贤成案件之间的关系问题

经查，您提到的9份材料，实为10份。具体包括：中行湖北省分行武汉市花桥支行行长喻德智1994年11月3日询问笔录，11月4日询问笔录；花桥支行副行长孙云琳1994年11月3日询问笔录，10月31日询问笔录；花桥支行副行长阮平1994年11月4日询问笔录；花桥支行计划科副科长邓军1994年11月3日询问笔录；花桥支行信贷科副科长刘人本1994年1月1日询问笔录，11月3日询问笔录；花桥支行办公室主任王力强1994年12月24日询问笔录；花桥支行司机熊钟楼1994年11月5日询问笔录。

调查小组经对上述材料进行审查，并查阅关于吴贤成案件的有关报告、报道等材料，认为：

1. 材料中没有证据证明吴贤成、段继红与花桥支行有关人员存在行贿、受贿问题，据武汉市检察院有关材料反映，武汉市检察院反贪局根据深圳市检察院移送的线索，于1994年10月以涉嫌受贿罪对孙云琳、刘人本立案侦查，经侦查，认为孙云琳、刘人本不构成犯罪，于1996年4月决定撤销案件。1997年11月、2001年2月，武汉市检察院两次复查，均认为孙云琳、刘人本受贿证据不足，不宜作犯罪处理。

2. 吴贤成、段继红与花桥支行对原投资合同进行过修改，但修改合同主要是因为花桥支行怕追不回钱，为与吴贤成打官司追回投资做准备而修改原合同，并非为隐瞒事实，诈骗国家财产。关于签订假合同的问题，是为应付上级检查，双方均知道签假合同的目的，故对该合同并不存在实际执行的问题。因此，无论是在投资合同最初签订过程中，还是在后来对合同的修改，都没有证据证明吴贤成有与花桥支行有关人员合谋，隐瞒事实真相，或者虚构事实诈骗银行贷款的问题。

三、在调查中没有发现高检院反贪污贿赂总局原办案人员有隐瞒证据，写虚假报告的问题

特此函告。

最高人民检察院办公厅

2001年8月6日

抄送：全国政协信访办公室

本院领导同志，纪检组、监察局

最高人民检察院办公厅　2001年8月9日印发

关于对《复函》[(2001)119号函]的意见*

(2001年10月)

尊敬的最高检察院办公厅并韩检察长：

贵厅2001年8月6日的[2001]高检办发第119号函《关于吴贤成案件有关问题调查情况的复函》已经收到。

《复函》中说“我院领导非常重视，责成专门调查小组进行调查”，对此我十分感谢！

但是你们的“调查反馈”意见严重与事实不符，为贯彻中央十五届六中全会精神，为建立实事求是的好党风，为司法公正和惩治腐败，特别是惩治司法腐败，现再提出如下意见。

一、你们的复函中说：“经查阅，该3本案卷中没有您在来信中所说的9份材料，但是也不存在缺页或者卷宗材料被抽走的痕迹。同样，另外23本卷宗也不存在缺页或卷宗材料被抽走等问题。”又说，“您在来信中提到的9份材料，实际均由武汉市检察院归档”。结论是：“综上，不存在吴贤成案件卷宗材料被抽走的问题。”上述结论严重与事实不符。

事实是，最高检察院开始立案侦查泰商吴贤成涉嫌诈骗案时，派副厅长陈燕麟为首的专案组去武汉请武汉市检察院协助调查，向涉案人中国银行武汉花桥支行副行长孙云琳、科长刘人本等人做询问笔录，他(她)们交代了接受泰商吴贤成小老婆段继红(武汉人)贿赂人民币、港币、泰币和彩电、录像机等行贿、受贿事实，并同时交代了他(她)们与吴贤成及其段继红串通签订假投资合同两份、假催款通知书两份、假收条两份、假关于指定汇入账号的函等一系列假文书。吴贤成本人以香港贤成集团公司为借款甲方向武汉花桥支行

* 最高人民检察院办公厅119号文件《关于吴贤成案件有关问题调查情况的复函》作为本文附件同时报送。

（乙方）借的3900万元，后来的假投资合同竟然把借款甲方改为深圳贤成大厦有限公司，妄图把还债责任转嫁到深圳的该合作公司身上。他（她）们交代的涉嫌犯罪事实材料原件存在武汉市反贪局，陈燕麟为首的专案组把在武汉的询问笔录全部复印件取回归吴贤成案卷宗。

就在由陈燕麟副厅长为首的专案组节节胜利、即将结案前夕，最高检察院紧急下令撤去陈燕麟为首的专案组人员（专案组已写出了吴贤成构成诈骗罪的结案报告）。另派最高检反贪局罗辑、叶惠伦为首的专案组（称后专案组），而后专案组来后立即认定“构不成诈骗罪”，并以叶惠伦等“承办人”名义给最高检察院写出根本站不住脚的、黑白颠倒的报告。于是陈燕麟为首的专案组复印来的花桥支行行长喻德智、副行长孙云琳、科长刘人本、副科长邓军、办公室主任王力强等人的交代涉嫌犯罪的笔录9份59页材料在后专案组到来后不翼而飞，在卷宗里消失得没有一点痕迹和踪影。

复函中说，“原件存在武汉市检察院”。这我们都知道，无需答复，我们反映卷宗里缺的是复印件，而不是原件。陈燕麟专案组交给后专案组的9份59页复印件究竟哪里去了？

复函中又说“卷宗不存在缺页”。卷宗不缺页就能说明材料没被人取出吗？难道这不正好说明抽取材料者可能是内部人员，甚至可能是后专案组人员的涉嫌职务犯罪行为吗？说明他们想“不露马脚的高明”之处吗？他们明知，“构不成诈骗罪”的结论不能成立，而又要偏偏这么做结论，于是把有关证明涉嫌诈骗犯罪的笔录材料抽出，以使他们的虚假结论不被历史揭露，才这样铤而走险、执法犯法的吗？

这样的“复函”是官僚主义、官样文章，还是在掩盖什么、保护什么呢？

因此，在复函中得出“不存在吴贤成案件卷宗材料被抽走的问题”的结论，是完全站不住脚的。

二、在复函中称：“材料中没有证据证明吴贤成、段继红与花桥支行有关人员存在行贿、受贿问题。”又称：“于1994年10月以涉嫌受贿罪对孙云琳、刘人本立案侦查。经侦查，认为孙云琳、刘人本不构成犯罪，于1996年4月决定撤销案件。1997年11月、2001年2月，武汉市检察院两次复查，均认为孙云琳、刘人本受贿证据不足，不宜作犯罪处理。”

上述结论是严重失实的。“专门调查小组”对武汉市检察院的处理过程和所谓复查可谓“调查”得十分详尽，但是，为什么就偏偏把最高检察院对此事的结论“忘记”调查了呢？

最高检察院高检发反贪字［1997］5号文件《关于吴贤成等人涉嫌犯罪案件处理意见的报告》中，虽然对吴贤成等人涉嫌诈骗犯罪做了完全与事实不符的结论，但是对孙云琳、刘人本和段继红涉嫌受贿和行贿却做出了较符合实际的结论，文中说：“孙云琳、刘人本收受段继红所送一万元港币及彩电、录像机各一台的事实已查清（实际上是把他们收受贿赂的数字做了缩水处理——笔者注），武汉市人民检察院对孙云琳、刘人本涉嫌案件作撤案处理的理由不妥，责成湖北省检察机关对孙、刘涉嫌受贿案重新审查，同时一并审查段继红涉嫌行贿责任。”

我们已向湖北省检察院查询了此事，湖北省检察院以大案太多查不过来为由，直到现在根本未重新审查。据陈燕麟为首的专案组已掌握的线索看，该案还涉及银行更高层次领导人更大的涉嫌受贿问题。武汉市检察院撤案的所谓理由是说吴贤成不在国内，无法取证。而行贿者吴的小老婆段继红在国内并已交代，收贿人也在国内，也亦交代，完全可以认定。

最高检认为武汉市检察院撤案理由不妥是完全正确的。为什么“专门调查小组”竟然得出“不存在行贿受贿问题”呢？令人费解。

行贿、受贿现已查实的数额虽然不是特别巨大，但是由于他们的受贿行为，给国家造成的财产损失，却是特别巨大的！花桥支行借给吴贤成香港公司的3900万元，被吴弄到海外，已9年有余，收回分文了吗？花桥支行以与吴贤成在泰国成立什么“银泰公司”，建什么“泰国贤成大厦”之名，汇给吴贤成的210万美元，收回分文了吗？由于受贿造成的这种巨大的国有资产损失难道还构不成犯罪吗？

明明有行贿、受贿证据，而且是被最高检察院正式文件认定了的证据，“专门调查小组”偏说“没有证据”，这是出于何种目的？

这样的“复函”是官僚主义、官样文章，还是在掩盖什么、保护什么？

国家的最高司法机关对侵吞国家巨额财产的涉嫌犯罪行为竟然如此不负责任，还能让谁对国家财产负责呢？

三、在复函中称：“吴贤成、段继红与花桥支行对原投资合同进行过修改，但修改合同主要是因为花桥支行怕追不回钱，为与吴贤成打官司追回投资做准备而修改原合同,并非为隐瞒事实、诈骗国家财产。”

这又是“专门调查小组”同涉案人员如出一辙的无理狡辩和黑白颠倒之笔!

第一,复函中承认对原合同“进行过修改”,什么修改呢?原合同借款甲方是吴贤成在香港花20元港币注册的香港贤成集团公司(这个公司除在武汉有3900万元借款外,没有其他经济活动,已被注销),借款乙方是花桥支行,金额3900万元,在吴贤成把3900万元换成港币汇往境外,逾期不还后,花桥支行不但不向吴的香港贤成集团公司(真正的借款用款方)讨债,反而与吴的小老婆段继红(此时吴已逃到海外,检察院已立案侦查)合谋又重签了另外一套假投资合同,把原投资合同借款甲方香港贤成集团公司,篡改为借款甲方深圳贤成大厦有限公司。吴的香港贤成集团公司与深圳贤成大厦有限公司虽然董事长都是吴贤成,但两个公司无任何隶属关系及经济关联,为什么吴的香港公司借钱,却让深圳的合作公司还债呢?况且深圳贤成大厦有限公司根本没见过这笔钱、没用过这笔钱,该公司的中方四家股东压根就不知道吴借款的事。甲向乙借的钱不还,然后甲同乙合谋造虚假文书说把钱借给丙了,让丙还钱,这叫做修改合同吗?段与孙、刘不但签了另一套以深圳贤成大厦有限公司为借款甲方的假投资合同,而且还伪造了催款通知书、再次催款通知书,伪造了收条和关于指定汇入账户的函等一系列假文书。这在丢失的9份59页询问笔录中,孙、刘等人均已做了交代。紧接着花桥支行就开始向未借款、未用款的深圳贤成大厦有限公司讨债起诉。武汉市法院仅依武汉市反贪局黑白颠倒的、违法地把假合同说成是真合同,而真合同却变成了假合同的“情况说明”,判深圳贤成大厦有限公司败诉还债,并查封了楼,划走了账号上所有的资金(楼和钱都不是吴贤成投资的)。而吴贤成把借到的3900万元弄到海外,却始终逍遥法外。如果说这还“没有诈骗主观故意,不算诈骗”,那么在中国还有诈骗吗?

第二,“专门调查小组”说是“为了与吴贤成打官司”才“修改合同”。请问:直到现在案件已经发生9年了,花桥支行与吴贤成打官司了吗?他们受了吴贤成及小老婆段继红的贿赂,他们敢告吴贤成吗?吴在泰国境内侵吞了花桥支行210万美元,他们敢吭一声吗?“专门调查小组”“为了与吴贤成打官司”才“修改合同”的结论是从何处得来的呢?为什么无中生有、凭空杜撰呢?

第三，复函称："并非为隐瞒事实，诈骗国家财产。"但直到现在的实际情况，却给这一结论一记响亮的耳光！真正的事实是吴贤成的香港贤成集团公司借了3900万元。这个事实真相不是直到现在仍然在妄图隐瞒吗？国家银行巨款不是仍然在吴贤成手中未还吗？"专门调查小组"难道不是继续在掩盖、在欺瞒国家和群众吗？与9份59页卷宗材料通过"丢失"企图永久隐瞒真相有什么区别？

四、复函中又称："在调查中没有发现高检院反贪污贿赂总局原办案人员有隐瞒证据、写虚假报告的问题。"

这又是在硬着头皮说假话。

就在陈燕麟为首的专案组于1996年11月15日已经写出《关于吴贤成案件的情况报告》，并用铁的事实认定吴贤成构成诈骗罪之后，最高检撤掉陈，接替陈的是最高反贪局罗辑、叶惠伦为首的人，并马上以"承办人"叶惠伦、徐××、杨××的名义又写出《关于吴贤成案情况的报告》，时间写的也是1996年11月15日，结论却是"没有诈骗主观故意，构不成诈骗罪"。同一个案件，同样的卷宗材料，同样的事实，同一天出笼的报告，而且都是最高检的人写的，前后却产生两种结论完全相反的报告，这不令人称奇吗！更奇的是，最高检对陈燕麟专案组的报告知之不理，竟然完全依据叶惠伦的一虚假报告定案！

我们列举几个叶惠伦报告中隐瞒或歪曲事实真相的实例，看看他们有没有"隐瞒证据，写虚假报告"。

例证之一：吴贤成在国内涉嫌诈骗，已经查清的有武汉中行和西安农行两处（尚未查的有广东新会5200万元等等）。在陈燕麟为首的专案组依据铁的事实在结案报告中写明："1993年1月，吴贤成采取与武汉借款同样的手法，以泰国贤成两合公司的名义，与中国农业银行西安市分行职工技协服务部签订借款合同，借到人民币2000万元，年利率20%，根据吴贤成的指定，汇入深圳南泰针纺织品有限公司在中国银行罗湖口岸支行开设的上述账户，由吴贤成个人掌握。借款到手后，吴贤成于1993年10月18日又以泰国贤成两合公司董事长和深圳贤成大厦有限公司董事长双重身份，持两个公司的公章，背着合作中方，与西安农行三方签订'借款偿还协议'。该协议捏造事实，声称：'乙方（深圳贤成大厦有限公司）确认上述借款已全部用于建造深圳贤成大厦……现乙方愿无条件地承担此笔借款本息的偿还责任。'将偿还责任又转嫁给了深圳贤成大厦有限公司。”可是，在叶惠伦为首写的报告中，对吴贤成涉嫌诈骗西安农行2000万元却只字不提。因为在西安的诈骗行为十分明显，无法掩盖和诡辩，为了得出“构不成诈骗罪”的结论，只好隐瞒不提，欺骗国家！

例证之二：吴贤成从中行武汉花桥支行借到3900万元，又从西安农行借到2000万元，全部汇入深圳南泰账户，由吴通过各种手段换成港币提到境外，根本就没用于建造深圳贤成大厦，也没汇入深圳贤成大厦有限公司账户（资金往来账目已经查得一清二楚）。陈燕麟为首的专案组在结案报告中认定：“经查，上述银行借款汇入深圳南泰针纺织品有限公司账户后，吴贤成没有投入深圳贤成大厦工程建设，而是通过各种方式，将资金转移，或调换成港币，提现取走。”而在叶惠伦为首的报告中竟然不顾事实，说什么：吴的借款“均直接或间接用于贤成大厦建设”。请问：直接用于建深圳贤成大厦的钱在何处、有多少？什么银行转的账？在国内银行借款偿还吴贤成在境外的个人债务能算“间接”用于深圳贤成大厦建设吗？这不是隐瞒、欺骗又是什么？这不是虚假报告又是什么？

例证之三：在叶惠伦为首的结案报告中，为了得出“吴贤成没有诈骗主观故意”，他是“正常借款”、“能还得起钱”的虚构结论，竟然把吴贤成搞的鬼把戏：让深圳市房屋交易所1993年10月26日，评估深圳贤成大厦的价值人民币8.2923亿元，作为吴拥有的资产，写在报告中，替吴辩护。叶惠伦的报告通过这一手法企图告诉人们：吴贤成拥有8亿多的楼房资产，借几千万元，能还不起吗？因此“没有诈骗主观故意”不就顺理成章了吗？

事实是，由吴贤成背着中方四家股东把港商王文洪拉入深圳贤成大厦公司入股后，王文洪投入1.1亿元港币，贤成大厦才开始建设，评估时大厦建到地上五层，由于吴贤成不投入，大厦建设已停工。深圳市房屋交易所是用剩余法（即假定开发法）进行评估的，假定的条件是，投资6.1亿元资金全部到位，在3年半之内建成大厦，楼价每平方米为1.4万元。在这些条件满足的情况下土地和楼房才评估出8亿多元的价值，这些在当时都是空的、假设的。这能算吴贤成个人实际拥有的资产吗？这能构成吴贤成不是诈骗的证据吗？吴贤成个人借款不但不还，也不用于建设深圳贤成大厦，反而把债务转嫁到深圳贤成大厦有限公司身上，画一个8亿的大饼作障眼法，叶惠伦的报告不是替吴贤成骗国家又作何解释呢？难道最高反贪局领导人连这个评估条件都不明白、不调查吗？

例证之四：叶惠伦为首的报告，在吴贤成涉嫌诈骗案的性质问题上，也欲盖弥彰，报告中竟然说："吴贤成案源于泰国两合公司内部股东权益之争，本质上纯粹是一种民事经济纠纷。"所谓"泰国两合公司内部股东权益之争"与吴贤成向国内银行通过虚假合同诈骗金钱是完全不同的两码事，叶惠伦的报告为什么硬着头皮扯在一起？为什么明明是涉嫌诈骗而硬说是民事经济纠纷？根据已经查明的事实，陈燕麟为首的专案组的结案报告中说："犯罪嫌疑人吴贤成、段继红采取隐瞒事实真相、提供虚假担保、行贿国家工作人员、转嫁还债责任等手段，利用合同诈骗国内银行巨款5900万元，占为己有，数额特别巨大，情节严重，其行为触犯《中华人民共和国刑法》第一百五十二条之规定，构成诈骗罪，应依法追究刑事责任。"

是不是因为陈燕麟为首的专案组根据铁的事实得出上述结论，使有的人胆战心惊，才在定案前撤掉陈，换上罗辑、叶惠伦来翻案？这是不是在高层司法当局中权与法的较量？

我深知此事水很深、风险很大，更可能引来横祸。9年来我由于反映此案受了不少误解、谣言和污辱，但是党的一个个文件、中央领导同志的一次次讲话鼓舞了我，特别是十五届六中全会精神的贯彻和学习，我党必须有一个好党风，才能不脱离群众，才能得到群众的真正支持和拥护。司法腐败是群众最痛恨的，贤成大厦案已经在国内外广大群众中造成了恶劣的影响。现在是还事情的本来面貌、取信于民的时候了。

最后，希望最高检再不要用官样文章来搪塞我们了。彻底弄清事实真相，依法处理，还公道予社会，还公道予人民，还公道予国家。这才是稳定民心、安定国家之大计。

乞盼再查函复。

此件报送：国家有关领导人和有关部门

关于城市经营

——在贵州都匀全国中小城市会议上的讲话

（2001年7月）

首先我们要回答何谓经营？何谓城市经营？

“经”是规范、治理之意；“营”是谋求、营造之意。经营放在一块形成一个词语，它的含义是筹划营谋，经度营造。经营一词在中国最早的记载是在《史记·项羽本纪赞》：“谓霸王之业，欲以力征经营天下。五年，卒亡其国。”在《后汉书·冯衍传下》有“疆理九野，经营五山”之说。

我们试着给城市经营一个现代定义，就是城市管理者在经济社会活动中，试图按照客观规律，用尽可能少的资源投入、最优的组合，获取最好的社会经济效果，以最佳的方式满足人们的物质文化需求的作为。

经营一词用得最多、最普遍的是企业经营，世界通用。把经营借鉴到城市，那还是近百年以内的事，在我国可以说是改革开放以后的事。

下面我想汇报三个问题：

一、企业经营和城市经营的同异点

（一）共同点

1. 无论企业经营还是城市经营，成败因素关键在人，主要在领导人、决策人，在于领导人对客观规律的认识能力和水平，在于领导人的个人修养，在于领导人的方略能不能充分发挥广大群众的创造性和潜能。这里并没有忽略群众作用之意，只是强调“政治路线确定之后，干部就是决定因素”。

2. 无论企业经营还是城市经营，都是以生产要素、社会要素的最优组合、最少投入获取最佳效果为目标，都讲求效益和效率，降低消耗、降低成本、降低费用，都讲求提高生产力和劳动生产率，就是在市场经济条件下，增加企业和城市的竞争力，经营的目标是一致的。

3. 无论企业经营还是城市经营，都要依法（尽管依据的法律各不相同）和依据客观事物的发展规律办事。

总之，企业经营和城市经营讲效率和效益的理念是相同的，经营依据的客观规律性是一样的，增强竞争力的经营目标是一致的。

（二）不同点

1. 经营的层次不同。城市经营层次高于企业经营，一个企业经营好坏影响城市局部；而城市经营好坏，则影响城市所在的企业群体。

2. 经营范畴不同。城市经营比企业经营的变量更多、社会因素更复杂、背景更深远，城市经营因而也更艰巨、更复杂。

3. 经营的组织架构和性质不同。企业经营是依据《公司法》按企业架构组织，属于经济性经营；而城市经营是依据《地方组织法》按政府架构组织，属于行政性社会性经营，其中也包含更高层次的经济性经营。

二、城市经营应该经营什么？

我认为以下六个方面城市政府应该认真抓好经营。

（一）经营体制和运行机制资源

我们处在由社会主义计划经济体制向社会主义市场经济体制转变时期，在这个时期城市决策者经营好体制和机制尤为重要。以深圳的实践为例。改革开放20年，如果说改革，深圳就做了一件事，就是经营市场经济体制和运行机制。改革初期是单项突破，中期是配套改革，后期是整体推进。到1995年已经初步建立了社会主义市场经济体制的十大体系和四大机制。十大体系是：由市场供求关系形成的价格体系；与国际惯例接轨的国民经济和企业核算体系；国有资产的经营管理体系；生产要素市场体系；在两个低于的条件下企业自主分配体系；以公有制为主体各种经济成分共同发展的所有制体系；社会中介服务体系；社会保障体系；政府宏观调控体系；法律体系等。

四大机制是：劳动者的内在动力机制，包括精神动力和物质动力；市场竞争的压力机制；法律、规章的强制力机制；公民公德的自制力机制。四力合一，形成一个既有动力又有压力，既有纪律又有自由，既有道德自律又有法律强制的和谐、进步的市场经济环境。

（二）经营生产要素（经营市场资源）

使各种生产要素市场化，并使其按市场规律流动起来，在流动中发展、壮大、增值。

第一，人是第一要素市场，尊重人才、尊重人才创造的成果。怎么尊重呢？让他们值钱，让他们的创造发明值钱，值钱就是有价值。以深圳为例：深圳较早就建立了劳动力市场、人才大市场、高级人才市场（高级经理评价推荐中心）等人力资源市场体系。

要造就出人才辈出并积极创造、科技迅速发展、经济迅速成长、收入不断提高的良性人才机制。

人才要素中两种人才最重要，一是科技人才，二是管理人才。既懂科技又会现代管理的复合型人才更重要。我主张让这两种人应该通过创造性劳动首先富裕起来。因为他们富能使国家富、能使群众富，最终实现高水平的共同富裕。

第二，科技成果要素、知识产权要素市场。把科技成果市场化。深圳创立了科技成果交易市场、科技成果经纪人、科技成果评价中心、科技成果孵化器等一套体系，使科技成果尽快转化为生产力。要特别重视依法保护知识产权，既保护自己的，也保护别人的。

第三，金融、证券、保险要素市场。

第四，土地、房产要素市场。

第五，产权要素市场。在一些人批判“靓女先嫁，出卖国家利益”正热闹的时候，深圳就创建了产权交易所。通过产权市场化，使产权流动起来，在流动中调整产业结构，在流动中优化组合，在流动中增值。

（三）经营城市文化和城市文明资源

城市文化和城市文明资源不是天然产生的，而是城市人民在过去和现在不断创造、积累的人文硕果，逐渐形成了城市文明。这种人文资源十分可贵，一是要保护、发掘好城市历史文化资源，这种文化资源随着时间的推移，价值越来越高；二是创造城市新的文化和文明，开拓新的资源。

文化资源可以分为两大类：一是公益性文化资源，二是产业性文化资源。

公益性文化资源，要政府组织、政府投资。深圳采用政府主导、群众自治、共建联办、资源共享。市、区、镇、村四级文化设施全面配套。既有高雅型的大剧院，又有普及型的大家乐舞台；既有全国一流的书城，也有遍及各村、居委会的图书室；既有大规模的关山月美术馆、何香凝美术馆，也有扎根社区的美术画廊；既有东江纵队总部的革命遗址和大鹏古城文化遗址，也有新创建的锦绣中华和世界之窗文化园；既有历史上文天祥爱国志士可歌可泣的文化遗产，也有新创立的城市义工服务大众美德文化；既有唱响全国的《春天的故事》、《走进新时代》和《钢铁是怎样炼成的》等一大批文艺精品，并获取"五个一工程奖"、"文华奖"、"金钟奖"、"广播新歌金奖"、"电视金鹰奖"等等，也有遍及全市城乡的、老少皆宜的群众性文艺演出；既有世界闻名的19岁的钢琴王子李云迪，也有普及各校的少儿音乐团体；既有锦上添花，又有雪中送炭。

产业化文化资源采用政府支持、企业操办的企业化经营，形成品牌效应。如深圳华侨城这个企业集团，创办了六个大型文艺团体，每天晚上三四场各具风格的大型演出，每天有上万观众。如果不是产业化经营，走效益型路子，任何企业也养不起几千人的演出队伍。

在文化事业的开拓、创新和发展的基础上，形成了城市文明。深圳城市文明建设探索了四条路子：一是企业文化建设；二是城市社区的安全文明小区建设；三是农村的股份合作经济与精神文明小区建设；四是以提高青少年素质养成为中心的校园文化建设。每一项都有很多具体内涵和做法，合在一起形成城市的整体文明。

（四）经营城市生态资源和人居环境资源

城市环境资源需要城市决策者认真经营。一方面是保护，另一方面是建设开发。必须在保护的基础上建设开发，在建设开发的同时提高保护水平。这里有几个问题应当着重提出，一是坚持一个理念：决不以牺牲环境为代价发展经济，而要在发展经济的同时提高环境质量；二是环境建设必须与经济建设同步，政府要切实增加环境建设的投入，走可持续发展之路，不能走先污染后治理之路；三是加大环境立法和严格环境执法；四是大力培育公民环境意识。在这四方面工作的基础上，深圳先后被国家评为"园林城市"、"国家环境保护模范城市"、"国家优秀旅游城市"、联合国人居中心"人居荣誉奖"、国际建协的城市规划奖、联合国国际公园协会命名的"国际花园城市"，今年又获世界环保最高荣誉"全球500佳"，实现了人口、资源、环境与经济、社会的协调发展。

（五）经营法治资源。依法治市，依法行政

市场经济是法治经济。法律是正常市场经济的护卫者，是正常社会秩序的护卫者，是广大人民群众利益的护卫者。政府的决策者的头脑中应该有法律的位置，在抓立法的同时，政府要依法行政，要教育广大民众依法从事各项活动。以深圳为例：在1992年7月1日全国人大常委会授权立法以来，深圳市依法治市步入了快车道。

第一，对市场主体——企业进行规范立法。先后制定了《股份有限公司条例》、《有限责任公司条例》、《合伙公司条例》、《股份合作公司条例》、《国有资产管理条例》、《企业清算破产条例》等等，使作为市场主体的企业的经营活动有法可依。

第二，规范生产要素市场。一是房地产市场的立法比较完善。制定了土地使用出让、房地产登记、房屋租赁、房地产转让、物业管理、规划与土地监察、房地产行业管理等条例。二是劳动力市场规范立法比较超前。先后颁布劳务工、劳动合同、劳动安全、职业技术鉴定、最低工资、欠薪保障等条例。三是社会保障立法比较及时。先后制定了企业员工基本养老保险、失业保险、工伤保险、医疗保险等条例。四是建筑市场的立法坚持高标准。较早制定了建设工程施工招标、建设工程质量、建设监理等条例。五是运输市场的立法，比较注重借鉴外国的管理模式。制定了出租小汽车、中小巴、中小型客车营运、道路交通管理等法规，实现了运输市场法制化管理。六是医疗市场的立法，注重改革。制定了医疗机构管理、公民无偿献血和血液管理等法规。七是技术市场的立法着重发展高新技术产业。制定了企业技术秘密保护、高新技术产业园区条例等，促进了高新技术产业的发展。八是商品市场的立法比较全面。先后制定了计量、产品质量管理、酒类管理、价格管理、打假等一系列条例。通过上述几个方面生产要素的立法实践，使城市市场有序、公平、诚信运作。

第三，在规范市场主体的同时，我们还注意规范市场中介机构。先后制定了律师、注册会计师、建设监理、经纪人、公证、财产拍卖、行业协会等条例，推动了中介服务机构的发展与健全，及时满足市场对中介服务的需求。

第四，通过立法规范人大、政府自己的行为。先后制定了人大常委会议事规则、人大常委会讨论决定重大事项规定、国有资产管理条例、行政监察条例、政府审批制度改革若干规定、综合执法规定、政府采购条例、信息化建设条例、市政府投资项目的管理条例、审计监督条例、深圳市制定法规条例等。同时，对环境保护，污染治理，绿化美化，社会治安，扫除黄、赌、毒等方面都制定了几十部相关法规。立法重要，执法更重要，人大、政协对政府部门进行执法监督、检查，同时，广大民众、广大法人和媒体对政府的执法情况进行监督。

（六）经营信息资源

在我们步入21世纪的同时，我们已经迎来了信息化时代，信息化是这个时代的显著特征。于是信息资源就成为最宝贵的资源，资信产业就成为主导产业。谁最优先掌握资信技术、谁最优先发展了资信产业，谁就抢占了世界高科技的制高点；谁的信息资源利用得好、谁的信息化建设走在前列，谁就抢占了发展先机，生产力迅速发展，社会面貌和生活面貌迅速改变，城市功能迅速提高，现代化城市迅速崛起。

在上个世纪90年代初期，西方发达国家和日本先后制定了国家信息化建设方针措施和目标。1993年美国制定了“信息高速公路”计划，颁布了《美国国家基础设施行动计划》。同年日本制定了《行政资讯推进共同事项行动计划》。1994年欧盟提出了高速公路的战略框架。到90年代后期电子政务、公众电子服务发展迅猛。我国虽然起步较晚，但是信息高速公路建设和城市政府信息化建设发展很快。从1992年我国就开始推动办公自动化建设，1993年开始推动金桥、金关、金税和金卡等金字工程建设。政府机关、银行、外汇管理、海关、税务和财政等部门先后实现联网，取得很大成效。例如深圳市最早在全市建设起信息化建设领导小组，实施了信息化工程，率先建成了深圳信息网，把邮电网、有线电视网、无线数据网、卫星网四大网络建设一个统一的公共信息网格平台，并建成了几十个各类数据库，在政府机关、企业、医院、学校和居民小区实现宽带上网，实现远程会诊、远程教学、远程招聘人才、多点电视会议、应急指挥系统、领导办公服务系统、政府信息公布系统、数字视频广播系统等等。

在信息化工程建设中，我们致力于大力发展信息产业，力争在信息工程建设中用自己研制和生产的产品。深圳电子工业的总产值占全市工业总产值的50%，电子工业产品出口占全市出口总额的60%左右。国家为了推动信息化建设，于90年代中期在深圳召开了我国第一次信息化建设会议，会上邹家华副总理充分肯定了深圳的做法，推介了深圳的规划。这里有两大难点，政府必须协调解决：一是邮电网与有线网怎么统一，不搞重复建设问题；二是政府部门强调自己特殊，以保密为由，不肯资源共享问题。但是采取恰当措施是完全可以解决的。

信息资源的开发利用是城市现代化的必由之路。

除了以上六个方面，政府要认真经营好以外，作为城市领导人还有不应该经营的，那就是不应该经营权谋，不应该经营位谋，不应该经营情谋。经营权谋就是会导致玩弄权术、以权谋私、权钱交易；经营位谋就会专心经营个人地位，不择手段谋求个人地位升迁，弄不好就会产生跑官、买官、卖官现象；经营情谋就会丧失原则、以人画线、拉帮结派、结党营私。经营权谋、经营位谋和经营情谋的结果往往产生负效应，因而对整体利益和整体发展不利。

三、城市领导者怎么经营城市？

（一）按客观规律去经营城市

主要有以下三方面客观规律：

社会发展规律：如财产占有规律、物质利益规律、物质与精神相互作用规律等等。

经济发展规律：如价值规律、剩余价值规律、平均利润率规律等等。

自然界发展规律：如生态平衡规律、宇宙演变规律、生物基因规律等等。

世界万物都有其发生、发展、消亡的规律性，人们只能认识这些规律，不能创造规律，规律都是客观存在的、是不以人的意志为转移的。人们按照客观规律办事，就会成功；人们违背客观规律，就要遭到失败，就碰壁，就会受到惩罚，就要吃苦头、走弯路。

如财产占有规律，社会财产占有均衡，这个社会就稳定；如果这个社会财产占有极不均衡，两极分化，这个社会就失去稳定的基础。社会主义社会就是要解决资本主义社会原来的财产占有极不均衡问题才诞生的。极少数人占有绝大多数生产资料，就是资本主义社会；绝大多数人占有多数生产资料，就是社会主义社会。江总书记十五大报告讲的劳动者的劳动联合与劳动者的资本联合是属集体经济性质，企业职工内部持股制和农村的股份合作制就是走的这条路子。现阶段在农村培育龙头企业带农户的模式，是一条好路子，但是，看怎么样走法，如果不建立利益均衡机制，很容易使利益向龙头企业倾斜，这就容易产生两极分化。美国4家跨国农业公司，占全美国79%的宰牛业务、57%的宰猪业务、62%的面粉生产、80%的大豆加工，美国市场上的炸鸡食品一半是这四大公司的份额。这四家跨国的农业龙头企业也带动大批的家庭农场，据调查这四家公司的利润率是25%，而他们所带动的农户的利润率是3%，显然是两极分化。我们要引以为戒，要注意建立龙头企业与所带动农户的利益均衡机制。吉林省的德大公司，一年宰鸡1亿只，带动6200个农户养鸡，平均养一只鸡农户最低利润保障一元钱。而某省某大型宰鸡公司，农户养一只鸡利润只0.5元。显然龙头企业与农户的利益不均衡。

还有就是物质利益规律。邓小平说，不讲物质利益是唯心论，对少数人可以，对多数人不行，时间短了可以，时间长了不行。我们共产党人就是要维护大多数民众的物质利益，为他们的物质利益而奋斗，但这不是包办代替，而是运用这一规律，建立好的机制，让广大群众最大限度地发挥（为国家也是为自己）创造能力。

又譬如生态平衡规律，过去我们没有认识，违背这一规律，以粮为纲，毁林、毁草开荒种粮，结果是破坏生态，水土流失严重，沙化严重，草场沙化、退化，现在又不得不回过头来退耕还林、还草，国家供给粮食，这一反一正是几代人？是多大损失？

所以，城市工作者千万要研究客观规律，认识客观规律，按客观规律办事，方能取得事半功倍的效果。邓小平九二年南方谈话为什么反复强调基本路线一百年不动摇？就是他向后人的交代，他认为党的基本路线符合客观规律，符合中国实际，所以不能改变。

（二）按照广大民众的愿望和利益去经营城市

这是共产党人宗旨的体现，这是民众的期盼，这是城市工作者应有的品格。是真心实意为民众而干，而不是为自己谋官而干；是真心实意为解除民众的疾苦而干，而不是对群众疾苦漠不关心；是真心实意为谋求发展而干，而不是弄虚作假、虚报浮夸；是真心实意为改善和提高群众的生活水平、生活质量和生活环境而干，而不是劳民伤财做表面文章、搞什么政绩工程。

要按照广大民众的愿望和利益去经营城市，就必须了解民众的愿望是什

么?民众的利益在哪里?因此:

1. 要改变政府以往的工作方针,由重发展速度转变到重就业上来。现在百姓最需要的就是就业,我们的发展也是为了创造更多的就业机会,使更多的人就业。

2. 政府的决策,在法律范围内尽可能扩大民主。只有这样才能真正体现人民群众的愿望和利益。现在搞市场经济,利益主体多元化了,各种利益群体的利益有时可能是有矛盾的,政府决策者要慎重和权衡利弊,要注意维护绝大多数人的利益,要注意维护弱势群体的利益。

3. 只要符合"三个有利于"和"三个代表"的事,我们都要努力去做,有阻力有障碍也要设法克服和解决。要大胆改革和创新,创新是一个民族的灵魂,更是一个城市的灵魂。但创新必须是符合客观规律和广大群众意愿。不是什么都可以戴上创新的帽子。

4. 转变作风,尽可能轻车简从,深入群众之中了解真实情况。干部作风问题已经成了阻碍前进的大问题,也就成了执政党与群众关系的大问题,生死存亡的大问题。在人代会上有委员说了一副对联:上级压下级,一级压一级,层层加码,马到成功;下级骗上级,一级骗一级,层层加水,水到渠成。深刻描绘出干部作风中的问题。城市政府在决策中,没有调查研究不决策,没有专家咨询不决策,没有不同的比较方案不决策,没有所涉及利益群体的意见不决策。一定要根据真实情况决策才能有效,不然往往因不符合客观情况而无法执行。

5. 城市政府既要亲资本,更要亲劳动,现在各级城市政府花大气力吸引投资,并竞相给予优惠政策,表现出亲资本的态势,这是可以理解的;但是我们的政府是代表广大劳动者利益的政府更应该表现出更亲劳动,千方百计解决广大劳动者的需求。特别是城市下岗一族、打工一族,他们是弱势群体,政府应在他们的社会保障、子女就读和居住条件生活保障等方面投入力量解决。

总之,城市经营是个大题目,要做好这篇大文章,还要靠广大城市工作者的创造性实践,通过实践、探索、总结、提高,一定能使城市经营这个理念的内涵不断丰富、水准不断提高。

（三）经营城市特色，把城市特色下工夫、花力气做大、做强、做好、做出成效，这是经营城市的一个诀窍

城市功能可以分为两大类：一类是一般功能，另一类是特殊功能。一般功能是任何城市都具备的功能，如人口集聚，基础设施较好，道路、交通、通信较齐全，文化教育事业较发达，有较集中的第二产业和服务业等等。这些一般功能一般的城市都具备，所以才与乡村有区别，才称得上城市。特殊功能是一个城市具有特色的功能，即与其他一般城市显著不一样的地方。城市的特殊功能越突出、越有特色，则城市越有吸引力，城市越有生机活力。

城市的特殊功能有以下几种情况，一种是历史形成的特色功能，如北京、西安、南京等城市是好多朝代的都城，形成独具特色的人文文化，其他城市无法比拟；一种是自然形成的特色功能，如三亚市的热带海滨城市特色、丽江的玉龙雪山景观、黄山市的黄山景观等；还有一种城市的特殊功能就是经过城市工作者的努力，逐渐发展形成的特殊功能，如深圳市的高科技城市、义乌市的小商品集散城市、顺德市的家用电器等等。城市工作者要对自己的城市做好定位，努力探索和发掘，把城市的特殊功能建设好，不但给城市发展带来后劲和财富，而且在城市群体中会占据越来越重要的位置。

祝城市工作者不断获得成功！

实践的科学总结　理论的重大突破

——学习江泽民同志“七一”讲话的一点体会*

（2001年9月）

江泽民同志在庆祝中国共产党成立80周年大会上的讲话，坚持解放思想、实事求是的思想路线，着眼于解决在新世纪的实践中的新问题，提出了一系列的新思想、新观点、新思路。为我们继续前进启迪了思想、开阔了视野、拓宽了道路。本文就从“七一”讲话理论创新的角度谈一点粗浅的认识，向大家请教。

一、从社会财产占有关系说起

社会财产占有关系，是一切社会关系的核心，它是决定其他社会关系状况的核心关系，是任何国家、任何社会制度下都面临的核心问题。马克思从研究资本主义制度下的财产占有关系入手，写出了《资本论》，深刻剖析了资本主义的本质，并形成了马克思主义思想体系。也基于财产占有关系的矛盾激化，苏俄爆发了“十月革命”，并使无产阶级首先在一个国家夺取了政权并发展了政权。中国历史上的农民起义或战争其深层次的原因也是因为财产占有矛盾激化而发生的。我党领导广大民众闹革命，归根到底也是要解决社会财产占有不公的问题。我国无产阶级革命成功之后，几次大的变革也是围绕这一问题展开的。直到现在，我们仍然面临这一问题的挑战。

这一问题解决得好，就会实现社会的相对公平，就会激发人们的内在动力，就会促进科技进步，推动生产力的迅速发展，从而使人们生活得到改善，人的素质得到提高，社会稳定，国家长治久安。

---

* 原载《同舟共进》。

二、邓小平同志真知灼见，确立了社会主义制度下财产占有关系的新格局

新中国建立后，我们实行了对私有工商业的社会主义改造运动，是试图解决财产占有问题的伟大试验，但是从历史发展看并不成功；接着在农村实行人民公社的“一大二公”，也是一次围绕农村财产占有问题的更大规模的试验，实践证明是失败了。长期以来，我们实行高度集中的计划经济体制下的全民所有制和集体所有制的财产占有形式，经过长期国内外实践，证明它减弱了广大经营者和劳动者对财产的关切度，不能充分调动广大群众的积极性和创造精神，因而形成了严重的“平均主义大锅饭”局面，抑制了生产力的发展。

邓小平同志洞察到这种局面，党的十一届三中全会以后对经济体制和社会财产占有关系进行了切实改革，因而形成了社会主义市场经济体制的初步框架和以公有制为主体的多种所有制经济共同发展的局面。中国共产党和中国政府积极主动地顺应历史发展趋势的改革，使中国以极小的代价获得了经济社会转型的极大成功。避免了经济的衰退和社会的动荡，甚至亡党、亡国的命运。

这是中国无产阶级革命成功后，第一次对社会财产占有关系的重大突破。这次突破确立了在无产阶级政权下非公有经济生存和发展的合法地位，开创了社会主义社会财产占有关系的新格局。

三、江泽民同志高瞻远瞩，确立了社会主义制度下非公有经济业者（主）社会政治地位的新格局

江泽民同志在“七一”讲话中说：“改革开放以来，我国的社会阶层构成发生了新的变化，出现了民营科技企业的创业人员和技术人员、受聘于外资企业的管理技术人员、个体户、私营企业主、中介组织的从业人员、自由职业人员等社会阶层。而且，许多人在不同所有制、不同行业、不同地区之流动频繁，人们的职业、身份经常变动”，“这些新的社会阶层中的广大人员，通过诚实劳动和工作，通过合法经营，为发展社会主义的生产力和其他事业作出了贡献。他们与工人、农民、知识分子、干部和解放军指战员团结在一起，他们也是有中国特色社会主义事业的建设者”。

江泽民同志的这一论述是对中国财产占有关系的第二次重大突破。他用马克思主义的世界观和方法论，以对历史高度负责的态度，以与时俱进的革命家的胆略，在社会财产占有关系问题上，又把中国历史向前推进了一步。

如果说邓小平同志确立了中国非公有制经济在社会主义制度下存在和发展的新格局，那么，是江泽民同志的“七一”讲话确立了中国非公有制经济业者（主）社会尊严和地位的新格局。这是两次具有划时代意义的历史性突破。

四、这两次突破的理论意义

第一，计划经济时代，人们普遍认为公有制经济才是社会主义制度的经济基础，即单一的公有制的经济基础；而现在我们则认为非公有制经济是社会主义经济基础的重要组成部分。因而形成多种所有制经济都是社会主义制度的经济基础，是多元的综合经济基础。

第二，承认非公有制经济业者（主），他们通过诚实劳动和工作，通过合法经营，就同工人、农民、知识分子、干部和解放军指战员一样，都是有中国特色社会主义的劳动者、工作者和建设者，都享有同样的主人地位。

第三，这些新的社会阶层广大人员中的优秀分子，只要“承认中国共产党的纲领和章程，自觉为党的路线和纲领而奋斗、经过长期考验、符合党员条件的”也可以加入中国共产党，这是顺理成章的事。从而扩大了我党的社会基础，增强了党的影响力和凝聚力。

第四，上述认识是与对社会劳动和劳动价值理论的深刻认识和理论突破分不开的。起码有两点值得一提：一是在知识经济时代、信息化时代，人们的劳动价值更重要的体现在智力劳动的价值，体现在科技创新和管理创新的价值，人才的价值尤为突出；二是人们的劳动能力（无论是体力或智力的劳动能力）必须与资本相结合才能产生新的生产力，才能创造出剩余价值。否则，人们再好、再强的劳动能力不与物化劳动相结合，也难以形成新的生产力和创造出剩余价值。我党的第十五次代表大会已经确立了生产要素参与分配的理论原则。资本是生产要素的组成部分，并在实践中已经参与了分配。因此，资本同活劳动一起是参与剩余价值的创造者。因而，重视资本的作用和重视资本拥有者、资本经营者的地位和作用，是不言而喻的。

第五，无产阶级执政之后，社会阶级关系怎样变化？是不是世世代代总是造就无产阶级？邓小平同志让我们实现共同富裕。富裕就包含着劳动者要拥有财产占有权。江泽民同志的“七一”讲话进一步回答了这个问题，他说：“随着经济发展，广大人民群众的生活水平不断提高，个人的财产也逐渐增加。”这就意味着，随着经济的发展，广大劳动者将越来越多的成为有产者，并逐渐发展成为有产的劳动阶级，而且形成有产的劳动阶级的大平台。并将是兴旺发达的、强大的、人数众多的、我党完全可以依靠的、占主导地位的有产的劳动阶级。江泽民同志为这一阶级的形成、发展指明了方向。

第六，无产阶级在武装夺取政权的历史时期，主张剥夺地主、资本家财产，并强行付诸实施。这是必要的。因此，在我们的文化思想中包含着浓重的斗争、剥夺的文化思想是不足为奇的。

但是，在建设社会主义的新时期，我们上述的文化思想不能承袭，更不能发扬（“文化大革命”则是这种文化思想的发扬）。而且必须认真转型，同经济体制一起转型，必须扬弃上述的文化思想。不是非法剥夺他人的劳动和劳动果实，而是通过诚实劳动缔造新生活，通过革新创造开辟新天地。从而形成尊重人、尊重知识、尊重劳动、尊重创造和尊重创造成果的文化思想，动员广大民众投入到劳动创造当中去。

五、在社会财产占有关系上我们仍面临挑战

主要来自两方面的挑战：一方面是来自“左”的教条主义的挑战；另一方面来自现实生活中实际的挑战。处理好这两方面挑战，我们才能顺利发展。

一些死抱着教条不放的人不断责问：我们还是社会主义国家吗？我们与资本主义国家还有本质区别吗？回答是肯定的。

马克思主义认为，资本主义社会的基本矛盾是生产的社会化与生产资料的私人占有的矛盾，即极少数人剥夺绝大多数人生产资料占有权的矛盾。马克思时代的资本主义社会就是如此。

社会主义社会正是为了克服上述基本矛盾而诞生的。

从财产占有关系上定义资本主义和社会主义，资本主义是极少数人占有绝大多数生产资料，因而形成与生产社会化的尖锐矛盾；而社会主义则应该是绝大多数人占有多数生产资料，使生产的社会化与生产资料占有的社会化相适应。这种绝大多数人占有多数生产资料，绝不是名义上的虚无占有，也不是

平均式的占有;而是有收益分配权和财产处置权的、多少不等的、实实在在的占有,而且是与生产社会化相适应的占有。

生产资料占有社会化、大众化、分散化、股份化的结果是与生产的社会化相适应,从而推动社会生产力的迅速发展。我们正朝着这一方向迈进,我们走的正是这样一条有中国特色的社会主义道路。因此,有人说我们在走资本主义道路,这是不科学、不实际的。

然而来自另一方面的挑战不容忽视,我们实行了社会主义市场经济体制和多种所有制共同发展,解决了"大锅饭"、"铁饭碗"的问题。但同时,私有经济的发展也容易使社会财富迅速向少数人手里集聚,贫富差距扩大,这是与我们的目标相悖的。在当前除了继续创造法律和政策环境,使非公有制经济与公有制经济公平竞争,形成各种所有制经济共发展的格局以外,还应该积极引导各种所有制经济走上生产资料占有社会化的路子。这种生产资料占有社会化不是通过赠予、平分,更不是剥夺,而是在法律、法规范围内,在条件成熟时逐步走上公众股份制、企业员工内部股份制和股份合作制的路子,即"劳动者的劳动联合与劳动者的资本联合"的集体经济路子,使生产资料占有社会化与生产的社会化相适应,使广大劳动者、建设者、工作者真正成为生产资料的主人。

用以表达社会财富集聚程度的基尼系数,我国从上个世纪90年代中期以后一直呈上升趋势。据去年国家统计局调查统计,我国基尼系数是0.458,已超过国际公认的0.4的警戒线,这是一个值得特别关注的报警信号,应该引起我们的高度警觉。我们党和政府一方面应给各种所有制经济创造公平竞争的市场环境,大力发展各种所有制经济;另一方面应通过各种途径和办法积极引导各种所有制经济向生产资料占有社会化方向发展,认真解决社会分配不公的问题,从而不但扭转社会财富向少数人手里迅速集聚的趋势,而且使绝大多数人占有多数生产资料的路子越走越宽广。把这个社会财产占有问题解决好了,我们也就从根本上落实了"三个代表"的重要思想了,就切实代表了最广大人民群众的根本利益。

六、最终的法律保障

我们要建设社会主义法治国家,要依法治国。因此,我们在社会财产占有问题上也要寻求法律的解决途径，一方面应修改宪法，把保护私有财产神圣不可侵犯作为宪法的重要内容加以列入，使之与公有财产处于同样法律地位加以保护；另一方面要制定和完善促使社会财产占有社会化的法律、法规，使生产资料占有社会化健康、有序地向前发展。

法律的保障是法制社会的根本保障。

抓住机遇　迎接挑战
加快矿业城市现代化步伐

——在2001年中国矿业城市发展论坛上的讲话*

（2001年9月）

新世纪，新起点，新机遇，新挑战。对于我国矿业城市而言，机遇十分难得，挑战十分严峻。由于世界经济社会大环境的变化和我国加入WTO以后，国内、国际竞争不但融为一体，而且日益激烈；加之，国内经济体制改革的深入和社会结构发生了深刻变化，我们面临着很多从未遇到过的新问题，同时也给我们提供了新的机遇。这些问题都是客观存在的，我们城市工作者必须面对它。如果我们充分认识矛盾，从而解决矛盾，迎难而上，就会开创新局面，建立新业绩；反之，如果在挑战和问题面前认识不清，路子不明，束手无策，无所作为，我们就可能遭受更大的挫折，遇到更大的困难，甚至造成更大的损失。我们这次召开“2001年中国矿业城市发展论坛”就是试图专门研讨矿业城市在新时期的发展战略，我们期望通过研讨，总结经验，分析问题，明确思路，寻求对策；我们期望通过研讨，进一步落实江泽民同志“三个代表”的重要思想，使矿业城市健康、快速发展，走向繁荣，再创辉煌。

一、中国矿业城市的作用和特点

我国有矿业城市120多座，约占全国城市总数的1/5。矿业城市的兴起与发展为我国社会主义事业作出了突出的贡献，起到了无法替代的作用。首先，这些矿业资源产业构成我国国民经济发展的基础和重要的组成部分。没有这些基础产业，发展国民经济就无从谈起。其次，大批矿业城市的形成，推动了经

* 原载《市长参考》2001年第11期。

济发展和社会进步。仅据80个矿业城市的统计，其人口和国内生产总值分别占全国城市人口的13.8%和全国国内生产总值的12.4%，数字显示它们在我国经济社会发展中起着重要作用。第三，矿业城市不但给国家建设提供了原材料、能源等基础产品，而且还提供了可观的利税。以大庆为例，累计上缴国家利税已达3165亿元，仅去年就上缴国家利税700多亿元（此外，国家还拿走原油差价4000多亿元），出口创汇451亿美元，投入产出比是1:40。第四，提供了大批就业机会，造就了一大批技术精湛、艰苦奋斗、奋发图强的工人阶级队伍和技术管理人才。

总之，矿业城市对国家的贡献可谓特别巨大。再以淮南市为例，1978年原煤产量为992万吨，经过改革开放，到2000年原煤产量已达到2135万吨，为1978年的2.2倍。煤炭资源迅速开发，促进了电力工业的飞速发展，2000年淮南市的发电量已达158.3亿千瓦时，为1949年0.17亿千瓦的800多倍，为1978年38.58亿千瓦时的4.1倍。这不仅对安徽省，而且对促进华东地区的经济发展作出了贡献。

同时还要看到，矿业城市的产生和发展有它自己的特点和规律，很值得我们深入研究，寻找对策，以求得持续发展之路。

第一，矿业城市的特点之一是因矿兴市。城市与矿业的开发可以说是一荣俱荣，但是也容易一损俱损。资源总是有限的，而且有些资源有不可再生性，总有枯竭的一天。矿业城市怎么样在矿产资源枯竭时，仍能兴旺发达，走可持续发展之路，不至于造成矿竭城衰，这是摆在我们面前需要研究的最大课题。因此，我们要探讨在矿业大规模开发初期，要及早采取对策，也就是要预谋和筹划它在发展过程中，将来可替代它的产业以及城市的可持续发展的问题。否则，就容易造成历史性的遗憾。这样的事例已经不胜枚举。历史的经验教训应该成为我们的宝贵财富。

第二，矿业城市的另一个特点是矿业产业鲜明单一。所有制单一，因而职工的就业结构和就业方式单一，城市对矿业产业的依赖性很大，城市的发展受到很多制约，致使城市功能不全，城市建设投入不足，基础设施建设滞后，第三产业发展滞后，可替代产业发展滞后。这些是目前许多矿业城市共同面临的问题，亟待我们认真加以研究和解决。

第三，不少矿业城市面临生态环境遭到破坏的严峻形势。烟尘、粉尘、大气、水体污染严重，矿山过度开发造成地表植被破坏、水土流失、地表塌陷等等，而这方面的治理投入又严重不足。加强生态环境的保护与治理，也是当务之急。本溪市曾一度被称为“卫星上看不见的城市”，在1996年被联合国列入可持续发展的试点城市后，经过大力治理现在已有很大改观。

第四，矿业城市在管理体制和利益机制上关系不顺，矛盾突出。诸如，有的是大矿业，大企业，小城市；大生产，小服务；企业大财政，城市小财政；中央管企业，地方管城市。矿业企业创造的利税地方城市留成比例很低，容易造成企业办社会、政府办企业的本末倒置、功能错位的状况。

第五，现在有20%左右的矿业城市面临矿业资源产量下降或枯竭，企业效益下降或濒临破产，职工失业、下岗，城市社会保障体系难以建立，对职工欠账太多，城市压力增大。仅辽宁省的矿业城市中就有7家有色企业破产、2家煤矿企业破产，有的还要陆续破产，下岗职工几十万。好在中央政府采取了积极措施加以解决，但形势仍然严峻。

二、矿业城市应当抓住机遇，迎接挑战

从对矿业城市特点的分析，我们可以看到，矿业城市面临的挑战是严重的、紧迫的，但是也面临着难得的发展机遇。矿业城市应解放思想，实事求是，面对现实，抓住机遇，迎接挑战。

第一，矿业城市的领导者应与时俱进，树立新思想、新观念。尤其是要树立经济与资源、环境、社会相互协调、可持续发展的观念；科学技术是第一生产力，大力推动科技进步，科技与产业结合的观念；重视教育，重视人才，以人为中心的观念；政府就是服务，纳税人是上帝的观念；全力改善人居环境，环境也是生产力的观念；城市不但要加强管理，更重要的是要善于经营城市的观念；与国际接轨，按市场经济规律和国际惯例办事的观念。城市领导者既要解放思想，又要实事求是；既要有长远规划，又要从近处入手，这样城市的崛起就大有希望。

第二，矿业城市要下决心着力建设社会主义市场经济体制和运行机制。这是我国经济社会转型必须解决的问题，谁解决得早，谁解决得好，谁就主动。走政府培育市场、市场解放政府、政府解放企业、企业解放生产力的路子。这就要求政府认真转变职能，要真正建立小政府、大社会，政府不但要精兵简

政，更要精官简政，要逐步做到政府部门依法设立，部门工作依法运作。凡是企业能办的事，全交给企业去办；凡是市场能解决的问题，都用市场机制去解决；凡是中介服务机构能完成的任务，都交给中介服务机构去做。深圳市探索的经验是，建立市场经济的十大体系和四大机制。十大体系，即：主要由市场决定价格的价格体系；国有资本的经营管理和核算体系；生产要素市场体系；人才和科技创新体系；社会保障体系；社会中介服务体系；效益优先兼顾公平的分配体系；以财产占有社会化为目标的共同发展的各种所有制体系；政府的宏观调控体系；法律、法规体系。四大机制，即：企业经营者和员工的内部动力机制；法制的强制力机制；市场公平竞争的压力机制；社会公共道德公信力机制。实践证明，体制和机制释放出来的生产力是巨大的，应紧紧抓住不放。

第三，矿业城市应抓住我国加入WTO的大好机遇。一方面要完善城市功能，改善投资环境，制定改革措施，大力引进外资，对国有企业进行技术和机制改造，加强城市基础设施建设，形成新的经济增长点；另一方面要把重点产品、名优产品打到国际市场，积极参与国际竞争。

第四，找准方向、做好规划，除大力提升矿业外，同时，要大力发展矿业产业的深加工和可替代产业、第三产业、环境产业和现代农业等，使城市向现代化迈进。切忌随大流，人家搞啥我搞啥，什么热就搞什么；要分析市场，突出优势和特色，把有特色的产业、产品下决心做大、做强。例如本溪市就抓住中药开发，已开发出44种属于国家保护的中成药，其中17个品种已列入医保系列，此外他们还大搞煤化工，矿业的深加工产业也很出色。

第五，矿业城市政府要贯彻以人为中心的原则，当前要以解决矿业企业职工失业和城市就业问题为突破口，与上级政府一起下决心解决他们的生活问题。矿业职工是国家的主人，是社会主义建设的功臣，我们必须善待他们，中央政府已有明确的政策，我们要狠抓落实，当成第一件大事来抓，主动、积极地抓好。同时，矿业职工应顾大局、识大体，和城市政府一起克服当前的困难。

第六，矿业城市要下决心采取措施治理环境污染，再造一个好的大气环境，再造一个好的秀美山川，使城市环境得以根本改善。环境治理也要用市场机制，也要利用外资，也要形成产业，不能单靠政府包揽。

第七，矿业城市要认真转变干部作风，坚决清除腐败，要认真贯彻十五届六中全会精神，切实做到“八个坚持，八个反对”，密切联系群众，为群众多办实事、办好事，绝不能办虚事、图虚名、说假话、蒙群众。

第八，矿业城市要积极向现代化城市迈进。今年5月，中国城市发展研究会在广州市召开了城市现代化指标体系研讨会，对城市现代化的指标体系进行了充分研讨，取得初步成果。我们希望矿业城市也要建立城市现代化指标体系，明确奋斗目标，用以指导城市的现代化工作，避免盲目性，做到共性指标要有可比性，同时要有结合自己实际的个性指标。希望大家关注和研究这一问题。

三、对矿业城市可持续发展的几点建议

矿业城市面临的普遍性的问题，说到底是旧的计划经济体制造成的，要解决矿业城市面临的问题，也要从深化体制改革入手，但这绝不是一朝一夕能完成的。但是矿业城市的问题，也应下决心及时采取一些措施，认真加以解决。

第一，建议国家在主要的矿业城市设立国家级或省级经济技术开发区或高新技术开发区，享受开发区优惠政策。积极促进矿业城市的产业结构调整。在这方面大庆市有较好的经验。大庆市的高新开发区有12平方公里，已开发7.3平方公里，今年上半年工业产值21亿元，占市属工业产值的1/3。如果我们矿业城市像大庆市那样，产业结构调整和职工转岗就业，就大有希望。

第二，国家应设立矿业城市产业补偿和环境补偿基金，这对新矿业城市或老矿业城市都十分必要。对处于兴旺时期的矿业城市由矿业企业和税前利润中提取一定比例，对老矿业城市的矿业企业没有这种能力的，由城市上级政府从收取的税收中留成一定比例作为后续替代产业补偿和环境补偿基金。这是使矿业城市可持续发展的长久之计，对搞好为矿业企业服务是十分必要的。

第三，建议国家有关部委组织全国主要矿业城市的对外招商引资会或项目洽谈例会，这将对矿业城市的产业结构调整和矿业企业的改制起到积极的推动作用。

第四，建议国家有关部委组织力量，对矿业城市面临的问题和发展战略进行调研，总结矿业城市转型中的先进的和成功的经验，并加以推广，同时研究制定并推出有关方针政策。

第五，矿业城市失业职工再就业，必须经过培训，否则再就业就十分困难。目前矿业城市政府培训力量和资金都感到力不从心。建议上级政府切实

采取措施帮助解决，使再就业能够顺利进行。

解决矿业城市可持续发展问题，一方面靠城市政府本身，另一方面靠国家和全社会的重视和支持。上级政府、社会支持是条件，城市政府本身是关键，而城市政府关键又在领导者，因此，矿业城市领导者任重道远。我们要以大无畏的精神，进行体制创新、机制创新、科技创新和经营管理创新，在新世纪、新时代一定能走出新路子，为国家建设作出更大贡献。

坚决维护国家利益和市场经济秩序，请求复查吴贤成伙同花桥支行负责人涉嫌诈骗案的补充提案*

(2002年2月)

去年人代会期间我们提了相关提案，得到了最高检察2001年8月6日高检办发第119号的文件《复函》。我于2001年10月28日给最高检报去了《关于对<复函>[(2001)119号函]的意见》，至今已近4个月了，不但未见回音，也没有反应。现再提出补充报告如下：

一、在最高检办公厅的复函中说："吴贤成、段继红与花桥支行对原投资合同进行过修改，但修改合同主要是因为花桥支行怕追不回钱，为与吴打官司追回投资做准备而修改原合同。"这是连武汉花桥支行也说不出口的谎话：就在武汉市中级人民法院受理武汉花桥支行状告深圳贤成大厦有限公司，妄图让未借款、未用款的该公司替吴贤成的香港贤成集团公司还债时，**武汉市法院向原告武汉花桥支行提出要求把吴贤成列为第三人作为被告，遭到武汉花桥支行的坚决反对，而未能列入被告第三人**。花桥支行与吴、段所谓修改合同，把借款甲方改为未借款的第三方(深圳贤成大厦有限公司)，目的非常明白，就是共同转嫁债务，为吴骗钱合谋，花桥支行不敢告吴贤成已经说明了一切。最高检办公厅又是根据什么得出修改合同是为了与吴打官司的结论呢？9年过去了，武汉花桥支行告过吴贤成吗？告过吴贤成的真正借款方——香港贤成集团公司吗？没有！从来没有！谎言出自最高检办公厅是何原因？令人深思。

二、最高检办公厅在复函中又说："关于签订假合同的问题，是为应付上级检查，双方均知道假合同的目的，故对该合同并不存在实际执行的问题。"

* 最高人民检察院办公厅119号文件《关于吴贤成案件有关问题调查情况的复函》和《关于对<复函>[(2001)119号函]的意见》作为本文附件同时报送。

这又是弥天大谎！他们不但签了假合同，而且还制作了一系列的假文件，如假催款通知书、假收条、假关于指定汇入账号的函等等。然后花桥支行就依据这一系列的假文件状告未借款、未用款的深圳贤成大厦有限公司，这只是“为了应付上级检查”吗？这“不存在实际执行”吗？表面看是最高检为外商吴贤成和花桥支行辩护，实质是不是为最高检个别领导人员违法判决辩护呢？

最高检是国家最高、最圣洁的司法机关，它以公正司法为神圣职责，以维护国家利益打击犯罪为神圣任务，怎么能想象会为犯罪分子开脱，连篇说假话欺骗大众呢？

最高检个别领导人员的执法犯法、枉法的行为，决不能玷污最高检察院的神圣殿堂！

恳请最高检以国家利益为重，以事实为依据，以法律为准绳，对吴贤成伙同花桥支行负责人涉嫌诈骗国家财产案进行复查。还事情本来面目，还社会公道，还法律尊严。

对国务院总理《政府工作报告》的几点意见

——在全国政协会上的发言

(2002年3月)

以下意见谨供参考:

1.《政府工作报告》(以下简称《报告》)中应向代表报告国家经济工作经济效益情况,如投资收益率、总资产利润率、净资产利润率、劳动生产率、资源消耗率等等,并且与上年比较是下降了还是上升了。这能反映出国家经济运行质量,有利于把国民经济转移到以经济效益为中心的轨道。如果对上述指标不监测、不反映、不报告,把国民经济转移到以经济效益为中心的轨道就成了一句空话。

2.我们实行积极的财政政策已经多年了。这种政策的结果是好是坏取决于我们实施的项目有没有经济效益。如果有经济效益,就会成功,就会形成良性循环;如果没有经济效益,就会使国家背上子孙债,就不成功。因此报告应强调经济效益指标,并以此指导工作,适时调整政策。

3.西部大开发所投资的经营性项目等是否成功,关键也在效益!有经济效益就成功,否则就不成功。因此,也应以经济效益为原则指导中西部、乃至东部所上的经营项目。不这样的话,“投资拉动内需”就难以成功。

4.“厉行节约,反对奢侈浪费”我们年年讲,可是却年年得不到遏制。为什么?因为没有强力的措施保证,因为是向当权者自己开刀!于是就写在纸上、说在口上。尤其是上级没有带头。如,中央领导人(包括人大、政协领导)到下边走走,自己带的人马不过十几人,但到了基层就滚成了四五十人陪同,甚至上百人陪同,警卫、交通、医护、秘书一大堆,什么轻车简从、什么不大吃大喝、什么厉行节约,统统都没有了踪影。又如,中央和省市级的有权有势的部门,在名胜风景区建了许多豪华的“培训中心”,这实质是用纳税人的钱为部门和上级领导干部建的吃喝玩乐、休闲度假的地方，能不能下决心，给部门只留下真正的培训中心做干部培训用，其余的凡是用国家公款建的所谓培训中心一律去拍卖，用此款充实社保基金。

再如，中央领导人出国，除国家元首外，不用专机行不行？！一次专机费用要花上几千万元！

如果从行动上中央领导和中央各部门做出实际表率，采取实际行动，比发号召要有力得多，民心将大振。

希望《报告》中讲几项措施，不要只一般号召。

5.《报告》第7页说："对一些县乡拖欠干部、政法干警、教师工资问题，有关地方政府要采取有力措施加以解决。"现在是农村义务教育拖欠教师工资问题喊了多少年解决不了，因为县级财力不足，县级政府不是不想为，而是不能为。应由中央和省级政府对农村义务教育的教师工资实行全额转移支付。中央财政从超收的2400亿中拿出少部分就可以解决了，教师工资占县一级开支的大头，教师的工资由中央和省级全额转移支付以后，县乡的干部工资问题也同时解决了。

6.《报告》中称，从今年开始所得税实行地方和中央分成。这样就使国税局和地税局业务重复交叉征收就更突出了。因此，从节约和有利于为企业服务和监管有效出发，国税、地税机构应合并，这样最少可以节省1/3的人力和财力。

7. 关于农业和农村工作在《报告》中应加入中央农村工作会议上"多予、少取、放活"的方针政策。还应具体报告怎么多予、怎么少取、怎么放活。

8.《报告》第10页说："推广'公司加农户'、'订单农业'等方式，逐步形成生产、加工、销售一体化经营。"现在农户与龙头企业交易中并不公平，龙头企业向农户杀价很严重。因此，应提倡建立农户的专业协会，与龙头企业均衡对等，维护农户的正当利益。把一体化经营变为真正利益均衡的利益共同体。这样才能长期、持久和发展。否则，因为利益不均衡而夭折。

9.《报告》中只讲到"城镇化"。"城镇化"只是讲到乡镇和县一级。而对全国而言，应对特大、大、中、小城市的发展战略都讲到。应该是稳步发展特大、大城市，积极发展中、小城市，有重点地发展小城镇，大、中、小城市协调发展的战略。只讲城镇有些偏颇。

10.《报告》第14页中讲:“尽快制定投融资体制改革方案,争取早日实现。”高科技企业的投融资渠道必须同时有风险基金进入和退出机制,这是高科技发展必然要走的道路,但是本届政府已快届满了,这一步仍没有迈出。为了贯彻“三个有利于”和“三个代表”的要求,推动生产力的更快发展,中小科技企业风险板块证券市场问题应在本届政府内解决。

11.《报告》第21页中讲“各级政府仍然直接管理了不少应当交给企业和市场的事”,还应该加上“上级政府也直接管了不少应当由下级政府管理的事”,如地税减免,只涉及地方利益,应由地方政府决定减免。但中央部门却三令五申不准,实在是揽权太过。中央政府可以规定限制条件,如在本行政区内有拖欠干部教师工资者、向中央财政有借款者不准减免地方税收。

12.有些部门实行“垂直管理”权力上收,不利于市场经济秩序建立和发展,不利于发挥两个积极性,不利于廉政建设,实际上是肢解了地方政府的职能。如工商、税务、技术监督等等,是地方政府的重要组成部分,都应依法由地方人大任命干部,而不应“条条专政”。

说到做不到的症结何在？
——在全国政协会上的发言

（2002年3月）

多少年来，拖欠教师工资的问题作为重要问题，已列入各级党委和政府的重要议事日程。党中央和国务院三令五申，并采取了一些措施，各级领导不知强调了多少遍，文件不知发了多少件，为此事也不知开了多少会，领导人向教师也不知承诺了多少回。可是，年复一年过去了，问题不但没有解决，而且愈演愈烈，由贫困地区拖欠，到发达地区的贫困县也拖欠，由国家财政补贴县拖欠，到财政有上交任务的县（市）也拖欠，由拖欠教师工资，到也拖欠基层县（市）公务员工资。据有关单位调查，全国有1051个县（市）拖欠教师和公务员工资，占全国半数左右。在教师工资由县一级集中支付的决定执行后，有的县（市）长自己也拿不到全工资了，为什么呢？因为县（市）长无力解决本县（市）教员拿全额工资问题，只有县（市）长自己率先垂范，与教师保持一致，这样才好向教师交代。

据了解一般县（市）教师工资占本县（市）财政开支的一半以上，是县（市）里开支的大头。上级三令五申，教师上访频频，公务员薪俸欠发，“县太爷”愁得发昏。一位县长说：“国务院又要给公务员大幅度加薪了，我们基层干部前几年的加薪都没落实，我们最怕‘空调’了。不但我们自己拿不到，也没法向教师、干部交代。”山西一位高级教师给政协委员写信说：“党和国家政策十分英明，实在受人欢迎。但到下面难以兑现，这就成了问题。不仅严重地挫伤了广大教师的工作积极性，也严重损害了党和政府的形象，下面萌发了一种极不安定的因素……”

广大教师和农村基层干部的欠薪问题，实际上是他们的吃饭成了问题。他们的吃饭问题解决不了，我们“科教兴国”的战略和一系列方针、政策如何落实？教师和公务员的积极性又如何发挥？广大农民的脱贫致富又从何谈起？党与广大群众的联系又如何加强？我们的党风政风又如何好转？

现在已经到了痛下决心彻底解决的时候了，这是一项系统工程，要从体制改革入手，综合治理，才会长期见效，为此建议：

1. 继续深化财税体制改革，认真贯彻一要吃饭二要建设的方针，切实实行教师工资全额转移支付制度。现在在干部中流传着一种说法，叫做“中央财政喜气洋洋，省级财政勉勉强强，基层财政哭爹叫娘”，形象地反映了财税体制的问题。我曾向税务部门的高级官员求教过：“农村义务教育的教师工资由国家和省一级解决是否可能？”他说：“完全可能。不动基数，由一年超收的两千多亿中拿出一小部分解决就行了。”现在县级集中解决教师工资，对多数欠薪县不是不想为，而是不能为。对于贫困地区、贫困县在调研的基础上，由中央和省（市）财政彻底解决教师工资全额转移支付问题。只有从体制上解决，才是长久之计。

2. 精简机构，精官简政。我们的经济基础已经负担不起这样庞大的上层建筑了。基层教师、干部吃饭成了问题，就是突出的表现。远的不讲，就说解放初期300多人负担一个干部，而现在人口基数大大增加了，却变成了不到30人负担一个干部，这样庞大的大大小小的官员队伍，群众怎么负担得起？农民减负又如何见效？因此，从上到下，要大幅度精简机构，政府转变职能，认真精官简政、精兵简政。

3. 制度保障勤俭节约，制度制止奢侈浪费。现在在大大小小的官场上，讲排场、摆阔气、挥霍浪费国家钱财之风长盛不衰。奇怪的是有的干部却把这看做是正常的，反而把勤俭节约看做是不正常的，是小气、是寒酸。慷国家之慨不用人教，连最笨的干部也会跟着学。有些干部为讨好上级领导欢欣，招数使尽，却使群众切齿。久而久之，干部懒了、贪了，作风坏了，离群众远了，危及政权了。坚持“勤俭节约，反对铺张浪费”是我们一贯的响亮口号，写在纸上、挂在嘴上，就是难落实在行动上。要落实在行动上，要有法律制度保障，要有领导人切实带头，要从每件事情上做起，要让舆论公开监督。为纳税人节约每一个铜板。

4. 要认真落实中共中央十五届六中全会精神和中纪委七次全会精神，认真转变作风，切实加强监督。只说不做，或者说到做不到，是最脱离群众的。

我们要从基层干部、教师的切身利益出发，上下一致努力，把六中全会精神变为领导的实际行动，把拖欠农村基层干部和教师工资问题尽快解决好，要让担负着向广大农民进行“三个代表”教育的基层干部和教师解除后顾之忧。

应坚决贯彻执行中纪委七次全会的决定：“凡是拖欠工资的县、乡不得用财政资金上新的建设项目，更不准机关盖办公楼、买轿车，领导干部不准出国”，并对贯彻执行情况认真进行检查。

我相信，只要我们认真贯彻中共中央十五届六中全会精神和中纪委七次全会精神，拖欠工资问题是可以解决的。

深化吏制改革是实现“三个代表”的迫切要求

——在全国政协会上的发言

（2002年3月）

朱总理在政府工作报告中提出了深化干部人事制度改革的要求，这是十分必要的。

为了实现“三个代表”，为了克服用人上的种种不正之风，为了我们国家的兴旺发达，深化吏制改革已迫在眉睫。

吏制好，国则兴；吏制腐，国将衰。治国先治吏，治吏要从严，从严要依法。人治则腐，法治则兴。

目前在干部中存在的如严重官僚主义，脱离群众；眼睛向上，跑官、买官、卖官；大搞弄虚作假，对上一套、对下一套，对人一套、对己一套，说的一套、做的一套的两面人格作风；甚至利用职权贪赃枉法，卖官、卖权、卖法等等违法乱纪行为，究其原因都与吏制不健全有很大关系。要铲除上述各种弊端，必须使吏制改革不断深化。江泽民总书记在中纪委第七次全会上告诫全党：“用人上的不正之风是危害最大的不正之风，而且还会带来和助长其他方面的不正之风。”

我们党一贯主张任人唯贤的干部路线，同时也一贯反对任人唯亲。那么为什么任人唯贤的干部路线大打折扣，而任人唯亲则屡见不鲜呢？主要原因有三：一是干部制度民主化不够，二是对干部的公开监督不够，三是吏制的法制化建设不够。

为此提出以下十点建议：

1. 修改地方组织法，使逐步实行乡（镇）以上领导干部直选成为可能。逐步扩大民众直选范围，有效杜绝向上跑官、买官、卖官等不正之风，“让群众堂堂正正做主人，让干部清清白白当公仆”。

2. 从上到下党政干部的个人财产向社会公开，接受社会公众监督。对领导干部允许媒体公开监督。媒体监督只对事实和法律负责。这就是对人民负责，对事业负责，对国家和对党负责。

3. 在尚未实行公众直选的情况下，各级干部均应实行差额选举，使代表们有选择余地，逐步形成竞争机制。

4. 进一步消除干部终身制。干部退休时，按规定拿一笔退休金，不再保留各级干部级别身份和相关特权，真正成为百姓。以后每月领取养老金就行了。在全国实施前，可先试点。老人老办法，新人新办法。

5. 业务类公务员，全部实行考试、考核录用制。政务类公务员，全面实行差额选举，任期制。

6. 企业负责人（包括国有企业和集体企业）实行市场化选拔和任用，按市场规则办事。

7. 大幅度精简机构、精官简政、精兵简政，一方面减轻纳税人的负担，另一面提高机关效能。

8. 改革人事档案管理制度。把一般人事档案实行社会化、电子化、法制化管理，全国统一，每人一个档案号。把学习、工作档案与加入党团组织档案分开，党团档案由党团组织管理。

9. 建立一套公务员选拔，录用、选举、升迁、任免、奖惩等一系列法规，依法治吏。

10. 提高对党管干部原则的认识。党管干部应理解为在党中央领导下，通过国家权力机关制定一套适应现代生产力发展的人事管理的规章和法规，建立与时俱进的用人体制和运行机制，使任人唯贤的干部路线得以顺利贯彻。

党管干部原则不能理解为单纯由党的某个部门、某些领导人来管干部就是党管干部，这实质是人治，我们要由人治逐步走向法治。

要真正把“三个代表”落到实处，吏制改革实属必须。

全国政协九届五次全会上关于农村基层教育的发言提纲

（2002年3月）

一、基本情况

1. 在经过上下共同努力之后，仍有15个省（市）拖欠教师和基层干部工资。

2. 农村教师工资占县级财政开支的半数以上。

3. 农村义务教育的教职员工599万人，月工资总额42.3亿元，年工资总额500多亿元。

二、建议

1. 对于财力困难的省（市）的农村义务教育教师的工资由中央财政全额转移支付。

2. 对于有财力支付能力的省（市）同中央财政共同负担农村义务教育教师的工资。分担比例可根据各省（市）财力情况而定，财力好的省（市），由省（市）负担大头，财力差的省（市）由中央财力负担大头。

3. 不动用中央各部委、各省（市）的财政基数，由超收财力中拿出一小部分解决。

三、效果

1. 使科教兴国战略在广大农村可以落实，使九年义务教育方针政策得到落实。

2. 长远、彻底地解除农村教师的后顾之忧。

3. 在把占县级开支50%以上的教师工资由上级负担之后，多数拖欠县、乡（镇）干部的工资的问题亦可同时得到解决或缓解。

4. 有利于充分调动基层干部、教师的积极性，有利于“三个代表”的贯彻落实，有利于“三农”问题的逐步解决，有利于中央各部委、各省（市）厅局贯彻勤俭节约的方针，有利于全国的安定团结大局。

5. 培养一代代“四有”新人，是我们事业长治久安的大局。教育兴则人才兴，人才兴则国家兴。在这一根本问题上望各级领导人能下大决心解决。

全国政协九届五次全会上关于新闻监督的提案*

（2002年3月）

有这么一件事：《人民日报》办的刊物《大地》杂志刊登了批评最高法院领导人违法判案的报导。该司法机关不问批评的是否有理、是否是事实，就发文件给该大党报，说违反了不经司法机关审查同意就发批评文章是严重违规违纪，气势汹汹要求该大党报做出检查，赔礼道歉，并要求该大党报处分有关编辑、记者，收回此期期刊，因为真有此规定，党报有理也难辩，可把编辑、记者吓出一身冷汗。

司法公正是关系国家的大局，关系人民的福祉，关系党与人民群众的联系和威望，是无产阶级专政的最后一道防线，这道防线决不能崩溃！但是司法腐败正在蛆食着这道防线，正在破坏着党的威望和与人民群众的联系，正在广大人民群众中酿成忧虑和不满。

因此，舆论工具对此进行监督完全是必要的、有效的。如果规定只有得到他们的批准才能监督和公开批评他们，就等于为司法腐败开了方便之门，为司法机关抵制监督有了“合法”的借口，这对人民的事业不利、对反腐倡廉不利、对调动各方的积极性不利。就在同一期《大地》期刊上，最高法院主要领导人著文大谈“以公开，保公正”。难道公开批评一下，指出审判中的不公，就暴跳起来，挥舞棍棒，以势压人是正常的吗？

因此，建议在中共中央十五届六中全会精神指引下，养成一个真正实事求是的好作风，取消这一条禁令，让舆论工具只对法律和事实负责，也就是对党和国家负责。

* 此提案无回答。

产业化、市场化和城市化是解决“三农”问题的必由之路*

（2002年6月）

我国农村、农业和农民问题，从来没有像今天这样以新的方式严峻地摆在我们面前。这件事同时也说明我国农村发展已经步入新的阶段，要用新的办法，解决新的矛盾。

这是在绝大多数农民解决了温饱之后，在如何走上富裕之路的过程中产生的问题；是在农产品市场由卖方市场变为买方市场，特别是加入WTO之后，使这种局面加剧，而出现的问题。以户为基础的承包经营在历史上作出了突出贡献，现在仍是农业生产的基本组织形式，并在继续发挥作用。但是，这种组织形式劳动生产率较低，生产成本费用较高，形成投入高、产出低、质量差，农民进一步增收产生困难，在激烈的市场竞争面前显得力不从心；农产品市场体系、农业生产要素市场体系尚未完全形成，农民很难知晓市场供求的真实信号，农业产业结构调整带有一定的盲目性；在尚未完全实现农业机械化的情况下，农村劳动力就严重过剩，农村剩余劳动力的转移，就成了农业发展的突出问题。

路在何方？

我们必须本着“三个有利于”和“三个代表”的精神，认真思考，寻求出路。表面看，问题仿佛存在于农村、农业和农民本身；实质看，则问题主要存在于体制、机制和政策层面。因而，应从上述宏观方面下工夫、花力气加以解决，实属必要。

* 原载《深圳特区报》2002年7月29日。

一、把实现农业产业化作为现阶段我国农村首要政策

实现农业产业化是现阶段解决农业发展、农民增收，进而实现农村现代化的一把钥匙。

实现农业产业化方式有多种多样，可以因地制宜。但主要有两种方式：一种方式是龙头企业带农户的方式。例如：吉林省德惠市的德大有限责任公司，就是以“公司加农户，契约加服务”方式的农业龙头企业，它以“五统一”（统一计划，统一供应鸡苗、饲料、疫苗，统一服务，统一管理，统一回收）的方式，使6200多农户成了养鸡专业户，农民养一只鸡平均收益1元钱，2001年户均年收入11580元；在该龙头企业就业的农民有1.2万人，人均年工资收入9600元，其中有一部分职工已经转入城镇居住，成为城镇居民。该企业还与7个县（市）30万农户（约125万人）签订了330万亩高油大豆和玉米的收购合同，实行“订单农业”，农户按合同向该公司提供50万吨大豆、40万吨玉米，该公司年加工饲料转化粮食75万吨，年屠宰鸡1亿只，2001年销售收入34.6亿元，上缴税金1.2亿元，出口创汇9000万美元。此外，还有为该企业常年服务的运输、建筑、印刷、包装等协作服务人员5000多人。

吉林省目前有类似“德大”公司的农业龙头企业393家，销售收入188.8亿元，上缴税金7.8亿元，企业净利润9.73亿元。

农业龙头企业的好处很多：推动农业产业化经营，提高劳动生产率；带动广大农民脱贫致富奔小康；促进农村分工分业；使粮食主产区粮食转化有了出路；农村剩余劳动力得以逐步转移；企业采用先进科技，使农产品加工达到国际市场要求，把中国农民带到国际市场，推动了国内外农产品市场的发育和成熟，为我国农产品加工规模化、集约化、机械化、现代化提供了路标；同时加速了城市化进程。农业龙头企业是实现农业产业化，进而带动农民走上富裕之路的一个好模式。

但农业龙头企业进一步发展遇到诸多困难，这些困难多在体制、政策等宏观层面。因此，国家有关部门，要制定扶持农业龙头企业带动农户的方针政策，并进一步把体制理顺，把机制搞活。如：培育农产品市场和生产要素市场的政策，信贷扶持政策，税收优惠政策，大宗农产品收购、储藏、加工转化和补贴政策，出口信贷和退税政策，动植物检疫服务政策，吸纳农民进城、进龙

头企业做工政策，土地入股、流转政策等等。相关方针政策配套出台之日，就是农业产业化大发展、农民富裕之时。

农业龙头企业带农户的农业产业化模式，龙头企业与农户利益均衡机制的问题值得关注。要使这种模式得以长期巩固和发展，必须建立龙头企业与农户的利益均衡机制。一家一户的农民与龙头企业之间很容易使利益失衡，并易向龙头企业倾斜，这对长期稳固发展不利。为使这种机制长期稳定发展，利益均衡机制必须建立，为此，应把一家一户专业化生产的农户组织起来，成立某种专业生产的协会，或其他经济合作组织，并以协会等组织出面与龙头企业进行利益均衡协商，达到利益共享、风险共担，按劳动等生产要素投入量分配利润的利益均衡机制。同类型的龙头企业并非独此一家，协会还有一个择优合作伙伴的问题，从而形成良性的市场竞争机制，进一步达到利益均衡，使龙头企业与农户的利益都得到公平维护，使这种组织形式稳步发展。

农业产业化的另一种方式是农民的股份合作制。

这种产业化方式的实质，是农民的劳动联合与农民的资本联合的集体经济组织形式。它的产生条件，一是适应农产品市场化的要求，以市场为依托，围绕市场需求，组织专业化、规模化、集约化生产；二是有懂得市场经营的、有素质的“能人”带领，有党的基层组织的坚强领导；三是有适当的组织形式，有政策、法律制度的健全和保障；四是有分配机制的完善；五是有先进科技的应用。上述条件会在实践中逐渐完善和提高。

这种农村股份合作制，开始时往往以农业生产和农产品销售为主，随着不断积累，逐渐发展成以农产品深加工为主，有的更有可能发展成为以工业产品为主的农村股份合作公司，如：山东龙口宋家庄的南山集团，深圳郊区像南岭村一样的一批村级企业，都是这种股份合作公司逐渐发展完善的典型。

这种方式的好处除了农业龙头企业带农户所具有的好处以外，就是容易实现企业与农户的利益均衡。农民是企业的股东，不但参与生产劳动领取报酬，而且参与企业决策，参与企业利润的分红，是实现农民共同富裕的好路子，应创造条件大力推行。

二、把实现农产品和生产要素市场化作为大政策抓在政府手里

当我们问农民最困扰你们的问题是什么时，农民往往心情沉重地向我们

提出:“谁能告诉我种什么能卖得出去?种什么能卖个好价钱?”这是当前困扰农民的最突出的问题之一,这也是很多农民百思难解的问题。是乡镇长和党委书记能告诉农民吗?是县长县委书记和农委主任能告诉农民吗?不能!他们即使是告诉农民种什么,也只是跟着感觉走。真正能告诉农民准确信息的是市场,是牵动千家万户的零售市场;大进大出的批发市场;标准包装、标准计量、标准检疫、标准质量的拍卖市场;是与农民产前签订订货合约、分散农民生产风险的农产品期货市场;是体现现代科技的、省时、省力的快捷网上交易市场。这些大大小小的、纵横交错的、分布城乡的、有形无形的、不同层次的农产品市场是指导农业生产、为农民提供准确信息、告诉农民生产什么能销得好价钱、生产多少才不至于过剩的唯一正确的途径。

如:连续8年占全国销量和销额第一位的深圳市布吉农批市场,2001年销量250万吨农产品,销额133亿元,辐射全国29个省(市、自治区),产品远销海内外,并建立了现代化的农批信息交易网络,对农副产品国内外市场价格的形成起着重要的作用。占全国第五位的深圳市福田农批市场投资3.5亿元,已经建成交易主体组织化、交易方式现代化、交易商品标准化的多功能批发、拍卖市场,已在广东、山东、云南、海南、湖北、江西、陕西等省建立80多个蔬菜生产基地,发展供货商和经纪人一批,并根据市场需求,常年与生产基地签订供货合同,实行“订单农业”。该农批上市公司又进一步应用现代科技开发了电脑拍卖系统、货物交割系统、信息综合处理系统和电子报价系统,实现了拍卖管理现代化,走出了市场带基地、基地带农户的模式。

因此,政府应集中精力抓好市场网络化的建设、市场运作机制的形成、市场服务的各中介经纪人体系的建立,与市场紧密相连的生产基地和龙头企业的发育成熟,并制定政策法规,促其发展完善。在市场的指引下,农业产业结构调整才会减少盲目性,才能长期稳定发挥农民的生产积极性,而不至于因产业结构调整失误挫伤农民的生产积极性。把农业一家一户的小生产与大市场紧密联结起来的是龙头企业、股份合作公司、生产基地、专业协会、运销企业、批发企业和经纪人及各种中介服务。并使人力资源市场、农科市场、农资市场、资金市场、保险市场等要素市场与之相配套,形成农业生产的供应、生产、销售的市场化全方位网络。

我们要走的路子不是行政领导人直接指挥农民种什么和种多少,而是要走政府培育市场、市场引导农民的路子。我们现在存在的问题恰恰就在这里，有些政府领导人把工夫没下在培育市场机制上，而是直接指挥怎么调整产业结构，这就难免带有盲目性。也有的政府领导人不调查研究市场情况，而花很大财力建设市场硬件，但却有场无市，造成浪费。最聪明的办法是把自己与已经形成的大市场紧密联结起来，提高自己产品在大市场中的占有率。通过大市场、大流通，使农户的产品走向四方。尤其值得一提的是政府应采取切实措施，把农民尽快带入信息化网络时代，使农民从网上获得信息，从网上推销自己的产品，从网上购得农业生产资料，从网上报价和询价、从网上交割和结算。这是发展农业、改变农村、提高农民生活水平的一条捷径。农产品批发、拍卖、期货和网上交易市场，多数设在城市（销地），尤其是大城市；少数则在产地形成专业和综合性的批发市场。城市的农批拍卖市场是市长要亲自抓的"菜篮子工程"，有位置、有资金、有能力、有手段，只要广大农村在农业产业化基础上把生产基地的大宗农产品与城市有规模的大市场连接起来，建立稳定的购销关系，一方面对于城市市场有长期稳定均衡的供货来源；另一方面对于农民的农产品有稳定的销售渠道，两全其美。建立这种市场体系和运行机制的任务义不容辞地落在政府的肩上。谁认识得早、抓得早、抓得好，谁的农产品就能畅销四方，谁的城市居民就有品种齐全、物美价廉的农产品供应。

建设完善的农业市场体系和运行机制，是农业发展、农民增收必走之路。

三、大力推进城市化是农业产业化和农民增收的前提条件

我们说的城市化，不是把农村变为城市，而是把大量的农村人口逐步转移为城市（镇）人口。

9亿人口搞饭吃，是困扰我国的大问题，是制约我国实现现代化的主要矛盾，这一矛盾不解决，要实现农业产业化和农村现代化是没有希望的，实现农民增收也难于实现。

使农村大量人口转往城市（镇），不是轻而易举之事，必须有长远而全面的城市（镇）发展战略，有全方位的规划，有全套推动城市化的法规和方针政策。目前在我国城市中的大批国有企业不景气、工人下岗待业的情况下，实现城市化困难就更大，工作就更艰巨。何况我国城市化水平低于第三世界国家的平均水平，城市化进程也滞后于工业化进程。也正因为如此，才要花更大的

气力，更周密地筹划推进城市化。一个国家城市化水平高低，是这个国家工业化、城乡现代化的根本标志。

稳步发展特大城市和大城市，积极发展中等城市和小城市，有重点地发展各具特色的小城镇，应该是我国城市化战略的总体构想。

我国百万以上人口的特大城市有38座，50万至100万人口的大城市有54座，这些城市在防止“城市病”发生的情况下，应当稳步发展，做好城市规划，扩大城市规模，增加城市容量，完善城市功能，改善城市环境，增大辐射能力和带动能力，创造扩大就业机会，提高城市现代化水平。

特大城市和大城市与小城市相比人均占有公共资源大大节约；不但公共设施可以提高水平，而且能得到充分利用和充分发挥效益；容易提高人们的文化素养和文明程度，提高教育水平和工作技能，有利于人的全面发展；特大城市和大城市的消费水平远远高于小城市，发展特大城市和大城市能促进消费，扩大内需，推动经济发展；特大城市和大城市国际交往频繁，信息便捷，有利于扩大开放，充分利用外国资金、外国管理经验和按国际惯例办事；特大城市和大城市往往第三产业比较发达，有些行业适合于农村劳动者就业，如家政服务、保安服务、环境保洁、出租车司机、零售送货、修理服务、饮食服务等等；以特大城市和大城市为中心，在周围形成若干中、小型的卫星城，形成区域的城市群落，大大推进区域经济的协调发展和城市化的整体水平。如：珠江三角洲地区以广州、深圳两特大城市为龙头，以周围一批大、中城市为骨干，以小城市(镇)为结点，形成大中小城市协调发展的城市群。因此可以说特大城市和大城市是城市化的龙头，应该稳步推动，而不应该限制发展。

全国有中、小城市572座，数多面广，而且有一定的基础设施条件，在此基础上做好规划，完善设施、改善环境、拓展产业、增加容量、扩大就业是完全有可能的，中、小城市是城市化的主体，是带动、辐射广大农村的主要力量。因此，应积极发展。

关于小城镇，一方面对县城的城关镇和一些商品集散地、乡镇企业集聚地等有特色的中心镇，应该集中力量有重点的加以发展；另一方面小城镇建设避免贪多求快全面铺开，在资金、产业和其他条件尚不具备的情况下，大搞小城镇建设和开发，容易造成国土资源和国家资财的浪费，同时也易于造成环境的破坏和新的污染，给农村发展造成新的包袱和困难。

要加快城市化步伐，必须采取一系列相应的对策：第一，应改变城市的工作方针，由过去的注重发展速度，转到注重发展质量和扩大就业上来；第二，改革户籍制度，使农民更易于进城工作和生活；第三，城市的劳动部门与农村县的劳动部门，对口有计划有组织地培训农村劳动者到城市就业；第四，凡农民来城市做工的与城市人口享受同等国民待遇，全面实行医疗保险、养老保险和工伤保险，消除分配歧视、职业歧视和教育歧视；第五，凡在城市较长时期从事商业、服务业、加工业、环保业等的农民工，家庭基础已在城市的，有家庭固定居所、有生活来源的应转为城市（镇）居民；第六，失去或者没有劳动能力的农村老人或未成年儿童，凡在城市有人供养或监护人的，应允许转入城市生活和读书；第七，城市政府应积极拓展二、三产业，扩大基础设施容量、扩展就业渠道，增加就业机会，并创造相应的生活环境和生活条件，尤其应建设相当数量的低成本的安居房和廉租房，租或售给进城的农村劳动者；第八，农村的乡镇企业应创造条件相对集中在城关镇、中心镇或城市，以便完善配套服务设施，既节约了资源，又推动了城市化；第九，国家对重点镇的建设要有相应的扶持政策和具体条件要求。

要使农民富裕，必须减少农民，让留在农村的农民人均占有更多的资源，尽快实现富裕才有可能。同时，农村每一人到城里做工的，一年平均汇往农村的约有4000元至5000元左右。不但减少了农民，还可以使农村在不增加投入的情况下增加收入，实现富裕。

只有通过城市化，使农村人口逐步向城市集中，农村土地才有可能向种田能手或农业龙头企业或股份合作企业集中，才能实现农业产业化、机械化、现代化经营，才能提高农业劳动生产率，也才能使我国农产品在市场竞争中占一席之地。

总之，农业产业化、农产品市场化和城市化三者是密不可分的整体，只有协调推进，“三农”问题才解决有望。

关于城市建设与发展的几个问题

——在2002年全国中小城市论坛会上的讲话

（2002年9月）

各位代表、各位嘉宾：

在这秋高气爽的季节，在党的第十六次代表大会开幕前夕，我们100多个中小城市的领导同志、国内外专家、学者和新闻工作者齐聚著名的历史名城，楚国的古都宜城市，深入研讨在新世纪信息化时代，在加入世贸组织的背景下，在体制转轨当中，中小城市的发展问题，意义十分重大。我对这次会议的召开表示热烈祝贺！

昨天唐书记、肖市长陪同我参观了宜城市区一些工厂区、居民区、公园、广场、道路，还特别参观了张自忠烈士纪念馆，听了他们的情况介绍，深受教育和启发。宜城市创出了中小城市经济改革发展之路，创出了城市现代化经营管理之路。他们路子正、步子大、代价小、效果佳。宜城市委、市政府为承办这次大会，做了大量工作，我们为他们取得的成就感到骄傲，为他们为大会做的工作表示衷心感谢！

一、关于生态城市问题

第五届国际生态城市大会，前不久在深圳召开，我和朱铁臻教授应邀参加，会议五天的研讨、交流，形成了很多共识，会议闭幕时，发表了《生态城市建设深圳宣言》，我把《深圳宣言》的全文带来了，准备复印后发给大家。这个《生态城市建设深圳宣言》，将作为历史文献载入史册，并且以后每次世界生态城市会议，都要对《生态城市建设深圳宣言》进行研讨。这个《生态城市建设深圳宣言》是21世纪可持续发展思想在城市建设和发展中的具体体现，将对世界城市建设和发展及人居环境的改善起积极的指导作用。

现在正在南非约翰内斯堡召开的联合国第三届世界环境与发展首脑会议上，将把《生态城市建设深圳宣言》列入会议议程，纳入会议的行动计划中。

《生态城市建设深圳宣言》的核心是："建设适宜人类生活的生态城市"，"以促进居民的身心健康，提高生活质量、保护人类赖以生存的生态环境"。体现了一切为了人，既为当代的人，也为子孙后代着想的思想。

为此，城市要建设生态景观，使人们感到心旷神怡、赏心悦目；建设生态产业，更好地使人们的需求和愿望得到满足；建设生态文化，使城市文明更具有民族、历史特色和地方特色及时代特色。

通过城市功能的生态整合，实现人、社会、经济、环境的平稳和谐发展。生态景观是悦目，生态产业是悦身，生态文化是悦心，总是围绕人这个中心的。

《生态城市建设深圳宣言》关于生态城市建设包含五个层面的内容：

1. 生态安全。向所有居民提供洁净的空气，安全可靠的水、食物、住房和就业机会。以及提供市政服务设施和减灾防灾措施保障。

2. 生态卫生。通过高效低成本的生态工程手段对粪便、污水和垃圾进行处理和再生作用。

3. 生态产业代谢。促进产业生态转型，强化资源再利用，产品生命周期设计，可更新能源的开发等等。

4. 生态景观整合。通过对人工环境、开放的空间、街道、桥梁等连接点和自然要素（水、路、空气和城市轮廓线）的整合，在节约能源、资源，减少交通事故和空气污染的前提下，为所有居民提供便利的城市交通。同时防止水环境恶化、减少热岛效应及其对全球环境恶化的影响。

5. 生态意识培养。帮助人们认识人在自然界的位置和应负的环境责任，尊重地方历史文化，引导人们健康消费，以维护城市生态的高质量运行。《生态城市建设深圳宣言》还规定了九项行动纲领，请大家看文件，我就不说了。

我认为《生态城市建设深圳宣言》反映了世界城市发展潮流，与我国的可持续发展战略相吻合。所谓可持续发展，就是实现人与环境在发展中的平衡，就是使环境条件不但能满足当代人的需求，也能不损害满足后代人需求的能力。

《生态城市建设深圳宣言》对我们迅速发展的大批中小城市有很重要的指导意义。世界上有些发达国家的城市走了先污染后治理的弯路，我们利用后发优势，可以避免重蹈他们的覆辙。

二、入世、政府职能转变及交易成本

(一)关于入世

入世对我们意味着风险和挑战，也意味着机遇和发展。风险和挑战是现实的、严峻的；机遇和发展只是一种可能性，要力争。要知道，我们是在弱势下加入世贸的。入世后，我们必须在世贸规则范围内敞开国门，必须贯彻世贸原则，如市场准入原则，国民待遇原则，对等原则，公开、透明原则等等，必须兑现我们入世时的一系列承诺。这将意味着外国的资本、技术、产品、经营方式等要素进入中国。国际、国内两个市场将逐渐形成一个市场，我们也必须按国际惯例、世贸规则去行事。因此，这是一场考试，不是考我们谁对世贸条文背得好，而是考我们谁对世贸规定研究得透，因而得以避开限制，采取对我有利的保护措施。世界先进国家也是这么办的：你不是规定市场准入吗？他就搞技术壁垒，准入的技术条件搞得高高的，让你外边的产品进不来，从而达到保护国内市场的目的。如我们输出到日本的蔬菜、出口西欧的蜂蜜，甚至打火机等小商品进入外国市场就是这样遭到外国技术壁垒限制的。因此，我们也必须想办法绕过世贸规定，采取既不违规，又能合法保护自己的措施。学习世贸规则，就是要做到上有规则、下有对策，做到最大限度于我有利。

加入世贸除了是学习的考试之外，也是适应能力的考试，创新能力的考试。但是最大的考试还是针对政府官员的考试，是对政府职能转变、体制和运行机制转变的考试。在入世强大的外力推动下，政府职能的转变十分紧迫。

(二)关于政府职能转变

我们城市政府该干什么、不该干什么，该管什么、不该管什么？过去我们并不十分清楚，甚至做了很多出力不讨好、不该做也做不好的事情。在计划经济时代，政府职能既缺位又越位，我们现在必须通过政府职能转变，解决缺位和越位的问题。

那么政府职能，怎么定位呢？我认为下面四句话较为恰当：“经济调节、市场监督、社会管理、公共服务。”过去我们在财产占有方面、经济管理方面是政府越位，形成全民的大锅饭、铁饭碗，阻碍了生产力发展，因而也阻碍了城市发展，老是喜欢用看得见的手，反对用看不见的手。现在在这个领域政府要退位，退到越位线以内来。宜城市做得很突出，他们以前的集体所有制企业几乎全部改制，实行民有民营。如果像十五大江总书记报告中说的那样：劳动者的劳动联合与劳动者的资本联合的财产占有形式，仍然属于公有制范畴。在资源配置方面，政府也越位。过去计划经济时代的经济计划是用水平法、基数法，这种办法较简单，加加减减就可以了，行政手段配置资源小学文化就可能应付。如果以市场这只看不见的手来调控，来配置资源，就不那么简单，政府宏观政策的制定，必须有较高水平，大学文化也未见做得好。总之是用行政权力来配置资源，势必造成重复建设和资源浪费，现在要以市场为基础配置资源。

过去我们在市场监督、社会管理和公共服务职能方面是缺位，现在需要加强和补回来。政府要代表公共利益、制定公共政策、管理公共事务、进行公共决策、提供公共产品、维护公共秩序。

在对城市如此定位之后，我认为应该做好以下九点思路的调整。

1. 由过去政府直接管企业转到政府培育市场，市场引导企业，企业解放生产力的路子上来。在国有资产管理方面，政府要管好的是本级政府的资产，特别是经营性资产。为什么强调本级的国有资产呢？现在有一个不符合实际的观念：凡是国有的，都是由国务院所有的，总理代表的，这种观念不符合实际，而应该分中央国有和地方国有，哪一级政府的国有资产，哪一级政府所有，哪一级政府管理；哪一级政府投资，哪一级政府受益。政府要管的是资产的运营，而不是企业经营和管理，包括企业的人事制度和企业领导人的选拔任用，也要走市场化路子，而政府是培育这种机制。一个城市的后劲是什么，核心竞争力是什么？是职业化、专业化的有创造能力的专家队伍，包括技术专家、教育专家、文化专家、经营管理专家，谁拥有更多的专家人才队伍，谁就能有新的思维，谁就能创出产品品牌，谁就能使生产力迅速发展，谁就能使城市产业迅速提高，谁就能使城市面貌欣欣向荣。城市的领导人要有爱才之心，用才之道，要努力建设人才高地——产生人才高地效应。市场的竞争，城市的竞争，说到底是人才的竞争，谁在人才上做足文章，谁的发展就抢先一步。如宜城在人才问题上的文章做得不错，一是优惠政策吸纳人才，已成功引进近200高级人才；二是引进项目带进人才；三是把自己的人才放到经济发达地区实践，这几招很灵。

2. 由过去资源配置的行政主导型，转为市场主导型。以后经济工作和行政工作都要减少行政审批。行政审批经济容易形成官僚作风和滋生腐败，极容易产生寻租现象。我们能不能对凡是鼓励的、允许的事项，实行登记制或者备案制，不用审批；而对限制的和禁止类的事项，才要从严把关进行审批，而且设立审批事项一定要依法，不能随意设立。据中央有关部门统计，中央政府一级设立的审批项目是4159项，经济类、社会类各占一半。其中依法设立的审批项目1657项，只占40.3%；依中央、国务院文件设立的773项，占18.6%，两项合计占58.9%；其余的是部门设立的审批项目1711项，占41.1%。按新颁的条例，今后各部门一律不能设立审批项目，各级政府也要依法设立审批项目。

因此，政府要首先分解自己的职能，搞清究竟设立了多少审批项目，分清哪些要保留，哪些给企业，哪些给中介组织，哪些给行业协会，对于给出的职能要做好交接，对于保留的要依法设立，依法行政，公开透明。不从职能职责分析基础上搞机构改革，永远是改不成功的。人员永远是减不下来的，而且越精简机构越庞杂，不但兵越来越多，官也越来越多。如以前沙市、黄石是全国机构改革试点，改得挺好，但是不行，叫做“下动上不动，越动越被动”，不得不又改回来。这种教训要吸取。

3. 财产占有由过去全民、集体所有占绝对优势，转为股份制、股份合作制，职工内部持股制，民有民营制和中外合资、独资，多种所有制并存，在同一个市场内，在同样的环境和政策下公平竞争。我主张我们的经济基础是综合经济基础，各种所有制经济都是我们社会主义的经济基础。

4. 政府的决策程序由多环节、低效率、长链条，转到短链条、扁平化、高效率。

5. 由过去以按劳分配占绝对优势转为按劳与按生产要素分配相结合。

6. 从过去重视发展速度，以工业、农业产值为主要衡量标准，转为以就业为主要衡量标准。千方百计扩大就业。

7. 由以往发展工业，牺牲环境转到以生态立市，用现代手段解决工业污染问题，大力发展生态产业。

8. 过去由政府财政投资国有企业，转为由社会资金投资企业，由国有单一主体，变成投资主体多元化。政府只投资环境、公共设施、公共服务、公共事业，造成良性循环。把国企的利、税分流，利润用于国企发展，税不做国企投资，而用于公共事业发展。这样对国有企业才算得上公平。

9. 由过去主要靠长官意志、行政手段治理城市，转为依法治市，做到机构依法设立，职能依法规定，人员依法进出，干部依法行政。

（三）关于交易成本

现实的世界是生产要素全球流动的世界，怎么使生产要素往你的城市流呢？

这里重要的是建立人才高地效应和建立其他生产要素的低谷效应。企业生产是讲成本的，是要认真搞成本核算的。除了研发成本、原材料成本、生产成本、推销成本等等内部成本以外，还有外部成本，就是城市交易成本，也有人称为体制成本。就是要报政府审批需要人力、时间和金钱。这个成本对企业影响很大，这也是决定国际、国内资本流向的主要因素之一。

要交易成本最低，使国际国内生产要素往本市流动，就要政府机关转变作风，提高办事效率，建立高效、务实、廉洁的政府。

例如，苏州的昆山市，虽说是县级市，就是因为交易成本比周边都低，使台湾企业大量集聚。2001年昆山GDP230亿元，财政收入27.36亿元，进出口总额50亿美元，台资企业超过1000家，实际投资超过11亿美元。其中，台资电子类企业250多家，投资1000万美元以上的大企业有70多家。该市制造成本比其他市低10%~20%，全民树立“亲商、安商、富商”观念，千方百计为客商服务，全民为招商服务，建立密切关系，理解和信任关系。政府办事高效、透明，抓产业引导，抓招商力度，抓载体建设，形成信息网、生产要素市场网、劳动保障网、社会安全网、生态环境网、交通网等等网络建设，架起市场经济、现代城市的各种网络平台。

在交易成本中还有一点很重要，就是要建立诚信政府，坚决克服“敞门招商，关门打狗”的事，克服“先拍脑袋，再拍胸脯，最后拍拍屁股走人”的三拍领导。更不要朝令夕改，随意表态。要在调查研究的基础上，民主决策、科学决策，令行禁止，说到做到。

如某市以往也发展较快，但不少人搞假冒伪劣，搞走私贩私，搞偷税漏税，虚开增值税发票，根本就没有什么诚信可讲。结果，中央一打击走私，一打击偷税漏税，一下子就不行了，几千家工厂蒸发掉了，造成经济困难，要向省里借钱开工资。去年GDP下降3.2%。省委下了决心，改组班子，新派去一位书记，去后第一件事是抓重新建立诚信政府，政府建立了全国第一家诚信网站，不讲诚信企业上网曝光，好企业也在网上亮相，讲诚信成为全民活动。省委总结他们经验，开了现场会，外商又纷纷前来落户，今年上半年GDP增长3.3%。这个实例说明在市场经济条件下，必须建立政府信誉、企业信誉和个人信誉。市场经济是信誉经济，作为领导市场经济的政府更要讲信誉。

政府信誉主要是建立信誉机制，什么是信誉机制？就是设计的政策办法，让讲信誉的法人和自然人能受益、获利，让不讲信誉的单位和个人吃亏、受损。这样讲信誉的单位和个人就会多，不讲信誉的就会少。由于政府管理不力，使不讲信誉、搞投机取巧的人受益，反而使讲信誉的憋气，这不但使政府形象受损，而且投资环境变坏。现在坏人霸道、好人受气的事和单位还有不少。全国性的打击黑社会团伙，不少地方黑社会性质团伙之所以猖狂，就是与政府的权势部门的个别干部勾结，成为保护伞有关，这样的城市谁敢投资。深圳有个企业叫华为技术公司，他们提个口号："人人做雷锋，但不让雷锋吃亏。"这个口号是从领导角度提的，恰到好处。企业、职工都讲诚信，在内部讲诚信，对用户讲诚信。这个企业去年销额145亿元，交税25.7亿元，产品销往40多个国家。这是讲信誉的结果。讲信誉就是讲实事求是。

认真贯彻十六大精神，加速实现城市现代化*

（2002年12月）

中国共产党第十六次代表大会刚刚开过，会上江泽民同志的报告对我国现代化指明了方向，提出了大政方针。我们这次研讨会应是学习和贯彻十六大精神的研讨会，是沿着十六大指引的方向推进国家现代化的研讨会，通过研讨必将增进共识、统一思想，从而使我国城市现代化更具有科学性和实践性。

在2000年中共十五届五中全会上提出21世纪的三大任务，首要任务就是"继续推进现代化建设"。2001年的九届全国人民代表大会第四次会议上，江泽民同志在参加江苏省代表团全体会议讲话时说："现代化是个全面发展的概念。"2002年中国共产党第十六次代表大会上江泽民同志的报告中又明确指出："大会的主题是：高举邓小平理论伟大旗帜，全面贯彻'三个代表'重要思想，继往开来，与时俱进，全面建设小康社会，加快推进社会主义现代化，为开创中国特色社会主义事业新局面而奋斗。"江泽民同志在谈到"三个代表"时指出："贯彻'三个代表'重要思想，必须把发展作为党执政兴国的第一要务，不断开创现代化建设的新局面。"江泽民同志报告又进一步指出："有条件的地方可以发展得更快一些，在全面建设小康社会的基础上，率先基本实现现代化。"江泽民同志的以上论述，完全说明在我国实现现代化是全党、全国各族人民最伟大的奋斗目标，是我们时代的主题，是实现"三个代表"的重要内容。

现代化，既包括生产力的现代化，也包括生产关系的现代化；既包括经济基础的现代化，也包括上层建筑的现代化。换句话说，现代化既包括物质文明，也包括精神文明和政治文明；既包括人们自身的完美和发展，也包括社会

* 原载《市长参考》。

的进步和完善以及环境的和谐和提高。这才体现全面发展的概念。

城市现代化是国家现代化的牛鼻子，抓住这个牛鼻子，国家现代化就会顺利实现。那么，实现城市现代化的主要制约因素是什么呢？我认为主要有以下几点：

一是从生产力角度看，要着力解决两个二元结构问题：一个二元结构是工业化与信息化叠加二元结构问题；另一个二元结构是城市与农村相分离的二元结构问题。

世界发达国家用了将近100年时间首先实现了工业化，并在工业化的基础上建设信息化，这样现代化的路子就十分自然，十分顺畅。

我们是发展中国家，我们在工业化尚未完成的现实情况下，就要面对信息化，我们既不能等待工业化任务完成之后，再进行信息化建设，也不能超越工业化的历史进程，去从事信息化建设。正确的方针正如十六大报告所指出的："走新型工业化道路"，"实现工业化仍然是我国现代化进程中艰巨的历史性任务"。"坚持以信息化带动工业化，以工业化促进信息化，走出一条科技含量高、经济效益好、资源消耗低、环境污染少、人力资源优势得到充分发挥的新型工业化路子"。这条路子的显著特点，是在实现工业化的同时叠加上信息化的任务，这是我们实现跨越式发展、发挥后发优势的必由之路。城市政府应在工业化的基础上，加速推进信息化建设，创造条件把信息工业建成支柱产业，并以信息技术改造传统工业，同时加速信息工程建设，尽快建成网络城市和运用电子政务、电子商务改变城市的生产、交换和生活方式。

有人说中国是"世界工厂"，仿佛工业化已经实现了，这未免有点过于乐观。正如十六大报告所说："实现工业化和现代化还有很长的路要走。"我们的装备工业，特别是高、精、尖的，有自主知识产权的装备工业的发展还很不够，中国要成为真正的"世界工厂"，必须在很长一段时期内付出艰辛的努力，去实现工业化和现代化。

城市与农村二元结构问题，是制约现代化的主要矛盾之一。我国去年的城市化水平只有37.7%，低于发达国家城市化水平，低于中等发达国家城市化水平，低于世界城市化平均水平（2000年50%），也低于人均GDP与我国相当国家的城市化水平（2000年46%），这四个低于告诉我们：我国城市化严重滞后于工业化，并严重滞后于世界水平。这个现实一方面说明我国人口总量大、农村人口多，另一方面是我们历史上政策导向失误所造成。这是需要我们认真对待和努力解决的。党的十六大报告指出："农村富余劳动力向非农产业和城镇转移，是工业化和现代化的必然趋势。要逐步提高城镇化水平，坚持大中小城市和小城镇协调发展，走中国特色城镇化道路。"我的理解"城镇化"就是城市化，因为它包括大中小城市，也包括小城镇，这是中国特色。大中小城市和小城镇怎么协调发展呢？我认为应该稳步发展特大城市和大城市（不要限制大城市发展），积极发展中小城市，有重点地发展小城镇，其重点正如十六大报告指出的："以现在的县城和有条件的建制镇为基础，科学规划，合理布局，同发展乡镇企业和农村服务业结合起来。"在今后50年内每年城市化率增长将近一个百分点，到那时才能达到中等发达国家城市化水平（在过去的50年中，我国城市化率增加27个百分点，年均增长0.5个百分点左右）。这是一个非同寻常的艰巨任务。城市政府在防止城市病发生的情况下，应该积极稳妥地扩大城市容量，扩大城市就业，提高城市生态环境水平，提高城市公用设施水平，提高城市卫生、教育、文化、科技水平，从而全面提高人的素质。为此，城市政府应积极调整城市投融资政策，调整城市户籍政策和就业政策，调整教育、卫生和社会保障政策等等，以适应城市现代化发展的需要。

二是从生产关系角度看，我认为应着重解决生产资料占有社会化问题。生产关系与生产力的发展水平相适应，是马克思主义的基本原理。而生产关系的核心问题是生产资料的占有关系。100多年前西方资本主义国家是极少数人占有绝大多数生产资料，同时剥夺了绝大多数人的生产资料占有权，这是一种资本主义占有方式；以前苏联为代表的社会主义国家则实行全民所有的公有制占有方式，以国家为代表的占有，实际上也同样剥夺了广大劳动者的生产资料占有权。实践证明，两种占有方式都不利于推动生产力的迅速发展，因为生产的社会化，要求生产资料占有的社会化与之相适应，无论是西方还是东方，也无论是资本主义还是社会主义，要迅速发展生产力和推动社会进步，必须走生产资料占有社会化的路子。资本主义社会是在私有制基础上，走生产资料占有社会化的路子，社会主义则应在公有制（国家、集体所有）基础上，走生产资料占有社会化的路子。谁往这个方向前进，谁就是走马克思指出的路，谁就是往社会主义方向前进。

西方发达国家很早就注意到生产关系的调整，以适应生产力的发展水平和生产社会化的程度，同时这也是工人阶级长期斗争的成果。这种生产关系的调整，主要表现在两个方面：一个方面是在分配方面实行按生产要素分配，这实质上是使各种生产要素分享利润。这就改变了由资本独享利润的局面，西方发达国家在上个世纪二三十年代就开始实行的福利制度，就是使生产要素间接参与利润分配，到上个世纪70年代开始实行按生产要素分配，便是使职工直接参与利润分配。另一方面就是让企业职工持有本企业股权，实行企业内部员工持股制。这在发达国家也较为普遍，如法国1959年开始颁布法令，企业老板要在利润中提取一部分，建立职工参加的资本再投资计划，使职工成为企业股东，法国后来规定企业必须把10%的股票卖给本企业5年工龄以上职工和退休职工。美国在1974年也以立法形式确认了职工持股计划。据全美职工持股中心统计，1998年美国实行职工持股的企业1.4万户，持股职工3000万人。英国前首相撒切尔夫人在当政时指出，19世纪的伟大工程是实现了普选权，20世纪我们要实现的伟大工程是财产的普有权。由于财产占有关系的不断调整，才使西方国家生产力不断发展，阶级矛盾趋于缓和，社会不断进步。

在我国，党的第十五次和第十六次代表大会都确认了按生产要素分配的原则。除上市公司外，在城市和农村企业中实行员工持股的企业也在不断发展。如：深圳市政府1994年发布了《关于内部员工持股制度的若干规定》八章25条，对市、区所属公有制中小企业实行职工内部持股；深圳市政府于1995年又颁布了《规范股份合作公司的意见》，以乡镇企业全部实行股份合作制的村民持股制。以后在修改、完善的基础上，进行了更具体的规范。最典型的中兴通讯公司，国有占股50%，企业员工持股50%；深圳华为公司2.1万人中1.8万人持有股权；总部设在北京的联想公司中科院持股65%，员工持股35%。这些企业内部的动力机制十分强劲，企业发展非常迅速。这是新型的公有制——劳动者的劳动联合与劳动者的资本联合的实现形式。城市政府应该大力推广生产资料占有社会化的各种实现形式，促进生产力的迅速发展。

有人担心这样做国有资产会流失。这种担心虽然不是空穴来风，但是实属过虑。在严格资产评估的基础上，实行部分股权职工有偿持有，根据企业经营好坏实行增量持股或存量持股。这是小平同志指出的“解放生产力，发展生产力”的必由之路。

在公有制经济普遍实行员工内部持股的时候，在私有经济得到很大发展的情况下，亦可逐步在私有企业内实行员工持股，但应坚持自愿原则，待条件成熟时再立法实施。

这样就由以资本主义的极少数人占有多数生产资料，逐步转为社会主义的多数人占有多数生产资料，造就成强大的有产的劳动阶级，并形成有产的劳动阶级的大平台。形成两头小、中间大的纺锤形的财产占有形态。这是社会主义要走的康庄大道。生产资料多数人占有之日，就是共同富裕实现之时。

三是从经济基础角度看，在经济体制转型期，着力建立和完善市场经济体制和运行机制，是城市实现现代化要着力解决的问题之一。党的十六大报告把“完善社会主义市场经济体制”作为本世纪前20年的主要任务提了出来。计划经济体制是以行政手段、行政权力为主配置资源；市场经济则是以市场手段为主配置资源。这种转变涉及权力和利益的调整，涉及要削弱某些人的行政权力，因此肯定会有阻力，城市政府要在提高认识的基础上，敢于和善于自我革命，自我削权，自我减少不必要的审批事项。中央政府和一些地方政府就是这么做的。据国家统计部门统计，中央政府各部门的审批事项共计4159项，其中依法设立的只占40.3%，已经进行了认真清理。有些城市把审批事项减少了2/3。为此政府职能必须转变，正如十六大报告进一步明确了政府的职能定位是“经济调解、市场监管、社会管理和公共服务”。并要求：“进一步转变政府职能，改进管理方式，推行电子政务，提高行政效率，降低行政成本，形成行为规范、运转协调、公正透明、廉洁高效的行政管理体制。”建立公共服务型政府是当前改革的当务之急。

建立和完善市场经济体制和运行机制，是政府职能转变的前提。国家体改委1997年3月给国务院写的关于建立社会主义市场经济体制的报告中写道：“深圳市在建立市场经济体制方面起点较高，新体制的框架已初步形成”，“深圳作为改革开放的先行试验区，提供了初步建立社会主义市场经济体制框架的范例，值得借鉴学习”。深圳的市场经济体制大体包括十大体系：一是主要由市场形成的价格体系，二是与国际接轨的企业和国民经济新的核算体系，三是生产要素市场体系，四是国有资产的经营管理体系，五是以新的公有制实现形式为主的生产资料占有社会化的所有制体系，六是以社会中介组织为主体的社会服务监督体系，七是以社会共济与个人自济相结合的社会保障体系，八是效率优先、兼顾公平，按劳分配与按生产要素分配相结合的分配体系，九是政府对经济的宏观调控体系，十是与市场经济相适应的法律体系。在建立社会主义市场经济体系的同时，形成市场经济的四大运行机制，即：劳动者的内部动力机制、市场公平竞争的压力机制、法律的强制力机制和社会道德的自制力机制。市场经济的十大体系和四大运行机制是使市场经济有序运行和社会生产力迅速发展的必备条件，是城市实现工业化、信息化和现代化的基本条件，这是在经济体制转型中城市政府必须要下工夫解决的问题。

四是城市政府要按照党的十六大的要求，实现上层建筑的现代化，建设社会主义政治文明。上层建筑必须与经济基础相适应，这一条马克思主义原理我们应牢牢把握。在我国生产资料占有关系发生了历史性巨大变化，经济体制和运行机制发生了巨大变化的情况下，这就势必要求上层建筑与之相适应，于是政治体制改革已经提上了日程。党的十六大提出：“必须在坚持四项基本原则的前提下，继续积极稳妥地推进政治体制改革，扩大社会主义民主，健全社会主义法制，建设社会主义法治国家，巩固和发展民主团结、生动活泼、安定和谐的政治局面。”为此，党的十六大提出了一系列政治改革的任务要求，如：“实现社会主义民主政治的制度化、规范化和程序化”；“保证人民依法实行民主选举、民主决策、民主管理和民主监督，享有广泛的权利和自由，尊重和保障人权”；“有法可依、有法必依、执法必严、违法必究”和公正司法；“要完善深入了解民情、充分反映民意、广泛集中民智、切实珍惜民力”；“实现机构和编制的法定化”；“改革和完善干部人事制度”，“扩大党员和群众对干部选拔任用的知情权、参与权、选择权和监督权”等等。这些要求和问题的解决，就要靠我们在实践中去开拓、去创新，做到“发展要有新思路，改革要有新突破，开放要有新局面，各项工作要有新举措”。我们在实践中还必须做到“一切妨碍发展的思想观念都要坚决冲破，一切束缚发展的做法和规定都要坚决改变，一切影响发展的体制弊端都要坚决革除”。这是党的十六大向我们发出的战斗檄文，我们每个共产党员和革命干部都要行动起来，都要融入这个社会主义建设和改革的大潮之中，为社会主义大厦添砖加瓦，使我们的城市全面实现社会主义现代化，使我们的国家更加繁荣富强。

在“促进内地与香港经济共同繁荣学术研讨会”开幕式上的讲话

（2002年12月）

尊敬的锦华会长，尊敬的各位专家、学者，各位朋友：

我完全赞成锦华会长的讲话。

对这次研讨会的召开，我认为是一件非常有意义的事。

中国大陆改革开放之后，首先得益于港、澳、台同胞的全力支持，特别是深圳经济特区的快速发展，港、澳、台的投资起了很大作用。祖国大陆改革开放的成功，有港、澳、台同胞和海外侨胞的心血和汗水，他们对祖国发展的功绩将名垂青史。

“九七”香港回归，是祖国统一大业的伟大历史创举，也开辟了香港的新纪元。回归后，如何保持香港的繁荣稳定，如何加强香港与内地经济的共同繁荣与发展，是全体炎黄子孙共同关心的重大课题。

本月11日江泽民主席在接见董特首时强调指出：“中央政府会尽最大努力支持香港克服经济困难，确保香港繁荣稳定。”胡锦涛总书记接见董特首时也说：“全力支持两个特区行政长官和政府的工作，并采取一切必要的措施支持和促进香港、澳门的繁荣、稳定和发展。”我们的研讨会应该体现怎么“尽最大努力”和采取什么“一切必要措施”保持和促进香港的繁荣稳定。因此，请专家、学者各抒己见，献计献策。

我是本着关心支持香港的意愿，也是本着向大家学习的态度，参加这次研讨会的。我向大会提交了两篇文章，一篇是《香港回归和我们的对策》，是1996年9月在中共中央党校学习时为迎接香港回归写的；第二篇是现在写的《回归后的香港经济与对策建议》，这篇主要是针对香港的现实写的，肯定有不足之处，请大家不吝赐教。

最后，祝研讨会圆满成功！祝大家身体健康、事业成功！

回归后的香港经济与对策建议

——促进内地与香港经济共同繁荣学术研讨会的发言

（2002年12月）

1997年7月1日香港顺利回归祖国怀抱，香港的新纪元开始了：既迎来了新的发展机遇，也遇到诸多挑战。实践告诉我们，这种挑战是现实的、严峻的。诸如：经济增长乏力，通货长时期紧缩，房地产、股市下滑，财政赤字和失业率升高，宏观经济恶化。

造成这些困难的原因，绝不是近几年才形成的，而是长期历史发展积淀的结果。

香港当前遇到的挑战，是失衡的挑战，主要表现在产业结构失衡、城市交易成本失衡、区域经济衔接失衡。这三个方面的失衡无一不是长期经济发展和经济格局变化的结果。

香港在前二十几年中，抓住了中国大陆改革开放的时机，大批加工产业北移，这一方面支持了国内的改革开放，另一方面繁荣发展了香港经济，使许多香港小老板成长为大老板。但是，就在与此同时，香港的产业转型提升未能及时跟上，形成产业空洞，使服务业一方面丧失服务的根基，另一方面丧失提升的动力。

根据香港的经济发展阶段和发展水平，在劳动密集型加工业向外转移的同时，应不失时机地大力推动高科技、高附加值的产业发展，向知识经济转型。但这种转型由于种种原因，我们没有看到。这就是造成产业结构失衡和目前困难的主要原因之一。

在香港遇到的困难问题当中，城市交易成本失衡的影响尤其突显。香港的房地产价格、人力资源价格和各种服务价格居高不下，公务员薪俸居高不下，在世界地区中名列前茅。这一方面是繁荣的副产品，但另一方面，也是长期以来施政短见、控制不利的结果。这诸多方面的城市交易成本，构成了企业自身无法控制的企业外部成本居高不下，就失去了企业的竞争力，因而也失去了城市的核心竞争力。这种居高不下的城市交易成本，把香港的低税率政策抵消了，给企业在该地生存和发展造成了困难，就严重影响了城市的发展后劲和城市的竞争力。这就是目前摆在香港面前的困难所在。

在现代，任何城市经济的发展，都离不开区域经济的分工、交流与合作，没有区域和城市群体经济环境的支撑，任何城市单独发展，是不堪设想的。

长期以来，香港经济的长足发展，得益于“中国大陆因素”，尤其是珠江三角洲地区成为香港发展的腹地。这一方面，由于香港因素推动了中国大陆尤其是珠江三角洲地区的经济发展，深圳受益更大。香港曾经是中国大陆的几乎是唯一的进出口门户，是外资进入的主要来源地；另一方面，由于“中国大陆因素”，长期以来促进了香港经济的繁荣稳定。

可是，在中国大陆进一步改革开放之后，尤其在中国加入WTO之后，这种几乎是唯一窗口的地位和作用发生了巨大变化，受到了严重挑战。再加之种种非经济因素，使香港与它的广大腹地的联系有诸多不便，因此影响着香港的进一步发展。

为迎接上述挑战，我们必须顺应历史发展的要求，根据变化了的情况，采取应对措施。正如江泽民同志在中国共产党第十六次代表大会上的报告中指出的：“全力支持香港和澳门两个特别行政区长官和政府的工作，广泛团结港澳各界人士，共同维护和促进香港和澳门的繁荣、稳定和发展。”

第一，支持中国大陆同香港、澳门在“一国两制”原则下，在WTO框架内，先于东南亚建立自由贸易区。中央政府已积极响应香港特区政府提出的关于与内地建立自由贸易区的建议。我们既然能同包括新加坡在内的东盟国家建立自由贸易区，那么，在此之前，与香港、澳门建立自由贸易区应该是不成问题的。这样将更充分发挥“中国大陆因素”的作用，使港、澳更充分利用腹地发展，使生产要素更好、更快的流动，创造更多的投资机会、贸易机会、就业机会。为落实港、澳与中国大陆自由贸易区，首先要解决思想认识问题，要解放思想，与时俱进；其次是解决技术层面的问题；再次是解决政策层面的问题；最后是解决体制和机制层面的问题。解放思想、与时俱进应该先行，否则技术层面、政策层面、体制层面的问题都难解决。为此要做好口岸与基础设施建设的相互衔接；做好企业与产业方面的互补衔接；做好有关政策方面的协调衔接；做好体制和运行机制方面的适应衔接。香港、澳门与其所在的城市群及更广大腹地衔接得越紧密、越顺畅，越有利于港、澳发展。反之亦然。

第二，把原沿深圳河香港一侧的2800多公顷的“隔离带”，开辟为香港与内地的高新科技衔接带，开辟为高新技术装备工业、信息工业的产业带，与内地建立专门通道，在项目、资金、技术、人才和用工等方面利用双方优势推动发展，形成双赢局面。

第三，在信息化飞快发展的今天，香港应把信息工程建设放在优先位置加以考虑。用世界最先进信息技术把香港建设成为信息化城市、数字化城市，全面实施电子政务、电子商务、电子民务，形成一套全新的城市经营方式、生产交换方式、社会生活方式等等，实现更高层次的城市现代化。把香港建设成为数字化城市样板，并以此为资本，推向全国各地和世界各地。

第四，邓小平同志曾经说过：“香港人是能治理好香港的，要有这个自信心。”香港过去的繁荣是香港人创造的，香港人也一定能创造香港今天和明天的繁荣。香港各界在暂时的困难面前，一定能够增强自信心、增强责任感，团结一致、众志成城，凝聚在香港政府周围，克服暂时困难，共谋发展大计。相信香港明天会更好。

关于撤销深圳经济特区管理线的建议

——在全国政协会上的发言

（2003年2月）

中共第十六次代表大会进一步确立了“不断解放思想、实事求是、与时俱进、开拓创新”的思想路线。我们在工作实践中必须认真贯彻，紧紧把握。

深圳经济特区管理线（俗称“二线”）在建特区之初曾经发挥了一定作用。但随着时间的推移，情况的变化和政策的调整，此管理线的继续存在不但丧失其必要性，而且已经成为深圳继续向前发展的羁绊。为此，我们必须认真贯彻十六大精神，及时撤销深圳经济特区管理线，以适应深圳继续向前发展的迫切要求。

一、产生深圳经济特区管理线的背景

中国共产党第十一届三中全会之后，全国的工作重心转移到经济工作上来，并实行改革开放。邓小平提出：“在全国统一方案没有拿出来之前，可以先从局部做起，从一个地区、一个行业做起，逐步推开”。“可以划出一块地方，叫做特区”。1980年8月26日全国人大常委会批准颁布了《广东省经济特区条例》，深圳经济特区宣告成立。1981年，中共中央、国务院在批转《广东、福建两省经济特区工作会议纪要》中写明：“海关对特区进口货物、物品，要给予特殊的关税优惠。特区与非特区的分界线进行了严格的管理控制后，凡经批准进口供特区使用的生产资料和消费资料，除烟、酒按最低税率减半征税，少量物品照章征税外，其他均免征关税。特区运往内地的货物、物品，应按一般进口的规定征税。”这就是特区管理线产生的根据。1983年3月开始起用深圳南头、白芒、布吉、沙湾二线检查站，次年又起用盐田坳、背仔角二线检查站，二线关形成。

原宝安县在建国初期划为边防管理地区，1985年8月根据国务院的109号文件，把原宝安县边境管理线调整到经济特区管理线，此后深圳二线关既是特区管理线，又是边境管理线。

二、现状

深圳经济特区管理线东起大鹏湾背仔角，西至宝安区安乐村的双界河出海口，全长126公里，全部设有铁丝网，有90.2公里巡逻路，163个武警执勤岗楼，设有24个耕作口，25个沿线企业内部人、车自出入的自管口，设有南头、白芒、同乐、梅林、布吉、沙湾、盐田坳、溪冲、背仔角等十个检查站。沿线设置了有线通信、供电、供水设施及训练、办公、生活用房等等。

现设武警特区边防检查站和武警边防×支队，深圳海关设有检查站分站，共计5000多人。

二线维护开支巨大，所有在二线执警、执法查车、查人、查物的海关、武警、特检人员的经费全部国库支出，数额巨大。除此之外，深圳每年支出二线日常维护费760万元，给武警官兵每人每天补助生活费3元，一年近500万元，深圳建检查站超过10亿元，新建梅林、溪冲检查站深圳就投入3.6亿元，1999年深圳在二线口岸建形象工程投入2300万元，取消进入特区汽车收费，市政府每年补助1500万元。市政府为二线每年开支近几千万元。

三、存在问题

1. 现时的特区政策与建立特区初期拟采用的特殊政策，完全不一样了。进口特区的物品不存在免关税问题，特区内自产自销产品免税也已经取消，特区产品进入特区外也不存在打关税的问题了。特区内、外政策基本一致了。因此，特区管理线存在的实际依据就不复存在了。

2. 建国初期国家把宝安县定为边防管理地区，现在也已失去了存在的必要了。

3. 把一个城市从中间用100多公里的铁丝网截断，放几千官兵把守，如果不是因有免关税等需要存在的话，实在是给城市发展带来很大的阻碍，对城市规划造成很大的不合理，对国内各地到深圳公干旅游造成很大的不便。

4. 对国家和深圳市的人力、物力、财力均是个巨大的浪费。

5. 对城市交通造成严重堵塞，二线关每天车流量1亿辆次，人流量3亿人次，交通堵塞对城市经济发展产生严重阻碍。

6. 由于过二线关的矛盾，还滋生了不少腐败现象。

四、建议

1. 如果让深圳经济特区再进一步开放——建立大保税区（或自由港），二线关不但应该保留，还要加强管理。

2. 如果非如此，那么，建议撤销深圳经济特区管理线（二线），用一部分二线武警和海关力量充实加强一线（与香港交界的管理线）。

二者应择其一。在目前，如果不可能建立大保税区的话，应尽快撤销深圳经济特区管理线（二线）。

应把集中冲击式假日经济转变为分散均衡式假日经济

——在全国政协会上的发言

（2003年2月）

今年春节假期，我在休息之余对目前实行的集中冲击式假日经济作了一些调研，访问了机关干部、企业领导和员工，他们都提供了真实的情况和中肯的意见。于是，我产生了一些不成熟的想法，提出来供大家商讨。

实行了几年的“五一”、“十一”、春节“黄金周”休假制度，对推动我国旅游事业的发展，对扩大内需、拉动消费起到了积极作用，应当充分予以肯定。

但是几年的实践越来越暴露出较明显的问题，主要表现为以下几个失衡：首先，表现为运力与游客数量的失衡，“黄金周”的游客数量是平时的几倍，使航空、铁路、公路、船舶运输全面紧张，有的等几天买不到票，有的等几个小时上不了车，使交通运力不堪重负，不但安全隐患大增，而且大大降低了旅游的质量；其次，表现为景点容量与游客数量失衡，比较有名的旅游景点在“黄金周”期间均告爆满，有的人满为患，甚至入厕都成了问题。《广州日报》2月8日头条以《女士被迫抢占男厕所》为大标题报导“黄金周”期间入厕难的尴尬局面，因而不但大大降低了旅游质量，而且容易造成环境的破坏；再次，表现为旅馆、饮食服务行业容量与游客数量的失衡。有的旅游景区的客房价格是平时5～8倍，而且还有相当数量的游客找不到住处，临时住一个沙发也要800元一宿。饮食服务更是不堪重负，由于生意特火，老板顾不了饭菜质量和卫生，群体性疾病不时发生，不但大大降低了旅游质量，而且还会损害健康。

上述诸多失衡是可以采取措施解决的，无非是两种选择：一种是增加运力、扩大景点容量、扩建旅馆、饮食服务业等等，总之是增加投入，扩大接待能力，这样一来很容易造成生产力的巨大浪费。因为是以“黄金周”假日的高峰需求作为平衡点，而“黄金周”一过，上述各方面生产力全面过剩，有的甚至半年以上闲置，这是对国家财力的巨大损失，实不可取。

另一种就是考虑改变“黄金周”的集中冲击式旅游假日经济，削减假日人流峰值，使之成为分散均衡式的旅游假日经济。为此提出如下建议：

第一，把“五一”、“十一”、法定假日改回原来的1天，如赶上公休日，合并假期最多3天，以削减旅游客流峰值量。把春节假期改回原来3天，如赶上公休日，合并假期最多5天，此时正值“农民工”探亲潮，已经人潮涌涌，就要尽量减少此时的旅游的客流量。

第二，学生的寒、暑假假期照常，学生、教职工可以在寒、暑假假期安排休息、旅游。

第三，企业人员和公职人员实行带薪年休假制度，可以立法强制实行，企业人员和公职人员一年内带薪休息一个假期，假期长短可根据工龄等条件做出不同规定。从而把企业人员和公职人员的休假旅游的时间彼此错开，避开高峰期，自己选定一年中最合适的时间和地点休假。这样一方面大家轮流休假，不至于使工作停顿；另一方面使旅游设施、运输能力、旅馆等服务能力大致达到均衡，不致造成生产力的浪费，而且还会使度假、旅游质量大大提高，并使观光旅游逐步向度假旅游发展。促进人们的身心健康，促使旅游事业上一个新台阶，并从而促进工作效率和生产力的提高。

总之，把集中冲击式的假日经济转变为分散均衡式假日经济，看来是有必要的。

应尽快建立现代化国家指标体系

——在全国政协会上的发言

（2003年2月）

中国共产党的第十六次代表大会确立了全面建设小康社会和加快推进现代化的伟大目标，并要求“有条件的地方可以发展得更快一些，在全面建设小康社会的基础上，率先基本实现现代化”。

在实践中，已有不少地方（城市）按照中央的要求，提出了率先基本实现现代化的时间表。实现现代化已经成为全国各族人民的心声和强烈的愿望。

那么，用什么指标体系去衡量现代化？就成了实践的迫切需要，因而建立国家现代化指标体系就成了迫在眉睫的大事。

现在制定国家现代化指标体系不但是实践的迫切需要，而且已经有了可能。

第一，有些地方（主要是城市）已经为率先基本实现现代化设计了一些指标体系，但是这些指标体系缺乏可比性、权威性和全面性，有的仅提出人均GDP等少量指标。但这些地方的实践为建立全国有权威的现代化指标体系提供了实践基础。

第二，世界发达国家的研究人员在上个世纪提出了可资借鉴的现代化指标体系，如被称为“英格尔斯指标体系”的美国学者英格尔斯和拉西特等人的研究成果，主要以人均国民生产总值、农业产值占GDP的比重、服务业占GDP的比重、非农劳动力占总劳动力的比重、识字人口比重、适龄青年中大学生比重、每名医生服务的人数、人口自然增长率、平均寿命、城市人口占总人口的比重十项指标衡量现代化水平。

这个指标体系产生于工业化时代，主要是以工业化水平来衡量现代化的，而我们的时代已进入信息化时代，完全用他们的指标体系已远远不够，但是有些指标可以作为借鉴。

第三，中国科学院已经组织大批专家、学者对一批国家和我国各地区现代化水平进行了深入研究，并且提出了可供决策选择的方案，为国家现代化指标体系的创立奠定了科学基础。

第四，中国城市发展研究会于2001年在广州市、2002年在北京市分别与一些科研单位和社会团体及有关城市组织了两次关于国家现代化指标体系的学术研讨会，并取得了可喜成果。这些都为建立国家现代化指标体系创造了条件，打下了基础。

建立国家现代化指标体系，应遵循以下原则：

1. 以人为本原则，现代化是为了人，为了人的全面发展；

2. 城市为主体、兼顾农村原则，城市、农村都要现代化，而且农村实现现代化任务更艰巨；

3. 指标体系的全面性和协调性原则，应包括经济、社会、人文和环境等方面，使经济、社会和谐可持续发展；

4. 指标体系中的主要指标的国际通用性和地区（城市）之间的可比性原则；

5. 指标体系的时代特征原则，即既能反映出工业化特征，也能反映出信息化时代的基本特征和基本要求；

6. 指标体系的科学化原则，即该体系应用先进的现代统计手段和科学确定指标之间的权数；

7. 指标体系的阶段性原则，大体应包括基本实现现代化和现代化两个阶段。

现代化的范围，大者是国家现代化，小者以一个地级以上的城市（包括所辖的农村）和省（直辖市、自治区）为单位为宜。不宜再小。

建议国家组织专门班子，调研制定国家现代化指标体系，由国务院有关部委牵头，组织专家、学者和社会团体及城市工作者，共同完成这一任务是可行的。

通过国家现代化指标体系的建立，加速推动我国的城镇化和现代化。使之在现代化过程中减少盲目性，增强自觉性，并使之有效地分配和利用资源，达到事半功倍的作用。

为此，还建议对城市领导者要进行现代化和现代化指标体系的培训，学习新知识、掌握新情况，使之达到“发展要有新思路，改革要有新突破，开放要有新局面，各项工作要有新举措”的要求。

我国城镇化值得关注的三个问题

——在全国政协会上的发言

（2003年2月）

江泽民同志在中共十六大报告中指出："农村富余劳动力向非农产业和城镇转移，是工业化和现代化的必然趋势。要逐步提高城镇化水平，坚持大中小城市和小城镇协调发展走中国特色的城镇化道路。"十六大提出的任务和目标，无疑是本世纪最艰巨和最伟大的工程。为此，我们必须统一认识、集中精力，才有可能做好这件事。

在目前城镇化过程中，有些问题值得关注，并应予正确引导，防止造成重大失误和损失。

第一，城镇化使农村富余劳动力转移，是以城市为主，还是以小城镇为主的问题。从中国国情实际出发，城镇化中接收农村劳动力转移的应以城市为主，城市是农村劳动力转移的重点和主导方面，其次才是小城镇。而绝不能找错方向——以小城镇为主，这一问题事关重大。有人主张以小城镇为主，并算了一笔账，以每个县城的城关镇增加10万农村劳动力，全国就有2亿多农村劳动力转入小城镇，中国城镇化问题就可以解决了。这种设想是不现实的。

我国内陆目前有1882个县，东部沿海的县城城关镇平均人口在11.5万人左右，中部地区县城城关镇平均人口在8万人左右，西部地区县城城关镇平均人口在3万人左右，全国的县城城关镇平均人口不到10万人，这是经过千百年发展才形成如此规模的。要在十几年乃至几十年内把县城城关镇人口翻一番以上是不太可能的。

正确的城镇化道路应该是稳步发展特大城市和大城市，积极发展中小城市，有重点地发展各具特色的小城镇，这样才能使大中小城市和小城镇协调发展。

我国内陆有特大城市80多个,大城市209个,中等城市254个,小城市119个。从全国662个城市的城市人口机械增加值的发展趋势看,这些城市应该是接纳农村富余劳动力的主要渠道,这已经被实践所证明,并将继续被实践证明。有中国特色的城镇化道路,是在农村人口转移中包含了小城镇,但决不意味小城镇唱主角。在全国1.9万个建制镇中,应突出重点,做好规划,对少数有条件的镇重点发展,使之产业集中、功能配套、服务完善,成为新兴的商品集散地和农产品加工基地,乡镇企业集中之地,在此情况下农村劳动力进镇才有事做。

城市与小城镇比较,城市接纳农村劳动力的优势十分明显:城市有资金来源,镇则很困难;城市比镇人均占有土地可节约一半左右;城市公用设施比镇好得多;城市环境建设比镇投入多、容量大;城市比镇产生更好、更大的集聚效应,更有利于发展现代服务业,更有利于生产的协作、配套;城市比镇交通便利,往来方便;城市比镇更有利于发展教育事业,从而提高人口素质;城市比镇扩容要容易得多。因此,城镇化中接纳农村劳动力应以城市为主,镇辅之,而不是相反。

第二,要坚决防止大城市病的发生。我国是世界上人口最多的国家,而且是农村人口占的比例最大的国家。我们过去采取的户籍政策,对防止农业人口盲目流入城市,因而防止大城市病的发生起到了关键作用,但同时也产生了我国城市化滞后的问题。现在全国加速推进城镇化,户籍制度正在改革,农民进城的门槛正在降低,进城落户的条件正在放宽,这是加速推进城镇化所必要的。但同时必须坚决防止在城市基础设施建设跟不上的情况下,城市人口机械性的过快增加,造成道路不畅,交通堵塞;学校不足,学位短缺;供水、供电、供气紧张;垃圾处理不了,浊水横流,河流污染,环境破坏;社会治安恶化,游民成为公害等大城市病的发生。印度的孟买、巴西的圣保罗就是前车之鉴。

城市工作者一定要做好规划,加强基础设施建设,完善城市功能,扩大城市容量,积极开辟就业渠道,给农民进城就业创造条件,做好宏观调控,使城市人口的机械增加与城市公用设施、教育、服务、生产和环境协调地可持续发展。

第三,要克服和防止盲目扩镇、建镇热潮。

在城镇化过程中,使农村富余劳动力一部分转移到镇,这是必然趋势。但是全国1.9万个建制镇不可能全面扩容，不能一哄而起，必须在充分论证的基础上，做好统筹规划，选择少数有发展条件的镇重点扩建和发展。切不可形成扩镇、建镇热潮。

但目前有些地方并未全面理解城镇化的真正含义，不顾条件盲目扩大镇的建设，有些地方已经形成热潮，如不及时降温，势必给农民造成危害，给国家造成损失。

有的地方打着城镇化的旗号，忙着圈地，动辄规划十几平方公里或几十平方公里土地，从农民手中拿得廉价的土地，侵犯农民利益，并使农民永久性失去土地，极易引起不稳定因素的增长。要问规划的依据是什么？当地负责人谁也说不明白。

有的地方领导人在追求政绩的驱使下，镇的建设大兴土木，建什么大广场、大公园、大草坪，什么喷水池，什么标志性建筑，什么商业一条街等等，结果是劳民伤财，脱离实际。

有的地方为建镇，大兴举债，大兴集资，大兴施工单位带资建设。结果是债台高筑，无力偿还，三角债拖累，纠纷、诉讼不断。不要忘记，现在全国乡镇普遍负债累累，不能不说与当年有些地方盲目大办乡镇企业有关。这个历史教训在城镇化过程中要认真汲取。

有的地方在扩镇过程中，只建地面房屋，上水、下水、排污和污水处理及垃圾处理则无力统筹考虑，造成新的环境污染和生态恶化。

更有甚者，有的地方为突显政绩，弄虚作假，做表面文章，临街把两边的墙、窗搞到三四层，但只是一面墙，绝大部分没盖房屋，不是给人住的，只是给人看的，看也只能沿街看，再往里看就露馅了，这是糊弄官僚主义的把戏！如此劳民伤财、虚假做戏能真正实现城镇化吗？

为此，必须全面、正确地理解城镇化，统筹、科学地规划城镇化，认真、扎实地实施城镇化，合理、节约地利用资源，保护和珍惜生态环境，才能使我国城镇化顺利实现。

认真贯彻"两个务必"，切实实施"三个代表"的两条建议

——在全国政协会上的发言

(2003年2月)

毛泽东同志在建国前的中共七届二中全会上提出了"务必使同志们继续地保持谦虚谨慎、不骄不躁的作风，务必使同志们继续地保持艰苦奋斗的作风"的教导，这在全国解放前夕，在由农村转入城市前夕，在由战争转入和平建设前夕，"两个务必"的教导是十分及时、十分必要的。

胡锦涛总书记在西柏坡学习考察时发表的重要讲话中，又重申要牢记"两个务必"，在全面建设小康社会的新的历史时期要坚决贯彻"两个务必"。这是在中国共产党长期执政的情况下，在改革开放取得决定性成功的情况下，在某些领导干部中滋生奢侈、腐败，贪图安逸、享受的情况下，胡锦涛总书记重提"两个务必"是十分及时、十分必要的。

"三个代表"是新时期我们党的重要指导思想，各级领导干部要把"三个代表"落在实处，就必须使各级领导干部有一个好的作风，就必须坚决贯彻"两个务必"。

为落实"三个代表"和贯彻"两个务必"提出如下两条建议。

1. 我们党一贯主张知行合一，言行一致。但在某些领导干部中存在的严重作风问题是说的一套、做的一套，对上一套、对下一套，当面一套、背后一套，对人一套、对己一套。这种两面人格、知行分离、言行不一的坏作风严重地脱离了广大人民群众，严重地损害了党和政府的公信力。有这种作风的人职位越高，对事业的危害越大。

要克服这种坏作风，关键是造就让领导干部敢于讲真话，愿意讲真话的

良好环境、氛围和机制；关键是从高级领导干部做起，一级做给一级看，一级带着一级干；关键是在社会中广泛地充分发扬民主，让广大人民群众和媒体敢于和愿意公开监督。

这种良好的作风机制怎么建立呢？

如果是说假话、办假事、报假政绩的人，吹吹拍拍，不干实事，成天设法讨好上司的人，却得到信任和重用，在群众面前耀武扬威，那么这种人会越来越多，社会风气、党风、政风会越来越坏；如果是说真话、办实事、讲实干、有政绩的人，老老实实、勤勤恳恳、一心为公、一心为群众办事的人能得到信任和重用，那么领导干部就会都跟着学，这种人就会越来越多，社会风气、党风、政风就会越来越好。

在社会上要形成老实人不吃亏，老实人受褒奖，老实人受器重的风气；要形成为群众办实事，为群众谋利益，为群众担风险的领导干部得好报的结果；要形成讲假话、大话、空话没市场，吃不开的社会风气；要形成为一己私利投机钻营，对上司投其所好、机关算尽、手段使足的领导干部得不到好报的结果。社会上、党政机关中就会形成好的风气，良性机制就会形成。这就要在领导中好坏分明、奖罚分明。

广大群众不是听我们说得好听，而是看我们做得好看，全国、全党上下要在实干上下真工夫，要在为群众谋利益上下真工夫。

2. 目前，中央对领导干部的作风问题一再三令五申，不断提出新的严格的要求，也不断惩处一些干坏事的干部。那么，为什么在相当一些干部当中的作风仍然很差呢？为什么广大群众对领导干部作风仍然不够满意呢？为什么一些领导干部对群众的呼声和意见视而不见、充耳不闻、我行我素呢？为什么中央的正确的要求在有些地方贯彻不了呢？如对上级领导干部下去调研不准迎送，中央几乎每年发文件重申，可是大迎大送之风越演越烈，层层多人陪同，吃喝之风越演越烈，这么一个十分简单的事就落实不了，是为什么呢？

若要贯彻“两个务必”和“三个代表”切实转变党风政风，必须扩大民主、改革吏制。

说到底，是让广大公民选择自己的当家人，而不是由少数上级领导人决定下级领导人。这一条不改，干部会必然脱离群众，因为群众对他的升迁、使用没有决定权；这一条不改，干部会必然向上跑官要官、买官卖官，大迎大送，投其所好，因为上司领导人决定他的命运。而某些上司领导人也会自然喜欢跑得多、吹得多，甚至是送得多的下级领导干部，也会必然赏识感情亲、关系近、处得好、信得过的圈子内的领导干部（具体吏制改革去年大会上我已提出十条建议）。

总之，要从整体上形成好的党风政风，主要不是由领导个人的风格、作风决定的（但是有很大关系），而是由机制、体制和制度决定的。因此，若要建立好的党风、政风，还要从根本上下工夫，从建立好的体制、机制和改革吏制上做起。

关于组建“三团”，经常性地化解群众中的矛盾和难题的建议

——在全国政协会上的发言

（2003年2月）

我们中国共产党从组建那天起，就把全心全意为人民服务作为自己的宗旨。人民群众是我们党和政权存在的理由和根基，人民群众是我们力量的源泉，是我们的衣食父母。江泽民同志在中国共产党第十六次代表大会上的报告中指出：“贯彻‘三个代表’重要思想，关键在坚持与时俱进，核心在坚持党的先进性，本质在坚持执政为民。”又指出：“贯彻‘三个代表’重要思想，必须把发展作为党执政兴国的第一要务”，“发展必须相信和依靠人民，人民是推动历史前进的动力”。胡锦涛总书记以对人民群众深厚的感情精辟地指出：“权为民所用，情为民所系，利为民所谋。”

我们国家在由计划经济体制转向市场经济体制的时候，在社会财产占有逐步实现多元化和利益主体多元化的时候，在形成很多新的社会阶层和社会阶层不断发生变化的时候，社会变革达到了空前的程度，各社会群体和广大人民群众在这激烈的社会变革中，都会遇到许多新的问题，产生许多新的矛盾。只有在前进中不断化解这些问题和解决这些矛盾，经济才能发展，社会才能和谐进步，人民才能满意，党委、政府同人民群众的血肉联系才能加强，广大人民群众的积极性和聪明才智才能得以发挥，我们党执政兴国的第一要务才能在广大人民群众的实践中得以落实，社会安定团结的局面才能得以形成。

可是在现实生活中，一些领导干部作风漂浮，不关心群众痛痒，官僚主义，脱离群众。有的对群众疾苦麻木不仁，听之任之；有的对群众中迫切需要解决的问题，漠不关心，久拖不决；有的对群众中产生的新的矛盾和摩擦，不

调查、不研究，任其发展；有的对已经发展到很尖锐程度的问题，加以回避，甚至隐瞒，采取冷漠态度，使事态不断扩大；有的在群众面前作威作福，欺压群众，广大群众深恶痛绝的人和事长期得不到处理；更有的领导干部与不健康的势力甚至是黑恶势力沆瀣一气，甚至形成利益团伙，群众看在眼里，无可奈何。

为落实十六大精神和贯彻"三个代表"重要思想，为使我们党和政府与人民群众的关系与时俱进，为适应时代发展的要求，特提出如下建议：

1. 组建"三团"：由各级人民代表大会常务委员会组建巡访团；由各级党委、政府机关组建下访团；由各级人民政协常务委员会组建视察团。

2. "三团"的宗旨是零距离接触群众，切实了解社情民意，及时发现群众急需解决的问题，提供给各有关方面及时解决。因此，"三团"是学习团、实践团、调研团、党派出的群众贴心团。

3. 组建"三团"不增加编制，不增加机构，不增加人员，不改变原工作单位的职能和性质，在各原机构的职能范围内工作。

"三团"集中列出的需要解决的问题，由各自按组织系统和工作方式处理和督办，督办结果向社会公开，接受群众监督，向群众反馈。

4. 巡访团由人大常委会领导，向人大常委会负责，人大信访办是它的办事机构。

下访团由党委、政府主要负责人领导，向同级党委、政府负责，信访办是它的办事机构。

视察团由政协常委会领导，向政协常委会负责，政协信访办是它的办事机构。

5. 巡访团、下访团和视察团由精干、负责任的干部组成，为期三个月至半年，定期轮换。在所辖区域内，分片下到基层，与群众"三同"，了解情况、发现问题、协调关系、研究办法、集中主要问题提供给有关部门解决。

6. 巡访团、下访团和视察团半年内要有三个月在基层工作，接触群众，调查研究。其余时间联络汇报、组织协调、督办总结。

7. 巡访团、下访团和视察团以后进地方为主，以农村为主，以弱势人群为主，以问题突出的地方为主。

8. "三团"接触的问题，除国防、国家安全、个人隐私及正在诉讼的案件以外，不设禁区，不留死角。

9. 可先由局部试点，待总结经验后全面推开。

通过“三团”的活动实践，在全社会形成密切联系群众，关心群众疾苦，及时解决群众中的问题的良好风气；在全社会形成深入基层、调查研究、说真话、办实事的良好风气；在全社会形成各级领导干部爱民、敬民、亲民、为民的良好风气，使我们党更好地带领全国人民全面建设小康社会。

参加政协工作5年来最主要的感受

——在全国政协会上的发言

(2003年2月)

我由深圳市委书记的岗位上退下来,转到全国政协工作,一晃已经5年了,感想颇多,受益匪浅。

首先,我的工作方式变化最大的是决策少了,调查研究多了。不像做市委书记时整天一大堆事急着要决策,要拍板,而现在是有足够的时间和精力深入到基层向实践学习,向群众学习,了解真实的社情民意,这无论对我世界观的改造,还是对我增长知识,都是十分有益的。

有时候我常常问自己:如果你调查研究中发现群众反映真实的问题很尖锐、很敏感,有可能与某领导人的看法、意见不一致,与现时政策不一致时,你敢不敢反映?敢不敢讲真话、说实话?惹恼了上级领导怎么办?对个人造成负面影响怎么办?这确实地对自己是否站在人民群众立场上、站在国家立场上的重大考验,是对一个人的人生观、世界观、价值观的重大考验。这种情况下讲真话、说实情可能惹得某些领导人不满意甚至遭批评,但对人民有益,对国家有利,还是应该讲真话、说实情。我在某省调研时,某省政协领导讲:“我们政协最讲真话。”他说的是实情。但细心一想,又有点犯忌,难道除了政协都不讲真话吗?当然不是。但是现实生活中说假话、两面人格的人确实太多。说政协最讲真话,是有其客观条件的:一是政协委员有时间调研,接触基层群众机会多,了解的实情多;二是政协委员的地位比较超脱,无论与什么部门或什么机构没有权力和利益的直接关联,对待事物的态度比较公正、客观,反映的情况相当真实,很少水分;三是政协委员本身各方面的专业人士较多,看问题较深入,不肤浅,群众也愿意向他们吐真情,认为向他们说真话、吐实情,没风险,谈得拢,没框框,不官僚;四是政协有团结和民主两面大旗,是靠这两面旗帜发扬民主、团结各界、凝聚人心。政协是发扬民主的场合，是发扬民主的渠道，是发扬民主的议政机关，只有充分发扬民主，让人愿意说真话，敢于说实话，说了实话、真话没有后怕，才有可能真正凝聚民心、集中民智、体察民情、发挥民力，才能把中央的方针政策真正落实在广大民众的实践中，这是政协的优势，政协在发挥优势方面，确实做了很多有益的尝试和探索，也取得了不少经验，但是仍然还有很大潜力。新一届政协一定会做出新的努力，为全面建设小康社会，为落实“三个代表”，做更多探索，取得更多成果。

其次，我长期以来做城市工作。进入政协后有机会多跑农村调研，受到教益很大。党的十六大确定了“积极推进农业产业化经营”的大政方针，全国各地在贯彻这一方针时，创造了不少好的方式、好的办法。最普遍的是发展龙头企业，带动农户的路子。这个路子很好、很有效，有些地方已经取得可喜的成果。但是，在调研中，我也发现了普遍存在的两个问题：一是龙头企业与农户的利益均衡机制没有建立，普遍存在利益向龙头企业严重倾斜的问题；二是农产品和农资市场运行机制不健全，缺乏强有力的用现代手段联结城乡市场的机制。我认为这两个问题是制约农业产业化健康发展的主要因素，着实应下工夫研究解决。

国家各有关部门和地方为推进农业产业化，制定了一系列支持龙头企业的政策措施，给了不少优惠和扶持，如贷款资金支持，有的还有政府贴息，优价的土地支持，出让、租赁大片土地给龙头企业使用，开发新技术、新产品方面的支持，农产品深加工的支持，开拓国内、外市场的支持，甚至是利用政府行政组织资源为龙头企业所用。这些都是必要的。但是，我们衡量种种对龙头企业的支持效果时，不仅仅是看龙头企业获得多少利益，而更主要的还要看龙头企业所带的农户获得多少利益，这种利益的分配是否均衡。而只看龙头企业获得大利润，而它所带的农户只能维持简单再生产，甚至维持简单再生产都困难，这样的利益机制就失衡了，这样就违背了我们支持龙头企业的初衷了。在目前情况下，产生的利益不均衡，也可以说带有普遍性和必然性，但是从长远看，政府如不注意这方面的调整和引导，势必在农村造成两极分化，少数人致富，多数人贫穷，这是我们不想看到的局面。

要解决龙头企业与所带农户的利益均衡问题，按目前的农民组织程度是难于实现的。一种办法是加强龙头企业所带农户的组织程度，成立专业协会之类的农民组织是首选的办法之一。只有专业协会才可以与龙头企业讨价还价，才可以达之利益均衡，才能走上农民共同富裕之路。另一种办法是所带的农户加入龙头企业，成为龙头企业的股东（集体股东或单户股东），使农户真正与龙头企业成为利益共同体，风险共担，利益共享。政府应在建立农村利益均衡机制上下工夫。

我们在农村调研时，农民直接问我们："谁能告诉我种什么能卖得出去？种什么能卖个好价钱？"确实，这是农民最关心，也是最没办法解决的难题。用现代信息网络科技手段，建立城乡两地紧密联结的大市场体系，是解决困扰农民这一问题的根本出路。

过去，城市政府是以解决城市人口的菜篮子出发，发展城市农批市场（销地市场）的。今天，城市政府应再前进一步，从解决"三农"问题，解决副食品安全问题，解决农村副食生产基地和产地市场问题，解决城乡共同富裕问题着想，建立从农村副食生产基地的生产、包装、存储、检测、运输、种子、资金、生资供应、中介服务等一直到城市的大批发（拍卖）市场，一条龙的市场组织纽带，更进一步实现网上交易，异地交割，把一家一户的农业生产与城市的大市场（甚至是国际市场）联结起来，由城市市场辐射带动农村市场和生产基地，逐步走上订单农业。这样，农民种什么、种多少、卖的价钱怎么样的问题就可以解决了，农业生产的风险就由市场各环节替农民分担一些了，农业生产就更有保障了。深圳布吉、福田农批拍卖市场已经做到了这一步，网上拍卖、结算已经实现，辐射地区逐步扩大。

最后，目前最集中的社情民意是如何克服某些人利用公权力的腐败问题，是使司法公正和治理司法腐败问题。

在这方面政协还应该做更多的工作，提供更多的意见和更有力的监督。但是，过去5年中20多次常委会，从未列入这个议题，不知何故。

我从进入政协那天起，就通过政协"民主监督"渠道，反映一桩国内外反映强烈的外商侵吞巨额国有资产，并与金融单位领导干部行贿受贿互相勾结，与司法高官沆瀣一气，损害国家利益，损害司法公正的沉冤大案，凡是政协委员和政协领导人听了这个案子的案情时，都表示义愤，都认为应该查处。但是，我年年提提案，年年不列入提案（不是提案工作负责人不想列入）；年年反映，年年没有回音，即使有了回音，也是南辕北辙，施尽掩盖之本事，但却欲盖弥彰。不知何故仿佛有关单位和领导人都怕沾这个案子的边，令人失望。有人怕说问题，更怕揭露问题。我则认为，提出问题，反映问题，因而正视问题，把问题解决了，我们国家不是前进了嘛。

以上就是我参加政协工作以来最主要的感受。

关于行政体制改革的思考与建议*

（2003年4月）

中国共产党的十六大郑重提出“建设社会主义政治文明”的命题，它的提出具有极其深刻的现实意义和历史意义，它将标志着政治体制改革朝着实现社会主义民主政治和政治文明的方向大踏步前进。在我国由计划经济体制转变为市场经济体制，生产资料占有关系发生历史性巨变的今天，适时提出建设社会主义政治文明，加速推进政治体制改革，完全是顺应历史潮流的重大举措。与此同时，十六大向全党、全国提出，要求“一切妨碍发展的思想观念要坚决冲破，一切束缚发展的做法和法规都要坚决改变，一切影响发展的体制弊端都要坚决革除”。围绕着发展的这三个“一切”和三个“坚决”，代表了全党和全国人民为实现中华民族伟大复兴进行改革的气魄和决心。

行政体制改革和政府机构改革无疑是实现政治文明的重要内容，无疑是与发展有着密不可分的关系。本着十六大精神，本人对行政体制改革的有关问题有些不成熟的思考和提出一些不成熟的建议。

我国解放后不断地进行机构改革，前后也不下20余次，因此，也不断地分分合合，改来改去，陷入了精简——膨胀——再精简——再膨胀的怪圈，这已经是不争的事实。为使机构改革取得成效，在一些地方进行了试点，有的试点单位对机构进行了革命性的大幅度精简，取得了可喜成果。但是，由于职能未减、职能未转，在上级“条条对口”的压力下，那些被改革革掉的机构不得不又渐渐地恢复原貌。于是传出“下动上不动，越动越被动”的箴言。机构改革反反复复，成效不大。

改革开放以来，20多年先后又进行了五次机构改革，这么频繁的机构改革，是否已经适应市场经济要求了呢？是否人员和经费减少了呢？是否工作效

* 原载《深圳特区报》2003年5月22日。

率提高了呢？是否政府职能转变到位、跳出怪圈了呢？1993年那次机构改革对机构和人员进行了精简，可是5年以后机关人员反而增加了100多万人。1998年那次机构改革国务院组成部门机构由40个减少为29个，“人员大幅精简”，但是行政经费是否下降了呢？据统计2001年行政经费与国内生产总值的比是1:27，而1996年行政经费与国内生产总值的比却是1:57，5年间行政经费与国内生产总值的比下降了一半多。这是在国内生产总值高速增长的情况下发生的，行政经费增长之快可见一斑。一些地方把自己的财政称之为“吃饭财政”，现在连吃饭就难以为继了，全国县（市）发不出工资，或不能按时发工资，或只发一部分工资者不在少数。这不能不是我们的最大隐忧，结论是：不是财政收入少了，而是吃财政饭的人多了。我国解放初人口与公务人员之比是600:1，到了60年代降至300:1，70年代末则是50:1，2002年则为26:1。这个比数和大幅下降，是在我国人口基数大幅增长的情况下出现的，行政人员增长之快可见一斑。难怪温家宝总理一上任就感叹“食之者众，生之者寡”，他说：“如果不精简机构，不减少人员，农民的负担不可能得到彻底解决。”

这么庞大的机构，这么庞大的公职人员队伍，这么庞大的公职人员开支（而且存在严重铺张浪费），已经使广大人民群众的负担难以为继，已经使国家难以承受了。不仅如此，它还会产生种种弊端，甚至滋生严重的官僚主义和腐败并难以遏制，从而制约了生产力的进一步发展。上层建筑必须适应经济基础的铁律，促使我们必须痛下决心本着十六大精神进行行政体制改革。

此为思考之一。

为什么频繁的机构改革老是不能成功呢？其根本症结在什么地方呢？

改革不成功的原因很多，其根本原因在职能。国家最近几次机构改革已认识到这个问题，提出了转变政府职能的要求，中央政府两批已经减少审批职能一千多项，可以说有了些成效。但是，对职能方面的问题并没有弄清楚和予以解决。那么，在职能方面存在些什么问题呢？第一，职能底数不清，太多太滥，随意性大，是职能设置无规则所致。据有人称中央政府职能有2.8万件，各级政府职能总计4800万件，这个数字实在惊人，但是这是否准确？谁能说得清呢。第二，党、政、群职能不分，以党代政、以政代群的现象普遍存在，致使在工作中互相打乱仗、互相钳制、互相抵消，搞摩擦的事大量存在，究其原因，不是个人品格所致，而是体制、机制使然。第三，上、下级职能界定不清。

这就造成上级机关部门凭借权力可以随意收权或放权。把有“油水”的职能上收，把有“麻烦”的职能下放，造成上、下级机关的不应有的不协调。对国民经济几级调控权的问题，长期以来各执一词，有的说只有中央一级有调控权，有的说省一级也应该有调控权。究其原因是没把上、下级职能界定清楚，一旦上、下级职级界定清楚，是哪一级政府的职能，就由哪一级政府负责调控，就十分明白了。有些中央国家机关部门不恰当地实行“垂直领导”，其实质也是没把上、下级职能界定明白的产物，有的部门本来是本级地方政府的组成部门，向本级政府和人民代表大会及其常务委员会负责并报告工作，怎么能任其“垂直领导”把地方政府的职能加以肢解呢？第四，职能之间的关系没有科学设计。一个政府职能在实施时往往涉及多个部门完成，谁主谁从？谁先谁后？谁多谁少？往往各执一词。遇到权大责小的事项，部门之间你争我夺，打个不可开交，互不相让；遇到责大权小的事项，部门之间你推我让，争得面红耳赤，谁也不肯接手。机构改革一次，领导们争吵一次。在平素工作中，因为部门间职能关系界定不清或没有科学设计，而拖延工作，耽误时间的事屡见不鲜，推诿扯皮之风在机关里大行其道，人民群众很不满意。

总之，上述几点说明在职能方面远没有理清，对职能这一核心问题未弄明白，机构改革怎么会成功呢？

此思考之二。

在最近几次机构改革中，提出了转变政府职能的问题。但是，职能怎么转、向何处转的问题并没有认真回答。我认为，首先是精简职能，其次才是转变职能。

计划经济是中央集权经济，因此形成的政府职能是无所不包的审批权、决策权、处分权、资源配置权的高度集中。在社会主义市场经济条件下，有相当大部分的职能是可以精简的、必须取消的。政府在广泛汇集民意的情况下，首先应决定哪些职能可以取消，特别是与WTO不相容的职能应首先考虑取消，这种精简职能的工作是首先应当做的，而且是应该认真做好的。

在精简职能的基础上，再来转变政府职能，是顺理成章的事。政府要转变职能，就有一个有些职能向何处转的问题。有些职能的设置实属社会必需，但不是政府职能所必需，这些职能必须由政府转到相关单位，政府转变职能的目标才能实现。如果这些职能没有相应的承接单位，而没办法由政府转出去，则政府转变职能的目标就难以实现，政府转变职能就成了一句空话。

哪些职能转出？转到什么主体承接？这是在政府转变职能中要认真解决的问题。第一，有些职能应转到市场经济主体——自然人和法人——承接，或者说，这些职能本来就应该是社会主体们的职能，现在不过是把这部分职能由政府还给他们而已。例如：对于政府鼓励类和允许类的事项，自然人和法人不必报政府审批，完全由自然人和法人自己做主决定，只报有关政府部门备案就可以了，这样一来政府职能可以减少很大一部分。而政府只根据情况，制订鼓励类、允许类、限制类和禁止类事项的分类标准，而只对少量的限制类和禁止类的事项进行严格把关审批，如此，政府职能就是真的转变了。第二，把有些职能转给市场，凡是通过市场机制能解决的问题，而且能做到公开、公正、公平解决的问题，就不放在政府部门审批。如：政府控制的稀有资源（如土地等）出让，由政府审批改为通过市场机制公开运作，做到公正透明。第三，把有些职能转给群众组织、行业协会、社会中介服务机构等等。这部分职能转出的必要条件，是有上述组织并使其健全，有能力承接这部分职能。在计划经济条件下，这些中介服务和行业协会之类的组织是不存在的。因此，政府在市场经济条件下，首先要培育这些组织，并建立相应的章法，使其能独立行使法律规定的权利和义务及承担相应法律责任。这就是建立和完善市场经济体制的任务，只有这一任务与行政体制改革同时完成，行政体制改革才能成功。在政府转变职能的过程中，同时要防止把应该由政府承担的职能转给政府部门下属的事业单位，把本来无偿的服务职能变为有偿的事业性职能。第四，把必须由政府承担的维护公共利益、组织公共服务、提供公共产品、进行公共监督等职能进行分解和分权，凡是由下级政府能办好的事，都应该让下级政府承担，明确下级政府依法独立行使，上级政府则依法监督。第五，把党的部门不该承担的政府职能还给政府，把政府不该承担的党的职能还给党委，做到党政职能分开。

此为思考之三。

我们以往的机构改革之所以如此频繁而成效不大，还有一个重要原因：机构设置及其变动随领导人的意志而变动，随领导人的变动而变动，随领导人的好恶而变动，总之是主观随意性很大，缺乏法制的建设和约束。

国家行政机构的设置，是国家治理的具体组织形态，在生产力发展的一定阶段上，其上层建筑在相当长的时期内应当相对稳定，并与生产力发展水平相适应，这样的相对稳定有利于国家的治理，有利于生产力的顺利发展。

要克服机构设置的主观随意性，增强其科学性和相对稳定性，我们必须寻求法治的轨道。总结50多年来机构改革的经验教训，汲取外国有益的经验，对行政体制的区划、职能设置、机构设立、人员定编、领导职数、公务员制度进行立法，做到职能依法设置，机构依法设立，公务员依法进出，人员依法行政。

此为思考之四。

据此思考和现实情况，对行政体制改革提出如下建议：

第一，适时改革行政区划。首先把省划小，直辖市增加。省直接管理到县（市），直辖市亦直接管理到县（市），撤销地（市）一级。这样就把现行的行政体制基础五级［中央、省（直辖市）、地（市）、县（市）、乡（镇）］和辅助二级（副省级市、副地级市）的七级链条，缩短为四级链条［中央、省（直辖市）、县（市）、乡（镇）］。由长链条、多层次的长蛇结构转变为宽幅度、短链条的扁平结构。这样改革首先有利于城市化进程，直辖市由现在的四个，可以扩展到十几个，设省的省会可设在有发展前途的大、中城市，使城市化进程大大得到推进。其次县、乡可根据情况适当合并，不但层次减少，而且县、乡数量亦可减少，在现实交通、通信等发达的情况下，完全是可行的。从而大大减少人员编制，减少经费开支，并提高工作效率。

第二，直辖市和现在设区的市，取消区的建制，设立市的派出机构——社区。社区只设党委和政府，不设人大和政协。一方面精简机构和人员，另一方面提高效能。社区直接领导街道办事处［实行这种体制后，要防止把一些县（市）不恰当地改为社区］。

乡（镇）一级一律不设人大和政协机构。对乡镇政府的监督则逐步由乡民的直选和直接监督所取代。

第三，改革公务员管理制度。机构改革与公务员制度改革相结合，是行政体制改革必须遵循的原则，也是一条经验。

1. 把公务员分为政务类和业务类，政务类公务员实行差额选举制，由民选产生。无严重违纪、违法情况，一般在任期内不作调动，做得好的可以连选连任一届。业务类公务员实行公开考试、考核录用制。无严重违纪、违法情况，一般不予解除合约，业务类公务员不受政府换届的影响，并按业务类公务员序列，依法晋级使用。

2. 应修改地方组织法，创造条件，有步骤地逐步实行地方选举由代表的间接选举改为由公民直接选举，不断扩大直选民主范围，可由乡（镇）开始实行，逐步逐级实现。

3. 对某些公务人员的个人收入和家庭财产向社会公开，每年公开一次，接受税务机关、监察机关和广大群众及媒体的监督。

4. 公务人员必须贯彻执行国家法律，并在法律范围内执行公务，执行公务实行“例外原则”：凡是经常发生的事项，一定要有章法可依；凡是首次发生的事项，可以作为例外，请示领导研究定下规范后实施。公务人员的人身自由和权利受到宪法和法律保护，任何个人和组织不得在法律之外（或之上）限制公务人员的人身自由。

5. 传媒对公务人员执行公务可以通过媒体进行公开报导和监督，媒体对事实和法律负责，这实质就是对党和人民负责。媒体有力的、公开的监督是使公职人员依法行政和清除公职人员腐败的最有力武器。

6. 公务人员退休后，除享有国家规定的医疗保险、养老保险和退休金等以外，不再享有任何特权，不保留原在职时的级别待遇，彻底解决干部终身制问题。为顺利实施这一制度，采取过渡办法，实行“老人老办法，新人新办法”。

第四，现行的政府机构，分政府组成机构、政府直属机构、政府办事机构、政府特设机构、政府所属事业机构和政府临时机构等等，如果把这些机构全部加起来，也要过百。因此机构改革只减政府组成机构是不行的，绝不能像变戏法似的变来变去、掩人耳目。因此，对政府各种机构根据职能应该认真全面整合和精简。首先是把能列入政府组成机构的都列入政府组成机构，以利人民代表大会及其常务委员会的监督；其次是为政府自身服务的机构能社会化管理的都应实行社会化管理，独立核算、自负盈亏，与政府是契约、服务关系；再次是对由于社会发展和工作需要并通过法定程序确立的政府新职能，则根据工作性质，列入相关部门的职能，尽可能不增设新的机构。在此项改革之时，政府付出一次性代价是完全必要的。

第五，把上、下级政府职能，特别是中央政府与地方政府的职能科学地界定清楚。例如:是哪一级政府的国有资产就由哪一级政府组成机构管理、决策、处置和收益,总之是把各级政府所拥有的国有资产的所有权职能划分给各级政府。又如:地方政府的组成部门的职能,应完全归本级地方政府行使和管理,不应实行中央部门"垂直管理"。

第六,行政体制改革是个繁杂的社会系统工程,必须加强领导,认真筹划,缜密部署,分步实施。

首先,摸清政府现行的一切职能的底数,然后加以分析、分类,分清哪些职能该撤销,哪些职能该转出,转到哪个单位,这个单位是不是存在,需不需要创建,如果这个单位存在,有没有能力承接此项职能,如何使其健全并能承接由政府转出的职能。同时对党政不分的职能加以界定和划分;对上、下级职能予以科学界定;对同级政府的所有职能进行科学的运作程序设计,尽可能减少在部门间审批的环节。

其次,根据本级政府的职能分类情况,提出政府职能设置、机构设立、领导职数、定员编制等方面的行政体制改革方案,报请人民代表大会审议批准。

再次,如果对省、直辖市、县(市)、乡(镇)的区划体制进行改革,则由中央具体组织领导,经过充分调研和酝酿提出改革方案,慎重进行。

最后,对行政体制(包括行政区划、职能设置、公务员制度、机构设立等)进行立法。使之做到政府职能依法设置,政府机构依法设立,公务员依法进出,人员依法行政。这是对法治国家所要求的,也是法制国家应该走的道路。

与此同时,行政体制改革必须与电子政府、电子政务建设紧密结合,提高政府行政的现代化水平,增加透明度和公开、公正、公平性,并提高办事效率。

这样繁杂的行政体制改革既要积极,又要慎重,没有相当长的时间的筹划是难以完成的。一旦完成,则应保持相当长时间的稳定。

上述讨论诸问题的核心,如果集中到一点,就是以职能为中心的行政体制改革。正如温家宝总理在上任伊始就强调指出的:"关键在政府职能转变,成败与否在此一举。"

通过上述改革,党的十六大提出的"形成行为规范、运作协调、公正透明、廉洁高效"政府的改革目标,是完全可以实现的。

对深圳未来发展的建议提纲*

（2003年7月）

国务院调研组来深调研，落实温总理的“四新”指示，这是关乎国家发展大局，关乎深圳的未来走向和作用。市委领导同志说要听我的意见，因我将出差在外，让我留下书面意见，我遵照市委的要求提点个人不成熟的看法，谨供参考。

一、把深圳建成直辖市

1. 深圳基本具备直辖市条件；

2. 使全国直辖市在地理分布上更加均衡；

3. 广东经济总量在全国最大，深圳财政体制早已单列，对广东省损失不大；

4. 有利深圳进一步发展，有利国家发展大局；

5. 有利与香港的衔接，进而有利香港的发展；

6. 有利于减少行政层级，使行政机关精简，更突出效能。

二、把深圳经济特区进一步开放，建成自由贸易区

1. 在WTO和CEPA框架下，这是一种国际惯例，是与国际更好衔接的最佳方式；

2. 对香港融入珠三角城市群，使生产要素在城市群中更快更好流动，创造最佳条件，特别有利于香港繁荣发展，这对我党、我国意义重大；

3. 可以进行自由贸易区的一系列新的创新和试验，使深圳步入一个历史新阶段；

* 此为给中央调研组的书面意见提纲。

4. 为加入东盟自由贸易区做一些必要的先行试验和准备工作；

5. 可以进一步发挥海港、空港、铁路、公路、信息的国际枢纽的作用，有利于发展国际大物流区，从而带动华南乃至全国的发展；

6. 有利于与台湾的经济竞争，促进经济合作，进而促进祖国统一；

7. 对特区内进口减免关税的数量不大，因而对国家关税损失不大；

8. 从政治角度考虑，对我国、我党有利；

9. 符合邓小平在国内再造几个香港的设想。

三、进行生产资料占有社会化的试验

1. 生产的社会化必然要求生产资料占有的社会化与之适应；

2. 生产资料占有社会化，主要是使广大劳动者占有生产资料，形式多种多样的新型公有制实现形式，如股份制（上市与非上市）、股份合作制、职工内部持股制等等形式，是从根本上试验走社会主义道路——实现多数人占有多数生产资料，防止生产资料迅速向少数人手中集中；

3. 在此指导思想指导下，改造现有国有资本的占有形式。

四、城市现代化的试验

1. 制定城市现代化的指标体系，用深圳作全面城市现代化的试验；

2. 制定城市信息化框架标准，用深圳作城市信息化、政府数字化的试验；

3. 在深圳进行取消现有的区改为社区，社区只设党委和政府，是市委和市政府的派出机构，不设人大和政协行政体制改革试验；

4. 在深圳做进一步转变政府职能的试验，对不涉及国家资源配置的鼓励类、允许类事项，取消政府审批，改由到政府有关部门备案，建立有限的、公共服务型的政府；

5. 深圳的镇长实行选民直选试验；

6. 在深圳进行领导干部退休后，除拿退休金、社会保险和医疗保险外，不再保留任何待遇的试验；

7. 在深圳进行公务员制度改革的试验，对业务类公务员实行全部考试、考核录用制，对政务类公务员实行差额选举制；

8. 对深圳进行具体的户籍制度改革试验。

五、让深圳这个大市场对“三农”问题的解决作出贡献

1. 对深圳农批、拍卖市场的做法、经验进行全面总结推广。

2. 以大的农产品批发、拍卖市场为龙头向三个方向发展延伸：①向城市居民延伸，建立200多家连锁超市，建立大的配送中心，一是供应自设的超市，二是供应其他超市。②向农村延伸，建立大的常年供应基地，并形成以市场为龙头的产、储、运、信息、金融等一条龙产业链，推动农业结构的调整。③向为农业生产基地服务延伸，如种子种苗、技术服务、肥料、农药等等（这一条深圳还没做）。把销地市场与产地市场连接起来。

3. 国家和省、市采取政策倾斜大力支持农批拍卖市场的发展。

4. 在深圳批发拍卖市场基础上，设立大宗农产品期货市场。

六、恢复深圳证券市场一板继续上市，并迅速批准高科技创业板上市。高科技创业板上市的成败关键在于所选上市公司的质量，尤其是首批上市公司的质量

以上意见谨供调研组参考。

建议修改宪法第六条和第十二条

——在全国政协会上的发言

（2003年9月）

中央正在组织修改宪法。此次我参加全国政协组织的私有企业参与国有企业改制、改革的调查研究，从实践中我认为宪法第六条和第十二条的修改实属必要。

一、《中华人民共和国宪法》第六条规定："中华人民共和国的社会主义经济制度的基础是生产资料的社会主义公有制，即全民所有制和劳动群众集体所有制。社会主义公有制消灭人剥削人的制度，实行各尽所能，按劳分配的原则。"

建议修改为："中华人民共和国实行生产资料占有社会化和投资主体多元化，使之与生产的社会化相适应的根本原则。中华人民共和国的公有经济和私有经济均为社会主义制度的经济基础。实行各尽所能、按劳分配与按生产要素分配相结合的分配制度。"

二、《中华人民共和国宪法》第十二条规定："社会主义的公共财产神圣不可侵犯"。"国家保护社会主义的公共财产。禁止任何组织或者个人用任何手段侵占或者破坏国家和集体的财产"。

建议修改为："国家依法鼓励创造财富的集体和个人。国家依法保护公有财产和私有财产神圣不可侵犯。国家依法禁止任何组织和个人用任何手段侵占或者破坏公有财产和私有财产。"

四管齐下求发展　体制转型下工夫

——在盘锦全国第四次矿业城市论坛上的讲话

（2003年9月）

我们这次会议在盘锦召开，是有其原因的。一是盘锦是以油气资源开发形成的矿业城市。二是盘锦在实施“结构调整、开放带动、油地融合”战略上，取得了可喜成果和丰富的经验，总结他们的经验，推动矿业城市可持续发展，具有现实意义。该市2000年油气产业经济总量与非油气产业经济总量之比是85.7∶14.3。可是到了2002年这个比例则改写为52.2∶47.8。这充分说明盘锦的非油气产业发展非常迅速，可接续产业得到可喜的发展。三是盘锦在国有企业产权制度改革方面取得了突破，在建立社会保障体系、解决职工就业和再就业方面取得了突出成效。四是在城市公用设施建设和城市经营方面进展很大，生态城市建设成绩傲人，被国家命名为我国北方市级生态城市建设示范区。

虽然盘锦取得了很大成绩，但同时也面临矿业城市共性的严峻挑战，概括说是一高二大三低：城市可持续发展对矿产资源依赖程度高；产业结构调整压力大，就业再就业压力大；经济发展中的三产，尤其是现代服务业偏低，科技水平偏低，经济的外向依存度偏低。因此严重制约了矿业城市的发展。面对这些挑战，盘锦市委、市政府采取了正确的发展方针，有针对性地实施了重大措施，迎难而上，并正在取得可喜成果。

我们在这里开会还有一个重要原因，就是辽宁省委、省政府对矿业城市的可持续发展特别重视。中央正研究东北老工业基地的振兴问题，辽宁是老工业基地的重中之重，在中央关心和支持下，正在采取一些重大措施。我们这次会议能为推动东北老工业基地的振兴，尤其是推动矿业城市接续产业的发展起点作用，是与会者的共同愿望。

下面再谈四点意见。

1. 城市政府把建立和完善市场经济体制和运行机制及转变政府职能放在重要位置。建立和完善市场经济体制和转变政府职能是国企转型、经济发展的必要条件，是市场经济的基础性工作。这件事难在哪里呢? 一是难在认识上，有的人总认为抓体制转型和政府职能转变是软任务，不如直接抓项目来得具体、来得快。不妥! 抓体制转型和政府职能转变是全局、是龙头、是基础，这一工作抓好了，会释放出更大的生产力; 如果体制不转，用传统办法抓项目，必是事倍功半，项目也难于取得好成效，说不定会成为新的包袱。二是难在权力和利益的调整上。计划经济时代经济决定权在政府官员、资源配置权在政府官员; 市场经济时代是以市场为基础配置资源，削弱政府官员的权力，这是必然趋势。因此，政府官员要有很高的认识和觉悟，要有自觉革命、自我削权的决心，要有克服前进中阻力和困难的魄力，才能把市场经济体制和运行机制完善好。否则也可能成为改革的阻力，经济也难于振兴。

2. 用新的公有制实现形式和混合所有制经济取代老的全民所有制，是老工业基地的老企业走出困境的理性选择。股份制、股份合作制、经营者、科技工作者和职工持股制，实行劳动者的劳动联合和劳动者的资本联合等等是新型公有制的实现形式，生产资料占有的社会化适应生产社会化的要求，生产力必然得到大发展。在国企内部自身改造困难的情况下，可以吸收非国有资本参与国企改革、改制，用非国有资本的增量，激活国有资本的存量，走混合所有制经济的路子。走这条路子，有以下几点值得关注: 一是并非都要国有控股。在一些人的认识中，国有控股似乎是底线。不妥! 可控可不控的不控。不控更有利转型。二是必须拿出相当的国有资产存量，给国有老职工以合理的补偿，使国企老职工生活有着落，积极性得到发挥。三是对国企现存资本价值必须按市场现值用市场机制进行评估，不能首长拍脑袋决定。四是国有资本与非国有资本优势互补，才能产生1+1大于2的效果。五是在国企转制过程中，要注意形成优胜劣汰、市场至上、竞争至上、信誉至上、以人为本的企业文化，这对企业的存活与发展十分重要。

3. 用市场经济新体制新机制发展高科技产业，创造新的经济增长点。东北老工业基地城市政府应一手抓国有老企业转制，一手抓新的经济增长点，发展一大批新的高新技术企业和高新技术产品。一是完善生产要素市场，尤其是建立和完善科技人才、科技项目、科技咨询、科技成果评价、科技产权保护、科技风险投资、科技中介服务等市场体系和运行机制。有了这一体制和运行机制，科技人才才有用武之地，科技成果才能迅速转化为生产力，科技型企业才能迅速崛起。二是在新兴的科技企业中，实行技术成果持股、科技人员持股、经营者持股、职工持股等新型公有制的路子。三是由政府牵头按市场规律组建风险投资基金公司、中介担保公司、中小企业信用互助协会等中小企业贷款担保服务体系，解决中小企业，尤其是新兴的高科技企业贷款难的问题。四是在政府职权范围内采取一些切实可行的优惠政策和灵活措施。

4. 把发展民有经济毫不动摇地抓下去。一是解决思想认识问题。要在全社会树立鼓励创造财富的集体和个人的社会风气和社会文化氛围，“让一切创造社会财富的资源充分涌流”。用政策引导劳动创造、引导劳动致富；克服“均贫富”和“仇富文化”。二是给民有经济以国民待遇，提倡市场公平竞争，取消歧视政策，与公有制企业在政策法律上一视同仁。三是鼓励引导民有企业实行所有权与经营权分离，实行经营者、科技人员和职工持股制，鼓励民有企业实行按生产要素分配。但决不强制实行。四是立法保护民有企业。首先是不按所有制立法，并对过去按不同所有制立法的法律、法规进行清理。其次是通过修改宪法和其他法律对民有经济进行法律保护。例如宪法第六条，应该承认民有经济是社会主义制度的经济基础；宪法第十二条，应承认公、私财产同样神圣不可侵犯等等。

把发展民有经济作为经济增长的一极，因而更有利于国有企业的改制和改革。

做好四管齐下，东北老工业基地振兴有望，矿业城市可持续发展有望，国家民族崛起有望。

“三农”问题之我见
——在全国政协会上的发言

（2003年10月）

解决“三农”问题成了我们国家实现小康目标的头等大事。我们的党和政府正在为解决“三农”问题竭尽全力。社会各界亦应积极为促进“三农”问题的解决出力献策。下面谈几点个人粗浅观点与大家研讨。

一、解决“三农”问题的出路主要在城市

1. 农村剩余劳动力向非农产业转移的目标地，主要是城市；

2. 农产品最终的消费市场，主要在城市；

3. 农业基础设施建设投资的资金来源，主要在城市：一方面通过城市上缴国家的税金向农村转移，另一方面城市企业直接投入农业基础设施建设；

4. 农业紧迫需要的农业科技开发、优良品种研发等来源，也是城市的大学和科研机构；

5. 实现农村小康的根本战略措施是提高农村人口素质，发展农村教育事业，而师资的培养也主要来源于城市。

总之，人往城市（镇）转，产品城市销，资金、信息、人才、科技城市来。

因此，加速实现城市化、工业化和现代化以城带乡是解决“三农”问题的症结所在。

二、农村产业结构调整必须实行市场带动战略

农村产业结构调整目前有两条明显不同的路：一是以市场为导向调整产业结构，二是由“首长”的行政意志为导向调整产业结构。这是两条完全不同的路。走前一条路就要：培育和完善各层次的农产品和农业生产资料市场体

系，建立农产品零售、批发、拍卖、期货市场，并以批发拍卖市场为中心环节和依托，把产地市场与销地市场连接起来；把农产品配送体系和到居民小区的连锁市场体系完善起来；把农产品批发、拍卖市场与农村建立长期供货的生产基地及培育农产品运输、储存、包装、加工等农业产业链完善起来；把建设农产品生产基地与为生产基地提供服务的产业联结起来。

这样，就可以形成完善的农产品市场体系，既解决了城市的菜篮子，又解决了农村的菜园子；既解决了一家一户农民的“小生产”与大市场的联系，又解决了农民最发愁的“种什么能卖得出去”的难题；既解决了农业产业化生产，又发展了农村订单农业，使农业生产者的风险逐步化解；既解决了困扰城市居民的农产品质量安全问题，又解决了农业生产的规模和效益问题。

农产品批发、拍卖市场必须走现代化、信息化路子，建立全国乃至通往世界的完善网络，可以实行网上采购、网上询价、网上交易、网上结算、异地交割等。

深圳农产品批发、拍卖市场十几年来走的就是这条路子。

以行政领导人主观意愿为导向去调整农业产业结构的路子是走不远的，甚至是走不通的。

三、国家应建立对农业的反哺机制

我国工业化初期，是用工、农产品价格的剪刀差，来发展城市和实现工业化的，农村、农民和农业对我国工业化和城市化做出了历史性贡献。

在我国工业化发展中期和后期阶段，在“三农”问题显得十分突出的情况下，我们完全有必要和有能力建立以工补农的反哺机制，这也是一切发达国家共同走过的路子，在WTO框架下我们完全有可能建立这种机制。一是减轻农民税负；二是用政府转移支付全面解决农村义务教育问题；三是增加对农村基础设施建设的投入；四是用适当方式增加对农业产业结构调整的补贴和农业生产的补贴。

四、进行行政体制改革，大幅度削减行政机构和公职人员，真正减轻纳税人负担，这应该是解决“三农”问题的必然选择

一是合乡并镇；二是大幅精简乡镇公职人员；三是乡镇的“七站八所”转

变为企业化经营;四是逐步做到农民与城市居民享有大致相同国民待遇。

五、提高农村人口素质是实现现代化的必然要求

要从小学教育入手抓起,首先,要提高农村师资的素质。师资素质的提高,一方面要提高农村师资待遇,并由各级政府保障教师工资足额按时发放,能留住人才;另一方面应坚持我国师范大学免费教育制度,并建议单独提前招生师范生源,以保证师范生源质量。其次,对农村教育结构和教育方式进行改革,加强职业教育和对市场经济的适应性及社会公德诚信及法治教育,培养"四有"新人。再次,政府预算内确保农村学校的建设和维修。

六、农业产业结构调整,走龙头企业带动农户的路子无疑是正确的,有的地方已取得了很大成效

政府给予龙头企业一系列优惠政策是必要的,但政府给予龙头企业优惠政策的多少和程度应该取决于龙头企业带领农户走共同富裕之路的程度和可能。使龙头企业带领农户共同富裕,才是政府优惠政策的出发点和落脚点。

政府政策应是龙头企业与农户的利益衔接与平衡的杠杆。目前有些地方出现了利益严重向龙头企业偏斜的倾向,政府要注意予以调整:一是提高农户的组织程度,建立各类生产专业化合作组织,以其组织形式与龙头企业谈判达到利益均衡;二是使龙头企业所带的农户成为龙头企业内的股东,风险共担、利益共享。无论采取哪种方式,龙头企业与农户利益均衡机制的建立,都是长久发展大计,各级政府应予以高度重视。

七、土地是农业最重要的生产资料,让广大农民真正拥有土地所有权,是长久解决"三农"问题的根本

目前的农村土地集体所有,实际上是所有权缺位,农民对土地流转、出让、开发没有决定权,也没有土地出让收益分配权,对农民而言土地所有权是空的。有不少地方把土地集体所有权蜕变成领导人的权力,甚至以损害农民利益低价出让农村土地,由土地开发商和基层政府分享土地的级差地租,因而造成大批农民失地,不断酿成群体事件发生,甚至滋生一些腐败。

农民对土地只拥有经营权是不够的,应该设计让农民拥有土地所有权的

占有方式，一是使村民集体拥有土地所有权的方式，土地的征用、出让、开发、流转等事项按村民民主集中制方式决策；二是以农户拥有土地所有权的方式，真正实现“耕者有其田”，使农民真正成为土地的主人。究竟采用何种方式，应按广大农民的意愿，在保持国家稳定发展的前提下实施。

国家根据需要征用农民土地，要坚决依法处理。农村土地的流转亦应严格依法行事，最大限度地体现农民的利益。

公有制主体地位的路越走越宽*

(2003年10月)

中国共产党第十六届三中全会通过的《中共中央关于完善社会主义市场经济体制若干问题的决定》中提出:"完善公有制为主体、多种所有制经济共同发展的基本经济制度。"这是我们国家在相当长历史时期的主要任务之一。各级党委和政府在自己的实践中应该不折不扣地加以贯彻执行。这种认真的贯彻执行,应该建立在深刻理解、融会贯通、自觉自愿的基础之上。

但在学习三中全会《决定》过程中,有一些同志对"完善公有制为主体"很不理解,有的发出"公有制能成为主体吗"的疑问,并用国有经济比例下降、民有经济比例上升的数字来加以说明。有的地方领导人认为,我这个地方公有经济比例已经下降,并计划还要降低,甚至不到20%,公有制怎么能成为主体呢?有的还认为,我们这个地方改革开放已经先走了一步,可以突破公有制为主体的提法,公有制为主体的提法可以不讲了。还有人认为,如果不提公有制为主体,那么我们就不是社会主义了,社会主义只有这一条本质特征了,因此,不管怎么样,也不能不提公有制的主体地位。

上述种种,都是对"完善公有制为主体"的认识上的偏差。

首先,不能用国家所有制经济的比例来判定国家性质。我在1996年写的《关于所有制若干问题的思考》(以下简称《思考》)一文中,曾经这样写道:国家所有制"它是自从国家产生以来就有国家所有制,奴隶制国家有奴隶主的国家所有制,封建制国家有封建主的国家所有制,资本主义国家有资产阶级的国家所有制,无产阶级国家,同样也有无产阶级的国家所有制等等。这种国家所有制是由统治阶级的国家为代表的占有形态,是以国家为代表的公有制的一般形态,因而,它不是社会主义国家公有制的特殊形态。由此,不难得出结

* 原载《中国工商时报》2003年11月11日。

论：国家所有制不应当成为社会主义国家的本质特征”。

该文继续写道：“国家所有制的资产占社会总资产比例的多少，以及国家所有制的资产与私有资产比例的多少，不是区分不同性质国家的标志。就是在同样性质的不同国家，这个比例是各不相同的；就是在同一个国家的不同历史时期，这个比例也是各不相同的。”

有些资本主义国家，国有制经济比例相当高，也未因此说它是社会主义国家。而前苏联则是社会主义国家之首，国有经济占到85%以上，但是，恰恰没有保住社会主义的“红色江山”。那种以国有经济比例高低来区分不同国家的社会性质是很不科学的，也可以说是对马克思主义的误解。

这么说来，“社会主义与资本主义还有没有本质区别？”有的人抓住这个问题不放。我在上面引用的《思考》一文中回答了这个问题：“生产资料被极少数人占有，剥夺绝大多数人的财产占有权……这样的社会就是资本主义社会，或者叫资产阶级占统治地位的社会。”“在我国社会主义初级阶段现实的生产力发展水平上，有没有可能实行使多数劳动者占有多数生产资料的社会主义占有形式？这种占有形式由生产资料的占有人数和对生产资料的占有数量的量变，从而使占有性质发生质变，即由资本主义性质的占有转变为社会主义性质的占有。”“我们所说的多数人占有多数生产资料，不是指全民所有制或国家所有制的占有，而是指劳动者现实的、真实的、实际的占有，这种占有是既有财产处置权又有收益分配权的实实在在的占有，是与现代化大生产、与公有制相联系在一起的占有。而绝不是私有制的占有。”

实现多数人占有多数生产资料，实现在生产资料占有这个意义上的“共同富裕”，这就是我们社会主义要走的道路。从而形成社会生产资料的纺锤形占有态势，形成比例很高的、强大的有产的劳动阶级，这个有产的劳动阶级不但推动着社会进步和经济发展，而且有利于社会稳定。政府有必要也有能力在二次分配时调节纺锤的两头，抽富补贫。三中全会《决定》中提出“以共同富裕为目标，扩大中等收入者比重，提高低收入者水平，调节过高收入，取缔非法收入”，这正是我们奔“小康”、向“共同富裕”目标前进的具体措施。

这里还应当指出，西方发达国家的财产占有关系，与马克思时代已有很大不同，并在不断发生着深刻变化。生产资料占有的社会化与生产的社会化不断适应，是人类要共同遵循的规律。

其次，三中全会《决定》指出："推行公有制的多种有效实现形式。"那么，主要是什么实现形式呢?《决定》接着指出："使股份制成为公有制的主要实现形式。"这是对改革开放20多年实践经验的科学总结，也是对生产资料占有社会化必须不断适应生产的社会化发展规律的科学实践。

在这里我们不难看出，公有制的实现形式已经发生了重大变化，即由以往的"全民所有制"（或称国家所有制）和集体所有制的实现形式，发展到以股份制为主的实现形式。公有制的内涵发生了变化，股份制成了新型的、有效的公有制的主要实现形式。

因而，公有制的主体地位，不仅仅包括原来形态的国家所有制和集体所有制的实现形式，而且还包括公有制的主要实现形式股份制。并且在完善过程中不断发生变化。

那么，股份制有哪些组织形态呢?

它们是社会股民之间的股份制（通常称上市公司），中央资产经营公司与地方资产经营公司之间的股份制，企业之间和社会其他法人之间的股份制，各种生产要素之间的股份制，企业内员工之间的股份制，村民之间的股份制，以及上述各种股份制的多种多样的组合。这些股份制体现了劳动者的劳动联合与劳动者的资本联合的共同劳动共同占有财产的公有制的本质特征。上述股份制不仅在国家所有制和集体所有制的基础上发展而来，也应该从民有经济中发展而来。

这种公有制主体地位的路子会越走越宽广，这种公有制的主体地位会越来越牢固。

再次，三中全会《决定》中，在"公有制为主体"的前面有"完善"二字的前置词，我们不能不加以注意。这说明，公有制的主体地位是需要发展的，是在经济社会不断发展变化中加以"完善"的。

我们在计划经济体制时代，公有制经济主体地位的"完善"，是朝着"全民所有制"方向"完善"，是把民有经济向集体经济"完善"，集体经济向"全民所有制""完善"，这种"完善"对社会主义国家几乎造成灾难性后果。

我们现在对公有制经济主体地位的"完善"，是朝着股份制方向"完善"，是朝着生产资料占有社会化方向"完善"，是朝着使广大劳动者实实在在占有生产资料、充分调动生产者积极性、使社会财富不断涌流方向"完善"，是朝着使国家强盛、人民富裕的“小康”方向“完善”。

这样的“完善”我们从安徽省的小岗村开始，到沿海经济特区的实践，再到中国共产党第十六次全国代表大会的政治报告，已经风风雨雨走过了20多年。为了更快更好地“完善”，我们应当抓住我国“战略机遇期”，再艰苦奋斗20年。

用权的“越位”与“缺位”*

（2003年11月）

我们现在一提到权力，往往就会理解领导人的权力，并认为地位越高，权力越大，而且人们会不言而喻地把权力与利益紧密联系起来。这已经成为一般百姓的惯性思维。百姓的这种认识是现实生活在他们头脑中的反映。

我们所说的领导人在用权上的“越位”有以下几种含义：第一种领导人借公权而谋私，通过私事、私情而谋私利，此乃私利“越位”；第二种是超越法律、法规、制度的规定而滥用权力，滥用权力者也多是与私利有关，此乃滥权“越位”；第三种是没摆正公仆与主人的关系，把领导者个人当成主人，把人民群众当成仆人，此乃颠倒“越位”。这第三种“越位”是一种根本性、制度性的严重“越位”，而且是前两种“越位”的根本动因。

上述种种“越位”是怎么产生的呢？

一种是个人原因，与个人的品德修养，世界观、价值观、人生观有密切关系；但更主要的是社会原因，即体制和制度原因。在计划经济时代，大家是“大锅饭、铁饭碗”，基本上是财产公共占有，收入平均分配，彼此间利益差距很小，因此物质利益对人的拉动力不大。社会上主要用道德、理想手段规范领导人的自律和用权行为，而且比较有效。况且领导人往往“吃苦在先，享受在后”，在群众中树立起清廉形象，在百姓中有一呼百应之势。

但在市场经济条件下，情况就大不一样了，首先是人们的收入分配差距拉大了，利益格局发生了变化，利益的诱惑力增大了。其次是财产占有方式和占有关系发生了巨大变化，而且财产占有主体之间的财产差距拉大，人们对财产占有的欲望、利益的拉动力迅速膨胀，而且有越来越强之势。甚至有人在我们共产党的党校的庄严讲台上讲授“个人利益最大化”的信条，这一信条几乎成

* 原载《深圳商报》2003年12月3日。

了时髦的新宠。于是我们公利第一的人生观、价值观、道德观受到严重挑战。传统的价值观教育，在相当一部分干部中只当做华丽的外衣装装门面而已，有的教育者只对别人，不对自己，只想说，不想做。时下世界观、价值观、人生观教育很难奏效，虽然文章写得好、演讲说得好、对干部要求高，但一些干部的实践，距离要求越来越远，其根本原因就在这里。

领导人用权"越位"的表现可谓淋漓尽致。社会上普遍流传的，对某些机关干部"没有好处不办事，有了好处乱办事"的说法，就是某些机关干部用权"越位"的写照，此其一。"上有政策，下有对策"，越权施政，此其二。明知是违法、违纪，但为了私利，为了人情，为了讨好上司而去践踏政纪、法纪，甚至铤而走险，此其三。把群众当阿斗，把自己当主人，不是围绕群众利益转，而是围绕自己的官位转，怎么对自己官位有利怎么办，甚至不惜弄虚作假、欺上瞒下，此其四。等等。

广大群众对此看在眼里，气在心头。如不及时纠正，将严重危害人民政权。

权力的"越位"必然导致权力的"缺位"。私利"越位"，必然导致公利"缺位"；司法"越位"，必然导致公正"缺位"；擅权"越位"，必然导致民主"缺位"；主仆"越位"，必然导致民权"缺位"。"越位"与"缺位"必然是一种辩证关系，我们应切实采取对策，使其向有利于人民大众的方向发展。

权力"缺位"主要有以下几种表现：本来领导人应不耻下问，调查研究，知民情、晓民意、排民忧、解民难，但是有的领导人却高高在上，当官做老爷，群众中的事情往往酿成群体事件，却全然不知，懵懵懂懂；本来对广大群众有利应该办的事，有的领导人却要先考虑考虑对自己的官位是否有利，然后再决定自己的行为，认为对自己官位不利时，顶着不办；本来群众反映强烈，应该解决的问题，有的领导人却左顾右盼，生怕得罪左邻右舍，更怕得罪上司，因而躲躲闪闪，拖拖拉拉，该管不管，该办不办；本来在自己职权范围内可以依法依规处理的事，有的领导人也要先看看当事人有没有上头什么背景，上头有没有领导人插手支持哪一方或说过什么话，生怕得罪上级领导而不敢主持正义、坚持真理；本来应该依法判决的案件，也要报上级领导画圈，一方面可以推却自己的责任，另一方面却糊弄了官僚主义；本来对发生违纪、违法、损害群众利益的事应该严办，有的领导人也生怕影响自己的仕途，而欺上瞒下、弄虚作假、隐瞒不报。有的领导人信奉一句"名言"："宁挨下头骂，不挨上边批。"于是乎，一些领导干部不是往下扎根，在群众中生根；而是往上寻根，往上级找人托、找关系、寻支持、求保护，已经成风，甚至不惜走上买官、卖官的歪门邪道。

要解决用权上的“越位”和“缺位”问题，除结合实际加强教育以外，主要应着力克服“体制性障碍”，“注重制度建设和体制创新”。“体制性障碍”的核心是什么呢？是权力和利益的再调整。政府无所不包的权力应该“转到主要为市场主体服务和创造良好发展环境上来”。还权于民，还利于民。凡不涉及国家“经济安全、影响环境资源、涉及整体布局”的事项外，决定权交给市场主体，不由政府包办。按理说，领导干部应认真贯彻党的十六大精神和十六届三中全会精神，是革命的动力；但是，恰恰是十六大和十六届三中全会精神是调整和削弱一些领导人的权力，促使公仆的位置回归，从这个角度看，领导人却又成了革命的对象，领导干部要坚决树立“立党为公、执政为民”的作风，只要为了事业甘愿革自己的命、削自己的权，做到“权为民所用，情为民所系，利为民所谋”，就成为革命的动力。否则，迷恋个人权力，喜欢把公权异化，阻挠改革，就会成为改革的阻力和改革淘汰的对象。在这个历史转折关头，领导人的自省精神和自我革命精神是十分重要的。

要解决用权“越位”和“缺位”问题，还必须从认识上、理论上解决权力的来源问题，中国的封建社会是“皇权神授”。在我们现代社会主义国家，应该是政权民授，权力是人民的权力，由人民决定授予领导人何种权力、多大的权力。而选择领导人本身也是人民的权力，人民选择领导人，是让领导人替人民说话、给人民办事，所以才授予领导人某些权力，这些权力行使得好，人民拥护，行使得不好，人民有权依法撤换，这样才能促使领导人不敢懈怠，不敢擅权，不敢枉法，不敢用权“越位”和“缺位”。因此，逐渐由下至上扩大人民对政府领导人的直接选择权，是解决领导人用权“越位”和“缺位”的体制性、制度性保障。

要解决用权“越位”和“缺位”问题，监督是必不可少的。首先，应从体制上解决监督问题，监督机构应同决策机构、执行机构相平行，才能实现权力受到制约，而不能把监督机构放在决策机构之下。其次，司法机关除涉及国家安全和个人隐私之外，公开司法，接受监督。司法机关只对法律和事实负责，这是对国家和人民负责，也是对执政党负责。不受任何行政、社团组织和个人干扰。再次，党政机关和干部接受各方面的公开监督，把领导工作放在阳光之下，不许搞暗箱操作。尤其要接受舆论监督，不设禁区，媒体的公开监督是遏制用权“越位”、“缺位”和腐败的最有力的武器。

我们坚信，党的十六大和十六届三中全会精神具体落实之日，就是解决权力“越位”和“缺位”之时。

政府的经济行为亟待用市场机制规范

(2003年11月)

在社会主义市场经济不断深入发展的条件下，政府职能转变也在不断深化，以便更好地适应经济和社会发展。政府的社会管理，为市场主体服务，创造公开、公平、公正的市场环境和良好的生态环境，就成为现代政府的主要职能；而过去那些批钱、批物的审批大权，要逐步淡出政府职能，有的交给市场主体、有的交给社会中介服务机构和其他组织去履行。

但在政府运行过程中，毋庸置疑仍然还保留一些必要的经济职能，对这些必要的经济职能的运用，再不能用过去的行政审批手段运作，而应该用市场公开运作方式进行。譬如政府采购，过去全部由政府部门内部人自己决定，现在改为公开招标采购，不但为政府节约了大批资金，保证了采购质量，而且有力地防止了经济犯罪和腐败行为。又如，进口汽车指标的分配，过去是内部人决定，要批给谁就批给谁，批给谁都是对的，现在采用市场机制分配，在经营汽车行业中，以上缴国家税款的多少为依据，分配进口汽车指标，公开透明，既有利于国家，又有利于经营者，呈显社会公平。这一类的改革措施体现了市场经济规律，体现了公开、公正、公平原则，体现了国家利益和经营者利益的一致性，体现了民众的愿望和心声，自然会受到广大民众的拥护。

但是，目前仍有许多政府的经济行为是不公开、不透明、不招投标、私相授受，内部人操纵；仍然是办事单位要在上头找请托人说话或批条，谁能拿到长官的批条或批示(有时打个电话也灵验)，谁就能把事情办成，即使是不合理、不合规也能办成，严重酿成社会不公，严重助长了社会的不正之风盛行；仍然是要办成事凭公关能力，凭关系亲密，凭领导人的好恶，甚至凭在领导人和机关干部面前送钱送物的多少，有的已经成为一些部门办事的“潜规则”。据有关人士反映，国家为支持发展××市场拿出×亿元人民币，由某部门和各省往下分配，应该拿到这笔资金的有拓展能力、有影响力、有辐射力、有带动力的单位基本都没在分配名单之列，反而名不见经传的对××市场发展无带动力、无辐射力和无影响力的单位却拿到了分配资金，使同行业的人跌破眼镜，大惑不解，迷雾重重。大家都不知道这钱是依据什么原则分配的，更不知道是如何分配的，不但挫伤了业内人士的积极性，有违政府决定的初衷，妨碍了事业顺利发展，而且有损政府形象和破坏公开、公平、公正原则，给国家资金造成损失，给市场造成混乱，而且容易产生腐败。在计划经济时代，大家都是以公有面目出现，分配给谁都姓"公"，可能问题还不算太大。但目前在市场经济条件下，在公有和民有经济单位一视同仁的情况下，如果政府的经济行为再用计划经济时期的行政审批方式，行政领导人决定的手段很有可能使大批国家资金——广大纳税人的钱，通过某些公务人员有形的手，再转入某些不应得到的私人的腰包，这问题就要严重得多了。

因此，国家应尽快规范转型期政府的经济行为。必须从有利于促进生产力的发展和社会进步的公利出发，不得从领导者个人或部门的私利出发；必须依据市场经济规律和市场运作机制办事，不得以行政手段违反市场经济规则；必须贯彻公开、公正、公平原则，不得领导者个人或内部人私下决定；必须尽快建章立制，使政府的经济行为有章可循、有法可依，不得再凭领导者个人的意愿取舍；必须有利于检查和监督，不得逃避监督，更不得以权力设置"不准报道"、"不准公开"等等禁令，不让监督。

为了"三个代表"的真正落实，为了广大民众的切身利益，为了国家的长治久安，用市场经济机制规范政府经济工作行为，已经到了非解决不可的时候了。

最高检察院反贪局制造的错案

——深圳贤成大厦刑事案应依法纠正的提案*

(2004年1月)

泰国商人吴贤成假借建造深圳贤成大厦，涉嫌诈骗国家银行巨款案件，最高检作撤案处理，是震惊国内外的特大冤错案件，已沉冤十载，各界人士不断向最高检反映，但最高检却置之不理。

案情及反映的大致情况如下：

1. 泰国商人吴贤成1989年以泰国贤成两合公司名义与中方四家国有企业合作成立了深圳贤成大厦有限公司，中方出地，吴出资金，建造号称“中国第一楼”的深圳贤成大厦。

2. 深圳贤成大厦有限公司注册后，吴无力投资，两年多大厦并未开建，此时吴开始涉嫌诈骗活动。吴贤成于1992年3月在香港用20元港币注册了一个香港贤成集团公司，接着于1992年9月开始以香港贤成集团公司（甲方）在武汉向中国银行武汉花桥支行（乙方）借款3900万元，后换成港币，弄到海外，据为己有。并未用来建造深圳贤成大厦。借款逾期不还，于是吴的小老婆段继红与花桥支行几个领导人串通，签订了一系列假文件，如：假合同、假收条、假催款通知书、假指定汇入账号的函等等。最关键的是假合同，把原来合同中的借款甲方香港贤成集团公司改为借款甲方深圳贤成大厦有限公司。这就十分明白地把债务转嫁给深圳的合作公司。这些都是吴背着中方四家股东干的。

3. 在武汉市检察院审理花桥支行副行长孙云琳、信贷科长刘人本等人利用放贷受贿一案时，各方证据和本人交代都证明他们受了吴贤成和他的小老婆段继红的贿赂（但至今尚未处理）。孙、刘等人都交代了与段继红签订假合

* 对此提案的答复见《附件：最高人民检察院反贪局马副局长对吴贤成涉嫌诈骗案件复查的通报会情况纪要》。

同等事实，并有假合同等材料为证。

4. 1993年1月，吴贤成以泰国贤成两合公司名义（甲方）向西安农行职工技协服务部（乙方）借款2000万元，后换成港币，弄到海外，据为己有，并未用来建造深圳贤成大厦。借款逾期不还，吴与西安农行签订了一个三方的《借款偿还协议书》，把深圳贤成大厦有限公司加入作为一方（乙方），成为三方协议，吴贤成一人既代表泰国公司又代表深圳合作公司。协议书谎称："2000万元已用于建造深圳贤成大厦，深圳贤成大厦有限公司愿意承担偿还本息的责任。"这些都是吴贤成背着中方四家股东自己代表泰国和深圳两个公司签字盖章（丙方、乙方），吴贤成泰国公司的借款，通过假协议书，把还债责任转嫁给深圳的合作公司。这是明目张胆的涉嫌诈骗行为。

5. 1993年5月13日，吴贤成以泰国贤成两合公司名义，同花桥支行开办的武汉银浩实业公司签订协议，在曼谷成立合资公司银泰发展有限公司，泰方占62%，中方占38%，银浩出资380万港元。称在曼谷置4.8万平方米湖地，建泰国贤成大厦。企业注册后，花桥支行分两次汇给吴贤成本人210万美元。但实际注册的中方股本金只相当于4万美元，而且花桥支行领导人把中方股权记在个人名下，并按职务高低股权多少不同（未记在银浩公司名下）。花桥支行行长喻德智4000股，副行长孙云琳4000股，科长刘人本2200股，李军（邓军的化名）1200股。中方四人的登记地址不是中国武汉，而是吴贤成在泰国的同一地址。10多年过去了。国家的210万美元血本无归，泰国贤成大厦无影无踪。有人举报此事，至今无人问津。

6. 1993年前后，吴贤成在广东新会市通过胡启流假借建深圳贤成大厦名义向建设银行借款5200万元，换成港币8000万元。据反映，此款通过香港佳和公司老板黄×雄落入麦崇楷之子麦永成手中，疑是作为麦永成开发房地产的注册资金。吴贤成是通过法律顾问、女律师陈×（麦的情妇）认识麦崇楷和麦永成的。此笔款的去向因阻力重重，至今下落不明。

7. 最高检察院以陈燕麟副厅长为首的办理吴贤成涉嫌诈骗案专案组，把应该取到的证据已基本取到（包括从武汉市检察院复印来的花桥支行领导人的交代材料，即花桥支行领导人与吴、段合谋签订的假合同等的交代材料），并写出了认定构成诈骗罪的结案报告。

8. 此时，最高检反贪局决定撤销陈燕麟为首的专案组，派当时的反贪局长罗辑、副局长叶惠伦等人，来接替陈燕麟的专案组，并马上翻案，迅速写出不构成诈骗罪的另一份翻案虚假报告。最高检依据叶惠伦的虚假报告做出撤案处理的决定。

9. 撤案后不久，陈燕麟的专案组发现，他们转交给叶惠伦等人的，在吴贤成案的卷宗里，武汉市花桥支行的喻德智、孙云琳、刘人本等人交代的承认与吴贤成、段继红合谋签订假合同等假文件的卷宗材料9份59页，从卷宗里消失了，而且没留任何痕迹。

10. 最高检在电视节目中公开宣布：凡署名举报案件，件件都有答复。于是厉有为、陈燕麟联名写了五份署名举报材料送最高检，但至今已经四年过去了，却没有任何回音。五份举报分别是：①在深圳贤成大厦案件中叶惠伦等人写虚假报告，欺骗中央；②武汉市检察院反贪局在调查吴贤成借款资金去向时，竟然取伪证；③武汉市检察院反贪局竟然把借款甲方香港贤成集团公司改为深圳贤成大厦有限公司的假合同说成是真合同，给武汉市中级人民法院出具伪证；④武汉市中级人民法院把确凿的事实证据隐去不提，却依据武汉市反贪局出具的伪证，一审判决深圳贤成大厦有限公司败诉还债，进行枉法判决；⑤吴贤成小老婆段继红和会计文小玲合谋侵占合作公司各10万元人民币，已被深圳市检察院批捕，但最高检反贪局一天打数次电话，不讲理由，强令放人，保护犯罪，以防吴贤成案从此打开缺口。深圳市检察院无奈放人。

11. 2001年3月在全国“两会”上厉有为等人通过全国政协提交了关于吴贤成案件的提案，全国政协则通过提案办公室转到最高检察院，最高检［2001］高检办发第119号文答复厉有为称：

(1)“经查阅，该3本卷宗中没有您在来信中所说的9份材料，但是也不存在缺页或者卷宗材料被抽走的痕迹。同样，另外23本卷宗也不存在缺页或者卷宗材料被抽走等问题”，“您在来信中提到的9份材料，实际均由武汉市检察院归档”，“综上，不存在吴贤成案件卷宗材料被抽走的问题”。上述结论严重与事实不符：①吴贤成案卷宗内丢失的9份59页材料是由陈燕麟专案组由武汉市检察院复制来归入吴贤成案卷宗的，回函是先承认吴贤成案“卷宗没有您在来信中说的9份材料”，但又结论“不存在吴贤成案件卷宗材料被抽走的问题”，自相矛盾。只凭“不缺页”和“没有被抽走的痕迹”就能断定没被抽走吗？这难道不是进一步证明可能是内部职务犯罪所为吗？②至于“材料由武汉市检察院归档”（这是材料的原始出处），这更不能说明吴贤成案卷宗材料没有丢失！吴案卷宗59页关于花桥支行领导人交代承认签订假合同的材料究竟何处去了？仍然是个谜！我们相信，这些材料的“丢失”绝不是无缘无故的，卷宗有了这些证据，就可以认定吴贤成涉嫌诈骗罪。卷宗里如果没有了这些证据，叶惠伦他们定的构不成诈骗罪的枉法判定，就难以揭穿。

（2）最高检办公厅在复函中又称：“材料中没有证据证明吴贤成、段继红与花桥支行有关人员存在行贿、受贿问题。”上述结论严重失实：最高检的高检发反贪字［1997］5号文件《关于吴贤成等人涉嫌犯罪案件处理意见的报告》中说：“孙云琳、刘人本收受段继红所送一万元港币及彩电、录像机各一台的事实已经查清，武汉市人民检察院对孙云琳、刘人本涉嫌案件作撤案处理的理由不妥，责成湖北省检察机关对孙、刘涉嫌受贿案重新审查，同时一并审查段继红涉嫌行贿责任。”最高检办公厅怎么对本院的结论视而不见并加以否认呢？行贿、受贿数额远不止于此，陈燕麟专案组发现的更大的线索还在高层。但湖北省检察院至今未动。

（3）最高检办公厅在复函中又称：“吴贤成、段继红与花桥支行对原投资合同进行过修改，但修改合同主要是因为花桥支行怕追不回钱，为与吴贤成打官司追回投资做准备而修改合同。”这与事实严重不符：花桥支行直到今日没有敢与吴贤成打官司，法院建议把吴贤成列为第三人被告，但花桥支行坚持不同意。可见最高检办公厅的复函结论是凭空造出。把借款甲方香港贤成集团公司，“修改”为未借款、未用款的深圳贤成大厦有限公司，这明白是故意转嫁债务给深圳贤成大厦有限公司，怎么能说是为了与吴贤成打官司才“修改”合同呢？这个结论已经被事实击得粉碎。

（4）最高检办公厅在复函中还称：“关于签订假合同的问题，是为应付上级检查，双方均知道假合同的目的，故对该合同并不存在实际执行的问题。”最高检办公厅有一点进步：就是承认他们签订了假合同。但是又替吴贤成否认涉嫌诈骗，说什么“不存在实际执行的问题”。这是奇文。花桥支行就是凭着他们“修改”过的假合同告深圳贤成大厦有限公司替吴贤成还债的！武汉市反贪局就是把假合同说成是真合同，而给武汉市法院出具伪证的！武汉市中级法院一审就是凭借假合同判深圳贤成大厦有限公司败诉还债的！最高检办公厅怎么能说“不存在实际执行的问题”呢？

12. 2001年10月28日我给最高检办公厅送去了《关于对〈复函〉[（2001）119号函]的意见》，对事实进行了澄清，这份意见最后说："我深知此事水很深、风险很大，更可能引来横祸，9年来我由于反映此案受了不少误解、白眼和侮辱，但党的一个个文件，中央领导同志一次次反腐败讲话鼓舞了我，特别是十五届六中全会精神的贯彻和学习，我党必须有一个好党风，才能不脱离群众，才能得到群众的真正支持和拥护。司法腐败是群众最痛恨的，贤成大厦案已经在国内外广大群众中造成了恶劣的影响，现在是还事情的本来面貌、取信于民的时候了。"希望最高检察院"彻底弄清事实真相，依法处理，还公道予社会，还公道予人民，还公道予国家，这才是稳定民心，安定国家之大计"。但石沉大海，仍没有回音。

13. 2002年2月28日在人代会上我又报送了《坚决维护国家利益和市场经济秩序请求复查吴贤成伙同花桥支行负责人涉嫌诈骗案的提案》。该提案在陈述了事实之后说："恳请最高检以国家利益为重，以事实为依据，以法律为准绳，对吴贤成伙同花桥支行负责人涉嫌诈骗国家财产案进行复查。还事情本来面目，还社会公道、还法律尊严。"此提案仍石沉大海，没有回音。

14. 在两会期间香港人大代表团范徐丽泰等人为了维护香港真正投资人王文洪的合法权益，为了维护市场经济秩序，提出议案。对吴贤成的涉嫌诈骗行为进行了揭露，并请全国人大常委会依法监督。

15. 在两会期间香港的政协常委庄世平等人联合提过提案，一方面揭露吴贤成的欺诈行为，建议把吴绳之以法；另一方面坚决维护法律尊严，维护司法公正、维护香港真正投资者受骗人王文洪的合法权益、维护市场经济正常秩序，使国有银行的资产不受侵害。但无下文。

16. 请求全国人大常委会依法将此案列入议案，对此案的一系列涉嫌违法行为进行个案监督检查，并将结果公之于众。以上反映的问题均有证据材料并可以提供。

附件：

最高人民检察院反贪局马副局长对吴贤成涉嫌诈骗案件复查的通报会情况纪要*

（2004年9月）

最高人民检察院领导对全国政协常委厉有为等人反映的深圳贤成大厦吴贤成涉嫌诈骗案件非常重视。派最高检察院反贪局马副局长和刘处长来深圳反馈案件复查情况。会议于2004年9月16日在深圳五洲宾馆嵩山厅举行。参加会议的有厉有为，深圳市人大常委会常务副主任、党组副书记郭荣俊，原最高检察院副厅长陈燕麟，深圳市法制办主任李华楠等人。郭荣俊主持了会议。现将会议情况根据记录整理如下。

一、最高人民检察院反贪局马副局长通报对吴贤成案件的复查情况

最高人民检察院对厉有为等同志的反映非常重视，春旺检察长等领导对此案均有批示，要求把所有案件材料调出来，重新审查，并指示尽快把案件复查情况进行反馈。根据领导要求，我通报三点有关吴贤成案件的复查情况：

（一）关于吴贤成涉嫌诈骗武汉、西安两家银行人民币5900万元的问题

1992年9月29日，吴贤成与中国银行武汉花桥支行信托部签订了一份借款合同，吴贤成借款人民币2400万元，期限1年，合同注明了如果不能按期返还借款，用吴贤成拥有的深圳贤成大厦的楼花面积作为抵押；1992年11月19日，双方又签订了一份1500万元的投资合同，吴贤成借款人民币1500万元，期限2年，约定投资回报率是27%，同样以吴贤成拥有的深圳贤成大厦的楼花面积为抵押。前后两份合同合计3900万元，合同的甲方都是香港贤成集团公司。1993年6月，在清理整顿金融秩序时，武汉花桥支行感到与香港贤成集团公司签订的借款合同的主体不明确，经双方协商同意，将甲方改为深圳贤成大厦有限公

* 根据记录整理，此纪要已送最高检察院领导人，但未有回音。

司,重新签订了借款合同,合同主体变更为深圳贤成大厦有限公司,并声明原合同作废。

由于向花桥支行获得的款项利息过高,吴贤成段继红让他们公司的财务部长文小玲帮助从国内银行贷款2~3千万,用于偿还花桥支行高额利息。1993年1月15日,吴贤成代表泰国贤成两合公司与农行西安市分行职工技协服务部签订借款合同,双方同意以泰国贤成两合公司拥有的深圳贤成大厦的楼花面积为抵押向农行西安分行借款人民币2000万元,期限1年,利息为22%。这个借款扣除50万的首期利息后,其余1950万元按吴贤成的要求汇到武汉花桥支行,用于偿还花桥支行的提前还款和贷款利息。因花桥支行不同意提前还款,所以花桥支行在只扣下136.5万元作为利息后,其余款项汇入吴贤成在深圳南泰针纺织品有限公司的账户。1993年下半年,在整顿金融秩序中,西安市农行分行上级行通过检查认定此笔借款为变相违章借款,责令尽快收回。所以,西安农行分行职工技协服务部作为甲方与深圳贤成大厦公司和泰国贤成两合公司作为乙、丙方,于1993年10月18日三方签订借款偿还协议,乙方确认西安2000万借款已全部用于深圳贤成大厦建设,乙、丙方已向甲方按期偿还约定的借款利息;为了保证资金安全,乙方愿意用深圳贤成大厦的第13层的房产作为甲方的抵押。

另外,1993年6月8日,深圳贤成大厦有限公司作为甲方与作为乙方的广东云浮的硫铁矿企业集团公司签订合作建大厦分楼的协议,甲方以每平方米20800元港币的价格,出让深圳贤成大厦楼花4千3百平方米给乙方。乙方硫铁矿公司于1993年6月18日一次性付给甲方购楼款定金1207.4万元。

上述这些吴贤成向武汉、西安两家银行以及广东云浮的硫铁矿企业集团公司共借款7107.4万元。经过调查,上述这些借款去向主要支付贤成大厦的工程款、偿还借款利息和本金、借款介绍费和贤成大厦计费、管理等;深圳市检察院的案件承办人,他们所写的案件侦查终结的报告,以及他们上报给广东省检察院,经省检察院经过研究以后,他们认为吴贤成和段继红没有诈骗武汉、西安两家银行的主观故意和客观行为,吴贤成与两家银行的关系是借贷关系,其借款行为不构成诈骗罪。理由如下:

一是吴贤成有在中国投资的诚意。泰国的贤成两合公司是吴贤成与他人在泰国登记注册的公司,注册资本金为200万泰铢。上世纪80年代中期,吴贤成开始到中国做纺织品生意，在内地投资项目有南泰针纺织品有限公司、无锡丰泰公司，1988年洽谈建设深圳贤成大厦；为了帮助中国纺织品出口，1989年“六四”之后，仅20天时间，当国内正处于外商投资低潮，吴贤成带泰国巨利银行总裁为团长的泰国各大财团负责人来中国考察，受到深圳市委市政府的欢迎和支持，同时国内外各大新闻机构对此都做了报道。

二是吴贤成积极履行与中方四家公司签订的建楼合同。这个合同签订以后，吴贤成积极筹集资金用于贤成大厦建设，先是以对等投资的形式从深圳莱英达集团取得267万美元用以支付贤成大厦的土地使用费。后又以泰国贤成两合公司名义从香港佳和公司借款3000万元港币，汇入深圳贤成大厦公司账户，在佳和公司催吴还款时，又从武汉、西安借款偿还佳和公司的债务，投入大厦建设。从签订建房合同到1993年9月20日贤成大厦停工前后五年时间，吴贤成一直没有停止过对大厦建设的管理、经营。停工时大厦已经完成地下四层、地面五层的土建工程。

三是吴贤成在得到借款后没有携款潜逃，逃避债务。按照诈骗罪的构成要件，借款人在得到借款后，作为诈骗主观的故意，应该是携款潜逃，逃避债务，这是最能体现诈骗主观故意。但就本案掌握的情况来看，吴贤成取得这笔巨款后，并没有企图潜逃。

四是吴贤成有偿还能力。1991年10月，深圳房产管理局房屋交易所对当时深圳贤成大厦用地的市值评估为3.24亿元人民币；1993年10月，深圳市房屋交易所对已建9层的深圳贤成大厦的评估价值是8.29亿元人民币。

五是借款人是否改变借款用途是判断借款人是否构成诈骗主观故意的另一个重要因素。根据侦查人员的查证结果，吴贤成将大部分借款都直接或间接地投入到贤成大厦的建设当中。

案件报请最高检察院审批后，最高检察院检察长办公会议经过研究，认为吴贤成、段继红在向武汉、西安两家银行贷款5900万元人民币有违规行为。1992年9月吴贤成用与深圳贤成大厦有限公司无直接关系的香港贤成集团公司作为借款方，与中行湖北省分行花桥支行签订借款3900万人民币。1993年6月，在整顿金融秩序中，花桥支行提出原合同主体不明确，双方重新签订合同，将借款方改为深圳贤成大厦有限公司，吴贤成在向花桥支行借款时，没有取得董事会授权，违反了《中国银行对外商投资企业贷款办法》第七条第3项

“外商投资企业申请贷款时，应当由董事会做出借款的决议和出具授权”的规定，吴贤成擅自以自己所拥有的这座大厦楼房面积作抵押向两家银行贷款，没有办理抵押物证明，违反了《中华人民共和国担保法》第四十一条“以城市房地产抵押的，应当办理抵押物登记”，另外也违反了《广东省经济特区抵押贷款管理规定》第一条，“抵押人以共有财产份额设定抵押时，需要事先书面通知其他共有人知道”。但是从总体上看，吴贤成与两家银行的关系是借贷关系，吴贤成没有诈骗两家银行的主观故意，有还款愿望和还款能力。因此尚不能认定吴贤成、段继红构成诈骗罪。

（二）关于吴贤成诈骗王文洪8000万元港币的问题

经调查，1991年11月18日，吴贤成代表泰国贤成两合公司与港商王文洪签订了承让股权意向书和股份合约，明确规定王文洪同意以港币1.1亿元，购买泰国贤成两合公司拥有的深圳贤成大厦物业50%的股权，吴贤成和王文洪对等投资共建深圳贤成大厦。1991年11月至1992年7月，泰国贤成两合公司从境外融资9000万元，汇入深圳贤成大厦吴、王共管的账号，用于大厦建设。到1993年11月，深圳贤成大厦已经完成地下四层、地面五层的工程，王文洪所交付的1.1亿港元，已被吴贤成使用8000万元。两人合作不久，王文洪要求退出泰国贤成两合公司，而由王文洪代表的香港鸿昌国际投资有限公司直接到中国大陆来注册鸿昌公司，正式成为深圳贤成大厦公司的、同吴贤成一样的外方投资商。王文洪刚开始是通过吴贤成来做中方的工作，后因为中方两家反对，吴贤成又反悔，不同意王文洪参股贤成大厦公司，所以双方产生股权纠纷。王文洪遂举报吴贤成涉嫌诈骗。

深圳市检察院案件承办人所写的案件终结报告和广东省检察院立案汇总研究以后认为，按照承让股权意向书和股份合约的约定，王文洪在交付1.1亿元港币后，吴贤成对该笔投资款拥有使用权，在此过程中产生的股权之争属于一般的民事纠纷。吴贤成使用王文洪购股款中的8000万元港币，不构成诈骗罪。所以，最高检察院检察长办公会议研究后认为，吴贤成支配和使用王文洪的8000万元港币，是根据吴、王之间的协议进行的，他们之间的股权之争属于民事纠纷，不存在诈骗犯罪。

（三）关于吴贤成诈骗江西信托公司750万美元的问题

1994年5月，当时的深圳市法院院长王常营同志举报吴贤成涉嫌诈骗江西信托公司750万美元。经调查，吴贤成通过南昌市手绢厂有关人员认识了江西信托投资股份公司总经理陈××。1993年下半年，吴贤成到江西找到陈××，出具了深圳贤成大厦资产评估报告以及大厦有关证明，要求以其在深圳贤成大厦投资权益担保从江西信托公司借款750万美元，双方草拟了一份借款形式的合同。后来，江西信托投资股份公司专门派人到深圳对贤成大厦项目进行了考察，发现吴贤成与王文洪对该大厦股权产生纠纷，并已提起诉讼，认为贷款有风险，所以就终止了与吴的谈判。因此这个合同未能生效，就没有问题。所以吴贤成涉嫌诈骗中国银行江西分行信托投资股份公司的外汇750万美元属于举报失实。

（四）关于深圳市检察院的意见

市检察院在吴贤成等人涉嫌犯罪案件侦查终结后，案件承办人写出了侦查终结报告，认为吴贤成在经营深圳贤成大厦有限公司期间，涉嫌诈骗、投机倒把、行贿等均不构成犯罪，建议撤销案件；段继红的行为构不成诈骗罪、投机倒把罪和侵占罪，建议撤销案件；文小玲的行为不构成玩忽职守罪和诈骗罪，建议撤销案件；根据掌握的证据，也难以认定高犁的玩忽职守罪。案件经市院检委会研究，多数人认为吴贤成等人不构成犯罪，少数人认为是构成犯罪的。所以案件报请广东省高检院来审查。省高检院检委会是在经过阅卷基础上，研究了这个案件的经过，其结果一致同意深圳市检察院侦查人员和省院侦查人员的意见，认为吴贤成和段继红不构成诈骗罪和投机倒把罪，吴贤成的行为不构成行贿罪，段继红文小玲的行为构不成侵占罪，高犁、文小玲的行为不构成玩忽职守罪。检委会一致意见对吴贤成、段继红、高犁、文小玲作撤销案件，上述意见报请最高检察院批准。最高检察院检察长办公会议经过研究后，一致同意广东省检察院对吴贤成、段继红行为不构成投机倒把罪和诈骗罪，高犁、文小玲的行为不构成玩忽职守罪的意见，认为段继红、文小玲的侵占行为，根据现有证据难以认定构成犯罪。同意对吴贤成、高犁涉嫌犯罪案件作撤案处理。

吴贤成案件办理过程中，最高检察院对该案非常重视，多次请示中央政法委，中央政法委曾分别于1996年11月和1997年6月，两次召集最高法院、最高检察院、公安部、全国人大法制委、外经部、外交部、工商总局和广东深圳有关领导同志研究协商，其结果均认为吴贤成等人不构成犯罪，参加会议的各方一致同意最高人民检察院吴贤成案件的处理结果。

二、厉有为同志对马副局长反馈意见的发言

首先我有三点声明：一是我们对最高检察院的领导和办案人员没有任何恩怨和成见；二是对深圳贤成大厦案件，我和在座的几位同志没有丝毫个人私利；三是我们所以一直反映这件事，完全是为深圳的投资环境、为中国的司法公正讨个公道。试想，骗子把国家巨资骗走，得不到惩处，真正投资者蒙受巨大财产损失得不到伸张，还有什么市场经济秩序和好的投资环境可言，还有什么司法公正可言！

对最高检主要领导春旺同志重视此案的复查，我再一次表示感谢。下面我对马副局长的反馈说几点意见。

第一，马副局长一开始说的1992年9月29日吴贤成与花桥支行签的借款合同2400万元和1992年11月19日双方签的1500万元的借款合同，都是吴贤成的小老婆段继红后来签的假合同，不能作为依据。时至今日，最高检反贪局怎么连真、假合同都没弄清楚？怎么还会以假合同作为依据？我们很难理解。中国银行武汉花桥支行一个3900万元，先后借给两家，先后签两套合同，必有一真一假。真、假两套合同在卷宗里都有，你们是没发现由吴贤成本人签的真合同呢，还是出于什么原因回避了吴贤成与花桥支行签的真合同呢？

现在让我给你们介绍一下真假合同的情况：吴贤成与徐森文二人于1992年3月3日在香港花20港元注册了一个香港贤成集团公司，吴任董事长，该公司与深圳贤成大厦有限公司除董事长都是吴贤成担任以外，没有任何经济和行政关联，是两个互不相干的各自独立的经济实体。深圳贤成大厦有限公司是中外合作性质的公司，其公司宗旨是在深圳建设贤成大厦，由中方四个公司出土地，由吴贤成投资建大厦（号称“中国第一楼”），按比例分楼。吴任董事长，中方四个股东负责人任董事，并组成董事会。吴贤成借款的两套真、假合同区别如下：

1. 吴贤成与花桥支行副行长孙云琳签的真合同的借款甲方是香港贤成集团公司。而一年多以后段继红与花桥支行副行长孙云琳签的假合同把借款甲方改为深圳贤成大厦有限公司。这明明是吴贤成把钱弄到海外之后（段继红与孙云琳签假合同时吴已逃往海外），把还债责任转嫁给未借款、未用款的第

三者——深圳贤成大厦有限公司。马副局长说“合同主体不明确”才改换借款甲方，这是站不住脚的。借款真合同甲方的主体是香港贤成集团公司，很清楚、很明确，不存在不清楚、不明确问题。而是故意为转嫁债务，在后来段继红与花桥支行副行长孙云琳签的假合同中，才把借款甲方改为深圳贤成大厦有限公司的。

2. 真合同是吴贤成亲自与花桥支行副行长孙云琳签订的，二人均有签名，并加盖双方公章。而假合同是在真合同签订1年多以后，吴贤成卷款逃到海外，由吴的小老婆段继红与花桥支行孙云琳签的，因此在假合同上，没有吴贤成和孙云琳的签名，只盖了私章。我向诸位请教：段继红不是深圳贤成大厦有限公司的董事会成员，又没有董事会或董事长的委托文件，她有什么权力代表深圳贤成大厦有限公司签合同？这种合同能受到法律保护吗？能作为司法的依据吗？

3. 吴贤成签的真合同共有五份，四份借款合同和一份关于合同的说明。而假合同则合并成两份（就是马副局长说的两份合同）。第一份真合同的借款金额是450万元，而马副局长反馈依据的第一份假合同借款金额是2400万元，这份假合同是后来段继红签的。这份假合同已把借款甲方改为深圳贤成大厦有限公司，而马副局长还错认为此合同借款甲方是香港贤成集团公司。

4. 真合同的借款用途写明“就投资香港贤成集团公司”，而假合同则改为“就投资深圳贤成大厦”。马副局长说：“是否改变借款用途是判断借款人是否构成诈骗罪主观故意的重要因素。”在这里，假合同中彻底改变了借款使用单位和用途。

5. 四个真合同的利息分别为25%、27%、25%和30%，而两份假合同的利息则写为24%和27%。

6. 四个真合同的借款期限分别为“14个月”、“1年”、“1993年元月20日至1993年12月5日到期”，第四个合同只写“到1993年12月6日以后利息为30%”。而第一份假合同写投资期限为1年，第二份假合同投资期限则为2年。

7. 真合同有律师廖红兵见证、签名，而假合同则没有律师见证和签名。

8. 真合同写双方发生纠纷解决不了时，“由法律部门解决”。而假合同特意写明“由乙方所在地的法律部门解决”（即武汉）。事后的诉讼证明，双方对下一步行为是有预谋的。

9. 该3900万元借款，按吴贤成指定，汇入深圳南泰针纺织品有限公司（该公司不是吴贤成的公司，而马副局长错认为是吴贤成的公司）吴贤成个人控制的账号上，由吴个人支配。并未打入深圳贤成大厦有限公司账号。

10. 吴贤成从南泰针纺织品有限公司账号分四次把钱打入中建三局一公司（建深圳贤成大厦的施工单位）账号，共2162.22万元，然后通过该公司换成港币2660万元，分五次取走。借款未用来建设深圳贤成大厦。马副局长说“吴贤成将大部分借款都直接或间接地投入到贤成大厦的建设当中”，是没有根据的。

11. 段继红与花桥支行行长喻德智、副行长孙云琳、科长刘人本、办公室主任邓军、打字员、司机等人。一个晚上加班加点不但炮制出两份假合同，还炮制出假“协议”、假“指定汇入账号的函”、假“催款通知书”、假“收条”等一系列假文件。并在事后，三级检察机关专案组审查时，他们都交代和承认了签假合同的全部事实。虽然假合同在真合同签订一年多以后签订，但两份假合同的签订时间都倒签真合同的时间。

12. 花桥支行副行长孙云琳和信贷科长刘人本与吴贤成、段继红在签订假合同前均有受贿、行贿行为，不但本人承认，并交出了钱和物，而且被专案组和最高检察院的“高检发反贪字［1997］5号”文件，认定行贿、受贿行为成立，应追究法律责任。但直到现在，对行贿、受贿者均未追究法律责任。此行贿、受贿行为，为段与孙共谋签订假合同的原因做了有力的说明。

13. 签订假合同的后果非常严重：一是吴贤成把3900万元人民币换成港币弄到海外，至今未有追回，却逍遥法外；二是花桥支行依据假合同在武汉中院诉深圳贤成大厦有限公司还债，武汉市检察院反贪局出具伪证，武汉中院庭长王青（因受贿已判刑10年）枉判深圳贤成大厦有限公司败诉还债，并把该公司真正投资者王文洪的钱从账上划走，替吴还债。

14. 深圳贤成大厦有限公司最终由中国国际经济贸易仲裁委员会深圳分会仲裁裁决清盘解散。在对深圳贤成大厦有限公司的清算结果中表明：①吴贤成由武汉借的3900万元，未打入深圳贤成大厦有限公司账号，未用在建深圳贤成大厦上；②吴贤成由西安农行借的2000万元，也未打入深圳贤成大厦有限公司账号，未用在建深圳贤成大厦上；③吴贤成自始至终只对贤成大厦投入1400万元，马副局长说的吴贤成从香港佳和集团借3000万元投入深圳贤成大厦建设的说法，没有事实支持；④吴在贤成大厦的债权债务相抵后，尚欠深圳贤成大厦有限公司3211万元。这一个清算结果，胜过一百次谎言。完全用铁的事实证明吴贤成是借投资建贤成大厦之名，行涉嫌诈骗国家银行钱财之实。

第二，马副局长反馈关于吴贤成与西安农行职工技协服务部的借款2000万元问题时，以《借款偿还协议书》为依据，又是把假的当成真的。其实，这种诈骗伎俩一看便知：

吴贤成以泰国贤成两合公司为借款甲方，西安农行职工技协服务部为乙方，于1993年元月15日借得2000万元，年息20%，期限为一年。扣除首期利息50万元，剩余1950万元汇入吴指定的南泰针纺织品有限公司账号，然后换成港币取走自用。并未汇入深圳贤成大厦有限公司账号，也未用于大厦建设。借款九个月后，吴贤成串通西安农行高犁行长签订一个三方的《借款偿还协议书》：吴贤成一个人代表甲方泰国贤成两合公司（在三方协议中改为丙方），又代表乙方深圳贤成大厦有限公司（在协议中后加入的一方），他自己带上两个公司的公章，与乙方西安农行职工技协服务部（在协议中改为甲方）签订《借款偿还协议书》。于是产生下列问题：①吴贤成没有深圳贤成大厦有限公司董事会的委托和授权，他个人有没有资格把自己泰国公司借款的还款责任转嫁给深圳的合作公司（中方四个股东根本不知情）？②吴贤成一个人同时代表两个公司，把甲公司借款的债让乙公司还（甲公司是吴自己的泰国贤成两合公司，而乙公司则是深圳中外合作的贤成大厦有限公司），而签订的协议有没有法律效力？程序上违不违法？③吴贤成借的2000万元根本就没有打入深圳贤成大厦有限公司账号，没用于贤成大厦建设（已被清算结果所证实），而在《借款偿还协议书》中虚构“乙方确认借款已全部用于深圳贤成大厦建设”，“现乙方愿无条件地承担此笔借款本息的偿还责任”，这完全是以涉嫌诈骗为目的的虚构事实。钱让吴拿走了，而偿还本息的责任则转嫁到深圳的中外合作公司头上。这还能说“没有诈骗主观故意”吗？吴借钱的来龙去脉很清楚，为什么直到现在最高检反贪局还仍然以这些虚构的假东西为依据呢？现在请教你们：能不能列举出吴借的钱是通过什么银行、多少钱、在什么时间汇入深圳贤成大厦有限公司账号并用于建设深圳贤成大厦的？你们肯定拿不出证据，因为没有这个事实。那么，你们拿假协议作依据，我们没法理解。

第三，马副局长讲的吴贤成构不成诈骗罪的五条“理由”，与事实相去甚远，与法不容，令人难以信服。

一是马副局长说“吴贤成有在中国投资的诚意”，在中国“开设了多家纺织品公司”。我们真不知道吴在中国开设了几家什么纺织品公司？投资多少钱？地点在何处？给国家纳了多少税？还说吴“为了帮助中国纺织品出口”。现在请教你们：能不能列出他帮助中国哪些家纺织品出口多少吗？这些都是吴贤成自己说过的子虚乌有的事。即使上述是事实，能证明他在深圳贤成大厦有投资诚意吗？1989年4月13日深圳市批准设立深圳贤成大厦有限公司，有效期为五年（要求五年内建成大厦），但吴贤成三年内没有投资建楼。这能说明“吴贤成有投资诚意”吗？就连补地价款1500万元，吴贤成就拿不出来，而是通过与深圳莱英达集团公司签的假对等投资协议，从莱英达取得267万美元，付了补地价款1500万元。这能证明吴有钱投资、有诚意投资吗？如果吴“有投资诚意”，他在武汉、西安借到的5900万元，为什么不打到深圳贤成大厦有限公司的账号？为什么不用来建深圳贤成大厦而是换成港币弄到海外呢？

二是马副局长说“吴贤成积极履行建房合同”，“从香港佳和公司借款3000万元港币，汇入深圳贤成大厦有限公司的账号”，这不是事实。事实是该公司清算结果，吴贤成只投入深圳贤成大厦1400万元，以后不但没有投入，还让该公司背上在两家银行借款5900万元的债务。这是真在履行建房合同吗？不仅如此，吴在香港背着中方四家股东拉港商王文洪入股深圳贤成大厦有限公司，双方先后签了五份合同、契约，约定各出资1.1亿元港币建设深圳贤成大厦，各占外方权益的50%。当王文洪的1.1亿元港币打入深圳贤成大厦有限公司的账号，大厦才开始建设。而吴贤成答应投入的1.1亿元港币仍没有任何投入，使大厦建到地下四层地上五层因吴不投资而停止建设。这事实能证明吴“积极履行建房合同”吗？各方股东开会同意王文洪入股加盟，并共同签了《补充合同二》。但吴贤成马上反悔，压下《补充合同二》不报政府审批，拒给王文洪办理深圳贤成大厦有限公司董事成员的法律手续，同时，吴提出仲裁：请求裁决王文洪的1.1亿港币不是对深圳贤成大厦的投资款，而是王文洪购买泰国贤成两合公司50%股权的“购股款”。中国国际经济贸易仲裁委员会深圳分会经过充分调查和开庭，终局裁定：1.1亿港币是王文洪对深圳贤成大厦的投资款，认定吴贤成是“欺诈行为”，并令吴贤成在一个月内给王文洪办妥深圳贤成大厦有限公司股东的法律手续。而最高检反贪局原副局长叶惠伦在给最高检的报告中说："虽是终局裁决，但不是终极真理"，仍然认定王文洪的1.1亿港币是购买泰国贤成两合公司50%股权的"购股款"。王文洪怎么会傻到如此地步：用1.1亿港币买注册资本金2000万泰铢（相当于人民币600万元）（泰国贤成两合公司注册资本金原为200万泰铢，因王文洪和王泰生加入才扩股为2000万泰铢）的一半股权呢？又向你们请教：检察官有没有权力否定仲裁裁决？上述事实能证明"吴贤成积极履行建房合同"吗？而是恰恰相反。

这次马副局长又说，王文洪的8000万港币，吴贤成有使用权。这里的争拗不是使用权，而是所有权！仲裁认定的"投资款"，所有权属王文洪；如果认定"购股款"，所有权则属吴贤成。

由于检察官的撑腰吴贤成直到现在拒绝执行仲裁裁决。

三是马副局长说"吴贤成在得到借款后没有携款潜逃，逃避责任"。吴在借款的头几个月内是没有潜逃，因为：①他仍在继续利用深圳贤成大厦的名义，实施更多、更大的诈骗行为，江西信托750万美元（虽未成）和广东新会建行的5200万元（至今没有追回钱），就是有力证据。②虽然人未逃，但借的钱已换成港币弄到海外。③当时他的诈骗行为尚未被揭露。当吴的骗局被揭露时，司法机关没收了他的护照，让他协助调查，他设法逃到国外。直到现在，他涉嫌诈骗的刑事官司、他告政府的行政官司，他全部打胜了，可吴贤成仍然未敢踏上我国土地一步，这是为什么呢？这难道能证明他"没逃避责任"吗？

四是马副局长说"吴贤成（借款）有偿还能力"，并以吴贤成"1991年10月，深圳房屋交易所对当时深圳贤成大厦用地的市值评估为3.24亿元人民币"和"1993年10月，深圳房产管理局房屋交易所对已建9层的深圳贤成大厦的评估价值8.29亿元人民币"作为依据，证明吴贤成银行借款5900万元是能还得起的。我不知道马副局长有没有亲自审查卷宗，如果是认真审查卷宗，绝对不会上吴贤成的当。吴贤成搞的两次评估完全是为诈骗行为设的骗局：关于深圳贤成大厦用地评估3.24亿元人民币问题，土地是中方四家公司（股东）出的土地，在1991年10月大厦尚未动工建设，这土地的价值怎么会成了吴贤成的资产？怎么能成为吴贤成能还得起借款的依据？关于大厦评估8.29亿元人民币，不是马副局长说的已建九层的评估价值，而是用"假设开发法"评估整个大厦建成后，市值是8.29亿元，而且评估的假设条件明明白白：假设大厦投资6.1亿元、假设在三年半期限内建成，假设售楼平均市价1.4万元/m^2，才评估出8.29亿元。这明明是吴贤成在那里画了个大饼骗人，怎么能成为还得起借款的依据呢？很难想象我们的高级检察官会这么轻易上当受骗！

此外应特别指出：真正在武汉的借款公司是香港贤成集团公司，注册资本金才20港元，能有能力偿还3900万元借款吗？据调查，该公司除在武汉借款外，没有其他经济活动，诈骗实质暴露无遗。真正在西安农行的借款公司是注册资本金200万泰铢的泰国贤成两合公司，就是破了产，也难还西安农行的2000万元。

五是马副局长说“吴贤成将大部分借款都直接或间接地投入到深圳贤成大厦的建设当中”。这是吴贤成和其律师重复多次的假话，我们的检察官不应作为判断的依据，因为没有事实支持。这里又要向你们请教：你们能列出直接投入深圳贤成大厦多少钱、是什么时间、有几笔、通过什么银行转的账吗？你们能说出怎么叫“间接投入”吗？难道吴贤成用国内银行借款偿还他境外的私人欠债，能叫间接投入深圳贤成大厦建设吗？恰恰相反，我们却能用事实证明吴的借款根本没用来建设深圳贤成大厦：①钱没打入深圳贤成大厦有限公司账号；②把钱分四次打入中建三局一公司后，换成港币分五次又取走（中建三局一公司是建设深圳贤成大厦的施工单位）；③深圳贤成大厦有限公司最后清算结果证明吴贤成只投入1400万元，而且是在国内银行借款之前。这些事实足以揭穿上述谎言。

第四，马副局长在反馈时说：“市检察院在侦查终结后，认为举报吴贤成犯诈骗罪、投机倒把罪、行贿罪等一系列罪名，均不构成犯罪，建议撤销案件；段继红的行为构不成诈骗罪、投机倒把罪和侵占罪，建议撤销案件……省检同意市检的意见，并报高检审批。高检院检察长办公会议研究后，一致同意广东省检察院的意见。”上述一段话与事实出入太大。事实是：①最高检主要领导人决定深圳贤成大厦案由最高检于1994年3月批准直接立案，并组成与省、市检察院三级检察院的联合专案组，由最高检派出副厅长陈燕麟任组长。②陈燕麟专案组经过两年多的周密调查取证，证实吴贤成构成严重诈骗罪，并于1996年11月15日写成“吴贤成构成严重诈骗罪”的报告：《关于吴贤成案件的情况报告》。③就在即将胜利结案之时，突然最高检反贪局决定撤销陈燕麟专案组，急速催陈回京。再不准过问此案。同时另派反贪局局长罗辑、副局长叶惠伦等人另外组成专案组，接替陈燕麟专案组，新专案组既没有调取任何新的证据，也没有重新审查二十几卷厚厚的卷宗，马上写出与吴贤成及其律师口径一致的、认定“吴贤成构不成诈骗罪”的、以叶惠伦等三人“承办人”署名的《关于吴贤成案的情况报告》，该报告的出炉时间恰巧与陈燕麟专案组的报告是同年同月同日！④最高检察院院长办公会议讨论此案时，陈燕麟专案组和叶惠伦等三人“承办人”的两份报告均已呈交，当时在院领导中产生严重分歧，最后以叶惠伦等三人的假报告定案。⑤吴贤成小老婆段继红与会计文小玲合谋，把深圳贤成大厦有限公司账上的500万港币调出，在黑市上以黑市价换得人民币570万元，然后又以官价550万元人民币打回到公司账上，抵消调出的500万元港币。然后段、文各分得10万元人民币。深圳市检察院据此以侵占罪批捕二人。但最高检反贪局一天数次电话，强令放人，深圳市检察院顶不住压力，无奈放人了事。

又要请教你们：①深圳市检察院和广东省检察院对吴贤成案件从来没有单独立过案，怎么会有深圳市检察院单独的侦查终结报告？这符合什么法定程序？这个报告是在罗辑、叶惠伦接任专案组后，令深圳市检察院按他们的意图研究上报，以便把枉判责任推给下级，从而转移他们自己的责任。深圳市检察委员会进行了讨论，多数人认为构成诈骗罪。根本不存在马副局长说的深圳市检察院承办人所写的结案报告。②马副局长说是深圳市检察院对段继红、文小玲构不成侵占罪，“建议撤销案件”。这完全是颠倒了事实真相，本来是市检察院把段、文以侵占罪已批捕，最高检反贪局强令放人，为什么颠倒事实真相呢？③马副局长对陈燕麟专案组义正词严的报告为什么只字不提呢？④马副局长对叶惠伦等三人的歪曲事实、漏洞百出、替吴贤成诈骗辩护的报告，正是最高检定案的依据为什么只字不提呢？我们很难理解最高检反贪局为什么要这样做？

第五，陈燕麟专案组把中国银行武汉花桥支行行长喻德智、副行长孙云琳、科长刘人本、主任邓军等人交代的承认与段继红签假合同等一系列假文件的交代材料9份59页，由武汉市检察院反贪局的卷宗里复印出来，存于吴贤成涉嫌诈骗案的卷宗里。这些交代笔录是段继红与花桥支行为转嫁债务而串通签订假合同的铁证。卷宗里有了这些铁证，就使吴贤成难以逃脱涉嫌构成诈骗犯罪的罪责。奇怪的是就在罗辑、叶惠伦接替陈燕麟专案组、叶惠伦等人写出吴贤成构不成诈骗罪的报告之后，这些证言材料从吴贤成案的卷宗里消失了。我2001年3月通过全国政协提出提案，请求查证丢失的卷宗材料，全国政协以信访件转到最高检察院，最高检办公厅以［2001］高检办发第119号文回答我称："吴贤成案26本卷宗材料没有你提的9份材料"，但"不存在吴贤成案件卷宗缺页或卷宗被抽走的问题"。卷宗材料不缺页就能证明材料没被抽走吗？如果是职务犯罪行为，他要抽走材料还能露出缺页的破绽吗？那么这些交代材料为什么从卷宗里消失了？该不该查个明白？直到现在这九份材料丢失仍然是个谜！

第六，也是在上述最高检办公厅119号文件中称："材料中没有证据证明吴贤成、段继红与花桥支行有关人员存在行贿、受贿问题。"我们十分惊讶！高检发反贪字［1997］5号文件中说："孙云琳、刘人本收受段继红所送一万港元及彩电、录像机各一台的事实已查清，武汉市人民检察院对孙云琳、刘人本涉嫌案件作撤案处理的理由不妥，责成湖北省检察机关对孙、刘涉嫌受贿案重新审查，同时一并审查段继红涉嫌行贿责任。"认定行贿、受贿数额虽然不大，但是给国家银行资产却造成巨大损失，理应追查法律责任。但最高检办公厅的119号文件怎么能把最高检文件认定的事实予以否认呢？

第七，胡克惠副检察长曾公开向社会宣布，只要署名举报，件件都有回音。于是陈燕麟和我于2000年7月1日给最高检同时送去了关于吴贤成案的五份举报材料，但是至今杳无音信。这五份举报是：

1. 深圳市检察院因段继红和文小玲构成侵占罪已经批准逮捕，最高检反贪局强令放人是违法行为。

2. 武汉市检察院反贪局方文斌和张志超在调查吴贤成在武汉花桥支行的借款去向时，取伪证：只取吴贤成分四次打入中建三局一公司钱的材料，而不取吴贤成换成港币分五次把钱取走的材料。企图给人以吴的借款用于建设深圳贤成大厦的假象，是职务犯罪行为。

3. 武汉市检察院反贪局给花桥支行出具伪证：鉴定合同真伪，本是公安局的职责范围，但武汉市检察院反贪局超越职权，给花桥支行出具《情况说明》：把深圳贤成大厦有限公司为借款甲方的假合同，认定为真合同。于是，武汉市法院据此枉判：深圳贤成大厦有限公司败诉还钱。造成严重后果。

4. 武汉市中院民事庭审判长王青（已因受贿罪判刑10年）在判决花桥支

行诉深圳贤成大厦有限公司案件时，真、假两套合同都在卷宗，但判决书对吴贤成签的真合同只字不提，只依据武汉市检察院反贪局出具的《情况说明》，把假合同当成真合同，枉判深圳公司败诉。

5. 叶惠伦等三人的《关于吴贤成案的情况报告》是罔顾事实的虚假报告。我们上报了《两份报告较量的背后说明了什么》的材料，提出叶惠伦涉嫌枉法的事实。

我们恳请上述五份举报的处理结果，应有回复，不应石沉大海。

最后，希望马副局长和刘处长向最高检领导和反贪局主要领导如实汇报我们的意见。并恳请你们再认真核对事实，得出与事实相符的结论。我们仍然相信最高检在这个重大案件上能还社会公道，给法律尊严。

三、与会的陈燕麟和郭荣俊同志对该案的意见

最高人民检察院监所厅原副厅长陈燕麟认为，最高检察院关于吴贤成案件的结案报告是失实的，报告起草人叶惠伦没有经过认真的调查，没有补充过一件证据，没有找中方任何一家公司了解过情况，该报告是与吴贤成的律师合谋写成的，是虚假的。最高检察院以叶惠伦的报告作为结案依据，是不符合事实的。

在谈到吴贤成的诈骗问题时，陈厅长提出吴贤成另外还诈骗了武汉花桥支行210万美元。1993年5月13日，吴贤成与武汉花桥支行合资拟在泰国曼谷的一块湖地上建泰国贤成大厦。1993年7月8日，武汉花桥支行汇款180万美元给吴贤成在深圳的银行账号，吴贤成取现提走；后又给吴贤成汇了一笔30万美元，共210万美元，这些都有证据。然而，泰国贤成大厦到现在都没有影。武汉花桥支行之所以明知自己被骗而不举报吴贤成，是担心承担私分国有资产的责任。应当追查。

郭荣俊副主任在谈到吴贤成诈骗案时认为，该案中吴贤成具有诈骗的主观故意，吴的香港公司借钱，段继红却擅自将借款人改为深圳贤成大厦公司，是明显地转嫁债务、逃避债务；其借款是否用于贤成大厦的建设，这个问题也是清楚的，借款从未进贤成大厦的账号，吴贤成打入贤成大厦的投资款只有一笔，就是香港佳和银行打来的1400万港币，这已被贤成大厦公司清算组的清算报告所证实；关于还款能力，吴贤成显然不具有还款能力，南泰公司不是吴

贤成的，贤成大厦的评估价值为8.29亿元，不但是用假设开发法评估的，而且这个评估是没有资格的单位做出来的，是没有法律效力的，实际情况是贤成大厦经过两次清算，吴贤成还欠贤成大厦公司3211万元；至于还款愿望，吴贤成做了假护照潜逃后，10年都没有回来，没有任何还款愿望。

这几年，吴贤成案件造成的外交影响是比较大的。根据外交部的建议，我们曾专门去泰国通报吴贤成案件的有关情况。泰国外交部在听完我们的介绍后，认为我们的做法是有道理的，对我们表示理解和支持。吴贤成目前还在缠诉，致使投资10亿元的鸿昌大厦不能正常启用，我们市政府在这一问题上有些被动，其主要原因就在于不能依据事实和法律认定吴贤成的涉嫌诈骗罪。但吴贤成的涉嫌诈骗路人皆知。

最后，郭荣俊副主任说，深圳市历届领导班子都很重视贤成大厦的案件，每年都要开会讨论这个案件，几套班子的意见也是一致的。贤成大厦1997年完工到现在，因问题没有解决而造成每日损失30多万元，还造成了其他不好的影响。因此，希望最高人民检察院尽快查清事实，撤销对吴贤成诈骗案的“撤案决定”，给深圳市人民一个交代。

深圳贤成大厦案件两次仲裁裁决和清算的结果说明了什么

（2004年5月）

深圳贤成大厦有限公司先后经历了两次仲裁裁决：第一次是吴贤成申请仲裁，请求裁决王文洪对深圳贤成大厦有限公司投资的1.1亿元港币不是王的投资款，是王购买吴贤成泰国贤成两合公司的“购股款”。裁决结果认定1.1亿元港币是王文洪对深圳贤成大厦有限公司的投资款，而非“购股款”。第二次是中方四股东和投资者王文洪申请仲裁，请求解除合约、解散深圳贤成大厦有限公司，裁决结果解除合约、解散公司，进行清算。清算结果已昭示天下。

中国国际经济贸易仲裁委员会深圳分会对深圳贤成大厦有限公司的两次仲裁裁决和依据仲裁裁决进行的最终清算结果告诉了我们什么呢？

第一，泰商吴贤成承诺投资几亿元建设深圳贤成大厦，但最终清算结果：“泰国贤成两合公司投入资金为14,338,842.64元，占深贤公司外方投资总额比例的17.2662%。”由此可见，最高检察院的某些司法高官在此案的结案报告中得出的“吴贤成在国内借款都直接或间接投入贤成大厦建设”的结论是虚假的。

第二，吴贤成在深圳贤成大厦有限公司的债权债务相抵后，吴贤成尚欠深圳贤成大厦有限公司32,112,034.49元。吴贤成对合作伙伴的侵权行为和欺诈行为是明显的。最高检察院的某些司法高官说吴贤成是真正投资者的结论是虚假的。

第三，1994年8月1日的《裁决书》说：“申诉人（指吴贤成，下同）把王文洪先生为投资深圳贤成大厦所支付的1亿1千万港币款项，说成是购买吴贤成先生在申诉人公司（指泰国贤成两合公司，下同）股份的购股款是完全背离事实的谎言。”“申诉人将被诉人（指王文洪，下同）的投资款说成是购买其泰国公司股份的‘购股款’，毫无事实依据。”《裁决书》又说：在吴贤成与王文洪签订的“《承让股权意向书》、《股份合约》、《契约》、《协议书》、《补充合同（二）》这五份合同中，没有一份表示出被诉人购买申诉人公司股份的含义”。《裁决书》裁定王文洪在深圳贤成大厦具有实际投资。并同时认定，吴贤成妄图以“购股款”侵吞王文洪的1亿多港元，“这是严重的侵权行为，暴露了申诉人企图用合同欺诈的目的”。最高检察院的某些司法高官在此裁决之后，在刑事案件的结案报告中，仍然坚持说是“购股款”而非投资款，歪曲事实真相，为吴贤成开脱的违纪、违法行为，已经表露无遗。

第四，吴贤成以泰国贤成两合公司（甲方）向西安农行职工技协服务部（乙方）于1993年1月15日借款2000万元自用，逾期未还，并通过吴贤成自编、自导、自演的三方《借款偿还协议书》，把还债责任转嫁给第三方深圳贤成大厦有限公司。陕西省高院做出（1997）陕经一字第1号民事判决书，判决泰国贤成两合公司和深圳贤成大厦有限公司共同向西安农行职工技协服务部偿付借款1450万元本金及利息，并裁定将深圳贤成大厦第28、29、30层共计5295.96平方米抵债。清算组经清算认定深圳贤成大厦有限公司并未使用此款，清算组提出再审申请，陕西高院予以驳回。2001年6月21日该清算组又向最高法院提出再审申请，目前该案尚未审理。

第五，吴贤成以自己在香港注册的香港贤成集团公司（甲方）向中国银行武汉花桥支行（乙方）借款3900万元自用，逾期不还，其小老婆段继红又与花桥支行领导人一起以“修改合同”的名义，把借款甲方香港贤成集团公司改为深圳贤成大厦有限公司。于是中国银行武汉花桥支行据此诉深圳贤成大厦有限公司还债，武汉中级法院一审于1996年做出武民初字第124号民事判决书，判决深圳贤成大厦有限公司败诉，并划走了王文洪的资金替吴贤成还债（现已查明武汉市法院分管该案的法院副院长柯××因受贿枉法判刑13年，该案审判庭长王×因受贿枉法判刑10年）。经申诉，武汉中院于1999年又做出武民再字第10号民事判决书，改判吴贤成还债。湖北检察机关对此判决提出抗诉，湖北省法院决定撤销武汉中院武民初字第124号和武民再字第10号民事判决书，发回重审。目前该案尚未开庭审理。清算组收到中国银行武汉花桥支行向清算组申请债权3900万元本息。但清算组在清算中未发现该3900万元用于深圳贤成大厦建设，因此未予确认。

由第四项和第五项可知，吴贤成在国内银行借款共计5900万元，未用在深圳贤成大厦建设，经过清算已经十分明白。但是银行诉深圳贤成大厦有限公司还债，法院判深圳贤成大厦有限公司还债的官司尚未了结。吴贤成此两笔借款的5900万元现在何处？吴贤成转嫁债务的行为当属什么行为？为什么高级检察官在仲裁裁决结论的事实面前替吴贤成作虚假辩护？现在，在对深圳贤成大厦有限公司彻底清算之后，揭示吴贤成在国内银行借的5900万元并未用在建设深圳贤成大厦的事实之后，吴贤成的欺诈事实又怎么能隐瞒和掩盖？司法高官替吴贤成的虚假辩护词又怎能藏身？现在是还历史真相的时候了。

原广东省高院院长麦崇楷会同最高法院个别人一手制造的深圳贤成大厦行政冤案应彻底平反的提案*

（2004年2月）

一、案件背景

此案为深圳贤成大厦行政案件。泰国商人吴贤成（华人）1989年以泰国贤成两合公司名义与深圳四家国有公司合作注册了深圳贤成大厦有限公司，中方四股东出地，吴出资金，吴任公司董事长，中方四公司总经理任董事，并成立了董事会，设立了公司章程。决定共同建设几十万平方米的深圳贤成大厦，号称“中国第一楼”。

公司注册后，吴并不想建设深圳贤成大厦，两年多时间大厦未有动工，此时吴利用建贤成大厦名义在国内各银行开始涉嫌骗钱，先后在中国银行武汉花桥支行涉嫌骗走人民币3900万元，在西安农行涉嫌骗走2000万元。把人民币换成港币，弄到境外，据为己有，并未用来建设深圳贤成大厦，然后用假合同等手段把债务转嫁给深圳贤成大厦有限公司，吴至今逍遥法外（以上几起涉嫌诈骗事实已经查清，但未定罪）。

与此同时，吴贤成背着中方四家股东，拉香港鸿昌公司王文洪入股，他们在香港和泰国签订了契约，约定各投入1.1亿港元，建设深圳贤成大厦，各占外方股份的50%。王在一个月内打入深圳贤成大厦有限公司1亿多港元，大厦才开始建设。当大厦建至地下四层地上五层时，王发现吴答应投资的1.1亿港元不但拒不投资，而且不给王文洪办理增补深圳贤成大厦有限公司股东的法

* 深圳的人大代表张余庆等人和深圳政协委员们准备在“两会”上同时提交我起草的“议案”和“提案”。由于最高法院主要领导等人的干预，人大代表“议案”受阻。因此，此“提案”虽写好亦未上报。

律手续。王还发现吴在国内银行以建设深圳贤成大厦名义涉嫌骗钱的事，于是王文洪发现自己被骗，双方发生诉讼。王把吴告上深圳罗湖法庭，在麦崇楷的直接干预下，罗湖法庭被迫撤案，同时吴请求仲裁，请求裁定：王的1.1亿港元投资是吴的投资，而非王的投资。中国国际贸易仲裁委员会经过八个月的调查，终局裁决：1.1亿港元是王文洪的投资，令吴贤成在一个月内给王文洪办理好深圳贤成大厦有限公司股东的法律手续。吴至今拒不执行。

至此，深圳贤成大厦有限公司已经瘫痪，吴带着涉嫌骗来的钱逃到海外不归，企业营业执照已过期7个多月，并未申请延期。贤成大厦的承建商中建三局一公司再无钱垫施工费用，迫使大厦建设于1993年9月20日全面停工，而且到市工商局注销时已停工一年以上。

二、深圳市政府及相关部门对此事的处理

深圳贤成大厦建设是市的重点建设工程，在诉讼不断、涉嫌诈骗、董事长失踪、资金不到位、企业瘫痪情况下，市政府秘书长郭荣俊出面主持召开了复工建设的协调会议，会后出了会议纪要，要求尽快恢复建设，并在纪要中写明要市工商局等有关部门“依法注销该公司”。

深圳市工商局依据法律、法规的规定，在该企业营业执照过期7个月，却未申请延期和大厦建设停工一年以上的事实，开始办理注销该企业手续。市工商局在1994年11月22日注销该企业的《深圳市外商投资企业核准注销登记呈批表》（以下简称《呈批表》）中写道：“该公司执照已过期，且停工一年以上，根据《企业法人登记管理条例》第二十二条，《中外合作经营企业法》第二十四条第二款规定，应收缴《营业执照》正、副本，办理注销该公司手续。”《企业法人登记管理条例》是1988年7月1日开始实行的，规定企业注销分两种形式：第一种企业先清算，然后企业申请注销（第二十一条）；第二种是在企业停止经营一年以上，营业执照已经过期，企业又不申请注销情况下，赋予工商部门依此法规予以直接注销的权力（第二十二条）。深圳市工商局就是这么做的。为了注销的法律依据更有把握，市工商局请示了国家工商局，国家工商局正式下发“企字（1995）第107号”文件，对深圳市工商局依据《企业法人登记管理条例》第二十二条直接注销该公司，然后组织清算，给予了有法律效力的肯定回答，认为依据此法第二十二条直接注销是完全正确的（详见下文）。

三、吴贤成以泰国贤成两合公司和深圳贤成大厦有限公司名义告深圳市工商局注销深圳贤成大厦有限公司违法。广东省高级法院在麦崇楷的一手策划和操控下，一审枉判深圳市工商局败诉。为什么说枉判呢？

第一，程序违法。吴贤成是以泰国贤成两合公司和深圳贤成大厦有限公司名义诉深圳市工商局注销该公司的具体行政行为侵犯了吴贤成的合法权益。这是根本不能成立的，吴贤成没有资格代表该二公司诉市工商局和外资办，更没有侵犯吴贤成的任何权益。因此，吴贤成的诉讼主体资格不合格：

1. 吴贤成无权代表深圳贤成大厦有限公司，他代表该公司诉市工商局和外资办不能成立。《中华人民共和国中外合作经营企业法实施细则》第二十四条规定："董事会或者联合管理委员会是合作企业的权力机构，按照合作企业章程的规定，决定企业的重大问题。"诉讼政府部门当然是重大问题，但深圳贤成大厦有限公司董事会从来未做出起诉市工商局和外资办的决定，而且中方四家股东向广东省高院于1995年5月3日和5月20日两次申明："吴贤成先生在屡次违约致使合作项目拖延3年之后方才动工，然又投资严重不到位导致工程停工1年半之久，给合作公司造成重大经济损失，且中国国际经济贸易仲裁委员会裁决下达后，我方曾多次找吴贤成先生面谈协商公司事宜，然1994年9月2日之后，吴贤成先生就避而不见，不知去向。现吴贤成先生又未经中方四家公司和董事会授权，单方面以深圳贤成大厦有限公司名义提起诉讼是严重的侵权行为，其诉讼主体依法不能成立。"但广东省高院在麦崇楷操控下，知之不理，恣意枉法。因此，吴贤成以深圳贤成大厦有限公司起诉政府部门的诉讼主体资格是不能成立的。

2. 吴贤成是以泰国贤成两合公司和深圳贤成大厦有限公司的法定代表人的资格诉政府部门的。吴贤成的法定代表人资格是有条件的，条件就是《民法通则》规定的"依照法律或者法人组织章程规定才有资格代表"。深圳贤成大厦有限公司章程第十二条规定："合作公司设董事会。董事会是合作公司的最高权力机构。"第十三条规定："董事会决定合作公司的一切重大事宜。"吴贤成在拉王文洪加入深圳贤成大厦有限公司和泰国贤成两合公司订立的"契约"第二条规定："对于可能影响该公司或贤成公司任何权益的任何事项，贤成须事先获得王允许。”第十三条规定：“贤成需确实该公司及贤成公司一切重要行动及主要决定，一概须先取得贤成和王双方同意。”王文洪一再声明坚决拥护深圳市政府部门的决定，维护真正投资者的合法权益。反对以该二企业法人代表名义起诉政府部门。因此，吴贤成以上述两个公司法定代表人起诉政府部门的资格不能成立。

3. 政府部门的具体行政行为，侵犯了当事人的合法权益，当事人才可以告政府，政府部门或工作人员才可以当被告。吴贤成告政府部门，只有认定吴贤成的合法权益受到政府部门具体行政行为的侵犯，吴贤成才够诉讼的主体资格。

显然，吴贤成告政府部门，广东高院应当首先审查吴贤成或泰国贤成两合公司有没有权益受到政府机关具体行政行为的侵犯？但广东高院在麦崇楷的操控下，拒绝审查吴贤成有没有权益受到侵犯的问题。现在已经真相大白于天下：中国国际经济贸易仲裁委员会关于解散该企业的[2000]深国仲结字第67号《裁决书》裁决，终止“合作经营深圳贤成大厦有限公司合同书”和“合作经营深圳贤成大厦有限公司补充合同书”，“解散深圳贤成大厦有限公司，并依法清算”。于2000年12月6日有关单位依据《深圳经济特区企业清算条例》和《实施细则》组织清算组，清算组由律师参与并担任组长，2002年10月14日清算结果公布于众。根据清算结果，吴贤成尚欠深圳贤成大厦有限公司32,112,034.49元。“该款由本清算组依法向吴贤成追偿。”这就是吴贤成的“权益”，实则是债务。政府部门正是为了保护中方四家股东和真正投资人王文洪的合法权益不受吴贤成的侵犯，才依法注销该企业的；吴贤成既然没有什么合法权益受到政府部门具体行政行为的侵犯，他够诉讼主体资格吗？显然不够。

4.《行政诉讼法》第四十四条规定：“诉讼期间，不停止具体行政行为的执行。”就是说，深圳市工商局注销深圳贤成大厦有限公司的具体行政行为在诉讼期间仍然有效。深圳贤成大厦有限公司已不复存在了，公章应予收缴。然而，吴贤成拒不交出已被声明作废的该公司的公章，仍然代表不复存在的该公司告政府部门能够成立吗？（代表个人诉讼可以，但不能代表深圳贤成大厦有限公司。）可是被麦崇楷操控的审判却对《行政诉讼法》的规定和被告方的申诉置之不理，恣意枉判！

以上几个方面明白告诉世人，吴贤成不具备诉讼的主体资格，就是没有资格代表泰国贤成两合公司和深圳贤成大厦有限公司告政府部门。本应驳回起诉。初审时毛经伦庭长就对吴贤成说过他诉讼主体资格不够的话（记录在卷宗），但在麦崇楷操控下，吴的诉讼主体资格的审查突然变卦放过不审了。于是造成在审判程序上严重枉法。

第二，广东省高院在审判实体上枉法。

1. 本案一审广东省高院是根据《公司法》审判的，这是适用法律上的严重错误。①深圳贤成大厦有限公司设立于1989年4月13日，终止于1994年4月13日。而《公司法》是在1994年7月1日才开始实施。该公司在有效经营期内发生的事情，不在《公司法》调整的时间之内。②《公司法》第二条规定："本法所称公司是指依照本法在中国境内设立的有限责任公司和股份有限公司。"这一规定明确了《公司法》的调整范围。而深圳贤成大厦有限公司非为依据《公司法》设立的公司，根本不在《公司法》调整的范围之内。③深圳贤成大厦有限公司在1989年4月13日设立时，是依据《中外合作经营企业法》（1989年4月13日开始实施）和《企业法人登记管理条例》（1988年5月13日开始实施）注册的，而深圳市工商局在企业注销《呈批表》上明明是写的依据以上二法规给予注销的（见前述《呈批表》的内容），根本与《公司法》无关。可是在广东省高院一审判决中，深圳市工商局注销该企业的主要证据《呈批表》却隐去不提，是何缘故？④从《公司法》对其本法实施前设立的各类公司要求重新登记的规定看，此案也不能适用《公司法》。《公司法》第二百二十九条规定："本法实施前依照法律、行政法规、地方性行政法规……登记成立的公司继续保留，其中不完全具备本法规定的条件的，应当在规定的期限内达到本法规定的条件，具体实施办法，由国务院另行规定。"为此，《国务院关于原有有限责任公司和股份有限公司依照〈中华人民共和国公司法〉进行规范的通知》中规定：原有限责任公司和股份有限公司"凡在规定期限内（1996年12月31日前）完全达到规范条件的，可直接向公司登记机关申请重新登记；在规定期限内仍未完全达到规定条件的，不得重新登记，应依法变更登记为其他类型的企业"。由此十分明白：在《公司法》实施前，有限责任公司和股份有限公司要依据《公司法》规定的条件，凡达到的应在1996年底之前重新登记，才能适用于《公司法》的调整范围。而深圳贤成大厦有限公司1989年4月13日设立，1993

年9月20日全面停工，于1994年4月13日营业执照到期，并未办理延期手续，该公司根本没有按《公司法》规定的条件重新登记。因此，该公司的诉讼案不能适用于《公司法》。⑤在《公司法》开始实施12天以后，国家工商局于1994年7月12日发布了《关于实施<中华人民共和国公司登记管理条例>若干问题的意见》（工商企字［1994］85号文）中的第一条第2款规定："非依《公司法》设立的企业，仍然依照《中华人民共和国企业法人登记管理条例》……进行登记管理。"第十九条又规定："1994年7月1日前依照法律、行政法规、地方性法规和《有限责任公司规范意见》、《股份有限公司规范意见》登记成立的公司，在未按《公司法》规范前，其登记管辖及程序，仍按《企业法人登记管理条例》及其实施细则和有关规定执行。"这再一次清楚表明深圳贤成大厦有限公司只能适用《企业法人登记管理条例》，而不适用《公司法》。广东省高院一审依据《公司法》判决该公司案件是适用法律上的严重枉法。

2. 工商部门有没有直接注销企业的权力？是应该先清算、后注销，还是应该先注销、后清算？

广东省高院在《判决书》［（1995）粤高法行初字第1号］中称："《中华人民共和国公司法》第一百九十七条规定：'公司清算结束后，清算组应当制作清算报告，报股东会或者有关主管机关确认，并报送公司登记机关，申请注销公司登记，公告公司终止。'但被告市工商局在注销贤成大厦公司后才决定组成清算组，对该公司进行清算业务，违反了法定程序。"

前款已经说过，此案不适用《公司法》，而适用《企业法人登记管理条例》，在此《条例》中对公司注销规定有两种方式：第一种注销方式是企业先清算，然后企业向登记机关申请注销（《条例》第二十一条有规定）；第二种注销方式是企业不申请注销，企业登记机关依法直接注销，然后组织清算。该《条例》第二十二条规定："企业法人领取《企业法人营业执照》后，满六个月尚未开展经营活动或者停止经营活动满一年的，视同歇业，登记主管机关应当收缴《企业法人营业执照》、《企业法人营业执照》副本，收缴公章，并将注销登记情况告知其开户银行。"该《条例》第三十三条规定："企业法人被注销《企业法人营业执照》，登记主管机关应当收缴其公章，将注销登记情况告知其开户银行，其债权债务由主管部门或者清算组织负责清理。"该《条例》第三十八条规定："本条例由国家工商行政管理局负责解释。"国家工商局在

"企字(1995)第107号"文件对该《条例》第二十二条做出明确解释的第三项说:"企业法人领取营业执照后,满六个月尚未开展经营活动或者停止经营活动满一年的,原登记机关可以依据条例第二十二条的规定,直接做出注销登记的决定,收缴营业执照和公章,并将注销登记情况告知其开户银行。"在该文第四项又说:"企业所持营业执照的经营期限已过期,不得再从事经营活动。企业既不办理企业延期手续又不办理注销登记的,应当按照本文第三项原则处理。"

深圳市工商局在注销该企业的《呈批表》中明白写道:"该公司执照已过期,且停工一年以上,根据《企业法人登记管理条例》第二十二条,《中外合作经营企业法》第二十四条第二款规定,应收缴《营业执照》正、副本,办理注销该公司手续。"此《呈批表》是在1994年11月23日办理生效的。此时已距该公司营业执照到期的1994年4月13日,营业执照已过期7个多月,距1993年9月20日起该企业全面停工已经有一年以上,事实完全符合直接注销的条件,而且依据该《条例》第二十二条和第三十三条是先直接注销,然后组织清算。因此,广东省高院一审引用《公司法》先清算,然后申请注销的法律依据是完全枉法的。

3. 广东省高院一审《判决书》称:"本院认为,被告市工商局仅以深圳市人民政府办公厅188号工作会议纪要为据注销贤成大厦公司的企业登记,不符合法律规定。"这种认定显然是站不住脚的:①广东省高院为什么对市工商局注销该企业的《深圳市外商投资企业核准注销登记呈批表》这个主要证据视而不见加以隐瞒不提?这个有力的证据表明,市工商局不是仅以政府的会议纪要,而是依据事实和法律注销的。②就市政府办公厅188号工作会议纪要的内容,也不容广东省高院歪曲。《纪要》第一项说:"鉴于贤成大厦有限公司工商营业执照已过期,且没有申请延期,市工商局应依法注销该公司。该公司注销后,原股东各方应立即开始清产核资,维护原投资各方的合法权益。"市政府办公厅《纪要》让市工商局"依法注销",市工商局的《呈批表》就是依据《企业法人登记管理条例》的第二十二条规定注销的,因此,广东省高院《判决书》称"被告市工商局注销贤成大厦公司企业登记缺乏事实依据,与法律规定不符"的结论是完全站不住脚的。在充分的事实面前,只能证明广东省高院判决的枉法本质。③"与法律规定不符"的判决含糊不清,直到现在也没人知道与什么法律规定不符。

4. 深圳市外资办(现改为招商局)在深圳贤成大厦有限公司被依法注销后,批准中方四家公司与香港鸿昌国际投资有限公司、深圳贤成大厦建设的真正投资者王文洪签订《合作经营"深圳鸿昌广场"有限公司合同书》。继续建设深圳贤成大厦,同时改名为"鸿昌广场"。

广东省高院一审认为:"被告市外资办在中方四家公司未取得土地使用权的情况下,便批准其与鸿昌国际公司签订的《合作经营'深圳鸿昌广场'有限公司合同书》,与法不符。"这一判决的枉法事实有以下几点:

(1)广东省高院《判决书》只说"与法不符"。究竟与什么法的哪一条不符?《判决书》没有明说,这是令人奇怪的判决!为什么连与什么法不符都不敢指出呢?可见实在心虚!

(2)深圳市外资办是依据《中华人民共和国中外合作经营企业法实施细则》(以下简称《实施细则》)和《外商投资企业合同、章程的审批原则和审批要点》(以下简称《审批要点》)的规定审批的。在《实施细则》中第七条规定:"设立合作企业,应当由中国合作者向审批机关报送下列文件",一共六项。但没有一项是以土地使用权的取得为其批准合作的条件,也根本没有要报土地使用权凭证的规定。即中方合作者在报批合作合同时,土地使用权问题不是条件,更不是必要条件,因此,市外资办在审查合作合同时只依据上述规定的六项条件,根本无需审查中方合作者是否已取得土地使用权。换句话说,中方四家公司在与鸿昌公司合作签订鸿昌广场合作合同时,与中方四家公司是否变更原与深圳贤成大厦有限公司的土地使用权没有关系,因此,深圳市外资办根本谈不上违法。

在《审查要点》中规定得更加明确,第四项第二款规定:"企业贷款协议,无技术转让内容的设备买卖,厂房租赁以及土地使用、土地出让合同等不需报外商投资企业审批机关审批。"这一条更清楚、更直接地规定了土地使用权和土地出让合同不在外资办的审查之列,因此,外资办批准鸿昌广场合作合同根本不存在"与法不符"问题。

(3)广东省高院在对待吴贤成诉讼的主体资格不够的问题上。深圳贤成大厦有限公司被政府部门注销,吴贤成告政府,吴贤成有什么权益被政府的具体行政行为侵犯?广东省高院拒绝审查,称这是民事诉讼范围,不在行政诉讼范围之内。但是，当涉及中方四家公司的土地权属是与深圳贤成大厦有限公司合作，还是与鸿昌公司合作的问题时，这虽属企业之间民事诉讼范围，虽不属市外资办批准合作合同的审查条件，广东省高院却硬把这问题拿出来进行违法审判！同样的法律、同样的原则、同一个案件，广东省高院却完全持两种相反的态度和两种审判尺度！这种枉法审判的倾向性不是再清楚不过了吗？

（4）广东省高院在审理此案时，深圳市外资办向法院申明，自己是受市政府委托办理审批手续的组织，不够当被告资格。根据《行政诉讼法》第二十五条第4款规定："由行政机关委托的组织所作的具体行政行为，委托的行政机关是被告。"深圳市政府在《关于简化外商投资立项审批程序的试行办法》中第六条规定："外商投资项目"，"须向市引进外资领导小组办公室（简称外资办）申请立项审批"（深府［1993］59号文）。深圳市编委［1993］79号文规定："市外资办按照委托权限，代政府发出外商投资项目的批文。"根据上述文件规定的事实，市政府才够格当被告，而外资办不够当被告资格。在最高法院的《关于贯彻执行〈中华人民共和国行政诉讼法〉若干问题的意见（试行）》第十七条规定："被原告诉讼的被告不够格的，应当变更被告，而原告不同意变更的，裁定驳回起诉。"而广东省高院不但不执行最高法院的规定，而且说什么"是市政府当被告，还是外资办当被告，你们自己决定"。高级法官们竟拿法律规定当儿戏，还谈得上公正司法和依法治国吗？

广东省高院在审判此案时，还搞了很多不该做的并与法不符的小动作，在此不一一赘述。

四、最高法院二审继续枉法

深圳市工商局、外资办一审败诉。上诉到最高法院二审，二审法院按照既定的"维持原判"的调子，在审判前后继续枉法，其做法比一审还要出格、还要离谱，不是审判政府的具体行政行为是否违法，而是审判法律本身，开了中国审判史上的恶劣先河。

（一）审判前的违法活动

1. 在广东省高院尚未开庭审理此案的1996年下半年，最高法院副院长罗豪才两次去中央党校找在党校学习的时任深圳市市委书记的厉有为，企图让厉说服市里承认败诉。罗说："判你们败诉关系不大。"第二次去更是说他已经与麦崇楷统一了认识。在一审尚未开审的情况下，对这么一个一般的行政案件，最高法院副院长怎么能先插手，先定调子让一方败诉呢？这符合我们国家的法律规定吗？

2. 在最高法院二审尚未开庭审理情况下，最高法院院长任建新竟以中政委书记的名义给中央领导写报告，企图让中央领导批示。报告主要有两个方面：一是说要维持一审原判，二审不要开庭了，就驳回上诉；二是企图把此案枉法审判的责任推给中央领导人。四位中央主要领导人都在请阅示的自己的名字上画了圈。此后，最高法院院长任建新竟回答全国人大有关同志说："这个案子已经定了，是中央主要领导定的，不能再变了。"此种情况下，无奈，深圳市委、市政府给中央报送了[深报(1997)17号]文件，主要内容有两条：一是在最高法院二审尚未开庭审理此案的情况下，最高法院主要领导人就定下调子此案"维持原判，不能再变了"，是一种违法行为；二是在中央主要领导人对这么一个一般行政案件并不了解案情的情况下，让他们承担拍板定案的责任，实则是最高法院领导人自己怕承担枉法责任，而把责任推给中央主要领导人的错误做法。市委文件报送后，江泽民同志做了重要批示，大意是：坚决依法处理，认真开好二审，请广东省、深圳市和有关部门参加。把事实真相弄清，做出正确判决。江泽民同志的重要批示打破了他们不开庭就驳回上诉的算盘。

在麦崇楷等执法者在此案中已陷得很深的情况下，他们根本无意贯彻江泽民同志的重要批示。以后二审开庭审理和最高法院18号《判决书》的审判事实，证实了上述结论。

在开庭过程中，违法的洋相百出，令人咋舌。有庭审录影带和媒体的披露为证，在此从略。

(二)最高法院第18号《判决书》的枉法事实

1. 广东省高院的一审上述枉法判决的认定，最高法院在二审《判决书》不分对错全部予以支持和认定。

2. 最高法院《判决书》称："本院认为，《中华人民共和国公司法》、《中华人民共和国中外合作经营企业法》、《中华人民共和国公司登记管理条例》、《中华人民共和国企业法人登记管理条例》等有关法律、法规，均未明确授予工商行政管理机关未经清算和申请即可注销企业登记的权力。"这是完全与事实不符的认定。前文已经说过《企业法人登记管理条例》第二十二条和第三十三条就是规定的企业营业执照过期，或歇业半年以上，企业不申请注销，工商部门有权直接注销，然后组织清算。国家工商局1995年发的107号文件对这种直接注销方式给予了正确的和权威的解释。深圳市工商局在《呈批表》中就是依据《企业法人登记管理条例》第二十二条予以直接注销的(本文已经谈过)。

最高法院只有依法审判的责任，而没有审判法律、法规的权力。那么，最高法院为什么在《判决书》中首先否定工商部门有直接注销企业的权力呢?目的十分清楚：把工商部门这个权力否定掉，对他们枉法判决十分棘手的市工商局的《呈批表》，就可隐去不提了。在《判决书》中，就真的没有出现过深圳市工商局注销该企业的《呈批表》这一关键证据文书。

3. 最高法院《判决书》称："在注销登记通知书中亦未引用有关法律依据。因此，上诉人深圳市工商局注销深圳贤成大厦有限公司企业登记缺乏法律依据和事实依据。"这个判决令人啼笑皆非。

深圳市工商局注销该企业形成四个法律文书：一是注销企业的《呈批表》是个主导性文书，而《呈批表》里注销企业的事实依据和法律依据写得明明白白。但《判决书》假借工商部门不经清算没有直接注销企业的权力，把《呈批表》隐去不提了。二是在《呈批表》做出注销企业决定后，发给该公司法人的《核准企业注销登记通知书》，是告知该公司已被注销。在过去和现在的所有法律、法规中没有一条要求通知书必须写明法律依据!没写依据就是"缺乏"依据或者"违法"，这是高级法官别出心裁，自己无端为共和国立的规矩!三是告知银行的《深圳市外商投资企业注销通知书》，告知开户银行该公司已被注销，没有任何法律、法规要求在该通知书中写明事实和法律依据。四是《关于依法收缴深圳贤成大厦有限公司公章的通知》，这是在吴贤成私握公章、继续违法使用、拒不交出公章的情况下发出的。这四个文书中主导文书是《呈批表》，在《呈批表》签发生效后，才分别发出三个通知，而《判决书》，只提其中一个通知书未引用法律就因而"违法"，这是何等离谱的审判!何况，政府部门的行文格式，写什么，不写什么，法律、法规从来没有规定。因为没有法律、法规规定而通知书中未引用法律，就认定"缺乏法律依据和事实依据"，因而就"违法"，这是奇闻!事实依据是营业执照过期7个多月，企业停工一年以上，且未申请延期，清清楚楚的事实摆在那里，高级法官为何视而不见呢?法律依据在《呈批表》中写得明明白白，高级法官为什么隐去不提呢？

4. 最高法院《判决书》称："根据《中华人民共和国公司法》第一百九十九条的规定，公司清算结束后，清算组应当制作清算报告，申请注销清算登记。上诉人深圳市工商局在注销深圳贤成大厦有限公司企业登记八个月后，才决定成立清算组进行清算，违反法定程序。"这一判决有三方面严重错误：一是此案不在《公司法》调整范围（前面已说过），用《公司法》判决是严重枉法；二是此案适用《企业法人登记管理条例》工商部门先直接注销，然后组织清算，高级法官却视而不见，隐去关键证据不提；三是引用《公司法》第一百九十九条（此条是外国公司在中国境内设立分支机构的规定）是严重错误，这一条与企业注销和清算无关。综上所述，一、二审高级法官置事实于不顾，拿法律当儿戏，蛮横地枉法判决，损害正当投资者的合法权益，破坏正常的市场经济秩序，有意歪曲政府的正确行政行为，损害国家法律尊严，最终是损害国家利益。我们本着实事求是、求真务实的精神向全国政协会议提出，请列入提案予以审理。

大法官为什么双重标准?

(2000年1月)

泰商吴贤成状告深圳市工商局和外资办的行政诉讼案，一不涉及国家机密，二不涉及个人隐私。但奇怪的是，对此案的开庭审理禁止记者参加，禁止舆论披露报道。更奇怪的是，对舆论单位的报道采取双重标准：凡是批评判决不公的、揭露判决违法的，审判机关及个别司法高官就坚决压制，甚至不惜动用行政权力发正式文件恫吓威胁；而对吹捧大法官“秉公执法”、“批评政府”的报道，大法官则截然是另一种态度，加以支持和怂恿。这种双重标准的做法，在社会上引起了强烈不满和不平。

在此案宣判的第二天，广东省高院在一份材料中称：“在该案宣判前，我院已与中宣部取得联系……商妥由中宣部与广东所属新闻媒体打招呼，不对外宣传本案。”中国法院审判有一条重要原则，就是除涉及国家机密和个人隐私的案件不公开审判、不对外宣传报道以外，其余案件本着公正、公开原则，进行公开审理，以便接受社会各界监督。按说广东省高院和大法官应当掌握此一原则，但为什么对这一行政诉讼案下此禁令呢？其中必有内幕！

这一案件二审在最高法院终审判决后，社会反响强烈，认为执法不公，甚至认为执法犯法，不少媒体提出了很多疑问，进行了一些报道，但是马上遭到最高法院罗豪才大法官的压制和诘难。请看下列几则事实：

事实之一是，广东省高院在对此案一审判决后，香港《大公报》作了报道，一则题目是吴贤成《投资空手道》，另一则题目是《法律界人士不认同判决》，特别用整版篇幅揭露吴贤成涉嫌诈骗国内银行巨款的来龙去脉。这一揭露使有些人慌了神，马上批评《大公报》违反宣传纪律。最高法院的罗豪才大法官也急了，竟然吓唬《大公报》说，最高法院将考虑以某种方式对《大公报》通报批评。《大公报》人士认为，我报对泰国商人吴贤成的批评，是因为他以“空手道”方式在内地进行所谓的“投资”，自己不但不出钱，还骗中国银行的钱，将钱弄到海外，这种“投资”方式是世界上任何一个政府都不会欢迎，我们的批评是基于维护国家利益。

《大公报》人士还披露，此案一审开庭前，广东省高院禁止记者和其他人士参加旁听，而是用法院自己的人员去充当旁听。《大公报》人士说：“我报记者在8月14日采访中发现，当天上午广东省高院11楼电梯边的一块黑板上用粉笔写着所有书记员14日（星期一）上班后着便衣，到二楼审判庭旁听深圳贤成大厦案。当时在场的还有深圳的两名律师。本港其他报社记者闻讯后即刻上楼来拍摄这则通知。当天上午法警禁止所有试图旁听此案的中外记者前往旁听，尽管这是一起公开审判的案件。”

从一审开始，麦崇楷等高级法官就害怕媒体报道。这是为什么?

事实之二是，当我向两位最高法院领导刘家琛和罗豪才汇报此案时，罗豪才大法官当即拿出香港《大公报》问我：“此案不准宣传报道，你们为什么违反宣传纪律，到香港《大公报》去搞?”我接过《大公报》一看，醒目大标题映入眼帘：《深圳贤成大厦行政诉讼案，深圳市政府败诉，当即提出上诉》。在这大标题下有两行大字：“我们立即上诉”，“坚决不服颠倒黑白、混淆是非的判决”。两行大字下面并排坐着五个人的照片。我看完后说：“我们虽然不赞成禁止宣传报道这一决定，但是我们坚决贯彻不准宣传报道的决定，市内的媒体均未报道此案。《大公报》的报道是谁搞的，我不清楚。《大公报》上登的这五个人我不认识，估计不是政府部门的人。”罗豪才大法官马上说：“我认识，是你们工商局的人，你们严重违反纪律，你们要认真查处。”事后经查实，《大公报》上并坐的五位是深圳贤成大厦有限公司中方四家股东的代表和深圳贤成大厦的真正投资商香港鸿昌国际投资公司的代表，与市政府无关。罗豪才大法官当面说谎被戳穿。此时一审判决刚刚结束，二审尚未开始，最高法院罗豪才大法官为什么对媒体报道如此紧张呢?必有缘故。

事实之三是，此案在最高法院由罗豪才亲自二审终结后，《人民日报》的《大地》杂志刊出关于泰商吴贤成诉深圳市工商局、外资办行政诉讼案的《庭审纪实》一文，对最高法院违法审判提出了疑义（见《大地》1999年第二期）。2月23日，自称是最高法院宣传处的人打电话给《大地》杂志总编辑说：“转告我院个别领导人三点意见：①关于贤成大厦行政诉讼案，中宣部和最高法院去年不让报道，为什么今年又进行报道？②刊登前，为什么不到最高法院进行核实？③怎么能让一个律师对最高法院审判说三道四？”《大地》总编答道：“①我们根据中央领导关于加强新闻舆论监督的指示精神及最高法院领导人‘以公开保公正’的讲话精神，才进行报道的；②报道前我们专门访问了一些参加庭审的人，他们认为报道符合实际；③如果你们认为文章有不实的地方，请提出来，写文章也可以，我们去采访也可以，我们照登。如确有不实，当事人和我刊都负责任。”

全国人代会刚刚开过，最高法院罗豪才大法官仍不放过《大地》杂志，3月11日以最高法院办公厅名义给《人民日报》发去措词强硬的文件——“最高法院办公厅函发（1999）13号”，指责《大地》杂志：“违纪错误报道贤成大厦案，混淆视听，严重诋毁法院的公正形象，妨碍法院独立公正审判，增加不稳定因素，已造成恶劣影响，故我院要求你社对这一事件进行严肃查处：（一）停止发行刊登该条的第二期《大地》杂志，已发行的要收回……（二）由《大地》杂志在刊物上发表声明，公开承认错误，消除影响；（三）追究有关人员的责任。”

这一回可把《大地》杂志的编辑记者吓出一身冷汗，弄不好要丢饭碗了。于是他们主动向上级——《人民日报》领导人汇报此事，请求处理。但《人民日报》领导人却明确表示：第一，舆论工具本来就有监督司法人员的职责，只要坚持党的原则，进行依法监督，忠于事实，就没错；第二，监督不分大官小官，不分大衙门小衙门，不设禁区；第三，法院只能行使审判权，法院的行政部门没有下文件要求处分杂志社编辑记者的权力，如果我们违法，他们可以起诉，否则他们的文件对我们不起作用；第四，最高法院的肖扬院长在人代会前在同一期《大地》杂志的第一篇文章中，就主张“以公开保公正”，这不只是对下级法院的，对最高法院自己也适用。

在明智的《人民日报》领导人的正义气势下，《大地》杂志的编辑记者才逃过一劫。

同样在《法制日报》上刊出的鼓吹大法官在深圳贤成大厦行政案件上“秉公执法”的文章——《谁是大赢家》，最高法院大法官罗豪才既不说禁止宣传报道，也不发文下令回收报纸和处分编辑记者，据说，这还是大法官策划让人写的。

同样一个案件，同样的禁令，虚假表彰的、颂扬的就允许；批评的、指出问题的、揭露违法审判的，就不允许，就坚决打压，就以大帽子压人。大法官的双重标准实在耐人寻味！

关于修宪中保护私有财产权问题的一点建议

——在全国政协会上的发言

（2004年2月）

国家依法保护公民的私有财产权，是保护公民的基本权利，是老百姓安身立命的保障，是私有经济生存和发展的依据，是国家富强、社会进步的根基。这是中华人民共和国建立50多年来正、反两个方面的经验、教训告诉我们的。保护私有财产权入宪，顺乎民心，合乎民意。

2002年的中国共产党第十六次代表大会在江泽民同志的报告中提出了“完善保护私人财产的法律制度”。接着2003年中国共产党十六届三中全会通过了关于修改宪法部分内容的建议，其中包括了保护“公民的合法的私有财产不受侵犯”的内容，并将提请十届全国人大二次会议审定。

这是我们党的进步、是我们国家的进步、是整个社会历史的进步，我们应该为这一进步欢欣鼓舞，我们应该为这一进步尽心出力。

把保护公民的私有财产权载入宪法，是国家基本法律制度的完善。为了完善得更好，特提出如下一点建议：把建议稿中“公民的合法的私有财产不受侵犯”中的“合法的”三个字删除并加上“神圣”二字，改为“公民的私有财产神圣不可侵犯”。理由有四：

1. 我们的法律制度应该是“无罪推论”原则，即除了被认定为有罪的之外，其余都视为无罪。同样，公民的私有财产除了被认定为非法的之外，其余都视为合法的。我们保护公民的私有财产不言而喻就是保护合法的，而绝不是保护非法的，因此，加上“合法的”三字没有必要，如加上“合法的”三字，与“无罪推论”的法律原则相悖。

2. 如果加“合法的”私有财产不受侵犯，则法律原则变为“有罪推论”，实际保护起来就十分困难：在法律予以保护前，先要确认私有财产是不是合法的，是合法的才能予以保护。那么由谁来确认呢？怎么确认呢？私有财产这么多，而且还处在无时无刻的变化之中，怎么可能在实施保护前实行确认呢？如果确认不了是“合法的”，那么，又怎样实施保护呢？加了“合法的”这三个字，反而给法律真正实施保护私有财产出了一道难题。

3. 在建议稿中还写道：“国家依照法律规定保护公民的私有财产权和继承权。”又写道：“国家为了公共利益的需要，可以依照法律规定对公民的私有财产实行征收或者征用，并给予补偿。”这里“保护公民的私有财产权和继承权”所指的当然也是“合法的”私有财产权和“合法的”私有财产继承权。被国家依法征收或征用的私有财产，当然也是指“合法的”私有财产，也只有对“合法的”私有财产依法征收或征用，才能够“给予补偿”的。若按照前款加“合法的”定语的条款推论，此款私有财产前也应加上“合法的”定语。但是，并没有加。这里反映出的不仅是宪法稿中条文之间体例的不一致，而且突显出前面加“合法的”定语的条文中，加上“合法的”三字没有必要。

4. 在现行宪法第十二条规定：“国家保护社会主义的公共财产。”这些得到国家保护的公共财产，当然也是指“合法的”公共财产，但是在公共财产前并未加“合法的”三个字，因为没有必要。本着宪法对公、私财产权放在同等条件下加以保护的原则，亦应在私有财产前删除“合法的”三个字并加上“神圣”二字，以求与现行宪法第十二条中规定的“社会主义的公共财产神圣不可侵犯”的条款一致起来，以示国家对公、私财产保护一视同仁，没有歧视。

此建议谨供十届全国人大二次会议参考。

实行人才兴国战略应从人事干部制度改革做起

——在全国政协会上的发言*

(2004年2月)

中共中央做出了人才兴国战略的重大决策，并发了中央文件，召开了中央人才工作会议，中央主要领导人都讲了话，可见人才兴国战略之重要。

要落实人才兴国战略，最重要的是建立能充分发挥人才积极性和才智的体制和运行机制，正如胡锦涛总书记所说："人才工作的活力取决于体制和机制。"因此，首先应从人事制度改革做起。先从较易改革的方面起步，循序渐进，逐步展开。当前，以下两项人事制度改革应当推进。

1. 公有制企业的经营领导人才应按市场机制运作，即企业经营领导人才的培养、评价、选拔、使用、流动、配置和激励均应按市场化运作。改进现行的行政管理办法。

首先，企业负责人是在企业中起决定性作用的经营者，企业的经营领导人才是企业重要的生产要素。在当前其他生产要素均市场化的情况下，唯独公有企业经营领导人才不市场化，显得与市场经济规律不相适应，应当与时俱进，及时推进其市场化进程。

其次，在计划经济年代公有企业经营领导人才走官场路子，企业有行政级别，企业经营领导者视同行政官员，套行政级别，按行政待遇，企业经营领导者双眼盯着官场，而抛弃市场。改革开放后，对公有企业经营领导者来说，形势更加严峻，既要向上一只眼睛盯着官场，又要向下一只眼睛盯着市场，困惑多多，举步维艰。把公有企业经营领导者市场化运作之后，把他们从官场中解放

* 2004年的《文汇报》转载此文。

出来，让他们两只眼睛盯着市场，一门心思创造效益，不用再看官场中直管他们的权势官员的眼色行事了。这应该是历史的一大进步，应当积极推进才是。

对于掌握公有企业经营领导者人事大权的行政部门和官员来说，失去了人事权力可能是“痛苦”的，但从国家经济社会发展大局出发，从人民的根本利益出发，这种体制和运行机制的进步应该受到欢迎，应该愉快接受这一现实，甚至应当积极推进这种改革。

公有企业负责人在市场化运作之后，接受监督和适当调控是必要的。

2. 把业务类公务员从公务员队伍中单独设计组成序列，让业务类公务员在自己的序列中依法、依规进行运作。这样做就可以把数量很大的业务类公务员与政务类公务员和雇员分开，保持业务类公务员的相对稳定，有利于他们钻研业务，提高工作能力和工作水平，从而提高行政机关的办事效率和办事能力。

这样做便于组织高级业务类公务员的全国统一考核、考试和录用，在大范围内实现公开、公正、公平竞争的原则，不但有利于提高公务人员的素质、调整公务人员的组成结构，而且有利于克服用人上的不正之风和其他腐败弊端。对于中级和初级业务类公务员亦可在地方相当的行政级别范围内统一考核、考试和录用，同样可以体现公开、公正、公平竞争的原则，体现社会公道、体现政府公平。

这样做可以做到依据法律、法规在业务类公务员的序列内有序晋职、晋级，克服“千军万马”挤科长、处长……“独木桥”的局面，不但避免不少人事矛盾，而且可以减少腐败现象发生。

人才兴国战略的重大决策能否顺利实施，尊重劳动、尊重知识、尊重人才、尊重创造的重大方针能否真正落实，关键要看人事干部制度和运行机制的改革能否逐步到位。人事干部制度改革逐步到位，要害问题是要克服行政权力重新分配中的思想阻力问题。如果领导干部从大局出发，本着先易后难的改革原则，推动人事干部制度改革逐步扩展、逐步深化，人才兴国战略在社会主义建设中必然大放光彩。

应大力倡导俭朴的官风和民风

——在全国政协会上的发言

(2004年2月)

中华民族历来有勤俭节约的好传统,并以俭朴的官风和民风为传统美德。孔子大力倡导“一箪食,一瓢饮”,以此称赞颜回,后来人们缩写为“箪食瓢饮”,形容节俭之风。墨子大力提倡爱惜民力物力,极力反对:“民尽力于无用,财宝虚以待客”,又说:“节约则昌,淫佚则亡”,并将奢侈浪费列为国家的“七患”之一,正确指出奢淫之风气与国家兴亡的关系。鲁国大夫御孙对鲁庄公为迎娶嫔妃而大肆修建宫殿的做法提出劝告,他说:“俭,德之共也;侈,恶之大也。”秦穆公问诸大夫“得国失国”之道,由余答曰:“以俭得之,以奢失之。”后来韩非子把奢侈浪费作为亡国败家的“十过”之一。唐代詹事于志宁上疏说:“克俭节用,实弘道之源;崇侈恣情,乃败德之本”,以此规劝太子承乾不要奢侈过度。高僧玄奘取经到禄迦国,他称道该国的官风民风“虽富巨万,服食粗弊”,回到唐朝便大加提倡。诗人李商隐在《咏史》中写道:“历览前贤国与家,成由勤俭破由奢”,这是历史的铁律,应当记取。

我们中国共产党历来提倡艰苦奋斗,勤俭节约,这已经成为我们的光荣传统和治国、治家之宝。无数革命先烈和以毛泽东同志为代表的无产阶级革命家,在艰苦奋斗、勤俭节约等方面给我们树立了光辉的榜样,已成为我们最值得纪念的历史和最可宝贵的财富。我们不但应该继承,而且应该发扬光大。

但时下奢靡之风盛行,公款请客、吃喝送礼之风日盛,虽然中央下过好多文件,发过好多“不准”的指令,甚至还时不时地抓个典型处理一下,但此风却越演越烈。有的甚至公然列入“正当”的职务权利和职务消费,纳税人的钱像流水一样被一些人花掉、吃掉、玩掉。一个单位动辄几千万,少则几百万,乡镇、村也有几十万，我们很多贫困乡村欠下的累年债，其中一部分就是干部的吃喝招待消费，这些欠债在乡里已经十分普遍，而且很难还清。这是造成干、群关系紧张的原因之一，也是引发腐败的重要因素。有的领导人用公款请吃、请玩、送礼，走上层、拉关系、求升迁、找庇护，更有很多领导干部为此犯愁：不往上请吃、请玩、送礼就办不成事，为了办成事，也只有违心地干违纪的事。正是这种不正的风气使干部不得不随波逐流，仿佛谁都无法抗拒，结果是此风越刮越猛，并不断升级。

在上述官场风气影响下，民风日下。时下，结婚、死人、考取学校、生子或过满月、盖新房、搬家、挪坟、过生日等等都要大操大办一场，都要请客收礼。民间百姓只是应酬这类事就十分头痛。根据报载某省双城市韩甸镇三姓村农民程显亚家，去年随礼80份共4000元，他一年的收入才6194元！随礼占去一年收入的64%，随礼的频率是4.56天一次，可见频率之高，问题的严重程度。就是基层干部，月薪几百元都拿去应酬也不够，好多基层干部十分犯难：随这种风气去应酬吧，确实力不从心；不随风气走吧，又怕人家说你这个干部不联系群众，太死性，整日在犯难中踌躇着。在这种风气下，也给一些干部借机敛财开了方便之门。群众找门子、想办法给干部送物送钱，心里却苦苦的。

这种官风再不痛下决心扭转，民风必然日凋，后果令人担忧。党和政府应采取果断措施，加以认真解决。

第一，在全社会开展树立清正廉洁、反奢侈浪费的教育活动。通过学习、教育充分认识奢侈之风的危害，痛下决心，首先解决官风问题，然后官风带民风，使整个社会风气逐步好转。

第二，领导干部以身作则，带头转变作风，从上头做起，一级做给一级看，一级带着一级干。风气一定会好转。

第三，严格财政制度，严肃财经纪律。把财政软约束变为硬约束。凡属正常开支，必须列入“人大”批准的预算。领导干部个人不准随意批钱、花钱。尤其不能对上头领导人动用公款。

第四，明确规定公职人员的职务消费权限和边界。大大减少目前无节制的职务消费。

第五，对公职人员定期进行绩效审计和责任审计。对事迹优秀者大张旗鼓地表彰，以树清廉之风；对违法乱纪、奢侈浪费严重者，给予党纪、政纪、法纪处理,以扼制奢靡之风。

第六,充分发挥媒体的监督作用。鼓励媒体在党风、政风、民风方面加大监督力度,鼓励先进、鞭策后进。

经过不懈努力,相信官风和民风一定能够好转,艰苦奋斗、勤俭节约之风一定能再回到我们身边并发扬光大。

解决“三农”问题的出路在城市

——在全国政协会议上的发言

（2004年5月）

没有农民的小康，就谈不上中国的小康，没有农业和农村的现代化，就谈不上中国的现代化，“三农”问题已经成为我国奔小康和实现现代化道路上的关口。正如胡锦涛总书记和温家宝总理所说，我国将把解决好农业、农村、农民问题作为全国工作的重中之重。为此，党中央、国务院采取了重大举措，下发中央一号文件，减免农业税收，对种粮农民实行直接补贴，放开粮食市场，增加对农业的投入等等，这些政策进一步加强了农业的基础地位，并已初见成效。但是距“三农”问题的解决，仍然有相当大的距离，有相当繁重的任务。

那么，解决“三农”问题的出路在哪里呢？总体来看，解决“三农”问题的出路在城市。

第一，农村剩余劳动力向非农产业转移的接收地点主要在城市。据全国粗略估算有1.1亿外出做工的农民，主要分布在城市。据广东省流动人口领导小组统计，近十年在广东各市做工的“农民工”有8000余万人，目前仍在广东打工的“农民工”有2100多万人。

第二，农民增加收入的主要来源是外出到城市（镇）做工收入。以2002年为例，全国农村人均纯收入2475.63元，其中农民人均非农业收入1341元，占纯收入的54.17%，人均非农业收入中，人均工资性收入840元，占非农收入的62.64%。打工收入占农民人均纯收入的1/3强。

第三，农产品的主要消费市场在城市。这个城市消费市场是农业产业化、农产品商品化的主要出路所在。如占全国第一位的深圳农批市场在全国有100多个生产基地，带动100多万农民脱贫致富，去年深圳农批市场销售量634万吨，销售额283.7亿元。

第四，农业和农村基础设施建设的资金来源，主要在城市。一是城市上缴国家的税金向农村转移，国家建立工业反哺农业的投入和补贴机制。二是城市企业资金直接投向农村和农业，推动农村和农业的现代化和产业化。

第五，农业技术人员的培养，农业科学技术的研究开发，信息技术、遥感技术、生物技术、节水灌溉技术等在农业上的广泛应用，都基本依托城市。

第六，提高农村人口素质，必须提高农村的基础教育和职业教育。而师资的培养和来源也主要在城市。

第七，目前出现的圈地现象，使不少农民失去赖以生存的土地，究其原因主要在城市。

第八，目前严重存在的农业生态环境恶化，其污染源头也在城市。

总之，我国要贯彻全面、协调和可持续发展的科学发展观，不能囿于“三农”研究“三农”，必须放开眼界，城乡统筹解决“三农”问题，为此提出以下十条建议。

1. 加速推进城市化。我国城市化速度，今后若干年力争由以往的年均增长0.5个百分点达到平均增长1个百分点。因此，应有积极的城市化方针：稳步发展特大城市和大城市，积极发展中、小城市，有重点地发展小城镇，注重发展区域性城市群体，使各种城市协调发展。经过20年左右的努力，使我国城市化水平与我国工业化水平相适应，与世界发展中国家的城市化水平相适应。不要限制大城市发展。克服城市版图盲目扩张的速度高于城市化速度的倾向。

2. 国家和城市政府应积极采取措施，创造必要的条件，使进城做工的农民及其子女享受到与城市居民同样的国民待遇。如：改革城乡割裂的户籍政策、培训进城做工人员、建造廉租房、使打工者的子女就近读书及医疗、养老保险等问题。

各级政府财政部门应每年列出相应经费预算，劳动部门列出培训计划，建立城市政府与农村政府对口帮扶机制，双方劳动部门联手合作，按照国家计划要求，培训农村外出打工者，给农村劳动力顺利转移创造条件。

各级政府应依法给打工者强制建立医疗保险、工伤保险和养老保险，即使是临时农村打工者也不例外。记在个人账户的部分资金应钱随人走。

城市政府应采取积极措施抓紧落实进城务工人员子女与城市居民子女入学一视同仁的政策。

3. 加强农村基础教育、职业教育和成人教育，提高农村人口素质。一是各级政府确保农村教职员工工资的足额发放，县级保不了的由省里保，省里保不了的由中央保；二是中央政府和省级政府增加对农村基础教育的投入，使农村基础教育的状况与中央的计划要求相适应；三是师范院校学生仍继续免费就读，并对师范院校提前单独招生，确保生源质量和提高师资水平，不断有高水平师资充实农村教育；四是把农村职业教育和成人教育提到重要位置。

4. 建立农业产业化利益均衡机制，目前显得十分重要。由龙头企业带农户的模式已在逐步形成。但在龙头企业与农户之间利益严重向龙头企业倾斜，利益不均衡问题突出。为此，一是政府制定政策和规章，促使其利益向均衡发展；二是提高农户的组织程度，通过农户的专业性组织达到与龙头企业的利益均衡；三是使农户与龙头企业成为企业内部的利益共同体，达到利益均衡。只有实现利益均衡，农民才有可能通过产业化脱贫致富，才能防止和克服农村两极分化，农业产业化才可能持续发展下去。

5. 以农产品市场化推进农业产业化。大力培育和积极发展农产品大型批发市场，是实现农民增收最实际的途径之一。一是以城市的大型农批市场为中心，整合产地批发市场，逐步由对手交易发展为拍卖、进出口贸易。大宗农产品期货贸易的各类大型农批市场，使之成为集物流集散、价格形成、信息提供、生产指引、配送连锁等功能为一身的现代化农产品市场平台；二是利用现代信息网络技术，形成农副产品的网上批发、拍卖的网上市场，达到网上订货、网上竞价、网上交易、网上结算、异地交割的现代化市场体系；三是大型农批市场带动生产基地，使之生产标准化、包装规格化、质量等级化，达到拍卖的要求，实现订单农业，分散农业生产风险；四是在建立农副产品安全体系的基础上，以大型农批市场为龙头，大力发展农副产品配送和连锁销售，形成由生产基地到运输、包装、仓储、批发、结算、配送、连锁销售的完整链条，把生产与消费联结起来，把农村与城市联结起来，把农民利益与工人利益联结起来，这是科学发展观的内在要求。

6. 大气、土地和水体的污染，是农业生态恶化的主要因素。国家应强制限制二氧化硫、二氧化碳等的排放，克服和防止酸雨的发生；国家应依法限期关闭排放不达标的工业污染企业；城市政府应把城市污水达标排放放在优先位置解决；国家应花大力气彻底解决河流水域污染问题；国家应大力试验和推广生态农业和发展循环经济，建立大面积的无公害的绿色粮、菜生产基地，建立全国的食品安全生产体系。

7. 农村资金在很多地方只流出不流入，没有为农民服务的金融现状，使农民生产、生活中需要的小额贷款十分困难。应认真落实今年中央一号文件，组建农民互助合作性质的金融组织。认真改造已经银行化、行政化了的农村信用合作社。按照组织上群众性、制度上合法性、经营上自主性和管理上民主性进行改造，使其实现服务农民、服务农村、服务农业的宗旨，解决入社社员一时生产、生活上资金需要周转的困难，增进农民社员的利益，推进农业生产发展。中央银行要给予人员培训、政策支持、经营指导和服务监督。

大幅增加政府的支农资金，由以往支农资金平均占农业总产值的6%左右，提高到发展中国家的15%左右。

8. 以各级政府拿出必要的财力支持为基础，逐步建立农村医疗保险和养老保险网络和运行机制，使广大农民病有所医、老有所养，逐步享受与城市居民大致相同的国民待遇。

9. 根据现实交通、通讯等发达的实际情况，结合重点镇、中心镇的建设，适当调整乡、镇建制，减少乡、镇建制数量，并大幅度精简乡、镇干部编制，按市场经济要求改革设在乡、镇的“七所八站”。这项改革势在必行。但改革成本很高，应由上级政府分担。

10. 农民拥有集体土地所有权，已名存实亡，因为农民对土地的处置没有知情权、发言权、参与权和决定权。因此，农民集体土地所有权应采取立法形式落在实处，除各级政府公用事业建设用地依法必须征用以外，凡商业开发用地，必须经村民集体按民主形式做出决定，并用市场机制运作，充分体现土地的宝贵价值，充分体现村民集体占有土地所有权的民主权利，充分体现按市场经济规律办事，使村民的利益得到合理维护。

在辽宁省沈阳市“彭年光明行动”欢迎仪式上的讲话*

（2004年7月）

尊敬的省、市领导和家乡的父老乡亲们：

余彭年先生应我们辽宁省、沈阳市的盛情邀请，第二次来到我的家乡沈阳，第一次来是为新民的“彭年学校”建成剪彩，这次是“彭年光明行动”，为家乡的患者恢复光明。

余老先生是香港的大企业家，是著名的慈善家，他把用大半生辛勤劳动积蓄的几十亿家产，奉献给社会。这些财产子女不继承、不出卖、不抵押，由银行实行托管和监控，由余氏基金会来掌管和使用。这是了不起的举动，这是爱祖国、爱人民的伟大创举，他老人家毫不利己，专门利人的伟大精神，给全社会树立了光辉的榜样！

多年来，余老先生拿出数不清的善款，扶贫济困、灾害救助、建校助学、奖励发明创造，特别是为湖南家乡父老的脱贫致富呕心沥血。受到社会上的广泛赞誉。

这次“彭年光明行动”请我做首席顾问。余先生同我策划了两年多，计划用5年时间在九个省市为贫困家庭15万至20万人做白内障复明手术。为此他在美国订购了10多辆专用手术车，在北京瞳仁医院和湖南省医院聘请了医护高级专家，整个工程将投资5亿多元人民币。“彭年光明行动”为广大贫困患者雪中送炭，对我们党带领全国人民奔小康的伟大事业做出了突出的贡献。

我特别敬重老人家的无私品格和高尚情操。多年来，余先生一直是我学习的榜样和敬重的朋友，他也是深圳的荣誉市民和深圳人民的忠实朋友。通

* 笔者是此“光明行动”的首席顾问。

过这次光明行动,余先生业已成为全国人民的忠实朋友和学习的榜样。

最后祝余先生健康长寿!祝“彭年光明行动”获得成功!祝家乡父老生活幸福!还要深深感谢省委省政府、市委市政府的各级领导同志对“彭年光明行动”的热心支持和全力合作!同时,也感谢沈阳市政府邀请我参加这一活动。

谢谢各位!

在纪念邓小平诞辰100周年座谈会上的发言

（2004年8月）

邓小平同志以其能联系实际、解决实际问题的理论，以其对祖国、对人民的忠贞和深厚的感情，以其卓越的决策和领导才能，以其勇往直前、无所畏惧的勇气和坚忍不拔的作风，全面设计了中国三步走的发展战略，在国际共产主义运动处于低潮和混乱的形势下，他带领中国人民走出了一条改革开放的光明大道，使我们的祖国迅速崛起，使中国人民很快富裕，使中国共产党领导人民不断由胜利走向胜利！

在邓小平同志诞辰100周年之际，深圳市委召开隆重的座谈会，纪念邓小平同志。我认为，这一方面是深入学习邓小平理论，缅怀他老人家的丰功伟绩；另一方面是研究如何继承和发扬邓小平理论，把我们伟大的事业继续推向前进！

我们要很好地学习、继承和发扬邓小平理论。

一是邓小平是敢于和善于实事求是的典范。在中国大搞对毛泽东同志个人崇拜、教条主义盛行的时候，邓小平同志敢于评价毛泽东同志的功过，鲜明地提出反对本本主义和教条主义，强调毛泽东思想的精髓就是实事求是。在中国吃尽了大搞阶级斗争苦果之后，邓小平敢于正面提出把党的工作中心由阶级斗争转移到经济建设上来，因而挽救了中国革命。在大批臭老九成风的形势下，邓小平敢于提出尊重知识、尊重人才，继而提出科学技术是第一生产力的论断，从而大大解放了生产力和促进了科学技术的发展。在人们片面强调精神作用的时候，邓小平同志提出了物质利益的原则。他说，如果只讲牺牲精神，不讲物质利益，那就是唯心论。在上个世纪80年代初，人们对经济特区有很多微词的时候，邓小平视察深圳后给深圳题词："深圳的发展和经验证明，我们建立经济特区的政策是正确的"，从而拨乱反正。在上个世纪90年代初，苏联、东欧社会主义国家发生剧变，中国向何处去？这时邓小平又一次南方视察，来到深圳，发表了极为重要的谈话，解决了姓资姓社等一系列深层次问题，从而统一了全党思想，指明了方向。邓小平同志总是在关键时刻、在关键问题上，挺身而出，敢于和善于实事求是，他这种胆识和精神永远值得我们学习和继承。

二是邓小平同志对客观事物的认识之所以是正确的，是因为他能够把握客观事物的发展规律。一方面是他对马克思主义理论的深入研究和正确把握，另一方面是他对中国国情的深入了解和正确把握。实质是掌握了客观事物的规律性。

譬如：中国改革是先农村后城市，先特区试验后全面推广，先改影响生产力发展的生产关系，后改上层建筑，逐步推开。这是按马克思主义生产力决定生产关系，经济基础决定上层建筑的客观规律进行的。在社会没有大的动荡、经济迅速发展的情况下实现了社会转型，一步步走向成功。

三是邓小平同志对人民群众有着深厚的感情，想问题、办事情都从人民群众的利益出发，把人民群众的利益看做高于一切。他深情地说："我是中国人民的儿子，我深情地爱着我的祖国和人民。"这给我们每个共产党员和领导干部树立了光辉的榜样。

全国人民怀念邓小平、感激邓小平，深圳人民更是怀念邓小平、感激邓小平，邓小平理论和他的革命精神永远指引我们前进！

邓小平同志永远活在我们心中！

在深圳纪念全国人大创立50周年座谈会上的发言

（2004年9月）

我们今天开会纪念全国人大创立50周年，意义十分重大，上午胡锦涛主席作了重要讲话，讲的很好，我们要认真学习，加深理解，全面贯彻。

回首这50年，我们国家走过的路，不难看出，人民代表大会制度从创立走向巩固，从发展走向完善。人大的作用发挥得越来越大，民主和法制建设越来越好，人民群众对人大满意度越来越高，这是很值得庆幸的。

深圳市人大建立于1990年底，是深圳发展中的一件大事，是深圳民主政治建设的里程碑。我十分荣幸地被选为第一届人大主任，有机会与全市人民一起，在市委领导下，在上级人大的指导下，为深圳的民主和法制建设贡献一份力量。我和人大的同志们认真履行职责，认真代表广大人民群众的利益，认真反映广大人民群众的呼声，认真推动深圳改革开放的顺利进行。

值此，就授予深圳市人大立法权，我做一点历史的回顾：

1992年7月1日对于深圳是个双喜临门的日子，在庆祝党的71岁生日的同时迎来了七届全国人大常委会第二十六次会议通过授予深圳立法权的决定。我有幸列席了这次全国人大常委会。开会前我先到广州见了省委书记谢非同志，向谢书记报告全国人大常委会将开会讨论授予深圳经济特区立法权的议案，问谢书记有什么指示，谢书记说："你去开会吧！我没什么意见。"我到北京后，我先去拜会列席全国人大常委会的广东省人大副主任杨立同志，一见面杨立同志就说："我的主任林若同志去日本访问，让我代表省人大参加会议并给我写好了发言稿。"我问："你的发言稿是什么内容？能不能给我看看？"杨说："是反对授予你们立法权，这可是省人大研究的意见，不是我个人意见，我是同意授予你们立法权的。”于是我从杨立手中拿到了发言稿，一看吓一跳，四五页纸的发言稿列了五六条反对意见，其中一条说的最严重，授予深圳立法权是“违宪”。我又听说上一次人大讨论此议案时，由上海来的全国人大常委们也持反对态度，于是我带着深圳的荔枝去拜访上海的同志，他们高兴地告诉我：“这次上海浦东开发开放了，我们和深圳的共同语言多了，可以相互学习和借鉴了，这次我们不投反对票了，完全赞成授予你们立法权。”当时我想：如果杨立在大会上发言，其他省市来的全国人大常委们就不好投赞成票了，广东人大的意见就成了关键。于是我找到了大会秘书长曹志同志，把广东人大的发言稿复印件给他看，曹志同志一看感到问题严重，马上给万里委员长汇报，万里委员长把我叫去谈话，问了深圳的发展情况，问了授予深圳立法权深圳准备了什么条件，做了什么准备工作，问了广东人大是些什么反对意见。我一一作了回答，最后问杨立是不是共产党员，我说是中共党员。万里委员长当即指示：让曹志同志请杨立同志吃饭，说会上不让他发言了，共产党员要听党中央的。杨立同志在听到曹志同志的意见后，马上打电话给谢非书记，谢非回答说：“按中央的决定办。”万里委员长还让曹志同志组织人大的法律专家认真研究一下授予深圳立法权是否“违宪”，要找到法律依据，并做好专家们的工作；又说：“明天的大会让有为同志发言，说说授予深圳立法权的必要性、可能性和对全国法制建设的意义。”万里委员长的当机立断，使我如释重负；但马上又感到新的压力，我来开会时并未准备发言，如果因我发言不妥，通不过立法授权，那责任可就大了。我回去连夜准备发言稿，曹志同志也表示信任，说稿子不用审查了，第二天我在大会上发言10分钟，受到全国人大常委们的热烈掌声欢迎，接着投票，到会人大常委会委员117人，除了9人弃权和1人未按表决器以外，107人投了赞成票，此议案顺利通过。

对深圳市人大授予的立法权的主要内容是必须遵照宪法的条文和遵照其他法律原则的授权立法。就是说深圳市市人大的立法不能违背宪法的条文，也不能违背国家和省一级的法律原则，就具体的法律条文而言、具体规定而言，可以和全国和省的法律条文不一致，在深圳特区范围内必须依据深圳特区的法律执行。

我以上谈的授予深圳立法权的问题，目的是在于提出以下两条建议：

一是，深圳市人大应书面向全国人大报告，重申授予深圳特区立法权的含义，并提请全国人大常委会督促纠正最高法院做出的深圳法律规定与全国和广东省法律规定有矛盾时按全国和广东省执行的错误决定。因为授权立法是全国人大常委会，对授权的解释权也在全国人大常委会，最高法院不但解释不当，而且也是越权解释。

二是，一个深圳市，特区内、外两种立法权，特区内享受授权立法权，特区外享受较大城市立法权，这不合适，不利深圳发展，应提请全国人大尽快解决。

最后，祝愿我们深圳市人大在落实以人为本的科学发展观、在依法治市和民主法制建设上取得新的成绩！在“三个文明”的发展中继续起到排头兵的作用！

祝愿全市人民生活美满幸福！祝同志们身体健康！谢谢！

在中国首届中国城博会开幕式上致辞

（2004年11月）

尊敬的各位嘉宾、各位领导，女士们、先生们：

大家好！

今天，我们相约聚会美丽的世界花园城市、中国改革开放的窗口城市——深圳，参与中国首届城博会的隆重开幕，我们感到无比的欣慰。中国如何进行城市化和城市现代化，已经成为我们时代的主题，这其中好多课题需要总结经验，进行交流，从而落实以人为本，全面、持续、协调发展的科学发展观，树立城市品牌，增强城市的核心竞争力。城博会就是搭建一个城市发展、开发建设的平台，搭建一个探索城市发展的新理念、新技术、新产品、新服务的交流平台，搭建一个中国城市的经营交流平台。总之，要把城博会办成像广交会、深圳高交会一样齐名的中国城市博览会。

通过此次城博会，我们相信，能推动城市规划和建设水平的提高，推动城市产业新的崛起，推动城市公用事业的发展和旧城改造，推动城市经营者与专家学者、社会媒体、企业家和投资家的互动交融。这对城市发展势必会产生新的动力。

此次城博会在国家建设部领导下，在联合国国际交流合作与协调委员会的指导下，在深圳市政府的大力支持下，在40多个城市的积极参与和有关单位和有关人士的齐心努力下，才得以胜利举行。借此机会，对他们表示诚挚的谢意！祝城博会圆满成功！祝各位健康快乐！

关于泰国商人吴贤成用行贿等手段勾结中国银行武汉花桥支行等官员，涉嫌合谋诈骗国家银行巨款，最高检察院个别官员袒护至今不予处理的再次提案

（2005年2月）

多年来，我同一些政协委员不断提出此提案，在中央领导人的批示下，在最高检主要领导人的重视下，最高检反贪局进行了两次“复查”和答复，一次是2001年以“高检办发第119号”文件答复，另一次是2004年以反贪局马副局长口头答复（见《通报会情况纪要》）。

但是，都仍然以假的事实为依据，当我们把真实的事实摆在他们面前时，他们却一声不吭、不理不睬了。并在“答复”中发生了令人难以置信的怪事：

怪事之一是：最高检反贪局既然叫案件“复查”，为什么不向受害的深圳四家与吴贤成合作的公司调查取证？为什么不向受害最大的港商王文洪调查取证？为什么不向受损失最大的深圳有关单位和部门取证？为什么不向深圳贤成大厦有限公司清算组取证清算结果？为什么不把涉嫌诈骗的5900万元的去向一笔一笔搞清和说清？为什么不向对吴贤成犯罪事实证据掌握一清二楚的最高检原副厅长陈燕麟调查取证？为什么不把吴贤成涉嫌诈骗广东新会银行的5200万元纳入调查范围之内？为什么不把吴贤成在香港只花20元港币注册的空壳公司——香港贤成集团公司的本质调查揭穿？为什么不向深圳市委、市政府和反映情况最多的本人调查取证？该调查取证的都不调查取证，仍按原来吴贤成的说法来糊弄我们，这叫案件“复查”吗？

怪事之二是：卷宗里有吴贤成本人亲自以香港贤成集团公司为借款甲方，以中国银行武汉市花桥支行为乙方，借到的3900万元已经执行完毕的五份合

同；卷宗里同时也有在案件暴露后，吴贤成逃到海外，由他小老婆段继红与花桥支行行长喻德智、副行长孙云琳、信贷科长刘人本、打字员、司机等人一夜之间签的两份把借款甲方改为深圳贤成大厦有限公司的假合同、假指定汇入账户的函、假收条、假催款通知书等一系列假文件。"复查"案件的最高检反贪局为什么不以吴本人签的真合同为依据，而偏偏只依据段继红签的假文件为依据！段继红不是深圳贤成大厦有限公司的股东，不是董事会成员，又没有董事长的授权委托书，她能代表公司"修改"合同吗？她与银行干部串通签的假合同有效吗？能成为法律依据吗？那么，为什么隐去真合同不谈只依据假合同为"复查"依据呢？段继红与银行签的假合同明明是把吴贤成香港贤成集团公司借款的还债责任转嫁到深圳贤成大厦有限公司头上，这明明白白的事实为什么最高检反贪局视而不见呢？

怪事之三是：在(2001)高检办发119号答复我的文件中，承认段继红与银行"修改"了合同，也承认签了假合同，文件中说："吴贤成、段继红与花桥支行对原投资合同进行过修改，但修改合同主要是因为花桥支行怕追不回钱，为与吴贤成打官司追回投资做准备而修改原合同，并非为隐瞒事实，诈骗国家财产。关于签订假合同的问题，是为应付上级检查，双方均知道签假合同的目的，并对该合同并不存在实际执行的问题。因此……都没有证据证明有与花桥支行有关人员合谋，隐瞒事实真相，或者虚构事实诈骗银行贷款的问题。"

第一，吴贤成逃到海外，他的小老婆段继红有权力签订假合同或叫"修改"合同吗？把真合同的借款甲方香港贤成集团公司，在假合同中篡改为深圳贤成大厦有限公司，明明是转嫁债务的诈骗行为，这能叫正常的"修改"合同吗？说"修改"合同是为与吴贤成打官司追回债务，这更是谎言。花桥支行依据与段继红签的假合同起诉深圳贤成大厦有限公司还债，武汉中院要求把吴贤成列为第三人被告，花桥支行执意不肯。这铁的事实，难道不能证明最高检办公厅的文件中说的为与吴贤成打官司才"修改"合同的话是虚假的、无事实依据吗？

第二，119号文件中说签假合同是为应付上级检查，不存在实际执行问题，更是虚伪和站不住脚的。花桥支行就是依据假合同诉深圳贤成大厦有限公司还债的！并且武汉中院庭长王青(已判刑10年)一审判深圳贤成大厦有限公司败诉，并把港商王文洪在该公司的投资款强行划走。真正借款、用款人吴贤成逍遥法外，未借款、未用款的真正投资人王文洪长期受害。反而最高检办公厅文件还说不存在实际执行问题，不是诈骗，有谁信服呢？这会给司法公正造成多么大的污点？给国家投资环境及国家形象造成多么大的损失？最高检察官为什么这么干？我们实在想不明白。

怪事之四是：在高检办发119号文件中答复我说："材料中没有证据证明吴贤成、段继红与花桥支行有关人员存在行贿、受贿问题。"这更是睁大眼睛说白话！在以最高检陈燕麟副厅长任专案组长调取的卷宗里，大量事实证明他们有行贿、受贿行为。受贿人副行长孙云琳、信贷科长刘人本不但予以承认（有交代材料为证），而且退出了钱和物。并且最高检察院高检发反贪字［1997］5号文件《关于吴贤成等人涉嫌犯罪案件处理意见的报告》中说："孙云琳、刘人本收受段继红所送1万元港币及彩电、录像机各一台的事实已查清（实际上，陈燕麟查清的远不止此数），武汉市检察院对孙云琳、刘人本涉嫌案件作撤案处理的理由不妥，责成湖北省检察机关对孙、刘涉嫌受贿重新审查，同时一并审查段继红涉嫌行贿责任。"

最高检察院办公厅应该对该院［1997］5号文件的内容了如指掌，对该文件认定段与孙、刘的涉嫌行贿、受贿行为清清楚楚。那么，为什么故意否定该院［1997］5号文件的认定呢？令人不解。最高检办公厅有权否定该院文件的认定吗？这种错误究竟是何原因造成的？

怪事之五是：2004年9月16日最高检反贪局马副局长作"复查"反馈时，仍然回避吴贤成签的五份真合同，而仍以段继红签的两份假合同为依据，而真合同与假合同截然不同：①吴签的真合同借款甲方是香港贤成集团公司，而段签的假合同把借款甲方篡改为深圳贤成大厦有限公司；②真合同有吴贤成和孙云琳的签名，而假合同盖吴、孙的私章；③真合同有律师廖红兵的签名见证，而假合同则没有；④真合同是五份，而假合同改为二份；⑤真合同第一份借款金额是450万元，而假合同的第一份合同金额合并成2400万元；⑥真合同在合同中写明："就投资香港贤成集团公司"，而假合同改为"就投资深圳贤成大厦"……真假合同的这些明显不同很容易识别，为什么马副局长偏偏以段签的假合同为依据呢？令人费解。办公厅的119号文件既然承认段继红与花桥支行签的是假合同，那么你们的复查结论又为什么以假合同为依据呢？真是怪事？！

怪事之六是：吴贤成从武汉花桥支行弄到的3900万元，从西安农行弄到的2000万元，换成港币后取走自用，来往转账、取钱的账目清清楚楚，根本没用来建设深圳贤成大厦，对深圳贤成大厦的清算结果证实吴只投该大厦1400万元，盈亏相抵后尚欠深圳贤成大厦有限公司3211万元。而最高检反贪局根据什么说吴借的钱绝大多数都用于建设深圳贤成大厦呢？而且拿不出任何具体数据呢？

怪事之七是：2004年9月16日最高检反贪局马副局长对案件“复查”反馈时认为吴贤成构不成诈骗罪的主要理由是吴贤成在1991年10月对深圳贤成大厦有限公司的地产评估价值3.24亿元，1993年10月吴贤成对深圳贤成大厦九层进行评估价值8.29亿元。马副局长认为，吴有这么多价值的房地产还能还不起借的5900万元吗？于是认定构不成诈骗罪。这又是以假乱真：

1991年10月深圳贤成大厦尚未动工兴建，土地是中方四家公司出的，怎么能成为吴贤成能还贷的资本呢？

1993年10月深圳贤成大厦用王文洪投资的1亿多港元开始建设后，已建到地上五层、地下四层，之后由于吴不投资而停建。这时吴请深圳房地产交易所做的评估是用“假设开发法”评估的，假设条件是：①投资6.1亿元全部到位；②在3年半时间内建成大厦；③楼平均售价1.4万元／m^2。这三个假设条件都未成为现实，怎么能成为吴贤成还得起贷款的资本呢？这正是吴贤成诈骗的笨拙伎俩，我们的高级检察官怎么会轻易“上当”呢？

怪事之八是：最高检陈燕麟专案组费尽力气从武汉市检察院反贪局把段继红与银行干部签假合同的证据材料，即喻德智、孙云琳、刘人本、邓军等人的交代笔录——承认签假合同的笔录，由武汉市检察院反贪局复印来，存入吴贤成卷宗。可是最高检把陈燕麟专案组撤掉，换上以罗辑、叶惠伦为首的专案组后，上述的笔录材料9份59页，从吴贤成卷宗里消失了。高检办发119号文件回答说：“卷宗材料中没有您在来信中所说的9份材料，但是也不存在缺页或被抽走的痕迹”，“原始材料存在武汉市反贪局”，“综上，不存在吴贤成案件卷宗材料被抽走的问题”。

这种答复未免太不负责任：第一，“原始材料存在武汉市反贪局”，这不是我们查问的问题，我们知道原始材料存在武汉市反贪局，因为陈燕麟专案组是把这些材料由武汉市反贪局复印来的，存入吴贤成案件卷宗的。第二，复函中承认吴贤成案件卷宗里没有这9份材料，但又说因为卷宗不缺页，就认定没被人抽走，是不是太武断了？如果是办案人员的职务犯罪行为，还能露出缺页的马脚吗？第三，这9份59页材料到底到哪里去了？直到现在仍然是个谜！应不应该追查到底？最高检察院为什么不追查呢？

在此案中，种种怪事还存在不少，不一一列举，以上几点足以说明问题的实质和严重性。

每年政协会议我们都作为正式提案提出，但每年都以“进入法律程序的事项不列入提案”的理由遭到拒绝，仅以信访转到有关单位。我们反映的案件不是正在进入法律程序的事项，而是法律程序已经审结，涉及冤案的问题，涉及外商勾结银行人员侵犯国家利益的问题，甚至涉及司法高官枉法的问题，为什么不能列入呢？在我们的国度里讨个公道就这么难吗？胡锦涛总书记最近强调建立和谐社会，首先就是讲“民主法制、公平正义、诚信友爱、安全有序”。上述要求不只是要求百姓，也不只是要求普通党员，更重要的是要求高级干部，尤其是高级司法干部。如果司法高官不讲民主法制、不讲公平正义、不讲公道正派、不讲良心诚信，怎么建设和谐社会呢？

几年来有关提案和答复材料附后（略）。

从“农民工”的称谓说起

——在全国政协会议上的发言*

（2005年3月）

农民进城做工已经成为我们时代的大潮流，成为与我们实现工业化和城市化并行的社会发展大趋势。全国已有1亿多农民进城做工，据专家估计，连他们的家属子女约有1亿4千万人口在城里，而且还有几亿人口需要实现由农村到城市（镇）的转移。今年中共中央、国务院的一号文件明确要求：“加速农村劳动力转移”。

就这么一个大的潮流、大的趋势和大的群体，却成为社会中的弱势群体，被城市边缘化的群体，合法利益得不到切实保障的群体。

党中央、国务院正积极解决他们的问题。但整个问题的解决，必然是伴随着工业化和城市化的整个过程。推动“农民工”问题更好、更快地解决，是贯彻我党“立党为公、执政为民”的必然要求，是贯彻科学发展观和建立和谐社会的必然要求。

“农民工”称谓的内涵不难理解，还是把他们的身份界定为农民，而没有界定为工人。“农民”只能代表他们过去的身份，甚至连过去的身份也不能代表，如：在农村中学毕业后就到城里做工，他们根本不具备农民身份，只能说他们的家庭在农村，这在“农民工”中占相当大的比重。

因此，从实际出发，以他们从事的职业来称谓他们，是比较科学的。农民进城做工，依靠工资收入维持生计，在做工期间就是工人，就是产业工人的重要组成部分，应依法享受产业工人的应有待遇。

在市场经济条件下，一个人的职业身份的变动频率是很高的，流动也是很大的，他们今天从事工业工作，就是工人；明天又从事农业工作，就又成为农

* 本次会议上的发言为叙述方便仍使用“农民工”一词。

民。以农村出身来固定“农民工”的农民身份，不但是不科学的，而且是固定计划经济时代造成的城乡二元结构的有害做法。

因此，对“农民工”不仅仅是个称谓问题，而是深层次的体制障碍问题。故建议把“农民工”的称谓改为新型合同制工人，或称为劳务工。

农民进城做工是工业化的必然产物

——在全国政协会议上的发言

（2005年3月）

有人提出“农村工业化”的口号。在我看来，这是不实际的。即便是农副产品深加工项目，也不宜在农村遍地开花。曾经红火一阵子，并在当时确实起到很大作用的乡镇企业，在市场经济大潮的冲击下，也因为生产条件、企业成本和产品质量等问题，在市场竞争中多数失去了优势。因此，主要依靠乡镇企业解决农业人口往非农产业转移，已经不太现实。农民进城做工就占据了主导地位。

现代工业的基本特征是专业化分工协作，现代服务业发达。这种特点本身就要求工业项目必须适当集中，尤其是集中在城市的工业园区，这样就为园区工业项目的供水、供电、供气、供热、垃圾处理、排污、交通、通讯、金融和各种中介服务提供了方便，节省了土地、保护了环境、节省了开支、节约了运输，方便了企业之间的协作配套服务，降低了企业成本，提高了企业竞争力，因而产生了巨大的集聚效应。这是我们这些年来在城市兴办工业园区成功的内在原因，也是长江三角洲和珠江三角洲工业发展突飞猛进并形成城市群的内在规律的表现。中共中央、国务院今年的一号文件强调要“推动新办乡村工业向镇区集中”。

工业的适当集中，势必要求工业人口的适当集中，这就为农村劳动力往城市（镇）转移创造了必要条件。这是工业化发展的必然趋势和要求。根据这一要求，如何顺势推动这一趋势的健康发展，就成为我们各级政府义不容辞的责任。

农民进城做工是城市化的必然结果

——在全国政协会议上的发言

（2005年3月）

中国是人口大国，而且是农村人口最多的大国，中国城市化率不到40%，低于世界发达国家，也低于经济水平发展与我国相当的发展中国家，因此就注定中国城市化的任务十分艰巨。

所谓城市化，其实质就是由农业社会向工业社会的过渡，由农民为主的社会向市民为主的社会过渡，由农村人口向城市（镇）转移的过程，这一发展过程是历史性的进步过程，历史必然要向这一方向发展的。但在不同的国家，发展的快慢、好坏是不同的，一方面取决于这个国家的客观条件，但更主要的取决于这个国家当政者的战略思想和战略决策。

党中央已经提出大中小城市协调发展的方针。怎么协调发展呢？我认为，应稳步发展特大城市和大城市，不要限制特大城市和大城市的发展，积极发展中小城市，有重点地发展小城镇；规划和培育城市群体的发展，使城市的空间布局和产业布局更趋合理，使特大城市和大城市的辐射力和带动力更强，使城市间的区域依存度更高，使城市群体创造更强、更高的社会生产力。

工业化为城市的崛起提供了内在动力。城市（镇）的迅速崛起又反过来推动了工业化，并为农民进城做工创造了条件，农民进城做工又为城市发展提供了强有力的支撑。农村人口往城市转移，是城市化的内在要求，也是解决“三农”问题的根本出路，减少农民是富裕农民的根本条件，也是农业产业化生产、规模化经营、商品化运作的根本条件。

因此，在城市化过程中，解决好“农民工”问题应该是我们工作的重心，如党中央、国务院在今年一号文件中指出的：“坚持把解决好‘三农’问题作为全党工作的重中之重。这是推进工业化、城镇化和现代化历史进程中必须长期坚持的一个重大方针。”

怎么认识我国的人力成本?
——在全国政协会议上的发言

(2005年3月)

我国的人力成本与世界发达国家比,是廉价的,这是人所共知的。但是怎么处理好人力成本问题呢?这是摆在当政者面前的重要问题。

我国初级人力供过于求,并且有大批农村剩余劳动力需要往非农产业转移。这是造成人力成本低廉的根本原因。这种认识是符合市场经济规律和符合实际的。

但也有人认为,不给"农民工"建立社会保险,以降低人力成本,以体现"区位优势",以造成"好的投资环境",以取悦于资本和吸引更多的资本投入。有些地方不但是这么认识的,而且也是这么做的。他们的理由还很"充分":给"农民工"建立社会保险"条件不成熟",如果让"农民工"参加社会保险,"这会使我国的劳动力优势受到削弱";城市的社会保障体系不完善,城市下岗工人很多,社保欠账很多,没有能力再让"农民工"参加社会保险;让"农民工"参加社会保险会大幅度增加企业负担(有人竟估计出要增加企业负担40%),企业老板不会接受;"农民工"收入较低,再拿出钱来参保,会减少"农民工"的现实收入,"农民工"不愿意。如此种种理由,可谓充分。

但这种种理由是站不住脚的。这是以牺牲劳动者长远根本利益为代价的,是以损害社会和谐发展为代价的,是以破坏市场经济规律,从而背离国际惯例为代价的,是与我国《劳动法》、《工伤保险条例》、《国务院关于建立城镇职工基本医疗保险制度的决定》、劳动和社会保障部《关于完善城镇职工基本养老保险政策有关问题的通知》等法律和规章的规定精神相悖的。

给"农民工"逐步建立社会保险是个大原则问题。那么,为什么在这个大原则问题上认识差距如此之大呢?为什么法律、法规难于实施呢?第一是当权者的认识障碍。而认识障碍也有个认识角度问题，我们完全应该站在广大劳动者的角度上，站在国际惯例的角度上，去看待这一问题。第二是体制障碍。市场经济条件下，劳动力市场化，按市场需求自由流动，这与计划经济时代形成的城乡脱节的二元结构下的户籍政策相矛盾。“农民工”不是城市（镇）户籍人口，于是“农民工”被排斥于城市（镇）体制之外，使已经成为产业工人一部分的“农民工”在城市（镇）被边缘化了。第三是与我们对当政者的业绩考核标准有关，评价当政者业绩的指标有GDP，人均GDP、工业总产值和工业增加值、基本建设投资额、吸引外资数额、财政收入、城市建设等等。没有以解决“农民工”社会保障体系为评价条件，没有以社会主义市场经济体制和机制的完善程度为评价条件。我敢断定，如果改变对当政者的评价指标体系，情况会大大改善，上述障碍会得到克服，法律、法规会得到贯彻。

以损害劳动者的长远利益来换取“好的投资环境”和取得“好的政绩”的做法，是不可取的。

给“农民工”建立社会保障制度，困难是有的。但是，并不是没有办法解决的，就看我们的政策向哪个方向倾斜，就看我们的财力主要向哪个方向投入。把解决“农民工”问题，放在领导者的主要视线之内，就有可能把“农民工”问题解决得快一些、好一些。

农村出身的工人与城市出身的工人该不该同样对待？

——在全国政协会议上的发言

（2005年3月）

这个问题从道理上讲，谁都不能否认，农村出身的工人与城市出身的工人应同样对待，应一视同仁。但实际是天壤之别。究其原因，一是体制障碍，二是政绩考核标准障碍。

计划经济体制下形成了农村与城市相分离的二元结构，从经济到社会生活二者距离很大。因此，对二者的方针政策也各有不同，长期以来形成割裂局面。

市场经济要逐步改变这种局面，因而体制要创新，政策要调整，法治要跟上。这种调整是利益格局的调整，这种创新是符合发展要求的体制、机制和政策的创新，在调整和创新过程中解决“农民工”问题。

从政者的政绩考核标准，对“农民工”问题的解决影响很大。例如：从政者都希望自己管理的城市人均GDP、人均可支配收入比其他城市高，好突显政绩，在对“农民工”政策不明朗的情况下，一些城市就不计入或少计入“农民工”的数量，就是很自然的事。城市（镇）从政者都希望在自己任内多修大马路、多建大广场、盖大办公楼，从而表明政绩。当财政支出用来解决“农民工”廉租房和社会保险等问题与上述政绩工程产生矛盾时，孰轻孰重从政者就会不自觉地失衡。不少从政者以低地价政策吸引投资，不惜损害农民利益；以不建立“农民工”工伤保险、不实行最低工资保障线、不建立医疗保险和养老保险的手段，来“提高地方的竞争力”，来“改善投资环境”，来“创造更突出的政绩”。这种损害劳动者根本利益的做法是不可取的。

只有从体制、机制和对当政者的政绩考核体系问题上下手解决“农民工”问题，“农民工”问题才会得到顺利解决。

“农民工”的社会保障问题应依法解决

——在全国政协会议上的发言

（2005年3月）

“农民工”的社会保障问题，是在我国市场经济条件下，在工业化和城市化过程中必然要产生、必须要解决的问题。怎么解决呢？目前有三种方案：一是主张给“农民工”单独建立社会保障体系；二是主张“农民工”“还乡”和农民一起建立社会保障体系；三是主张“农民工”与城市工人一起建立社会保障体系。

第一和第二种主张，我认为是不切实际的。因为：第一种主张把“农民工”孤立于工人和农民之外，自成体系，这会在目前有些地方对“农民工”不太公平待遇的基础上，会进一步以制度形式形成新的不公平，并使社会保障体系更为复杂。第二种主张不符合工业化和城市化及解决“三农”问题的发展方向，不利于城市和农村二元结构问题的逐步解决。

第三种主张是较符合实际的，因为“农民工”就是工人阶级的组成部分，就是工人阶级的新成员，我们的目标是在可能情况下，使他们成为城市居民。要解决他们的城市社会保障，要分轻重缓急逐步到位：

1. 从农村走出来的应届大、中专毕业生到城市就业后，应解决他们的城市户籍，全面参加城市的社会保障体系；

2. 符合解决城市户籍条件，已经解决城市户口的“农民工”，应全面参加城市的社会保障体系；

3. 对暂没有解决城市户籍，拿“暂住证”的“农民工”，可以区分以下情况，参加社会保险：

（1）所有的“农民工”均应参加工伤保险，坚决贯彻国家的《工伤保险条例》，切实保障“农民工”的人身安全。

（2）依据《国务院关于建立城镇职工基本医疗保险制度的决定》，城市政府应设法给工作基本稳定的“农民工”建立基本医疗保险，使他们的健康得到保障。特别是对职业病，政府和企业除加强预防以外，对得职业病者，要使其切实得到医疗保障。

（3）依据《关于完善城镇职工基本养老保险政策有关问题的通知》精神，城市政府对常年的“农民工”应建立基本养老保险。根据“农民工”可能在不同城市间流动就业或返回农村的情况，基本养老保险账户可分公共积累账户和个人积累账户。个人积累账户可以随个人转移。

（4）对于较长时期在城市就业的“农民工”中的临时失业者，城市政府要实施失业救济或者列入最低生活保障线之内。克服因失业，“农民工”没有政策、没人管，只靠老乡、朋友帮助的局面。

我们研究“农民工”社会保障的立足点，是使他们不断融入城市社会保障体系的问题，而绝不是研究“建立城乡一体的社会保障体系”问题，也不是研究建立农村的社会保障体系问题。有人以世界各国城市与农村建立社会保障体系的时间差距（相差32年~74年），来否定“农民工”参加城市社会保障体系的可能性，因而得出“把农民工纳入城镇社会保障体系的时机尚未成熟”的结论，这是欠妥当的。

让“农民工”参加城市社会保障体系，从实践看不是不可能的。仅以深圳为例，深圳是移民城市，外来打工者占城市人口的绝大多数，据统计，2003年在深圳注册登记的外来打工人员（大部分是“农民工”）410.68万人。深圳在全国最早实施了《保护外来劳务工条例》的法律，并制定规章和办法，使外来打工人员（包括“农民工”）参加本市的社会保障体系。截至2003年统计，参加工伤保险的外来劳务工（包括“农民工”）371万人，占全部在深圳注册登记的外来劳务工总数的90.34%；参加基本养老保险的外来劳务工（包括“农民工”）177.16万人，占全部在深圳注册登记的外来劳务工总数的43.14%；参加基本医疗保险的外来劳务工（包括“农民工”）86.95万人，占全部在深圳注册登记的外来劳务工总数的21.17%。深圳市政府正不断努力，扩大外来劳务工（包括“农民工”）参保的覆盖面，最近深圳市推出新的《深圳市劳务工合作医疗试点办法》，规定外来打工者每月交4元、雇主单位每月交8元钱，打工者就可以享受住院和门诊就医的全面医疗保障，作为一种过渡形式的试验，现已逐步展开。

从社会财产占有看构建社会主义和谐社会

——在全国政协会议上的发言

（2005年5月）

中国共产党第十六次代表大会和十六届三中、四中全会提出了建立和谐社会的目标，前不久，胡锦涛总书记进而阐明了构建和谐社会的伟大意义和提出了各项任务。目前全国和全党上下都为构建和谐社会努力拼搏，不断探讨和实践把构建和谐社会的任务落到实处。

从生产关系角度研究和谐社会的构建，具有基础性的意义。生产关系中最重要的是社会财产占有关系，把这一层关系研究透了、处理好了，社会会长久和谐，国家会长治久安。

在150多年前马克思所处的时代，当时的西方发达国家的社会财产占有关系是极少数人占有绝大多数生产资料，而绝大多数人失去了生产资料占有权，正如马克思在《共产党宣言》一书中写道："在你们的现存社会里，私有财产对十分之九的成员来说已经被消灭了，这种私有制之所以存在，正是因为私有财产对十分之九的成员来说已经不存在。"因此，阶级对立加深，社会矛盾加剧，马克思依据当时的社会背景，得出无产阶级革命的结论。这种财产占有关系，从根本上说是无法使社会和谐的。

在无产阶级革命理论指导下建立的社会主义国家，效仿苏联模式建立了社会财产的全民所有制占有方式。经过半个多世纪的实践，证明这种财产占有方式不利于生产力的发展。于是各社会主义国家或迟或早、或先或后进行了生产资料占有方式的变革。我国在改革开放中，一步步把民有经济放开，由民有经济"是社会主义经济的有益补充"，到民有经济是"国民经济的重要组成部分"，再到"毫不动摇地鼓励、支持和引导非公有制经济发展"，把公有经济与民有经济放在几乎是同样政策水平线上，因而，大大推动了社会生产力的发展，这种改革是完全必要的。

但是，如果我们把马克思时代西方发达国家的财产占有方式作为链条的一端，把无产阶级革命后，社会主义国家的全民所有制的财产占有方式作为链条的另一端，这两个极端的财产占有方式都不利于促进生产力的发展。前者，有效率，而无公平；后者，有公平，而无效率。那么，既能体现公平又有效率的财产占有方式是什么样子呢？有没有可能找到这种占有方式呢？如果我们不注意这个问题的研究和实践，就有可能使我国社会财产占有迅速向极少数人手里集中，社会迅速两极分化，就有可能重蹈150多年前西方发达国家的覆辙，这是我们不愿意看到的。

生产的社会化要求生产资料占有的社会化与之相适应，这是不以人们意志为转移的客观规律。使广大劳动者占有多数生产资料的生产资料占有社会化的方式，是既解决效率又解决公平的符合客观规律要求的好路子。具体实现形式就是各种股份制和合作制经济。西方发达国家走上这条路子，避免了资本主义的灭亡；社会主义国家走上这条路子，使社会主义越来越兴旺。我们国家走上这条路子，是全国人民的大幸，是邓小平理论指导和党中央正确领导的结果。它是构建和谐社会的根基。目前，在这一问题的实践中，应注意解决以下几个问题：

一是研究对策，尽快实现国有股的全流通，使我国证券市场成为一个真正的完全的证券市场。

二是在绝大多数国有中小企业改革、改制过程中，积极推行企业职工持股制，并应制订相应规章，推动职工持股制的发展，使广大职工真正成为生产资料的主人，从而推动生产力的发展。

三是在广大农村，积极推行新型的合作经济，使农村的经济实体与广大农民成为利益共同体。

四是对非公有经济在鼓励、支持发展的同时，要通过政策积极引导走职工持股的路子，但应积极创造条件，在自觉自愿的原则下逐步进行，待时机成熟时立法保障。

五是在目前国有企业改革、改制中，应坚决杜绝企业经营者个别人“自卖自买”的做法，坚决防止和克服业内人士串通、损害职工和国家利益的行为。

六是应采取对策防止和克服农村垄断性龙头企业一头热、一头富、一头主宰市场，压榨、盘剥所带的农户的行为。

使广大劳动者占有多数生产资料，从而形成强大的、有产的劳动阶级，他们是构建和谐社会的经济基础和阶级基础。只有这个基础无比强大，国家通过二次分配调剂少数的贫富两头，才能实现社会长久和谐，国家长治久安。

这种国企改革应慎之又慎

——在全国政协会议上的发言

（2005年5月）

最近国有资产监督管理委员会和财政部正式颁布了《企业国有产权向管理层转让暂行规定》，其中明确规定中小型国有及国有控股企业的国有产权可以向本企业的管理层转让。我认为对这一规定的执行应慎之又慎。

在这一问题上，下列几点很值得考虑：

一是使国有中小企业的生产资料由本企业的领导层买断，而职工则把工龄买断，在生产资料占有上迅速出现两极分化，贫富悬殊的两极发展方向不是我们走“共同富裕”的发展方向。

二是我们国家目前在财产占有方面的分化已经较为严重，其基尼系数已经超过世界公认的0.4的警戒线，2000年已经达到0.458，甚至超过西方发达国家的水平。这一《规定》势必加剧这一趋势的发展，不利于社会的和谐安定。

三是我党提出“以人为本的科学发展观”。而科学发展观的核心是主张协调发展。社会财产占有的协调发展是其他协调发展的基础。换句话说，社会财产占有的不协调，其他方面就很难做到协调。

“以人为本”，说到底是以民为本，是以广大劳动民众为本，应该使为本的主体占有多数社会生产资料，才是我们的发展方向。而绝不是使极少数人占有多数生产资料，从而剥夺多数劳动者的生产资料占有权的局面。正如邓小平同志所说：“少部分人获得那么多财富，大多数人没有，这样发展下去总有一天会出问题。”

四是我们党正在构建社会主义和谐社会。而生产资料占有的和谐是生产关系和社会发展中最重要、最基本的和谐。反过来说，也是一样。

五是现代社会的生产，已经在世界范围内社会化了。生产的社会化必然要求生产资料占有的社会化与之相适应，这是生产关系必须适应生产力发展水平的客观规律的要求。使国有资产迅速向少数人手里集中，与生产资料占有社会化的发展趋势和要求背道而驰。

六是我们党在十五大报告中明确提出发展劳动者的劳动联合与劳动者的资本联合的经济组织形式是公有经济新的实现形式，应大力提倡。

七是在《规定》中，虽然对企业管理层做出种种限制规定，如：转让方案制订、清产核资、财务审计、资产评估、底价确定、中介委托等等事项受让企业管理层不得参与。但是我认为，在目前社会风气的环境中，是很难做到的。在利益的驱使下，这些限制规定流于形式，成为失灵的限制规定，不是不可能的，弄不好又会滋生许多腐败。

我们过去对领导干部和国有企业领导人不是因为没有规定，他们才违纪违法的，而是在有种种周到详尽的“不准”规定的情况下，违纪违法还愈演愈烈的。这个经验教训我们要深思。

基于上述原因，我主张把对国有中小企业产权由少数管理层持股改为企业职工持股。而企业管理层是职工的一分子，但担负着重大责任和风险，因此，持股比例可适当高于一般职工。

企业职工持股，应当成为我们政策引导的主导方向。使广大职工持有股权，符合生产资料占有社会化的客观要求；体现劳动者的劳动联合与劳动者的资本联合的现代公有经济的实现形式；使广大劳动者真正成为生产资料的主人，成为改革的受益者，并使我们容易找到既体现公平又有效率的财产占有方式；使广大劳动者占有多数生产资料，从而形成强大的、有产的劳动阶级，不但符合走“共同富裕”道路的方向，而且有利于科学发展观的贯彻和构建和谐社会及国家长治久安的实现。

在纪念深圳特区成立25周年座谈会上的发言

(2005年8月)

同志们:

25个春秋转瞬即逝，一座新城拔地而起。是什么原因使这座城市发展得又快又好呢？我认为有以下几点：

1. 深圳历届市委、市政府坚决贯彻邓小平同志制定的改革开放路线，坚决贯彻“增创新优势，更上一层楼”的江泽民同志的题词精神，坚决贯彻胡锦涛总书记的“立党为公，执政为民”的执政理念，坚决贯彻科学发展观。深圳人敢于开拓、敢于创新，善于开拓、善于创新。

2. 深圳坚定不移地走市场取向的改革开放新路子。率先在全国建立起市场经济的十大体系和四大机制。十大体系，深圳商报已出了一部书。四大机制是：劳动者内部的动力机制、市场竞争的压力机制、法律保护公平与和谐的强制力机制、社会道德对人们的自制力机制。四力合一就是市场经济的运行机制。深圳在上述方面是下了工夫的。

3. 深圳最早在企业中实行股份制和股份合作制的改革探索，以及走职工内部持股的路子，使广大劳动者拥有多数生产资料，成为生产资料真正的主人，这样既建立了企业内部的动力机制，又引导大家走上共同富裕的道路。

4. 深圳从实际情况出发，及时地进行了产业结构调整，全力倡导发展高新技术产业，对高新人才、高新项目、高新科技，一方面给予优惠政策，另一方面在企业内部建立科技人才和管理人才持有股权的机制，并且充分利用和发展科技市场，使高科技产业迅速崛起，成为支撑深圳发展的强大生力军。对“三来一补”和“三资”企业，我们也大力推动向高科技转型提高，要么转型提高，使之得到更大的生存发展空间，要么被淘汰出局。

5. 深圳在超前建设和完善城市功能方面做出了很大努力。建市初期，提出“以港兴市、双港起飞”，把空港、海港建设放在优先位置，现在已发展为构建物流枢纽中心。深圳是全国七大缺水城市之一，在东莞引水遇到困难的情况下，市委市政府毅然决策从惠州引水，当时得到惠州市委市政府的支持，现在饮用水已到深圳千家万户。当时我们提出建设深圳湾跨海大桥的西部通道，现在已即将变为现实，大桥建成后将大大改善深港交通和物流业的发展。深圳曾有一段时期特区内和特区外差距拉大，一些村没有集体收入。在这种情况下，深圳实行了同富裕工程，加大对深圳市边远山区的投入，迅速完善边远山区的城市基础设施，使那里的群众尽快富裕，缩小了特区内外的收入差距。现在已经实施了第三期同富裕工程。深圳地铁规划的早，批准的晚，现在已经部分建成开通运营。由于上述重大城市基础设施的建设再加上两次农村城市化的实施，使深圳的城市功能向着国际化城市迈进。

6. 深圳不断扩大对外开放的水平和领域，大量吸引外资，尤其是港资在外资中占据主要位置。深圳对外资首先实行了国民待遇，充分利用国内、国外两个市场和资源，使深圳成为经济外向度最高的城市。

7. 深圳由被人称为“文化沙漠”，到文化事业兴旺发达，再到大兴文化产业，实行文化立市，使全国的文博会落户深圳，这是一个相当大的跨越。

8. 深圳坚决贯彻“两手抓两手都要硬”的方针，切切实实抓好党的建设，切切实实抓好政府职能的转变、建设高效廉洁政府，切切实实抓好法制建设，切切实实抓好廉政建设和反腐败及大要案的处理，切切实实抓好社会治安整治和维护社会稳定的工作。

总之，正如邓小平同志说的，“深圳的重要经验就是敢闯”，就是抓住改革创新这个纲，不断开拓、不断创新、不断探索、不断前进。市委又提出了要明确特区的新内涵，形成发展的新模式，拓展发展的新路径，塑造特区干部的新风貌，在以胡锦涛总书记为首的党中央的正确领导下，在市委市政府带领全市人民的共同努力下，深圳“四新”的目标一定能够实现。

祝深圳发展得更快、更好、更高、更强！人民更幸福！

谢谢！

关于将深圳市建成直辖市的提案

（2006年2月）

深圳市的前身是广东省宝安县，经国务院批准，1979年3月宝安县改设为深圳市，1981年7月深圳市升格为副省级市，1988年10月实行计划单列。深圳建市以来，在邓小平理论和“三个代表”重要思想指引下，在党中央、国务院和广东省委、省政府的正确领导下，在全国各兄弟省市区的大力支持下，全市人民团结拼搏、艰苦创业、开拓进取、勇于创新，创造了工业化、城市化和现代化的发展奇迹。温家宝总理去年9月视察深圳时指出：“深圳创造的物质财富、精神财富，以及对全国作出的贡献，都是巨大的、惊人的，确实值得大书特书。”2005年，深圳实现国内生产总值4920亿元，位居全国大中城市第三，仅次于上海、北京；外贸出口在全国各大城市中首个突破1000亿美元，连续13年居全国城市之冠；全口径财政收入达1360亿元，其中地方财政一般预算收入达到412亿元；人均GDP59278元（折合7162美元），居全国大中城市第一位。

在新时期，为进一步加快推进我国的城镇化和现代化建设，为进一步发挥深圳的实验、辐射和带动作用，综合我国设立直辖市的具体情况和深圳实际，国家将深圳建成直辖市具有现实性和可行性。

1. 深圳建成直辖市有利于优化我国直辖市的地域布局。我国直辖市的地域布局，北有北京、天津，东有上海，西有重庆，把地处华南的深圳建成直辖市，会使我国直辖市的地域分布更加均衡，对促进经济社会的均衡发展大有益处。深圳不是省会城市，因此深圳比省会城市更宜改作直辖市，因不涉及省会搬迁。

2. 深圳已经具备建成直辖市的经济社会条件。深圳的国内生产总值、工业总产值、进出口贸易总额、预算内财政收入等经济总量指标均在全国特大城市前列。深圳常住人口600万，但实际管理人口达1300万，有改变为直辖市的客观要求和可能。

3. 深圳建成直辖市有利于促进深港经济一体化的发展和衔接，更有利于维护香港的繁荣稳定。深圳建市以来，一直积极地发挥着促进香港繁荣稳定的作用。但由于深圳行政区划级别与香港不对称，直接便捷地解决双方间遇到的问题不太方便。深圳建成直辖市后，可以与香港建立直接对等的协商和衔接，更方便地解决双方遇到的问题，有利于与香港建立更为紧密的经济社会发展安排，更有利于深港衔接，使深圳在促进香港的繁荣稳定中发挥更大的作用。

4. 深圳建成直辖市可以更好地带动周边地区的发展。深圳经济质量高、效益好，每平方公里土地产生1.75亿元的GDP和6000万元的税收，在全国居首。然而，深圳市总面积只有1952.84平方公里，与北京（16000）、上海（6300）、天津（11000）、广州（7400）、哈尔滨（53000）、沈阳（12000）、苏州（8400）等国内特大城市相比，地理空间过于狭小，不仅严重制约了深圳的发展，也制约了深圳的辐射带动作用。国家将深圳建设成直辖市，并将相邻的待开发地区划入深圳市，既为深圳的产业进一步发展扩展了空间，也更有利于带动周边待开发地区的发展，使深圳对国家发展贡献更大更好。

5. 深圳建成直辖市不影响广东作为经济强省的地位。2005年，深圳国内生产总值占广东省的19.53%，预算内财政收入占22.81%（深圳财政已经单列）。但广东省经济总量很大，国内生产总值占全国1/9，税收占1/7，引进外资占1/4，进出口贸易总额占1/3，广东经济去除深圳因素以外，影响不会太大。按照有关部门公布的经济普查后2004年国内生产总值，广东省为18865亿元，减去深圳市的4282亿元后为14583亿元，仅次于山东、江苏，在全国排名第三，仍然是经济大省、强省。

6. 深圳建成直辖市可以更好地为全国的行政体制改革探索经验。现在全国七级行政体制，直辖市可减少为三级：直辖市—县（区）—乡（镇），有利减少行政层次，降低行政成本，提高行政效率。作为经济特区，深圳有很强的改革精神和意识，国家可以结合把深圳建成直辖市，同时赋予其行政区划和行政体制改革试点的任务，为全国的改革探索经验。而且，深圳成为直辖市后，将使长期困扰深圳的“一市两法”（即全国人大赋予深圳经济特区的立法权和特区外较大城市立法权）的矛盾迎刃而解。

因此，我们提议国家尽快组织力量，开展对深圳市建成直辖市的可行性调查研究，并履行法律审批手续，使深圳为全国改革开放、经济社会发展和保持香港繁荣稳定作出更大的贡献。

关于更充分发挥港、澳政协委员作用的提案*

（2006年3月）

以往港、澳政协委员反映，有些事使他们尴尬：他们居住在港、澳，了解港、澳情况，但在全国政协参政议政时，不能提有关港、澳的提案和建议；让他们提国内的提案和建议，他们有的人又不太熟悉，因此，比较尴尬。

这次贾庆林主席在工作报告中提到："发挥香港、澳门特别行政区的政协委员在港、澳社会生活中的作用……维护和促进香港、澳门的长期繁荣、稳定和发展。"港、澳委员听了之后感到十分高兴。

为落实报告的精神，特提出以下提案：

1. 香港、澳门政协委员应同其他委员一样，凡是涉及国家和地区（包括香港和澳门）的经济、政治、文化和社会发展的问题，委员都可以提出提案和建议。

2. 香港、澳门政协委员提的提案和建议无非分三大类：第一类是涉及国家有关部门的提案和建议；第二类是涉及香港、澳门两个特别行政区与国家及各部门之间关系的提案和建议；第三类是涉及香港、澳门自身发展中的问题的提案和建议。

关于第一类问题的提案和建议，可转有关部门处理；第二类问题的提案和建议，可转国务院港澳办公室会同国家有关部门与港、澳政府协商解决；关于第三类问题的提案和建议，可转港、澳政府依据香港、澳门基本法和其他法律适当处理。如何处理，由港、澳政府定夺。如果处理的话，可以找港、澳政协委员直接协商，处理结果亦可直接告知港、澳政协委员。

港、澳政府在办理港、澳政协委员提案和建议后，不必把结果报全国政协。全国政协对港、澳政协委员提的第三类提案和建议，可以不作统计和不问处理结果。

* 该提案由郭东坡、俞晓松、张廷瀚、张伟超、何少川、陈玉益、王永海、何添发、郭荣昌、唐闻生、王杰等委员签字后，共同提出。

关于大力发展农村教育的提案

（2006年3月）

目前，党和政府对“三农”问题十分重视，采取了“以工补农、以城带乡”、“多予、少取、放活”等正确的方针政策，并进一步减免农业税收，建设新农村，深得民心，并正在收到积极效果。

从长远看，要改变农村面貌，必须大力发展农村教育，提高农村以至全民族的文化科技素质，这是长久之计。现在农村教育面临诸多困难，国家对农村教育投入严重不足，教育资源在城乡间配置严重不合理，农村师资数量不但严重不足，而且素质普遍偏低。农村义务教育严重滞后于计划目标。在农村义务教育实行的“地方负责、分级管理、以县为主”的体制，在农业税减免之后，严重不符合实际情况，很多农业县无力筹措教育经费，甚至教师工资就无力全额发足，中央对中、西部农村的财政转移支付力度严重不够，因贫困而失学儿童的问题较为严重。

为解决上述问题，建议政府采取下列措施。

1. 在全国统一高考之前，师范院校提前单独招生，以录取高素质的师资生源。尤其要面对农村，招收能在农村从事教育事业的优秀师资生源。

2. 建议全国的师范院校仍然实行免费入学，师范院校的教育经费及学杂费、住宿费、伙食费等仍由各级政府承担。过去做得到，今天更应该做得到。

3. 改变农村义务教育以县为主的体制，凡是县级财力不能支付的由省级财力支付，省级财力不足的，由中央财力支付。教职工的工资也应按上述办法足额发放。

4. 制订出农村义务教育各项经费的标准定额和不同地区的标准系数及各级政府对义务教育经费所承担的比例，保证按时足额到位。

5. 政府应特别加强农村的职业教育，并形成体系，使农村剩余劳动力有在市场上参与公平竞争的能力和机会，顺利实现到城市就业的转移。留在农村的新生劳动力，也能掌握劳动技能，为农民致富和建设新农村创造基础条件。

关于建设创新型国家的三点建议的提案

（2006年3月）

为落实科学发展观，为增强我国的自主创新能力，努力建设创新型国家，最近中共中央发了4号文件，做出了增强自主创新能力的决定，大力倡导创新体制和机制，并采取十条相应措施，保障自主创新能力的实现。为更好落实中央4号文件，特提以下三点建议：

1. 政府应下工夫培育科技市场，并形成科技市场体系。其中包括科技成果交易市场、无形资产评估与交易市场、科技孵化市场、中介服务和代理市场、科技风险投资市场及进入和退出机制。只有上述科技市场配套协调运作，科技人才才有用武之地和充分调动其积极性，科技创造发明才有可能迅速转化为生产力，才有可能使资金能顺利与科技成果相结合，使科技成果迅速产业化。

2. 在世界范围内已经实现生产社会化的情况下，生产资料占有的社会化，是必然的发展规律。因此在科技发展中，应大力倡导科技发明者占有股权（或产权），科技人员和管理人员占有股权（或产权），使科技发明者和科技人员、管理人员成为享受科技成果的真正主人，走生产资料占有社会化之路，走劳动者的劳动联合与劳动者的资本（把科技作为资本）联合之路，即走“共同富裕”之路。深圳的华为技术公司、中兴通讯公司和开发科技公司等一大批高科技公司就是这种模式的典范。

3. 把企业作为自主科技创新、开发的主战场。这是被国内外实践证实了的正确道路。但有些政府官员对这一点仍有相当的保留和抵触，应需进一步统一思想认识。在统一认识的基础上，才有可能在制定政策和采取措施时，向高科技企业倾斜，才有可能给高科技企业创造更好的政策环境（如增值税政策等）和市场环境。

政府对“农民工”应着力解决影响长远的三个问题的提案

（2006年3月）

农村人口到城里做工，这是目前的一个大潮流，随着我国工业化、城市化和现代化的发展，是必然要发生的大趋势。如何制订好方针政策，引导这个大趋势健康发展，势在必行。

1. 给“农民工”和城里工人一样（或类似）建立社会保障制度。目前，有人主张不给“农民工”建立社会保障制度，说什么这样做会增加企业负担，老板不干；会减少打工者的现时收入，打工者不干；会破坏好的投资环境，政府不干。在这一大原则问题上，不是干不干的问题，而是政府为劳动者和社会的长远利益必须建立的制度，同时这也是国际惯例，绝不能以牺牲劳动者根本利益为代价，去换取所谓的好的投资环境。

2. 政府应尽快出台新的户籍管理体制和新的户籍制度。使符合制度要求的“农民工”逐步落户城市（镇），成为城市（镇）居民，长期安居乐业。基本条件有二：一是有较稳定的就业岗位和适应工作需要的劳动技能；二是在城市（镇）里有固定居所［如果是已成家的，应在城市（镇）里有家属单元房，自购房和租房均可］。

政府应制订“农民工”入户的门槛，并形成一个有连续性的链条：刚到城里打工不满半年的，为流动户口；连续打工1年以上的为暂住户口；打工连续3年（或5年）以上的并符合一定文化、年龄、技能条件的，转入蓝印户口，可享受城市居民的一般福利待遇；打工者再过若干年，连续工作成绩优良者可以转为长住的红印户口。设计这一个链条，有利于调动打工者的积极性，有利于企业劳动生产率的提高和职工队伍的相对稳定，有利于政府的管理和社会的和谐稳定。

3. 较长时期在城里打工者的子女，应该享受城里孩子一样的读书机会，就近就读，城市政府应千方百计创造条件，使打工者的子女能顺利接受九年义务教育。

政府要下决心解决“农民工”三大突出问题的提案

（2006年3月）

全国已有1亿多农村人口在城里做工。他们是全国最大的弱势群体，他们当中带着普遍性的问题应引起社会的严重关注，政府应下决心予以解决。目前较突出的有以下三个问题。

1. “农民工”的工资待遇，应与城市里工人同工同酬。他们的工资待遇应随着劳动生产率的提高而提高，在这方面政府应发挥宏观调控作用，不能只凭市场调节。使广大劳动者的正当利益得到保护。

政府应采取强制措施，解决对“农民工”的欠薪问题，要像深圳市动用法律手段解决恶意欠薪问题那样认真、坚决去做。

2. 无论内、外资企业，工人的超时加班已经成为一种常态，一天劳动十几个小时习以为常，且不付加班费。政府应采取坚决措施严格贯彻8小时工作制度，加班、加点应是特殊情况，并应支付加班费用。长时期超时加班，应视为侵犯工人权益的一种违法行为，应严格制止。

3. 政府应加强管理，坚决消除黑工现象。有相当数量的企业主雇用工人时，不与工人签劳动合同，不到政府劳动部门登记注册，而且随意解雇工人，使这部分“农民工”的权益得不到保障。这是政府管理上的一大缺失。劳动部门应加强劳动监察，杜绝黑工现象，维护劳动者的合法权益。

国企改革、改制应走生产资料占有社会化的路子的提案

（2006年3月）

去年全国政协会议上，我做了《这种国企改革应慎之又慎》的发言。那个发言是针对国资委和财政部颁布的《企业国有产权向管理层转让暂行规定》而发的。文中我分析了七条不宜实行中小国企领导层持股或产权向领导层转让的原因，而应该在中小国有企业中实行职工持股制。我在那个发言中说："企业职工持股，应当成为我们政策引导的主导方向，使广大职工持有股权符合生产资料占有社会化的客观要求；体现劳动者的劳动联合与劳动者的资本联合的现代公有经济的实现形式；使广大劳动者真正成为社会生产资料的主人，成为改革的受益者，并使我们容易找到既体现公平又有效率的财产占有方式；使广大劳动者占有多数生产资料，从而形成强大的、有产的劳动阶级，不但符合走'共同富裕'道路的方向，而且有利于科学发展观的贯彻和构建和谐社会及国家长治久安的实现。"

企业领导层是企业职工的重要组成部分，企业领导层根据所承担的责任，多持一些股份是完全可以的。但绝不能只他们少数人持股，把广大职工排斥在外，让国企职工"买断工龄"，让国企领导人"买断资产"，这样做的结果，使社会财产占有迅速向少数人手里集中，这不是共同富裕之路。

中小国有企业产权向领导层转让的口子开了不久，又开了更大的口子——《大型国企管理层持股解禁》，国资委在《关于进一步规范国有企业改制工作的实施意见》中，规定企业管理层可以通过企业增资扩股，持有本企业股权，但持股总量不得达到控制或相对控股的数量。这就为国有大型企业管理层少数人持有股权打开了方便之门，为重要的国有资产迅速向少数人手里集中创

造了条件，为贫富两极分化奠定了政策和体制基础，因此这是不可取的。国有大型企业资产一般成百上千亿元，管理层的几个人哪来那么多的银子，购买哪怕是比例很小但数量很大的股权？因此，也基本是不可行的。

邓小平早就指出："少部分人获得那么多财富，大多数人没有，这样发展下去，总有一天会出问题。"况且社会上对某些人占有财富的公平性、合理性认可度较低，微词较多。

对国有大型企业应走生产资料占有社会化的路子，条件成熟的可以实行公众式的股份公司，使财产占有在更大范围内社会化，而经营好的企业管理层可以奖励股权或持有股票期权，这样就足够了。

故建议对国资委的两个允许国企管理层买断产权或持有股权的文件进行重新检讨和修订。

关于严格限制和明确规定公职人员职务消费的提案

（2006年3月）

国家财政收入是主要用于民生问题上，还是千方百计用于公职人员自身，这是对“立党为公、执政为民”的严峻考验。

现实的情况是，公职人员的职务消费缺失标准，缺乏规范、缺少定额，更缺欠管理。公职人员特别是领导干部的职务消费过多、过滥，浪费更重，奢侈浪费之风盛行，公款请客，吃喝、送礼、旅游之风越演越烈，在经济上、作风上、政治上严重脱离群众，建设节约型政府和节约型社会停留在口头上。为什么会如此呢？因为在从上到下形成一种风气的情况下，谁动真格的触动既得利益，谁就会得罪人，谁就可能“不受欢迎”，甚至站不住脚。谁愿意去得罪既得利益者呢？于是乎，说是说了，谁都不想去落实，知行严重脱节，群众反应强烈。据媒体引用我国公车改革的文章透露，我国目前有公车350万辆，每年用于公车上的开支3000亿元，远远超过我国的军费开支，超过全国教育经费和医疗经费的总和。如果按社会轿车每万公里运输成本为8215.4元计算，350万辆公车开销每年也不过300亿元，但目前却是十倍于私车的数额。这种浪费令人震惊。公职人员的职务消费何止公车一项！

又据审计总署去年的审计报告，共查处出违纪、违规金额高达350亿元，违法、违纪、违规挥霍国家财富令人吃惊。

建议中央政府组织专门班子，在调研基础上，建章立制，严格限制公职人员的职务消费范围和规定职务消费的限额。

1. 各级财政预算，由过去的软约束，变为硬约束，对公职人员的职务消费要公开透明，公之于众，政府官员和政府部门不得在预算外批钱、批物用于自身消费，人大对预算中的职务消费进行严格监督，并向社会公开。

2. 由中央政府组织制订公职人员职务消费范围、标准和限额，向社会公开，由人大和审计部门监督检查。

3. 彻底改变领导干部终身制，离退休干部除拿社会保险等法律规定的待遇以外，不得再动用国家资财搞职务消费。官由民来，退休后，亦由民往，不得终身为官。

4. 彻底整顿行政机关部门的由国家财政投资建设的度假活动中心（美其名为培训中心）。这种滥用纳税人的钱，公仆利用职权搞为自身吃喝玩乐服务的度假中心，是一种腐败的表现。现在在风景名胜的旅游胜地这种中心比比皆是，浪费惊人。只留少数名实相符的培训中心即可。

把削减公职人员不正当职务消费省下的钱用于社会救济，用于建立社会保障，用于建立医疗保障体系，总之是用于民生，十分必要。

关于落实中共中央5号文件的提案

（2006年3月）

《中共中央关于加强人民政协工作的意见》，对加强人民政协工作是个纲领性文件，落实《意见》，就成了我们的重大任务。

一、关于政治协商

《意见》要求“纳入程序”，“就国家和地方的重要问题在决策之前和决策执行过程中进行协商”，并指出“各级党委……统一部署和协调，并认真组织实施”。

这不但确定了协商的内容和协商原则，而且明确了由各级党委主导协商工作。因此，在政治协商方面，各级党委是主导方面，是主动的。政协则是非主导方面，是被动的。譬如：什么是重要问题，要协商什么问题，在什么层次上协商，在什么范围内协商，用什么形式协商，甚至在什么地点协商等等，都应由各级党委提出并“纳入程序”。为此建议：

1. 中共各级党委应明确什么是重要问题，在哪个层面和范围，用什么形式协商，提出明确的规范程序性的意见。

2. 中共各级党委应提前一个周期通知协商题目，给政协各界别、各委员会、各委员有一个充分的调研和准备时间，使协商更有效、质量更高。

二、关于民主监督

《意见》要求“在知情环节、沟通环节、反馈环节上建立健全制度”，这是完全必要的。

目前政协在民主监督方面是薄弱环节，这几乎是政协委员的一致看法。怎么“建立和健全制度”，我认为：

1. 由全国政协组织起草民主监督方面的制度，使之规范化、程序化、制度化，报中共中央批准实施。

2. 在民主监督方面政协则是主导方面，处于主动地位，“通过政协组织对国家机关及其工作人员的工作”均可进行监督，因此政协在这方面只要充分发挥各界别和委员的作用，是会大有作为的，会对我们国家政治、经济、文化和社会发展等方面，特别是对公正司法和廉洁从政等问题作出贡献的。

3.《意见》要求各有关单位对政协提案要“及时给予正式答复”，是非常必要的。对不予正式答复的单位在制度中应规定处理办法。

4. 对各界别、各委员会和委员提的提案推动经济、社会发展，解决民生问题起推动作用好的给予表彰、奖励；对于提案办理单位，办理提案认真、有效、解决实际问题好的给予表彰、奖励。

关于最高检察院申诉厅专案组对深圳贤成大厦刑事案件复查意见的提案*

（2006年3月）

去年全国政协应我的请求对深圳贤成大厦刑事案件的提案进行立案之后，最高检察院组成了以申诉厅冯进为首的专案组进行了复查。在他们工作了8个多月之后，于今年元月向我和深圳市有关领导及部门反馈复查结果。

这一复查结论认为泰国商人吴贤成与武汉花桥支行、西安农行是“基于建设深圳贤成大厦，是民事借贷关系，不构成诈骗罪”。这种结论是罔顾事实，令人惊奇的结论。

看来，最高检察院纠正自己的前任主要领导人定的错案是不太可能的了，这三番五次的漏洞百出、混淆事实、词不达意的答复就是最有力的证明。

我们最高检察院的个别人，不维护正义和法律、不维护国家利益，而沦落为为外商犯罪嫌疑人违法辩护，令人心寒，令人难以置信！

下面我们用最高检察院尹副厅长说的构成诈骗犯罪的三个要件：一是有没有诈骗的主观故意；二是有没有虚构虚假的事实；三是有没有造成什么后果。我们用这三个尺度来衡量一下吴贤成构不构成诈骗犯罪。

一、吴贤成构成涉嫌诈骗犯罪是有主观故意的

一是吴贤成于1992年3月3日在香港用20元港币注册了一间贤成集团公司，然后于同年9月29日以该贤成集团公司为甲方，向中国银行武汉花桥支行借款3900万元。借款是注册资本的195万倍！请问：吴贤成的借款想还吗？能还得起吗？现已查明，该公司除此笔借款外没任何经营活动，早已被香港注销了。这次复查并未查香港贤成集团公司情况。吴用该公司借款其诈骗主观故意不

* 《附件：最高人民检察院［2006］高检办发复49号》文件作为对此提案的答复。

是再明显不过了吗!

二是吴打着建深圳贤成大厦的幌子,但并不实际投资到位,在国内所借款并没有用来建设深圳贤成大厦,而是换成港币弄到海外自用。如果借款是想建深圳贤成大厦,那么所借款项为什么不打入深圳贤成大厦有限公司账号?为什么不用于深圳贤成大厦建设?诈骗主观故意不是显而易见了吗!

然而冯进辩称:吴借的钱虽然未直接投入大厦建设,而是围绕深圳贤成大厦建设在运筹资金,是间接投入贤成大厦建设。请问吴从国内银行借的几千万换成港币弄到海外自用,这能叫围绕贤成大厦建设运筹资金吗?他是怎么运筹资金的,你们调查了吗?能说清楚吗?这一认定毫无事实依据和毫无道理。冯进又说:"吴贤成对建贤成大厦的投入和支出是平衡的"。我们真不知道他是怎么算出来的!我们只见到清算报告的结论:吴投入大厦建设合计1400万元,债权与债务相抵后,尚欠深圳贤成大厦有限公司3211万元。"投入与支出是平衡的"结论是如何得出的呢?

现在的事实是吴借的钱未投入贤成大厦建设,而是通过中建三局一公司换成港币取走,弄到海外自用。然而冯进却称"是吴贤成投入大厦建设的钱多了,是等额退出港币",这是天大的谎言!大厦开始建设时是用王文洪投入的1.1亿港币,建到地上五层地下四层时,由于吴贤成承诺投入的1.1亿港币分文不投,拖欠很多工程款,施工单位三次书面催吴贤成付工程款,而吴不投入,施工单位才被迫停工(有给吴贤成的停工文件为证)。吴贤成什么时候对大厦投资多了而需要"等额退出港币"呢?!实际是吴在银行借款通过三局一公司换成港币取走了,有账目为证,为什么替吴诡辩呢?

吴贤成借的3900万元未用于深圳贤成大厦建设是明明白白的!有银行转账为证,这是吴有诈骗主观故意的又一铁证!

三是吴的香港贤成集团公司借的3900万元逾期不还,深圳贤成大厦有限公司中方四股东发现吴借款不投入大厦建设,吴承诺投入的1.1亿港元也无影无踪,有利用建设大厦涉嫌诈骗行为,于是向最高检领导反映,最高检领导决定直接立案,组成三级检察机关人员参加的专案组,这时虽然专案组没收了吴的出境证件,让吴协助调查,但吴仍逃到海外。并指使其小老婆段继红于1994年7月6日急急跑到武汉,与武汉花桥支行的行长喻德智、副行长孙云琳、科长刘人本、主任邓军,还有打字员、司机都连夜加班,一夜之间造出来又一套以深圳贤成大厦有限公司为借款甲方的3900万元的假借款合同，即把真借款的香港贤成集团公司的合同甲方（款项已执行完毕），改为深圳贤成大厦有限公司，为了使假的更“真实”，同时又伪造了两份催深圳贤成大厦有限公司还款的“催款通知书”，又伪造了深圳贤成大厦有限公司“指定汇入账号的函”，还伪造了深圳贤成大厦有限公司收到此款的“收条”！上述各项均是在1994年7月6日造假造出来的！在此之前，深圳贤成大厦有限公司与花桥支行和香港贤成集团公司毫无关系，深圳贤成大厦有限公司怎么会有收到款的“收条”呢？怎么会有花桥支行催深圳贤成大厦有限公司还债的“催款通知书”呢？深圳贤成大厦有限公司怎么可能出具“指定汇入账号的函”呢？

上述事实主要是虚构了一个替吴贤成还债的借款甲方——深圳贤成大厦有限公司！

所以造如此离奇的假文书，对吴贤成及其小老婆段继红来说主观故意只有一个，就是自己逃避还债责任，而把还债责任转嫁到未借款、未用款的深圳贤成大厦有限公司头上！

然而，复查此案人员冯进闭口不谈这些事实，反而说：“所以签这另一套合同是花桥支行为了应付上级检查，为了收回借款，使国家财产不受损失。”奇怪！借给张三的钱要不回来，与张三合谋签假文件把还债责任转给李四。如果如此保护国家财产为合法，受不到法律制裁，那么我国的银行不是乱了套嘛？！我们国家的市场经济秩序不是乱了套嘛？！

上述奇谈怪论与2001年高检办发给我答复的119号文件一脉相承，该文件答复承认签了假合同，但不是为诈骗，为了应付上级检查，为了收回资金才这样做。这种奇谈怪论是与吴贤成为转嫁债务虚构事实一样的虚伪，一样的站不住脚！

退一步讲，假设承认花桥支行为了收回贷款，为了应付检查，假文件既然是签订双方意志的表达，那么吴贤成、段继红签订假文件为了什么呢？难道不是通过虚构的深圳贤成大厦有限公司的贷款合同而转嫁还债责任，使吴贤成的真正借款公司——香港贤成集团公司逃之夭夭嘛？！这种犯罪事实已经钉在历史的耻辱柱上，任何人枉费心思也是抹不掉的！

上述事实足以证实吴贤成是有犯罪主观故意的。

二、吴贤成构成涉嫌诈骗犯罪有虚构的虚假事实

一是，前面已经说过，吴贤成指使段继红与花桥支行一个晚上虚构的一套假合同、假指定汇入账号的函、假收条、假催款通知书等一系列假文书，这难道不是再明白不过的虚构事实嘛！

二是，我们再看看吴贤成以泰国贤成两合公司为借款甲方，向西安农行借款2000万元，借款期一年，合同执行完毕，到期不还。吴贤成与西安农行行长高犁合谋签了一个"借款偿还协议书"，该协议书恶意把深圳贤成大厦有限公司作为第三方加入，然后在协议书中虚构事实：此2000万元已用于深圳贤成等大厦建设，深圳贤成大厦有限公司愿意承担偿还本息的责任。铁的事实是这2000万元是吴的泰国贤成两合公司借款，与深圳贤成大厦有限公司无关，也没打入深圳贤成大厦有限公司账号，更没用于深圳贤成大厦建设。吴贤成泰国贤成两合公司借债不还，然后让深圳的合作公司替他承担偿还责任，诈骗主观故意和虚构事实再清楚不过了！

吴贤成一个人同时带他泰国贤成两合公司公章和深圳贤成大厦有限公司公章，背着中方四公司合作者，与西安农行签转嫁债务的三方协议，这在法律程序上是违法的，并虚构事实，在实体上也是违法的。

然而，此案复查人员冯进却辩称："这一协议是西安农行为了收回贷款跑到深圳来主动要求签的，协议也是西安农行的人执笔写的。因此构不成吴贤成诈骗。"我当时就指出：协议是不是双方意志的体现？在吴贤成一方体现了什么？明明体现了转嫁债务的诈骗行为！为什么替吴贤成无理辩护，强行维护本院的错误裁决呢？谁执笔、在什么地点签订、由谁提出签订不是要害问题，要害问题是协议虚构了借款用于贤成大厦建设，然后让深圳贤成大厦有限公司承担偿债责任！转嫁债务是要害！而且十分露骨！

我一直想不通的是，中国的司法机关理应依法维护国家利益，特别是国有资产利益，当这种利益遭到侵犯时，应挺身而出，依法保护。可是我们的个别检察干部的行为却恰恰相反！这是个什么谜？难道真的应了古人的一句话"自己的刀削不了自己的把"了吗？！三番五次复查，检察机关内不同的单位复查，拖了十来年的复查，让人看起来十分认真，甚至是轰轰烈烈，但是都不愿意纠正，甚至是不敢纠正自己部门的错案，即便是再无理、再与法律相悖，也要顶

着不改，这是正常的吗？

三、吴贤成涉嫌诈骗案造成的后果和危害严重

一是武汉花桥支行以与段继红签的假合同等假文件为依据起诉深圳贤成大厦有限公司还债，武汉中院庭长王青（因受贿判刑10年），依据武汉市检察院反贪局出具的伪证《情况说明》：把真合同说成不真实，把假合同说成是真实的，颠倒黑白。王青枉判深圳贤成大厦有限公司败诉还钱。这在社会上引起强烈反响，甚至引起对司法不公的愤慨！虽然多年申诉，直到现在仍无结果。深圳贤成大厦有限公司中方四股东和真正投资者王文洪遭到巨大经济损失。

二是西安农行依据《借款偿还协议书》，起诉深圳贤成大厦有限公司替吴还债，陕西高院枉判深圳贤成大厦有限公司败诉，并把一部分鸿昌广场楼层拍卖抵债！真正借款人吴贤成逃之夭夭，未借款未用款的第三者受不白之冤。

现在可以完全明白了，吴贤成的涉嫌诈骗一步步得手，至此全部达到诈骗目的。这是在最高检察院和有关法院帮助下才实现的。吴贤成把中国几家银行的钱弄到海外，找一个替罪羊——深圳贤成大厦有限公司替他还债，他逍遥法外。如果中国的法律和司法机关惩治不了这样明目张胆的犯罪，那深圳怎么会有好的投资环境？中国的改革开放和市场经济秩序还怎么维持？说得再实际一点，中国的红色江山将变成什么颜色？令人深思。不要说是在中国共产党领导下的国家，就是在任何其他国家，这样的涉嫌诈骗行为也是绝对不能允许的！

在我的追问下，办案人员无可回避涉嫌诈骗问题，然而又说，诈骗分民事诈骗和刑事诈骗，企业之间是民事诈骗行为。我就越听越奇怪了。中国银行武汉花桥支行的钱和西安农行的钱都是国有资产，是国家的钱，怎么能说是民事诈骗呢？我对办案人员的行为百思不得其解。

这次反馈复查结果有一点进步，就是承认武汉市检察院反贪局出具的伪证《情况说明》“是超越职权”。但对这一超越职权的文件是对是错、是真是假避而不谈！为什么要超越职权？为什么黑白颠倒？背后的原因是什么？及这种超越职权的后果是什么却避而不谈，这是正常的吗？

对最高检察院的三次复查，令人大失所望，同时也看明白了一个问题：在最高检察院内，下级不可能推翻院主要领导人定的错案；后任者不好推翻前任

的错案,这是不是人们称之为的官场“潜规则”?

今无奈再次提出此一提案。建议中纪委听一次汇报,然后再决定要不要立案再复查。

附件：

最高人民检察院办公厅[2006]高检办发复49号
——关于吴贤成涉嫌诈骗案办理情况的复函

厉有为委员：

2005年4月，在收到全国政协十届三次会议第4406号提案后，我院领导高度重视，决定再次变更办案部门和办案人员，组成专门工作组重新复查吴贤成涉嫌诈骗案。专案组调取了本案全部卷宗，进行了认真、全面的审查，并分赴广东、湖北、江西、陕西等省对案件相关问题作了进一步的调查、核实，对原案侦查中的有关负责人、原办案人及案件当事人、律师计40余人（次）进行了调查询问，赴工商、税务、金融、法院等有关机关调查了解相关事项，对原案涉及多家企业的情况进行了调查。复查工作结束后，我院再次派人赴深圳当面向您作了反馈，您对我院的复查结论仍持不同意见，并致信贾春旺检察长进行反映，全国政协十届四次会议也以提案转信的形式将您的意见转来我院。为此，我院领导再次召集有关部门负责人和专案组成员，针对您就高检院复查结论提出的意见，结合案件事实和证据进行了再次研究。现将有关情况反馈如下：

一、关于吴贤成涉嫌诈骗武汉花桥支行、西安农行职工技协服务部人民币5900万元的问题及其相关情况

经查，1988年12月3日和1990年10月23日，中国深圳市工艺服装工业公司等中方四家公司作为甲方与乙方泰国贤成两合公司（法定代表人吴贤成），分别签订了《合作经营"深圳贤成大厦"有限公司合同书》、《合作经营"深圳贤成大厦"有限公司补充合同书》，在深圳合作建立中外合作经营企业贤成大厦有限公司，建造贤成大厦及经营该大厦的房产。根据双方约定，中方四家公司以投入人民币278万元土地价款和土地使用权为合作条件，泰国两合公司以出资人民币1500万元土地补偿价款及建造大厦的全部资金为投资，合作建造贤

成大厦。1991年12月，贤成大厦工程正式动工。

为筹措贤成大厦建设资金，吴贤成除个人出资和从境外融资，还分别与中国银行湖北省分行花桥支行签订《投资合同》，融资人民币3900万元；与中国农业银行西安市分行职工技协服务部签订《借款合同》，融资人民币2000万元，两项合计人民币5900万元，现有证据可以证实，吴贤成将上述款项部分用于给付贤成大厦建设工程款，部分用于偿还其为建设贤成大厦项目融资所产生的债务。

复查证实，吴贤成与上述两家银行签订的合同，是双方真实意思表示，且吴贤成有还款意愿和行为，没有诈骗犯罪的主观故意和客观行为；吴贤成的上述融资属民事借贷关系，其行为不构成刑事诈骗犯罪。此外，关于吴贤成支配、使用王文洪购股款中的8000万港币，及其吴、王之间的“股权之争”的问题，属一般民事纠纷，其行为也不构成诈骗罪。

二、关于吴贤成涉嫌诈骗广东省新会市建设银行人民币5200万元的问题

经查，1997年1月25日，广东省新会市公安局以涉嫌诈骗对香港居民胡启流立案侦查。2000年江门市人民检察院在向江门市中级人民法院提起公诉中，指控胡启流涉嫌诈骗新会市信昌实业公司人民币5200万元。江门市中级人民法院经开庭审理，认为该项指控证据不足，不予认定。此案之所以与吴贤成发生关联，是因上述款项系胡启流与香港佳和公司业务往来中产生的债权，而香港佳和公司与吴贤成之间又有债务关系，香港佳和公司指令吴贤成将其所欠款项直接给付胡启流。

事实表明，广东省新会市司法机关曾查办过胡启流涉嫌诈骗案，且经人民法院审理并做出判决，未表明吴贤成有涉嫌诈骗的行为，也没有证据显示吴贤成有涉嫌与胡启流共同诈骗的行为。

三、关于吴贤成从江西信托投资公司弄到750万美元至今未还的问题

经查，1993年下半年，吴贤成曾与中国银行江西信托投资公司总经理陈豪刚谈及贤成大厦项目，提出向该公司抵押贷款，对方草拟了一份贷款765万

美元的《借款合同》。后因江西信托投资公司认为贷款有风险，决定不办理此项贷款，此借款合同既未生效，亦未履行。此外，1992年7月，江西信托投资公司在泰国注册成立了泰金发展有限公司，在泰国从事房地产开发业务，先后投入资金1180万美元，并在经营期间与吴贤成发生业务合作和资金往来。1994年，江西信托投资公司停止了泰金公司在泰国的投资项目，并由江西省分行资金保全处对此项投资进行全面清理处置，目前仍在处理中。

综上，江西信托投资公司与吴贤成曾有贷款意向，但未实际发生，事实是清楚的，未发现其中存在违法犯罪问题。江西信托投资公司通过泰金公司，有在泰国投资及与吴贤成合作经营企业的事实，其合作及债权债务关系清晰，且目前仍在处理解决之中，未发现吴贤成有涉嫌经济犯罪的行为。

四、关于花桥支行付给吴贤成210万美元血本无归、有人举报无人问津的问题

经查，1993年至1994年间，中国银行湖北省分行花桥支行所属银浩实业公司与泰国两合公司在泰国成立合资企业，泰、中双方分别出资620万港币、380万港币，开发房地产项目。花桥支行计出资210万美元。该合资项目在1994年下半年停止运作，花桥支行已于2000年3月将210万美元债权转交中国银行东方资产管理公司武汉办事处，目前对此项投资仍在处理中。

事实表明，花桥支行所属的银浩实业公司与泰国两合公司共同合作投资经营，是企业的正常投资经营行为，没有证据证明其中存在犯罪行为。

五、关于段继红等人存在行贿、受贿犯罪，应追究法律责任的问题

经查，在花桥支行与吴贤成的业务往来期间，段继红（深圳贤成大厦有限公司董事长助理）先后将人民币30000元、港币20000元交给花桥支行信贷科副科长刘人本，作为银行贷款正常使用监控费。上述款项除刘人本在深圳开支港币2000元招待费用，其与花桥支行副行长孙云琳各自持有人民币15000元、港币9000元。此外，段继红还送给刘人本“乐声M25”彩色电视机一台，“F55”录像机一台（计折合人民币11500元）；两次交给孙云琳、刘人本各30000泰铢（折合人民币6747元）；送给孙云琳10000元港币。

根据本案事实、证据和有关法律规定，可以认定：①关于段继红给付

30000元人民币和20000元港币的问题。由于段继红给付孙云琳的款项，是根据双方约定由给付方先行垫付的银行贷款正常使用监控费；孙云琳、刘人本也将这笔款部分用于了银行业务，并向所在单位负责人作了报告。因此，不能认定段继红的行为构成行贿罪，孙云琳、刘人本的行为也不宜认定为受贿罪。②关于给予泰铢的问题。鉴于泰国两合公司与花桥支行之间有负担中方人员赴泰期间费用的约定，孙云琳、刘人本所收的泰铢也基本用于工作中的餐费、车费支出，且孙云琳曾向行长报告此事，两人回国后亦没有报销费用。因此，不能认定段继红和孙云琳、刘人本的行为构成行贿、受贿罪。③关于孙云琳收受10000元港币，刘人本收受彩电、录像机的问题。原承办检察机关认为证据不足，做出撤销案件决定；此次复查认为事实清楚，证据充分，孙、刘的行为已构成受贿犯罪，段继红的行为亦构成行贿罪，但鉴于其行为发生在1992年和1993年，根据1997年《刑法》的有关规定，该行为已过追诉时效。

六、关于9份证据材料从本案卷宗中消失，可能存在职务犯罪问题

经查，这一问题不能得到证实。一是由于本案侦查中人员发生变化，证据材料移交时，虽有移交清单，但对材料的登记不具体，不能确认9份材料已经移交；二是经对现存于湖北省武汉市人民检察院案卷中的9份材料逐一审阅，其内容并不能证明吴贤成构成诈骗犯罪或据以否定检察机关对本案的处理决定。同时，对上述材料中反映的与本案有关的问题，在原案处理中已予以考虑，加之材料原件均存于武汉市人民检察院侦查卷宗内，并非无据可查，复印件在深圳市人民检察院侦查卷宗中是否留存，对本案的认定及处理没有实质性影响，也没有证据证实存在故意毁弃证据材料包庇犯罪的问题。

七、关于检察人员存在违法办案的问题

经查，1995年12月，武汉市人民检察院反贪局出具一份《情况说明》，述称花桥支行与贤成大厦公司签订的合同是“真实的”，花桥支行在民事诉讼中将其作为证据提交法院。我们认为，武汉市人民检察院反贪局为其他单位出具《情况说明》，对经济合同性质予以界定，超越检察职权，其做法应属不当，对此，我们已进行了批评教育，责成其吸取教训。关于您反映的检察人员在办理本案中存在取伪证、包庇犯罪等违法办案问题，经查不能证实。

综上所述，通过对本案的再次复查，我们认为，检察机关对吴贤成等人涉嫌诈骗案及其他相关人员涉嫌犯罪案件做出的处理决定并无不当，复查中也没有发现原办案单位检察人员存在徇私枉法等问题。

特此函告。

最高人民检察院办公厅

2006年5月29日

抄送：全国政协提案委员会办公室

本院领导同志

刑事申诉检察厅

最高人民检察院办公厅

2006年5月29日印发

关于对最高检察院《关于吴贤成涉嫌诈骗案办理情况的复函》的意见再次提案*

(2007年1月)

2006年5月，最高人民检察院办公厅以[2006]高检办发复49号函(以下简称复函)，回复我在全国政协十届三次会议第4406号提案。此一回复与以往几次“复查”相比，所不同的是更武断，更不讲事实、更不讲法律、更不讲道理。最高检察院复查的最终结论是“检察机关对吴贤成等人涉嫌诈骗案及其他相关人员涉嫌犯罪案件做出的处理决定并无不当，复查中也没有发现原办案单位检察人员存在徇私枉法等问题”。本人认为，上述复查结论与案件事实真相相距甚远，对吴贤成等人行为性质的认定仍然是错误的。现就《复函》中的有关主要问题提出以下意见。

一、关于吴贤成涉嫌诈骗中行武汉花桥支行人民币3900万元和西安农行职工技协服务部人民币2000万元的问题

《复函》认定：“吴贤成与上述两家银行签订的合同，是双方真实意思表示，且吴贤成有还款意愿和行为，没有诈骗犯罪主观故意和客观行为；吴贤成的上述融资属民事借贷关系，其行为不构成刑事诈骗罪。”以上认定不符合案件事实和有关法律规定。理由如下：

1. 吴贤成先以境外两家公司名义向国内两家银行借款：以香港贤成集团公司(花20港元注册的空壳公司，除中行武汉花桥支行此笔借款外该公司没有其他经济活动，早已被香港注销)名义向中行武汉花桥支行借款3900万元人民币；又以注册资本仅200万泰铢的泰国贤成两合公司名义向西安农行职工技

* 《附件：最高人民检察院办公厅高检办字[2007]37号》文件作为对此提案的答复。

协服务部借款2000万元人民币。在5900万元人民币进入吴贤成腰包后，吴贤成及小老婆段继红又与银行工作人员恶意串通、伪造合同，转嫁债务，达到占有银贷款的目的，其行为明显构成诈骗，而绝不是《复函》中认定的“没有诈骗主观故意和客观行为”，“上述融资属于民事借贷关系”。

（1）如果是正常的融资和民事借贷，“为筹措贤成大厦建设资金”，合同的借款甲方应当是深圳贤成大厦有限公司，而且借到的款项应该进入深圳贤成大厦有限公司账户。然而，“是双方真实意思表示”的真实合同的贷款甲方却是香港贤成集团公司和泰国贤成两合公司！所借款项则进入吴贤成个人指定的南泰针纺织品公司账号上，然后，换成港币弄到海外自用！直到现在这钱仍在境外为吴贤成支配。最高检察院《复函》中说的“吴贤成有还款意愿和行为”的事实依据在哪里？深圳贤成大厦清算组清算的最终结果是吴贤成尚欠该公司3211万元人民币！吴贤成用借款投资深圳贤成大厦的事实又在哪里？你们是无中生有！

以上不正常之处，连贷款银行都已经意识到了，中行武汉花桥支行行长喻德智在接受武汉市检察院关于为什么要把借款甲方香港贤成集团公司在合同已执行完两年以后，又签假合同，把甲方更改为深圳贤成大厦有限公司的更改合同的询问时，喻说：“（原）投资合同有些不完善。第一，对方的抬头不是深圳贤成大厦有限公司而是香港贤成公司；第二，资金按吴贤成的要求汇入深圳南泰针纺织品公司，而不是直接汇入深圳贤成大厦有限公司（武汉市检察院1994年11月3日询问喻德智笔录）。”吴贤成为什么这么做？中行武汉花桥支行副行长孙云琳交代：“因为吴贤成说深圳贤成大厦有限公司从没有向银行贷款，实力雄厚，所以不用以深圳贤成大厦有限公司名义签合同”（武汉市检察院：1994年10月31日讯问孙云琳笔录）。而事实是，当时深圳贤成大厦有限公司急缺建设资金。吴的以上说法显然是谎言，其真实目的就是以建设深圳贤成大厦项目作幌子，将银行贷款转移到境外自用。

那么后来吴贤成和小老婆段继红又与中行武汉花桥支行人员恶意串通，把反映“双方真实意思”的香港贤成集团公司为甲方的借款合同，为什么把借款甲方篡改为深圳贤成大厦有限公司又签订伪造的借款合同呢？很明显，吴贤成是想把还债责任转嫁给深圳贤成大厦有限公司，借款窃为己有；花桥支行怕从香港贤成集团公司收不回借款，找深圳贤成大厦有限公司作替罪羊替吴贤成还债，双方一拍即合。这假合同是不是“双方真实意思表示”？这种“真实意思表示”难道是合法的吗？从事后花桥支行向深圳贤成大厦有限公司讨债的诉讼行为看，完全证实了双方恶意串通转嫁债务的结论。

最高检察院认为吴贤成“为筹措贤成大厦建设资金”“没有诈骗犯罪的主观故意”的结论不是不攻自破吗？

中行武汉花桥支行的一个3900万元，竟然先后签两套借款合同借给两家公司，一套借款合同是吴贤成以香港贤成集团公司为借款甲方签的；另一套借款合同是两年以后、吴贤成签的合同已经执行完毕、3900万元已落入吴贤成腰包的情况下，由吴的小老婆段继红以深圳贤成大厦有限公司名义签的，两套合同必有一真一假，哪个真哪个假？为什么要伪造假合同？伪造假合同的后果是什么？为什么武汉市检察院竟然出具把真假合同颠倒的《情况说明》这种伪证？这些明摆着的事实，为什么最高检察官避而不谈呢？这些明摆着的问题，为什么最高检察官避而不答呢？让我再告诉你们一次结果：中行武汉花桥支行行长喻德智以与段继红恶意串谋签的以深圳贤成大厦有限公司为借款甲方的伪造假合同起诉深圳贤成大厦有限公司还债，在武汉市中级人民法院柯XX副院长（已判重刑）、王青庭长（已判刑）一手谋划下，枉判没借款、没用款的第三方深圳贤成大厦有限公司替吴贤成还债！难道这就是你们判定的“没有诈骗主观故意”和“正常的民事借贷关系”的正常结果吗？

（2）我们再从以上吴贤成以境外两公司与国内两家银行共借款5900万元的使用情况和去向看，吴贤成并没有按照借款合同约定的用于建设深圳贤成大厦，两笔借款一分钱也没有汇入深圳贤成大厦有限公司账号，而是汇入吴贤成个人指定的南泰针纺织品公司账号，从现有的充足的材料所显示的借款走向看，吴借的以上款项中的4434.9万元换成港币后转入香港佳和公司，用于偿还吴贤成的个人债务（这不能认为是对深圳贤成大厦的投资）；688.24万元先后转入深圳春园商场等11家商场和企业（这也不能认定是对深圳贤成大厦的投资）；其余款项去向不明，没有证据证明以上款项用在深圳贤成大厦工程！支付给建设施工单位工程款，都是由深圳贤成大厦有限公司的账户付给，至今查不到哪笔工程款是吴贤成用以上借款支付的！根本不存在《复函》中所称的：“吴贤成将上述款项部分用于给付深圳贤成大厦建设工程款”的情况！这又是无中生有！

吴贤成确实通过南泰针纺织品公司把借款的一部分打入深圳贤成大厦施工单位——中建三局一公司，分四次打入2162.22万元人民币，然后通过施工单位换成2660万元港币分五次取走。难道这就是你们所判定的“吴贤成将上述款项部分用于给付深圳贤成大厦建设工程款”的证据吗？（武汉市检察院调查人员方×、张××，只取吴贤成打入中建三局一公司的2162.22万元人民币的材料，而不取换成港币又取走2660万港币的材料，涉嫌取伪证）除此之外，你们还有吴的借款用于付给工程款的证据吗？在这里你们又是无中生有！

但有资料显示，吴贤成的借款中有400万元，以段继红名义借给深圳贤成大厦有限公司，然后付给中建三局一公司，段继红收取3%的月息。这是吴贤成对深圳贤成大厦的投资吗？！

（3）从吴贤成上述两笔借款的后续结果看，吴贤成完全达到了涉嫌实施诈骗的目的。吴贤成与两家银行工作人员恶意串通，通过订立虚假合同和虚假借款偿还协议书，从而虚构了中行武汉花桥支行向深圳贤成大厦有限公司投资3900万元的假象，虚构了泰国贤成两合公司在西安农行职工技协服务部借的2000万元款项完全用于深圳贤成大厦建设的假象，因而把应由吴贤成的香港贤成集团公司偿还的3900万元、把应由泰国贤成两合公司偿还的2000万元的还债责任转嫁到深圳贤成大厦有限公司头上。然后中行武汉花桥支行和西安农行通过诉讼深圳贤成大厦有限公司，又通过枉法审判，判深圳贤成大厦有限公司败诉替吴贤成还债，至此吴贤成以虚假合同和虚假协议达到了非法占有国家银行巨额资产的涉嫌诈骗目的。“这是正常的民事借贷关系”吗？苍天在上，国家银行的资产就这样白白让外商侵吞，而我国的司法机关竟一再掩护！国家尊严何在！国家正义何在！国家的司法公正何在！

我们再稍加分析，吴贤成的香港贤成集团公司在中行武汉花桥支行借款3900万元，在完全执行完了两年之后，由吴的小老婆段继红与中行武汉花桥支行人员恶意串通，又签了一套以深圳贤成大厦有限公司为借款甲方的伪造的同一个3900万元的假合同，请问：段继红不是该公司股东，又没有董事会和董事长的授权委托，她有什么权力以深圳贤成大厦名义签订合同？这样的合同能作为法律依据吗？吴贤成香港贤成集团公司签的3900万元的合同已经执行完毕，又签一套无法执行的以第三人为借款甲方的假合同，不是为了诈骗是为了什么？对这重大事实你们为什么视而不见、闭口不谈？（吴贤成借款5900万元

的详细走向见附件一)

2. 吴贤成使用明知不符合担保条件的抵押物作为合同履行的担保，其行为依据《刑法》和最高人民法院的有关司法解释，完全构成诈骗罪。

《刑法》规定的诈骗罪是指以非法占有为目的，通过虚构事实或隐瞒真相的手段骗取公私财物的行为。最高人民法院《关于审理诈骗案件具体应用法律的若干问题的解释》规定："行为人具有下列情形之一的，应认定其行为属于非法占有为目的，利用经济合同进行诈骗：……5. 隐瞒真相，使用明知不符合担保条件的抵押物、债权文书等作为合同履行担保的。"本案中，吴贤成以香港贤成集团公司名义与中行武汉花桥支行签订的投资合同以及吴贤成以泰国贤成两合公司名义与西安农行职工技协服务部签订的借款合同中，约定以其深圳贤成大厦有限公司拥有的楼花面积作为担保还款的抵押物，这一约定在法律上是违法的、无效的，属于"不符合担保条件的抵押物"：

(1) 作为贷款方的香港贤成集团公司无权擅自以深圳贤成大厦有限公司的财产为自己的债务做抵押担保。香港贤成集团公司在与中行武汉花桥支行的投资合同中，以深圳贤成大厦有限公司的物业作抵押，实际上是由合同以外的第三人提供抵押物为债务人提供担保。根据法律规定，抵押权的设定，依法必须经抵押物所有人的书面同意，而深圳贤成大厦有限公司并没有出具任何同意以深圳贤成大厦物业为吴贤成上述两个借款公司提供抵押担保的书面文书，因此，吴贤成背着中方四家股东，擅自以其共有财产为自己借款作抵押担保，这一抵押担保的设定是违法的、无效的。属于诈骗行为。

(2) 吴贤成的行为违反了国家关于合营各方出资规定文件中关于合作方不得以合营企业的财产和权益或者合营他方的财产和权益为其出资担保的规定。而且，在1990年10月23日，泰国贤成两合公司和中方四家公司签订《合作经营深圳贤成大厦有限公司补充合同》时，曾约定合作公司有权将大厦土地使用权作抵押取得贷款。在此补充合同报深圳市政府审批时，市政府否定了这一约定，改为合作公司的贷款担保问题只能由泰方自己负责。本案中，吴贤成违反了法律规定和政府批准的补充合同的约定，擅自将深圳贤成大厦楼花作为抵押，是违法的、无效的。

(3) 根据《中华人民共和国民法通则》第八十九条的规定，债务人作为合同担保的抵押物必须是财产。这里所说的"财产"应当是已经形成经济价值的财物，而楼花只是一种可预期的权利，不是实实在在的财产，不能作为抵押物。因此，吴贤成将深圳贤成大厦楼花作为抵押物不符合担保条件。即便是按照《深圳经济特区房地产登记条例》关于预购房地产抵押的有关规定，其必须符合有关条件并经政府房地产登记机关办理抵押登记手续才有效，而吴贤成将楼花作为抵押物并没有到法定机关办理抵押登记手续，因此，该抵押无效、违法。

上述事实表明，吴贤成在取得贷款过程中，隐瞒深圳贤成大厦合作开发建设的真实情况，以不具备担保条件的楼花进行抵押，骗取银行的同意，其诈骗的主观故意十分明显。

二、关于吴贤成以合作开发泰国曼谷贤成大厦房地产名义涉嫌骗取中行武汉花桥支行210万美元的问题

最高检察院的《复函》称："……花桥支行所属的银浩实业公司与泰国贤成两合公司共同合作投资经营，是企业的正常投资经营行为，没有证据证明其存在犯罪行为。"这一结论严重失实。本人认为，现有材料充分表明吴贤成在这一事件过程中有很多明显犯罪疑点，本应由检察机关立案侦查，但检察机关并没有对此进行必要的调查取证（对已提供的证据亦视而不见），因此，《复函》的结论是极其武断的。

1. 银泰公司的曼谷贤成大厦房地产开发项目的真实性，至今没有查证。在泰国贤成两合公司与中行武汉花桥支行的银浩实业公司成立银泰公司的合作协议中，明确约定购置开发曼谷火车站旁的湖地建曼谷贤成大厦。花桥支行在向上级的汇报中，曾反映合资公司在泰国购入一栋三层办公楼和一块面积为17672平方米的土地，资产已达4963万港币（约合568万美元），但这些都是花桥支行经办人自己说的，他们又都是给吴贤成贷款的直接经办人和审批人，并又是银泰公司的股东，副行长孙云琳和科长刘人本都曾接受过吴贤成的贿赂，他们又是支付210万美元的实施人和责任人。银泰公司有没有在曼谷买房购地？有没有以上的投资活动？至今为止，尚无司法部门进行必要的调查。《复函》中所谓"正常投资经营行为"，"不存在犯罪"的结论从何而来呢？又是无中生有！

2. 花桥支行支付的210万美元投资，是汇给吴贤成个人的，并不是汇给合

资公司，对此款又没有有效跟踪监控，其去向和使用情况至今不明。

据查，银泰公司的合资项目早在1994年下半年就停止运作了。根据花桥支行在1996年8月向上级做出的报告，其自身也承认已有两年多的时间未曾去项目所在地，正是因为花桥支行在启动项目之初未能进行充分论证，仅凭个别人员的陈述就做出投资决定，而后期又没能对210万美元的去向和使用情况进行有效监管，致使血本无归(2000年3月，花桥支行已将这210万美元债权转交中国银行东方资产管理公司武汉办事处，实际上是将该笔投资作为不良资产的坏账从花桥支行剥离出去)，最高检怎么会得出这笔款“仍在处理中”呢?

综上所述，在此事件中，有很多重大线索指向吴贤成、段继红和花桥支行的有关当事人，存在诈骗犯罪嫌疑。但是，令人遗憾的是，从事情发生之初至今，虽然有详尽的举报材料提供，有关司法机关均未进行必要的调查，而仅仅依据当事人的供述就轻易做出“不存在犯罪”的结论，显然没有事实依据。对泰国贤成大厦案与深圳贤成大厦案的结论一样的蹊跷！这是为什么?

三、关于段继红等人涉嫌行贿、受贿犯罪，应追究法律责任问题

《复函》认定：“在花桥支行与吴贤成的业务往来期间，段继红先后将人民币3万元、港币2万元交给花桥支行信贷科副科长刘人本，作为银行贷款正常使用监控费。上述款项除刘人本在深圳开支港币2000元招待费用，其与花桥支行副行长孙云琳各自持有人民币1.5万元、港币9000元。此外，段继红还送给刘人本乐声M25彩色电视机一台、F55录像机一台［计折合人民币11500元；两次交给孙云琳、刘人本各3万泰铢(折合人民币6747元)］，送给孙云琳1万港币。”同时还认定：“①关于段继红给付3万元人民币和2万元港币的问题，不能认定段继红的行为构成行贿罪，孙云琳、刘人本的行为也不宜认定为受贿罪。②关于给予泰铢的问题，不能认定段继红和孙云琳、刘人本的行为构成行贿罪、受贿罪。③关于孙云琳收受1万元港币、刘人本收受彩色电视机、录像机的问题，孙云琳、刘人本的行为已构成受贿罪，段继红的行为亦构成行贿罪，但其行为已过追诉时效。”

本人认为，《复函》上述认定存在以下问题：

1. 在目前银行管理制度中并无“银行贷款正常使用监控费”的有关规定，也没有看到双方在这个问题上的书面约定。即便是银行在监管贷款过程中有

费用支出，也应作为银行的业务费用支出，由银行自行承担，不应由借款人支付。因此，所谓的"银行贷款正常使用监控费"只是他们之间行贿、受贿的一个借口，我们绝对不能相信高级检察官连这一点常识都不能分辨！但是却被堂而皇之地写在结论文件中，这是定性的严重错误！

2. 现有材料中并没有泰国贤成两合公司负担花桥支行有关人员赴泰期间费用的书面约定，孙云琳、刘人本所收的泰铢是否用于餐费、车费支出？他们回国后是否又报销了有关费用？这些内容不能只听当事人一面之词，应有检察机关调查后的充足证据证实。但是，遗憾的是从现有材料看，检察机关没有进行这方面的调查取证。

3. 武汉市检察院于1996年4月30日就孙云琳、刘人本案做出侦查终结报告并做撤案决定，强调二人受贿事实有物证、书证、人证证言予以证实，但因为行贿人是泰国公民，无法查证核实为由，作撤案处理。但基于同样的事实证据，1997年最高检察院复查后的5号文件认定孙、刘的行为构成受贿犯罪，段继红的行为亦构成行贿罪，应追究法律责任，并责令湖北省检察院追究法律责任，湖北省检察院没有动作。所谓造成已过追诉时效的是检察机关自己，是不是应追究某些检察人员的责任？

4. 在贤成大厦案的调查中，最高检察院派出的以陈燕麟为首的专案组，不仅查实了上述行贿、受贿事实，还发现了更重要的行贿、受贿线索。只是由于最高检察院突然决定撤销陈燕麟专案组，换上罗辑、叶惠伦为首的专案组，从此之后，调查不但没有继续深入，而且全盘替吴贤成翻案，这背后的原因，只有当时的决策者清楚！恐怕这是整个案件十多年无法见天日的背后症结。

综上所述，本人认为，最高检察院此次复查的结论仍然没有查清基本的案件事实，对本人反复提供的涉案人员的重大疑点没有进行必要的调查取证，对本人提出的重大问题置之不理。吴贤成涉嫌诈骗国家银行巨款基本事实清楚，基本证据确凿、充分，符合刑事立案条件，再次建议检察机关对本案立案调查，并对吴贤成等人采取相应的法律措施。

看样子，这一案件就要这样遗憾地留给历史了！如果是这样，这是国家的不幸！人民的不幸！法律的不幸！

附件:

最高人民检察院办公厅高检办字[2007]37号
——关于吴贤成涉嫌诈骗案有关情况的报告

全国政协提案委员会:

全国政协十届五次会议转交的《关于对最高人民检察院〈关于吴贤成涉嫌诈骗案办理情况的复函〉的意见再次提案》的第X017号来信收悉。我院领导对信中提出的问题十分重视,批示刑事申诉检察厅认真研究并提出意见。现将有关情况报告如下:

吴贤成涉嫌诈骗案,由深圳市人民检察院立案侦查,经深圳市、广东省两级检察院检察委员会讨论,认为不构成犯罪,并报经最高人民检察院研究同意,于1997年做出撤销案件处理决定。厉有为同志对该案的处理有不同意见,多次通过全国政协、全国人大、中纪委等有关部门反映。高检院对厉有为同志的历次反映均十分重视,分别由不同部门和不同人员多次进行了复核、调查,并将有关情况当面或书面向厉有为同志作了反馈。2005年3月,针对厉有为同志在全国政协十届三次会议上再次就此案提出的意见,贾春旺检察长和高检院党组高度重视,决定再次变更办案部门和办案人员,由刑事申诉检察厅牵头,反贪总局和民事行政检察厅抽调人员,组成专门工作组重新复查。在此次复查中,专案组调取了本案全部卷宗,进行了认真、全面的审阅,并分赴广东、湖北、江西、陕西等省对案件相关问题作了进一步的调查、核实,对原案侦查中的有关负责人、原办案人及案件当事人、律师计40余人(次)进行了调查询问,走访了工商、税务、金融、法院等有关机关调查了解相关事项,对原案涉及的多家企业的情况进行了调查。高检院党组对案件复查情况进行了认真的研究,认为检察机关对吴贤成等人涉嫌诈骗一案及其他相关人员涉嫌犯罪案件做出的处理决定并无不当。此后,高检院两次派员赴深圳当面向厉有为同志就本案事实和证据等相关情况作了详细说明,并分别向全国政协和贾庆林主席作了书面报告。

在今年全国政协十届五次会议上厉有为同志联名15位政协委员再次提出提案，对高检院的复查结论提出质疑：一是认为吴贤成从武汉花桥支行、西安农行职工技协服务部借贷人民币5900万元的行为已构成诈骗罪；二是认为吴贤成从武汉花桥支行骗取210万美元涉嫌诈骗；三是认为对段继红等人涉嫌行贿、受贿犯罪应当追究刑事责任。这三个问题，在以往来信中都有反映，在高检院的复查报告中均做出了全面的回答，并当面向厉有为同志作了详细的解释和说明。

第一，关于吴贤成从武汉花桥支行、西安农行职工技协服务部借贷人民币5900万元的行为是否构成诈骗罪的问题

经复查查明，1988年12月3日和1990年10月23日，中国深圳市工艺服装工业公司等中方四家公司作为甲方与乙方泰国贤成两合公司（法定代表人吴贤成），分别签订了《合作经营“深圳贤成大厦”有限公司合同书》、《合作经营“深圳贤成大厦”有限公司补充合同书》，在深圳合作建立中外合作经营企业贤成大厦有限公司，建造贤成大厦及经营该大厦的房产。根据双方约定，中方四家公司以投入人民币278万元土地价款和土地使用权为合作条件，泰国两合公司以出资人民币1500万元土地补偿价款及建造大厦的全部资金为投资，合作建造贤成大厦。1991年12月，贤成大厦工程正式动工。

为筹措贤成大厦建设资金，吴贤成除个人出资和从境外融资，还分别与中国银行湖北省分行花桥支行签订《投资合同》，融资人民币3900万元；与中国农业银行西安市分行职工技协服务部签订《借款合同》，融资人民币2000万元，两项合计人民币5900万元。现有证据可以证实，吴贤成将上述款项部分用于给付贤成大厦建设工程款，部分用于偿还其为建设贤成大厦项目融资所产生的债务。

复查证实，吴贤成与上述两家银行签订的合同，是双方真实意思表示，且吴贤成有还款意愿和行为，没有诈骗犯罪的主观故意和客观行为；吴贤成的上述融资属民事借贷关系，其行为不构成刑事诈骗犯罪。对于这个问题，高检院参与调查、复查此案的同志和相关领导均多次向厉有为同志作了耐心细致的说明，对其提出的问题和理由进行了详细的解答，在此次来信中，除提出吴贤成“以不具备担保条件的楼花进行抵押，骗取银行的同意，其诈骗的主观故意十分明显”，并未提出其他新的理由或证据。对于楼花是否可以作为抵押物的问题，当时的民法通则和有关司法解释并无明确界定，来信称楼花“不具备担保条件”

没有法律依据。此外，最高人民法院对1995年施行的《中华人民共和国担保法》做出的“若干问题解释”第四十七条规定：“以依法获准尚未建造的或者正在建造中的房屋或者其他建筑物抵押的，当事人办理了抵押物登记，人民法院可以认定抵押物有效。”从这一解释可以看出，《中华人民共和国担保法》对“楼花”作为抵押物是确认有效的。

第二，关于吴贤成是否涉嫌诈骗花桥支行210万美元问题

经复查查明，1993年至1994年间，中国银行湖北省分行花桥支行所属银浩实业公司与泰国贤成两合公司在泰国成立合资企业，泰、中双方分别出资620万港币、380万港币，开发房地产项目。花桥支行计出资210万美元。该合资项目在1994年下半年停止运作，花桥支行已于2000年3月，将210万美元债权转交中国银行东方资产管理公司武汉办事处，目前对此项投资仍在处理中。

事实表明，花桥支行所属的银浩实业公司与泰国贤成两合公司共同合作投资经营，是企业的正常投资经营行为，没有证据证明其中存在犯罪行为。来信认为，参与此事的双方当事人之间涉嫌行贿受贿关系，高检院复查结论仅依据当事人双方的证言就做出结论“是极其武断的”。我们认为，这一认识是不符合事实的。对这一问题，原案件承办机关武汉市人民检察院曾进行了侦查，高检院复查专案组又作了进一步的调查和了解，做出上述结论并非仅依据双方当事人的证言，还有中国人民银行武汉分行的行长、副行长的证言，以及双方财务往来账目、原始会议记录等书证材料。

第三，关于段继红等人涉嫌行贿、受贿犯罪是否应当追究法律责任的问题

经复查查明，在花桥支行与吴贤成的业务往来期间，段继红(深圳贤成大厦有限公司董事长助理)先后将人民币3万元、港币2万元交给花桥支行信贷科副科长刘人本，作为银行贷款正常使用监控费。上述款项除刘人本在深圳开支港币2000元招待费用，其与花桥支行副行长孙云琳各自持有人民币1.5万元、港币9000元。此外，段继红还送给刘人本“乐声M25”彩色电视机一台、“F55”录像机一台(计折合人民币1.15万元)；两次交给孙云琳、刘人本各3万泰铢(折合人民币6747元)；送给孙云琳1万元港币。

根据本案事实、证据和有关法律规定，可以认定：①关于段继红给付3万元人民币和2万元港币的问题。由于段继红给付孙云琳的款项，是根据双方约定由给付方先行垫付的银行贷款正常使用监控费；孙云琳、刘人本也将这笔款部分用于了银行业务，并向所在单位负责人作了报告。因此，不能认定段继红的行为构成行贿罪，孙云琳、刘人本的行为也不宜认定为受贿罪。②关于给予泰铢的问题。鉴于泰国贤成两合公司与花桥支行之间有负担中方人员赴泰期间费用的约定，孙云琳、刘人本所收的泰铢也基本用于工作中的餐费、车费支出，且孙云琳曾向行长报告此事，两人回国后亦没有报销费用。因此，不能认定段继红和孙云琳、刘人本的行为构成行贿、受贿罪。③关于孙云琳收受1万元港币，刘人本收受彩电、录像机的问题。原承办检察机关认为证据不足，做出撤销案件决定；此次复查认为事实清楚，证据充分，孙、刘的行为已构成受贿犯罪，段继红的行为亦构成行贿罪，但鉴于其行为发生在1992年和1993年，根据1997年《刑法》的有关规定，该行为已过追诉时效。

关于来信提出的由借款人支付“银行贷款正常使用监控费”涉嫌行贿、受贿的问题。经复查证实，在贤成集团公司向花桥支行信托部的第一笔贷款业务发生后，段继红交给刘人本部分款项，是根据双方口头约定，作为花桥支行监控银行贷款使用的费用，由贤成大厦公司先行垫支，工程结束后双方再作结算。经审查认为，监督贷款正常使用是银行的职责，对银行工作人员在从事监督贷款使用工作中发生的费用由银行承担，这是常识性的问题，银行有无具体规定并无实质影响，双方对此有口头约定，且双方当事人对此均有证实，银行主管领导也予以证实。因此，来信仅以银行没有此费用的规定及“没有见到书面约定”，即得出这“只是他们之间行贿、受贿的一个借口”的结论，失之偏颇。

综上所述，此次来信中所反映的问题高检院已经多次作过深入细致的调查、复查，案件事实清楚，证据充分，历次调查、复查的结论意见是基本一致的；就本案相关事实和相关决定的法律依据，也已多次向主要提案人厉有为同志和有关领导作了报告说明。我院认为，本案不必再作复查。

特此报告。

最高人民检察院办公厅

2007年5月8日

对最高检办公厅[2007]37号文件的意见*

（2007年10月）

最高人民检察院办公厅并各位检察长：

《关于吴贤成涉嫌诈骗案有关情况的报告》（以下简称《报告》，高检办字[2007]37号文件）经全国政协提案委员会转给我，我认真地拜读了。

此次《报告》给全国政协提案委员会的回复与以往给我的书面回复大致相同。总体看来可以归纳为以下几个特点：过场“完美”，谎言不断，混淆真假，专横武断。这是我在这个案子上与你们打了10余年交道的真实印象，恕我直言。

第一，过场“完美”。《报告》称：“在此次复查中，专案组调取了本案全部卷宗，进行了认真、全面的审阅，并分赴广东、湖北、江西、陕西等省对案件相关问题作了进一步调查、核实，对原案侦查中的有关负责人、原办案人及案件当事人、律师计40人（次）进行了调查询问，走访了工商、税务、金融、法院等有关机关调查了解相关事项，对原案涉及的多家企业的情况进行了调查。”这给局外人一看，是多么完美无缺、无懈可击，既轰轰烈烈、认认真真又完全彻底地复查了。但是对涉嫌吴贤成诈骗的关键要件却一概回避，对关键人员也是一概回避，如：你们说：“对原案侦查中的有关负责人、原办案人”你们都找了，请问：包括原专案组组长陈燕麟吗？你们为什么不找他取证？因为他掌握吴贤成涉嫌诈骗的有力证据，可是你们没有找他取证，他主动参加听取你们的反馈意见，你们仍持排斥态度。本案中受吴贤成之害最重、损失最惨的真正投资者王文洪，你们为什么也没有找他取证？因为他的证据最直接、最有力地证明吴贤成犯罪。你们说的“对原案涉及的多家企业的情况进行了调查”，又请问：包括吴贤成在香港花20港元注册，并以此为借款甲方的“香港贤成集团公

* ①最高检察院办公厅[2007]37号文件作为附件一起报送；
②对此《意见》无回音。

司”吗？你们为什么不调查该企业？因为该企业最能说明吴贤成是涉嫌诈骗的重要要件，可是你们没有去调查取证。对深圳贤成大厦有限公司的清算组的依法清算结果你们去调查了吗？你们为什么不调查清算结果？因为清算结果证明吴贤成的借款一分钱都没有投入深圳贤成大厦建设！中国国际仲裁委员会对吴贤成案的仲裁结果你们调查了吗？你们为什么没有去调查？因为这个终局裁决结论说明吴贤成没有投资深圳贤成大厦有限公司，并有欺诈行为！刚好与你们的错误结论相反。还有很多，不一一列举了。说一大堆过场，不过是为了糊弄不知情的领导人而维护原来的错误决定而已。

第二，谎言不断。《报告》中说：“吴贤成涉嫌诈骗案由深圳市人民检察院立案侦查，经深圳市、广东省两级检察委员会讨论，认为不构成犯罪，并报经最高人民检察院研究同意，于1997年做出撤销案件处理决定。”这是蒙混领导人的弥天谎言！与事实完全相反。

事实是，此案于1994年由最高检主要领导人决定立案侦查，当即决定由最高检陈明枢副检察长亲自主管此案，并指派最高检监所厅副厅长陈燕麟为组长的专案组，并有最高检的处长吴建平、王哲昌和曹锋等人同时参加专案组，并让省、市检察机关派人配合，该专案组在陈副厅长领导下，认真负责，一丝不苟，克服重重阻力和斗争，经过两年多侦查，终于取到了吴贤成等人涉嫌诈骗犯罪的有力证据。在此情况下，以陈副厅长为首的专案组认真整理卷宗，经反复研究证据，于1996年11月15日写成了《关于吴贤成案件的情况报告》，该报告依据铁的事实和刑法有关规定认定吴贤成等人构成严重诈骗犯罪，应依法惩处。省、市参与办案人员一致同意此报告（如真想查清此案，请看看此报告）。

正当此案即将胜利结案的关键时刻，最高检发生了惊人的戏剧性变化：先是派最高检反贪局局长罗辑、副局长叶惠伦来深圳，他们下车伊始，就匆忙表态：此案是民事纠纷，吴贤成不构成犯罪。当即遭陈燕麟专案组坚决抵制。随即最高检领导决定撤掉陈燕麟专案组人员，并一天打多次电话，让陈燕麟等四人马上回京，并不准再过问此案。同时，陈明枢副检察长也被告知不要再管此案。改由叶惠伦主持，徐海法、杨兴国等三人参加重新办理。他们下来没有几天，陈燕麟掌握的卷宗材料还没有移交完毕，他们根本来不及研究厚厚的26本卷宗，就马上硬着头皮写出与陈燕麟专案组报告的结论完全相反的《关于吴贤成案情况的报告》，黑白颠倒达到惊人程度，结论是“吴贤成没有诈骗主观故意,构不成诈骗罪”。该报告的落款是:“承办人:叶惠伦、徐海法、杨兴国。”更奇怪的是叶惠伦等人的报告与陈燕麟专案组的报告题目只差一个字,而出笼竟是同一个时间:1996年11月15日!明眼人不难看出:罗辑、叶惠伦等人就是来翻案的。接着,最高检领导正是依据罗辑、叶惠伦等“承办人”的报告,决定作撤案处理。

上述事实说明:①绝不是深圳市检察院立案侦查,而是由最高检主要领导人决定直接立案负责侦查。而且前后两个专案组始终由最高检的高级检察官领导。假设由深圳市立案,因是涉嫌诈骗犯罪,也应由深圳市公安局立案,而绝不会是深圳市检察院立案。②撤换陈燕麟专案组也是由最高检领导决定的(为什么前后180度大转弯?始终是个谜!)。③认定吴贤成构不成诈骗罪的专案组“承办人:叶惠伦、徐海法、杨兴国”都是最高检的检察官(请注意他们是承办人,而不是深圳市检察院的承办人),并把省、市检察机关的人员排除在外。④最高检领导正是根据叶惠伦等人的报告,才决定做撤案处理的,但最高检内部仍分歧很大。

这次复查的专案组,编造一套谎言,把主要责任推给下级检察机关,想瞒过不知情的领导和大众,这是一种什么行为?这不是把你们前面说的“认真负责”的办案精神全盘自我否定了嘛!难道这就是你们“全面复查”、“认真研究”的结果吗?

第三,混淆真假。《报告》称:“复查证实,吴贤成与上述两家银行签订的合同,是双方真实意思表示,且吴贤成有还款意愿和行为,没有诈骗主观故意和客观行为。”此段文字除了表现出谎言和武断以外,我们分析一下表现出来的混淆真假。吴贤成与中国银行武汉花桥支行和西安农行职工技协服务部签订的合同中,有真实合同,也有伪造的假合同;有的合同是表示双方借款的真实意愿,也有的合同是表示双方恶意转嫁债务,进行诈骗犯罪的真实意图。你们却在《报告》中不分真伪,鱼目混珠,笼统称之为“合同”,把连花桥支行他们自己都承认的假合同隐藏起来。这完全背离了事实,是不是一种故意混淆黑白的做法?

吴贤成与花桥支行签订的借款合同,借款3900万元。借款甲方是吴贤成在香港只花20元港币注册的香港贤成集团公司。乙方是花桥支行。请问:此借款数3900万元是吴的香港企业注册资本金20元港币的100万倍以上,花桥支行为什么借给这么一个空壳公司这么多巨资？花桥支行有什么权力借给境外的香港公司这么多钱？吴贤成这个空壳公司借这么多钱能还得起吗？他想还吗？但无论如何它却是真实的借款合同。

在吴贤成把花桥支行借的3900万元拿到手，上述合同执行完毕之后，深圳贤成大厦有限公司中方四股东发现吴贤成背着中方四股东，打着建深圳贤成大厦的招牌在花桥支行和西安农行借的巨款从未打入深圳贤成大厦有限公司账号（打入吴个人的“南泰”账号），也没用于深圳贤成大厦建设的情况下，认为其中有诈，才托人向最高检主要领导人举报，最高检主要领导人才决定直接立案侦查，这时虽然扣留了吴贤成的出入境证件，让吴贤成协助调查，但他仍然逃往海外。这时，陈燕麟专案组派人到武汉调查，吴贤成闻风后即派其小老婆段继红，带着吴贤成的私章跑到武汉（段是武汉人）与花桥支行行长喻德智、副行长孙云琳、科长刘人本，还有办公室主任、司机、打字员全体加班，一个晚上炮制出一套以深圳贤成大厦有限公司为借款甲方的同一个3900万元的假《投资合同》、假《催款通知书》、假《收条》、假《指定汇入账号的函》等假文书。在假《投资合同》中，把真正的借款甲方吴的香港贤成集团公司篡改为未借款、未用款的深圳贤成大厦有限公司，这是为转嫁债务，双方恶意串通制造的假合同，这完全是吴贤成涉嫌诈骗的最明显、最重要的犯罪要件。然而《报告》却把真、假合同合二而一，统称为“合同”，从而把假《投资合同》隐藏起来。你们的《报告》称“是双方真实意思表示”。这假合同是双方什么真实意思的表示？转嫁债务的“真实意思”难道不是明显摆着的吗！吴借的3900万元拿走了，真正的合同执行完了。吴、段又与银行炮制转嫁债务的假合同，让深圳的中外合作公司替吴还债！你们把假合同隐瞒起来达到与真合同混淆的目的，不就是为了维护“吴贤成构不成诈骗犯罪”的错误结论嘛！这是能隐瞒得住的吗？假《催款通知书》是花桥支行向深圳贤成大厦有限公司催款还债，奇怪：钱是借给香港贤成集团公司的，怎么会向深圳的合作公司催款呢？！他们还伪造了深圳贤成大厦有限公司收到花桥支行款项的《收条》，更奇怪：钱没汇入深圳贤成大厦有限公司账号，该公司怎么会出具收款的《收条》呢？！这都是为了转嫁债务而编造的一系列虚假文件！涉嫌诈骗犯罪表露无遗！但是，复查专案组为什么对此只字不提呢？

再看看实践结果，恰恰证明了他们转嫁债务的犯罪意图，花桥支行依据假合同、假文件起诉深圳贤成大厦有限公司，让该公司替吴贤成的香港贤成集团公司还债！枉断此案的武汉中院的副院长柯XX、庭长王青（女）都已经被判了刑，但此案至今仍然未了！冤枉！天大的冤枉！

吴贤成与西安农行职工技协服务部的借款2000万元合同的事，借款甲方是吴贤成的泰国贤成两合公司，乙方是西安农行职工技协服务部。泰国贤成两合公司注册资本金200万泰铢（当时相当于人民币60万元）。请问：西安农行为什么借给外国公司那么多钱？所借款项2000万元是泰国贤成两合公司注册资本金200万泰铢的33倍多，吴贤成想还吗？他还得起吗？但无论如何，它却是真实合同。

在吴贤成通过“南泰”账号拿到2000万元9个月之后，吴贤成一个人既代表泰国贤成两合公司，又代表深圳贤成大厦有限公司（合作企业中方股东和董事根本不知道此事），吴同时带两个公司的公章，与西安农行行长高犁签订了一个假的三方《借款偿还协议书》，协议书中虚构了“该借款2000万元全部用于深圳贤成大厦建设，深圳贤成大厦有限公司愿意承担偿还本息的责任”。铁的事实已经证实2000万元完全落入了吴的个人腰包，一分钱也未打入深圳贤成大厦有限公司账号，更没有用于深圳贤成大厦建设。这个假的《借款偿还协议书》是吴贤成涉嫌诈骗犯罪的重要要件，但从叶惠伦的调查报告到这次最高检复查专案组的《报告》却把此要件始终隐瞒不提。这是为什么？！

在涉及债权、债务利益关系在两个不同公司间转移的时候，吴贤成一个人就能代表两个不同的公司吗？这个协议书的“双方真实意思”是为转嫁债务是再明显不过了，而且是通过虚构的虚假事实，从而吴贤成达到了占有国家银行2000万元而不用偿还的目的。结果真是如此：西安农行凭假的《借款偿还协议书》起诉深圳贤成大厦有限公司，陕西法院枉判深圳贤成大厦有限公司败诉，替吴还钱，吴逃之夭夭！冤案！天大的冤案！

明明是外商吴贤成通过虚假合同涉嫌诈骗国家银行巨款。而《报告》却认定：“吴贤成的上述融资属民事借贷关系，其行为不构成刑事诈骗犯罪。”这种结论何等虚假！何等荒唐！

第四，专横武断。《报告》中称：“现有证据可以证实，吴将上述款项部分用于给付贤成大厦建设工程款。”最高检在以往给我的回复中称“吴在国内两家银行借款直接或者间接用于贤成大厦建设”。请问：你们能说得出吴贤成投资深圳贤成大厦建设的“部分”工程款是多少吗？是什么时间、通过什么银行、打入什么账户吗?你们拿不出来!因为没有这个事实依据!但是你们每次回复时都是这个没有事实依据的结论!相反,我们却能给你们提供吴把借款换成港币转往海外,没投入深圳贤成大厦建设的证据,深圳贤成大厦有限公司的清算组依法清算结果更进一步证实:吴借的贷款未投入深圳贤成大厦建设,但你们却置之不理。你们又无论如何也拿不出证据。但每次结论不变,这种武断专横达到了何种程度?!

吴确实是把借款的一部分(具体明细我给你们提供过)汇给深圳贤成大厦的施工单位:中建三局一公司。但这部分钱是用来套汇的,钱打入不久又通过中建三局一公司分五次换成港币取走,只是通过施工单位把人民币私下换成港币。这能认定是“用于给付贤成大厦建设工程款吗”?更奇怪的是:武汉市检察院反贪局负责对此案调查取证的干部,在取证时公然只取吴贤成打入施工单位中建三局一公司的人民币账,而不取吴贤成换成港币从中建三局一公司取走的账,以图给人造成吴的借款给付深圳贤成大厦建设施工单位的假象。对这种调查中的舞弊行径最高检复查专案组却置之不理。我们多次向最高检反映,并把打入人民币的账和提走港币的账多次提供,你们置若罔闻,时至今日,你们仍然得出借款“部分用于给付贤成大厦工程款”的虚假结论,何等专横武断?!

你们的《报告》引用《担保法》的司法解释第四十七条的规定,以证明吴贤成的担保不违法。你们把一些法律规定隐瞒不提,这完全是徒劳的。第四十七条同时明文规定:“当事人办理了抵押登记,人民法院可以认定抵押物有效”,抵押物登记是前提条件。请问:你们调查了深圳贤成大厦办理了抵押物登记了吗(根本没有办理抵押物登记)?此外,吴贤成以合作公司的财产和权益为泰国贤成两合公司的借款担保,违反了《中外合作经营企业法》第十七条关于“中外合作者投资或者合作条件的借款及其担保,由各方自行解决”的法律规定。也违反了《中外合资经营企业合营各方出资的若干规定》第三条关于“合营企业任何一方不得以合营企业名义取得的贷款、租赁的设备或者其他财产以及合营者以外的他人财产作为自己的出资,也不得以合营企业的财产和权益或者合营他方的财产和权益为其出资担保”的规定。

吴贤成自己在香港和泰国的公司在国内银行的借款担保,在没有经过深圳贤成大厦有限公司中方股东的同意,也未办理抵押物登记的情况下,完全是一种违法行为。同时也违反了《广东省经济特区抵押贷款管理规定》第九条关于“抵押人以共有财产设定的抵押权时，须经全体共有人书面同意。以其所有的共有财产份额设定抵押权时，须事先书面通知其他共有人”的规定。

《报告》把这些法律规定隐去不提，利用司法解释断章取义认定设定担保合法，这是疏忽呢，还是一种专横武断的表现呢？！

你们在《报告》中称：“段继红交给刘人本（花桥支行信贷科长受贿人——笔者注）部分款项，是根据双方口头约定，作为花桥支行监控银行贷款使用的费用，由贤成大厦公司先行垫支，工程结束后双方再作结算。”在上一次我给你们的意见中，反驳了你们提出的由用户支付银行监管费用的说法，是给他们行贿、受贿找的一个借口，并指出双方并没有在合同中约定。

银行信贷需要监督，要监督也要发生费用，但这种费用是列入银行成本，由银行支付的，这是常识问题，高级检察官在这个常识问题上怎么会轻易相信和认定有违常识的“口头约定”呢？

我上次回复你们时指出，双方没有在合同中书面约定，而在你们这次《报告》中又冒出了“是根据双方口头约定，作为花桥支行监控银行贷款使用的费用”。这一认定，更是使人惊奇，此案10余年来还是检察官第一次认定他们的“双方口头约定”，这能成为他们不是行贿、受贿的证据吗？如果行贿、受贿双方都把行贿、受贿行为在案发后说成是借款或者别的什么费用，没有原始书面证据，说是“口头约定”，检察机关都予以采信，那么中国还有行贿、受贿罪行吗？至于《报告》说的“由贤成大厦公司先行垫支”的说法更是无稽之谈！吴贤成香港贤成集团公司在花桥支行的借款与深圳贤成大厦有限公司没有关系，根据清算组依法对深圳贤成大厦有限公司清算的全部账目中，找不到这笔“垫支”费用！你们对复查这么“认真”、“全面”，怎么会闹出这种笑话呢？你们的谎言和武断不是太滑稽了嘛！

我们再说“监督”，在吴贤成的香港贤成集团公司与花桥支行的借贷中，最缺乏的就是“监督”！贷给吴贤成仅有20港元资本金的香港贤成集团公司的3900万元人民币，有监督吗？这3900万元是汇入深圳吴贤成个人的“南泰”账号，而不是汇入深圳贤成大厦有限公司账号，有监督吗？吴把借款私下换成港币弄到海外，未用来建设深圳贤成大厦，有监督吗？更甚者，与吴的小老婆段继红又合谋签订一套假合同转嫁债务，这何止是失去监督，是不是已经成了涉嫌合谋诈骗犯罪的共犯？花桥支行的某些领导人为什么这么干？因为他们受了贿！他们得小“利”，而不惜造成国家银行的巨大损失！

五、自我原因浅析。10年来，我好像不是与涉嫌诈骗犯罪的吴贤成斗争，而是与我们的司法机关的高官在较量！我与最高检您来我往10年之久，明明摆在那里的事实，为什么达不成共识？法律和事实为什么总要被扭曲？为什么总编造出虚假事实搪塞我和深圳市？这种事为什么在最高司法当局发生？主要有以下三个原因：

第一，我忽略了我们国家体制中对最高司法当局，特别是对最高司法当局领导人监督乏力，或者说缺失的现实。

第二，我忽略了我们国家司法机关中，下级干部不敢纠正直接领导人定的错案，后任领导人不愿意纠正前任领导人定的错案的政界潜规则。

第三，我忽略了官场中“事不关己，高高挂起，明知不对，少说为佳”，私者保身，怕涉己过的官场自由主义作风和利己主义的现实。

这是我不识时务的主要三点错误。但是，第一，这样做我没有任何个人私利和个人恩怨；第二，我是凭一个共产党人的传统价值观、信仰、理念和良知行事的。

我仍然寄希望于我们国家的体制改革的深入，依法监督尤其是对最高司法当局依法监督的落实和政界实事求是精神的真正实现。这一天会到来，这一天一定能到来！

祝你们大安！

2007年10月25日

主报：全国政协贾庆林主席、全国政协提案委员会并付杰主任
　　　最高检察院各位检察长、最高检察院办公厅

抄报：中共中央政治局各位常委
　　　中共广东省委各位常委
　　　中共深圳市委各位常委
　　　中共深圳市委办公厅总支书记、支部书记

耳光打得响，不应再执迷

——在全国政协的最后一份提案

(2008年1月)

最高检察院2001年高检办发第119号文件，回复我关于泰国商人吴贤成和段继红与武汉花桥支行领导人喻德智等人恶意串通，签订假合同转嫁债务，涉嫌诈骗一案时称："关于签订假合同的问题，是为应付上级检查，双方均知道签订假合同的目的，故对该合同并不存在实际执行的问题。"

最高检认定双方签订了假合同是符合事实的，但是认定签订假合同不是为了合谋诈骗，是为了应付上级检查和不存在实际执行的问题，是完全违背事实的。

泰商吴贤成在香港用20港元注册了香港贤成集团公司，在注册7个月后，以该公司为甲方，武汉花桥支行为乙方，签订五份借款合同，借得人民币3900万元。当合同执行完毕，吴把3900万元拿到手，换成港币转到海外之后，吴的小老婆段继红(武汉人)又与武汉花桥支行签了两份同样是3900万元的假借款合同，该假合同把借款甲方由香港贤成集团公司改为深圳贤成大厦有限公司(该公司为中方深圳四家企业与吴贤成的泰国企业成立的合作公司)，时间倒签香港贤成集团公司的借款时间。除了签两份假借款合同外，还签了其他一系列假文件。其目的很明显：就是妄图把吴贤成香港空壳公司借款的还债责任，转嫁到深圳的合作公司头上，对深圳贤成大厦有限公司依法清算的结果告诉我们：吴借的3900万元未打入深圳贤成大厦公司账号，未投入深圳贤成大厦建设。

下列武汉花桥支行依据假合同起诉深圳贤成大厦有限公司的行为，完全证实了吴贤成、段继红与武汉花桥支行行长喻德智利用虚假合同转嫁债务的合谋涉嫌诈骗行为。这一诉讼行为完全否定了最高检察院认定的签假合同"是为应付上级检查"，"不存在实际执行的问题"错误的结论。

在1996年3月10日武汉花桥支行行长喻德智诉深圳贤成大厦有限公司的诉状中，所依据的正是他们双方签订的假合同，起诉书中称："深圳贤成大厦有限公司于1992年曾两次签订《投资合同》，依据《投资合同》，原告向深圳贤成大厦有限公司发放了3900万元投资贷款。"（完全是假话——笔者注）这种依据假合同的诉讼行为，难道不正好印证他们双方是为转嫁债务的涉嫌合谋诈骗吗？这难道是"不存在实际执行的问题"吗？

武汉花桥支行又在2005年8月16日的上诉状中称："对于上诉人与深圳贤成大厦有限公司所签订的合同（系指假合同——笔者注）的真实性，还有武汉市人民检察院所出具的《情况说明》予以印证。该证据系武汉市人民检察院反贪局依据调查，认为上诉人根据1993年中央六号文件精神，与深圳贤成大厦公司及香港贤成集团公司协商后签订的，是对3900万元投资合同的修改和完善，是真实的。作为具有侦查职能的反贪机关，其调查的真实性、合法性、有效性和彻底性是毋庸置疑的。该证据证明力是高于其他证据的。"

上述武汉花桥支行领导人的依据假合同起诉和上诉未借款和未用款的深圳贤成大厦有限公司，进而达到让深圳贤成大厦有限公司替吴贤成的香港贤成集团公司还债的行为，是给最高检察院说的假合同不存在实际执行问题的假话一记响亮的耳光！难道武汉花桥支行依据假合同起诉和上诉的行为还不足以证明他们是用假合同涉嫌合谋诈骗吗？！

更奇怪的是，武汉市检察院反贪局竟然超越职权范围，给被审查对象武汉花桥支行出具伪证《情况说明》，竟然把假合同说是真实的！

最高检的119号文件认定双方签订的《投资合同》是属于假合同，而武汉市检察院反贪局却给花桥支行出具伪证——《情况说明》，说假合同是真实的！两级检察机关的认定完全相反，却相安无事，这不是天下奇闻嘛！武汉花桥支行竟然把武汉市检察院反贪局出具的伪证作为上诉状中压倒一切的证据，堂而皇之地摆上公堂，而最高检却装聋作哑！这不是太滑稽了吗？我和陈燕麟向最高检署名举报武汉市检察院反贪局出具的伪证违法，请求最高检察院查处时，最高检不予回应。当我在全国政协提提案时，最高检2006年高检办发复49号文件给我的回复中称："我们认为，武汉市人民检察院反贪局为其他单位出具《情况说明》，对经济合同性质予以界定，超越检察职权，其做法应属不当。"这只是做法不当的问题吗？你们明明知道武汉市检察院反贪局出具的《情况说明》是伪证，为什么对出具的伪证不予纠正？！最高检在2001年已经认定是假合同，为什么直到2006年还允许其假合同的伪证横行在司法诉讼中？！

最高检察院是国家最高法律监督、检察机关，你们知道武汉市检察院反贪局这个伪证给受害者、给社会造成了多么大的危害和损失吗？你们知道由于你们某些检察官不尽职责给受害者和国家造成多么大的伤害和恶劣影响吗？你们肩负着国家和人民给你们的公平正义、公道正派的崇高职责，某些检察官却干着不公道正派、损害国家和人民利益的勾当，应该吗？这样下去，我国司法机关的公信力何在？社会的公平正义又何在？

武汉花桥支行依据假合同的起诉和上诉行为，足以证明他们双方是以假合同涉嫌合谋诈骗！应依据《刑法》第一百五十二条追究其法律责任！武汉市检察院反贪局给武汉花桥支行出具伪证，实属违反《刑法》第三百九十九条和《检察官法》第三十三条和第三十四条，应追究法律责任！

武汉花桥支行给最高检一记响亮的耳光，最高检应该猛醒了，不应再执迷不悟了！我们期盼着，我们广大党员和广大人民群众期盼着！

主报：最高人民检察院、全国政协提案委员会、贾庆林主席

抄报：全国人大、各级党委、纪委领导同志

构建和谐社会，政府要处理好资本与劳动的关系

（2006年4月）

在现实社会的各个国家中，在政府与资本和劳动的关系上，组成一幅幅各不相同的图案。由这些不同的图案，构成各个国家的不同性质、不同制度、不同的道德观念和不同的文化。这些图案从政府角度划分，可以大致有以下几种。

一、四幅图案

第一幅图案是政府完全站在资本一边（主要是指私人资本）。政府的高官就是资本的代言人，政府的政策完全为资本的利益服务，政府为资本的发展和扩张不遗余力，甚至不惜对外发动战争；政府为资本的尽快增值，不惜采取严酷措施对待广大劳动群众，对劳动实行压榨和盘剥。于是，资本迅速向极少数人手里集中，贫富差距迅速扩大，广大劳动者被剥夺了生产资料占有权，形成庞大的无产阶级，并形成资产阶级与无产阶级的尖锐对立。当这种社会矛盾和阶级对立发展和积累到一定程度，无产阶级革命（造反）就有了成熟的条件。

在马克思时代的西方发达国家，大体上就是这么一幅图案。于是马克思创立了无产阶级革命学说。

第二幅图案是政府站在资本一边的基本立场没有改变。但是，由于社会的发展，科学技术的进步，劳动生产率的提高，也由于广大劳动者的不断抗争，使政府在资本和劳动之间采取某种平衡策略，以缓解社会矛盾。

一方面，那些政府不断总结人类社会发展的普遍经验，随着生产力的发展不断调整生产关系。随着生产的日益社会化的发展，使很多发达国家走上了

生产资料占有社会化的路子。有不少国家的政府对广大劳动者的社会保障和社会福利不断完善和提高；有些国家用立法手段，使广大劳动者同资本家一起分享部分剩余价值，虽然分享不多，但也改变了由资本独享剩余价值的局面。这应该被看做是社会的进步。

另一方面，随着世界经济一体化的发展和国际大市场的形成，以及信息技术的发展，使资本在世界范围内向大的跨国公司聚集。这些大跨国公司多数产生于发达国家，并不断向欠发达国家扩张。发达国家的政府则完全站在大跨国公司一边，为大跨国公司的利益与欠发达国家政府打交道，施加影响和压力。而欠发达国家的政府，无可奈何地以降低劳动、土地、水电等资源价格的方式，争取大跨国公司的进入。因此，在世界范围内，正在不断形成穷人愈穷，富人愈富；穷国越穷，富国越富的两极分化格局。

现代发达国家的政府就是这幅图案的典型代表，不过颜色浓淡不同而已。

第三幅图案是政府仇视和反对甚至是消灭私人资本。于是通过革命性的变革，形成垄断性的国有资本，政府是国有资本唯一的拥有者，由国家雇佣劳动。形成政府、资本和劳动都在国家这个大锅里运转。政府的行政指令性计划，成了经济运行的唯一航标。严重无视和贬低了市场机制的作用。没有市场、没有竞争，价值规律无法发挥作用，渐渐形成了高投入、低效率、低产出的经济运行态势。短缺经济和平均主义大锅饭在所难免。

政府的本意是站在劳动一边。但是由于政府与私人资本对立，扼制了劳动与私人资本的结合，同时也扼制了消费，扼制了就业，扼制了走上富裕之路，最终结果是对国家和广大劳动者不利。

以前苏联为首的一批社会主义国家的计划经济时代就是这么一幅典型的图案。这幅图案是企图改写第一幅图案，而由一个极端走向另一个极端的图案。

这幅图案构成了邓小平倡导的以市场经济为取向进行改革的理由。

第四幅图案是我们正在描绘的图案，是应该在前人的基础上，绘出比以往任何图案都要美的图案。

画好这幅图案根本上有两点：

一是，我们的政府应始终站在劳动和劳动者一边，这一点应是坚定不移的，正如胡锦涛总书记概括的："立党为公，执政为民"，政府既要亲资本，也要亲劳动。政府所以亲资本，是为了亲劳动。亲资本以不损害广大劳动者的根本利益为前提。政府为资本创造好的社会环境、人文环境、投资环境，归根到底是政府为了给劳动者创造更好的就业环境、居住环境和生活环境，即实现共同富裕。实践告诉我们，不与劳动相结合的资本，就是躺在棺材里的资本；不与资本相结合的劳动，是根本无法实现其价值的劳动。二者缺一不可。政府应始终站在广大劳动者的立场上，处理好劳动与资本的关系。

二是，我们的政府是人民的政府。因此公务人员天经地义的是人民的公仆，人民是主人。绝不能把位置搞错。公仆是为广大劳动者谋利益的，而绝不能为自己、为自己的家庭或自己的私利集团谋利益，而去损害广大劳动者的利益，更不能口里讲的是公仆，行的却是主人。处理好公仆和主人的关系实属十分必要。公仆在处理问题时，最根本的一条就是要把公众利益摆在第一位，而不能把个人利益摆在第一位；公仆在支配国家公共财力时，应主要用于民生，而不能奢侈浪费用于公仆自身消费和享受；公仆在制定政策时，应千方百计使之有利于广大劳动者的利益，而不能为少数人谋私利；公仆在处理国家建设和群众生活关系时，应本着先要吃饭，再搞建设的方针；公仆在处理财产占有关系时，应走生产资料占有社会化的路子，使多数人占有多数生产资料，防止极少数人占有绝大多数生产资料局面的形成。

为画好这第四幅图案，当前政府应注意解决好以下几个问题。

二、四大问题

一是政府在国企改革中，应主张创造条件要走公众股份制和职工持股制的路子；而不能让职工买断工龄，让企业领导人买断资产。前者是走生产资料占有社会化的路子，而后者则是走使生产资料迅速向极少数人手里集中的路子。前者有利于社会和谐和稳定，而后者则使社会发展潜藏着极大风险。

国有大型企业尽可能创造条件走公众股份制的路子；国有中、小企业创造条件尽可能走职工持股制的路子；集体企业应走劳动者的劳动联合与劳动者的资本联合的路子；广大农村应当在联产承包的基础上，走各具特色的专业化或综合的合作社的路子，或与农业龙头企业成为利益共同体；广大私有企业在自愿基础上，积极引导、条件成熟时逐步实行公众股份公司或内部经营者和职工持股制；高新技术企业积极倡导科技人员和经营者持股制。总之，是走生产资料占有社会化之路，走共同富裕之路。财产占有的和谐是社会和谐的根基。反之亦然。

二是政府本身在目前情况下，要削自己的权，减自己的利，拆自己的“庙”，搬自己的“神”，总之是下决心革自己的“命”，向自身动手术。

所谓削自己的权，是把资源配置权主要交给市场，形成以市场为主体配置资源的局面。政府定期公布鼓励事项、允许事项、限制事项和禁止事项。对于鼓励事项和允许事项的民间投资只注册，再备案，不需审批，使政府的审批事项大大减少。对政府采购，在财政预算内严格公开招标。把全能政府转变为有限责任和公共服务型政府。

所谓减自己的利，首先是严格财政预算，把财政预算的软约束变为硬约束，不透明或半透明变为全透明。其次是严格规范和限制公职人员尤其是领导干部的职务消费，有传媒说公车消费一年花费3000多亿元，公费出国一年花费3000多亿元，公款吃喝一年花费2000多亿元……我们无需去考证这些惊人的数字是否准确，但人们相信，这种职务消费中的浪费是惊人的，温总理在政府工作报告中指出，去年中央财政用于科技、教育、卫生、文化等方面的支出才1168亿元，与公职人员的职务消费是小巫见大巫了。我们相信在行政体制和制度改革之后，公职人员的职务消费是可以大大节约的。要建设节约型社会，首先要从建立节约型政府做起，这是毫无疑问的。把公职人员的职务消费如接待消费，所谓“培训中心”公款消费，公款吃喝消费，出国和公车消费等向社会公开。群众会识别哪些是应举或应革之项。

所谓拆自己的“庙”，搬自己的“神”，就是要大幅度地精简党政机关和精官简政、精兵简政。只要政府职能真的转变到位了，行政体制改革到位了，减少机构和精简公职人员完全是情理之中的事。

总之，要使纳税人的钱更多地用在建立社会保障，用在科技、教育、文化、卫生事业发展，用在“三农”问题和扶贫解困，用在民生大计上。这是构建和谐社会所必需的。革既得利益者的“命”，谈何容易！从历史上看，有不少主张革既得利益者“命”的人士不得好下场。但我们是共产党人，是应该具有自我革命精神的群体。

三是政府应把关乎中华民族振兴提高全民族素质的教育事业狠狠地抓在手里。首先是改革国家财政的投资结构，大幅度向教育倾斜，教育投资由2004

年占GDP比重的2.79%，调整为占GDP的4%以上（这是1993年教育发展纲要要求到2000年达到的目标，并且是第三世界的一般水平）。其次是农村教育改变以县为主的体制。很多县不是不想为，而是不能为。对于不能为的县应改成以省或中央为主。再次是抓教育必须首先从师资队伍的培养和建设抓起，在这个环节上应切实采取得力措施，扭转当前成了薄弱环节的局面。师资生源要有优秀生源，师范的水平应高于一般大学的教育水平，师资待遇应适当高于同等学力毕业生待遇，师范院校应继续采用免各种费用的办法……总之，师资水平不提高，要提高教育水平是一句空话。要形成教师热，不能教师冷。

四是要官民、官商和谐，不要官商勾结，更不要官商一体。目前有些公职人员经不起市场经济的考验，经不起金钱的利诱，失去立场、失去原则，与商家勾结一起谋私利，小则是挥霍有人签单，买官有人付钱；大则是把公共利益让给商家，然后与商家分利。更有甚者，干脆与商家一起投资入股（有的就是权力股），全国小煤窑有3200多干部退股，就是典型的官商一体的表现之一。可以说已经不是个别现象，应该到了彻底整顿公职人员操守的时候了，如果发展下去，不但使公职人员严重脱离群众，而且会损害我们人民政权的性质，危害社会和谐。在现实条件下，只靠教育很难奏效，应把教育与严格的法制建设结合起来。

在构建和谐社会问题上，主要不是政府要求群众怎么做，而主要是在广大群众的监督下，政府官员应该怎么做。

构建和谐社会一二三

——在全国政协大会上的发言

（2006年8月）

我们党正在带领全国各族人民为构建和谐社会而努力奋斗，这是十分正确的决断。那么，什么是构建和谐社会的根基？应该有怎样的和谐观？在构建和谐社会中政府应扮演什么角色等重大课题摆在我们面前，只有正确认识和处理好这些重大课题，和谐社会才有可能实现。

一、一个根基

对构建和谐社会的根基这一问题可能有各种不同的答案。大力发展生产力，完善社会主义市场经济体制是构建和谐社会的根基吗？坚定不移地惩治腐败和犯罪、搞好社会治安、维护社会稳定是构建和谐社会的根基吗？大力发展教育事业提高全民族的文化道德素质、搞好精神文明建设是构建和谐社会的根基吗？解决社会上分配不公的问题、建立和完善社会保障体系、解决社会弱势群体中存在的问题是构建和谐社会的根基吗？认真解决“三农”问题，缩小城乡差别和工农差别，缩小发达地区与欠发达地区之间的差别是构建和谐社会的根基吗？尽管上述诸方面都是构建和谐社会的重要方面，都要认真加以研究和解决，但我认为都不是构建和谐社会的根基。

和谐社会是人与人和人与自然之间的和谐，是各种利益团体之间的和谐，是社会各阶层、各阶级之间的和谐。这种和谐只能建筑在社会生产资料占有的和谐上。社会生产资料占有的和谐是构建和谐社会的根基，只有在社会生产资料占有上实现和谐，社会才能从根本上达到和谐。

中国共产党领导人民闹革命，推翻“三座大山”，就是用暴力革命手段去打破社会生产资料占有不和谐的局面。

革命成功之后，我们学习前苏联的做法，实行生产资料全民所有制和集体所有制的占有方式，这是解决生产资料占有不和谐的历史性尝试。但这种尝试落入了平均主义大锅饭的陷阱，妨碍了社会生产力的迅速发展，这种尝试无论从中国的实践看，还是从世界范围内的实践看，都是不成功的。中国共产党带领全国人民总结了这一历史性经验教训，在邓小平同志的倡导下，实行了建立社会主义市场经济体制和生产资料占有方面的重大改革，使中国走上了健康发展的轨道。

如果把马克思时代极少数人占有绝大多数生产资料的资本主义占有方式为坐标的一个极端，这个极端是社会生产资料占有极不合理、极不公平、极不和谐的一个极端，因而激化了社会阶级矛盾，使社会从根本上无法达到和谐；而以前苏联为首实行的全民所有制的生产资料占有方式，则走到坐标的另一个极端，这是陷入平均主义并阻碍社会生产力发展的极端。我们现在是从这后一个极端往回走，能原路返回吗？不能！绝对不能！如果原路返回，那将又回到极少数人占有绝大多数生产资料，而绝大多数人一无所有的、不公平、不公正、不和谐的状态，那不是我们要走的共同富裕之路。

但是，目前看，这种风险确实存在，这是在构建和谐社会中必须要破解的一道难题。因此，我们党和政府应制订相应的方针政策和法规，积极引导走生产资料占有社会化、使多数劳动者占有多数生产资料，并形成强大的、有产的劳动阶级大平台的路子。通过公众股份制、企业内部股份制、企业员工持股制、农村股份合作制和农业生产合作社等多种形式，使生产资料占有社会化、分散化、群众化，从而达到生产资料占有的和谐。而决不能人为地去推动生产资料占有的两极分化：实行国有中、小企业领导层买断本企业资产，而国企职工则买断工龄的做法，这就有使生产资料占有迅速向两极分化方向发展的可能，因而并不可取。

更进一步的改革措施，是通过立法等手段，去改变生产要素之一的资本独享利润的状况，使劳动等生产要素也公平地参与利润的分配，从而进一步构建劳动与资本的和谐。

总之，社会生产资料占有的和谐是构建和谐社会的根基，反之亦然。

二、两种观念

我们需要什么样的和谐观？这是在构建和谐社会中必须要解决的另一个重大课题。从历史上看，基本上有两种和谐观。一种和谐观是站在统治者立场上的和谐观；另一种是站在广大民众立场上的和谐观。两种和谐观是截然不同的。

前一种和谐观站在广大劳动者的对立面看待一切事物，使出一切招数和压力让老百姓俯首帖耳，老老实实，规规矩矩，唯命是从，则达到天下太平的官本主义的和谐观。如老子主张的“圣人之治”就是如此，他说：“是以圣人之治也，虚其心，实其腹，弱其志，强其骨，恒使民无知无欲，使夫智者不敢为也。为无为，则无不治矣。”使老百姓没有思想，没有意志，达到“无知无欲”的程度，只让他们吃饱肚子就行了，使有作为的人也不敢作为，这样就天下太平了。这样的“圣人之治”完全是站在统治者立场上的和谐观。在这种和谐观背后隐藏的是强权统治，甚至是独裁统治、剥夺人民应有的民主权利的统治，这种和谐是表面的和谐，实则不和谐；是建筑在统治者苛政、暴政下的虚假和谐；是建筑在统治者私欲、私利上的虚假和谐，不是建筑在广大劳动者公利上的和谐，因此不是真正的和谐，我们应坚决抛弃这种和谐观。

而另一种和谐观是一切从人民利益出发，一切为了人民大众，在社会财产占有充分社会化的基础上，在民主和法治的框架内，充分让人民当家做主，让人民享有充分的民主自由的民本主义的和谐观。对当政者而言，正如胡锦涛总书记所说：“情为民所系，权为民所用，利为民所谋。”在这种和谐观指引下，各阶层人民能充分地、自由地表达真实的意志，而绝不是万马齐喑，也不是都用一个声音说话；在这种和谐观指引下，广大民众的积极性和创造性得以充分发挥，而绝不是在高压下混日子；在这种和谐观指引下，各种社会矛盾能及时、充分得到反映，因而也能及时采取措施得到化解，而绝不是使社会矛盾在高压下暗中积累，而时不时地总爆发；在这种和谐观指引下，使社会各阶层、各集团的权利和利益依法得到保障和及时调整，而不至于发展到多数人极贫、少数人极富的两极分化的严重局面。

这后一种和谐观，是我们应该积极主张和努力探索实践的和谐观。

三、三方关系

在构建和谐社会过程中，主要应该摆正和处理好三个方面的关系，即：官方、资方、劳方的关系。

在这三者关系中，官方处在主导位置，官方的立场、路线、方针和政策会对构建和谐社会起着决定性的作用。

在计划经济时代，生产资料基本上是国家占有，官方和资方合二为一，而劳方为国家打工，吃国家的大锅饭，这锅饭吃的并不怎么好：劳方的劳动报酬普遍偏低，劳方的社会保障制度严重缺失，生产资料名义上“全民所有”，实际上劳方的所有并没有得到体现。

在社会主义市场经济的今天，在生产资料占有多元化的今天，必须要摆正和处理好官方、资方和劳方的三者关系。

首先，政府必须坚定地站在劳方一边，政府积极吸引投资，给资方优惠政策，表现出政府对资方的亲和力。但是政府的目的正是从劳方的根本利益出发，从而解决广大劳动者的就业问题，解决民富国强问题。

其次，政府不但要亲资方，而且还要亲劳方，政府必须制订并坚决贯彻执行保护劳方基本权利和利益的规章和法律。使劳方的民主权利得到切实保障，人格得到尊重；养老保险、医疗保险、工伤保险等得到保障；劳动合同制得到全面贯彻；八小时工作制度得到切实执行；劳动报酬应随着社会劳动生产率的提高而提高。

再次，要坚决防止和克服官商勾结损害劳方权利和利益的事情发生和蔓延，更不能使其形成气候。尤其更要防止官商一体化的产生，官商一体化，势必使政府丧失站在劳方一边的正确立场，而使政府完全站在资方一边，因而使劳方的利益得不到保障或受到损害。这种情况应当杜绝，如有发生坚决制止。把社会和谐建筑在公平、正义的民心之上。

还有，政府官员应以民生为本，把更多的资源用在解决民生问题上，而决不能把很多资源用在自己身上；官员在民众之中，而不是在民众之上；官员更不能利用公权力谋私利，甚至贪赃枉法、执法犯法，而严重脱离群众。

最后，政府必须切实尊重资方和劳方的民主权利，积极推进政治体制、文化体制和社会体制的改革，使之与经济体制改革相得益彰。使广大劳动者当家做主能在社会环节上切实得到体现，并不断得到发展完善和提高，最终在完善的民主和法治的社会规范内实现国家的持久和谐，长治久安。

关于进一步深化改革、扩大开放，将上海浦东、天津滨海新区、深圳特区等地辟为保税特区的建议

——全国政协大会上的发言

（2007年1月）

我国改革开放之初，在邓小平同志的倡导下，在党中央的正确领导下，创立了深圳、珠海、汕头、厦门、海南等经济特区。后来又加上上海浦东新区。经济特区对我国对外开放起到了窗口作用，对市场经济起到试验场作用，对内地发展起到了示范带动作用，对香港、澳门顺利回归起到了桥梁作用。总之，经济特区对我国改革开放起到了排头兵作用。经济特区在国际上也产生了深远影响。

在改革开放的新阶段，应进一步深化改革、扩大开放，适时将上海浦东、天津滨海新区、深圳特区等地辟为保税特区是完全必要的：

1. 这是贯彻科学发展观、构建和谐社会、推动经济更好更快发展的需要。是在新的发展阶段深化改革扩大开放的重大举措。

2. 这是经济特区新的发展阶段的需要。我国经济特区已经走过20多年路程，对我国改革开放起到了历史性作用。现在经济特区的特殊政策已经一项项逐步取消，仅存的企业15%所得税税率在这次会上决定两税合并时也即将取消，在此种情况下，由新阶段改革开放的新举措、新政策替代老特区政策，使特区对外开放达到一个新水平、新阶段，实属必要。

3. 上述三地分别属于长江三角洲经济区、环渤海经济区和珠江三角洲经济区，三个大经济区是我国经济发展的龙头。三个新的保税特区的设立，势必使三大经济区带动全国经济更好更快发展起到巨大推动作用。使我国产业升

级和产业转移达到一个新水平。

4. 新的保税特区在现在的特区的基础上适当做一些政策调整，即可实现。保税特区分一线和二线，一线即陆地的边境线，二线即与内地的分界线。把一、二线的海关功能做些调整即可：一线海关管出口，货物不出一线海关不算出口（与现在一样）；二线海关管进口，货物不进到二线海关以外不算进口（与现在不同）。实现双线管理，双向合作。比起外国的“境内关外”式的自由港区又前进了一步，更能增强保税特区的活力和对内地的带动作用。在人员出入境管理上与现在相同，无需改动。使物流、资金流、信息流的流出流入更加方便快捷。

5. 保税特区的设立十分有利于我国对外贸易的进口，这与我国扩大进口，平衡外贸的方针相吻合，使外国更多的先进装备、先进技术更方便地进入保税特区生产和销售，从而方便和扩大我国进口，不但平衡对外贸易，而且有利于我国调整产业结构。进而使我国经济尽快上一个新的台阶，更进一步融入国际市场。

6. 保税特区的设立符合国际惯例，随着经济全球化和区域经济一体化的不断推进，建立各种保税特区或各种功能的自由贸易区，已成为世界经济发展的一大趋势，许多国家已将其列入国家发展战略，我国建立保税特区也是我国与东南亚国家建立自由贸易区的先行试验和实际行动，势必产生良好的国际影响。

7. 三保税特区的设立将进一步增强我国的国际竞争力，保税特区应当具有高端装备制造业的引进、研发、生产和销售功能，高端服务业的集聚功能，国际物流枢纽功能、生产要素集散功能和对内地的强大辐射功能。实现国际投资、国际贸易和国际航运的便利化。同时也实现了邓小平同志提出的在内地造几个香港的愿望。“造香港”绝不是造资本主义香港，而是利用保税特区的机制，创造更高的社会生产力。

此一举措望能决策实施。

关于私有财产保护问题的建议

——在全国政协大会上的发言

（2007年1月）

宪法修正案第二十二条规定：“公民的合法的私有财产不受侵犯。”把保护公民的私有财产权入宪，把一般的民事权利上升为宪法权利，保护力度大大加强，这无疑是个历史性的巨大进步。

但是，这一修正案又产生了另外一个原则问题，就是我们国家适用的司法原则问题，是有罪推定原则还是无罪推定原则的问题。我国的法学界倾向认为我国适用无罪推定原则，而我国的司法实践中，也使用无罪推定原则。并且世界上绝大多数国家都使用无罪推定原则，也可以说无罪推定原则已成国际惯例。

所谓无罪推定原则，就是在未被事实认定是“不合法的”之前，都认定是“合法的”；在未被事实认定是犯罪之前，都认为不是犯罪。例如：在未被事实认定公民违法之前，都认定公民是“合法的”公民，都得到法律保护。因此，在制定法律规定时，没有必要在公民前面加上“合法的”字样（即成了“保护合法的公民”）。如果加上“合法的”公民才予以保护，适用的法律原则就由无罪推定变成了有罪推定，即首先承认公民是“不合法的”，在被认定公民是“合法的”之后，法律才予以保护。这在司法实践上就造成了巨大困难：用怎样的手段首先确认诸多公民是不是“合法的”呢？如果不能首先确认公民是“合法的”，法律又怎么予以保护呢？实际等于说：不确定是“合法的”公民，就不予法律保护。这样的逻辑推理是完全正确的。但在实践上是无法做到的，也是荒唐的。

我们现在回到宪法修正案第二十二条“公民的合法的私有财产不受侵犯”的规定上来。在公民的私有财产前面加上“合法的”字样，无疑是否定了无罪推定原则，而适用的是有罪推定原则。就是说，只有在确定私有财产是“合法的”情况下，才能得到法律保护。在未确定私有财产是“合法的”以前，法律难以保护，或者说法律不能保护。况且，事先确定大量的私有财产的合法性，又是难于办到的事，于是就等于对私有财产不好保护。按逻辑推理，这是完全正确的。但在实践上却是与立法保护私有财产的本意相悖的。

再从公有财产与私有财产平等予以法律保护的法律原则出发，看看“合法的”私有财产予以保护的规定是否恰当。对公有财产的保护，宪法明确规定“公共财产神圣不可侵犯”。而公共财产在社会主义市场经济条件下，也有“合法的”与“不合法的”之分，那么，为什么在“公共财产”前面没有加上“合法的”定语，而成为“合法的公共财产神圣不可侵犯”呢？很显然，在法律规定的条文上，没有真正体现公、私财产平等保护的原则。

为了真正体现公、私财产平等保护的法律原则，为了真正落实无罪推定的司法原则，应取消加在“私有财产”前面的“合法的”定语，改为“公民的私有财产不受侵犯”。

在今年全国人民代表大会上即将通过的物权法草案，同样存在宪法修正案第二十二条的问题。因此，也同样希望在物权法草案正式通过时解决这一问题。这不是一个一般用语是不是恰当的问题，而是一个涉及国家发展的重大司法原则问题，望能引起关注并予以修正。

关于在“十一五”期间实施重大改革开放举措的建议

——在全国政协大会上的发言

（2007年1月）

党中央、国务院带领全国各族人民在各个领域取得了长足进步，民心稳定众望所归。但是，落实科学发展观，构建和谐社会，使我们国家走上科学、民主、法制的道路尚任重道远。我们必须励精治国、敢闯敢试，“十一五”期间在深化改革、扩大开放等方面应有重大突破。为此提出下列建议。

1. 生产资料占有的和谐是社会和谐的根基。应采取对策使生产资料占有走上社会化、分散化、群众化的路子。使多数劳动者占有多数生产资料，并形成强大的、人数众多的、有产的劳动阶级。为此，国有大型企业改制应主要走公众股份制的路子；国有中小型企业改制应主要走企业职工内部持股的路子；广大农村应走合作社、股份合作、龙头企业带农户、大批发市场带生产基地的路子；在我国经济发展到一定程度时，民有企业实行职工与资本分享利润的路子，即给本企业职工用一部分利润建立股权或产权。

坚决防止和克服生产资料迅速向极少数人手里集中的两极分化局面的产生；坚决防止和克服以国有为名，形成官僚资本的特殊利益集团；坚决防止和克服国有企业改制中，国有企业领导人买断资产（实质是自卖自买），职工“买断工龄”，从而推进两极分化的做法。

2. 将上海浦东、天津新港、深圳特区进一步深化改革开放，建成自由贸易特区。在现有政策基础上，只在一、二线海关功能上做一点调整就可以了：一线海关管出口，货物不出一线海关不算出口；二线海关管进口，货物不进到二线海关以外不算进口。其他无须改动。实现双线管理、双向合作，进而把我国的三大经济区的发展带动起来，使生产力向更高层次发展，推动我国经济进一步走向世界。实现邓小平同志在内地造几个香港的设想。

3. 坚决走理论创新之路。使理论工作者放开眼界、放开思想、放开手脚，潜心进行理论研究，对理论研究不加限制、不戴帽子、不打棍子、不装袋子，进而建立各自的学术观点和学派并形成学术体系。而政治领袖的任务是选择和应用什么学术观点和学派的理论，来解决现实的经济、社会问题。而绝不是相反：政治领袖创造理论（不排除个别政治领袖的理论造诣），然后由御用理论工作者给政治领袖编织和附会“理论体系”，这样做不能推进理论创新，而只能窒息理论创新。

4. 在村级直选的基础上，扩大直选范围，实行乡镇一级由公民直接选举产生领导人。进而总结经验，完善体制和运行机制，创造条件逐级向上级政府扩展直选。尚未实行直选的，从上到下实行代表（委员）提名、差额选举。凡是选举产生的领导人在任职期内不得由上级随意再任免或调动，直到任期届满。只有选举机关通过法定程序有权任免，从而克服官场中跑官、封官、买官、卖官等腐败之风。

5. 切实推进行政体制改革。减少行政层级、减少行政机构、减少领导职数、减少公职人员、减少行政审批事项、减少党政不分、减少行政开支，严格规定和限制公职人员的职务消费，严格规定和区分上下级政府的职责和职权，严格规定和限制国务院部门的垂直领导的领域。进而对行政机构设置和职能等实行立法，使行政机构不随领导人的变动而随意变动。认真转变政府职能，构建服务型政府，实现“小政府、大社会”，改变一些地方政府“吃饭财政”的局面，把纳税人的钱最大限度地用在民生上，而不是主要用于官员自己。

6. 放开舆论监督。使媒体只对事实和法律负责（实质是对党和人民负责）。舆论监督是克服官员官僚主义和腐败的最有效武器，应充分发挥其作用。坚决防止和克服对舆论监督的种种限制。

7. 真正把教育放在优先发展的战略地位。增加财政对教育的投入，在“十一五”期间内教育投资应占到国民生产总值的4%以上。把师资教育放在再优先的战略地位。师范院校学生恢复免费入学；取消师范院校中的非师范类高收费专业；提前录取优秀生源进师范院校读书；非师范院校毕业生、没取得师资资格的不能从事教育工作。培养造就大批高素质专业化的优秀师资队伍，这是提高中华民族素质的长久大计。认真改变农村教育以县为主的投入体制，很多县不是不想为，而是不能为，要由各级政府共同确保农村教育的投入。切实加强中等、高等职业技术教育，从师资抓起，形成体系。高等教育要切实提高教育质量，整顿风纪，解决扩招和并校形成的问题。

8. 认真改革医疗体制。实行两条腿走路，适当放开医疗市场，公众的基本医疗保障由各级政府承担，公办医院主要由政府投入，改变目前政府投入严重不足的现状（公办医院目前的经常费用政府投入只占医院整个经常费用的百分之几到百分之十几，加上基建和设备费用政府投入才占到25%左右），政府投入严重不足是当前医院各种弊端的总根源。完善医疗保险制度，扩大覆盖面。民办医疗市场适当放开，由政府监控。

9. 建立严格的权力制衡机制，从体制上和机制上克服腐败。权力不能只靠道德的约束和组织内部监督，再好的外科医生也不能给自己动手术。必须实行组织内、外相结合的监督机制，特别要加强组织外部监督，使任何当权者都不能凌驾于监督之上和之外，坚决防止和克服监督留有死角或暗箱操作。

把国家体制中权力运行的制衡与监督落在实处：司法和法律监督人大实起来，行政监督政协实起来。在这方面我们虽然有进步，但不得不承认仍是最薄弱环节，我参加10年政协工作，开了40多次常委会，竟然一次专门研究监督的常委会都没有开。是到了应该改变的时候了。

10. 切实改变财政分配制度和投入结构。改变财政投入的部门切割办法，改变只管投入不问效果、不问责任的现状，降低财政投入项目的成本，提高财政资金的使用效率。改变财政的投入结构，把对民生的投入放在第一位，严格控制公职人员的职务消费。严格财经纪律，各级财政预决算公开，预备费使用公开，审计公开，人大审查结果公开，实行问责制度。

11. 全力发展文化产业和文化事业。切实改革，把文化产业发展受政治因素制约和影响降到最低限度，使我国文化产业发展迅速赶上世界先进水平。

12. 中央国家机关和各省市机关，不得从大中专毕业生中直接录用公职人员，以防止高级机关官僚化。中央国家机关和各省市机关应从下级政府有基层工作经验的、优秀的公务员中录用。各级政府公开录用公职人员应该规范化、制度化，坚决抵制因人设录取条件等不正之风的蔓延。

贯彻科学发展观必须继续解放思想

——在全国政协常委会上的发言

（2007年10月）

中国共产党的第十七次代表大会为贯彻科学发展观开辟了广阔的道路，要落实科学发展观，首先要继续解放思想。

解放思想，是邓小平同志在30年前首先倡导的，那时的解放思想解决了“以阶级斗争为纲”问题，解决了“个人崇拜”和“真理的标准”问题，总之是突破了束缚发展生产力的桎梏，引来了思想的解放、观念的更新、理论的发展、社会的变革、生产力的提高和中国的进步。

30年后的今天，胡锦涛总书记在十七大报告中提出解放思想是建设中国特色社会主义的一大法宝。并强调：“深入贯彻落实科学发展观，继续解放思想，坚持改革开放，推动科学发展，促进社会和谐，为夺取全面建设小康社会新胜利而奋斗。”因此，我们必须根据当今世界与中国的实际，探讨继续解放思想新的任务和新的内涵。

一、从理论上破除用国有经济占主体地位来界定社会主义本质特征的做法

从历史上看，自从有国家以来就有国有制经济，国有制经济是任何形态国家的共有特征，而不是社会主义国家所独有的特征。任何一个国家在不同的发展阶段上国有经济占有的比重是不相同的，因此，也不能用国有经济占有的比例的多少来界定社会主义性质。从马克思主义经典作家的“生产资料归社会所有”和在此基础上实现“个人所有制”的理论上看，国家所有制并不是“生产资料归社会所有”的唯一正确的实现形式，我们现在实行的股份制、股份合作制、职工持股制等形式，即劳动者的劳动联合与劳动者的资本联合，正是“生

产资料归社会所有”的更好、更有效的实现形式。它是为适应生产的社会化而实现的生产资料占有社会化的规律而发展的。它是公有制的实现形式。如深圳的华为公司有四万多职工持有股份，企业是职工的企业，财产是职工的公共财产，它是劳动者的劳动联合与劳动者的资本联合的组织形态，因而不能把它界定为私有经济，而应界定为公有经济。但我们的统计口径把这类经济统计为民营经济（即非公有制经济），因此才统计出非公有经济占67%的比例，这是值得商榷的。

不以国有经济占有的比例来界定社会主义性质，而以生产资料占有社会化的各种实现形式，大力发展公共占有制经济，从而形成强大的、有产的劳动阶级，才是实现科学发展观，走共同富裕的正确道路。

二、从体制上解决“农民工”问题，这是继续解放思想的又一重大任务

我国工业化初期，是靠工、农产品的价格剪刀差来积累工业化资金的，实际上牺牲了农民的利益。我国工业化中期，靠便宜的征用农民的土地，用地租差价来加快实现城市化和工业化，同样是牺牲了农民的利益。在加速实现工业化和城市化的现阶段，造就了1亿2千多万“农民工”，就是由于他们是农村户籍，使他们的劳动付出与他们所享受的权益极不相称，他们在城里成了二等公民，与城市户籍的职工同工不能同酬，生活条件最差，劳动强度最大，而且缺乏社会保障，子女教育也造成很大困扰。这个上亿人口的不和谐再不从体制上解决，就要延续到他们的下一代人，那就更难解决了。

解决的办法并不是十分困难，关键在贯彻以人为本，继续解放思想。一是加强农村教育事业的人力、财力投入，大力提高农村劳动者的素质和技能。二是在城里打工有相当时间、有劳动技能、有较固定的工作岗位、在城市里有固定的居所（包括租房），具备以上条件者，应予解决城市户籍问题。其他问题就迎刃而解了。

三、认真进行行政体制改革

这件事涉及拆自己的“庙”、削自己的权、减自己的利，实质是革自己的命，难度可想而知。但是为了贯彻科学发展观，为了国家和人民的利益，这一改革势在必行。一是减少行政层级，由目前的七级规范为四级为好。二是宏观经

济调控由中央一级调控改为适当分权分级调控。三是从中央做起，精简国家机构，裁减冗员，减少党政机构交叉，减少机构重叠，合并同类机构，把有些职能由政府转为市场、中介机构、社会团体和企业来承担。把政府转变为服务型政府，并改变不必要的垂直条条领导方式。四是严格控制公职人员职务消费，减少行政支出比例。严格限制公款出国、公车消费、会议消费等等，坚决禁止公款旅游、公款吃喝、公款送礼等等习以为常的不正之风。五是改革税收制度，把所有税种改为中央与地方共享税，适当增加地方各级的分成比例，从而减少中央对地方的转移支付。确实需要转移支付的，由现行的中央各部门条条分散转移支付，改为中央对省（市）、省（市）对县（市）的垂直整体转移支付，以减少转移支付成本，提高财政资金使用效率。

四、进一步对外开放

为了香港的长期繁荣稳定，为了国民经济持续健康发展，为了沿海经济对内地经济拉动力更大，应采取必要政策和措施，把深、港共同建成国际大都会经济圈。首先，对经济管理体制和口岸管理体制进行改革，使人流、物流、资金流、信息流畅通无阻，似若同城。其次，进一步放宽人民币业务，进而使两地证交所在运行机制上达到统一联动运作，融为一体。再次，在深港边界的落马洲地区，深、港共同开发具有国际吸引力的高新技术开发区和商贸物流区。

总之，继续解放思想任重道远，需要我们努力探索，努力实践，为全面建成小康社会而努力奋斗。

创新是我们这座城市的品格

——在深圳市纪念改革开放30周年座谈会上的发言

（2008年8月）

中国改革开放已经走过了30年的辉煌历程，深圳经济特区也已建设28周年了，回首往事，我们这些创业者必定会感慨万千，有好多宝贵的经验值得我们总结、继承和发扬。在这里我只想强调一点，我认为也是最重要的一点，就是用拓荒牛精神去创新。

深圳在这28年中，属于深圳第一的恐怕也不下几百项，深圳首创的有成千上万。经济体制的创新、运行机制的创新、规章制度的创新、法治的创新、科学技术的创新、经营管理的创新等等，人们要问：深圳为什么会有这多么的创新呢？

这就是深圳经济特区的实践造就了开拓者们的开拓创新、团结奉献的拓荒牛精神！这种精神是我们这座城市的特殊品格，这种拓荒牛精神不是一朝一夕形成的，更不是一蹴而就产生的，而是经过20多年前赴后继的探索、艰苦卓绝的斗争，经过无数次由失败到成功的磨炼才逐步形成这种精神的，这种拓荒牛精神一旦形成，它将成为攻无不克、战无不胜的强大的精神动力。

这种拓荒牛精神的内涵应包括开拓创新、艰苦奋斗、百折不挠、无私奉献等等，其精神实质是创新。过去是这样，现在是这样，将来也应该是这样。

我们过去的创新重点是一项一项的单项创新，那么现在的创新应该是全方位、全面的创新，即建设创新型国际一流城市，这应该作为我们这座城市的灵魂，成为我们工作方向的核心。为什么这么说呢？

一是符合我们这座城市历来的拓荒牛精神的品格；二是符合我们国家要创建创新型国家的历史要求；三是符合省委、省政府提出的继续解放思想的精神；四是符合历史发展的客观规律，符合深圳发展的现实。我们深圳的广大干部、群众在创建创新型国际一流城市的旗帜下，凝聚力量，继续新的长征。

创新型国家的基本要求有三：一是科技研发投入要占到GDP的2.5%，美国占3.2%，中国占1.44%，深圳占3.28%，由此可见我市的科技创新是走在前列的；二是科技对经济发展的贡献率达70%，美国达70%，中国达39%（深圳没有确切统计，深圳的目标是2015年达到60%）；三是科技发展的对外依存度30%以下，美国25%，中国60%。我们的国家正朝着创新型国家而努力奋斗，那么作为以拓荒牛精神为核心的深圳，应该为创建创新型国家多作贡献，在这种历史背景下，创建创新型国际一流城市的主题就应该应运而生了。

创建创新型国际一流城市是全方位、全面的，它大体应该包括：创新型人才的培养、吸收、选拔与使用；创新型产业的培养和吸引政策；创新型城市指标体系的建立和统计；创新型城市的政策体系导向；创新型城市政府职能的转变与创新；创新型城市的体制、机制的继续完善；创新型城市文化的拓展；创新型城市论坛的组织；创新型城市的经营与管理；创新型城市的评估与奖励等方面。

创建创新型城市的中心思想是紧紧围绕发展社会生产力，提升城市核心竞争力，走科学发展、协调发展之路，这是贯彻科学发展观，继续深化改革，扩大对外开放的必然选择。全市广大拓荒牛们在市委、市政府的正确领导下，一定能为广大市民创造出更加美好的生活，一定能为我们的国家继续作出更大的贡献，一定能使我们的城市更加繁荣昌盛。

让我们大家为我们这座城市的未来而祝福!

太离奇的判决*

（2008年11月）

一、从中国银行武汉花桥支行违规说起

泰国商人吴贤成1992年3月3日在香港注册了香港贤成集团公司，注册资本金20港元，吴任董事长（以下简称香贤公司）。接着，吴贤成以香贤公司为借款甲方，与中国银行武汉花桥支行信托部为乙方，于1992年9月29日、11月13日和1993年1月31日签订三份《投资合同》，共计向香贤公司借出3900万元人民币，借款期为一年，年息25%和27%。《投资合同》内写明："就投资香港贤成集团公司"。《投资合同》由甲方吴贤成和乙方副行长孙云琳亲自签订，并由二人签名、盖章，又有廖红兵律师鉴证。

合同签订后，花桥支行把3900万元人民币按照吴贤成的指定，汇入深圳南泰针纺织品公司吴贤成个人设立的账号上，然后吴贤成分别将钱汇入十几个单位，其中主要分四次汇入中建三局一公司2216.5万元人民币（中建三局一公司为建深圳贤成大厦的施工单位），通过该施工单位换成港币2660万元分五次取走，弄到海外自用。其中有400万元作为吴贤成的小老婆段继红个人借给深圳贤成大厦有限公司（在深圳的中外合作公司，中方四股东任董事，吴贤成任董事长，以下简称深贤公司）的借款，月息3厘。

吴贤成香贤公司借款到期未还，花桥支行行长喻德智又与吴贤成确认还款责任，于1993年12月6日签订了总《投资合同》，合同确认吴贤成将以泰贤公司（吴贤成与其妻翁婵珍在泰国的注册资本金为200万元泰铢，相当人民币60万元的公司，是投资深贤公司泰方吴贤成的母公司），香贤公司五个方面筹措资金还债。

话说到这里，人们不得不问：中国银行武汉花桥支行为什么借巨资给注

* 此文已通过全国人大代表转交给最高人民法院领导人。

册资本金只有20港元的空壳公司呢?为什么未经中国人民银行批准竟敢向境外公司违章投放巨款呢?为什么借款用深贤公司的楼花的共有财产为吴贤成香贤公司借款作非法、无效抵押,花桥支行能够同意呢?是什么力量促使花桥支行领导人如此胆大妄为去违规、违法呢?

二、没有无缘无故的爱

据最高检察院以陈燕麟为首的专案组的结案报告披露,花桥支行副行长孙云琳、科长刘人本先后在深圳、香港、泰国接受吴贤成和其小老婆段继红的贿赂人民币、港币、泰币若干和电视机及录像机各一部。他们自己均已承认,并交出了钱和物。但武汉市检察院做撤案处理,未追究孙云琳、刘人本受贿责任和段继红行贿责任。最高检察院1997年的《关于吴贤成等人涉嫌犯罪案件处理意见的报告》文件中说:"孙云琳、刘人本收受段继红所送1万元港币(实际不止此数——笔者注)以及彩电、录像机各一台的事实已经查清,武汉市人民检察院对孙云琳、刘人本涉嫌受贿作撤案处理的理由不妥,责成湖北省检察机关对孙、刘涉嫌受贿重新审理,同时一并审查段继红行贿责任。"但是湖北省检察机关直到现在没有重新审理并追究其法律责任。

早在1994年,花桥支行领导人就与吴贤成、段继红在泰国曼谷合伙注册了"银泰公司",谎称要在泰国曼谷共建贤成大厦。接着,花桥支行便给吴贤成在深圳的账户两次汇去210万美元,至今被吴贤成侵吞。但是,同时在花桥支行与吴贤成注册的银泰合资公司股东股权名单上就出现了花桥支行行长喻德智4000股、副行长孙云琳4000股、信贷科长刘人本2200股、信贷员某某1200股。这些花桥支行干部的股权持股人的地址不是武汉花桥支行的地址,也不是这些干部在武汉的家庭地址,而是与吴贤成在泰国的家庭同一地址,可见这些股权是多么隐秘!花桥支行的这几位干部没有私人投资,为什么会有私人股权呢?而且持有股权的多少与职务大小挂钩呢?这难道不是他们违规借款给吴贤成3900万元和寄给吴贤成210万美元的另一种形成的回报吗?

花桥支行领导人称:在泰国不允许有外国公司持股,只允许个人持股,这不是事实!花桥支行领导人名下的股权,与花桥支行应在银泰公司所持有的股权数根本不相称!

这种金钱的受贿、物质的受贿和给予个人的股权虽然有限,但使国家银行资金损失巨大!

这种用违法乱纪损害国家银行公共利益,换取个人好处满足个人私欲的行为,严重败坏了国家公职人员的职业道德!

三、花桥支行领导人喻德智、孙云琳与段继红炮制假文书

花桥支行领导人喻德智、孙云琳把银行的3900万元借给吴贤成的香贤公司之后,已过还款期,不还自用,借款未用来建深圳贤成大厦,最高检察院已立案侦查吴贤成涉嫌诈骗,虽然已收取了吴贤成的护照,令其留在国内协助调查,但吴贤成仍逃往海外。其小老婆段继红(武汉人)于1994年7月6日急忙赶到武汉,与花桥支行商量对付最高检察院专案组的对策,于是花桥支行当天晚上包括打字员和司机在内全体加班,合谋赶制出假的《关于修改变更投资合同的协议》,恶意把花桥支行与香贤公司签订的已执行完毕的投资合同的还债责任转嫁到未借款、未用款的第三方——深贤公司头上。于是在协议中把深贤公司作为丙方加了进去,成为花桥支行(乙方)、香贤公司(甲方)、深贤公司(丙方)的三方协议。协议约定:就有关乙方向深圳贤成大厦投资贷款的合同修改变更及终止的事宜达成如下意见,三方共同遵守:一、甲方与乙方所签订的1992年9月29日、1992年11月13日、1993年12月6日的投资合同及有关附件资料因与实际情况相悖,双方同意终止,以新的合同代替。二、鉴于乙方资金3900万元已按丙方要求汇入其指定账户,用于深圳贤成大厦建设,甲乙丙三方商定,将原甲乙双方所签订的《投资合同》中甲方享有的权利义务由丙方承继,由乙方与丙方签订《投资合同》……三、若丙方不能按《投资合同》规定的时间偿还贷款,乙方有权追究其违约责任。四、本协议签字盖章生效,有关乙方向深圳贤成大厦投资事项以本协议及乙丙双方所签订的合同为准。就是在炮制三方协议的同时,段继红与花桥支行还炮制了乙方与丙方的两份假《投资合同》,两份假投资合同时间倒签1992年9月29日和1992年11月13日的原投资合同时间。同时还炮制了假催款通知书、假指定汇入账户的函和假收条等一系列假文书。

我们为什么说三方协议和两份倒签时间的投资合同都是假的呢?

第一,从吴贤成的角度看:吴贤成以香贤公司为甲方,花桥支行为乙方签订的《投资合同》已全部执行完毕,吴贤成把3900万元全部拿到手了,再签同

样3900万元的协议和合同，明明白白是转嫁债务给第三方的虚假协议和虚假合同。协议中所谓甲方的权利，即3900万元的使用权吴贤成已拿走了，实际是把还债的义务转嫁给丙方深贤公司。天下有这样的道理吗？

第二，深贤公司董事长吴贤成已跑到海外，其小老婆段继红拿着深贤公司公章和吴贤成的私章，与花桥支行领导人签订的三方假协议和两份假投资合同。段不是深贤公司股东和董事，她有权力有资格代表深贤公司吗？深贤公司董事会既没有此笔借款的决议，也没有承担此笔借款还债的决议。她签的协议和合同有法律效力吗？显而易见，协议和合同是虚假的、无效的。

第三，从花桥支行的角度看：该行（乙方）已把3900万元借给了甲方香贤公司，并已执行完毕。该行再与甲方吴贤成的小老婆签同一个3900万元的假协议和假合同，把还债责任转嫁给丙方深贤公司。银行这种行为是合法的吗？这难道不是恶意串通转嫁债务的欺诈行为吗？

第四，从三方协议的内容看，也是虚假的。协议约定：“就有关乙方（指花桥支行）向深圳贤成大厦投资贷款的合同修改……”请问：在此三方协议签订之前，花桥支行向香贤公司的借款与深贤公司毫无关系，根本就不存在向深圳贤成大厦贷款的合同，而只存在向香贤公司贷款的合同，对不存在的合同“修改”什么呢？甲借款不还，然后篡改为丙借款，向丙讨债，这叫“修改”合同吗？甲方吴贤成是为了骗钱，乙方花桥支行收了吴贤成的贿赂，不敢向吴讨债，然后与吴的小老婆段继红串通把还债责任通过假协议和假合同转嫁给丙方深贤公司，找个冤大头抵债！这不是恶意串通涉嫌诈骗又是什么？是可忍，孰不可忍！

三方假协议又说：“鉴于乙方资金3900万元已按丙方要求汇入其指定账户，用于深圳贤成大厦建设。”这又是在明目张胆地虚构事实！在此三方假协议前，吴的香贤公司借款，根本与深贤公司（丙方）毫无关系，怎么会出现丙方指定汇款账户呢？“指定汇入账户的函”和假“催款通知书”、假“收条”等都是当天晚上段继红与花桥支行领导人炮制出来的假文书。他们已经做了承认的交代，均记录在案，这就完全证明三方协议是在造假！这不是涉嫌合谋诈骗又是什么？

综上所述，无论从哪个角度看都是虚构事实！都是恶意串通！都是合谋欺诈行为！都是践踏法律！

四、武汉市检察院反贪局涉嫌取伪证、出伪证，执法犯法

武汉市检察院反贪局立了花桥支行副行长孙云琳、科长刘人本受贿案件，派方文斌等二人来深圳中建三局一公司查证吴贤成在花桥支行借的3900万元的去向时，只取吴贤成分四次打入中建三局一公司的2216.5万元人民币的账，而不取吴贤成通过中建三局一公司把2216.5万元人民币换成港币2660万元分五次取走的账。并在调取的材料上特意让中建三局一公司总会计师陈安林在材料末尾加上一句话："不存在外汇调剂问题"。陈安林在后来的证词中写道："那句话是来调查的反贪局干部让我加上去的，我是用另一支笔写的，笔画粗细不同。"吴贤成从南泰账户分四次打入中建三局一公司的人民币和由中建三局一公司分五次给吴贤成打出的港币，账目都在那里，一清二楚，方文斌等人为什么只调取吴贤成打入中建三局一公司的人民币账呢？很显然想通过这一伪证，给人一个"吴贤成在花桥支行的借款主要都用于贤成大厦建设的假象"（因为中建三局一公司是建设贤成大厦的施工单位）。

继取伪证之后，武汉市检察院反贪局又给他们的侦查对象武汉花桥支行涉嫌出伪证《情况说明》。在该《情况说明》中，把吴贤成的小老婆段继红于1994年7月6日与花桥支行签的两份时间倒签的假《投资合同》说"是真实的"。认证合同真伪是公安部门的职权，武汉市反贪局为什么敢于超越职权，给被检察机关立案侦查的对象武汉花桥支行涉嫌出伪证呢？内中有什么黑幕和交易？令人生疑！

武汉市反贪局检察官涉嫌执法犯法，在本案中起到相当大的破坏作用。给无辜第三方和社会造成了极大的危害和严重后果！武汉市检察院反贪局涉嫌取伪证、出伪证的恶劣行为，与花桥支行和段继红串通制造假协议、假合同、假指定汇入账户的函等一系列假文书，有异曲同工之妙！都是在同一件事情上，在不同的方面，通过不同的人物，进行违法乱纪而造假！是可忍，孰不可忍！

五、把造假的证据搬上法庭——花桥支行铤而走险，庭长王青枉判

吴贤成以泰国贤成两合公司为母公司在深圳与中方四家公司成立的深圳

贤成大厦有限公司(简称深贤公司)为中外合作公司,中方出土地,外方出资金,共同建深圳贤成大厦(号称“中国第一楼”),吴贤成任深贤公司董事长,中方四公司领导任董事,成立了公司董事会,公司章程规定:公司重大事项均由董事会决定。

由于深贤公司董事长吴贤成不按承诺投资建大厦,在国内银行借款弄到海外未用于建设深圳贤成大厦,吴贤成携款潜逃海外,公司营业执照已过期8个多月,并未办理延期手续,大厦建设由于吴不投资,已停工一年以上。经深圳市工商局请示国家工商局,国家工商局下发107号正式文件,以《企业法人登记管理条例》第二十二条规定做出正式解释,认为依据此二十二条对深贤公司予以直接注销是完全正确的。故市工商局注销了深贤公司,接着依法组织清算组对深贤公司进行清算。

此时,中行武汉花桥支行依据伪造的假协议、假合同等假文件,向深贤公司清算组申请债权,要求清算组清偿3900万元的借款本息。深贤公司清算组查遍该公司所有账目,找不出3900万元借款账目,深贤公司既没借此款,也没用此款,因此清算组不予确认。

1996年3月10日中行武汉花桥支行行长喻德智在武汉市中院把深贤公司清算组和深贤公司的后续公司深圳鸿昌广场有限公司告上法庭(以下简称鸿昌公司)。

喻德智的诉讼理由很简单:就是依据1994年7月6日段继红和花桥支行领导人签的两份假《投资合同》,把时间倒签到1992年9月29日和1992年11月13日。还依据同时造出的两份假《催款通知书》。诉状中称:“原告曾于1993年8月12日、1993年12月7日两次向深圳贤成公司发出‘催款通知书’,要求其尽快偿还3900万元贷款本息……”在喻德智、孙云琳后来向检察机关交代的材料中,也不得不承认这“催款通知书”是后来与段继红造的。明眼人一看便知是假:在1993年当时只存在花桥支行向香贤公司贷出的3900万元,根本就不存在向深贤公司的贷款,怎么会有向深贤公司讨债的“催款通知书”呢?这种造假并不高明,漏洞百出!假的就是假的,假的到什么时候也变不成真的!

深贤公司的后续公司鸿昌公司也成了被告,根据政府办公厅的188号会议纪要,鸿昌公司应依法承继深贤公司的合法的债权债务。纪要写明:“由吴贤成先生个人造成并同大厦建设无关的债权债务由吴贤成先生本人负责。”吴贤成香贤公司借的3900万元，与鸿昌公司毫无关系，鸿昌公司怎么会承担偿还责任呢？

在深贤公司清算组和鸿昌公司未应诉、未答辩的情况下，在武汉中院分管副院长柯XX（因受贿已判重刑）和庭长王青（因受贿已判重刑）的一手操控下，于1996年9月25日下判（1996）武民初字第124号枉法判决书：“原告花桥支行的诉讼请求合理合法，本院予以支持。”下判后并强制执行：从鸿昌公司账上强行划走77万元人民币和785万元港币，给鸿昌公司造成巨大经济和声誉损失！花桥支行铤而走险，法院一审枉判，替造假者抢钱！是可忍，孰不可忍！

六、武汉中院告申庭再审还事物本来面目，推翻王青的枉判

深贤公司清算组和鸿昌公司不服武汉中院一审判决，请求武汉中院再审，于1996年12月23日发出请求再审申请书。该申请书用事实充分揭露花桥支行串通段继红签订假协议、假合同、假指定汇入账户的函、假收条、假催款通知书等伪造假文书以转嫁债务的涉嫌犯罪事实，及吴贤成香贤公司的借款未投入深圳贤成大厦建设，而换成港币弄到海外的事实，以及吴贤成郑重向广东省高级法院的申明：“事实上，吴贤成先生从未以深圳贤成大厦有限公司的名义向任何单位借贷”的口供。

武汉市中级法院于（1997）武民监字第39号民事裁定书决定由本院另组合议庭再审。

经武汉中院开庭再审，于1999年4月23日下判（1999）武民再字第10号民事判决书。

经再审查明：1992年9月29日、11月13日，1993年1月31日，花桥支行与香港贤成集团有限公司（以下简称香贤公司）先后签订了三份《投资合同》和一份“关于1992年9月29日合同的说明”，共计向香贤公司投资贷款人民币3900万元，合同签订后，分次汇入香贤公司董事长吴贤成指定的“南泰针纺织品有限公司（以下简称南泰）的账户。嗣后，吴贤成等人通过转账、调换港币、提取现金等方式，将汇入南泰账户的人民币汇入中建三局一公司（深圳贤成大厦的承建单位）、江门兴盛房地产公司等单位，换得港币4544万元（含西安农行的部分借款），偿还泰国贤成两合公司（以下称泰贤公司）向香港佳和有限公司的借款本息……1993年12月6日……花桥支行行长喻德智与香贤公司董事长吴贤

成又签订了一份总《投资合同》，该合同中，约定香贤公司将以泰贤公司出让股份的资金，香贤公司出售楼花的先期收入（香贤公司为空壳公司，何来楼花？仍在继续欺诈——笔者注），香贤公司用在泰国的土地作抵押的贷款，香贤公司将花桥支行在泰国银泰公司总投资中的二期投资款融通后，及香贤公司所能得到的其他融资款等五个方面的资金作为还款来源”。从武汉中院再审判决书中引用的花桥支行行长喻德智与吴贤成签订的总《投资合同》中的内容不难看出：①吴借的3900万元过期不还，喻德智逼债，才又签此总合同。②从吴在合同中提出的五方面还债来源看，都是香贤公司的债务，要由香贤公司来还。③从吴应允的五方面还债来源看，此3900万元的借款与深贤公司毫无关系。

据此，再审判决：“撤销本院（1996）武民初字第124号民事判决，深圳贤成大厦有限公司清算后，以董事长吴贤成在该公司的实际投资所产生的价值或楼房面积折抵，偿还中国银行湖北省分行花桥支行的投资贷款3900万元及资金占用费。”

武汉中级法院再审光明磊落地把案子翻了过来，明确了钱是吴贤成借的，亦由吴贤成归还。还了事物本来面目，王青等人的枉法判决被推翻。

七、花桥支行以假文件上诉，继续铤而走险，湖北省高院太离奇的判决

花桥支行的领导人深知，倘若他们诉深贤公司（清算组）败诉，势必面对向吴贤成讨债，这是他们绝对不愿意做的事。早在武汉中院审理此案时，法院就提出要求把吴贤成列为被告第三人，但遭到花桥支行领导人的坚决拒绝。他们究竟是为什么不敢向真正借款人吴贤成讨债呢？花桥支行领导人为什么怕面对吴贤成呢？是不是有不小的把柄在吴贤成手中？如果把吴贤成逼急了，把黑幕抖出来，灾难就会在所难免了！还有：如果花桥支行败诉，他们自己明白，将涉嫌与吴贤成、段继红合谋伪造证据，涉嫌进行诈骗！如果不是上述分析这样，花桥支行为什么用假的东西一而再、再而三地铤而走险呢？

于是，摆在花桥支行领导人面前，就只有一条路——用假的证据铤而走险走到底，如果“功夫”做足了，说不定还会取胜！于是，花桥支行继续上诉到湖北省高级法院。其上诉状主要依据有两条：一条是依据1994年7月6日段继红与花桥支行喻德智和孙云琳签的假协议、假合同、假指定汇入账号的函、假收条等假文书。另一条是依据武汉市检察院反贪局给花桥支行出具的把假合

同说成是真合同的《情况说明》的伪证。上诉书称："深贤公司按照《关于修改变更投资合同的协议》约定补充的《投资合同》、《关于指定汇入账户的函》及《收条》等相关文件上都盖有深贤公司的公章，以及深贤公司当时的法定代表人吴贤成的印章。这些公章都是深贤公司在工商部门登记备案的真实有效印鉴，这些公章的真实性也是几名被上诉人所无法否认的。况且，一审人民法院查明：1994年5月28日原深贤公司职员段继红携深贤公司的法人印章和吴贤成私章与上诉人签订两份投资合同，由此足以证明该行为并不仅仅是吴贤成个人行为，而是深贤公司的法人行为。""对于上诉人与深贤公司所签订的两份投资合同的真实性，还有武汉市人民检察院所出具的《情况说明》予以印证。该证据系武汉市人民检察院反贪局根据调查，认为上诉人根据1993年中央六号文件精神，与深贤公司及香贤公司协商后签订的，是对3900万元投资合同的修改和完善，是真实的。作为具有侦查职能的反贪机关，其调查的真实性、合法性、有效性和彻底性是毋庸置疑的……该证据证明力是高于其他的证据的。"

我们现在看看上诉书提的两方面证据是真还是假？是合法还是违法？是有效还是无效？

吴贤成小老婆段继红1994年7月6日急忙跑到武汉签订的上述假的协议、合同、收条等等是在什么背景下进行的呢？

1. 花桥支行对香贤公司的《投资合同》3900万元已经执行完毕，钱已经落入吴贤成个人腰包，并没汇入深贤公司账户。

2. 1993年12月6日花桥支行行长喻德智与吴贤成签的总《合同》中，指出的吴的还债五个方面来源均是香贤公司和泰贤公司，根本与深贤公司无关。

3. 检察机关对吴贤成涉嫌诈骗开始侦查，并派人去武汉花桥支行取证，花桥支行孙云琳、刘人本躲起来，不见检察机关调查人员。调查人员要索取吴与孙签的《投资合同》，喻德智说人不在，锁上了，拿不出，拒绝调查，怕露马脚。据孙云琳1994年10月31日向检察机关交代："1994年7月份，深圳检察院（实则是最高检察院——笔者注）查我们支行后，喻行长说怕我们这3900万的投资出问题，说要我们把合同漏洞补起来，就补了一些手续。"

4. 香贤公司与深贤公司虽然董事长都是吴贤成一个人，但二企业毫无隶属组织关系和经济关系，香贤公司没有权利和义务向深贤公司投资。

5. 深贤公司章程规定合作公司的任何重大问题必须由董事会决定，而深贤公司根本没有接受香贤公司债务的董事会决定。中方四股东对此毫不知情。

6. 花桥支行清楚知道深贤公司有中方股东，是中外合作公司，这样恶意串通转嫁债务必然要损害中方股东权益。

7. 段继红是深贤公司职工，不是深贤公司股东，又没有董事会决议，段继红根本没有任何权力和资格代表深贤公司签任何文件，她偷拿深贤公司公章与花桥支行签的任何协议和合同都是违法的、无效的。

8. 段继红事后代表深贤公司制作的指定汇入账户的函是虚构事实，在喻、孙与段签订这一系列假文件之前，根本与深贤公司无关，深贤公司怎么会出具指定汇入账户的函呢？据花桥支行科长刘人本1994年10月14日向检察机关交代："和吴贤成签完合同后，当时我带了1100万元汇票将款打到深圳南泰针纺织品有限公司，接着我打电话给行里的邓军叫他再汇1300万元到深圳南泰公司账上。"刘人本1994年11月1日又向检察机关交代："签好合同后，是段继红给我们指定汇入账号的，我将1100万元付出，汇入段指定的深圳南泰针纺织品有限公司账户，之后我们回武汉。"行长喻德智1994年11月3日向检察机关交代："资金按吴贤成的要求汇入深圳南泰针纺织品有限公司，而不是直接汇入贤成大厦有限公司。"又据副行长孙云琳1994年10月14日向检察机关交代："就在这一年陆续汇到吴贤成指定的银行2400万元。"一切事实证明深贤公司指定汇入账号的函是嗣后伪造的。

9. 据1994年10月31日花桥支行副行长孙云琳向检察机关交代：检察人员出示花桥支行与香贤公司签的投资合同和与深贤公司签的协议、合同后问："这些哪些是真的、哪些是假的(即后来补的)？"孙答："凡是我签字的，亲笔签的字的都是真实的。另外的都是后来补的。"吴与孙签的以香贤公司为借款甲方的《投资合同》都是有吴贤成和孙云琳二人签名并盖有公章。后来段继红与孙云琳签的假协议、假合同等，因吴已逃往海外，就只有吴和孙的私章，二人均未签名。可见孙云琳完全承认后来补的都是假的！连他们自己都承认是假的东西，还要依据假的东西起诉。是可忍，孰不可忍！

10. 还有一个重大背景，就是孙云琳、刘人本在给吴贤成的香贤公司贷款过程中都受了贿赂，所以才发生后来参与签假协议、假合同涉嫌合谋转嫁债务的欺诈行为。据刘人本1994年10月向检察机关交代："去泰国后，段继红在我们住的长城酒店，一次给我和孙行长每人2万泰铢。""1993年年初，我去泰国前，段继红在她的深圳家里送给我3万元人民币和2万元港币。”“我回到武汉后，去了孙行长家里，用报纸包了1万5千元人民币和1万元港币交给了孙行长。当时孙行长女儿看电视，我叫她出去后，才给孙行长的。”检察人员问：“段小姐为什么要送钱给你和孙行长？”刘答：“我认为，段小姐给我们钱，有对我们行3900万元借款表示感谢的意思。”

又据副行长孙云琳1994年10月15日向检察机关交代，在泰国宾馆吃饭时，“段继红说我不能老陪你们，平时你们要花费，就给你们3万泰铢，你们自己掌握，这样我就接过来，并给了一半15000泰铢给刘人本，他也收下了。”“1993年5月、6月份，我与刘人本一起去香港考察香港宜丰公司的经营状况，段继红在我住的宾馆里给了我10000港币，她说这是她为我们买的莱英达公司股票的分红，我没有给钱买股票，段说她为我和刘人本买了股票，但我没见到股票凭证，就得了这10000港币”。检察人员问：“你为什么收下这港币？”孙答：“我当时想她可能感谢我。关照我们，向我们表示一下。”“我为贪图小利这么做，是违法犯罪行为。”

又据1994年10月15日刘人本交代：在花桥支行给香贤公司1500万元《投资合同》贷款签订之前的1992年11月13日，段继红送给刘人本乐声M25彩电一台，F55录像机一台（发票号NO0072682，NO072684）。检察人员问：“段为什么送给你？”刘答：“是为了感谢我们，而给我的报酬”。

上述这些背景情况，使大家就不难明白为什么花桥支行卖力地与吴贤成串通一气签假协议、假合同了！

身负涉嫌受贿罪责，又有恶意串通制造假文书转嫁债务的欺诈行为，这样的单位和其领导人还有资格、有权力诉讼别人吗？依据这些假文书还能胜诉吗？

但是，事情就是这么怪——湖北省高级法院下判花桥支行胜诉！

湖北省高级法院的（2006）鄂民四再终字第1号判决书（实则是2008年11月下判——笔者注）认定：“香贤公司、深贤公司及中行花桥支行三方签订的《关于变更修改投资合同的协议》合法有效。”但同时认定：“深贤公司与中行花桥支行所签订的几份《投资合同》由于时间系倒签，且并未履行，属虚假合同。”

段继红与花桥支行行长喻德智、孙云琳于1994年7月6日制造的假的《关于变更修改投资合同的协议》和两份《投资合同》，及其他文书，均属虚构事实，湖北省高级法院为什么把协议和合同分开，认定一真一假呢？《投资合同》“由于时间倒签”认定是假，而协议签5月28日也是时间倒签，为什么就变成“合法有效”了呢？这种法官难道不是由于某种原因冲昏头脑了吗？真是千代笑柄！离奇审判！

离奇之一是：在上述三方协议中，一开始就露了馅，协议写道：“就有关乙方（指花桥支行——笔者注）向深圳贤成大厦投资贷款的合同修改变更及终止的事宜达成如下意见。”请问：在此三方协议签订前，花桥支行有向深圳贤成大厦的投资合同吗？没有！在此之前深贤公司根本就没参与此项投资活动，何来的向贤成大厦的投资合同？在花桥支行向香贤公司的1992年9月29日的《投资合同》中明明写着：“就投资贤成集团有限公司，达成如下协议”，在1992年11月13日的《投资合同》中也同样写明：“就投资贤成集团有限公司，达成如下协议。”在1993年元月31日的合同中也写的是上述同样字样。在吴贤成与孙云琳签的以香贤公司为借款甲方的合同中，根本没有深贤公司参与，在三方协议中怎么会出现投资深贤公司的合同呢？香贤公司不是深贤公司的股东，香贤公司有什么权利和义务向深圳贤成大厦投资呢？这种无中生有的拙劣手法，高级法官怎么会失察呢？

离奇之二是：在三方协议中明明写道在签协议后，由乙、丙双方再签《投资合同》，“以新合同代替”。并明确写明：“有关乙方向深圳贤成大厦投资事项以协议及乙、丙双方所签订的合同为准。”湖北省高院法官以中间过程的三方协议为准判定，而把“为准”的假合同抛开，这符合什么情理？符合什么道德？符合什么法律？假三方协议和假《投资合同》本来是段继红与花桥支行一起同时制作的假文书，二者是分不开的，二者是制假的全过程。把“为准”的假合同认定是假的，是不合法的，而把三方协议的中间过程文书认定是“真的”“是合法的”，这不太离奇了吗？

离奇之三是：明明卷宗里有他们合谋造假的足够证据，湖北省高院法官却不理不睬。如：据花桥支行干部邓军向检察机关交代：“我记得有喻行长、刘行长、段继红，我自己也参加了一个晚上”，“还有打字员黄江珉、刘人本和段继红负责修改合同，我负责校对，小黄打字……到凌晨一两点钟才校完回家。”又据花桥支行行长喻德智1994年11月3日向检察机关交代，检察人员问：

“除了应付检查你们还重新签了哪些合同？”喻答：“还有重新签的投资合同，关于合同的补充协议、关于指定汇入账号的函，催款通知书，再次催款通知书、委托书。”“在合同中将香港贤成集团有限公司改为深圳贤成大厦有限公司。”这明明白白的造假交代，高级法官为什么视而不见呢？

离奇之四是：对非法金融活动本来有法律规定，可是湖北省高级法院法官不理不睬。

据1998年7月13日中华人民共和国国务院颁布的《非法金融机构和非法金融业务活动取缔办法》第四条规定：“本办法所称非法金融业务活动，是指未经中国人民银行批准，擅自从事的下列活动：……（三）非法发放贷款……”第十八条规定：“因参与非法金融业务活动受到的损失，由参与者自行承担。”第十九条规定：“非法金融业务活动所形成的债务和风险，不得转嫁给未参与非法金融业务活动的国有银行和其他金融机构以及其他任何单位。”

根据国务院颁布的这一“取缔办法”，对花桥支行向香贤公司放贷的行为可以认定：

1. 花桥支行向境外的香贤公司放贷的金融业务活动，属于非法金融业务活动，属于取缔之列。

2. 由于花桥支行喻德智、孙云琳的非法金融业务活动，给国家造成的巨额资金损失，依此法规定应由喻、孙他们自己承担。

3. 由于花桥支行喻德智、孙云琳的非法金融活动形成的债务和风险，依此法规定不得转嫁给其他单位。因此，喻、孙妄图把债务和风险转嫁给未借款、未用款的深贤公司及鸿昌公司完全是一种涉嫌违法行为！

因此，湖北省高级法院的判决是枉法判决！是不顾事实和法律的离奇判决！

花桥支行从行长、副行长、信贷科长，办公室主任到科员在事实面前向检察机关都交代了签假协议、假合同等造假行为和有关人员自己的受贿行为，为什么湖北省高院法官视而不见，而离奇下判呢？其中原因，令人深思！

湖北省高级法院竟然引用吴贤成雇佣的代理律师张正乾的证言“深贤公司愿承担涉案合同债务”为证判深贤公司清算组还债，这更是荒谬的：

1. 张正乾的两次证言都是没有丝毫事实依据的。

2. 张正乾是代表涉嫌诈骗的吴贤成利益的，是吴贤成雇佣的律师，正是妄图转嫁债务的一方的代言人，他不能也无权代表被告承认承担债务。

3. 张正乾1999年3月3日和2000年7月17日的两次证言，都是在深贤公司的中方四家受害股东[深圳市华乐实业股份有限公司(原名深圳市家用工业公司)、深圳上海时装公司(原名深圳市上海时装公司)、深圳市工艺服装工业公司和深圳市开隆投资开发有限公司(原名深圳上海二轻工业贸易公司)]与吴贤成的泰国贤成两合公司打官司，中方四股东申请仲裁解散深贤公司的时期，并于2000年7月31日裁决深贤公司解散。在1999年2月12日至2000年7月31日的诉讼期间深贤公司没有，也不可能请张正乾代理深贤公司诉讼。张正乾在此案中自始至终是吴贤成雇佣律师，为吴贤成辩护。因此，法院采用他的证言是搞错了他的角色。有故意枉法之嫌！

最高检察院在深贤公司这个诉讼案件中，除了前面提到的1997年的文件以外，还有两个文件与本案有关：①最高检察院办公厅2001年第119号文件，答复全国政协委员提案的文件，其中说："关于签订假合同的问题，是为应付上级检查，双方均知道签假合同的目的，故对该合同并不存在实际执行的问题。"可是，武汉花桥支行恰恰就是依据假合同起诉！向未借款、未用款的第三方讨债！是可忍，孰不可忍！②最高检办公厅2006年第49号文件，答复全国政协委员提案的文件，其中说："武汉人民检察院反贪局为其他单位(指武汉花桥支行——笔者注)出具《情况说明》，对经济合同性质予以界定，超越检察职权，其做法应属不当，对此，我们已进行了批评教育，责成其吸取教训。"可是，花桥支行在上诉书中，恰恰把《情况说明》作为压倒一切的证据！是可忍，孰不可忍！

最高检察院的相关三个文件说明了什么呢？

1. 段继红涉嫌行贿罪，孙云琳、刘人本涉嫌受贿罪已被最高检察院确认。

2. 段继红与花桥支行喻德智、孙云琳1994年7月6日签的协议、合同等文书都是虚假的。

3. 武汉市检察院反贪局给花桥支行出具的伪证《情况说明》是超越检察职权，应属不当，并已被批评教育。

但是，更离奇的是：

1. 为什么武汉市检察院反贪局对因超越检察职权，应属不当并挨了批评的《情况说明》仍被花桥支行作为诉讼依据不予撤回呢？为什么仍然让花桥支行作为压倒一切的证据上诉呢？令人难解！

2. 最高检认定段继红与孙云琳、刘人本已构成行贿、受贿罪，并给国家金融资产造成严重损失，为什么检察机关不追究他们的法律责任呢？而且还使他们作为原告反诬他人大行其道呢？

3. 最高检说段继红与花桥支行签的假合同不存在实际执行的问题，花桥支行为什么依据假合同起诉和上诉，最高检明明知道此事，为什么不闻不问呢？最高检知道是签的假协议、假合同，而武汉市反贪局给花桥支行出具伪证，把假合同说成“是真实的”，两级检察机关为什么相安无事呢？

4. 涉嫌诈骗的泰商吴贤成逃到海外，涉嫌行贿和伪造假协议、假合同的段继红，不但没人向他们讨债，没人追究他们的法律责任，而且在民事案件、行政案件和刑事案件中却能屡屡得逞！这是为什么？

5. 花桥支行领导人，有的与段继红恶意串通转嫁债务，有的成了涉嫌受贿的“罪人”，可是不但不追究他们的法律责任，而且还成了堂堂的原告，而且节节“胜利”！这是为什么？

6. 最高检察院和湖北省检察院均知道孙云琳、刘人本涉嫌受贿犯罪，但都迟迟不予定罪，直到拖到过了追诉期，致使他们反诬和陷害别人！这又是为什么？

湖北省高级法院的离奇判决和与案有关发生的一系列离奇的事件，给人以太多的疑问！给人以太沉重的思考！给国家和人民难以忍受的羞辱和压力！这个案件的判决比历史上的“指鹿为马”、比现实的轰动海内外的“正龙造虎”要严重一千倍！而案件的涉水之深、黑幕之重要深一万倍！

但我们仍然对我国司法寄以希望！司法公正是广大人民群众所渴望的，所期盼的！是构建和谐社会的重要支柱！

希望有关领导同志给予关注和干预，还司法公正，还无辜者清白，还社会公平！

社会财产占有的和谐与马克思主义的普世价值

(2008年12月)

改革开放30周年之际，由深圳市委党校策划出版的深圳28年来七个方面的重大变革大事的七部丛书，是一个有历史价值的巨大工程。它如实记述了深圳的拓荒牛们艰苦卓绝的奋斗历程，颂扬了邓小平的改革开放路线和党中央、国务院、省委、省政府、市委、市政府的正确领导。“前事不忘，后事之师”，总结、回顾历史是为了未来，总结前30年，是为了今后的30年，未来是我们的着眼点和落脚点。

因此，我今天的发言，想就关系未来发展的两个问题，谈点个人看法。

我们现在正在学习和贯彻科学发展观、构建和谐社会，那么，和谐社会的根基是什么？答案可能很多种，有的认为是发展社会生产力，有的认为是惩治腐败、打击犯罪、维护社会稳定，有的认为是实现社会公平、正义，有的还认为是解决“三农”问题和社会上弱势群体的问题等等。上述诸多方面都是贯彻科学发展观的重要方面，但不是根基。

我认为实现社会和谐的根基是社会财产占有，是社会财产占有的社会化、分散化和群众化，使之达到多数劳动者占有多数生产资料，并形成强大的、有产的劳动阶层。

为什么说社会财产占有的和谐是社会和谐的根基呢？

第一，从理论上讲，现时的社会生产已经在全世界范围内社会化了，也就是说，社会生产的分工、协作已经在世界各国之间展开。因此，生产的社会化，必然要求生产资料占有的社会化，这就是生产关系必须适应生产力的发展水

* 此文是作者在深圳市委党校《见证改革开放丛书》首发式上的讲话，《特区实践与理论》2009年第1期刊登，《求是》杂志2009年2月1日在《媒体动态反映》第十期全文转载。

平的客观规律所要求的，是必然的。

第二，马克思主义认为资本主义社会的根本矛盾是生产的社会化与生产资料私人占有的矛盾。在150多年前，马克思写《共产党宣言》那个时代，在西方资本主义国家是极少数人占有绝大多数生产资料，而90%的劳动者被剥夺了生产资料占有权，处于被剥夺、被奴役的状态，社会阶级矛盾加剧，斗争此起彼伏，于是马克思才得出了无产阶级暴力革命的理论，这样的社会生产资料占有就根本谈不上社会和谐。

现代资本主义为什么没有像马克思、列宁的预言那样走向灭亡呢？为什么垂而不死呢？

因为现代资本主义社会也是按马克思主义指出的方向，在调整生产关系，使之与生产力的发展尽可能地适应。股份制的出现和发展就是使生产资料占有社会化的一大发展和进步。因此缓解了资本主义的基本社会矛盾，使资本主义社会未走向死亡。

第三，毛主席领导无产者闹革命建立无产阶级政权。革命成功后的无产阶级和他们的后代，要永远是无产阶级吗？如果是这样，那么革命还有什么意义呢？他们和他们的后代的广大劳动者，应该变成有产者。邓小平要我们实现共同富裕，这个富裕概念应该包括广大劳动者的财产性收入越来越多，比重越来越大。广大劳动者占有多数生产资料，形成强大的、有产的劳动阶层。而最富有的和最贫穷的两极是少数人，政府就有能力实施政策调控，共产党人为广大劳动者谋利益，实现共同富裕的目标就实现了。

深圳在上世纪90年代初实行农村股份合作制，市政府在1993年推出深圳国有中小企业职工持股办法，在上世纪80年代末和90年代初试行证券市场，有条件的公司上市运作，以及深圳发行新中国第一张股权证，是在社会财产占有社会化方面进行的成功尝试。

今后国家的改革也好，特区的改革也好，都应该在财产占有社会化方面迈开深化改革的步伐。

但是，我们看到现实并非如此。例如，2005年国有资产监督管理委员会和财政部发布了《企业国有产权向管理层转让暂行规定》。文中规定国有中小企业的国有产权可以向本企业的管理层转让。企业管理层买断资产，而广大职工则“买断工龄”，这两个“买断”是用国家政策手段推动财产占有两极分化，因此是不可取的，是与走向共同富裕道路背道而驰的。当时，我在全国政协作了一个《这种国企改革应慎之又慎》的发言，引起强烈共鸣，但未见纠正。就在2005年末，国资委又在《关于进一步规范国有企业改制工作的实施意见》中，规定大型国有企业高管层在增资扩股时可以持有股权，但数量上不得达到控股地位，这就为国有大型企业高管层少数人持股大开方便之门，为国家重要的国有资产迅速向极少数人手里集中创造了政策条件，从而进一步促进财产占有的两极分化。国有大型企业的资产一般都成百亿元、上千亿元，高管层的几个人即使是购买比例很小的股权，也要动辄上千万元、上亿元的投入，他们少数几个人哪来的那么多钱？走这条路是风险很大的！于是，我在全国政协又做了一次发言，题目是《国企改革、改制应走生产资料占有社会化的路了》。其中我提到："实行企业职工持股，应当成为我们政策引导的主导方向。使广大职工持有股权符合生产资料占有社会化的客观要求；体现劳动者的劳动联合与劳动者的资本联合的现代公有制的实现形式；使广大劳动者真正成为社会生产资料的主人，成为改革开放的受益者，并使我们容易找到既体现公平又有效率的财产占有形式……不但符合走'共同富裕'道路的方向，而且有利于科学发展观的贯彻和构建和谐社会。"

我们国家财产占有的集中程度已经相当高了，世界公认的基尼系数的警戒线是0.4，我国2000年已达到0.458，现在已经超过0.5，比西方发达国家还高。深圳在0.39水平，这与我们的政策引导有关。我市的高科技企业多数实行职工持股制，如华为有6万多人持股，中兴通讯也是多数技术人员、经营者和职工持有股权。他们发展得非常快、非常好的秘诀，就是职工是企业财产的主人，企业内部的动力机制特别强的结果。

这是我讲的第一个问题，也是我们现时存在的生产资料迅速向少数人手里集中，造成两极分化的、使人担忧的问题。在这个发言题目结束时，我想引用马克思的一句话："生产者不占有生产资料是不能获得自由的"。生产者生产资料的占有权是最重要的人权。实现这种人权是社会和谐的根基。

我讲的第二个问题，谈谈思想解放和思想观念问题。深圳市委党校编的七部丛书中，有一部是写深圳思想观念的变革大事。改革开放为什么邓小平让我们杀出一条血路来？这条血路除了改革涉及权力和利益的调整以外，就是思想观念的变革了。特区建设当初到现在，这种思想观念的较量从来没有停止过，有人说特区是租界，有人说土地使用权有偿出让是违宪，有人说特区姓资，有人说特区的股份制是私有化，有人说特区是寻租，政治寻租是在北京找代理人，经济寻租是向京官行贿，说特区是国中之国，是剥削内地，是培养特殊利益集团。有人妄图扭转改革开放大方向，提出反“和平演变”，并总结出和平演变三部曲：“攻心、夺权、私有化。”更有人把国有资本出让给外国公司叫做“卖国”。上述种种，都是观念的纷扰。因此说思想观念的较量虽然表现形式不同、集中点不同，但都是旧观念与新观念的较量，我们每前进一步，都伴随着思想观念的解放和斗争，如果没有思想观念的更新和解放，我们的改革开放将一事无成。

胡锦涛总书记在十七大报告中，把思想解放作为我们党的一个法宝提出来。广东省委书记汪洋一到广东就提出要思想大解放。那么，现实的思想解放，在思想领域要解决什么认识问题呢？

我认为在目前思想解放，在认识领域要解决我们的价值观问题。再进一步说明白点，就是人类存不存在普世价值观？马克思主义的核心价值观是什么？民主、自由、平等、人权应不应该是我们共产党人的价值观？

大家都知道，并且都认同：我们的经济体制改革卓有成效，但政治体制改革有些滞后。现在需要加紧赶上来，使之与经济体制改革相适应。在政治体制改革中，必须解决对民主、自由、公平、人权的观念的认识，这个坎不过，政治体制改革无从谈起。

就在这个节骨眼上，有人利用台湾和泰国的一些事件向民主、自由发难，掀起一股批判普世价值观的风浪，说什么“台湾地区的‘新闻自由’更是族群撕裂的祸首”。更有人说“普世价值都是资本主义辩护士用来欺骗群众的输出资本主义价值观及社会制度的一种策略”。这股风潮在网上、一些报纸刊物和讲话中炒得沸沸扬扬。

马克思主义有没有普世价值观呢？

回答是肯定的，马克思的理想是解放全人类。从这个意义上说，马克思主义就是在构筑全人类的普世价值，这个普世价值就是民主、自由、平等和人权。马克思要构建的未来社会就是“以每个人的全面而自由的发展为基本原则的社会形式”。在这个社会里，“每个人的自由发展是一切人的自由发展的条件”。他又说：“自由就在于把国家由一个高踞社会之上的机关变成完全服从这个社会的机关。”恩格斯也指出,未来的制度“给所有的人提供真正的充分的自由”。马克思恩格斯完全承认民主、自由具有普遍适用性,而且是追求的目标。

我党在延安时期,党中央就高举民主、自由、平等、人权的旗帜与国民党斗争。胡锦涛总书记在2005年《纪念中国人民抗日战争暨世界反法西斯战争胜利60周年大会上的讲话》中说:“这一胜利,挽救了人类文明,避免了历史倒退,广泛传播了自由、民主、平等、公正、和平的基本价值。”温家宝总理在去年两会期间特别强调指出:“民主、法制、自由、人权、平等、博爱等等这不是资本主义所特有的,这是全世界在漫长的历史过程中共同形成的文明成果,也是人类共同追求的价值观。”

在这个普世价值观上的争论的实质,还是姓“资”姓“社”的争论的又一种表现形式。如果把民主、自由、平等、人权等普世价值观否定掉,把它统统给扣上资产阶级和资本主义的帽子,那我们的认识势必要倒退到阶级斗争的专制时代,政治体制改革就无从谈起,我们在这个问题上不能含糊,不能动摇,更不能倒退。

在实行民主、自由、平等、人权的过程中,肯定会遇到这样那样的问题,存在很多困难和阻力,但是这个价值观不能动摇。我们要随着社会生产力的发展,一点一点地实现,一步一步地提高,不能停滞,不能动摇,不能懈怠,不能折腾,更不能倒退。

在这种普世价值观的指引下,把我们的科学发展和构建和谐社会推向前进,把我们的经济、政治、文化、社会各方面改革推向前进。深圳改革开放28周年,我总结了两句话16个字:“小平有胆千秋颂,深圳无愧万民心。”

附录：访谈篇

在市人代会上答记者问

畅谈发挥和再创特区优势

——厉有为在一届人大五次会议上答记者问

（1993年4月）

市一届人大五次会议昨天下午举行了首场记者招待会。厉有为市长就有关问题回答了记者的提问。

来自国内和香港的36家新闻机构的记者出席了招待会。

深圳电台记者问：目前深圳国土流失十分严重，造成了菜价上涨等一系列问题，市政府有没有决心和可行的办法来解决这一问题？

厉有为答：这个问题很尖锐。宝安、龙岗两个区占土地、滥毁耕地的情况是严重的，市政府已注意到这个问题，正着手进行解决。深圳要建成国际性城市，必须充分搞好土地的开发利用，做好规划。现在市政府已经研究决定，对土地的一级市场要坚决管住，要实行五个统一，就是统一规划、统一征用、统一开发、统一出让、统一管理，这五个方面都要掌握在政府手里。宝安、龙岗两个区新的规划即将出台，一切建设都必须按新的规划执行，未被征用的山地、坡地、荒地，市政府准备集中征用，并保证把菜地留够。有关部门也已起草了保护国土资源的法规草案，准备先由市政府讨论后经过市人大讨论，立法后，谁再滥占土地的话，就要依法惩处。在土地开发的同时，要做好环境保护，特别是水资源的保护，谁在水源保护区乱开发，谁就要受到坚决惩处，毫不含糊。相信经过本届市政府和区、镇政府的共同努力，是会把这一问题解决好的。

中新社记者问：不少人反映，现在特区办事特难。新班子上任后，将采取什么措施来解决特区办事难的现象？

厉有为答：这个问题的产生和存在的原因是很多的，主要是计划经济体制向市场经济体制转化过程中存在着复杂的矛盾。市政府现在正努力转变职能和企业转换经营机制紧密地结合起来，真正按市场经济规律去办事。解决简政放权和办事难的问题，首先要提高对市场经济的认识，统一思想。经济运行的真正主体是企业，市场经济就是要以市场为主来配置资源，就是让企业独立自主地走向市场，参与市场平等竞争，政府只提供服务和法律保证，创造平等竞争的条件和环境。以前政府的微观审批权力都要下放，还权于企业。这个问题概括起来，就是政府培育市场，市场解放政府，政府解放企业，企业解放生产力。因此就要真正给基层放权、给市场放权、给企业放权。现在我们已有不少部门、不少方面采取措施放权，比以前有所改进，办事效率也有所提高。当然，这只是个良好的开端，有些问题解决得还不够彻底，有些改革还不够配套。这个问题比较复杂，一是还有传统观念，二是涉及权力的重新调整，还需继续做艰苦细致的工作。另外，要精简机构，使市政府的机构设置，能适应市场经济的要求。政府职能要由微观管理为主转到宏观管理为主，由条块分割，实行部门分割式管理转到实行全社会管理，由审批为主转到以服务为主，由行政手段为主转到以法制手段为主。我们正下工夫来做好这些工作，一步一步加以完成。

深圳特区报记者问：您以前担任市人大常委会主任，是监督政府的；现在担任市长，您认为市政府怎么接受监督？

厉有为答：我以前是市人大常委会主任，处于监督政府的位置。现在的位置，可是说是180度的转弯。政府要更好地接受市人大监督的思想必须树立。首先我们市政府的工作人员必须主动地接受市人大放手地监督。具体来说，有这样几点，一是要接受人大的法律监督，市政府对有关法规、规章贯彻执行得怎么样，应让人大检查；二是要接受人大的工作监督，如市政府的工作报告经过人大的讨论修改，通过了就具有法律效力，今后市政府对工作报告执行得怎么样，应接受人大的监督。从监督形式来说，市政府常务办公会议请市人大常委会的领导人参加，便于沟通，便于使市人大了解市政府的工作情况，从而便于监督。其次，市政府对人大代表们提出的议案和建议，要认真去办。人大代表将直接听取的群众意见反馈到有关部门后，这些部门要认真研究，加以解决。总之，市政府要树立主动、积极接受人大监督的思想。

香港星岛日报记者问：您的工作报告中提出了“发挥优势，再创优势”的口号，那么，深圳到底还有哪些优势？

厉有为答：虽然形势和条件都发生了变化，但深圳仍然具有优势。这主要有这样几个方面：一是人们的市场观念比较强。包括竞争意识、平等意识、效益意识、信息意识等，也就是说人们对改革的心理承受能力比较强。二是人才优势，深圳集聚了一大批优秀人才，也造就了一批可以适应国内外市场的企业家和科技人才。三是深圳还具有体制上的优势。我们进行了10多年以市场为取向的改革，由计划经济体制转向市场经济体制。这不是一年两年可以实现的，需要一个过程，我们已走了12年，形成了一系列的市场体系，而内地有些地方才刚刚开始。四是外引内联的优势。现在深圳有外商投资企业6000多家，内联企业有4000多家，深圳是连接内外两个市场的枢纽，内地企业来深投资越来越踊跃，外商也看好深圳，今年的投资势头比去年还好。五是第三产业的优势。现在深圳的第一、二、三产业的比例是4:50:46，第三产业发展很快，所占比例在全国也是最高的。六是信息上的优势。这里离国际市场最近，已经逐渐成为信息交流的一个中心。七是政策上还有一定优势。如保税区、生产资料保税市场，盐田港也将成为保税港，这样的政策是国内很少几个地方有的。八是区位优势。深圳离香港很近，意味着离国际市场很近，深圳和香港正好处于北美市场、西欧市场和亚太地区经济中心的连接点上，地理位置特殊，区位很好。我们要充分认识这些优势，继续发挥，再创新的优势。

深圳商报记者问：本届政府准备采取什么措施，彻底解决交通难的问题？

厉有为答：市政府正采取这样几个措施，一是加速道路建设。通往外面的出口公路规划有600多公里长，大都为高速公路，准备三五年内建成。市中心建设快速干道，特区内修8车道的环形快速路，100公里长，3年内完成。罗湖小区内修13公里长的高架铁路，3年左右建成。准备修由机场到皇岗口岸和由蛇口到罗湖的地铁、轻铁，正加紧规划。今年要开通梅林的二线关口，南头、布吉两个二线关口要改造，提高通车能力。二是加强、改进道路进出口岸的管理，海关已采取措施，基本做到不塞车。要建立现代化的交通指挥、控制系统，适当地限制车辆数目的增长。

深圳法制报记者问：这次人大会议上代表们反映较强烈的一个问题是社会治安状况不太好，市政府将采取哪些措施来解决？

厉有为答：这个问题投资者关心，居民关心，市政府更关心。我们对抓社会治安从来没有放松过。解决这个问题的措施有这么几条：加强人口管理，加强出租屋、高层楼宇和流动人口的管理；加强基层建设，一方面要加强公安队伍的建设，提高公安执法队伍的素质；一方面要加强群防群治，我们正设法启动文明安全小区建设；同时依法从快从严打击犯罪分子，经常组织专项打击活动。只要我们动员全社会的力量，把专业队伍和群防群治结合起来，社会治安是会好转的。

中央人民广播电台记者问：这次您的报告中强调坚持不懈地开展反腐败斗争。深圳廉政建设有什么具体措施？

厉有为答：廉政建设是市政府一项重要的工作，我们将认真抓好。因为这涉及人心向背、拥不拥护政府的问题。我们的措施，从根本上讲，转变政府职能，实行简政放权。另外，要加强教育，发扬中华民族的传统美德。江泽民总书记在八届全国人大一次会议参加广东代表团讨论时说了64个字：解放思想、实事求是，积极探索、勇于创新，艰苦奋斗、知难而进，学习外国、自强不息，谦虚谨慎、不骄不躁，同心同德、顾全大局，勤俭节约、清正廉洁，励精图治、无私奉献。这64个字概括了中华民族传统的美德。我们要大力发扬，要提倡励精图治、无私奉献的精神。我们搞市场经济，要反对个人主义、拜金主义，反对一切围着个人利益转，一切围绕着金钱转的极端利己主义思想，这是与为人民服务的目标格格不入的。还要完善监督体系，建立起群众监督、社会监督、舆论监督，充分发挥纪检、监察、审计、公证等部门的作用，并且要建立责任制。干部的轮换是其中的一条措施，结合公务员制度改革使之制度化。不仅管钱、管物的要轮换，不管钱、物的领导岗位也要轮换。今年就要研究公务员制度实施办法的出台，把干部轮换制度化、法制化。同时，要相应提高公务员的待遇，特别是公安执法人员的待遇还要相应地再提高。这对廉政建设是有好处的。

厉有为市长还就深圳机场和盐田港建设回答了记者的提问。

关于厉有为同志在深圳市“9·26”水灾中指挥情况的调查报告

（1994年1月）

接到中组部转来“反映厉有为同志在深圳市‘9·26’水灾指挥不当的来信摘要”后，谢非同志非常重视，批示要省委组织部和省水电厅派出“懂行的厅级干部把这个问题查清”。我们即遵照省委领导的批示，于1月24日到26日到深圳市进行调查。主要是查阅当时的原始记录、资料，分别走访在“9·26”防汛指挥的市政府、市直有关部门和罗湖区的主要领导、专家，计有：李广镇、李传芳两位副市长，东深供水局（深圳水库）局长、总工程师，调度室主任（均为高级工程师），市三防指挥部正副指挥，深圳气象台正副台长、总工程师，市公安局副局长，市“9·26”指挥中心主任，市城市管理办公室主任及高级工程师，市外办副主任，深圳罗湖区区长，区三防指挥部副指挥等16位同志。被走访者一致认为，深圳市1993年“9·26”水灾中，深圳水库开闸排水（泄洪）是正确的，厉有为同志在水灾中是忠于职守的，从调查的情况看来信摘要反映的问题是失实的。具体情况报告如下：

一、深圳水库“9·26”开闸放水（泄洪）是正确的

深圳水库防汛调度权属省三防总指挥部。在深圳“9·26”水灾中，东深供水局、三防办根据水库的汛情向省防总汇报，省防总批准同意深圳水库开闸泄洪。事实证明开闸放水是正确的，是符合国家规定的防汛条例和大坝安全条例的。当时的情况是：

深圳水库位于市区的东北方，是一座以供水为主的中型水库。省防总批准的水库汛期防限水位为27.6米，相应库容为3520万立方米。为解决深圳市枯

水期用水困难，前几年进行了加固，暴雨后允许短期蓄至28.3米。去年18号台风，于9月26日下午3时在台山沿海地区登陆，登陆前深圳降雨不大，25日至26日水库区内只降雨94毫米，降雨集中在26日17时30分以后，仅26日18时至19时两个小时内暴雨强度达到111毫米（每小时雨量达到55.5毫米，属大暴雨），据水库赤水洞雨量站的统计，24小时的降雨量为429毫米，接近50年一遇，累计三天雨量593毫米，达到50年一遇，这是特区成立以来最大的一次，这也是决定这次水库要泄洪的重要因素。台风前水库水位比较低，25日上午8时水库水位是25.14米，离防洪限制水位27.6米相差2.46米，这区间的库容有911万立方米。也就是说，已预留了911万立方米的库容（不是信中所说的未预留防洪库容），这是水库能在这次洪水中起显著拦洪作用的重要条件。

由于这次是50年一遇的暴雨，造成水库水位迅速上涨，26日18时至22时20分，在4个多钟头内水库水位从26.71涨至28.25米，涨幅达1.54米，已大大超过了防洪限制水位27.6米，但雨还在下，在卫星云图上看到雨区并未有减弱的趋势，水库水位又急剧在上涨。根据雨情和水库的水位，为确保大坝安全，防止土坝因水位过高可能发生不测，为确保下游地区国家财产和人民生命的安全，东深供水局三防办向省防总汇报汛情，要求深圳水库泄洪。经省防总的批准，于26日22时20分开始泄洪。在放水之前，东深供水局局长与厉有为同志通了电话，为了大坝安全，即执行省防总指示开闸泄洪，厉有为同志并提出泄洪量应由小到大，尽量错峰，以减少下游的市区淹浸压力。为减少下游淹浸的压力，放水是逐步加大的，开始仅40m^3/s，至27日凌晨1时为200m^3/s，时间也只有半小时，以后逐步减少（不是信中所说的250m^3/s）。延至22时20分开闸，也是应厉市长的要求，错开了海水高潮的时间，即退潮后才排洪。这次放水总量为866万立方米。分析这次暴雨洪水和泄洪的全过程，深圳水库在“9·26”暴雨中起到了三个主要作用：①拦蓄洪水1290万立方米，大大减少下游的淹浸压力；②起了明显的削峰作用，将进库最大容量513m^3/s减至200m^3/s，削峰达到313m^3/s，大大减少了下游的损失；③错峰三小时。在高潮位时不泄洪，等到9时30分潮位开始退后，于10时20分才泄洪，这样降低了水位，减少了淹没。

整个调度过程，省三防总指挥部，东深供水工程局是按《中华人民共和国防汛条例》第二十三条关于“防汛期内，各级防洪指挥部必须有负责人主持工作，有关负责人员必须坚守岗位，及时掌握汛情并按照防御洪水方案和汛期调度运用计划进行调度”的规定和《中华人民共和国水库大坝安全管理条例》第二十一条的规定（内容与第二十三条相近）办事的。因此“9·26”深圳水库泄洪调度起到了合理拦洪、削峰、错峰三大作用，减轻下游的淹浸损失，不存在指挥不当的问题。

二、需要澄清的几个问题

1．“9·26”台风暴雨中，深圳水库能不能不泄洪。对这个问题，只要进行科学的计算，就可以得出正确的结论。这次水库泄洪总量为866万立方米，若滴水不放，水库水位将涨至30.2米，而溢洪道的闸门顶高才28.5米，这样水库水位要高出闸门顶1.7米，水也拦不住，将造成闸门顶过水，而淹闸门顶1.7米且未经消能的水的冲击，对闸门和溢洪道都会造成大的破坏，一旦闸门出事，相当于大坝缺了口。一个高达8米、宽20米的水墙，将居高临下，冲击溢洪道两岸，冲击下游市区，其破坏不可估量。以前，海南万宁水库就出现过闸门顶溢水，造成闸门冲走，变成洪灾的沉痛教训。同时深圳水库坝顶高仅为31.5米，水位涨到30.2米后，只有1.3米的余度，深圳水库水面宽广，风浪大，土坝大，在这样高水位的情况下，会出现什么问题，难于预测，万一大坝出事，其破坏是毁灭性的。因此这次暴雨过程，深圳水库“只能泄洪，不能不泄洪，不得不泄洪”。那种认为深圳水库在“9·26”暴雨中可以经得起考验，可以不放水，反对放水的说法，是缺乏任何科学依据的。

2．深圳市在“9·26”暴雨中受淹，造成了严重的损失是不是深圳水库放水造成的。这次深圳市内降了50年一遇的暴雨，深圳河左岸的130平方公里的香港新界，降雨量比深圳市大，达到了600毫米，再加上深圳市地貌情况发生了很大的变化，原来的农田，现在变成了城市，地面水下渗量减少，产水量加大，汇流时间缩短，造成深圳河水位暴涨，深圳河多年来未按标准整治，河床严重淤积，洪水排泄不畅，这次洪水很快就漫堤，造成外河洪水倒灌，市内雨水又受深圳河水位高而无法排出的影响，外灌、内涝，造成市区内大面积受浸，26日19时水库并未放水，而罗湖区的黄贝岭、新秀村、文锦渡、侨社、桂园路一带水已淹1~1.5米，当天抵达深圳的尼泊尔国王下榻的富临宾馆，大堂也进水。26日21时30分香港木湖抽水站厂房被淹，停止抽水。而深圳水库的放水时间是26日22时20分开始，放水前市区内已严重受浸。这次深圳水库泄洪的最大流量是200m^3/s估算，泄洪量也只占深圳河1300m^3/s的15.4%，所占比例不大。认为深圳市受浸是水库放水造成的论点是缺乏依据的。但是水库放水是加重了淹浸的程度，这是事实。但为了确保大坝安全，避免出现毁灭性的灾害，以牺牲小局，保住大局，只能采取这个决策。

另外，在香港城市论坛讨论中，当许多新闻界的记者，香港新界的许多市民向香港水务署张达炯总工程师询问新界受浸是否与深圳水库放水有关时，张的回答是："深圳水库在这种暴雨下，必须泄洪，泄洪只不过是延长了淹浸的时间；新界一带的受浸主要是特大暴雨和深圳河未治理造成的。"我们认为，香港方面对此事所作的解答完全是实事求是的。

3. 放水前是否没有及时通知，是否缺乏现代化城市管理常识。在水库放水前，已通过通讯工具，通知有关单位，告知水库要放水，做好抗洪的充分准备，如罗湖区政府、市三防指挥部已用电话、广播做了通知。

来信提到深圳河只有100多个流量，放水250个流量。据了解，深圳河未经治理，1985年实测安全泄量是600m^3/s。而这次放水最大是200m^3/s，不是250m^3/s。

4. 信中提及没有采纳主管外资的李副市长在大雨初期放水的意见，拒绝了主管基建的副市长反对放水的意见。经查，主管外资的副市长李广镇出访美国未回，主管基建的副市长是李传芳同志，在26日晚至27日晨，在防洪抢险中未见到李，26日晚也未来开过会，27日上午8时30分厉有为同志主持召开的紧急碰头会，李没有参加，直至27日中午12时正，李传芳同志给市政府办公厅打了电话：目前，洪湖水库水位已较低，仍在泄洪，而下游水淹严重，可考虑减少洪水的泄洪，以减轻罗湖区地段的水淹。

5. 造成深圳市"9·26"重大损失是不是三分天灾，七分人祸，而且主要原因深圳市委书记、市长厉有为指挥不当所致。对此，有一个重要的问题必须明确，深圳水库是省管的工程，防汛指挥调度权是在省三防总指挥部管理水库的东深供水工程局。根据"9·26"暴雨和水库水位情况，为确保水库的安全，提出要放水的意见并上报主管部门，经省防总批准，这说明管理单位是按法规办事的。省防总反复研究了当时的雨情和水情，下达了放水确保水库安全的决定，正如上述这个决定是有充分的科学依据，而且也是按国家防汛条例办事的。市长厉有为同志根据当时淹没严重的情况提出放水逐步加大，同时要错开高潮位时间，这个意见是完全正确的。东深供水工程局在放水过程中，完全采纳了厉市长的意见。

这次调查中，东深供水局、市三防指挥部、罗湖区等单位，都充分肯定了厉有为、林祖基等领导同志在“9·26”暴雨中亲临现场指挥抗洪，忠于职守。厉有为同志在宴请尼泊尔国王后，随即和林祖基同志到市三防指挥部指挥抗洪。市三防的同志看到成立特区以来，第一位市长亲临指挥，深受感动，表示“有这样的市长与我们同甘共苦，我们做死了也心甘”。随后，厉市长等又冒雨来到水库，了解泄洪情况，当夜一直没有休息，在市政府值班室继续指挥抢救被围困的群众，早上又回到市三防指挥部，了解抗洪情况。27日上午8时30分又主持召开市委、市政府紧急碰头会，部署抗洪救灾。调查中许多单位都认为，这次洪水原因是特大暴雨和深圳河未治理，加上城市化以后地貌情况发生变化，以及城市的防洪设施未完善造成的。

这次水灾，虽然特大暴雨和市区防洪设施不完善是主要原因，但从总结经验的角度看，在抗洪的组织工作上，由于多年来未遇大的洪水，水患意识比较薄弱，没有建立一套完善的抵御特大洪水的应急措施，当晚也没有动员在家的党政领导都投入防洪抗灾。洪水发生后，厉有为和林祖基同志是亲力亲为的。但市直有关单位和企业的主要负责人缺乏对人民生命和国家财产安全的高度责任感，未能主要地投入防洪抢险斗争。在这次水灾中，也有一些市直机关和企业单位，如国贸大厦、锦花大厦、免税总公司及罗湖区的领导对人民生命、国家财产的安全高度负责，坚持现场指挥，加强值班，采取有力措施，积极主动组织防汛抢险，因而大大减少损失或没有损失。

这次我们调查的时间虽短，但经较广泛的接触，了解到深圳市是沿海城市，地势比较低洼，短短数年从一个边陲小镇，发展成现代化的都市，成立特区以来未遇过大洪水，防洪意识比较薄弱，防洪设施与现代化的城市的要求很不适应，因此必须根据现状，做好防洪规划，并付诸实施，才能根本解决深圳市的防洪问题。

省水电厅副厅长、省三防指挥部副总指挥员　谢汉祥

高级工程师、省委组织部副部长　杨希光

1994年1月27日

努力建立现代企业制度

——访深圳市市长厉有为

(1994年4月)

如何建立现代企业制度?这是当前全国上下共同关心的改革热门话题。近年来,我市在这方面率先进行了许多有益的探索。现在,市政府组织人马,正在紧锣密鼓地进一步制订实施方案。这一方案将有许多新的探索和试验,为了让广大读者了解有关情况,今日记者访问了深圳市市长厉有为。

厉有为说,建立现代企业制度必须抓好三个制度的建设。即,建立企业法人制度、有限责任制度和科学的管理制度,其实质是解决好企业的产权、人事权和分配权问题,确保国有资产的安全和不断增值。

他向记者阐述了主要内容。

一、建立企业法人制度

厉有为说,确立企业法人财产权,健全企业法人制度,是建立现代企业制度的基础。过去,国有企业名义上是全民所有,人人有责,实际上无人负责,使国有资产产权处于"虚置"与"空位"状态。在这种状态下,国有资产很难确保安全和增值。为了改变这种脱节现象,我们首先要弄清国有资产的家底,界定国有产权。为了摸清家底,自去年以来,我们已对市属、区属国有企业进行清产核资和产权登记工作。这项工作将于今年底全部结束。

在此基础上,国有资产管理部门将为这些企业发放《国有资产授权占有证书》。它将成为国家出资和企业构成法人财产权的法律凭证。国家将凭借这一证书,依法享有出资者的权益,同时也以出资额为限对企业承担有限责任。今年,我市将分三批对国有企业发放产权占用证书,第一批发放时间定为5月。

二、建立有限责任制度

厉有为说，今后企业的类型不再以所有制性质来划分，而是按财产的组织形式和所承担的法律责任，划分为有限责任公司、股份有限公司、股份合作公司和无限责任公司等四种类型。今后，我们将把有限责任公司和股份有限公司作为国有企业组织制度改组的主要方向，把国家与企业的经济关系由过去承担无限责任改变为承担有限责任。我们将按照现代企业制度的有关法律规范，对国有企业分批进行公司制改造。今年，市投资管理公司要对清水河实业公司等企业进行有限责任公司的改造试点，将把物资总公司等一批企业改造成国家控股或参股的股份有限公司，将市免税商品供应总公司改组为国家独资有限责任公司。

三、建立科学的组织管理制度

厉有为说，这方面的内容很多，今年我市将在以下几个方面进行试点：

第一，完善企业领导体制。首先，要完善企业的组织体系和制度，在股份公司内，形成股东会、董事会、经营班子和监事会之间的制衡关系，进一步明确各自的职责范围。其次，调整董事会结构，完善董事会功能。目前，企业董事会中，许多成员是经营班子成员，这是不科学的。以后董事会宜由股东代表、企业党组织负责人、财务总监和非企业的经济、金融、法律、技术专家等几方面人员组成。董事会下设必要的精干办事机构，以保证董事会有效地行使职权。再次，国有控股公司总经理由过去的任命制改为聘任制。董事长由董事会选举产生，总经理由董事会聘任，经营班子的副职由总经理提名，董事会聘任。这项改革非常敏感，必须从工作的实际出发，并且认真做到任人唯贤、德才兼备，否则也会走偏。今年我市将选择石化集团等企业进行试点。

第二，加强对国有产权代表的管理。要在有关部门推荐、企业推荐和向社会公开招聘的基础上，选配好派往企业的国有产权代表。国有企业产权代表要与产权管理部门签订资产经营责任书，对企业全部法人财产及其净资产的保值增值承担责任。国有产权代表应就公司重大产权变动、重大投资项目及利润分配方案等重大问题及时向产权管理部门提出报告。要建立一套科学的考核制度和办法，加强对产权代表的考核与监督。

第三，改革企业分配制度。企业分配以经济效益为依据，在工资总额增长幅度低于企业经济效益增长幅度的条件下，企业可自行确定工资总额。董事长试行与净资产增值挂钩的年薪制。其薪金由产权管理部门支付或由企业税后利润中提取的董事会基金支付。总经理实行与经济效益挂钩的年薪制。市里将建立常规性的奖励制度，奖励有特殊贡献的人员。

第四，建立和完善企业监事会制度。监事会有权审核公司的财务状况，保证公司利益及公司业务的合法性，对董事会成员、经理的任免、奖励提出建议。监事会由国有资产管理部门及党组织代表、股东代表、员工代表、同行业有名望的企业家、经济法律专家组成。监事会成员不得兼任公司的经营管理职务。

四、构造新型国有资产管理体制

厉有为说，当前，必须进一步理顺和完善国有资产管理委员会、投资管理公司、企业三个层次产权关系，实现国有资产产权管理和国有资产经营分离。同时，把市投资管理公司逐步改造成资本经营性公司，使其成为我市最大的、在国际上具有影响的国有控股公司。

加速建立和完善市场经济体制和运行机制，特别要加快建立和完善产权交易市场和各种科技市场，使现代企业制度的建立更快、更有效果，使我市经济改革和发展更加顺利。

五、为企业发展创造外部条件

厉有为说，建立现代企业制度，政府必须转变职能，实行政企分开，由微观管理为主转为宏观管理为主。今年还将进行企业无上级行政主管部门的调研和探索，如经调研可行，将在我市实行企业无行政上级主管部门的制度，做到真正政企分开。机关行政部门不能办企业。与此同时，机关必须转变作风，大力提倡为企业服务、为基层服务、为群众服务，树立服务思想；实行依法、依章办事，办事程序公开，办事结果公开，提高办事效率；人大、政协、企业、群众和舆论部门对政府机关实行有效的监督，使政府机关成为勤政、廉政、高效的政府机关。为企业发展创造良好的条件。

厉有为说，球赛没有裁判不行。在市场经济运行中，企业行为是否规范将受到监督。而会计师事务所等中介组织就是市场经济中的裁判。但是，中介组织的行为又由谁来监督呢？为了解决这个问题，今年我市将把部分中介组织改造成无限责任公司。如果哪一中介组织对自己的行为不负责任，为了某种利益与企业联合作弊，一旦查出，就将根据造成的经济损失的大小承担无限责任，直至受到法律制裁。当然，这一制度的实施要靠立法来实现。

采访结束后，厉有为对记者说，为了加快建立现代企业制度，我市已成立了试点领导小组办公室，下设领导体制组、分配组、产权组和综合组，初步拟定20家企业为试点单位。我们一定要勇于改革，大胆试验，闯出一条新路，为下一步我市全面建立现代企业制度提供经验，为我市率先在全国建立市场经济体制奠定基础。

经济要上　教育要热*

（1994年6月）

“没有教育的大发展，就没有经济的高速、稳步发展。贻误教育，将不是一般的失误，而是重大战略问题上的失误。经济越发达，越要给教育加温。”这是中共深圳市委书记、市长厉有为日前接受记者采访时说的一番话。

厉有为同志一贯高度重视教育工作。他反复告诫全市各级领导：我们要把深圳建设成为多功能、现代化的国际性城市，必须立足教育再造人才优势，这样特区的现代化建设才有坚实的基础。教育热不起来，经济发展就会后劲不足。他认为，必须把教育当做基础产业，党政一把手亲自抓，才能真正落实教育优先发展的战略地位。作为书记、市长，他很少兼职，但却亲自担任市教育工作领导小组组长、市教育发展基金会（筹）会长。在他的倡导下，市、区、镇（街道办事处）各级领导都建立了固定联系学校和定期议教的制度。经他提议，1994年市委、市政府将教育列为为市民办的十件实事之首。他向记者回顾说：深圳有着重视教育的良好传统，在特区创办之初，市委、市政府即明确提出“教育与经济同步发展”的方针。1990年，在深圳步入第二个十年，向新的目标迈进的重要时刻，市委、市政府又提出“教育适度超前经济发展”。可以说，特区能有今天的局面，教育问题解决得比较好是一个重要原因。

谈起近两年来的教育情况，厉有为介绍说，去年初中共中央、国务院颁发了《中国教育改革和发展纲要》，去年10月全国人大常委会通过了《教师法》。一年多来，深圳贯彻《纲要》和《教师法》出现了喜人的形势。今年1月，市委、市政府召开了各级党政一把手参加的教育工作会议，并出台了《关于贯彻落实〈纲要〉的意见》。各区也出台了一系列振兴措施。优先发展教育已成全市上上下下的共识。为了强化各级一把手亲自抓教育，加强教育工作的领导和统筹协

* 原载《中国教育报》1994年6月14日头版头条。

调，市、区、镇（街道办事处）均成立了教育工作领导小组，由党政主要负责人出任组长。各级领导为教育办实事蔚然成风，例如福田、南山区决定为所有小学配备一辆汽车，南山区还拨出专款，长期为每所中学配备3个保安员，每所小学和幼儿园配备2个保安员。教育热正在全市蓬勃兴起。

应记者的要求，厉有为具体谈了深圳市贯彻《纲要》和《教师法》主要做的五项工作。

一是大幅度增加教育投入。1993年全市财政预算内教育投入6.2亿元，比1992年的4.04亿元增长了53.5%。1994年，全市财政预算内教育支出7.99亿元，比上年教育支出增长28.9%。此外，市财政还从1993年起至1995年每年无偿额外拿出3个亿，支持广东省贫困地区教育事业和全省高校建设。在增加财政投入的同时，拓宽了其他教育筹资渠道。

从1994年起全市按“三税”的3%征收教育费附加，仅此一项，今年教育经费即可约增加6000万元；设立“教育发展基金”，从1994年开始至1996年，由市财政每年拨1000万元注入该基金作为启动经费，从今年开始，将由市委、市政府出面，每年举办一次大型的教育发展基金筹集活动。各区、镇也设立了“教育发展基金”，本级财政为基金注入了50万至600万元不等的启动专款；改革教育收费制度，九年义务教育按标准收取杂费，非义务教育的学杂费逐步放开；大力发展勤工俭学，去年全市校办产业创利1900万元；采取措施，鼓励境内外企业个人和团体捐资助学，去年仅接受境外各界人士的教育捐款就达数千万元。

二是改善教师待遇。目前，教师工资比同等条件的党政干部高20%，教师医疗、住房享受优惠待遇，新建学校一律实行“交钥匙”工程，并保证按每年中学70套、小学30套、幼儿园10套的标准配套建设教师住房；教师职称评定采取“评聘分开”的双轨制，教龄满30年的离退休教师享受全额工资待遇，已到离退休年龄但身体尚好、水平较高的教师可以返聘。

三是超前规划，解决“入学难”，促进各类教育的大发展。1993年，全市新建中小学幼儿园26所，1994年又规划新建中小学幼儿园20多所，两年可新增学位45630个，因人口增加而出现的“入学难”问题基本解决。为了尽快普及高中教育，去年新建了5所中学，当年全市初中毕业生升学率达到94%，其中特区内一直保持在95%以上，高中教育基本普及，高教、职教也获得迅速发展，成人教育每年培训20万人次，可满足各类成人求学需要。

四是在教育体制改革和教育结构调整方面采取了一些大的举措。出台了鼓励和提倡境内外团体和个人办学的政策，社会力量办学迅速发展；在条件成熟的区和学校着手进行了建立教师合理流动机制及重新部署校长责权利的试验，学校办学自主权进一步扩大，投资2.35亿元创办深圳高等职业技术学院，使职业教育形成初、中、高三级体系；确立了深圳大学成立校董会，实行学院制，完善学分制等十大改革措施，并首先组建深圳大学师范学院，强化师资培养和培训；普通高中实施“2+1”改革，高二后学生的多渠道分流，实现了普教、职教和成教的相互沟通，功能互补。

五是抓教育特色的形成。深圳教育以“三个面向”为指针，按照“先一步，高一层，优一等”的思路，在教学领域超前试验，着力强化德育“系列化”工作，加强外语、计算机及电化教学，并形成了鲜明特色。全市教育质量在广东省名列前茅。

厉有为侃侃而谈，他对教育情况了如指掌，并不时翻开笔记本核对数字。当记者问及今后市委、市政府对教育改革和发展有何考虑时，厉有为强调：在投入上要对教育继续采取倾斜政策，到本世纪末，财政性教育经费支出要占全市国内生产总值的4%，1995年市财政支出中教育经费所占的比例应不少于15%；加强和改进学校德育工作，重点强化爱国主义、社会主义教育，法制教育和健全心理、行为规范教育，探索特区特殊环境下德育工作的新路子；加强对宝安、龙岗两个新区教育的扶持和指导，加速实现农村教育向城市教育过渡，城市教育向现代化教育过渡；重点扶持、建成一批在国内外有一定影响的名牌大中小学幼儿园，深圳大学是全市高校的“龙头”，要采取措施加快建设和发展，努力创造条件争取申报国家“211”工程；加快发展职业成人教育，新建一批功能全、规模大、辐射力强的示范性骨干职业培训中心；进一步放开办学体制，除普通中小学教育在鼓励社会力量捐资助学、出资办学的同时主要依靠各级政府分级办学外，职业教育、成人教育、幼儿教育要更多地由社会力量来举办，高等教育要发动行业、财团参与办学；采取坚决措施，使校长负责制和教师合理流动问题有根本性的突破；以培养一个现代深圳人所应具备的基本素质为出发点，实施课程整体改革和外语、计算机等单项课程改革，编写出一批有特色的教材。大中专学校、职业学校和成人学校建立有效捕捉市场信息的机制，瞄准市场需求，合理调整学科和专业结构；按“高要求、高效益、高待遇”的路子建设好一支教师队伍，使教师全身心投入教育事业，为人师表。争取两年内实行校长和教师资格证书制度，公务员工资实施后，要确保教师工资继续高于同等条件的公务员20%，财政再紧张也要把老师待遇解决好；充分运用全国人大授予深圳的立法权，加快教育立法工作，并建立和完善教育执法和督导监察机制。要落实这些措施，还要充分发挥市教育局的职能作用，调动广大教育工作者的积极性。过去我市在教育教学改革方面能取得一些成绩是与他们的努力分不开的，他们情况比较熟，思路比较清，有开拓精神，我市教育要上新台阶，还要依靠他们的继续努力。

厉有为同志对深圳教育的前景充满信心。采访结束，告别厉书记，记者脑际蓦然闪过一则民谚：教育难，老大出面就不难。

深圳的实践说明了什么*

（1995年8月）

改革开放15年，深圳在实现小平同志“走共同富裕的道路”构想方面究竟做了哪些工作？实现这一伟大目标的意义和途径在哪里？这不仅是深圳人民关心的问题，也是全国人民关心的问题。为此，记者采访了深圳市委书记厉有为同志。

一、发展自己与共同富裕

“小平同志给中国指明了一条如何达到小康水平的路子，就是共同富裕的路子。这就是：有条件的地区先发展起来，通过发展带动后发展地区，最终达到共同富裕的目的。”厉有为认为，小平同志的这一思想是符合中国实际、符合客观经济规律的。也是我们党总结前几十年的经验教训所得出的科学结论。说它符合实际是因为中国幅员辽阔，各个地方的经济发展水平千差万别，资源情况、经济条件和社会条件也千差万别，不可能搞同步富裕、同时富裕或同等富裕。说它符合客观规律是因为发达国家，即工业化国家的发展也是让有条件的地区先发展起来，然后带动后进地区都发展起来，水平都提高。小平同志的构想里有一个“最终”，这是一个设定的目标，就是最终达到共同富裕的时候，水平并不划一，美国的南部和北部至今仍然差距很大。厉有为同志最近看了一些资料，包括英国、美国、日本这三个国家的经济发展的概况，发觉不同地区发展相对差别显示出同一规律。如果画曲线，就是一个倒“U”字形。在发展初期，地区之间的发展相对差距拉大，然后到一定的时间相对差距又缩小，曲线上升时差距拉大，曲线下降时差距缩小。日本在战前地区之间的相对差距是3倍多，现在是1倍多，相对差距比战前大大缩小，中间还有过一个

* 《深圳特区报》记者刘澍泉1995年8月7日对作者的访谈录。

高峰值。小平同志正是总结了世界发达国家地区之间经济发展的不平衡性规律。同时他还总结了我国经济建设史上正反两方面的经验教训。我国从1958年“大跃进”开始，搞“穷过渡”，企图跑步进入共产主义，吃大锅饭，想同时富裕，搞人民公社、搞大跃进。实践证明这是个失误！是不可能实现共同富裕的！由于“大跃进”的失败及“三年自然灾害”，老百姓受穷受苦，整个国家的发展受到巨大的挫折和灾难。至于“文化大革命”，经济则基本停滞了，搞阶级斗争、搞政治运动，还谈什么区域经济发展，小平同志从新中国成立以后经济发展的曲折道路，重新思考经济发展战略，并得出新的科学的结论。

回想起小平同志1992年元月来深圳视察时的情景，厉有为激动地说道：“小平同志一再强调这个问题。我当时都在场，聆听他反复讲，我送他从蛇口坐船去珠海，他在船上又讲了50分钟这个问题，说‘广东有条件先发展起来，现在还没到时候，不能向你们开刀，起码本世纪末以前不向你们开刀。到适当的时候，你们要向国家多作贡献，然后再支持西部地区的发展，达到共同富裕’。这些话给我们留下了深刻的印象，小平同志指出了这条路，我们的责任是如何实践这条路子，实现这个构想，深圳首先要自己先发展，壮大自己的经济实力，如果自己不发展起来，还像建特区前一样，穷得很，还要国家补助，吃返销粮，还有什么资格辐射带动别人？还有什么资格帮助西部发展？还有什么资格谈共同富裕？不可能的！”

“深圳这15年就是根据小平同志的思想，以及党中央、国务院给予的特殊政策和灵活措施，在省委、省政府的正确领导下，经过15年奋斗建设成为一个现代化的城市，真是天翻地覆，举世瞩目。”

他说，资本主义国家的领导人来，包括他接待的尼克松，都异口同声地说这是奇迹。俄罗斯国家杜马的主席来还说：“你们深圳就是邓小平亲自铸造的、挂在你们共和国胸前的一个大勋章。”国际友人之所以交口称赞，就是因为深圳的崛起给社会主义争了光，在国外社会主义旗倒兵散的情况下，在国际共产主义运动处于低潮的情况下，在有的国家国也亡了、党也亡了的情况下，中国这样欣欣向荣，就是从特区迈出了第一步，这个意义是非同寻常的。深圳这15年国内生产总值平均每年递增35.9%，工业总产值平均每年递增56.3%，社会消费品零售总额平均每年递增42%。对外贸易进出总额平均每年递增60%，地方预算内财政收入平均每年递增52.4%，城市建设突飞猛进，实际利用外资80多亿美元，占全国的1/10左右，外商投资企业1万1千多家，小平同志视察深圳以后两年多，国内生产总值翻了一番多，1992年年底是280多亿，去年是560亿，刚好翻一番。今年上半年我市经济发展势头仍然不减，财政收入增长48%，这只是地税部分，国税还要高，对外贸易出口增长27%，工业总产值增长20%，国内生产总值增长21.3%，物价处于全国城市低增长的水平。就拿国内生产总值年递增35.9%的数字，“四小龙”在任何时候都没达到过，这就说明了小平同志倡导的、中央决定的建立特区的决策是非常正确的，是非常英明的。

二、两个优势和四个作用

他认为，深圳最重要的优势有两个。一个是区位优势，这是发展快的原因之一。离国际市场近，离香港近。深圳有12个一类口岸，5个二类口岸，是全国唯一的一个海、陆、空国际口岸都具备的城市，还可以借鉴香港这一个世界经济中心的经验。但是深圳光有区位优势是没用的。1980年建特区之前，也有这个区位优势，香港也很发达，可为何深圳那时人照样往外跑，农民人均年纯收入为129元，职工的年均收入778元。为什么穷？就是因为没有改革开放的政策。没有辟为特区，没有开放，区位优势是没有用的。所以区位优势加上特区政策就使特区发展起来了。

说到这里，厉有为谈到了一个问题：“现在有人否定建特区，主张取消特区，说什么特区培养了特殊利益集团，是和中央争利分利的特殊利益集团，是用寻租的手段发展的。政治寻租是向中央要特殊政策，经济寻租是靠向京官行贿。这不仅仅把脏水泼在特区建设者身上，而且还把中央领导诬陷在里边了。东北话叫‘埋汰人’。邓小平倡导建立特区，哪个给他寻租了？小平同志先后两次视察深圳，在关键的时候来支持特区的发展，是寻租寻来的吗？！是特区给邓小平行贿了吗？！江泽民总书记去年来视察深圳，讲了特区三个不变，也是特区寻租的结果吗？中央建特区的目的，江泽民总书记去年来深圳说得很清楚，中央建特区的用意不仅仅是为了特区本身，而是全国改革开放的重要布局，而是让特区先发展起来，然后再辐射和带动后发展的地区，带动全国的发展，最终实现共同富裕。如果说小平建特区只是为了宝安县的30万人，有什么意义呢？没意义！他是为了整个中国经济的发展和改革开放。”

厉有为在谈到特区的作用时说，深圳一是充分发挥了改革开放的窗口作用。即邓小平同志讲的四个窗口作用：引进管理，引进技术，引进资金，引进人才，开展对外贸易。15年来，深圳的四个窗口作用越来越大。二是改革开放的试验场的作用。特区成立15年来，如果说改革的话，基本上就办了这么一件事：初步建立了社会主义市场经济体制和运行机制的框架。深圳的各方面改革工作都是围绕这一件事。现在，深圳基本上已经形成了社会主义市场经济体制和运行机制。深圳市第二次党代会对此做了总结。深圳的第三个作用，就是为香港的繁荣发展做好衔接工作。他认为，这个作用也不可小看。中央为什么要在深圳和珠海建特区呢？就是因为毗邻香港、澳门这个因素。"如果像80年以前，一过了深圳河就像瀑布一样垂直落差，人家经济发展是欣欣向荣，一到你这儿来是萧条一片，你说社会主义好，怎么好？现在广东飞速的发展，又有深圳这一现代化城市跟香港衔接过渡，我们的发展速度大大超过香港，就很有说服力了，你说社会主义好不好。"第四个作用就是对内地的辐射作用和带动作用。他说，有的人很偏激，只看深圳发展起来了，群众生活好了，就说"你好了我还没好呢"，这怎么行呢？还是极"左"的平均主义思想，要大家一起开步走，这已经实践过，是贫穷的路，不能这么走。深圳市委、市政府就要自觉贯彻邓小平、江泽民的指示精神，怎样实践小平同志倡导的共同富裕的道路，这个课题就是市委市政府战略性的任务。我们要用实际行动来回答，要走出一条路来，深圳首先是发展自己，我们基本上实现了小康水平，在自己富了之后怎么辐射，怎么带动，就摆在深圳市委、市政府的面前。他说："深圳市委、市政府，从梁湘、李灏同志开始一直没有忘记这个任务，我们就是沿着这条路走的。"

三、三点一线与优势互补

厉有为认为，深圳市委、市政府提出的"三点一线"发展战略，就是在走共同富裕的道路。所谓"三点一线"的发展战略，就是充分发挥深圳和内地的优势实现优势互补。他说，深圳的优势是市场经济框架已经建立起来了，离国际市场近，信息灵，技术、人才、信息、资金都比较充裕，比较容易运转，对外贸易、国际金融、国际贸易、国际运输，都有优势。内地的优势，是幅员辽阔，资源丰富。深圳的劣势，就像有人所说的那样，经营成本在提高，这是相对劣势。但香港的成本更高。不过深圳经济已发展到一定阶段，产业结构已较以前大不一样。还有，深圳的工资、电费、土地费用目前比内地高，特别是土地，寸土寸金。特区开发的初期，深圳特别希望你来要地，一围就是一大片，一个市长当场就可以签字，办事效率也高，现在你想在深圳要块地，那就难了，一年也可能批不下来，也可能最终不批，条件变了嘛，深圳已经是一座现代化的城市了嘛，土地的价值高了嘛。可内地从土地、原材料，到其他资源仍然丰富。这两个优势结合起来，就会形成第三种优势——产业优势、产品优势，并打到国际市场上去，赚取更多的外汇，占领更多的市场，来实现共同富裕，这就是我们提出的“三点一线”战略，说得通俗一点，就是“前店后厂”，深圳是前店，内地是后厂，把加工部分放在内地，这也符合世界经济发展规律。美国发展起来以后，产业高级化了，进行了垂直调整，把低级产业向日本转移，日本发展起来以后向台湾转移，台湾、香港发展起来了又向广东转移、向深圳转移，我们这80多亿美元的实际利用外资不就是转移来的吗，深圳发展起来以后又向内地转移，这是不以人们的意志转移的客观规律。在深圳发展高新技术产业大有前途，目前深圳的高新技术产业蓬勃发展，产值到今年4月份，已经占工业总产值的五分之一，这是产业结构调整的结果。

厉有为把“三点一线”战略总结为六个方面：一是通过产业结构的调整，将劳动密集型加工企业转移到了广东山区和内地。有家手表厂，转移到梅州成本降低了20%，很快就发展成为一个集团公司，但是总部的基地仍然在深圳，大本营还在深圳，深圳是它的前店，梅州是它的后厂。这类企业还很多，粤北山区有一个与深圳合办的大印染厂，产品全部出口。二是协作配套。所谓协作，就是名牌产品的主机在深圳，辅助零配件的生产在内地，这样就在内地带动起了一批小巨人厂，他们只生产几种零配件，批量很大，效率很高，效益很高。去年，深圳生产了500万辆自行车，配套件到处都有，最远到江浙一带，许多老自行车厂都给深圳配套，而深圳产品基本上都出口，最近由于西欧和美国对我们反倾销，出口受到了一定的影响，这个问题解决后，还会大大地增长。去年深圳生产了2.3亿块手表，零配件也都在国内其他地方。去年深圳生产了200多万线程控交换机，除了核心部分的芯片由深圳设计开发生产，其他的都在国内生产，这就是社会主义现代化的大分工大协作，这就是市场经济的规律。过去我们搞计划经济的时候，都是小而全、大而全，效率低得很，能耗、材料、资源消耗高得很，都不是专业化，现在都是专业厂，协作配套，就把一大批国内的零配件带到了国际市场，前提是要达到国际市场的要求，所以质量效益都提高了，同时还把样机、技术和工艺引了进来。三是技术合作。一方面，深圳利用自己或国外的技术，通过联合把技术辐射到国内，另一方面是利用内地的大专院校、科研机构开发的技术，到深圳形成自己的产业和产品，目前深圳这种形式也很多。这一合作也包括人才的交流和互补，目前有很多的内地人才和我们的一起开发技术，像程控交换机、光通设备、医疗设备、电子产品等都是通过与国内、国外双向联合开发出来的。四是深圳的外贸企业在内地的原材料产地建立生产基地，给出口供货。这样就把内地的资源优势变成产品优势、产业优势，并把内地带动并联合起来。深圳的外贸企业把国际上需要的产品，产品的样品、样机，生产的工艺、设备、流水线引到内地去，在当地生产，发展壮大了当地经济，同时产品也打到了国际市场。五是参股控股国内的老企业。例如深圳康佳集团投资的牡丹江电视机厂，江总书记前不久还去作了考察，这对我们是巨大的鼓舞。它原来是个“老大难”的亏损厂，合作以后生产名牌的康佳电视机，由亏损大户一跃成为牡丹江市盈利大户。现在康佳又采取同样的方式和陕西如意合资，在全国形成了网络、利益共同体，使过去的百分之百的国营变成了合资企业，转变了机制，也改善了管理，质量也搞上去了。所以这一联合对转换机制很有好处，可以实现共同富裕、共同发展。六是开发型。深圳的企业到内地去开发，去搞基础设施、基础产业，建电厂，修高速公路，筑铁路。跨越俄罗斯和朝鲜，贯穿中、俄、朝三国的东北亚铁路就是深圳宝安集团参与策划的。几年来，深圳在内地的投资总额达120多亿元，超过了过去15年内地对特区投资的总和，这就是发展起来的结果。更重要的是体制方面和机制方面的辐射，可以说，如果没有深圳及沿海地区的实践，就没有党的十四大以后全国改革开放大格局的形成和社会主义市场经济体制的建立。

四、心系九州　多作贡献

谈到这里，厉有为话锋一转，说道：“那么深圳的使命是否就完结了呢？我认为还远远没完，我们与国际惯例的距离还差得远，与改革开放的总目标还差得远，我们在建立市场经济体制和运行机制方面的经验还远远不够，还必须继续实践，继续试验，继续探索。也可以说，我们是社会主义市场经济的初级阶段。”他说：“目前在国内有一种论调，说全国都开放了，特区的作用已经消失了，深圳的干部都有一种失落感，这是不符合事实的，我说，深圳的干部没有失落感。起码我们市委、市政府领导班子成员没有。深圳还要冲、还要闯。事实证明，全国越开放，与深圳的共同语言就越多，过去深圳有许多事情是孤掌难鸣，现在许多重大问题很容易被大家理解了。记得当初授予深圳人大及其常委会立法权时，就有很多人反对，现在，当初反对的人已经是举双手赞成了。这多让人高兴。”

他认为，深圳发展了，才有能力为国家多作贡献，才有能力帮助发展中西部地区。建特区前，宝安是吃财政补贴的。成立特区，中央也只给了1.5亿元的开办费，后来就不再给钱了，特区实行的是自收自支的政策。1988年后，深圳的经济有了一定的实力，开始向国家上缴财政。他给我们算了四笔账，一是1988年后，深圳累计向中央、省财政上交34亿元，其中去年是13亿元，今年国税增幅将更大。二是国家直接从深圳取得的海关税、海关代征税，铁路、邮电、银行在深圳实现的效益15年来超过500亿元以上。三是各省市在深投资企业，现在已经在收获。湖南省委书记王茂林同志说，湖南在深企业的净资产已经超过30亿元，每年实现的利润不少。四是在深圳外地就业人口有210万。据几个省统计，目前在深圳打工者每年寄回家乡的钱人均最少达到3000元，也就是说，打工者每年至少寄出了60亿元到全国各地。四川省一位领导说，四川一个人出来打工，就会富了一家人。据王茂林同志说，湖南有一个县，一条街上的店铺是在深圳打工者回去做了小老板搞起来的。

他说，沿海经济发展了，国家多收入了，国家才有能力向中西部投入，学术上叫财政的转移支付。据了解，现在中央在西部的投资远比沿海大，这就是沿海已经发展的结果。因此说你越想发展中西部，就越要支持沿海的发展，中西部也就会更快地发展。

在谈到深圳对内地实实在在的支持时，厉有为说道：“其实，这些年来，深圳市委、市政府一直在自觉地执行中央共同富裕发展的思路，当然这是在量力而行的基础上进行的。”为了支持老少边穷地区，深圳于1989年就建立了“合作发展基金”，有人称它是扶贫基金，我们不这样看，这是低息贷款，是要归还的，是为了增加贫困地区的“造血”功能而设立的，因此要选好项目。目前该基金已经扶植了120多个项目，开始在梅州市，后来又扩大到了河源、清远、肇庆、韶关、三峡库区、井冈山、四川阿坝、延安等地。今年我们又开展了向孔繁森、陈观玉同志学习的活动，通过开展“特区与内地心连心”活动，为落后地区作贡献，内容包括：在11个市县兴建了110所希望学校；发动干部职工开展“1+1”助学活动，这项活动已经使6万名儿童复学，特别是湖南的浏阳、江西的萍乡这些到深圳来的“卖花女”特别多的地方，这种捐助很有意义；为落后地区培训干部，目前已有四川、湖南和西藏等地的11个县市的干部在深圳获得了免费学习的机会，学到了市场的经济的基本知识，如贵州三都水族自治县的干部，认为来深圳学习收获非常大。在处理好市内就业与市外招工的关系的前提下，在贫困地区对口招工。另外还有一些对灾区的捐赠等更是经常性的，深圳最穷的南澳镇也还为延安捐款建了一所希望小学。

然而，厉有为也承认，深圳经济虽然发展十分迅速，但经济实力还不够强大，所进行的社会主义市场经济实践与中央要求的目标还有相当大的距离，因此深圳要想为全国的经济发展作出更大的贡献、要想达到小平同志提出的共同富裕的目标，就必须首先进一步壮大自己、发展自己。现在深圳只是为内地做了一点点事，还微不足道。深圳应该如何发展自己呢？在不久前召开的二届党代会和二届人大一次会议上深圳市委、市政府提出了二次创业的目标，就是要在提高整体素质的基础上，增创新优势，把深圳建设成为现代化的国际性城市，所谓国际性城市的标志就是城市功能的现代化，国际商业、国际贸易、国际运输、国际金融等功能齐备，深圳产品多数能打入国际市场，都是按国际惯例办事，有了这些功能，我们的目标也就基本达到了。

他还谈到了深圳与香港的关系，即“利用香港发展自己，借助香港走向国际，借鉴香港国际惯例，学习香港科学管理，联合香港辐射内地，衔接香港互惠互利，区别香港一国两制”的方针。

最后，厉有为说道：“总之，深圳是全国的深圳，深圳要一门心思按照中央和小平同志的指示精神，继续抓住机遇、深化改革、扩大开放，为全国多作贡献，这是我们义不容辞的责任，也是我们的一贯思想，而且在将来深圳经济更加壮大之后，这种贡献还将越来越大。”

在接受中央新闻单位记者采访时，厉有为认为实现共同富裕应“先富带后富”*

（1995年12月）

昨天下午，深圳市委书记厉有为在接受中央新闻单位记者联合采访时认为，搞平均主义吃大锅饭，其结果只能是共同贫穷。要实现共同富裕必须走“先富带后富”之路。

由新华社、人民日报、中央人民广播电台、经济日报、光明日报、求是杂志等新闻单位编采部门负责人组成的采访组，怀着对深圳开展同富裕工程的浓厚兴趣，专程来深采访。

厉有为在接受采访时，结合深圳的实际，系统地阐述了对“共同富裕”的认识和体会，以及深圳市的具体做法。他说，共同富裕是中华民族千百年来的共同愿望，是我们党带领广大人民群众闹革命的目标，也是邓小平同志提出的建设有中国特色社会主义理论的本质所决定的。我们这些共产党人就是在为实现这一目标一步一步地探索和实践。在探索过程中，我们有过经验教训，也付出了代价。如过去搞平均主义吃大锅饭，结果是越搞越穷。是邓小平同志总结了历史上正反两方面的经验教训，提出了“有条件的地方先发展起来，然后带动后进地区，最终实现共同富裕”的目标。我认为，邓小平同志这一决策非常英明。深圳的实践也充分说明了这一点。这次江泽民总书记来深考察时，也讲了这一观点。

厉有为认为，“最终实现共同富裕”并不是搞同步富裕、同等富裕。中国这么大，各地区的条件不一样，不可能完全实行同一政策，要让有条件的地区先发展起来。而深圳的条件就是离国际市场近，离香港近，有地缘人缘优势。可

* 原载《深圳特区报》1995年12月10日，记者：王椿。

是在1980年以前，由于和全国一样实行同样的政策，这些优势就没有充分发挥出来。1979年，当时宝安农民年均收入只有129元，职工年均收入778元，许多人逃往香港。1980年以后，还是这些优势，加上了中央给予的特殊政策，只用了15年就把深圳发展壮大起来了。而发展起来以后，就要辐射带动后发达地区。要发挥辐射带动作用，就必须首先发展壮大自己。试想，原来宝安县那么穷，尽管你有共产主义的思想和风格，也没有能力去支持带动其他地区。深圳是全国的深圳，所以，深圳市委市政府把为全国起到窗口作用、带动作用、示范作用，作为指导思想。

在这个指导思想之下，深圳采取了一系列措施，支援和带动内地贫困地区。如建立经济合作发展基金；开展与老区山区心连心活动；按市场经济规律和内地联手，开展社会化专业化生产大协作；实施“三点一线”战略，把内地的资源优势变为产品优势打入国际市场；与内地大专院校开展技术合作，把科研成果转变为商品；实施产业转移，把一部分劳动密集型企业转移到内地，带动内地经济的发展等。所有这些措施，都必须是以深圳首先发展壮大起来为前提。而深圳目前的发展也不平衡，人年均收入不到2000元的自然村还有400多个。所以深圳市委、市政府决定在本地也开展“同富裕工程”，确定用两三年时间，使这些欠发达村走上共同富裕之路。日前，这项工程已选定了418个项目，总投资17.8亿元。主要是改善这些村的生产生活条件和投资环境，培育“造血”功能，发展村级集体经济，如供水、供电、通讯、治河、修路、学校建设等。同时，派出工作组，并发动市、区有关部门和企业，开展对口扶持，帮助这些地区早日脱贫致富，从而进一步增强深圳的经济实力，也为深圳在全国继续发挥辐射带动作用创造条件。

市委秘书长李统书、市政府秘书长宋枝旺还向记者们介绍了“同富裕工程”的一些具体情况。

参与　互助　奉献　进步

——市委书记厉有为谈学习义工精神*

（1996年8月）

昨天上午，市委书记厉有为在办公室接受了深圳市各主要新闻单位的联合采访，就义工精神及我市开展向深圳市义工联学习活动谈了自己的看法。

厉有为首先从增创特区新优势主要是增创人才新优势谈起。他说，增创人才新优势就是要提高人的素质，提高整个城市的文明程度，这一切都是在潜移默化中实现的，深圳市义工联在这方面做出了很大的成绩，他们的所作所为实际上发扬了“开拓、创新、团结、奉献”的深圳精神。厉有为说，义工联最先是由共青团发动组织起来的，几年来，他们像滚雪球一样越滚越大。目前我市的义工联组织已有上万人参加，市、区、镇体系已经形成，他们将自己的业余时间奉献出来，为有困难、需要帮助的人提供了大量的服务，用自己人格的力量来感化那些有困难、需要帮助的人们，这在全国是第一家。这种精神就是一种自我牺牲的精神，一种奉献精神，也是学习陈观玉精神的一个具体表现。他们不是个别的，而是有组织地、有系统地去做好事，上万人自愿为别人服务，这绝不是偶然现象，而是市场经济条件下社会的需要，也是深圳16年抓好精神文明建设的一项成果。这种精神很可贵，应该推广到全市各行各业。

厉有为分析道，深圳是一个移民城市，人们渴望得到集体力量的支持和帮助，正是在这种社会背景下，义工联应运而生。同时，这也是共青团的一些年轻人发扬敢闯敢冒的精神，积极组织的结果，是深圳精神的一种具体体现，也是深圳人愿意不断接受新的挑战，服务社会、服务别人的一种具体体现。

厉有为说，我们学习义工联精神，就是要在深圳形成一种团结、奋进、和谐的人际关系。在市场经济条件下，少数人中间容易产生拜金主义，甚至走上

* 原载《深圳特区报》1996年8月21日。

犯罪道路。在社会生活中，人与人之间的关系不能只用金钱来衡量。社会主义建立在共同目标的基础上，因此需要营造一种团结奋进和谐的人际关系，义工联正是在走这条路子，做这项工作，牺牲自己，帮助别人，为社会做出自己的表率。“有困难，找义工联”这一口号体现了社会主义健康的人际关系。

厉有为说，学习义工联，要从培养人生观、世界观和价值观的高度来看这个问题。江总书记多次强调要我们树立正确的“三观”。义工联的“三观”问题解决比较好，他们通过实际行动全心全意地为人民服务，这在市场经济比较发达的深圳，尤其显得难能可贵。

厉有为最后说，深圳义工联通过各种活动帮助了别人，也陶冶了自己，使自己的认识有了进步、提高与升华，同时也做了大量有益于群众的事。希望全市各行各业都来支持义工联的工作，使它不断得到发展，组织越来越大；希望有条件的党员干部和群众积极参加义工联的活动，让深圳成为我国开展义务工作最好的一个城市，使我市的精神文明面貌有很大的改观。

中共深圳市委书记厉有为同志近两年开展调查研究的情况报告*

(1996年12月)

厉有为同志非常重视调研工作,把调查研究作为实施领导的基础工作和基本方法。他不仅身体力行、率先垂范,而且带领和组织市领导班子成员结合各自分管的工作实际,深入基层,调查研究,为推动深圳的改革开放和现代化建设献计献策。在他的倡导和督促下,1995年市委、市政府确立了14项重大调研课题,当年年底,基本完成。1996年又确定了15项重大课题,并逐一落实常委、副市长牵头抓。近两年来,他亲自主持和参加了一系列重大课题的调研,深入基层时间累计达125天,亲自撰写(或主持)的调查研究报告(含论文)有10篇之多,通过调查研究,为深圳的改革、发展和稳定提出了许多切实可行的办法和措施,如下是其中较突出的几例。

一、关于加强社会主义精神文明建设

深圳是社会主义经济特区,必须坚持两个文明一起抓,任何时候都不应以牺牲精神文明为代价,去换取经济的一时发展。作为深圳市委的主要负责人,厉有为同志始终保持清醒的头脑,经常告诫市委一班人,要坚定不移地贯彻“两手抓、两手都要硬”的方针,他在深入基层调查研究的基础上,提出了深圳特区在精神文明建设中要“走好两条路子,建设八大工程”。走好两条路子:一条是把农村的精神文明建设与农村股份合作制经济分配制度中的奖惩条例结合起来,另一条是把城市精神文明建设与安全文明小区建设结合起来,促进城乡两个文明建设协调发展。着力建设八大工程:教育工程、文明窗

* 此文系按上级要求,由市委政研室起草的向上级汇报的报告。

口工程、社会治安的综合治理工程、环境的综合治理工程、双拥共建工程、反腐保廉工程、法制建设工程以及学习和实践邓小平建设有中国特色社会主义理论工程，使深圳的精神文明建设水平日益提高，不断为物质文明建设提供智力和动力。

二、关于户籍制度改革

由于深圳特区特殊的人口状况，300万人口中暂住人口占2/3以上，如何制定合适的户籍政策，既满足不同时期经济发展对人口数量和质量的要求，又适应深圳建设现代化国际性城市的总体目标，是深圳需要正视的重大实际问题。厉有为同志率领市有关部门深入基层，听取汇报，实地考察，通过近一年的调研、试点，于1995年10月市政府颁布了《深圳市户籍制度改革暂行规定》，明确必须坚持"控制人口增长、优化人口结构、提高人口素质"的方针和有利于稳定、延揽人才、吸引资金的原则，制定了以暂住户口、蓝印户口、常住户口为体系的户籍管理制度，对促进深圳经济社会发展发挥了积极的作用。

三、关于加强"三来一补"工作

"三来一补"曾经是深圳经济发展的动力和支柱之一，一段时间以来，由于有的未能处理好产业转型升级与发展"三来一补"的关系，致使有些"三来一补"企业外迁，给我市经济特别是区、镇一级经济造成很大影响。厉有为同志觉察情况后，于1994年11月23日亲笔批示有关部门组织调查，自己也深入基层广泛听取干部群众和外商的意见，经过调查研究，市政府发出了《关于进一步加强"三来一补"企业管理的通知》，对"三来一补"提出了在稳定中发展，发展中提高，和制止乱收费、改进机关作风、整治社会治安等一系列办法和措施，很快扭转了局面，"三来一补"呈现稳定和增长的势头。

四、关于"三点一线"发展战略

深圳在10多年经济发展中，依靠的一个重要优势就是发挥"外引内联"的作用，加强横向经济联合。在面临二次创业、经济格局和环境发生变化的新形势下，如何保持和发扬这一优势，厉有为同志通过调研提出了推动"外引内联"向更高层次的"三点一线"发展模式转变的方针，即充分利用特区优势，依托内地、面向海外，以产品加工、贸易、科技成果、资金和其他资源为纽带，将“内地、深圳、国际市场”三点连成一线，形成最佳组合，为我国企业占领国际市场赢得竞争优势。厉有为同志亲自写文章，总结了实行“三点一线”战略的各种类型，包括生产加工劳动密集型、原材料辅助供应型、协作配套型、技术开发型、参股控股型、出口基地型，为我市更好地实施“三点一线”战略指明了方向。

五、关于建立和完善国有资产管理新体制

党的十四大确立了我国建立社会主义市场经济体制的目标，标志着我国经济体制改革进入了一个新阶段，而解决国有资产产权问题是深化社会主义市场经济体制改革的重点、难点和焦点，是增强整个国民经济活力和搞活国有大中型企业的关键，是建立现代企业制度的重要一环。在率先成立全国第一家国有资产管理专门机构——深圳市投资管理公司的基础上，在厉有为同志主持下，经过几年的调查研究和探索，深圳形成和完善了“市国有资产管理委员会（国资办）—市级国有资产经营公司—企业”三个层次的国有资产管理体制，在上层实现了政府的社会经济管理职能与资产所有者职能的分离；在中层实现了国有资产管理与国有资产经营职能的分离；在下层实现了国家终极所有权与企业法人财产权的分离，明确了企业法人财产权，调整了政府与企业的关系，逐步实现了政企职责分开。通过层层授权，建立责任制度，解决了国有资产“责任主体缺位”问题，体现了在市场经济条件下，政府管好所有权，放开经营权、行使宏观调控权的改革要求，保证了国有资产的安全和增值。厉有为同志把深圳改革的实践归纳为：产权流动市场化、产权形态货币化、产权管理法制化、产权运作人格化、产权经营公司化和公司经营股份制。深圳的实践为全国其他地区的改革提供了有益的借鉴。

六、关于探索走共同富裕的道路

允许一部分有条件的地区先富起来，先富带动后富，最终达到共同富裕，是邓小平建设有中国特色社会主义理论的一个重要内容，而如何认识和实践这一理论，是大家关注的热点问题。厉有为同志花了大量精力组织大家对这一课题进行调研，通过调研制订实施“同富裕工程”的发展战略，在理论和实

践两方面取得了丰硕的成果，江泽民总书记等中央领导都给予了充分的肯定和赞扬。厉有为同志通过调研提出三个观点，一是部分地区先富是达到共同富裕的必由之路；二是先富地区帮助后富地区是义不容辞的责任；三是按市场规律走共同富裕道路。深圳的同富裕工程正全面、深入、扎实地展开。为进一步发挥特区对内地经济发展的示范、辐射和带动作用，深圳与内地一些地区开展了“特区与老区、山区心连心活动”，厉有为同志总结提出了“七帮、七带”的具体思路。截至1995年底，深圳企业到内地投资已超过150亿元人民币。深圳设立的经济合作基金已向欠发达地区投放3.85亿元，扶持了128个项目。深圳为延安、井冈山等地援建希望小学142所，资助6万多失学儿童复学。深圳在发挥特区对全国其他地区发展的推动作用和辐射功效方面初步探索出一条路子。

七、关于在更高层次和更宽领域推进深圳的改革开放

这一课题是有为同志上任以来一直潜心研究和筹划的，在深圳处于第二次创业的起步阶段，显得尤为重要。厉有为同志通过调研深刻认识和分析了新形势下经济特区的历史使命及客观环境，提出了深圳要进行第二次创业，建设现代化国际性城市，必须增创新优势，而其中关键是要在更高层次和更宽领域进一步深化改革、扩大开放，为此要确实把握好新阶段特区政策的基本取向，第一是按市场经济规律办事，根据建立社会主义市场经济体制的要求来探索、制定特区政策；第二是按国际惯例办事，与国际市场接轨；第三是根据前两个取向的要求，该放权的，建议中央和省制定政策标准，由特区来执行，中央和省保留检查权，不要事事审批。创造新阶段特区发展的政策环境是一个需要不断深化认识、不断探索完善的过程，厉有为同志通过调研提出了关于深圳特区进一步改革开放，搞好深港衔接的高、低两个政策方案，向中央调研组作了汇报。并在特区工作会议上提出了新阶段特区政策的思路，得到了国务院领导、特区办和与会代表的肯定。

八、关于社会综合治理和环境综合治理

深圳在经济高速发展、外来人口急剧增多的同时，社会治安和城市管理方面也出现了一些突出的问题。厉有为同志经过一年多广泛深入细致的调研

和反复思考，于1994年12月8日在市委一届八次全体（扩大）会议上首次提出，作为治理深圳的两项重大课题，要加大力度抓好社会和环境两个综合治理。并对两个综合治理的内容、措施等作了详细的说明。根据他的思路，市委、市政府于1995年3月形成两个工作方案，即《深圳市环境综合治理实施方案》和《深圳市社会综合治理工作方案》。环境综合治理包括市容卫生综合治理、供排水系统综合治理、道路交通综合治理、开发建设综合治理、城乡绿化美化、防火抗灾等。社会综合治理包括大力整治社会治安，加强人口管理，抓好文化市场和服务行业的管理，加强基层、基础建设、努力创建安全文明小区等。两项综合治理实施一年多来，取得了明显成效。

深圳的“同富裕工程”*

（1997年2月）

随着深圳“同富裕工程”的全面启动，大量基建资金的不断涌入，1995年47个基础设施项目的相继完成，1996年又建设140个基础设施项目，一个新的经济增长点即将形成，很多中外企业正密切注视着深圳这个投资兴业的新热点。为此记者就“同富裕工程”概况及进一步投资的优惠政策问题采访了深圳市市委书记、“同富裕工程”领导小组组长厉有为。

厉有为指出，深圳在迈向现代化国际性城市的过程中，本身仍然存在着经济发展不平衡问题，也有自己的“老区、山区、贫困地区”。在深圳2020平方公里的土地上，仍有近546平方公里的地区经济基础薄弱，人才匮乏，公共设施简陋，人民的生活水平和生活质量还不高，与深圳经济整体发展还有“一大截”差距。这种状况如不得到改善，将影响深圳社会经济的健康发展。

1995年8月，在调查研究的基础上，市委、市政府决定在深圳市欠发达地区实施“同富裕工程”，加大财政投入，制定优惠政策，加快这些地区的发展，使之早日走上共同富裕的道路，促进深圳社会经济协调发展，提高特区整体素质。

厉有为说，“同富裕工程”是市委、市政府增创特区整体优势，培植新的经济增长点，解决本市欠发达地区基本生产、生活条件，并走上共同富裕之路的一项战略决策，是为民办实事、办好事的具体体现。

厉有为回答记者：“同富裕工程”的实施范围是全市1994年末人均集体分配收入低于2000元和村集体年收入低于10万元的416个欠发达自然村。从1995年到1998年，力争用3年时间解决欠发达地区的供水、供电、通讯、治河、道路、卫生设施，改善生活条件和投资环境，并脱贫致富。

* 原载《深圳特区报》1997年2月1日，香港《经济导报》记者：范卫国、文武。

在谈到“同富裕工程”资金的投入问题时，厉有为肯定地说，1995年至1998年，“同富裕工程”项目资金纳入市、区国民经济和社会发展计划，给予安排，支持欠发达地区搞好基础设施建设，并透露“用3年时间投资20个亿”。“同富裕工程”项目的市、区出资比例为：罗湖8:2，南山7:3，宝安5:5，龙岗6:4。并且设立深圳市“同富裕工程”基金，基金规模1996年1亿元，争取三年内滚动发展到3至5亿元。基金主要来源：（1）市每年筹集一部分；（2）各职能部门量力而行支持一部分；（3）市经济合作基金每年从市财政提取的资金划出20%；（4）市、区财政每年预算内安排一部分。另外，市各国有商业银行和地方商业银行在三年内每年安排2000万元贷款，用于扶持欠发达地区的经济开发项目。

据了解，目前市委、市政府已无偿投入欠发达地区基建资金6亿元，这些地区的基础设施已有很大改观，投资环境逐步改善。厉有为说，“同富裕工程”第一步是解决欠发达地区的生产、生活条件，已取得良好的社会效益和经济效益。一年多来，欠发达地区引进“三来一补”项目233个，除1996年已竣工的43个项目外，今年将有大批项目陆续完成。现已兴办“三资”、内联和自营企业134个，72万平方米空置厂房得到了有效利用。据不完全统计，到目前为止，已完成基建道路工程59个，供电工程22个，电讯工程5个，水利工程27个，改造、兴建学校33所，医院6所，解决了涉及近万人的吃水问题，4000多人的行路难问题，近万人的就学难问题，1.5万人的就业难问题，当地的人民群众非常高兴。厉有为说，现在“同富裕工程”已进入第二步，正在实施优惠政策，动员企业到那里投资办厂，当然也允许吸引外商投资。凡1996到1998年内，欠发达村的自办企业免交土地使用费，其他新设立的各类企业减半收取土地使用费；发展“三高”农业和“菜篮子”工程的将得到政府的鼓励，在项目立项、费用减免、技术指导、资金扶持等方面都会有优惠政策；扶持发展乡村工业和“三来一补”企业，也可把一些劳动密集型的企业或项目导向欠发达地区。

厉有为透露：“同富裕工程”实施期间，欠发达地区享受现有的各项税收政策；“同富裕工程”实施范围内新办企业按税法规定交纳所得税后，经当地政府批准，可由财政部门全部返还给企业，从获利年度起3年内不变；“同富裕工程”项目建设、监理等费用减半收取。关于优惠政策问题，厉有为解释：“同富裕工程”实行的优惠政策与特区的优惠政策还不一样，特区优惠政策是国家给的，而“同富裕工程”的优惠政策是在不牺牲国家利益的前提下，在深圳市的权限内，“全部让出”的。据笔者了解，区、镇政府还有各自不同的更加优惠的“土政策”。所以，“同富裕工程”的优惠政策非常具有吸引力。在1996年11月份的“同富裕工程”首次招商会上仅两天签约逾17亿元。这标志着深得民心、具有战略发展意义的“同富裕工程”经过一年多时间的全力实施，目前工作重点开始由帮助欠发达地区改善生活和生产环境为主的“输血”阶段，向帮助引进经济发展项目、发展壮大集体经济、启动其“造血”机能的“造血”阶段推进。

厉有为表示，“同富裕工程”已进入全面实施阶段，今年还要加大投资力度，落实好优惠政策，为欠发达地区招商引资、发展集体经济创造良好的投资环境，欢迎中外企业来深圳投资。

明天更灿烂

——访广东省委常委、深圳市委书记历有为*

(1997年4月)

似怡荡的春风,似柔柔的轻波,深圳市开展的"深黔携手扶贫帮困"活动,在黔中大地激起喜悦的涟漪。

借广东省委常委、深圳市委书记厉有为来黔考察之机,记者再次采访了他。

连日来,厉有为一行一路风尘、一路颠簸,深入贫困山区考察,所见所闻让他对这片土地留下深深的印象:亲眼看到贵州省委省政府、毕节地委地区行署、黔南州委州政府及各族人民精神状态非常好。为了打好扶贫攻坚战,大批干部下到基层,坚决落实中央的"八七"扶贫攻坚计划,这种全心全意为各族人民服务的思想,这种拼搏精神值得学习。

厉有为说,贵州各民族和睦相处,尤其在黔南,这种感受非常深,省委在民族政策落实方面做得非常好。各民族团结,经济才能发展,社会才能稳定。贵州人民非常勤劳,在异常困难的条件下,艰苦奋斗,改天换地,特别是黔南的大关村,在基本没有具备人类生存的条件下,创造出了人间奇迹,大关精神不仅是贵州的榜样,也是深圳的榜样。深圳在"第二次创业"中,要发扬大关人艰苦奋斗的精神。

厉有为以一种纵览历史与未来的开放视野,畅谈深黔携手的发展前景。

他说,深圳实施深圳、内陆、国际市场"三点一线"发展战略,把内地资源优势变为产品优势。贵州资源非常丰富,发展潜力很大。深圳有资金、技术、人才、市场优势,按照市场经济规律,优势互补,可创造出新的奇迹。深圳市委、政府做好引导,把深圳企业吸引到贵州来,拓展他们的事业,把资源优势转变为经济优势,面向国际大市场,经济协作发展得更快更好。我们有决心、

* 此文已被科教兴国文献丛书编委会收入《世纪之交的辉煌与展望》一书。

有信心合作好，合作成功。

深圳开我国改革开放之先河，取得举世瞩目的成就。深圳又是我国对外开放的一个重要窗口。深黔携手，无疑给贵州实施开放带动战略带来新的机遇。

当记者问："我省正在实施开放带动战略，迫切希望扩大贵州的知名度，吸引海内外客商来黔投资，深圳市委、市政府能否为我们在这方面做些工作？"

厉有为笑声朗朗："深圳是全国对外开放的窗口，更是贵州、黔南、毕节对外开放的窗口，我们将加大这方面的宣传力度，提高贵州、黔南、毕节的知名度，特别是把丰富的资源推介出去。深圳有2万家外商企业，我们将动员他们来黔考察，了解贵州，向贵州投资搞合作。"

厉有为说，贵州在宣传上可采取多种形式，可以到深圳来开展销会，也可以到深圳来开招商会，我们将全力支持，通过各种宣传，吸引企业到贵州找合作项目，提高贵州在国际市场上的竞争能力。

深圳17年旧貌换新颜，从一个小渔村迅速发展成现代化的大都市，除了中央的优惠政策和全国人民的支持，得益于全国各类人才"一江春水向东流"。在这次扶贫帮困中，深圳尤其注重对贵州的现有人才的挖掘、培养。

厉有为认为，从长远看，贵州要取得长足发展，首先要提高人的素质，培养各方面的人才。他说，准备在黔南、毕节计划建100所学校，另外我们职工实行1+1助学活动，为贵州的教育尽一份心力。从现实看，深圳已为贵州举办各类干部培训班5期，每期100人。今年准备办10期，共1000人。干部素质提高后，能促进贵州经济的发展。

为捐助贫困山区失学、辍学儿童上学，为改变山区的基本生产、生活条件，深圳特区人民献爱心，已捐款7000多万元，此情深深，山区、老区人民永远铭记！

接受外国记者团采访　纵论深港关系*

（1997年4月）

昨天，一个由美、加、英、日等25家驻华和驻港新闻机构40多名记者组成的外国记者团浩浩荡荡抵深访问，并集体采访了深圳市委书记厉有为。

外国记者们关注的焦点集中在深港关系上。一位英国记者首先发问：香港回归中国，对深港关系有何影响？厉有为说，深港两地唇齿相依，休戚相关。香港回归祖国，给深圳提供了一个加速发展、深化改革、扩大开放的新机遇。香港回归后，与内地优势互补、共同发展的趋势将更为明显。深港两地在城市基础设施建设、产业合作等方面有着广阔的前景，深圳正采取切实措施，加强这方面的工作。总的思路是通过我们的工作保持香港的繁荣稳定，同时充分利用香港的优势，加强合作，促进深圳的发展，并以此进一步辐射、带动内地的发展。

一位加拿大记者接着问道，深圳和香港将来会不会合为一体呢？厉有为说，香港回归祖国后，与深圳及整个珠三角地区经济合作会越来越密切，经济一体化趋势是不可避免的。但香港实行的是资本主义制度，内地则是社会主义制度，深圳是深圳，香港是香港，“一国两制”的界限是绝对不能混淆的。两地将来在行政上也绝不可能合并。

有记者问，香港首任特区行政长官董建华提出香港要建立新的工业基础，这样会不会与深圳形成竞争呢？厉有为说，没有第二产业支撑，第三产业很难进一步繁荣，我非常赞成董建华先生的看法。香港与深圳在发展第二产业方面现在面临的不是竞争，而是要进一步合作。例如在高新技术产业方面，深圳已经形成七大产业群体，并有了一定基础，如果能和香港优势互补，共同开发高新技术产业，前途是非常好的。

---

*　原载《深圳特区报》1997年4月25日，记者：唐亚明。

另有一位记者问道，有人认为经济特区的许多优惠政策已经在全国推广，经济特区已经没有存在的必要。你对此有何看法？厉有为说，经济特区是在邓小平同志倡导下创立的。现在尽管邓小平同志已经逝世，但党中央改革开放的基本路线没有改变。邓小平同志1992年视察深圳后，江泽民总书记曾两次视察深圳，对深圳经济特区作了重要指示，一是要求深圳在新时期增创新优势，更上一层楼。二是代表党中央、国务院重申了经济特区的“三个不变”，即中央办特区的决心不变，特区的基本政策不变，特区在改革开放和经济发展中的地位和作用不变。我们正在按照党中央、国务院的要求，努力增创新优势，争取把经济特区的各项工作做得更好，继续发挥经济体制改革的“试验场”作用和对外开放的“窗口”作用。

市委常委、秘书长李统书也出席了记者招待会。

正确处理三个关系　牢固树立三种思想

——厉有为谈创建国家环保模范城市*

(1997年8月)

自国家环保总局决定在全国开展创建国家环保模范城市活动以来，全国许多城市纷纷响应，我市对此事极为重视，并于今年7月22日第一个向国家环保局提出创建的申请。现在，全市上下正齐心协力抓好创建工作，准备迎接即将到来的检查验收。如何搞好创建？市委书记厉有为日前在接受记者采访时强调，搞好创建国家环保模范城市工作，必须正确处理"三个关系"，牢固树立"三种思想"。

厉有为同志说，搞好创建工作，首先要进一步处理好环境保护与经济发展的关系。在我市社会经济发展的历史进程中，我们面前始终有两条路，一条路是重视环境、保护环境、改善环境，在良好的环境条件下求得持续发展；另一条路是滥用资源、忽视环境、破坏环境，以牺牲环境为代价求得一时的经济增长。走前一条路是造福子孙后代，走后一条路是危害子孙后代的生存和发展，江泽民总书记把这叫做"吃祖宗的饭、断子孙的路"。深圳经济特区创立17年来，我们坚持走第一条道路，正确处理环境保护与经济发展的关系，使我市在经济高速发展、人口数量急剧增加、城市建设日新月异的同时，总体环境质量仍维持在较好水平。

但是，也必须看到，深圳是在自然资源不足、环境容量有限、生态环境脆弱的条件下，进行经济建设、开展第二次创业的。过去在经济快速发展下遇到的环境压力，今后仍将存在，并且始终是制约我市经济发展和社会进步的大问题。同时，建设现代化国际性城市又必须要与之相适应的环境质量。因此，能否进一步处理好经济发展与环境保护的关系，直接影响到我市第二次创业的

* 原载《深圳特区报》1997年8月7日。

成败和跨世纪目标的实现；直接关系到我市经济发展和社会进步的全局；直接关系到全市人民的根本利益。国家环境保护模范城市的硬指标、硬条件，对环境建设、经济发展和社会进步提出的标准很高，要求很严，我市环境保护所面临的挑战是严峻的。

我们在创建国家环境保护模范城市的过程中，必须站在历史的高度，采取全新的思路，实施有力的措施，把促进经济发展与保护生态环境综合起来通盘考虑，统筹安排，坚定不移地执行经济建设、城市建设和环境建设同步规划、同步实施、同步发展，经济效益、社会效益和环境效益相互统一的重要方针，进一步确保我市国民经济在良好的环境条件下持续、快速、健康发展。

二是要进一步处理好环境保护与改革开放的关系。作为国家改革开放的“窗口”和“试验场”，良好的环境质量是深圳改革开放的重要基础和基本保证。在创建国家环境保护模范城市的活动中，我们必须很好地协调两者之间的关系，任何时候都不能为了局部的经济利益而动摇或削弱这一基础。

处理好环境保护与改革开放的关系，关键是坚持环境与发展综合决策，大力促进经济增长方式的转变。17年来，我市非常注重产业结构的优化，使其不断向发达国家的产业结构趋近。但是，我们的产业结构仍有与社会主义市场经济不相适应的地方。因此，要下工夫调整和优化产业结构和产品结构，特别是在大力推动高科技产业发展的基础上，加快发展第三产业，使之能提供全方位的社会经济服务，建立起有利于节约资源、提高效益和保护环境的良性机制，强化政府的宏观调控手段，从源头上防止环境的污染和资源的破坏。同时，进一步完善城市功能，加快城市基础设施建设，使之能不断满足经济社会发展的需要，满足国家环境保护模范城市所必备的条件。

要把环境保护放到对外开放的国际大背景中去考虑。深圳要建设国际性城市，走向国际市场，必须在更深的层次、更宽的领域和更高的水平上进一步扩大对外开放。为此，也就必须更加重视环境保护问题。要充分认识到，环境问题是国际社会的热点，在保护全球环境和人类健康的旗帜下，国际贸易中的“环境壁垒”更加森严，发展中国家商品进入国际市场的形势日趋严峻。在这种形势下，我们必须通过创建国家环境保护模范城市，树立良好的国际形象，把深圳进一步推向国际舞台。这对进一步扩大对外合作与交流，引进和吸收先进技术和管理经验，开拓国际市场，发挥特区优势，具有非常现实和深远的意义。

三是要进一步处理好环境保护与精神文明建设的关系。国家环境保护模范城市的重要标志之一，是社会文明昌盛。也就是说，国家环境保护模范城市是城市精神文明和物质文明建设发展的结晶和升华。

我们正在从事建设社会主义现代化文明城市的伟大事业。什么是现代化文明城市？现代化文明城市就是要有较高的经济发展水平，有较好的环境质量和生活质量，有崇尚文明和弘扬正气的社会风尚。因此，创建国家环境保护模范城市，必须高度重视社会主义精神文明建设，尤其要努力提高全市人民的环境保护意识、法制观念和社会道德水平。各级领导干部要正确处理权力与法律、经济与环境、长远与短期、全局与局部等重大关系，增强可持续发展意识、环境与发展综合决策意识、环境保护基本国策意识。对于广大市民尤其是广大青少年来说，要以环境保护的重要意义、公民的权利和义务等为侧重点，增强环境保护基本国策观念、绿色文明观念、社会道德观念，以及改变传统消费模式的观念等等。要通过开展“讲文明、树新风”的活动，营造以保护环境为荣、破坏环境为耻的良好氛围，使广大群众切身置于创建环境保护模范城市的荣誉感、责任感和使命感之中。

环境保护工作既是一个经济问题，也是一个社会问题。如果环境保护搞不好，影响到社会环境，造成社会不稳定，这就是社会问题；如果环境保护搞不好，市民不满意，影响到党群关系，这就是社会问题。就我市而言，创建国家环境保护模范城市成功与否，将长期影响到我市的对外形象，影响到我市的投资环境。因此，对环境保护问题重视与否，工作抓得得力与否，也是检验我们各级领导干部思想认识水平和工作水平的重要标志之一。各级党委、政府和领导干部一定要从实现跨世纪宏伟目标的战略高度，深刻认识环境保护工作的重大意义，切实加强对创建国家环境保护模范城市工作的领导。

厉有为同志说，搞好创建工作还必须牢固树立三种思想。

一是牢固树立长期作战的思想。环境保护是必须长期坚持的基本国策，也是我市必须长期坚持的基本政策。环境保护是百年大计，非一日之功。今天，我们之所以能够有条件、有基础、有能力在全国率先申报争创国家环保模范城市，不是靠几天或者几个月搞突击搞出来的。而是建市以来历届市委、市政府高度重视环保工作的结果。这次国家有关部门对我市创建工作的考核验收，是对我市17年来长期致力于环境保护事业的一次大检阅。我们决不能为拿奖牌而拿奖牌，不能把抓环保当做“一阵风”，而应当以此为契机，全面推进我市的环境保护工作再上新台阶。无论这次考核的结果如何，我们都要把环保作为关系国计民生的全局性大事来抓，长期作战，锲而不舍，始终不渝地按照经济建设、城乡建设与环境保护同步规划、同步实施、同步发展的要求，在城市建设过程中坚持高起点规划、高标准建设、高效能管理，通过不断加强经济发展与环境保护宏观综合决策、科学调整城市规划和优化产业结构、全面推进城市环境综合整治，努力加快环境基础设施建设，致力强化环境监督管理。要从实际出发，一个问题一个问题解决，一个层面一个层面拓展，把实事办得更好，把好事办得更实，严禁形式主义，务必求得实实在在的效果，把创建国家环保模范城市这项工作长期坚持下去。

二是牢固树立全市一盘棋的思想。环境保护是一项综合性、整体性很强的艰巨工作。空气污染了，同在一片蓝天下的人，都要受到影响；水质污染了，同饮一江水的人都将受到毒害。这是很简单的道理。同样，解决环境污染问题也只有采取综合性措施才能达到应有的效果。因此，做好环保工作，创建国家环境保护模范城市，必须牢固树立全市一盘棋的思想，树立大局观念，做到上下一致，左右协调，互相支持，齐心协力。我市对环境保护和创建国家环境保护模范城市工作已有详细规划和方案。在城市的总体规划下，各单位、各部门要对本部门或本行业的环保工作高度负责，切实履行职责，保质保量地完成创建任务。这次创建工作各区的任务也相当繁重，要增强全局观念，服从全市统一指挥，采取强有力的措施，完成好各项创建工作。各单位、各部门一定要克服本位主义、单位保护主义和门户之见，密切配合，协同作战，决不允许为了小集体的利益而损害环保，决不允许相互扯皮，延误大事，或敷衍塞责，虎头蛇尾。环境保护与人民群众的生活密切相关，人民群众对保护环境具有极大的热情。广大市民的积极参与，也是我们创建国家环保模范城市取得成功的根本保证。新闻舆论部门要加大舆论宣传的力度，使创建活动家喻户晓，人人皆知，为创建活动营造良好的氛围。

三是牢固树立标本兼治的思想。17年来我市环保工作取得了很大的成绩，衡量环保工作的很多指标在全国领先。但在环境保护上我们也还存在不少问题，有些问题还较为突出，必须引起我们的高度重视。创建活动当前要重点解决交通噪声、机动车尾气污染、噪声控制达标区建设、地面水污染等几个问题，要在短期内取得实实在在的效果。这些问题的存在，反映了我们在环保管理体制、投入机制、严格执法等方面还存在薄弱环节。在创建国家环境保护模范城市过程中，我们要树立标本兼治的思想，积极组织力量开展调查研究，认真研究出现问题的原因，寻求有效的对策和措施，在短期内尽快解决当前突出问题的同时进一步加大治本的力度，花更大力气去抓预防，更注重从深层次和源头上去解决问题。

厉有为同志最后强调：贯彻国家可持续发展战略，必须认真抓好环保。抓好环保是为全市人民造福，是为子孙后代造福。我们一定要加强领导，精心组织，团结协作，真抓实干，开拓进取。大家既要正视困难和问题，更要鼓舞斗志，坚定必胜的信心，努力实现创建国家环境保护模范城市的奋斗目标。只要认识提高了，信心鼓足了，措施落实了，坚定地依靠党，依靠群众，我们就一定能像创造经济奇迹一样，创造一流的环境，为深圳争得更高的荣誉。

深圳要建设大规模现代化人才市场*

（1997年9月）

昨天下午，市委书记厉有为深入市人才大市场和高新技术产业园区调查研究。他强调，人才是生产力的主要要素，深圳要发挥信息化优势，建设全国规模最大、最现代化的人才市场，为企业提供服务，为发展社会主义市场经济发挥作用。

下午2时30分，厉有为一行来到市人才大市场。在中华会计师事务所等几家用人单位的展位前，厉有为详细询问了招聘条件、应聘人数等有关情况。

据市人事局局长陈安仁和人才大市场负责人郑举武介绍，人才大市场自今年元月投入使用以来，进场单位达11799家，进场人数超过51万人次。

厉有为还听取了市场信息化工程建设的情况汇报。人才大市场信息系统利用现代网络技术、卫星通讯技术、多媒体技术、全方位地将人才交流中的各类信息加以收集、整理和深层次开发，提供给用人单位和求职者。

厉有为表示，人才是生产力的主要要素，人才市场要为发展生产力、发展社会主义市场经济提供服务，本着方便企业的原则，要想方设法使企业招到最需要的人才。为此，要形成一个具有权威的大市场。他希望有关部门共同努力，借助信息化工程优势，把深圳人才大市场建设成为有形与无形市场相结合、近程与远程市场相结合的大规模现代化人才市场，使之成为全国规模最大、设施最先进、覆盖面最大的市场，为深圳、珠江三角洲乃至全国的人才招聘和引进工作提供服务。

厉有为强调，人才大市场应实行统一化和制度化管理，不要因为部门分管而造成市场体系不统一。人事和劳动部门应互相配合，通过人才信息联网，共同建设人才大市场，让企业需要的干部和工人都能在同一个市场得到解

* 原载《深圳特区报》1997年9月2日第一版，记者：许勋风、张革。

决，最大限度地方便企业。

昨天下午，厉有为一行还到深圳市高新技术产业园区进行调研，听取了有关情况汇报。在政府各部门的配合下，园区的规划和建设有了较大的进展，确立了开放式的管理模式，完成了产业规划和土地规划，加强了制度化建设，为企业提供优质服务。厉有为对此给予充分肯定，并希望有关部门要继续努力，积极主动地招商引资，把大的高科技项目、大的跨国公司引进来，使园区的高科技产业形成气候。

新委员　新感觉

——厉有为委员如是说*

（1998年3月）

从深圳市委书记岗位上退下来的厉有为委员告诉记者，到龄换岗，进入政协，他有四方面的感受。

首先，政协对于他来说是个新领域、新课题，要很好地学习体验。厉有为表示，多年的从政经历，唯独政协工作没有搞过。他很有兴趣，也真心地希望，从做政协委员之日起就开始学习、研究政协工作。

其次，在深圳做市委书记的几年中，他深深体会到政协的作用。厉有为说，政协对团结社会各界人士，团结各民主党派、无党派人士，为我们的事业共同奋斗，确实做了很大贡献。基于对政协的认识，自己也非常愿意加入到政协的队伍中来，亲身实践一下。

再次，多年来无论在什么岗位，都喜欢调查研究，思考问题。在做市长和市委书记期间，由于事务性工作很多，没有更多的时间和精力下到基层就具体问题搞调查研究，只有组织大家一起搞调查研究。到政协最大的好处就是，可以有时间思考问题，下到基层亲自搞调研，体察民情，进言献策。

最后，政协汇聚了各界人士，履行政治协商、民主监督的职能。政协也汇聚了大量的优秀人才，是人才库、智囊库，和他们在一起可以学习到很多宝贵的东西，要好好虚心学习。

厉有为表示，在此次全国政协九届一次会议期间，首先是多听多看多学多结识朋友，多了解信息，才有可能做好今后政协所让我承担的任务。

* 原载《人民政协报》1998年3月4日，记者：孙怡。

张帼英答《大公报》记者问

——指香港个别传媒散布谣言，枉费心机

（1998年3月）

［本报讯］就原深圳市委书记厉有为转岗的事，本报记者访问了分管干部工作的广东省委副书记张帼英，以下是回答的内容：

记者问：最近香港个别媒体对厉有为不做市委书记，有某些说法，你怎么评价？

张帼英答：我们已经注意到了这个问题。有的别有用心的人借厉有为转岗之机，对厉有为进行人身攻击、诽谤。我可以认真负责地说，厉有为是个好同志，是因为到年龄才转岗的。他在深圳工作八年，当过人大主任、市长、市委书记，工作是有政绩的，他认真贯彻邓小平理论和党中央的路线、方针、政策，工作认真、勤奋、踏实，有拼搏精神，有勇于改革和探索精神，他对工作奋不顾身，很少考虑个人得失，他心里装着群众，处理问题从群众利益出发。他担任主要领导期间，深圳的领导班子、特别是主要领导之间是坚强团结的，他们齐心协力去拼搏，省委是满意的。

深圳两个文明建设取得的巨大成绩都是有目共睹的，深圳国内生产总值1997年是1990年的6.6倍，人均国内生产总值3692美元，居全国城市之首。深圳城市面貌日新月异，人民生活水平显著提高，这是以江泽民为首的党中央贯彻小平路线的结果，是省委省政府正确领导的结果，也是深圳人在市委市政府领导下干出来的，其中有厉有为的贡献。

厉有为严格要求自己，廉洁自律，认真贯彻中央反腐败的精神，抓反腐败态度坚决，手不软，在深圳是受到干部群众称道的。香港个别刊物制造的谣言总归是谣言，对厉有为不但没有损害，反而暴露了搞阴谋的人的丑恶嘴脸。

公有制实现形式上的五个认识误区*

（1998年7月）

编者按：

1998年7月，中国管理科学院上海分院和解放日报、文汇报理论部联合主办的“社会主义公有制实现形式学术研讨会”在上海浦东新区召开。厉有为、刘吉、黄奇帆、厉无畏、秦绍德、夏禹龙等一大批专家、学者参加了研讨。现将全国政协常委、中共中央候补委员厉有为先生讲话的其中一部分整理摘要如下，以飨读者。

公有制实现形式问题的提出，不是凭空想象出来的，是经过几十年的实践证明，我们以往的公有制实现形式出了毛病，才不得不提出和研究解决这个问题。那么，究竟出了什么毛病呢？在认识上主要有五个误区：

第一个认识误区，认为越“公”越先进，而不是认为什么所有制最能适应和促进生产力的发展，什么所有制就最先进。于是，认为全民所有制最先进，曾一度不顾生产力发展水平如何，一味追求改变生产关系，什么“一大二公”，搞纯而又纯的单一的公有实现形式—— 全民所有制。并据此论断了我国社会主义的基本矛盾是先进的生产关系与落后的生产力之间的矛盾。这个命题就意味着：承认超越生产力发展水平的生产关系是“先进”的生产关系，承认“先进”的生产关系可以促进落后生产力的发展，这种生产关系决定论，恰恰违背了马克思主义生产关系一定要适应生产力发展水平这个基本原理。

第二个认识误区是认为公有经济和私有经济水火不相容，公有经济姓“社”，私有经济姓“资”，有我没你，有你没我，是水火不相容的关系。于是，为了捍卫社会主义所有制的纯洁性，急于消灭私有制经济，我们为此付出了沉重的代价。

---

* 刊登在《现代领导》杂志1998年第8期。

第三个认识误区是非公即私，非此即彼，完全否定了在所有制发展的历史长河中，它的实现形式的多样性。它是一个不以人们意志为转移的历史发展的长链条，如果把共产主义公有制的实现形式——全民所有制看做链条的一端，把私人生产、单独经营、私人占有的私有制看做链条的另一端，中间应该存在连接两端的若干个节点，这些节点是所有制的多种多样的实现形式，有的不完全是私有制，有的也不完全是公有制，而是逐渐演化、发展变化的过程。这些多种多样实现形式是为了适应生产力的发展水平而产生和变化的。正如马克思提出的，股份公司是由单个私人资本转化为众多生产者所共有的“一个必须经过的过渡点”，“这时它已经不是当做一个一个分立的生产者的私有财产，而是当做共同生产者的共有的财产，直接的社会财产。”他又说：“资本主义的股份企业和合作工厂一样要看做是由资本主义生产方式向社会共同生产方式的过渡形式。”恩格斯指出：“辩证法不知道什么绝对分明的固定不变的界限，不知道什么无条件的普遍有效的‘非此即彼’！它使固定的形而上学的差异互相过渡，除了‘非此即彼’！又在适当的地方承认‘亦此亦彼’！并且使对立互为中介；辩证法是唯一的、最高度地适合于自然观的这一发展阶段的思维方法。”因此可以说，除了公有制适应各种生产力发展水平的各种不同实现形式外，在公有制与私有制之间也存在适应生产力发展的各种实现形式。因而“认为普遍有效的，固定不变的”非公即私的认识，是不符合马克思主义认识观的，我们现在是应该走出误区的时候了！

第四个认识误区是把共产主义时代才可能实行的全民所有制的公有制实现形式拿到社会主义初级阶段来实行，因而超越了生产力的发展水平，超越了历史发展的阶段。

全民所有制，即全社会成员占有生产资料，或者称生产资料由全体社会成员占有。这种公有制的实现形式是马克思、恩格斯预言到共产主义时期的一种占有形式，就是说实行全民所有制的“实际条件”是共产主义社会。恩格斯指出：“无产阶级将取得国家政权，并且首先把生产资料变为国家财产。但是，这样一来它就消灭了作为无产阶级自身，消灭了一切阶级差别和阶级对立，也消灭了作为国家的国家。”他又说：“一旦社会占有了生产资料，商品生产就将被消除，而产品对生产者的统治也将随之消除。”很显然，全民所有制实现形式的“实际条件”是消除商品生产，消灭阶级差别，消灭阶级，进而消灭国家的共产主义社会，这种预言是正确的，但直到目前尚没有实践验证，我们只能当做终生为之奋斗的理想。但是，我们可以肯定的是，我们现时的社会主义初级阶段是不具备这种条件的，因而全民所有制的实现形式是超越社会主义初级阶段生产力发展水平的，现阶段是不可行的。

第五个认识误区是把全民所有制与国家所有制混淆起来，进而把社会主义国家所有制误认为是社会主义国家公有制的特殊形态，误以为是社会主义国家的本质特征。

全民所有制前面已经叙述过了，它是马克思和恩格斯在预见共产主义社会时设想的一种公有制实现形式。但国家所有制则不然，它是自从产生国家以来就有的，由国家统治阶级占有和支配的公有制的一般实现形式，而绝不是社会主义国家公有制的特殊实现形式。因而国有经济占整个国民经济比例的多少不能构成判断不同社会性质国家的标志。就是在同样性质的不同国家，这个比例也是各不相同的；就是在同一个国家的不同历史时期，这个比例也是各不相同的。奴隶制国家、封建制国家、资本主义国家和社会主义国家都有国家所有制，而且都属于公有制范畴，所不同的是这些公有的国家资产被不同的统治阶级拥有，为不同的统治阶级运用和服务。我们不能把国家公有制占的比例的多少，当成社会主义的本质特征和与资本主义的本质区别。

总之，使所有制关系超越生产力的发展水平，超越历史的发展阶段，是被实践证明了的主要毛病。

由于理论认识的毛病，在实践上出现了若干问题，主要有以下几点：

一是造成所有权的虚置。全民所有只是理想化了的、虚无的、精神上的所有，而不是财产处置权和收益分配权的真正所有。企业领导和职工谁也不是所有者，更谈不上全民。职工并不是生产资料的主人，也无权参与他们自己创造的剩余价值的分配，实际上他们充其量只是一个为国有资产的打工者，无论对生产者和经营者都很难形成利益机制和内部活力机制。

二是造成所有权上边“多位”，下边“缺位”，产权不明晰的情况。国有资产拥有者实际上从国家计划部门、经贸部门、财政部门、国资部门、专业部局、地方政府人人有份，多头拥有、各自分割。由此造成“小而全，大而全”，重复投资和建设，浪费惊人，下面出了问题无人负责，还造成公有财产“大家拿”、“不拿白不拿”的局面，使国有资产大量流失。

三是造成“大锅饭”、“铁饭碗”，冗员过多，十羊九牧，效率低下，消耗过高，浪费严重。

四是造成政府办企业，企业办社会的本末倒置、功能错位的不正常状况。

五是在计划经济转向市场经济过程中，一部分国有企业的经营者心态异变，不是为公而要为私，大量鲸吞国家财产。造成国有资产暗中流失的潜流泛滥，国家损失惨重，有的国企只剩下个空壳。

综上所述，公有经济的产权制度非改革不可，不改革，公有经济没有前途。回顾深圳这些年取得的一些进步，归根到底，首先是在产权制度上有重大突破，实行了公有制经济的多种实现形式，实行了公有制经济与私有制经济兼容的格局，进而互相渗透，形成了混合所有制经济，形成了产权主体多元化的格局。去年，深圳国有资产总量达到1329亿元，改革以来平均每年递增30%以上。在全国各省市中，排行占第23位，但实现利润占第四位。五项经济效益指标即总资产收益率、净资产利润率、资本收益率、销售利润率和获利倍数都占全国第一位。

这样发展的结果是使国有经济大大增强，而不是削弱。

深圳二次创业的巨大动力

——访原深圳市委书记厉有为*

（2000年8月）

1994年6月，江泽民总书记视察深圳时对深圳人民提出殷切希望："增创新优势，更上一层楼。"从那时候起，这一指示至今鼓舞着多少深圳人努力奋斗，开创未来。如今，在特区成立20周年之际，我们回忆这段历史，仍然倍感亲切，因此，受编辑部的委托，记者请原深圳市委书记、现全国政协常委、全国政协港澳台侨委员会副主任厉有为谈谈当时的情景，厉有为在他的办公室欣然接受了采访。

一谈起总书记视察深圳的情景，厉有为仍然沉浸在极大的激动和兴奋之中，宛如这一切就发生在昨天……

他向记者回忆道：那时候，社会上"特区还特不特"、"特区该怎么发展"的疑问声不绝于耳，甚至"特区还需不需要办下去"也如疑云在人们的心头飘荡。正在这时候，6月19日至21日，江泽民总书记带着党中央、国务院的深切关怀来到深圳。在深期间，总书记参观高新技术企业，看市容市貌，越看越高兴，他说："经济特区的人民用自己的实际成就，对全国的改革开放和现代化建设做出了重大贡献，确实发挥了'窗口'作用、'试验田'作用和'排头兵'作用。"在参观时，他对市委领导说："深圳处于一个很重要的转变时期。"他还说，深圳要从一般的来料加工向高技术、新技术、深加工发展；深圳要两手抓，两手都要硬。20日下午，省委、市委向总书记汇报工作，这是他15日开始在广东省考察以来的一次重要的会议。汇报结束时，总书记作了以经济特区发展为主要内容的重要讲话，总书记说，我认为有必要代表党中央、国务院郑重地加以重申：中央对发展经济特区的决心不变；经济特区在全国改革开放和现

* 此文为《深圳特区报》记者张兴文采访录。

代化建设中的历史地位和作用不变；中央对经济特区的基本政策不变。总书记还说，要把发展经济特区贯穿于社会主义现代化建设的整个过程，基本实现国家的现代化要搞多久，经济特区就要搞多久。

厉有为说，总书记的话字字铿锵有力，在座的人们无不为之激动，第二天，报纸、广播迅速将总书记这一指示传向社会，全市人民欢欣鼓舞。

厉有为说，总书记的讲话就像一场及时雨，滋润着我们的心田，也像一座灯塔，为特区前进指明了方向，总书记的这一指示：核心就在“新”字上，当时，深圳正处在二次创业时期，二次创业与一次创业不同，一次创业时，深圳只是个农村，靠中央给政策很快起步，二次创业时，优惠政策的作用越来越减弱。在这种情况下，深圳的路怎么走？要在继承过去的基础上，再发展什么新的优势？当时，市领导班子意识到这个问题，但思想并不很明确，而总书记的指示一下子就为我们指明了方向，深圳就是要增创“新”优势，否则，深圳就没有希望，就没有发展后劲。

厉有为说，为了更好地落实总书记的这一指示，围绕着如何增创新优势，更上一层楼这个问题，市委和市几套班子的领导同志结合自己分管的工作，开展了认真的学习和调查研究，要认真回答增创什么新优势和怎样增创新优势。同时，组织全体党员和全市人民认真学习总书记的讲话精神。

谈到这里，记者插话道，当时，为了配合市委、市政府的这一中心工作，深圳特区报在报纸上开始了“如何增创新优势、更上一层楼”的大讨论，许多市民积极踊跃参加讨论，并发表了许多很有见地的文章，厉有为笑着说，是，特区报做得很好，这个讨论影响深远，既组织了学习，又鼓舞了士气，并且听到了群众的呼声。

厉有为说，经过学习讨论，深圳二次创业的思路越来越明确了，因此，我们提出了未来五年深圳要增创十个方面的新优势：增创市场经济体制和运行机制新优势、增创高新技术产业新优势、增创对外开放新优势、增创城市功能新优势、增创人才新优势、增创依法治市新优势、增创横向经济联合新优势、增创深港衔接新优势、增创社会发展新优势、增创社会主义精神文明新优势。

根据这十个方面的要求，分别采取了很多具体政策和措施，使增创新优势落在实处。

厉有为说，更令人兴奋的是，1995年12月，总书记再次来到深圳，在我们的请求下，他为我们题词“增创新优势，更上一层楼”。当时，我与子彬市长接过这幅珍贵的题词，留下了难忘的历史性的照片。

厉有为说，这时候，深圳就像鼓足了劲的风帆，乘风破浪，开拓前进，全市人民踏入了第二次创业的征程。而二次创业的巨大动力就是“增创新优势，更上一层楼”。

在继承基础上发展，在发展中创新

——访原深圳市委书记厉有为*

(2002年4月)

更深刻认识深圳精神这一话题，不仅调动起了全市干部群众参与讨论的热情，同样牵动着老一代创业者的心。就在“深圳精神如何与时俱进”大讨论进行得如火如荼的时候，原深圳市委书记、现全国政协常委厉有为同志接受了记者的采访。

一、过去：深圳精神造就了一代人

记者的问题从如何看待深圳精神的作用开始。在回顾了深圳精神的提出过程之后，厉有为同志指出：一个人要有一点精神，一个城市也要有一点精神，而这个城市的领导集体就更应该有一点精神。这种精神能鼓舞、引导我们向既定目标更好地迈进。深圳人过去在实践中创造出了深圳精神，而深圳精神对两个文明建设、对这座城市的崛起，也起到了非常大的凝聚、激励作用。没有开拓创新，没有团结奉献，就不会有今天的成功。在深圳发展过程中，深圳精神造就了一代人，造就了这座城市。

谈到深圳精神与时俱进这一话题时，厉有为同志指出：“用发展的眼光看问题是辩证唯物主义的基本要求。经过20多年努力，深圳发生了翻天覆地的变化，在新形势下，深圳精神也必须有新的发展、新的内涵。这就好像人们对社会主义的认识一样，它随着时代的发展不断充实新的内涵，不断引导人们向新的目标前进。最近市委提出，深圳精神应该与时俱进。我认为这一提法具有远见卓识。希望这场讨论，既是更深刻认识深圳精神的过程，更是进一步凝聚人心和聚集力量、自我教育的过程。”他认为，深圳精神与时俱进，首先要解决

* 原载《深圳特区报》2002年4月15日第一版，记者：刘键。

好发展与继承的关系：应该是在继承的基础上发展，在发展中创新。

二、创新：必须赋予时代特色

开拓创新曾经是我们这座城市的代名词。厉有为同志认为，开拓创新精神是深圳精神的灵魂，不仅不能丢，还要继续发扬："适应加入WTO的要求，应更深层次融入国际社会，更深层次进行国际经济交流与合作，这就需要继续创新，进一步深化改革，按照国际惯例运作，按照世贸组织规则规范我们自己的行为，不然就跟不上世界潮流，既达不到国际先进城市的要求，也不可能率先实现现代化。"

需要在哪些方面继续开拓创新？厉有为同志重点谈了两个方面：

一是政府职能要进一步创新。政府职能转变是今后深圳经济社会进一步发展的必需条件。加入WTO的条款主要不是对企业的要求，而是对政府的要求。要真正实现小政府、大社会这一目标，我们仍需努力。应该把什么都要审批、什么都要管的全能型政府转变成服务型的有限责任政府。我认为，政府职能的转变，深圳虽然走在前面，但仍然有很重的转变任务。政府动作能不能由过去的顺势审批，转变为逆势审定，即：凡是禁止、限制的要审定，允许的和鼓励的一律放开，不用审批，只报备案或登记就可以了。从资本投入角度来看，哪一级政府投入资本，哪一级政府审定。凡是非政府投资的，属于允许和鼓励的均不要政府审批，谁投资谁负责，谁投资谁受益。政府不要管那些管不了也管不好的事。政府只控制有限的资源，其他多数资源让市场来配置，这样既能节省大量的人力财力，也可从源头上杜绝腐败行为的产生。

二是科技领域要不断创新。科技创新，就是要创造出一批拥有自主知识产权、拥有核心技术、具有国际先进水平的科技成果。如果一个城市没有走在世界前列的企业，这个城市将没有发展后劲，更没有竞争力。要达到这一目标，就必须充分发挥企业、科技人员的创造精神，而政府的责任在于建立起一个创新的环境和创新机制：在广大劳动者当中建立起内在的动力机制，这既包括精神动力，也包括物质动力，二者相辅相成。在城市社会中要创造出让人敢说话、愿意说话、敢说真话、说实话的良好社会环境，像1997年上半年北京一些人对我在中央党校的毕业论文进行围攻、诬陷，甚至谩骂那样，还有谁愿意说真话、说实话？还有谁愿意去探索？没有探索，没有鉴别，哪有经济和社会的进步?

此外,深圳虽然在建立社会主义市场经济体制方面先走一步,但现在,市场经济体制仍需完善和创新。

三、奉献:以推动区域经济发展为己任

“深圳的发展对国家的奉献是不言而喻的,深圳的发展,还必须推动区域经济的发展。区域经济发展是深圳进一步发展的条件,深圳的发展也是周边及其他地区发展的条件,双方互为条件、互为依托。这就是更具体的奉献。”谈到如何进一步拓展奉献精神的内涵时,厉有为同志这样指出:“没有内地、香港和海外的支持,深圳怎么会有今天的成就?深圳发展起来以后,怎样才能发挥总书记要求的‘三个继续、五个带头’作用?”厉有为同志认为,在区域经济的发展中发挥更大作用,也是奉献精神的新内涵。在谈到对西部大开发辐射作用的同时,他着重谈到了深港关系:“过去深圳的发展得到了香港许多有识之士的帮助和支持,现在香港经济发展遇到暂时困难,深圳离香港最近,支持香港尽快克服经济困难,我们责无旁贷。因此,应该考虑采取怎么样的对策,有利于香港经济的发展?如怎样使人流、物流、资金流、信息流在区域内流动得更顺畅、更快捷?又如在区域内的各种服务怎样能优势互补、互为所用?城市政府之间怎么样协调得更方便、更有效?这有很多工作要做,做好了,会大大促进彼此生产力的发展和人民生活水平的提高。”

四、节约:降低城市发展的交易成本

建特区之初,深圳的创业基金捉襟见肘,如今积累多了,实力强了,条件好了,艰苦奋斗的精神还要不要?厉有为同志认为:艰苦奋斗、厉行节约的精神不但要继承好,还要发扬好,艰苦奋斗应该成为深圳精神的重要部分:“深圳已经达到了富裕的小康,从富裕的小康向富裕的大康发展,我们离发达国家的水平还有不小的差距。奢侈之风绝不可长。就是到了大康了,也不能奢侈浪费,节约是一种美德。”

他语重心长地指出:奢侈浪费往往能断送一个企业,甚至一个城市的前途。如果城市的各种交易成本很高,城市和企业的竞争力从何而来?同时,如果政府办事效率低下,官员不廉洁,会大大提高城市的交易成本。因此必须强

调提高办事效率，降低交易成本，提倡勤俭节约，反对腐败奢侈，把城市的交易成本降下来，把企业和城市的竞争力提上去。

五、诚信：把公利放到第一位

在继承深圳精神的同时，厉有为同志认为诚信应该是深圳精神必须赋予的新内涵："现实生活中存在着不少欺诈和缺乏诚信的现象，这已成为建立有秩序市场经济的一大障碍。"

他指出，诚信建设首先要求政府官员要讲诚信："一些官员虚报政绩，做表面文章，只讲表面形象，不讲求实际，已经成了一大公害，有副对联对这种行为进行了辛辣的讽刺，上联是：上级压下级，一级压一级，层层加码，马到成功；下联是：下级骗上级，一级骗一级，层层加水，水到渠成；横批是：官出数字，数字出官。我们必须倡导要多干实事，多说实话，多调查研究，多联系群众，不要浮在上面吹嘘浮夸，不要文过饰非邀功请赏。官员所以缺乏诚信，就是处处把个人利益放在第一位，用公权谋私利，用公权满私欲，于自己不利的事，则把头缩回去；于自己有利的事，削尖了头往前钻。如果公务员把私利都放在公共利益之上，政府能有效率吗？政府能有诚信吗？政府能有廉洁吗？这是不言自明的。因此应该在机关干部中大力推进诚信建设，使每个公务员都能够奋不顾身地维护国家利益，而甘愿牺牲个人利益。"

厉有为同志接着指出，诚信的另一领域则是企业负责人应该最大限度地维护职工利益。对广大职工讲诚信，企业才能兴旺。同时，企业负责人亦应对竞争对手讲诚信，对合作伙伴讲诚信，对客户讲诚信。而企业职工也应对企业讲诚信，用自己的行动献身于企业，献身于社会。总之，诚信不仅是一个企业、事业单位乃至个人生存和发展的基础，而且也是一个城市发展的基础。我们不仅要努力建设一个诚信的城市，更要努力建设一个诚信的社会。

创新制度　增强活力　加快发展

——访全国政协常委、原深圳市委书记厉有为*

（2002年12月）

发展生产力的关键在人，而人的关键在于发挥其积极性和创造性，人的积极性的发挥在于管人的制度要创新，在于财产占有方式要创新。在这两方面下工夫创新，进行制度和机制创新，会有很多文章可做，会有很大潜力可挖，会有很好的政策可以实行。

上个世纪90年代，深圳的改革开放如火如荼，在中后期担任市委书记的是厉有为同志。如今他虽然已经从市领导的岗位退了下来，但他一直心系热土，关心深圳的发展。正当全市人民深入思考如何贯彻党的十六大精神，争取在制度创新和扩大开放等方面走在前列之际，记者采访了他。

厉有为对深圳的情况了如指掌，对发展思路素有研究。采访中，他向记者阐述了创新的内容、创新的思路以及完善社会主义市场经济体制的努力方向。

一、以敢闯敢试的精神进行制度创新和改革试验，进一步解放生产力，使深圳继续走在全国的前列

“20多年来，深圳发扬敢闯敢试的精神，不断开拓创新，在体制改革和对外开放等方面走在了全国的前面。今后深圳要继续走在前面，同样必须以这种精神进行制度创新和改革试验，进一步解放生产力。”厉有为语气十分肯定地说。

厉有为认为，制度创新不仅仅是企业制度创新、经济制度创新，还应该包括政治制度等方面的创新。他说，马克思主义政治经济学告诉我们，生产关系必须适应生产力，上层建筑要适应经济基础。在科学技术迅速发展的今天，

* 原载《深圳特区报》2002年12月16日，记者：张兴文、方兴业。

在社会生产力快速发展的今天，必然要求生产关系与之相适应，也必然要求上层建筑与之相适应。这就是创新的起因和动力。

长期担任领导工作，长期勤于思考，厉有为对如何变革生产关系，充分发挥人的积极性和创造性，推动生产力发展深有研究。他指出，我们创新的目的是迅速发展生产力，迅速富民强国。发展生产力的关键在人，人的关键在于发挥其积极性和创造性，人的积极性的发挥在于管人的制度要创新，在于财产占有方式要创新。在这两方面下工夫创新，进行制度和机制创新，会有很多文章可做，会有很大潜力可挖，会有很好的政策可以实行。厉有为举例说，深圳在上个世纪90年代中期就实行了高科技企业内部科技人员持股制，在公有制中小企业试行内部员工持股制，在农村实行村民持股制（股份合作制），使生产资料占有社会化与生产的社会化相适应。事实证明，这些做法是行之有效的，大大地调动了人的积极性，大大增强了企业的活力。在党的十六大精神指引下，如何进一步完善，如何进一步创新，推动生产力进一步发展，值得我们深入研究。

二、从扩大民主和加强法制建设入手，积极稳妥地推进政治体制改革

“党的十六大提出要‘推进政治体制改革’，要‘改革和完善党的领导方式和执政方式’。创新和改革是深圳的代名词，在政治体制改革上，深圳责任重大，探索试验大有可为。”厉有为如是说。

他指出，政治体制改革包括两大方面，第一方面是扩大民主。我们的民主是人民的民主，要使广大人民群众享有一切民主的权利。比如在选举上，深圳的村主任已经由村民直接选举，这是一种广泛的民主，我们能不能把这种民主扩大到镇长、区长、市长的选举呢？我看值得探索。但这种探索一定是有组织、有领导的，一定要在法律范围内进行。如果能把基层民主扩大到这些层面，现行干部管理制度的弊端将可能逐渐消除，许多问题也都迎刃而解。第二方面是加强法制建设，尤其是司法工作要做到公开公平，体现公正司法，坚决铲除司法腐败。江泽民同志在党的十六大上提出要让群众有知情权、参与权、选择权和监督权，这些重要精神我们要认真贯彻落实。在办案过程中，要让群众有知情权，不能搞“黑箱作业”。群众有知情权，才能行使自己的监督权，才能保

证司法公正。在公正司法上是这样,在人事制度上也应该是这样,要在公平、公开的机制中和群众拥有知情权、参与权、选择权和监督权的情况下,把真正优秀的人才选拔到领导岗位上来。

三、强化“四力机制”,进一步完善社会主义市场经济体系。强化政府公信力,建设守法有序、赏罚分明的诚信社会

在采访中,厉有为强调深圳要不断完善业已形成的社会主义市场经济体系。他说,早在1995年,经过全市人民的努力,深圳建立了由十大体系组成的社会主义市场经济体制的基本框架,中央和省委对此给予了充分的肯定。事实上,十大体系形成的同时,四大运行机制也随之形成。第一个机制是劳动者的内部动力机制,包括物质动力和精神动力。有了这种动力,生产力才能迅猛发展。第二个是市场公平竞争的压力机制。市场竞争,形成压力,使市场压力转化为企业内部动力,促使大家勤于思考,奋力拼搏。第三个是法律的强制力机制,任何人、任何组织必须按照法律的规定行事。第四个是社会道德自制力机制。以上“四力机制”结合在一起就是市场经济的运行机制。现在,深圳的社会主义市场经济体制虽然已经建立起来,但有许多方面有待完善,完善的方向就是强化这“四力机制”。

厉有为还强调指出,在市场经济体制下,政府形象和社会秩序不可忽视,建立有公信力的政府和诚信守法的社会非常重要。政府要言必信,行必果,建立一个公平有序的社会,形成是非分明、赏罚分明的机制,使诚信守法者受到褒奖,使违法失信者受到惩罚。他还说,深圳还应该降低城市交易成本。企业成本可分为两个方面:一方面是企业自己可控制的企业内部成本,另一方面是企业自己无法控制的企业外部成本——城市交易成本。这部分成本与政府部门及其工作人员的作风与廉洁与否有极大关系。目前深圳的城市交易成本偏高,企业颇多看法,但往往不愿正面指出,使问题长时间得不到解决,个别部门和个人还有愈演愈烈之势,必须要下决心治理。

厉有为最后指出,制度创新是一项艰巨的工作,创新的道路充满险阻。深圳的广大党员干部群众需要以马列主义、邓小平理论和“三个代表”重要思想为指导,需要坚持实事求是的原则,需要发扬敢闯敢试的精神。特别是各级领导干部,要以国家利益为重,以人民的利益为重,不怕个人付出代价,不怕牺牲个人利益，按照"三个有利于"和"三个代表"重要思想，奋力拼搏，努力探索，全力创新。只有这样，深圳才能在千帆竞发、百舸争流的新形势下，勇立潮头。

厉有为的“一小步”*

（2003年10月）

改革，从来就是一个“破旧立新”的过程。破立之际，新旧交锋，往往其状惨烈。而在当今中国的经济体制改革进程中，市场经济与计划经济新旧体制之间的“生死相搏”，更是呈现出前所未有的惊心动魄。厉有为、陈定模、陈光、沈洪嘉，他们这十年的人生片段，便是这个波澜壮阔的历史变迁的缩影。

1997年的中国，站在一个路口。

1997年的厉有为，被人推到了悬崖边。

所幸，一个人的思索，与一个国家的选择，归于一途。

一、一番“心得”骤遭“围攻”

1996年11月20日，当时正在中共中央党校学习的深圳市委书记厉有为，带着一篇论文参加了校内一场研讨会并据此发言。一位评述人士后来说，在这篇题为《关于所有制若干问题的思考》的论文中，厉有为以比之后批判他的人“更为认真的态度，考据了《共产党宣言》、《资本论》等马克思主义经典著作，力图证明公有制应该有多种实现形式”。

文中，厉有为集中表达了这样一番学习体会：为了适应中国已经设定的建立市场经济体制这一目标，中国必须在所有制问题上有所突破。他直言不讳地提问：“除了公有制与私有制以外，有没有第三种所有制形式？”作为答案，他提出应该建立“一种使多数劳动者占有多数生产资料”的“社会所有制”形式。

虽然文中没有明言，但根据此文的逻辑以及他后来的表述可以确定，厉有为青睐的，是股份制经济。

* 《南方周末》2003年10月23日报道，记者：李文凯。

虽然在当时的学术界中，类似的声音并不新鲜，但地方官员中对此进行如此认真思考的，厉有为可以说是第一人。

然而，令厉有为始料不及的是，他这篇“还在修改之中”的文章，居然被那些“偷鸡摸狗，连姓名都不肯让我知道”的“隐身人”，“偷偷拿去翻印散发，发动了一场大批判”。

在最早出现的一份匿名批判厉有为的“白皮书”中，厉文被形容是“精心准备抛出的一份彻底改变我国社会主义改革方向的政治宣言和经济纲领”，并指名道姓地直斥厉有为是“反马克思主义的修正主义浊流”。

1997年1月8日，20多名学者聚会研讨，并在2月10日形成了一份光题目就足够引起中国人不愉快记忆的批判材料——《厉有为意欲何为？首都理论界人士批评厉有为同志所谓的一些“新认识”》。

3月4日，在北京举办的一个座谈会上，一篇《团结起来，保卫宪法》的发言从另一个角度向厉文进逼，将之称为“‘反宪法派’的代表作”。

事实上，厉有为的文章，并非是在中央党校几个月的学习体会那么简单，而那些匿名批评者在批判厉文时援引列宁痛斥奥地利社会党人以及第二国际这些“社会主义叛徒们”的一番话，相信也并不只是用来警告深圳市委书记一个人的。

虽然邓小平1992年的南方讲话与随即召开的中国共产党第十四次全国代表大会，已经将建立社会主义市场经济体制确立为党的主流意识形态，但是，对于建立社会主义市场经济体制的争论并没有停息，争论的焦点集中在中国经济改革走到攻坚阶段所面临的最大“瓶颈”——所有制问题。

“厉有为风波”可以说是这场争论的一部分，但更适合被看做是它的一个产物。

批判厉有为的文章，都会引用这样的数据：“中国国有经济的比重，自1992年以来，每年以近5个百分点的速度下降，现已降到临界点（30%），甚至低于大张旗鼓搞私有化的俄罗斯（40%）。”因此得出结论：“市场经济和经济改革的深入，使国有企业丧失了主导地位，外资和私营经济却不断发展壮大，一个新生资产阶级已经在改革中萌生。”

厉有为以学习体会的方式来阐述自己在这个问题上的看法，其实已经表露出他的应战意愿——对方拿经典的马克思主义著作助阵，他也要从马克思主义著作中寻出理论武器。

二、个人一小步和国家一大步

“厉有为风波”的一个关键点，是厉有为中共深圳市委书记的职务。

正当理论界各派为姓“资”姓“社”问题争论不休，全国其他地区的市场经济转轨停滞不前的时候，改革最前沿的深圳却至少已经走在全国前面5年。

从1996年10月3日开始，《深圳商报》连续发表10篇“深圳建立社会主义市场经济体制基本框架综述”，详细介绍了深圳市市场经济体制的十个组成部分——深圳人称之为“十大体系”。

随着1997年4月国家体改委向国务院提交《关于上海、深圳建立社会主义市场经济体制进展的报告》，以及5月时任深圳市市长的李子彬在全国城市综合配套改革试点工作会议上系统地介绍深圳的“十大体系”经验，深圳宣布：已经率先建成市场经济体制。

也是在同一年，深圳宣布自己下一步的任务是完善市场经济体制。2003年10月，中共十六届三中全会也给整个国家的经济改革部署了这项任务。

而从1990年到1998年1月历任深圳市委副书记、市长和市委书记，与深圳同声共气了近10年的厉有为，自然对于市场经济有最直接的感知和思考。

早在1993年的时候，厉有为就提出市场经济要建立五大体系，一年后，这个内容扩充为八大体系。有意思的是，无论是五大体系还是八大体系，厉有为当时都没有提到涉及所有制的体系，及至1996年深圳市场经济十大体系形成，最为核心的却恰恰是这个敏感的“所有制体系”。

如此，便有了这样一个逻辑：直到“所有制体系”形成，深圳的市场经济才终于“摸着了石头过了河”。

而厉有为正好在这个时候写就了《关于所有制若干问题的思考》一文，也就不仅仅只是学习马克思经典著作的体会了，更多的，应该是实践的体会。作为深圳市场经济体制建设的指导者与全程亲历者，厉有为显然清楚地知道，改革正在过难关，而能不能过关，就在于所有制问题能不能得到突破。

厉有为焦虑的，还有深圳的成就与经验，是会得到肯定，还是会被否定？

但他忽略了这样一个事实：深圳与其他地区的差别。所以在他看来似乎只是基于实践而在理论上理所当然的“小小一步”，结果会在北京遭到如此规模的“口诛笔伐”。

深圳作为中国的第一个经济特区，本质上就是为市场经济而生的。此前的深圳，工业基础基本为零，国有经济、计划经济也微乎其微，而且一开始就以学习香港的市场模式为导向，进驻这里的也大多是外资企业和有雄心壮志的中国民营企业，因而相对于中国其他地区来说，在建立市场经济体制的道路上，深圳并不存在“转型”的问题。

但作为特区的深圳，至少没有像香港一样获得“一国两制”的待遇，许多的“新鲜事物”，迟早还是需要一个“说法”的。

这样一个说法，在1995年厉有为与学者胡鞍钢进行“深圳该不该继续特下去”的辩论之后，显得尤其急迫起来。也就是在这之后，深圳提出了“第二次创业”的口号，其中的关键，则在于“制度创新”。而“制度创新”的方向，在此后一两年中已经非常明显。

虽然深圳的国有经济基础并不强大，但深圳市委依照中央的精神，也曾提出过将国有企业“做大做强”的方向，采用当时全国通用的方案，成立国有资产管理公司，选取6家大型国有企业为重点，制定了一个“六大百亿集团”的目标。

但此后人们看到的现实却是，以“华为”为代表的一批民营高科技企业迅速发展，成为深圳经济的中流砥柱。同时，中兴通讯、万科等国有企业通过股份制改革成功向民营经济转变之后，也开始崭露头角。

成立于1985年的中兴通讯公司，起初国有资产占绝对控股地位，在1993年改制后，国有股降到51%。突破性的产权结构改变则是在1997年，在国有股，集体法人股之外，增添了公众流通股，而且后者占到总股本的38%，国有股只具有相对控股的能力了。

厉有为的文章，正写成于中兴通讯改制的前夜。虽然两者并没有直接因果关联，但地方官员的自我理论思索与地方企业的自发改制，在这个时段如此丝丝相扣，反映的却是大势所趋。

对于厉有为来说，他不能接受“深圳只剩下五星红旗是红的”之类的批评，他的文字强烈地希望为股份化正名——“股份制经济不是私有化”。

待到中共十五大召开的前一天，1997年9月11日，《中国经济时报》发表对厉有为的专访，不但没有丢掉乌纱帽，反而成为十五大代表的厉有为第一次获得公开的机会，对自己文章遭受的驳斥再进行反驳斥。他显然已经明白，自己渡过了难关。

当然，对于他曾力图阐释的第三种所有制——社会所有制，厉有为此后也不再提起，而是一再引用十五大报告中的论述：劳动者的劳动联合和劳动者的资本联合，属于集体经济，也是公有制的范畴。

如此，一个地方官员理论思考的一小步，与一个国家经济体制改革的一大步，在这里走到了一起。

厉有为当选“中国改革之星”

（2003年9月）

［本报上海28日电］（《深圳商报》记者楼乘震）25年25人的新时代中国改革之星评选今天在上海揭晓。全国政协常委、原深圳市委书记厉有为名列其中。

本次活动是由国家发改委中国经济体制改革杂志社、中国社会科学院公共政策研究中心、中国改革人物征评活动组委会等共同举办的，共在政界、知识界、企业界、农村领域分别遴选出25名具有超前理念和创新精神的改革人物。

厉有为在接受本报记者采访时表示，他虽然已离开了深圳的领导岗位，但仍很关心深圳改革开放的发展进程。他透露正在写一篇关于行政体制改革的文章，探讨政府如何转变职能适应市场经济的需要。

当被问到如何看待“中国改革之星”这个称号时，厉有为说，能有幸评上“中国改革之星”感到很高兴。我国25年改革开放的实践说明了邓小平理论的完全正确，说明了党中央、国务院一系列方针政策的正确。但是，我们不能骄傲，不能停止前进，我们仍然面临各方面的严峻挑战。

原深圳市委书记厉有为深情回忆小平1992年南方视察*

（2004年8月）

一幅已经成为标志性的景观、上面印有“坚持党的基本路线一百年不动摇”一行大字的小平画像微缩版被镶嵌在精美的镜框中，高高地悬挂在厉有为同志的办公桌对面的书架上。伫立在莲花山顶上的小平铜铸塑像被拍成三幅书本大小的照片，也整齐地摆放在小平画像的下方。

“你们看，小平同志身穿风衣，两眼炯炯有神，意气风发，迈着坚定的步伐大踏步地向前走，睿智的双眼深情地注视着鹏城的热土，风轻轻地吹起他风衣的一角，好似正在向我们走来……”8月13日下午，原深圳市委书记厉有为睹物思人，触景生情，在他的办公室向记者讲述了1992年小平南方视察时那难忘的时光和他思想上受到的启迪。“1992年1月19日至23日这5天是我人生中最受教育、最受振奋、最受鼓舞的5天。”小平视察来到深圳之时，作为深圳市委副书记兼人大常委会主任，厉有为是主要陪同者之一，全程见证了这段值得珍藏的历史。一提起小平同志，他就感到非常亲切，非常激动：“世纪老人，三落三起，不知不觉间他老人家已经诞辰百年了！”“您作为小平同志1992年南方视察的重要见证人，您觉得小平同志此次视察对深圳乃至全国的发展推动作用最大的是哪些方面？您对小平同志南方谈话感受最深、体会最多的是哪几点？”面对记者的提问，厉有为脱口回答：“小平同志的南方谈话字字句句说到了我们的心坎里，真可谓字字春雷，句句春风啊！”“为什么这样说呢？苏联、东欧剧变之后，国际共运陷入低潮。中国向何处去？应该走什么样的发展道路？当时人们思想一度比较混乱。由于受姓‘资’姓‘社’问题的束缚，先行

* 《深圳商报》记者王荣、李晓锋报道。

尝试进行市场经济运作的深圳在这方面遇到的阻力更大。比如：有人说搞股票市场是赌博经济，股份制就是私有化。不少人甚至因此对改革开放的前途表示担忧。在这样的背景下小平同志来深圳视察，意义非同一般。小平同志的南方谈话，解决了我们前进道路上遇到问题，澄清了各种模糊认识，统一了全党和全国人民的思想，为我们指明了继续前进的方向。他的讲话确实令人信服，大家都感到无比振奋，极大地鼓舞了全党和全国人民，掀起了新一轮思想解放的浪潮，对加快改革开放和现代化建设步伐起了巨大的推动作用。”“小平同志1992年南方视察时在深圳视察了许多地方，也留下了许多珍贵的历史瞬间，那么，至今让您最难忘的场景是哪一个？”面对陷入沉思中的厉有为，记者问了一个轻松的话题。“应该说，小平同志在深圳的每一天，他到过的每一个地方、每一个场景，都让我终生难忘。有时候，只要一提起‘小平’两个字，那一幕幕难忘的场景就马上回映在我的脑海中，那一股股深深的怀念之情便立刻流淌在我的心里头……”事情已经过去整整12年了，但每每忆起这段日子，厉有为的心里总是荡漾着轻松、愉快和幸福的涟漪，记忆河床里立刻会泛起小平同志视察深圳时一串串难忘而闪亮的“浪花”：“我就给你们讲讲从蛇口去珠海的那一段吧。那一天，时任深圳市委书记的李灏等一行人一起送小平同志到蛇口，到了蛇口码头，他老人家回头又对李灏说了一句：‘你们要再搞快一点啊。’说完，我受深圳市委、市政府的指派，和小平同志一起上了过伶仃洋的船去送他老人家。在去珠海的船上，他老人家又反复讲了好多话，一口气讲了50多分钟。‘发展才是硬道理’这句振聋发聩的话就是在去珠海的船上讲的。一路上，小平同志那个激动，那个兴奋，那个思维，真是叫人佩服，让人难忘！”“您一定珍藏了许多和小平同志的合影照片，您最喜欢哪一张？能说说其中的缘由吗？”记者又问。

这时，厉有为给记者透露了这样一个细节：“小平同志在深圳视察时走了许多地方，留下了许多极其珍贵的照片。我作为一个陪同者，也有幸和他一起留下了许多合影。但是，我手里现在只保存了三张与小平同志的合影照片，陈建华送了我一张，是在去珠海的船上照的；一张是在仙湖植物园照的；还有一张是小平同志的秘书送给我的，在小平同志下榻的迎宾馆的桂园门口照的。那天，小平同志出去参观回来，刚走到桂园门口看见他的秘书手里拿着相机，就主动提议：‘我们一起照个相吧。’说着，大家赶紧往他身边围拢，他的秘书很快按下了快门。有意思的是，小平同志的秘书把这张照片放大送给我后，我一看，出‘问题’了，我站在了小平和谢非的中间，两边还有卓琳和陈开枝，至今我都没敢拿出来。”说完，他和记者都大笑起来。

对当年拓荒者的印象*

（2004年8月）

8月19日晚，法国华裔互助会在巴黎国都大酒楼举行盛宴，欢迎以全国政协港澳台侨委员会副主任厉有为任团长的全国政协访欧团。中国驻法国使馆的外交官、华裔会的会长团成员、法国各侨团的侨领应邀出席，场面热烈而充满亲情。

笔者有幸出席这次盛会，得以认识厉有为副主任。虽然交谈不多，厉先生却给我留下了深刻的印象。

厉有为的名字，凡是关心中国改革开放事业、关心深圳特区经济腾飞奇迹的人们对其并不陌生。从某种意义上来说，“厉有为”这三个字，是与中国深圳经济特区的发展连在一起的。厉先生从1990年开始，前后担任深圳市人大主任、市长与市委书记，主政深圳长达8年。在一个时期，深圳特区为中国经济改革“要杀出一条血路来”的消息几乎成为中国报纸的新闻焦点，而厉有为名字的见报率也空前地高。

无疑的，厉有为应该是中国改革开放事业和深圳发展的有功之人。想不到接触之下，厉先生给人的印象完全没有一般“大官”的架子，也没有成功者那种有点自负的、飘飘然的神气。他高高的个子，朴实的脸面，是典型的东北大汉。谈起深圳的成就，他喜形于色，对深圳的方方面面如数家珍，但绝少提到自己。一听就知道是一位实干家。

我问厉先生，你当深圳市长的时候，一天要工作多少小时：他笑了笑，淡淡地说，那个时候，每天工作哪能去计时间。常常半夜三更市民打电话来投诉，说哪条街街灯不亮了或是哪块工地开工声音太响了，那你就得想办法解决，然后好长时间睡不好觉。半夜三更电话打到市长家里？厉先生却很自然地

* 原载法国巴黎《华侨日报》，记者：林里。

说，是啊。

市民怎么知道您的电话？厉先生说：“我家里的电话号码就印在名片上的。”市长将自己家里的电话号码印在名片上，这倒是一个新鲜事。我看了看厉先生的名片，果然上面有他家里的电话号码。中国大陆将官员称做是“人民的公仆”，但平时老百姓想找“公仆”却并不容易。厉有为当深圳市长时，将家里的电话号码印上名片，实在是一件了不起的事，是亲民、近民的一个实际行动。就从这一点，我们可以看到厉有为先生的做官作风。

市民写信要为小平塑像*

（2004年8月）

厉有为说，深圳的发展就是对邓小平同志的最好怀念和告慰。

采访间隙，记者在厉有为办公室仔细端详那三幅被拍成书本大小的小平铜铸塑像照片。记者问："你能给我们讲小平塑像的来历吗？"接着，厉有为说起了有关小平塑像的故事——

"小平1992年南方视察后，深圳市民给我写信说，他们愿意出钱给小平同志塑像，好让小平形象永远留在深圳人民心中。我觉得这是个好建议。市委于是开会研究，大家都赞成，并报告上级同意。我就让李容根同志找到了雕塑家滕文金，刚好与滕文金的想法不谋而合。塑什么样的像？哪个时期的？他们就找邓林。然后，按照邓林说的意见做出了几次小样。最后审定设计稿是1997年3月20日，在北京中国军事博物馆，我同丽满、汉青都去了。"可塑像安放在何处？什么时间安放？有人提出在一办大院内或一办大院门口，还有人建议放在现在的中信广场或仙湖植物园。"1996年春节前夕，我同丽满、德成、统书等同志来到莲花山。到了山顶一看，不错。回来，市委为此召开了常委会。大家都同意将塑像安放到这个地方。就在这时，噩耗传来：小平同志逝世了。于是我们加紧筹备，准备在1997年7月1日香港回归时塑像揭幕。这时中央专门下发了一个文件，不让搞小平塑像，防止一哄而起，于是深圳的小平塑像也叫停。这样，铜像在上海制作完毕，从上海运回来，整整在深圳雕塑院放了3年多。后来，报经党中央批准，利用深圳经济特区成立20周年这个机会，把塑像立起来了。时任中共中央总书记、国家主席、中央军委主席的江泽民同志亲自题字，并在出访途中专门到深圳为塑像揭幕。现在，邓小平塑像安放在莲花山公园的山顶广场——海拔105米的莲花山主峰，屹立在福田中心区的中轴线上，坐

* 原载《深圳商报》，记者：王荣、李晓锋。

北朝南，面对中心区，视野开阔。这里已经成了游人怀念世纪伟人邓小平的圣地，也成为深圳一大景观了。”

伟人已逝，音容宛在。厉有为说：“现在，小平同志虽然离我们远去了，但是每当我看到小平同志与我们在一起的照片，每当回忆起这段难忘的往事，我依然深受鼓舞，激情满怀。我深深地感到，他老人家时时刻刻都在我们的身边。”记者又问：“您认为深圳最能告慰小平同志的是什么？今后深圳主要应该努力做哪些工作，才是对小平同志最好的怀念和告慰？”听到记者的提问，厉有为耳边似乎响起小平同志那铿锵有力、掷地有声的名言：“可以划出一块地方，叫做特区。杀出一条血路来！”厉有为说：“深圳原是一个小镇，深圳历届市委、市政府按照他老人家的指示和要求，团结求实，开拓进取，敢闯敢试，在他的理论指导下，确实取得了长足的进步和发展，创造了‘深圳速度’和‘深圳效益’。深圳发展这么快，证明了小平理论的正确。这期间，我们做的主要就是在全国率先建立起社会主义市场经济体制的基本框架，并逐步完善城市功能，建设国际性城市，进行产业结构调整，发展高新技术产业，推进民主、法制建设和加强党的建设。还有一点就是走共同富裕之路。总之，发展了经济，提高了人民的生活水平，这一点是可以告慰小平同志的。现在回过头来看，深圳市委、市政府真是一届一届地贯彻落实小平同志的理论。我感到欣慰的是，深圳在几个特区中发展是最快最好的，深圳人民的生活水平在全国率先达到了小康，人均收入达到5000美元以上，这是党中央、国务院和省委、省政府正确领导的结果，是全市人民共同奋斗的结果。我为是深圳的一员感到骄傲。”接着，厉有为深情地对记者说：“对小平的最好的怀念就是，我们要永远高举邓小平理论伟大旗帜，完成他老人家未竟的事业，朝着率先基本实现社会主义现代化的目标不断前进，争取再创更大的辉煌，把他所开创的中国特色社会主义事业不断推向新的阶段，以‘三个文明’建设的优异成绩告慰敬爱的小平同志。”

启动“高球”　卓有作为*

深圳特区能够成为中国的高尔夫球之乡，与当年任深圳市市长的厉有为的支持有很大关系。1990年，厉有为被调到中国改革开放第一线的深圳市，1992年任深圳市长后，把高尔夫作为城市发展的基本配套，以拓荒牛的精神，大力扶持和推动高尔夫文化体育产业，实现“一个之乡，两个基地”的深圳高尔夫球运动发展战略。

1994年，厉有为接触高尔夫球运动，缘于深圳观澜球会主席朱树豪为了在深圳举办第41届“世界杯”高尔夫球赛，常出入市政府商量球场建设和准备大赛事宜的机会。厉有为意识到观澜镇将由穷乡僻壤变成一个以文化体育旅游和休闲度假为龙头的卫星城，这是难得的历史机遇，政府应以观澜湖球会为名牌把深圳推向世界。于是，深圳市政府全力支持观澜球会举办第41届“世界杯”球赛，并于1995年4月17日成立“世界杯”高尔夫球赛组委会，由当时的国家体委副主任袁伟民任组委会主任，厉有为任执行主任。市政府给予的最大支持是解决交通问题，当时的观澜镇离深圳市中心要3小时路程，且路况极差，不可能用于接待世界各地的贵客，也有损深圳市形象。厉有为决定将梅观高速公路与梅林二线关口岸建设项目提前，这两项建设都是巨额投入，光梅林关口岸建设就投入了几个亿，梅观高速公路20多公里则以合资形式修建。两个项目用了近一年时间，在1995年10月就全部完成。11月9日，有“高尔夫奥林匹克”之称的“世界杯”高尔夫球赛在深圳观澜湖球会如期开幕，这是该赛事首次在中国也是首次在亚洲举行，梅观高速公路的建成不但印证了“深圳速度”，也为“世界杯”的顺利进行立下了汗马功劳。观澜湖球会主席朱树豪每提起该赛事，总是对市政府的关心支持赞不绝口，他说：“市政府的远见和支持是我取得成功的关键因素。”

* 原载《中国高尔夫》杂志2004年8月号（总89期）。

促使厉有为拿起球杆的有两件事：一是他在“世界杯”开杆仪式上打了空杆，另一是看到70岁高龄的美国贵宾打球，姿势专业而优美，让他又羡又愧。愧的是自己作为深圳市长却对这一新生事物完全陌生。那一次，他在水塘前连打6个球都过不了水，本想放弃，但美国朋友坚持让他打过去，第7个球奇迹般地连击水面后冲至对岸，客人忙说：只要坚持就一定能成功！这件事刺激了厉有为，他下决心要把高尔夫球学会。从此，球场每天一大早都迎来一位不寻常的客人，他总是披晨露而至，风雨不改。为了不影响工作，厉有为每天5点半就起床，6点准时开球，却从来只打半场，打完球后到办公室往往还是最早的一个。从个人来讲，高尔夫不仅让厉有为的身体状况大有改进，也成了他工作的“减压阀”。

然而，即使有了“世界杯”的成功举办，高尔夫仍被视作贵族运动，一些人对它多少有些误解，也有人风言风语，把打球与腐败联系起来，社会上的反映引起深圳市委和市府的重视。为了防范其中可能存在的腐败，厉有为在深入讨论后提出了四条规定：一是除接待外宾不得在上班时间打球；二是不能索取球会会员证，否则以贪污定罪；三是不能无偿打球，要按内部价交费打球；四是不能用公费打球。这四条规则在市常委会通过后得到省委的同意，严格实施。深圳高尔夫产业的发展离不开政府的支持，政府的积极支持催生了高尔夫产业，高尔夫产业的兴起，使深圳向国际化城市跨进了一大步。以观澜湖球会所在地观澜为例，过去是深圳特区外19个镇中后进的镇，观澜湖球会落户该镇后，环境大变，经济形势大变，人气大变，800多家中外企业落户这里，该镇成为深圳名符其实的明星卫星城。

随后，厉有为提出“一个之乡，两个基地”的深圳高尔夫球事业发展战略。“一个之乡”就是让深圳成为中国大陆高尔夫球之乡，“两个基地”是指深圳要成为“培育高尔夫运动人才基地和高尔夫产业基地”。深圳是全国高尔夫球会最多、打球人数量最多、市场最活跃的城市，目前已有球场20多个，2004年还拥有世界第一大球会——180洞的观澜湖球会。1995年，政府资助建成国内第一家高尔夫人才培训基地——深圳高尔夫学院，为全国输送人才，而深圳各个球会也成为国内各球会的人才输送基地，即使是球童，到了其他球会也能独当一面，成为各球会的骨干管理人才。最让厉有为开心的是：全国不少球会的管理人员都来自深圳。中国第一批顶尖球员也出自深圳，包括“国宝”张连伟。为了奖励张连伟为国争光，在张连伟首次获取国际殊荣之时，深圳市政府奖励他一套住房，还争取减免他所得奖金的高额税收。深圳还是青少年和女子高尔夫球的培训基地。高尔夫球在深圳的兴旺发展，带动了一连串的相关产业，包括高尔夫球包、球具、球鞋、服装的生产销售和代理，球场的管理设计、草坪养护等等，第一届高尔夫博览会也在这里举行，让深圳无愧于"中国高球之乡"的称号。

中国高尔夫球协会认为厉有为对推动中国高尔夫事业的发展有贡献，1998年选举他为中高协副主席，这使他感到身上的担子更重了。1998年卸去深圳市委书记一职后，他仍常常关心深圳高尔夫事业的发展，积极推动高尔夫运动平民化，深圳市委、市政府决定建设三个公众球场，以进一步改善投资环境和普及此项运动。2002年全国第一个公众高尔夫球会在深圳龙岗诞生，该球会面向大众，球场收费是会员球场的1/5左右，使中等收入的人能打得起球。由于低收费，每天进场打球的人数保持在200人左右，开创了一条有中国特色的公众球场经营管理的"龙岗模式"。高尔夫球运动在深圳不再是高不可攀的"贵族运动"了。

人们对高尔夫最关注的一是土地，二是环境。深圳在这两方面都做出了特色，树立了样板。首先是十分重视规划，要求高尔夫球场均不能占用耕地，如观澜湖球场全是建在荒山坡地上，香蜜湖球场、西丽球场、南澳镇球场、三九绿色球场等都是如此。其次，注意绿化美化市容的最好景观，如沙河球会和名商球会都建在城区的绿化隔离带上，龙岗绿色球场建在植物园中，龙岗公众球场建在龙口水库的下游，不但美化了环境，政府减少了绿化投资，而且扩大了社会就业，并使政府有了土地出让收入和增加了税收。深圳市政府十分重视施肥、灭虫对环境的影响，并对球会提出具体要求，效果明显，例如西丽球会四季花香，香蜜湖球场成了小鸟天堂，沙河球场的白鹭在红树林中聚集飞翔。这些都倾注了厉有为和他的战友们的心血。

在改革开放、在中国经济社会飞速发展的大背景下，高尔夫球文化和体育事业在中国大陆方兴未艾，取得了很大进步，但与发展要求仍有不小差距。厉有为提出了几点希望：一是希望政府给高尔夫球会正名，应以体育事业视之，而不是与夜总会等同。二是希望国家税务当局恢复对高尔夫球会5%营业税。国内的高尔夫球会多是外商投资，而且数额巨大，在他们建球场时承诺的5%

营业税，球场建好后一纸文件把营业税改为20%，一则没法律依据，二则不符合实际，三则失信于人，四则定位不当。三是希望建立规范而完善的行业管理制度和竞赛规则，使球会及高尔夫产业导入良性发展轨道。四是希望中高协多办赛事，让高尔夫球员获得良好的成长条件和成长环境，培养更多更好的尖子球员，才符合我国的大国国情，逐渐消除职业运动员的困惑。

厉有为家中的客厅里挂着一幅字画："横眉冷对千夫指，俯首甘为孺子牛"，这是他的座右铭。为了推动高尔夫事业，他不辞劳苦，应对来自各方的压力。正如这句名言一样，甘心付出，认准了目标就决不退缩。他对牛怀有特殊感情，收藏了500多头"牛雕"，其中有两只牛最具特性："拓荒牛"代表深圳创业者的大无畏开拓精神；"鼻环牛"代表他忠于事业，以环为戒的律己精神。

厉有为：俯首甘为孺子牛的“改革之星”*

（2009年11月24日）

他从一个放牛娃成长为中国有名的“改革之星”；他在深圳第一次面临十字路口的抉择时带领深圳人二次创业、再造辉煌；他经历了改革开放中著名的“大论战”。中央批准他退休时，他写了一首诗叫《血路》——

风口浪尖弄潮头，改革必伴热血流。血路杀得伤遍体，夕阳染红孺子牛。

一、从技术员到市委书记

出生于辽宁省新民的厉有为，却在湖北十堰度过了人生的20多个春华。从吉林工业大学机械系毕业后，厉有为分配在长春第一汽车制造厂任技术员。1967年，厉有为自愿报名支援祖国大三线建设，在穷乡僻壤的郧阳大山区十堰开始了筹建第二汽车厂的开拓性工作。当时实行的老厂包新厂办法建设“二汽”，建设者来自四面八方，一些管理和技术人员分别来自“长春一汽”、“北汽”、“上汽”等。

在第二汽车制造厂，厉有为从生产准备办公室技术员、干部组干事、技术干部管理组副组长、组长等工作做起，先后担任二汽化油器厂党委副书记、书记，第二汽车制造厂第一职工医院党委书记。

1983年，厉有为开始出任地方党政机关领导职务，先后任十堰市委副书记、十堰市市长，市委书记，他形容自己以“初生牛犊不怕虎”的无知无畏状态上任，肩上有重担，心里有群众，脚下有大山，一门心思想着把群众的事办好。

至1989年6月升任湖北省副省长，厉有为在十堰工作生活近23年，可以说这座山城曾经见证了他难忘的青春岁月，成就了他早年的事业。

---

* 原载《晶报》2009年11月24日，记者：易少龄。

二、力争中央支持，解决十堰防洪工程费用

在十堰当上父母官后，城区的防洪问题一直是厉有为的心头大患。十堰因清朝人们在百二河和犟河拦河筑坝十处以便灌溉而得名。在建二汽前，十堰地区根本谈不上防洪设施。

厉有为经历过两次教训深刻的暴雨。“一是1970年夏的暴雨，把道路几乎全部毁掉，新建的宿舍和厂房成片倒塌，我也差点被洪水冲走；二是1982年7月，下特大暴雨，山洪暴发，二汽40多个车间泡在水中，从美国进口的贵重的格里森齿轮加工机床全部埋在泥里，房屋倒塌，供水、供电、通信、交通中断，14人生命被夺，净损失过亿。”此后，省水电设计部门按工程规划设计预算，共需投资1亿多元，其中二汽分担7300万元，十堰市分担2900万元。然而，当时的十堰市刚刚成立，2900万元防洪经费没有着落，湖北省政府也无力列入计划。这急坏了厉有为。无奈之下，他跑到北京，找时任水电部长的钱正英，请求她给予指导帮助。钱部长认真听完汇报后说：“现在长江、黄河的重大防洪工程，我还在发愁，黄河成了悬河。十堰市现在确实灾情隐患很大，但全国急需解决的大事很多，目前很难排上队……”

回到市里，厉有为又与二汽领导商量，他们说李先念同志对二汽防洪很关心，曾批示过两次，可否找找李先念主席想想办法。厉有为与市委书记王清贵商量，以两人名义，给李先念写信。厉有为写好了三页半纸的信，并由王清贵和他签名，跑到北京，联系到李先念主席的秘书，托秘书千万把信转交。很快，李先念的秘书打电话告诉厉有为：先念主席对你们的信作了重要批示……

没过多久，钱正英部长打电话找到厉有为，又把先念主席的批示递给他看。批示是：“二汽和十堰市的防洪问题，要抓紧解决。这笔钱应该花，否则，一旦发生类似安康的灭顶之灾，损失就难以估量。”就这样，3000万元的防洪建设款争取到了，经过两年的建设，解除了十堰的洪灾水患。

三、在十堰搞中小城市户口改革试点

在二汽初创阶段，招录的骨干职工全部是河南、湖北等地的退伍军人，大约15000名。绝大多数人的家属孩子都在农村，两地分居给生活造成极大困难，每到春种、秋收季节，这些职工要回家帮助种地、收割，对汽车生产影响很

大。此外，十堰是由山村形成的“三线建设”新城，不少企业职工也都是农村户口。按当时的政策，没有落下城镇户口，供应口粮、就业、分配家属宿舍、甚至孩子入学读书等生活基本问题都解决不了。虽然市公安局每年有一些“农转非”指标，也是杯水车薪，这么大批量的农转非问题通过当时的正常渠道几十年也解决不了。

厉有为与市委书记王清贵一起商量解决这些人的户口问题，考虑到当时全国的粮食供应形势好转，国家可以供应议价粮，于是提出了“中小城市户口改革试点方案”的设想。方案提到省里，省政府负责人表示，要搞这样的试点，除非中央特批。

他们就以书记、市长两人的名义，给时任总书记的胡耀邦同志写信，请求把十堰市作为中小城市户口改革试点城市，在不增加国家粮食补贴的财政负担的前提下，解决工人家属的“农转非”问题，这部分人吃国家供应的议价粮，高出的粮价由职工个人负担。

厉有为回忆说，没有料到的是，这一方案完全符合我国的情况，胡耀邦总书记在报告上作了435个字的重要批示，认为这一方案一方面加快了我国城市化步伐，促进中小城市发展；另一方面在农村让出一部分耕地，让留在农村的人口占有更多的耕地，从而加快农业现代化和农村富裕步伐，这是个各方面都皆大欢喜的政策。

此举施行，不仅解决了当时十堰几万人农转非问题，而且为全省提供了解决类似问题的范例。

四、参与陪同小平南方视察

厉有为的改革之星道路注定要和深圳联系在一起。1990年，厉有为在湖北省任副省长。一次因公出国，一下飞机就接到通知，说中组部的领导要找他谈话，先别回武汉了。得知要调去广东深圳工作，厉有为毫无思想准备，当时就问中组部领导：“什么是特区？”部领导想想，巧妙地回答，“你去了以后，看看文件就知道了。”

12月初，时年51岁的厉有为来到深圳，并在这片热土上打下深深的烙印。

厉有为在深圳期间，正值小平二次南方视察。小平视察时，他任深圳市委副书记兼市人大常委会主任，小平视察的接待工作是他具体安排的。“那是人生中最受教育、最受振奋、最受鼓舞的5天。”作为主要陪同者之一，厉有为全程见证了这段值得永远珍藏的历史。

厉有为回忆道，当时关于特区怎么发展，可谓思潮汹涌，看法各异。特区干部心情还是很不安的：一是市场经济改革取向会不会改变；二是地区倾斜的特区政策要不要取消；三是改革开放路线会不会改变；四是经济特区姓社还是姓资；五是股份制经济是不是私有化，民营经济发展是不是走资本主义道路。这些问题都困扰着特区干部，他们也因此不时挨批，甚至被攻击、辱骂。

就在这个节骨眼上，小平南方视察发表了重要讲话，上述问题迎刃而解。小平南方视察讲话，指明了中国改革开放前进的方向，人们一些思想认识上的重大问题也都解决了。

五、科技立市引导产业升级

1993年，是深圳“科技立市”的关键年。这一年，厉有为做出了个大胆、极富争议性的决定：即在特区范围内，停止发展三来一补企业，并在特区外建龙岗大工业区。后有媒体评价道：这一年，深圳第一轮产业升级启动，也是深圳第一次自觉推动产业升级的开始。在经过10余年的高速发展后，将高新技术产业确立为深圳未来产业发展方向的目标，使深圳提前在产业转型浪潮中来了个漂亮的转身。

多年后的今天，厉有为强调：“首先说明一点，任何重大决策，都不是我个人的决策，都是市委、市府一班人，甚至包括很多老领导同志在内的集体决策。”

这些决策包括：淘汰落后的生产力，大力发展高新技术产业；花大力气以优惠政策吸引海内外高科技人才；在农村全力推行股份合作制经济；在城市的中小国有企业中推行职工内部持股制；对符合条件的有规模的国有企业，施行股份制改造，发展为公众股份公司；对于高科技企业实行职工和技术人员及技术持股制；建立产权交易市场，各种所有制产权均可通过产权交易市场公平交易；建立科技成果交易市场，使科技成果尽快实现产业化和一整套科技市场运行机制；创立创新投、高新投等基金担保公司，促进高科技企业和中小企业发展；创立城市合作银行，推动金融业和企业发展。对以上重大决策都制订了相关的规定和条例，甚至通过市人大上升为法律。

六、关于“所有制”问题的大争论

厉有为不仅见证了小平南方视察，而且经历了两场轰动全国的大辩论：一场是某学者发起的“特区不能再特”论，另一场则是1997年关于所有制问题的大争论。

1994年早春，一场关于“特区”的争论不期而至。当时，某学者在一份以内参形式上呈中央的报告中提出，特区不能再“特”下去了。对特区提出了八大质疑，并抛出“特区是少数人垄断的市场经济”、“特区寻租”、“特区形成特殊利益集团”、“特区是国中之国”等评语，“特区不能再特”的论调见诸海内外报端，有人在中央党校的讲坛上向“特区”发起了攻击。

1995年8月，时任市委书记的厉有为在一次接受媒体集体采访时，正面回答了记者对这一问题的提问，系统介绍了深圳特区建立以来取得的巨大成就和对国家的贡献，并对某学者的进攻予以回应。接着深圳特区报发表了三篇评论员文章，其中一篇《棍子向谁打来》就是厉有为本人执笔的，触及论战的实质问题。人民日报社为此论战发了内参。论战至当年秋天才渐渐淡出。

1996年秋，厉有为到中央党校参加省部级干部进修班学习。3个月时间内，他共写了4篇文章，其中《关于所有制若干问题的思考》一文写了2个月，花的时间最长。厉有为以这篇文章作为毕业论文，并经老师指定在毕业典礼上进行交流发言。他提出，为适应中国已经设定的建立社会主义市场经济体制这一目标，中国必须在所有制问题上有所突破。他在文章中提出八种公有制实现形式，指出股份制不是私有制，发展民有经济不是私有化，主张多数劳动者占有多数生产资料，主张介乎公有和私有之间的社会所有制。

实际上，当时的经济改革与国企改革，总是被所有制问题绊住脚，厉有为只是试图从深圳改革开放的经验出发，提出和探讨这个问题。没想到踩了当时所有制的雷区，碰了“公”与“私”的高压线，顿时掀起了轩然大波。

最早出现的一份匿名批判厉有为的“白皮书”，说厉有为这篇文章是“精心准备抛出的一份企图彻底改变我国社会主义改革方向的政治宣言和经济纲领”，并指名道姓地直斥厉有为是“反马克思主义的修正主义浊流”。随后，来自全国各地的批判接踵而至。更有党的领导机关干部认为他的文章是“干扰”、是“杂音”。

宛如晴空一声霹雳，这些大批判厉有为是始料未及的。多年后，厉有为回忆起当时的一幕，“骂得很厉害”，“压力很大，感觉到改革很难”。当年4月，江泽民在中南海找他谈话，讨论这篇文章，总书记对他说：“你回去安心做你的书记。任凭风浪起，稳坐钓鱼船。”厉有为觉得非常温暖。

1997年5月29日，江泽民在中央党校发表了重要讲话，厉有为的文章观点符合“5·29”讲话精神，大批判的声音就消失了。

七、“请先把我免掉再发这个文件”

今年粤府201号函《关于内伶仃岛管辖权归属的批复》中，明确把内伶仃岛归属深圳市管辖。这个文件足足迟到十多年。内伶仃岛归属早有争议。1992年，广东省民政厅依据1952年政务院文件，把内伶仃岛划给珠海市管辖。

这一裁决有两大问题：一是越权裁决，民政厅没有裁决海岛归属的职权；二是，这一裁决不符合内伶仃岛一直由深圳管辖的实际情况。厉有为依据1979年国务院同意设深圳市、珠海市的文件，依据深圳撤销管理区设南山区把内伶仃岛划入等文件，依据珠海市出版的书和地图等向朱森林省长汇报，朱省长表示不知道省民政厅的裁决。不久省政府有了正式的把内伶仃岛划给珠海的红头文件，在此文件下发前，先发给省委常委征求意见。在拿到此文件后，厉有为在一次省委常委会后，把内伶仃岛的有关文件、图纸、书籍摊开，向书记们汇报，厉有为说：“如果省政府非要下发这个文件，把内伶仃岛划给珠海，请求省委先把我免掉，否则我无法向深圳老百姓交代。”谢非书记最后决定：这个文件不发，此事重新调查。在后来的重新调查中，发现了1955年国务院关于《同意广东省珠海县内伶仃岛划归宝安县管辖》的批复。省法制办2006年又请示国务院法制办，请求裁决。国务院法制办裁决1955年国务院63号文件有效，争拗到此为止。

八、血路杀得伤遍体，夕阳染红孺子牛

或许是生在农家，从小就与牛打交道，到全国政协工作的厉有为，一直跟踪调研解决外来劳务工的问题，并连续三年将提案报请了全国政协。他在全国政协写了6篇关于“农民工”的提案和发言，给政府提出建议和方案解决外来劳务工的社保问题、户籍问题、同工同酬问题、住房问题、工伤问题、子女义务

教育问题等。比如，厉有为曾提案为外来劳务工“正名”，在提案中提出，“农民工”的称谓凸显出计划经济时代造成的城乡二元结构等深层次的体制障碍问题，他们多数人没有做过农民，中学毕业后就到城里做工。他们只是农村户籍，到城里做工是符合我国城市化、现代化潮流的。应从实际出发，比较科学地以他们从事的职业来界定他们的称谓，改称为“新型合同制工人”，简称“合同工”，使其依法享受产业工人的应有待遇……

“我在城市工作几十年，到政协后多跑跑农村，补上一课，了解不少‘农民工’存在的问题，不但值得同情，而且需要政府研究解决。”厉有为认为，从一定意义上说，深圳的辉煌是千百万“农民工”创造的，他们是国家的主人，却不是城市的主人。中国必然走城市化道路，八亿多农民中，必有相当部分转入城市或城镇，怎么解决好这部分人的问题，是工业化、城市化和现代化中必须解决好的大问题，也是构建和谐社会的大问题。

“现代化”一词曾代表着国人对未来生活的美好向往和追求。对中国如何进一步实现现代化这个问题，毛泽东、邓小平都进行了周密的思考。邓小平提出中国三步走的发展战略，南方视察时又让广东率先实现现代化。

2003年，作为全国政协常委、中国城市发展研究会理事长的厉有为，向政协十届一次会议提交了一份发言稿，主张建立国家现代化指标体系，用以衡量现代化水平和现状。

在那次发言中，他提出了制定现代化指标体系的七原则，即第一，以人为本；第二，以城市为主体、兼顾农村；第三，指标体系的全面性和协调性：应包括经济、社会、人文和环境等方面，使经济、社会全面可持续发展；第四，指标体系中主要指标的国际通用性和地区（城市）之间的可比性；第五，指标体系的时代特征：既反映工业化又反映信息化；第六，指标体系的科学化：应用先进的现代统计手段和科学确定指标之间的权数。第七，指标体系的阶段性：大体应包括基本实现现代化和现代化两个阶段。目前，中国城市发展研究会和其他研究机构，已初步提出了衡量现代化的指标体系，用以指导现代化的实践。

附：厉有为大事年表

1964年：毕业于吉林工业大学机械系，大学学历。

1964年9月：任第一汽车制造厂综合计划室计划员。

1966年10月：加入中国共产党。

1967年：调任第二汽车制造厂任技术员。

1967年5月：任第二汽车制造厂生产准备办公室技术员、干部组干事，干部处技术管理组副组长、组长。

1979年6月起：任二汽化油器厂党委副书记、书记。

1983年：第二汽车制造厂第一职工医院党委书记。

1983年10月后：开始出任地方党政机关领导职务，先后任湖北省十堰市委副书记、市长，市委书记。

1989年6月：任湖北省副省长。

1990年12月：调任广东省，任中共深圳市委副书记、市人大常委会主任兼深圳市委党校校长。

1992年6月：任中共广东省委常委，同年11月任深圳市长。

1993年4月：任中共深圳市委书记兼市长。

1995年5月：任中共深圳市委书记。

1995年12月~1997年7月：任香港特别行政区筹委会委员。

1998年3月：任第九届全国政协常委、港澳台侨委员会副主任。

2003年3月：任第十届全国政协常委、港澳台侨委员会副主任；中共第十四届、十五届中央候补委员；第九、十届全国政协常委；第八届全国人大代表（广东）。